Stephan Braese

Die andere Erinnerung

Jüdische Autoren in der westdeutschen Nachkriegsliteratur

PHILO

Die Drucklegung des Werks wurde mit Mitteln der Ernst-Ludwig Chambré-Stiftung zu Lich großzügig unterstützt.

Umschlaggestaltung: Nach Entwürfen von Gunter Rambow, Berlin
Satz: Gwendolin Butter, Berlin
Druck und Bindung: Schaltungsdienst Lange o. H. G., Berlin
Printed in Germany

ISBN 3-8257-0227-8

Inhalt

I. Die Perspektive

Differenz und Konkurrenz der Erinnerungen / Forschungsüberblick / Jüdische Autoren im Gegenüber zur westdeutschen Nachkriegsliteratur / Zeitfenster 1945 – 1980

Anläßlich der Lektüre zweier Zeugnisse aus dem historischen Zentrum der Shoah – Chaim Kaplans „Buch der Agonie: Das Warschauer Tagebuch" sowie Jean-François Steiners „Treblinka" – notiert George Steiner: „Eines von den Dingen, die mir unbegreiflich bleiben, obwohl ich des öfteren über sie geschrieben und versucht habe, sie in eine erträgliche Perspektive zu bringen, ist die Zeitbeziehung. Ehedem, zu normalen Zeiten, saß Professor Mehring in seinem Studierzimmer, unterhielt sich mit seinen Kindern, las Bücher und ließ am Freitagabend seine Hände über ein weißes Tischtuch gleiten. Und Langner, zu Tode geschunden, ‚bis ihm das Blut langsam aus den Kopfhaaren tropfte', war in gewissem Sinne die gleiche Art Mensch, der ein Jahr oder vielleicht ein knappes Jahr zuvor noch im hellen Tageslicht durch die Straßen lief, seinen Geschäften nachging, sich über ein gutes Essen freute, eine intellektuelle Monatsschrift las. Wo liegt hier der Sinn? Genau zur gleichen Stunde, da man Mehring und Langner in den Tod schickte, war die überwältigende Mehrheit aller Menschen, drei Kilometer entfernt in den polnischen Dörfern, siebentausend Kilometer entfernt in New York, damit beschäftigt, zu essen und zu schlafen, ins Kino zu gehen, Liebe zu treiben oder Angst vor dem Zahnarzt zu haben. Hier liegt der Punkt, da mich meine Vorstellungskraft verläßt."[1]

Was Steiner hier als zunächst philosophisches Problem wahrnimmt – das „gleichzeitige Nebeneinanderbestehen" zweier „simultaner Erlebniszustände"–, das „mit jeder allgemeinen Norm menschlicher Werte [...] unvereinbar"[2] sei–, mußte fortleben in den konkreten individuellen Erfahrungen der Menschen, die die ominöse ‚Stunde Null' unvermittelt wieder ‚zusammenführte'. Nach der militärischen Zerschlagung des NS-Regimes und der Öffnung der Lager schien zumindest das Präsens des für Steiner unbegreiflichen „gleichzeitigen Nebeneinanderbestehens" aufgehoben; und das Schlagwort von der ‚Stunde Null' bestritt nicht nur jeglichen zeitlichen Konnex – es suchte vor allem auch zu suggerieren, daß aus den in der Vergangenheit

1 George Steiner: *Sprache und Schweigen. Essays über Sprache, Literatur und das Unmenschliche.* Frankfurt am Main 1969, S. 156-173, hier S. 157.

2 Ebd., S. 157/ 58.

gemachten Erfahrungen keine spezifischen Ansprüche an Gegenwart und Zukunft mehr ableitbar seien. Doch die in dieser Schlußstrich-Ideologie sichtbare Anstrengung, den „Zerfall eines sinnhaft und auf ein Erfahrungszentrum hin geordneten Horizonts der Geschichte"[3] aufzuhalten, scheiterte: „Auf die entscheidende Frage der Zeit, nämlich die nach der Stellung gegenüber Ideologie und Wirklichkeit von Faschismus und totalem Krieg, unterschieden sich die Reaktionen so radikal, daß ein einheitlicher Horizont geschichtlicher Erfahrungen in der Tat ausgeschlossen scheint."[4] Die Erfahrungen der im Exil, in den Lagern oder im Untergrund Überlebenden blieben geschieden von denen der „Mehrheit der Deutschen"[5] – so sehr, daß es in der historischen Perspektive „das *eine* Jahr 1945 nicht"[6] gibt.

Doch eine „Versöhnung der Geschiedenen"[7], von der Gershom Scholem Jahre später, und nur mit großer Zurückhaltung, sprechen mochte, stand so wenig wie ihre grundlegende Voraussetzung, die Bereitschaft zum Dialog, 1945 und in den folgenden Jahren auf der deutschen Tagesordnung. Die spektakuläre Polemik zwischen Thomas Mann und Walter von Molo sowie Frank Thiess bildete das einschlägige Signalereignis nicht nur im Kontext rein ‚literarischer' Verhältnisse in den damaligen Westzonen. Auf die Dauer folgenreicher – und dadurch letztlich symptomatischer für den sich konstituierenden westdeutschen Literaturbetrieb – wurde jedoch das spezifische Verhältnis, das die Gruppe 47 zur NS-Vergangenheit und den Überlebenden unter den verfolgten Autoren entwickelte. Es mag leicht scheinen, daß der Kern auch der offensiven Abgrenzungspolitik der Gruppe 47 gegenüber den Exilautoren in der, etwa von Wolfdietrich Schnurre zu Protokoll gegebenen, Empfindung liegt, daß die Exilanten „viel zu weit weggewesen [seien], um uns verstehen zu können"[8]. Tatsächlich jedoch bezeichnet erst die einseitige Stillstellung des Konfliktpotentials, das dieser Beobachtung innewohnte, in ‚Theorie' und Praxis der Gruppe den für sie charakteristischen Umgang mit der Problematik. Während es – für die ‚Theorie' – Alfred Andersch in

3 Bernd Hüppauf: „Schwierigkeiten bei der Suche nach einem Anfang. Die ‚Stunde Null' und das Selbstverständnis der Bundesrepublik". In: Jürgen Schutte (Hg.): *Dichter und Richter. Die Gruppe 47 und die deutsche Nachkriegsliteratur*. Berlin/W 1988, S. 22-31, hier S. 26.

4 Ebd.

5 Ebd., S. 27.

6 Ebd., S. 28.

7 Gershom Scholem: „Deutsche und Juden". In: Abraham Melzer (Hg.): *Deutsche und Juden – ein unlösbares Problem. Reden zum Jüdischen Weltkongreß 1966*. Düsseldorf 1966, S. 13-33, hier S. 33.

8 Wolfdietrich Schnurre, zitiert nach Frank Trommler: „Schwierigkeiten mit der Tradition". In: Thomas Koebner (Hg.): *Tendenzen der deutschen Gegenwartsliteratur*. Stuttgart 1984, S. 29-43, hier S. 30.

seinem Vortrag „Deutsche Literatur in der Entscheidung“ gelang, ein emphatisches Bekenntnis zum Antifaschismus zu verbinden mit einer ihm an Emphase in nichts nachstehenden Verklärung „unser[es] Erleben[s]“[9] als Landser der Wehrmacht, verwirklichten Einladungspolitik und Tagungsklima die Verweigerung eines Gesprächs mit dem Exil in der Praxis, als konkrete Literaturpolitik. Die sozialgeschichtliche Gestalt des Faktums, daß „Juden in der deutschen Literatur nach 1945 ‚eigentlich nicht‘ vorkommen“[10], hat hier einen seiner entscheidenden Quellpunkte.

Hingegen mag im Blick auf die deutsche Nachkriegsliteratur um so mehr die Zahl jener Werke auffallen, die sich um eine Auseinandersetzung mit Nationalsozialismus und Shoah bemühen – darunter viele, deren Autoren zur Gruppe 47 zählten. Alfred Anderschs „Die Kirschen der Freiheit“ (1952), „Sansibar oder der letzte Grund“ (1957), „Die Rote“ (1960), „Efraim“ (1967), Heinrich Bölls „Wo warst du, Adam?“ (1951) und „Gruppenbild mit Dame“ (1971), Grass’ „Blechtrommel“ (1959) und „Hundejahre“ (1963) wurden und werden, neben Werken von Siegfried Lenz, Martin Walser und Rolf Hochhuth, wesentliche Verdienste um kritische Bewußtseinsbildung in Westdeutschland hinsichtlich seiner „jüngsten Vergangenheit“ zugeschrieben[11]; auch die „Rückkehr in die Weltliteratur“, gemeinhin mit der „Blechtrommel“ datiert, schien – neben der ‚Überwindung‘ ‚ästhetischer‘ Hypotheken – kaum weniger an den Nachweis kritischer literarischer Erinnerungsarbeit geknüpft gewesen zu sein. Die historiographische Synopse verdeutlicht jedoch, daß, während Hauptwerke solcher Erinnerungsarbeit im Entstehen begriffen waren, gelesen, rezensiert, ausgezeichnet wurden, kritische Einrede von jüdischer und nichtjüdischer Exilseite mit der aus Theorie und Praxis der Gruppe 47 bekannten Entschiedenheit zurückgewiesen wurden, nicht selten unmittelbar durch Gruppenmitglieder selbst. Diese Zurückweisungen waren öffentlich. Den rapiden Verfall des ‚Marktwerts‘ einer *auch* durch fünfzehnjähriges Exil verbürgten Autorität in künstlerischen Fragen erlebten spektakulär z. B. Mitglieder des Berliner Ensembles um Helene Weigel in einer öffentlichen Konfrontation mit

[9] Alfred Andersch: „Deutsche Literatur in der Entscheidung – Ein Beitrag zur Analyse der literarischen Situation“. In: Gert Haffmans (Hg.): *Das Alfred Andersch Lesebuch*. Zürich 1979, S. 111-134, dort S. 127.

[10] Klaus Briegleb: „Negative Symbiose“, in: ders. und Sigrid Weigel (Hg.): *Gegenwartsliteratur seit 1968*. München/Wien 1992, S. 117-150, dort S. 121.

[11] Etwa in Ralf Schnells *Die Literatur der Bundesrepublik – Autoren, Geschichte, Literaturbetrieb*, Stuttgart 1986, S. 329 ff. (Andersch), 157 ff. (Böll), 161 f. (Grass); vgl. auch Briegleb: „Negative Symbiose“ (Anm. 10), S. 121. Die Verleihung des Literaturnobelpreises an Heinrich Böll – den einzigen, den ein in Deutschland lebender Schriftsteller zwischen 1945 und 1999 entgegennehmen konnte – ist gleichfalls in diesem Kontext zu sehen.

dem – damals gerade knapp 30jährigen – Joachim Kaiser[12]; aber auch die Antworten auf eine Kritik der deutschen Gegenwartsliteratur, wie George Steiner sie als „eine Art Überlebender"[13] formuliert hatte, ließen mehrheitlich keinen Zweifel daran zu, daß solche Einrede aus der deutschen Diskussion fortan – genauer: weiterhin – ausgesperrt bleiben sollte.[14] Die Fülle, auch der Rang jener gleichzeitig entstehenden oder rezipierten literarischen Werke, die vom Nationalsozialismus handeln, geraten in dieser Perspektive notwendig zum Indiz dafür, daß es nach einer im westdeutschen Literaturbetrieb offenkundig weit verbreiteten Auffassung für eine hinreichende Auseinandersetzung mit der NS-Epoche und der Vernichtung der europäischen Juden – soweit deutsche Nachkriegsliteratur sie zu führen vermag – jüdischer Stimmen nicht wirklich bedurfte.

Die Würdigung auch international renommierter jüdischer Autoren deutscher Sprache – vor allem Paul Celans und Nelly Sachs' – durch deutsche Preiskomitees steht hierzu nicht in Widerspruch. Im Gegenteil: Als literatur- wie sprachpolitische Akte zugleich ‚dokumentierten' Preisverleihungen und ‚Prominenz' die ausreichenden Kräfte zur kritischen Selbsteinsicht, die der deutsche literarische Betrieb, stellvertretend für die Deutschen, hatte aufbringen können, in der Absicht, literarische Werke, die wie scheinbar wenige andere von der Shoah bestimmt schienen, auszuzeichnen, also: ‚anzunehmen'. Daß diese Werke nach dem ausgesprochenen Selbstverständnis der westdeutschen Nachkriegsliteratur in ihr keine Heimat hatten, ihre Autoren *de facto* im Nachexil lebten, war integraler Bestandteil der Botschaft, die gerade hierin die neugewonnene Souveränität und ‚Autonomie' der deutschen Literatur selbstgewiß, aber mit der ‚gebotenen Zurückhaltung', zu akzentuieren suchte.

Diese Blicke in die westdeutsche Literaturgeschichte machen nicht nur offenkundig, daß die Positur jüdischer Autoren deutscher Sprache in der westdeutschen Nachkriegsliteratur hochgradig spezifisch sein mußte, sondern daß diese Positur selbst eine zusätzliche Perspektive auf die westdeutsche Literatur, ihre Voraussetzungen und Bedingungen, freilegt – eine Perspektive, die, indem sie konstitutive Momente deutschen Schreibens im Nachkrieg erfaßt, sich zusehends als historiographisch unverzichtbare zu erkennen gibt. Die vorliegende Studie

[12] Dokumentiert in der Frankfurter Presse vom 8. bis 12. Juni 1959. Vgl. die zusammenfassende Darstellung in Verf.: *Das teure Experiment – Satire und NS-Faschismus.* Opladen 1996, S. 233-239.

[13] George Steiner: „Eine Art Überlebender". In: ders.: *Sprache und Schweigen* (Anm. 1), S. 13-32; die Kritik an der deutschen Nachkriegsliteratur unter dem Titel „Das hohle Wunder" dort S. 129-146.

[14] Vgl. die Reaktionen in *Sprache im technischen Zeitalter* – Sonderheft: Deutsch – gefrorene Sprache in einem gefrorenen Land? Heft 6/ 1963 sowie Kap. III.

zielt darauf, diese Stellung jüdischer Schriftsteller aus der objektiven, je auch biographisch verbürgten – und virulenten – Erinnerungs*differenz* zur Majorität der deutschen Schriftsteller und ihres Publikums hinsichtlich der Jahre 1933–1945 zu begreifen; sie zielt zugleich darauf, diese Erinnerungsdifferenz *einschließlich* ihrer spezifischen literaturhistoriographischen Valenz auszuschreiben: zur konstituierenden Grundtatsache einer analytischen Sichtweise auf die deutsche Nachkriegsliteratur, die die Kategorie einer *Konkurrenz* der Erinnerungen als ein zentrales Paradigma für das deutsche Schreiben nach 1945 und ihre betriebsförmige Selbstorganisation erkennbar werden läßt.

*

Distanz zu diesen grundlegenden erinnerungspolitischen Maßgaben und Strukturen ihrer heimischen literarischen Verhältnisse hat die westdeutsche Germanistik über Jahrzehnte nicht zu entwickeln vermocht; mit beträchtlicher Verspätung erst setzten ihre Bemühungen ein, die klaffende Lücke zu schließen, die hinsichtlich einschlägiger analytischer Arbeiten zum westdeutschen Literaturbetrieb im Vergleich zu den Germanistiken im europäischen Ausland und in den USA entstanden war. Im historischen Abriß der Entwicklung wird schonungslos deutlich, wieviel eine Untersuchung wie diese noch heute, da eine Fülle hochrangiger Studien aus der deutschen Germanistik zum Themenkreis literarischer Erinnerungsarbeit im NS-Kontext inzwischen vorliegt, den Beiträgen und Anregungen aus dem Ausland zu verdanken hat.

Die Versuche Adornos, unmittelbar nach seiner Rückkehr aus dem US-amerikanischen Exil 1949 die kurrenten Vorstellungen über Kunst und Kultur unter dem Eindruck der Massenvernichtung einer Revision zu unterziehen, blieben mehr als ein Jahrzehnt ohne belegbaren Eindruck. „Die auferstandene Kultur“ (1949), „Kulturkritik und Gesellschaft“ (1951), „Minima Moralia“ (1951), „Zur Krisis der Literaturkritik“ (1952), „Standort des Erzählers im zeitgenössischen Roman“ (1954), „Rede über Lyrik und Gesellschaft“ (1957) entfalteten erst ab etwa Mitte der 60er Jahre im westdeutschen Kulturbetrieb Wirkung, etwa in der Begriffsarbeit, wie sie Reinhard Baumgart für eine zeitgenössische Kulturkritik in Deutschland zu entwickeln begann („Unmenschlichkeit beschreiben“, 1965)[15]. Hinweise auf problematische Implikationen der literarischen Erinnerungs- und Reflexionsarbeit westdeutscher Autoren blieben in den Jahrzehnten davor und auch noch für Jahre danach weitgehend Beobachtern von

[15] In Reinhard Baumgart: *Literatur für Zeitgenossen. Essays.* Frankfurt am Main 1966, S. 12-36.

,draußen' überlassen. Auf George Steiners vergeblich auf Debattenfähigkeit spekulierende kritische Intervention von 1959/1963[16] folgte mit André Reszlers „Le national-socialisme dans le roman allemand contemporain"[17] 1966 der erste systematische Versuch einer methodisch entwickelten und begründeten Perspektive auf die Darstellung des Nationalsozialismus in der deutschen Literatur. Interessiert nicht am Widerschein („reflet") des Nationalsozialismus in den Texten, sondern an ihrem spezifischen Beitrag zur genaueren Einsicht in das politische Phänomen[18], vertraut diese Untersuchung auf eine oft zu positivistisch-einsinnige Textbetrachtung, zulasten einer Ausdifferenzierung der verwendeten ästhetischen Kriterien und des an ihnen entwickelten Instrumentariums. Durch die Einbeziehung von Textbeispielen auch aus dem Exil, auch aus der Zeit vor Kriegsende, ignoriert Reszler die Epochenschwelle 1945 und rekonstruiert auf diese Weise die konkrete historische Unmittelbarkeit deutscher Nachkriegsliteratur zur literarischen Erkenntnisarbeit etwa Arnold Zweigs, Thomas Manns und Hermann Brochs, mithin jene Nähe, die die Gruppe 47 gerade hatte ,aufheben' wollen. Und tatsächlich: Im Vergleich insbesondere mit Manns „Doktor Faustus" und Brochs „Versucher" erkennt Reszler am deutschsprachigen Roman der Nachkriegszeit – in dessen Betrachtung er Werke etwa von Andersch und Böll einbezogen hat – unübersehbare Schwächen: „[...] malgré cette ,bonne volonté' évidente, le roman allemand offre une contribution, somme toute, assez maigre à la connaissance du phénomène national-socialiste. Il est impuissant – artistiquement impuissant – devant les événements"[19]; Reszler diagnostiziert einen „échec partiel des auteurs allemands de notre époque".[20]

Mit seinem Buch „Language and Silence" (deutsch 1969)[21] setzte George Steiner kurz darauf jenen Meilenstein, durch den die internationale Debatte um Kunst und Kultur ,nach Auschwitz', um Aufklärung und Gegenaufklärung im Zeitalter der Massenvernichtung, noch heute nicht vollständig absehbare Impulse erhalten hat. Mit Freud und Lukács, Trotzki und Lévi-Strauss, vor allem aber mit Adorno wie Benjamin annähernd gleichermaßen vertraut, entwickelt Steiner eine Perspektive auf sein Zeitalter, die er – für sein deutsches Publikum mit besonderem Nachdruck (Vorwort „An den deutschen

16 Vgl. oben und Anm. 14.
17 Lausanne 1966.
18 Ebd., S. 11.
19 Ebd., S. 129.
20 Ebd., S. 140..
21 George Steiner: *Language and Silence*. New York 1967; *Sprache und Schweigen. Essays über Sprache, Literatur und das Unmenschliche* [Auswahl aus den Essays der amerik. Originalausgabe], Frankfurt am Main 1969.

Leser") – kennzeichnet als stets mitbestimmt durch die eigene Zeitgenossenschaft als Sohn jüdischer Eltern. Im Vortrag ‚leidenschaftlicher' als Adorno, demonstriert Steiner in den verschiedensten Genres – ob autobiographischer Bericht oder Buchrezension, Essay, Abhandlung oder Polemik – intellektuelle Praxis im Epochenbewußtsein ‚Auschwitz'. In den Dienst einer historiographischen Perspektive gestellt, die nicht nur auf deutsche Literatur zielt, offenbart diese Kondition jenes analytische Potential, ohne das eine kritische Geschichtsschreibung der deutschen Literatur auch künftig schwerlich auskommen wird.

Eine ganz singuläre Stellung kommt Frank Trommlers Beiträgen zu Thomas Koebners 1971 erschienenen „Tendenzen der deutschen Literatur seit 1945"[22] zu: Erstmals finden Fragen nach Ort und Darstellung der Vernichtungsverbrechen in der deutschen Nachkriegsliteratur als kategoriale Kriterien Eingang in literaturhistoriographische Arbeit. In seinem Kapitel „Der zögernde Nachwuchs. Entwicklungsprobleme der Nachkriegsliteratur in Ost und West" charakterisiert er die Verfassung der westdeutschen Literatur Anfang der sechziger Jahre wie folgt: „Im Grunde galt immer noch, was Stephen Spender nach seiner Rundreise durch Deutschland 1946 im ‚Ruf' festgestellt hatte: ‚Diese wirkliche innere Umkehr setzt notwendig voraus, daß das, was geschehen ist, auch anerkannt wird, und gerade dieses Anerkennen trifft man am wenigsten in Deutschland, wenn man über eine düstere und apathische Hinnahme der materiellen Lage ... einmal hinwegsieht'."[23] Erst solches Anerkennen hätte, so Trommler, die Rede vom ‚Nullpunkt' legitimiert; indem es ausblieb, sei er „endgültig versäumt"[24] worden. Stattdessen habe „ein Nullpunkt-Denken, das die historischen Prämissen noch mehr zur Seite schob, als es ohnehin nach dem Krieg geschehen war"[25], als prekäre „literarische Selbsthilfe" von Autoren fungiert, die „nicht vom [...] Wege" abkommen wollten, den sie sich mit Gründungsmythen und Zielvorstellungen „selbstgesteckt" hatten: Ursprung des Schreibens im Krieg; Warnung vor etwaigen künftigen Katastrophen; völlige Vorbildlosigkeit.[26] Doch auch die gegen Ende der fünfziger Jahre einsetzende kritische Deutung der gesellschaftlichen Restaurationserscheinungen durch vorwiegend jüngere Autoren mündete, so Trommler, in affirmative Effekte: „Die Gewissensfragen der Schriftsteller und Publizisten [...] erhielten manche Resonanz, von ihnen lernte man zu formulieren,

22 Stuttgart 1971.

23 Frank Trommler: „Der zögernde Nachwuchs. Entwicklungsprobleme der Nachkriegsliteratur in Ost und West". In: Thomas Koebner (Hg.): *Tendenzen der deutschen Literatur seit 1945* (Anm. 22), S. 1-116, dort S. 69.

24 Ebd.

25 Ebd., S. 33.

26 Ebd., S. 13.

was dieses schlechte Gewissen eigentlich sei – und machte sehr bald das Klischeewort von der ‚unbewältigten Vergangenheit' daraus. Die zunächst erstaunliche Wirkung von ‚Das Tagebuch der Anne Frank' spiegelt diesen Vorgang."[27] Erst den ab 1958 einsetzenden großen NS-Prozessen schreibt er, neben dem Generationswechsel, jene Wirkung zu, die „die Wendung in eine nüchterne Bestandsaufnahme"[28] der deutschen Verhältnisse in ihrer Literatur ermöglichte. – Ähnliche Bedeutung kommt Trommlers Kapitel „Realismus in der Prosa" zu. Sie gründet weniger in seinen Einzeldarstellungen und -beurteilungen als in der Konsequenz, mit der Zweiter Weltkrieg und Vernichtungsverbrechen als das zentrale Faktum den kritischen literaturhistoriographischen Maßstab konkret begründen: als Ausgangspunkt einer skeptischen Neueinschätzung des Vermögens realistischer Schreibweise – aber auch als Maßstab eines ‚gelingenden' Realismus. Schon eingangs heißt es: „Nach dem, was sich in der modernen Geschichte ereignet hat, erscheint es fraglich, ob Realismus das geeignete Kriterium ist, um die Entwicklungen in der modernen deutschen Literatur zu erfassen. [...] Es erweist sich, daß gerade nach dem, was sich in der modernen deutschen Geschichte ereignet hat, die Frage nach dem Realismus unumgänglich geworden ist."[29] Trommler hält – in einem Blick auf die Wirkung etwa von Thomas Manns „Doktor Faustus" – fest: „Kritik und Publikum in Westdeutschland waren gegen Gesamtabrechnungen eingestellt. Sie erkannten als realistisch, was auf den individuellen Erfahrungen von Millionen Menschen beruhte."[30] Und auch hier, wie schon im Kapitel „Der zögernde Nachwuchs", markiert Trommler mit Nachdruck die zentrale Stellung, die „die Verbrechen an den Juden" in der analytischen Perspektive einnehmen: „In der Auseinandersetzung mit diesem Geschehen erlebte die rückwärtsorientierte, der Entmythologisierung verpflichtete Nachkriegsliteratur ihre entscheidende Herausforderung."[31]

Charakteristisch für eine sich als kritisch verstehende Germanistik in Nachraum der antiautoritären Bewegung war jedoch eher der Blickwinkel, den Kurt Batt in seinen „Revolte intern"[32] überschriebenen „Betrachtungen zur Literatur in der Bundesrepublik Deutschland" auf das Verhältnis zwischen NS-Vergangenheit und deutscher Gegenwartsliteratur einrichtete. Wohl stellt Batt – in seinem Kapitel „Die Lücke und der Rahmen – Vergangenheitsbewältigung in west-

[27] Ebd., S. 69.
[28] Ebd., S. 77.
[29] Frank Trommler: „Realismus in der Prosa". In: Thomas Koebner (Hg.): *Tendenzen der deutschen Literatur seit 1945* (Anm. 22), S. 179-275, dort S. 179.
[30] Ebd., S. 215.
[31] Ebd., S. 243.
[32] München 1975.

deutscher Prosa" – die Frage: „Wie gut [...] ist das Gedächtnis der Literatur?"[33]; und von entscheidender Bedeutung ist für ihn der „Zusammenhang von Gegenwart und Vergangenheit, von Naziideologie und bürgerlichem Wohlstand, von Antisemitismus und Antikommunismus"[34]. Auch seine Beobachtung einer „Unmittelbarkeitskomponente" – die sich etwa in „Wortschatz und Sprachfärbung [...], in der genauen Wiedergabe kleinbürgerlicher Redensarten, Naziphrasen, [...] des Militärjargons"[35] ausdrücke – weist auf seine besondere Aufmerksamkeit auf die ästhetische Umsetzung der „Aktualität der Hitlerei"[36]. Doch wenn Batt das Phänomen, daß „der Faschismus nicht als etwas Abgelebtes retrospektiv beschrieben, sondern buchstäblich als Bestandteil des bundesdeutschen Heute erkannt und dargestellt wird"[37], zurückbindet an die „Phase der Notstandsgesetzgebung"[38], oder auch, wenn er Weiss' „Ermittlung" würdigt mit dem Hinweis einzig darauf, daß das Drama „etwas sichtbar" mache „vom Mechanismus bürgerlicher Macht und ihrer – trotz äußerer Veränderungen – gleichbleibenden Handhabung"[39] – dann deutet sich an, was bei genauerer Lektüre des Buches vollends erkennbar wird: daß die Vernichtungsverbrechen durchaus *nicht* als Kernereignis des NS-Faschismus begriffen sind und folgerichtig bei der Musterung der literarischen Werke keine zentrale Rolle spielen. Es ist diese spezifische, aus den Prozessen *deutscher* Politisierung („Notstandsgesetzgebung") entstandene Konditionierung, durch die vor allem jene Werke in den Hintergrund rücken müssen, deren Entstehung andere Quellpunkte hatte als die politische Entwicklung der antiautoritären Bewegung und ihrer Erinnerungspolitik: die der jüdischen Autoren. – Daß gleichzeitig mit Batt der Aspekt des „Fortleben[s] des Vergangenen in der Gegenwart" im literaturhistoriographischen Abriß gleichwohl schon auf den Holocaust hin zu spezifizieren begonnen wurde, belegt etwa Andreas Huyssens Blick auf das westdeutsche Nachkriegsdrama, das er hinsichtlich der Thematisierung von „KZ und Völkermord"[40] kritisch mustert.

Zehn Jahre nach Reszlers Studie, 1976, erscheint die erste einschlägige Untersuchung in Westdeutschland, Franz Futterknechts

[33] Ebd., S. 76.
[34] Ebd., S. 92.
[35] Ebd., S. 81.
[36] Ebd., S. 97.
[37] Ebd.
[38] Ebd., S. 76.
[39] Ebd., S. 99.
[40] Andreas Huyssen: „Unbewältigte Vergangenheit – Unbewältigte Gegenwart". In: Reinhold Grimm, Jost Hermand (Hg.): *Geschichte im Gegenwartsdrama*. Stuttgart u. a. 1976, S. 39-53, dort S. 43.

„Das Dritte Reich im deutschen Roman der Nachkriegszeit“.[41] Schon im Vorwort wird die Auswahl vorwiegend älterer Autoren (Thomas Mann, von Heiseler, Wiechert, Langgässer, von Salomon) mit dem Hinweis darauf begründet, daß „der Beitrag des literarischen Nachwuchses zur Bewältigung der nationalsozialistischen Vergangenheit keineswegs überwältigend ist. Autoren der älteren Generation erwiesen sich in ihrer Auseinandersetzung mit dem Dritten Reich sowohl in der Reflektiertheit ihrer Kritik an faschistischer Philosophie als auch in der Substanz ihrer Bewältigungsansätze bei weitem interessanter“[42]. Im Mittelpunkt der Untersuchung stehen „Theorie und Aufarbeitung der nationalsozialistischen Vergangenheit“[43] in den ausgewählten literarischen Werken. Als Arbeit im historischen ‚Nachraum‘ der antiautoritären Bewegung gibt sich Futterknechts Schrift mehr noch als im Duktus ihres Untertitels – „Untersuchungen zur Faschismustheorie und Faschismusbewältigung“ – in der signifikanten gleichzeitigen An- und Abwesenheit der Massenvernichtung im Text zu erkennen: Auch wenn Benjamin – mit einem Auszug aus „Der Autor als Produzent“[44] – und Baumgart – gar mit einer Bemerkung über Auschwitz und Eichmann als „Fluchtpunkt aller Analysen“[45] – herbeizitiert werden, bleibt unerkannt, daß die Vernichtungspolitik, als das Kernereignis des Nationalsozialismus, konstitutiv jede einschlägige, sich noch so ‚autonom‘ wähnende Äußerung strukturell mitbestimmte. Besonders offenkundig wird diese Leerstelle in der analytischen Aufmerksamkeit, wenn Langgässers „Theorie über den Faschismus und die soziokulturelle Krise der Neuzeit“ im „Unauslöschlichen Siegel“ einsinnig auf den „katholischen“[46] Ort der Autorin rückbezogen wird; selbst das ‚Katholische‘ an den hier dargestellten Auffassungen kann jedoch erst dann vollständig historisch erkennbar werden, wenn die existentielle Erfahrung der Autorin mit der NS-Rassenpolitik – als notwendig zentrale, dabei ‚vor-ideologische‘ Konstituante ihres Schreibens – mit ins Bild rückt.

Was dieses Buch Futterknechts noch nicht vermocht hatte: eine Zäsur zu setzen in der ‚Geschichte‘ der Befassung der westdeutschen Germanistik mit dem NS-Themenkreis in der deutschen Nachkriegsliteratur, leistete im Jahr darauf, 1977, die von Hans Wagener herausgegebene Aufsatzsammlung „Gegenwartsliteratur und Drittes Reich – Deutsche Autoren in der Auseinandersetzung mit der Vergangenheit“.[47]

41 Bonn 1976.
42 Ebd., S. 4.
43 Ebd.
44 Vgl. ebd., S. 10 f.
45 Vgl. ebd., S. 40.
46 Ebd., S. 183.
47 Stuttgart 1977.

Wageners Buch entwickelt erstmals eine Vorstellung von Umfang und Beschaffenheit der Aufgabe, die sich der germanistischen Zunft – nun deutlich überfällig – stellte; diese Vorstellung hat im Vorwort programmatischen Ausdruck gefunden. Nach einem Hinweis u. a. auf die Bedeutung der „Wechselbeziehungen zwischen Textentstehung und politisch-sozialer Realität zum Abfassungszeitpunkt" heißt es in einer demonstrativen Wendung gegen zünftige Traditionen und Gepflogenheiten sodann weiter: „Schreibendes Subjekt und dargestelltes Objekt lassen sich nicht so leicht trennen, wie uns die textimmanente Interpretationsmethode in Deutschland oder der New Criticism in den angelsächsischen Ländern haben weismachen wollen. So ist das Dritte Reich nicht nur ein von abstrakten Autoren bearbeiteter Stoff, sondern es selbst schreibt in ihnen, gewollt oder ungewollt, pro oder contra, noch mit, zumal die meisten Autoren ihre geistige Prägung in der zeitgenössischen Auseinandersetzung mit dem Dritten Reich gewonnen haben, sei es als Landser, Emigranten oder Zu-Hause-Gebliebene, als Oppositionelle, Mitläufer, Betrogene oder Begeisterte. Insofern ist die Literatur, die das Dritte Reich thematisiert, Gericht und Spiegel von Betroffenen für Betroffene. In diesen Teufelskreis kritisch einzudringen, Subjektives, soweit möglich, an Objektivem zu messen ist eine der Aufgaben dieses Buches."[48] Der historische Rang des Buches besteht jedoch nicht nur in der Formulierung dieser Aufgabenstellung, die bis heute nicht abgearbeitet ist, sondern zu kaum geringerem Anteil in dem Maß, in dem die versammelten Aufsätze – oft beispielhaft – Perspektiven und Methoden an diesen Fragen bereits zu entwickeln und zu differenzieren vermocht haben. Wertvolle Aufschlüsse vermittelt noch heute etwa Guy Sterns und Dorothy Wartenbergs Aufsatz „Flucht und Exil. Werkthematik und Autorenkommentare"; und Rainer Nägeles Böll-Studie „Die große Ordnung und die kleine Anarchie" ist von der Böll-Forschung noch nicht eingeholt worden.[49] Zwar trägt auch dieser Band seine Zeitsignatur, wenn die zentrale Aufmerksamkeit der meisten Studien der Darstellung des Aufstiegs des Nationalsozialismus und seiner Massenbasis gelten, meist zulasten, wenn nicht unter eindeutiger Marginalisierung des Vernichtungsgeschehens. Doch anders als Futterknechts Studie – und gewiß auch strukturell begünstigt durch den Gruppencharakter –, deutet die Mehrzahl der in Wageners Buch versammelten Untersuchungsansätze auf jene auch kategoriale Entwicklungsfähigkeit, die sich – wenn auch erst nach Ablauf etlicher weiterer Jahre – tatsächlich erweisen sollte.

[48] Ebd., S. 7.

[49] Vgl. aber Klaus Briegleb: „Vergangenheit in der Gegenwart". In: ders. und Sigrid Weigel (Hg.): *Gegenwartsliteratur seit 1968* (in Anm. 10), S. 73-116, hier S. 82 f.

Schon zuvor waren die verschiedenartigen Bemühungen vor allem US-amerikanischer Literaturwissenschaftler um Einsicht in die Beziehungen zwischen Literatur und Massenvernichtung in die Etablierung und Diskussion der Kategorie „Holocaust Literature“ gemündet; Lawrence Langers „The Holocaust and the Literary Imagination“[50] von 1975 und Alvin H. Rosenfelds „A Double Dying – Reflections on Holocaust Literature“[51] von 1980 halfen, jene neue Perspektive auf Texte im Nachraum des Holocaust einzurichten, die auf Erkenntnisse über den zivilisationsgeschichtlichen Ort der singulären Katastrophe zielt. Symptomatisch für diese Orientierung ist schon Langers und Rosenfelds – in Deutschland bis zu diesem Zeitpunkt und weit darüber hinaus ausgebliebene – intensive Diskussion von Steiners „Language and Silence“.[52] Das paradigmatische Gewicht der Forschung zur „Holocaust Literature“ liegt jedoch zum einen in der ihr immanenten, kategorialen Anerkenntnis einer „centrality“[53] der Massenvernichtung für die moralische und kulturelle Existenz der gesamten westlichen Welt, zum andern in dem aus dieser Kondition abgeleiteten Projekt einer radikalen Komparatistik. Indem Texte von Celan, Sachs und Hochhuth, aber auch von Siegfried Lenz, Günter Grass und Uwe Johnson[54] neben einer Fülle literarischer Zeugnisse in englischer, französischer, italienischer, spanischer, jiddischer, hebräischer und in weiteren Sprachen betrachtet werden, rückt erstmals auch deutsche Literatur in eine entschieden auf den Fluchtpunkt der Epochenkatastrophe ausgerichtete Perspektive; die Verbindlichkeit nationalliterarischer Traditionen und Konventionen verliert an Gewicht.

Daß im Fall der deutschen Literatur den nationalen Besonderheiten sehr wohl unverringert konstitutive Bedeutung zugesprochen werden muß, zeigt die 1979 erschienene erste Gesamtdarstellung der deutschen literarischen Produktion unter dem Aspekt ihrer Stellung zu Nationalsozialismus und Massenvernichtung – auch diese Studie entstand nicht in Deutschland: Jean Paul Biers „Auschwitz et les nouvelles littératures allemandes“.[55] Biers im Ansatz sozialgeschichtlich angelegtes Referat der politischen, ideologischen, sozialen und medialen Verhältnisse in den ersten drei Jahrzehnten der Bundesrepublik, darunter eine detaillierte Studie zu den „Théories et politiques de la honte collective“, die Kennzeichnung der Vernichtungspolitik

[50] New Haven 1975.

[51] Bloomington 1980.

[52] Vgl. Langer: *The Holocaust and the Literary Imagination* (Anm. 50), S. 14 f., und Rosenfeld: *Double Dying* (Anm. 51), S. 136 ff. u. ö.

[53] Rosenfeld: *Double Dying* (Anm. 51), S. 4.

[54] Letztere in Hamida Bosmajian: *Metaphors of Evil: Contemporary German Literature and the Shadow of Nazism*. Iowa City 1979.

[55] Bruxelles 1979.

als „l'axe central de toute l'évolution idéologique de la seconde république allemande" und seine überzeugende Darstellung der engen Anlehnung der literarischen an die ideologische und, umfassender, gesellschaftliche Entwicklung weisen erstmals auf diesem Niveau „le fait irrécusable" nach, „qu'Auschwitz et les crimes du nazisme sont au centre des préoccupations de presque tous les écrivains allemands d'aujourd'hui".[56]

Nur kurze Zeit später, 1982, legte der israelische Historiker Saul Friedländer mit seinem Buch „Reflets du nazisme"[57] eine Studie vor, deren scharfsinnige Analyse deutscher, aber auch französischer, italienischer und US-amerikanischer Bücher und Filme aus den sechziger und siebziger Jahren ein prekäres Faszinationskontinuum des Nationalsozialismus diagnostizierte. Lesbar als eklatante Bestätigung der zentralen These Biers, dabei unzweideutig als diskurspolitische Intervention gedacht, suchte Friedländer eine Aufmerksamkeit, auch Sensibilität in die – nicht nur professionelle – Befassung mit Werken zur NS-Thematik einzuführen, die in der deutschen Germanistik, auch nach der deutschen Ausgabe 1984, ähnlich wie Steiners Buch, keine Spuren hinterließ.

Wenn in der westdeutschen Germanistik vorläufig kein Anschluß vor allem an die grundlegende Arbeit von Bier stattfand, so setzte doch Anfang der achtziger Jahre ein verstärktes Interesse an Juden und Judentum in der deutschsprachigen Literatur ein. Eine Sonderstellung kommt dabei der Frage nach der Darstellung von Juden in der deutschen Literatur zu. Bereits ab Ende der sechziger Jahre in den USA aufgeworfen[58], hatte sie bei aller Begrenzung beträchtliches analytisches Potential erwiesen. Nancy Lauckner etwa hatte „philosemite stereotypes" in der deutschen Nachkriegsliteratur ausgemacht und die Neigung, Juden statt als „person[s] with the usual virtues and flaws" als „a special case of good and evil" abzubilden: „Contemporary authors fervently seek but seldom achieve this balanced image of the Jews."[59] Die 1983 erschienene Studie von Christiane Schmelzkopf, „Zur Gestaltung jüdischer Figuren in der deutschsprachigen Literatur nach 1945"[60], aber auch Heidy M. Müllers „Die Judendarstellung in der deutschsprachigen Erzählprosa"[61] vom Jahr darauf

[56] Ebd., S. 10.

[57] Paris 1982; *Kitsch und Tod. Der Widerschein des Nazismus.* Aus dem Französischen von Michael Grendacher. München, Wien 1984.

[58] Kurt Salomon Maier: *Images of the Jew in Postwar German Fiction and Drama (1945-1965)*, New York 1969.

[59] Nancy A. Lauckner: „The Jew in Post-War German Novels: A Survey". In: *Leo Beack Yearbook*, Vol 20 (1975), S. 275-291, hier S. 291.

[60] Hildesheim, Zürich, New York 1983.

[61] Königstein im Taunus 1984.

haben die überraschenden wie unzweideutigen Ergebnisse, die dieser Untersuchungsfokus zutage gefördert hatte, ins deutsche Forum eingeführt; wenn es auch erst wieder eine Stimme aus den USA war, Ruth Angress (d. i. Klüger), die 1985 in ihrem Aufsatz „A ‚Jewish Problem' in German Postwar Fiction"[62] aus diesen Ergebnissen mit aller Deutlichkeit Schlüsse hinsichtlich der Grundkonstitution deutscher Nachkriegsliteratur zu ziehen vermochte.

Mit ihrem Sammelband „Juden und Judentum in der Literatur" eröffneten die Herausgeber Herbert A. Strauss und Christhard Hoffmann[63] 1985 eine literaturwissenschaftliche Bemühung, die den Ort des jüdischen Schriftstellers in der deutschen, aber auch in anderen europäischen Literaturen vor der Zäsur der Vernichtungspolitik zu rekonstruieren suchte. Studien zu Lessing und Heine, Kafka und Tucholsky fungieren dabei auch als Erinnerungs- und Gedenkarbeit. Der von Gunter E. Grimm und Hans-Peter Bayerdörfer herausgegebene, im gleichen Jahr erschienene Band „Im Zeichen Hiobs – Jüdische Schriftsteller und deutsche Literatur im 20. Jahrhundert"[64] bezeugt schon in seiner ausführlichen programmatischen Einleitung genaue Einsicht in das akute politische Gewicht, das diesem Gegenstand jetzt beigemessen wurde. Kennntisse sowohl des „Sozialprofils des deutschen Judentums im letzten Jahrhundert" sowie von „Alte[m] Judenhass und neue[m] Antisemitismus", aber auch der Begriffsbildung einer „‚jüdischen Literatur' in der völkisch-nationalsozialistischen Literaturdoktrin" gelten jetzt als integrale Voraussetzungen angemessenen Verständnisses von Autoren wie Schnitzler und Lasker-Schüler, Wolfskehl und Wassermann, Kraus und Döblin, Kafka, Brod, Feuchtwanger u. a. bis zu Canetti und Celan, denen die Einzelstudien gewidmet sind. Wenn das Buch „Juden in der deutschen Literatur" von 1986, herausgegeben von Stéphane Moses und Albrecht Schöne[65], mit seinen Untersuchungen zu Isachar Falkensohn Behr, Salomon Maimon, Karl Emil Franzos und Joseph Roth, Bloch und Benjamin diese Studien fortzusetzen scheint, kommt ihm dennoch ein besonderer Stellenwert zu: als Dokumentation des ersten in Israel abgehaltenen Symposions zwischen deutschen und israelischen Literaturwissenschaftlern unter Beteiligung der erst 1977, gegen erhebliche Widerstände gegründeten Abteilung für Deutsche Sprache und Literatur an der Hebräischen Universität Jerusalem. Die kurzen

62 In: *Modern Judaism*, Jg. 5 (1985), vol. 3, p. 215-233. Eine deutsche Übersetzung ist erschienen unter dem Titel „Gibt es ein ‚Judenproblem' in der deutschen Nachkriegsliteratur?" in *Neue Sammlung*, 26. Jg., Heft 1, S. 22-40, wiederabgedruckt in Ruth Klüger: *Katastrophen*, Göttingen 1994, S. 9-38.

63 München 1985.

64 Königstein im Taunus 1985.

65 Frankfurt am Main 1986.

Vorbemerkungen der Herausgeber erinnern daran, daß von einer ‚Normalisierung' der deutschen Germanistik in ihrer Auseinandersetzung mit Nationalsozialismus und Massenvernichtung, erst recht in der unmittelbaren Begegnung ihrer Vertreter mit israelischen Kollegen und ihren gemeinsam unternommenen Kommunikations- und Kooperationsversuchen, keine Rede sein konnte: „[...] Diskussionen, die von beiden Seiten in großer Sachlichkeit und mit ungemeiner Aufrichtigkeit geführt worden sind [...]. Sie hatten nichts zu tun mit den Vorstellungen, welche sich der schauerlichen Redeweise von einer ‚Bewältigung' unserer Vergangenheit bedienen, und sie zielten keineswegs auf ein Versöhnungsfest ab; alle Beteiligten wußten, wie weit das außerhalb des auch nur Denkbaren liegt. [...] Während eine gemeinsame wissenschaftliche Arbeit von Israelis und Deutschen vor allem in den Naturwissenschaften, selbst in den Bereichen der Theologie, Archäologie oder Geschichte schon lange nichts Außerordentliches mehr ist, muß ein israelisch-deutsches Symposion zur deutsch-jüdischen Literaturgeschichte doch noch immer als etwas Ungewöhnliches gelten. Es rührt an Wunden, die nicht vernarben."[66] Im Rahmen auch der bei dieser Gelegenheit gehaltenen Referate wird im Blick Manfred Karnicks auf deutsche Nachkriegsliteratur, die „‚jüdisches Schicksal'" behandelt, festgestellt, „wie unvermerkt das Erfahrene in das Gewollte, das Erlebte in das Behauptete, der Trost in die Vertröstung ausgleiten und die historische Wirklichkeit beiseiteschieben kann."[67]

Eine systematische Musterung der westdeutschen Germanistik nach Beiträgen zur Erhellung des Verhältnisses zwischen deutscher Literatur und NS-Massenvernichtung wird spezifische Erwartungen an jene Teildisziplin richten, die wie keine andere die historische Schnittstelle zwischen deutscher Literatur und lebensgeschichtlicher Erfahrung der NS-Vernichtungspolitik in den Mittelpunkt ihrer Bemühungen gerückt hatte: die deutsche Exilforschung. Doch später noch, nicht etwa früher, als bei ihren Kollegen sind Judentum und Holocaust in der deutschen Exilforschung thematisch geworden. Im Mai 1989 hatte Ernst Loewy erstmals die Forderung nach einem „Paradigmenwechsel in der Exilliteraturforschung" erhoben. Doch erst Mitte der 90er Jahre wurde daran anzuknüpfen versucht mit der Bemühung um einen kritischen und selbstkritischen „Rückblick"[68];

[66] Ebd., S. 7 f.

[67] Ebd., S. 11.

[68] Auf die Ursachen dieser Entwicklung kann hier nicht näher eingegangen werden. Vgl. Ernst Loewy: „Zum Paradigmenwechsel in der Exilliteraturforschung", in: *Exilforschung – Ein internationales Jahrbuch*, Bd. 9 (1991), S. 208-217; Lutz Winckler: „Mythen der Exilforschung?", in: *Exilforschung – Ein internationales Jahrbuch*, Bd. 13 (1995), S. 68-81; *Exilforschung – Ein internationales Jahrbuch*, Bd. 14 (1996) [= Themenband „Rückblick und Perspektiven"], darin u.a. Verf.: „Fünfzig Jahre ‚danach'. Zum Antifaschismus-Paradigma in der deutschen Exilforschung", S. 133-149.

inzwischen war die spezifische Chance der Exilforschung vertan, kraft ihrer genuinen Nähe zu historischen Erfahrungen und Zeugnissen der NS-Epoche problemöffnende oder anders maßgebliche Beiträge zu einem besseren Verständnis des Verhältnisses zwischen deutscher Literatur und dem Holocaust zu liefern; nur langsam findet die Teildisziplin Anschluß an jene Einsichten, die unterdessen anderswo erarbeitet wurden.

1989 und 1992 erscheinen jene beiden Bücher, die bis heute gültige Maßstäbe für jede literaturwissenschaftliche Bemühung um Einsicht in das Verhältnis zwischen NS-Vergangenheit und literarischer Gegenwart gesetzt haben: Klaus Briegle bs „Unmittelbar zur Epoche des NS-Faschismus“[69] sowie Brieglebs und Sigrid Weigels Geschichte der „Gegenwartsliteratur seit 1968“.[70] In dem in den verschiedensten Konstellationen beobachteten Sachverhalt, daß „die Vernichtung der Menschen im Strom der Dokumente verewigt, an den Quellen im Archiv das zerstörte menschliche Antlitz aber am Ursprung der Zerstörung unmittelbar festgehalten“[71] sei, erkennt Briegleb das Ursprungsmoment eines vielfältig ausdifferenzierten Attributs der Unmittelbarkeit zur Epoche des NS-Faschismus, das sich den verschiedensten Erscheinungen der gesellschaftlichen Gegenwart anheftet. Im Blick auf dieses Phänomen – seiner allenthalben anzutreffenden, offenkundig unhintergehbaren Wirksamkeit – wächst der Unmittelbarkeit eine kategoriale Qualität zu, deren ‚literaturhistoriographische‘ Folge Briegleb in die Worte faßt: „Diese furchtbare Unmittelbarkeit setzt jede wissenschaftliche, historische, literarische ‚Gattungs’-Rede außer Kraft. Die ‚Gattung‘ im Dokumentenstrom nach Auschwitz und Plötzensee in Deutschland ist Unmittelbarkeit.“[72] Poetische Rede, die unverändert Kontakt zum „Quellpunkt der Poesie“[73] halten will, aber auch jene, die gar programmatisch „hellbewußt“[74] zu erinnern trachtet, gerät in dieser Perspektive ‚unwillkürlich‘, zwingend ins magnetische Feld dieser Unmittelbarkeit: Indem sie durch „keine ‚aktuellere‘ Unmittelbarkeit“[75] einholbar, übertreffbar ist, sondern allenfalls direkt integriert oder artifiziell wiederholt werden kann und auf diese Weise literarische Arbeit *auf sich hin* disponiert, wächst der zunächst nur am Ort des Archivs beobachteten „furchtbaren Unmittelbarkeit“ kategoriale Bedeutung zu. Diese kategoriale Bedeutung wird fortgesetzt beglaubigt gerade

69 Frankfurt am Main 1989.
70 München/Wien 1992.
71 Briegleb: *Unmittelbar* (Anm. 69), S. 70.
72 Ebd.
73 Ebd., S. 91.
74 Ebd., S. 71.
75 Ebd.

dort, wo sie bewußt zu leugnen getrachtet wird. Hier, in den zahllosen Modi des Sprechens innerhalb des sprachpolitischen Blocks, an dem auch literarische Rede teilhaben kann, äußert sich Unmittelbarkeit in Diskurs*brüchen*, tritt als „Alte[s]“ „schonungslos zwischen und in den Worten hervor“.[76] Anerkennung, d.i. Einsicht in die historisch-kategoriale Qualität der Unmittelbarkeit bildet jedoch die Voraussetzung der Fähigkeit, einen „Neuanfang zuhörenden Sprechens“[77] nicht nur für denkbar, sondern auch erreichbar zu halten. Ein „Neuanfang des Sprechens“ wäre die Kennung dafür, daß „wir aus der Unmittelbarkeit zur Epoche des Faschismus hinausgetreten seien.“[78]

Diese in den einleitenden „Diskursanalytischen Variationen“ des „Unmittelbar“-Buches entwickelten Überlegungen werden in der „Gegenwartsliteratur seit 1968“ zu literaturhistoriographischen Skizzen ausdifferenziert. Unmittelbarkeit zur Epoche des NS-Faschismus wird literarisch eingegangen, gewagt, indem die Autoren „‚primärhistorisierende‘ [...], ‚subjektgeschichtliche‘ Arbeit am NS-Trauma“ verrichten; „sie wird geleistet von Subjekten, die zur ‚Wahrheit‘ ihrer Geschichte kommen, indem sie die ‚Wendepunkte‘ ihres Lebens aktualisieren.“[79] Ingeborg Bachmann gilt Briegleb, neben Peter Weiss, als die paradigmatische Schriftstellergestalt, die ihr Werk im Zeichen solcher subjektgeschichtlichen Anstrengung verfaßt habe. Mit der Bemerkung, daß „mehr Wahrheit über das gesellschaftliche NS-Kontinuum aufgeschrieben werden kann, wenn die Analyse aufgerissen wird in die subjektiven Vertikalen der Verstörung im Tätervolk“[80], ist direkt auf eine Formulierung Bachmanns angespielt, die als Metapher subjektgeschichtlich verfaßten Schreibens lesbar ist: „‚Es gibt in der Kunst keinen Fortschritt in der Horizontale, sondern nur das immer neue Aufreißen einer Vertikale‘“.[81] Im Vermögen literarischen Erinnerns, seine eigene Unmittelbarkeit und die der Gegenwart zur Epoche des NS-Faschismus zu erkennen und auszudrücken, profiliert Briegleb die potentiell oppositionelle Stellung solchen Schreibens zum sprachpolitischen Block: Daran, „wie intensiv eine subjektgeschichtliche Arbeit [...] und wie sehr sie Kunst geworden sei“, entscheide sich das Maß der „neuen Intensität“, das die Literatur „gegen die Versöhnungs- und Normalisierungsideologie“

[76] Ebd., S. 42.
[77] Ebd., S. 54.
[78] Ebd., S. 49.
[79] Klaus Briegleb: „Vergangenheit in der Gegenwart“, in: Briegleb/ Weigel (Hg.): *Gegenwartsliteratur seit 1968* (Anm. 10), S. 73-116, dort S. 76.
[80] Briegleb: „Negative Symbiose“ (Anm. 10), S. 134.
[81] Ingeborg Bachmann: „Fragen und Scheinfragen“. Frankfurter Vorlesungen I (1959). In: dies.: *Werke*. Herausgegeben von Christine Koschel u. a.. München, Zürich 1978, Bd. 4, S. 182-199, hier S. 195. Vgl. auch Briegleb: *Unmittelbar* (Anm. 69), S. 65.

aufzubieten vermöge; auf diese Weise werde Kunst wieder eingesetzt – als das „Gegenstück zu ‚Normalisierung' ".[82]

Zwei Aspekte verdienen im Kontext der Entwicklung des erkenntniskritischen Bewußtseins des Faches besondere Beachtung: Zum einen war hier das schon im Band von Wagener (1977) angerissene Desiderat einer Vergewisserung über die psychischen Grundsachverhalte als Aggregate der Gegenwart des Nationalsozialismus in ihrer Bedeutung für die literarische Arbeit mit bisher unbekannter methodenreflexiver Konsequenz erstmals eingelost worden; zum andern rückten die „Diskursanalytischen Variationen", aber auch die Untersuchungen der „Gegenwartsliteratur seit 1968" die Projekte literarischen Erinnerns wieder an ihren ursprünglichen historischen Ort: im gesellschaftlich-politischen Bezugsnetz akuter sprachpolitischer Interessen und Zwänge zwischen Literaturbetrieb, politischer und literarischer Öffentlichkeit. Ein weiteres Moment, das vielleicht in der wegweisenden Studie „Negative Symbiose" am offenkundigsten wird, ist für das hier vorgestellte literaturwissenschaftliche Arbeiten darüber hinaus kennzeichnend: Aufmerksamkeit auf jene kritischen Bemühungen, die sich *jenseits* der Fächergrenzen, dafür zuweilen an den Schnittpunkten vitaler aktueller Kontroversen, ihrerseits um ein genaueres Begreifen des Anteils der nationalsozialistischen Vergangenheit an der gesellschaftlichen und politischen Gegenwart bemühen. Dan Diner ist hier ein Signalname. Im Anschluß an die von Halbwachs begründete[83], in neuerer Zeit vor allem von Aleida und Jan Assmann, Amos Funkenstein und Yosef Hayim Yerushalmi[84] ausdifferenzierte Begriffs- und Entwicklungsgeschichte kollektiver Erinnerung hat Diner, wie sonst vielleicht nur noch Saul Friedländer[85], dem Blick auf spezifische Gemengelagen gegenläufiger Gedächtnisse analytische Kraft zum Verständnis der verschiedensten politischen, aber auch kulturellen Sachverhalte im historischen Nachraum des Nationalsozialismus abgewonnen.[86] Die Kennt-

82 Briegleb: *Unmittelbar* (Anm. 69), S. 81; Briegleb: „Negative Symbiose" (Anm. 10), S. 138, 141.

83 Maurice Halbwachs: *La mémoire collective*. Paris 1950 (deutsch: Stuttgart 1967).

84 Aleida und Jan Assmann, Christof Hardmeier (Hg.): *Schrift und Gedächtnis – Beiträge zur Archäologie der literarischen Kommunikation*. München 1983; Jan Assmann: *Das kulturelle Gedächtnis – Schrift, Erinnerung und politische Identität in frühen Hochkulturen*. München 1992; Yosef Hayim Yerushalmi: *Zachor: Erinnere dich! Jüdische Geschichte und jüdisches Gedächtnis*. Berlin/W 1988; ders.: *Ein Feld in Anatot – Versuche über jüdische Geschichte*. Berlin 1993; Amos Funkenstein: „Collective Memory and Historical Consciousness", in: *History and Memory: Studies in Representation of the Past* 1/1 (1989), S. 5-26.

85 Vgl. Saul Friedlander: *Memory, History, and the Extermination of the Jews of Europe*. Bloomington and Indianapolis 1993.

86 Vgl. neben seinen regelmäßig in *Babylon. Beiträge zur jüdischen Gegenwart*. Frankfurt am Main 1986 ff. erschienenen Essays vor allem *Kreisläufe. Nationalsozialismus und Gedächtnis*. Berlin 1995.

nisnahme dieser Arbeit und ihrer Erträge hat sich unterdessen als konstitutiv für jede einschlägige literaturwissenschaftliche Anstrengung erwiesen.

Die in diesen, aber auch anderen Aspekten entwickelte historisch-reflexive und kritisch-fragende Genauigkeit in den genannten Büchern von Briegleb und Weigel erfüllt – im Blick auf die seit Anfang der neunziger Jahre rasant anschwellende Zahl germanistischer Veröffentlichungen zum Thema – darüber hinaus eine weitere Aufgabe: Sie gibt einen Maßstab an die Hand, der jene Hervorbringungen des Fachs unweigerlich kenntlich macht, die kaum oder gar nicht mehr dem Forschungsgang, dagegen hauptsächlich dem zusehends am Markt etablierten Trend geschuldet sind. Doch auch nach Abzug dieser Schriften, die ein knapper Forschungsabriß wie dieser *per definitionem* nicht zum Gegenstand haben kann, bleibt die Menge der in den vergangenen Jahren vorgelegten literaturwissenschaftlichen Studien zum Themenbereich des Nationalsozialismus in der deutschen Nachkriegs- und Gegenwartsliteratur kaum übersehbar. Statt jedoch diese und jene Ausdifferenzierungen des vorgängigen Forschungsstands zu referieren, sei an dieser Stelle die Breite des Spektrums der Veröffentlichungen mit einem Blick auf drei Titel bezeichnet, die alle in den Jahren 1993 und 1994 erschienen sind. Sie mögen für jene Vielfalt, auch die Gleichzeitigkeit der Ansätze und Methoden stehen, mit denen gegenwärtig – 17 Jahre nach Wagener, 15 nach Bier – in Deutschland zur Stellung des Holocaust in der deutschen Literatur literaturwissenschaftlich gearbeitet wird.

Der von Manuel Köppen herausgegebene Band „Kunst und Literatur nach Auschwitz“[87] kann als Beispiel jener Sammelbände gelten, die zwar unzweideutig auf neue wissenschaftliche Einsichten zielen, in denen gleichwohl die Trendforderung des Marktes deutliche Spuren hinterlassen hat. Sie äußert sich symptomatisch zum einen in der Behandlung ausgewählt ‚prominenter‘ Schlüssel-Themen, -Autoren oder -Werke zum Thema „Holocaust und Literatur“ – ‚klassisch‘: Adornos ‚Diktum‘, Celan, Sachs –, zum andern in der Ermangelung eines erkennbaren Anschlusses an den aktuellen nationalen oder gar internationalen Forschungsstand. Klaus Laermanns Paraphrasierung der Position Adornos repräsentiert dabei eine für diese Bände charakteristische Dehnung, genauer: Überdehnung zuzugestehender Pluralität und Heterogenität von Methoden- und Problembewußtsein: Wenn er Adornos Worte umstandslos als „Verbot“ deutet, das „ein Tabu“ errichtete; wenn ihm zufolge „Adornos Satz [...] den Opfern der Lager sowie denen, die sie überlebten, und nicht zuletzt denen, die wie Celan das Überleben nicht überlebten, Unrecht getan“ habe; wenn

[87] Berlin 1993.

Laermann, in ‚Anschluß' an Adorno, zur Lyrik nach 1949 äußert: „Aber war die wirklich barbarisch und nicht vielmehr nur schlecht?"[88] – dann werden hier Defizite in der Kenntnis etwa der Sekundärliteratur zu Adorno, vielleicht auch der Terminologie des Philosophen offenkundig, die schließlich auch die Ergebnisse infrage stellen müssen. Noch bedeutsamer aus heutiger Sicht wirkt dagegen ein anderer Sachverhalt, der gleichfalls exemplarisch in Köppens Band – und erneut im Aufsatz Laermanns – deutlich wird: die spezifische Disposition dieser Veröffentlichungen zum Themenkreis Holocaust und Literatur, im Diskurs ‚politisch korrekter' Rede offen, aber auch verborgen retrospektive Korrekturen an deutscher Erinnerungs- und Mentalitätsgeschichte vorzunehmen. Wie ‚unversehens' sich eine solche Revision einzuschleichen vermag, dokumentiert etwa eine einleitende Bemerkung wie die, Adornos Schlußworte aus „Kulturkritik und Gesellschaft" von 1949 lägen „seit vierzig Jahren lähmend auf dem Bewußtsein jener Intellektuellen in Westdeutschland, die angesichts des industrialisierten Völkermords an den europäischen Juden nicht von der Gnade einer späten Geburt zu faseln bereit sind."[89]

Einen kategorial anderen Ort im Spektrum der literaturwissenschaftlichen Arbeit repräsentiert der von Jens Stüben und Winfried Woesler ebenfalls 1993 herausgegebene Acta-Band zu dem Osnabrücker Symposion „Beiträge jüdischer Autoren zur deutschen Literatur seit 1945" unter dem Titel „Wir tragen den Zettelkasten mit den Steckbriefen unserer Freunde".[90] Die Rekonstruktionsarbeit am Ort jüdischer Autoren in der deutschen Literatur, die Mitte der achtziger Jahre mit Schwerpunkten auf dem 19. und dem ersten Drittel des 20. Jahrhunderts eingesetzt hatte[91], wird hier für die Jahrzehnte nach 1945 fortgeführt; in der Fokussierung auf deutschsprachige Autoren in Israel gelingt darüber hinaus nicht nur im Blick auf diese Autorengruppe eine produktive Zuspitzung der Fragen nach den Konditionen jüdischer Autoren deutscher Sprache seit Kriegsende. Der Band steht jedoch vor allem für ein charakteristisches, genuin politisches Ethos: Im Hinweis zum einen auf die unverändert lastenden Hypotheken im politischen Alltag Deutschlands, für die der fortdauernde rechtsextremistische Terror auf deutschem Boden als Kürzel

[88] Ebd., S. 12, 14.

[89] Ebd., S. 11. Vgl. Burkhardt Lindner: „Was heißt: Nach Auschwitz?", in: Verf., Holger Gehle, Doron Kiesel, Hanno Loewy (Hg.): *Deutsche Nachkriegsliteratur und der Holocaust.* Frankfurt am Main 1998, S. 283-300, hier S. 285: „[...] ich kann versichern, daß die [...] Behauptung falsch ist [...]. Die seltsame Argumentation suggeriert, seit 40 Jahren hätten Intellektuelle und Künstler nichts Dringenderes im Sinn gehabt, als Auschwitz aufzuarbeiten, allein die Autorität Adornos habe es ihnen verwehrt. Umgekehrt war es wohl [...]."

[90] Darmstadt 1993.

[91] Vgl. oben.

genannt wird, zum andern darauf, daß das Gespräch mit den Überlebenden des Holocaust im *eigenen*, dem *deutschen* Interesse angestrebt werden müsse[92], suchen sich die hier versammelten Beiträger nicht nur über den politischen Ort ihrer Arbeit zu vergewissern; sie stellen sich damit auch implizit, doch deutlich, in Gegensatz insbesondere zu jenen neueren und neuesten Erscheinungen des germanistischen Betriebs, die die Thematisierung von Holocaust, Judentum und Nationalsozialismus als Modus einer ‚kulturellen' Wiedergutmachung mißverstanden oder gar mit Bedacht funktionalisiert haben. Die Beiträge des Osnabrücker Bandes dokumentieren gerade in ihrer Verschiedenartigkeit die Variationsbreite der Ansätze und Methoden, kraft deren ein solches politisches Selbstverständnis in literaturwissenschaftliche Arbeit nicht nur eingeht, sondern sie entscheidend mitkonstituiert. Dieses Selbstverständnis findet – neben Beiträgen Alexander von Bormanns, Jakob Hessings, Hartmut Steineckes, Beda Allemanns und anderer zu Erich Fried, Else Lasker-Schüler, Jenny Aloni, Max Rychner, Stephan Hermlin, Jurek Becker – seinen wohl kontroversesten Ausdruck in Gert Sautermeisters kritischer Re-Lektüre von Edgar Hilsenraths „Der Nazi & der Friseur".

Sigrid Weigels „Beiträge zur Gegenwartsliteratur" unter dem Titel „Bilder des kulturellen Gedächtnisses"[93] schließlich rücken die Voraussetzungen literarischen Erinnerns in den Mittelpunkt der analytischen Aufmerksamkeit. In ihrer „Reflexion der Erinnerungstätigkeit selbst", der „Bilder und Mythen, der Medien und Sprachmuster, der Figuren und Szenarien, in denen die Erfahrung sich niederschlägt und Gestalt gewinnt"[94], entwickelt Weigel im Anschluß an theoretische Überlegungen besonders Benjamins zu Schrift und Gedächtnis einen neuen analytischen Zugang gerade auch zu den Textzeugnissen, denen die „Spuren einer deutschen Geschichte nach der Shoah"[95] immanent sind. Im Mittelpunkt ihres Blicks stehen „Momente des Erwachens im historischen Sinne, [...] Spuren und Bilder des Gewesenen und Jüngstvergangenen, die um Verwicklungen in die Konflikte deutscher Geschichte kreisen: um Opfer-Täter-Beziehungen, um Kontinuitäten einer Kriegs- und Aufbaumentalität nach 45 und um Bilder des Fremden, die der eigenen Geschichte eingeschrieben sind"[96]. Die Studien zu Werken Anne Dudens, Christa Wolfs, Ingeborg Bachmanns und Anna Seghers', aber auch Alfred Anderschs zeigen nicht nur auf, „daß die Fortschreibung oder Zerstörung tradierter Bilder der Vergangenheit nicht selten mit einer Befragung etablierter Geschlechterverhältnisse

92 Vgl. Stüben/ Woesler (Hg.): „*Wir tragen den Zettelkasten...*" (Anm. 90), S. 15.
93 Dülmen-Hiddingsel 1994.
94 Ebd., S. 9.
95 Ebd., S. 11.
96 Ebd., S. 14.

verknüpft ist"[97]; mit ihren Skizzen vor allem von Körper- und Bildgedächtnissen in literarischen Texten weisen sie erneut auf die historisch und theoretisch noch bei weitem nicht vollständig abgeschrittene Vielfalt literarkulturell verfaßter Erinnerungstätigkeit.

Die heute vorliegenden und laufend fortgeschriebenen literaturwissenschaftlichen Arbeitsergebnisse zum Themenkreis sind zweifellos mehr von einem *Neben-* statt einem produktiven *Mit*einander der verschiedenen Ansätze und Methoden gekennzeichnet. Es ist der Leser, dem die Herstellung solcher spezifischen Produktivität aufgegeben bleibt; und das Vertrauen in dieses Vermögen grundiert die meisten einschlägigen Studien der letzten Jahre. Zu ihnen zählen, neben vielen anderen, der von Sigrid Weigel und Birgit R. Erdle herausgegebene Band „Fünfzig Jahre danach – Zur Nachgeschichte des Nationalsozialismus"[98]; das von Norbert Oellers veranstaltete Sonderheft der „Zeitschrift für deutsche Philologie", „Vom Umgang mit der Schoah in der deutschen Nachkriegsliteratur"[99]; die unter dem Titel „Das Politische im literarischen Diskurs" vorgelegten „Studien zur deutschen Gegenwartsliteratur", herausgegeben von Sven Kramer[100]; oder auch Sander L. Gilmans pointierte Wortmeldung „Jews in Today's German Culture"[101]. Von der Vielfalt der in diesen Untersuchungen geübten Blickwinkel ist notwendig auch jener Sammelband bestimmt, der erstmals seit Jean Paul Biers wegweisender Arbeit von 1979 eine Gesamtdarstellung des Verhältnisses deutschsprachigen Schreibens zur Vernichtungspolitik versucht: der 1998 vorgelegte Band „Deutsche Nachkriegsliteratur und der Holocaust".[102] An dessen Konzeption hatten die methodologischen Überlegungen dieser Studie bereits ihren Anteil.

*

Dieser Blick auf die einschlägige literaturwissenschaftliche Produktion verdeutlicht, vor welche Probleme das Projekt einer umfassenden Untersuchung zur Stellung jüdischer Autoren deutscher Sprache in der westdeutschen Literatur und seinem Betrieb notwendig gestellt war. In den wenigsten, selbst in den autormonographischen Studien etwa war die Verfaßtheit öffentlicher wie literarischer Rede über und mit jüdischen Schriftstellern als eine konstitutiv auf Verabredungen basierende, *diskursförmige* Sprechweise mit akuter gesellschaftlicher

97 Ebd.
98 Zürich 1996.
99 Berlin 1995.
100 Opladen 1996.
101 Bloomington 1995.
102 Vgl. Anm. 89.

Funktion begriffen; keine Wahrnehmung war methodisch einläßlich entwickelt worden für die spezifischen Bedingungen, denen etwa die Interaktion zwischen jüdischen Autoren deutscher Sprache untereinander *vor deutschem Publikum* ausgesetzt war; und auch die literaturhistorische Arbeit, die die explizite Diskurs- und Literaturpolitik des westdeutschen Literaturbetriebs mit ihren eklatanten Folgen für jüdische Autoren in Deutschland aufzuzeichnen sucht, steht erst am Beginn.[103] Es ist das Verdienst Sander Gilmans, als einer der ersten in verschiedenen Veröffentlichungen[104] darauf hingewiesen zu haben, in welchem Maße der Raum, in den ein jüdischer Autor deutscher Sprache ‚hinein'-spricht, nicht nur durch die historischen Fakten der jüngsten Vergangenheit, sondern zugleich durch eine Fülle teilweise hochkomplexer, höchst virulenter sprachpolitischer Maßnahmen vorkonditioniert ist.

An dieser Stelle setzt die vorliegende Studie an. Sie begreift die Produktion und das öffentliche Wirken jüdischer Autoren deutscher Sprache in der westdeutschen Nachkriegs- und Gegenwartsliteratur als historische Konkretionen einer – bei allen noch so extremen Unterschieden – *gemeinsamen* Positur: im *Gegenüber* zum Gros der deutschsprachigen Autoren und ihrer Arbeit, in das die objektive Erinnerungsdifferenz sie unweigerlich stellte. Es ist dieser Ort – als Schauplatz energischster Versuche der Einflußnahme von ‚außen', aber auch der fortgesetzten Bemühungen der jüdischen Autoren deutscher Sprache, diesen Ort als den ihnen tatsächlich eigenen zu gewinnen–, der im Zentrum der Perspektive steht; einer Einstellung, die manch neue Aussichten nicht nur auf die Werke jüdischer Autoren und ihrer Entstehungs- und Wirkungsbedingungen freigeben wird, sondern nicht weniger auf zentrale Konstituanten deutscher Nachkriegsliteratur ‚an sich', d. i. auf ihre Geschichte.

Für diese Perspektive ist grundlegend, daß der je neu zu beschreibende, hier mit dem Kürzel des *Gegenübers* gekennzeichnete Ort jüdischer Autoren deutscher Sprache in der westdeutschen Nachkriegsliteratur nicht definitorisch mit „jüdischem Schreiben", auch nur „jüdischer Erinnerung" gleichgesetzt wird. Es hieße, den Bedeutungsgehalt dieser Begriffe auf's Eklatanteste zu verkennen, sollten hier im

103 Vgl. Klaus Briegleb: „‚Neuanfang' in der westdeutschen Nachkriegsliteratur – Die ‚Gruppe 47' in den Jahren 1947–1951". In: Sigrid Weigel, Birgit R. Erdle (Hg.): *Fünfzig Jahre danach* (Anm. 98), S. 119-163. Auch abgedruckt in : Verf.(Hg.): *Bestandsaufnahme – Studien zur Gruppe* 47. Berlin 1999, S. 35-63.

104 Sander Gilman: „Jüdische Literaten und deutsche Literatur. Antisemitismus und die verborgene Sprache der Juden am Beispiel von Jurek Becker und Edgar Hilsenrath". In: *Zeitschrift für deutsche Philologie*. 107. Band 1988, Heft 2, S. 269-294; ders.: *Rasse, Sexualität und Seuche – Stereotype aus der Innenwelt der westlichen Kultur*. Reinbek bei Hamburg 1992; ders.: *Jüdischer Selbsthaß*. Frankfurt am Main 1993.

Wege historiographischer Rekonstruktion ermittelte Attribute, die den Ort jüdischer Autoren in Westdeutschland und ihrer Werke beschreiben, einsinnig mit Traditionszusammenhängen identifiziert werden, deren Bestimmung in der internationalen Diskussion zum einen denkbar unabgeschlossen ist, deren Anwendung zum andern auf die hier beobachteten Sachverhalte und darüber hinaus eine spezifisch an ihnen entwickelte Untersuchungsanordnung erfordern würde. Die in diesem Fragenkomplex berührte, methodologisch konstitutive Problematik markiert noch einmal, gleichsam ‚von innen her', die Perspektive der Studie. Sie hat ihren Ausgangspunkt in der Einsicht, daß nicht die je individuell spezifische Stellung des jüdischen Autors deutscher Sprache im Traditionskontinuum der – vielsprachigen – jüdischen Literatur seinen Ort in der westdeutschen Literatur und ihrem Betrieb bestimmen – diese Stellung war der deutschen Rezeption meist ohnehin dauerhaft verborgen geblieben. Bestimmend für den *spezifischen*, den eigentümlichen Ort jüdischer Autoren in der westdeutschen Nachkriegsliteratur ist vielmehr ein einziger ‚sozialgeschichtlicher' Sachverhalt: ihre Nicht-Teilhabe an der kollektiven Erfahrung der Mehrheit der Deutschen zwischen 1933 und 1945 sowie deren subjektgeschichtliche Aufzeichnung – der anderen Erinnerung. Es ist diese akut literaturpolitisch verfaßte *Schnittstelle* zwischen der westdeutschen Literatur einerseits und dem literarischen Äußerungsbegehren, auch der Äußerungsnot jüdischer Autoren andererseits, die im Mittelpunkt der Rekonstruktionen dieser Studie steht; und es hieße, die Öffnung des Literaturbetriebs gegenüber den jüdischen Autoren, d. h. die Größe dieser Schnittstelle zu überschätzen – und auch die Spezifität des literarischen Handelns ‚drüben' zu verkennen –, erwartete man durch sie hindurch eine integrale Sicht auf das, was nach 1945, und vor allem auch nicht nur in Deutschland, „jüdisches Schreiben" bedeutet haben mag.

Doch auch dies ist zu bedenken: Eine Erinnerung an die – vor allem von 1933 bis 1945 – in katastrophischer Gegenläufigkeit zum Erleben der Deutschen gemachten Erfahrungen der Juden als „jüdische Erinnerung" terminologisch in Umlauf zu setzen, verkürzte fahrlässig, was gerade auch in den letzten Jahren über den Raum jüdischen Erinnerns überhaupt hat verdeutlicht werden können.[105] Unhintergehbar bleibt dagegen diese eine Signatur nationalsozialistischer Vernichtungspolitik gegen Juden: ihre im NS-Ausrottungs-Antisemitismus besiegelte Differenz zu aller bisher historisch erlebten Verfolgungslogik gegenüber politischen Gegnern. Es ist diese Signatur, die die Erinnerung jüdischer Autoren, noch neben der Erinnerung nicht-jüdischer Antifaschisten, notwendig zur ‚anderen' machen mußte.

105 Vgl. Yerushalmi (Anm. 84).

Verlauf und Beschaffenheit der weiter oben bereits im Kontext methodologischer Reflexion erwähnten „Schnittstelle“, d. h. auch: die Konstituanten der Stellung jüdischer Autoren in der westdeutschen Nachkriegsliteratur können naturgemäß kaum annähernd vollständig in einer einzigen Studie zur Darstellung kommen; gleichwohl zielt die Untersuchungsanordnung auf ein Optimum genauer Einsicht sowohl in die Varationsbreite als auch in die Entwicklung der einschlägigen Sachverhalte. An dieser Maßgabe wächst den Werken Grete Weils, Wolfgang Hildesheimers und Edgar Hilsenraths ihr für den Gegenstand dieser Studie paradigmatisches Gewicht zu. Die kategorial voneinander verschiedenen Lebens-, vor allem auch: *Über*lebenswege dieser Autoren – im Untergrund; im Exil; im Vernichtungsghetto – markieren zunächst den grundlegenden Sachverhalt, daß sie in den Kontakt zur westdeutschen Literatur kaum eine gemeinsame Disposition – *außer* der der jüdischen Verfolgungserfahrung – mit einbrachten. Zum zweiten besetzen ihre Werke unterschiedliche, teilweise weit voneinander entfernt liegende Segmente auf dem Markt und in der Öffentlichkeit des deutschen Literaturbetriebs: Hildesheimer hatte als Mitglied der Gruppe 47 schon ab 1951 rasch Zugang zu Betrieb und Markt, und dort zur ‚1. Reihe‘, gefunden – ein Status, der nominell durch die großen Literaturpreise 1966 bestätigt wurde; Grete Weil verharrte dreißig Jahre am äußersten Rand öffentlichen Literatur-‚Lebens‘, unterbrochen nur durch schwankende Aufmerksamkeit auf ihre sporadischen Veröffentlichungen, bis zum Erfolg von „Meine Schwester Antigone“ 1980, seit dem sie im Feuilleton den Rang einer ‚gedenkpolitisch‘ zwar wichtigen, poetologisch aber allenfalls mäßig ernstgenommenen Autorin bekleidet; und Edgar Hilsenrath stand, als deutschsprachiger Autor im US-amerikanischen Nach-Exil, in noch ausdrücklicherer Ferne zum westdeutschen Literaturbetrieb, bis seine Rückkehr nach Berlin 1975, vor allem aber die deutschsprachige Erstveröffentlichung von „Der Nazi & der Friseur“ 1977 ihm auf dem Spektakelwege zwar unerwartete Prominenzwerte verschaffte, aber bald auch alle Reserve, die die Kritik den ihnen solcherart ‚beförderten‘ Autoren angedeihen zu lassen weiß.

Ein drittes Moment rückt diese scheinbar wenig zusammengehörigen Autoren und ihre Werke im Kontext der Perspektive nebeneinander: Sie ermöglichen die methodologische Fokussierung auf wesentlich zwei, für die westdeutsche Nachkriegsgeschichte signifikante zeitliche Schwerpunkte. Indem alle drei Autoren sowohl Mitte der sechziger wie Ende der 70er Jahre auf ihre je höchst eigene Weise die Arbeit jüdischer Autoren deutscher Sprache dokumentiert haben, ermöglichen sie – durch die Option synchroner Lektüren – eine entscheidende Steigerung analytischer Sehschärfe im Kontext der Rekonstruktion je konkreter historischer Konstellationen.

Rund dreißig Jahre währte das Zeitfenster jener historisch singulären Chance eines Gesprächs, oder, relativer: des Versuchs eines Gesprächs zwischen jüdischen Überlebenden der NS-Vernichtungspolitik und den Deutschen in der westdeutschen Nachkriegsliteratur. Die Kapitel dieser Studie schreiten diese Spanne ab. Nach einem eröffnenden Blick auf einige der diskurs- und literaturpolitischen Weichenstellungen der allerersten Nachkriegsjahre – verknüpft schon mit Nachrichten aus dem Leben der hier bevorzugt berücksichtigten Autoren zur gleichen Zeit – reißt die Skizze der Steiner-Debatte von 1963 einige jener Konditionen an, unter denen Mitte der sechziger Jahre Weils „Tramhalte Beethovenstraat“, Hilsenraths „Nacht“ und Hildesheimers „Tynset“ erschienen. Auf eine „Momentaufnahme“, die die Autoren im Augenblick der antiautoritären Revolte aufsucht, folgen die Untersuchungen jener Werke, die im Nachraum der Revolte entstanden sind. Kein Text scheint deutlicher als Hildesheimers „Mein Judentum“ von 1978 jene Zäsur zu artikulieren, die das Schreiben jüdischer Autoren deutscher Sprache in Westdeutschland gegen Mitte der siebziger Jahre erfahren hatte; doch es ist Grete Weils erst 1980 erschienene – freilich schon zwei Jahre zuvor im Manuskript abgeschlossene – „Meine Schwester Antigone“, die den poetischen Ausdruck jüdischer literarischer Existenz in einer Literatur, die den jüdischen Schriftsteller deutscher Sprache ‚eigentlich nicht‘ mehr vorgesehen hatte, noch einmal radikalisiert.

Aber keine Radikalisierung ist es, sondern, im Gegenteil: ein allen Texten, die an dem hier beobachteten Ort verfaßt wurden, Genuines, Unhintergehbares, das sie als permanentes Demonstrandum begleitet: daß nichts anderes als gerade „unser Erleben“[106] untrennbar verkettet war mit dem, „was geschah“.[107]

[106] Das Signalwort in Alfred Anderschs „Deutsche Literatur in der Entscheidung“ (Anm. 9).

[107] Theodor W. Adorno: „Meditationen zur Metaphysik“. In: ders.: *Negative Dialektik*. Frankfurt am Main 1975, S. 354-400, dort S. 354.

II. Weichenstellungen (1945 – 1947)

Walter von Molo, Frank Thiess, Erich Kästner contra Thomas Mann / Schriftstellerkongreß Berlin, 1947: Deutscher Konsens / Klaus Mann im deutschen Nachkrieg / Alfred Andersch, Klaus Mann: Zwei Blicke auf die "literarische Szene in Deutschland" / Eine Synopse

1

Als Mitte August 1945 Walter von Molo einen „offenen Brief" in der „Münchner Zeitung" veröffentlicht, in dem er Thomas Mann zur Rückkehr aus seinem kalifornischen Exil in das zerstörte Deutschland auffordert, kurze Zeit darauf Frank Thiess an gleicher Stelle seinen Beitrag „Innere Emigration" veröffentlicht und es in der Folge zu jenem Austausch weiterer „offener Briefe" und „Rundfunkbotschaften" kommt, der Jahre später als „Die große Kontroverse"[1] bezeichnet wird, ist die deutsche Literatur – in der Klärung ihrer Voraussetzungen als *Nachkriegs*literatur – *zurück*geholt in den öffentlichen Diskurs in Deutschland. Eine breite Anteilnahme des deutschen Publikums wird – im Sommer 1945 – entscheidend dadurch ermöglicht, daß nahezu alle lizensierten Zeitungen, aber auch NWDR und BBC der Kontroverse als Medien geöffnet werden. Die Produktion und Lizensierung einer flugschriftartig aufgemachten Dokumentation der wichtigsten Beiträge vermutlich Anfang 1946[2] deutet nicht nur auf ein weitverbreitetes Interesse; sie verweist als literaturpolitische Entscheidung der Besatzungsbehörde zugleich darauf, daß auch diese der Kontroverse ihren spezifischen Status – als wichtigen Beitrag zur Diskussion „gegenwärtiger geistiger Strömungen"[3] – nicht aberkennen mochte. Damit waren auch die äußeren Voraussetzungen für diese *Diskurseröffnung: Deutsche Nachkriegsliteratur* gegeben.

Einer historiographischen Perspektive, die diesem spezifischen Stellenwert der Kontroverse zwischen Molo / Thiess und Mann Rechnung trägt, kann der bloße Hinweis darauf, daß in den Wortmeldungen von Molos und Thiess' die Vernichtung der europäischen Juden unerwähnt bleibt, freilich nicht genügen. Erst ein genauer Blick auf die Modi, in denen solche Tilgung erfolgt, erhellt einige der Konditionen dieser Diskurseröffnung.

[1] Vgl. J.F.G. Grosser (Hg.): *Die große Kontroverse – Ein Briefwechsel um Deutschland*. Hamburg 1963.

[2] Thomas Mann, Frank Thieß, Walter von Molo: *Ein Streitgespräch über die äußere und die innere Emigration*. Dortmund o.J.

[3] Editorial der unter Anm. 2 angeführten Broschüre, S. 2.

Bereits in der Disposition der Debatte als Kontroverse, als ,Widerstreit' ist über den Nicht-Ort der Shoah entschieden: Indem verhandelt wird über die Reaktion des deutschen Schriftstellers auf das ,Ereignis' ,1933', im ,Streit' zwischen den „*beiden* Lösungen"[4]: dableiben oder exilieren, ist die Position des jüdischen Schriftstellers inexistent – für ihn gab es nicht „*beide*" Lösungen, ein Leben in Deutschland war für ihn nicht mehr vorgesehen. Die verhandelte Opposition – „einige gingen ins Ausland [...], andere blieben"[5] – ist *per se* eine ausschließlich deutsche, weil sie als historische schon nur für – nichtjüdische – Deutsche galt. Dieses Moment der Ausgrenzung hat Otto Flake in einem Kommentar der Debatte vom Dezember 1945 genau erkannt – und zugleich im Modus jenes Zeitgeistes, der die Debatte gezeichnet hatte, charakterisiert. Im Zuge seiner Diskussion der Position Thomas Manns kommt Flake auf den Sachverhalt zu sprechen, daß „Mann eine jüdische Frau hatte" – und äußert „unter diesen Umständen" Verständnis für dessen Entscheidung, ins Exil zu gehen –, um dann fortzufahren: „Aber angenommen, die *jüdische Versippung* [Kursivierung Flake] hätte nicht bestanden, würde er sich etwas vergeben haben, wenn er geblieben wäre? In dieser Form hat die Frage grundsätzlichen Charakter."[6] Indem die *Grundsätzlichkeit* einer Frage an das Verhalten des Schriftstellers im und zum NS-Regime nur *jenseits* aller Praxis antisemitischer Verfolgung anerkannt wird, kann die existentielle Kondition dieser Praxis für jüdische Schriftsteller, können diese Schriftsteller selbst im Raum so begriffener ,grundsätzlicher' Fragen nicht thematisch werden.

Diese Implikation deutet bereits ins Zentrum der inneren Verfaßtheit von Thiess' und Molos Wortmeldungen. In der Konfrontation mit dem nominellen Postulat der Erinnerung, das an den Prozeß der ,Neu'-Gründung geknüpft ist[7], gelangen vorzugsweise Deckerinnerungen an die diskursive Oberfläche.

In seinem Aufsatz „Über Deckerinnerungen" charakterisiert Freud die Genese von Deckerinnerungen durch eine Opposition von „zwei psychische[n] Kräfte[n], von denen die eine die Wichtigkeit des Erlebnisses zum Motiv nimmt, es erinnern zu wollen, die andere aber – ein Widerstand – dieser Auszeichnung widerstrebt."[8] Das Ergebnis sei „eine Kompromißwirkung [...]. Das Kompromiß besteht hier darin,

4 Otto Flake: „Der Fall Thomas Mann". In: *Badener Tageblatt*, 8.12.1945. Hier nach Grosser: *Kontroverse* (Anm. 1), S. 51-56, hier S. 55 (Kursivierung S.B.).

5 Ebd.

6 Ebd., S. 53.

7 Vgl. Waltraud Wende-Hohenberger: *Ein neuer Anfang? Schriftsteller-Reden zwischen 1945 und 1949*. Stuttgart 1990, S. 2 u.ö.

8 Sigmund Freud: „Über Deckerinnerungen". In: ders.: *Gesammelte Werke*. Erster Band. London 1952, S. 531-554, hier S. 536.

daß zwar nicht das betreffende Erlebnis selbst das Erinnerungsbild abgibt – hierin behält der Widerstand recht – wohl aber ein anderes psychisches Element, welches mit dem anstößigen durch nahe Assoziationswege verbunden ist. [...] Der Erfolg des Konflikts ist also der, daß anstatt des ursprünglich berechtigten ein anderes Erinnerungsbild zustande kommt, welches gegen das erstere um ein Stück in der Assoziation *verschoben* ist"[9]. Dabei handle es sich um „eine Verschiebung auf der Kontiguitätsassoziation, oder wenn man den ganzen Vorgang ins Auge faßt, eine Verdrängung mit Ersetzung durch etwas Benachbartes (im örtlichen und zeitlichen Zusammenhange)".[10] Die solcherart – durch den „Vorgang: *Konflikt, Verdrängung, Ersetzung unter Kompromißbildung*"[11] – zustandegekommene „Erinnerung, deren Wert darin besteht, daß sie im Gedächtnisse Eindrücke und Gedanken späterer Zeit vertritt, deren Inhalt mit dem eigenen durch symbolische und ähnliche Beziehungen verknüpft ist", nennt Freud „eine *Deckerinnerung*"[12]. Die ihnen zugrundeliegende „Erinnerungsfälschung"[13] gilt ihm als „tendenziöse [...], d.h. daß sie den Zwecken der Verdrängung und Ersetzung von anstößigen oder unliebsamen Eindrücken dient."[14]

In Frank Thiess' öffentlichem Erinnern, das zugleich nichts Geringeres als ein kollektives Erinnern – nämlich das einer „Inneren Emigration" – zu sein beansprucht[15], ersteht das Bild eines Schriftstellers, der, nachdem seine Bücher verbrannt worden waren[16], nicht nur akut bedroht war von „Isolierung", „wirtschaftliche[m] Ruin", „körperliche[m] Zusammenbruch"[17], sondern auch durch „die von Himmler geübte Sippenhaftung"[18]. „Zwölfeinhalb Jahre [mußten wir] zwischen den Hornissenschwärmen der Gestapo, SD, SS, Spitzeln und Wachhunden der Partei unser Brot verdienen"[19], zu einem Zeitpunkt, da „Hunderttausende von Deutschen in den Konzentrationslagern zu Tode gemartert wurden"; „ein Jahr lang mit dem Koffer in der Hand" hatte Thiess „Deutschland [zu durchwandern], jeden Augenblick zur Flucht bereit". „Ich weiß seit sieben Monaten nichts mehr von Frau

9 Ebd.
10 Ebd., S. 537.
11 Ebd.
12 Ebd., S. 546.
13 Ebd., S. 549, 553.
14 Ebd., S. 553. Kursivierung S.F.
15 Frank Thiess: „Innere Emigration". In: Mann, Thiess, von Molo: *Streitgespräch* (Anm. 2), S. 2-3, hier S. 2.
16 Ebd.
17 Ebd., S. 3.
18 Ebd.
19 Frank Thiess: „Abschied von Thomas Mann". In: Mann, Thiess, von Molo: *Streitgespräch* (Anm. 2), S. 5-6, hier S. 6.

und Kind und ob sie noch leben, und weiß trotzdem, daß es ein Vorzug ohnegleichen ist, bei redlichen Freunden ein ruhiges Zimmer und schützendes Dach gefunden zu haben."[20]

Die „nahe[n] Assoziationswege", die Freud zufolge das „ursprünglich berechtigte" mit dem schließlich erstellten Erinnerungsbild verknüpfen, in Rechnung gestellt, wird offenkundig, daß die durch die Erinnerungsbilder *verdeckte* Erinnerung die an die Vernichtung ist. Bewegt sich Thiess zunächst noch im Szenarien-Raum des aus genuin politischen Gründen verfolgten antifaschistischen Schriftstellers – „Bücherverbrennung", „Isolierung", „wirtschaftlicher Ruin" – leitet das Stichwort „Sippenhaftung" schon über in die Sphäre jener anderen Bedrohung, die in den Kürzeln „SS" und „Konzentrationslager" zwar nicht deutlich ausgesprochen, aber doch aufgerufen wird: die der *rassistisch* begründeten Verfolgung. Die *verdeckte*, geleugnete Erinnerung ist die an die Vernichtung; der charakteristische Modus dieser Verdeckung ist die Ersetzung der jüdischen Opfer durch das deutsche Kollektiv – d. h. durch sich selbst. Diese Ersetzung ist vielleicht nirgends deutlicher ausgesprochen als in Molos Eröffnung der Kontroverse, wo er von den „viele[n] Millionen Menschen" spricht, „für die kein anderer Platz auf der Erde gewesen wäre als daheim, in dem allmählich gewordenen großen Konzentrationslager, in dem es bald nur mehr Bewachende und Bewachte verschiedener Grade gab".[21] Es ist die Innigkeit dieser Identifikation mit den tatsächlichen Häftlingen der KZs, die diskurspolitisch entscheidend wird.

Sie äußert sich zum einen in einer hemmungslosen Übertragung der Attribute jüdischer Erfahrung auf die Deutschen nach dem Untergang des NS-Reiches. „Der beispiellose Jammer von Millionen [...] wandernder Kinder, die ihre Eltern verloren haben, Familien, die überall ausgewiesen werden, fürchten müssen, auf den Landstraßen des Ostens zu verhungern oder zu erfrieren, diese unsägliche Hölle von Leid und Grausen" – diese Beschreibung Thiess' gilt nicht etwa den aus den Lagern befreiten *displaced persons*, sondern den „deutschen Ostflüchtlingen"[22]. Zum anderen äußert sich die spezifische Intensität der Identifikation durch eine Aktivierung von Erinnerungen, die einst passiv als jüdische wahrgenommen wurden, nun aber als eigene – zuweilen in gänzlich verändertem Kontext – wiederauferstehen. Wenn Frank Thiess gegenüber Thomas Mann anführt: „Ich habe in unserem Streit nie siegen wollen, ich wollte verstanden werden"[23] – dann

[20] Ebd.

[21] Walter von Molo an Thomas Mann. In: Mann, Thiess, von Molo: *Streitgespräch* (Anm. 2), S. 2.

[22] Frank Thiess: „Abschied von Thomas Mann" (Anm. 19), S. 6.

[23] Frank Thiess antwortet Thomas Mann [Erstausstrahlung im NWDR am 30.12.1945]. In: Mann, Thiess, von Molo: *Streitgespräch* (Anm. 2), S. 7-8, hier S. 7.

spricht er die Rolle, die – *vor* der Katastrophe – Juden im Versuch eines Gespräches mit den Deutschen[24] innegehabt hatten; und auch, wenn Thiess darauf hinweist, daß „[wir], die wir zurückgeblieben waren, vergessen"[25] worden waren, kann die Erinnerung eines Juden ‚plötzlich' zu einer deutschen der „Inneren Emigration" werden. Das Archiv solcher Erinnerungen bestand im Gedächtnis der Täterseite; einem Gedächtnis freilich, das diese Erinnerungen nur verändert, *als andere*, in die Öffentlichkeit oder auch nur ins Bewußtsein entlassen mochte. Allerdings scheint die Nähe solcher Erinnerungsfälschungen zu dem, was war, eher auf eine unangefochtene denn auf eine bedrohte Stabilität des „Widerstands" gegen „das betreffende Ereignis selbst"[26] zu deuten. Im Fall der Kontroverse mit Thomas Mann war es die Belastbarkeit dieses „Widerstands", die über den Ausgang entschied.

Thomas Manns öffentliche Erwiderungen – zunächst auf den Brief von Molos, dann auch auf die Angriffe von Thiess – versäumten zwar nicht, die Beschaffenheit der hier lautgewordenen ‚Erinnerungen' zu denunzieren. Ihren archimedischen Punkt – den Ausschluß jedes *jüdischen* Autors in der *konstruierten* Alternative: Dableiben oder Exilieren[27] – betont Mann jedoch nicht mit jenem Nachdruck, der allein den diesbezüglichen diskurspolitischen Effekt noch hätte aufhalten können. Zwar markiert Mann mit aller Deutlichkeit zu Beginn seiner Antwort an von Molo die spezifische Voraussetzung, unter der allein sich die aufgeworfene Frage *historisch konkret* hatte stellen können, wenn er schrieb: „Der einzelne, *wenn er zufällig kein Jude war*, fand sich immer der Frage ausgesetzt: ‚Warum eigentlich? Die andern tun doch mit! Es kann doch so gefährlich nicht sein'."[28] Doch im Folgenden nimmt er die Ansprache durch von Molo und Thiess an *ihn* wörtlich in dem Sinne, daß er allein auf seine Person bezogen antwortet.[29] Diese Antworten, die die eines vom NS-Faschismus zutiefst „verstörten"[30] deutschen Exilanten waren, boten in ihrer *genuin antifaschistischen* Perspektive auf jenes Land, das ihm unverändert als Heimat

24 Vgl. Gershom Scholem: „Wider den Mythos vom deutsch-jüdischen Gespräch". In: ders.: *Judaica* 2. Frankfurt am Main 1970, S. 7-19, hier S. 8.

25 Frank Thiess: „Innere Emigration" (Anm. 15), S. 3.

26 Sigmund Freud: „Über Deckerinnerungen" (Anm. 8), S. 536.

27 Vgl. Flake: „Der Fall Thomas Mann" (Anm. 4) und oben.

28 Thomas Mann: „Offener Brief für Deutschland". In: *Aufbau* (New York), 28.9.1945, dann *Augsburger Anzeiger*, 12.10.1945. Hier nach Mann, Thiess, von Molo: *Streitgespräch* (Anm. 2), S. 3-5, hier S. 4. Kursivierung S.B.

29 Grundsätzlicher heißt es in Hermann Kurzkes Thomas Mann-Biographie: „Er bezog alles auf sich" (Hermann Kurzke: *Thomas Mann – Das Leben als Kunstwerk. Eine Biographie*. München 1999, hier nach Michael Maar: „Künstler überm Abgrund". In: *Die Zeit*, 17.6.1999, S. 39).

30 Thomas Mann: „Offener Brief für Deutschland" (Anm. 28).

galt, reichhaltige Gelegenheiten, die Position der „Inneren Emigration", wie Frank Thiess sie verstand, unverdrossen weiterzuprofilieren[31].

Es ist offen, ob eine deutliche Distanzierung jener Frauen und Männer, denen das Attribut einer „Inneren Emigration" mit weit größerer Berechtigung zugekommen wäre als von Molo und Thiess, von ihren selbsternannten Wortführern einen anderen Ausgang der Debatte – zumindest in ihrem diskurspolitischen Ergebnis – bewirkt hätte. Daß die „unstreitig vorhandenen Schriftsteller des Inneren Exils sich nicht zum stürmischen Protest gegen solche Wortführer im Briefwechsel mit Thomas Mann erhoben", ist durchaus bemerkt worden.[32] Verheerender für jede Hoffnung auf ein größeres Verständnis der Position Manns unter den Deutschen 1945/46 mußte jedoch die Wortmeldung eines der populärsten – und zugleich politisch integren – Vertreter der „Inneren Emigration" sein: Erich Kästners „Betrachtungen eines Unpolitischen", die am 14.1.1946 in der Münchner „Neuen Zeitung" erschienen. In seinem resümierenden Kommentar der Kontroverse knüpft Kästner ohne Abstriche an jene Darstellung an, die schon von Molo und Thiess gegeben hatten. Zwar hält er fest: „Europa war durch Deutschlands Schuld eine einzige, riesige Ruine geworden." Doch dann heißt es: „Jene Deutschen, die den Krieg und Hitler nicht gewollt hatten, die beides aber auch, trotz allem Bemühen und aller Pein, nicht hatten verhindern können, sahen sich hilfesuchend um. Denn jetzt brauchten sie wie nie zuvor Hilfe. Sie brauchten jemanden, der in der ganzen Welt berühmt und makellos und unverdächtig dastand – Jemanden, um den sich die anderen guten Deutschen, die weniger berühmt und in den zwölf Jahren daheimgeblieben waren, hätten scharen können wie um eine Fahne. Wie um einen Heerführer des Friedens und der Redlichkeit. Die guten anständigen, unberühmten, daheimgebliebenen Deutschen brauchten einen Kristallisationspunkt."[33]

Nach dieser Schilderung der „guten Deutschen" und ihrer Lage fährt Kästner mit einer Charakterisierung Thomas Manns fort, die jener „Bosheit", „Dummheit" und „geheimer Lust am Ruinieren" we-

[31] Vgl. besonders Thiess' unmittelbare Reaktionen auf Manns Antwort an von Molo, „Abschied von Thomas Mann", sowie auf Manns „Rundfunkbotschaft an Deutschland" vom 30.12.1945, eine Erwiderung, die nur eine Stunde nach Ausstrahlung der Mann-Rede vom NWDR gesendet wurde, „Frank Thiess antwortet Thomas Mann" (Anm. 19 und 23), S. 5-6 sowie 7-8.

[32] Vgl. Alexander Abusch: „Die Begegnung". In: *Aufbau* (Berlin), 10/1947, hier nach: Akademie der Künste der Deutschen Demokratischen Republik (Hg.): *Zur Tradition der deutschen sozialistischen Literatur*. Bd. III. Eine Auswahl von Dokumenten 1941–1949. Berlin, Weimar 1979, S. 497-503, hier S. 498. Abuschs Kommentar steht allerdings im Kontext einer expliziten – und problematischen – Politik der ‚Versöhnung', wie sie in diesem Kapitel weiter unten noch genauer dargestellt wird.

[33] Erich Kästner: „Betrachtungen eines Unpolitischen". In: *Neue Zeitung*, 14.1.1946.

nig nachsteht, die Mann an Thiess' Texten beobachtet hatte[34]: „Wenn ich jemanden um hundert Mark bitte, der nur zehn Mark einstecken hat, wenn ich ihn wieder bitte und weiterbitte, muß er mit der Zeit wütend werden. Das ist ja klar. Thomas Mann ist ein Meister in der Darstellung differenzierter Künstlernaturen, kränklicher, überfeinerter, dekadenter Charaktere, er tut sich sogar auf die Bedeutsamkeit des Nichtgesundseins seiner Bücherhelden etwas zugute, und er geht soweit, die Labilität, die Nervosität, die behutsame Abwegigkeit für Tugenden und hohe Werte zu halten. Dieser Kennerschaft und Vorliebe entsprach seit je eine physische Labilität des Autors selber. Die Athleten und Heroen waren ihm immer ein wenig verdächtig, und er ist selber keines von beidem." Gegen Ende seines Beitrags schreibt Kästner: „Es war Torheit, ihn zu rufen. Man hätte ihn viel eher bitten müssen, nur ja und auf alle Fälle drübenzubleiben!" – Eine solche Wortmeldung steht nur scheinbar indirekt zu den verdeckten Implikationen der Rede eines von Molo und Thiess. Im Gegenteil: Mit dem ostentativen Verzicht auf jegliche Kritik, gar auf eine Differenzierung eines Standorts der Inneren Emigration flankierte dieser Beitrag ihre diskurspolitischen Ziele.

Das literaturpolitische Resultat der Kontroverse zwischen Thomas Mann auf der einen, der „Inneren Emigration" auf der anderen Seite bestand – auf der Diskurs-Ebene – darin, daß ein Ort für einen jüdischen Autor deutscher Sprache in solcher Rede – d.h.: in einer programmatischen Perspektive auf den künftigen deutschen Literaturbetrieb – nicht mehr existierte. Im Gespräch zwischen den „Überlebenden" ‚drinnen' und ‚draußen' kam er strukturell schon nicht mehr vor; aber auch alle wesentlichen Attribute, die – nach der Niederschlagung des NS-Regimes und der Öffnung der Lager – einem jüdischen Autor deutscher Sprache *in Deutschland* hätten zukommen müssen, waren von der „Inneren Emigration" in Beschlag genommen worden. Insbesondere schien es keinerlei *Erfahrung am Nationalsozialismus* zu geben, die nicht durch einen Schriftsteller vom Schlage eines Frank Thiess auch künftig adäquat hätte repräsentiert werden können.

Der Ausschlußcharakter, den dieses Resultat als konkrete Politik in sich trug – gewendet gegen jeden jüdischen Autor deutscher Sprache, der etwa zurückkehren und einen ihm eigenen Ort beanspruchen mochte – schwang unüberhörbar in Thiess' Drohung gegen Thomas Mann mit, in der er im Originalton eines völkischen Rassismus „vom Volke" spricht, „das als Ganzes, als Großorganismus, eine untrügliche Witterung dafür hat, ob etwas fremd, ob etwas zugehörig ist."[35]

[34] Thomas Mann: „Rundfunkbotschaft an Deutschland". In: Mann, Thiess, von Molo: *Streitgespräch* (Anm. 2), S. 6-7, hier S. 6.

[35] Frank Thiess: „Abschied von Thomas Mann" (Anm. 19), S. 6.

2

Zwar bedurfte es zu einem diskurspolitischen Ausschluß jüdischer Autoren deutscher Sprache aus der deutschen Nachkriegsliteratur keiner jüdischen Autoren – etwa ‚draußen vor der Tür'. Gleichwohl hat auch dieses Kapitel der deutschen Literatur seine konkrete Sozialgeschichte. Sie wäre zu rekonstruieren aus den Lebensläufen deutscher Juden, die im Wortsinn aus allen Himmelsrichtungen zurückkehrten in ein Deutschland, dessen einstige jüdische Lebensformen – geschweige denn die deutsch-jüdische Literatur – so vollständig nicht nur im Materiellen, sondern auch in der deutschen kollektiven Erinnerung ausgelöscht waren, daß an eine Wiedererrichtung ernsthaft nicht zu denken war. Ein diskurspolitisch wahrnehmbarer, formulierter *Anspruch* auf einen Ort des Schreibens jüdischer Autoren deutscher Sprache ist deswegen nicht registriert, weil dieser Ort im Sinne etwa der Traditionen der Jahre vor 1933 ohne Rest vernichtet und seine Vorstellung als die eines Ortes *in der Erfahrung der Shoah* noch nicht annähernd entwickelt und erarbeitet worden war. Der deutsche Diskurs hatte diesen Ort jedoch zutreffend vor allem als den einer abweichenden Erinnerung erkannt; und damit war die elementare Konfliktmasse benannt, von der keine Begegnung zwischen einem deutschen und einem jüdischen Schriftsteller, jetzt, mehr würde absehen können. Doch während die Träger der deutschen Erinnerung sich bereits nicht ohne Geschicklichkeit zu organisieren und zu formieren begonnen und mit der Selbsternennung zur „Inneren Emigration" schon einen ersten historischen Erfolg erzielt hatten, hatten die jüdischen Überlebenden unter den deutschen Schriftstellern – als Juden – solchem Organisationsgrad nichts entgegenzusetzen. Die Erinnerung jüdischer Autoren als die Erfahrung einer singulären Verfolgungs- und Vernichtungspolitik war im deutschen Literaturbetrieb – nicht in der deutschen Literatur – von 1945 bis 1947 ohne Stimme. Einzig Wortmeldungen aus dem Exil vermochten das Ungleichgewicht zugunsten der deutschen Rede für Augenblicke zu verringern, doch wie wenig weitreichend im Sinne einer jüdischen Erfahrung diese Wortmeldungen waren, verdeutlicht der Part Thomas Manns in seiner Kontroverse mit von Molo und Thiess. Was dann noch blieb, war die unmittelbare, persönliche Begegnung. Sie konnte diskurspolitisches Gewicht erlangen dann, wenn das Forum groß genug, die Umstände repräsentativ waren. Diese Bedingungen waren gegeben beim 1. Deutschen Schriftstellerkongreß vom 4. bis 8. Oktober 1947 in Berlin.

Eingeladen vom „Schutzverband Deutscher Autoren in der Gewerkschaft für Kunst und Schrifttum FDGB", treffen am 4. Oktober im Ostsektor Berlins rund dreihundert Schriftsteller zusammen. Obwohl „alle Schriftsteller, die sich während der vergangenen Nazijahre in ihrem Beruf in irgendeiner Weise kompromittiert hatten“, vorgeblich „nicht eingeladen und daher auch nicht erschienen waren“[36], fand sich doch auch ein Heinrich Anacker auf der Gästeliste des Empfangsabends[37]. Das Spektrum der eingetroffenen Autoren reichte von W. E. Süskind und Rudolf Hagelstange über Ernst Schnabel, Elisabeth Langgässer, Axel Eggebrecht und Günter Weisenborn bis zu Johannes R. Becher, Stephan Hermlin, Friedrich Wolf und Anna Seghers. Erstmals – und, in diesem Rahmen, auch letztmals – trafen deutsche Autoren unmittelbar aufeinander, deren Erfahrungen – nicht zuletzt in der Kontroverse zwischen Mann und Thiess / Molo – als unvereinbar, ja, unvermittelbar wahrgenommen worden waren. Die erschienenen deutschen Autoren, „sie alle“, schrieb Alfred Kantorowicz in seinem „Gruß an den 1. Deutschen Schriftstellerkongreß“, „wie verschieden sie nach Herkunft, Entwicklung, schöpferischer Kraft und Schicksal auch sein mögen, repräsentieren im Umriß die deutsche Literatur unserer Tage“.[38] Was Kantorowicz hier als einen „Umriß“ wahrnahm, sollte im Verlauf des Kongresses zur Demonstration einer „geistigen Einheit“[39] werden. In diesem Ziel trafen drei Motivstränge zusammen. Zum einen drängten zahlreiche Autoren, die die Spaltung der deutschen Literatur in die der ‚Inneren Emigration‘ und die des Exils als schmerzlich empfunden hatten, auf eine Überwindung dieser Spaltung. Zum andern sollte die nachhaltige Betonung der „geistigen Einheit Deutschlands“[40] die bereits allenthalben befürchtete politische Teilung des Landes durch die Besatzungsmächte aufhalten helfen. Darüber hinaus verfolgte die politische Führung der SBZ, die über den federführenden Kulturbund auf Organisation und Verlauf des Kongresses zu wirken suchte, mit der Parole von der „geistigen Einheit Deutschlands“ eigene kultur- und deutschlandpolitische Ziele. Es ist diese spezifisch durchmischte politische Grundierung des Kongresses, vor der der Widerstreit zwischen verschiedenen Erfahrungen, etwa von Exilanten und Daheimgebliebenen, geschweige denn Juden und Deutschen, weitgehend spurlos aufgeht in den vielfältigen Bemühungen, im Szenario des unmittelbar aufbrechenden Kalten Krieges rechtzeitig die aussichtsreichsten Positionen einzunehmen.

[36] Hans Mayer: „Macht und Ohnmacht des Wortes“. In: *Frankfurter Hefte*, 2. Jg. (1947), H. 12 (Dezember), S. 1179-1181, hier S. 1179.

[37] Fritz J. Raddatz: „Wir werden weiterdichten, wenn alles in Scherben fällt ... – Der Beginn der deutschen Nachkriegsliteratur“. In: *Die Zeit*, 12.10.1979, S. 35. – Zu Anacker vgl. Wolfgang Weismantel: „Heinrich Anacker“. In: Walther Killy (Hg.): *Literaturlexikon – Autoren und Werke deutscher Sprache*. Gütersloh/ München 1989, S. 135.

[38] Alfred Kantorowicz: „Gruß an den 1. Deutschen Schriftstellerkongreß“. In: *Ost und West*, 1. Jg. (1947), H. 3 (September), S. 93-94, hier S. 94.

[39] Ebd., S. 93.

[40] Ebd.

Das Aufeinandertreffen exilierter und daheimgebliebener Autoren im Rahmen des Kongresses ist das zentrale Thema des Aufsatzes „Die Begegnung – Die innere und die äußere Emigration in der deutschen Literatur", den Alexander Abusch unmittelbar vor Beginn der Tagung im Berliner „Aufbau" veröffentlicht. Abusch nimmt zunächst auf die Mann-Molo/Thiess-Kontroverse Bezug, um die Argumente „moralisch nicht legitimierter Wortführer"[41] zurückzuweisen. Sodann jedoch kommt er zu sprechen auf „das große Thema des Zusammenfließens der deutschen Literatur der Äußeren und der Inneren Emigration [...], das in dieser Auseinandersetzung um Thomas Mann anklingt." Er beobachtet und stellt fest: „Seit dem Zusammenbruch der Diktatur Hitlers findet, nach der ersten oberflächlichen Wiedersehensfreude, auch allmählich die innere Begegnung zwischen den Schriftstellern von draußen und drinnen statt. Das Gespräch zwischen jenen, welche die zwölf Jahre in Deutschland erlebten und erlitten, und den aus der Fremde Zurückgekehrten steht noch in seinem Anfang. Wenn zwei Gesprächspartner mit sehr verschiedenen Erlebnis- und Erkenntnislinien zusammentreffen, ist eine Übereinstimmung erst im Laufe eines gewissen Zusammenlebens zu erreichen."[42] Die hier demonstrierte Achtung vor der Verschiedenheit der Positionen hindert Abusch jedoch nicht daran, dem Verlauf des von ihm geforderten „redlich geführte[n] Gespräch[s] zwischen den Vertretern der beiden Literaturen" umstandslos vorzugreifen: „Die Schriftsteller des Inneren Exils erweitern jetzt ihren Blick in die anderen Länder und schärfen ihn gleichzeitig für die sozialen Zusammenhänge im eigenen Land. Die heimgekehrten Schriftsteller des Äußeren Exils haben viel von der Kultur anderer Völker gelernt; sie erleben jetzt ihre Begegnung mit dem deutschen Menschen von heute, aus der sie neu zu lernen haben. Weder die Literatur der Äußeren Emigration, so umfangreich und gewichtig sie ist, noch die der Inneren Emigration erheben den alleinigen Anspruch, *die* deutsche Literatur zu sein."[43] Am Ende seines Beitrags schließlich erfährt das „Gespräch" – dessen Zweck der Leser zuvor noch als allgemein-menschlich mißverstehen konnte – eine sehr präzise Zielsetzung: „Es geht um ein Sich-Aussprechen, um ein nahes Sich-Kennenlernen, um ein allmähliches Zusammenwachsen, das die völlige Verschmelzung der beiden Literaturen in gegenseitiger geistiger und künstlerischer Befruchtung erstrebt."[44] – Damit war, an repräsentativer Stelle[45], die zentrale literaturpolitische Zielvorgabe des Kongresses ausgesprochen: „Schaffung der *einen*, wirklich volksverbundenen deutschen Literatur"[46].

41 Alexander Abusch: „Die Begegnung" (Anm. 32), S. 497.
42 Ebd., S. 500.
43 Ebd., S. 502 f.
44 Ebd., S. 503.

Ricarda Huchs „Begrüßung" gibt sogleich das Leitmotiv des Kongresses vor: die Rede von einem „ganzen, einigen Deutschland".[47] „Die Dichter und Schriftsteller", denen sie beiläufig „die Aufgabe der geistigen Führung" zuweist, haben ihr zufolge „eine besondere Beziehung zur Einheit, nämlich durch die Sprache"[48]. Als einen Ausweg aus der gegenwärtigen „Zeit, in der fast alles fragwürdig geworden ist, und wo alle Bemühungen auf Hoffnungslosigkeit, Verbitterung, die Gleichgültigkeit der Entkräftung stoßen"[49], empfiehlt sie den deutschen Schriftstellern, „um ihrer Aufgabe zu genügen, ihre Lehren weniger vor[zu]schreiben als vor[zu]leben, indem sie Weltbürger werden, aber zugleich und in erster Linie Deutsche". Diese ‚Rettung' eines unangefochtenen Deutschtums gelingt Huch durch eine Bewertung der NS-Jahre, in der die deutsche Teilhabe an den Verbrechen als deutsche Schuld schon jetzt eliminiert ist: „Ich bin in den schrecklichen letzten Jahren oft an meinem Volk verzweifelt; aber gleichzeitig habe ich soviel Seelengröße, Opferbereitschaft, Heroismus und hohe Tugend gesehen, und nach dem Zusammenbruch soviel Geduld und Haltung im Ertragen unermeßlichen Elends, daß für mein Gefühl das Schlechte dadurch ausgeglichen ist". Den Tod der vielen von den Nazis ermordeten oder in den Selbstmord getriebenen Schriftsteller begreift sie als Opferung ihres „Leben[s]" zu dem Zweck, „Deutschland zu dienen, Deutschland zu retten"; es ist dieser Kontext, in dem ihnen „jetzt in Treue und Verehrung gedacht werden"[50] soll.

Huchs Rede verdeutlicht an prominentester Stelle, wie auf diesem Kongreß „Einheit" – gleich, ob „geistige Einheit" oder schon „geistige Einheit Deutschlands" – durchaus nicht sorgfältig und skrupulös den eigenen Erinnerungen und auch denen der anderen gegenüber zu erarbeiten aufgegeben wurde, sondern, im Gegenteil, durch emphatische Formeln und eine ungehemmte Indienstnahme überdeutlich kompromittierter Ideen eines Nationalen unwidersprochen *behauptet* werden konnte. Eine solche Rede profitierte unmittelbar von dem Boden, den Thiess und Molo ihr schon gewonnen hatten. Eine ‚oppo-

45 Der „Aufbau" war das Organ des Kulturbunds, der den Kongreß ausrichtete. – Zur Kontroverse zwischen Kulturbund und Schutzverband deutscher Autoren im Vorfeld des Kongresses vgl. Waltraud Wende-Hohenberger: *Ein neuer Anfang? – Schriftsteller-Reden zwischen 1945 und 1949*, Stuttgart 1990, S. 115-120.

46 Alexander Abusch: „Schriftsteller suchen gemeinsamen Weg". In: *Neues Deutschland*, 11.10.1947, hier nach *Tradition* (Anm. 32), S. 592-595, hier S. 593: „Es wurde richtig erkannt, daß Begriffe wie ‚innere Emigration' und ‚äußere Emigration' überwunden werden müssen, da es nun um die Schaffung der einen, wirklich volksverbundenen Literatur geht."

47 Ricarda Huch: „Begrüßung". In: *Ost und West*, 1. Jg. (1947), H. 4 (Oktober), S. 25-28, hier S. 25.

48 Ebd.

49 Ebd.

50 Ebd., S. 27 f.

sitionelle‘ Rede gegen Huch, die ihre ideologischen Hypotheken, ihr ‚Übersehen‘ der Massenvernichtung, ihre – allenfalls naive – Freisprechung der Deutschen von noch verbliebenem „Schlechten“ denunziert hätte, hätte nicht nur den *deutschen Konsens* verletzt; eine solche Widerrede wäre vor allem schon gar nicht mehr *verstanden* worden, weil eben dieser Konsens so internalisiert war, daß jede Widerrede nur noch als Ausfluß isolierter, abseits stehender Außenseiter begriffen werden konnte. Schon Thomas Mann hatte nur noch als ein solcher Außenseiter wahrgenommen werden können. Es ist diese – im Sinne des *deutschen Konsenses* – exakt konditionierte Diskurssituation, die die Ansprache eines Günter Weisenborn zum diskurspolitischen Komplement der Huch-Rede werden läßt. Was jemanden wie Weisenborn von einer inneren Emigrantin wie Huch unterscheiden mochte, war zur Unkenntlichkeit eingeebnet in Formulierungen, die sich konstitutiv sperrten gegen eine illusionslose Musterung von Erinnerungen oder gar ihren Vergleich mit denen anderer Redner.

„In den purpurnen Blutdunst hinein“, so entwirft Weisenborn etwa das Bild von Autoren wie Albrecht Haushofer, „erhoben sich damals die reinen Hände der Dichter und brachten erkaltend ihre Gabe der Zukunft dar, jenem besonderen Tag, an dem die Nachwelt von der Aura der toten Poeten umschauert, sich vor ihrem Vermächtnis neigen würde.“[51] Heute, da dieser „Tag [...] gekommen“[52] sei, stellt Weisenborn fest, „daß wir uns gelegentlich mit einem traurigen Lächeln als Fachleute des Vergehens vorkommen. Noch nie hat eine Generation eine solch große Summe von Tod aufzuarbeiten gehabt [...], die Anzahl der Toten vor uns und neben uns ist unfaßbar groß. Sie sind seit Anbeginn uns gegenüber in einer solch belastenden Überzahl, daß wir uns als Lebende verloren vorkommen. Wo sind sie? In uns, wir atmen und trinken sie, unser Lachen und Weinen stammt aus ihrer gestorbenen Kraft.“[53] Dieses äußerst besonderen Verhältnisses zu den Toten eingedenk, gelte es nun, „gute Arbeit“[54] zu leisten. Dieser Anspruch an sich selbst ist für Weisenborn mit folgenden Fragen formuliert: „Werden wir bestehen? Wird die innere Stimme des Volkes aus uns sprechen, das in seiner Not Gehör in der Welt sucht?“[55] Als Trost, ja, als Ansporn gilt ihm, daß nicht nur „der Tod [...] ein Schöpfer [ist]“[56], sondern auch, „daß Schmerz läutert“: „Nun, dann werden wir Schriftsteller der Deutschen die glühende Vorhut einer Läuterung sein, die in

51 Günter Weisenborn: „Tod und Hoffnung“. In: *Ost und West*, 1. Jg. (1947), H. 4 (Oktober), S. 29-35, hier S. 29.
52 Ebd.
53 Ebd., S. 30.
54 Ebd., S. 31.
55 Ebd., S. 31 f.
56 Ebd., S. 29.

ihrer Inbrunst so beispiellos sein muß, wie die deutsche Untat beispiellos war! Denn wir deutschen Schriftsteller, die seit je für den weltweiten Frieden und für die Menschlichkeit ihr Wort erhoben, wir wissen, was Schmerz ist. Wir haben die Isolierung, die Ohnmacht, die Fesseln erfahren und den Untergang unseres Volkes mit Verzweiflung vorausgesagt und miterlebt. Die Verzweiflung hat uns gereift, als wir nicht gehört wurden."[57]

Den versammelten deutschen Schriftstellern, in denen Weisenborn mal die „Vertreter des deutschen Geistes"[58], mal die „Architekten des Geistes"[59] erkennt, ruft er entgegen: „Unsere Liebe zu unserem Volk besteht in der Tat! [...] Vergessen wir nie das Elend unseres Volkes, vergessen wir nie bei unserer Arbeit die hungernden Arbeiter, die Not der Wartesäle, die auf den Trittbrettern Reisenden, die Gefangenen und die Selbstmordbereiten in unserem Volk. [...] Wir sind Deutsche, das heißt täglich tausendfach gepeinigte Menschen".[60] Gewendet an „die großen Mächte dieser Erde", bittet Weisenborn „feierlich um Aufhebung der geistigen Isolierung. Wir bitten hier als aufrechte Männer, die in einem Kampf auf Tod und Leben stehn. [...] Unsere Bitte wird nicht in Demut gewinselt, sondern mit der klaren, gelassenen Verantwortung der Männer ausgesprochen."[61]

In Weisenborns „wir" war jeder Unterschied, der einmal zwischen Schriftstellern aus Deutschland bestanden haben mochte, aufgehoben; seine Forderung nach dem „Kontakt zum Bruder in allen Rassen"[62] läßt hingegen etwas fraglich, ob der jüdische Schriftsteller in diesem „wir" tatsächlich stets mitgedacht war. Die rhetorische Schöpfung dieses neuen Kollektivs war nicht möglich ohne einige Retuschen an den historischen Sachverhalten. Weisenborns Hinweis etwa darauf, daß „wir deutschen Schriftsteller [...] seit je für den weltweiten Frieden und für die Menschlichkeit ihr Wort erhoben" und „den Untergang unseres Volkes [...] vorausgesagt und miterlebt"[63] hätten, gibt teuer erkaufte Resultate kritischer und selbstkritischer Reflexion im Exil preis. Auch, daß die Toten in jener ungenau geschilderten Weise „in uns" gleichsam aufgegangen seien, mithin das im Vortragssaal versammelte Auditorium sich *per se* als deren genuine Erben zurecht verstehen durfte, wird schlechterdings behauptet statt diskutiert. Ein geradezu direkter Anschluß an die Thiess-Rede durch Weisenborn erfolgt jedoch dort, wo auf der Rückseite der „deutschen Untat" ein

57 Ebd., S. 32.
58 Ebd.
59 Ebd., S. 34.
60 Ebd.
61 Ebd., S. 35.
62 Ebd., S. 31.
63 Ebd., S. 32.

„Schmerz" entdeckt wird, empfunden durch „[uns] Schriftsteller der Deutschen", der diese Schriftsteller mit dem Anspruch ausstatte, „die glühende Vorhut einer Läuterung" zu sein. In der Emphase dieses Schmerzes und im Hinweis darauf, was ‚deutsch sein' heute heiße – „täglich tausendfach gepeinigt" –, ersteht noch einmal ein Deutschland-Bild auf, das von Molo zwei Jahre zuvor eingeführt hatte: das eines „allmählich gewordenen großen Konzentrationslager[s]"[64].

Die im Vergleich zu 1945/46 veränderte Situation ist am markantesten darin bezeichnet, daß der Tenor einer unzweideutig nationalistisch gestimmten, die Deutschen in ihrer Gesamtheit salvierenden Rede nun, im Oktober 1947, nicht mehr allein von Autoren einer vorgeblichen und selbstzugeschriebenen „Inneren Emigration" wie Thiess und Molo artikuliert wird, sondern geradezu bruchlos in die Bekenntnisrede eines deutschen Schriftstellers wie Weisenborn hatte eingehen können, der entschiedenen Widerstand gegen das NS-Regime geleistet und Haft und Folter hatte erleiden müssen. Es ist Elisabeth Langgässer, die jenseits eines solchen Bekenntnis-Pathos' wieder eine an den tatsächlichen Erinnerungen orientierte Vergewisserung, auch Selbstvergewisserung, versucht und damit – theoretisch – noch einmal eine diskurspolitische Alternative eröffnet.

Langgässer schickt voraus, daß sie „wirklich nichts, rein gar nichts [habe], dessen ich mich rühmen könnte; ich habe kein Leid, das nicht, an einem anderen gemessen, wahrscheinlich seine Bedeutung verliert, und die Summe der Quälereien, die jeder von uns zu ertragen hatte, kann man nicht gegenseitig aufrechnen, weil niemand wissen kann, welche Bedeutung sie für den anderen hatte; wie schwer er sie empfunden, und welche Erkenntnis er aus ihr gemünzt hat."[65] Ihre Ausführungen zu dem Thema „Schriftsteller unter der Hitler-Diktatur" stützt sie „auf einige Erfahrungen, besser gesagt: Erinnerungen, die wir alle gesammelt haben"[66]. Zwar betont auch Langgässer, daß die „innere Emigration" „an Verzweiflung keiner, wie auch immer gearteten äußeren nachgestanden hat".[67] Doch findet sie zu einer Selbstkritik, die im deutschen Diskurs bis dahin ohne Beispiel war. Das verbreitete „Spiel mit sechserlei Bällen" gilt ihr als der „ungeheuerlichste Selbstbetrug, der sich jemals auf dem Gebiet der deutschen Dichtung und Schriftstellerei vollzogen hat"[68]; die Entscheidung zur „Esoterik" sei ein „anakreontische[s] Tändeln mit Blumen und Blümchen über de[m] scheußlichen, weit geöffneten, aber eben mit diesen Blümchen

[64] Walter von Molo an Thomas Mann (Anm. 21), S. 2.

[65] Elisabeth Langgässer: „Schriftsteller unter der Hitler-Diktatur". In: *Ost und West*, 1. Jg. (1947), H. 4 (Oktober), S. 36-41, hier S. 36.

[66] Ebd., S. 37.

[67] Ebd., S. 40.

[68] Ebd.

überdeckten Abgrund der Massengräber"[69] gewesen; es sei „nicht von ungefähr, daß es heute kaum einen Schriftsteller gibt, der sich nicht als mehr oder weniger geschundenes Opfer der Hitlerzeit empfindet oder sich wenigstens von seinem Verleger widerspruchslos als solches bezeichnen läßt"[70]. Wer „auf Grund unqualifizierbarer Vorfahren oder irgendeiner Temperamentsäußerung, über die er selber hinterher erstaunt war, beizeiten aus der sogenannten Reichskulturkammer herausgeworfen wurde, bevor er noch in die Versuchung kam, mit diesem Gesindel einen Pakt zu schließen", könne keinen Verdienst für sich in Anspruch nehmen, sondern sei einer „unverdiente[n] Gnade" teilhaftig geworden: „Hier ist nichts zu rühmen, sondern nur zu danken."[71] Was nun vor „uns" liege, sei „ein fast unübersehbares Trümmerfeld des Geistes"; die Sprache gilt ihr als noch „unentgiftet und unentschärft"; und gegen Ende ihrer Rede heißt es: „Man glaube doch nicht , daß man neuen Wein in alte Schläuche füllen kann – weder in die von 1933 noch in die von 1923! Vor allem gönne man der Sprache eine Zeit der Ruhe und des Schweigens."[72]

Es ist paradoxerweise gerade das Maß an Selbstkritik und größerer „Redlichkeit"[73] in Langgässers Ausführungen im Vergleich zu den pathetischen Darlegungen Weisenborns, die die einzige explizite Wortmeldung des Exils, Alfred Kantorowicz' Referat „Deutsche Schriftsteller im Exil", vollends in die Defensive zwingen. Langgässer hatte den demonstrativen *deutschen Konsens*, wie er programmatisch und emphatisch zugleich von Huch und Weisenborn als Losung und Leitmotiv artikuliert worden war, um genau jenes Moment an unbestreitbar authentischer Selbstkritik versetzt – und bereichert –, das in der Folge jede wie auch immer begründete Opposition als ‚effektiv' *anti-deutsche* stigmatisiert und damit um jede konkrete, politische Mitgestaltungschance an der künftigen deutschen Literatur gebracht hätte[74]. Kan-

[69] Ebd., S. 39.

[70] Ebd., S. 40.

[71] Ebd., S. 41.

[72] Ebd.

[73] Ebd.

[74] Tatsächlich gerät jede Betonung eines Unterschieds zwischen den „beiden Gruppen" (Kantorowicz) im Verlauf des Kongresses unter zunehmenden, sich durchaus auch diskurs*polizeilich* gerierenden Druck. Johannes R. Becher wendet in seiner programmatischen Rede „Vom Willen zum Frieden" (7. Oktober nachmittags) die den adressierten Hörern noch aus der Exilzeit und dem KP-Jargon gut erinnerlichen Kennzeichnungen „verwerflich", „schädlich" und „unsinnig" auf solche Positionen an: „Es ist verwerflich, nach wie vor immer wieder den Unterschied zu betonen zwischen den Schriftstellern, die im Lande geblieben sind, und den Emigranten, oder gar noch einen neuen unterscheidenden und trennenden Begriff einzuführen wie ‚Remigranten'. Man möge endlich zur Kenntnis nehmen: deutsches Schicksal wurde in diesem tragischen Hitlerjahrzwölft überall in der Welt abgehandelt, und auch verschlagen auf die verlassenste Insel im Stillen Ozean blieben deutsche Schriftsteller deutsch, und ein Gegeneinanderausspielen derer, die Deutschland verlassen muß-

torowicz' Vortrag dokumentiert diesen historisch singulären Versuch, etwas von den spezifischen Einsichten des Exils für die deutsche Literatur zu retten zu einem Zeitpunkt, da über den Nicht-Ort dieser Einsichten in der kommenden deutschen Literatur schon entschieden war.

Am deutlichsten wird dieses Bewußtsein einer bereits verstrichenen Chance dort, wo Kantorowicz umstandslos denen, „die hierzulande geistig und persönlich und unkorrumpiert überlebt haben", „das erste Wort"[75] einräumt. Damit scheint nun auch von quasi offizieller Exilseite der Streit zwischen Innerer und Äußerer Emigration zugunsten der Inneren beigelegt. Kantorowicz' Ausführungen machen allerdings deutlich, daß hier aus einer Art politischer Vernunft gesprochen war – einer Einsicht in das diskurspolitische Kräftefeld –, nicht auf Grund einer tatsächlichen Geringerschätzung der Bedeutung und der Verdienste des Exils gegenüber der Inneren Emigration. Vor diesem Hintergrund wird Kantorowicz' Abriß zu einem ‚Nachruf' auf das Exil auch insofern, als er vor einem Auditorium gesprochen war, das unübersehbar drängte auf die Tilgung des Exils nicht nur aus der kollektiven deutschen, sondern auch aus der eigenen, persönlichen Erinnerung.

Zu Beginn seines Vortrags setzt Kantorowicz Innere und Äußere Emigration in ein betont paritätisches Verhältnis ein: „Geist und Kultur [...] waren in Deutschland in die Katakomben gegangen, *oder* sie hatten außerhalb der deutschen Grenzen ein Refugium gesucht."[76] Die Vermittlung – auch: Versöhnung – zwischen den „Lebensform[en] der beiden Gruppen", die „voneinander verschieden [waren]"[77], versucht er auf folgende Weise: „Die Not des Exils – diese hierzulande noch unbekannte drangvolle seelische und materielle Not – hat uns da draußen niemals übersehen machen, daß die Not derer, die hier im Lande blieben, ohne sich durch Kompromisse mit den Widergeistigen zu beflecken, vielleicht noch grausiger und noch tragischer war. Denen, die hierzulande geistig und persönlich und unkorrumpiert überlebt haben, gebührt das erste Wort. Ihre Legitimation ist unbestreitbar. Ihre persönlichen Erfahrungen und Kenntnisse der inneren

ten, und derer, die in Deutschland geblieben sind, ist ebenso schädlich und unsinnig, wie wenn einer darauf käme, das Schicksal der Flüchtlinge, der Kriegsgefangenen und der in der Heimat Gebliebenen nicht als ein gemeinsames deutsches Schicksal zu betrachten" (*Tradition* [Anm. 32], S. 504-521, hier S. 513). Der Tonfall autoritärer Disziplinierung klingt auch in der Kongreß-Bilanz Hans Marchwitzas durch, wenn er apodiktisch festhält: „Wer von uns nicht mit diesem Wissen [daß sich der Kongreß die ‚Aufgabe der Sammlung' gestellt hatte, S. B.] und Verantwortungsgefühl den Kongreß aufsuchte, der hat den Ernst seiner Aufgabe nicht begriffen" (*Tradition* [Anm. 32], S. 583-586, hier S. 584).

75 Alfred Kantorowicz: „Deutsche Schriftsteller im Exil". In: *Ost und West*, 1. Jg. (1947), H. 4, S. 42-51, hier S. 42.

76 Ebd. Kursivierung S. B.

77 Ebd.

Entwicklung Deutschlands sind für die, die nun aus dem Exil zurückkehren, und ihren Platz an der Seite ihrer überlebenden Geistesbrüder wieder einnehmen wollen, unschätzbar."[78] Doch seien auch „die Erfahrungen derer, die von draußen kommen, von Wichtigkeit. Die beiden Perspektiven – das meint die Perspektiven derer, die sich hier in Katakomben ihre Integrität gewahrt haben, und die Perspektiven derer, die aus der Distanz von draußen ins Land schauten, ergänzen sich und benötigen sich wechselseitig. Jene wissen um die charakteristischen Einzelheiten des Alltagslebens unter der Herrschaft der Tollwütigen; diese konnten von ihrem entfernteren Standort aus die großen Zusammenhänge besser überschauen. Und sie hatten auch das Glück, die Verbindung mit der Welt aufrechterhalten zu können, und damit zugleich die Chance, das geistige Deutschland in der Welt und vor der Welt zu repräsentieren".[79]

Das hier skizzierte Projekt einer „wechselseitigen Ergänzung" der „beiden Perspektiven" war bereits jetzt, im Oktober 1947, ohne Chance. Kantorowicz, dessen Erteilung des „ersten Wortes" an die ‚Innere Emigration'– ostentativ? – jeder genuinen Legitimation aus diesem Projekt ermangelt, mag sich darüber keinerlei Illusionen hingegeben haben. Eine solche ‚realistische' Sicht der Dinge erleichterte immerhin einige Hinweise, die den schon vorgegebenen gehoben pathetischen Ton nicht einhielten und verschiedentlich nur mit einiger Verdrießlichkeit[80] aufgenommen werden mochten. Kantorowicz' namentliche Aufzählung von nicht weniger als 97 exilierten Autoren leitet eine Rechnungslegung ein, die die genuine Erfahrung vieler Exilierter, daß, in dieser Epoche, pragmatische Erkenntnis nur noch aus illusionsloser Analyse erhofft werden kann, authentisch nachschreibt: „Wir haben nicht vermocht, die Katastrophe abzuwenden, ja nicht einmal, sie auch nur zu mildern. [...] Im allgemeinen bestand das Exil aus Niederungen. Das Exil war Hunger, Konzentrationslager, Erniedrigung, Schutzlosigkeit, Verfolgung. Wir erlitten Niederlage nach Niederlage"[81]; Auschwitz, Dachau und die SS finden Erwähnung[82]. Kantorowicz ist jede pathetische Ausstellung der Leiden etwa im Stil Weisenborns fremd. Seine Hoffnung geht „in aller geziemenden Bescheidenheit" darauf, daß sich „die, von denen ich spreche, [...] nicht als Nachhut, nicht als letzte Überlebende einer zusammenstürzenden Zivilisation, sondern als Vortrupp einer neuen Gesellschaft und als Architekten des neu zu erbauenden Hauses" nicht nur „fühlen"[83], sondern erweisen mögen.

[78] Ebd.
[79] Ebd., S. 43.
[80] Vgl. den weiter unten angeführten Kongreßbericht Hans Mayers.
[81] Kantorowicz: „Deutsche Schriftsteller im Exil" (Anm. 75), S. 45, 48.
[82] Ebd., S. 49.
[83] Ebd., S. 50.

So eigenständig dieser Standpunkt auch aus den spezifischen Erfahrungen des Exils und der in ihm erarbeiteten politischen Programmatik entwickelt war – so offensichtlich kompatibel mit dem *deutschen Konsens* erwies er sich zum gleichen Zeitpunkt. Dies konnte – vom Standpunkt einer tendenziell oppositionellen, einer Exil-Rede – als Vorteil wie als Nachteil zugleich gewertet werden. Einerseits erlaubte eine solche nominelle Kompatibilität mit den Zielsetzungen einer *deutschen Rede* theoretisch eine ‚verborgene' Teilhabe unbeeinträchtigt exilgeprägter Vorstellungen über die Konstruktion des „neu zu erbauenden Hauses" im umlaufenden deutschen Diskurs. Andererseits bestand unter den gegebenen – d.h.: bereits einseitig entschiedenen – Diskursverhältnissen die offenkundige Gefahr, daß der Exil-Standpunkt, wie er in Kantorowicz' Rede laut wurde, im Ergebnis *ununterscheidbar* wurde vom *deutschen Konsens*. Kantorowicz' Ausführungen verdeutlichen – in dieser Hinsicht ähnlich wie der Vortrag Langgässers –, wie eine Orientierung fast einzig an den Erinnerungen und einem konventionellen Erinnerungs-*Ethos* den eigenen Beitrag in ein diskurspolitisches Vakuum führt, wo über seine Wirkungschance von anderen entschieden wird. Wie das Wirkungsbegehren dieser Beiträge im Publikum wahrgenommen wurde, ist eindrücklich überliefert: Die Debatte zwischen Innerer und Äußerer Emigration wird nur noch als anachronistisch empfunden. Bereits während des Kongresses hatte sich Eduard Claudius im Namen von „uns jungen Menschen" geweigert, „diese Diskussion mitzumachen" und „[von denen] verlangt, die uns ein Vorbild sein wollen, nun endgültig diese Diskussion zu beschließen."[84] Ein so aufmerksamer und erfahrener Beobachter wie Hans Mayer notierte über die Beiträge von Langgässer und Kantorowicz: „[Es ging] eigentlich auch *nicht mehr* um den *bis zur Erschöpfung* diskutierten Gegensatz zwischen den Emigranten unserer Literatur und der sogenannten ‚inneren Emigration'. Es war bemerkenswert, daß dieser Kongreß zum ersten Male wieder eine Majorität deutscher Schriftsteller, die in Deutschland geblieben waren, mit jenen zusammenführte, die nun aus England oder Mexiko, aus Frankreich und den Vereinigten Staaten, aus der Schweiz und der Sowjetunion nach Deutschland zurückgekehrt waren. Gewiß stellte man den Bericht über die Erlebnisse des deutschen Schriftstellers im Lande jenem über die literarische Emigration gegenüber, *der einmal gegeben werden mußte. Allein bei dieser gegenseitigen Bilanzlegung mußte es sein Bewenden haben*: gegen Ausgang des Kongresses war unter den Schriftstellern, die heute in Deutschland leben, die Kluft zwischen ‚außen

[84] Eduard Claudius: „Probleme der jungen Dichtung". In: *Tradition* (Anm. 32), S. 559-561, hier S. 559.

und innen' *überbrückt. Solche Debatten haben heute keine Realität mehr.*"[85]

Auf dem Wege einer Homogenisierung der deutschen Literatur nach 1945 – die im Kern eine Homogenisierung der Erinnerung sein mußte – bezeichnete der 1. Deutsche Schriftstellerkongreß vom Oktober 1947 den Abschluß einer bedeutsamen Etappe. Der Erfolg des Kongresses war paradigmatisch bezeichnet beispielsweise in W. E. Süskinds Dank an Johannes R. Becher „für seine grossen und umfassenden, ich meine buchstäblich die Arme aufschließenden und die verlorenen auseinandergeratenen Kindlein in diese Arme umfassenden Worte"[86]. Nach diesem Kongreß bestand im deutschen Literaturbetrieb geradezu plenare Einigkeit darüber, daß Kontroversen zwischen diesen und jenen, besonders aber zwischen Exilanten und Daheimgebliebenen, „keine Realität mehr" haben. Wer dieser Realität jedoch – entgegen aller diskurspolitischen Dekretierungen – ausgesetzt blieb und, auch als Schriftsteller, an und mit ihr zu arbeiten beabsichtigte, war fortan ausgeschlossen vom öffentlichen Diskurs der neuen Deutschen Literatur.

3

Am 8. Mai 1945, dem Tag der bedingungslosen Kapitulation des Deutschen Reiches, betrat Klaus Mann als Angehöriger der US-Army nach 12 Jahren Exil wieder deutschen Boden. Nach einem ersten Besuch seiner Heimatstadt München am 10. Mai besichtigte er in den folgenden Wochen in dichter Folge die – meist erst kurz zuvor von den Alliierten befreiten – Konzentrationslager Dachau (11. Mai)[87], Theresienstadt (20. Mai)[88] und Buchenwald (12. Juni)[89]. Die Vernichtungsverbrechen in den Lagern gelten Mann fortan als Synonym schlechthin für den Verbrechenscharakter des NS-Regimes. „‚... niemals Nazi gewesen ... niemals etwas über Konzentrationslager ge-

[85] Hans Mayer: „Macht und Ohnmacht des Wortes" (Anm. 36), S. 1179 f. (Kursivierung S.B.).

[86] W. E. Süskind: „Wort des Dankes". In: *Ost und West*, 1. Jg. (1947), H.4 (November), S. 59-61, hier S. 60.

[87] Befreit durch die US-Army am 29. April.

[88] Am 3. Mai ans Internationale Rote Kreuz übergeben, Befreiung durch die Rote Armee am 8. Mai. – Gleichfalls am 20. Mai trifft er in Prag die erste Ehefrau Heinrich Manns, Maria Kanova-Mann, die sich infolge einer mehrjährigen Haft in Theresienstadt in katastrophalem Gesundheitszustand befindet; sie stirbt an den Folgen der Haft 1946.

[89] Selbstbefreiung der Häftlinge von der schon reduzierten SS-Wachmannschaft am 11. April.

hört' "[90] – in Konnotationen wie dieser wies Mann dem Nationalsozialismus die Politik der Massenvernichtung als sein „Kernereignis" (Dan Diner)[91] bereits zu einem Zeitpunkt zu, als auch in offizieller Rede noch ebenso, wenn nicht vorrangiger Angriffskriege und Besatzungspolitik die Politik der NS-Führung als ‚Unrechtsregime' kennzeichnen sollten. Der unmittelbare Anblick von „Folterkammern, Öfen und Galgen", die von den SS-Wachmannschaften zurückgelassen worden waren, hatte ihm einen nachhaltigen Eindruck vom „infernalischen Urzustand"[92] in den Lagern verschafft. Doch schon zuvor hatten die Informationen über „the ghastly things going on under Nazi-rule, both at home and in the occupied countries", sowie über „the horrors of Dachau and Buchenwald"[93] zu einer äußersten Reserve gegenüber jedem geführt, der innerhalb des Deutschen Reiches, teils in unmittelbarer Nachbarschaft zu den Tatorten, geglaubt hatte, ‚sauber' bleiben zu können. Dieser tiefsitzende Verdacht einer unwiderruflichen moralischen Korrumpiertheit war genährt worden durch die Ergebnisse systematischer Interviews deutscher Kriegsgefangener, die Klaus Mann in seiner Funktion als Angehöriger der Psychological Warfare Branch für die US-Army seit Februar 1944[94] durchgeführt hatte: „The German people show no trace of a sense of responsibility, much less a sense of guilt. They don't understand that their present calamity is the direct, inevitable consequence of what the German nation, as a collective body, has done to the world during the past five years. [...] They must not get away with their hypocritical pretense that they ‚didn't know' [...]. Of course, they knew – and if they didn't, it was just because they found it more convenient to ignore certain ugly realities."[95]

[90] Klaus Mann: „Lecturing in Europe". In: *europäische ideen*, H. 52, Berlin 1981, S. 29-31, hier S. 29. – Zur Entstehungsgeschichte des Textes siehe noch weiter unten. Vgl. auch den Brief an Georg Jacobi, geschrieben in Cannes am 12.5.1949: „Nur nichts riskieren! Immer mit der Macht! Mit dem Strom geschwommen! Man weiß ja, wohin es führt: zu eben jenen Konzentrationslagern, von denen man nachher nichts gewußt haben will..." (Klaus Mann: *Briefe und Antworten*. Bd. II: 1937-1949. Herausgegeben von Martin Gregor-Dellin. München 1975, S. 304).

[91] U. a. in „Antifaschistische Weltanschauung – Ein Nachruf". In: Dan Diner: *Kreisläufe – Nationalsozialismus und Gedächtnis*. Berlin 1995, S. 77-94, hier S. 79.

[92] Klaus Mann: *Der Wendepunkt*. Memmingen 1952, S. 520.

[93] Klaus Mann: „The job ahead in Germany". Erstveröffentlicht in *The Sunday Stars and Stripes Magazine*, 13.5.1945, verfaßt wahrscheinlich Ende April d.J. Hier nach Klaus Mann: *Mit dem Blick nach Deutschland – Der Schriftsteller und das politische Engagement*. Herausgegeben von Michel Grunewald. München 1985, S. 116-121, hier S. 119.

[94] Vgl. Klaus Mann: *Tagebücher 1944 bis 1949*. Herausgegeben von Joachim Heimannsberg, Peter Laemmle und Wilfried F. Schoeller. München 1991, S. 16 ff.

[95] Mann: „The job ahead in Germany" (Anm. 93), S. 117, 119. Zu Manns Erfahrungen während seiner Arbeit mit deutschen Kriegsgefangenen vgl. auch seine „Notizen zur Umerziehung der Deutschen", in ders.: *Auf verlorenem Posten – Aufsätze, Reden, Kritiken 1942 – 1949*. Herausgegeben von Uwe Naumann und Michael Töteberg. Reinbek bei Hamburg 1994, S. 138-152, besonders S. 138.

Klaus Manns erster längerer Brief aus dem besiegten Deutschland, verfaßt im Rosenheimer Presselager am 16. Mai[96] und gerichtet an seinen Vater in Kalifornien, ist gezeichnet von einer brennenden, zugleich furchtsamen Neugier darauf, wie sich die „old acquaintance[s]"[97] in den vergangenen zwölf Jahren verhalten haben mochten. Hinter dieser in jovial-burschikosen Konversationston gekleideten Mischung verbarg sich die akute Aktualisierung jener *eigenen* Disposition zum NS-Faschismus, über die sich Klaus Mann immer wieder, vor allem in seinen Tagebüchern, Rechenschaft abgelegt hatte und die zu einem konstitutiven Moment seiner künstlerischen Arbeit im Exil geworden war.[98] Abweichend von jener Fassung des Briefes an seinen Vater, die Mann später in den „Wendepunkt" aufnimmt, enthält die Originalversion eine penible Musterung zahlreicher, namentlich aufgeführter ‚alter Bekannter' unter dem Aspekt ihrer mutmaßlichen Korrumpierung und deren Umfang. Über den Kunstsammler Rolf von Hoerschelmann, den Klaus Mann persönlich in München antrifft, heißt es etwa: „[...] certainly he is, and has always been, enthusiastically anti-Nazi. But still, it sounds somehow odd when he says that as late as 1936 or 1937 he believed that Hitler would promote ‚good German art' and that it was only when the Nazis threw out all the good paintings from the galeries that he recognized the evilness of the regime."[99] Über W. E. Süskind erfährt Mann: „His last job was that of a literary editor of the ‚Krakauer Zeitung' in Poland, under the auspices of the notorious Governor Frank. Yet Hörschl swears that W. E. S., too, is all right – interested only in his art, and so forth. What can you say? What can you do? Hörschl says we are not in a position to judge. They have suffered, they have run risks, they have desperately tried to save at least certain vestiges of the great German tradition, they have made a few compromises as possible, they belonged to a secret always endangered circle of not-nazified intellectuals. All this may be so; in any case, so far I have refused to see Süskind [...]"[100]. Mann schließt den Brief an seinen Vater mit einem beschwörenden Appell an ihn, keinesfalls zurückzukehren, und faßt seine Eindrücke von den Deutschen wie folgt zusammen: „This deplorable, terrible nation will remain physically and morally mutilated, crippled, for generations to come."[101]

96 Vgl. Mann: *Tagebücher 1944 bis 1949* (Anm. 94), S. 84.
97 Mann: *Briefe* (Anm. 90), S. 538.
98 Vgl. Verf.: *Das teure Experiment – Satire und NS-Faschismus.* Wiesbaden 1996, S. 89 ff. – Vgl. auch Verf.: „‚Sehr Ich – gar nicht mehr Ich. Sehr fremd – sehr nah.' Klaus Manns Tagebücher: Der Widerstand und das Private". In: *Exil.* Jg. 1989, Nr. 2, S. 95-99.
99 Mann: *Briefe* (Anm. 90), S. 539.
100 Ebd.
101 Ebd., S. 540.

Die Zurückhaltung und tiefe Skepsis gegenüber den im Reich verbliebenen Deutschen, die Mann in diesen Zeilen aus dem eben erst besiegten Deutschland artikuliert, prägt auch seine Reaktion auf die Versuche einiger seiner einstigen Freunde, an vergangene Gemeinsamkeiten wiederanzuknüpfen – und zwar „so als seien diese zwölf Jahre gar nicht gewesen“[102]. An Erich Ebermayer antwortete er am 21. Juli 1945: „Don't forget that we have been living in two different worlds for the past twelve years! So long and so profond a separation cannot but result in a kind of estrangement. I don't say that it will be impossible for us to understand each other again; but I am afraid that it may turn out to be more difficult than your letter seems to suggest.“[103] An W. E. Süskind schrieb Mann am 23. Dezember 1946 aus New York: „Denn entfremdet sind wir uns nun einmal, ich kanns nicht ändern, die Läufte und unsere Charaktere haben es so mit sich gebracht. [...] übrigens sind ja Dir sowohl als mir die Argumente und Gesinnungen des anderen mehr oder minder vertraut. Wozu sich wiederholen? Wir wissen ja beide, wie alles zusammenhängt, und wie sichs fügte und entwickelte; aber ein Abgrund bleibt es eben doch. Erinnerungen sind wehmütig und schön, schaffen aber doch den Abgrund nicht aus der Welt.“[104]

Klaus Mann hält sich in der Folge nur noch zu meist kurzen Besuchen in Deutschland auf. Am 1. Deutschen Schriftstellerkongreß im Oktober 1947 nimmt er nicht teil. Doch sechs Monate später trifft er zu zwei öffentlichen Vorträgen in Berlin ein, dem „verstümmelte[n] Leichnam einer Hauptstadt“[105]. Das Erlebnis dieses Besuches, der ihn – anläßlich seines Gide-Vortrags – auch ins Hebbeltheater führte, in dem am 4. Oktober des Vorjahres Huch und Weisenborn den Schriftstellerkongreß eröffnet hatten, schildert Mann in einem erst posthum veröffentlichten Text: als Szenario eines „Alptraums“[106]. Was Mann hier wahrnahm – unter Deutschen, am Ort eines eben erst vom Plenum der deutschen Schriftsteller besiegelten *deutschen Konsenses* –, steht paradigmatisch für die Unüberbrückbarkeit zwischen seinen Erfahrungen mit Deutschland und jenem neuen, auf dem Kongreß verabschiedeten modus vivendi, der hinfort für das Verhältnis des deutschen Schriftstellers zu den Deutschen Gültigkeit beanspruchen sollte. Mann hat das noch selbst lakonisch re-

[102] Thomas Mann: „Offener Brief für Deutschland“ (Anm. 28), S. 4.

[103] Mann: *Briefe* (Anm. 90), S. 233.

[104] Ebd., S. 255.

[105] Mann: „Lecturing in Europe“ (Anm. 90), S. 30.

[106] Ebd., S. 31. – Eine gekürzte Version erschien in *Vogue* (New York), Dezember 1948 (vgl. Mann: *Auf verlorenem Posten* [Anm. 95], S. 555). Ich folge hier der in den *europäischen ideen* abgedruckten, nach dem Manuskript vorgenommenen Übersetzung.

sümiert: „Ich wußte, daß ich mich nicht mehr zu Hause fühlen würde“[107].

Die besondere Bedeutung, die die Berliner Vorträge für ihn schon im Vorfeld einnahmen, kennzeichnet Mann in seinem „Lecturing in Europe“ überschriebenen Text mit den Worten: „Berlin war eine ‚muß‘-Angelegenheit“[108]. Nach den Vorträgen „waren die üblichen Fragen zu beantworten [...], die üblichen sozialen Pflichten zu absolvieren. Aber gerade während der Ausübung dieses routinemäßigen Vorgangs“, setzt Mann fort, „war mir oft, als träumte ich. War es das alptraumhafte Panorama dieser zerbombten Metropole, das eine solch merkwürdige Sensation hervorrief?“ „Böse Vorzeichen“ mischen sich mit „Erinnerungen an die Tage, da Berlin noch sie selbst war, noch intakt und lebendig, noch atmend, erregend, zuckend, verspielt, glitzernd – kein schlechter Ort im Ganzen, ein Ort, wo ich nahezu glücklich war [...]. Es gab so viele Dinge, die mich erinnerten. Wenn auch die zertrümmerten Straßen selbst weit von Erinnerung entfernt waren, die Gesichter meiner alten Freunde hatten sich etwas Vertrautes bewahrt – jenes schwer faßbare, fesselnde, fast Vertraute von Gesichtern, wie sie uns in den Träumen begegnen. – Natürlich, es gab sie, diese alten Bekannten, wo immer ich hinkam in Europa, halbvergessene Kameraden und Liebschaften, Mitläufer und Kollaborateure präsentierten sich überraschenderweise in Amsterdam und Stockholm, in Wien, Zürich, Prag und Kopenhagen. Aber in Berlin gab es mehr von ihnen als sonstwo: Ihre Zahl nahm beunruhigende Formen an. Sie belagerten die Redner-Tribüne vor und nach meinem Vortrag, sie überschütteten mich mit Telephonanrufen, Telegrammen und Briefen, sie belagerten meinen Hotelraum – eine gespenstische Parade, eine Prozession von Schatten, eine zudringliche Schar von Gestalt angenommenen – wenn auch unterernährten – Erinnerungen. Wie der Held im letzten Band der psychologischen Proust-Erzählung ‚A la Recherche du Temps Perdu‘, wurde ich mit meiner ‚wiedererlangten Vergangenheit‘ konfrontiert: das war es – sie lachte mich aus, winkte mir zu, lockte und verängstigte mich mit zweideutigen Grimassen. ‚Warum bleibst du nicht mit uns?‘ Ich hörte sie flüstern – die Spielgefährten von gestern, die Gefährten meiner frühen Ärgernisse und Abenteuer. ‚Warum schließt Du Dich nicht wieder der alten Schar an? Laß uns zusammen vergnügt sein! Die Situation mag hier im Moment ein bißchen düster sein, aber warum sollte es nicht wieder aufwärts gehen? Und ganz davon abgesehen: niemand kann wissen, was passieren wird in den sogenannten Siegerländern. Unsere mißliche Lage kann allen einmal bevorstehen ... So warum bleibst Du nicht bei

[107] Ebd.
[108] Ebd., S. 30.

uns?' Ihre Stimmen hörten sich unwirklich an, trotz der verblüffenden, traumhaften Bekanntheit ihrer Darbietung. Ich wußte, daß ich mich nicht mehr zu Hause fühlen würde in ihrem Kreis."[109]

Mann wußte – er „fühlte" –, daß, wer so wahrnahm, als Schriftsteller in Deutschland nicht mehr leben konnte. In seiner Antwort auf einen Fragebogen verbirgt er das Elend einer solchen Einsicht in der – erst jetzt endgültig sanktionierten – Bekenntnisformel: „Seit beinah fünfzehn Jahren bin ich kein Deutscher mehr. Seit fünf Jahren bin ich Amerikaner. Eine Rückkehr nach Deutschland kommt für mich nicht in Frage."[110] Daß er gleichwohl nicht absieht von meist engagierten Einmischungsversuchen in den aktuellen deutschen kulturellen und literarischen Betrieb, gründet in seiner Überzeugung, daß er „als Weltbürger und überzeugter Internationalist [...] hoffen [muß], daß es in Zukunft wieder möglich sein werde, auch in Deutschland literarisch zu wirken und den Kontakt mit der fortschrittlichen deutschen Intelligenz, vor allem mit der Jugend, allmählich wiederherzustellen."[111]

4

Nach Abschluß des Berliner Schriftstellerkongresses war eine Homogenisierung der Erfahrungen, soweit sie für die kommende deutsche Literatur Bedeutung beanspruchen können sollten, auf deutschem Boden weitgehend durchgesetzt. Ausdifferenzierungen dieser im Zeichen des *deutschen Konsenses* erfolgten Homogenisierung durch verschiedene Gruppen oder ‚Richtungen' innerhalb des ‚neu' entstehenden deutschen Literaturbetriebs fanden *im Rahmen* dieses Konsenses statt. Die für den deutschen Literaturbetrieb vorläufig folgenreichste dieser Ausdifferenzierungen ereignete sich bereits wenige Wochen nach Ende des Berliner Kongresses am 2. November 1947, durch Alfred Anderschs Vortrag „Deutsche Literatur in der Entscheidung"[112]. Anderschs Ausführungen lieferten die programmatische Grundierung jener soeben ins Leben gerufenen und schließlich bis Mitte der 60er Jahre literaturpolitisch einflußreichsten Formation im deutschen Literaturbetrieb, der Gruppe 47.

109 Ebd., S. 31.

110 Klaus Mann: „Ich bin kein Deutscher". In: Mann: *Auf verlorenem Posten* (Anm. 95), S. 467-469, hier S. 467. Die Herausgeber datieren die Entstehung des Textes auf März 1948.

111 Ebd.

112 Alfred Andersch: „Deutsche Literatur in der Entscheidung – Ein Beitrag zur Analyse der literarischen Situation". Ersterschienen Karlsruhe 1948, hier nach Gert Haffmans (Hg.): *Das Alfred Andersch Lesebuch*. Zürich 1979, S. 111-134.

Nur ein halbes Jahr, bevor Andersch seinen Vortrag im Ulmer Rathaus hielt, war ein denkbar andersartiger Abriß der gegenwärtigen Lage der deutschen Literatur erschienen: Klaus Manns „Literary Scene in Germany"[113]. Im Gegenüber dieser Texte, die zu einem fast identischen Zeitpunkt den gleichen Gegenstand betrachten, wird in geradezu idealtypischer Weise deutlich, in welchem Maß und in welcher Weise die unterschiedlichen, zum Teil entgegengesetzten Erfahrungen die Perspektive auf Fragen und Themenstellungen der deutschen Literatur prägten. Eine solche Text-Konstellation – eine genuin in der Erinnerungskonkurrenz gestiftete, *konkret* ausgeschriebene Opposition – hat im Archiv dieser Jahre Seltenheitswert.[114] Einige der Ursachen, die der konkreten Ausarbeitung einer zum *deutschen Konsens* oppositionellen, gar explizit in einer jüdischen Verfolgungserfahrung verwurzelten Position zu diesem Zeitpunkt – 1947 – entgegenstanden, wurden bereits angeführt. Daß es gleichwohl zu einer Wortmeldung wie der „Literary Scene in Germany" kommen konnte, ist ganz entschieden in der singulären Figur Klaus Manns begründet. Seine radikale Perspektive auf Nachkriegsdeutschland, vor allem aber auf den sich geschwind neukonstituierenden deutschen Kultur- und Literaturbetrieb war fundiert in einer nicht weniger radikalen, denkbar illusionslosen Selbstkritik, mit der er – anders als die meisten seiner Exilkollegen – schon Aufstieg und Erfolg des NS-Faschismus von Anfang an begleitet und zu bekämpfen versucht hatte. Die subjektive Summe, die Mann aus seiner Deutschland-Erfahrung des Exils zieht, vor allem aber die neuesten Eindrücke aus dem deutschen Nachkrieg lassen ihm die eigene Mitarbeit am Projekt einer neuen deutschen Literatur *zu deutschen Bedingungen* indiskutabel erscheinen und verwerfen – vorrangig aus moralischen Gründen. Manns Annahme jedoch, daß dieses Projekt noch zu anderen als diesen deutschen Bedingungen zu bewerkstelligen sein würde, war schon im März 1947 – zum Zeitpunkt des Erscheinens seiner „Literary Scene in Germany" – obsolet. Nicht nur in seiner moralisch fundierten Gegnerschaft zu einigen Betriebsförmigkeiten der neuen deutschen Literatur und ihren Voraussetzungen, sondern auch in seiner Einschätzung der konkreten machtpolitischen Konstellation stand Mann bereits in einem Abseits. Diese Abseitsposition erhält eine nicht zufällige ‚äußere'

[113] Klaus Mann: „Literary Scene in Germany". In: *Tomorrow*, 7.3.1947, S. 15-20. Ich danke Uwe Naumann, der mir die Originalfassung zugänglich machte.

[114] Wohl haben auch Alfred Döblin und später Hannah Arendt und Peter Weiss kritische Blicke auf die westdeutsche Nachkriegsgesellschaft und ihre Literatur geworfen, doch keiner ihrer Beiträge zielt – wie Manns Essay – auf eine umfassende Bestandsaufnahme und sucht dadurch, auch auf der Ebene der Darstellung in einen expliziten Wettbewerb mit ‚neuer' deutscher Literaturgeschichtsschreibung zu treten; vgl. dazu auch weiter unten.

Anschaulichkeit in der Tatsache, daß Manns Beitrag außerhalb Deutschlands verfaßt und publiziert wurde. Es war dies der Ort eines zwar weiterhin existenten, in seiner Bedeutung jedoch modifizierten Exils – eines Exils zumal, das sich seit den Wortmeldungen von Frank Thiess von allen künftigen Entwicklungen der deutschen Literatur als abgeschnitten zu betrachten hatte. Wohl mag ein derart zu charakterisierender Ort für Klaus Mann gerade durch seine ‚Abgeschnittenheit' eine oppositionelle Position erleichtert, auch provoziert haben. Dem Gros seiner früheren Exilkollegen jedoch vermochte das Nach-Exil gerade *nicht* mehr die Voraussetzung dafür zu bieten, auf die Literatur in Deutschland künftig noch irgend einen Einfluß zu nehmen.

In einem solchen erneuten und ergänzten Hinweis auf die Probleme, die sich der Ausbildung einer oppositionellen Position zu den Verabredungen innerhalb des deutschen Literaturbetriebs entgegenstellten, mag ein weiteres Mal deutlich werden, daß die Entwicklung des deutschen literaturpolitischen Standpunkts mit seinen charakteristischen erinnerungspolitischen Implikationen *nicht* in einer *Auseinandersetzung* mit einer entwickelten, gar auch personell repräsentierten und organisierten *Opposition* stattfand. Im Gegenteil: Das für die analytische historiographische Perspektive womöglich bedeutsamste Moment dieses Entwicklungsprozesses besteht gerade darin, daß der sich formierende deutsche Literaturbetrieb die systematische Unterdrückung einer dem *deutschen Konsens gegenläufigen* Erinnerung durchzusetzen begehrte, *ohne* daß diese Erinnerung in einer irgend greifbaren, gar personellen Figuration tatsächlich als eine literaturpolitische Position auf der nachkriegsdeutschen Szene je in Erscheinung getreten wäre.

Die Tatsache, daß Andersch Manns Text aller Wahrscheinlichkeit nach nicht kannte – das Gegenüber der Texte also kein empirisch ausgetragenes, nur ‚ideelles' ist –, mindert nicht, sondern unterstreicht im Gegenteil die Befunde, die ihr Vergleich ergibt: Es sind *allein die eigenen*, die ‚deutschen' Voraussetzungen von 1947, *aus denen heraus* Andersch – wie ‚unversehens' – in die eklatante, punktuell geradezu idealtypische Opposition zu einem aus den Erfahrungen des Exils und der Befreiung formulierten Standpunkt gerät. Es ist jedoch erst Manns Text, fernab von Anderschs entstanden, der diese oppositionelle Stellung in besonderer Weise, und ausdifferenziert in vielen Details, im direkten Vergleich dokumentierbar macht. Fünf aus den beiden Texten herausgegriffene Beispiele sollen diese Stellung verdeutlichen: beider Diskussion der Kontroverse zwischen Molo/Thiess und Thomas Mann sowie ihre Beurteilungen der Schriftsteller Ernst Wiechert und Ernst Jünger, des „geistigen Vakuums" in Deutschland und der Bedeutung des neu aufgekommenen Existentialismus.

Klaus Mann kritisiert im Zusammenhang mit der Kontroverse von 1945/46 zunächst, daß Erich Kästner in „the American-run ‚Neue Zeitung' " Gelegenheit hatte „to express his contempt of an American citizen, namely Thomas Mann". Die Debatte faßt er wie folgt zusammen: „It would have been the duty of that former German, in the opinion of Herr Kaestner and his friends, to abandon his new country and rush back to the *Vaterland* which had once thrown him out but would now like to profit by his prestige. – The German literati who appealed to my father – and to him *alone*! – to come back at once, did not even pretend to be motivated by love or admiration for his work or person. How could they admire or love a man who opposed the Nazi regime at a time when they, the German writers, were still taking orders from Goebbels? – Now the same opportunists who prospered under the Hitler system call themselves *die Innere Emigration* (the Interior Emigration), because they allegedly felt like exiles in the Third Reich."[115] Die meisten Vertreter dieser ‚Inneren Emigration' betrachtet Mann mit äußerster Skepsis; denn ihm zufolge gäbe es nur „very few! – German writers who did not go into exile and yet proved impervious to the Nazi bazillus"[116]. Walter von Molo zählt er nicht zu ihnen: „His position as spokesman of the virtuous club [der ‚Inneren Emigration', S. B.] became somewhat precarious when some of his books were found in the personal library of war criminal Alfred Rosenberg – adorned with the most cordial and obsequious dedications on the part of the author!"[117]

Ergreift Mann in der Kontroverse um die Rückkehr seines Vaters unüberhörbar Partei, als ob der Streit noch anhalte, sind die Resultate dieser Auseinandersetzung in Anderschs Vortrag schon zu unverrückbaren Fakten der gegenwärtigen Lage der deutschen Literatur geronnen. Von der Partei der von Molo und Thiess scheint er sich entschieden zu distanzieren, wenn er schreibt: „[Thomas Manns] lautlos und mächtig wachsendes Werk hat keine Forderung von uns an ihn jemals nötig gemacht"[118]. Seine Ausführungen über Thomas Mann verdeutlichen jedoch, daß derlei Forderungen nur deswegen nie nötig waren, weil er „in Wirklichkeit [...] niemals fortgewesen" sei, ein Künstler, der wie kaum ein anderer „so einfach und schlankweg fortgesetzt [habe], was er sich vorgenommen, ohne fast davon Notiz zu nehmen, daß der Schauplatz der Abenteuer seiner Schreibfeder bald München hieß und bald Los Angeles."[119] Die Nähe Anderschs zu den Auffassungen von Thiess wird deutlich, wenn er schreibt: „Nein, die Heim-

[115] Mann: „Literary Scene" (Anm. 113), S. 19.
[116] Ebd., S. 16.
[117] Ebd., S. 20.
[118] Andersch: „Deutsche Literatur" (Anm. 112), S. 123 f.
[119] Ebd., S. 123.

kehr der Emigration ist kein geographisches Problem, sondern ein schwer zu beschreibender Vorgang des Wieder-Anteilnehmens, der Verwandlung des streitenden Ressentiments, der leidenden Enttäuschung in eine Art von Objektivierung der Nation gegenüber."[120] Zwei Jahre nach von Molo und Thiess überführt Andersch die polemischen Angriffe von 1945/46 in den ‚beruhigten', sich repräsentativ gebärdenden Modus einer „Frage [an] d[ie] Emigration nach ihrem Sein oder Nichtsein": „Sie kann auf die künftige Entwicklung der deutschen Literatur nur Einfluß nehmen, wenn sie sich als Emigration selbst aufhebt, das heißt also: wenn sie zurückkehrt."[121] Thomas Mann wird durch Andersch für die neue deutsche Literatur ‚gerettet', indem er „in den jüngsten Äußerungen Thomas Manns" bereits die Ankündigung jenes geforderten Prozesses einer „Art von Objektivierung der Nation gegenüber" erkennt. Eine tatsächliche Distanz von Andersch zu den literaturpolitischen Auffassungen von Molos und Thiess' deutet sich dagegen an, wenn er schreibt, daß Manns Werk „die Zugehörigkeit Deutschlands zur atlantischen Kultur [...] unter Beweis gestellt [habe]. Das Wesen dieser Kultur", führt Andersch fort, „ist Geöffnetheit, steter innerer Zwang zur Wandlung, zur ständigen kritischen Besinnung auf die menschliche Existenz und ihre Verpflichtung auf die Liebe, diesen dynamischen Kern des Christentums". Die „Größe Thomas Manns" zeichne sich dadurch aus, „daß er uns die Türe in einen Raum nicht versperrt, sondern öffnet, in den er selbst nicht mehr einzutreten vermag."[122]

Der Begriff der ‚Inneren Emigration', von Klaus Mann noch argwöhnisch befragt, gilt Andersch bereits als terminus technicus des „Literarwissenschaftlers"[123]. Ihre Hervorbringungen werden quantitativ paritätisch mit der Produktion des Exils („Deutsche Literatur als offener Widerstand") gemustert; wenn Andersch auch deutliche Kritik an einigen ihrer Vertreter übt, bleibt ihm jedoch die Legitimation dieses Begriffes unstrittig.

Zu den sowohl von Mann wie von Andersch kritisierten Autoren der ‚Inneren Emigration' zählt Ernst Wiechert, von Mann als „today perhaps the most widely read, most respected author in the Reich"[124] berücksichtigt. Mann führt hauptsächlich drei Motive für seine kritische Perspektive auf Wiechert an: seine im „Totenwald" gegebene Schilderung des „Gestapo inferno" sei „sentimental"; das Ausmaß seines „self-pity"; seine Unfähigkeit, auch auf „such specific and sober subjects as the ‚collective guilt' of the German people" anders

[120] Ebd.
[121] Ebd.
[122] Ebd., S. 123 f.
[123] Ebd., S. 111.
[124] Mann: „Literary Scene" (Anm. 113), S. 20.

zu antworten als mit „nebulous generalities".[125] Zwar bemängelt auch Andersch Wiecherts „Kult der ‚Verinnerlichung' "; vor allem jedoch bedauert er dessen „abgrundtiefe Humorlosigkeit"[126]. Die „Anklage der Teilhaberschaft an einer kollektiven Schuld", erhoben „vom Ausland, von einzelnen Kräften der Emigration, wie von einigen hohen Wortführern der deutschen Intellektualität im Inlande selbst" gegen die „Träger des Geistes in Deutschland", aber auch „gegen ihr ganzes Volk"[127], wird von Andersch – zumindest für den Sektor „der deutschen Geistesarbeiter" – als „Absurdität"[128] zurückgewiesen.

Besondere, jeweilig autobiographisch mitbegründete Verdichtung erhalten die Einschätzungen Ernst Jüngers. Insbesondere für Mann mußte der Blick auf die überragende Rolle Jüngers in den ersten Nachkriegsjahren jene spezifischen, unvergessenen Erfahrungen wieder aufrufen, die von einer zustimmend-identifikatorischen Lektüre in der Jugendzeit zu ihrer Neudeutung als Symptom einer eigenen, persönlichsten Disposition für eine anti-demokratische, anti-soziale und elitistische Weltanschauung und in der Folge zu einer entschiedenen Verurteilung des Jünger-œuvres reichten. In diesem Sinn war geradezu jede Zeile Manns über Jünger jetzt, 1947, unterlegt von einer Folie z.T. subjektiv nicht anders als qualvoll erfahrener Leseerlebnisse: „Ernst Juenger [...] commands respect for his undeniable originality as both a stylist and thinker. But the same man who, in his recent manifesto ‚The Peace', invokes such Christian ideals as charity and brotherly love, is indeed one of those German intellectuals whose sinister, anti-humanitarian romanticism was instrumental in poisoning an impressionable, corruptible youth and preparing ground for Hitler. His eulogies of total war and total ruthlessness (a cheaper version of Nietzsche's ‚will-for-power' philosophy) belong among the most shocking documents of moral perversion – all the more dangerous as they are couched in a seductively rhapsodic, virile, and elegant prose."[129]

Diese „eulogies of total war" hatten Mann während der Arbeit am „Mephisto" erreicht; damals hatte er notiert: „*Ernst Jünger* ‚Blätter und Steine'. Man traut seinen Augen nicht. ‚Die Abschaffung der Folter gehört zu den Kennzeichen sinkender Lebenskraft.' ‚Der praktische Teil der Humanität besteht in der Wissenschaft, wie man den Pöbel in Bewegung setzt.' – Nicht immer uninteressant; häufig dunkel, wirr, schwülstig: *immer* böse, feindlich – ganz feindlich. ‚Die totale

125 Ebd.
126 Andersch: „Deutsche Literatur" (Anm. 112), S. 116.
127 Ebd., S. 113.
128 Ebd., S. 115.
129 Mann: „Literary Scene" (Anm. 113), S. 20.

Mobilmachung' – ,die sich selbst auf das Kind in der Wiege erstreckt.' ,Über die Schmerzen.' Hohn auf den Fortschrittsgedanken. – Sadismus. ,Ein mit Lust gemischtes Gefühl des Entsetzens.' (Die Lust überwiegt.) Der *Stolz* darauf, dass Deutschland der ,zivilisatorischen Sphäre, der Welt der Gesittung, ein unüberwindliches Misstrauen' einflösst. [...] ,Und, Brüder, wenn wir diese Welt und das, was sie bewegt, im Grunde erkennen, sollten wir nicht stolz darauf sein, von ihr als eine der höchsten Gefahren gewittert zu sein?' "[130]

Andersch widmet Jünger in seinem Vortrag einen eigenen Abschnitt, betitelt „Der Fall Jünger". Bereits in den Eingangszeilen dieses Abschnitts stellt Andersch sich in krassesten Gegensatz zu Mann; denn aus seiner Sicht ist diese „einzige große künstlerische Hoffnung des extremen Nationalismus" unübersehbar ,konvertiert' zur „Emigration": „Die Konversion Ernst Jüngers ist das letzte Schlußstück in den Beweisen für unsere These, daß echte Künstlerschaft identisch war mit Gegnerschaft zum Nationalsozialismus, daß die Begriffe ,deutsche Literatur' und ,Emigration' zu einem Begriff verschmelzen. Die kritische Analyse der literarischen Form Ernst Jüngers wird diese Erscheinung mit der Zeit aufhellen."[131] Die folgenden Sätze sind lesbar geradezu als explizite Widerlegung der Ausführungen Manns: „Es scheint, daß der antihumanistische (nicht anti-humane) und antiliberale Nach-Nietzscheanismus, mit dem Jünger an gewisse Erscheinungsformen des französischen Symbolismus anknüpfte, sich im gleichen Augenblick gegen den Nationalismus richten mußte, wo dieser in den Händen der Nazis zur absoluten Barbarei pervertierte. Das Ergebnis dieses Zusammenstoßes war jedenfalls die höchste Stilverbesserung, die wohl jemals von der Zensur bewirkt worden ist [...]. Der Autor baute die symbolistische Technizität seiner Sprache mit der Konsequenz des geborenen Soldaten zum Mittel des Angriffes aus. Die Präzision dieses Angriffes, exekutiert in den Aphorismen des Essaybandes ,Blätter und Steine', im Frankreich-Tagebuch, vor allem

130 Klaus Mann: *Tagebücher 1936 bis 1937*. Herausgegeben von Joachim Heimannsberg, Peter Laemmle und Wilfried F. Schoeller. München 1990, S. 18 f. (31.1.1936). Kursivierung K.M.

131 Andersch: „Deutsche Literatur" (Anm. 112), S. 119.

132 Ebd., S. 119 f. Zum Stellenwert des Soldatischen in Anderschs eigener Ausdifferenzierung seiner Identität als Schriftsteller nach 1945 vgl. auch Klaus Briegleb: „,Neuanfang' in der westdeutschen Nachkriegsliteratur – Die ,Gruppe 47' in den Jahren 1947–1951". In: Sigrid Weigel und Birgit R. Erdle (Hg.): *Fünfzig Jahre danach – Zur Nachgeschichte des Nationalsozialismus*. Zürich 1996, S. 119-163, hier S. 136 u.ö. (Auch abgedruckt in: Verf. [Hg.]: *Bestandsaufnahme – Studien zur Gruppe* 47. Berlin 1999, S. 35-63, dort S. 50 u.ö.). Zum Verhältnis Andersch-Jünger vgl. auch Hans-Ulrich Treichel: „Alfred Andersch und Ernst Jünger – Zur Problemgeschichte einer Anziehungskraft". In: Justus Fetscher, Eberhard Lämmert, Jürgen Schutte (Hg.): *Die Gruppe 47 in der Geschichte der Bundesrepublik*. Würzburg 1991, S. 95-107.

aber in den ‚Marmorklippen', war atemberaubend. In der düsteren Schönheit dieses einzigartigen Kunstwerkes, das zum Anlaß der Selbstbesinnung für große Teile der militärischen Jugend Deutschlands wurde, hat der Schriftsteller Ernst Jünger seine Selbstreinigung vollzogen, eine Rehabilitierung, die endlich anerkannt werden sollte."[132]

Eine Mann entgegengesetztere Lektüre ist kaum vorstellbar. Daran ändern auch Anderschs milde Kritik an „Der Friede" und eine skeptische Ungewißheit darüber, ob sich Jüngers „negatives Verhältnis zur Tyrannei" in „ein positives Verhältnis zur Freiheit" fortentwickeln werde[133], im Kern nichts. In der Frage der *zurückliegenden Erfahrung* mit Jünger und einer vorläufig abschließenden Bewertung seiner Produktion bis zum gegenwärtigen Zeitpunkt (1947) steht Anderschs Urteil nicht mehr zur Disposition. Ähnlich wie Anderschs Anrede an die Emigration ist auch seine Forderung nach einer „Rehabilitierung" Jüngers an die Adresse des Exils gerichtet zu denken; denn von seiten „der heutigen deutschen Literatur", in der Jünger unstrittig „führend" wirkt, war schon damals eine solche Rehabilitierung nahezu überflüssig. Anderschs zentrale Befürchtung hinsichtlich Jüngers liegt charakteristischerweise vielmehr darin, „daß er sich im Anblick der Nachkriegs-Entwicklung (von der die unglückliche Behandlung seines Werks und seiner Person nur ein Symptom ist) ins Ressentiment treiben läßt"[134] – ein „Ressentiment gegen Deutschland schlechthin"[135].

Die generelle ‚geistige' Situation, in der sich Deutschland nach Kriegsende befindet, ist von Mann verschiedentlich als „a moral, intellectual and political vacuum"[136] bezeichnet worden. Das „apalling intellectual vacuum", das er verantwortlich macht für „the present sterility of the German mind", führt er zurück auf „the aftermath of the Nazi regime": „Never before in human history has a nation in so short time been so thoroughly depleted of its spiritual and moral substance. The ‚Revolution of Nihilism', as Hermann Rauschning aptly called the Hitler movement, did a terribly efficient job in corroding, undermining, *annihilating* the very foundations of what used to be known and loved as German culture."[137] Die Gründlichkeit dieser Arbeit zeigt sich Mann nicht zuletzt darin, daß nach dem militärischen Zusammenbruch des NS-Regimes – entgegen den Erwartungen von „optimists" – sich „no subterranean nucleus of independant minds, no conspiracy of liberals, no organization – nothing"[138] gezeigt habe.

133 Andersch: „Deutsche Literatur" (Anm. 112), S. 120.
134 Ebd.
135 Ebd., S. 128.
136 Mann: „The job ahead in Germany" (Anm. 93), S. 120.
137 Mann: „Literary Scene" (Anm. 113), S. 15.
138 Ebd., S. 16.

„The present bleakness of the literary scene in Germany" gilt Mann als „one of the most alarming symptoms of that country's prolonged social and moral paralysis." Denn: „To a *Kultur*-conscious people like the Germans, literature is not a luxury but a vital feature and function of public life, especially in times of crisis and uncertainty."[139]

Anderschs Deutung dieses Vakuums ist in der Tendenz schon vorweggenommen in Klaus Manns an anderer Stelle notierter Beobachtung, daß „to the average German, the future is just a blank space"[140]. Mal ist dies mit „ein leerer Raum" (Michel Grunewald)[141], mal mit „ein helles Nichts" (Andreas W. Mytze)[142] übersetzt worden. In beiden Fällen steht „the blank space" nicht für einen aus den Schrecken der NS-Geschichte gespeisten *horror vacui*, sondern, ganz im Gegenteil, für die Leichtigkeit einer Leere, in der noch nichts entschieden ist. Genau diese Anschauung betont und vertieft Andersch zunächst durch eine Enthistorisierung der geschichtlichen Katastrophe in der Formel von einer „Brüchigkeit aller sich uns anbietenden objektiven Wertsysteme"[143], um sodann die gegenwärtige Lage als „tabula rasa" zu deuten, vor der „die junge Generation [...] in einem originalen Schöpfungsakt eine Erneuerung des deutschen geistigen Lebens zu vollbringen"[144] aufgerufen sei. Wo bei Mann das Nazi-Regime „an apalling intellectual vacuum" hinterlassen hat, hat bei Andersch „der Zusammenbruch der alten Welt [...] das Gefühl einer völligen Voraussetzungslosigkeit geschaffen, das Vorgefühl eines originalen Neu-Werdens, für das es keine Muster und Vorbilder gibt"[145]; wo bei Mann „present bleakness"[146] in der literarischen Landschaft Deutschlands vorherrscht, nimmt vor allem „die junge Generation"[147] einen eher neutralen, allemal geschichtslosen „blank space"[148] wahr. „Im Literarischen bedeutet das", so formuliert Andersch den aktuellen Auftrag an ‚die junge Generation', „daß die künstlerische Formsuche nur von solchen Tendenzen gespeist werden kann, die von einer ähnlichen Voraussetzungslosigkeit ausgehen, also etwa dem zynischen Moralisieren Erich Kästners im ‚Fabian'."[149] An dieser programmatischen Formulierung wird deutlich, daß Andersch die Enthis-

139 Ebd., S. 20.
140 Mann: „The job ahead in Germany" (Anm. 93), S. 119.
141 Michel Grunewald in Klaus Mann: *Mit dem Blick nach Deutschland* (Anm. 93), hier nach Mann: *Auf verlorenem Posten* (Anm. 95), S. 219.
142 Vgl. *europäische ideen*, H. 52, Berlin 1981, S. 6.
143 Andersch: „Deutsche Literatur" (Anm. 112), S. 125.
144 Ebd., S. 128.
145 Ebd., S. 129.
146 Mann: „Literary Scene" (Anm. 113), S. 20.
147 Andersch: „Deutsche Literatur" (Anm. 112), S. 128 u.ö.
148 Mann: „The job ahead in Germany" (Anm. 93), S. 119.
149 Andersch: „Deutsche Literatur" (Anm. 112), S. 129.

torisierung *literaturpolitisch konkret* durchzusetzen hoffte: über einen Ausschluß insbesondere der deutschen Exilliteratur – als einer durchaus *nicht* ‚voraussetzungslosen' Literatur – von jenen literarischen Vorbildern, die die künftige deutsche Nationalliteratur prägen sollten.

Mit dem Existentialismus diskutieren beide Autoren eine philosophische Perspektive, die zum Zeitpunkt ihrer Wortmeldungen bereits eine erhebliche Wirkung in der literarisch interessierten deutschen Öffentlichkeit entfaltet hatte. Das Abseits Klaus Manns zur deutschen Szenerie wird in diesem Punkt besonders deutlich. Während Anderschs gesamter Vortrag nachhaltig geprägt ist vor allem von der existentialistischen Emphase der ‚Entscheidung' – schon der Titel seines Vortrags kündet davon –, mustert Mann die philosophische Richtung wie eine von verschiedenen, zur Wahl stehenden intellektuellen Strömungen, deren auch künftige Wirkungsmacht er noch wesentlich in ihren hervorragenden akademischen Vertretern glaubt antreffen – und auch treffen – zu können. Nachdem Mann Jaspers als einen „founder of what is known as ‚existential philosophy' " vorgestellt und dessen „uncompromising attitude he had maintained during the years of terror" ausdrücklich gewürdigt hat, zitiert er den Philosophen mit einer Distanzierung vom Existentialismus, die dieser sich gerade in der Auseinandersetzung mit den deutschen Geschehnissen erarbeitet habe: „ ‚ It took me quite some time to recognize the significance of political doctrines and developments [...]. Even so dramatic an event as Hitler's coming to power failed to impress me at first. From my detached point of view of existentialism, it did not seem to take much difference what kind of government we were going to have. But, as the years passed by and conditions in Germany became more and more unbearable, I came to realize that political upheavals of such magnitude affect not only our empirical life but also our essential being. Maybe it would have taken me even longer to grasp this fundamental truth, if it had not been for my wife's racial background. [...] I was determined never to leave my wife. [...]"[150]

Mann fährt fort: „If Jaspers proved his faith in certain basic moral principles, his former friend and collaborator, Martin Heidegger, another founding father of the ‚existentialist' movement, turned out to be more ‚realistic'. While Jaspers was in official disgrace, Heidegger assumed the position of the Third Reich's leading philosopher. While the one existentialist found his ideals incompatible with nazism, the other managed to get along quite nicely with Goebbels and Rosenberg. – Paradoxically, it is Heidegger, not Jaspers, whom the French existentialists, under the leadership of Jean-Paul Sartre, claim as the

[150] Mann: „Literary Scene" (Anm. 113), S. 17.

founder of their movement. One cannot help wondering why a literary movement that professes sympathy with progressive and humanitarian ideas seems to be so proud of its connection with a man who, just a few years ago, curried favor with the arch-enemies of France and of civilisation. – Sophisticated Parisian coteries can afford, perhaps, to ignore such elemental considerations. In an intellectually corrupted and anarchic country like Germany, however, moral questions assume a new, vital importance. [...] the fact remains that a man who has suffered for his ideas commands greater authority and persuasion than a man who has always been careful not to take any chances. It is only natural and fair, therefore, that Heidegger's prestige should wane, for the time at least, while the influence of Karl Jaspers increases".[151]

Mann setzte hier auf einen Modus von Moralität, der womöglich in keinem intellektuellen Milieu Geltung beanspruchen konnte. Andersch dagegen gelingt eine Legitimation seines existentialistischen Ansatzes, die völlig absehen kann von der politischen Integrität seiner einstigen Begründer. Er stellt etwa fest, daß der Existentialismus „in seinem Appell an die persönliche Entscheidung [...] der menschlichen Freiheit den beherrschenden Platz ein[weist], mehr noch, indem [er] Freiheit und Existenz identifiziert, die Viskosität eines entscheidungslosen Daseins gleichsetzt mit Unmenschlichkeit und Tod [und so] die dialektische Rolle einer geistigen Bewegung [übernimmt], welche die Welt, um ein Wort von Marx zu gebrauchen, nicht nur interpretiert, sondern verändert."[152] Mit solch einer Stellungnahme war eine potentielle Kontroverse über die Erträge existentialistischen Denkens eröffnet, in der wesentlich über den Existentialismus verhandelt werden konnte auch *ohne* Rückgriff auf die politischen Daten aus der Vita Heideggers.

Manns Hoffnung, daß die NS-Katastrophe den Konnex zwischen menschlich-moralischer Haltung des Intellektuellen und seiner Produktion wieder enger werden lassen, die persönliche Verantwortlichkeit des Intellektuellen wieder einer strengeren Beurteilung aussetzen würde, trog. Seine Enttäuschung über die „sophisticated Parisian coteries" – Kreisen, denen er sich einst nahe wußte – ist unüberhörbar. Längst hat Andersch in Sartre schon einen Gewährsmann gefunden; einen Philosophen, dessen „sympathy with progressive and humanitarian ideas" unstrittig ist und den Andersch zum Abschluß seines Vortrags mit den Worten zitieren kann: „ ‚Auch für die Deutschen, glaube ich, ist Selbstverleugnung unfruchtbar. Ich will damit nicht sagen, daß die Erinnerung an die Fehler der Vergangenheit aus dem Gedächtnis

151 Ebd., S. 17.

152 Andersch: „Deutsche Literatur" (Anm. 112), S. 133.

verschwinden soll. Nein. Aber ich bin überzeugt, daß nicht eine willfährige Selbstverleugnung ihnen jenen Pardon verschafft, den die Welt ihnen gewähren kann. Dazu verhelfen ihnen nur: eine totale und aufrichtige Verpflichtung auf eine Zukunft in Freiheit und Arbeit, ein fester Wille, diese Zukunft aufzubauen, und das Vorhandensein der größtmöglichen Zahl von Menschen guten Willens'."[153]

Als Andersch mit den anschließenden Worten „Das allerdings wären die Voraussetzungen einer freien deutschen Literatur" seinen Vortrag vom 2. 11. 1947 beendete, mag sich wohl jeder seiner Hörer – im Wesentlichen Mitglieder und Freunde der erst vor kurzem gegründeten Gruppe 47 – als einen „Menschen guten Willens" begriffen haben, bereit, an jenem Projekt „einer freien deutschen Literatur" mitzuwirken, dessen literaturhistorisches – und damit auch literaturpolitisches – Fundament nun gelegt war. Auch Klaus Mann war auf ‚Menschen guten Willens' in Deutschland getroffen. Doch anders als das neue Mitglied der Gruppe 47 adressierte er seine Einschätzung der „literarischen Szene in Deutschland" an eine amerikanische Öffentlichkeit und über sie an „the responsible men in Washington and London"[154]. Bei aller Skepsis über ihre Möglichkeiten „to create a literary renaissance in an intellectually muddled and stagnant country", macht er keinen Hehl aus seiner Kritik an der britischen und amerikanischen Kulturpolitik, die – ganz im Gegensatz zu den Verantwortlichen „in the Soviet-occupied areas" – den Stellenwert kultureller Initiative verkennen würde. Doch von hier aus – aus der Position eines „German-born liberal intellectual"[155] mit den Erfahrungen eines einstigen Presseoffiziers der US-Army – war, 1947, auf die „literarische Szene in Deutschland" kein Einfluß mehr zu nehmen.[156] Die Maßgaben darüber, was die deutsche Gegenwartsliteratur künftig bestimmen sollte, kamen, wie die ersten Zeugnisse ihres repräsentativen Ausdrucks, schon von ‚deutschen Stellen'.

5

Wolfgang Hildesheimer, Edgar Hilsenrath und Grete Weil waren keine Teilnehmer des Berliner Schriftstellerkongresses gewesen, hatten nicht zum Publikum von Anderschs Ulmer Vortrag gezählt. Die folgende Skizze ihrer Tätigkeiten und ihrer Umfelder zum gleichen Zeit-

[153] Ebd., S. 134.
[154] Mann: „Literary Scene" (Anm. 113), S. 19.
[155] Ebd., S. 20, 18, 19.
[156] Vgl. Hansjörg Gehring: *Amerikanische Literaturpolitik in Deutschland 1945–1953*. Stuttgart 1976, S. 80 ff.

punkt versetzt den Abriß der beobachteten Diskursereignisse des Jahres 1947 nicht nur mit einer ergänzenden historischen Bestimmung, sondern öffnet schon den Blick auf einige jener Voraussetzungen, die den künftigen spezifischen Ort dieser Autoren und ihrer Werke in der westdeutschen Nachkriegsliteratur begründen werden.

1947, Nürnberg: Wolfgang Hildesheimer

Nachdem Wolfgang Hildesheimer Ende 1946 in London als Simultandolmetscher für die Folgeprozesse des Nürnberger Militärtribunals angeworben worden war, landet er im Januar 1947 mit einer Gruppe weiterer Übersetzer in Fürth und wird in den folgenden Wochen auf seine Tätigkeit vorbereitet. An seine Schwester schreibt er im Januar aus Nürnberg: „Mein Rang ist: Court-interpreter (und zwar *von Deutsch ins Englische*) das bedeutet dass ich bei Gerichtsverhandlungen alles was ich durch den Kopfhoerer Deutsch höre, sofort simultan, automatisch ins Englische übersetze und zwar in das Microphon. Du kannst dir vorstellen, dass das eine etwas nervenzerreibende Tätigkeit ist und auch sehr verantwortungsvoll, aber dafür haben wir eine sehr – ‚privileged position', einen sehr hohen Rang und verhältnismässig sehr kurze Arbeitszeiten. Bis jetzt haben wir nur jeden Tag Proben und ich merke dass ich jeden Tag besser werde."[157] Im Rahmen ihrer Vorbereitung werden die neuen Dolmetscher sowohl mit den verhandelten Gegenständen und den Beweismaterialien als auch mit der Prozeßsituation selbst vertraut gemacht. Am 5. Februar berichtet Hildesheimer an die Eltern: „Das Material was man in die Hand bekommt und auch die Zeugenaussagen die man bei

[157] An Eva Hildesheimer, Januar 1947. Wolfgang Hildesheimer-Archiv im Archiv der Akademie der Künste Berlin-Brandenburg (WHA). – Die Zitate aus unveröffentlichten Briefen Wolfgang Hildesheimers erfolgen grundsätzlich nach dem Zeichenstand der Originale. Ich danke Silvia Hildesheimer für die großzügig erteilte Abdruckerlaubnis. Unmittelbar nach Abschluß dieser Studie ist erschienen: Wolfgang Hildesheimer: *Briefe*. Herausgegeben von Silvia Hildesheimer und Dietmar Pleyer, Frankfurt am Main 1999. Einige der zitierten Briefe sind in dieser Briefauswahl abgedruckt und werden im Folgenden zusätzlich entsprechend nachgewiesen. (Hier: Hildesheimer: *Briefe*, S. 15 f.) – Die von Hildesheimer nach Haifa gesandten Briefe sind in der Regel an seine Eltern, oft gleichzeitig an seine ebd. wohnhafte Schwester gerichtet. Aus der Korrespondenz geht hervor, daß die Briefe unabhängig von der genauen Adressierung meist ohnehin unter den Familienmitgliedern herumgereicht wurden. Im Folgenden wird die zusammenfassende Adressierung „An die Eltern" verwendet. – Henry A. Lea, der zu Hildesheimers Dolmetscher-Kollegen in Nürnberg gezählt hatte, bemerkt: „Beachtenswert ist, daß er vom Deutschen ins Englische übersetzt hat, was bedeutet, daß er damals Englisch besser beherrschte als Deutsch. Man übersetzt in die Sprache, die man am besten spricht." (*Wolfgang Hildesheimers Weg als Jude und Deutscher*. Stuttgart 1997, S. 21).

den Aerzte-prozessen zu hoeren bekommt uebersteigt manchmal alles vorstellbare. Waehrend ich frueher Skrupel hatte und nicht sicher war ob ich an der ganzen Nuernberg-maschine teilnehmen wollte, bin ich jetzt ganz sicher, dass alle Urteile die bis jetzt gefaellt sind und auch noch gefaellt werden, berechtigt sind."[158] Anfang März ergänzt er: „[Meine Arbeit] ist sehr interessant, laesst sich aber doch schlecht beschreiben, weil man schon bei diesen Prozessen dabei sein muss um sich ueber die wirkliche Bedeutung klar zu werden."[159]

Wahrscheinlich noch im Februar[160] tritt Hildesheimer seine Arbeit als Dolmetscher im Nürnberger Gerichtssaal an. Die Simultandolmetscher waren an Tischen postiert, die rechtwinklig unmittelbar zu den Bänken der Angeklagten standen, abgeschirmt durch eine Glasscheibe, jedoch mit direkter Sicht auf die Angeklagten wie auf die anderen Verfahrensbeteiligten. Am 26. April berichtet er von „der Eroeffnung des Industriellenprozesses bei dem ich mein eigentliches Debut machte. (Das einzige, was ich den ganzen Tag zu sagen hatte, war zwar nur: I am not guilty ((sechs mal)), aber es war doch eine feierliche Gelegenheit. Der hoechste General der Amerikaner in Deutschland, General Clay war zugegen."[161] Im Verlauf des Jahres nimmt Hildesheimer außer am Ärzte- und am Flick-Prozeß am Generals- und am IG-Farben-Prozeß teil sowie am Einsatzgruppen-Prozeß; von diesem Verfahren berichtet er am 25. Oktober: „Bei den Einsatztruppen geht es hoch her und das dolmetschen, obwohl ziemlich anstrengend, ist sehr interessant, da man unwillkürlich die Angeklagten nachmacht. Ich beherrsche schon das ganze Register von Ironie ueber Wut zu Traenen; man spielt unwillkuerlich Theater. Die Angeklagten sind meist kleinbuergerliche Verbrecher und daher nicht so interessant wie zum Beispiel die Angeklagten der I.G. die eine rege Korrespondenz ueber alle moeglichen Fragen mit uns fuehren. Auch schreiben wir uns gegenseitig Gedichte. Das kann man sich wahrscheinlich nicht vorstellen, wenn man nicht selbst dabei ist."[162]

Hildesheimer setzt seine Dolmetschertätigkeit bis ins Jahr 1948 fort und wirkt im Anschluß an der Herausgabe der Dokumente des Einsatzgruppen- sowie des Justiz-Prozesses mit.

[158] An die Eltern, 5. Februar 1947. WHA.

[159] An die Eltern, 3. März 1947. WHA.

[160] Zur Datierung vgl. noch weiter unten.

[161] An die Eltern, 26. April 1947. WHA. – Mit dem „Industriellenprozeß" kann nur der sog. 5. Folgeprozeß gegen Friedrich Flick u.a. gemeint sein, der bereits am 8. Februar eröffnet worden war (vgl. Israel Gutman u.a. [Hg.]: *Enzyklopädie des Holocaust – Die Verfolgung und Ermordung der europäischen Juden.* Bd. IV, S. 1724; vgl. auch Hildesheimer: *Briefe*, S. 17 mit Anm. 1); die vergleichsweise späte Erwähnung der ersten Sitzung im Briefwechsel scheint ungewöhnlich. Allerdings war Hildesheimer durch Nachfragen in den – nicht erhaltenen – Briefen der Eltern öfters aufgefordert, Retrospektives einzuflechten.

[162] An die Eltern, 25. Oktober 1947. WHA.

1947, Tel Aviv: Edgar Hilsenrath

Nach der Befreiung aus dem Vernichtungsghetto Moghilew-Podolsk in der Ukraine hatte Edgar Hilsenrath im Januar 1945 Palästina erreicht. „Ich fing in Palästina wie besessen zu schreiben an, mehrere Novellen entstanden und der Anfang meines Ghettoromans, es war allerdings alles nicht gut, und ich vernichtete es wieder.“[163] Über verschiedene Stationen gelangte er „nach Nethania und arbeitete dort beim Bau. In Nethania traf ich den Schriftsteller Jakov Lind.“[164] Über die Anfänge dieser Bekanntschaft teilte Lind Jahrzehnte später in seiner Autobiographie „Counting my steps“ mit: „We lived in a tin hut in a small town called Natanya, where I acquired (the first time in my life) my own table and two chairs, a bed, and a triangle made of wood to hang clothes on. I worked in orange groves, if I could get a day's work. I had a few friends who were fairly amusing. One of them, Edgar Hilsenrath, became a writer. He lives now in New York. I don't know what happened to the others. I was probably the most articulate of the group of friends. I started conversations on literature we didn't read, and art we never saw. The cultural centre of this small town was the local cinema, showing leftovers of Hollywood B-films. We were the off-off-beat, if anything. Our Mecca was a chair on a terrace in St.Germain-des-Prés. We were not really articulate in any way, none of us had any education beyond the age of twelve, and held no special political opinions.“[165]

Als der jüdische Widerstand gegen die Briten 1947 einen Höhepunkt erreicht, arbeitet Hilsenrath zusammen mit Lind als Krankenpfleger im Tel Aviver Hadassah-Krankenhaus. Eine soziale Integration in die sich neu formierende Gesellschaft des zukünftigen jüdischen Gemeinwesens gelingt jedoch nicht. Nachdem Hilsenrath über das Rote Kreuz erfahren hatte, daß seine Eltern in Frankreich lebten, plant er seine Ausreise aus Palästina. Ruben Jablonski, der Protagonist von Hilsenraths autobiographischem Roman von 1997, erhält Anfang September 1947 seinen britischen Reisepaß, und am Vorabend seiner Abreise nach Haifa, wo er das Schiff nach Marseille besteigen wird, nimmt die Vollversammlung der Vereinten Nationen den Teilungsplan an: „Es war also beschlossen. Wir würden unseren

[163] In einem Brief an den Verf. vom 20. Dezember 1995.

[164] Ebd.

[165] Jakov Lind: *Counting my steps – An Autobiography*. London 1969, S. 207 f. – Vgl. auch Jakov Lind: „Dear Edgar, Happy Birthday!“ In: Thomas Kraft (Hg.): *Edgar Hilsenrath – Das Unerzählbare erzählen*. München/ Zürich 1996, S. 37-40, sowie Peter Stenberg: „Edgar Hilsenrath and Jakov Lind meet at the employment office in Netanya, Palestine, discuss literature, and contemplate their recent past“. In: Sander L. Gilman, Jack Zipes (Hg.): *Yale Companion to Jewish Writing and Thought in German Culture, 1096-1996*. New Haven 1997, S. 642-647.

Judenstaat erhalten. – In Tel Aviv herrschte an jenem Tag ausgelassene Freude. Die Menschen tanzten auf der Straße. [...] Ich schloß mich dem Reigen an. Das war mein Abschiedstanz in Palästina, denn in drei Tagen würde ich mein Schiff besteigen und zu meinem Vater fahren."[166]

Noch vor Ablauf des Jahres 1947 trifft Hilsenrath in Lyon mit seiner Familie zusammen.

1947, Amsterdam: Grete Weil

„Im Frühjahr 1947 ist meine Geduld zu Ende. Ich will nach Deutschland."[167] Nachdem Grete Weil nach der Befreiung durch die alliierten Truppen in Amsterdam bereits im September 1946 ein erstes Mal illegal Deutschland besucht und dort vor allem auch in der Begegnung mit dem Freund Walter Jockisch das Projekt einer dauerhaften Rückkehr Gestalt angenommen hatte, steht das Jahr 1947 im Zeichen der Vorbereitung, aber auch der kontroversen Diskussion dieser Rückkehr. Wohl hatte Weil bei diesem ersten Deutschland-Besuch „das ungute Gefühl" beschlichen, „dass für die meisten ein lebender Jude sechs Millionen toter Juden aufwiegt."[168] Doch das Haus der Familie in Rottach-Egern hatte sie als „Heimat wie eh und je" empfunden: „Jetzt gehe ich noch fort, doch ich werde zurückkommen."[169]

Mit Hilfe fingierter Unterlagen sucht Weil ein erneutes Einreisevisum zu erwirken, dessen Beschaffung sie zunächst nach Zürich führt. Mitte Juni trifft sie hier ihren Jugendfreund Robert Raphael Geis, den sie mit ihren Remigrationsabsichten konfrontiert. Geis, der in Palästina überlebt hatte, ist „im Gegensatz zu fast allen Emigranten [...] nicht entsetzt, als ich ihm erzähle, dass ich nach Deutschland zurück möchte, ja mehr noch, er denkt selbst daran, dort hinzugehen."[170] Kurz darauf trifft sie, gleichfalls in Zürich, mit Margarete Susman zusammen; „sie hat zumindest Verständnis für meinen Wunsch, nach Deutschland zurückzugehen."[171] Dieser Besuch und die Lektüre des ihr zum Abschied überreichten Buches „Hiob und das Schicksal des jüdischen Volkes" nimmt Weil zum Anlaß eines längeren Briefes über die Motive ihrer Rückkehr, den sie nach ihrer Rückkehr nach Amsterdam an die Autorin schreibt, abgefaßt „im etwas übertriebenen

166 Edgar Hilsenrath: *Die Abenteuer des Ruben Jablonski – Ein autobiographischer Roman*. München/ Zürich 1997, S. 273.
167 Grete Weil: *Leb ich denn, wenn andere leben*. Zürich/ Frauenfeld 1998, S. 247.
168 Ebd., S. 244.
169 Ebd., S. 245.
170 Ebd., S. 249.
171 Ebd.

19. Jahrhundert-Stil der Frau Susman"[172]: „Sie haben mich, gnädige Frau, dringend gefragt, warum ich für Deutschland das Wort ‚häßlich' gebrauche, und ich konnte Ihnen keine rechte Antwort geben in den zusammengedrängten Minuten. [...] Ich meine damit nicht nur die zertrümmerten Städte, ich meine in allererster Linie die deutschen Menschen, die jetzt erst in ihren verhungerten, ausgemergelten, unzufriedenen und oft bösen Gesichtern die Züge tragen, welche Mord- und Zerstörungslust oder besser vielleicht die Gier nach Selbstvernichtung spiegeln. – Lassen Sie mich Ihnen sagen, warum ich mich trotzdem entschlossen habe, wieder unter diesem Volk zu leben. Vollkommen ohne jüdische Bindungen und Tradition aufgewachsen – und das heißt natürlich auch ohne das Wissen um den Bund mit Gott – hat das jüdische Schicksal mich mit seiner ganzen Wucht getroffen und mich so zerbrochen, daß ich lange Zeit aus nichts anderem heraus die Kraft zum Leben fand als aus meiner Sehnsucht nach dem Tode. Ich bin durch die tiefste Hölle des Zweifelns am Sinn, des Verzweifelns gegangen. In sechs furchtbar schweren Jahren (sie waren es auch von außen her: zuerst die Deportation der Hunderttausend aus Holland, dann das eigene Untertauchen und zuletzt das Allerschwerste vielleicht: das Ende des Krieges und die Wiederaufnahme der Beziehungen mit den Menschen, die nicht in dem dämonischen Kreis des Bösen mit einbezogen waren und deren Norm nicht der Tod ist), in diesen langen Jahren also habe ich versucht zu lernen, Ja zum Leben zu sagen. Wenn ich es jetzt kann (trotz vieler Stunden der Anfechtung), so ist dies wohl nur aus meinem Jüdischsein heraus erklärbar, und ich nehme es dankbar hin als das Wunder, das unser stets auf das Äußerste gerichtete und der Vernichtung preisgegebene Leben bewahrt und trägt. [...] – Es ist vor allem die Gemeinschaft mit einem Menschen, die mich zurückführt, und es ist wie ein ewiges Strömen des Lebens selbst, daß es gerade ein Deutscher ist, der mir heute am nächsten steht. Kann es noch ein stärkeres Ad-absurdum-führen des Teuflischen geben? Doch ist es nicht nur dieser eine allein. In aller Wirrnis, allem Schrecken, aller Bösartigkeit habe ich eine ganze Anzahl von Menschen gefunden, die das Ungeheuerliche nicht zerbrochen hat, die verstehen (sobald man nur durch die Kruste gekommen ist, die wie ein Klumpen aus Erde um ihre Herzen liegt) und verstehend hören können. [...] wo aus dem Chaos und dem Häßlichen – vereinzelt zwar und unter gewaltigen Mühen – eine neue Gestalt sich formt, da zu sein, um vielleicht Verschüttetes auszugraben, ist kein Verrat an den Toten, sondern der tastende Versuch, ihr geliebtes und geheiligtes Leben nicht ganz verwehen zu lassen, solange man selber dauert."[173]

[172] Ebd., S. 250.

Noch in diesem Stadium ihrer Entschiedenheit zur Rückkehr versucht Klaus Mann, Weil „durch lange Gespräche“[174] von der Remigration abzubringen. Von einem „lange[n] Gespräch [...] bis nach Mitternacht“, das Klaus Manns Tagebuch auf den 12. Oktober datiert[175], erinnert Weil Jahre später den „unglaublichen Hass auf Deutschland“, von dem Mann „besessen“ gewesen sei; er „fand alles und alle dort entsetzlich und verabscheuenswert. Nie habe ich einen Juden getroffen, der so gehaßt hat. Ich selbst konnte es gar nicht. Wenn ich an eine Kollektivschuld geglaubt hätte, hätte ich mir das Leben genommen.“[176]

Ende 1947 übersiedelt Weil nach Darmstadt.

[173] Grete Weil an Margarete Susman, 1. August 1947. Unter dem Titel „Warum ich trotzdem in Deutschland lebe – Ein Brief aus dem Jahr 1947 an Margarte Susman“ in: *Süddeutsche Zeitung*, 16./17. Juli 1994.

[174] Weil: *Leb ich denn, wenn andere leben* (Anm. 167), S. 22.

[175] Mann: *Tagebücher 1944–1949* (Anm. 94), S. 137.

[176] Grete Weil-Jockisch über Klaus Mann. In: *europäische ideen*. H. 52 (Berlin 1981), S. 8.

III. Ein Selbstbildnis: Deutsche Antworten auf drei amerikanische Kritiken an der deutschen Gegenwartsliteratur (1963)

Die Wortmeldungen George Steiners, John McCormicks, Hans Habes / Einführung, Übersetzungs-‚Fehler' / Antworten: Hilde Spiel, Hans Weigel / Werner Betz, Günther Busch / Rudolf Krämer-Badoni, Marcel Reich-Ranicki / Peter Rühmkorf, Franz Mon

1

Dreißig Jahre nach der NS-Machtübernahme versendet Walter Höllerer „an mehrere, im In- und Ausland lebende Autoren deutscher Sprache, die verschiedenen literarischen Richtungen und Stilarten zugehören"[1], drei in amerikanischen Blättern erschienene Beiträge, die auf unterschiedliche Weise Kritik an der deutschen Gegenwartsliteratur üben. Es handelt sich dabei um George Steiners „The Hollow Miracle" („The Reporter", Februar 1960)[2], John McCormicks „The Frozen Country" („The Kenyon Review", Winter 1960) sowie Hans Habes „Wenn es nur abstrakt ist" („Aufbau", April 1961).

Steiners Beitrag setzt ein mit der Beobachtung, daß inmitten des wirtschaftlichen Gedeihens in Deutschland eine „krankhafte Stille"[3] vernehmbar sei, und stellt fest: „Was in Deutschland so tot und abgestorben wirkt, ist die Sprache."[4] Diesen „Tod der deutschen Sprache"[5] führt er zurück auf eine Entwicklung, die mit der Reichsgründung 1870/71 eingesetzt habe. In den Jahren des Kaiserreiches seien „der deutschen Sprache Angewohnheiten [einexerziert worden],

[1] *Sprache im technischen Zeitalter*, 6/1963, S. 450.

[2] Dieser Beitrag – unter den drei genannten der mit Abstand wesentlichste – ist von der deutschen Germanistik über Jahrzehnte ignoriert worden (vgl. Kap. I, S. 12 f.). Erst Klaus Briegleb hat 1989 mit Nachdruck auf Steiners Text und die Diskussion in *Sprache im technischen Zeitalter* aufmerksam gemacht: Klaus Briegleb: „‚1969'. Debatten im logischen Raum", in ders.: *Unmittelbar zur Epoche des NS-Faschismus. Arbeiten zur politischen Philologie 1978–1988*. Frankfurt am Main 1989, S. 316-370, hier S. 326-330). Vgl. auch Amir Eshel: „Die hohle Sprache. Die Debatte um George Steiners ‚Das hohle Wunder'." In: Verf., Holger Gehle, Doron Kiesel, Hanno Loewy (Hg.): *Deutsche Nachkriegsliteratur und der Holocaust*. Frankfurt am Main 1998, S. 317-329.

[3] George Steiner: „Das hohle Wunder". In: ders.: *Sprache und Schweigen – Essays über Sprache, Literatur und das Unmenschliche*. Übersetzt von Axel Kaun. Frankfurt am Main 1969, S. 129-146, hier S. 129.

[4] Ebd.

[5] Ebd., S. 131.

die sich nicht weniger gefährlich ausnahmen als diejenigen, die man dem deutschen Volke eindrillte: eine entsetzliche Schwäche für leere Schlagworte und hochtrabende Klischees (‚Lebensraum', ‚die gelbe Gefahr', ‚die nordischen Tugenden'); ein automatisches Sich-Verbeugen vor dem umständlich langen Wort oder der lauten Stimme; eine fatale Neigung zum Sacharin-Pathos (Gemütlichkeit), hinter der sich bekanntlich jede Menge Ruppigkeit und Täuschung verbergen läßt"[6]. 1914, so Steiner, „zogen auch die Worte in den Krieg. Vier Jahre später kehrten die Soldaten zwar geschlagen und gequält zurück, doch die Worte, die Worte blieben an der Front und errichteten zwischen dem deutschen Geist und den harten Tatsachen eine Mauer aus Mythus und Fabel"[7]. Heinrich und Thomas Mann, Brecht, Kollwitz und Grosz versuchten zwar, in einer „glänzende[n], aufrührerische[n] Übergangsperiode", den „*anni mirabiles* im modernen deutschen Geistesleben"[8], deutschem Militarismus und deutscher „Rassen-Arroganz"[9] Paroli zu bieten. Doch diese Bemühungen konnten nicht mehr verhindern, daß der Nationalsozialismus in der deutschen Sprache „genau vor[fand], was [er] brauchte, um seiner Grausamkeit Stimme und Nachdruck zu verleihen. Hitler vernahm in seiner Muttersprache die latente Hysterie, das geistige Durcheinander, die Eigenschaft zur hypnotischen Trance, er tauchte mit untrüglichem Gespür ins Unterholz dieser Sprache, in jene Zone des embryonalen Aufschreis und der Finsternis, die der artikulierten Rede vorangehen und sich bilden, bevor das Wort sich einstellt [...]. Ein Mann wie Hitler hätte in jeder Sprache ein Reservoir an Giftstoffen und moralischer Unbildung vorfinden können, nur standen sie ihm nirgends so bequem zur Verfügung, lagen nirgends so nahe an der Oberfläche der Umgangssprache"[10].

In den Jahren der NS-Herrrschaft sei der deutschen Sprache bleibender Schaden zugefügt worden: „Es gehört zu den eigentlichen Schauern der Nazizeit, daß alles, was geschah, festgehalten, katalogisiert, aufgezeichnet und niedergeschrieben wurde; daß man den Worten Dinge auszudrücken aufgab, die eigentlich von keinem Menschenmund ausgesprochen und auf keinem von Menschenhand hergestellten Stück Papier festgehalten werden sollten. Ekelerregend und nahezu unerträglich ist es, wenn man sich heutzutage vergegenwärtigt, was da getan und gesagt worden ist – aber tun muß man es. – In den Kellerräumen der Gestapo haben Stenographen, gewöhnliche Frauen, alle Laute der Furcht und der Agonie der gebrannten, geschlagenen

6 Ebd., S. 132.
7 Ebd.
8 Ebd., S. 133.
9 Ebd.
10 Ebd., S. 134.

oder gemarterten Menschen sorgfältig aufgeschrieben. Die experimentellen Torturen, die in Belsen und Mauthausen an lebenden Wesen vorgenommen wurden, sind genauestens festgehalten. Die Anordnungen über die Zahl der Hiebe, die an den Marterpfählen von Dachau verabfolgt wurden, waren schriftlich fixiert. Wenn polnische Rabbiner gezwungen wurden, mit Hand und Mund offene Latrinen auszuräumen, standen deutsche Offiziere dabei, um den Tatbestand zu photographieren, zu protokollieren und zu etikettieren. Trennten die Wachmannschaften der SS an den Eingängen zu den Todeslagern Mütter und Kinder voneinander, gingen sie dabei nicht schweigend vor, sondern proklamierten die bevorstehenden Greuel durch lautstarken Hohn: ‚Heidi, heida, juchheissa, Scheißjuden in den Schornstein!' "[11]

Sprachen – die Steiner als „lebendige Organismen"[12] begreift – besäßen zwar „starke Lebensreserven, mit deren Hilfe sie große Mengen von Hysterie, Analphabetentum und Gemeinheit absorbieren können [...]. Aber es gibt auch eine Belastungsgrenze. Benutzt man eine Sprache dazu, um Belsen zu organisieren, zu ersinnen und zu rechtfertigen, benutzt man sie dazu, um den Menschen in zwölfjähriger wohlüberlegter Bestialität zu entmenschen – dann passiert etwas mit ihr [...]. Etwas von der Lüge und dem Sadismus setzt sich im Mark der Sprache fest. [...] Die Sprache gedeiht nicht mehr, sie frischt sich nicht mehr von innen auf, und sie erfüllt nicht mehr so gut wie sonst ihre beiden wesentlichsten Funktionen: die Übermittlung von menschlicher Ordnung, die wir Gesetz und Recht nennen, und die Vermittlung des Behenden im Menschengeist, was wir Anmut und Anstand nennen."[13] Eine „gequälte Tagebuchnotiz" Klaus Manns aus dem Jahre 1940 – „ ‚Ob wohl die Sprache Hölderlins und Nietzsches durch Hitler geschändet worden ist?' " – beantwortet Steiner mit den Worten: „Sie ist es."[14]

Steiner betrachtet sodann die Reaktionen der deutschen Schriftsteller in diesen Jahren, den „Wächtern einer Sprache [...], Trägern ihres Gewissens"[15]. Das Exil Thomas Manns würdigt er als eine Entscheidung aus der Überzeugung heraus, „daß er diese Sprache für sich nur im Exil vor dem endgültigen Ruin bewahren könne"[16]. Im Werk Brechts und Brochs habe die deutsche Sprache das Exil als „eine Bereicherung" erfahren können: Brecht, „von den Nazis von einer Zuflucht in die andere gejagt", habe „eine neue deutsche Sprache vor Augen" gestanden, „in der das Wort mit der Tatsache und die Tat-

11 Ebd., S. 134 f.
12 Ebd., S. 129.
13 Ebd., S. 136 f.
14 Ebd., S. 137.
15 Ebd.
16 Ebd.

sache mit der Menschenwürde bruchlos im Einklang stehen"; Broch habe „Grammatik und Rede weit über ihre herkömmlichen Bezirke hinausgetragen, als wären sie zu eng geworden, um den Belastungen aus Kummer, Gram und Einsicht standzuhalten, die dem Schriftsteller durch die Unmenschlichkeit unserer Zeit aufgebürdet werden"[17]. „Aber trotz all ihrer Fähigkeiten konnten die deutschen Schriftsteller ihr geistiges Erbe vor der Selbstzerstörung nicht bewahren", da sie zwar „Zeugen des Beginns der Katastrophe", nicht jedoch „ihrer vollen Entfaltung" gewesen seien. „So schrieb einer der Zurückgebliebenen: ‚Sie hatten nicht mit der Preisgabe ihrer eigenen Würde zu zahlen – wie also können sie sich denen mitteilen, die es taten?' Die Bücher, die Mann, Hesse und Broch in der Schweiz oder in Kalifornien oder in Princeton verfaßten, werden im heutigen Deutschland zwar gelesen, hauptsächlich aber als wertvolle Beweisstücke dafür, daß ‚woanders' eine privilegierte Welt weitergelebt hat, die außerhalb von Hitlers Reichweite lag."[18]

Von jenen, „die tatsächlich dageblieben waren"[19] – der Begriff der ‚Inneren Emigration' fällt nicht – nennt Steiner Hauptmann, Benn, Jünger und Wiechert. Hauptmanns opportunistische Haltung charakterisiert er mit dem Auszug aus einer Glosse Klaus Manns; über Jünger heißt es: „Hinter seinem Ordonnanzwagen rollen die frisch aus Warschau eingetroffenen LKW's der Gestapo der Eliteeinheiten. Jünger aber erwähnt keine dieser Unannehmlichkeiten. Er schreibt über Gärten."[20] In Benns Erinnerungen findet Steiner Beispiele jener „geistigen Verwirrung", die aus einer „leeren und abgestorbenen Sprache"[21] rührten. Wiechert zählt er dagegen zu jener „Handvoll" Schriftsteller, die in Deutschland blieb, „um einen heimlichen Widerstand durchzuführen. [...] Einige Zeit brachte er im Lager Buchenwald zu. Im Kriege lebte er in selbstgewählter Zurückgezogenheit. Was er schrieb, vergrub er in seinem Garten. In beständiger Gefahr stand er die Zeit durch. Er hielt sich als ehrlicher Mann und hat Zeugnis abgelegt für die Geflohenen wie für die Überlebenden." Wiecherts „Totenwald" würdigt Steiner als „einen knappen, ruhigen Rechenschaftsbericht von dem, was er im Konzentrationslager mit ansah"[22].

Steiner räumt ein, daß „in den drei Jahren unmittelbar nach dem Kriege [...] unzählige Deutsche bemüht [waren], zu einer realistischen Einsicht der Ereignisse aus der Hitlerzeit zu kommen"[23]. 1948, mit

[17] Ebd., S. 138 f.
[18] Ebd., S. 140 f.
[19] Ebd., S. 141.
[20] Ebd.
[21] Ebd., S. 142.
[22] Ebd.
[23] Ebd.

der Währungsreform und dem mit ihr verbundenen „wirtschaftliche[n] Aufschwung von übernatürlichem Umfang“, sei jedoch ein „Wendepunkt“ eingetreten: „Millionen von Westdeutschen redeten sich und allen leichtgläubigen Ausländern ein, das Vergangene habe irgendwie gar nicht stattgefunden, und daß die Greuel durch Propaganda der Alliierten und der sensationslüsternen Presse gröblich übertrieben worden seien.“ Eine Beteiligung der „regulären Wehrmacht“ gar an den Verbrechen wurde geleugnet. „Doch Schlimmeres war im Kommen. Deutsche aller sozialen Stufen fingen an zu erklären, von den Greueltaten der Nazis nichts gewußt zu haben“[24]; und wenig später seien „die alten Gesichter wieder auf die öffentliche Bildfläche zurückgekehrt. Das steht heute fest. Auf den Gerichtsbänken sitzen Richter und Staatsanwälte, die ehedem die Hitlerschen Blutgesetze angelegt haben. Auf vielen Professorenstühlen sitzen Gelehrte, die als erste befördert worden waren, als man daranging, ihre jüdischen oder sozialistischen Lehrer in den Tod zu schicken.“[25] Steiner zitiert Albrecht Goes mit den Worten: „‚Man hat vergessen. Und es muß ja auch vergessen werden, denn wie könnte leben, wer nicht vergessen kann‘“, und fügt an: „Alles vergißt – nur die Sprache nicht. Ist sie erst einmal infiziert mit Falschheit, Lüge und Unwahrheit, kann sie nur mit Hilfe der kräftigsten und vollsten Wahrheit gereinigt werden. Stattdessen aber hat die deutsche Sprache nach dem Kriege einen Werdegang gehabt, der von Verstellung, Heuchelei und vorsätzlichem Vergessen gekennzeichnet war. Die Rückerinnerung an das Grauen der Vergangenheit ist weitgehend getilgt worden, und dies um einen hohen Preis, den die deutsche Literatur heute schon bezahlt“[26].

Zwar gäbe es „begabte Schriftsteller unter den Jüngeren und auch eine ganze Anzahl junger Dichter von Qualität und Eigenart. Der weitaus größere Teil dessen aber, was als seriöse Literatur verlegt wird, ist flach und birgt kein echtes Leben.“ Steiner räumt Erfolge im Bereich der modernen Musik und der Naturwissenschaften ein, um zu schließen: „Doch Musik und Mathematik sind ‚Sprachen‘, anders als die Sprache, reiner und weniger durch vergangene Implikationen beschmutzt als diese, und somit möglicherweise auch geeigneter, um mit dem neuen Zeitalter der Automatisierung und elektronischen Steuerung fertig zu werden. Die Sprache scheint es nicht zu sein. Und doch ist sie, soweit die Historie erweist, stets ein Behälter für den Reiz und Anstand des Menschen, der eigentliche Träger der Zivilisation gewesen.“[27]

[24] Ebd., S. 143 f.
[25] Ebd., S. 145.
[26] Ebd., S. 146.
[27] Ebd.

Während George Steiners Kritik sprachtheoretisch und sprachkritisch bestimmt ist, erprobt John McCormick eine kultursoziologisch inspirierte Perspektive auf das Deutschland des Jahres 1960, die de Staels „De l'Allemagne“ (1810) als Orientierung und Anregung zu nutzen versucht: „Her report remains definitive. All that remains is to bring up to date certain of her observations“[28]. McCormick unterstreicht eingangs den besonderen Blickwinkel eines Amerikaners seines Jahrgangs auf Deutschland: „For my generation, and I suspect for others, though not perhaps for Americans born since 1930, Germany was an exotic and more than slightly sinister place. You studied German from a sense of horrid fascination and you travelled to Germany as to modern Russia, to be interested, to be confirmed in or dissuaded from your prejudices, but not to be delighted, and never to experience the sensation of *déjà-vu* that you had known in France“.[29]

Erst gegen Ende seines Beitrags kommt McCormick auf literarische Gegenstände zu sprechen. Zuvor stellt er eine Vielzahl von Beobachtungen aus dem sozialen und politischen Alltagsleben in Deutschland zusammen. Der Überzeugung, „that Germany has evolved a new society“, räumt er dabei eine zentrale Stellung im deutschen Selbstgefühl ein: „The reasoning, illogical and straightforward, goes something like this: modern Germany began with Bismarck. The Bismarckian order functioned fairly well, but unfortunately it did not function well enough to cause Germany to win the First World War. The Weimar Republic failed miserably and Nazism failed even more miserably. The Second World War ground Germany almost out of existence, yet in these few years since the end of the war, Germany has been able to create a viable way of life, economic, political and social. Therefore Germany is indeed something new in the world; the new system is based upon hard realities, in contrast to the bad old days. It is pragmatic and materialistic, but above all it is successful. Such a conviction is central to the modern German national character.“[30]

Die deutsche Demokratie beurteilt McCormick skeptisch: „[...] as of 1960, one can say that the vaunted West German democracy is little more of a democracy, as the term is understood in the U. S. or England, than is the government of Eastern Germany. Western Germany is not a democracy but a bureaucracy, an administered federation of hostile provinces. Most Germans who think in political terms are agonizingly conscious of the fact, but one urgent problem is that most Germans do not think, much less act, in political terms. Despite much cant in the German and foreign press, Germany lacks both the tra-

[28] John McCormick: „The Frozen Country“. In: *The Kenyon Review*. Vol. XXII, Winter 1960, No. 1, S. 32-59, hier S. 34.

[29] Ebd., S. 35.

[30] Ebd., S. 42.

dition of liberty and the immediate instinct for liberty that is essential to political democracy“[31]. Die Ostdeutschen unterdessen „have submitted quite willingly to the Russians“[32]; und da „Western Germany under Adenauer has engineered a paradoxical, aggressive submission to the view of the late John Foster Dulles that the cold war is necessary, permanent and beneficial to Germany“[33], seien beide Staaten zu politischer Unbeweglichkeit verurteilt: „Germans both West and East have been frozen by history into positions that do not allow for the give and take of normal politics. The official slogans seen everywhere in Eastern Germany are matched by the unofficial ones painted on walls and under railroad bridges in the West: for example, at Helmstedt, deep in conservative agricultural country, the slogan ‚*Oder-Neisse Linie Niemals*‘ “[34].

Eine Unbeweglichkeit weniger in explizit politischen, mehr in sozialen und geistigen Belangen führt McCormick zurück auf die NS-Vernichtungspolitik: „Every institution has suffered enormously from the absence of a group which diluted the German ‚aryan‘ tendency to dullness, abstraction, self-consciousness, and imitation. Many of the few Jews who returned have gone into the universities, where they are appalled by the difference between what they remember, perhaps fallaciously, as the high standards of the twenties, and the indifferent standard of the present. The theater and the arts at large have suffered acutely.“[35] Die Folgen für das deutsche akademische Leben beurteilt Mc Cormick als besonders tiefgreifend: „While most of the generation that made their peace with the Nazi party are either retiring or dying off, their disservice to academic life will be felt for a long time to come, since before their retirement, they trained, if that is the word, their successors.“[36]

Antisemitismus ist, McCormick zufolge, in Deutschland allgegenwärtig, in verschiedenen Formen: „Over the years I heard many references to the Jews, virtually all hostile. [...] Silence and oblique hostility to the Jews is matched by a guilty enthusiasm for things Jewish. [...] ‚The Diary of Anne Frank‘ [has] been extremely popular throughout Western Germany. The difficulty, however, is that the audience's enthusiasm is too great, too guilty, too public and official, and too late. Such enthusiasm must be countered by renewals of violence against Jews in various localities in Berlin and Western Germany.“[37]

[31] Ebd., S. 44.
[32] Ebd., S. 45.
[33] Ebd.
[34] Ebd., S. 47.
[35] Ebd., S. 50.
[36] Ebd., S. 52.
[37] Ebd., S. 50, 51.

„But it is in the arts and particularly in literature that the German illness is most chronic.“[38] „The [German] language“, so McCormick, „does not conduce to what the rest of the western world calls the novel [...]. The German language suffers from the tradition that writing is exalted, an activity only for those blessed congenitally by the Muse. The result has been the development of a ‚literary‘ language for prose which bears little relation to German as it is spoken and lived with.“[39] McCormick erkennt hierin ein problematisches Zurückweichen vor gesellschaftlicher Realität: „For obvious historical reasons, the Germans have shied away both from the theme of fidelity and from its counter-theme, also the subject of the novel, our common human wish to evade fidelities.“[40] Er räumt ein, daß den deutschen Schriftstellern, gleich den italienischen, nach der Erfahrung des Faschismus ein grundlegendes Mißtrauen gegen die Politik zugestanden werden müsse; „but unlike the Italiens, their distrust has not been metamorphosed into literature. In the sense that literature might be defined as the metamorphosis of energy, whether derived from distrust, wrath, rebellion, or love, into art, the Germans have produced no literature of stature since 1945.“[41] McCormick erinnert daran, wieviele namhafte Autoren deutscher Sprache exilieren mußten oder verstummten, und betont, daß unter den lebenden und jüngeren Autoren nur wenige hervorragen würden; er nennt u.a. Böll, Jens, Richter, Nossack, Celan, Holthusen. „Most depressing of all is the fact that the best writers in German are virtually unread in Germany: Broch, Musil, and even Döblin are better known in the U. S. and in England than they are in Germany. When they read anything, the majority of Germans prefer the safe, pseudo-‚poetic‘ work of Werfel or Remarque, the memoirs of Nazi generals, or the sentimentality of Hans Scholz to writers who will be read long after the reportage and the memoirs have been thrown in the beaters to make brown paper bags.“[42] Diese Beobachtungen läßt McCormick wieder in generellere Charakterisierungen münden: „In spite of those qualities that so attract Americans, the clean streets, the wonderfully neat fields and forests, the flowers and the white wines, beneath the surface lies a disorder that is Southern in intensity, Italianate, for the Germans are a frenetic people, made more so by their conviction of efficiency. [...] The Germans are a haunted people, haunted by the recent past, by guilt, and by fear of the future both immediate and remote. A surface disposition to a kind of gaiety cannot conceal a society that lacks

[38] Ebd., S. 53.
[39] Ebd., S. 54.
[40] Ebd., S. 55.
[41] Ebd., S. 56.
[42] Ebd., S. 57.

charity, nor can the habit of attempting to meet all contingencies by legislation conceal a fundamental nihilism."[43]

McCormick schließt seinen Artikel mit einem mahnenden Hinweis auf ein Faschistentreffen in Idstein am 17. Juni 1959, um in den letzten Zeilen Deutschland mit einer an DDT vergifteten Fliege zu vergleichen, die blind und verrückt im Kreis herumfliegt: „One can only hope that Germany is not in fact poisoned, and that its crazy flight will be corrected before it dies, taking the rest of us down with it."[44]

Anders als Steiner und McCormick, die ihre Kritik an der westdeutschen Nachkriegsliteratur in eine umfassendere sprachtheoretisch bzw. kultursoziologisch bestimmte Analyse einbetten, verzichtet Hans Habe weitgehend auf einen solchen größeren Deutungskontext, nicht ohne jedoch auch historische Argumente einzubringen. In seinem Beitrag unter dem Titel „Wenn es nur abstrakt ist" wendet er sich mit Emphase gegen den seiner Meinung nach in der deutschen Gegenwartsliteratur vorherrschenden Typus des „gegenstandslosen, unzulänglichen, chronologisch unzusammenhängenden, aus inneren Monologen und Gedankenfetzen bestehenden, sprachlich verworrenen Roman[s]"[45]. Die in seinem Text wirksame polemische Energie verwickelt Habe jedoch schon zu Beginn in Widersprüche. Beispielsweise äußert sich die Nachhaltigkeit, mit der sich die Geltung dieses Romantyps durchgesetzt habe, für Habe darin, „daß man es heute in Deutschland eher wagen kann, den Bundeskanzler zu beleidigen als anzudeuten, man halte Bert Brecht nicht für den größten Dramatiker seit Shakespeare". Dabei muß Habe zugleich einräumen, daß Brecht „nicht zu den gegenstandslosen Schriftstellern gezählt werden kann".

Die Ursachen dieser für den Roman kritischen Entwicklung sieht Habe in den nachkriegsdeutschen Reaktionen auf die NS-Zeit. Wenn ein Autor wie Gerd Gaiser der „große[n] Mode des abstrakten, oft völlig abstrusen und grotesk-unverständlichen Schreibens" folge, so deswegen, um „vergessen [zu] machen, daß er in der Epoche des Pfuhls die niedlichsten, aber auch eindeutigsten, antisemitischen Verse verfaßt hat". Doch symptomatischer für den Boom des „Konfusions-Romans" seien Autoren wie Walser, Johnson und Arno Schmidt. In ihren Werken beobachtet Habe mehrere, teils widersprüchliche Tendenzen: Zum einen werde „die Hitlersche Sprachverlotterung [...] mit umgekehrtem Zeichen fortgesetzt", als eine unmittelbare Nachwirkung jener Zeit, in der man ein „sprachliches Tarngewand" anle-

[43] Ebd., S. 57 f.
[44] Ebd., S. 59.
[45] Hans Habe: „Wenn es nur abstrakt ist". In: *Aufbau*. Vol. XXVII, No. 15, Friday, April 14, 1961, S. 23-24. Die folgenden Zitate beziehen sich auf diese Quelle.

gen mußte, unfähig, „sich von der Camouflage zu befreien, obwohl es längst nicht mehr verboten ist, niederzuschreiben, was man denkt." Zum andern seien die „jungen Autoren" in dem Glauben befangen, „die deutsche Sprache habe versagt, während in Wirklichkeit nur Deutschland versagt hat. Weil die Erich Kästners, Hermann Kestens, Stefan Zweigs, Franz Werfels und Thomas Manns das Unheil nicht aufhalten konnten, meinen sie, diese hätten sich einer schlechten Waffe, nämlich der deutschen Sprache, bedient."

Das entscheidende Moment sieht Habe jedoch in der durch Abstraktion erstrebten „Flucht vor dem Menschengesicht". Wenn er auch bekennt, daß „gerade die Besten unter den Deutschen allen Grund [haben], den Menschen abscheulich zu finden", so wurzele die Ablehnung der „erzählerische[n] Form des Romans" durch manche der „abstrakten Romanciers" doch in einem anderen Grund: „weil sie sonst erzählen müßten, was sie als Deutsche mit Scham erfüllt." Zwar gelte diese Analyse nicht für alle der ‚abstrakten' Gegenwartsromanciers: „Die meisten schlagen nur zornig um sich, die Schale zerbrechend, die allein den Roman zu halten vermag." Doch diese wie jene stimmten darin überein, daß „der erzählende Roman, der, klar und zugänglich, an den Zuständen dieser Welt manches aussetzen und vielleicht etwas ändern könnte, als ‚Unterhaltungsroman' ab[zu]stempel[n]" sei.

„Die gefährliche Identifikation von abstrakter Kunst mit Kunst – und umgekehrt die Verdächtigung des Nicht-Abstrakten" erkennt Habe darüber hinaus als eine „im Hitlerschen Analphabetismus wurzelnde Konsequenz der Unbildung", die über die „meisten deutschen ‚Literaturpäpste' " fatalen Einfluß habe gewinnen können; diese seien „so jung, daß sie sich, nach der geistigen Befreiung, zuerst auf die ‚verbotene' Literatur stürzten: sie haben James Joyce entdeckt, als Amerika die Grenzen Joyces längst erkannt hat. Die ‚premiers amours' prägen immer das Typenbild des jungen Mannes: ein neuer, deutscher Kafka bleibt die Libidovorstellung des deutschen Literatentums von heute." Dies sei „der wesentlichste Grund, warum es um die neue deutsche Romanliteratur so schlecht bestellt, die Hoffnung so gering" sei. „Solange die neuen Romanciers meinen, mit der deutschen Sprache, so wie sie ist, nicht auskommen zu können, solange sich ihre Zerstörungswut auf Wortschatz und Grammatik erstreckt; solange jeder Erzähler den Makel des ‚Unterhaltungsschreibers' tragen muß; [...] solange man nur recht närrisch tun muß, um billigen Lorbeer zu ernten; solange man – und dies vor allem – dem Menschen in weitem Bogen ausweicht", seien „die Aussichten des deutschen Romans trübe."

Habe artikuliert hier eine offen gegen die literarische Moderne (Joyce, Kafka) gerichtete poetologische Position. Wenn er sie begründet mit dem Hinweis darauf, daß gerade ‚moderne' ‚Abstraktion' geeignet sei, die konkrete historische Verantwortlichkeit des Einzelnen aufzulösen, geriert sich diese Position progressiv-kritisch. Tatsächlich jedoch gründet sie in einer ästhetischen Anschauung, die elementar *vor*-modern bestimmt ist: Die klassische literarische Moderne ist begriffen als Episode, die die traditionellen Erzählweisen zu keinem Zeitpunkt wirklich hat infrage stellen können; selbst die paradigmatische Krisenerfahrung deutscher Sprache und deutscher Literatur im Angesicht des NS-Faschismus hat es als solche für Habe gar nicht gegeben. Indem er die objektive kategorische Zäsur, die die NS-Jahre insbesondere für die deutsche Literatur bedeutet haben, in Abrede stellt, unterscheidet sich die Position Habes grundlegend von der Steiners und McCormicks.

2

Der knappe Kommentar zum Beitrag Hans Habes mag zusätzlich unterstrichen haben, wie sehr sich die drei Wortmeldungen, die doch alle drei Kritik an der deutschen Nachkriegsliteratur üben, voneinander unterscheiden. Diese Differenzen betreffen nicht nur die jeweiligen politischen Orte und methodologischen Zugänge; sie erstrecken sich auch auf die Konsistenz der rhetorischen Strategien, die Stichhaltigkeit der vorgetragenen Argumente. Die von Walter Höllerer um Antwort gebetenen Autoren versäumen nicht, das Viele, das ihnen im Ganzen, aber auch im Detail fragwürdig erschien, kritisch zu sezieren; und auch im Folgenden wird deutlich werden, daß die Leser manches plausible Gegenargument im Einzelnen anzuführen wußten. Die folgende Lektüre der Antworten auf die Wortmeldungen Steiners, McCormicks und Habes zielt jedoch nicht darauf, den Streit in der Sache auszutragen. Denn der historiographische Stellenwert der Debatte ist bestimmt nicht durch das genaue Maß an Plausibilität der vorgetragenen Analysen – sondern durch die Tatsache, daß die westdeutsche Literaturkritik erstmals öffentlich mit einer umfassenden Kritik konfrontiert wird, die im Epochenbewußtsein ‚Auschwitz' steht.[46] Das Augenmerk der folgenden Betrachtung liegt daher auf den Reaktionen, die diese Konfrontation bei den Antwortenden auslöst. Diese Reaktionen sind erkennbar oft weniger im rein kognitiven Sachgehalt der angeführten Gegenargumente als vielmehr im Modus des Vortrags und den Mitteilungen zwischen den Zeilen. Die Virulenz

[46] Dies gilt so freilich nicht für Habe; vgl. oben. Zur Ausnahme Adornos vgl. Kap. I, S. 11, sowie in diesem Kapitel noch weiter unten.

dieser Konfrontation wird bereits unübersehbar in der Einführung und den Übersetzungen, durch die die Leserschaft der „Sprache im technischen Zeitalter“ mit den Texten Steiners, McCormicks und Habes bekannt gemacht werden soll.

Während die von Höllerer angeschriebenen Autoren die drei Aufsätze „ungekürzt“[47] erhielten, verzichteten Herausgeber und Redaktion auf einen vollständigen Abdruck in jenem Sonderheft der „Sprache im technischen Zeitalter“, in dem die Antworten veröffentlicht wurden. Stattdessen enthält die im Mai 1963 unter dem Titel „Deutsch – gefrorene Sprache in einem gefrorenen Land?“ erscheinende Sondernummer einen „Bericht“[48] von Friedrich Handt, der die drei Texte angemessen zusammenzufassen sucht. Handt zitiert hierbei ausführlich aus eigenen Übersetzungen der Beiträge Steiners und McCormicks. Diese Präsentation ist gekennzeichnet von einigen Eigentümlichkeiten, die genauere Betrachtung verdienen.

Bevor Handt unmittelbar auf die drei bezeichneten Aufsätze eingeht, gibt er eine erste einleitende Charakterisierung. Er spricht zunächst von Beiträgen „nicht unbekannte[r] amerikanische[r] Publizisten [...], die allerdings nicht den Anspruch erhoben, sine ira et studio eigene Beobachtungen zu analysieren, sondern sich statt dessen bemühten, eine vorgegebene Meinung mit einer vorgefundenen Situation zu konfrontieren und polemisch zugespitzt ins Bewußtsein der Öffentlichkeit zu bringen.“[49] Handts ergänzender Hinweis, man müsse „bei der Mehrzahl dieser Aufsätze über voreilige Folgerungen und brüchige Schlüsse, auch über einige absichtliche Böswilligkeiten hinwegsehen“[50], stellt gleichfalls schon im Vorfeld die Respektabilität der im Anschluß vorgestellten, als „kennzeichnend“[51] charakterisierten Autoren in Frage. Nachdem noch wenig mehr über die Texte bekannt ist als daß sie eine „durch einen ständigen Mißbrauch im Dritten Reich“ hervorgerufene „Sprachverderbnis sondergleichen“ in Deutschland beklagen, beginnt Handt eine Aufstellung vermeintlich tauglicher Gegenargumente; sein erstes: „Ist ‚Erstarrung der Sprache‘ und ‚Entleerung von humanen Denkinhalten‘ auf die deutsche Sprache beschränkt?“[52] Der affektive Zug dieses ‚Arguments‘ haftet gleichfalls – wenn auch in unterschiedlichem Ausmaß – den anschließenden Gegenfragen an; etwa „Wie fallen Vergleiche mit Reden auf *internationalen* Kongressen aus?“ oder „Kann man eine Sprache mit einer Geschichte von mehreren tausend Jahren in den zwölf Jahren

[47] *Sprache im technischen Zeitalter* (Anm. 1), S. 450.
[48] Ebd., S. 431.
[49] Ebd.
[50] Ebd., S. 432.
[51] Ebd.
[52] Ebd.

eines ‚Tausendjährigen Reiches' so völlig zerstören?"[53] Wenn auch bereits diese Beispiele verdeutlichen, daß hier „Dispositionen fürs ganze getroffen"[54] werden sollten, so belehrt doch erst ein genauer Blick in Handts Übersetzung des Steiner-Aufsatzes über das Gewicht der ‚Störung', die offensichtlich insbesondere von diesem Text ausging[55].

Ein Vergleich des englischen Originaltextes von George Steiners „Hollow Miracle" mit der Übersetzung in der „Sprache im technischen Zeitalter" zeigt, daß Handt sowohl um eine sachgerechte Auswahl der zitierten Partien wie um eine möglichst wortgetreue Übersetzung bemüht war. Es ist gerade die offensichtlich angestrebte Präzision seiner Übertragung, die den Umriß der eigenen Disposition zum verhandelten Gegenstand freilegt. Wenn „Good Aryans" bei Handt „lebenstüchtige nordische Menschen" heißen, scheint der Begriff des ‚Ariers' eigentümlich ‚ungewohnt'; wenn „race arrogance" zu „die Überheblichkeit anderen Völkern gegenüber" wird, bleibt das Signalwort „Rasse" unausgesprochen, und an die Stelle des systematischen rassistischen Biologismus der Nazis ist ein überzogener, aber doch traditioneller Nationalismus gerückt ; wenn „holocaust" – zwar im Bezug auf den Völkermord im Ersten Weltkrieg, aber begriffen als Vorbote der NS-Vernichtungspolitik und in Steiners autorisierter Übersetzung „Massenmord" – als „Weltbrand"[56] übersetzt wird, geht, in einer Metapher der Apokalypse, die Konnotation zu den Massenverbrechen verloren. Augenzeugen einer Jagd auf Juden, bei Steiner „a crowd of Germans", nennt Handt – unter beiläufiger Weglassung der näheren nationalen Bezeichnung – „eine Menschenmenge"; Steiners Zeile in einer Inhaltsangabe von Goes' „Brandopfer", „The next day she is deported to the ovens", lautet bei Handt „Am nächsten Tag wird sie fortgeschafft" – der Zielort dieses Fortschaffens bleibt ungenannt. Steiners Bestandsaufnahme „There is, once again, a surge of activity in mathematics and the natural sciences" wird stillschweigend um seine historische Komponente – sie ist hier zugleich die kritische – gekürzt in „Es zeigt sich eine rege Tätigkeit auf den Gebieten der Mathematik und der Naturwissenschaften."

53 Ebd. Kursivierung F.H.

54 Briegleb: „‚1968'. Debatten im logischen Raum" (Anm. 2), S. 327.

55 Handts Übersetzung von McCormicks Aufsatz enthält auffällig weniger Eigentümlichkeiten. Allerdings hat Handt nur die unmittelbar auf Literatur bezogenen Passagen zitiert; der Aufsatz Habes, im Original deutsch, wird im Heft wortgetreu vollständig wiedergegeben. – Handts Bericht widmet dem Aufsatz Steiners 9,5 Seiten, Habes und McCormicks je 3,5 Seiten.

56 Die englische Originalfassung wird zitiert aus George Steiner: „The Hollow Miracle". In: ders.: *Language and Silence – Essays 1958–1966*. London 1979, S. 136-151. Ferner wurde verglichen mit der von Steiner autorisierten Übersetzung ins Deutsche von Axel Kaun, in *Sprache und Schweigen* (Anm. 3), S. 129-146.

Neben solchen direkten einseitigen ‚Deutungen' oder ungekennzeichneten Kürzungen finden sich eine Reihe von Übersetzungen, deren Abweichung vom philologisch korrekten Wortlaut zwar ‚flüchtiger', aber nichtsdestoweniger symptomatisch wirkt. „And instead of turning away in nauseated disbelief [...]" – in der autorisierten Übersetzung „anstatt sich ungläubig und angeekelt abzuwenden" – wird bei Handt ‚verschoben' in die Variante „Anstatt sich von dem ekelhaften Unglauben abzuwenden"; „smashed-down boots" – bei Steiner die „Marschtritte" einer agierenden SA oder einer angreifenden Wehrmacht – werden bei Handt zu einer – vergleichsweise stillgestellten – „strammen Haltung"; und wenn Steiner unter expliziter Anspielung auf ein populäres Nazi-Lied fragt: „How should the word *‚spritzen'* recover a sane meaning after having signified to millions the ‚spurting' of Jewish blood from knife points?" – in der autorisierten Übersetzung „Und wie soll das Wort *‚spritzen'* je wieder gesunde Bedeutung gewinnen, nachdem es für Millionen Menschen das Kennzeichen für das vom Messer spritzende Judenblut war?" –, dann scheint Handt der Wortlaut dieses Liedes so vollständig unbekannt zu sein, daß er in einer mühseligen Wort-für-Wort-Übersetzung von „Messerspitzen" schreibt: „Wie sollte das Wort ‚spritzen' jemals eine vernünftige Bedeutung wiedererlangen, nachdem es für Millionen das ‚Spritzen' jüdischen Blutes, das durch Messerspitzen verursacht wurde, bedeutet hatte?" Daß in Handts Vertauschung von „complete irrationalism and hypnosis" in „völlige Hypnose und Irrationalität" das Gewicht auf die Hypnose, d. h. das die Täter eher salvierende Moment verlagert wird, fällt dagegen kaum mehr auf.

Die Übersetzung von Steiners Ausführungen über die deutschen Schriftsteller in den Jahren der NS-Herrschaft verleitet Handt gleich zu einer ganzen Kette von einschlägigen Fehlleistungen. Steiners Feststellung „The major writers went into exile" – in der autorisierten Übersetzung „die bekanntesten gingen ins Exil" – lautet bei Handt verfälschend: „Die meisten Schriftsteller gingen ins Exil". „A handful of writers stayed in Germany to wage a covert resistance" – in der autorisierten Übersetzung: „Eine Handvoll Schriftsteller blieb in Deutschland, um einen heimlichen Widerstand durchzuführen" – erfährt bei Handt eine stillschweigende Sinnverschiebung, indem er schreibt: „Eine Handvoll Schriftsteller blieb in Deutschland und leistete geheimen Widerstand". Während Steiner von einer spezifischen Gruppe unter den in Deutschland verbliebenen Schriftstellern spricht, legt Handts Übersetzung im Zusammenhang mit der vorherigen Aussage, daß „die meisten" Schriftsteller ins Exil gegangen seien, nah, daß mit der „Handvoll" der Rest der Schriftsteller gemeint sei und diese quasi vollzählig „geheimen Widerstand" geleistet hätten.

In der kurzen Partie über Wiechert unterläuft Handt gar eine Umstellung ganzer Sätze. Steiner schreibt: „He spent some time in Buchenwald and remained in partial seclusion throughout the war. What he wrote he buried in his garden. He stayed on in constant peril, for he felt that Germany should not be allowed to perish in voiceless suffering". Handt schreibt: „Er verbrachte einige Zeit in Buchenwald und blieb während des ganzen Krieges abgesondert. Er schwebte ständig in Gefahr. Was er schrieb, vergrub er in seinem Garten, denn er glaubte, daß man Deutschland nicht lautlos leidend untergehen lassen könnte." In dieser Übertragung wird Wiecherts Buchenwald-Haft suggestiv um die Zeit der „Absonderung" und der „ständigen Gefahr" verlängert.

Eine Vielzahl weiterer, vergleichbarer Auffälligkeiten in Handts Übersetzung verdeutlicht, in welchem Maß hier ein offenkundig nicht bewußt gewordener Affekt gegen den Artikel Steiners seinen Tribut zu fordern schien. Doch auch andere Details in Handts Einleitung erscheinen nun in spezifischer Beleuchtung. In einer Passage vergegenwärtigt Steiner einige jener Szenen erbarmungsloser Erniedrigung von Juden durch Deutsche, die lückenlos in deutscher Sprache protokolliert worden waren, eine Vergegenwärtigung, die Steiner „ekelerregend und unerträglich" findet, um anzufügen: „aber tun muß man es."[57] Daß Handt gerade dieser Aufforderung ausweicht und diese Partie mit einer knappen Zeile überspringt, erhält nun eine eigene Schlüssigkeit. Kaum weniger auffällig ist, daß Handts Angaben zur Person George Steiners – der sich erst im Juni 1962 an sichtbarstem Ort in Deutschland vorgestellt hatte, mit seinem Aufsatz „Der Rückzug vom Wort" im „Merkur"[58] – falsch sind: Steiner wurde nicht 1904 in Wien[59], sondern 1929 in Paris geboren. Auch dieser Irrtum ist nun lesbar als symptomatische Fehlleistung: War Steiners Text erst einmal, wenn auch ungenau, wahrgenommen als eine Äußerung „jüdischer Erinnerungssprache"[60], wurde sein Autor der Altersgruppe jener deutsch-jüdischen Exilanten zugerechnet, die schon öfter einmal als Kritiker der deutschen Nachkriegs- und Gegenwartsliteratur auffällig geworden waren: am prominentesten Theodor W. Adorno und Hermann Kesten[61]. Ihr Ort im westdeutschen Literaturbetrieb wurde –

[57] Steiner: „Das hohle Wunder" (Anm. 3), S. 134. Diese Partie ist oben zitiert.

[58] George Steiner: „Der Rückzug vom Wort". In: *Merkur.* XVI. Jg., 6. Heft, S. 501-523; biographische Angaben S. 600.

[59] *Sprache im technischen Zeitalter* (Anm. 1), S. 432.

[60] Briegleb: „‚1968'. Debatten im logischen Raum" (Anm. 2), S. 329.

[61] Vgl. einführend zu Adorno: Burkhardt Lindner: „Was heißt ‚nach Auschwitz'? Adornos Datum". In: Verf., Gehle, Kiesel, Loewy (Hg.): *Nachkriegsliteratur* (Anm. 2), S. 283-300; zu Kesten: Verf.: „‚... nicht uns zugehörig' – Hermann Kesten und die Gruppe 47". In: ders. (Hg.): *Bestandsaufnahme – Studien zur Gruppe 47*. Berlin 1999, S. 175-207.

wenn überhaupt – ganz überwiegend wahrgenommen als ein fernes Abseits.

Die Überzeugung, daß dies auch der angemessene Ort für die zitierten amerikanischen Kritiker sei, bestimmt die meisten der Antworten auf Höllerers Umfrage.

3

Die im Sonderheft der „Sprache im technischen Zeitalter" abgedruckten Antworten und Reaktionen stammen nicht nur von „im In- und Ausland lebende[n] Autoren deutscher Sprache, die verschiedenen literarischen Richtungen und Stilarten zugehören"[62], sondern zugleich bzw. darüber hinaus von Persönlichkeiten, die verschiedene, zum Teil Schlüssel-Funktionen im deutschsprachigen Literaturbetrieb innehaben: vor allem Kritiker, aber – mit Werner Betz – auch ein Philologe und – mit Günther Busch – der Herausgeber der einflußreichen „edition suhrkamp"[63]. In diesem Sinn kommt der Summe ihrer Antworten eine für den deutschen Literaturbetrieb zu diesem Zeitpunkt repräsentative Bedeutung zu; in den Reaktionen auf die amerikanische Kritik – befragt auf sich selbst hin – entsteht ein Selbstbildnis der deutschsprachigen Gegenwartsliteratur.

Die Bewertung der drei Aufsätze von Steiner, McCormick und Habe durch die befragten Autoren ist – mit einer eklatanten Ausnahme – eindeutig: eindeutig ablehnend. In diesen Chor der Ablehnung stimmen auch jüdische Überlebende der NS-Vernichtungspolitik mit ein: Hilde Spiel, Hans Weigel, Marcel Reich-Ranicki. Ihre Antworten dokumentieren, daß und wie jüdische Autoren deutscher Sprache an Modellen einer gleichberechtigten Mitwirkung im deutschsprachigen Literaturbetrieb gearbeitet haben; die Auseinandersetzung um die Texte von Steiner, McCormick und Habe zeigt jedoch zugleich, wie diese Teilhabe am Betrieb unter Loyalitätsdruck geriet gerade *in jenen Konfliktfällen, die wesentlich in der jüdischen Verfolgungserfahrung begründet* waren. Ein genauer Blick auf die jeweiligen Antworten wird diesen Sachverhalt erhellen. Doch nicht weniger bedeutsam für das Gesamtbild sind die Antworten etwa von Rudolf Krämer-Badoni, Peter Rühmkorf und Werner Betz. Ihre Zeugnisse unterstreichen, daß erst das präzise Studium von *Stil* und *Modus* der Ablehnung erlauben, das charakteristische historische Profil dieser Stellungnahmen als das diskurspolitischer Interventionen zu erkennen.

62 *Sprache im technischen Zeitalter* (wie Anm. 1), S. 450.
63 Vgl. Briegleb: „‚1968'. Debatten im logischen Raum" (Anm. 2), S. 328.

Hilde Spiels Antwort „Für und wider die deutsche Literatur"[64] gehört zu den im Ton moderateren Ablehnungen. Ausdrücklich wendet sie sich gegen den „Hang zur Verlebendigung, Vermenschlichung, ja Idolisierung der Sprache, wie ihn vor allem George Steiner zu erkennen gibt", und fragt Habe, wen sich die deutsche Nachkriegsliteratur „zu Lehrmeistern [hätte] nehmen sollen, wenn nicht die Befreier und Erneuerer des europäischen Romans". Sie verteidigt „die Ansätze zu einer neuen Literatur, die den Problemen der Zeit nicht mit den Mitteln vordergründiger Epik beizukommen hofft, sondern durch Abstraktion, Allegorik und phantastische Zerrspiegelung, die wahrscheinlich besser geeignet sind, ihnen gerecht zu werden". Im Schreiben von Günter Grass und Heimito von Doderer erkennt sie jenen „‚phantastischen Realismus' [...], der gewissen Phänomenen des 20. Jahrhunderts den einzig adäquaten Ausdruck leiht."

Der spezifische Status Hilde Spiels wird jedoch erst in der Auseinandersetzung mit Steiner deutlich. Von ihr beobachtete „unsachliche Motive" in den drei Aufsätzen führt sie auf ein „Ressentiment" zurück, um fortzufahren: „Dieses Ressentiment ist verständlich. Zwei der Polemiker waren im deutschen Sprachraum aufgewachsen; [...] beide bewahrten sich den unerbittlichen Blick des zeitweilig enterbten Kindes der Familie gegenüber, die es verstoßen hatte". Was sich hier noch als – etwa autobiographisch grundierte – Einfühlung in das Exilschicksal artikuliert[65], wird wenige Absätze später erweitert in die demonstrative Betonung eines bedeutsamen Abstands zwischen der Zurückgekehrten[66] und des im Exil verbliebenen, wenn sie – in Anknüpfung an eine Kritik McCormicks – schreibt: „Auch George Steiner läßt sich auf Mißverständnisse und Begriffsverwirrungen ein, wie sie dem Fremden oder nicht Heimgekehrten nun einmal unterlaufen." Spiel gibt sich entschlossen, das durch die Rückkehr vermeintlich Gewonnene – nicht nur ihren Kenntnisvorsprung ‚vor Ort', sondern vor allem auch ihre erneute Zulassung zur Mitwirkung an einer deutschsprachigen Gegenwartsliteratur als eines Trägers humaner Zivilisation – durch Steiner nicht wirklich in Frage stellen zu lassen.

Dazu gehört an erster Stelle die emphatische Zurückweisung von Steiners grundsätzlicher Sprachkritik: „George Steiners Beweisfüh-

[64] Hilde Spiel: „Für und wider die deutsche Literatur". In: *Sprache im technischen Zeitalter* (Anm. 1), S. 450-452. Die folgenden Zitate entstammen diesem Abschnitt. Auf gleiche Weise wird aus den im Anschluß behandelten Antworten zitiert.

[65] Auch Spiel übersieht – vielleicht durch Handts fehlerhafte Angabe in die Irre geführt -, daß Steiner nicht „im deutschen Sprachraum" aufgewachsen ist, sondern in einem dreisprachigen Elternhaus in Frankreich. Vgl. George Steiner: *Errata – Bilanz eines Lebens*. München 1999, S. 105 f.

[66] Nach regelmäßigen Aufenthalten in Österreich ab Ende der 50er Jahre war Spiel erst 1963 dauerhaft nach Wien zurückgekehrt; vgl. Hilde Spiel: *Welche Welt ist meine Welt? – Erinnerungen 1946–1989*. München/ Leipzig 1990, bes. S. 219 ff.

rung mag zustimmen, wer dem Sprachmythos anhängt, von dem eingangs bereits die Rede war. Treibt man den Glauben an das Eigenleben eines bloßen Ausdrucks- und Verständigungsmittels so weit, um dem Satze beizustimmen, ‚an den Schrecken des Nazismus war die deutsche Sprache nicht ohne Schuld', dann wird man auch Steiners Theorie vom Tod der deutschen Dichtung akzeptieren. Ist man aber der Meinung, daß die Sprache nicht mehr ist als ein Geflecht von Symbolen und Relationen, dessen sich der soziale Mitteilungsdrang wie die kreative Intuition bedient, muß man Versuche, ihr Seele, Geist und Verantwortungsgefühl zuzuschreiben, als metaphysische Hirngespinste verwerfen." Steiners Theorem einer Mitwirkung, gar Teilhabe der deutschen Sprache „an den Schrecken des Nazismus" trifft auf Spiel als eine zweifache Bedrohung: Zum einen würde eine solche Einschätzung der deutschen Sprache ihre existentielle Legitimation als nach Wien zurückgekehrte jüdische Autorin deutscher Sprache grundlegend in Frage stellen; zum andern würde eine solche sprachkritische Perspektive die ohnehin zerbrechliche Gemeinschaft mit den nichtjüdischen deutschsprachigen Gegenwartsautoren unweigerlich aufheben. In diesem Sinn war für jeden jüdischen Autor deutscher Sprache, der nicht nur zur deutschen Literatur beitragen, sondern am deutschen Literaturbetrieb teilhaben wollte, eine Sprachkritik wie die Steiners inakzeptabel. In diesem Sachverhalt gründet die Verve, mit der Spiel Steiners Thesen als „metaphysische Hirngespinste" der Lächerlichkeit preiszugeben versucht. Von Steiner herausgefordert, läßt Spiel keinen Zweifel an ‚ihrem' Ort: neben Johnson, Grass, Doderer und jenem „Dutzend junger Talente auf dem Gebiet der Lyrik, der Epik und Essayistik [...], von dem die deutsche Literatur der nächsten Jahrzehnte ihr Dasein fristen kann".

Hans Weigels kraftvolle Polemik unter dem sprechenden Titel „Blühende Sprache in einem aufgetauten Land"[67] übt den ostentativen Schulterschluß mit all jenen, die eine in gegenläufiger Erinnerung fundierte Einrede in Belange der deutschsprachigen Literatur für obsolet halten. Die „Artikelschreiber" Steiner, McCormick und Habe gelten Weigel als „Bespeier" und „gewisse Übelwollende beziehungsweise Masochisten", deren „erforderliche Abfuhr" er von seinen „bundesdeutschen Kollegen" erhofft. „Im Zeitalter deutscher Selbstzerfleischung und deutscher Minderwertigkeitsgefühle" wolle er, in Ermangelung eines „akzeptablen Ausgangspunkt[s] für eine Debatte über Sprachprobleme", am Beispiel der österreichischen Literatur den „Nachweis" erbringen, „daß seit 1933 oder 1945 nichts eingefroren oder erstarrt ist, was vorher im Fluß oder lebendig war – im Gegen-

[67] Hans Weigel: „Blühende Sprache in einem aufgetauten Land". In: *Sprache im technischen Zeitalter* (Anm. 1), S. 453-458.

teil!" In plakativem – wenn auch nicht explizit ausgesprochenem – Gegensatz zur Auffassung Steiners, der die zwanziger Jahre als die „*anni mirabiles* im modernen deutschen Geistesleben"[68] bewertet hatte, stellt Weigel apodiktisch fest: „Die Sprache war im Zeitraum zwischen den Weltkriegen erstarrt, verschlampt, journalisiert, vernachlässigt, unbetreut, degeneriert, heruntergekommen, im Verfall, in Auflösung."

Zwei Züge in der aktuellen Rezeption der Literatur jener Jahre sowie der der NS-Zeit streicht Weigel heraus: „Es ist ein zentraleuropäisches Unglück, daß man sich scheut, gewisse Autoren ungehemmt zu kritisieren, daß man insbesondere davor zurückschreckt, von ‚jüdeln' oder von ‚mauscheln' zu reden oder zu schreiben" – als abschreckende Beispiele nennt er Werfel und „Hofmannsthal, dessen Tragik darin bestand, daß er der deutschen Sprache nur in unzureichendem Maß mächtig war". Ferner sei es „ein zentraleuropäisches Unglück, daß man aus begreiflicher Scheu, mißverstanden zu werden, allen jenen, welche vom Nationalsozialismus, seiner Rassengesetzgebung und seinen Vernichtungsaktionen betroffen oder bedroht waren, ein Mittelding zwischen Narrenfreiheit und Denkmalschutz zuteil werden läßt, daß berechtigte Kritik im Zug einer unbegründeten ‚Wiedergutmachung' zurückgehalten wird". An der Prosa von Werfel und Hofmannsthal, von Wassermann und Stefan Zweig müsse „jede Wiedergutmachung scheitern, denn sie war nie gut". Weigel räumt hingegen ein, daß die Zeit der Anschluß-Jahre – die er als „Okkupation" bezeichnet – „dem Erstarken und Aufblühen der Sprache nicht förderlich war", um anzufügen, daß „die Gerechtigkeit um die Feststellung nicht herumkommt, daß der rede- und wortmächtige Joseph Goebbels seine Muttersprache vermutlich besser beherrscht hat als etwa Franz Werfel."

Eine größere Entfernung von den in den drei Aufsätzen ausgesprochenen sprachkritischen Perspektiven, besonders von jener Steiners, ist nicht denkbar. Die sprachliche Verfügungsgewalt des NS-Chefpropagandisten – die personelle Verkörperung der von Steiner eindrücklich denunzierten Verschmelzung von Sprache und Vernichtungsgewalt schlechthin – findet sich wieder als Parameter zur ästhetischen Beurteilung literarischer Werke. Daß sich auch die anschließende Deutung der literarischen Erscheinungen nach 1945 in einem genauen Gegenüber zur Sprachkritik der drei Autoren verhält, erscheint nun zwingend: Im „Jahr Null [...] geschah das Wunder. [...] eine Blütezeit sonder Beispiel begann [...]. Nach Jahrzehnten des Niedergangs und der Ratlosigkeit, des Verkommens und Verschlampens, nach Jahren des apokalyptischen Chaos waren sie auf einmal da, durch die Schulen der NS-Zeit und die Hölle der Kriegszeit hindurchgegangen

[68] Steiner: „Das hohle Wunder" (Anm. 3), S. 133; vgl. auch oben.

wie Tamino und Pamina durch Wasser und Feuer, frierend, unbehaust, ungeleitet, und sie begannen zu schreiben. Gott sprach: Es werde Deutsch! Und es ward Deutsch." Ilse Aichinger, Ingeborg Bachmann, Marlen Haushofer, Ernst Jandl und andere Namen werden nun angeführt, um die „Auferstehung Österreichs" zu belegen und Weigels Argumentation zu beschließen, die in der „überraschenden und überwältigenden Blüte der deutschen Sprache in Österreich" den Beweis dafür erkennt, daß es „um diese Sprache, ihre Lebendigkeit, ihre Kraft, ihre Gegenwart und ihre Zukunft nicht ganz so übel bestellt sein [kann], wie es gewisse Übelwollende beziehungsweise Masochisten aus der Ferne und in der Nähe wahrhaben wollen."

Der Affekt Weigels gegen die vorgebrachte Sprachkritik ist unübersehbar; er entlädt sich in teilweise monströsen Argumenten. Sie mögen wie eine ‚Übererfüllung' jenes Loyalitätsgebots wirken, das schon in der Antwort Hilde Spiels beobachtet wurde. Die diskurshistorische Perspektive muß jedoch unterscheiden zwischen Elementen einer Typologie des zurückgekehrten jüdischen Autors deutscher Sprache und pathologischen Momenten im ‚Fall Weigel'[69]. Daher sei Weigels Wortmeldung hier vorrangig gewichtet unter dem Vorzeichen, das auch zeitgenössisch das dominierende war: als Stellungnahme des einflußreichsten Kritikers der österreichischen Nachkriegsliteratur.

Mit Werner Betz, Günther Busch, Rudolf Krämer-Badoni, Marcel Reich-Ranicki und Peter Rühmkorf nehmen Autoren zur Sprachkritik der drei Aufsätze Stellung, die in verschiedenerlei Hinsicht noch unmittelbarer zum deutschen Literaturbetrieb standen als Spiel und Weigel.

Werner Betz, Professor für deutsche Philologie an der Münchner Universität, erkennt – insbesondere im Text George Steiners – eine „scheinlinguistische Betrachtungsweise"[70] und „Pseudolinguismus", getragen von dem „offenbar unausrottbare[n] [Irrtum], daß jeder Sprechende auch ein Sprachexperte ist". Der grundlegenden „Verkennung der Lebensformen und Lebensmöglichkeiten der Sprache" möchte er „durch Kommentierung einiger Sätze" aus Steiners Aufsatz begegnen. Die auf diese Weise als wissenschaftsnah eingeführte Kommentarform gerät Betz jedoch zunehmend zur Plattform hämisch herabsetzender Polemik. An einen in Steiners Text beobachteten Widerspruch knüpft er etwa die Frage: „Oder soll man es so verstehen, daß die hier gemeinte NS-Sprache einen besonders vorbildlichen Sprach-

[69] Vgl. Evelyn Adunka: „Friedrich Torberg und Hans Weigel – Zwei jüdische Schriftsteller im Nachkriegsösterreich". In: *Modern Austrian Literature*. Vol. 27, No. 3/4, S. 213-237; Günther Nenning: „Spaziergänger am österreichischen Abgrund". In: *Die Zeit*, 23.8.1991, S. 48.

[70] Werner Betz: „Nicht der Sprecher, die Sprache lügt?" In: *Sprache im technischen Zeitalter* (Anm. 1), S. 461-464.

zustand darstellt?“ Steiners Satz „‚Sie (die Wörter) blieben an der Front und richteten zwischen dem deutschen Geist und der Wirklichkeit einen Wall des Mythos auf‘ “ quittiert Betz mit der rhetorischen Frage: „Die Wörter waren das also? Dann ist Hitler wohl völlig unschuldig und nur ein Opfer der Sprache?“ Steiners Überlegung, daß „‚... an den Schrecken des Nazismus [...] die deutsche Sprache nicht ohne Schuld [war]‘ “, glaubt Betz, mit der Drohung einer Zustimmung von rechts zurückweisen zu können: „Da werden alle rechten Nazis jubeln: da sieht man's, so deutsch waren wir, als rechte Deutsche mußten wir ausführen, was, wie selbst die Antinazis sagen, ja eben in der deutschen Sprache drinsteckte. Auch wir sind nur arme Opfer der Sprache.“ Der – nicht zuletzt moralischen – Sensibilität Steiners für durch den NS-Gebrauch gezeichneten Bedeutungswandel mancher Wörter – Betz zitiert das Beispiel ‚Spritzen‘ aus dem Nazi-Lied –, beantwortet der Philologe mit dem Hinweis darauf, daß „jede einfachste Wortschatzbefragung [...] den Autor über das tatsächliche Gegenteil belehren [könnte]. Die immer neue Verwendbarkeit der Zeichen, so schmerzlich sie im einzelnen Fall auch empfunden werden mag, gehört nun eben einmal zu den Grundeigenschaften jeder Sprache.“

‚Professionalität‘, wie sie hier vorgeführt wird, ‚schützt‘ vor dem, was in Wortmeldungen wie denen Steiners als Zumutung hätte empfunden werden mögen; als das bezeichnende Fundament solcher Position gibt sich die Unanfechtbarkeit der durch den Nationalsozialismus *nicht* unterbrochenen Kontinuität einer ehrbaren Fachgeschichte zu erkennen. Dies wird nicht nur deutlich in Betz‘ ungläubiger Nachfrage, „wer denn die ‚neuen Linguisten‘ waren“, die „sich bereit [gefunden hätten], aus der deutschen Sprache eine politische Waffe zu machen, die totaler und wirkungsvoller war, als die Geschichte sie jemals gekannt hatte“. Dieses Selbstgefühl einer in keiner Weise rechenschaftspflichtigen Disziplin artikuliert sich am deutlichsten in der schlafwandlerischen Identifikation mit jenen „Grundeigenschaften jeder Sprache“, von wo aus der Einfluß des Nationalsozialismus auf die deutsche Sprache nicht anders denn als unzusammenhängendes Ensemble zwar schmerzlicher, aber doch einzelner Fälle wahrgenommen werden kann. Der Trost, der dem Kläger von hier aus zugesprochen werden kann, muß sich dann auf die Worte „nun eben einmal“ beschränken.

Mit seiner Antithese zu Steiners Annahme „Alles kann vergessen, aber nicht eine Sprache“ – „Nur dadurch lebt eine Sprache, daß sie vergessen kann“ – ist die innerste Leitformel aller Antworten des *deutschen Konsenses*[71] im deutschen Literaturbetrieb auf jene Sprach-

[71] Vgl. Kap. II, S. 44 ff.

kritik artikuliert, die von der jüdischen Verfolgungserfahrung bestimmt oder wesentlich mitbestimmt ist. Der diskurspolitische Wert dieser Parole an diesem Ort erwächst freilich aus ihrer vermeintlich völligen Unverbundenheit mit den ideologischen Implikationen des deutschen Literaturbetriebs. Im Gegenteil: Dem Betrieb wird gestattet, seine affektive Abwehr einer solchen Sprachkritik mit dem Hinweis auf ihre wissenschaftliche ,Widerlegung' zu begründen. Betz versäumt folgerichtig auch nicht, gegen Ende seines Beitrags die eigene fachliche Autorität erneut herauszustreichen: „Ob man sich vorstellen kann, daß ähnlich jemand über Atomphysik schriebe, unberührt von allen Erfahrungen, Feststellungen und Einsichten der entsprechenden Wissenschaften? Nur bei der Sprache ist der Irrtum offenbar unausrottbar, daß jeder Sprechende auch ein Sprachexperte ist. Mit dem gleichen Recht könnte sich jeder Essende und Schwitzende als Physiologe, jeder Träumende als Psychologe und jeder Autofahrer als Aerodynamiker ansehen."

Erst im letzten Absatz ,erlaubt' sich Betz daher auch eine über das eigene Fach nun doch offensichtlich hinausgehende Deutung und Einordnung der untersuchten Texte: „Vielfach genährt von einer auf Unkenntnis gegründeten Verachtung der Philologie und Linguistik, erschreckt von Verfügung und Mißbrauch der Wörter in Propaganda und Politik, legt dieser Pseudolinguismus alle seine freiheitsmüden Wunschträume in die Sprache, die ihm so Allschuldige und Allheilmittel zugleich wird. Er erträgt die eigene Freiheit wie die der Sprache nicht mehr, die Chance der immer neuen Entscheidung wird ihm zur Last der Wahl, er flüchtet [...] in ein Abzeichendenken, in die Allmacht der Sprache: nicht der Sprecher, die Sprache lügt." Die inkriminierten Texte erfüllen dann doch noch den einen Zweck: Sie dürfen auf den demokratischen Ort ihres Kritikers weisen – *nicht* freiheitsmüde, nutzt er geistesgegenwärtig die eigene Freiheit zu seinem verantwortungsvollen Wächteramt.

Eine andere Variante der entschiedenen Ablehnung präsentiert Günther Busch in seinen „Anmerkungen zur Sprachkritik"[72], die gleichfalls in erster Linie auf den Text Steiners Bezug nehmen. Einerseits räumt er wie kein anderer der hier Antwortenden die der deutschen Sprache durch den Nationalsozialismus zugefügten Schäden ein – übertroffen nur von Franz Mon[73]. In einem Hinweis auf die „vor wenigen Wochen" erschienenen „zahlreiche[n] Artikel, die an den 30. Januar 1933 erinnerten", fragt Busch, „ob das, was vor dreißig Jahren begann, tatsächlich schon begriffen ist." Er erkennt die Sprache

[72] Günther Busch: „Anmerkungen zur Sprachkritik". In: *Sprache im technischen Zeitalter* (Anm. 1), S. 472-475.

[73] Zur Antwort Franz Mons vgl. weiter unten.

„als unser Gedächtnis: sie plaudert aus, wovon wir nicht losgekommen sind. Sie gemahnt an unsere Versäumnisse, indem sie diese bloßstellt." Noch trage die deutsche Sprache, so Busch, „die Narben der Verachtung, der sie einmal das Wort redete; und die Botendienste, die sie dem Haß und der Niedertracht leisten mußte, sind von den Vokabeln nicht vergessen." Auf der anderen Seite wirft er Steiner vor, „mit gezinkten Karten" zu hantieren und „Vernebelung" zu betreiben. Steiners Einschätzung des „größere[n] Teil[s] dessen, was als ernsthafte Literatur veröffentlicht wird, [als] oberflächlich und schlecht", weist Busch mit der Frage zurück, „wie weit eine Kenntnis der neueren deutschen Literatur reichen mag, die sich in solchen Klischees zur Ruhe setzt. Sie reicht, wir dürfen das getrost annehmen, nicht weiter als das Klischee." Busch fährt fort mit der Feststellung, daß „nur eine unbelehrte, von Erfahrung und Beobachtung gänzlich ungetrübte Theorie [...], Sprache als Schicksal deutend, für das, was mit Hilfe von Wörtern angerichtet worden ist, die Wörter zur Verantwortung ziehen [könne], als handelten diese in eigenem Ermessen und diktierten der Vernunft."

Doch auch diese Kritik läßt Busch in explizit auf Abgrenzung bedachte, zugespitzte Polemik münden, wenn er fortsetzt: „Statt der Mörder holt Steiner, rettungslos im Dunstkreis seiner Theorie befangen, den Wortlaut der Schießbefehle vor Gericht. Hitler selbst erscheint in mildem Licht – als Handlanger, gar als Produkt einer terroristischen Grammatik. Haben in Dachau Vokabeln gehandelt?" Mit Fragen wie „Kann man verquerer von der deutschen Geschichte und der deutschen Sprache denken, als Steiner es getan hat?" räumt Busch, ähnlich wie Betz, jeden Zweifel darüber aus, daß über „Klischees" wie diese nicht ernsthaft zu diskutieren sei. Diese Einschätzung wird auch im gönnerhaften Ton der letzten Zeilen spürbar, mit denen Busch seine Bewertung abschließt: „Wir dürfen George Steiner trösten: Die deutsche Sprache ist nicht tot. Freilich hätte er, um das zu bemerken, statt auf den Kolonnentritt der Wörter auf ihre Gesichter achten müssen. Doch ist Aufmerksamkeit nicht jedermanns Sache."

Mit Rudolf Krämer-Badoni und Marcel Reich-Ranicki beziehen zwei namhafte Literaturkritiker Stellung. Krämer-Badoni weigert sich rundweg, sich „auf Steiners und McCormicks Qualm"[74] einzulassen – „Diese zwei da sind doch gefrorene Köpfe". Steiner, der – „übrigens in tiefer Sprachohnmacht" – durch die Geschichte von Bismarck bis Adenauer „husch[e]", wisse „über die deutsche Literatur nach 1945 [...] nichts. Überhaupt nichts. Er hat ein bißchen Radio gehört und Zeitung gelesen ... Na und? McCormick faselt noch windiger daher."

74 Rudolf Krämer-Badoni: „Handwerkliche Grundsätze". In: *Sprache im technischen Zeitalter* (Anm. 1), S. 460.

Krämer-Badoni zufolge ist die deutsche Literatur „seit zwanzig Jahren von dem Nußknackerdeutsch der Nazi befreit". Den Kern der Sprachkritik reduziert er auf die Sätze: „Was ein richtiger Deutscher ist, hat gefälligst Nazi zu sein. Und wenn er's nicht ist, heuchelt er. Na, da ist doch jedes Wort zuviel." Habe hingegen verteidige „seine schriftstellerische Methode [...]. Zu diskutieren gibt es da allerdings auch nichts. Man kann ihm ja seine handwerklichen Grundsätze nicht ausreden." Krämer-Badoni beschließt seine Zuschrift an Höllerer mit den rhetorischen Fragen „Ist dem Günter Grass das Maul gefroren? Ist Ihnen das Maul gefroren?" und dem Tip, „eine andere Sondernummer [zu machen], diese wird gespenstisch. Sie handelt von etwas, das es gar nicht gibt."

Zu dieser an Vierschrötigkeit und Vernichtungsgestik allenfalls von Hans Weigel erreichten Polemik steht die Wortmeldung Marcel Reich-Ranickis in auffälligem Kontrast. Sie befleißigt sich einer ausgesucht ‚höflichen' Rhetorik. Allerdings verbirgt sich hinter den Floskeln eines fast altertümlichen Konversationsstils eine kaum weniger entschiedene Ablehnung der zentralen Thesen. Reich-Ranicki schreibt an Höllerer, er „verstehe"[75] die drei Aufsätze nicht, wolle ihm aber seine „Ratlosigkeit ein wenig erklären". McCormicks Arbeit enthalte zwar, so Reich-Ranicki, „manche bemerkenswerte und treffende Beobachtung"; doch dürfe Höllerer nicht „allen Ernstes" erwarten, daß er gegen eine These wie die, daß sich die deutsche Sprache nicht für den Roman eigne, „polemisiere [...]. Es gibt auch, meine ich, keine Theorie, die beweisen könnte, daß sich eine Sprache für den Roman eignet oder nicht eignet. Hier entscheidet nur die Praxis, die Erfahrung. Die aber lehrt uns, daß in deutscher Sprache ‚Der Zauberberg', der ‚Prozeß' und ‚Der Mann ohne Eigenschaften' geschrieben werden konnten." „Auch mit den Thesen von George Steiner", so Reich-Ranicki weiter, „kann ich beim besten Willen nichts anfangen." Steiners schonungsloses Urteil über die deutsche Gegenwartsliteratur gilt Reich-Ranicki als eine Behauptung, „für die in diesem Aufsatz nicht einmal der Schimmer eines Beweises zu sehen ist." Steiners Würdigung von Goes' „Brandopfer" macht Reich-Ranicki „wieder ganz ratlos", da er nicht begreifen könne, wie Steiner gleichzeitig Autoren wie Andersch, Böll, Grass, Koeppen, Lenz, Nossack, Schnurre und Walser ignorieren könne. „Halten Sie es für möglich, daß George Steiner bisher keine Gelegenheit hatte, sich mit den Arbeiten dieser Schriftsteller zu befassen?" Auch, daß die deutsche Sprache „nur noch ‚Lärm'" mache, ist Reich-Ranicki unverständlich: „Die nach 1945 geschriebenen Verse von Günter Eich und Peter Huchel, Paul Celan und Inge-

[75] Marcel Reich-Ranicki: „Nicht der Schimmer eines Beweises". In: *Sprache im technischen Zeitalter* (Anm. 1), S. 464-466.

borg Bachmann scheinen mir nicht ‚Lärm' zu sein." Auch „eine Äußerung zu dem Artikel von Hans Habe" übersteige seine „Möglichkeiten": „Ich weiß nicht, von welchen Romanciers Habe spricht, ich kann nur sagen, daß in Koeppens ‚Tod in Rom' und in Bölls ‚Billard um halb zehn', in Grass' ‚Blechtrommel' und in Walsers ‚Halbzeit' eben jenes – besser oder schlechter – erzählt wird, was ‚Deutsche mit Scham erfüllt'."

Ähnlich wie Hilde Spiel mußte Reich-Ranicki eine radikale Sprachkritik wie die Steiners als potentielle Bedrohung des eigenen Status' innerhalb des deutschsprachigen Literaturbetriebs auffassen. Anders als Spiel jedoch, die als Schriftstellerin herausgefordert ist – und daher zu den unmittelbar sprachkritischen Thesen Stellung nehmen *muß* –, weicht Reich-Ranicki einer Diskussion eben dieser Thesen aus und stützt sich ganz auf einen Auszug aus dem Register der ‚anerkannten', der auch als ‚kritisch' ‚anerkannten' Autoren der deutschen Gegenwartsliteratur. Im Argument gegen Habe werden Autoren wie Koeppen, Böll, Grass und Walser zu nichts Geringerem als der Existenzberechtigung des jüdischen Kritikers in Deutschland. In dieser Konstellation war Reich-Ranicki nicht nur aufgegeben, das zu überhören, was in Steiners Wortmeldung an die eigenste Verfolgungsgeschichte rührte – und über sie womöglich Legitimation erhielt; überhört werden mußten auch jene gänzlich anderen Töne, die – wie etwa die Zeilen Krämer-Badonis – den eklatanten Nachweis lieferten für Steiners These einer dauerhaften Kontaminierung der deutschen Gegenwartssprache durch die NS-Vergangenheit.

Mit Peter Rühmkorf und Franz Mon bezogen zwei deutsche Autoren, die die NS-Zeit als Jugendliche erlebt hatten[76], Stellung. Rühmkorfs Votum kommt spezifisches Gewicht zu durch die Rolle, die er zu dieser Zeit in der Gruppe 47 einnimmt[77]. Der Lyriker gibt sich überzeugt, „daß kritischer Pfusch, wie er hier zur Debatte steht, besser gar nicht debattiert werden sollte"[78]. Dennoch erscheint ihm eine „Entgegnung" erforderlich, „weniger, um Meinungen entgegenzutreten und hanebüchene Unrichtigkeiten zu korrigieren, als um methodischen Mumpitz bis in seine ideologischen Wurzeln zu verfolgen." Habe, dessen „handfeste Privatinteressen den Spekulationsradius wohltuend einschränken" und der „uns wenigstens mit der Ansicht [verschont], daß die angebliche Misere der deutschen Literatur in der Sprache selbst veranlagt sei", wird dabei „aus Gründen der Über-

76 Rühmkorf ist 1929 geboren, Mon (d. i. Franz Löffelholz) 1926.

77 Vgl. dazu Peter Rühmkorf: „Zum ersten Mal bei der Gruppe 47". In: *Almanach der Gruppe 47 1947–1962*. Herausgegeben von Hans Werner Richter in Zusammenarbeit mit Walter Mannzen. Reinbek 1962, S. 424-427.

78 Peter Rühmkorf: „Schau- und Paradestücke eines Denkstils". In: *Sprache im technischen Zeitalter* (Anm. 1), S. 469-472.

sichtlichkeit" „aus[ge]klammer[t]". Rühmkorfs Vorwurf an „unsere zwei Parasoziologen" zielt auf deren „wahl- und quallose Vermengung von Gesellschafts- und Literaturkritik", in der er „ein Mißbehagen an Wohlstands- und Wunderphänomenen" erkennt, „das sich die Literatur zum Sündenbock erwählte". Belastet von „liebgewordenen Obsessionen", seien Steiner und McCormick „unwillens, Teufelsglauben und Sozialwissenschaft voneinander getrennt zu halten, und somit unfähig, die differenzierten Wechselbeziehungen von Literatur und Gesellschaft zu entwirren". In seiner „Diagnose" „unsere[r] wackeren Lagedeuter" und „Literaturabfertiger" zeichnet Rühmkorf ein Bild der deutschen Gegenwartsliteratur, wie sie tatsächlich sei: „Ganz offensichtlich war es den Verfassern weniger unangenehm, an das selbstverfertigte Teufelsbild zu glauben, als sich auf das verquere Mit- und Gegen- und Durcheinander progressiver und reaktionärer Tendenzen in Deutschlands Nachkriegsgesellschaft, in Deutschlands Literatur einzulassen. Was Wunder! Hätte man doch vor dem beängstigenden Dilemma gestanden, von dem Vorhandensein einer literarischen Intelligenz Kenntnis nehmen zu müssen, die schon seit Jahren für die Demokratisierung und Humanisierung unseres Gemeinwesens sich verwendet. Die das wachste Sensorium entwickelt zeigt für alle Anzeichen eines rezidivierenden Faschismus, die sich dennoch ihre Kritik am eigenen Staatswesen nicht mit retrospektivem Antifaschismus und Wiedergutmachungspathos billig macht, und die ihre Bedenken keineswegs auf den Einwand beschränkt, daß ‚es der Gesellschaft an Nächstenliebe fehle' (McCormick)."

Diese Darstellung der deutschen „literarischen Intelligenz" als einer, die ihrem demokratischen Wächteramt gewachsen sei, zielt bereits unzweideutig auf den Ausschluß jeder Einrede von ‚draußen'. Nicht nur die Wendung von der Kritik am *eigenen* Staatswesen, auch die anschließende Zeile von „eine[m], der sich *von Amerika aus* um das Thema Literatur und Gesellschaft in Deutschland sorgt"[79], deutet darauf, daß Rühmkorf Wortmeldungen wie Steiners und McCormicks im Kern als *Einmischung in innere Angelegenheiten* wahrnimmt. Seine anschließende Analyse unterstreicht die vorgebliche Legitimation dieser Auffassung, indem sie aufzuzeigen sucht, daß sich die deutsche Gegenwartsliteratur hinsichtlich der Radikalität ihrer antifaschistisch ‚geschulten' Gesellschaftskritik *aus Amerika* nicht belehren lassen muß. Zwar räumt Rühmkorf ein, daß „Einwände" „gegen eine progressive, meinethalben auch linke Richtung innerhalb unserer literarischen Intelligenz [...] an keiner Stelle vorgetragen" werden; doch äußert er die Vermutung, „daß sich der dumpfe Unmut an der deutschen Nachkriegswirklichkeit, das dunkle Mißtrauen

[79] Kursivierung S.B.

gegenüber dem sogenannten Wunder, eine letztlich konsequenzenscheue Empörung über den latenten Faschismus einerseits nicht mit der Vorstellung einer potenten, kräftigen und kraftvoll kritischen Literatur zusammenreimen lassen wollte, daß sich aber andererseits gerade das Schauerbild einer darniederliegenden Literatur vorzüglich eignete, um einer im Grunde kriterienlosen Sozialkritik ein Schußfeld zu bieten. Der Wirrsinn, so scheint mir, hat Methode, und allzu offen liegt, daß hier ein doppelt und dreifach systemverklammerter Idealismus zwar brennend gern Gesellschaftskritik betrieben hätte, dann aber doch lieber der beunruhigenden Dialektik der gesellschaftlichen Prozesse sich entzog und seine Skrupel an gesellschaftlichen Unverhältnissen auf vergleichsweise harmlose Gegenstände übertrug."

In dieser Perspektive kann nur ein „doppelt und dreifach systemverklammerter Idealismus", der als „ideologische Barriere" und „Erkenntnistabu" wirkt, erklären, warum Steiner und McCormick die „potente, kräftige und kraftvoll kritische Literatur" der Gegenwart nicht wahrnehmen. Das Selbstbewußtsein dieser Literatur kennt – in dieser Wortmeldung Rühmkorfs – keinerlei Brechung; die Perspektiven Steiners und McCormicks werden von ihr umstandslos als „zwei besonders deutliche Fälle von bewußtseinsblinder Projektion" ‚entlarvt'.

Die Stellungnahme Franz Mons verdeutlicht, daß zum gleichen Zeitpunkt, aus gleichem Anlaß, im Blick auf den gleichen Text eine Einschätzung möglich war, die aus dem fast total wirkenden Konsens der Betz und Busch, Spiel und Weigel, Reich-Ranicki, Krämer-Badoni und Rühmkorf herausfiel. Es scheint, daß Mon als einziger aus der Gruppe der Antwortenden die diskutierten Texte nicht als Anlaß entweder eines polemischen ‚Gegenschlags' oder akribischer Fehlersuche, sondern als Ergänzung und Anregung eigener grundlegender Sprachkritik hatte begreifen können. Dabei fällt Mons Reaktion durchaus nicht ohne Kritik an Steiners Text aus. Etwa daß die Sprache ein Organismus sei, weist er zurück. Doch schon „die radikale Diagnose George Steiners [...] über den Zustand, in dem sich die deutsche Sprache befindet, nachdem sie sich für die Mordorgien des ‚Dritten Reiches' hergegeben hat", quittiert Mon mit den Worten: „Möglicherweise stimmt diese Diagnose"[80], um den erkenntniskritisch inspirierten Zweifel anzufügen: „Daß die Diagnose noch in Frage steht, läßt sich vielleicht daraus schließen, daß – mit Hilfe dieses Heftes z. B. – in ihr über ihre Verfassung noch reflektiert werden kann."

In seiner anschließenden Darlegung unterstreicht Mon, daß „die deutsche Sprache [...], soweit sie vorgeformter und überlieferter

[80] Franz Mon: „Sprache ohne Zukunft?" In: *Sprache im technischen Zeitalter* (Anm. 1), S. 467-469.

Bestand ist, in erschreckendem Maße verwalzt, der Desinfektion unterzogen, zu greifbaren Marken geplättet, zur Lüge handlich" sei – jedoch „nicht, weil sie eben die deutsche Sprache ist, sondern weil sie an dem Prozeß von Sprache in dieser unserer – George Steiner einbezogen – Welt teilhat". In dieser Welt, in der „Welt und Sprache nahezu identisch geworden" seien, war und ist das „Irr- und Widersinnige [...] möglich, weil es formuliert, und es wird wirklich, wenn es formuliert werden kann." Diesen Zusammenhang verdeutlicht Mon am Beispiel der Vernichtungslager: „Das Vernichtungs-KZ der Nazis war in diesem Sinn ‚Sprache', ehe es in die ‚Realität' einschlug. Die pseudobiologischen Formulierungen (auch mit Hilfe der ominösen Organismus-Analogie), der zu Diensten die Gasöfen errichtet wurden, zeigen noch nichts von dem Grauen, das sie doch bereits enthalten. Die KZ sind *ein* Beispiel für das fatale Verhältnis zwischen Sprache und Realität, und sie werden uns, je länger es dauert, desto weniger zur Ruhe kommen lassen, nicht nur, weil die Erinnerung eine Funktion der Erwartung ist und um so mächtiger wirkt, je entschiedener eine Zukunft sein soll (in diesem Fall also eine negative Tradition), sondern auch weil sie sich nicht einfach ins Faktische abschieben lassen, wie ein Erdbeben oder eine Krankheit, vielmehr als sprachentsprungen gegenwärtig bleiben, solange gesprochen wird."

Mon erkennt in der NS-Geschichte der Sprache das Paradigma ihres Status' in der Moderne. Als aktuelles Beispiel gilt ihm die Atombombe, deren Konzept als „absolute[r] Waffe, die jede Waffe überflüssig macht", „bereits von den Nazis als letzte Hoffnung, wenn auch bloß erst in ihrer sprachlichen Fassung, aber nicht ganz ohne Wirkung auf den ‚Durchhaltewillen' ", eingesetzt worden war. Mons Wendung gegen den „viel zu flinke[n] Protest, der sich nur gegen dic Bombe richtet und nicht gegen die Sprache, die sie begründet und konstituiert", steht in deutlicher Opposition zu genau jenem Modus von „Kritik am eigenen Staatswesen", wie ihn etwa Peter Rühmkorf übte. Mons Bestandsaufnahme der gegenwärtigen Sprache ist tief skeptisch: „Übrigbleibt eine tägliche Sprache, die sich handlich im Moment des Gebrauchs auf die aktuellen Normen einstellt und in einem bestimmten, wechselnden Bedeutungsraster gerinnt (Instrument einer ‚pluralistischen Gesellschaft'), sich jedoch auflöst, sobald die Individuen, die sie beanspruchen, verstummen. Daß sie nicht in kürzester Zeit zerfällt, liegt daran, daß sie ununterbrochen in Gang gehalten wird. Weil ihre Bedeutungsmarken unablässig kursieren, bleiben sie in Geltung. Erst wenn sie ein wenig wegrücken, merkt man, wie merkwürdig sie sind. Die normale Verfassung der uns anliegenden Sprache ist das unzentrierte, kreisende Murmeln aller mit allen."

In einem knappen Hinweis, den Mon am Ende seines Textes auf die Möglichkeiten des zeitgenössischen Schriftstellers gibt, wird ein letztes Mal deutlich, welche genetische, aber auch paradigmatische Bedeutung er den Hypotheken beimißt, die seit der NS-Zeit auf der Sprache liegen: „Es ist eine geschlagene Sprache, bedenkt man, woran sie beteiligt war und ist. Aber welche Wahl haben wir. Allmählich zur Besinnung kommen. Eine Kerbe einschlagen, gleich an welcher Stelle, damit wenigstens ein Punkt wiederzuerkennen ist. [...] Sprache, diese angefochtene, zermürbte Sprache als ‚Material' nehmen, wobei auch die Erinnerung und die Spuren ihres Geschickes mitzählen: um vielleicht im skeptischen Umgang mit ihr der Möglichkeiten inne zu werden, die noch immer und vielleicht gerade auf Grund ihrer erschreckenden Geschichte bestehen."

IV. Übertragene Erinnerung
Grete Weils „Tramhalte Beethovenstraat" (1963)

Ein Dialog im Versteck / Der Roman – ein Deutscher als Augenzeuge: „Sturz in die Wahrheit" – Rechenschaftslegung – das Elternhaus – Rückkehr nach Kriegsende / Der Augenzeuge als deutscher Schriftsteller: Anfänge und Innere Emigration – Aufbegehren und Verstummen – im westdeutschen Literaturbetrieb des Nachkriegs / Aufhebung des Dialogischen / Echo

1

Im September 1943 geht Grete Weil ins Versteck. Die NS-Vernichtungspolitik in den Niederlanden steht – nach 15 Monaten ununterbrochener Massendeportationen – in ihrer Schlußphase.

Ein Fluchtversuch Grete und Edgar Weils nach England unmittelbar nach dem deutschen Überfall auf die Niederlande am 8./9. Mai 1940 war gescheitert[1]. Die NS-Politik gegen die Juden begann, wie zuvor schon auf dem Territorium des Deutschen Reiches und der besetzten Tschechoslowakei, zunächst mit ihrer totalen Erfassung, der ‚Arisierung' jüdischer Unternehmen und der Beschlagnahme jüdischer Vermögenswerte[2]. Noch in dieser ersten Phase des Vernichtungsprozesses, im Juni 1941, wurde Edgar Weil im Zuge einer „Vergeltungsrazzia"[3] zusammen mit 230 Juden verhaftet und nach Mauthausen deportiert; Ende September erreichte Grete Weil die Todesnachricht[4]. Als im Sommer 1942 die systematischen Massendeportationen einsetzten – der erste Zug Richtung Osten hatte das Durchgangslager Westerbork am 26. Juni verlassen –, nahm Grete Weil eine Tätigkeit zuerst als Photographin, dann als Typistin beim Jüdischen Rat in Amsterdam an[5]. Bereits

1 Vgl. „Ich habe Auschwitz, wie andere Tb oder Krebs." Liz Wieskerstrauch im Gespräch mit Grete Weil. In: *Anschläge* – Zeitschrift für Kunst und Literatur. H. 14, S. 22-26, hier S. 23.

2 Vgl. Raul Hilberg: *Die Vernichtung der europäischen Juden*. Bd. 2. Frankfurt am Main 1990, S. 598 ff.

3 Grete Weil: „Vielleicht, irgendwie..." In: Marielouise Janssen-Jurreit (Hg.): *Lieben Sie Deutschland? Gefühle zur Lage der Nation*. München 1985, S. 54-60, hier S. 55. Zu den näheren Umständen der Juni-Razzia vgl. Joseph Michman: „The Controversial Stand of the ‚Joodse Raad' in the Netherlands – Lodewijk E. Visser's Struggle". In: *Yad Vashem Studies on the European Jewish Catastrophe and Resistance*. X. Jerusalem 1974, S. 9-68, hier S. 31, 32.

4 Im Gespräch mit Liz Wieskerstrauch (Anm. 1) trägt Grete Weil aus den Briefen Edgar Weils aus Mauthausen vor, in denen er verschlüsselt seinen Tod ankündigt.

5 Vgl. Laureen Nussbaum/Uwe Meyer: „Grete Weil: unbequem, zum Denken zwingend". In: *Exilforschung – Ein internationales Jahrbuch*, Bd. 11 (1993), S. 156-170, hier S. 158.

im Mai 1943 wurde der Jüdische Rat aufgefordert, 7.000 seiner rund 17.000 – zunächst zurückgestellten – Beschäftigten zur Deportation auszusondern. Im September wurde die Auflösung des Jüdischen Rats und die Deportation aller restlichen Beschäftigten verfügt[6]. Zu diesem Zeitpunkt sind von den etwa 140.000 Juden in den Niederlanden bereits rund 85.000 in die Vernichtungslager deportiert worden[7]. Am 29. September 1943, am Vorabend des jüdischen Neujahrsfestes, findet die letzte Razzia in Amsterdam statt: 2.000 Juden, unter ihnen die gesamte Führung des Jüdischen Rates, werden nach Westerbork verbracht[8].

Die Amsterdamer Wohnung, in die sich Grete Weil flüchtet, ist als Untertauchplatz vorbereitet: Zum Schlafen und während akuter Gefahr steht ihr ein Versteck hinter einer Bücherwand zur Verfügung[9]. Ein Jahr lang wird Grete Weil die Wohnung nicht verlassen[10]. Es ist diese Situation, in der ihr Schreiben – nach einer durch das Exil bedingten Unterbrechung – erneut einsetzt.

Um „Edgars und meine Geschichte"[11] erzählen zu können[12], schafft sie sich – gegen alle Beschränktheit ihrer akuten Lebensbedingungen – einen ihr gänzlich eigenen Raum: Zurückgezogen „auf [die] Speichertreppe [...],[den] einzigen Ort, an dem ich allein sein konnte"[13], tritt sie in einen Dialog mit einem *deutschen* Gesprächspartner: Es ist der deutsche Schriftsteller Andreas, den sie in einer Rahmenerzählung zum Adressaten ihrer Geschichte bestimmt.

Gewidmet „Edgar Weil, ermordet am 17. September 1941 im Konzentrationslager Mauthausen"[14], beginnt der Roman mit den folgenden Zeilen: „‚In der Heimat, in der Heimat, da gibts ein Wiedersehen', sangen die Burschen und Mädchen zur Begleitung von zwei Mundharmonikas und einer Laute. Es war in einem Skizug, der im

6 Vgl. Israel Gutman u.a. (Hg.): *Enzyklopädie des Holocaust – Die Verfolgung und Ermorderung der europäischen Juden*. Bd. II. München/Zürich 1998, S. 1006.

7 Vgl. Joods Historisch Museum Amsterdam (Hg.): *Documents of the persecution of the Dutch Jewry 1940–1945*. Amsterdam 1979, S. 108.

8 Vgl. *Enzyklopädie des Holocaust* (Anm. 6), S. 1006.

9 Vgl. Weil/Wieskerstrauch (Anm. 1), S. 25. Vgl. auch Grete Weil: *Leb ich denn, wenn andere leben*. Zürich/ Frauenfeld 1998, S. 189 ff.

10 Grete Weil: „Nicht dazu erzogen, Widerstand zu leisten." In: Edith Laudowicz und Dorlies Pollmann (Hgg.): *Weil ich das Leben liebe. Persönliches und Politisches aus dem Leben engagierter Frauen*. Köln 1981, S. 171-180, hier S. 178.

11 Grete Weil: „Und Ich? Zeugin des Schmerzes". In: dies.: *Spätfolgen*. Frankfurt am Main 1995, S. 97-106, hier S. 104.

12 Noch zuvor war im Dezember 1943 die „Weihnachtslegende 1943" entstanden, die Weil untergetauchten Freunden im Versteck vorgetragen hatte.

13 Weil: „Zeugin des Schmerzes" (Anm. 11), S. 104.

14 Grete Weil: *Der Weg zur Grenze*. Unveröffentlichtes Typoskript. Jewish National and University Library Jerusalem. Nachlaß Albert Ehrenstein, Mappe XXIII/ 2. – Die in den folgenden Absätzen angegebenen Ziffern verweisen auf die Seitenzahlen dieses Textes. Der Text wird nach dem Zeichenstand des Typoskripts zitiert.

späten Februar des Jahres 1936 von Muenchen aus ins bayrische Oberland fuhr. Die Instrumente hatten sich zufällig zusammengefunden; ein grosser, sommersprossiger Junge in SA Uniform gab die Texte an und fast alle stimmten mit ein und sangen sich die Muedigkeit der verkuerzten oder durchtanzten Faschingsnacht vom Leibe. Schmetternd und fröhlich verkuendeten die jungen Sänger, dass sie Frankreich siegreich schlagen wollten, dass das Morgenrot zum fruehen Tode leuchte und dass ihnen heute Deutschland, morgen jedoch die ganze Welt gehöre.“

Der Roman erzählt von der deutschen Jüdin Monika Merton, die, „um die Dreissig herum“ (2), wegen ihrer antifaschistischen Kurierarbeit von der Gestapo gesucht wird (8) und per Skier die deutsche Grenze überqueren will. Dabei trifft sie zufällig auf den jungen Dichter Andreas von Cornides. Aufgewachsen „in der kompromisslosen, harten Atmosphäre einer preussischen Offiziersfamilie“ (2), war er „zum Kummer seines Vaters [...] nicht einmal ein ‚rechter Junge‘ gewesen – er las weder Karl May, noch wollte er Kutscher werden, der wilde Westen lockte ihn ebensowenig wie ein Fussballkampf. Jede Empörung hatte sich bei ihm im Geistigen vollzogen; seine ersten Lieben hiessen Diotima und Klärchen, seine Gefährten Goethe, Byron und Rilke.“ (9) Seine Gedichte verherrlichen „Leben und Tod als das grosse Ganze“; verwöhnt von „enthusiastische[n] Juenger[n], die seine Begabung in die Höhe Rilkes, Georges und Hofmannsthals hoben“ (2), scheint Andreas schon seit langem gewiß, daß „Freiheit [...] nur in den höchsten Bezirken des Geistes zu finden war“ (13); „fuer Politik“ hat er „nichts, aber auch gar nichts uebrig“ (8).

Erst im Verlauf ihrer gemeinsamen Wegstrecke – Andreas nimmt Monika noch als Gefährtin eines harmlosen Skiausflugs wahr –, „beschloss Monika, dass, bevor sie sich trennten, Andreas ihre Geschichte erfahren sollte, denn auf Wissen kam es an, jetzt mehr als jemals zuvor. Sie hatte ihn nicht gesucht, aber es war gut so, dass sie diesen letzten Weg in die Einsamkeit nicht ganz allein zu gehen brauchte. [...] Ich werde dich aus deiner Ruhe reissen, dachte Monika, dass dir Hören und Sehen vergeht. Du bildest dir ein die Welt zu kennen, weil du sie mit deinen Kuenstlernerven fuehlst, aber, mein Lieber, das reicht nicht aus, das ist zu wenig, das ist ein tödlicher Luxus, dem auch ich frueher ergeben war. [...] Plagen dich die Gedanken an Mord und Folter, hat man dir Kameraden von der Seite weg niedergeschossen, ist dir je in das Schwingen deiner Verse ein eingeseifter Strick erschienen, den man den zart von dir besungenen Mädchen um den Hals legt? – Denkst du, wenn du von Fruehverstorbenen schreibst an die Gequälten, die Ermordeten in den Konzentrationslagern? Hast du schon einmal von Dachau gehört? Das ist gar nicht sehr weit von hier, aber du bist ja taub gegen die Schmerzensschreie, ebenso taub wie die andern alle. Sag nicht, dass du sie hörst. Denn wenn du um dies alles wuesstest und es hinnehmen wuerdest ohne zur Waffe zu greifen, dann, Andreas ist es nicht weit her mit deiner Menschlichkeit, auf die du wahrscheinlich so stolz bist wie jeder Schaffende. – Meine Worte werden schlechte Musik zu deinen Versen sein. Trotzdem will ich die Verantwortung tragen." (3)

Als Andreas kurz darauf von Monikas Fluchtplänen erfährt, weigert er sich entschieden, Monikas Vorschlag zu folgen und „sich so schnell wie moeglich aus dieser schiefen und selbst gefährlichen Situation [zu] befreien": „‚Ich begleite Sie bis zur Grenze', sagte er fest ‚und kein Teufel wird mich daran hindern.' – ‚Ach, Andreas, Sie kennen den Teufel nicht' sagte sie spottend" (8). Am Nachmittag erreichen sie eine Hütte. Hier erzählt Monika Andreas „ihre Geschichte" (3, 11).

Was folgt, auf rund 200 Seiten, ist „Edgars und meine", ist „eine Liebesgeschichte"[15], „eine sehr individuelle Geschichte [...], aber wenn man es nur gut bedenkt, so wird man schon sehen, dass es keine andere gibt" (227). Im Mittelpunkt der Erzählung, die in zahlreichen Nebensträngen immer wieder das politische Klima vor allem Ende der 20er, Anfang der 30er Jahre schildert, steht die an Umwegen und Hindernissen reiche Liebe zweier deutscher Juden, die schließlich, nach der NS-Machtübernahme, in einer Katastrophe endet: Klaus Merton wird von der SA verhaftet, nach Dachau deportiert und kurze Zeit später dort ermordet. Mit einer Beschreibung des „schwarzen Krater[s] des Schmerzes"(226) und der offiziellen Bestätigung des Todes bricht Monika ihre Erzählung ab.

Spätestens an dieser Stelle, aber auch schon an zahlreichen anderen Partien des Romans, die den Text als auch in einem autobiographischen Sinn eigensten Grete Weils bestimmen, wird die *konstitutive Bedeutung der dialogischen Positur* für diesen Schreibakt – der hier zugleich ein Akt letztmöglicher Selbstbestimmung ist – deutlich: Im Augenblick, da die erinnernde Selbstvergewisserung der „eigenen Geschichte" zur erneuten Vergegenwärtigung des traumatischen Erlebnisses führt, bewahrt der imaginierte Zuhörer davor, „diesen letzten Weg in die Einsamkeit [...] ganz allein zu gehen" (3). Dieses Bewußtsein eines „letzten Weges" hatte für Weil im Versteck, im Herbst und Winter 1943/44, in der akutesten Lebensgefahr, eine nicht mehr steigerbare Realität. Es ist diese singuläre Schreibsituation, durch die Weils Wahl eines *deutschen* Adressaten ihre singuläre Bedeutung erhält: In der völligen Ungewißheit des Überlebens muß ihr im Moment des Schreibens zugleich ungewiß bleiben, ob noch irgend jemand anderes als dieser Deutsche von ihrer Geschichte erfahren wird.

[15] Weil: „Zeugin des Schmerzes" (Anm. 11), S. 104.

Weils Roman verrät die dramatische Ambivalenz, mit der diese Entscheidung belastet sein mußte. Zwar mag in einer Wendung von „dem eigentlichen Gespräch, das in ihnen wartete" (9), noch der Rest jener klassischen Hoffnung anklingen, daß auch der Deutsche die Erkenntnis teile, „daß [...] der Andere, der uns gegenübersteht und unser Leben berührt, eine Geschichte zu erzählen hat, die [...] nicht weniger wirklich ist"[16] als die seine. Das wahre Maß an gehegter Zuversicht – das, zu dem die historische Erfahrung nur mehr berechtigte – kommt dagegen unmittelbar nach Monikas Beschluß, Andreas aus seiner „Ruhe [zu] reissen", zum Ausdruck in ihrer knappen Einschätzung: „Vielleicht – es war nicht mehr als der Schimmer einer Hoffnung – wuerde Andreas verstehen und weitertragen." (3)

Erst im Schlußteil des Romans erhält die Figur des Andreas ihre abschließende Profilierung. In einer ersten spontanen Reaktion will Andreas Monika ins Exil begleiten; doch sie zweifelt an der Ernsthaftigkeit seines Willens: „Die Welt hat dich ja gar nicht vertrieben, sie geht im Gegenteil sehr zärtlich und behutsam mit dir um." (228) Schon bald darauf „zeigte sein empfindsamer Mund eine Feindschaft an, die Monika nicht begriff [...]. Der Rausch von Mitleid, der ihn länger als einen Tag verwirrt hatte, war vergangen, ernuechtert verstand er wie knabenhaft töricht, wie unbedacht und alle Vernunft entbehrend seine Worte gewesen waren, mit denen er Monika angefleht hatte, ihn mitzunehmen. Er wollte, er musste hierbleiben, bei den Menschen die seine Sprache sprachen, die er anruehren konnte mit dem Rhythmus seiner Verse, deren gestaltlos dumpfe Träume er umzuschaffen verstand in glänzende Bilder. Er musste hierbleiben, nun gut, das sagte sich leicht, aber war es denn noch möglich? Konnte er mit gutgläubiger Blindheit noch weiterhin Leben und Tod besingen, das grosse Ganze [...]? Durfte er noch die Einsamkeit des Menschen preisen? Des Menschen, der in seiner Zelle sitzt und den Strick erwartet. Konnte man Verse skandieren im Schwingen der Peitschen? [...] – Er hasste Monika, weil sie ihm die Wahrheit gesagt, weil sie ihn aufgeweckt hatte aus einem Traum, der sein Leben gewesen war. – [...] ‚Monika', sagte er heftig, ‚weisst du nicht, dass du mir etwas aufgebuerdet hast, mit dem ich nicht fertig werde? Es ist deine verdammte Pflicht und Schuldigkeit mich jetzt nicht im Stich zu lassen.'" (233 f.) „Trotz und Misstrauen, [...] Verstocktheit und Schmerz" (236) bewahren Andreas jedoch nicht mehr vor der Einsicht sowohl in die deutsche Schuld wie in die ‚Entmachtung' seines Wortes. Seiner Frage „‚Was hat der Dichter in dieser Zeit zu sagen?'" hält Monika zwar noch die Antwort entgegen: „‚Wenn alle Normen zerbrechen,

16 Paul Mendès-Flohr: „Sprachformen der Verständigung – Martin Buber und der israelisch-palästinensische Dialog". In: *Jüdischer Almanach* 1996, S. 83-91, hier S. 83.

hat er das Mass zu hueten' ". Doch sie erreicht ihn nicht mehr: „,Ich nicht', sagte er und drehte das zuckende Gesicht zur Wand. ,Ich nicht, Monika, denn ich erwarte nichts mehr.' " (236) Am nächsten Morgen, kurz vor der Grenze und unmittelbar vor dem Abschied, ist Monika „schon zu weit fort, seine Verzweiflung zu bemerken". Nachdem sie „zwischen den hohen, dunklen Tannen verschwunden war" (237), „wendete [Andreas] die Skier" Richtung Osten und fuhr „stuemperhaft und wie betrunken die Grenze entlang". Nachdem er auf die Zurufe einer SA-Patrouille nicht reagiert, trifft ihn ein tödlicher Schuß.

In dieser Wiederaufnahme der Rahmenerzählung wird die dialogische Positur, kurz bevor sie zerbricht, noch selbst thematisch: nicht nur in der Auffaltung des Schicksals des Zuhörenden, mehr noch in der unabweisbaren Wirkung, die die Geschichte der Anderen auf ihn ausübt. Aufgeweckt aus jenem „Traum, der sein Leben gewesen war", verdichten sich Schuldfrage und Darstellungsproblem zur existentiellen Bedrohung. Zu dieser Verzweiflung hat Monika, im Augenblick unmittelbar vor ihrem Grenzübertritt, keinen Zugang mehr. Andreas wehrt sich – vergeblich – gegen die Bürde *dieses* „Wissens" (3); sie führt ihn in die Selbsttötung. Noch bevor sie sich trennen, ist der Dialog beendet. Während Andreas eine selbstmörderische Route „die Grenze entlang" einschlägt, wartet auf Monika eine ungewisse Chance des Überlebens, ein ungewisses Leben: „[...] keiner wartet auf mich. Ich habe nach niemandem zu fragen, ich bin allein, ich bin ganz und gar ueberfluessig. Vor mir liegt sehr viel Zeit" (228).

Doch als Grete Weil zwanzig Jahre später das erste Mal mit einem Roman vor deutsche Öffentlichkeit tritt, steht nicht die jüdische Überlebende im Mittelpunkt; es ist Andreas, der deutsche Schriftsteller, dessen Geschichte jetzt fortgeschrieben wird.

2

„Tramhalte Beethovenstraat" erzählt von dem jungen deutschen Schriftsteller Andreas, der sich während der NS-Zeit einer vagen ,Inneren Emigration' zugehörig fühlt und während der Kriegsjahre als Feuilleton-Autor bei einer Zeitung ,unterstellt'. Als sein Blatt ihn jedoch als Berichterstatter nach Amsterdam schickt, nimmt Andreas' Leben eine irreversible Wendung: Schockartig wird er mit der NS-Vernichtungspolitik konfrontiert. In seiner Beziehung zu dem 17jährigen Daniel Rosenbusch erlebt Andreas die tägliche Bedrohung der Juden als eigene. Den pragmatischen Optimismus im holländischen Widerstand, dem er sich anschließt – seine schriftstellerische Arbeit hat längst ausgesetzt –, kann er nicht teilen. Als Daniel eines Morgens von seiner illegalen Tätigkeit nicht zurückkehrt, ist entschieden, daß für Andreas – auch nach Kriegsende – eine Rückkehr in die ‚Normalität‘ unmöglich ist. Als Schriftsteller ist er verstummt: Gelähmt zum einen vom elementaren Darstellungsproblem angesichts der Verbrechen, zum andern vom quälenden Widerspruch zwischen einer moralisch empfundenen Verpflichtung zur Zeugenschaft und den entschieden gegenläufigen Anforderungen des deutschen Literaturbetriebs der Nachkriegsjahre, bleibt Andreas ohne Sprache. Die Ehe mit Daniels Kusine Susanne, für Augenblicke Linderung der traumatischen Verletzung, ist umgeschlagen in einen fortwährenden, versteinerten Ausdruck der Gegenwart des Vergangenen. Materiell versorgt durch das Erbe der vergasten Eltern Susannes, doch unfähig, den umlaufenden Verabredungen der Gesellschaft Folge zu leisten, ist Andreas sehr bald „gewohnt, daß seine Handlungen keine Konsequenzen nach sich zogen“[17].

Bereits dieser kurze Abriß deutet an, daß „Tramhalte Beethovenstraat“ in einem durchaus spannungsvollen Verhältnis etwa zu jenem Selbstbildnis der deutschen Nachkriegsliteratur stand, das namhafte Vertreter erst kurz zuvor von ihr im Sonderheft der „Sprache im technischen Zeitalter“ skizziert hatten[18]. Kein anderer zuvor erschienener poetischer Text der deutschsprachigen Nachkriegsliteratur ist wie dieser vom Bewußtsein einer unaufhebbaren Verschiedenheit der Erinnerungen bestimmt – und zugleich von dem Projekt, durch eine sprachpolitisch und poetologisch reflektierte und verwirklichte Anerkennung dieser Verschiedenheit zu jenem „großen Gespräch“ zwischen Deutschen und Juden zu gelangen, „in dem nichts verschwiegen wird“ (145).

Die folgende, eingehende Betrachtung des Romans zielt darauf, seine charakteristische Stellung zur zeitgenössischen Erinnerungspolitik des deutschen Literaturbetriebs zu verdeutlichen. Diese Stellung ist entscheidend dadurch konstituiert, daß die grundlegende Prämisse deutscher Erinnerungspolitik und dort virulent als *vor*literarisches Handlungsmoment: die Einsicht in die Verschiedenheit deutscher und jüdischer Erinnerung[19], selbst Gegenstand der Romanhandlung ist. In der Darstellung des Weges, den der Protagonist zwischen dem Mitläufer-Milieu seiner Herkunft und der Erfahrung der Verfolgung und des Widerstandes, von der einen Erinnerung zum Stiftungsmoment der ihr entgegengesetzten zurücklegt, handelt „Tramhalte Beethovenstraat“ vom Abgrund zwischen ihnen.

[17] Grete Weil: *Tramhalte Beethovenstraat.* Freiburg im Breisgau 1995, S. 7. – Die Seitenangaben im fortlaufenden Text beziehen sich auf diese Ausgabe.

[18] Vgl. Kap. III.

[19] Vgl. Kap. II.

Der hinsichtlich des erinnerungspolitischen Reflexionsgrades seiner Poetologie singuläre Rang des Romans ist bezeichnet in seinem grundlegenden Gestaltungsprinzip: Die Erzählperspektive ist die einer – von der Vergangenheit freilich gezeichneten – Jetztzeit, aus der heraus alle Darstellung aus zurückliegender Zeit bestimmt wird. Dadurch sind schon mit Einsetzen des Texts zwei erinnerungspolitisch bedeutsame Momente poetologisch markiert: Zum einen werden Erinnerungen als solche, d. h. in ihrem Verhältnis zu sich erinnernden Subjekten, kenntlich, also etwa als Konstrukte und Funktionen; zum andern verliert diese Perspektive, so ausführlich sie sich auch ihrer Darstellung von Erinnerungen widmen mag, niemals die Gegenwart und ihre unauflösbare Verstrickung in die Vergangenheit aus dem Blick. In „Tramhalte Beethovenstraat" findet dieses Gestaltungsprinzip bereits in der Rahmenhandlung seine äußere Gestalt. Sie zeigt Andreas, wie er aus seinen wohlsituierten Verhältnissen in einer Münchner „Straße der reichen Kaufleute und der Filmschauspieler" (7) zu flüchten versucht, „zu dem Allerbekanntesten, dorthin zurück, wo Anfang und Ende war: nach Amsterdam" (16). Die Erinnerungs-,Arbeit'[20], die Andreas – von einem Standort etwa Anfang der 60er Jahre aus – leistet, wird dem Leser aus seiner Sicht, wenn auch nicht in der direkten Ich-Perspektive vorgeführt; gleichwohl kommen Passagen vor, die als Modus eines inneren Monologs lesbar sind. In dieser Schreibweise ist entschieden, daß die Abbildungen des Vergangenen, die die Erinnerung aufruft, nicht anders als mit jenen Brechungen erscheinen können, die ihnen eine dazwischenliegende Subjektgeschichte und ihr spezifisch disponierter Erinnerungsapparat zufügen müssen. Indem Weil diese Brechungen nicht nur erzähl-logisch nahelegt, sondern auch poetologisch unentwegt markiert, wird der spezifische Status von Erinnerung zusätzlich unterstrichen. Dieser besondere Status wird jedoch nicht begriffen als Modus einer ‚Entwertung' der Erinnerung gegenüber einer ‚wahren' Geschichte. Im Gegenteil: Das Erzählkonzept von „Tramhalte Beethovenstraat" läßt keinen Zweifel, daß die Erinnerungen erst durch den „Sturz in die Wahrheit"[21] jene Brechungen erfahren, die allein aus ihnen die Rekonstruktion dessen, was war, ermöglichen. Keine Erinnerung, die Andreas einst gehabt haben mag, kann nach seinem, nach ihrem „Sturz in die Wahrheit" dieselbe sein wie zuvor. Sie sind unübersehbar gezeichnet von den Erfahrungen, die ihr Träger durchlaufen hat; nur diese Erfahrungen jedoch – dies das poetisch gestaltete erinnerungspolitische Ethos des

[20] Vgl. Freuds „Durcharbeiten": „Erinnern, Wiederholen und Durcharbeiten". In: Sigmund Freud: *Studienausgabe*. Ergänzungsband. Frankfurt am Main 1982, S. 205-215, hier S. 207 ff.

[21] Albert von Schirnding: „Der Sturz in die Wahrheit – Zur Neuausgabe von Grete Weils Roman ‚Tramhalte Beethovenstraat'". In: *Süddeutsche Zeitung*, 26.3.1992.

Romans – können den Erinnerungen jenen Status eines historiographischen Narrativs verleihen, das sich tatsächlich unmittelbar zu einem vergangenen Realen verhält.

Es ist diese spezifische, ganz unter dem Aspekt der Erinnerungsdifferenz und -konkurrenz durchgestaltete, d. h.: erinnerungspoetologisch *explizite* Erzählweise, die es ermöglicht, in einem weitgehend immanent angelegten Abriß das erinnerungspolitische Profil des Romans zu erstellen.

Die methodologische Entscheidung, dieser durch den genuinen Charakter des Buches nahegelegten Möglichkeit zu folgen, ist jedoch in zwei Richtungen hin offenzuhalten. Zum einen muß – fortlaufend – besondere Aufmerksamkeit jenen Partien gelten, die durch ihre wie auch immer geartete *Abweichung* vom gewählten Narrativ Einblick in die spezifischen Bedingungen von Weils Erinnerungspoetologie zu geben versprechen. Zum anderen sind – in einem ergänzenden Abschnitt – jene werkgeschichtlichen Spuren, die in das Jahr 1944 und zum Manuskript von „Der Weg zur Grenze" zurückführen, und ihre Bedeutung für die Erinnerungspoetologie von „Tramhalte Beethovenstraat" genauer zu betrachten.

Auch Weils Schreiben steht in der Bedingung allen Schreibens jüdischer Autoren in Deutschland nach 1945: der Abwesenheit der eigenen erinnerungskonstituierenden Erfahrung im deutschen Publikum. Erinnerungspoetologie, wie sie in Weils Roman verwirklicht ist, sucht aus der Einsicht in diesen Sachverhalt einen programmatischen Ausweg; am Ausgangspunkt seiner poetischen Gestalt stehen deutsche Erfahrung und deutsche Erinnerung. Der anschließende Abriß folgt jenem Grenzübertritt, den der Protagonist des Romans zwischen den beiden Erinnerungen zurücklegt. Zwar zeigt der Text, daß es bei dieser Wegstrecke keine Trennung etwa des „Dichters" vom ‚Menschen' Andreas geben kann; gleichwohl werden im folgenden die Aspekte des Schriftstellers von denen des deutschen Bürgers vor und während der NS-Zeit getrennt betrachtet. Erst auf diese Weise mag in aller Deutlichkeit jene Konsequenz hervortreten, mit der in diesem Roman sowohl eine von aller ‚Künstlerproblematik' unabhängige ‚deutsche Problematik' als auch die radikalisierten Bedingungen schriftstellerischer Existenz in dieser Zeit entwickelt sind.

Als die zunächst prägendste seiner Erfahrungen erinnert Andreas sein Elternhaus: als Heimstätte eines traditionell wirklichkeitsblinden, im Kern aggressiv bildungsfeindlichen und antihumanistischen deutschen ‚Bildungsbürgertums', das als Sozialisationsagentur einzig Formen des autoritären Charakters ausbilden konnte. Daß „bei ihm nichts als Opposition, Mißverstehen, Kampf des Schwachen gegen die Starken gewesen war" (89), wird Andreas in einer Begegnung mit

Daniel schmerzhaft gewahr. Wie tief der traumatisierende Status von Strafe mit den Abzeichen des gesellschaftlichen Konsenses in Andreas verankert wurde, wird deutlich, als er, in den ersten Tagen nach Daniels Ausbleiben, Folterungen phantasiert, „Folterkammern des Mittelalters [...], Zuchthäuser aus amerikanischen Filmen [...], die Strafkolonie Kafkas“, aber „am häufigsten de[n] von zwei grimmigen Polizisten flankierte[n] Mann in Handschellen, den er als Kind gesehen hat“ (183). Schon früh an Bildern und Büchern interessiert, gilt Andreas dem Vater bald als „untauglich fürs Leben“ (12). Dieses Stigma entspricht jenem entleerten Bildungsbegriff, den Andreas in den Mittelpunkt einer Kurzcharakterisierung seiner Eltern und ihrer gesellschaftlich-politischen Reaktionsmuster stellt: „Des Vaters pathetisch schluchzende Stimme, wenn er vom Menschen sprach. Professor für Geschichte des Mittelalters an der Universität. Wagnerkenner, Wagneranbeter, hojotoho, Schiller durfte auch noch bestehen. Lateinisch strömte wie deutsch, Griechisch war zur Rezitation geeignet. Ein wenig Französisch, kein Englisch. Ohne Interesse für andere Völker, soweit es nicht ihr Mittelalter betraf. Ein Spießer, der sich als aufrechten Demokraten bezeichnete und alle anderen als Spießer, rachsüchtig, fortschrittsgläubig und überzeugt, daß die Deutschen und vor allem die Bayern die Krone der Schöpfung seien. Der Mutter, Tochter eines reichen schlesischen Mühlenbesitzers, war die Demokratie egal, sie hatte einen Hang zum Hochadel. Zwei Wittelsbacher Prinzen gehörten zum engeren Freundeskreis. Auch einige Juden – man war tolerant. Den Hitler konnte man nicht leiden, machte sich über ihn lustig, erst öffentlich und später im geheimen, ‚attention les domestiques‘. Bei offiziellen Anlässen hob man die Hand zum deutschen Gruß, auch zahlte man seinen Beitrag zur Winterhilfe und konnte nicht umhin, die Autobahnen für eine große Sache zu halten. Heulte mit den Wölfen. Und begehrte nicht auf, solange es nicht an die eigene Haut ging“ (11).

Andreas' Resistenz gegen dieses Milieu beschränkt sich zunächst darauf, an seinem Berufswunsch eines Dichters – empfunden als Berufung, „Geschenk der Götter“ (134) – festzuhalten. Bei seinen Eltern bewohnt er ein Zimmer, das „in jeder Zeitschrift für Innenarchitektur bestehen [könnte], Zimmer des Sohnes, Zimmer des jungen Dichters, der große Schreibtisch, spiegelnd und aufgeräumt, der Barockschrank, die vielen Bücher, wohlgeordnet [...]. Die von Mama hingestellten, immer frischen Blumen“ (108). Die politischen Entwicklungen lassen Andreas zunächst untangiert. Erst die drohende Einberufung zur Wehrmacht veranlaßt ihn, den Rat eines befreundeten Arztes zu erbitten und unter dessen Anleitung regelmäßig „seine Untauglichkeit zu beweisen“ (18). Zwar hatte er „noch nie [...] mit solcher Heftigkeit etwas nicht gewollt“ (18) – doch ist diese Verweigerung noch unzweideutig durch den Wunsch nach ungestörter Arbeit, nicht als politische Opposition motiviert. Ein durchaus empfundenes vages Unbehagen mit den politischen Zeitläuften findet Ausdruck in Andreas' Geschicklichkeit, „neun Jahre lang in Deutschland [...] nicht Heil Hitler zu sagen“ (45). Der Bemerkung seines Vaters in einem späteren Gespräch – „Ich habe nie bemerkt, Andreas, daß du dich besonders für die Juden interessierst“ (126) – wird er nichts entgegenzuhalten haben.

Kaum trifft Andreas in Amsterdam ein, kündigen sich die bevorstehenden Verwerfungen seiner Erfahrung in zunächst geringfügigen Irritationen an, etwa beim Bezug seines möblierten Zimmers in der Beethovenstraat: „Auf der Treppe begegnete ihm eine Frau mit dem gelben Judenstern auf der Brust. Als er höflich Guten Tag sagte, drehte sie den Kopf zur Seite. – Mußten sie das tun? Er hielt alles für möglich. (Was er sich an diesem Tag noch unter ‚alles‘ vorstellte.) Jedenfalls nahm er sich vor, sie das nächstemal anzusprechen, um ihr zu zeigen, wie er dachte“ (18 f). Im saloppen „jedenfalls“ dieses Vorsatzes, die jüdische Bewohnerin „anzusprechen, um ihr zu zeigen, wie er dachte“ – d. h. *auszusprechen*, wie er *über das hier noch Unausgesprochene* dachte – klingt schon die Ahnung mit, daß es in diesem Fall mit der bewährten Strategie, ein Unbehagen mit einer Verbalisierung aufzuheben, nicht sein Bewenden haben wird. Dies wird schon wenige Stunden später deutlich, als Andreas in einem Fotokasten unten an seinem Haus das Bild eines Babys „mit den schweren Augenlidern der semitischen Rasse“ betrachtet und, im Gedanken „an den Judenstern der Frau auf der Treppe“, „ein Kratzen im Hals“ (20) spürt. Diese ersten Momente einer neuen Erfahrung werden – bei einem nächtlichen Irrweg zwischen den Grachten – ergänzt durch das unweigerlich einsetzende Bewußtsein, sich jetzt als Deutscher in einem deutsch besetzten Land zu befinden: „Ein Feind, ich bin ein Feind, gehöre dazu, mehr als in München, bin ein Mitglied der Besatzungsmacht, ganz gleich, ob ich besetzen will oder nicht, niemand wird mich nach meiner Gesinnung fragen, vor dem Stoß in die Gracht“ (22).

Was sich hier noch in einer notdürftigen Latenz verbirgt, sucht Andreas kurz darauf mit aller Deutlichkeit heim: die konkrete Gestalt der NS-Vernichtungspolitik, als Segmente der „Deportation der Hunderttausend“ aus den Niederlanden in den Jahren 1942 bis 1944[22]. In der ersten Nacht wähnt er noch, geträumt zu haben: „Träumte Geräusche. Kurze schnelle Kommandos, Hundegebell, gedämpftes Summen vieler Stimmen, das heftige Weinen einer Frau, ein langgezogener Schrei, der aus einem einzigen Ton bestand und am Ende in Wimmern überging, das Anfahren von Trambahnen, ihr holperndes

22 Vgl. Hilberg: *Vernichtung* (Anm. 2), S. 598 ff.

verhallendes Rollen." Doch bereits beim Aufwachen hat er das „Gefühl, das Geträumte erlebt zu haben" (23). Die Nacht darauf wacht er auf: „Mitten in der Nacht fuhr er schreiend hoch. Da waren sie wieder, die Geräusche, die kurzen schnellen Kommandos, das Hundegebell, das gedämpfte Summen der Stimmen. Nur kein Weinen, kein Schrei. – Er wollte zum Fenster, konnte nicht, blieb wie gelähmt liegen, das Pyjama klebte an seiner Haut. Die Trambahnen fuhren an, das Rollen verhallte, Schritte entfernten sich, dann war es still." (25) Nachdem diese „Geräusche" das Wochenende über ausgesetzt haben, hört er sie wieder Montagnacht: „In tiefem Schlaf der Schlag aufs Herz – die Geräusche. Diesmal schrie er nicht, knipste das Licht an, sah auf die Uhr, es war Punkt zwei; er machte das Licht aus, lief zum Fenster und riß es auf. Unten standen vier Trambahnen mit je einem Anhänger, dahinter bewegte sich eine dunkle Masse, einige hundert Menschen mußten es sein; fahle Gesichter im Schein der blauen Taschenlampen, die von Jungen mit weißen Armbinden gehalten wurden. An den Flanken standen ein paar Uniformierte (Soldaten, Polizisten?) mit großen Schäferhunden an kurzen Leinen. – Halblaute scharfe Kommandos: ‚Schnell, schnell, schneller. Wagen eins, eins a, zwei, zwei a, drei.' Die Jungen mit den Armbinden schleppten Koffer, Rucksäcke, führten alte Leute. Ein Kind plärrte, eine Frau gab ihm einen Klaps und rief: ‚Sei nicht so ungezogen.' – Sie drängelten in die Wagen, in fürchterlicher Eile, Hühner, die gackernd zum Futternapf rennen, stießen sich gegenseitig mit Ellbogen fort, voll Angst, nicht mitzukommen, stolperten die Trittbretter hinauf, ein Mann fiel zu Boden, die anderen stiegen über ihn hinweg, konnten es nicht erwarten, drinnen zu sein, einen Sitzplatz zu ergattern, es sich bequem zu machen. Immer wieder schlugen die Hunde an, von ihren Führern durch einen leichten Schlag mit der Leine dazu angehalten. – Dann waren alle eingestiegen, in verblüffend kurzer Zeit, eine Taschenlampe wurde geschwenkt, die Trambahnen rollten fort; nur die Uniformierten und die Jungen mit den Armbinden waren zurückgeblieben, standen streng in zwei Gruppen geteilt und gingen schließlich grußlos in verschiedene Richtungen davon." (30 f.)

In diesen Partien kommt die charakteristische erinnerungspolitische Gestalt des Romans in besonderer Verdichtung zum Ausdruck: in der Umwidmung unvergessener – und unvergeßlicher – Bilder einer genuin jüdischen Verfolgungserfahrung in *deutsche* Zeugenschaft. In der Schilderung der nächtlichen Abholungen wird jene Unmittelbarkeit der den Roman bestimmenden Schreibweise zur authentischen Zeugenschaft seiner Autorin derart ‚objektiv', daß diesen Zeilen der Rang und das Ethos eines autonomen historischen Zeugnisses geradezu ‚wie von selbst' zuwächst. Tatsächlich sind sie – jenseits ihrer fiktionalen Funktion – als ein solches Zeugnis lesbar. In diesem Sinn gibt die Autorin als Erinnernde authentische, ‚reale‘ historische Erinnerung zu keinem Augenblick ‚preis‘, zu Lasten des Registers einer integralen Erinnerung der Verbrechen durch die Opfer. Sondern hier, da mit der persönlichsten Erinnerung poetologisch gearbeitet wird, sie *auch* eine über die Zeugenschaft hinausführende Funktion erhalten soll, hier, da in den Worten des Zeugnisses einer Überlebenden deutsche Wahrnehmung artikuliert wird, steht ein anderes erinnerungspolitisches Paradigma im Blickpunkt: daß Juden und Deutsche – hier: die Verfolgten und der Angehörige der Besatzungsmacht – noch eine *gemeinsame Sprache* sprechen. In den Schilderungen der Abholungen treffen reale Erinnerung – die *im Lautstand* die Bedingung eines Dokuments der Besatzungszeit erfüllt – und fiktive Erinnerung am unmittelbarsten aufeinander: mit keiner geringeren Maßgabe als der, daß – zumindest für die Dauer des Romans – die erste – zumindest hinsichtlich ihrer sprachlichen Form – als identifizier*bar* mit der zweiten zu denken sei. Daß die reale Erinnerung jüdischer Verfolgung *gedacht werden kann* als deutsche, ist jene grundlegende wirkungspolitische Prämisse, auf die sich alles Folgende des Buches stützen wird, eine Prämisse, die zwar immanent die gesamte Schreibweise, also auch bereits die ersten Seiten des Romans, beherrscht, auf der Ebene der fiktionalen Handlung jedoch erst in Andreas’ Blick aus dem nächtlichen Fenster seinen demonstrativen Ausgang nimmt.

Auch wenn in der Schilderung dessen, was dieser Blick wahrnimmt, historische jüdische und fiktive deutsche Zeugenschaft zusammenfallen, so gilt diese Art der Übereinstimmung der Perspektiven doch zunächst nicht länger als für diese Momente der Augenzeugenschaft eines schwer begreiflichen Vorgangs. Andreas’ erste Reaktionen auf das Gesehene weisen ihn wieder als Sohn seiner Eltern aus, zurückgeworfen auf die angstbeherrschte Geisterwelt grotesker Kausalitäten:„ ‚Es ist soweit. Ich bin verrückt geworden.‘ Alte Gespensterfurcht; von beiden Seiten belastet, ein Bruder des Vaters verdämmerte im Irrenhaus, eine Schwester der Mutter hatte sich in klimakterischer Depression das Leben genommen. Die empfindsamen Künstlernerven, übersensibel schon als Kind, des Vaters Richtspruch: Untauglich fürs Leben“ (31 f.). Auf der Suche nach einem Nervenarzt, in der unverminderten Annahme, bei seinen nächtlichen Wahrnehmungen müsse es sich um krankhafte Halluzinationen handeln, gerät er am nächsten Morgen an Dr. Max Rosenbusch, der ihn sachlich und umstandslos über den unbegriffenen Sachverhalt der Deportationen in Kenntnis setzt: „Sie haben keine Halluzinationen, Sie sind nicht verrückt. [...] Jede Nacht mit Ausnahme des Samstags und Sonntags – auch der Teufel will sein freies Wochenende – werden vierhundert Juden, Männer, Frauen, Kinder, aus ihren Wohnungen geholt, in Trambahnen verladen, zum Bahnhof gebracht und von dort in ein holländisches Durchgangslager [...]. Die Wohnungsschlüssel sind abzugeben, die Möbel werden nach wenigen Tagen von einer Institution, die sich Hausratserfassungsstelle nennt, herausgeholt und als Spende des holländischen Volkes nach Deutschland geschickt. Vom Durchgangslager aus geht jede Woche ein Transport mit tausend Menschen nach Osten. Osten, dabei kann man sich alles denken, Hannover ist Osten, Berlin, Breslau oder Polen. Osten, das ist ein Begriff, der nichts besagt, oder vielmehr besagt er das Nichts, Endstation Tod. Seit sieben Wochen wird deportiert, man kann sich ausrechnen, wie lange es dauert: knappe zwei Jahre" (36 f.).

Auf diese Eröffnung hin wird „Andreas schwarz vor den Augen. Nicht schwarz genug, um in eine Ohnmacht zu fallen, die ihn jeder Äußerung enthoben hätte, es reichte nur zu einer kurzen Atempause. Das Zimmer war voll Nebel. Nebel, der sich auf die Bronchien schlug, den Atem nahm. Er schüttelte den Kopf. Hustete. War nahe daran, dem Arzt zu sagen, daß er ihm nicht glaube, und wußte doch, daß er ihm glauben mußte. Versuchte noch einmal auszuweichen, indem er sich vorstellte, daß auch diese Geschichte ein Teil seiner Verrücktheit sei. Am Ende aber blieb ihm nichts übrig, als die Realität anzuerkennen. ‚Man müßte etwas tun', sagte er" (37 f.).

Diese ersten Worte Andreas' nach der Belehrung durch Dr. Rosenbusch deuten bereits seine programmatische Wende an. Sie stehen jedoch erst am Ende eines hektischen Durchgangs etwaiger anderer Möglichkeiten, auf die Eröffnungen zu reagieren: Eine Ohnmacht will ihn nicht aufnehmen; Unglaubwürdigkeit des Arztes kann er sich nicht vorlügen; auch, die Eröffnungen selbst als Wahn wahrzunehmen, will nicht gelingen. „Am Ende aber blieb ihm nichts übrig, als die Realität anzuerkennen." Die Realität anzuerkennen – dies ist in Andreas' Entwicklung als der entscheidende Schritt markiert.

Noch im Gespräch mit Dr. Rosenbusch wird dieser Schritt praktisch: Der Arzt, der seiner Abholung keinen Widerstand entgegensetzen will, bittet Andreas, ein Bild Paul Klees für ihn zu verwahren: „‚Sollten wir überleben, geben Sie es zurück. Wenn nicht, gehört es Ihnen.' " (39) Das Bild zeigt „grünes Geäst, von gelben Vögeln bewohnt, die auf den Zweigen saßen, an ihnen hingen, auf dem Kopf standen und flogen, ohne die Flügel auszubreiten, über ihnen schwebte die orangene Mondsichel" (35). Dieser Entschluß Andreas', „ ‚etwas [zu] tun' ", wird sogleich auf die Probe gestellt: Kaum hat er, das verpackte Bild unter dem Arm, das Haus des Arztes verlassen, wird er in ein SS-Wachlokal geführt, wo er über Herkunft und Wert des Bildes Rechenschaft ablegen muß. Ihm gelingt eine Ausrede; doch das Bild, von einem SS-Mann ungeduldig aus dem Rahmen herausgerissen, kann er nur beschädigt wieder mitnehmen: „Ein großer Riß ging mitten hindurch. Die gelben Vögel waren geköpft und schwanzlos." (45)

Unterbrochen nur durch eine in der Erzählzeit angesiedelte Passage, die Andreas im Amsterdam der Gegenwart zeigt, folgt unmittelbar auf die Darstellung seines Besuchs bei Dr. Rosenbusch und das Verhör im SS-Wachlokal eine ausführliche Reflexion darüber, wie es hatte möglich sein können, „neun Jahre Drittes Reich“ durchlebt „und nichts bemerkt“ (53) zu haben.

In der Darstellung der Motive und Bedingungen, die einen Deutschen bis ins Jahr 1942 hinein die NS-Vernichtungspolitik haben ignorieren lassen können, gelangt Weils erinnerungspolitische Poetologie *als Schreibprozeß* an einen jener unvermeidlichen kritischen Punkte, an dem die eigene Erinnerung und die der Deutschen in besonderem Maß in einem unabweisbaren objektiven Gegenüber zu stehen kamen. Eine historiographisch orientierte Lektüre dieser Partie unter erinnerungspolitischer Perspektive kann nicht davon absehen, daß die hier verfaßten Zeilen von einer Autorin stammen, für die jedwede Versenkung in den ‚Deutschen, der wegschaut‘ – und zwar bis weit in den Krieg hinein – nur in einer Anstrengung *gegen* die eigene Erinnerung und des in ihr bewahrten Ausdrucks eines Anspruchs auf eine andere Geschichte[23] zu haben war. Entgegengesetzt zu jenen Momenten einer gemeinsamen Sprache, in denen sich die Erinnerungen der Überlebenden mit der Wahrnehmung des – fiktiven – Deutschen für Augenblicke treffen, erlaubt die erzählerische Aufgabe, noch einmal in deutsche Vorgeschichte zurückzugehen, fast keine Übereinstimmungen; im Gegenteil, sie zwingt zu einer einläßlichen Rekonstruktion jener Sachverhalte in der deutschen Wahrnehmung, die zum Fundament der realen Vernichtungspolitik gezählt hatten. Nicht durchgehend, wie zu sehen sein wird, hält Weils Schreibweise dem spezifischen Druck dieser Anforderung stand.

Die Passage setzt ein mit den Worten: „Sie mußten ihm glauben, daß er vor der ersten Trambahnnacht nichts gewußt hatte. Es würde schwer sein, sie zu überzeugen. Neun Jahre Drittes Reich und nichts bemerkt?“ (53) Die Zeilen verdeutlichen, mit welcher Entschiedenheit, Unumkehrbarkeit, Andreas sich nun auf die Gruppe der Verfolgten verwiesen fühlt: „sie“, das ist das – von zahlreichen Mutmaßungen begleitete – Kürzel für jene, deren Existenz Andreas allenfalls am Rande wahrgenommen hatte, deren Verschwinden aus Deutschland ihm wenig bedeutsam erschienen war; zugleich sind es jetzt „sie“, von deren Verhalten ihm gegenüber er seine weitere

[23] Walter Benjamin sprach, in der umfassenden Perspektive seiner Thesen „Über den Begriff der Geschichte“, vom „Nachhall der ‚Klage‘ der Geschichte“ (Materialien zu den Thesen „Über den Begriff der Geschichte“). In: *Gesammelte Schriften*. Unter Mitwirkung von Theodor W. Adorno und Gershom Scholem herausgegeben von Rolf Tiedemann und Hermann Schweppenhäuser. Frankfurt am Main 1991. Bd. I, 3, S. 1229-1252, hier S. 1231.

Zukunft abhängig wähnt. Andreas erkennt die Frage nach seiner Glaubwürdigkeit als die Schlüsselfrage, die am Beginn jeder Erneuerung seines Verhältnisses zu ‚ihnen' stehen muß.

„Selbstverständlich hatte er etwas bemerkt. Nur nicht das Richtige, nicht die Wahrheit. – Vielleicht wollte er sie gar nicht wissen? – Man soll ihn mit Freud in Ruhe lassen. Da möchte er doch lieber verurteilt werden, als sich so fadenscheinig herauszureden." (53) Nach dieser entschiedenen Zurückweisung eines psychoanalytischen Deutungsmusters – das er als Einschränkung der Verantwortlichkeit des Einzelnen für das Geschehene versteht – fragt er sich, wo er „die Wahrheit [hätte] hernehmen können. – Hatte er Namen wie Oranienburg, Sachsenhausen, Dachau, Buchenwald nie gehört?" Mit der Nennung dieser Namen zielt seine Selbstbefragung gleich ins Zentrum der Vernichtungsverbrechen: der systematischen physischen Auslöschung, ohne sich erst mit ‚Anzeichen' der Diskriminierung aufzuhalten. Im Hinweis auf Konzentrationslager, die alle noch ‚im Frieden' und in Deutschland errichtet wurden, durchaus nicht in den ‚Wirren' des Krieges oder einem ‚fernen' Polen, wird beiläufig vorgeführt, wie wenig eine solche Befragung allein auf ‚rechtsstaatlich' oder ordnungspolitisch motivierte Empörung etwa über den Boykott-Tag 1933, die Nürnberger Gesetze 1935, den Reichspogrom 1938 historisch verwiesen war. „Wurden eingestuft gleich Tb, Krebs, Syphilis, Erblinden, Ertauben, Autounfällen und Flugzeugabstürzen, etwas, von dem man weiß und vor dem man sich fürchtet, an das man aber doch nur selten denkt, und wenn, mit der festen Überzeugung, es werde einem selbst nicht zustoßen" (53 f.)

In dieser Wahrnehmung, die die NS-Verbrechen als ahistorische Naturkatastrophen zu fassen sich eingeübt hat, erlangen Menschen aus der eigenen Umgebung, die einmal im KZ waren, besondere Bedeutung. Andreas erinnert sich an vier Fälle. Ein Gärtnergehilfe sagt auf Befragung „‚Es geht mir gut.' Klapperte dabei mit der Schere und schaute interessiert die Zweige an. Das Gespräch war beendet." „Über den Intouristmann war nichts zu erfahren. Es blieb bei Vermutungen. Er konnte, aus Dachau entlassen, in eine andere Stadt verzogen sein. Oder nach Rußland gefahren. Oder – aber das war schwer zu glauben und wohl kaum möglich – er befand sich noch immer im Lager. […] Man hielt an der Illusion fest, in einem Rechtsstaat zu leben." „Der jüdische Anwalt war in Dachau gestorben. Seine Eltern bekamen den zugelöteten Sarg, dazu verbrieft die Todesursache: Herzschlag. Sie behaupteten, ihr Sohn habe nie etwas am Herzen gespürt. Woran war er also gestorben? Der Verdacht, daß der Tote, als rücksichtsloser Verführer bekannt, von dem SS-Freund eines Mädchens umgebracht worden war, lag nahe. Persönliche Rache, sagte man und dachte nicht weiter darüber nach." (54 f.) Blieb es bei diesen Fällen allenthalben bei „Vermutungen“, so erinnert sich Andreas doch genau an den letzten Besuch des Hausarztes der Eltern, „den alten jüdischen Sanitätsrat“, der ebenfalls ins KZ verschleppt worden war. Er „kam zwei Tage nach seiner Entlassung, um sich zu verabschieden. Er habe sich verpflichten müssen (hier korrigierte er sich: er habe sich verpflichtet), innerhalb einer Woche auszuwandern. Er sah krank aus, gealtert. ‚Meine Galle, Sie wissen, die hat mir schon immer zu schaffen gemacht.‘ Das klang ganz plausibel. Viele Juden hatten es an der Galle, sie aßen zu viel und zu gut.“ (54, 55) Doch auch dieses Erlebnis, eingebettet in den latenten Antisemitismus des Milieus, führte zu keiner direkten, kritischen Konfrontation mit der NS-Rassenpolitik.

Andreas richtet seine Aufmerksamkeit nun doch auf den gesamten deutschen Alltag, nicht nur auf Anzeichen, die unmittelbar auf die Lager deuteten. „Und über Deutschland wußte er nichts? Hatte er Mein Kampf nicht gelesen? Den Völkischen Beobachter? Den Stürmer? – Wer las schon dieses Zeug. Er hatte Wichtigeres zu tun. – Oder hingehört, wenn sie aufmarschierten mit Tschin-Bum und Die Fahne hoch und Heil Hitler und Morgen gehört uns die Welt und Das Judenblut vom Messer spritzt? – Man war überzeugt, daß ihnen die Welt nicht gehören würde, also glaubte man auch nicht ans Judenblut. – Oder hingesehen? Auf Judenkristall, Judenporzellan, Judentextilien, eingeschlagen, zertrümmert, auf die Straße geworfen? – Nicht selbst gesehen, aber die Mutter hatte beim Mittagessen ausführlich und unter Tränen darüber berichtet. (Sie beherrschte ihre Tränen virtuos, je nach Wunsch kamen sie oder hörten auf. Ihre gute Technik erlaubte ihr, gleichzeitig zu weinen und zu essen. Und so sehr weinte sie nicht, daß ihr der Bissen im Halse steckengeblieben wäre.) ‚Eine Bande‘, sagte der Vater, gleichfalls kauend. ‚Be careful, my dear.‘ Aus taktischen Gründen wurde die Warnung vor dem eintretenden Mädchen bald englisch, bald französisch ausgesprochen. Es machte nichts, daß der Vater kein Englisch verstand, er wußte, was gemeint war. Das Mädchen wußte es auch. ‚Recht hams, Herr Professor, Räuber sans und Mordbrenner.‘ Aber da war sie an den Falschen geraten. Papa räusperte sich, bevor er sagte: ‚Mischen Sie sich nicht in unsere Unterhaltung. Sie wissen gar nicht, was Sie daherreden. Ich habe von einem historischen Ereignis gesprochen, das in keiner Beziehung zur Gegenwart steht.‘ Nickte zufrieden. Falls sie ihn hatte provozieren wollen, was man ja nicht wissen konnte, war sie abgeblitzt. Voll Mißtrauen starrten der Vater und sie sich an. Mißtrauen überall. Unbehagen und Haß.“ (56 f.)

Andreas’ Selbstbefragung führt noch einmal das jahrelang geübte Repertoire deutscher Verschiebung und Verdrängung vor, eine Wahrnehmung, die sich zu einer geflissentlichen Nicht-Wahrnehmung umgebildet hat. Wie inhärent diesem Prozeß die Ahnung, wenn nicht die Kenntnis der Verbrechen war, wird gerade in diesen Erinnerungen deutlich. Nur scheinbar reproduziert Andreas hier die Muster der Entschuldung. Tatsächlich jedoch weist seine – durch seinen nun rückhaltlosen Einblick in den Verbrechenscharakter der NS-Politik *wieder vervollständigte* – Erinnerung an die „neun Jahre" alle jene kleineren und größeren Indizien auf die Vernichtungspolitik auf, jene Indizien, auf die hin der deutsche Modus der Erinnerung sich erst ausgebildet hat. Jetzt aber werden diese Anzeichen selbst wieder erinnert: die Einsilbigkeit des Gärtnergehilfen; die winzige Korrektur, die der Sanitätsrat an seinen Worten vornimmt; die Beflissenheit, mit der der Vater sich von einem Ausdruck spontaner Zustimmung des Hausmädchens distanziert. Der Tonfall der Entschuldung verdankt sich einem in Andreas' ‚Wende' singulären Moment: Gestern noch affirmativ gedacht und gesprochen, auch jetzt noch unüberhörbar ‚gewohnt', setzt ein Erlebnis der Verfremdung ein, einer Distanz zu den noch eben vertrautesten Floskeln. In diesem Sinn ist, was hier wie deutsche Rechtfertigung klingt, schon Zitat, schon historisierende Dokumentation. Keines dieser ‚Argumente' läßt Andreas mehr für sich gelten; im Gegenteil, seine Selbstbefragung endet mit der Feststellung: „Sie mußten ihm glauben, vor den Trambahnen hatte er vom Wesen des Faschismus nichts begriffen. Das ist seine Schuld." (59) Andreas kann subjektiv nicht anders als daran festzuhalten, daß er „vor den Trambahnen [...] nichts begriffen" hatte. Doch keinen der so zahlreich artikulierten Gründe für diesen Sachverhalt jenseits einer individuellen Verantwortung erkennt er an: was bleibt, ist persönliche – „seine" – „Schuld".

Die Konstruktion eines solchen deutschen Blicks zurück auf die Modi der eigenen Wahrnehmung, noch gezeichnet vom identifikatorischen Gestus, setzt Weils Schreiben unter eine Spannung, die noch in der gleichen Partie sichtbar wird: in den Zeilen über ein etwaiges „Emigrantendasein". An das Aufrufen der Reaktion von Andreas' Mutter auf den Abschied des Sanitätsrats folgt eine Passage, die die bis hierhin strikt eingehaltene Erzähllogik hinsichtlich der an Andreas vorgeführten deutschen Erfahrung verläßt. Zunächst erinnert sich Andreas an die Mutter: „Als man wieder allein war, vergoß die Mutter ein paar Tränen. ‚Ich weiß nicht, was ich täte, wenn ich von meinem Haus und allem wegmüßte. Aber wahrscheinlich hängen sie doch nicht so an der Heimat wie wir. Keine Macht der Welt brächte mich dazu, freiwillig fortzugehen. Das Schlimmste an der Sache ist, daß wir uns einen neuen Hausarzt suchen müssen.' " (55) So beiläufig und oberflächlich-gefühlig diese Worte gesprochen scheinen, so geladen sind sie, Satz für Satz, mit jenen Elementen, die die Wende einer – freilich von Anfang an verlogenen – ‚Toleranz' (11) gegenüber Juden in ein achselzuckendes In-Kauf-Nehmen ihrer Vernichtung ermöglichten: Eine sentimentale Pseudo-Solidarisierung wird flankiert von jenen Stereotypen, die Juden zum einen als letztlich ewig Wandernde, nie tatsächlich Beheimatete ausweisen, zum andern als zu nachgiebig, als daß sie in der Lage wären, sich couragiert gegen jede „Macht der Welt" zu wehren[24]. Die persönliche Schadensbilanz, ein winziger Umstand in der Haushaltsorganisation, wird gleichwohl als „das Schlimmste an der Sache" wahrgenommen.

Im selbstkritischen Rückblick fügt Andreas die Frage an: „Hielt er das auch für das ‚Schlimmste an der Sache'?" Das in die Antwort eingefügte „man" zeigt an, wie diese Selbstbefragung zusehends unter Befragungs*zwang* erfolgt: „Natürlich nicht. Unterschätzt man seine Phantasie? Es war ihm klar, was ein Emigrantendasein bedeutete. Verlassen durch fremde Städte zu streifen. In schmuddeligen Pensionen zu wohnen. Von Komitee zu Komitee zu laufen. Keine Tasse Kaffee trinken zu können, weil man das Geld nicht hatte, oder wenn man es hatte, sie sich nicht zu gönnen, um Devisen zu sparen. Glühbirnen zu verkaufen, wenn man Anwalt gewesen war, Examen abzulegen, wenn man eine Professur gehabt hatte. Am Radio zu sitzen, tagelang, nächtelang, auf die Nachricht zu warten, die niemals kam. Mit Orangen nach dem Telefon zu werfen, weil niemand anrief. Auf Fremdenpolizeien vor Angst zu zittern, ob man bleiben durfte. In Konsulaten um ein Visum zu betteln. Im Krankenhaus zu liegen, in großen Sälen und in einer fremden Sprache zu sterben. Abhängig, erniedrigt, rechtlos. Und dies alles als Freiheit zu preisen und dankbar dafür zu sein." (55 f.)

Ein weiteres Mal ist die Opposition der Erinnerungen exakt ausgeschrieben, in ein unmittelbares Gegenüber gestellt. Beide erlangen hier eine von der Fiktion abgelöste, autonome Authentizität: Steht die Erinnerung des „Emigrantendaseins" benachbart zu der der Szenen der Abholungen, ohne Änderungen lesbar als eine Form des Gedenkens, so müssen Reaktion und Worte der Mutter als Zitat aus dem historischen Fundus deutscher Verhaltensmuster begriffen werden. Erneut kommt hier der singuläre erinnerungspolitische Zugriff von „Tramhalte Beethovenstraat" zum Ausdruck – freilich auch als *Anstrengung*. Denn nichts in der Fiktion des Romans kann erklären, woher Andreas eine solch einläßliche Vorstellung des Lebens im Exil bekommen haben könnte. Im Gegenteil, der genaue Bericht über seine Freunde und Bekannten, aber auch seine Lesegewohnheiten lassen es mehr als unwahrscheinlich sein, daß er sich ein solch ausdifferen-

24 Dieses Stereotyp einer nur allzu bereiten Nachgiebigkeit hatte auch Andreas' Wahrnehmung der ersten nächtlichen Deportationsszene bestimmt ("Drängeln", „voll Angst, nicht mitzukommen").

ziertes Bild nicht nur von den äußeren Lebensbedingungen zwischen Komitees, Fremdenpolizeien und billigen Pensionen machen kann, sondern gar von der seelischen Verfassung der Exilierten, die sich einzureden suchen, „dies alles als Freiheit zu preisen". Ein solcher Ausbruch aus der sonst streng gewahrten immanenten Erzähllogik im Versuch einer einstmals exilierten Autorin, die Argumentation eines fiktiven ‚inneren Emigranten' auch gegen ein etwaiges *eigenes* Exil zu formulieren, ist nicht ganz ohne Beispiel[25]. Doch eine Lesart, die diese Erscheinung eines Bruchs als Symptom einer – formal nicht vollständig aufgefangenen – Spannung im Schreibprozeß deutet, darf jene übergeordnete Disziplin im Zuge des erinnerungspolitischen Projekts „Tramhalte Beethovenstraat" nicht übersehen, der eben diese Partie über das Exil unterworfen ist: Die Schilderung der Leiden und Entbehrungen einer autorbiographisch verbürgten, *konkret gelebten* Exilexistenz wird – über ihren autonomen Gedenk-Status hinaus – funktionalisiert zu einem Argument für die Innere Emigration.

Die Konditionen dieser erneuten, für den Roman signifikanten Zur-Verfügung-Stellung unverkennbar authentischer, *sichtbar* noch im Schreibprozeß *unhintergehbarer* Verfolgten-Erfahrungen in den Dienst einer deutschen Perspektive – und eines deutschen Erkenntnisprozesses – sind diesmal jedoch andere als im Fall der Schilderung der „Trambahn-Nächte". In Andreas' Blick aus dem nächtlichen Fenster hatten sich zwei gegenläufige Erfahrungen *getroffen*; die eine war, als kein geringes Zeichen dieser Begegnung und Weils erinnerungspolitischer Poetologie gemäß, in den Worten der anderen formulierbar gewesen; diese Nähe hat ein konkretes, durch seine Konkretheit in seinen Folgen unabweisbar gewordenes *Ereignis* zum Ausgangspunkt. Nun jedoch wird allein der „Phantasie" (55) eines Deutschen, der „vom Wesen des Faschismus" noch „*nichts* begriffen" hatte, die Antizipation einer alle Kennzeichen des Authentischen tragenden Exilerinnerung zugetraut und *an*vertraut, zu keinem andern Zweck als dem, die unverändert unentschiedene Haltung des Protagonisten zu rechtfertigen. Daß Weil bereit war, eine paradigmatische Erinnerung an die eigene Verfolgung einer deutschen Figur auch in einer solchen Konstellation in den Mund zu legen, deutet an, zu welchen Konzessionen sie bei der poetischen Ausarbeitung ihres erinnerungspolitischen Projekts bereit war – Konzessionen, die ihr nur im Blick auf

[25] Auch in Irmgard Keuns *Nach Mitternacht* vermag ein im Lande Verbliebener – der Schriftsteller Heini – die Bedingungen des Exils aus der persönlichsten Nähe zu umschreiben: „‚Armer Emigrant. Glatt und hart umschalt wie eine Kastanie wird jedes Land für dich sein. Dir selbst wirst du zur Qual werden und anderen Menschen zur Last. Die Dächer, die du siehst, sind nicht für dich gebaut. Das Brot, das du riechst, ist nicht für dich gebacken. Und die Sprache, die du hörst, wird nicht für dich gesprochen'" (Irmgard Keun: *Nach Mitternacht*. Düsseldorf 1980, S. 190).

den freilich exzeptionellen weiteren Werdegang ihres Protagonisten gerechtfertigt erschienen sein mögen.

Nach der Konfrontation mit der Faktizität der Deportationen und dem ersten Versuch einer radikalen Rechenschaftslegung darüber, wie es hatte möglich sein können, vor der politischen Wirklichkeit der NS-Vernichtungspolitik neun Jahre lang die Augen zu verschließen, sind Andreas' Reaktionen von Grund auf verändert. Gleichwohl bleiben diese Reaktionen zunächst noch unübersehbar gezeichnet von jenen traditionellen Verhaltensmustern einer ‚deutschen' Sozialisation, wie Andreas sie durch sein Elternhaus erfahren hatte. Wenn er etwa bei der zweiten zufälligen Begegnung mit der jüdischen Nachbarin im Treppenhaus bemerkt, daß „der gelbe Stern [...] liederlich nur an zwei Ecken festgenäht" war und darüber Ärger empfindet, denn „er konnte Schlamperei nicht leiden und fand, daß die Juden ihrer Erniedrigung Würde entgegensetzen sollten" (61), so vermischt sich in einer solchen Feststellung eine veränderte, ‚neugierigere', dadurch auch präzisere Wahrnehmung mit spontaner Ablehnung jedweden Verfalls bürgerlicher Etikette und der Forderung nach einem nicht weniger bürgerlichen Ausdruck von ‚Haltung'. Diese Heterogenität von Gefühlen und Reaktionen beherrscht Andreas auch in jenem Augenblick, als, nach „Wochen der Einsamkeit", in denen er „keine Menschen [ertrug]" (62, 63), plötzlich seine Haushälterin in seinem Zimmer steht und ihn bittet, eben jene Jüdin, die Fotografin Sabine Lisser, vor den Deutschen zu verstecken – „‚Jetzt sind sie in unserer Straße' ". „Er zitterte. Der Gedanke, daß die reizlose Person, die nicht mit ihm sprechen wollte, geholt werden würde, war quälender als der an die dreihundertneunundneunzig anderen. War er zu phantasielos, sich den Schmerz der Unbekannten vorzustellen? Ähnlich wie Mama, die sich weigerte, ein Huhn zu essen, das sie lebendig gesehen hatte. Das war *ihr* Huhn – in diesem Augenblick wurde Sabine Lisser zu *seiner* Jüdin." (63)

Andreas gibt sich keiner Täuschung hin: Sein ‚Mitgefühl' mit der Verfolgten verdankt sich durchaus nicht seiner neuen Einsicht in die Hintergründe und dem vagen Vorsatz „‚Man müßte etwas tun' " (38), sondern der unvermindert virulenten Konditionierung einer Moralität, deren ganze Verächtlichkeit ihm am Beispiel des einzelnen Huhns, das verschont wird, doch längst gewiß ist. Es sind aber die Bruchstücke dieser maroden ‚Moralität', die – neben seiner Begegnung mit Daniel und dessen Hilfeersuchen [26] – Andreas nun definitiv in eine konkrete, aktive Konfrontation mit der deutschen Besatzungsmacht reißen und zur unzweideutigen Parteinahme zwingen. Andreas' Reflexion zielt jedoch nicht auf eine nachträgliche ‚Rettung' dieser

[26] Vgl. hierzu noch weiter unten.

Moralität, sondern demonstriert schonungslos eine ‚*Banalität* des Guten', gespeist aus den unbeabsichtigten Nebenwirkungen einer Zivilisation, die sich ihrerseits schon vollständig dem Vernichtungsprojekt verschrieben hat. Über die Brüchigkeit und Zufälligkeit eines solchen ‚Guten', am problematischen Charakter, einer Häßlichkeit auch *dieser* Banalität bleibt hier kein Zweifel: Andreas' Rechenschaftslegung bezeichnet ein äußerstes Gegenüber zu jedweder Form des Heroismus, selbst nur einer Tat aus Überzeugung. Noch in diesem Augenblick, da entschieden wird, daß sich Andreas' Wende auch konkret wird ausdrücken müssen, fehlt alles, was eine – wie auch immer geartete – ‚Ästhetik' eines humanen Widerstandsakts ausmachen könnte.

Andreas' Besuch bei seinen Eltern in München aus Anlaß des Geburtstags seiner Mutter zeigt ihn *im Grenzübergang* von der deutschen Erfahrung als der einer nur mehr mit Mühe vorgegaukelten Normalität, hinter deren Fassade das Deutsche Reich Europa mit Vernichtung überzieht, in die der Verfolgten und ihrer je individuellen Einsicht in die katastrophische Gestalt des NS-Faschismus. Diese Begegnung wird von Andreas empfunden – und beschrieben – als „der verzweifelte Versuch, [seinen Eltern] näher zu kommen" (125).

Schon bei der Begrüßung – von der Mutter ertönt „ein hoher Schrei: ‚Andreas!' ", vom Vater „ ‚mein lieber Sohn', seine Stimme schwankte" – empfindet Andreas seine Eltern als „zwei fremde Menschen, die Anspruch auf Liebe erhoben" (123 f.). Verfolgt von der Angst, daß den beiden Versteckten Sabine Lisser und Daniel Rosenbusch „gerade in diesen zwei Tagen etwas passieren" könnte, muß Andreas sich sehr beherrschen, um sich nichts anmerken zu lassen. „Doch blieb er nervös, seine Hand zitterte, als er unten, im schnell aufgeräumten Eßzimmer, beim Frühstück saß." (124) Rasch kommt die Rede auf den Krieg: „ ‚Er kann nicht mehr lange dauern', sagte der Vater. ‚Der Russe ist erledigt. Und der Westen hat ernsthaft noch nie gezählt.' Die Hand zitterte stärker. ‚Du glaubst, daß Deutschland siegt?' – ‚Aber natürlich. Das steht doch außer Frage. Praktisch haben wir den Krieg schon gewonnen.' – Andreas schlug auf den Tisch, zwei Tassen fielen zu Boden und zerbrachen. ‚Deutschland wird nicht siegen', schrie er, mit sich überschlagender Stimme. – ‚Les doméstiques', flüsterte die Mutter, ‚Andreas, les doméstiques.' " (125)

Nachdem der Vater diesen Ausbruch nur als Symptom einer Krankheit begreifen kann und den Arzt rufen will, versucht Andreas, die Deportationen zu thematisieren. „ ‚Wißt ihr, was mit den Juden geschieht?' fragte er. Es war der verzweifelte Versuch, ihnen näher zu kommen. – Der Vater räusperte sich, was er immer tat, wenn er sich in einer Situation nicht zurechtfand. ‚Es gibt in München keine Juden mehr', sagte er so autoritativ, als sei durch diese Feststellung das Problem aus der Welt geschafft.“ (125) Doch das Räuspern deutet schon an, daß auch der Vater weiß, daß das Ideologem von der ‚vollendeten Tatsache‘, an der selbst ein Mensch besten Willens nichts mehr ändern kann, nicht mehr hält, was es dem Mitläufer einst versprochen haben mag. Andreas fragt weiter. „ ‚Warum habt ihr ihnen nicht geholfen? Das Haus wäre groß genug, um ein halbes Dutzend Menschen darin zu verstecken.‘ – ‚Andreas‘, sagte die Mutter, noch immer kniend; sie hob die Hände zu ihm auf, es sah aus, als habe sie sich flehend vor ihm zu Boden geworfen. ‚Bedenke doch die Stellung deines Vaters.‘ – Der sagte ungeduldig: ‚Ach was. Stellung hin, Stellung her. Kein Mensch hätte so etwas wagen können. Du lebst außerhalb der Welt, wie ja leider schon immer.‘ – Die Mutter: ‚Er kann in Holland nicht wissen, was in Deutschland geschieht.‘ – Der Vater: ‚Ich habe nie bemerkt, Andreas, daß du dich so besonders für die Juden interessierst. Jedenfalls hast du keine überspannten Forderungen gestellt. Wenn du es aber nicht weißt, möchte ich es dir sagen: Juden bei sich aufzunehmen bedeutete Todesgefahr. Ich übertreibe nicht und meine es wörtlich: Todesgefahr.‘ “ (125 f.)

Dieser Wortwechsel ist – bis ins Detail – grundiert von jenen gegenläufigen Erfahrungen, deren Vermittlung Andreas verzweifelt versucht. Seine Feststellung, daß das Haus seiner Eltern „groß genug“ sei, um mehrere Menschen zu verstecken, wurzelt in seinen konkreten, jüngsten Kenntnissen aus Amsterdam. Seinen Eltern bleibt dieser Hintergrund unkenntlich; in den Worten des Vaters – „Du lebst außerhalb der Welt“ – wird Andreas’ Vorschlag als kindische Phantasie vom Tisch gewischt. Im Hinweis der Mutter, daß Andreas „in Holland nicht wissen [könne], was in Deutschland geschieht“, kommt Andreas’ Erfahrung in exakte Opposition zur deutschen zu stehen: In der deutschen Wahrnehmung seiner Eltern finden die spürbarsten Repressalien gerade in Deutschland statt – und, nicht zuletzt, gegenüber mißliebigen Deutschen –, nicht im friedlichen Holland, wo man von alledem nichts wissen könne. Diese Auffassung vertritt auch der Vater, wenn er glaubt, seinem aus dem Ausland zurückgekehrten Sohn gegenüber herausstreichen zu müssen, daß ‚hier‘ „Juden bei sich aufzunehmen [...] Todesgefahr“ bedeutete.

Wenn Andreas seinen Vater anschließend fragt, ob er sich „einer Todesgefahr [...] nicht aussetzen“ würde, „auch nicht, um das Leben anderer zu retten“, appelliert er an jene nominelle Moral, die er – als Sohn seiner Eltern – bei seinem Vater vermuten darf. Er erfährt, daß diese nominelle Moral jedoch in diesem Fall gar nicht tangiert war: „ ‚Was sind das für Fragen. Natürlich würde ich mein Leben riskieren, um zum Beispiel einen Ertrinkenden aus dem Wasser zu ziehen. Das ist ja wohl selbstverständlich. Hier aber gab es niemanden, der ertrank. Die Maßnahmen gegen die Juden sind höchst bedauerlich und für einen alten Demokraten wie mich schwer zu begreifen. Aber von der Notwendigkeit einer Lebensrettung zu sprechen scheint mir doch stark übertrieben. Soviel man weiß, hat man die Juden in einigen Orten der Tschechoslowakei und Polens untergebracht, in Reservaten, die denen der Indianer in Amerika ähnlich sind. Natürlich werden die hygienischen Zustände dort im Osten nicht die besten sein und Opfer fordern, andrerseits haben sie so viele ausgezeichnete Ärzte, ja, ich möchte behaupten, sogar mehr als wir.' " (126 f.)

Diese Zeilen fassen den moralischen und politischen Bankrott jenes deutschen Bildungsbürgertums, dem der Protagonist entstammt, noch einmal zusammen. Zwar wird demonstrativ an der Bereitschaft, das eigene Leben zur Lebensrettung anderer zu riskieren, als dem unverminderten Ausweis einer stets praxisbereiten humanitas festgehalten – doch „Maßnahmen", gesetzlich sanktioniert, können von diesem Milieu um keinen Preis als Lebensgefahr, die durch moralisch selbstverantwortliches, persönliches Eingreifen abzuwenden sei, begriffen werden. Das „Bedauern" des „alten Demokraten" erinnert beiläufig daran, daß gerade in diesem Sachverhalt schon das historische Unvermögen solcher Demokraten, die Demokratie zu retten, gründete. Daß „man" wenig Genaues „weiß", ist diesem Standpunkt ein weiteres wichtiges Argument, vorläufig „starke Übertreibungen" zurückzuweisen. Eine Analogie der deutschen Juden mit den „Indianer[n] in Amerika" gilt dieser Perspektive längst beschwichtigend; und wenn „die hygienischen Zustände dort im Osten nicht die besten seien und Opfer fordern", so deshalb, weil dort der „Osten", nicht Deutschland sei. Das gönnerhafte Eingeständnis, daß „sie" „so viele ausgezeichnete Ärzte [haben], ja, ich möchte behaupten, sogar mehr als wir", zeigt, wie die alte Rhetorik eines traditionellen bürgerlichen Antisemitismus längst zum Ornament einer Beschwichtigungskampagne geworden ist, die ihren Sprecher, aber auch ihre Adressaten über die Einsicht in das, was unterdessen tatsächlich geschieht, täuschen soll.

Wie hilflos Andreas einer solchen Argumentation noch ausgeliefert ist, verstärkt durch seine aktualisierte Empfänglichkeit für jede Beschwichtigung, wird deutlich an der Wirkung, die das Argument über die Ungenauigkeit der eigenen Kenntnisse auf ihn ausübt. Dr. Rosenbusch hatte gesagt: „Osten, das ist [...] das Nichts, Endstation Tod" (37). Das Unerträgliche dieser Belehrung sucht Andreas im Augenblick der Ansprache durch den Vater zu mindern, indem er die Aussage spaltet, nur die eine Wendung ‚erinnert': „Er konnte dem Vater ja nicht einmal beweisen, daß er sich täuschte. Was wußte er selbst? Osten – das ist das Nichts. Eine Vermutung, kein Argument." (127) Andreas antwortet mit Schweigen.

Andreas' Beobachtungen in der noch verbleibenden Zeit seines Besuches dokumentieren die unwiderrufliche *Verschiebung* seines

Blickwinkels im Vergleich zu dem seiner Eltern und dem ihrer – deutschen – Gäste. Eintreffende Geburtstagsgratulanten „sprachen nicht über den Krieg, taten, als ob es ihn nicht gäbe, lebten so, wie sie immer gelebt hatten, mit gewissen Einschränkungen natürlich; soweit sie Söhne und Männer an der Front hatten, machten sie sich wahrscheinlich Sorgen, doch keiner schien wirklich zu leiden, keiner rebellierte oder machte sich auch nur Gedanken über das, was in der Welt geschah im Namen des deutschen Volkes, also auch in ihrem eigenen. Es war grotesk, sich vorzustellen, daß diese auf so gespenstige Weise Unbeteiligten einmal für alles zur Rechenschaft gezogen werden würden; nicht ohne Sadismus malte er sich aus, wie diese biederen, nur an sich denkenden Bürger das ausfressen mußten, was sie sich in Dummheit und Gleichgültigkeit eingebrockt hatten“ (130). Das Erlebnis der nächtlichen Trambahnen hinter sich, kann Andreas im Blick auf diese deutsche Normalität einzig Schuld sichtbar werden. Seine Antizipation eines Tages der „Rechenschaft“ wurzelt eher in dem unumstößlichen moralischen Urteil, das sich diese Menschen schon jetzt ausgestellt haben, als in der Vorstellung einer konkreten militärischen Überwindung NS-Deutschlands durch die Alliierten. Was Andreas als „grotesk“ erfährt, markiert die unvermittelbare Entfernung, den „Abgrund“[27] zwischen den hier geführten und verwirklichten Existenzen. Ähnlich wie Andreas nicht mehr zurück kann aus der Einsicht in die Verbrechen, scheinen seine Eltern und ihre Freunde unwiderruflich entschlossen, alles an „Dummheit“ und „Gleichgültigkeit“ erforderliche aufzubieten, das *ihnen* diese Einsicht weiterhin zu verstellen verspricht.

Einmal noch kommt es fast zu einem völlig offenen Wort über seine unerträglichen Erlebnisse: als seine Mutter seine Verstörung bemerkt und sagt: „ ‚Der Krieg‘, […], ‚dieser furchtbare Krieg.‘ Aber das war nur so dahingeredet, sie hatte es schon einmal gesagt. Mechanisch schob sie ihr Mißbehagen einer abstrakten Macht zu, unter der sie sich nicht das geringste vorstellte. – Er hatte Lust, ihr diese Macht zu zeigen, wie sie wirklich war, den schmutzigen Krieg, das nackte Verbrechen, verbrannte Menschen, verbrannte Erde; wußte, daß es nicht mehr bedurft hätte, als ihr von den Trambahnen zu erzählen, um die gedankenlose Gelassenheit von ihr zu nehmen und das Versteckspiel, dem sie sich hingab, zu beenden (wenn ich nichts sehe, sieht man auch mich nicht), aber während er noch nach einem wirksamen Anfang suchte, mit dem er ihre Naivität rasch und gnadenlos entzweischlagen konnte, fragte sie, ihre Hand begütigend auf die seine legend: ‚Hast du schmutzige Wäsche mitgebracht?‘ – ‚Nein‘, sagte er, zog seine Hand zurück, und sie aßen schweigend zu Ende.“ (131 f.)

[27] Vgl. Kap. II, S. 54.

Bestochen von Resten des Mitleids mit seinen Eltern, „blinde gottverlassene Vögel, zusammengeduckt in der Wärme des Nestes“ (132), doch zugleich aufgebracht von ihrer Passivität, flüchtet sich Andreas – während des nachmittäglichen Damentees – in eine phantasierte Haß- und Klagerede, die niemand hört, auf jene vor und neben ihm sitzenden Frauen „in den ehemals pompösen, jetzt unansehnlich gewordenen Sonntagnachmittagskleidern“: „Noch hatten sie den Preis für den Krieg nicht bezahlt, aber für ihr Leben, für die mitleidslose, nichts von dem, was um sie herum vorging, ahnende, auf Karriere des Mannes bedachte Existenz, ergebene Beischläferinnen eines einzigen auf Lebenszeit (einmal oder zweimal die Woche), sich des Sinnes ihres Daseins als Haushaltführende und Gebärende stolz bewußt, Kinder zu bekommen war das Ziel, damit diese wiederum Kinder bekommen konnten, das nannten sie ihren Anteil an der Unsterblichkeit. Dazu wurden benötigt: ein Heim, eine Position (mit Aufstiegsmöglichkeit), ein Bankkonto, Beziehungen (Kollegenfrauen beim Five-o'clock), Bettler (um Wohltaten zu erweisen), Gestorbene (um traurig zu sein), Unglücksfälle der anderen, eine Sommerreise, Erbauung durch Schönheit (Kunst ist schön), Nationalbewußtsein, der liebe Gott (um ihm die Verantwortung aufzuhalsen) und vor allem Betrieb (um die Leere zu füllen).“ (133 f.) „‚Mein Jüngster kann es gar nicht erwarten, an die Front zu kommen‘, hörte er die Frau des Professors für Völkerrecht sagen, die schon zwei Söhne im Krieg verloren hatte. – Er sah auf die Uhr. Es war Zeit, zum Bahnhof zu fahren.“ (135)

Andreas erlebt, was schon Ludwig Marcuse am realen Beispiel Irmgard Keuns beobachtet hatte: Diese „Sprache wurde nicht mehr für Sie gesprochen“[28]. Während dieses Besuchs in seinem Elternhaus *verläßt* Andreas die einst vertraute Umgebung der kollektiven deutschen Erfahrung, genauer: er *erkennt sie nicht mehr wieder*. Die Hypotheken einer von Anfang an belasteten Beziehung zu den Eltern, symbolisiert in der traditionellen „entsetzliche[n] Pause, [dem] Alarmzeichen, daß man dicht an der Wahrheit war und zugeben mußte, sich nichts zu sagen zu haben“ (128), münden in jene umfassendere gegenseitige Sprachlosigkeit, aus der sich keiner der Beteiligten mehr befreien kann. Doch Andreas' Versuche, über das Naheliegendste zu reden, prallen nicht nur ab an der krisenhaften Vorgeschichte des Kontakts zu seinen Eltern; sie sind zu unentschieden, um die Abdichtung gegen mißliebige Entwicklungen aufzusprengen, die das Sozialmilieu seines Elternhauses historisch entwickelt und an den Herausforderungen des Nationalsozialismus perfektioniert hat – eine Abdichtung freilich, die nicht auf das Milieu seines Elternhauses

[28] Ludwig Marcuse: Fünf Blicke auf Deutschland“. In: *Das Wort*. Nr. 7, Juli 1937, S. 81-89, hier S. 84.

beschränkt war. Zwar ahnt Andreas, daß es eine Möglichkeit, „ihnen näher zu kommen" – und zwar im Zeichen des Geschehenen – gegeben hat: hätte er „ihre Naivität rasch und gnadenlos entzwei[ge]schlagen" – eine Tat, zu der Andreas sich nicht zu entscheiden vermag. Das, was erlösend hätte wirken mögen, bleibt unausgesprochen. Untauglich geworden für die in Deutschland vorherrschende Sprache, konnte Andreas von nun an *objektiv* ihrem Kollektiv – mochte es sich emphatisch als ‚Volksgemeinschaft' bekennen oder auch als „alte Demokraten" gerieren – nicht mehr zugehören.

Andreas' ‚Austritt' aus der deutschen Wahrnehmung und ihrer Konditionierung, seine neue Teilhabe an einem Blick, der gezeichnet ist vom Schock der Einsicht in den akuten Verbrechenscharakter des Nationalsozialismus, gelangt schließlich in einem Moment zum Ausdruck, der in besonderer Weise geeignet ist, das Paradigmatische des Unterschieds zwischen diesen beiden Perspektiven zu verdeutlichen: im Moment der Rückkehr in die Heimat nach Kriegsende. Begriffen als jener *kollektive* historische Augenblick, da über die Re-Integration der Kriegserfahrung in ein erneut ‚ziviles' Bewußtsein entschieden wird, ist seine Bedeutung als Quellpunkt aktualisierten kollektiven deutschen Selbstgefühls – und damit zugleich als entscheidendes Element im Entstehungsprozeß einer erneuerten kollektiven Erinnerung – kaum zu überschätzen. Mittels distinktiver Abweichungen in Andreas' Beobachtungen im Vergleich zur deutschen Wahrnehmung im Angesicht der Trümmer markiert Weil daher nicht nur die Verwandlung von Andreas' Perspektive, sondern zugleich seine schon jetzt entschiedene Stimmlosigkeit in den zukünftigen Prozessen um ‚mehrheitsfähige' Erinnerung. Diese Stimmlosigkeit korrespondiert eng mit den im Kapitel II dargestellten Entwicklungen. Wie genau jedoch die grundlegend erneuerte Perspektive von Andreas – im Moment der Rückkehr – konkrete historische Erfahrung bis ins Detail ‚nachschreibt', verdeutlicht ein vergleichender Blick auf weitere historische Zeugnisse.

Weils Schilderung einer ersten Reaktion Andreas' auf den Nachkriegszustand der einst vertrauten Umgebung mag zunächst noch wenig spezifisch wirken: „Er ging durch München, und nichts erinnerte ihn daran, daß er hier einmal zu Hause gewesen war, ein Fremder, der in dem Schutt, über dem Modergeruch hing, die leuchtende Stadt nicht wiederfand." (150) Die Rückkehr-Erfahrung in das einst vertraute Köln lautete etwa bei Alfred Andersch dagegen so: „Die Stadt ist voller Erinnerungen. Sogar noch diese Geröllhalde, die von ihr geblieben ist. Ich suche die Bücherstube am Dom, in der ich früher selige Stunden des Blätterns und Lesens verbracht habe. Natürlich ist sie nicht mehr da. Die Hohe Straße ist ein Saumpfad zwischen Trümmerhügeln. Der Turm von Groß St. Martin, mir lieber als der ganze Dom, ist nur noch ein unbedeutender Stumpf. Merkwürdig, daß der Geist noch immer die Umrisse in die Luft zeichnet, die das Auge bereits nicht mehr sieht."[29] Während Andersch seine Erinnerungen noch auffindet, selbst in Geröllhalden, bleiben Andreas alle Erinnerungen, die die einstige Vertrautheit mit der Stadt belegen und wiederaufrufen könnten, aus: „ein Fremder", der „*nicht*" wiederzufinden vermag, was ihm die Stadt in der Vergangenheit war. Die charakteristische Erscheinung, „daß der Geist noch immer die Umrisse in die Luft zeichnet, die das Auge bereits nicht mehr sieht", fällt auch einer anderen Heimkehrerin, Hannah Arendt, an den Deutschen auf: „Amid the ruins, Germans mail each other picture postcards still showing the cathedrals and market places, the public buildings and bridges that no longer exist."[30]

Dieser Unterschied in dem, was die Heimkehrer zwischen den Trümmerbergen noch auffinden und zu sehen vermögen, wird auch deutlich im ersten Bericht Klaus Manns über seine Rückkehr nach München: „Als wir uns München näherten, erwartete ich, eine schwer getroffene, halb zerstörte Stadt vorzufinden. Die Wirklichkeit war weit schlimmer. München ist tot; die Stadt existiert nicht mehr. Was einmal als die schönste Stadt Deutschlands galt, als eine der attraktivsten Städte Europas, hat sich in einen riesigen Friedhof verwandelt. Im gesamten Zentrum ist, ohne Übertreibung, kein einziges Gebäude stehengeblieben. Nichts als Schutthaufen und einige wenige scheinbar kaum oder gar nicht zerstörte Fassaden, hinter denen aber ebenfalls Schutt liegt. Nur mühsam fand ich meinen Weg durch die einst vertrauten Straßen. Es war wie ein böser Traum."[31] Auch Klaus Mann trifft auf nichts Vertrautes mehr. Nur „*mühsam*" seinen Weg findend, bewegt er sich in seiner Heimatstadt ähnlich „fremd" wie Andreas. Doch dies ist nicht das einzige Kennzeichen, das schon die ersten Zeilen von Andreas' Rückkehr-Bericht signifikant in die Gruppe jener Schilderungen stellt, deren Wahrnehmung gezeichnet ist von der je individuellen Einsicht in die Abgründigkeit der NS-Verbrechen. In einem krassen Gegenüber zu jeder Wahrnehmung, die Dinge noch sieht „that no longer exist", die Arendt als Symptom eines tiefgrei-

[29] Alfred Andersch: „Der richtige Nährboden für die Demokratie – Bericht von einer Reise in den deutschen Westen". In: *Der Ruf*, 15. Januar 1947, S. 6-7, hier S. 6.

[30] Hannah Arendt: „The Aftermath of Nazi Rule – Report from Germany". In: *Commentary*. Vol. 10, No. 4 (October 1950), S. 342-353, hier S. 342.

[31] Klaus Mann: „Es gibt keine Heimkehr!" Zuerst englisch unter dem Titel „You Can't Go Home Again! It Was More Than An Assignment, Reporting On The Old Home Town". In: *The Stars and Stripes*, Rom, 20. Mai 1945. Hier nach Klaus Mann: *Auf verlorenem Posten – Aufsätze, Reden, Kritiken 1942–1949*. Herausgegeben von Uwe Naumann und Michael Töteberg. Reinbek 1994, S. 224-230, hier S. 227. – Bei diesem Text handelt es sich um Klaus Manns erste *öffentliche* Schilderung seiner Rückkehr nach München. Vgl. auch Kap. II, S. 51 ff.

fenden „lack of response" gedeutet hatte, Bestandteil einer „refusal to face and come to terms with what really happened"[32], teilen der reale Bericht Manns wie der fiktionale von Weils Andreas den Hinweis auf massenhaften Tod: Im „Modergeruch", den Andreas über dem Schutt findet, oder in Manns Bild eines „riesigen Friedhof[es]" ist die Unfähigkeit dieser Perspektive artikuliert, auch nur für Augenblicke von jener Vernichtung abzusehen, die durch keinen ‚Wieder-Aufbau' ungeschehen gemacht werden konnte.

Die Stiftung dieser Perspektive in einer Erfahrungs*nähe* zur Vernichtungsgewalt des Nationalsozialismus mag freilich noch deutlicher werden dort, wo sie in eine unübersehbare objektive Analogie zu den überlieferten Erfahrungen von Überlebenden gestellt wird. Wenn Andreas „versuchte [,] aus grauen Gesichtern die Antwort auf seine Frage zu lesen [...] Doch erfuhr er nur das Elend der Gegenwart und nichts über die Vergangenheit" (150), wenn berichtet wird: „Papa saß frierend auf seinem Bett und jammerte. Andere Bewohner kamen zu Besuch und jammerten auch. Selbstmitleid war ihr Thema. Jeden Tag hörte Andreas es sich eine Stunde lang an. Niemand schien zu erwarten, daß auch er etwas sagte" (151) – dann wird hier – wenn auch von verändertem Blickpunkt aus – jene quälende Weigerung, über das Geschehene zu sprechen, abgebildet, die Primo Levi in einer Passage *seines* Rückkehr-Berichts beschrieben hat. Auf dem Weg von Auschwitz nach Turin macht Levis Zug in jenem München, in das Weils Protagonist zurückkehrt, Halt; Levi berichtet: „Es war, als müßten wir etwas sagen, ungeheuerliche Dinge, jedem einzelnen Deutschen, als müßte uns jeder Deutsche etwas sagen; wir hatten das Bedürfnis, die Summe zu ziehen, zu fragen, zu erklären, zu kommentieren [...]. Mir war, als müsse jeder uns Fragen stellen, uns an den Gesichtern ablesen, wer wir waren [...]. Aber niemand sah uns in die Augen, niemand nahm die Herausforderung an: Sie waren taub, blind und stumm, eingeschlossen in ihre Ruinen wie in eine Festung gewollter Unwissenheit [...] noch immer gefangen und verstrickt in ein Gewirr von Überheblichkeit und Schuld."[33]

Im Blick des Rückkehrers auf die Heimatstadt offenbart sich alle Ferne zu jenen, deren Modus in der Konstruktion deutscher Erfahrung und deutscher Erinnerung durch NS-Regime und Weltkrieg im Wesentlichen unbeschädigt geblieben war. Doch bei aller Nähe, die andererseits zwischen der Wahrnehmung des zurückkehrenden Andreas und einschlägigen Zeugnissen Manns, Arendts und Levis beobachtet werden kann – und mit ihr der ununterbrochen enge Bezug des Romans als erinnerungspolitischem Projekt auf *reale* Modi des

32 Arendt: „Aftermath" (Anm. 30), S. 342.
33 Primo Levi: *Atempause*. Hamburg 1964, S. 233 f.

Erinnerns –, verweigert sich auch diese Partie des Romans jeder Typologisierung, die die spezifische Problematik des Protagonisten als eines *Deutschen unmittelbar zur Shoah* aus dem Blick verlieren könnte. Dieser besondere Ort wird erkennbar in Andreas' Blick auf die „Ostjuden", die er auf dem Schwarzmarkt beobachtet: „[...] er fand sie unangenehm und schämte sich dieser Regung. Sie alle hatten das Lager überlebt. Waren sie Kapos gewesen, skrupellose Totschläger, oder einfach nur gerissen, in den Schlichen bewandert, die notwendig waren, um durchzukommen? Sie sprachen über Auswanderung und ihre Hoffnung, in Amerika oder Israel heimisch zu werden. Auch *ihre* Gesichter verschwiegen Vergangenes." (150)[34] Notwendig anders als Levi, spürt Andreas den Zwang, auch an diese Menschen Fragen zu richten – denn auch ihnen gehört er nicht zu. Wie in diesen Beobachtungen, so findet diese spezifische Nichtzugehörigkeit Andreas' weder zur Mehrheit der Deutschen, wie er in München wieder auf sie trifft, noch zur Gruppe der Überlebenden Ausdruck auch in seiner vorläufig abschließenden Bewertung der Deutschen: „Erschüttert verstand Andreas, daß die Not zu groß war, um den Menschen genug Kraft zu lassen, über die Ursache ihres Unglücks nachzudenken. Sie zahlten für etwas, das sie zwar begehrt, aber nie richtig gehabt hatten, und das war mehr, als sie begreifen konnten." (152)

Es ist wesentlich diese Einschätzung, die ihm den Entschluß ermöglicht, wieder dauerhaft in Deutschland zu leben; zu einem Zeitpunkt freilich, da die volle Entfaltung der existentiellen Krise, die Andreas *als deutschen Schriftsteller* trifft, erst noch bevorsteht.

3

Weils Darstellung des Andreas als eines Deutschen, der – durch die plötzliche, rückhaltlose Konfrontation mit der Tatsache der NS-Vernichtungspolitik – in Gegensatz zu seinem ‚deutschen' Milieu gerät, nimmt systematisch Bezug auf *typologische* Kennzeichen eines Teils jener realen historischen deutschen Gesellschaft, die das NS-Regime entscheidend ermöglichte. In der Skizze des Elternhauses, im Register der Gründe des jahrelangen ‚Nicht-Wissens', aber auch im Bruch zu den altvertrauten Verabredungen, der beim Besuch der Eltern während des Krieges und schließlich bei der Rückkehr nach Kriegsende unübersehbar wird, sind programmatisch historische Bedingungen

[34] Ein unmittelbar autobiographisches Moment ist hier mitlesbar insofern, als eine Ferne zu den „*Ost*juden" für die Sozialisation Grete Weils als in Deutschland assimilierter Jüdin typisch war; vgl. Weil: *Leb ich denn* (Anm. 9), S. 74.

gespiegelt, die über die erzähltechnisch erforderliche Motivierung der Hauptfigur hinaus- und auf jenes denkbar konkrete deutsche Kollektiv hinweisen, das Weil *durch den Abstand*, in den sie ihren Protagonisten führt, *erkennbarer* zu machen trachtet.

Dieser Bezug auf typologische Merkmale muß notwendig geringer sein, sobald sich die Perspektive auf Andreas als deutschen Schriftsteller konzentriert. In dem Maße, in dem sich Weils Protagonist in den Darstellungsproblemen verliert, vor die ihn sein „Sturz in die Wahrheit“ gestellt hat, kann von den Nöten seiner Existenz nur in Verbindung mit einer radikalen Innenschau gehandelt werden: einer Auffaltung seiner unvermeidbar individuellen Verschränkung in die Geschichte der NS-Gewaltverbrechen. Weils Roman demonstriert, daß das Darstellungsproblem am NS-Faschismus konstitutiv verkettet ist mit den persönlichsten, unverwechselbaren Voraussetzungen – d. h.: den je spezifischen Erfahrungen und Erinnerungen – dessen, der zu schreiben versucht. Typologische Skizzierungen und intensive ‚Individualisierungen‘ stehen in dieser Vita des Andreas als deutscher Schriftsteller nebeneinander: in einer Krisen-Erzählung, die den Austritt erst aus der Inneren Emigration, später das hilflose Gegenüber zum Betrieb der deutschen Nachkriegsliteratur zum Thema hat. Diesem charakteristischen Nebeneinander eines zunächst Einzelnen mit den Hinweisen auf Bedingungen, deren gesellschaftliche Wirklichkeit evident ist, einem Nebeneinander, das zu den signifikanten Kennzeichen von „Tramhalte Beethovenstraat“ als erinnerungspolitischem Projekt zählt, gilt die besondere Aufmerksamkeit des folgenden Abschnitts.

Besondere Bedeutung kommt jener Initiationsszene zu, die am Beginn von Andreas’ Schreiben steht, während eines Besuchs im Museum. „Den Neunjährigen hatte der Vater im professoralen Schlapphut geführt und mit erhobener Stimme doziert, als spräche er im Hörsaal zu seinen Studenten, über gotische Madonnen, leicht eingeknickte, überschlanke; eine sah aus wie die andere, hölzern vor weißgetünchter Wand, fade lächelnd in ewiger Mutterschaft. Gräßliche Langeweile. Schläfrig nickte er zu des Vaters Worten und ließ die Murmeln in der Hosentasche gegeneinanderstoßen. Dann kamen sie um eine Ecke, hinter der ritt der Tod. Schwarz schimmernd, mit bleckenden Zähnen, Sense und Stundenglas in der Hand. Er sah ihn zum erstenmal, die Begegnung war stürmisch, brannte die Wunde ins Fleisch, die sich nie mehr schloß, und beendete mit einem Schlag die Zeit der Geborgenheit. – ‚Ein mittelmäßiges Werk, komm weiter, Andreas.‘ Aber er kam nicht, konnte gar nicht kommen, seine Beine waren zu schwach, er streckte die Hand aus, faßte den Klepper an, kalt und hart, Unberührbares, Verbotenes, die Hand fuhr zurück, er schlich dem Vater nach, der ungeduldig wartete: ‚Man kann dich nicht mitnehmen, du bist noch zu dumm.' " Schon bald darauf gewöhnt sich Andreas an, allein ins Museum zu gehen, „mit klopfendem Herzen, das immer schneller schlug, je näher er der Ecke kam. Dort blieb er stehen, zusammengekrümmt, kraftlos, zitternd vor Entsetzen und Lust, und kostete die Qual des Wartens aus. Manchmal konnte er es nur einen Augenblick aushalten, aber er brachte es auch fertig, die Folter endlos zu dehnen. Noch nicht, noch nicht, noch nicht, jetzt bald, jetzt gleich, eins, zwei, drei, vier, fünf, sechs, sieben – jetzt! Dann rannte er los, warf einen gehetzten Blick auf die dunkle Figur und floh. – Immer dasselbe Spiel, monatelang, jahrelang, bis er anfing, die ersten Gedichte zu schreiben. Hymnen an den Tod, in freiem Versmaß, Novalis und Mombert waren die Vorbilder." (8 f.)

Der Stiftungsmoment von Andreas' künstlerischer Ausdruckssuche scheint hier zunächst unzweideutig eingebettet in jene zeittypische, emphatische Neigung zu Tod und Vergehen, die den Tod als Bastion gegen einen als „hochmütig, platt und unfruchtbar" empfundenen „Rationalismus" auffaßte, gegen „einen schlaff und inhaltslos gewordenen Liberalismus"[35]. Im Hinweis auf diese zum Ende des 1. Weltkriegs und während der 20er Jahre einflußreiche Anschauung des „Tod[es] als Rätsel, Hoffnung, letztes Glück"[36] wird der Quellpunkt einer Schriftstellerexistenz bezeichnet, deren Indifferenz zum konkreten gesellschaftlichen Geschehen sich kompatibel mit der historischen Konstellation des Nationalsozialismus erweisen sollte. Erst ein veränderter Rückbezug an späterer Stelle des Romans wird verdeutlichen, daß diesem Bild noch eine weitere, und weitergehende, Bedeutung zukommt[37].

Andreas' weitere Laufbahn folgt zunächst ganz der in seinem Dichtungsverständnis angelegten Disposition, im Augenblick der Entscheidung allenfalls in die Innere Emigration zu gehen. Schon in den Jahren zuvor war er der empfundenen Gabe zuliebe „bereit zu jedem Verzicht" gewesen: „Freundschaften gingen aus Zeitmangel in die Brüche, ein Gang durch den Garten war Entspannung, doch gleich wieder zurück zum Schreibtisch, dem Ort seiner großen Abenteuer" (134). Auch nach der NS-Machtübernahme fühlt er sich einzig seinem Talent verantwortlich. Zwar lehnt er den Begriff ‚Innere Emigration'

[35] Klaus Mann: „Die Mythen der Unterwelt – Horst Wessel". Texte aus dem Nachlaß, hg. und eingeleitet von Gerhard Härle. In: *Forum Homosexualität und Literatur* 11/1991. Siegen 1991, S. 106-116, hier S. 113.

[36] Klaus Mann: *Tagebücher 1934–1935*. Hg. von Joachim Heimannsberg, Peter Laemmle und Wilfried F. Schoeller. München 1990, S. 58 (29.8.1934). – Die Beispiele am Fall Klaus Mann zeigen das hier markierte Dichtungsverständnis freilich bereits *hineingezogen* in eine wesentlich durch die NS-Gegenwart bestimmte kritische Befragung.

[37] Vgl. weiter unten am Ende dieses Abschnitts (Mauthausen-Szene); sowie – mit Bezug auf *Der Weg zur Grenze* – erneut in Abschnitt 4.

ab, als „ebenso dumm wie verlogen. Er hatte sich ja entschieden, dazubleiben.“ (57) Doch das Ensemble der Argumente, die er zugunsten seiner Entscheidung, nicht zu exilieren, Revue passieren läßt, weist ihn geradezu als typischen Vertreter der Inneren Emigration aus: Die „viele[n], die Großes von ihm erwarteten“, möchte er nicht „enttäuschen“; er ist „überzeugt“, er müsse „bleiben, um Schlimmeres zu verhüten [...]. Man durfte nicht weglaufen und den Verstümmlern der Sprache das Feld überlassen“; als ihn im Augenblick, da „die Bücher brannten“, „zum einzigenmal die ernsthafte Überlegung, auszuwandern“, beschäftigt, folgt er der Forderung der Freunde: „du mußt bleiben“. „Er [...] war kein Kämpfer.“ Aber auch eine positive Veränderung vermag Andreas am neuen Regime wahrzunehmen: „Er war in Gefahr gewesen, dem Betrieb zu verfallen, dem literarischen Rummel“ – jetzt, da „der Staat einen anderen Stil [propagierte]“ (57 f.), entfällt diese Versuchung.

Das Romanprojekt, das Andreas in dieser Zeit beschäftigt, kreist um die Problematik von Treue und Untreue des Künstlers zu seinem „Eigensten“. Im Sujet „des Malers, des Fälschers, der seinen eigenen Stil verliert, weil er in den der anderen schlüpft, aus Gier nach Geld, nach Leben“ (19 f.), sucht Andreas auf seine Weise die auch von ihm, etwa anläßlich „der Ausstellung der entarteten Kunst“ (58), empfundene Bedrohung der Kunst durch den Nationalsozialismus zu bearbeiten. Er konzipiert die Geschichte des Malers Sebastian L., der, „als er in Deutschland nicht mehr möglich war“, sich „mit den Alten Meistern“ zu beschäftigen beginnt und eher zufällig zu einem erfolgreichen Fälscher wird, bis er eines Tages beim Versuch, „wieder ein eigenes Bild zu malen“, feststellen mußte, daß „er es nicht mehr [konnte]. Seine Persönlichkeit war hin, sein Talent beim Teufel.“ (51) In klarem Bewußtsein darüber, daß für eine solche Geschichte „eine Möglichkeit zur Publikation nicht bestand“, wird die Figur des Malers für Andreas im Verlauf der Jahre zum „Gefährten“ in der „Höhle“ (59) der Zurückgezogenheit.

Kaum in Amsterdam eingetroffen, „fing [er] an zu arbeiten. Jede Stunde ohne Arbeit schien verloren. Sterben lag in der Luft, keine Zeit verlieren, morgen kann man selbst an der Reihe sein, es ist noch soviel zu sagen, der Roman erst zur Hälfte fertig. Schubladenroman, weder stilistisch noch gesinnungsmäßig erwünscht. Doch einmal muß der Krieg zu Ende gehen, man wird wieder mitreden können, wieder Stimme sein, bis dahin weitermachen“ (19) – mit dieser Einstellung trachtet Andreas, seine schriftstellerische Arbeit auch in Amsterdam fortsetzen zu können. Noch ist das „Sterben [...] in der Luft“ weitgehend Metapher; und noch halten die Vorkehrungen, die Andreas unbeeinträchtiges Arbeiten ermöglichen: „Schreiben war das Wichtigste, wichtiger als der Krieg, der ihm nie voll zu Bewußtsein kam. Auf die

Frage, was der Krieg sei, hätte er nichts anderes zu entgegnen gewußt als ungeheure graue Öde, in der das Leben in Unordnung gerät. Er aber brauchte ein geordnetes Leben, Leben und Schreiben waren identisch. Es kam auf den Ort nicht an, solange er allein sein konnte" (24). Diese Perspektive muß sich bestätigt fühlen durch jenen „gleichaltrigen, sehr liebenswürdigen Adjutanten" auf der Amsterdamer Kommandantur, „der im Lauf der Unterhaltung ‚wir Intellektuellen' sagte" (29). Andreas' zunächst noch vereinzelte Beobachtungen der Niederländer lösen zwar historische Reminiszenzen aus: „Haben eine glücklichere Geschichte. Freiheitskämpfer aus Tradition" – sie verbleiben jedoch noch ganz im Filter deutscher Klassik: „Man müßte den Abfall der Niederlande wieder einmal lesen. Und Egmont." (42)

Es ist bezeichnenderweise diese deutsche Klassik, die – etwas versteckt – in jener zweiten Nacht erneut aufgerufen wird, als Andreas ein weiteres Mal „die Geräusche" hört. Sein Abend hatte mit dem Buch „ ‚Lotte in Weimar' " begonnen, das ihm ein Freund „zum Abschied [...] zugesteckt [hatte], getarnt mit dem Umschlag eines Blunckschen Romans." Nachdem er zunächst eingeschlafen, dann aber „mitten in der Nacht schreiend hoch[gefahren]" war, sieht er schließlich auf die Uhr, „es war Viertel nach zwei; er versuchte zu lesen, sich nach Weimar zu flüchten, in das ironisch Bewundernde, doch die Ironie ging unter im Rollen der Trambahnen, das Buch fiel zu Boden, im Halbschlaf blieb er liegen" (25). Das mit Andreas' Zeugenschaft einsetzende Darstellungsproblem kündigt sich – nur scheinbar beiläufig – an: Die ‚Flucht nach Weimar' – ins Weimar des Ironikers Thomas Mann, aber auch der Heimstätte der deutschen Klassik, von der in Manns Roman, wenn auch schon gebrochen, die Rede ist – will nicht gelingen; die Ironie – ein ästhetisches Mittel, auch eine poetologische Perspektive, die in Mann eine zeitgenössisch erneuerte Klassizität erlangt zu haben schien – wird grifflos im Banalsten: dem Geräusch der rollenden Trambahnen; zu Boden gefallen, werden Bücher wie dieses, wenn Andreas aus seinem „Halbschlaf" erst einmal wirklich erwacht sein wird, keine Bedeutung mehr zurückerlangen können.

Unmittelbar nach den Eröffnungen, mit denen Andreas durch Dr. Rosenbusch konfrontiert worden war, setzen seine Probleme beim Schreiben ein – zuerst bei der „täglichen Plage der Artikelherstellung": „In Blockschrift schrieb er quer über den Bogen: Im Namen des deutschen Volkes wird gemordet. Knüllte das Blatt zusammen und warf es in den Papierkorb." (61) Er beginnt, „in Geheimschrift", ein „Protokoll der Nächte". Währenddessen wird „die Gestalt Sebastian L.'s unschärfer, ihre Probleme verloren an Gültigkeit, neue ergaben sich. Fälscher erschienen in einem höheren sozialen Rang, Fälscher von Ausweisen, Stempeln, Freistellungen, Geburtsurkunden,

Taufscheinen, Ahnenpässen. Der Fälscher der Kunst hatte alle Chance, zum Helden des Widerstandes zu werden. Ernsthafte Erwägungen, das Konzept zu ändern. Er begann die Schwierigkeiten zu ahnen, einen Roman, der auf gewissen Normen des gesellschaftlichen Zusammenlebens basiert, in einer Zeit zu schreiben, in der die Normen aufgehoben sind." (62)

Was sich hier erst andeutet als Beginn einer etwaigen umfassenden Revision seines Schreibens, erhält seine dramatische Beschleunigung durch einen folgenreichen Zwischenfall: Daniel, der 17jährige Sohn Dr. Rosenbuschs, flüchtet während einer der nächtlichen Abholungen in Andreas' Hauseingang, von wo dieser ihn, mehr instinktiv als überlegt, ins Haus zieht.

In keiner Figur des Romans ist die Erzählhaltung Andreas', des sich in Amsterdam Erinnernden, als die eines *Überlebenden* so verdichtet wie in der Daniels – denn in ihm, dessen Gestalt sich nicht wirklich wiederaufrufen läßt, betrauert Andreas den Freund, den er überlebt hat. Der Verlust, über den hinweg Andreas sich verzweifelt zu erinnern sucht, hat auch sein Gedächtnis nicht verschont: „Daniels Stimme war verhallt" (50); „Daniels Worte existierten nicht mehr, hatten sich so gründlich verflüchtigt, als wären sie nie gesprochen worden. Und soviel Zeit und Mühe er auch darauf verwandte, sie wieder zum Klingen zu bringen, es war umsonst. Er suchte die verlorengegangene Melodie, suchte vor allem den Tonfall des einen Wortes, das der Freund fragend, spöttisch und doch mit einer nicht zu verkennenden Zärtlichkeit gebrauchte, wenn er ihn von seinem Lehnstuhl aus beim Namen rief: Andreas. Aber nicht einmal diese drei Silben, weder ihr Zeitmaß, noch ihre Höhe und Farbe konnte er wiederfinden." (78) Diese weißen Flecken in seiner Erinnerung sind Spuren der traumatisierenden Auslöschung.[38] Andreas antwortet auf sie mit der verzweifelten Beschwörung von Gedächtnisbildern, die ihm – im Lauf der Übung – zu Bildern des Gedenkens, auch der Projektion geronnen sind. Daniel bleibt „schattenhaft"[39], muß schattenhaft bleiben in einem Eingedenken, das, da es konstitutiv in subjektiver Unmittelbarkeit zum Terror des NS-Faschismus gründet, nicht mehr über ein *diesseits* der Katastrophe befindliches, ‚unbeschädigtes' Vermögen des Erinnerns verfügen kann.

Es ist das Jenseits der Katastrophe, doch die Mitte einer Erfahrung, die nicht enden will, von wo aus Andreas seine erste Begegnung mit Daniel ‚erinnert', kurz vor seinem Besuch bei Dr. Rosenbusch: „Dieser Junge, der wie ein Araberknabe aussah, von unvorstellbarer

[38] Vgl. zum gleichen Symptom auch Kap. VI, S. 291 f.

[39] Kristiane Schäffer: „Zeit der Angst, Zeit der Hoffnung". In: *Deutsche Zeitung*, 8./9.2.1964. – Zu diesem Text siehe auch Abschnitt 5.

Schönheit, dessen schwermütige Tieraugen ihn ängstlich und hochmütig angeblickt hatten, den Feind, den man fürchtet und zugleich verachtet, dieser jüdische Junge, der, seine Mappe leicht schlenkernd, sich so geschmeidig von ihm fortbewegte, als ginge er im Urwald auf die Jagd und nicht, was doch wohl anzunehmen war, zur Schule, dieser Junge war er selbst. Sein Weggehen schmerzte, als würde er in zwei Stücke gerissen." (34) Auch ihre Begegnung in der Nacht der Abholung erinnert Andreas völlig im Zeichen seiner Vorstellung von Daniel als Teil seiner selbst: „Liebte er Daniel? Hatte er Daniel geliebt? Kann man das lieben, was man selber ist? Kann man etwas lieben, das man nicht selber ist? [...] Daniel, von allen Menschen die den Weg gekreuzt, der Nächste." (79) Als Daniel im Angesicht des zerfetzten Klee-Bildes „endlich zu weinen" (81) beginnt, ist über diese Identifikation Andreas' *im Zeichen der Gefahr* entschieden.

Dieses ‚Wiedererkennen' des Selbst ist untrennbar von der Todesdrohung, die über Daniel liegt; doch in dem Maß, in dem dieses Leben – im erinnernden, trauernden Rückblick Andreas' – nicht mehr von seiner frühen Auslöschung getrennt denkbar ist, steht das Andenken an dieses Leben unter dem Druck einer Symbolisierung, die Daniels Katastrophe transzendiert in das Zeichen eines – vermeintlichen – jüdischen Kollektiv-Schicksals. In der Projektion dieses umfassenderen Schicksals auf die Gedächtnis-Bilder Daniels gerät Andreas' Erinnerung an den Freund zum Epitaph: Andreas sieht in den Augen Daniels „jahrtausendealten und den neuen Schmerz [...]. Ein Siebzehnjähriger, der das Nachher verneint, schrecklichster Widerspruch, nur den Uralten ist es erlaubt, ihr Leben von einem zum anderen Tag zu fristen. Aber vielleicht weiß ein Jude immer nur Antwort auf die Vergangenheit, das schwere Gewicht, das er mit sich herumschleppt, das seinem Gang das Leichte nimmt, seiner Haltung die Grazie, seiner Rede die Unbefangenheit, und das ihn verdächtig macht in den Augen der anderen und ihn demütigt in seinen eigenen; ein Jude, der an die Zukunft glaubt, betrügt sich selbst." (87)

Es ist die signifikante Abweichung dieser Rekonstruktionen Daniels von denen etwa der Eltern oder Sabine Lissers, die die Schlüsselstellung des jungen Juden in Andreas' künftiger Existenz markieren. Durch die Nähe zu Daniel gerät Andreas in jene unmittelbare Nähe zur Vernichtung, aus der er sich nicht mehr befreien wird.

Nachdem in Daniel, den Andreas im Einvernehmen mit seiner Vermieterin in seiner Wohnung versteckt, die Bedrohung denkbar konkrete Gestalt angenommen hat, kommen Andreas' Schreibprobleme vollständig zum Ausbruch. „[...] wie soll er sich konzentrieren, wenn einer hinter ihm im Lehnstuhl sitzt, wenn Trambahnen fahren, Menschen verfrachtet werden, Bestimmungsort Osten, Bestimmungsort Ende der Welt. Millionenfacher Mord in der Luft, ein Heuschreckenschwarm, der die Schicksale auffrißt, auch die, die er niederschreibt, auch die, die er sich ausdenkt; was tut ein Schriftsteller ohne Schicksale? Schon wieder Zweifel, Zweifel regnet vom Himmel, tropft von den Bäumen, beschlägt die Augen, zersetzt die Lunge, blutigen Zweifel spuckt er heraus – besudelt mit Blut, hat er gemordet, morden die andern? Kann er schon nicht mehr unterscheiden zwischen ihnen und sich?" (134) Klage über die Bedingungen, Zweifel am Vermögen der Sprache, Ungewißheit über das Maß eigener Schuld mischen sich mit lähmender Furcht vor einer elementaren Desintegration: „Das Rollen der Trambahnen hatte ihn in seine Bestandteile zerlegt, in sehende Augen, hörende Ohren, ein schlagendes Herz, zuckende Nerven und stetig vertropfendes Blut. Wie soll er das je wieder zusammenbringen? Er ist kein Gott. Aus Bruchstücken macht er im Leben keinen Dichter mehr." (86)

In der Ungewißheit darüber, „ob ich je wieder schreiben werde" (128), heimgesucht vom „Wunsch, vom Wort befreit zu sein" (132), führt er sein Notizbuch – ein lakonisches Protokoll aus dem holländischen Alltag der Vernichtung: „Obersturmbannführer A. d. F. nimmt seine holländische Freundin mit in die ‚Schouwburg', um ihr die internierten Juden zu zeigen. – Kranke Juden werden nach besonderen Listen geholt. Heute vier tot, bevor sie den Zug erreichen. Die Leichen werden mit abtransportiert. – [...] Alle Insassen der jüdischen Nervenklinik im Apeldoornschen Bosch werden verschickt. Da der Platz in dem Güterwagen nicht ausreicht, werden die 1300 Patienten (unter ihnen viele Gesunde, die ein Irrenhaus für einen sicheren Untertauchplatz hielten) übereinandergestapelt. – Der kommunistische Arzt Dr. G. schlägt während des Verhörs mit den gefesselten Händen einen Gestapomann nieder und stürzt sich aus dem Fenster des vierten Stockes. Sofort tot. – Der jüdische Fotograf B. hat sich über ein Jahr lang als Gestapomann getarnt und der Untergrundbewegung wichtiges Material geliefert. Wird verraten. Bei seiner Verhaftung erschießt er zwei SD-Leute und dann sich. [...]" (95 f.)

Noch einmal scheinen in diesen Zeilen – wie schon zuvor in den knappen Schilderungen der nächtlichen Abholungen – authentisches und fiktives Nahverhältnis zum historischen Geschehen zusammenzufallen. Doch während Andreas' Erinnerung an die Deportation von der Tramhalte Beethovenstraat im Modus einer Zeugenaussage zur Darstellung gelangt war, folgen seine Notizen über die NS-Vernichtungspolitik der Textsorte des Protokolls; sie sind – im Vergleich zur Zeugenschaft – charakteristisch reduziert um die spezifische Autorität des kenntlichen Subjekts. Dennoch ist es gerade die Arbeit an diesen Protokollen, an denen sich Andreas' „Gedanke, Zeuge zu sein", entzündet und „zur fixen Idee" (62) wird. Diese Problematik behält in der gesamten weiteren Krisengeschichte Andreas' als Schriftsteller eine zentrale Stellung. Der angedeutete Widerspruch zwischen der Gebärde vermeintlicher Subjektlosigkeit, die Andreas' Eintragungen in seinem Notizbuch kennzeichnen, und der unlösbaren Verschränkung jeder gültigen Zeugenschaft in Subjektgeschichte weist bereits auf das Konfliktpotential hin, das dieses Projekt einer Zeugenschaft für Andreas birgt.

Die Hypotheken, mit denen Andreas sich der neuen Aufgabe nähert, erinnert er schon zu Beginn illusionslos: „Nie stellte er sich die Frage, ob nicht auch andere aussagen könnten. Es war *seine* Aufgabe, hinter der alles, was er bis jetzt gewollt hatte, zurücktrat." (62) Unverändert im Sog der einstigen solipsistischen Produktionsroutine, ignoriert Andreas die spezifischen, unweigerlich auch sozialen Bedingungen eines solchen Projekts; zu bedeutsam war zu diesem Zeitpunkt – wie er im Rückblick erkennt – seine therapeutische Funktion. Doch trotz dieser Ausblendungen kommt Andreas' Mühe um Zeugenschaft bald ins Stocken. Zwar will er ungeduldig „alles [...] wissen, was, wo, wann, wie viele tot, wie viele verhaftet, wie viele weggeschickt? Aber auch das reichte nicht, er mußte selbst sehen, machte sich auf den Weg", bis zur Schouwburg, wo er nur einen jungen SS-Mann Wache schieben sieht: „Die Mütze schief auf dem Kopf, schaute er den Mädchen nach, zündete sich eine Zigarette an, lehnte sich an die Mauer, schlug ein Bein über das andere und pfiff einen Schlager. – Nein, der stand nicht auf Wache, war nur aus dem Haus gekommen, um ein wenig Luft zu schöpfen, drückte sich vor der Arbeit und betrug sich wie jeder gutaussehende Zwanzigjährige. Mit Krieg und Vernichtung hatte das nichts zu tun. Es war schwer, Zeuge zu sein, wo nichts geschah. Einmal fuhr in der Stadt ein Wagen mit Gefangenen an ihm vorbei, es waren Arbeiter; sie saßen auf Querbänken, die Hände in den Schoß gelegt. Bewacht wurden sie von zwei Soldaten mit aufgepflanztem Gewehr. Warum wehrten sie sich nicht, vierzig gegen zwei, flüchteten nicht, schlugen ihre Aufpasser nicht zusammen? Was für magische Gewalt hat ein Gewehr über den Menschen?" Den Bedingungen der Gewaltherrschaft ‚draußen' steht Andreas mit fast unvermindertem Unverständnis gegenüber; eine Ferne, die seinen Blick – gar für eine Zeugenschaft – untauglich machen mußte. Ungläubig fügt Andreas – jetzt – hinzu: „Hatte er sich vorgestellt, daß man aus solcher Zeugenschaft in Zukunft etwas würde machen können? Daß er der einzige sei, der schreiben konnte und Bescheid wußte?" (93 f.)

Es ist Daniel – genauer: Andreas' Angst um sein Leben –, die ihn vorläufig aus dem Dilemma einer Zeugenschaft, die nicht ausreicht, befreit. Als Daniel, dem Leben im Versteck überdrüssig geworden, als Kurier für die holländische Untergrundbewegung zu arbeiten beginnt und eines Abends wieder einmal das Haus verlassen hat, „unterbrach

[Andreas] seinen Gang durchs Zimmer und setzte sich hin, um zu schreiben. – Wach und gespannt entwarf er Zeile auf Zeile, verbesserte, abstrahierte und war, als er aufhörte, noch lange nicht am Ende des Gedichtes, das sich, als großer Gesang angelegt, über viele Bogen erstrecken sollte. Endlich hatte er sich entschlossen, auf die Bedingung, Zeuge zu sein, zu verzichten, sie aufzugeben zugunsten einer Wahrheit, die er darstellen konnte, nicht weil er dabeigewesen, doch weil er Zeitgenosse war. Die Angst um Daniel wurde zur Kraft, die Bindung an einen anderen Menschen gab ihm genug Atem für sein Beginnen, mit der Sprache allein, ohne den Zusammenhalt von Bildern, deren eines aus dem anderen entstand, sondern nur solche verwendend, von denen jedes das klotzige Bruchstück einer vom Berg herabgestürzten Felslawine war, den Krieg zu beschwören“ (143). Erst in der Angst um Daniels Leben, in der Verbindung des „eigene[n] Bild[es]“ (79), der „Spiegelfigur“[40] mit der akutesten Bedrohung erlangt Andreas wieder Sprachmächtigkeit.

Auch wenn die wiedererlangte Befähigung nur um ein Thema kreist: „Krieg [...], die Selbstvernichtung des Menschen“ (143), erwächst Andreas aus ihr doch jene Kraft, die ihm ermöglicht, für sich und Daniel Zukunftspläne zu schmieden; Entwürfe einer Sprache, eines Schreibens ‚danach‘: „[...] in Paris könnten sie heimisch werden, auch London käme dafür in Frage, nur nach Deutschland zurückkehren würden sie keinesfalls. Die Anonymität einer Weltstadt, eine fremde Sprache, die man sich erobern muß, durch die man Distanz gewinnt zur eigenen, in der man schreibt; ja, es erschiene ihm als Gewinn, die Sprache der Arbeit nicht im Alltag zu verschleißen; sie ist das kostbare Material, aus dem Neues entsteht. Nichts mehr von Ästhetizismus, nichts von Formalismus, Sprache ist Werkzeug, um in die Tiefe zu graben, um mit ihr das Verschüttete, das in der Geschichte Verlorene, endgültig ans Licht zu bringen. – Zusammen werden sie die Worte finden, die sich anbieten, um mitgeteilt zu werden, und denen lauschen, die ihnen die andern zukommen lassen, bis sich die vielen Stimmen zusammenfinden zu dem großen Gespräch, in dem nichts verschwiegen wird und das nicht abreißen darf, um ihrer selbst und der der Sprache Unkundigen willen, für die sie es führen.“ (145) Das hier entworfene neue Projekt einer Sprache, die nur noch außerhalb Deutschlands ihre erforderliche Distanz erarbeiten kann, die auf die Bergung des Verschütteten und seine Bewahrung zielt, die auf ein Gespräch setzt, in dem das Unausgesprochene und Unaussprechliche auszusprechen versucht wird, in einer Anstrengung, die nicht nachlassen darf – dieses Projekt bleibt ohne Chance. Im „erloschen[en] Gesicht“, mit dem Daniel auf diese Phantasien antwortet, erkennt

[40] Ebd.

Andreas schon ihre Untauglichkeit: „Sinnloses Bild des Friedens, gut für den Kehrichthaufen“ (145).

Was, Andreas' projizierender Erinnerung zufolge, schon von Anfang an auf Daniels Miene abzulesen gewesen war: dessen Wissen, „daß es kein Nachher geben würde“ (123), tritt ein: Eines Nachts kehrt er von seiner illegalen Arbeit nicht zurück. „In der Nacht vor dem Morgen, an dem Daniel nicht zur gewohnten Stunde nach Hause kommt und das Warten noch einmal, zum letztenmal und mit solcher Intensität wie nie zuvor auf Erfüllung gerichtet ist“, verbrennt Andreas das Gedicht (181). Die erst vor kurzem neu aufgefundene „Kraft“, „mit der Sprache allein“ zu „beginnen“ (143), ist erloschen; das Projekt des „großen Gespräches“ gegenstandslos. Erneut wird Andreas zurückgeworfen auf jene „Bedingung, Zeuge zu sein“ (143), von der sich zu befreien er nun nicht mehr hoffen kann.

In der Silvesternacht auf das Jahr 1945, da Andreas weiß, daß – in einem offiziellen Sinn – bald „die Zeit des Verstummens zu Ende“ sein muß, versucht er, der „die Jahre damit zugebracht hat, nicht mehr zu schreiben“, seine zukünftige Aufgabe zu erkennen. Das Für und Wider seiner Erwägungen führt ihn unweigerlich zurück zur Vorstellung der Zeugenschaft; einer Zeugenschaft freilich, über deren Unzulänglichkeit er sich nun nur noch mit Not hinwegtäuscht: „[...] Aussagen muß er über das, was er gesehen hat. Als Zeuge soll er berichten. – Wenn man ihn fragt, wird er sprechen. – Niemand wird ihn fragen. – Ohne gefragt zu werden kann er nichts sagen. – Auf Fragen weiß jeder Antworten. Er aber muß gerade das sagen, was keinem zu fragen einfällt. – Und wenn er etwas vergißt? Wie soll ein Ganzes entstehen, wenn nicht alles genannt wird? Was hilft es, vom Rollen der Trambahnen zu sprechen und dabei den Schrei einer Frau zu vergessen? Was besagt das Rollen der Trambahnen ohne den Schrei? Und wenn er den Schrei erwähnt, fehlt ein Kinderweinen. Und wenn er vom Kinderweinen erzählt, sind die Taschenlampen noch dunkel. In einer erfundenen Geschichte kann man aussparen. Als Zeuge darf man nichts weglassen. Wem steht ein Urteil darüber zu, was wichtig ist und was nicht? Nein, Zeuge kann er nicht sein. – Aber schon auf dem Heimweg machte er die Bestandsaufnahme dieser Silvesternacht, um sie in der Zeugenaussage als Anfang vom Ende zu verwenden.“ (203 f.)

Die unabwendbaren Skrupel, von denen er sich beim Versuch des eigenen Zeugnisses nicht befreien kann, und die Erfahrung, daß „jedes Wort verkleinerte, verharmloste, es gab keine Worte für das, was geschehen war. Unbeschreiblicher Schmerz“ (148) führen dazu, daß er über „Anfänge“ (147) nicht hinaus kommt. Er beschließt, nach Deutschland zurückzukehren – mit der Hoffnung, „im Zusammenleben mit Deutschen hinter das Geheimnis zu kommen, wie es möglich gewesen war.“ (149)

So konsequent der Komplex von Darstellungsproblematik und Zeugenschaft in der *Subjektgeschichte* des Protagonisten entwickelt wurde, radikalisiert noch in der Episode einer kurzfristigen Aufhebung der Schreibhemmung, so wenig täuscht die Schilderung Andreas' im Betrieb der deutschen Nachkriegsliteratur über jene signifikanten Elemente hinweg, die *nicht* genuin von seiner Seite in diese letzte Partie einer Krisen-Erzählung eingebracht wurden. Im Gegenteil: Die Drohung, daß es „kein Nachher geben würde, auch nicht für die, die es überstanden" (123), wird wahr erst in der Gestalt und den Agenten einer deutschen Nachkriegsliteratur, die nicht zögert, in der „Stunde Null [...][ihre] Sternstunde" (50) zu erkennen. Ein ergänzender Blick auf andersartige, gleichwohl benachbarte Textzeugnisse kann den unzweideutigen, akut politischen Gehalt besonders dieser Charakterisierungen Weils aus historiographischer Perspektive besonders verdeutlichen.

Andreas' Erfahrung mit der deutschen Nachkriegsliteratur ist untrennbar verkettet mit seinem „erbitterte[n] Kampf" (48) um die richtigen Worte. „Vierhundert zogen, ein schwarzer Schatten, über das Papier, wenn er schreiben wollte, und zerbrachen die Form. [...] Er schrieb auch Worte auf. Doch zu weitmaschig waren die Netze, um die richtigen einzufangen; er versuchte es mit der Angel, fischte manchmal ein gewichtiges Wort heraus, ein schönes, pralles, schillerndes und ließ es enttäuscht zurückgleiten ins große Meer. Denn was ist schon ein einzelnes Wort, beziehungslos, spannungslos wie eine einzelne Säule, und eine einzelne Säule ist nicht einmal eine Ruine, ist gar nichts." (47, 48) In diesen Augenblicken erfolgt, was Andreas als „Kapitulation" begreift: „der Griff nach den Büchern, die auf dem Schreibtisch liegen. Hastiges Blättern, kurzes Lesen, manchmal fasziniertes Verweilen; der Wunsch, zu erfahren, wie die andern es machten. – Sie hatten viele Mittel, sich auszudrücken. Es wurde gemutmaßt und lyrisch verschlüsselt, sachlich Bericht erstattet und barock ausgeschmückt, Identitäten in Frage gestellt, Zeit und Raum aufgehoben, gerafft, zerdehnt, das Grauen durch das Absurde dargestellt. Sie weinten nicht mehr über kopf- und schwanzlose Vögel, sondern hatten ein Prinzip daraus gemacht. So soll es sein. Abbild unserer Welt. Die Stunde Null ist unsere Sternstunde." (49 f.)

So aphoristisch verknappt die deutsche Gegenwartsliteratur der erzählten Zeit hier auch charakterisiert sein mag – hinter diesen Zeilen verbirgt sich eine Diagnose, deren historiographische Präzision sich erst im Blick auf parallele kritische Zeugnisse zur deutschen Literatur dieser Jahre enthüllt. Nur ein knappes Jahr vor Erscheinen der „Tramhalte Beethovenstraat", am 31. Oktober 1962, hatte Wolfdietrich Schnurre – aus Anlaß der wenige Tage zuvor beendeten 24. Tagung der Gruppe 47 – eine kritische Bestandsaufnahme zu Protokoll gegeben. Unter dem „Zeitalter der Bedrohung", das den historischen Bezugsrahmen des Bewertungsversuches bildet, verstand Schnurre freilich, wie die meisten seiner Kollegen, die Atomdrohung des Kalten Krieges, nicht die Katastrophe der Vernichtungspolitik und ihre Folgen: „Eine eigenartig esoterische und mechanisierte Ersatzwelt ist es, die man im Zeitalter totaler Bedrohung hinter so vielen der dargebotenen Texte erblickt. Man fröstelt in dieser Welt, in der Buchstabenfelder wichtiger als Schicksale sind, in der rasselnde Assoziationsketten gezielte Gedanken ersetzen und in der formale Experimente über dem Versuch stehen, einen Menschen zu schildern. Ich fürchte, hier liegt mehr vor als nur Verfremdung, als Formalismus. Ich glaube, hier handelt es sich – selbst bei einem so qualifizierten Autor wie Peter Weiß noch – um eine Flucht aus der Zeitbezogenheit. Ein neuer Elfenbeinturm wird errichtet, der sich auf Jüngers inzwischen vermoosten Marmorklippen erhebt. Nur, daß die Autoren jener zeitlosen Texte spielen, statt Zeugnis zu geben, verharmlosen, statt dichterisch zu dokumentieren. – Die Kritik der Gruppe 47 geht diesen Weg ins Esoterische, das war zu beobachten, neuerdings mit. [...] Und selten waren die Grenzen dieser Kritik so deutlich zu erkennen wie jetzt, da sie den Inhalt hinter die Form zurücktreten läßt. Allein ihr auf ein paar Dutzend Signalworte wie ‚Sprachmaterial', ‚Klischee', ‚mathematische Durchstrukturierung', ‚Textfläche' oder ‚Realitätsraster' zusammengeschrumpftes Vokabular [...] zeigt die Einengung deutlich. [...] Es kommt hier auf diese Art eine oft schneidende Kälte und manchmal schon fast unmenschlich wirkende Beurteilungsweise zustande: etwa, wenn der sonst so menschliche Walter Jens die zwielichtige Figur eines zuhälterischen Feldwebels der sogenannten deutschen Wehrmacht in einem Atem als ‚skurrile Type' und als ‚eine Mischung aus Schweyk und Eichmann' bezeichnet. Dieses scheinbare Extrem hat im Formalen seine Entsprechung. Nämlich genau dort, wo allen Ernstes dem Autor eines experimentellen Textes, um eine ‚flächigere Wortstruktur' zu erhalten, nahegelegt wird, das ‚Ich zu eliminieren'."[41]

Schnurres Kritik verdeutlicht, daß eine Position zur deutschen Gegenwartsliteratur, wie sie durch Andreas in Weils Roman artikuliert wird, durchaus historisch repräsentiert war; und sie zeigt zugleich,

[41] Wolfdietrich Schnurre: „Verlernen die Erzähler das Erzählen?" In: *Die Welt*, 31.10.1962. Hier nach Reinhard Lettau (Hg.): *Die Gruppe 47 – Bericht, Kritik, Polemik*. Neuwied und Berlin 1967, S. 169-174, hier S. 170 f. – Schnurres Kritik ähnelt den Einwänden Habes, wo dieser von der „Flucht vor dem Menschengesicht" spricht (vgl. Kap. III, S. 84). Doch während Habe auf die Rehabilitierung traditioneller Erzählformen, des „gegenständlichen, [...] chronologisch zusammenhängenden" Romans zielt, formulierte Schnurre einen ganz anders gearteten Anspruch an die deutsche Gegenwartsliteratur: dem „Zeitalter totaler Bedrohung" *kritisch* Ausdruck und von ihm „Zeugnis zu geben".

daß diese Position gegen einige der namhaftesten Vertreter dieser Literatur anwendbar war[42]. Doch zugleich enthält sie den Hinweis auf ihre Randständigkeit innerhalb des Betriebs: in den Ausführungen über „die Kritik der Gruppe 47“. In einem Raum öffentlicher Meinung, der von Kritikerpersönlichkeiten der Gruppe 47 wie Walter Jens oder Joachim Kaiser in Personalunion wesentlich mitverwaltet und geprägt wurde[43], war eine Perspektive wie die Schnurres allenfalls ‚toleriert‘, doch nie einflußreich. Noch bis in die Erfahrung hinein, daß eine solcherart begründete Außenseiterposition ihren Preis einforderte, reicht diese Parallele zweier kritischer Blicke auf die zeitgenössische literarische Produktion[44].

Andreas' Abseits zur deutschen Literatur seiner Zeit ist besiegelt in seinem „bis ins Extreme gesteigerten Ehrgeiz, wahr zu sein, ein Fanatiker der Präzision. Doch erkannte er keine Wahrheit an, die nicht mit vierhundert in Trambahnen abtransportierten Menschen begann. Über ein anderes Thema zu schreiben war unmöglich. Für dieses aber gab es kein Wort, kein Zeichen, kein Gleichnis, das deckte.“ (50) Auch die „viele[n] Mittel [der anderen], sich auszudrücken“, können Andreas von diesem Rigorismus nicht abbringen. In diesem Sinn sind es genuin poetologische Grundsätze, die ihn von der deutschen Gegenwartsliteratur isolieren. Über eine Teilhabe am deutschen Literatur*betrieb* war in Andreas' Festhalten an jener poetologischen Abseitsstellung, wie sie für ihn unverhandelbar sein mußte, mitentschieden. Gleichwohl ist dieser Betrieb, die soziale und organisatorische Gestalt der deutschen Nachkriegsliteratur, Gegenstand des Romans; und seine Darstellung verdeutlicht: Der Literaturbetrieb trägt seinen eigenen, höchst genuinen Teil bei zum Sachverhalt des Abgrunds zwischen Andreas auf der einen und der deutschen Gegenwartsliteratur auf der anderen Seite.

Die offizielle Notierung – der Andreas betreffende Eintrag im „neuen Brockhaus“ – ist bereits sprechend: Er figuriert dort „als ‚junger, vielversprechender Vorkriegslyriker‘ “ (6). Nicht nur der Positivis-

[42] Mit Ausnahme von Johannes Bobrowski, Rolf Haufs, Wolfgang Bächler und Michael Stone gilt Schnurres Kritik „allen anderen Leseproben“, von denen er die Reinhard Lettaus, Paul Nizons, Jürgen Beckers und Günter Grass' neben denen von Peter Weiss und Walter Jens ausdrücklich nennt. – Über die Stichhaltigkeit von Schnurres Kritik im Einzelnen muß an dieser Stelle nicht entschieden werden.

[43] Zur Arbeit von Jens und Kaiser im deutschen Literaturbetrieb vgl. in den Kapiteln VI, S. 306 f. und 318, sowie Kap. VIII, S. 387 f. und 422.

[44] In der Gruppe 47 hatte die Tatsache, daß Schnurre „seine eigenen Kriegserlebnisse“ im Vergleich zum „Schicksal des europäischen Judentums [...] harmlos und unbedeutend“ erschienen, ihm das Etikett eines „Philosemiten“ eingetragen (H.W. Richter). Vgl. Holger Gehle: „Juden und Deutsche in Wolfdietrich Schnurres Roman ‚Ein Unglücksfall‘“. In: *Zeitschrift für deutsche Philologie*. 114. Band 1995, Sonderheft „Vom Umgang mit der Schoah in der deutschen Nachkriegsliteratur“, S. 113-128, hier S. 113 f.

mus-Zwang des Nachschlagewerks, die gängigen Klassifizierungen überhaupt müssen an einem Schriftsteller, der seine „Jahre damit zugebracht hat, nicht mehr zu schreiben" (203), hilflos abgleiten. Was ‚nach Aktenlage' bleibt, ist der Beginn einer Dichter-Biographie, deren jähes Ende durch den Krieg verschuldet scheint – jedoch ohne Todesdatum. Die Periodisierung „Vorkriegslyrik" deutet zurück in eine – von der Stunde Null aus betrachtet – ferne, verronnene Epoche – und auf eine Lyrik, die den Bedingungen dieser Epoche ganz unterworfen war, d. h. gleich fern erscheinen muß. Zu den „Jungen", der „Jungen Generation"[45] allemal wird ein solcher „Vorkriegslyriker" schwerlich zählen können.

In den Reaktionen der „Rundfunkintendanten, Regisseure, Verleger und Redakteure" auf Andreas' Namen erweist sich diese Notierung durchaus als Kategorie der Börse: „Ein paar erinnerten sich an seinen Namen, keiner forderte ihn zur Mitarbeit auf." (153) Erst Zufälle führen ihn wieder zu seiner einstigen Verlegerin, der „Principessa".

„Wie alt sie wirklich war, wußte kein Mensch. Uralt in seinen Augen." (154) Nach eigenen Angaben aus dem italienischen Hochadel stammend, nach denen ihrer Söhne dagegen aus Ottakring und Analphabetin bis zu ihrer „Ehe mit dem großen Verleger", „spürte [sie] mit ihrem enormen Kunstverstand das Echte, witterte es, auch wo es in einem Haufen Mist verborgen lag, und zerrte es mit ihren Greisinnenfingern, die hart wie Krallen waren, ans Licht." (154) „Es gab eine Zeit", erinnert sich Andreas, „in der sie gesagt hatte: ‚Du bist das begabteste meiner Kinder, Andreas.'" Der Gleichschaltung nach der NS-Machtübernahme folgt sie ohne Zögern: „Ihre Liebe zum Geld war um nichts kleiner als die zur Kunst. Allerdings machte ihr Mitlaufen es ihr auch möglich, hin und wieder einen unerwünschten Autor einzuschmuggeln. Andreas gehörte dazu. Der Preis, den er dafür zahlen mußte, war sein Beitritt zur Reichsschrifttumskammer, was ihm zu jener Zeit erstaunlich wenig ausmachte." Während des Kriegs hält sie den Kontakt zu Andreas aufrecht mit einer jährlichen weihnachtlichen Sendung jenes „nazistischen Kitsch[es], den sie verlegte", und einer beigefügten „Mahnung [...]: Arbeite weiter, mein Kind." (155)

Das Wiedersehen trägt alle Züge einer makabren Groteske; die Principessa erscheint gespensterhaft. Andreas nimmt sie als „Gerippe" wahr, dessen „Lippen zu berühren" er „sich nicht entschließen

[45] Die „junge Generation", wie sie sich vor allem im *Ruf* artikulierte – Untertitel: „Unabhängige Blätter für die junge Generation" -, war ihrem Selbstverständnis nach in erster Linie „die der Kriegsteilnehmer, die nach Hause kam" (vgl. Hans A. Neunzig, „Einleitung", in: ders. [Hg.]: *Der Ruf. Unabhängige Blätter für die junge Generation. Eine Auswahl.* München 1976, S. 10-18, hier S. 11).

[konnte]“; die Stimme erweist sich als „scheppernd“; ihr Sessel hat „eine besondere Vorrichtung [...], um den Kopf zu stützen, ähnlich wie der Stuhl eines Zahnarztes“. „Sie hatte über ihr Haar, das er als schütter kannte, eine blonde Perücke gesetzt, ihr von vielen kosmetischen Operationen maskenhaft gewordenes Gesicht war rosig geschminkt. So mußten amerikanische Leichen aussehen, denen ein Musikapparat dreimal am Tag Beethoven oder Gershwin vorspielt.“ Andreas' Eindrücke laufen zusammen im Terminus eines „Ungeheuers“ (157, 159, 160).

Mit einem Blick erkennt die Principessa Andreas' Dilemma – wenn auch in ihren eigenen Begriffen – und hebt „Leute wie [ihn]“ ab von sich und der jungen Generation: „‚Leute wie du sind an diesem Nazipack zerbrochen. Ich nicht. Wenn ich hasse, werde ich stärker. Der Haß hat mich reif gemacht. [...] Es ist eine herrliche Zeit. So viele Talente. Jugend, rücksichtslose Jugend, die sich einen Teufel um das Vergangene schert. Das, worüber ihr geweint habt, ist ihnen nicht einmal einen Fußtritt wert. Recht haben sie. Ihnen gehört die Zukunft. [...] Ihr habt keine Zukunft mehr. Eure Generation hat verspielt. Uns gibt es und die Jungen. Euch nicht. Ihr seid zu schwach. Taugt nicht fürs Leben. [...] Kraft gehört zum Leben. Nur wenige haben sie und ihr schon gar nicht. Ihr seid zu sentimental. Das Sentiment ist passé. Wenn ihr etwas von euch gebt, ist es veraltet. [...] Ihr solltet alle aufhören zu schreiben, es kommt doch nichts dabei heraus.‘“ (158, 159)

Das Statement der Verlegerin läßt an Deutlichkeit nichts zu wünschen übrig. Ihr Kraft-Kult, der seine Herkunft aus dem Kontext der Herrenrassen-Ideologie nicht verbirgt, erweist sich als kompatibel mit einer nur auf den ersten Blick ganz ‚neuen‘ „rücksichtslosen“ ‚Lebenstüchtigkeit‘ der „Jungen“. Diejenigen, die die NS-Epoche im Sinne der Principessa ‚überlebt‘ haben, d. h.: *nicht* an ihr „zerbrochen“ sind, teilen mit den Jungen deren Weigerung, zurück auf das „Vergangene“ zu schauen. Die Principessa weiß, daß dies – gemessen an den Maßstäben eines humanistischen Werte-Codes, den sie aus professionellen und historischen Gründen noch kennen muß – „rücksichtslos“ ist. Doch in ihrer unerschütterlichen Gewißheit, daß sie den Krieg, so weit er ein Krieg gegen die für Schwäche und Sentimentalität Anfälligen war, gewonnen hat, feiert sie ihren Triumph: Andreas' Generation „gibt es“ für sie schon „nicht“ mehr. „Ihr seid zu schwach. Taugt nicht fürs Leben“ – die Floskeln eines ‚Überlebenskampf‘-Wahns fallen mit dem Diktum des Vaters zu einem Auslöschungs-, einem Todesurteil zusammen[46]. In den Jungen dagegen erkennt die

[46] Unter Bezug auf ihren im Krieg gefallenen Sohn sagt die Verlegerin zu Andreas: „‚Du und mein armer Mario. [...] Er hätte genausowenig durchgehalten wie du. Und da ist es doch gleich besser, nicht mehr da zu sein. Beneidest du Mario nicht um seinen Tod?‘ – Es war eine impertinente Frage [...]“ (158).

Principessa jene „Talente“, die das, was sie als „Leben“ begreift, zu tradieren versprechen in „die Zukunft“.

In der Begegnung mit dem neuesten Favoriten der Principessa – „das begabteste meiner Kinder“ (163)–, Jeremy Schluck, wird diese Auffassung von der jungen Generation noch einmal zusammengeführt sowohl mit der „eigenartig esoterische[n] [...] Ersatzwelt“[47] der jüngsten Literatur wie mit dem Grotesk-Unwirklichen der Gestalt der Verlegerin. Schluck „war groß, blond, schlecht gekämmt und hatte ein edel entworfenes Gesicht, das aber durch irgendwelche Ausschweifungen (es konnten auch intellektuelle sein) beschädigt war. Wahrscheinlich stellte ein junges Mädchen sich heutzutage so einen Dichter vor. Vorausgesetzt, daß sie das Böse, das er ausstrahlte, nicht entdeckte. Aber es konnte auch sein, daß gerade das Böse zu ihrem Bild des Dichters paßte.“ Nachdem er sich der Verlegerin genähert hatte, „beugte [er] sich über ihre Hand, strich mit den halbgeöffneten Lippen darüber und biß dann kräftig zu, was ihr einen wollüstigen Schmerzensschrei entlockte.“ (163) Nur mit Mühe entsinnt sich Schluck an Andreas: „ ‚Haben Sie früher nicht mal geschrieben? Später Expressionismus oder so. Aber das kann wohl nicht stimmen. So alt sind Sie doch gar nicht.‘ “ Er wirft ihm zu: „ ‚Ihr wart zwar schlechtere Dichter, habt aber ein wesentlich einfacheres Leben gehabt. Nicht diese Hetzjagd. Wer sich nicht rührt, zählt nicht. Also rühren wir uns.‘ “

Der Principessa präsentiert er die neue Ausgabe einer Literaturzeitschrift. In der vorherigen Nummer hatte Andreas „Sehgedichte“ erkannt: „die Worte weit auseinandergezogen, weder dem Duden noch der Phonetik entsprechend getrennt, schief über die Seite, im Kreis angeordnet, teils gedruckt, teils mit der Maschine geschrieben, und weil er das alles sehr gut von seinen eigenen Versuchen kannte, war er gerührt und belustigt. Was er las, langweilte ihn.“ Die neueste Ausgabe jedoch besteht „aus teils regelmäßig, teils unregelmäßig aufeinander folgenden schwarzen und weißen Blättern, die leer waren.“ Andreas erkennt, daß Schluck „und die anderen, von denen er als wir sprach, [...] entdeckt [hatten], daß man aus der Leere Funken schlagen kann. – Sackgasse oder Weg? Andreas konnte es nicht entscheiden. Er war beeindruckt und angewidert. Eine neue Welt. Geschichtslos. Unsere Geschichte, die Geschichte des Mordens ist gegenstandslos geworden. Schwarze und weiße Blätter. Bewegung und Rhythmus. Uranfang nach zuviel Gewesenem.“ Schlucks groß aufgezogene Präsentation vor der Principessa mißglückt zunächst: Die Verlegerin glaubt, nicht recht zu sehen, und bittet um ihre Brille. Da setzt Schluck zu einem Plädoyer an: „Diese Folgen von Schwarz und Weiß

[47] Schnurre: „Verlernen“ (Anm. 41), S. 170.

sind komponierte Rhythmen, sie sollen und werden die Phantasie anregen. [...] Schluß mit der Konfektion, Schluß mit der Unselbständigkeit. Jeder ist ein Dichter. Wenn einer nichts damit anzufangen weiß, desto schlimmer für ihn.“ „Ratlos schauten die alten glasigen Augen der Principessa umher. Um den chirurgisch gespannten Mund zuckte es.“ Gleich darauf „stieß sie kurze krächzende Schreie aus. Jubel, der wie Verzweiflung klang. – ‚Ihr wunderbaren Kinder‘, stammelte sie, sich hütend, noch einmal das Falsche zu sagen, ‚euch gehört die Zukunft. Komm her, mein Jeremy, ich will dich küssen.‘ [...] Jeremy nahm ihre Hand in den Mund und lutschte daran herum. – Dann flüsterte er: ‚Principessa mia, das arme Kind hat Schulden. Ich brauche Geld.‘ – Unbemerkt von den beiden ging Andreas fort.“ (162-166).

Diese Darstellung einer Wiederbegegnung mit dem deutschen Literaturbetrieb korrespondiert signifikant mit der Schilderung einer vergleichbaren Begegnung: der Klaus Manns mit dem Berliner Publikum von 1948. Manns wie Andreas' Blick fällt authentisch zusammen dort, wo sie, zurückgekehrt in die Zonen eines einst vertrauten Milieus und ihrer Gepflogenheiten, nur mehr „Grimassen“ erkennen; „als träumte ich“: „eine gespenstische Parade, eine Prozession von Schatten, eine zudringliche Schar von Gestalt angenommenen –, wenn auch unterernährter Erinnerungen [...]. Ihre Stimmen hörten sich unwirklich an“[48]. „Elementare, irrationale Furcht“ (160) wird ‚gebannt‘ im Bild des Gespensts. Hier, im engen Raum des Betriebs: wo sie wie nirgends sonst als Schriftsteller mit der akuten gesellschaftlichen Wirklichkeit ihrer „ ‚wiedererlangten Vergangenheit‘ konfrontiert“[49] wurden, entartet die allenthalben empfundene Fremde im besiegten Deutschland in *Angst*: als den aggressivsten, auch selbstzerstörerischsten Modus der Nichtzugehörigkeit.

Andreas flüchtet: „unbemerkt“ von den Agenten dieses Betriebes, für die er tot oder vergessen ist. Die – nur wenig verborgene – Bestimmung der Literatur der „Jungen“ durch „die Geschichte des Mordens“ (166) ist ihm nicht entgangen: Der versuchte „Uranfang“ ist ihm zunächst als das – ihm „von seinen eigenen Versuchen“ vertraute – Unvermögen erkennbar, noch die richtigen Worte zu finden. Doch die „Rücksichtslosigkeit“ gegenüber dem „Vergangene[n]“ – d. i. auch: gegenüber der Erinnerung –, mit der „eine neue Welt“ geschaffen werden soll, kann ihn nur „angewidert“ zurücklassen. In diese, „neue“, Welt war eine Heimkehr für Andreas unmöglich[50].

[48] Klaus Mann: „Lecturing in Europe“. In: *europäische ideen*, Heft 52, Berlin 1981, S. 31. – Vergl. Kap. II, S. 56.

[49] Mann: „Lecturing in Europe“ (Anm. 48), S. 31.

[50] Eine solche Einsicht war in einer Schlagzeile wie der Klaus Manns: „You Can't Go Home Again!“ (vgl. Anm. 31) illusionslos vorweggenommen.

Andreas' „Flucht" (160) kennt keinen wirklichen Halteort mehr. Zu spät erkennt er, daß er Susanne, eine Überlebende aus Auschwitz, die er noch in Amsterdam heiratet, „von Anfang an mit Daniel verwechselt hatte" (147). Seine verzweifelten Versuche, „noch näher an das Vergangene heranzukommen. Die Zeit aufzuheben. Die Leere wieder mit Schmerz zu füllen. Noch einmal und immer wieder aufs neue zu sterben und dabei die Worte zu finden" (207) – diese Versuche können von seiner gesellschaftlichen Umwelt, zu der er allenfalls noch nominelle Kontakte unterhält, nur mehr als ‚pathologisch' begriffen werden. Auf der Couch eines Psychoanalytikers unternimmt Andreas eine seiner letzten Anstrengungen, das, was ihn bestimmt, mitteilbar zu machen. Er berichtet von seiner Begegnung mit einem Araberjungen in Tetuan, der „Daniel ähnlich" (173) sieht und dem er in eine Lehmhütte folgt; dort führen der Junge und seine Schwester vor Andreas sexuelle Handlungen vor, „die Ars amandi [...], im Stehen, im Knien, im Liegen, bald er über ihr, bald sie über ihm [...], es hatte nichts mit Wollust zu tun, ich begehrte diese beiden nicht und vergaß keinen Augenblick, daß sie Kinder waren. Auch war ich mir der entsetzlichen Erniedrigung bewußt, aber das Wunder bestand ja gerade darin, daß alles hier so dicht zusammenlag, die Grenzen verwischten, schön war häßlich, häßlich war schön" (175, 176).

Nur noch in Momenten wie diesen, da sich das Erlebnis „entsetzlicher Erniedrigung" mit der Erfahrung der Grenzauflösung vermischt, erfährt Andreas die Vision vom Ende seines Traumas: im Bild einer mythologischen, quasi-religiösen Auferstehung Daniels und der gleichzeitigen Erlösung Andreas' aus seinem Schweigen: „So sehr berauscht, da waren die Kinder fort, an ihrer Stelle war Daniel, Daniel und noch einmal Daniel, die beiden Daniels liebten sich, sie würden einen dritten Daniel zeugen, dessen war ich gewiß. Daniel, der Unsterbliche, war zurückgekommen, die Welt war wieder intakt, ohne Mörder, frei für das Wort, für mein Wort." (176)

Andreas' letzter Versuch, „noch näher an das Vergangene heranzukommen", von dem im Roman erzählt wird – seinen Besuch beim Psychoanalytiker hat er nicht wiederholt – führt ihn nach Mauthausen, Daniels Sterbeort.

„Dort also ist es, wo der reitende Tod seinen Klepper stallt, dort muß er ihn suchen" (196): In Mauthausen war das Bild des Todes – *sein* Bild des Todes[51] – wiederauferstanden, seit Andreas wußte, daß Daniel dorthin deportiert worden war; und er hatte zugleich gewußt, daß er „an das, was jetzt kommt, [...] nicht denken [durfte], solange noch ein Rest von Selbsterhaltungstrieb in ihm existiert". Doch während Andreas in diesen Amsterdamer Monaten der Besatzungs-

[51] Vgl. S. 135 f.

zeit fürchtet, „in immer neuen und immer schrecklicheren Visionen“ dessen, „was dort vor sich geht in dem großen Schlachthaus“, zu „zerbrechen“ (196), sucht er nun, viele Jahre nach Ende des Krieges, die Nähe gerade dieses Ortes. Er fährt nach Österreich und erreicht schließlich die Gedenkstätte. Einer ‚Besichtigung‘ des Lagers hält er nicht stand. Erst aus der erneuten Ferne setzt ein „langsames Begreifen“ ein, „daß Daniel tot war und daß er lebte. Er war nicht hier gestorben, wie er immer geglaubt hatte. Er war überhaupt nicht gestorben.“ (210) Im Anblick des Lagers erkennt Andreas, daß „niemand, der es sich anschaute, [...] auch nur das geringste von dem Vergangenen erfahren [würde]. Niemand würde eine Antwort auf die Frage bekommen, wie es möglich gewesen war. Die Gemordeten hatten ihr Geheimnis und das ihrer Mörder mit sich genommen.“ Andreas begreift – und kann jetzt anerkennen –, daß seine Unfähigkeit zu schreiben in der Unzugänglichkeit dieses Geheimnisses – das der Gemordeten wie das der Mörder – wurzelte: „Man sollte auch nicht darüber reden. Es kam nichts dabei heraus. Worte machten nichts klar, sie deckten nur zu.“

Sein letzter Gedanke im Blick auf die Vernichtungsstätte gilt nicht mehr dem Schreibproblem. Unmittelbar zur Erfahrung der Vernichtung, untäuschbar über die Gegenwart der Vergangenheit, ihre Latenz, fremd zur Aufklärungsrationalität der ‚neuen Zeit‘, nimmt er das Lager unvermindert als Bedrohung wahr: „[...] es war nicht gut, daß es da noch stand. Fertig zum Gebrauch. Man hätte es niederreißen sollen. Denn es ist von Übel, es dem Bösen zu leicht zu machen.“ (211)

4

Die Erinnerungspoetologie, die Grete Weil in ihrem Roman „Tramhalte Beethovenstraat“ entfaltet, ist charakterisiert durch die Verschränkung von Elementen einer *unübersehbar* authentischen, *jüdischen* Verfolgungserfahrung und -erinnerung in eine – fiktive – *deutsche* Biographie; eine Biographie, die durch ihre subjektive Teilhabe an den Erfahrungen von Bedrohung und Vernichtung abgespalten wird von der Summe jener *deutschen* Erfahrungen, die das gesellschaftliche Leben im Deutschland der Nachkriegszeit bestimmen. In der Schilderung des Weges, den der Protagonist zurücklegt, wird diese Erinnerungspoetologie vielfältig ausdifferenziert. Sprachlich verwirklicht erst in einer dauernd mitlaufenden erinnerungskritisch reflexiven Brechung alles Erzählten in den spezifischen Erinnerungskonditionen des Sprechenden, werden Vergangenheit und Gegenwart einzig *im Zeichen der Erinnerung* befragt: die Vergangenheit, wie sie den Grund dieser Erinnerung, die Tatsache der Vernichtung, ermöglicht hat; die Gegenwart, wie in ihr mit dieser Erinnerung weiterzuleben[52] sei. Diese Befragung erfolgt historisch konkret. Auch die Mikrostruktur des Erzählens folgt immer wieder verschiedenen Bestimmungen der erinnerungspolitischen Konstitution des Romans: die Darstellung Daniels etwa im – auch sprachlichen – Zeichen des Verlusts; die Schilderung der Trambahn-Nächte als Beschwörung einer noch gemeinsamen Sprache; die Beschreibung der Verlegerin als Ausdruck einer signifikanten Furcht. Es ist der auf solche Weise poetologisch verwirklichte erinnerungspolitische Reflexionsgrad, der „Tramhalte Beethovenstraat" in der gesamten zeitgenössischen Produktion der deutschen Literatur unverwechselbar machen mußte.

Das vielleicht augenfälligste Außenmerkmal dieser Poetologie, die Wahl eines deutschen Protagonisten, ist als explizites Votum gegen „die Vorstellung einer deutschen Kollektivschuld"[53], ja, als Spekulation auf „das deutsche Lesepublikum der frühen sechziger Jahre"[54] gedeutet worden. In diesen Deutungen ist unterstellt, daß die Poetologie von „Tramhalte Beethovenstraat" sei es in einer definierten ideologischen Position, sei es in einer nicht weniger definierten Wirkungsabsicht entscheidend ausgerichtet worden sei. Eine Rekonstruktion des werkgeschichtlichen Zusammenhangs von „Tramhalte Beethovenstraat" mit dem während der Kriegszeit entstandenen Manuskript von „Der Weg zur Grenze" zeigt dagegen, daß solche ‚ideologische' Deutung zu kurz greift und die Fundierung der Erinnerungspoetologie in Erfahrungen, deren Formulierung – gar ideologisierende – noch völlig ausstand, verkennt.

Besondere Bedeutung kommt dabei jener Verknüpfung der beiden Roman-Texte zu, die weit über die zahlreichen Parallelen und Analogien in den Lebensläufen der Andreas-Figuren hinausgeht: der von Monika auf Andreas *verschobenen* Initiation vor dem mittelalterlichen Bild des Todes; sowie der *Umwidmung* der gedenkenden Erinnerung Monikas an Klaus in die des Andreas der „Tramhalte" an Daniel. Im „Weg zur Grenze" heißt es: „Als Kind hatte man sie oft in ein Museum geführt, wo es Weihnachtskrippen und Trachtenpuppen zu bewundern gab, aber hinter einer bestimmten Ecke, unvermeidlich zu passieren, stand ein altes Uhrwerk aufgestellt, ein reitender Tod, Sense und Stundenglas in der knöchernen Hand. Mit geschlossenen Augen und klopfendem Herzen war Monika jedesmal zu dieser Stelle

52 Vgl. zum Begriff des „Weiterlebens" hier zunächst Theodor W. Adorno: *Negative Dialektik*. Frankfurt am Main 1975, S. 355.

53 Uwe Meyer: „Grete Weil". In: *Kritisches Lexikon zur deutschsprachigen Gegenwartsliteratur*, S. 1-8, A-F, hier S. 3.

54 Nussbaum/ Meyer: „Grete Weil" (Anm. 5), S. 160.

gekommen, um dann plötzlich mit einemmal, wie unter einem höheren Befehl, die Augen aufzureissen und das furchtbare Bild in sich aufzunehmen: Den Knochenmann auf seinem Pferd; das in der Form menschenähnliche und doch so menschenabgewandte Antlitz, die leeren Augenhöhlen, die bleckenden Zähne, den kahlen Schädel und die puppenhaften Glieder; das Verwandelte, Entsetzliche, Erstarrte."[55] An ihre erste Begegnung mit Klaus erinnert sich Monika wie folgt: „[...] ein Junge auf der Schwelle [...], gross, schlank, mit langer grauer Hose und blauer Jacke; ueber dem weissen offenen Hemd hebt sich sein dunkler, schmaler Kopf, Gesicht eines Araberknaben mit schön geschwungenen Lippen und einer feinen, stark gebogenen Nase; mit braunen Tieraugen und einer schon männlichen Stirn, in die das schwarze, manchmal ins Kupferne spielende Haar sich lockt. Seine Haut ist so braun, dass man ihn kaum für einen Europäer halten kann"[56].

Die besondere Bedeutung, die der Wiederaufnahme gerade dieser beiden kurzen Partien zukommen muß, erwächst aus ihrer dramaturgisch zentralen Funktion: Es sind die Symbolisierung einer vorweggenommenen subjektiven Anziehungskraft zum Tode und das schockhafte Erlebnis einer nicht steigerbaren Nähe, zwischen denen eingespannt sich die Schicksale sowohl Monikas im „Weg zur Grenze" wie Andreas' in „Tramhalte Beethovenstraat" entscheiden. Doch was im „Weg zur Grenze" zum Eigensten Monikas gehörte, noch in der Widmung des Romans unzweideutig versehen mit dem Eigentumsvorbehalt jener, die „*ihre* Geschichte"[57] erzählt, ist in „Tramhalte Beethovenstraat" Bestandteil der Erfahrungen eines Deutschen, der nach eigenem Geständnis neun Jahre lang „vom Wesen des Faschismus nichts begriffen" hatte. Es ist die in der *Übereinstimmung bis ins Detail* dokumentierte unbeschädigte *Integrität* dieser Erinnerungsbilder, die verdeutlicht, daß in der Andreas-Figur des „Tramhalte"-Romans *beide* Figuren aus dem „Weg zur Grenze", die flüchtende Jüdin Monika Merton *und* der deutsche Schriftsteller Andreas von Cornides, aufgegangen sind.

Im Blick auf die Poetologie des ersten Romanmanuskripts wird sofort eine erste, zwingende Folge als elementares Kennzeichen dieses veränderten Erzählens auffällig: die Situation des Dialoges ist aufgehoben. Den Stellenwert, den die dialogische Positur im früheren Romanprojekt hatte, in Rechnung gestellt, muß ihrer Auflösung zwanzig Jahre später eine poetologisch konstitutive Rolle zugemessen werden. Diese Auflösung, d. h.: die elementare kommunikative Abgeschieden-

55 Weil: *Der Weg zur Grenze* (Anm. 14), S. 44 f.
56 Ebd., S. 18.
57 Weil: *Zeugin des Schmerzes* (Anm. 11), S. 104; vgl. auch oben. – Kursivierung S.B.

heit des Protagonisten, ist radikal ausgetragen bis ins Narrativ seines Berichts; eine Radikalität, der sich Weils Schreiben selbst ungeschützt aussetzt und die in ein Paradox mündet[58]. Was an Hoffnung auf Mitteilbarkeit im dialogischen Sprechen, gar im Dialog mit einem *deutschen* Gesprächspartner einst enthalten gewesen sein mag – und als poetologisches Strukturelement 1944 helfen konnte, „meine Geschichte“[59] erinnerbar und erzählbar zu machen –, ist nun, da auch diese Erfahrung durchlaufen war: „daß es kein Nachher geben würde, auch nicht für die, die es überstanden“, einem Selbstgespräch gewichen, das einen Zuhörer im Sinn der dialogischen Situation[60] nicht mehr antizipieren kann. Eine Mitteilung an „Andere“[61] ist unmöglich; und das Verstummen Andreas' als Schriftsteller bezeichnet *als Paradigma* das Ende des Dialogs als eines Sprechens zwischen Menschen, die wissen, daß sie sich erst im „Verschüttete[n], [dem] in der Geschichte Verlorene[n]“ (145) erkennen können.

Andreas, der *deutsche* Schriftsteller, wird jedoch nicht deswegen zum Protagonisten dieser Erfahrungen, weil er Deutscher ist, sondern weil die Erfahrungen, um die es geht, nicht wirklich als genuin *jüdische* begriffen, anerkannt werden können. Monika, vor ihrer Abfahrt in die Freiheit, wenn auch als ungewisser Zukunft, hatte Andreas noch zugerufen: „‚Meine Situation, Andreas, die Situation der Juden in Europa ist revolutionär. Wir wissen, dass wir auf die alte Weise nicht weiterleben wollen‘“[62]. Doch schon in der Auseinandersetzung mit Margarete Susman und dem Begriff eines in der NS-Verfolgung unausweichlich gewordenen „jüdischen Schicksals“[63] als Mater jüdischer Identität nähert sich Weil einer entschieden entgegengesetzten Fragestellung: ob die eigenste Erfahrung der Verfolgung *als Jüdin* in ihrem Kern nicht als eine – universelle – ‚Zeugenschaft des Schmerzes‘ begriffen werden müsse.

In der Verankerung dieser Fragestellung in den – einander widerstreitenden – eigenen Erfahrungen war über ihre Dringlichkeit und fortdauernde Virulenz entschieden. Ihr Ungelöstes tritt unverstellt in „Tramhalte Beethovenstraat“ zutage. Die historiographische Präzision des Romans[64] zerschlägt jede Perspektive, die das geschilderte Schicksal der Amsterdamer Juden irgend in eine wie auch immer geartete Universalität zu transzendieren sucht; sein Realismus, ausge-

[58] Dieses Paradox beschreibt Albert von Schirnding in seiner Rezension der Neuauflage von 1992 als die Notwendigkeit, die Unmöglichkeit der Darstellung ihrerseits darzustellen – und als ‚notwendig‘ darzustellen. (Schirnding: „Sturz“ [Anm. 21]).

[59] Weil: „Zeugin des Schmerzes“ (Anm. 11), S. 104.

[60] Vgl. Mendès-Flohr: „Sprachformen“ (Anm. 16), S. 83.

[61] Ebd.

[62] Weil: *Der Weg zur Grenze* (Anm. 14), S. 228.

[63] Vgl. Kap. II, S. 72.

schritten bis zur „Dokumentation“[65], zeichnet „unbestechlich“[66] die Verfolgungslogik der Nazis nach. Doch zugleich verweigert der Roman programmatisch eine in der Exklusivität angelegte partikularistische Konditionierung der Verfolgungserfahrung: Der Deutsche Andreas, der *zufällig* zum Zeugen wird, dessen Leben anders hätte verlaufen können, wird zum Träger einer Erfahrung, die in der „Zeugenschaft des Schmerzes“[67] alles durchlebt, was einem Überlebenden bevorstand. Die markierten ‚Übereignungen‘ der eigenen authentischen Erfahrung an die deutsche Figur des Andreas stehen exakt in der Spannung des ungelösten Widerspruchs zwischen der unverstellten Einsicht in die durch die NS-Politik sanktionierte, nicht mehr umkehrbare *Objektivität* der Verschiedenheit zwischen Deutschen und Juden – subjektiv stets gegenwärtig in der Unvereinbarkeit der Erinnerungen – und der in den Situationen der akuten Verfolgung gewonnenen – und gehärteten – Überzeugung, daß auch diese Erfahrungen genuin einem geschichtlichen Raum zugehören, in dem Kategorisierungen innerhalb des menschlichen Kollektivs obsolet sind. Die signifikante erinnerungspolitische Positur von „Tramhalte Beethovenstraat“: die Übertragung einer *unverkennbar* authentischen Verfolgungserfahrung an eine *deutsche* Figur, ist untrennbar von der grundlegenden Anerkenntnis der Opposition der Erfahrungen. Doch zugleich, durch die subjektiv unverminderte Teilhabe der deutschen Figur an den Erfahrungen der Verfolgung, verweigert Weil ostentativ, was sie als Beschädigung der Integrität ihrer Erinnerung begreifen mußte: ihre Benennung als ‚jüdisch‘, eine Benennung, die in ihrer Partikularisierungsfunktion subjektiv bereits nur als Stigma wahrgenommen werden kann.

In dieser – werkgeschichtlichen – Perspektive wird die Erinnerungspoetologie in „Tramhalte Beethovenstraat“ durch ihre Genese kenntlich gerade *nicht* als wohlfeiles Entschuldungsangebot an ein deutsches Publikum, das sich als ‚Opfer‘ wahrnehmen darf; sondern als Ausdruck des Beharrens auf einem einzig durch die subjektivste Erinnerung beglaubigten Status der Verfolgungserfahrung in einem unbestätigten *Zwischenraum* der ihr durch die gültigen Diskurse

[64] In diesem Zusammenhang wächst der durchgehenden dokumentarischen Genauigkeit im Roman spezifisches Eigengewicht zu. Sie reicht bis in unscheinbare Namenskürzel, etwa S. 95: „Obersturmbannführer A.d.F. nimmt seine holländische Freundin mit in die ‚Schouwburg‘, um ihr die internierten Juden zu zeigen.“ – Das Kürzel A.d.F. bezeichnet Ferdinand Hugo Aus der Fünten, der als maßgebliche Figur in der Leitung der Zentralstelle für jüdische Auswanderung in den Niederlanden für die Durchführung der Deportation der niederländischen Juden verantwortlich war. Vgl. Gutman u.a. (Hg.): *Enzyklopädie des Holocaust* (Anm. 6), Bd. I, S. 501.

[65] W.S.: „Warten auf Daniel“. In: *Frankfurter Allgemeine Zeitung*, 27.11.1963.

[66] Effi Horn: „Tramhalte Beethovenstraat“. In: *Münchner Merkur*, 14./ 15. 9.1963.

[67] Vgl. Weils „Und ich? Zeugin des Schmerzes“ (Anm. 11).

zugewiesenen Orte. Hier, in diesem Zwischenraum, ist die dialogische Positur aufgelöst und ein unhaltbarer Ort des Schreibens ausgeschritten bis in das Paradox, die „Notwendigkeit des Unmöglichen“[68] darzustellen.

Dieser Erinnerung verpflichtet, blieb jede radikale Erinnerungspoetologie wie die der „Tramhalte Beethovenstraat“ als erinnerungs*politisches* Projekt zunächst selbst dem zentralen Widerspruch und dem herausragenden Kennzeichen der Erinnerungsdifferenz ausgesetzt: Nicht nur fehlte diese Erinnerung im deutschen Publikum; es ermangelte zugleich einer Reflexion, die sich über dieses Defizit ausreichend Rechenschaft zu geben vermocht hätte.

5

Als „Tramhalte Beethovenstraat“ im August 1963 erscheint, ist Grete Weil der deutschen literarischen Öffentlichkeit so gut wie unbekannt. 1949 hatte der Verlag Volk und Welt in Berlin-Ost die Erzählung „Ans Ende der Welt“ publiziert; „trotz hoher Qualitäten“, hatte der in die Bemühungen der Verlagssuche eingeschaltete Albert Ehrenstein zuvor lakonisch kommentiert, sei dieser Text „von jüdischen, deutschen, amerikanischen u. schweizer Organen und Verlegern abgelehnt [worden], weil ja die 6 Millionen toter Juden nicht mehr als Käufer in Betracht kommen.“[69] 1962 hatte der Wiesbadener Limes Verlag, für den Weil Übersetzungen aus dem Englischen besorgte, die Erzählung in einer Lizenzausgabe übernommen, die ohne Echo blieb[70]. Wo die Rezensenten des „Tramhalte“-Romans Informationen über die Autorin verwenden, zitieren sie aus dem Klappentext. Auch Weils Arbeit als Librettistin für Wolfgang Fortner und Hans Werner Henze schien nur Kennern geläufig zu sein[71].

Wie sehr sich Weils Roman 1963 von jenen Büchern unterschied, die sonst Gegenstand der kritischen Besprechungen waren, zeigt sich daran, wie – vergleichsweise – hochgradig individuell auf „Tramhalte Beethovenstraat“ reagiert wird. Der Umgang mit Büchern, die die NS-Massenvernichtung auf solche Weise thematisierten, scheint sichtbar ungewohnt. In dem Maß, in dem Weils Roman die deutsche Kritik auf ‚Neuland‘ zwang, barg diese Konfrontation die Chance, einer

[68] Schirnding: „Sturz“ (Anm. 21).

[69] Albert Ehrenstein an Mosche Yaakov Ben-Gavriel. In: Albert Ehrenstein: *Werke*. Herausgegeben von Hanni Mittelmann. Bd. 1: Briefe. München 1987, S. 431.

[70] Zu dieser Ausgabe sind keinerlei Rezensionen feststellbar.

[71] Einzig Alfons Silbermann zeigt sich in diesem Punkt orientiert: „Grete Weil, ‚Tramhalte Beethovenstraat‘“. In: *Tribüne*. 1964, H. 9, S. 1014-1015, hier S. 1014 f.

Erinnerungspoetologie, wie sie die „Tramhalte“ repräsentierte, eine grundsätzliche programmatische Erörterbarkeit in den Spalten der deutschen Feuilletons zu schaffen. Tatsächlich jedoch zeigen die Rezensionen des „Tramhalte“-Buches die deutsche Kritik authentisch in jenem Augenblick, da diese Chance als Gefahr wahrgenommen und sogleich hektisch zu verstellen versucht wird. Wie sehr die deutschen Kritiker – so unvorbereitet sie auch auf Weils Roman trafen – hier doch in *einer* Disziplin agierten, wird besonders deutlich in einer Übereinstimmung, die – mit einer kennzeichnenden Ausnahme – alle Rezensionen teilen: die konsequente Marginalisierung des Darstellungsproblems, insbesondere seiner Verschränkung in die Bedingungen der deutschen Nachkriegsliteratur. In diesem Sinn erlaubt das deutsche Echo auf „Tramhalte Beethovenstraat“ eine *Innensicht* auf die deutsche Kritik: Bestimmt von der Programmatik des *deutschen Konsenses*[72], doch noch ohne Routine in den Reaktionen auf Herausforderungen im Modus der „Tramhalte“, wird deutsche Kritik sichtbar in ihren noch je individuell gestalteten, gleichsam ‚spontanen‘ Versuchen, solche Herausforderung zu parieren.

Die mit „Dr. W. M.-S.“ unterzeichnete Rezension der „Schwäbischen Donauzeitung“ steht für eine Ablehnung des Buches im Zeichen jenes klassischen Dichtungsbegriffs, der vom „Dichtwerk“ notwendig die Sichtbarmachung des „Weg[es] des Rechtes und der Ordnung im Zusammenhang der Humanität“[73] verlangt – ein Kennzeichen, das der Kritiker in Weils Roman nicht auffindet. Zu Beginn seiner Besprechung charakterisiert er die Autorin als „ein Menschenkind, das vor dem immer schroffer sich gestaltenden Antisemitismus des Dritten Reiches und insbesondere aus dem Machtbereich der SS ins Exil ging, damit in eine Lebens- und Erlebnissphäre eingerückt ist, von der keine harmonische geistige oder seelische Befreiung ihres Menschentums mehr möglich ist“. „All das“ jedoch kann nach Ansicht des Rezensenten kaum „geeignet sein [...], im Rahmen eines Romans eine sinnvolle Darstellung zu finden.“ Denn: „Wir vermögen uns doch schwer von der Vorstellung zu lösen, daß ein Roman, wie jedes Dichtwerk irgendwie einem Ethos zu dienen, in ihm seinen ragenden Sinn zu gewinnen hat. Wie aber, wenn der gesamte Gehalt eines solchen Werkes der Unmoral, der Vernichtungsabsicht des nur noch die Ausrottung kennenden Antisemitismus darstellerisch nachgeht?“ Dieser Lektüre des Buches zufolge – als eines „‚Roman[s]‘, der sich fast ausschließlich mit physischen und psychischen Perversitäten zu befassen hat“ – „läßt es sich nicht umgehen, daß die Grausamkeiten und Per-

[72] Vgl. Kap. II, S. 44.

[73] Dr. W. M.-S.: „Tramhalte Beethovenstraat“. In: *Schwäbische Donauzeitung*, 3.9.1963.

versitäten, die brutal und schonungslos vor dem Leser ausgebreitet werden, nun für ihn zu einer Gewissensbelastung werden." Ein „Dichtwerk [...], berufen, irgendeinem beispielhaften ethischen Gehalt zu dienen", etwa, „Zeugnis abzulegen vom Licht und Aufleuchten wahren Menschentums", hat hier, nach Ansicht des Rezensenten, nicht entstehen können. Er legt nahe, „menschliches Verbrechen" wie das im Roman beschriebene „in der nüchternen Form eines Tatsachenberichts fest[zu]halten und so gewissermaßen ad acta [zu] geben" – sprechende Formel einer Haltung, die bereits im Roman selbst hinlänglicher kritischer Reflexion unterworfen ist[74]. Solche Forderungen an die Autorin werden vom Rezensenten als „Wünsche" bezeichnet, „die beim verantwortungsbewußten Lesen des Buches von Grete Weil auftauchen. Denn jedes Romantisieren eines verbrecherischen Stoffes droht die notwendige Härte und Schärfe der Grenzziehung zwischen Ungeist und Geist zu erschweren." In dieser Rezension wird eine Ästhetik gegen Weils Roman in Stellung gebracht, der eine Erschütterung des überkommenen Dichtungsbegriffs durch die Epoche undenkbar scheint – eine Auffassung, die sich selbstbewußt etwa auf Emil Staiger berufen konnte, der ihr noch Jahre später – und am einschlägigen Beispiel – autoritativ Ausdruck verleihen sollte[75].

Einen gänzlich anderen Modus, auf die spezifischen Herausforderungen des Romans zu antworten, repräsentiert die Besprechung im „Main-Echo" vom 22.1.1964. Sie führt symptomatisch vor, in welcher Verkettung jeder Blick auf die NS-Epoche mit dem zeitgenössischen ‚Bewältigungs'-Diskurs und seinen Hypotheken wahrgenommen wurde. In dieser Perspektive gerät selbst Andreas' „leidenschaftliche Bereitschaft zur Hilfe"[76] während der Besatzungszeit zum Ausdruck eines „Wille[ns] zur Wiedergutmachung" und der „Bewältigung der Vergangenheit", mithin zu einem Zeitpunkt, da von „Vergangenheit" schwerlich die Rede sein kann. ‚Vergangenheitsbewältigung' ist auch das Stichwort, unter dem die abschließende Bewertung des Romans erfolgt. Der Rezensent zitiert zunächst aus der Schlußpartie: „ ‚Niemand würde eine Antwort auf die Frage bekommen, wie es möglich war ... Man sollte auch nicht darüber reden. Es kam nichts dabei heraus. Worte machten nichts klar, sie deckten nur zu.' " Sein Kommentar lautet: „Resignation? Bewältigung der Vergangenheit? Grete Weil [...] läßt offensichtlich bewußt zum Schluß das Fragezeichen stehen. Man kann nicht ein ganzes Volk kollektiv dazu zwingen, die Vergangenheit zu bewältigen. Jeder muß das auf seine Art tun. Der eine wird vor ihr flüchten, der andere wird ihr nachzuspüren ver-

74 Vgl. *Tramhalte Beethovenstraat*, S. 94.

75 Zu Emil Staigers Zürcher Rede vgl. Kap. VII, S. 330 f.

76 cw.: „Tramhalte Beethovenstraat". In: *Main-Echo*, 22.1.1964.

suchen, einer wird von ihr wie von einem Trauma verfolgt werden, und man muß ihm helfen, dieses Trauma loszuwerden und sei es nur dadurch, daß man ihm die Möglichkeit gibt, darüber zu sprechen. Eines aber ist ganz gewiß: Vergangenes ist nicht abgeschlossen. Vergangenheit gibt es auch in der Gegenwart.“

Die Botschaft, ‚abgestützt‘, ‚beglaubigt‘ durch die Verfasserin des Romans, ist eindeutig: Keinerlei ‚Zwang‘ zu einer ‚kollektiven‘ Auseinandersetzung mit der NS-Zeit! Ist diese Forderung anerkannt, dürfen – als Ausweis eines humanitären Pluralismus – auch jene einmal befristet zu Wort kommen, die der Vergangenheit „nachzuspüren versuchen“ oder gar „von ihr wie von einem Trauma verfolgt werden“; Hilfe gebührt ihnen aus Mitleid – nicht etwa aus Schuld, die hier abwesend bleibt. Der Hinweis darauf, daß es „Vergangenheit [...] auch in der Gegenwart“ gebe, meint keinerlei Zusammenhang, der verbindlich *zwingend* sein könnte; die ihm aufgegebene Verbindlichkeit reicht kaum weiter als die eines Kalenderspruchs.

Der Stellung der „Frankfurter Allgemeinen Zeitung“ in der deutschen literarischen Öffentlichkeit entsprechend, mußte der Rezension von „Tramhalte Beethovenstraat“ an diesem Ort – am 27. 11. 1963 – eine herausragende Bedeutung zukommen. Tatsächlich erhellt die mit „W. S.“ gezeichnete Kritik in besonderer Weise die charakteristischen Probleme der deutschen Rezeption dieses Romans.

Der Kritiker läßt keinen Zweifel an seinem positiven Urteil über dieses Buch: Es sei verfaßt mit „Erfahrung und großer Reife“[77], und für „das Inferno der Juden unter der deutschen Besatzung in Holland“ habe die Autorin „einen erstaunlichen erzählerischen Ausdruck“ gefunden. Dabei charakterisiert er es als „ein Wagnis“, in einer Zeit, „da uns Bücherlesern die pièces noires der Literatur nicht gerade vorenthalten, sondern im Gegenteil schwarz in schwarz aufgedrängt werden“, „die Elegie der Verfolgungen und Agonien von neuem anzustimmen“. Doch den Gefahren, die der Verfasser hier drohen sieht, erliege Weils Roman nicht: „Nein, man muß beim Lesen dieses Buches immer wieder anhalten. Einmal aus Gründen überwältigender Details; dann aber – und das ist nicht weniger erschütternd –, weil Grete Weil die einzig adäquate ‚verfremdende‘ Rahmenerzählung gefunden zu haben scheint.“ Doch nachdem der Kritiker auf diese eingehende Weise sowohl die gegenwärtige Rezeptionssituation markiert und dem Roman – gerade vor diesem Hintergrund – einen singulären Stellenwert zuerkannt hat, bricht plötzlich die genaue Beobachtung des Darstellungsproblems ab und verschwimmt in Ausdrücken einer genau so plötzlich eingeführten verschleiernden Saloppheit. Für eine Beschreibung von Andreas' Schock und die folgende Schreibkrise

[77] W.S.: „Warten auf Daniel“ (Anm. 65).

wählt der Rezensent die folgenden Worte: „Damals war es die [...] Straßenbahnhaltestelle Beethovenstraße, die unserem jungen Chronisten zu schaffen machte. Die Ruhe zum Schreiben war da gewiß nicht zu finden; es waren weniger der Lärm und die anderen Unzuträglichkeiten, die ein Dichterkämmerlein im Ampelparadies einer Großstadt schon damals entweihten, sondern die Tatsache, daß jede Nacht [...] ‚vierhundert Juden [...] aus ihren Wohnungen geholt und [...] in ein holländisches Durchgangslager gebracht wurden.'" Zwar findet er nach einer rätselhaften Abschweifung („Ampelparadies einer Großstadt") noch zur Ursache von Andreas' Schreibhemmung. Doch ihr Fortgang, gar ihre Generierung im Deutschland der Nachkriegsjahre, finden in dieser Rezension keinerlei Erwähnung mehr; Andreas' Hilfestellung des Versteckens dagegen wird in ironischer Brechung – als die Taten „unser[es] brave[n] Deutsche[n]" – referiert.

Die bis ins Narrativ gesickerte Widersprüchlichkeit, die den Rezensenten in der Konfrontation mit Weils Roman befällt, tritt erneut im Schlußabsatz zutage: „Grete Weil hat im Grunde genommen die Geschichte Daniels geschrieben oder ihre eigene Geschichte, wir wissen es nicht. Es tut auch nichts zur Sache. Wichtig aber ist, daß ihr eine Geschichte gelang, die weit hinausragt aus allem, was ‚die Vergangenheit bewältigt', aus allem, was die ehrbaren patriotischen Gefühle der Holländer in einem nach rückwärts blickenden Engagement ins rechte Licht setzt. Die Holländer lieben die Freiheit, so heißt es einmal in diesem Buch, ganz gleich, in welcher Form, und die Politik interessiert sie immer nur im Zusammenhang mit dem Widerstand. Man kann hinzufügen, auch Literatur wird heute oftmals nur im Zusammenhang mit dem Widerstand verstanden. Wenn dieses Buch zur Klärung der Frage beiträgt, warum das so ist, erfüllt es eine große Aufgabe."

Die spezifische, über Analogien mit der Biographie der Autorin hinausweisende Authentizität im Roman hat den Kritiker zwar unübersehbar erreicht, sie beschäftigt ihn; doch er findet keinen seiner Besprechungsroutine wirklich gemäßen Umgang mit ihr: „Es tut auch nichts zur Sache." Übergangslos sucht er den schon zuvor in anderem Zusammenhang markierten Ausnahmerang des Buches zu würdigen: jetzt als einen Beitrag zu einer richtig verstandenen Vergangenheitsbewältigung; die durch ihn in Anführungsstriche gesetzte, zu der er auf Abstand geht, scheint die unwahrhaftige aus deutschen Sonntagsreden zu sein. Doch dazu will das angeführte Beispiel der Holländer nicht passen: Zutreffende oder unzutreffende Würdigung des holländischen Widerstands, seine Verherrlichung oder Entmythologisierung sind – hinsichtlich einer ‚deutschen Vergangenheitsbewältigung' – *falsche Konnotationen*. Auch der anschließend artikulierte Anspruch an das Buch, mit „zur Klärung der Frage [beizutragen], warum [...]

Literatur [...] heute oftmals nur im Zusammenhang mit dem Widerstand verstanden" wird, verwischt die erinnerungspolitische Statur des Romans, die hier schon weitgehend, wenn auch noch ungenau, erahnt war.

Die deutsche Kritik wurde durch Weils Roman mit einer Erinnerungspoetologie konfrontiert, die das Darstellungsproblem nicht nur in seiner konkreten Verschränkung mit einer sehr kenntlich gezeichneten Gegenwartsliteratur thematisiert, sondern darüber hinaus – vom Standort der deutschen Kritik aus – in der Figur eines deutschen Schriftstellers, dessen Schreiben durch seine Nähe zur Vernichtung aussetzt, d. h.: einer Erscheinung, für die es in der realen deutschen Gegenwartsliteratur *keine Entsprechung* gab. Das Zeugnis, das sich diese Literatur damit ausstellte, war evident. Klare Einsicht in diesen Sachverhalt mußte eine fundamentale, dann auch zwingend politische Kritik nicht nur an etwaigen Einzelentwicklungen, sondern auch den ‚deutschen Verhältnissen' zur Folge haben.[78] Der Rezensent der FAZ *sucht* eine Verstrickung, die diese Einsicht verstellt. Sein Schlußabsatz enthält alle wesentlichen Bestandteile einer konsistenten Zusammenfassung der eigenen Leseerfahrung an Weils Roman, die so lauten könnte: Entwickelt aus einer spezifischen Authentizität, steht das Buch jenseits der umlaufenden verlogenen ‚Vergangenheitsbewältigung'; d. h. aber auch: im „Widerstand" zu den Gepflogenheiten der gegenwärtigen deutschen Literatur und ihrer Kritik. – Es ist seine *Nähe* zu dieser Einsicht, die den Aufwand, sie zu verstellen, bedingt; einfacher machte es sich da seine Kollegin von den „Ruhr-Nachrichten", der das Problem in der saloppen Formel eines „gallige[n] Seitenhieb[s] auf moderne Literaten"[79], immerhin „einzigartig", erledigt war.

Wenn eine Rezension belegt, in welchem Maß Weils „Tramhalte"-Buch doch auch zu dem Versuch hat ermutigen können, eine Erörterbarkeit seiner Thematik im deutschen Literaturbetrieb durchzusetzen, dann gilt dies für die Rezension Kristiane Schäffers, die am 8./9. Februar 1964 in der „Deutschen Zeitung" erschien. Schäffer bezieht eine entschiedene Gegenposition zur Lesweise des FAZ-Rezensenten. Bereits der Subsumierung des Romans in die Gruppe der „Elegie[n] der Verfolgungen und Agonien" widerspricht Schäffer ausdrücklich im Hinweis darauf, daß Weil „*nicht* mit ein[stimme] in das große Epos von der Agonie"[80]. Doch die entscheidende Kritik am Modus der Positionsbestimmung, wie er in der FAZ geübt worden war, erfolgt in der methodologischen Konsequenz, mit der die Rezensentin

[78] Vgl. die Kritik Klas Evert Everwyns weiter unten.

[79] Hilde Bold: „Vergangenheit als Trauma". In: *Ruhr-Nachrichten*, 28.9.1963.

[80] Kristiane Schäffer (Anm. 39); Kursivierung S.B.

den Roman unter dem Aspekt der Schreibhemmung des Protagonisten analysiert. Ihre Lektüre, die Andreas' Schreibkrise in ihrem psychodramatischen Umriß zwischen Todesbild, Verlustangst und dem ambivalenten Verhältnis seines kreativen Talents zum „Schrecken" deutet, führt vor, mit welcher Genauigkeit und analytischen Konsistenz auch unter den Bedingungen einer Feuilleton-Besprechung ein solches Buch gelesen werden konnte[81].

Wie auch – vielmehr: gerade – in einer solchen Perspektive, die sich ganz der immanenten Struktur des Romans anvertraut, ihr erinnerungspolitischer Gehalt explizit werden muß, wird deutlich gegen Ende der Besprechung: Die Nachkriegszeit kann einzig als ein „Tarnungsmanöver des Friedens" erscheinen; und Weils Roman selbst wird erkannt als „Ballade vom Stundenglas, das schicksalhaft seine Zeit erfüllt. Die Poesie des Protestes täuscht Aufschub vor." Schäffer zufolge hat das in „Tramhalte Beethovenstraat" repräsentierte Schreiben, gezeichnet von den „Zeiten des Terrors", nichts gemein mit jener in der FAZ assoziierten „Literatur, [die] heute oftmals nur im Zusammenhang mit dem Widerstand verstanden" wird. Im Gegenteil: Weils Roman wird gekennzeichnet als ein Buch, dem jeder Aufschub, den eine gängige „Poesie des Protestes [vortäuscht]", obsolet sein muß – als ein Aufschub der Einsicht in die *Gegenwart* der „Katastrophe selbst"[82].

Zwar zeichnet sich auch Alphons Silbermanns Rezension durch Eigenständigkeit gegenüber jenen Blickwinkeln aus, wie sie in der FAZ, aber auch in anderen führenden Blättern wie der „Frankfurter Rundschau" oder der „Neuen Zürcher Zeitung"[83] vorherrschten; doch diese Abweichung mußte zu den programmatischen Merkmalen einer „Zeitschrift zum Verständnis des Judentums" zählen, als welche sich die „Tribüne" verstand, in der seine Besprechung erschien. Silbermann, der Weil als „eine ausgesprochene schriftstellerische Begabung"[84] würdigt, nennt „Tramhalte Beethovenstraat" einen „Versuch [...], den wirklich ersten authentischen Emigrationsroman vorzu-

[81] Eine Leistung, die sich bis heute neben den herrvorragendsten Beiträgen der allerdings erst in Ansätzen bestehenden Weil-Forschung zu behaupten vermag.

[82] Diese Gegenwart der Katastrophe hatte Adorno wie folgt ausgedrückt: „Der Gedanke, daß nach diesem Krieg das Leben ‚normal' weitergehen oder gar die Kultur ‚wiederaufgebaut' werden könnte – als wäre nicht der Wiederaufbau von Kultur allein schon deren Negation -, ist idiotisch. Millionen Juden sind ermordet worden, und das soll ein Zwischenspiel sein und nicht die Katastrophe selbst. Worauf wartet diese Kultur eigentlich noch?" (Th. W. Adorno: *Minima Moralia.* Frankfurt am Main 1976, S. 65 ["Nr. 33 – Weit vom Schuß"]).

[83] sl: „Grete Weil: ‚Tramhalte Beethovenstraat'". In: *Neue Zürcher Zeitung*, 8.11.1963. hsp: „Roman einer Untergetauchten – Grete Weils ‚Tramhalte Beethovenstraat'". In: *Frankfurter Rundschau*, 30.11.1963.

[84] Silbermann (Anm. 71).

legen". Erst im weiteren Verlauf seiner Rezension tritt Silbermanns ungewöhnliche Bestimmung des „Emigrantenromans" zutage: als eines Werkes, das „das Thema" nicht „hintergründig oder en passant mitspielen [läßt]", sondern „untranszendentiert die Toten oder die Überlebenden wiederauferstehen" läßt; „das Thema" ist die Vernichtung der europäischen Juden. Ein solcher Roman sei „jetzt in all seiner schlagenden Wucht fällig"; doch dürften „seine Gestalten nicht psychologisch [...] ent- und bekleidet" werden, was er Weils Roman als seiner „einzige[n] Schwäche" ankreidet. Einen solchen „Emigrationsroman" sieht Silbermann als „das nächste Wort, welches Grete Weil nunmehr zu sprechen hätte."

Die emphatischste ‚Außenseiter'-Position bezog allerdings Klas Ewert Everwyn in seiner Besprechung für die „Rheinische Post", die bereits wenige Wochen nach Auslieferung der „Tramhalte Beethovenstraat" unter dem Titel „Ein Schrei, der aufrütteln sollte"[85] erschien. Wie keinen anderen Rezensenten erreichte Everwyn das Buch als Auslöser eines geradezu kathartischen Erlebnisses, das ihn offenbar mit einem illusionslosen Ausblick auf die deutsche Öffentlichkeit konfrontierte. Symptomatisch für die ungewöhnliche Radikalität, die Weils Roman in Everwyns Lektüre entwickelte, ist die unwillkürliche, sich aufzwingende Verknüpfung mit den sich gerade erneut in einer Altnazi-Affäre entladenden Belastungen deutscher Vergangenheitsbewältigung: „Da gibt es eine Affäre um Professor Hofstätter, da gibt es Leute, die von Hysterie reden und schreiben, wenn andere sich dagegen wehren, daß jemand mit einer Professur an einer deutschen Hochschule Mörder zu verteidigen bereit ist. Nach der Lektüre des Buches von Grete Weil greift man sich an den Kopf und wünscht, geträumt zu haben, als man von Dingen erfuhr, die im Jahre 1963 in Deutschland geschehen sind."[86] Unter dem Eindruck auch dieser Gleichzeitigkeit verweigert sich dem Rezensenten die gewohnte Besprechungsroutine; eine Erfahrung, die er in eine radikale, kritische Bestandsaufnahme des deutschen Lesepublikums – in das er sich einschließt – wendet: „Es ist unmöglich, das Buch [...] mit den üblichen Mitteln zu rezensieren. Denn was nützt es, daß man sagt, es wühle auf, es mache deut-

85 Klas Evert Everwyn: „Ein Schrei, der aufrütteln sollte". In: *Rheinische Post*, 28.9.1963.

86 Peter Hofstätter, geb. 1913 in Wien, 1937–1943 Heerespsychologe (1942 Regierungsrat), 1943-45 Kriminalbiologe, 1956-60 o. Prof. an der Hochschule für Sozialwissenschaften Wilhelmshaven, seit 1960 Direktor des Psychologischen Instituts an der Universität Hamburg, wurde vorgeworfen, in Wort und Schrift die Auffassung vertreten zu haben, daß „die Ausrottung der Juden durch Hitler [...] im juristischen Sinne kein Mord, sondern eine Kriegshandlung gewesen [sei], da Hitler den Juden ‚quasi den Krieg erklärt' habe" (dpa 30.8.1963). Hofstätter hatte sich ferner für eine Generalamnestie für Kriegsverbrecher ausgesprochen (ebd.). Vgl. Hermann Kesten (Hg.): *Ich lebe nicht in der Bundesrepublik*. München 1964, S. 21.

lich, es gebe Aufschluß? Was nützt es, es jedem zur Lektüre zu empfehlen, jedem einzelnen, dem Professor Hofstätter und seinen red- und schreibseligen Verteidigern im besonderen? Die Stimme versagt wie die Feder, den Hall des Schreies wiederzugeben, der hier aufklingt. Resignation ist längst die Reaktion derjenigen, die willens sind, den gehörten Schrei mit ihren Mündern nachzubilden, ihn weiterzugeben: Resignation vor unserer eigenen Selbstgefälligkeit, Resignation vor den gepolsterten Sesseln, hinter denen wir uns verschanzen, hoffend, in das uneinnehmbare Gefüge einer Festung einbezogen zu sein. Kein Schrei ist in der Lage, uns daraus zu vertreiben, nicht einmal, uns aufzuschrecken. Erst unser eigener Schrei wird es sein, der uns wachrüttelt, und es wird zu spät sein, den Sessel zu verlassen. Wir werden in unseren Sesseln vor die Hunde gehen."

In der Betroffenheit, wie sie hier Ausdruck findet, wird die „‚Tramhalte Beethovenstraat'", die „ein Fanal zur Besinnung" sein soll, im Attribut gar nicht mehr als der Roman Grete Weils bestimmt, sondern als die „Straßenbahnhaltestelle, an der Nacht für Nacht vierhundert Juden in Waggons gepfercht wurden, um zu ihren Hinrichtungsstätten transportiert zu werden". Hinweise auf die poetische Gestalt des Buches erscheinen dem Rezensenten irrelevant: „Soll ich jetzt noch davon sprechen, daß Grete Weils Sprache, ihr Stil, ihrem Thema gemäß ist? Soll ich noch davon berichten, daß sie in ihrem Buch gerecht mit Gleichen und Ungleichen verfährt? Was nützt es? [...] Es wird niemanden dazu verführen, das Geld für den Kauf dieses Buches herzugeben. Wenn schon ein Buch, dann das neueste der Anne Golon. Und wie not täte einem jeden von uns das der Grete Weil."[87]

Everwyn findet aus dem Paradox, in das ihn seine Analyse der deutschen Leser gestellt hat, nicht mehr heraus: Im Blick auf „Resignation" und „Selbstgefälligkeit" bleibt jede taktische Anstrengung aus, die Leser wenigstens der eigenen Besprechung auf Weils Buch neugierig zu machen. Ein Lamento dieses Stils spekulierte nicht mehr wirklich auf Leser, die womöglich noch für eine Lektüre dieses Buches zu gewinnen gewesen wären. In diesem Sinn haftet der Rezension der „Rheinischen Post" das Moment einer ‚self-fulfilling prophecy' an: Die hier abgegebene Prognose über die deutsche Rezeption von Grete Weils „Tramhalte Beethovenstraat" hat sich historisch – ohne Einschränkung – bewahrheitet. Was Everwyn bereits unmittelbar nach Erscheinen des Romans erkennen mochte: daß die objektiven Bedingungen diesem Buch kaum eine Wirkungschance ließen – „was nützt es" –, mag ihn freilich dazu berechtigt haben, auf jeden Versuch, hier gegenzusteuern, zu verzichten und ausschließlich zu Protokoll zu ge-

[87] Anne Golon: eigentlich Simone Golonbinoff, frz. Schriftstellerin, geb. Toulon 1921, Verfasserin der populären *Angélique*-Romanreihe.

ben, was ihm erkennbar war. Es ist dieser skeptische Blick, dem historiographische Qualität zugewachsen ist.

Seine Genauigkeit fehlt schon jener Perspektive knapp 30 Jahre später, derzufolge die Erstausgabe von „Tramhalte Beethovenstraat“ „nahezu unter Ausschluß der Öffentlichkeit“[88] erschienen sei. Im Gegenteil: Öffentlichkeit hatte durchaus bestanden für diesen ersten Roman Grete Weils. Nur fiel ihre Abstimmung über das Buch in den Spalten, genauer: zwischen den Zeilen des Feuilletons anders aus, als es Jahrzehnte später wünschenswert erschienen war: Eine Erinnerungspoetologie, die auf solche Weise von „unsere[r] Geschichte, d[er] Geschichte des Mordens“ (166) handelte, einschließlich ihrer unabweisbaren Implikationen für deutsches Schreiben ‚danach‘, blieb – 1963: ‚notwendig‘ – ohne Zulassung im deutschen Literaturbetrieb.

[88] Schirnding: „Sturz“ (Anm. 21).

V. Das anstößige Zeugnis
Edgar Hilsenraths „Nacht" (1964)

Palästina 1945: Erinnerung und deutsche Sprache / Der Roman / „Das Tagebuch der Anne Frank": Diskurspolitik / Institutionalisierte deutsch-jüdische Beziehungen / Adornos Interventionsversuche / Der Roman im Verlag: Das Gutacher-Verfahren / Nachworte

1

Anfang 1945 findet Max Brod, der zu dieser Zeit als Dramaturg am Tel Aviver HaBima-Theater arbeitet, einen ungewöhnlichen Brief in seiner Post. Der Absender, ein junger Überlebender aus einem rumänischen Vernichtungsghetto, der nach der Befreiung durch die Rote Armee auf Umwegen Palästina erreicht, die Überprüfung durch die Briten in Atlit durchlaufen und im Kibbuz Tel Yitzhak ein vorläufiges Unterkommen gefunden hatte, bittet Brod „um Hilfe als Schriftsteller. Ich schrieb ihm, dass ich erst 18 sei [und] einen Roman über das Ghetto schreiben wollte, aber Sprachschwierigkeiten hätte, da ich nur deutsch konnte, aber keine Möglichkeit sehe, mich in dieser Sprache fortzubilden, ausserdem hätte ich nur bis zum 12. Lebensjahr die Schule besucht, und das bisschen deutsch, das ich noch konnte, fast verlernt." Max Brod, Mitglied und Historiograph des „Prager Kreises", Freund Kafkas und unterdessen ein auch in seiner neuen Heimat weithin geachteter Autor, „schrieb mir einen rührenden Brief und gab mir gute Ratschläge." Er empfiehlt dem jungen Absender, er könne sich „doch an geeigneter Lektüre weiterbilden [...] und riet mir, den ‚Grünen Heinrich' von Gottfried Keller zu lesen und ‚Niels Lyhne' von Jens Peter Jakobson [...]. Er meinte, ich solle ihm etwas schicken, wenn ich etwas Vorzeigbares hätte."[1]

Ein halbes Jahrhundert später, da des Briefeschreibers Beschluß, „mein Leben dem Schreiben [zu] widmen"[2], längst umgesetzt ist in die Millionenauflagen, Auszeichnungen und öffentlichen Würdigungen des Erfolgsautors Edgar Hilsenrath, mag diese Episode aus seinen Anfängen als Marginalie erscheinen, allenfalls grotesk in ihrem Moment der Nicht-Kommunikation zwischen den beiden Überlebenden, peripher – wie schon der geographische Schauplatz selbst – in diesem Lebenslauf „eine[s] der wichtigsten deutschen Autoren der Gegenwart"[3]. Es ist jedoch gerade diese Episode, von der aus einige jener

[1] Edgar Hilsenrath an den Verf., 20. 12. 1995 und 6. 6. 1996.
[2] Ebd. (6. 6. 1996).
[3] Umschlagtext auf der Rückseite von: Thomas Kraft (Hg.): *Edgar Hilsenrath – Das Unerzählbare erzählen*. München/ Zürich 1996.

Bedingungen deutlicher sichtbar werden, die das Schreiben Edgar Hilsenraths entscheidend bestimmten. Diese Bedingungen sind bezeichnet in den Erfahrungen, die Hilsenrath hier, *jenseits* der Erfahrung der Verfolgung, durchlebt: die Erfahrung des *sozialen* Vakuums, in das der Überlebende des Vernichtungsghettos, und die des *literarischen* Vakuums, in das der Überlebende, der davon schreiben will, eintritt. In dem Maße jedoch, in dem sich Hilsenraths literarische Arbeit als integraler Bestandteil deutschsprachiger Nachkriegsliteratur zu erkennen gegeben hat, muß Schauplatz und Datum, Tel Aviv/Palästina 1945, ein Spezifisches, im Augenblick des Geschehens noch Unkenntliches zuwachsen: Auch *hier*, und zu diesem Zeitpunkt, hat deutsche Nachkriegs- und Gegenwartsliteratur sich konstituiert.

Die ‚sprachliche' Not, aus der heraus Hilsenrath mit seinem Brief an den prominenten Autor einen Ausweg sucht, steht zugleich für eine umfassendere, ‚soziale' Mitteilungsnot: In der Konfrontation mit der europäischen Katastrophe der Vernichtung einerseits und der prekären Situation des zionistischen Projekts in Palästina, das durch die britische Mandatspolitik nachhaltig in Frage gestellt blieb, andererseits hatten der Jischuw und jene Überlebenden, die nach der Öffnung der Lager Palästina erreicht hatten, „eine Art ideologisch-emotionalen Pakt"[4] geschlossen, zu dem wesentlich „das große Schweigen" gehörte: „Je weniger man über den Holocaust sprach, desto besser"[5].

Tom Segev beschreibt in seiner umfangreichen Studie über das Verhältnis des Jischuw und Israels zur NS-Vernichtungspolitik die Reaktionen der ersten Abgesandten des Jischuw in Europa, die die Überführung möglichst vieler jüdischer *displaced persons* in das britische Mandatsgebiet zu organisieren begannen. Der Schock über die Verfassung des ‚Rests'[6] war unmittelbar verknüpft nicht nur mit tiefer Skepsis darüber, ob diese Menschen den akuten Erfordernissen des jüdischen Gemeinwesens standhalten würden, sondern zugleich mit älteren, ideologisch begründeten Vorbehalten gegenüber jüdischer Existenz in Europa: „Einer der Abgeordneten warnte, daß 5000 Juden des Typs, den er in Europa getroffen hätte, Palästina in ‚ein einziges großes Irrenhaus' verwandeln würden. [...] Die Berichte schildern im allgemeinen die Flüchtlinge als formlose, gesichtslose Masse, ‚menschliche Trümmer', ‚eine riesige Ansammlung von Bettlern', degeneriert, zurückgeblieben, nicht nur von körperlichem und seelischem, sondern auch von moralischem Verfall betroffen. [...] Die

[4] Tom Segev: *Die siebte Million – Der Holocaust und Israels Politik der Erinnerung.* Deutsch von Jürgen Peter Krause und Maja Ueberle-Pfaff. Reinbek bei Hamburg 1995, S. 250.

[5] Ebd., S. 251.

[6] Sherit Hapletah (hebr.) – etwa: „der Rest des Rests" – war der im Jischuw gebräuchliche Ausdruck für die jüdischen Überlebenden der NS-Massenvernichtung.

Überlebenden hätten ihre Selbstachtung und jeglichen Glauben an die Mitmenschen und an die Nächstenliebe verloren, sie seien anfällig für Zynismus, Nihilismus und Gesetzlosigkeit. Die Beobachter sahen als Grund dafür nicht nur die Lagererfahrung der Überlebenden und die Atmosphäre des Verfalls, die Europa nach dem Krieg durchzog, sondern auch deren Exildasein vor dem Holocaust. Viele der Abgesandten erlebten bei ihren Begegnungen zum ersten Mal das, was sie als stolze Zionisten und Sozialisten schon immer als ‚Exilmentalität‘ verabscheut hatten. Sie waren schockiert.“[7]

Die Überzeugung der Funktionäre des Jischuw, daß die Dispositionen des „‚Menschenmaterials‘“[8] in den DP-Lagern unvereinbar waren mit den konkreten Anforderungen des jüdischen Gemeinwesens, hatte einschneidende Folgen für die Durchführung der Integration der Überlebenden in die jüdische Bevölkerung in Palästina. Zum einen standen Veränderung und ‚Umerziehung‘[9] im Vordergrund; zum andern wurden die Erfahrungen der Überlebenden teils denunziatorischen Befragungen, teils anklagenden Interpretationen unterzogen. „‚Bei fast jedem Treffen mit den Alteingesessenen tauchte die Frage auf, wie wir am Leben geblieben sind. Sie wurde immer wieder gestellt und nicht jedesmal sehr taktvoll. Ich hatte das Gefühl, daß ich angeklagt wurde, weil ich noch lebte‘.“[10] Andere „neigten dazu, dem europäischen Judentum selbst die Schuld für seine Vernichtung zuzuschreiben. Alles wäre anders gekommen, versicherten sie, wenn die Juden im Exil nur rechtzeitig die zionistische Wahrheit erkannt hätten.“[11] Öffentliche Betonung wurde dagegen auf ein im Kampf gegen die Vernichtungspolitik bewiesenes Heldentum gelegt, für das der Warschauer Ghetto-Aufstand als prominentes Beispiel und Symbol zugleich diente. Saul Friedländer hat aufgezeigt, wie solche Verknüpfung von Shoah und Heldentum (Shoah weGewura) „im Kontext der neuen von Feinden umgebenen Staatlichkeit eine offensichtlich notwendige Mobilisierungsfunktion“ erfüllte: „Die kämpfende Nation benötigte eine Geschichte des Heldentums, den Aspekt der Gewura als mythische Struktur. Sie konnte keine Erzählung ertragen, die es bei Passivität und Vernichtung beließ.“[12]

Aharon Appelfeld, der, wie Hilsenrath, nach Transnistrien deportiert worden war und 1946 Palästina erreicht hatte, thematisiert in einer Jahrzehnte später gehaltenen Vortragsreihe die Bedingungen,

7 Segev: *Die siebte Million* (Anm. 4), S. 166, 162, 163.
8 Ebd., S. 166.
9 Vgl. ebd., S. 215.
10 Ebd., S. 219.
11 Ebd., S. 245.
12 Saul Friedländer: „Die Shoah als Element in der Konstruktion israelischer Erinnerung“. In: *Babylon*, Heft 2/ 1987, S. 10-22, hier S. 17.

denen der Versuch des Überlebenden, über seine Verfolgungserfahrungen zu schreiben, im damaligen Palästina ausgesetzt war. Zwar deutet auch er auf das Gewicht der offiziösen, ideologisch konstituierten Reserve: „‚Never again like sheep to the slaughter' thundered from loudspeakers at every corner. [...] in many cases the survivor stood as if accused. He was accused of blindness, of impotence, and of cowardice. The phrase ‚Led like sheep to the slaughter' summarizes, it seems to me, all of those accusations."[13] Doch zugleich erinnern Appelfelds Ausführungen daran, daß dem Projekt einer Niederschrift der Erfahrungen in den Lagern und Vernichtungsghettos zuallererst aus der Mitte dieser Erfahrungen selbst Widerstand entgegenschlagen mußte. „To write about the Holocaust, it's forbidden, people said repeatedly"[14]. Solche Auffassung: eine wohlbegründete Skepsis gegenüber dem Vermögen der überlieferten literarischen Mittel in Verbindung mit dem Respekt vor den Ermordeten, wurzelte oft in persönlichstem Erleben: „The feeling that your experience cannot be told, that no one can understand it, is perhaps one of the worst that was felt by the survivors after the war. Add to that the feeling of guilt, and you find that with your own hands you have built a vast platform of misunderstanding for yourself."[15]

Es ist die singuläre Legitimität dieser Einwände und Widerstände – artikuliert in der Gesellschaft mit dem mit weitem Abstand höchsten Prozentsatz von Überlebenden aus den europäischen Vernichtungsstätten[16] –, gegen die die erinnerungspoetologische Arbeit Appelfelds und Hilsenraths sich zu behaupten sucht. Appelfeld hat angedeutet, was vor allem anderen – in seinem individuellen Fall – ihn in dieser Arbeit hat motivieren können, ja, müssen: der eklatante Widerspruch zwischen seinen eigenen Erinnerungen und denen, die vorwiegend in Umlauf kamen: „In Israel, because of the embarassment at the passivity of the victims, the heroism of the partisans and ghetto rebels has been emphasized. That was the need of the hour, and one can understand it. But what can be done? This emphasis has created a distorted picture, as though the Holocaust were entireley represented by the marvelous heroism of the ghetto rebels and the partisans, who fought for their lives, and as though it had been forgotten that in the Holocaust there were also other kinds of heroism, less splendid, but very human. For example, young people who might have been able to save themselves preferred to accompany their aged parents, staying with

13 Aharon Appelfeld: *Beyond despair – Three lectures and a conversation with Philip Roth*. Translated by Jeffrey M. Green. New York 1994, S. 74, 43.

14 Ebd., S. x.

15 Ebd., S. 31 f.

16 Segev: *Die siebte Million* (Anm. 4), S. 211: „Ende 1949 lebten nahezu 350.000 Holocaust-Überlebende in Israel – fast ein Drittel der Bevölkerung."

them until the last moments of their lives.“[17] Zu jenen eigenen Erinnerungen, die ununterdrückbar sind, zählen jedoch nicht weniger gerade die ‚unheldischen‘ Verhaltens während der Jahre der Verfolgung: „The dread horrors of the Holocaust challenged the existence of the self, [...] that self did everything it could, sometimes the impossible, and, if you will, even the inhuman, in order to stay alive. [...] In their explicit wickedness, the murderers reduced the Jew to anonymity, a number, a creature with no face. And in fact, years of suffering slowly erased the image of humanity from within the Jew. Only a very few souls, courageous in their faith, were able to retain their humanity in the inferno. [...] During the Holocaust, and one must not deny it, ugly scenes were played out between people and their families, between man and his fellowman, as in every catastrophe. There were also traitors, talebearer, and thieves. The fear of death is a dreadful fear. It can bring a man to commit the ugliest of deeds. ‚Do not lead us into temptation‘, says the ancient prayer. Our sages knew what they were talking about.“[18]

Edgar Hilsenraths autobiographischer Roman „Die Abenteuer des Ruben Jablonski“, der von der Befreiung des Titelhelden aus einem Vernichtungsghetto, seiner Reise nach Palästina und schließlich seiner Auswanderung über Frankreich in die Vereinigten Staaten handelt, spiegelt diese charakteristische Problemlage – die des Überlebenden, der im Jischuw der ersten Nachkriegsjahre über seine Erfahrungen zu schreiben beabsichtigt – auf vielfältige Weise. Der sparsame, lakonische Ton, in dem Hilsenrath in diesem Buch seinen Versuch, mit Max Brod in Kontakt zu treten, nacherzählt, zeichnet die typologische Reaktion der Zeit auf. Dazu zählt nicht nur das offensichtliche Mißtrauen der Lehrerin des Protagonisten, als sie von dem Briefwechsel erfährt und daraufhin ihren Schüler „zur Rede [stellt]“[19], sondern auch ihre deutliche Reserve gegen den Beschluß des jungen Ruben, Schriftsteller zu werden. „ ‚Tausende werden ihre Geschichte schreiben‘, sagte meine Lehrerin, ‚und es wird nur wenig Wertvolles darunter geben.‘ – ‚Ich will keinen Augenzeugenbericht schreiben‘, sagte ich, ‚sondern einen Roman.‘ – ‚Über das Ghetto kann man keinen Roman schreiben‘, sagte sie. – ‚Doch, das kann man‘, sagte ich.“[20] In diese Zeilen ist unterdessen nicht nur die Erfahrung der Ablehnung eingegangen; sondern, verborgen, geben sie eine erste, allerdings entscheidende poetologische Einsicht derer wieder, die unterdessen gleichwohl mit dem Schreiben begonnen haben: den „tur-

17 Appelfeld: *Beyond despair* (Anm. 13), S. xiii.
18 Ebd., S. 22, 44.
19 Edgar Hilsenrath: *Die Abenteuer des Ruben Jablonski – Ein autobiographischer* Roman. München/ Zürich 1997, S. 152.
20 Ebd., S. 153.

ning point"[21], den die Wende vom reinen Augenzeugenbericht in eine Poetologie, die fiktionale Momente aufnimmt, für die erinnerungspoetologische Arbeit bedeutet hat.[22]

Indem Ruben Jablonskis Bericht verdeutlicht, daß ein offensiver Umgang mit den eigenen Erinnerungen nur wenigen Überlebenden in den ersten Nachkriegsjahren möglich war, trägt Hilsenrath den historischen Gründen für die Außenseiterstellung seines Projekts an diesem Ort, zu dieser Zeit sorgfältig Rechnung. Ruben begegnet Menschen, die „unruhig [schliefen] und schrien im Schlaf oder [...] wild um sich [schlugen]. Kein Wunder, sagte ich mir, alle sind ehemalige Insassen deutscher Konzentrationslager, manche von ihnen die einzigen Überlebenden ihrer Familien. Sie haben Alpträume."[23] „‚Auschwitzschock' " und quälende „Bilder aus der Vergangenheit, die mich nicht schlafen lassen' "[24], gehören in Rubens sozialer Umgebung zum Alltag. In ihr steht er mit seiner Überzeugung, daß „‚Verdrängen [...] ungesund' " sei, weitgehend allein: „‚Diese Leute werden alle krank. Ich glaube, wenn man darüber redet oder schreibt, dann hilft das dem Gesundungsprozeß. Man muß alles herauslassen'."[25]

Rubens Erinnerungsprojekt geht zusehends einher mit Momenten des sozialen und ideologischen Abstands zu seinem Zufluchtsland; sie tragen symptomatischen Charakter für den problematischen Ort, an den ihn sein Projekt des „Ghettoromans"[26] versetzt. Die wesentlich durch ihn bestimmte Ferne zur Wirklichkeit des entstehenden zionistischen Judenstaates findet metonymischen Ausdruck in seiner knappen Darstellung der Reaktionen auf den UNO-Teilungsbeschluß in der Nacht vom 29. zum 30. November 1947. Zwar sieht Ruben die „ausgelassene Freude" auf den Tel Aviver Straßen, er erkennt seine Freunde aus dem Emigranten-Café Schalom in den „jubelnden Menschenmassen", und auch er selbst schließt sich dem Reigen an. Doch es ist sein „Abschiedstanz in Palästina" – „denn in drei Tagen würde ich mein Schiff besteigen und zu meinem Vater [nach Frankreich, S. B.] fahren."[27] Im Augenblick, da die zionistischen Anstrengungen von Erfolg gekrönt sind und das Projekt des jüdischen Staates unmittelbar vor seiner historischen Verwirklichung steht, kehrt Ruben diesem Unternehmen den Rücken. „‚Es tut mir irgendwie leid' ", erzählt er „einem der jüdischen Passagiere" auf der Passage nach Marseille. „‚Ich war ziemlich einsam in Palästina, und zu den Eingeborenen,

21 Appelfeld: *Beyond despair* (Anm. 13), S. xi.
22 Ebd., S. xii.
23 Hilsenrath: *Abenteuer* (Anm. 19), S. 206 f.
24 Ebd., S. 257, 258 f.
25 Ebd., S. 204 f.
26 Ebd., S. 152.
27 Ebd., S. 273. Vgl. auch Kap. II, S. 70 f.

den Sabras, hatte ich fast gar keinen Kontakt. Trotzdem ist es ein jüdisches Land, und mir ist ein wenig bange, und ich bin traurig‘.“[28]

Hilsenraths Brief an Brod 1945 sucht die Isolation aufzusprengen, in der er sich mit seinem poetischen Projekt weiß. Auf den ersten Blick scheint die sprachliche Not, die Hilsenrath thematisiert – die geringe Schulausbildung und der Mangel an Möglichkeiten, sich in seiner Muttersprache fortzubilden – eher unverbunden zu jenem sozialen und literarischen Vakuum zu stehen, das den Ausgangspunkt jeder einschlägigen Bemühung an diesem Ort zu dieser Zeit bildete. Tatsächlich jedoch stellt der Brief bereits den Versuch dar, die gesellschaftlichen Bedingungen, denen sich Rubens wie Hilsenraths Bemühung ausgeliefert sieht, zu unterlaufen: Zum einen ist für diesen Autor definitiv entschieden, daß das Projekt des Ghetto-Romans, ja, die ganze Existenz als künftiger Schriftsteller *in deutscher Sprache* verwirklichbar ist, d. h. in der Sprache nicht nur des „Exils“, sondern auch der Täter – der Versuch einer Annäherung gar an die neue Nationalsprache des jüdischen Gemeinwesens scheint zu keinem Zeitpunkt zur Diskussion gestanden zu haben[29]. Zum andern richtet sich der Brief – zumindest in der Wahrnehmung seines Absenders – an niemand anderen als einen der hervorragenden Repräsentanten eben dieses „Exils“, der – in der Nacherzählung durch Ruben Jablonski – direkt als Stimme des „alte[n] Österreich, und wie ich glaubte, *Meine[r] Welt*“[30] identifiziert wird.

Solche Identifikation Max Brods mit der Vorkriegswelt verkannte zumindest den expliziten ideologischen Standort, den er unterdessen im Kulturleben des Jischuw einnahm. Von früh an Anhänger eines sozialistischen, wenn auch nicht marxistisch geprägten Zionismus[31], hatte er rasch nach seiner Einreise 1939 im „Brennpunkt hebräischer Kultur“[32] gestanden und Verdienste erworben, die durch die Verleihung des nach dem hebräischen Nationaldichter Chaim Nachman Bialik benannten „repräsentativste[n] Literaturpreis[es] des Landes“[33] höchste formelle Anerkennung gefunden hatten. Es kann daher nicht überraschen, daß Brod einige der herausragenden Überzeugungen des

28 Hilsenrath: *Abenteuer* (Anm. 19), S. 274.

29 Aharon Appelfeld und Tuvia Rübner etwa zählen zu jenen deutsch-muttersprachlichen Autoren hebräischer Gegenwartsliteratur, die internationale Anerkennung gefunden haben.

30 Hilsenrath: *Abenteuer* (Anm. 19), S. 104; Kursivierung E.H.

31 Vgl. Erwin Pollak: „Ein ‚menschlicher‘ Zionist“. In: Ernst F. Taussig (Hg.): *Ein Kampf um Wahrheit – Max Brod zum 60. Geburtstag*. Tel Aviv o.J. [1949], S. 28-30, hier S. 29.

32 Meir Faerber: „Im Brennpunkt hebräischer Kultur“. In: Taussig: *Brod* (Anm. 31), S. 38-39, hier S. 38.

33 Ebd., S. 39; Brod erhielt den Bialik-Preis 1948.

zionistischen Establishments (inklusive der sie zuweilen fundierenden Stereotype) deutlich teilte – etwa den Stolz, an der Schaffung „eine[s] neuen Menschentypus" mitgewirkt zu haben: „Daß das Wort ‚Jude' nicht mehr überall oder vorherrschend den Typus eines zerbrochenen, geplagten, geprügelten, pathologisch nervenzerrütteten, unsteten Stiefkinds der Erde bezeichnet, als den ihn noch Heine erblickte (und für hospitalreif erklärte): das kann doch wohl in aller Bescheidenheit dargetan werden."[34]

Doch die Kommunikation zwischen Hilsenrath und Brod scheiterte nicht an einer etwaigen parteilich zionistisch motivierten Reserve, sondern am Unvermögen weiter Teile des deutschsprachigen literarischen Exils, auf die Herausforderungen zu reagieren, die die Öffnung der Vernichtungsghettos und -lager und die Berichte der Überlebenden für die literarische Arbeit bedeuten mußten. Im Augenblick 1945 scheint Brods Vertrauen in das, was als ‚klassische' Verlautbarungen eines bürgerlichen Realismus überliefert worden war[35], ungebrochen. Der „Zivilisationsbruch"[36] hatte noch nicht die Einsicht freigelegt, daß der Geltungsanspruch der literarischen Überlieferung in bisher ungekannter, radikaler Weise in Frage gestellt sein mußte – eine Einsicht, die Brod allerdings, vielleicht im Zusammenhang mit der Nachricht vom Tod seines Bruders Otto und dessen Frau in Auschwitz, noch einholte[37]. Anfang 1945 dagegen bleibt Hilsenraths Projekt in seinem Kern – d. h.: seinem Wagnis – unverstanden.

In einem Punkt stimmen beider Auffassungen jedoch überein: daß ‚darüber' in deutscher Sprache zu schreiben sei. Vom Exil aus gab kurz darauf ein anderer Flüchtling aus NS-Deutschland, Heinrich Mann, seinen deutsch schreibenden Kollegen den grundsätzlichen Vorbehalt auf: „Keine Täuschung! Wer jemals deutsch schrieb, deutschen Ruf erwarb, ist in Gesellschaft aller Deutschen ohne Ausnahme mitgenommen worden nach Kiew und nach Majdanek."[38] Was Brod erst später deutlicher werden mochte, war für Hilsenrath – als Mah-

[34] Max Brod: *Streitbares Leben – Autobiographie*. München 1960, S. 521.

[35] Zum Status von Kellers *Grünem Heinrich* als Beispiel des bürgerlichen Realismus' vgl. Gert Sautermeister: „Gottfried Keller: Der grüne Heinrich (1854/55; 2. Fassung 1879/80). Gesellschaftsroman, Seelendrama, Romankunst". In: Horst Denkler (Hg.): *Romane und Erzählungen des Bürgerlichen Realismus – Neue Interpretationen*. Stuttgart 1980, S. 80-123.

[36] Vgl. Dan Diner (Hg.): *Zivilisationsbruch – Denken nach Auschwitz*. Frankfurt am Main 1988.

[37] Vgl. Brod: *Streitbares Leben* (Anm. 34), S. 512.

[38] Heinrich Mann: „Einführung". In: *Morgenröte. Ein Lesebuch*. Herausgegeben von den Gründern des Aurora-Verlages, New York 1947, S. 11-23, hier S. 19. Vgl. auch Verf.: „Fünfzig Jahre ‚danach'. Zum Antifaschismus-Paradigma in der deutschen Exilforschung". In: *Exilforschung – Ein internationales Jahrbuch*. Bd. 14 (1996), S. 133-149, hier S. 145 f.

nung – obsolet: Er war *tatsächlich* ‚dort‘[39] gewesen. Doch damit war die Frage nach Vermögen und Legitimität der deutschen Sprache in der literarischen Auseinandersetzung mit der Erfahrung der Verfolgung noch nicht beantwortet.

Sie findet eine vorläufige, für Hilsenraths poetische Arbeit schließlich endgültige Antwort, die gleichfalls schon im Brief an Brod verborgen ist: die Vorstellung einer deutschen Sprache, die doch nicht die Sprache der Deutschen ist. In der Ansprache an Brod wird sie konkret: in beider Nähe zu einem Deutsch, „not the German of the Germans but the German of the Habsburg Empire, of Vienna, Prague, and Czernowitz“[40]. Es ist die spezifische Nähe Hilsenraths zu einem Deutsch weniger *aus* als *in* der Bukowina, die in der Nacherzählung des Ruben Jablonski ihre sprechende, teilweise groteske Gestalt erhält. Während der Ich-Erzähler mit der zentralen Bildungsstätte deutscher Muttersprache und Kultur, seiner Schule in Halle an der Saale, nur die negativsten Erinnerungen verbindet[41], erlebt er, in das bukowinische Dorf seines Großvaters geflüchtet, plötzlich eine ungewohnte Attraktion seiner Muttersprache: „Die Tatsache, daß Verwandte aus dem Westen kamen, und noch dazu aus Deutschland, dem Land von Schiller, Goethe und Beethoven, war eine Sensation. [...] Wir waren jetzt Westeuropäer. [...] ein edles Kulturvolk.“[42] Als „echten Westeuropäer und echten Deutschen“ macht man Ruben „gleich zum Kapitän“ der Fußballknabenmannschaft[43]. Rubens Berichte lassen keinen Zweifel am zentralen Stellenwert des positiven Renommees seiner Muttersprache – obwohl eigentlich „Sächsisch“[44] – in diesen „schönsten Monaten meiner Kindheit“[45]. Ein Dialog zwischen seiner Mutter und einem Bekannten, den Ruben wiedergibt, verdeutlicht in einem für Hilsenraths poetische Arbeit kennzeichnenden satirischen Modus den unveräußerlichen Anspruch auf eine Sprache, die nicht die der Bukowiner ist, aber erst in ihrer Gesellschaft – nicht ohne ironische Brechungen – neuartig schätzen gelernt und *hier* – d. h.: im Moment der *Flucht vor den Deutschen* – unveräußerlich angeeignet wird. In einem Kaffeehaus, das Ruben und seine Mutter

[39] ‚Dort‘ steht in der hebräischen Umgangssprache für den Ort der NS-Massenvernichtung. Vgl. etwa David Grossman: *Stichwort: Liebe*. München/ Wien 1991, S. 13, 19 u.ö.; auch Gershom Scholem an Hannah Arendt in der Auseinandersetzung um *Eichmann in Jerusalem*: „Ich masse mir kein Urteil an. Ich war nicht da.“ (Brief vom 23. Juni 1963, in: ders.: *Briefe II – 1948–1970*. Herausgegeben von Thomas Sparr. München 1995, S. 98)

[40] Appelfeld: *Beyond despair* (Anm. 13), S. 63.

[41] Hilsenrath: *Abenteuer* (Anm. 19), S. 13.

[42] Ebd., S. 20, 21, 22.

[43] Ebd., S. 24.

[44] Ebd., S. 36.

[45] Ebd., S. 23.

„fast täglich" aufsuchen, setzen sich immer wieder „Leute an unseren Tisch, um mit meiner Mutter zu plaudern oder – wie meine Mutter scherzend sagte – von uns mal richtiges Deutsch zu hören. ‚Wissen Sie, gnädige Frau', sagte mal ein älterer Herr an unserem Tisch zu meiner Mutter, ‚es ist ein Vergnügen, Ihnen und Ihren Kindern zuzuhören.'" Ein anderer Besucher kommt schließlich auf die Geschichte der deutschen Sprache in der Region zu sprechen: „‚Wissen Sie, gnädige Frau – während des Ersten Weltkrieges hatten die Deutschen und die Österreicher halb Osteuropa besetzt. Und wissen Sie, was mir so ein deutscher Offizier mal gesagt hat?' – ‚Was denn?' – ‚Ihr Juden seid außer den Volksdeutschen die einzigen, die unsere Sprache verstehen. Und glauben Sie mir, gnädige Frau, der hat doch tatsächlich einen persönlichen Brief an den Kaiser geschrieben und ihm mitgeteilt, daß die Juden schon wegen der Sprache die natürlichen Verbündeten des Deutschen Reiches seien.' – ‚Es ist nur schade', sagte meine Mutter, ‚daß Hitler das nicht weiß.' – Und der ältere Herr nickte und sagte: ‚Ja, der Hitler, der ist eben ein Dummkopf'."[46]

Auf dem Überseedampfer, der Ruben Jablonski im März 1951 von Le Havre nach New York bringt, kommt er mit Mitreisenden ins Gespräch. Ungeachtet der Tatsache, daß von einem fertigen Manuskript noch keine Rede sein kann, gibt Ruben sich als Schriftsteller aus, der sein Buch „bei Doubleday herausbringen" wird. Großzügig nimmt er den Vorschlag einer Dame auf, den geplanten Titel „Das Nachtasyl" in „Nacht" zu kürzen. „‚Nacht ist nicht schlecht', sagte ich." Auch über das Erscheinungsdatum besteht Gewißheit: „‚1953', sagte ich. – ‚Ist das sicher?' – ‚Es ist so gut wie sicher', sagte ich." Da taucht plötzlich eine grundsätzlichere Frage auf: „‚Schreiben Sie überhaupt englisch?' wollte ein Herr aus der Gruppe wissen. – ‚Nein, deutsch', sagte ich."[47]

Es ist wesentlich diese Gewißheit, die – anderthalb und dann noch ein weiteres Jahrzehnt später – nicht ohne Folgen für den deutschen Literaturbetrieb bleiben sollte.

2

Nach dem Vormarsch deutscher und rumänischer Truppen in die Ukraine bis jenseits des Bug im Sommer 1941 überläßt die reichsdeutsche Führung den Rumänen ein Territorium zwischen dem Bug im Osten, dem Dnjestr im Westen, dem Schwarzen Meer im Süden und einer Linie nördlich von Moghilev im Norden, hinfort „Transni-

[46] Ebd., S. 37.
[47] Ebd., S. 325.

strien“ genannt. Zehntausende der rund 300.000 Juden, die in dieser Region vor Kriegsbeginn lebten, werden durch die Einsatzgruppe D unter dem Kommando von Otto Ohlendorff sowie deutschen und rumänischen Truppenteilen ermordet. Im Anschluß sucht die rumänische Regierung unter Ion Antonescu das Gebiet zur Konzentration der Juden aus Bessarabien, der Bukowina und dem nördlichen Moldawien zu nutzen. Die Deportationen beginnen am 15. September 1941. Bis zu ihrem Abbruch am 13. Oktober 1942 wurden ca. 150 – 185.000 Menschen nach Transnistrien deportiert, unter ihnen auch zahlreiche politische Häftlinge. Wer nicht in den drei Vernichtungslagern im Golta-Distrikt ermordet wird, muß in den Ghettos zu überleben versuchen, dessen Bewachung sich deutsche Polizei und rumänische Verwaltung teilen. An Hunger, Kälte, Typhus und Ruhr sterben im Winter 1941/42 Zehntausende der Deportierten. Zu den Ghettos, die auf diese Weise auf die Vernichtung der Juden zielen, zählt auch das der Stadt Moghilev-Podolsk, die am 19. Juli 1941 von deutschen und rumänischen Truppen erobert worden war. Im Dezember 1943 halten sich rund 16.000 Juden im Ghetto von Moghilev-Podolsk auf, unter Bedingungen, die täglich zu zahlreichen Selbstmorden führen. Als am 15. März 1944 die Rote Armee Transnistrien befreit – Moghilev-Podolsk wird am 20. März von sowjetischen Truppen erreicht –, sind von den ca. 150.000 dorthin deportierten Juden etwa 90.000 umgekommen.[48]

Dies ist der historische Kontext, in den Edgar Hilsenraths Roman „Nacht“ gestellt ist – eine Faktizität, die in der Schilderung der Versuche des Deportierten Ranek, zu überleben, jede Abstraktheit verliert. Schauplatz der Handlung ist das Ghetto der Ruinenstadt Prokow, dem von Moghilev-Podolsk nachgezeichnet. Ein „demolierte[s] Lenindenkmal, dem der halbe Kopf fehlt“[49], und die vage Erinnerung an frühere Namen jetzt namenloser Straßen – „Vielleicht hieß sie einst Leninstraße oder Gorkijstraße. Irgendeinen Namen wird sie wohl gehabt haben“ (N 18) – bilden die disparaten Überbleibsel einer Ära, deren Befähigung zu transzendierender Symbolisierung zusammen mit ihrem gesamten zivilisatorischen Bestand unwiderruflich untergegangen scheint. Eine charakteristische Ausnahme bildet dabei die Straße im Zentrum des Ghettos, die Puschkinskaja, die auf verschiedene Weise an diese untergegangene Ära erinnert: „Die Häuser der Puschkinskaja waren zum größten Teil unversehrt geblieben. Über den Türen ehemaliger ukrainischer Geschäfte hingen noch rostige

[48] Vgl. Israel Gutman u.a. (Hg.): *Enzyklopädie des Holocaust*. München 1998. Bd. II, S. 960-961, Bd. III, S. 1421-1425.

[49] Edgar Hilsenrath: *Nacht*. Frankfurt am Main 1983, S. 12. (Kürzel im fortlaufenden Text: N + Seitenangabe)

Schilder in kyrillischer Schrift, die einen freundlich angrinsten und die niemand entfernen wollte, obwohl ihre ursprüngliche Bedeutung längst den Sinn verloren hatte. In einem früheren Eisenwarengeschäft, dessen Lager von den rumänischen Behörden beschlagnahmt worden war, befand sich jetzt eine Bäckerei, in deren Schaufenster verdächtig aussehende, dunkle Brote aus Kleie und Sägemehl ausgestellt waren. Nebenan war ein Holzladen, in dem man Baumstümpfe und, für einen geringen Kostenaufschlag, auch zerhacktes Feuerholz kaufen konnte. – Es gab auch einen Sackhändler, der leere Mehlsäcke feilbot, Säcke zum Umwickeln, für die armen Leute, und Säcke für die Reichen, die sie zum Verstauen von Lebensmitteln verwandten. In einem schiefen, kleinen Haus befand sich eine Totenträgeragentur [...]. Eine seltsame Straße. Wo es doch sonst nichts als Trümmer und Zerstörung in der Stadt gab, ging hier der Pulsschlag des Lebens unbekümmert weiter. Es gab Leute, die nur deshalb aus den stillen, ausgestorbenen Gassen hierherkamen, um die vertrauten Geräusche einer Verkehrsstraße wiederzuhören, Geräusche, an die sich Erinnerungen knüpften, die noch nicht ganz vergessen waren. Manche kamen auch aus einem anderen Grund: Weil die Straße einen Namen hatte. Denn wo es noch Symbole gab, war noch Hoffnung da. Der Krieg hatte also doch noch nicht alles gleichgeschaltet.“ (N 68 f.)

Den namenlosen oder allenfalls mit Ersatz-Namen versehenen Orten jenseits des „Pulsschlags“ der Puschkinskaja fehlt in der Regel jeder vergleichbare Hinweis auf eine der Jetztzeit vorgängige Vergangenheit. Ihr Status ist bestimmt einzig durch ihre Verwendbarkeit im Überlebenskampf. An erster Stelle stehen dabei die Schlafplätze, die möglichst viel Schutz vor den nächtlichen Razzien bieten müssen. Zu ihnen zählt das sogenannte Nachtasyl : „Das Nachtasyl war das einzige Haus in der Straße, dessen Reste sich wie durch ein Wunder erhalten hatten. Die Zimmer des Seitenflügels waren eingestürzt, aber der Hausflur und das große Zimmer oben an der Treppe waren erhalten geblieben. Es schien, als hätten die Bomben im vorigen Jahr das Haus nur spaßeshalber in den Seiten gekitzelt. Die übrige Straße war abgebrannt“ (N 17 f.). Die verelendeten Menschen, die hier ihr Unterkommen weitgehend durch pure Gewalt durchsetzen, unterscheiden sich von jenen, denen durch Begünstigung oder Beteiligung an Schwarzmarktgeschäften noch bessere Unterkünfte zur Verfügung stehen. „ ‚Ich meine ... daß die Leute hier anders aussehen‘ “, sagt eine Frau, die eines Tages ins Nachtasyl gerät. „ ‚Wie anders sehen sie denn aus?‘ – ‚Nicht mehr wie Menschen‘ “ (N 285). Gleichwohl ist es dieses Quartier, das Ranek schließlich als „ ‚ein richtiges Zuhause‘ “ (N 396) empfindet; „[es] kam ihm [...], trotz allem, [...] wie ein Eiland vor, wie ein Stückchen feste Erde im bewegten Meer, das man lange gesucht und endlich gefunden hatte.“ (N 398)

Als sicherere Unterkunft gilt dagegen das Kaffeehaus von Itzig Lupu, der nach der abendlichen Schließung den Platz auf Fußboden und Tischen vermietet; Lupus vertraute Stellung zur jüdischen Polizei hat dieser Schlafstelle den Ruf eingebracht, vor Razzien weitgehend sicher zu sein (N 75 f.). Wer weder hier noch dort unterkommt, versucht, an Orten unterzukriechen, deren ‚Bewohner' so schwach sind, daß keine ernsthafte Verteidigung zu fürchten ist. Zu diesen Orten zählt etwa die Kellertreppe unter dem Bordell. Zwar bietet sie die Chance, etwas von den Küchenabfällen des Bordells erlangen zu können (N 105); andererseits wird der Keller als öffentliches Pissoir benutzt, so daß der Kellerraum „im Lauf der Sommermonate zu einem stinkenden, braunen Teich angeschwollen [war], der bereits die untersten Stufen überschwemmte" (N 334). Alle diese Orte werden der letzten Zuflucht vorgezogen, die den Obdachlosen bleibt: „die Büsche". Denn „zuerst kommen immer die Büsche dran, wenn irgendwas los ist" (N 206). Die Gefahr, bei einer Razzia in den Büschen erwischt zu werden, ist so groß, daß die Entscheidung, dort zu schlafen, als Synonym für die Selbstaufgabe gilt: „ ‚Wer in die Büsche geht, hat keine Ansprüche mehr ans Leben. Dem ist alles egal. Und wem alles egal ist, der ist verloren.' " (N 426)

Neben den Schlaforten sind jene, die Aussicht auf etwas zu essen versprechen, die wichtigsten im Ghetto. Ihr Zentrum ist der Basar. „Im Prokower Getto gab es keine Lebensmittelkarten. Wer die Augen offenhielt, konnte zuweilen auf den Verkaufsständen des Basars, zwischen alten Kleidern und Federbetten, ein paar versteckte Kartoffeln oder Rüben entdecken, manchmal auch ein paar Bohnen, etwas Mais, Hirse, dunkles Mehl und andere Lebensmittel, die für hohe Bestechungsgelder durch die Hungerblockade gesickert waren und hier zu Wucherpreisen verkauft wurden. Vereinzelte ukrainische Bauern, die Passierscheine hatten und das Getto betreten durften, brachten ab und zu Mais und Kartoffeln mit und tauschten sie gegen Schmuck oder Kleidungsstücke. Größere Mengen Lebensmittel, auch Delikatessen, wie Butter, Milch, Eier und Fleisch, bekam man zuweilen auf dem Schwarzmarkt; seine Vertreter waren gewöhnlich auf einer abseits gelegenen Stelle des Basars zu finden – und in gewissen Häusern der Puschkinskaja: beim Friseur, im Bordell, im Kaffeehaus." (N 69 f.) Wer dagegen nichts einzutauschen hatte, konnte zur „Armenküche" gehen, vor deren Suppenkessel sich regelmäßig eine Schlange von „mehrere[n] Tausend" (N 356) Hungernden bildet.

Zu den Menschen, die an und zwischen diesen Orten zu überleben versuchen, zählt die Hauptfigur des Romans, Ranek: „Er hatte ein völlig verwahrlostes Gesicht, in dem Hunger und Not erbarmungslos gewühlt hatten. Er drückte den zu großen fremden Hut [...] tiefer in die Stirn; seine Hosen, die mit einem Eisendraht verschnürt waren, band er fester zu; er hatte kein Hemd an, und seine eingefallene Brust schaute grau und haarig unter der zerfetzten Jacke hervor." (N 8) Die Erinnerung an ihn, als sich einmal – noch zu Unrecht – die Nachricht von seinem Tod verbreitet, bleibt bei den meisten, die ihn kannten, ungenau: „Manche erinnerten sich bloß an den alten Hut, den er meistens im Zimmer aufbehalten hatte, als hätte er Angst gehabt, ihn irgendwo liegenzulassen; einige jedoch, die über eine mehr als durchschnittliche Einbildungskraft verfügten, waren phantasievoll genug, um dieser blassen, unklaren Erinnerung an den Hut noch eine menschliche Gestalt hinzuzudichten. Sie stellten sich ihn also langbeinig vor, mit kleinem Kopf und Adlernase, andere wieder mit kurzen Beinen, einem Kürbiskopf und flacher Nase. Manche dachten sich ihn auch nur als Schatten." (N 384)

Die Geschichte hinter diesem „Schatten", aus der Zeit vor „jenem Tag, als seine Welt wie ein Kartenhaus zusammenstürzte" (N 13), wird einmal knapp angedeutet; Hinweise auf biographische Vergangenheiten beschränken sich sonst ganz auf die reine Erwähnung früherer Berufe. Die Bilder der Erinnerung – an die Kindheit als Sohn eines Bäckers in der Bukowina, an „die weiten Maisfelder [...], die, fern am Horizont, den wolkenlosen, blauen Himmel berührten [...], die niedrigen Hütten mit den gelben Strohdächern, in denen Störche nisteten" (N 41) – werden nur als Schmerz erfahren: „Es gibt immer wieder Augenblicke, wo alles wieder da ist; das ist dann so, als würde man auf eine Folterbank gespannt, und die Bilder grinsen einen an. Nur die Toten haben keine Erinnerungen. Sie wissen nichts mehr." (N 36 f.)

Auch die Vergangenheit Dvorskis findet einmal etwas längere Erwähnung: „Dvorski war ein ehemaliger Fiakerkutscher. Er kam aus derselben Kleinstadt wie Ranek. Drüben in Litesti war Dvorski ein ehrenhafter Bürger gewesen; er hatte nur Reisende beschummelt, die von weither kamen und die Fahrpreise nicht kannten, aber nie Leute aus Litesti. Dvorski ging damals regelmäßig in den Tempel, er zog jeden Morgen die Gebetsriemen an und versäumte nie, seiner Frau für Sabbat ein fettes Huhn auf den Tisch zu bringen. Hier im Getto machte Dvorski dunkle Geschäfte. Er besaß die nötige Kaltblütigkeit, um gefährlichen Situationen zu begegnen, und er scheute keine Mittel, wenn es darum ging, jemanden zu betrügen. Er war keine große Figur auf dem Schwarzmarkt, er war nur ein kleiner Schieber, aber er kannte die richtigen Quellen und hatte Beziehungen" (N 46).

Die Vergangenheit nahezu aller weiteren Menschen, die Raneks Weg im Ghetto kreuzen, finden nur kürzelhafte Erwähnung, wie etwa die Dr. Hofers, der – soweit möglich – die Massenerkrankungen zu lindern versucht und sich einmal als Frauenarzt zu erkennen gibt (N 128), oder die des Geschwisterpaars Mischa und Ljuba: „Sie gingen Hand in Hand über die Straße. Der Junge mochte ungefähr zwölf

Jahre alt sein, das Mädchen acht. [...] ‚Wo werden wir heute nacht schlafen?‘ fragte das Mädchen. – ‚Ich kenne ein verschüttetes Haus‘, sagte der Junge, ‚wo uns niemand finden wird.‘ – [...] Die beiden Kinder stammten nicht aus Rumänien. Sie kamen aus einem ukrainischen Dorf und wurden nach der Invasion ins Prokower Getto gebracht. Ihre Eltern waren beim Einmarsch der Rumänen erschossen worden. Das Mädchen wußte nichts davon. Nur der Junge wußte es, aber er hatte es ihr nicht erzählt. – Der Junge hatte ein Greisengesicht. Seine Augen waren weise. Dagegen war das Mädchen noch vollkommen unschuldig.“ (N 266)

So deutlich der alltägliche Überlebenskampf der Deportierten geschildert wird, so schemenhaft bleiben die Bewacher des Vernichtungsghettos. Mal dringt „das Grölen rumänischer Soldaten“ „aus einer Seitenstraße [...] herüber“ (N 12); und vor allem als „Treiber“ (N 18) sind sie in den Ängsten und Gesprächen der Deportierten stets gegenwärtig. Aus der Gruppe der Verfolger ist es einzig Daniel, ein Mitglied der jüdischen Polizei, der genauer geschildert wird: „Der Mann war auffallend gut angezogen: Samtjacke, Sporthemd, lederbesetzte Reithosen und braune, sorgfältig polierte Motorradstiefel. An seinen Hüften baumelte ein kurzer Holzknüppel.“ (N 78) „ ‚Erinnerst du dich noch an die Zeit, als die Razzien ausschließlich von ukrainischer Miliz und rumänischen Soldaten durchgeführt wurden?‘ “ fragt ein Freund Ranek mit Blick auf Daniel im Kaffeehaus von Itzig Lupu. „ ‚Wer hätte wohl damals gedacht, daß wir einmal ’ne jüdische Polizei in Prokow kriegen würden?‘ – ‚Kein Mensch.‘ – ‚Das stimmt. Kein Mensch hätte damals an so was Verrücktes gedacht.‘ “ (N 79) Daniel erweist sich später, in einem Gespräch mit Ranek, als überzeugter Träger der herrschenden Ideologie: „ ‚[...] wer Arbeit findet, ist nützlich! Verstehst du das? Deshalb werden Huren gewöhnlich nicht erschossen. Die sind nützliche Mitglieder der menschlichen Gesellschaft, die ihren Platz im neuen Europa gefunden haben. Nur für euch ist kein Platz mehr da, für dich und deinesgleichen, weil ihr Parasiten seid. Ihr seid zu nichts mehr nütze.‘ “ (N 331)

Den Alltag im Vernichtungsghetto schildert Hilsenrath in verschiedenen Episoden, in denen Ranek teils an führender Stelle, teils nur am Rande teilhat. Sexualität, wo sie noch stattfindet, ist im Kampf ums Überleben fast überall zur Prostitution geworden. Einmal tauscht Ranek die Hälfte seines Schlafplatzes auf diese Weise ein: „ ‚Die meisten Frauen des Gettos sind vollkommen verwahrlost [...] ... aber Sie riechen noch frisch; eigentlich habe ich mich nur deshalb dazu entschlossen.‘ [...] Er begann sie wortlos auszuziehen. Die Frau war völlig stumpf. Vielleicht war sie immer so, vielleicht erst seit der langen Fahrt im Güterwagen. Er wußte es nicht; es kümmerte ihn auch nicht. Es war kein Widerstand vorhanden. [...] Ein wenig später, nachdem sie sich aus seinen Armen freigemacht hatte, sagte sie gleichgültig zu ihm: ‚Wenn ich gewußt hätte, daß Sie impotent sind, hätt' ich Ihren Vorschlag gleich angenommen. Schließlich hätten Sie mir das nicht zu verschweigen brauchen.' " (N 26 ff.)

Zum Alltag im Ghetto zählen vor allem jedoch die gefürchteten nächtlichen Razzien: „Die Tür sprang auf und schlug so heftig gegen das Ofenrohr, daß es zusammenstürzte. – Auf der Türschwelle stand ein einzelner Polizist; die übrigen rumorten noch draußen im Treppenhaus. Man konnte den Polizisten kaum sehen, weil er hinter dem Lichtkegel der Taschenlampe stand. Aus dem Ofenrohr wuchs allmählich eine schwarze Rußwolke heraus; sie kroch langsam durchs Zimmer, und ebenso langsam, wie in einer Zeitlupenaufnahme, kroch das gelbe Licht durch den Ruß und wanderte phlegmatisch über die atemlose Masse Mensch auf dem Fußboden dahin, dann tanzte es eine Weile auf der kahlen Wand, beleuchtete sekundenweise die Kleiderhaken, huschte dann hinüber zur anderen Wand und setzte seinen Weg über die fast leer gewordene Schlafpritsche fort. – [...] Dann kam ein ganzes Rudel Polizisten hereingestürzt. Alle trugen Taschenlampen, und auf einmal war das Zimmer taghell erleuchtet. – Am Anfang fiel kein Wort. Es war das übliche Spiel mit den Taschenlampen, ein Spiel ohne Worte. – Man konnte wieder schwere Tritte auf der Treppe hören. Zwei rumänische Soldaten tauchten in der Tür auf; sie hatten die Gewehre geschultert. – ‚Wir haben sie alle beisammen', sagte der erste Polizist zu einem der Soldaten. – ‚Hast sie wohl gezählt?' grinste der Soldat. – ‚Nein, es sind zu viele', gab der Polizist mürrisch zur Antwort. – ‚Ist auch nicht nötig. Wir brauchen bloß zehn. [...] Wer meldet sich freiwillig?' " Kurz darauf „ging [es] los. Die Polizisten hatten sich verteilt und begannen nun mit ihren Knüppeln auf die ineinander verschlungenen Körper zu dreschen, auf das Durcheinander von Decken, Beinen, Köpfen, Armen. [...] Körper fuhren hoch und sackten wieder zusammen, andere wälzten sich zuckend herum und streckten die Arme schreiend hoch. Manche Leute waren aufgesprungen und versuchten, die Wand einzurennen, andere lagen verkrampft unter ihren Decken oder kauerten geduckt hinter den Rücken ihrer Nachbarn." (N 247 f.)

Noch vor dieser Razzia – der er entkommt – schließt Ranek sich Dvorski bei dem Unternehmen an, nachts durch den Fluß ans rumänische Ufer zu schwimmen, um einem angeschossenen und dort verendeten Flüchtling die Goldzähne auszubrechen. „ ‚Wenn er lachte und dabei die Zähne entblößte', " lockt Dvorski Ranek, „ ‚glänzte es buchstäblich.' " (N 203) Als sie nach der Überquerung des eiskalten Flusses die Leiche erreichen, „faßte [Ranek] den kalten nassen Kopf des Toten an; die Gesichtszüge waren durch die Nacht nicht zu erkennen. Besser, du hast sie nicht gesehen, dachte er, da bleibt wenigstens keine

Erinnerung.“ Während schließlich Dvorski „keuchend einen Zahn nach dem anderen herauszog, zerrte er den Kopf des Toten jedesmal mit, und Ranek mußte den Kopf immer wieder zurückdrücken; er hatte dabei das grauenhafte Gefühl, als ob der Tote sich verzweifelt gegen die fremde Hand wehrte, die ihm Gewalt antat.“ (N 208 f.)

Nachdem Ranek dank des Goldes für kurze Zeit im Kaffeehaus Itzig Lupus übernachten kann, findet er sich kurze Zeit später doch wieder im Nachtasyl ein, das bald darauf Schauplatz einer auch für die Ghetto-Insassen ungewohnten Szenerie wird: des Versuchs einer Kaiserschnittoperation. Nachdem einer der Nachtasyl-Bewohner, Moische, seine Frau so lange wie möglich ins Bordell geschickt hatte, um auf diese Weise „kleine Paket[e] mit Lebensmitteln“ (N 150) zu erhalten, war sie schwanger geworden; Hofer diagnostiziert eine Beckenverengung. Moische gelingt es, den „‚Schweinehund‘“ (N 260) Dr. Blum, der einen Teil seines Arztbestecks ins Ghetto hatte einschmuggeln können, zur Operation zu bewegen. Unter katastrophalen Umständen, auf einem Tisch in der Mitte des Nachtasyls – seine Bewohner hatten nur durch Moisches Versprechen, etwas zu essen zu bekommen, sich zum Verlassen des Zimmers bewegen lassen – wird das Kind zur Welt gebracht. Unmittelbar darauf „strömen [sie] wieder ins Zimmer. Sie poltern und machen Lärm. Einige bemächtigen sich des Küchentisches, der noch voller Blut ist, und schaffen ihn hinaus ins Treppenhaus. [...] Der Tisch muß raus. Es ist nicht genug Raum für ihn im Zimmer.“ (N 276)

Die Geschichte, die Hilsenrath mit und zwischen diesen Episoden erzählt, ist jedoch eine des täglichen Kampfes nicht nur um das schiere materielle Überleben, sondern zugleich um den Rest einer Menschlichkeit, die sich diesem Überlebenskampf immer wieder in den Weg stellt. Der auf Bedingungslosigkeit verwiesene Überlebenswillen und verbliebene Ansprüche auf menschliche Identität stehen einander unversöhnlich gegenüber. In der Existenz Raneks wird ihre dramatische Verknüpfung als der elementare Konflikt im Versuch des Überlebens ausgetragen. So unzweideutig die Anforderungen einer vor Zeiten angeeigneten Moralität – als Kennung des Menschlichen – im Ringen ums Überleben als Hemmnis wirken, so nachhaltig wird – und bleibt – Ranek von der längst in das Unbewußte abgedrängten Ahnung bestimmt, daß nur das verzweifelte Festhalten an dem, was ihn auch in der Vernichtung sich selbst noch als Menschen erkennen läßt, sein Überleben rechtfertigen und aushalten lassen wird.

Die Zerrissenheit, in die Ranek durch diesen Konflikt getrieben wird, zeigt sich schon in seinen immer wieder in die knappen Wortwechsel eingeflochtenen Bekenntnissen zu Härte und Egoismus, die, selbst wenn sie die Gesetze des Überlebens lehren wollen, zugleich auf die Betäubung der eigenen Skrupel gerichtet bleiben: „,Heute muß jeder zuerst an sich denken', sagte er kalt, ,es ist das Gesetz unserer Zeit.'" (N 17) – „,Es muß Ihnen immer ganz egal sein, was andere machen, ob sie essen oder huren oder verrecken... ganz Wurscht... jeder kümmert sich hier nur um sich selbst.'" (N 56) – „,Wir müssen hart sein. Wir müssen abweisen. Weil wir zuerst an uns denken müssen. Und wir dürfen uns deshalb keine Vorwürfe machen.'" (N 184) Diese Auffassung versucht Ranek, sich nach Kräften zu eigen zu machen. Wohl droht er zu zögern bei seinem Versuch, den todkranken, nässenden Leo aus dem Nachtasyl in das Treppenhaus zu schleppen – „er strampelte nicht; er hatte plötzlich das Gefühl, als wäre der andere vor Schreck völlig gelähmt; er wimmerte nicht mal". Doch diesen Moment sucht Ranek mit dem – von ungläubigem Kopfschütteln begleiteten – Gedanken „Daß man immer noch diese verdammten Hemmungen hat" (N 251 f.) zu ersticken.

Solche Erziehung zur Härte bleibt auch bei Ranek nicht ohne Folgen. Vom Hunger überwältigt, reißt er einem, von seiner Mutter zeitweilig unbeaufsichtigten Kind die Eßschüssel aus den Händen und schlingt den Inhalt hinunter; das Urteil der Mutter – „,Gott wird Sie dafür bestrafen'" – quittiert er mit der Bemerkung: „,Ich scheiß' auf Gott' [...] – ,Das Kind hat heut noch nichts gegessen', sagte sie. ,Wissen Sie überhaupt, was Sie gemacht haben?' – Er wollte erwidern: Jetzt weiß ich es. Aber vorhin, als ich es machte, hab' ich's nicht gewußt. Ich konnte nicht anders." (N 358) Hemmungslose Brutalität ohne Skrupel übt Ranek aus, als er erfährt, daß Sara, mit der er eine Liegeplatz- und Eßgemeinschaft im Nachtasyl teilt, gegen ihre Absprache hinter seinem Rücken Wäsche gegen Lebensmittel eintauscht, die sie verzehrt, ohne sie mit ihm zu teilen: „Ranek holte sie rasch ein. Er packte sie an den Haaren und trommelte mit der einen freien Faust von hinten auf ihren Kopf, bis sie in die Knie ging; er stieß sie aufs Pflaster und trat mit seinen verbundenen Füßen in ihr Gesicht, immer wieder, immer wieder, ohne auf ihre dumpfen Hilferufe zu achten. Seine Fußlappen verrutschten; er verlor beim Bücken seinen Hut, aber er ließ nicht nach; sein Gesicht war völlig entstellt, Speichel troff ihm aus dem Mund. ,Du Aas', keuchte er, ,... du Aas, du Aas ...'" (N 110) So ungewöhnlich dieses Verhalten für Ranek ist, so alltäglich wirkt es in der Wahrnehmung der anderen Ghettobewohner; im Gespräch zwischen einer Mutter und ihrer kleinen Tochter, die zufällig Zeugen der Szene werden, wird der Vorfall zum Lernbeispiel: „,Warum hat er sie so geschlagen?' fragte das Kind ein wenig später seine Mutter. – ,Sie hat etwas verbrochen', sagte die Mutter. – ,Sie hat doch bloß gegessen?' fragte das Kind. – ,Das ist es eben', sagte die Mutter." (N 111)

Wenn Ranek Menschen beobachtet, die noch nicht so lange wie er im Ghetto leben, gilt ihm die eigene fortgeschrittene Anpassung an das Ghetto als der ‚natürliche' Maßstab: „Sie ist noch nicht erledigt wie du" (N 35); „die Frau zeigte mehr Beherrschung als er; man merkte ihr noch an, daß es erst kurze Zeit her war, seitdem sie die Zivilisation hinter sich gelassen hatte" (N 55). Doch hinter der selbstzufriedenen Anerkennung der eigenen Anpassungsleistung bereitet sich längst der offene Ausbruch einer Selbstkritik vor, die unter den Bedingungen der Vernichtung unaushaltbar zu werden droht. In diesem Prozeß kommt einer Erinnerung Bedeutung zu, die Ranek eines Tages seinem Freund Sigi im Kaffeehaus erzählt und von einer moralischen Statur handelt, die zwar vergangen zu sein scheint, deren Anziehungskraft auf Ranek jedoch unvermindert wirkt: „ ‚Daniel machte mir damals den Vorschlag, in die Polizei einzutreten.' – ‚Daniel hat dir ... ?' – ‚Ja, das hat er mir vorgeschlagen', unterbrach Ranek den erstaunten Sigi. ‚Das klingt 'n bißchen komisch. Aber so war's. Er hat's damals ganz ernst gemeint. Er wollte alles für mich erledigen: Papiere, Formalitäten und all den übrigen Kram. Ich hätte nur ‚Ja' sagen brauchen ... ein einziges Wort, bloß ‚Ja' ... und ich hätte bis zum Ende des Krieges ausgesorgt: gutes Essen, anständige Zigaretten, warme Kleider.' Ranek grinste vielsagend: ‚Hast du mal den Ausweis gesehen, den die Polizisten mit sich rumtragen? So 'nen Ausweis hätt' ich auch gehabt ... mit den vielen Stempeln, alle möglichen Stempel ... hätt' ihn immer in der Tasche gehabt; ist sehr wichtig, verstehst du, so'n Ausweis bestätigt nämlich, daß du ein nützliches Mitglied der menschlichen Gesellschaft bist und deshalb das Recht hast zu leben. Macht dich unantastbar. Kein Schwein kann dir was anhaben. So'n Ausweis ist schon was wert.' – ‚Und was hast du gemacht?' – ‚Ich hab's nicht angenommen. Ich hab' zu ihm gesagt: Nein.' – ‚Das war ein Fehler.' Sigi schaute ihn verständnislos an. ‚Das war bestimmt der größte Fehler, den du jemals in deinem Leben gemacht hast.' " (N 80 f.) Doch je länger Sigi über das Angebot und den von Ranek angeführten Grund der Ablehnung, seine vorgebliche Unfähigkeit, jemanden umzubringen, nachdenkt, desto stärker werden seine Zweifel an Raneks Geschichte: „ ‚Als Polizist brauchst du doch niemanden umzubringen [...], du schleppst die Leute bloß zum Bahnhof. Daß sie dann später erschossen werden, das geht dich doch nichts an. [...] Wer so dran ist wie wir [...], der kann nicht mehr wählerisch sein. Der nimmt jede Arbeit an, wenn's nur dafür was zu fressen gibt ... und vielleicht ein paar warme Kleider und einen Fetzen Papier, der ihn vor den Deportationen schützt. Der guckt nicht mehr drauf, ob ihm die Hände dreckig werden oder blutig; der macht alles; der stellt keine Fragen mehr. Du bist doch keine Ausnahme?' – Ranek schwieg verbissen. Du kannst ihn nicht überzeugen, dachte er. Es hat keinen Zweck. – ‚Du glaubst mir nicht?' – ‚Nein. Du bist keine Ausnahme. Du machst alles.' – ‚Du scheinst mich ja sehr gut zu kennen?' – ‚Ich weiß, wer 'ne

Ausnahme ist und wer nicht. Du bestimmt nicht.' Sigis Stimme wurde noch höhnischer. ,Wahrscheinlich hat die Sache mit der Polizei nicht geklappt. Du bist nicht der Typ, der sich so 'ne Gelegenheit entgehen läßt. Es hat bloß nicht geklappt, und du willst es nicht zugeben.' " (N 81 f.)

Die Episode thematisiert den Aspekt der NS-Massenvernichtung, der für das Selbstverständnis der Überlebenden wie des Jischuw und des späteren Staates Israel am prekärsten war: erpreßte jüdische Teilhabe an der Organisation der Vernichtung[50]. Selbst an dieser Stelle läßt Hilsenrath programmatisch offen, ob sein Protagonist dieser spezifischen Versuchung, sein Leben zu retten, nicht doch nachgegeben hätte[51]. Unzweideutig ist dagegen der Stellenwert, den die – noch geringfügigste – Behauptung menschlicher Identität im Denken Raneks zum Zeitpunkt seines Gesprächs mit Sigi einnimmt – und sei diese Behauptung auch bis auf das letzte Minimum einer Option des Nein-Sagens verstümmelt[52]. Dieses – zusehends verzweifelter werdende – Ringen um den entscheidenden Rest menschlicher Identität verschafft sich einmal überraschend Luft mitten in Raneks Schilderung einer Frau: „,Ich meine eine Frau, die noch kein Skelett ist, die noch Fleisch auf sich hat.' Und wieder zittert seine Stimme vor Haß: ,Die noch wie ein Mensch aussieht. Nicht so wie ich. Nicht so wie die meisten von uns. Verstehen Sie das? So wie ein Mensch!' " (N 291)

Zwei Geschehnisse sind es vor allem, die den Konflikt für Ranek in der Erzählgegenwart zuspitzen; sie stehen am Anfang und gegen Ende des Romans.

Nachdem die Bewohner des Nachtasyls den fiebernden, an Flecktyphus tödlich erkrankten Levi aus ihrem Raum hinausgeworfen haben, ist es Ranek, der den Kranken unter der Treppe, und schließlich, indem er ihn mit Holzscheiten zudeckt, vor den Augen und dem

50 Zur Diskussion über die Rolle der Judenräte vgl. Kap. VI, S. 277 mit Anm. 195, sowie Kap. XI, S. 524.

51 Vgl. auch Marika Kreutz: „Täter und Opfer – Das Bild des Juden in den Romanen ,Nacht' und ,Der Nazi & der Friseur'". In: Thomas Kraft: *Hilsenrath* (Anm. 3), S. 127-135, hier S. 130.

52 Auf den Stellenwert dieser Option deutet schon der Titel von Uwe Meyers Weil-Studie hin, *„Neinsagen, die einzige unzerstörbare Freiheit"* (Frankfurt am Main 1996). In welchem Maß gerade die Option einer Mitarbeit im Judenrat ein Paradigma in der Selbstbefragung jüdischer Überlebender darstellt, verdeutlichen sowohl die poetische Arbeit wie verschiedene Interview-Äußerungen Weils in besonderer Weise. Vgl. dazu „Nicht dazu erzogen, Widerstand zu leisten". In: Edith Laudowicz, Dorlies Pollmann (Hg.): *Weil ich das Leben liebe. Persönliches und Politisches aus dem Leben engagierter Frauen*. Köln 1981, S. 171-180, hier S. 176 ff., sowie „Ich habe Auschwitz, wie andere Tb oder Krebs". Liz Wieskerstrauch im Gespräch mit Grete Weil. In: *Anschläge- Zeitschrift für Kunst und Literatur*, Heft 14/ 1988, S. 22-26, hier S. 24 f.; zur Darstellung und Problematisierung der Arbeit des Judenrates in ihrem poetischen Werk vgl. die Übersicht in Meyer: *Weil*, S. 221 f.

Zugriff der Treiber zu verbergen versucht. Zwar geschieht schon diese Handlung nicht aus „Sentimentalität; Ranek beabsichtigte hiermit bloß, den Gewinn zurückzuzahlen, den er im Begriffe war, aus der Lage des Mannes zu ziehen“ (N 19). Doch entgegen dem im Ghetto gültigen Verhaltenskodex läßt Ranek sich dazu hinreißen, den Sterbenden noch vor seinem Tod auszuplündern: „Er stirbt, durchfuhr es Ranek. Man müßte die Alte benachrichtigen! Vielleicht wollte Levi sie noch einmal sehen? Ranek verwarf den Gedanken sofort, weil es jetzt Wichtigeres für ihn zu tun gab. – Das Streichholz verlosch. Er nahm sich keine Zeit, ein anderes anzuzünden, sondern fing gleich an, Levi zu untersuchen. Der Sterbende trug weder Jacke noch Hose; um seinen nackten Körper waren zwei aufgetrennte Mehlsäcke gewunden. Ranek hielt sich nicht unnötig mit den Mehlsäcken auf; er betastete Levis Beine ... und jetzt fühlten seine Finger: die Schuhe. – ‚Levi‘, flüsterte er, ‚du brauchst die Schuhe doch nicht mehr.‘ – Er kam sich plötzlich wie ein Geier vor. Ein Geier vor einem Aas. Nein, dachte er, noch nicht, noch kein Aas. [...] für hiesige Begriffe galt so etwas als schweres Verbrechen. Nicht einmal die Abgebrühtesten wagten es, einen Sterbenden auszuplündern; sie warteten lieber, bis er tot war, und nahmen ihm dann erst die Sachen fort ... [...] ‚man wartet ab ... so ist's anständig. Wenn er tot ist, dann sieht er nicht, was man mit ihm macht; dann weiß er nichts mehr.‘ – [...] Was ging ihn das alles an! Er hatte Hunger, und er wollte die Schuhe; er würde sie Dvorski bringen, und Dvorski würde ihm was zu fressen geben. Und das war das Wichtigste! Wichtiger war's als der ganze moralische Kram...“ (N 49). Doch das schlechte Gewissen holt Ranek kurz darauf ein. In einem Streit kommt Ranek der Mutter Levis zu Hilfe: „Er half der schluchzenden alten Frau wieder auf ihren Platz. Er wischte ihr das Blut aus dem Gesicht. Er nahm den Rest des Brotes aus dem Hut und gab's ihr, und er wußte plötzlich, daß er all das bloß tat, um an ihr wiedergutzumachen, was er an ihrem Sohn verbrochen hatte.“ (N 59)

Am folgenschwersten reißt der Konflikt zwischen den Erfordernissen des materiellen und eines moralischen Überlebens in der Versuchung Raneks auf, auch seinem toten Bruder Fred den Goldzahn auszuschlagen. Radikalisiert wird dieser Konflikt für Ranek durch die Gegenwart Deboras, seiner Schwägerin, die nicht nur seine Bilder der Erinnerung an eine Welt unberührt von der Katastrophe bestimmt (N 38 f.), sondern auch unter den Bedingungen des Ghettos mit allen Kräften für die Aufrechterhaltung von Resten humaner Existenz kämpft. Dazu gehört etwa ihr unumstößlicher Beschluß, ihren an Flecktyphus erkrankten Ehemann aus dem Spital zu entführen, denn „ ‚das Spital ist ein Friedhof [...], dort ist noch keiner gesund geworden, niemand kommt von dort wieder zurück.‘ “ (N 161) Fred wird an Levis Stelle unter der Treppe zum Nachtasyl versteckt; schon bald darauf schweifen Raneks Gedanken zum Goldzahn des Bruders: „Er versuchte, sich Freds Gesicht vorzustellen, wenn es soweit sein würde: ein kaltes und erstarrtes Gesicht ... und ein toter, schweigender Mund. Nein, er wird nicht jammern, wenn du ihm den Goldzahn herausziehen wirst, dachte Ranek. Es wird eine schmerzlose Operation sein, denn der Tod ist die beste Narkose ... Ranek berührte leicht ihre Schultern. ‚Debora', sagte er leise, ‚kannst du dich noch dran erinnern, wieviel Fred damals für den Goldzahn bezahlt hat?' – Sie schüttelte den Kopf ... und dann rückte sie den Topf etwas von der Flamme weg und blickte ihn stumm an. Obwohl er nichts mehr sagte, las sie jeden einzelnen Gedanken aus seinen harten Augen ab." (N 188) Nachdem Fred gestorben ist, „starrte [Ranek] seinen Bruder nicht lange an, aber in diesen wenigen Sekunden schien die Zeit still zu stehen. Das ist er nicht, dachte er, das kann er doch nicht sein! [...] ‚Ich muß es jetzt machen', sagte er heiser zu Debora. ‚Weil es morgen früh zu spät sein wird.' Und da sie kein Wort herausbrachte, fuhr er fort: ‚Ich muß es machen, ehe die anderen aufwachen. Die sind alle scharf auf den Zahn. Das weißt du doch. Ich will mich nicht mit ihnen herumschlagen. Ich muß es machen, ehe sie's merken.' Seine Stimme klang hohl und seltsam fremd in der Nacht. ‚Der Zahn bedeutet Leben, Debora. Ein paar Wochen Weiterleben für uns. Versuch mich zu verstehen.' Er grinste sie verzweifelt an, und er blickte in ihr Gesicht, und es kam ihm vor, als ob er das alles gar nicht gesagt hätte. Dann wandte er sich ab. [...] der Mund war so steif wie ein Stück Altholz, und die Lippen waren so fest zusammengepreßt, als hätte er noch in den letzten Zügen daran gedacht, daß man ihn bestehlen würde. [...] Debora hatte sich anfangs nicht eingemischt und schweigend zugeschaut, wie er, mit verkniffenem Gesicht, den Mund des Toten kontrollierte, aber als er dann [...] anfing, die widerspenstigen Lippen mit dem Hammer aufzureißen, hing sie sich weinend in seinen Arm und versuchte, die Schändung zu verhindern. Er kämpfte eine Weile mit ihr, bis sie plötzlich losließ und neben dem Toten zu Boden sank. [...] Freds aufgeplatzte Lippen wurden unter seinen Schlägen allmählich zu einem blutigen Brei. [...]" (N 294 f.) Kurz darauf verläßt Debora das Nachtasyl.

Erst sehr viel später kommt es zu einem Versuch zwischen Ranek und Debora, über das Geschehene zu sprechen. „‚Ich hab' oft darüber nachgedacht, ob es nur deshalb zum Bruch zwischen uns kam, weil ich ihm den Zahn herausgeschlagen hab'. [...] Ranek, hab' ich mir immer gesagt, Debora sieht bestimmt ein, daß es richtig ist, wenn die Hinterbliebenen die Toten beerben. Das kann sie dir also nicht vorwerfen. Vielleicht war's 'ne Sünde, das mit dem Zahn ... vor allem, weil er noch nicht lange tot war und weil du's gleich gemacht hast, aber heutzutage kann man's nicht so genau nehmen. Man erbt, was man kann und wie man’s kann. Es bleibt einem keine Wahl. So ist das. Und Debora weiß das. Und deshalb darf sie dir keine Vorwürfe machen.‘ “ Debora war jedoch „ ‚vor der Erinnerung‘ “ geflohen: „ ‚Vielleicht klingt das dumm. Aber so war’s. Ich habe die Szene im Hausflur immer wieder erlebt. Immer wieder erlebt, wenn du in meine Nähe kamst.‘ “ „ ‚Ich hab‘ dir keine Vorwürfe gemacht, [...] weil ich gewußt hab‘, daß du keine Schuld hast. Du hast es getan, weil du verzweifelt warst und weil du geglaubt hast, daß wir von dem Zahn leben können, wenigstens eine Zeitlang. Du hast es für uns beide getan. Und weißt du, ich habe oft zu mir gesagt: Auch Fred hat ihm vergeben. Es kann gar nicht anders sein. Die Toten vergeben den Hungrigen, und sie vergeben den Verzweifelten.‘ “ (N 373 f.)

Deboras Urteil über Ranek kommt im Roman autoritative Bedeutung zu; ein Urteil, das zuletzt von denkbar unerwartetem Ort aus beglaubigt wird: von Levis Mutter. Nach Raneks Tod – auch er stirbt unter der Treppe des Nachtasyls – denkt sie: „Er war nur ein verkommenes Schwein [...], aber eines muß man ja zugeben: Er war gut zu Debora. – ‚Ranek hat Sie geliebt‘, sagte die alte Frau jetzt nachdenklich. ‚Er hat das nie zugegeben, aber ich habe es immer schon gewußt, Debora.‘ Sie versuchte zu lächeln, aber es gelang ihr nicht. ‚Ich hab’s gewußt‘, sagte sie, ‚bloß hab‘ ich mir’s nie erklären können, weil er doch einer war, dessen Glauben man zerstört hatte, den Glauben an Gott, Debora, und den Glauben an die Menschen, einer, dem dann nichts mehr heilig war ... und weil ich mir gesagt habe: So einer wie der ist gar nicht mehr fähig zu lieben. Aber Hofer hat eben doch recht gehabt.‘ – ‚Recht gehabt?‘ flüsterte Debora. ‚Was hat Hofer denn gesagt?‘ – ‚Nur die Toten können nicht mehr lieben ... hat er gesagt.‘ – Die alte Frau schielte angestrengt über Deboras Kopf hinweg in das schwarze Loch unter der Treppe, und sie dachte jetzt wieder daran, was Ranek an ihrem Sohn verbrochen hatte, als er sterbend und wehrlos im Hausflur lag, aber sie dachte dann auch daran, daß Ranek gut zu Debora war, und sie empfand in diesem Moment eine sonderbare Verwirrung, und sie wußte nicht mehr, ob sie den Toten verfluchen oder ob sie ihm verzeihen sollte.“ (N 442 f.)

Es ist nicht mehr als dieser „Moment einer sonderbaren Verwirrung“, der am Schluß dafür einsteht, daß Ranek – im Terror der Vernichtung – doch noch das Antlitz eines Menschen behalten hatte. „He still hasn’t lost his human face“, schreibt Appelfeld über eine seiner Überlebenden-Figuren. „That isn’t a great deal, but it’s something.“[53]

[53] Appelfeld: *Beyond despair* (Anm. 13), S. 80.

3

Nur wenige Monate, bevor Edgar Hilsenrath aus Palästina abreiste, war in Amsterdam jenes Buch in der Originalausgabe erschienen, das wie kein anderes Werk, das von der Vernichtung der europäischen Juden handelte, „die Aufmerksamkeit des westlichen Lesepublikums [...] erregt"[54] hat: „Das Tagebuch der Anne Frank". Das beispiellose Echo des Buches, bis Mitte der 80er Jahre in rund 35 Ländern in einer Auflage von insgesamt rund 16 Millionen Exemplaren vertrieben[55], verwandelte das „Tagebuch" und die Reaktionen, die es hervorrief, zur diskursformenden Kraft. Insbesondere in Westdeutschland konnte hinfort kein autobiographischer oder autobiographisch geprägter Text von Seiten Verfolgter der Vernichtungspolitik erscheinen, der nicht unweigerlich in den Nachraum sprach, den das „Tagebuch" hinterlassen hatte – bestimmt vor allem durch charakteristische Erwartungen, die durch die als *konstitutiv* internalisierte ‚Auseinandersetzung' mit dem Zeugnis Anne Franks entwickelt worden waren. In diesem Sinn verdient die Rezeption des „Tagebuchs der Anne Frank" Beachtung nicht nur als erste der – ‚literarischen' – „shock-like confrontations" mit der NS-Vergangenheit, sondern nicht weniger als „a set mechanism"[56], der durch die Wirkung des „Tagebuchs" in den deutschen Kulturbetrieb eingeführt wurde[57]. Diese Wirkung war nicht ohne diskurspolitisches Kalkül gesteuert worden.

Ein Blick auf die ersten deutschen Editionen verdeutlicht, daß vom ersten Augenblick an dem Moment der Identifikation des Lesers mit der Verfasserin zugearbeitet wurde. In der deutschen Erstausgabe, von Lambert Schneider im Jahr 1950 veranstaltet, geschieht dies in einer eigentümlichen, gleichwohl für die Situation charakteristischen Doppelschrift. Der Verleger hatte Marie Baum um eine Einführung gebeten. Baum[58] war 1933 von ihrer Stellung an der Heidelberger Universität unter Hinweis auf „meine 20 Jahre vor meiner Geburt gestorbene Großmutter [, die] eine Mendelssohn-Bartholdy gewesen war"[59], entfernt worden; ihre Unterstützung von Regimegegnern und

54 Sander L. Gilman: *Jüdischer Selbsthaß – Antisemitismus und die verborgene Sprache der Juden*. Frankfurt am Main 1993, S. 314.

55 Vgl. Rijksinstituut voor Oorlogsdocumentatie (Hg.): *Die Tagebücher der Anne Frank*. Frankfurt am Main 1988, S. 74.

56 Saul Friedländer: „German Struggles with Memory". In: ders.: *Memory, History, and the Extermination of the Jews of Europe*. Bloomington/ Indianapolis 1993, S. 1-21, hier S. 7, 8.

57 Vgl. ebd., S. 8.

58 Marie Baum, geb. 1874, gest. 1964, Sozialwissenschaftlerin und Politikerin, hatte als Mitglied der DDP der Verfassunggebenden Versammlung, sodann dem Reichstag von 1920–21 angehört. Ab 1928 wirkte sie als Dozentin für soziale Fragen an der Universität Heidelberg.

59 Marie Baum: *Rückblick auf mein Leben*. Heidelberg 1950, S. 276.

Untergetauchten in den anschließenden Jahren hatte ihr die fortgesetzte Bedrohung durch die NS-Behörden eingetragen. Doch diese Solidarität, dieses unzweideutig parteiliche *wir* hat sich in ihrem Vorwort – wie unbewußt – wieder jener Majorität der Deutschen geöffnet, die sie in den Jahren des NS-Regimes auf der anderen Seite hatte wähnen müssen. Sie läßt sie nun teilhaben am Wir der Verfolgten: „Noch einmal senkt sich die unsühnbare Schuld der Judenverfolgung als fürchterliche Last auf uns. Wir zittern mit den armen Eingeschlossenen, die, um dem Zugriff der Häscher zu entgehen, in das von großmütigen holländischen Freunden angebotene Versteck ‚untertauchen'. Wir atmen mit ihnen die gefängnishafte Luft des Hinterhauses an der Prinsengracht in Amsterdam, das sie nie verlassen dürfen, fühlen mit ihnen die täglichen Entbehrungen, den nagenden Hunger, die Nervenbelastung [...]"[60]. Was hier einsinnig als authentische Erfahrung aus der Nähe zur Verfolgung lesbar wäre, wird einer Lesweise verfügbar gemacht, die – ohne Rechenschaft über die Vergangenheit ablegen zu müssen – *heute* gern miteinstimmt in ein Wir, das sich gar über die eigenen Taten von gestern widerstandslos hinwegsetzen zu können scheint. Solches Lesen, solches Schreiben steht im Einklang mit den explizit deutschnationalen Überzeugungen der Verfasserin, die, wie ihre enge Freundin Ricarda Huch, in die humane Essenz der Deutschen und des Deutschen unbeirrt vertraute[61]. Solches Vertrauen, das die Faktizität der Massenvernichtung nicht tatsächlich an sich heranzulassen wagen konnte, spricht noch aus dem Modus, in dem sie die Franks dem Leser vorstellt: als „eine gebildete, wohlhabende deutsche Familie"[62]. Solches formelle Festhalten am bürgerlich-liberalistischen Emanzipationsversprechen, solches ‚sprachliche Beharren' auf der Zusage, Juden könnten Deutsche werden wie alle anderen auch, sperrt sich gegen die genau entgegengesetzte katastrophische Einsicht der Verfolgten; auch ist sie geeignet, die Bedeutung des im „Tagebuch" deutlich dokumentierten jüdischen Selbstverständnisses der Familie Frank[63] für den Widerstand gegen die Bedrohung parteilich herunterzuspielen.

Das von Baum eröffnete Angebot zur Identifikation mit dem Ich des Tagebuchs wird von der Kritik sogleich aufgegriffen. Die „Deutschen Kommentare" erweitern dabei die von Baum formulierte Teilhabe an den Gefühlen der Verfasserin des „Tagebuchs" („Wir zittern mit [...], wir fühlen mit [...]") in eine umfassende Analogie der jeweiligen Lebenslagen: „Das Tagebuch zeichnet ein Bild der tägli-

60 Marie Baum: „Einführung". In: *Das Tagebuch der Anne Frank. 14. Juni 1942 – 1. August 1944*. Heidelberg 1950, S. V-VI, hier S. V.

61 Vgl. Kap. II, S. 43 f.

62 Baum: „Einführung" (Anm. 60), S. VI.

63 Vgl. vor allem die Eintragung vom 11. 4. 1944: *Tagebücher* 1988 (Anm. 55), S. 683 f.

chen Hölle, aber auch eines der prallen Schönheit des Lebens. Kein Dichter unserer Zeit hat das Zwielicht unserer Situation, die sinnbildlich für uns alle genommen werden kann, so echt und ursprünglich schildern können wie dieses vierzehnjährige Mädchen". Im gleichen Atemzug wird das Schicksal der Familie Frank aus der Verantwortung ‚der' ‚Politik' entlassen: „Das Buch hat wenig mit ‚Politik' zu tun und viel mit dem Menschen unserer Tage."[64] Wo aber „vom Menschen unserer Tage" gesprochen wird, da machen Schuldsprüche insbesondere gegen Kollektive – wie gegen ‚die Deutschen' – keinen Sinn. Im Gegenteil: In dem Maße, in dem die Aufzeichnungen der Anne Frank *auch in Deutschland* als Schilderung einer Situation begriffen werden, „die sinnbildlich für uns alle genommen werden kann", muß jenes deutsche Selbstverständnis als „Opfervolk"[65] Auftrieb erhalten, in das schon die Trauer über den verlorenen Krieg gemündet war.

Spätestens hier wird deutlich, in welchem Maß „die Übersetzung der Erfahrungen der Anne Frank in einen sich als ‚universalistisch' verstehenden Deutungsrahmen [...] geradezu der Schlüssel zu ihrer Wirkung in Deutschland gewesen"[66] war. Solcher ‚Universalisierung' in „experience of suffering humanity in general"[67] hatte schon die Übersetzung des „Tagebuchs" ins Deutsche durch Anneliese Schütz sekundiert. In ihrer Bemühung, mit Blick auf eine spätere Veröffentlichung in Deutschland „‚Schimpfworte gegen die Deutschen'"[68] nach Möglichkeit zu vermeiden, hatte Schütz insbesondere konkrete Hinweise auf die kollektive Zugehörigkeit der Täter zu verwischen versucht. Aus den „Deutschen" wird einmal „die besetzende Macht" (Eintrag vom 18. 5. 1943); aus „[...] gibt es keine größere Feindschaft auf dieser Welt als zwischen Deutschen und Juden" die Feindschaft „zwischen *diesen* Deutschen und den Juden" (Eintrag 9. 10. 1942, Kursivierung durch Schütz); aus Franks Bemerkung in ihrem „Leitfaden für das Hinterhaus": „Erlaubt sind alle Kultursprachen, also kein Deutsch" der Satz: „Alle Kultursprachen, aber leise!!!" (Eintrag

64 Hier zitiert nach dem Anhang in der Ausgabe *Tagebuch* 1950 (Anm. 60).

65 Jean Améry: *Jenseits von Schuld und Sühne – Bewältigungsversuche eines Überwältigten*. München 1988, S. 85.

66 Hanno Loewy: „Das gerettete Kind. Die ‚Universalisierung' der Anne Frank". In: Verf., Holger Gehle, Doron Kiesel, Hanno Loewy (Hg.): *Deutsche Nachkriegsliteratur und der Holocaust*. Frankfurt am Main 1998, S. 19-41, hier S. 19.

67 Alvin H. Rosenfeld: „Popularization and Memory: The Case of Anne Frank". In: Peter Hayes (Hg.): *Lessons and Legacies – The Meaning of the Holocaust in a Changing World*. Evanston 1991, S. 243-278, hier S. 252.

68 Anonym: „Anne Frank: Was schrieb das Kind?" In: *Der Spiegel*, 1.4. 1959, S. 51-55, hier S. 55. Anneliese Schütz wird mit folgenden Worten zitiert: „‚Ich habe mir immer gesagt, ein Buch, das man einmal in Deutschland verkaufen will, kann keine Schimpfworte gegen die Deutschen enthalten.'"

vom 17. 11. 1942)[69] Schon hier, in der ersten Übersetzung, die 1949 angefertigt wurde und die Textgrundlage aller folgenden deutschen Ausgaben bis zum Erscheinen der kritischen Edition 1988 bildete, „schien es angeraten, das sehr reale Konfliktverhältnis und seine Spiegelung im Tagebuch, der ernüchterte Bezug auf den betrogenen Glauben an eine ‚gemeinsame Geschichte‘, zu entkonkretisieren, ins Abstrakte aufzulösen.“[70] Diese Auflösung hatte in den Eingriffen der Übersetzerin allerdings erst ihren Anfang genommen.

Noch vor der spektakulären Weltpremiere der dramatisierten Version des „Tagebuchs“ in New York, im März 1955, bringt der Fischer-Verlag die Aufzeichnungen Anne Franks als preisgünstige Taschenbuchausgabe heraus[71]. Der Außentitel zeigt eine Schwarzweiß-Aufnahme des Hauses in der Amsterdamer Prinsengracht, in dessen Hintergebäude die Familie Frank versteckt war. Der Himmel über der Häuserreihe zeigt, rot unterlegt, die Zeile „Ich glaube an das Gute im Menschen“[72] – ein ‚Zitat‘ aus dem „Tagebuch“, abgetrennt jedoch von der Reflexion der Katastrophe, die seinen Kontext bildet[73]. Der Fischer-Verlag hatte jedoch die Einführung von Baum nicht übernommen, sondern Albrecht Goes gebeten, ein knappes Vorwort zu verfassen. Auch Goes, einer der aktuell prominentesten Autoren der Inneren Emigration, ermutigt – wenn auch weniger ausdrücklich als Baum – zu einer offen identifikatorischen Lesweise des „Tagebuchs“; die von ihm beobachtete „kühle Schärfe der Menschenbeobachtung und die schaurige Entschlossenheit, auch in den schlimmsten Augenblicken den Sinn für Situationskomik in sich wachzuhalten [...] kennen wir gut“, denn „sie gehören zum Lebenspanzer unserer Gene-

[69] Vgl. *Das Tagebuch der Anne Frank*, Frankfurt/Main – Hamburg 1955, S. 73, 40, 50, mit der kritischen Ausgabe *Tagebücher* 1988 (Anm. 55), S. 414, 324, 366; die Schütz-Version dort auch synoptisch. – Die Hinweise folgen der Darstellung Hanno Loewys (vgl. Anm. 66).

[70] Loewy: „‚Universalisierung‘“ (Anm. 66), S. 24.

[71] Preis DM 1.90.

[72] Umschlagseite der Ausgabe *Tagebuch* 1955 (Anm. 69).

[73] Die Passage – aus dem Tagebuch-Eintrag vom 15. 7. 1944 – lautet im Zusammenhang: „Es ist ein großes Wunder daß ich nicht all meine Erwartungen aufgegeben habe, denn sie scheinen absurd und unausführbar. Trotzdem halte ich sie fest, trotz allem weil ich noch immer an die innere Güte der Menschen glaube. – Es ist mir zum einen unmöglich alles aufzubauen auf der Basis von Tod, Elend und Verwirrung, ich sehe wie die Welt langsam immer mehr in eine Wüste verwandelt wird, ich höre den anrollenden Donner immer lauter der auch uns töten wird, ich fühle das Leid von Millionen Menschen mit und doch wenn ich zum Himmel schaue, denke ich, daß dies alles sich wieder zum Guten wenden wird, daß auch diese Härte aufhören wird, daß wieder Ruhe und Frieden in die Weltordnung kommen wird. Inzwischen muß ich meine Vorstellungen hoch und trocken halten, in den Zeiten die kommen sind sie vielleicht doch noch auszuführen!“ (*Tagebücher* 1988 [Anm. 55], S. 786) Der Satz über „das Gute im Menschen“ bildet auch das letzte Statement Franks in der dramatisierten Version des *Tagebuchs*; siehe dazu noch weiter unten.

ration.“[74] Am Schluß seines kurzen Vorwortes dagegen bringt Goes eine neue Note in die Perspektive auf das „Tagebuch“ ein, wenn er feststellt: „Es ist notwendig, in der Welt von 1955, die nicht aufhört, eine Welt der Konzentrationslager und der Verfolgungen zu sein, dieser Stimme Gehör zu verschaffen“[75]. ‚Unversehens‘ ist hier das Zeugnis der NS-Vernichtungspolitik gewendet in einen mahnenden Hinweis auf das Unrecht im stalinistischen Gulag. Darüber hinaus entsteht hier die Suggestion einer genuinen, ‚naturhaften‘ Identität zwischen den Konzentrationslagern früher und heute. Sie verstellt, ja, ‚widerlegt‘ einmal mehr jeden Versuch, das im „Tagebuch“ Beschriebene in seiner konkreten historischen Gestalt, auch als „ ‚Politik‘ “[76], verstehen oder doch genauer erkennen zu wollen.

Goes‘ Vorwort deutet an, was in anderen Zeugnissen der Rezeption des „Tagebuchs“ und vor allem seiner dramatisierten Fassung in den folgenden Jahren erst richtig zum Ausdruck kommen sollte: Die ‚Universalisierung‘ des „Tagebuchs“ – d. h. jene Konditionierung des Blickes auf das Zeugnis, die sein historisch Konkretes in ein allgemein-menschliches Schicksal umliest, das der Identifikation eines jeden offensteht – entschärfte nicht nur die unter deutschen Lesern etwaig fühlbar werdende Schuldfrage, sondern richtete das „Tagebuch“ und seine Rezeption zu einem Instrument ganz eigener, positiver Meinungspolitik zu. Dazu zählten etwa die Funktionalisierung des „Tagebuchs“ im Versuch der christlichen Kirchen, über ihre schuldhafte Verstrickung in die Vernichtungsverbrechen ‚unauffällig‘ hinwegzutäuschen, aber auch die Bemühung, das Zeugnis Anne Franks zur Waffe im Kalten Krieg zu machen. Das Programmheft, das anläßlich einer Aufführung der dramatisierten Version des „Tagebuchs“ im Oktober 1957 am Hamburger Thalia-Theater herausgegeben wurde, versammelt gleich mehrere jener Stimmen, die die Aufmerksamkeit, die das Stück erregte, für ein Statement vor allem in eigener Sache zu nutzen versuchten. In einem Text, überschrieben „Durch Mitleid wurden wir wissend“, stellt ein Pastor Ostendarp zunächst eine Parallele zur (konvertierten) Karmeliterin Edith Stein her: „Anne Frank – Edith Stein, die vernichtete Blüte und die zertretene reife Frucht, das gleiche, Mitleid erregende Schicksal“. Auf der Basis dieser Gleichung kann eine Erinnerung konstituiert werden, die das Kollektiv der katholischen Christen zu den genuinen Hinterbliebenen der NS-Opfer stilisiert: „Nicht nur die bekannten, ja berühmten Opfer fordern nachträglich unser Mitleid heraus, sondern wir alle hatten damals Freunde und liebe Bekannte, deren Schicksal uns mehr

[74] Albrecht Goes: „Vorwort“. In: *Tagebuch* 1955 (Anm. 69), S. 5-7, hier S. 5.
[75] Ebd., S. 7.
[76] Vgl. *Deutsche Kommentare* (wie Anm. 64).

noch ans Herz griff, da herzliche Verbindung zwischen uns bestand. Um so schmerzhafter wurde dieser Griff, als sich das Schicksal unserer Lieben in geheimnisvollem Dunkel verlor. Gewiß hat manch stiller Besuch und manches gütige Wort bei den Noch-davon-gekommenen und den Noch-nicht-entdeckten uns etwas Trost gegeben, aber letztes Helfen war uns verwehrt.“[77] In diesen vorwiegend von Selbstmitleid geprägten Zeilen schreibt der Verfasser nicht nur die Rolle der katholischen Kirche in den Jahren der Verfolgungspolitik manipulativ um, sondern sie leiten schon über zur entschiedenen Ablehnung „d[er] böse[n] Tat der Rache“, die „nur Schrittmacher zu neuem Leid“ sein könne, und zur Forderung der „Pflicht der Liebe zueinander“; die Vernichtungspolitik gilt als „Rätselbild“, „Der Schöpfer einzig kennt das wahre Sein.“[78] Sein evangelischer Kollege fügt an gleichem Ort dem Modus der Identifikation mit Anne Frank eine neue Variante hinzu. In Erinnerung an einen Besuch der Gedenkstätte Bergen-Belsen schreibt er von „diese[r] Macht der Vernichtung, die zwischen uns Abgründe aufriß. Diese unendliche Schuld, die in unserem Namen geschehen ist. Wir spürten, daß wir davon alle so bedroht sind, wie Anne Frank es auch war.“[79] In dieser Perspektive gelingt gar das ‚Überspringen‘ einer Rechenschaft über die eigene Teilhabe am Gelingen der Vernichtung durch den Hinweis auf das Bewußtsein einer „unendliche[n] Schuld“, das – durch das Ausmaß der „Bedrohung“ durch sie – Zuschauer und Leser des „Tagebuchs“ an die Seite Anne Franks rückt, ja, geradezu in einer Schicksalsgemeinschaft zusammenführt.

An anderem Ort wird noch unverstellter mit dem „Tagebuch“ Politik betrieben. In seiner Rede am 24. Juni 1962, aus Anlaß der unterdessen jährlich stattfindenden Anne-Frank-Gedenkfeier in der Aula der Frankfurter Universität, schreibt Werner Hess, Intendant des Hessischen Rundfunks, den Zusammenhang, den Goes zwischen KZ und Gulag wahrgenommen hatte, fort in die demonstrativ ‚wehrhafte‘ Redeweise des Kalten Krieges. Hess spricht vom „Erschrecken, das ausgeht von diesem Mädchen Anne Frank und seinem Schicksal“, und fährt fort: „Denn es ist eben nicht Vergangenheit, sondern an anderem Ort, unter anderem Vorzeichen dauert es an und wächst, jenes nihilistische Geringschätzen alles Menschlichen, aller Bindungen, aller Gottähnlichkeit, die den Menschengeschöpfen eignet, namens

[77] A. M. Ostendarp: „Durch Mitleid wurden wir wissend“. In: Komitee Hamburg der Kinder- und Jugend-Aliyah und der Gesellschaft für Christlich-Jüdische Zusammenarbeit Hamburg e. V. (Hg.): *Das Tagebuch der Anne Frank – Sonderaufführung des Thalia-Theaters Hamburg, am 20. Oktober 1957*. Hamburg 1957, S. 10.

[78] Ebd.

[79] Heinz-Georg Binder: „Die Vergangenheit bewältigen“. In: *Tagebuch-Aufführung* 1957 (wie Anm 77), S. 13-15, hier S. 15.

irgendeiner Ideologie [...]. Sind wir wirklich darüber hinaus, daß wir heute in dieser Feierstunde sagen könnten, dies gehört ein für allemal der Vergangenheit an? Die Zeit der KZ und der willkürlichen zynischen Massenvernichtung, die Zeit der Bombennächte, der Trecks und des Untergangs, die Zeit, in der die vier Besatzungszonen damals 12,5 Millionen sogenannter Flüchtlinge und Ausgewiesene aufzunehmen hatten. Was hat sich geändert seitdem. Bis zum 13. August 1961 haben 2,6 Millionen Menschen aus der Sowjetzone im Westen die Notaufnahme beantragt, und seit die Mauer gebaut ist, knattern die Schüsse der uniformierten Jäger auf das Freiwild Mensch, das das einzige Verbrechen begeht, von seinem deutschen Vaterland in sein deutsches Vaterland hinüberwechseln zu wollen [...]. Und wieder hängen in Deutschland Tote in den Stacheldrähten, Unschuldige, Unbekannte, Menschen wie du und ich oder wie Anne Frank."[80]

Im November 1960 – „Das Tagebuch der Anne Frank" steht im sechsten Jahr seines weltweiten Bühnenerfolges – versucht Bruno Bettelheim, den tieferen Ursachen der Wirkung des Stückes auf das Publikum nachzuspüren: „What is at issue is the universal and uncritical response to [Anne Frank's, S. B.] diary and to the play and movie based on it, and what this reaction tells about our attempts to cope with the feelings her fate – used by us as a symbol of a most human reaction to Nazi terror – arouses in us."[81] Bettelheim kommt zu dem Schluß, daß „Das Tagebuch der Anne Frank" dem vorherrschenden Bedürfnis des größten Teils des Publikums, keine fühlbaren Konsequenzen aus der Konfrontation mit der NS-Vernichtungspolitik ziehen zu müssen, entgegenkommt: „The extraordinary world-wide success of the book, play, and movie ‚The diary of Anne Frank' suggests the power of the desire to counteract the realization of the personality-destroying and murderous nature of the camps by concentrating all attention on what is experienced as a demonstration that private and intimate life can continue to flourish even under the direct persecution by the most ruthless totalitarian system. And this although Anne Frank's fate demonstrates how efforts at disregarding in private life what goes on around one in society can hasten one's own destruction. [...] I believe that the world-wide acclaim given her story cannot be explained unless we recognize in it our wish to forget the gas chambers, and our effort to do so by glorifying the ability to retreat into an extremely private, gentle, sensitive world, and there to

80 Werner Hess: Rede zur Anne-Frank-Gedenkfeier am 24. Juni 1962. Hier nach Loewy: „‚Universalisierung'" (Anm. 66), S. 33 f. – Die in diesem Zusammenhang interessante Aufnahme des *Tagebuchs* in der DDR kann hier nicht behandelt werden. Hierzu sehe Loewy: „‚Universalisierung'" [Anm. 66], S. 34 ff.

81 Bruno Bettelheim: „The Ignored Lesson of Anne Frank". In: ders.: *Surviving and Other Essays*. New York 1979, S. 246-257, hier S. 247.

cling as much as possible to what have been one's usual daily attitudes and activities, although surrounded by a maelstrom apt to engulf at any moment.“[82]

Bettelheim zufolge leistet besonders das Ende des Stückes diesem „Wunsch“ und dieser „Anstrengung“ Vorschub. In der letzten Szene blättert Annes Vater Otto Frank, der als einziger der Familie überlebt hat, in Annes Tagebuch: „(Er greift wieder nach dem Tagebuch und blättert darin, um eine bestimmte Stelle zu finden. Als er sie gefunden hat, hört man Annes Stimme.) *Annes Stimme:* Trotz allem glaube ich noch an das Gute im Menschen. (Herr Frank schließt langsam das Tagebuch.) *Herr Frank:* Wie sie mich beschämt ... – (Schweigen. Der Vorhang fällt.)“[83] „The fictitious declaration of faith in the goodness of all men which concludes the play falsely“, so kommentiert Bettelheim das Ende des Stückes, „reassures us since it impresses on us that in the combat between Nazi terror and continuance of intimate famiily living the latter wins out, since Anne has the last word. This is simply contrary to fact, because it was she who got killed. Her seeming survival through her moving statement about the goodness of men releases us effectively of the need to cope with the problems Auschwitz presents. That is why we are so relieved by her statement. It explains why millions loved play and movie, because while it confronts us with the fact that Auschwitz existed, it encourages us at the same time to ignore any of its implications. If all men are good at heart, there never really was an Auschwitz; nor is there any possibility that it may recur.“[84]

In dieser Bestandsaufnahme markiert Bettelheim noch einmal mit Nachdruck, daß das „Tagebuch“ – nach Eingriffen im Wortlaut, manipulativen Veränderungen durch die dramatisierte Version, vor allem aber durch die spezifischen Dispositionen im Publikum – komplementär zu einem weitverbreiteten Rezeptionsbegehren im Blick auf die NS-Massenverbrechen stand. Hanno Loewy hat festgestellt, daß es „nicht Anne Franks Tod selbst [ist], schon gar nicht die Umstände ihres Verhungerns in Bergen-Belsen, die den ‚Erfolg‘ ihres Tagebuches ausmachen. Schon eher ist es der Umstand, daß sie als real Verschwundene, gewaltsam Ausgelöschte ihrer fortwährenden idealisierten Wiederauferstehung nicht im Wege stehen kann.“[85] In dieser paradoxen Verknüpfung – daß das Opfer nicht überlebt haben darf, damit es in den Inszenierungen seines Zeugnisses wiederauferstehen und dadurch jene Bedingung erfüllen kann, die sich als konstitutiv für

82 Ebd.

83 Frances Goodrich, Albert Hackett: *Das Tagebuch der Anne Frank – Ein Schauspiel.* Frankfurt am Main 1958, S. 149.

84 Bettelheim: „Lesson“ (Anm. 81), S. 251.

85 Loewy: „‚Universalisierung‘“ (Anm. 66), S. 20.

die Ansprache des Publikums ‚nach Auschwitz' erwiesen zu haben scheint – in dieser paradoxen Verknüpfung wurzelt jene Problematik, vor die Sander Gilman jeden jüdischen Autor, der die NS-Verfolgung überstanden hatte, nach dem Erscheinen des „Tagebuchs der Anne Frank" gestellt sah: „die Konfrontation des Überlebenden mit dem Überleben des Opfers, das allem Anschein nach das Grauen des Holocaust besser ausdrücken konnte als sie, die überlebenden Zeugen"[86].

4

Am 6. November 1959, in seinem Vortrag „Was bedeutet: Aufarbeitung der Vergangenheit", gehalten vor dem Koordinierungsrat der Gesellschaften für Christlich-Jüdische Zusammenarbeit in Wiesbaden, bezieht auch Theodor W. Adorno – knapp, doch sprechend – Stellung zum Zeugnis Anne Franks. Im Blick auf den Werdegang von Hilsenraths „Nacht" in Deutschland wächst jedoch weniger der Tatsache, daß, sondern vor allem wie und wo der Frankfurter Philosoph den Erfolg des „Tagebuchs" kommentierte, Bedeutung zu. Denn an diesem Ort, vor diesem Gremium, traf Adorno auf jenes Ensemble bereits institutionell sedimentierter Ideologeme – und versuchte, auf sie kritischen Einfluß zu nehmen –, die in direktem Zusammenhang stehen mit dem wenige Jahre später erfolgten Versuch, das Erscheinen von „Nacht" in Deutschland zu verhindern.

Die deutschen Gesellschaften für Christlich-Jüdische Zusammenarbeit waren *per definitionem* verwiesen auf die Mitwirkung möglichst repräsentativer Körperschaften der in Deutschland lebenden Juden. Die Selbstorganisation der wenigen deutschen Juden, die in Verstecken überlebt hatten, und der größeren Anzahl der aus osteuropäischen Ländern stammenden *displaced persons,* die sich zunächst hauptsächlich in DP-Camps wie Bergen-Belsen oder Landsberg aufhielten, hatte jedoch in den ersten Jahren nach Kriegsende – neben der Erfüllung elementarer sozialer und religiöser Bedürfnisse – auf die Vorbereitung der Auswanderung nach Palästina gezielt. Das Selbstverständnis dieser „Liquidationsgemeinden"[87] entsprach weitgehend der Überzeugung, die Leo Baeck hinsichtlich zukünftiger jüdischer Existenz in Deutschland im Sommer 1945 ausgesprochen hatte: „Die Geschichte der Juden in Deutschland hat ihr Ende gefunden. Es ist un-

86 Gilman: *Selbsthaß* (Anm. 54), S. 334.

87 Vgl. Jael Geis: „Gehen oder Bleiben? Der Mythos von den Liquidationsgemeinden". In: Y. Michal Bodemann: *Gedächtnistheater – Die jüdische Gemeinschaft und ihre deutsche Erfindung*. Hamburg 1996, S. 56-79, hier S. 56 ff.

möglich für sie zurückzukehren. Der Abgrund ist zu groß."[88] Gleichwohl gab es frühzeitig unter den in Deutschland lebenden Juden folgenreiche Nuancen in der Einschätzung künftiger deutsch-jüdischer Beziehungen. Ernest Landau etwa, der Herausgeber der 1947/48 in München erscheinenden „Neuen Welt", einer „Halbmonatsschrift der befreiten Juden", läßt im Sommer 1947 erkennen, daß es „im Vorjahre noch" eine „leichte Hoffnung, daß es doch wieder zu einer Normalisierung und Harmonisierung der deutsch-jüdischen Beziehungen kommen würde", gegeben habe; doch sei es der deutschen Demokratie „durch die nicht erfolgte Anerkennung der berechtigten jüdischen Ansprüche nicht gelungen, sich das Vertrauen der überlebenden Reste des Judentums zurückzugewinnen."[89] Wie Landau tritt auch der aus Saarlouis gebürtige Karl Marx, der nach seinem Exil in England 1946 in die britische Besatzungszone zurückgekehrt war, für die Auswanderung nach Palästina ein. Gleichzeitig sieht er im Projekt der Liquidierung der bestehenden Gemeinden in Deutschland eine Frage gestellt, die nicht nur die Juden in Deutschland, sondern „die gesamte europäische Judenheit" betreffe – die nach „der Möglichkeit der Entwicklung der Judenfrage durch Assimilierung"[90]. Die folgenden Jahre sollten zeigen, „daß Karl Marx diese Möglichkeit bejaht hat"[91].

Erst als die Regierung Adenauer von den USA veranlaßt wird, „langsam eine Politik gegenüber den Juden und Israel zu formulieren"[92] und im November 1949 die Einrichtung eines „Referats für jüdische Angelegenheiten" erwägt, wird das Erfordernis einer autonomen einheitlichen jüdischen Vertretung unabweisbar; im August 1950 wird der Zentralrat der Juden in Deutschland gegründet. Y. Michal Bodemann hat in verschiedenen Untersuchungen aufgezeigt, welche spezifische Funktion die Bundesregierungen insbesondere der 50er Jahre dem Zentralrat zuzuweisen suchten. Während die Initiative vom November 1949 noch vorrangig von außenpolitischem Kalkül geleitet war, gewinnt bald darauf „auch das innenpolitische Potential des jüdischen Faktors" an Bedeutung: „Die Adenauer-Regierung sah sich mit zwei Problemen konfrontiert. Als konservative, ausgespro-

88 *Aufbau* (New York), 13. Juli 1945. Hier nach Bodemann: *Gedächtnistheater* (Anm. 87), S. 64.

89 *Jüdische Rundschau*, No. 12, 13. März 1947. Hier nach Bodemann: *Gedächtnistheater* (Anm. 87), S. 63.

90 *Jüdisches Gemeindeblatt*, No. 24, 19. März 1947. Hier nach Bodemann: *Gedächtnistheater* (Anm. 87), S. 64.

91 Bodemann: *Gedächtnistheater* (Anm. 87), S. 64.

92 Y. Michal Bodemann: „Staat und Ethnizität: Der Aufbau der jüdischen Gemeinden im Kalten Krieg". In: Micha Brumlik, Doron Kiesel, Cilly Kugelmann, Julius H. Schoeps (Hg.): *Jüdisches Leben in Deutschland seit 1945*. Frankfurt am Main 1986, S. 49-69, hier S. 59.

chen antisozialistische und antikommunistische Regierung war sie weitgehend gezwungen, für die Re-Etablierung der Staatsapparate auf ehemalige Mitglieder von Nazi-Organisationen, Aktivisten wie ‚Mitläufern' zurückzugreifen. Andererseits war mit Nazis kein konservativ-christlicher, dazu pro-amerikanischer, rheinischer Teilstaat zu machen, wie vor allem das bedrohliche Anwachsen der SRP unter Remer und der vitriolische Antisemitismus jener Zeit deutlich machten. Nur Sozialdemokraten und Kommunisten stellten andererseits eine kompromißlose Gegenkraft zum Nazismus dar. Eine konservative, stark in den Kalten Krieg involvierte Regierung konnte freilich mit der Linken als wichtigster antifaschistischer Kraft keine Kompromisse eingehen, und die Linke blieb deshalb weitgehend von der politischen Ämterverteilung in den Staatsbürokratien ausgeschlossen. Gefragt war deshalb also eine apolitische Kraft, die als Gegengewicht zum Nazismus gesehen werden konnte, ohne den christlich-antikommunistischen Konservativismus ernsthaft herauszufordern, und die Juden stellten genau eine solche Ersatzopposition gegen den Nazismus dar."[93] Von diesem Blickpunkt aus fungiert die Gegenwart von Juden in Deutschland als „Grundpfeiler [der] ‚moralischen Aufrüstung' im Kalten Krieg"; ihnen wird „eine wesentliche Funktion in der staatsideologischen Arbeit"[94] übertragen. Die Auswahl und Einsetzung von Persönlichkeiten, die für diese Arbeit geeignet scheinen, erfolgt in der Struktur „bürokratischer Patronage": Durch Belohnung und Förderung – „durch staatliche Finanzierung von Gemeindeprojekten, etwa Synagogen- und Gemeindehausneubauten, durch öffentliche Anerkennungen verschiedener Art, durch Teilnahme an wichtigen internationalen Kongressen und Regierungsdelegationen sowie persönlichen Kontakt zu Spitzenpolitikern"[95] – entstehen „vertikale Abhängigkeiten"[96], hinter denen „autonomere Stimmen"[97] zusehends weniger vernehmbar werden.

Die ersten anderthalb Jahrzehnte nach Gründung des Zentralrats „verlief jüdisches Leben in Deutschland entlang zweier paralleler Stränge: der erste, deutsch-jüdische Strang ist repräsentiert durch Karl Marx, den Herausgeber der ‚Allgemeinen Jüdischen Wochenzeitung', dessen Aufgabe es vor allem schien, jüdische Existenz in Deutschland zu rechtfertigen; der zweite, ostjüdische Strang wird dar-

93 Ebd., S. 60 f. SRP: Sozialistische Reichspartei, gegründet am 2. Oktober 1949, wegen Verfassungswidrigkeit verboten am 23. Oktober 1952. Remer: Ernst Otto Remer, geb. 1912, Mitbegründer der SRP. Vgl. Horst W. Schmollinger: „Die Sozialistische Reichspartei". In: Richard Stöss (Hg.): *Parteien-Handbuch – Die Parteien der Bundesrepublik Deutschland 1945–1980*. Opladen 1984. Bd. II, S. 2274-2336.

94 Bodemann: „Aufbau" (Anm. 92), S. 65.

95 Bodemann: *Gedächtnistheater* (Anm. 87), S. 37.

96 Bodemann: „Aufbau" (Anm. 92), S. 65.

97 Bodemann: *Gedächtnistheater* (Anm. 87), S. 37.

gestellt durch Hendrik George van Dam, Anwalt und langjähriger Generalsekretär des Zentralrats.“[98] Während van Dam vor allem damit befaßt war, Wiedergutmachungs- und Entschädigungsleistungen und -modalitäten mit den deutschen Behörden auszuhandeln „und die einzelnen Gemeinden auf eine solidere rechtliche wie finanzielle Grundlage zu stellen“, stand Marx für „den ideologischen Überbau dieser neuen Gemeinschaft“[99]. Der gemeinsame Nenner, der zwischen Marx als „führendem publizistischen Vertreter des deutschen Judentums nach 1945“[100] und den höchsten Stellen des westdeutschen Staates gefunden wurde, kommt in einer Erinnerung von Marx an seinen Antrittsbesuch beim Bundespräsidenten Theodor Heuss zur Sprache: „Bei meinem ersten Besuch sprachen wir über die immer wieder im Ausland erhobene Forderung, das deutsche Volk kollektiv zu verurteilen. Heuss bat mich um meine Meinung. Wir stimmten darin überein, daß gerade die Juden, die ja selbst zweitausend Jahre unter der Last einer Kollektivverurteilung standen, von dem gesamten deutschen Volk kein kollektives Schuldbekenntnis verlangen sollten. Ich stimmte Heuss auch zu, als er meinte, daß man bei der Forderung einer kollektiven Verantwortung zu weit gehen würde.“[101]

Solche Wendung der jüdischen Verfolgungserfahrung in ein Argument gerade *für* die Legitimität jüdischer Existenz in Deutschland durchzieht zahlreiche Äußerungen des Selbstverständnisses in Deutschland lebender Juden. Sie führt zurück bis auf das in der unmittelbaren Nachkriegszeit „am häufigsten zitierte Argument für das Verbleiben von Juden und jüdischen Gemeinden in Deutschland nach 1945, Hitlers Wunsch nach einem ‚judenreinen‘ Deutschland nicht in Erfüllung gehen zu lassen“[102]. Gleichwohl existierte ein spezifischer Legitimationsdruck der jüdischen Gemeinden in Deutschland, die Notwendigkeit, „die *raison d'être* der Gemeinschaft in Deutschland den Juden in anderen Ländern zu erläutern“[103]. Hier bestanden zwei genau entgegengesetzte Optionen möglicher Argumentation. Zum einen konnte „aus der Not eine Tugend gemacht“ werden: im Hinweis darauf, daß „man Nachkriegsdeutschland um so weniger den Rücken kehren [könne], je düsterer die Lage eingeschätzt wird, als sei es zu gefährlich, Deutschland aus den Augen zu lassen.“[104] Die andere

98 Ebd., S. 33.

99 Ebd., S. 35.

100 Werner Röder, Herbert A. Strauss (Hg.): *Biographisches Handbuch der deutschsprachigen Emigration nach 1933*. Bd. I: Politik, Wirtschaft, Öffentliches Leben. München/ New York/ London/ Paris 1980, S. 480.

101 Karl Marx: „ Letzter Gruß an Theodor Heuss“. In: *Allgemeines Jüdisches Wochenblatt*, 20. 12. 1963.

102 Bodemann: *Gedächtnistheater* (Anm. 87), S. 69.

103 Ebd., S. 33.

104 Ebd., S. 68.

Option betont dagegen gerade die Fortschritte des deutsch-jüdischen Verhältnisses und die ihnen günstigen Voraussetzungen – ein Modus, der für das öffentliche Wirken von Karl Marx charakteristisch war. In einer Würdigung durch einen politischen Freund heißt es über ihn: „In seinem Werben um neues Vertrauen für das deutsche Volk und seine Regierung hat er wiederholt nicht nur auf die Leistungen der Wiedergutmachung, sondern auch die großen Opfer an Leben und Besitz hingewiesen, die von nichtjüdischen Deutschen während der Jahre der Verfolgung gebracht worden sind [...]. Aus dieser Überzeugung [...] hat Karl Marx sodann auch das Recht [...] abgeleitet, daß Juden in Deutschland verharren sollten, um der Ehre des Judentums willen."[105] Solche Teilhabe an der „moralische[n] Arbeit im staatsideologischen Interesse"[106] wurde, insbesondere durch die Personalpolitik der Regierung Adenauer, schwersten Zumutungen ausgesetzt. Selbst als Hans Globke 1953 zum Staatssekretär in Adenauers Bundeskanzleramt aufstieg und der Abbruch der Verbindungen zur deutschen Exekutive – nach Meinung Ralph Giordanos – „die einzige Politik für Juden gegenüber der Regierung hätte sein dürfen"[107], durchleben Marx und van Dam zwar, wie Giordano mitteilt, „Nöte und Gewissensqualen"[108] – doch eine unzweideutige Reaktion, die „auf Kosten der Versöhnung mit dem neuen Staat"[109] hätte gehen können, bleibt aus.

Das Motiv der Versöhnung bestimmt auch die große Besprechung der deutschen Erstaufführungen des „Tagebuchs der Anne Frank", die am 12. Oktober 1956 in der von Karl Marx herausgegebenen „Allgemeinen Jüdischen Wochenzeitung" erscheint. Die emphatische Würdigung nicht nur des Stückes und der Ensemble-Leistungen, sondern gerade auch der Publikumsreaktionen wird zur ostentativen Beglaubigung darüber, daß „das deutsche Volk gewillt ist, seiner Vergangenheit ins Auge zu sehen": „Mit einiger Besorgnis wurden die Aufführungen in Deutschland erwartet. Würde diese Tragik der Geschichte die Herzen des deutschen Publikums berühren, diejenigen erreichen, die vor allen anderen angesprochen werden sollten? Oder würde die Aufführung nur den niederschmetternden Beweis erbringen, daß das deutsche Volk nicht bereit ist, mit seiner Vergangenheit fertig zu werden und nicht den Mut hat, den Untaten eines der

105 Hans Lamm: „Ein deutscher Jude". In: ders./ Hermann Lewy (Hg.): *Brücken schlagen. Aufsätze und Reden aus den Jahren 1946–1962 von Karl* Marx. Düsseldorf 1962. Hier nach Bodemann: *Gedächtnistheater* (Anm. 87), S. 34.

106 Bodemann: „Aufbau" (Anm. 92), S. 51.

107 Ralph Giordano: *Die zweite Schuld. Von der Last Deutscher zu sein.* München 1990, S. 108.

108 Ebd.

109 Bodemann: *Gedächtnistheater* (Anm. 87), S. 34.

brutalsten Regime aller Zeiten zu begegnen? Aber die Reaktion der Menschen in allen Städten, in denen das Stück bisher aufgeführt wurde, die Pressestimmen und Kritiken haben inzwischen die beglückende Gewißheit gebracht, daß solche Befürchtungen unnötig waren, ja daß das deutsche Volk gewillt ist, seiner Vergangenheit ins Auge zu sehen.“[110] Die Besprechung selbst stellt noch einmal jene Perspektive ein, in der die deutsche Rezeption des „Tagebuchs der Anne Frank“ signifikant erfolgt war, ja, pointiert sie im Zeichen eines vermeintlich überzeitlich-humanistischen Werte-Konsenses. Diese Vorstellungen kommen zum Ausdruck, wenn Annes Vater, in der Darstellung von Ernst Deutsch in der Inszenierung des Düsseldorfer Schauspielhauses, als „ein Nathan unserer Zeit“ bezeichnet wird, der „den Eingeschlossenen ständig Beispiel bleibt, daß menschliche Würde höchstes Daseinsgut ist“. Im gleichen Zeichen steht etwa die Interpretation des Brotdiebstahls von Herrn van Daan: als Zeichen „menschliche[r] Schuld [...], die sich durch die Höllenqual der Unfreiheit offenbar[t]“, darf sie doch „göttliche Unschuld [bleiben]“. Die Erschütterung des Publikums gegen Ende des Stückes gilt der Rezensentin schließlich nicht nur als Moment der „Erfüllung“ von Anne Franks Schicksal, sondern vor allem auch als Zeichen einer Gemeinsamkeit – der zwischen Juden und Deutschen: „Dieses Mädchen, das so gern weiterleben wollte und nicht durfte, hoffte wiederzukehren. Das Schweigen im Theater, die vernehmbare Erschütterung und kaum unterdrücktes Schluchzen war die einzige ihr vom Schicksal gegönnte Erfüllung. ‚Ich glaube an das Gute im Menschen‘, schrieb sie, kurz bevor die ‚Grüne Polizei‘ anrückte, um das Leben von acht Menschen zu vernichten. Diese Worte klingen nach, als Otto Frank das Tagebuch beendet hat. ‚Wie sie mich beschämt‘, sind seine letzten Worte. Schlichter ist selten einem gemeinsamen Gefühl Ausdruck gegeben worden.“[111]

Die *„moral labour“*[112], die den jüdischen Gemeinden und dem Zentralrat durch die Adenauer-Administration zugewiesen wird und die nicht zum geringsten in Besprechungen wie dieser zum Ausdruck kommt, erhält eine charakteristische Verdichtung in der Arbeit der Gesellschaften für Christlich-Jüdische Zusammenarbeit – charakteristisch insofern, als die Juden Bedeutung erlangen „paradoxerweise im Prozeß der Verchristlichung, Verreligiösierung des politischen Idioms, das der ideologischen Untermauerung des CDU-Staates und gleichzeitig als Antidote zum neu erwachenden Antisemitismus dienen sollte.“[113] Indem den Vertretern der jüdischen Gemeinden bzw. des

[110] Stefanie Zweig: „Das Erbe der Wahrheit – Zu den deutschen Erstaufführungen des ‚Tagebuchs der Anne Frank‘“. In: *Allgemeines Jüdisches Wochenblatt*, 12.10.1956.
[111] Ebd.
[112] Bodemann: „Aufbau“ (Anm. 92), S. 51.
[113] Ebd., S. 62.

Zentralrats ausdrücklich Repräsentanten der christlichen Kirchen als Partner im Kampf für den „Geist menschlicher und religiöser Toleranz im ganzen deutschen Volk"[114] anempfohlen werden, rückt nicht nur die christliche Weltanschauung einmal mehr als „Bollwerk gegen die nazistische Gefahr"[115] in günstiges Licht, sondern werden zugleich nicht-jüdische sozialistische und kommunistische Überlebende aus den repräsentativen Bemühungen, über die Abwehr von Antisemitismus und Nazismus nachzudenken, weitgehend ausgeschlossen. Dieser Ausschluß begünstigt einen Diskurs über die Vernichtungspolitik, der von politischen Begriffen weitgehend absieht und dagegen, im Zuge des Versuchs eines deutsch-jüdischen Dialoges ‚zwischen den Religionen', einer prekären Sakralisierung des Sprechens über Auschwitz zuarbeitet.[116]

Schwerlich im Ungewissen über diesen ideologischen Ort, aber getreu der Auffassung, daß, „wenn man wirklich die bessere Einsicht auf seiner Seite hat und [...] sich heute engagiert, [...] die Reichweite eines solchen Engagements doch größer [ist], als die bloße Objektivität vermuten läßt"[117], tritt Adorno am 6. November 1959 vor den Koordinierungsrat der Gesellschaften für Christlich-Jüdische Zusammenarbeit. Adorno läßt keinen Zweifel an seiner Auffassung über das Nachleben des Nationalsozialismus in der deutschen Gegenwart und dessen tiefe Verwurzelung in den gesellschaftlichen Bedingungen. Das weithin verbreitete „Vergessen des Nationalsozialismus" begreift er „weit eher" „aus der allgemeinen gesellschaftlichen Situation [...] als aus der Psychopathologie": „Noch die psychologischen Mechanismen in der Abwehr peinlicher und unangenehmer Erinnerungen dienen höchst realitätsgerechten Zwecken. Die Abwehrenden selbst plaudern sie aus, wenn sie etwa praktischen Sinnes darauf hinweisen, daß die allzu konkrete und hartnäckige Erinnerung ans Geschehene dem deutschen Ansehen im Ausland schaden könnte. [...] Die Tilgung der Erinnerung ist eher eine Leistung des allzu wachen Bewußtseins als dessen Schwäche gegenüber der Übermacht unbewußter Prozesse."[118]

114 Aus der „Erklärung der Bundesregierung über die Haltung der Bundesrepublik gegenüber den Juden" vom 27. September 1951. Hier nach Bodemann: „Aufbau" (Anm. 92), S. 63.

115 Bodemann: „Aufbau" (Anm. 92), S. 63.

116 Vgl. ebd., S. 64.

117 Theodor W. Adorno in der „Diskussion zum Referat Professor Adornos". In: Deutscher Koordinierungsrat der Gesellschaft für Christlich-Jüdische Zusammenarbeit (Hg.): *Was bedeutet: Aufarbeitung der Vergangenheit? Bericht über die Erzieherkonferenz am 6. und 7. November 1959*. Frankfurt am Main/ Berlin/ Bonn o.J., S. 26.

118 Theodor W. Adorno: „Was bedeutet: Aufarbeitung der Vergangenheit". In: ders.: *Gesammelte Schriften*. Bd. 10.2: Kulturkritik und Gesellschaft II. Frankfurt am Main 1977, S. 555-572, hier S. 558.

Solche Reaktionsweisen lehnten sich „an gesellschaftliche Tendenzen an“; wer so reagiere, wisse sich „einig [...] mit dem Zeitgeist“[119]. An anderer Stelle betont Adorno abermals: „Daß der Faschismus nachlebt; daß die vielzitierte Aufarbeitung der Vergangenheit bis heute nicht gelang und zu ihrem Zerrbild, dem leeren und kalten Vergessen, ausartete, rührt daher, daß die objektiven gesellschaftlichen Voraussetzungen fortbestehen, die den Faschismus zeitigten. Er kann nicht wesentlich aus subjektiven Dispositionen abgeleitet werden.“[120]

Doch nicht nur durch seine Hinweise auf „die ökonomische Ordnung“ und den umfassenden „Verblendungszusammenhang“, die die ihnen ausgesetzten Menschen „zur Identifikation mit Bestehendem, Gegebenem, mit Macht als solcher“ zwingen und damit „das totalitäre Potential“[121] begünstigen, konfrontiert Adorno sein Publikum mit einer Perspektive, die deutlich von dessen Diskurs – und dessen Anschauungen – abweicht. Sondern er weist explizit auf die Unvereinbarkeit aufklärerischer Arbeit gegen die NS-Ideologie mit dem verbreiteten „Widerstand gegen den Osten“, d.h.: der Gesinnung des Kalten Krieges, hin. Wohl räumt Adorno „die Drohung des Ostens, das Vorgebirge Westeuropa in sich hineinzuschlingen“, ein und verdeutlicht, daß, wer ihr nicht widerstehe, sich „buchstäblich der Wiederholung des Chamberlainschen appeasement [...] schuldig“ mache. „Vergessen wird bloß – bloß! – “, fährt er fort, „daß eben diese Drohung durch die Aktion des Hitler erst ausgelöst worden ist, der genau das über Europa brachte, was er nach dem Willen der appeasers mit seinem Expansionskrieg verhindern sollte. Mehr noch als das einzelmenschliche Schicksal ist das der politischen Verflechtung ein Schuldzusammenhang. Der Widerstand gegen den Osten hat in sich selbst eine Dynamik, welche das in Deutschland Vergangene erweckt. Nicht bloß ideologisch, weil die Parole vom Kampf gegen den Bolschewismus von jeher denen zur Tarnung verhalf, die es mit der Freiheit nicht besser meinen als jener. Sondern auch real. Nach einer schon während der Hitlerzeit gemachten Beobachtung zwingt die organisatorische Schlagkraft der totalitären Systeme ihren Gegnern etwas von ihrem eigenen Wesen auf.“[122] Adornos Vortrag zielt mit Ausführungen wie diesen nachdrücklich darauf, „eine von der glatten Fassade des Alltags verdeckte Tendenz zu bezeichnen, ehe sie die institutionellen Dämme überspült, die ihr einstweilen gesetzt sind“[123], und wendet sich gegen Ende seiner Rede mit aller Deutlichkeit gegen jedes etwaig verbliebene Vertrauen in die Kraft des Ideellen: „Will man objektiv

119 Ebd.
120 Ebd., S. 566 f.
121 Ebd., S. 567.
122 Ebd., S. 561.
123 Ebd., S. 567 f.

der objektiven Gefahr etwas entgegenstellen, so genügt dafür keine bloße Idee, auch nicht die von Freiheit und Humanität, die ja, wie man mittlerweile gelernt hat, in ihrer abstraken Gestalt den Menschen nicht eben gar zu viel bedeutet."[124]

Adornos Analyse der Gegenwart der nazistischen Ideologeme und ihrer – fortdauernden – gesellschaftlichen Bedingungen wendet sich gegen jede Auffassung, die in die Möglichkeit einer ‚Aufarbeitung der Vergangenheit' *ohne* radikale Gesellschaftskritik vertraut. Diese Auffassung aber mußte er zurecht der Mehrheit seines Publikums unterstellen. Trotz dieser problematischen Ausgangsbedingung setzt er sich über das Erfordernis einer pragmatischen Betrachtungsweise nicht hinweg. Seine unübersehbare Bemühung, die grundlegende analytische Perspektive wiederholt[125] mit konkreten Hilfestellungen, gar einem „kurzfristigen Programm"[126] zu verknüpfen, zeigt wohl am deutlichsten das spezifische Gewicht, das Adorno der Bekämpfung der nationalsozialistischen Ideologie, vor allem aber des Antisemitismus in Deutschland beimaß. Wie akut der Handlungsbedarf von ihm eingeschätzt wurde, wie gering dagegen der tatsächliche Spielraum des Geltungsanspruchs jeder radikaleren Kritik, zeigt am nachdrücklichsten Adornos Urteil über die Dramatisierung des „Tagebuchs der Anne Frank"[127] – ein Kompromiß, über dessen prekäre Verfassung Adorno keinen Zweifel läßt: „Man hat mir die Geschichte einer Frau erzählt, die einer Aufführung des dramatisierten Tagebuchs der Anne Frank beiwohnte und danach erschüttert sagte: ja, aber *das* Mädchen hätte man doch wenigstens leben lassen sollen.

124 Ebd., S. 571 f.

125 Vgl. Adornos Vortrag vor der vom Deutschen Koordinierungsrat einberufenen Ersten Europäischen Pädagogen-Konferenz vom 30. Oktober bis 3. November 1962; zu diesem Vortrag vgl. auch weiter unten.

126 Theodor W. Adorno: „Zur Bekämpfung des Antisemitismus heute". In: ders.: *Gesammelte Schriften*. Bd. 20.1: Vermischte Schriften I. Frankfurt am Main 1986, S. 360-383, hier S. 379.

127 Die Gesellschaften für Christlich-Jüdische Zusammenarbeit suchten das Echo des *Tagebuchs* für ihre eigene Arbeit zu nutzen. 1956 etwa organisiert die Hamburger Gesellschaft eine „Pilgerfahrt [...] von Tausenden von Hamburger Schülern nach Bergen-Belsen" (Loewy: „‚Universalisierung'" [Anm. 66], S. 33), über deren Vorgeschichte Erich Lüth später berichtet: „Als wir von unserer Gesellschaft für Christlich-Jüdische Zusammenarbeit alle Hamburger Schulen aufriefen, die Massengräber von Bergen-Belsen zu besuchen, ohne den Namen Anne Franks zu nennen, da fuhr eine einzige Schulklasse hinaus. Als wir dann zur Eröffnung der Woche der Brüderlichkeit in Bergen-Belsen eine Gedenkstunde begehen wollten, in der wir ‚Blumen am mutmaßlichen Grab der Anne Frank niederzulegen beabsichtigen', da meldeten sich fast zweitausend Jugendliche und Schüler." (Erich Lüth: „Das Kind, das eine Brücke schlug". In: *Tagebuch-Aufführung* [Anm. 77]). Ein offensichtlich an den Deutschen Koordinierungsrat der Gesellschaften gerichteter Antrag, das „Tragen vergoldeter Anne-Frank-Plaketten" zu unterstützen, war dagegen abgelehnt worden ("Bericht des Herrn Hermann Müller namens des DKR-Erzieherausschusses". In: *Was bedeutet: Aufarbeitung der Vergangenheit?* [Anm. 117], S. 8).

Sicherlich war selbst das gut, als erster Schritt zur Einsicht. Aber der individuelle Fall, der aufklärend für das furchtbare Ganze einstehen soll, wurde gleichzeitig durch seine eigene Individuation zum Alibi des Ganzen, das jene Frau darüber vergaß. Das Vertrackte solcher Beobachtungen bleibt, daß man nicht einmal um ihretwillen Aufführungen des Anne Frank-Stücks, und ähnlichem, widerraten kann, weil ihre Wirkung ja doch, so viel einem daran auch widerstrebt, so sehr es auch an der Würde der Toten zu freveln scheint, dem Potential des Besseren zufließt.“[128]

Solche Brückenschläge vermögen gleichwohl nicht zu verhindern, daß Adornos Vortrag in der Reserve und dem Widerspruch, die ihm in der anschließenden Aussprache begegnen, einige charakteristische Züge der Auffassungen seines Publikums hervortreibt. Fragen danach, ob gewisse „Änderungen“ der „gesellschaftlichen Verhältnisse [...] nicht doch auch in die Tiefe gewirkt haben“[129] oder nach dem „Raum für die Verantwortung des Einzelmenschen [...] in dem System, das Sie zugrunde legten“[130], markieren einen Abstand, den Adorno – bei sorgfältiger Wahrung der Form – keineswegs zu verringern trachtet. Mit Blick auf die angefragte „Verantwortung des Einzelmenschen“ etwa betont er: „Wenn ich Ihnen gesagt habe, daß die Erwägungen, die ich mit Ihnen anstelle, nicht erbaulicher Art sind, sondern sehr ernsthaft, dann hat sich das genau darauf bezogen“[131]; und seiner Würdigung des Christentums als einer „Macht, [die] auch zu den Kräften gehört, die den Antisemitismus eindämmen“, fügt er an: „obwohl ich ehrlich genug bin, Ihnen zu sagen, daß ich glaube, daß auch aus dem Christentum eine ganze Reihe von Motiven in den Antisemitismus eingegangen sind.“[132]

Adornos Vortrag ruft eine Widerrede aus dem Plenum hervor, die so grundsätzlich ausfällt, daß der Generalsekretär des Koordinierungsrates, Leopold Goldschmidt, sich zu einer unmittelbaren Intervention genötigt sieht. Dieser Widerrede kommt aus zwei Gründen Bedeutung in der Rekonstruktion des Diskursraums um die „Nacht“-Kontroverse zu. Zum einen macht die Reaktion anschaulich, in welchem Maß die Einrichtung der Gesellschaft für Christlich-Jüdische Zusammenarbeit auf prekären Kompromissen gegründet war. Zum anderen wird hier ein Standpunkt zu Deutschland und den Deutschen markiert, der wenige Jahre darauf unmittelbar in die Debatte um „Nacht“ eingehen wird: B. Graubard, der Vorsitzende der Kulturkommission des Zentralrats, der am Tag nach Adornos Aus-

[128] Adorno: „Aufarbeitung“ (Anm. 118), S. 570; Kursivierung Th.W.A.
[129] Adorno: „Diskussion“ (Anm. 117), S. 31.
[130] Ebd., S. 25.
[131] Ebd.
[132] Ebd., S. 29.

führungen das Wort ergreift, wird eines der umfangreichsten Gutachten zu Hilsenraths Roman verfassen.

Nach einer kurzen Vorstellung – „Ich bin verantwortlich für ein Kulturleben, das einmal hier geübt wurde und das nicht mehr besteht" – schildert Graubard in Kürze das Erlebnis seiner Deportation, um sich im Anschluß mit allem Nachdruck nicht nur gegen den Rückgriff auf die Psychoanalyse zu wenden, sondern gegen jeden Versuch einer Erklärung der Ereignisse. „Ich bin ein Jude aus Polen und habe gesehen, wie die deutsche Wehrmacht in Polen einmarschiert ist und was sie dort machte. – Ich habe gesehen, wie man in die Häuser eingedrungen ist und die Menschen aus den Wohnungen hinausgeworfen hat. Mir selber, ohne Rock und Schuhe, hat man nicht erlaubt, auch nur an meinen Schrank heranzugehen, um das Dringlichste herauszunehmen. Damals hatte sich in mir die Meinung entwickelt, das deutsche Volk gehöre nicht zur Menschheit; ich hatte keine Maßstäbe dafür, verstand alles nicht und nur langsam gelang es mir, aus dieser Masse reißender Tiere einzelne Persönlichkeiten herauszuholen und sie wieder als Menschen anzusehen. Das war meine geistige Situation."[133] Unter kursorischen Anspielungen auf die Rede Adornos setzt er fort: „Entschuldigen Sie also, wenn ich einen ganz anderen Gesichtspunkt habe, als hier vorgetragen wurde. Es kann nicht gesagt werden, daß solche Entwicklung irgendwo anders möglich wäre, weil die gesellschaftlichen Situationen irgendwo anders genauso seien wie hier. [...] Auf Freud und die Psychoanalyse zurückgreifen, heißt ausweichen. [...] Der deutsche Mensch hat seit 1933 *nicht* den Mut aufgebracht – und es interessiert mich in diesem Moment gar nicht, warum nicht – zu sagen: ‚Es ist ein verbrecherisches Regime'. Wir Juden haben den Mut gehabt zu sagen: es gibt etwas – ein Gebot, das höher steht als mein Wille, weiterzuleben, denn sonst wird das Leben lebensunwert. Der deutsche Mensch hat diesen Mut nicht gehabt. Vielleicht, weil er die Bindung zu Gott nicht gehabt hat. [...] Ich bin nicht geneigt, jene Epoche zu erklären. Ich will sie nicht erklären. Diese Epoche steht völlig außerhalb jeder Kausalität. Jene Epoche ist schwarz, steht außer jeder Geschichte. [...] Dieser Tag hat keinen Platz zwischen den Tagen, zwischen den Zeichen der Geschichte. Es war eine Katastrophe, ein Versagen des Menschen, es war Mord. Ich glaube, wenn Sie das den Kindern beibringen können, werden sie es eher verstehen, als alle möglichen Gesetze der Kausalität. (Beifall)."[134]

In der im Bericht protokollierten „unmittelbare[n] Erwiderung" Goldschmidts ist dokumentiert, daß das diskursive Skandalon nicht

[133] Ebd., S. 33.
[134] Ebd., S. 33 f.

in der brüsken Gegnerschaft zu den Bemühungen des Gastredners[135], sondern in der Nähe des Beitrags zum Theorem einer deutschen Kollektivschuld erkannt wurde. In seiner Charakterisierung als „flammende[s] Bekenntnis“ und „Appell an die Urgesetze der Menschlichkeit und der Sitte“ betont Goldschmidt zunächst das emotionale Moment von Graubards Wortbeitrag, bevor er aus der eigenen jüdischen Identität seine spezifische Berechtigung einer Entgegnung ableitet: „[...] vielleicht kommt es mir gerade als *Juden* zu, zu versuchen, das, was der *Jude* Graubard erklärt hat, von einer anderen Seite zu beleuchten.“ Diese andere Seite erkennt Goldschmidt darin, daß beider Ansichten, Adornos wie Graubards, nur „als ein Teil der Wahrheit“ zu verstehen seien, „denn keiner von uns besitzt die ganze Wahrheit“. Den entscheidenden diskurspolitischen Bogen – der taktisch auf die Durchstreichung jedes Vorwurfs einer etwaigen Kollektivschuld zielt – schlägt Goldschmidt wie folgt: „Beide sind Dialektiker und es ist dialektisch – wenn es auch mir nicht liegt – auf der einen Seite von *dem* deutschen Menschen zu sprechen und auf der anderen Seite an Schiller zu erinnern. Und wenn man von Schiller spricht, dann muß man auch an Lessing und Herder denken; man muß denken an ungezählte Deutsche, die im Dritten Reich gelitten haben, aber auch an die Damen und Herren, die in diesem Saale repräsentativ für doch einen sehr wesentlichen Teil des deutschen Volkes stehen, sitzen, beraten. [...] Was ich im Wesentlichen sagen will, ist, daß wir trotz der flammenden Wahrheit, die aus Prof. Graubard gesprochen hat, versuchen müssen, mit *allen* zweckdienlichen Mitteln, denen entgegenzutreten, denen nicht einmal das 5. Gebot heilig geblieben ist. (starker Beifall).“[136]

Zur Debatte steht in diesem Austausch nicht die These von der deutschen Kollektivschuld – am Tabu-Status dieser These in deutscher Öffentlichkeit war ernsthaft nicht zu rühren[137]. Vielmehr bricht in diesem Widerstreit noch einmal die grundsätzliche Frage auf, inwie-

[135] Adorno, der seinen Vortrag am Vortag gehalten hatte, war offensichtlich nicht mehr anwesend. Das religiöse Motiv, das in Graubards Statement zum Ausdruck kommt, wird allerdings in seinem drei Jahre später gehaltenen Vortrag „Zur Bekämpfung des Antisemitismus heute“ im Zusammenhang mit dem Bild ‚des Juden‘ kurz angesprochen; eine Identifikation der Juden mit ihrer Religion beurteilt Adorno dort kritisch: „Man darf auch nicht, wie es so vielfach geschieht, die Juden, sei es aus noch so guter Absicht, mit ihrer eigenen Religion identifizieren, unter dem Gesichtspunkt ihrer religiösen Taten und Leistungen versuchen, sie ‚schmackhaft‘ zu machen, sondern keinesfalls verschweigen, daß sie mit dem bürgerlichen Zeitalter wesentlich Träger der Aufklärung waren und sehr dazu sich stellen. Keine mögliche Haltung gegen das antisemitische Potential, die nicht selber mit Aufklärung sich identifizieren müßte. Den Antisemitismus kann nicht bekämpfen, wer zur Aufklärung zweideutig sich verhält.“ (Adorno: „Antisemitismus“ [Anm. 126], S. 369)

[136] Adorno: „Diskussion“ (Anm. 117), S. 34 f.

[137] Vgl. Kap. II, S. 60 f.

weit sich „autonome"[138] Erinnerung gegenüber der Disziplinierungsanstrengung in der institutionellen Struktur der deutsch-jüdischen Beziehungen zu behaupten vermag. Die Situation verdeutlicht, daß dieser Konflikt noch nicht wirklich ausgetragen war.

Adorno hat in diesem Konflikt unmittelbar keine Partei ergriffen. Eine grundsätzliche Kritik an der Existenzform der Gesellschaften für Christlich-Jüdische Zusammenarbeit oder gar an der Politik der Jüdischen Gemeinden in Deutschland hätte den Versuch zum Scheitern verurteilt, mit gemeinsamer Kraft gegen die Drohung des Antisemitismus jetzt vorzugehen. Nichtsdestotrotz mußte sein unvermindert auf die Ursachen wie auf die akute Bekämpfung des Antisemitismus *zugleich* gerichteter Blick in eine entschiedene Kritik etlicher jener Maßnahmen münden, die entweder von den Gesellschaften für Christlich-Jüdische Zusammenarbeit direkt oder aber aus ihrem ideologischen Milieu heraus ergriffen wurden. Hatte Adorno in seinem Vortrag von 1959 bereits „Begegnungen zwischen jungen Deutschen und jungen Israelis und andere Freundschaftsveranstaltungen" mit Skepsis betrachtet, da sie „allzu sehr von der Voraussetzung" geprägt seien, „der Antisemitismus habe etwas Wesentliches mit den Juden zu tun und könne durch konkrete Erfahrungen mit Juden bekämpft werden"[139], bezieht Adorno in seinem Vortrag „Zur Bekämpfung des Antisemitismus heute", gehalten auf der ersten Europäischen Erzieherkonferenz des Deutschen Koordinierungsrates der Gesellschaften für Christlich-Jüdische Zusammenarbeit im Herbst 1962 in Wiesbaden, Stellung zu einem der zentralsten Momente aufklärerischer Arbeit gegen den Antisemitismus: das Bild ‚des Juden'. Er zielte – und traf – damit ins Schwarze der zeitgenössischen diskursiven Verabredungen – Verabredungen, an deren akutem Widerstand gegen jede aufklärerische Bemühung er keinen Zweifel läßt. Als Ausgangspunkt seiner diesbezüglichen Reflexion wählt er eine der typischen antisemitischen Gegenreden: „Ein besonders hintersinniges Argument ist: ‚Man darf ja gegen Juden heute nichts sagen.' Es wird sozusagen gerade aus dem öffentlichen Tabu über den Antisemitismus ein Argument für den Antisemitismus gemacht, denn, wenn man nichts gegen die Juden sagen darf, dann läuft die assoziative Logik weiter in der Weise: daß an dem, was man gegen sie sagen könnte, auch schon etwas daran sei. Wirksam ist hier ein Projektionsmechanismus: daß die, welche die Verfolger waren und es potentiell auch heute noch sind, sich aufspielen, als wären sie die Verfolgten. Dem kann man nur dann begegnen, wenn man nicht idealisiert, wenn man nicht etwa Lobreden auf große jüdische Männer hält oder hübsche Bilder von

[138] Bodemann: *Gedächtnistheater* (Anm. 87), S. 37.
[139] Adorno: „Aufarbeitung" (Anm. 118), S. 570 f.

israelischen Bewässerungsanlagen oder Kibbuz-Kindern dort vorführt, sondern eben die jüdischen Züge, auf welche die Antisemiten deuten, erklärt, ihr Recht und ihren Wahrheitsgehalt darstellt. Überhaupt ist es viel besser, als die Juden zu verharmlosen und sie als eine Art von Lämmerchen oder Sonnenjünglingen vor Augen zu stellen, zu sagen, daß sie eine große, stürmische und wilde Geschichte hatten, in der es genausoviel Furchtbares gibt wie in der Geschichte anderer Völker auch. Abstoßend wäre ein sentimentales Reklamebild.“[140] Ohne den Philosemitismus beim Namen zu nennen, warnt er davor, „ein negatives Vorurteil mechanisch durch ein positives“ zu ersetzen: „Gerade die Kollektivurteile als solche, wie sie in Deutschland verhängnisvoll, und zwar gegen alle möglichen Gruppen verbreitet sind, sind abzubauen; keinesfalls ist ein falsches Kollektivurteil durch ein ebenso falsches anderes zu berichtigen.“[141]

Bei der gleichen Gelegenheit betont Adorno erneut, „daß man nur dann wirksam gegen den Antisemitismus sprechen kann, wenn man die Wahrheit sagt und die Dinge in ihrer Komplexität und ihrem gesellschaftlichen Zusammenhang mit der gesellschaftlichen Lokalität sieht, anstatt sich auf billige Widerlegungen zu beschränken, die ihrerseits immer wieder nur Gegenargumente herauslocken und der schlechten Unendlichkeit zusteuern.“[142] ‚Die Wahrheit‘ bestand für Adorno aus dem Zusammenhang zwischen der konkreten gesellschaftlich-historischen Konstellation und der Entstehung des Antisemitismus, seinen Folgen und seiner fortdauernden Virulenz. Es ist dieser Standpunkt, gegen den er die „billige[n] Widerlegungen“ des Philosemitismus drastisch profiliert. In einem Gutteil der von Adorno angeführten Beispiele mußten die versammelten Funktionäre die eigene kulturpolitische Praxis erkennen.

5

Adornos Vorträge vor Funktionsträgern in der institutionalisierten Struktur deutsch-jüdischer Beziehungen, aber auch deren Reaktionen erhellen exemplarisch jenen Diskursraum, in dem auch die Debatte um Hilsenraths „Nacht“ statthatte. In die verlagsinterne Kontroverse, die in den Sommermonaten 1964 einsetzt, sind am Ende mehr als ein Dutzend Persönlichkeiten des literarischen und/oder öffentlichen Lebens, entweder als Gutachter, als Ratgeber oder auf andere Weise

[140] Adorno: „Antisemitismus“ (Anm. 126), S. 369.
[141] Ebd., S. 378.
[142] Ebd., S. 371.

parteilich, eingeschaltet. Neben dem Verleger-Ehepaar Helmut Kindler und Nina Raven-Kindler, dem Cheflektor Hans Geert Falkenberg und dem Kindler-Werbeleiter Ernest Landau zählen zu ihnen Karl Marx – nominell in seiner Eigenschaft als Herausgeber der „Allgemeinen Jüdischen Wochenzeitung" –, B. Graubard – jetzt als Repräsentant des Landesverbandes der israelitischen Kultusgemeinden in Bayern –, Paul Arnsberg, Mitarbeiter verschiedener Tageszeitungen und Rundfunkanstalten, Joseph Wulf, Verfasser zahlreicher historischer Untersuchungen zur NS-Zeit, zuletzt Herausgeber der umfangreichen Dokumentation „Literatur und Dichtung im Dritten Reich" (1963), Ernst G. Lowenthal, Feuilletonredakteur der „Allgemeinen Jüdischen Wochenzeitung", Hermann Lewy, Mitherausgeber des gleichen Blattes, Moses Lustig, Herausgeber der „Münchner Jüdischen Nachrichten", Henry Marx, Redakteur der deutschsprachigen New Yorker „Staats-Zeitung und Herold", Marian Gid, Korrespondent des jiddischsprachigen New Yorker „Forward" und Chefredakteur der Münchner „Neuen Jiddischen Zeitung", und Hermann Kesten.[143]

Nachdem Hilsenrath auf Empfehlung von Henry Marx das „Nacht"-Manuskript im Herbst 1963 aus New York nach München geschickt hatte, war die erste Reaktion des zuständigen Cheflektors, Hans Geert Falkenberg, unzweideutig positiv ausgefallen. In einem Brief an den Verfasser rühmt er ausdrücklich die „gnadenlose, harte, dennoch sehr einfache Schilderung eines jüdischen Ghettos"[144] und macht gleichzeitig Marx Mitteilung von seiner Einschätzung. Marx nutzt seine Antwort an Falkenberg vom 16. Dezember 1963 zu einer eigenen Stellungnahme: „Sie fragen mich, ob ich Herrn Hilsenraths Buch gelesen habe. Ich habe das sogar zweimal getan, weil ich das erstemal dermassen fasziniert war, dass eine zweite Lektüre notwendig wurde, um mir ein objektives Urteil zu bilden. Es lief etwas [sic] auf dasselbe hinaus, was auch Ihnen an dem Buch aufgefallen ist und das meiner Ansicht nach dessen grossen Wert und besondere Bedeutung ausmacht: Dass es als document humain einer verhaeltnismaessig wenig beachteten Episode einer furchtbaren Periode in die Literaturgeschichte eingehen wird. Ich meine, dass die Lauterkeit der Darstellung das Thema ueber das rein Erlebnishafte ins Literarische hinaushebt (in der Stellung des Themas koennte man Hilsenraths Buch uebrigens

[143] Ich danke Ursula Hien, deren Studie *Edgar Hilsenrath: „Nacht" und „Der Nazi & der Friseur" – Untersuchung der Veröffentlichungsgeschichte und Rezeption in Westdeutschland*, Hamburg 1992 (unveröffentlicht) und ausdauernde Unterstützung in der Recherche den dem Folgenden zugrunde liegenden Blick ins ‚Innere' des Entscheidungsprozesses um *Nacht* entscheidend ermöglicht haben.

[144] Hans Geert Falkenberg an Edgar Hilsenrath, 9. 12. 1963. Hier nach Susann Möller: „Zur Rezeption: Philosemiten und andere – die Verlagsstationen Edgar Hilsenraths". In: Kraft: *Hilsenrath* (Anm. 3), S. 103.

mit dem hier phaenomenal erfolgreichen ‚Lord of the Flies' von Golding vergleichen, insofern als es zeigt, wessen aufeinander angewiesene Menschen faehig sind, wenngleich Hilsenrath nicht zu Symbolen mythologischer Ueberlieferung Zuflucht zu nehmen braucht.) – Erst nach der zweimaligen Lektüre habe ich Herrn Hilsenrath empfohlen, es Ihnen zu übersenden, da ich annahm, dass es bei Ihrem Verlag in den besten Haenden ist."[145]

Marx gibt in diesen Zeilen seine uneingeschränkte Wertschätzung des Manuskripts zu Protokoll. Der Rang des Buches als „document humain" ist für ihn völlig unstrittig; doch erst die „Lauterkeit" der Darstellung jener Überlebensbedingungen, wie sie in „Nacht" rückhaltlos geschildert werden, stehen ihm für das „Literarische" und damit für dessen Ort „in d[er] Literaturgeschichte" ein. Im Hinweis auf Golding läßt Marx durchblicken, daß Hilsenraths poetische Arbeit – auch trotz, wenn nicht gerade wegen ihres Verzichts auf „Symbole mythologischer Überlieferung" – durchaus zu einem ökonomischen Erfolg werden könnte.

Die heraufziehende Auseinandersetzung um das „Nacht"-Manuskript in Rechnung gestellt, wächst Falkenbergs Frage, ob Marx Hilsenraths Buch gelesen habe und der darin artikulierten Bitte um ein Statement jedoch bereits ein Moment zu, das den Geltungsanspruch rein privater Korrespondenz überschreitet. Zwar fragte der Lektor in Marx zunächst denjenigen, der ihm das Manuskript ausdrücklich empfohlen hatte; doch zugleich wird Marx mit Blick auf mehrere weitere ‚Kompetenzen' angesprochen, denen im Streit um „Nacht" teils explizit, teils verborgen autoritatives Gewicht zukommen sollte: als mit zahlreichen nicht nur ästhetischen, sondern auch kultur*politischen* Fragen Vertrauter; als jüdischer Überlebender des Holocaust; ja, womöglich auch als ehemaliger Inhaftierter eines Konzentrationslagers.[146] Als Journalist und Kulturmanager, der sich – später hochrangig ausgezeichnet – Verdienste um die Vermittlung zwischen deutscher und amerikanischer Kultur erworben hatte, täuschte sich Marx über den Charakter deutscher Ansprache an ihn nicht; im Gegenteil: Es scheint – beispielsweise in den Zeilen an Falkenberg – ein an den

145 Henry Marx an Hans Geert Falkenberg, 16.12.1963.

146 Henry Marx verbrachte 1934 sechs Wochen im Berliner Columbia-Haus und in den Konzentrationslagern Oranienburg und Lichtenberg (vgl. Herbert A. Strauss, Werner Röder [Hg.], *Biographical Dictionary of Central European Emigrés 1933–1945*, Vol. II/ Part 2: L-Z The Arts, Sciences, and Literature, München/ New York/ London/ Paris 1983, S. 784/85). Über seine Begegnungen mit Erich Mühsam im KZ Oranienburg und dessen Tod berichtet er in dem Text „Mühsams letzte Tage", erschienen in *europäische ideen*, Heft 5/ 6 (1974), S. 12-14. – Der – nominelle – Stellenwert der Lagererfahrung im Gutachterverfahren um *Nacht* wird explizit eingebracht im Brief Nina Raven-Kindlers an Edgar Hilsenrath vom 14. April 1965; zu diesem Brief siehe noch weiter unten.

pragmatischen Aufgabenstellungen seiner kulturellen Aufklärungs- und Annäherungsarbeit ausgerichtetes, beiderseitiges Einvernehmen über die Praktikabilität eines solchen *verdeckt-repräsentativen* Sprechens entwickelt worden zu sein. Im Blick auf dieses Einvernehmen wächst den Worten Marx' – wie dieser wohl weiß und zugunsten Hilsenraths einzusetzen sucht – ein durchaus über-individuelles Gewicht zu: Marx hat nicht nur persönlich keine Bedenken gegen das Buch, sondern auch *von seiner Seite* – was sein deutscher Briefpartner mit ihr nun auch immer im Einzelnen identifizieren mag – bestehen keinerlei Einwände, im Gegenteil.

Wenn in den Monaten der ab Sommer 1964 einsetzenden „Nacht"-Kontroverse vor allem Juden als Gutachter um Stellungnahmen gebeten werden, so mag dies auf den ersten Blick wie eine Maßnahme wirken, die nur fortsetzt und ausführt, was strukturell im Austausch zwischen Falkenberg und Henry Marx schon seinen Anfang genommen hatte. Tatsächlich jedoch setzt erst *nach* ihrem Briefwechsel jener Prozeß ein, der den späteren Stellungnahmen eine diskurspolitische Funktion aufzuzwingen sucht, die weder Falkenberg durchzusetzen noch Henry Marx zu erfüllen gedacht hatten.

Am Anfang dieser Entwicklung steht die – wie es scheint: durch keine Widerrede zu verringernde – Reserve des Kindler-Werbeleiters Ernest Landau gegen Hilsenraths „Nacht". Die Motive dieser Reserve lassen sich zurückverfolgen bis in jene ersten Jahre nach Kriegsende, in denen Landau erstmals ausdrücklich zu erkennen suchte, welchen Kriterien Texte gehorchen müssen, damit „der deutsche Durchschnittsleser" „sowohl erkenn[t] wie auch begreif[t], was wieder gutzumachen ist."[147]

Bereits in der ersten, „Mitte September 1947" erschienenen Ausgabe der „Neuen Welt – eine[r] Halbmonatsschrift der befreiten Juden" befaßt sich Ernest Landau anläßlich einer ausführlichen Besprechung von Eugen Kogons „Der SS-Staat" eingehend mit den Möglichkeiten und Erfordernissen einer Literatur, die von den Lagern handelt. In seiner ausführlichen Würdigung des Kogon-Buches kommt der Entscheidung des Autors, Schwächen und Fehler auf Seiten der Häftlinge nicht zu unterschlagen, herausragendes Gewicht zu: „Er schildert leidenschaftslos, welche Verhältnisse sich zwischen SS-Männern und Häftlingen entwickelten; wie einzelne korrumpiert wurden durch Bestechung oder Bevorzugung; wie intrigiert wurde von SS gegen SS, aber auch von Häftling gegen Häftling. [...] Auch daß die Häftlinge, selbst die politischen, nicht immer kameradschaftlich, anständig und sauber handelten, läßt er nicht unerwähnt [...]"[148].

[147] *Neue Welt*, 3.1.1948.
[148] Ernst Landau: „Abbild der Hölle". In: *Neue Welt*, September 1947.

Einige Zeilen später wiederholt Landau: „[...] nicht nur mit der SS rechnet Kogon ab. Auch mit den Häftlingen. Sein Bericht klagt jene an, die sich korrumpieren ließen und willige Handlanger der SS wurden. ‚Der ärgste Feind des Häftlings war der Häftling‘ schreibt Kogon, und er hat nicht ganz unrecht. Nur wenige Häftlinge haben die Stellung eines Blockältesten oder eines Kapos zum Nutzen ihrer Kameraden verwertet. In den meisten Fällen trieb sie die Feigheit zu oftmals noch brutalerem Vorgehen gegenüber ihren bisherigen Leidensgefährten, als man es von der SS her gewohnt war.“[149] Wohl läßt Landau nicht unerwähnt, daß es „im Lager auch ein wirkliches Hohelied der Kameradschaft“ gegeben habe. Aber es ist die Tatsache, daß Kogons Buch „das *alles* fest“[150]-stellt, die seinen Rang für den Rezensenten bezeichnet. Dies wird erneut deutlich in der Summe, die Landau gegen Ende seiner Besprechung zieht: „Dieses Buch dient DEUTSCHLAND UND DER DEUTSCHEN DEMOKRATIE, denn es übt harte Selbstkritik an der Vergangenheit. Es gemahnt an die Schuld der Vergangenheit und die Pflicht für die Zukunft. Kogon führt auch uns vor Augen, wie selbst der Beste von uns im Kampf um die nackte Existenz und den Bissen vertrockneten, oft verschimmelten Brotes schwach werden konnte. Er hält uns einen Spiegel vor, wie wir waren, da uns die Hölle umgab. Und er warnt uns, damit uns nicht wieder ein kleiner Schritt zurückstoße in das Dunkel des Mittelalters.“[151]

Wird in dieser Besprechung die Auffassung vertreten, daß es gerade die – „leidenschaftlos“-unbestechliche – Berücksichtigung *aller* Aspekte der Existenz in den Lagern ist, die das Buch zu einem Beitrag in der Bemühung um „Deutschland und d[ie] deutsche Demokratie“ macht, zeichnet sich wenige Monate später eine Revision dieser Ansicht ab. In der Ausgabe der „Neuen Welt“ vom 3. Januar 1948 zieht Landau zunächst eine skeptische Zwischenbilanz: „Dass sich der deutsche Durchschnittsleser für KZ-Erlebnisbücher in keiner Weise interessiert, sie häufig sogar aus innerem Widerwillen gegen unangenehm empfundene Wahrheiten ablehnt – daran haben wir uns in den zwei Jahren seit der Befreiung ebenso gewöhnen können, wie wir uns mit der allgemein ungläubigen, verschweigenwollenden oder mißtrauischen Haltung gegenüber unseren Erlebnissen abfinden mußten. Wir kennen nun unseren Weg. Wir fragen nicht mehr, ob es überhaupt Sinn hat, Berichte aus deutschen Konzentrationslagern zu veröffentlichen (wenn sie ja doch nicht gefragt sind). Wir wissen, daß wir es mit unseren Berichten immer und immer wieder in die deutschen Gehirne hämmern müssen: so war dieses Naziregime! Und diese Konzentra-

149 Ebd.
150 Kursivierung S.B.
151 Landau: „Abbild“ (Anm. 148); Hervorhebung durch Landau.

tionslager waren seine Einrichtungen, auch dann, wenn ihr sie nicht wahrhaben und nicht kennen wollt!“[152]

Trotz solch desillusionierter Lage dispensiert sich der Verfasser nicht von der „Frage, welche Art des Berichtes am besten geeignet ist, die grauenvolle Wahrheit den Menschen so nahezubringen, daß sie davon ergriffen werden und sowohl erkennen wie auch begreifen müssen, was wieder gutzumachen ist.“ Landau antwortet auf diese Frage mit der Empfehlung von Ernst Wiecherts Bericht „Der Totenwald“. Zwar sei „um Wiechert und seine Dichtungen, insbesondere den ‚Totenwald‘, [...] in letzter Zeit eine Kontroverse entstanden“, die er wie folgt wiedergibt: „Während die Idealisten gerade das eindringlich-pastellhaft Gezeichnete seines Stils und seine bilderreiche Sprache schätzen, tadeln die Realisten an Wiechert seinen ‚gefährlichen‘ Mangel an klarer Denkkraft, sein ‚Schwimmen in (jeder Vernunftkontrolle entzogenen) Innerlichkeit‘, in die unterzutauchen eine deutsche Schwäche immer war.“ Diesen Konflikt entscheidet Landau jedoch nicht, sondern er setzt an dessen Stelle zunächst ein Bekenntnis zur Person, sodann zum Dichter: „Mögen beide Ansichten zu einem gewissen Teil richtig sein; mag auch an Wiechert manches unverständlich erscheinen – für uns ist und bleibt Ernst Wiechert nicht nur ein aufrichtiger Antifaschist und KZ-Kamerad, sondern auch als Dichter gerade einer jener, die an erster Stelle dazu berufen sind, der Wahrheit die Tore zu öffnen.“ Die Qualität von Wiecherts Dichtung wird positiv gegen jene Literatur profiliert, wie sie noch vor Monaten mit Kogons „SS-Staat“ an gleicher Stelle gewürdigt worden war: „Sein [Wiecherts, S. B.] Buch, das sich nicht in erster Linie an den Intellekt, sondern an Gemüt und Gefühl wendet, gibt vielleicht die Möglichkeit, den Dutzendmenschen, dessen Harmlosigkeit und Stupidität nichts begriff und der noch jetzt nichts weiß, auf eine menschlich warme und behutsame Art an der Hand zu nehmen und ihm zu zeigen: ‚Sieh her, so viel Leid wurde verschuldet, so viel Qualen verursacht, so viele Menschen verzweifeln [sic] und starben. Und du?! Du sollst es wenigstens wissen!‘ “[153]

Für Landau ist entschieden, daß die Belehrung der Deutschen über die NS-Verbrechen nicht im Modus einer unmittelbaren, rückhaltlosen Konfrontation mit jenen Zeugnissen erfolgen kann, die, je näher sie zu den Verbrechen stehen, um so deutlicher von deren authentischem *Gesamt*bild sprechen müssen; sondern daß bewiesene „Harmlosigkeit und Stupidität“ zum Appell nicht an die Fähigkeit zur Konfrontation, sondern „an Gemüt und Gefühl“ zwingen. Solche Leser sind dann auch, wie es sprechend heißt, „auf eine menschlich

[152] *Neue Welt*, 3.1.1948.
[153] Ebd.

warme und behutsame Art an der Hand zu nehmen“ – : wie Unmündige zu behandeln. Eine zeugnisnahe, die Realitäten ungefiltert wiedergebende Darstellung ist in dieser Perspektive nicht mehr ‚zumutbar‘.

Das hier an einem authentischen, ganz der konkreten Nachkriegserfahrung verpflichteten Quellpunkt seiner Entstehung beobachtete Kriterium einer Ansprache „an Gemüt und Gefühl“, genuin verknüpft mit der Absage an ein *integrales* Bild der Lagerwirklichkeit, steht schon für jenes Muster, dessen Ausfüllung durch „Das Tagebuch der Anne Frank“ den gleichnamigen Erfolg Jahre später wesentlich ermöglichte. Doch die kulturpolitischen Folgen, die sich aus dieser Wende ergeben, finden noch auf den Feuilleton-Seiten der „Neuen Welt“ – zwar nicht mehr in der Verfasserschaft, aber unter der Redaktion Landaus – ihren deutlichen Niederschlag. Dabei bleibt laufend mitzulesen, daß das kulturpolitische Urteil die Eignung des besprochenen Werkes für eine deutsche Rezeption nicht nur ‚mitdenkt‘, sondern oft ausdrücklich von ihm bestimmt ist – nicht ‚Widerspruch‘, sondern Konsequenz eines Periodikums für Juden in Deutschland[154]. An den in Theresienstadt entstandenen Gedichten von Gerty Spieß wird etwa bald darauf gerühmt, daß „eines vor allem [...] uns dieses Buch wertvoll“ mache: daß „das menschliche Antlitz“ erkennbar bleibe, Ausweis des „Triumphes“, den „der Geist über die Barbarei, [...] das Herz über die Gemeinheit, [...] die Menschlichkeit über den Menschen errungen hat“[155]. Solche Rede kann jetzt – ungeachtet jeder Einlassung auf die diskutierten Gedichte – ohne Änderung im Wortlaut als Plädoyer gegen jeden Versuch gelesen werden, die Gefährdung der „Menschlichkeit“ in den Lagern „leidenschaftslos“[156] zu thematisieren.

Doch diese Wendung erfolgt noch sehr viel ausdrücklicher. In einer Reflexion über die Momente, die einer adäquaten Darstellung des Geschehens in den Lagern entgegenstehen müssen, heißt es am 25. März 1948 in der „Neuen Zeit“: „Über all das, was in den Konzentrationslagern und ähnlichen Einrichtungen geschah, wurde in den drei Jahren, die uns von der Schändung des Menschen und der Menschlichkeit trennen, viel veröffentlicht. Doch alle diese Berichte, Prosa und Lyrik, bringen uns das Geschehene nicht so unmittelbar zum Bewußtsein wie Johannes R. Bechers Gedicht ‚Kinderschuhe aus Lublin‘.“[157] Im Blick auf das Ungeheuerliche des Leids „bleibt jeder noch so vollständige Bericht, mag er auch Ursache und Zusammenhänge erfassen wie etwa der ‚SS-Staat‘ Eugen KOGONS, in der Wirkung, wenn auch

[154] Dies ist nicht etwa nur in der *Neuen Welt*, sondern vor allem auch in der *Allgemeinen Jüdischen Wochenzeitung* deutlich erkennbar.

[155] *Neue Welt*, 4.3.1948.

[156] So Landau über Kogon in „Abbild der Hölle“ (Anm. 148).

[157] *Neue Welt*, 25.3.1948.

nicht in der Anlage, verfehlt." Erst Johannes R. Becher habe jenes künstlerische Moment einbringen können, das – nach Meinung des Verfassers – die Wirkung offensichtlich *nicht* verfehlt. Dabei wird unterstrichen, daß Becher „selbst das Konzentrationslager nicht gekannt hat" – und ein weiteres: „An dem Gedicht ‚Kinderschuhe aus Lublin' erkennen wir Juden aber noch etwas anderes: wir erkennen, wie weit die Vernichtung unserer schöpferischen Kräfte ging. Der vollkommen künstlerische Ausdruck JÜDISCHEN Leids gelang in den Nachkriegsjahren noch KEINEM JUDEN; wohl aber dem DEUTSCHEN Johannes R. BECHER."[158] Daneben findet sich ein Abdruck des Gedichts in halbfetten Lettern über zwei Zeitungsseiten.

Dieses Bekenntnis zu Becher – gar als eines ‚DEUTSCHEN' –, das emphatische Vertrauen in das Bild des *kindlichen* Opfers[159] und die entschiedene Absage an Kogons „SS-Staat" kennzeichnen den revidierten Ort der „Neuen Welt". Den latenten kulturpolitischen Blick auf die deutsche Rezeption in Rechnung gestellt, demonstrieren diese Beispiele in kaum steigerbarer Deutlichkeit, in welchem Maß das Vertrauen in die Befähigung *wesentlich der deutschen Leser* geschwunden war, in eine Kommunikation mit den Überlebenden selbst zu treten oder mit ihren unmittelbaren Zeugnissen. Es ist für die von Landau in der „Neuen Zeit" entwickelte Anschauung sprechend, daß ihm die Neigung zu „Gemüt und Gefühl" als Zeichen von Unmündigkeit gilt. ‚Leidenschaftslosigkeit' im Blick auf die Faktizität gerade der „Hölle"[160] bildet für ihn dagegen ein Merkmal angemessener, ‚erwachsener' Rede. Besonders Landaus Beitrag vom 3. Januar 1948 verdeutlicht, daß er einst Hoffnungen in die Deutschen gesetzt hatte, in dieser Rede zu ihnen sprechen zu können. Diese Hoffnungen sind – wie sich am „Nacht"-Fall vielleicht am nachhaltigsten zeigt: dauerhaft – enttäuscht worden.

Entweder auf Anraten Nina Raven-Kindlers, die mit ihrem Ehemann in Meinungsverschiedenheiten über das Buch geraten war[161], oder aus eigener Initiative unternimmt Landau im Sommer 1964 Schritte, die auf eine Revision der unterdessen zugunsten des Buches getroffenen Entscheidung zielen. Es ist diese Phase des Prozesses, in die das signifikante Moment der in dieser Auseinandersetzung geüb-

[158] Ebd.; Hervorhebung durch Landau; Abdruck des Gedichts „Kinderschuhe aus Lublin" auch in Johannes R. Becher: *Gesammelte Werke*. Bd. 5: Gedichte 1942–1948. Berlin und Weimar 1967, S. 335-340.

[159] Zur Problematik des Bildes des *kindlichen* Opfers vgl. einführend Gilman: *Selbsthaß* (Anm. 54), S. 319, sowie Ruth Angress (= Klüger): „A ‚Jewish Problem' in German Postwar Fiction'". In: *Modern Judaism*, Jg. 5 (1985), Bd. 3, S. 215-233, besonders im Zusammenhang ihrer Kritik von Bruno Apitz' *Nackt unter Wölfen*, S. 216.

[160] *Neue Welt*, September 1947.

[161] Möller: „Rezeption" (Anm. 144), S. 103.

ten Verfahrenspolitik fällt: die Auswahl nahezu ausschließlich jüdischer Gutachter. Doch schon Zeitpunkt und Anzahl verdeutlichen, daß sich die Motive hinter dem Wunsch nach jenen spezifischen ‚Kompetenzen', die schon in Falkenbergs Brief an Henry Marx ‚mit'-gemeint waren, entscheidend verschoben haben. In Marx hatte sich der Lektor des Rats eines Mannes vergewissert, der in die professionell kritische Perspektive auf ein neues Manuskript Gesichtspunkte teils einbringen konnte, teils mußte, die dem Lektor – infolge der Geschiedenheit ihrer Erfahrungen – nicht vertraut sein mochten. Jetzt, im Fortgang des Verfahrens, erfährt jüdische Identität jedoch eine Institutionalisierung. Jüdische Identität wird nun installiert als eine Autorität in der verhandelten Sache *per se*, deren Stellungnahme gar nicht mehr in einen diskursiven Prozeß gezogen und dort, kritisch, zur Bildung eines *ideellen universalistischen Standorts* beitragen soll, sondern deren Gewicht gänzlich auf vorgängigen Verabredungen über die Stellung ‚jüdischer Meinungen' in Entscheidungsprozessen des Verlages beruht. Solche ‚Arbeitsteilung' erfüllt für die deutschen Verfahrensbeteiligten verschiedene Funktionen. Zum einen erlöst der Verzicht auf den Anspruch einer universalistisch verfaßten Kritik die Mühen einer echten Auseinandersetzung. Eine solche Kritik hätte allerdings die Aufhebung der Partikularität subjektiver Standpunkte „durch Intersubjektivität"[162]: durch Debatte anstreben müssen. Es wären wohl gerade solche Debatten, solche Auseinandersetzungen gewesen, in denen Anfänge einer „Restitution der Sprache zwischen Deutschen und Juden"[163] hätten stattfinden können. Zum andern schmeichelt eine Konstellation mit ‚jüdischen Gutachtern' – deren Votum gar befolgt werden könnte – philosemitisch verfaßten Selbstbildern. Stimmen die ‚institutionalisiert-jüdischen' Gutachter jedoch auch noch ‚richtig', so überschneidet sich ihre akute Funktion mit der – schon charakterisierten – der Gesellschaften für Christlich-Jüdische Zusammenarbeit: Indem sie die – konditionierte – Rede über das Bild des Juden abzuschirmen suchen, schützen sie *zugleich* – vom Standpunkt des deutschen Kalküls aus: *zuallererst* – den Diskurs über den Nationalsozialismus vor jenen tiefgreifenden Erschütterungen, die die notorische „confrontation/non-confrontation with Auschwitz"[164] womöglich in jene *confrontation* hätten wenden können, ohne die

[162] Wolfgang Hildesheimer: „Die Subjektivität des Biographen". In: ders.: *Das Ende der Fiktionen – Reden aus fünfundzwanzig Jahren*. Frankfurt am Main 1988, S. 123-138, hier S. 136.

[163] Gershom Scholem, Beitrag zum jüdischen Weltkongreß 1966. In: Abraham Melzer (Hg.): *Deutsche und Juden – ein unlösbares Problem*. Reden zum jüdischen Weltkongreß. Düsseldorf 1966, S. 13-33, hier S. 33.

[164] Saul Friedländer: „The Shoah in Present Historical Consciousness". In: Friedländer: *Memory* (Anm. 56), S. 42-63, hier S. 52.

eine „Aufarbeitung der Vergangenheit [...] im Ernst“[165] schwerlich hat anfangen können.

Die Auseinandersetzung um „Nacht“ zeigt die Bemühung um die Durchsetzung von *moral labour*, übersetzt in die Bedingungen des westdeutschen Literaturbetriebs und seiner Teilhabe an nationaler Meinungspolitik; sie verdeutlicht vor allem aber auch, auf welche Weise eine ganz außerhalb der funktionalisierenden, philosemitischen Struktur entwickelte Erfahrung – hier die Landaus mit den Rezeptionsgewohnheiten deutscher Leser unmittelbar nach dem Krieg – in Übereinstimmung mit einer Literatur- und Diskurspolitik geraten kann, die gänzlich anderen Motiven folgt. Im Verfahren um Hilsenraths Manuskript standen Raven-Kindler und Landau zwar in einer Art Interessenkoalition; die Absicht Landaus, eine bestimmte literaturpolitische Auffassung durchzusetzen, ist dabei jedoch objektiv überwölbt von jener weiterreichenden Diskurspolitik, die mit der Festschreibung einer bestimmten Rede zwischen Deutschen und Juden eigenstem Interesse dient.

In seinem Anschreiben, das Landau zusammen mit dem Manuskript ab Ende Juli 1964 an verschiedene Rezensenten verschickt, sucht er die Aufmerksamkeit seiner Adressaten auf antisemitische Tendenzen zu lenken[166]. Bei Joseph Wulf – dessen Brief Landau bereits wenige Tage später erreicht – stößt dieser Verdacht auf Unverständnis – und zwar auf ein prinzipielles. Wulf, der mit Hinweis auf Zeitprobleme das Manuskript ungelesen zurückschickt, schreibt an Landau: „Sie fragen mich, ob die Veröffentlichung unter Umständen schädlich sein könne. Ich habe den Roman zwar nicht gelesen, aber ich kann nicht verstehen, warum die Veröffentlichung so eines Romans schädlich sein kann.“[167] Wulfs Zeilen verdeutlichen, daß Landaus literatur- und kulturpolitische Grundanschauungen unter den in Deutschland lebenden Juden durchaus nicht so restlos akzeptiert waren, wie Landau offenkundig unterstellt hatte. Diese Annahme Landaus stützte sich auf eine Erfahrung, die die politische Praxis in den institutionalisierten deutsch-jüdischen Beziehungen der vergangenen Jahre gekennzeichnet hatte: die weitgehende Abwesenheit „autonome[r] Stimmen“[168]. Wulfs Antwort deutet an, daß hier – vorerst nur im Feld kulturpolitischer Einschätzungen – eine Wende bevorstand. Die unmittelbare diskurspolitische Relevanz dieser Stimmen bestand schon jetzt darin, daß ein ‚institutionalisiert-jüdisches‘ Gutachter-Verfahren, wie Landau es anzielte, mit solchen Stimmen nicht zu machen war.

[165] Adorno: „Aufarbeitung“ (Anm. 118), S. 555.
[166] Vgl. Möller: „Rezeption“ (Anm. 144), S. 104.
[167] Joseph Wulf an Ernest Landau, 4. 8. 1964.
[168] Bodemann: *Gedächtnistheater* (Anm. 87), S. 37.

Zehn Tage darauf trifft das Gutachten B. Graubards im Kindler-Verlag ein. Zwar gesteht er Hilsenrath „episches Talent" zu; doch macht er sodann eine Reihe von Einwänden geltend. Diese Einwände autorisiert Graubard ausdrücklich durch seine eigenen Erfahrungen in jüdischen Ghettos vor allem Polens. Zum einen werde „das Wichtigste" nicht deutlich: „wie aus normalen Kulturmenschen diese ausgehungerte Meute, welche auf den Tod des nächsten wartet, geworden ist. Das wäre doch eigentlich das Problem, denn hier würden wir erfahren, wie der enthumanisierte Nazimensch die Welt von menschlichen Regungen beraubt." Zum andern würden „fast keine Deutschen" und keine rumänischen oder ukrainischen Milizen erwähnt. Daher könne bei einem „nichteingeweihte[n] Leser" der Eindruck entstehen, das jüdische Leben in Transnistrien sei ein „aus eigener Unachtsamkeit entstandene[r] Morast". Drittens würden jene Kreise unerwähnt bleiben, „die einen starken Rückhalt, eine moralische Sicherung gehabt haben in der religiösen Verbundenheit, im zionistischen Denken und auch in der kommunistischen Ideologie." Aber auch die noch „in der tiefsten Erniedrigung" sichtbaren „Übergänge [...] zwischen verhungerten Menschen und Resten gelebter Ideologien" fehlten, genau so wie „die leitenden Kreise des Judenrates, mögen sie so schlimm gewesen sein, wie sie waren". Graubard kommt zu dem Schluß: „Das Buch ist beschämend, erschreckend. Ich fürchte, dass es aus dem Geiste der gutmeinenden aber nichts verstehenden Hanna [sic] Arendt geboren ist." Am Ende seines Gutachtens stellt Graubard autoritativ in Frage, daß jemand „jene Welt der Verzerrung" ohne „eine Dosis Humanität" hat überleben können, ohne „eine Möglichkeit sich und zumindest noch jemand in der Umgebung zu erwärmen. Eine Welt, die vollständig unansprechbar in der Allgemeinheit und in jedem Individuum für sich ist und in keiner Situation anders wird, lässt niemand Chancen zum Überleben." Das Gutachten schließt mit den Worten: „Es ist wohl möglich, dass dieses Buch schon wegen seiner obszönen, (viel schlimmer als pornographischen) Ausdrucksmittel, kommerziell einen Erfolg haben kann. Aber das war wahrscheinlich nicht Ihre Frage an mich."[169]

[169] B. Graubard an Ernest Landau, 14. 8. 1964. – Graubard führt in diesem Gutachten u.a. Jean Améry als Zeugen dafür an, daß es, selbst in Auschwitz, Menschen mit „starke[m] Rückhalt" und „moralische[r] Sicherung" gegeben habe. Damit zählt das Gutachten zu den ersten Rezeptionszeugnissen von Amérys später unter dem Titel *Jenseits von Schuld und Sühne* veröffentlichten Essays über seine KZ-Erfahrungen. Auf welche Vor-Veröffentlichung sich Graubard bezogen hat, konnte nicht ermittelt werden; sowohl die einschlägigen Améry-Bibliographien als auch das Jean-Améry-Archiv im Deutschen Literatur-Archiv Marbach am Neckar weisen nur Publikationen auf, die *nach* der Abfassung des Graubard-Gutachtens erschienen sind.

Wie schon in seiner Reaktion auf den Vortrag Adornos vor dem Koordinierungsrat 1959, sucht Graubard eine Auseinandersetzung, die der Integrität seiner eigenen Verfolgungserfahrung sorgfältig Rechnung trägt. Eine Stellungnahme wie diese, so genau sie gerade die Erscheinungen des Verfalls im Lager beobachtet und trotz ihrer Stellung in einer zunächst innerjüdischen Kommunikation, erhob historisch allen Anspruch, in jene Art von Diskursivität und Debatte einzugehen, die auch in diesem Fall uneröffnet blieb. Das im Hause Kindler eingeschlagene Verfahren sah ein aus der inhaltlichen Argumentation entwickeltes spezifisches Gewicht der einzelnen Stimmabgaben nicht mehr vor.

Darauf deuten vor allem anderen die zwei Hausmitteilungen, die Landau bald nach Eingang von Graubards Gutachten der Verlagsleitung zukommen läßt. Am 20. 8. wird zur Kenntnis gegeben, daß Hermann Lewy „das Buch nicht positiv beurteilen könne. Nach seiner Meinung fehlt in der ‚durchwegs düsteren Darstellung‘ ein heller Aspekt.“[170] Eine Woche darauf heißt es: „Die jüdische Presse ist sich in ihrer Ablehnung dieses Buches einig. – Karl und Lilli Marx, mit denen ich sprach und die beide das Vorausexemplar gelesen haben, lehnen das Buch einmütig ab, sie betrachten es als ‚katastrophal‘, eines Verlages wie Kindler unwürdig. Herr Marx meinte: ‚Dem Autor ist etwas völlig Unglaubwürdiges gelungen. Menschen, die Hunger haben, denken nicht primär an Sex. Zu sexuellen Ausschweifungen sind sie rein körperlich nicht fähig, und außerdem haben sie ganz andere Sorgen. Sag Kindler, er soll das Buch nicht herausbringen.‘ – Moses Lustig von den ‚Münchner Jüdischen Nachrichten‘ bedauerte, für die Lektüre des Buches soviel Zeit verschwendet zu haben. Es habe kein Niveau, sei unecht und nicht lesenswert.“[171]

Wie vielleicht kein anderes Dokument der „Nacht“-Affäre beleuchten diese Zeilen den spezifischen Modus, in dem ‚zwischen‘ Juden und Deutschen über dieses Buch verhandelt wurde. Das vorgebrachte Argument, das sich gegen die Darstellung „sexueller Ausschweifungen“ richtet, entspricht paradigmatisch einem wesentlichen Merkmal offiziöser Repräsentationssprache: einer ‚wie zufälligen‘ Übereinstimmung der Tabus in der Rede über Juden mit denen des traditionell gutbürgerlichen Sittenkodexes. Mit noch größerer Deutlichkeit tritt hier jedoch jenes Kennzeichen zutage, das schon bereits kurz angeführt wurde: die Zulassung eines autoritativen Gel-

[170] Hausmitteilung vom 20. 8. 1964. Mit Blick auf die fast ein Jahr später von Lewy verfaßte Rezension, „die Landaus Behauptung Lügen strafte“, mutmaßt Möller, daß „es sich hier um eine Unterstellung des Werbeleiters [handelte], oder der besagte Chefredakteur hatte seine Meinung geändert“ (Möller: „Rezeption“ [Anm. 144], S. 105).

[171] Hausmitteilung vom 28. 8. 1964.

tungsanspruchs, der sich der inhaltlichen Konsistenz der vorgebrachten Argumente nicht mehr versichern muß. Die hier gegen das verhandelte Buch vorgebrachten – bzw. referierten – Gründe waren nicht nur durch die bereits vorliegenden Stellungnahmen – von Henry Marx und Lektor Falkenberg – virtuell schon im Augenblick ihrer Artikulation widerlegt; sie sind vielmehr *explizit* gar nicht mit der Maßgabe ausgesprochen worden, in einem diskursiven Verfahren der Prüfung ausgesetzt zu werden, um auf diese Weise in die Urteilsbildung der Entscheidungsträger einzugehen. Nur in sicherer Kenntnis dieser Umstände erhalten Mini-Urteile wie „unecht und nicht lesenswert“ oder gar Imperative („Sag Kindler, er soll...“) ‚Sinn‘: Die Gründe selbst sind austauschbar, die Tendenz – hier: gegen das Buch – ist die Botschaft.

Was dem Argument an Definitionsgenauigkeit ermangelt, muß dagegen vom Absender kompensiert werden. Es entbehrt nicht einer gewissen mokanten Ironie, wie Landau mit der Suggestion einer „jüdischen Presse“, die sich „einig“ sei, an ein antisemitisches Stereotyp in seiner philosemitischen Verbrämung appelliert. Es ist unübersehbar, in welchem – nach Möglichkeit: entscheidenden – Maß das persönliche Gewicht gerade von Karl Marx ins Spiel gebracht werden soll. Dieses mit Karl Marx operierende, auf Helmut Kindler gerichtete Kalkül ist – wie Marian Gid bereits im Februar 1965 spekulierte – letztlich aufgegangen[172].

Auch Gid war um ein Urteil gebeten worden. Mit Schreiben vom 8. 9. 1964[173] teilt er mit: „Es ist ein großes Buch – eines der größten, die ich je gelesen habe – nicht nur über die Vernichtung, sondern im allgemeinen. Ich glaube nicht, daß ein vernünftiger Leser dazu neigen wird, von antijüdischen Gefühlen befallen zu werden gegen Ranek, gegen den ‚Roten‘ [...] und deren Verhalten ihrer Jüdischkeit zuzuschreiben. Jeder vernünftige Mensch wird die einzig mögliche Erklärung für ihr Verhalten begreifen – die Erklärung liegt in der Tatsache, daß sie böswillig und systematisch unmenschlich gemacht wurden –

172 Marian Gid an Edgar Hilsenrath, 21. 2. 1965. Nach Lektüre von Gids *Forward*-Artikel vom 17. 11. 1964 – zu diesem Artikel vgl. noch weiter unten – hatte sich Hilsenrath am 12. Februar 1965 mit einem Brief an Gid gewandt, in dem er offenbar seiner Überraschung darüber Ausdruck gab, daß sich keinerlei Anzeigen oder Rezensionen seines Buches in der deutschen Presse fänden. In seiner Antwort vom 21. Februar 1965 schreibt Gid: „May be – it is just an assumption – that the Kindler-Verlag has after all become afraid of its previous courage to publish your book and took to heart the opinion of a certain prominent Jewish leader in Germany who has advised against its publication on the ground that it may show Jews in an unfavourable light (which is, of course, sheer idiocy and a result of an acute inferiority complex).“ Diese Persönlichkeit war durch Gids Charakterisierung im *Forward*-Artikel vom 17. 11. 1964 – „Herausgeber einer jüdisch-deutschen Wochenzeitung“ – bereits als Karl Marx erkennbar geworden.

173 Datierung von Ursula Hien in einem Brief an den Verf. v. 1. Juli 1997.

über jede Vorstellung hinaus: daß sie in diesen Abgrund durch ihre verbrecherischen Unterdrücker gebracht wurden."

Ein Blick auf die Gutachten, Stellungnahmen und sonstigen parteilichen Äußerungen oder Zeugnisse über Hilsenraths „Nacht"-Manuskript belehrt darüber, daß jede Bemühung, die Zuspruch oder Ablehnung von jüdischen Lesern irgend typologisch begründen will, fehlgeht. Auch die kennzeichnenden Unterschiede in der Narration über den Holocaust, wie sie einerseits von in Deutschland, andererseits von in osteuropäischen Ländern geborenen jüdischen Überlebenden tradiert wird[174], bieten im Fall von „Nacht" keinen weiterreichenden Anhaltspunkt. Noch die ablehnenden Stellungnahmen Karl Marx' und Graubards, beide Persönlichkeiten, die unmittelbar zu den Verabredungen im Feld der politischen Repräsentation der Juden in Deutschland standen, sind charakteristisch unterschieden: Trägt Marx' überliefertes Zeugnis das Air ostentativ autoritativer Verlautbarungssprache, bleibt Graubard bestimmt vom Versuch einer subjektiven Erinnerungsarbeit, die seiner Repräsentationsaufgabe zunächst vorgängig ist. Jeder Versuch, die zu Edgar Hilsenraths „Nacht" abgegebenen Stellungnahmen *einseitig* zu ‚vertreten', würde die Vielfalt und Eigentümlichkeit ihrer Begründungen verleugnen.

Die Bedeutung, die der Auseinandersetzung um „Nacht" im Kindler-Verlag zugewachsen war, bestand entscheidend darin, daß nicht eigentlich um ästhetische Qualitäten des Manuskripts für sich, sondern um seine Zulassung auf den deutschen Buchmarkt verhandelt wurde. Es mag ein genaues Bewußtsein dieses Streitgegenstands – und seines Werts als eines ‚hohen Rechtsguts' in der bürgerlichen Gesellschaftsverfassung – gewesen sein, das dazu beitrug, daß sich die deutliche Mehrheit der um Rat Gefragten für die Publikation verwendete[175]. Die Verlagsleitung blieb dann auch bei ihrer Entscheidung, das Buch zu produzieren, stellte jedoch nur eine „verblüffend niedrige Auflage von 1250 Exemplaren"[176] her und verzichtete fast vollständig auf Werbemaßnahmen. In einem Brief Ernest Landaus vom 1. April 1965 an Hilsenrath bleiben die im Hause Kindler stattgehabten Vorgänge unerwähnt. Der ausbleibende Erfolg des Buches wird unmittelbar dem deutschen Publikum zugeschrieben. Nach Hinweis auf zwei Werbeanzeigen im „Börsenblatt für den deutschen Buchhandel" und auf einige Rezensionen führt Landau fort: „Wenn es dennoch kein Verkaufserfolg wurde, dann liegt das am deutschen

[174] Zu diesen Unterschieden vgl. Dan Diner: „Gestaute Zeit. Massenvernichtung und jüdische Erzählstruktur". In: ders.: *Kreisläufe – Nationalsozialismus und Gedächtnis.* Berlin 1995, S. 123-139. – Beispielsweise waren Graubard und Gid in Polen bzw. Litauen geboren, Karl Marx und Joseph Wulf in Deutschland.

[175] Vgl. Möller: „Rezeption" (Anm. 144), S. 104.

[176] Ebd., S. 105 f.

Publikum, das von seiner Vergangenheit am liebsten nichts mehr hören möchte. Sie verfolgen doch gewiß die Zeitungen, also werden Sie wissen, daß man hier in Deutschland am liebsten einen Schlußstrich machen möchte unter alles, was zwischen 1933 und 1945 geschehen ist. [...] Den Mut, sich diesem allgemeinen Trend entgegenzustellen, haben nur ein paar Publizisten und ein paar Verleger. Und ihnen wird das politische Engagement, weiß Gott, nicht leicht gemacht. Sie bezahlen es nicht selten mit empfindlichen wirtschaftlichen Einbußen. Offiziell gibt es zwar keinen Rechtsradikalismus, keinen Antisemitismus, keine Nazis. Denn durch Erfahrungen wird man bekanntlich gewitzt. Man brüllt nicht mehr in die Welt hinaus und marschiert nicht mehr in Schaftstiefeln, sondern geht auf leisen Gummisohlen. [...] Sie begreifen also, warum Ihr Buch hierzulande kein Verkaufserfolg geworden ist.“[177]

Zwei Wochen darauf wendet sich auch Nina Raven-Kindler in einem Brief an Hilsenrath. Anders als Landau kommt sie auf die Meinungsbildung im Verlag selbst zu sprechen. Sie schreibt: „Ich weiß nicht, ob Sie sich darüber im klaren sind, daß Sie wohl keinen Verleger in Deutschland gefunden hätten, der Ihr Buch herausgebracht hätte. Auch in unserem Verlag fand sich keine Stimme dafür, trotzdem Herr Landau – wie Sie ja wissen – nur durch ein Wunder am Leben geblieben ist, nachdem er durch so und so viele Konzentrationslager gehen mußte. Und auch unser Cheflektor Herr Falkenberg war ein Schwerbetroffener während des Naziregimes. Sogar ich fürchtete die falsche Reaktion des deutschen Publikums, das sehr gerne etwas finden möchte, um seine antisemitische Haltung zu rechtfertigen. Davor hatte ich Angst, wie Sie vielleicht verstehen werden. Doch mein Mann, der so ergriffen und erschüttert von Ihrem Buch war, setzte sich über alle Einwände hinweg und publizierte es.“[178] Der Widerspruch, in dem sich nahezu jeder Satz dieser Darstellung zu den Tatsachen verhält, deutet an, wie genau auch dort, wo die Entscheidung über das gewählte Verfahren getroffen worden war, sein Mangel an Legitimation erkannt und begriffen ist. Schon die Aussage „Auch in unserem Verlag fand sich keine Stimme dafür“ ignoriert das Votum des Cheflektors Falkenberg bereits kurz nach Eingang des Manuskripts. Die Verfolgungserfahrung Landaus wird in diesem Brief – kurioser- oder eher grotesker-, vielleicht gar scheinheiligerweise – zu lesen gegeben als eine einem Buch wie Hilsenraths *per se förderliche* Voraussetzung; dieses ‚Argument‘ wird im Fall Falkenbergs – erneut in flagrantem Widerspruch zu dessen dokumentierter Stellungnahme – wiederholt. Warum aber gerade die Absenderin die ‚letzte‘

[177] Ernest Landau an Edgar Hilsenrath, 1.4. 1965.
[178] Nina Raven-Kindler an Edgar Hilsenrath, 14. 4. 1965.

im Verlag – „sogar ich" – sein sollte, die sich gegen das Buch entschied, bleibt unausgesprochen[179].

Darin, wie von Seiten zweier anderer Verfahrensbeteiligter über das Verfahren selbst *öffentlich* gesprochen bzw. geschwiegen wird, zeigt sich zuletzt doch noch eine Differenz, die typologische Unterschiede im Umgang mit kulturpolitischem Zündstoff in den jüdischen Gemeinschaften innerhalb und außerhalb Deutschlands markieren. Marian Gid stellt in einem großen ganzseitigen Artikel unter der Überschrift „Ein außergewöhnliches Buch über die Deportation der rumänischen Juden" im New Yorker „Forward" vom 17. November 1964 nicht nur Verfasser und Autor ausführlich vor, sondern kommt zugleich ohne Umschweife auf die Hemmnisse im Verlag zu sprechen: „Als der deutsche Verlag das Manuskript erhalten hatte und seine Lektoren zu lesen begannen, waren sie von dem Inhalt erschüttert und tief beeindruckt von dem großen Talent, das sich ihnen offenbarte. Später aber, als das Manuskript schon im Druck war, entstanden Zweifel, ob [ein] solches Buch antijüdische Vorurteile hervorrufen könne, oder Gefühle erwecken wegen der Niedrigkeit, in die jüdische Typen herabgesunken sind in ihrem Leid. Der Verlag hat sich darauf an eine bekannte jüdische Persönlichkeit gewandt, den Herausgeber einer jüdisch-deutschen Wochenzeitung, der von der Herausgabe des Buches abriet. Dann hat sich der Verlag auch an den Schreiber dieser Zeilen gewendet, er möge seine Meinung kundtun, ob es ratsam sei, das Buch zu veröffentlichen."[180] Dem fügt Gid einen Auszug aus seinem Gutachten an, um zu schließen: „Bald darauf wurde mir mitgeteilt, daß das Buch in Kürze erscheinen werde. Und es ist ein Buch, das sicher unsere Vernichtungs-Literatur bereichern wird."

Für Gid ist unstrittig, daß ein Streit über Momente in einem Text, die „antijüdische Vorurteile hervorrufen" könnten, öffentliches Interesse verdient, ja, beansprucht; und indem Gid diese Öffentlichkeit – zumindest nachträglich – selbstbewußt schafft, stellt er zugleich künftige Nicht-Öffentlichkeit zu diesen Gegenständen grundsätzlich infrage. Hermann Lewy dagegen trägt den Streit um „Nacht" noch einmal *in Stellvertretung* der Verfahrensbeteiligten aus, ohne jedoch mit einem Wort auf das Verfahren und seine Teilnehmer selbst zu sprechen zu kommen.

In seiner am 23. Juli 1965 erscheinenden Rezension unter dem Titel „Der Wille zu überleben" – das besprochene Buch ist seit gut einem Vierteljahr nicht mehr im Buchhandel erhältlich[181] – gibt Lewy

[179] Möller zufolge war Raven-Kindler gar die *erste* im Verlag, die die Veröffentlichung des Buches zu verhindern versuchte: Möller: „Rezeption" (Anm. 144), S. 103.

[180] Marian Gid: „An oisergewehnlich buch wegen die departirte rumenische jiden" (jidd.). In: *Forward*, 17. November 1964.

ein eindrückliches Bild der Geschehnisse in „Nacht“: „In diesem Hexenkessel, der nicht im menschlichen Hirn entstand, sondern ein Spiegelbild tatsächlichen Geschehens ist, werden Menschen zu Bestien, die das Gute und Ethische verschlingen, zunichte machen und in der es nur den nackten Selbsterhaltungstrieb gibt, den Kampf des einen Individuums gegen alle andern und der Umstände gegen den einzelnen.“[182] Sodann klingt ein erstes Mal die Erinnerung an die Kontroverse an: „Man darf dieses Buch nicht mit dem Maßstab eines Lektors messen, nach Qualität des Stils, nach seiner Ausdrucks- und Aussagekraft und der Inhalts- und Personengestaltung. Es schildert etwas, was selbst demjenigen, der ähnliche Höllenqualen wie die Gestalten dieses Buches durchleiden mußte, unfaßbar und undeutbar ist, weil es logische Erklärungen dafür einfach nicht gibt.“ In dieser Argumentation, die gerade die Absicht der rückhaltlosen Darstellung dessen, was war, als Dispens gegenüber „dem Maßstab eines Lektors“ versteht, kommt es zu wiederholten Hinweisen auf die in der Kontroverse inkriminierten Szenen der Erniedrigung, deren Ursache Lewy mit dem Willen zu überleben benennt: „Dieser Wunsch war es, der sie zu Bestien werden ließ, und der sie zwang, angeborene und angelernte Ideale zu Nichts werden zu lassen, daß das Gute zerrann im Kampf um die Errettung.“

Doch während in anderen, unterdessen erschienenen Besprechungen an dieser Stelle Raneks Schwester Debora als „ein Gegenbild gegen die völlige Verwahrlosung und Vertierung“[183] erwähnt wird, drückt die Geschichte des Konflikts noch so unmittelbar auf Lewys Wahrnehmung, daß die Figur Deboras völlig verstellt bleibt von jenem Bild, das erst kurz zuvor gegen die Produktion des Buches ins Feld geführt worden war: „In diesem Chaos, in dem die Humanität versank, gibt es kaum einen Lichtblick, alles ist grau in grau, deprimierend. Man hat oftmals gerade bei dieser Lektüre den Wunsch gehabt, einer Gestalt zu begegnen, die das Licht der Menschlichkeit am Brennen gehalten hat, wie man es selbst in ausweglosesten Situationen erleben konnte.“ Gegen Ende seiner Besprechung nimmt Lewy

[181] Vgl. Möller: „Rezeption“ (Anm. 144), S. 106: „Nach dem Verkauf von 791 Büchern zog Kindler die Restexemplare Mitte April aus dem Handel.“

[182] Hermann Lewy: „Der Wille zu überleben – Zu Edgar Hilsenraths ‚Nacht‘“. In: *Allgemeines Jüdisches Wochenblatt*, 23. 7. 1965.

[183] Vgl. Peter Jokostra: „Bericht aus dem Inferno“. In: *Echo der Zeit*, 2. 5. 1965; Walther H. Herzog: „In einer Ruinenstadt am Dnjestr“. In: *Mülheimer Tageblatt/Ruhr-Nachrichten*, 11. 5. 1965. – Möller zählt 14, Hien 12 in Deutschland erschienene Rezensionen der Erstausgabe von *Nacht*. Von Lewys Besprechung im *Allgemeinen Jüdischen Wochenblatt*, Peter Jokostras Notiz in *Christ und Welt* (3. 9. 1965) und einem kurzen Inhaltsabriß in den *Bücherkommentaren* (15. 11. 1964) abgesehen, verteilten sich die oft nur knappen Hinweise ausschließlich auf Regionalblätter.

direkt auf die Positionen der Kontroverse Bezug: „Sicherlich dürfte es gewisse Menschen geben, die Edgar Hilsenraths Buch zum Anlaß nehmen werden um zu zeigen: Seht, so waren die Juden! Die Menschen, deren Torturen und Entmenschlichung der Autor zeigt, WAREN nicht so, sie WURDEN zu solchen Geschöpfen. [...] Dieses Buch erweckt Abscheu und Ekel vor denen, die die von Hilsenrath realistisch wiedergegebenen Begebenheiten verschuldeten. Man kann sich vor der Beschäftigung mit Hilsenraths ‚Roman' nicht herumdrücken, auch wenn man wünscht, daß ein solches Buch niemals notwendig geworden wäre."

Indem Lewy, anders als Gid, eine Erwähnung der „Nacht"-Kontroverse im Kindler-Verlag meidet, verhält er sich loyal zu jener Anschauung, die unvermindert auf die Beilegung von Konflikten zwischen Juden und Deutschen abseits von Öffentlichkeit und gesellschaftlicher Debatte vertraut. Die „Nacht"-Kontroverse zeigt diese Politik – sie ist zugleich die einer prekären institutionellen Abhängigkeit – unter Druck. Das von prominenten jüdischen Funktionären mitgestützte Ideologem vom Bild des Juden, das keine vermeintlich ‚zweideutige' Auslegung erfahren darf, kann keine ungebrochene Gültigkeit unter in Deutschland lebenden Juden mehr beanspruchen, ja, stößt auf entschiedenen und artikulierten Widerstand; es ist bezeichnenderweise die Verlagsleitung, die – durch ihre Entscheidung gegen das Buch – diesem im innerjüdischen Meinungsstreit schon unterlegenen Standpunkt noch einmal Geltung verschafft. Gerade dieser Sachverhalt markiert in aller Deutlichkeit die Funktionalisierung ‚institutionalisiert-jüdischer', d. h.: stillgestellter, dem Diskurs entzogener Meinung in der philosemitischen Struktur. Die „moralische", „staatsideologische Arbeit", die solches Meinen in diesem Prozeß verrichtet, ist dabei die der anderen, der Deutschen. Die Modi der Ablehnung, für die Ernest Landau und Karl Marx stehen, verdeutlichen in ihrer Gleichzeitigkeit einen Bruch, aber auch ein Dilemma, von dem das philosemitische Kalkül zu zehren vermochte. Indem Landaus subjektiv wohlbegründete Skepsis über die Wirkung eines Buches wie „Nacht" auf das deutsche Publikum den Meinungsstreit darüber schon einschließt und direkt auf die konkrete Einwirkung – Revision der Publikationsentscheidung – zielt, fehlt ihr jede Widerständigkeit in der philosemitischen Struktur; gleichzeitig repräsentiert das Statement von Karl Marx eine institutionell-habituelle Solidarität, die von jeder am Streitgegenstand entwickelten – und an ihr zu begründenden – Argumentation entkernt ist. Im Funktionszusammenhang des Verfahrens erlauben sie der deutschen Verlagsleitung nicht nur die Aufrechterhaltung – d. h. im Fall von „Nacht": die Abschirmung – des traditionellen Diskurses über das Bild des Juden seit dem „Tagebuch" und der in ihnen verbürgten weitreichenden Vereinbarungen über den NS-Diskurs insgesamt. Sondern selbst dort, *wo* – wie im Fall Landaus – *auch eine Entscheidung gegen Hilsenraths Buch zurückführt in deutsche Schuld*, neutralisieren die konkreten Handlungsoptionen, die im philosemitisch-institutionalisierten Verabredungszusammenhang ‚großzügig' bereitgehalten werden, die Gefahr, daß diese deutsche Schuld auch 1964 deutlich, öffentlich zur Sprache kommen könnte.

Edgar Hilsenrath verstand rasch, daß er „die Philosemiten erschreckt"[184] hatte und die Konsequenzen tragen sollte. Der Verbitterung über das „Verschwinden-Lassen"[185] seines Buches hat er später häufig Ausdruck gegeben: „Man hat mich einen Vertrag unterzeichnen lassen und das Buch absichtlich begraben – ein Verbrechen nenne ich das."[186] Diese Verbitterung gründete jedoch nicht nur in der Verletzung der Integrität als Künstler und dem wirtschaftlichen Nachteil. Sie führt zurück in jene immer wieder beschriebene Angst des Überlebenden, „zu sprechen und nicht angehört zu werden, frei zu sein und allein zu bleiben."[187]

Anderthalb Jahrzehnte später erfindet er – in seinem Roman „Bronskys Geständnis" – eine sprechende Alternative zu seinem Eintritt in den deutschen Literaturbetrieb. Die erlittenen Imponderabilien, die aus den spezifischen deutschen Literaturverhältnissen herrühren, sind gelöscht. An ihre Stelle tritt noch einmal, wie ein *deus ex machina*, der Adressat von 1945: Max Brod. Der Protagonist Jakob Bronsky hat nach jahrelanger Arbeit ein Buch abgeschlossen, „eine Art Tatsachenroman"[188] über seine Erlebnisse in einem NS-Vernichtungsghetto. Nach Jahren des New Yorker Exils kehrt er in sein Geburtsland Deutschland zurück. Wie er es zur Inverlagnahme seines „‚Buch[es] über das jüdische Ghetto [...]' – „‚mein[es] Buch[es] gegen Gewalt und Unmenschlichkeit' "[189] – bringt, erzählt er auf dem Höhepunkt seines Erfolges im Gespräch mit seiner Analytikerin. Bronsky fingiert seinen Selbstmord und hinterläßt ein Testament. „‚Was stand in dem Testament?' – ‚In dem Testament stand, daß Max Brod, der Entdecker Kafkas, der einzige Mann sei, der das Recht hätte, die Schublade meines Schreibtisches zu öffnen.' – ‚Was hat Ihre alte Mutter gemacht?' – ‚Sie hat Max Brod das Testament geschickt.' – ‚Lebte

[184] Thomas Feibel: „‚Ich habe die Philosemiten erschreckt, ich bin Außenseiter'- Aus einem Gespräch mit dem Schriftsteller Edgar Hilsenrath". In: *Frankfurter Rundschau*, 15. 9. 1990.

[185] Andreas W. Mytze: „Die Henkersatire – Gespräch mit dem jüdischen Autor Edgar Hilsenrath". In: *Nürnberger Nachrichten*, 29. 8. 1977.

[186] Wolfgang Nagel: „Schon mal von diesem Hilsenrath gehört?" In: *zeit-magazin*, 29. 9. 1978, S. 42-47, hier S. 43.

[187] Primo Levi: *Ist das ein Mensch?/ Die Atempause*. München/ Wien 1988, S. 219.

[188] Edgar Hilsenrath: *Bronskys Geständnis*. München 1990, S. 40.

[189] Ebd., S. 205.

er noch?' – ‚Ja. Max Brod kam nach Deutschland und öffnete die Schublade meines Schreibtisches. Er fand mein Manuskript und las es. Dann telefonierte er mit meiner Mutter. ‚Frau Bronsky. Ich habe das Manuskript gelesen. Ihr Sohn war ein Genie. Ein zweiter Kafka.' – ‚Das Manuskript wurde natürlich veröffentlicht?' [...] – ‚Selbstverständlich. Ich hatte mal eine Beziehung zur Putzfrau eines Hamburger Verlages', sagte ich. ‚Aber da sich Max Brod persönlich für mich einsetzte, hatte ich die Beziehungen dieser Putzfrau nicht mehr nötig.' – [...] ‚Ich nehme an, daß es dem Entdecker Kafkas gelungen ist, Ihr Manuskript unterzubringen?' – ‚Selbstverständlich', sagte ich. ‚Mit einer solchen Empfehlung konnte nichts schiefgehen'."[190]

[190] Ebd., S. 203. Vgl. auch Edgar Hilsenrath: „Zuhause nur in der deutschen Sprache – eine biographische Selbstauskunft". In: Kraft: *Hilsenrath* (Anm. 3), S. 13-19, hier S. 17: „Ich habe mich nie wieder bei Max Brod gemeldet, selbst als dann die *Nacht* in Deutschland wirklich erschienen war. Das tut mir bis heute sehr leid."

VI. Die widerrufene Remigration
Wolfgang Hildesheimers „Tynset" (1965)

Bremer Preisrede Januar 1966 / Eintritt in die Gruppe 47 / Goldstein-Kontroverse / Erfolg und ‚Integration' / Schauplatz Saloniki / Ästhetik des Absurden: als „Fehdehandschuh" / Neuvergewisserungen und Revisionen: „Hamlet" – Eine Antwort an Hermann Kesten – „Vergebliche Aufzeichnungen" / Hochhuths „Stellvertreter" – und die „Folgerungen" / Der Roman / Zwei Ortschaften / Die Rezensionen / Büchner-Preisrede Oktober 1966

1

Als Wolfgang Hildesheimer am 26. Januar 1966 im Bremer Rathaus den Literaturpreis der Rudolf-Alexander-Schröder-Stiftung entgegennimmt, überrascht der eher als „höflich"[1] bekannte Autor sein Auditorium mit einer Ansprache, die sich sowohl in ihren tagespolitischen Bezügen wie in ihrer polemischen Schärfe von allen öffentlichen Verlautbarungen abhebt, die zuvor von diesem deutschen Schriftsteller bekanntgeworden waren. In einem analytischen Blick auf die Sprache deutscher Bundespolitiker warnt Hildesheimer davor, „geleitet von solcher Rede [...] einem Gebiet entgegen[zutreiben], wo unsere Freiheit langsam gelähmt wird, dorthin, wo der Faschismus auf uns wartet, um uns wieder aufzunehmen."[2]

Die Verleihung des Bremer Literaturpreises an Hildesheimer für seinen im Jahr zuvor erschienenen Text „Tynset" war nicht unumstritten gewesen. In den „Bremer Nachrichten" hatte Erich Emigholz diese Auszeichnung als verfehlt bezeichnet: das Buch biete „weder künstlerisch noch weltanschaulich neue Aspekte", jede „Eigenwilligkeit" sei „von breitwucherndem Eklektizismus gestört", der Autor komme „über keines seiner Vorbilder hinaus". „Schlimmer noch, er kommt über seine private Situation des Schreibens nicht hinaus. Behelligt uns mit ihrer Problematik. Sie aber ist so fesselnd nicht, als daß er uns für sie durchgängig interessieren könnte."[3] Zwar sucht der Vertreter des Bremer Senats in seiner Rede aus Anlaß der Preisverleihung

[1] Wolfdietrich Schnurre: „Seismographen waren sie nicht". In: *Die Welt*, 3./4. 11.1961. Hier nach Reinhard Lettau (Hg.): *Die Gruppe 47. Bericht – Kritik – Polemik*. Neuwied und Berlin 1967, S. 159-163, hier S. 160.

[2] Wolfgang Hildesheimer: „Zur Verleihung des Bremer Literaturpreises". In: ders.: *Gesammelte Werke in sieben Bänden*. Herausgegeben von Christiaan Lucas Hart Nibbrig und Volker Jehle. Frankfurt am Main 1991, Bd. VII, S. 27-30, hier S. 29. – Die Texte Hildesheimers werden im Folgenden in der Regel nach dieser Werkausgabe zitiert; Kürzel: WH + Bandangabe + Seitenzahl.

[3] Erich Emigholz: „Falsche Akzente". In: *Bremer Nachrichten*, 17.11.1965.

darauf aufmerksam zu machen, daß der Preisträger „zu jenen Dichtern und Künstlern" zähle, „die Fragen des politischen und sittlichen Umgangs aufwerfen und durchsichtig machen; die Fragen aufwerfen, die jeden einzelnen in unserer Zeit bewegen und über die in aller Offenheit gesprochen werden muß."[4] Doch die Laudatio Heinrich Ringlebs schließt an diese Hinweise nicht an: „Weitschweifig" und „aus dem ‚Planschbecken literarischer Begriffe'", handelt sie vom „Unverständnis des Auditoriums über die Verständlichkeit als solche des preisbedachten Romans ‚Tynset' [...] und was sein Autor wohl gedacht, gewollt und gemeint haben könnte."[5]

Hildesheimer setzt dieser Rede eine Ansprache entgegen, die nicht nur diese „literarisch-ästhetische[n] Spekulationen sonderbarer Selbstgefälligkeit zu falscher Zeit an falscher Stelle [...] erfrischend eindeutig ad absurdum führte"[6]; seine Worte zielen auf eine Widerlegung jeder Lektüre, in der die konstitutive Verschränkung seiner poetischen Arbeit in die historische Faktizität des NS-Faschismus und der Massenvernichtung unberücksichtigt bleibt. Der explizit politische Sprechakt im Bremer Rathaus bezeichnet den Scheitelpunkt solcher Bemühungen im jahrzehntelangen Weg Hildesheimers durch den Betrieb der westdeutschen Nachkriegsliteratur und seiner Bedingungen.

Hildesheimers Rede setzt ein mit dem Hinweis auf die „gute Vergangenheit" der Stadt Bremen, mit der er „nicht die hanseatische", sondern „jene Vergangenheit" gemeint wissen will, „die man noch immer als ‚die jüngste' bezeichnet, obgleich sie ziemlich alt ist, wenn auch leider nicht vom Tode durch Bewältigung gezeichnet. Hier in dieser Stadt aber hat sich Hitler nicht wohlgefühlt, und er hat sie daher kaum je besucht. Möge der Glanz einer solchen Abwesenheit niemals stumpf werden." Nach diesem ersten Hinweis auf die NS-Zeit kommt er zunächst allgemein auf die Tatsache zu sprechen, daß Schriftstellern und Politikern „die gemeinsame Sprache fehlt", begründet darin, daß „den regierenden Politikern bei uns" das Gebiet der „moralischen Grundlagen der Politik [...] wenig geläufig ist, weil es sie nicht interessiert, weil es ihnen als wirklichkeitsfremd erscheint." Hildesheimers Charakterisierung ihrer Sprache erinnert an die Kritik George Steiners: Sie sei „ein Panorama leerer Gemeinplätze", der „Atem des Geistes weht schwach auf den Höhen unserer Regierung. [...] Nur nach unten reicht die Skala weit. Hinab nämlich zur dumpfen und militanten Lautmalerei, dorthin, wo der Affekt der Unbelehrbaren sein widerliches Wesen treibt, wo jedes Wort der Ver-

4 Senator Thape: „Rede zur Verleihung des Bremer Literaturpreises am 26.1.1966". WHA.

5 [Anonym]: „Ein Pessimist sucht Hoffnung". In: *Bremer Nachrichten*, 27.1.1966.

6 Ebd.

nunft als Zumutung zurückgewiesen wird." Auch hier: in den „Unbelehrbaren", ist „unbewältigte Gegenwart"[7] unüberhörbar aufgerufen, wie in dem Hinweis darauf, daß der Reaktionär „beängstigende Züge dessen [trägt], was er vor einem Vierteljahrhundert einmal war. Bei der Rede bleibt es nicht, nicht bei ihrem unheilkündenden Unterton. Aus Implikation wird Forderung, aus ihr Wirklichkeit." Für diese „Rede" gibt Hildesheimer Beispiele: „Portugals politisches System sei beherzigenswert, die Russen seien zu Tieren degeneriert – Meinungen wie diese fallen wie faule Äpfel. Die eine ist die eines Ministers, die andere die eines Kardinals. (Beide heißen übrigens Jaeger, aber daran – wenigstens! – sind sie schuldlos.)" Es sei diese Rede, die „uns" dem Faschismus entgegentreibe. „Franco, Salazar und Verwoerd sind unsere Bundesgenossen."

Die Gegenwart der Vergangenheit war, im Rahmen solcher Gelegenheit, pointierter kaum zu bezeichnen. Sie wird unterstrichen in Hildesheimers Hinweis darauf, daß es ihm „als ein Akt *lebensfremden Leichtsinns* erschienen"[8] wäre, „die Gelegenheit zu einer öffentlichen Ansprache ungenutzt vorbeiziehen zu lassen oder sie gar in einer ästhetischen Abschweifung zu vergeuden". Und in seinem Geständnis, er wolle sich „damit auch einen Platz im Zwinger jener Hunderasse sichern, deren Namen ich nicht mehr auszusprechen wage, denn er ist geflügeltes Wort geworden"[9], spielt er auf ein weiteres Beispiel jener Rede mit „unheilkündende[m] Unterton" an, über deren Potential er keinen Zweifel gelassen hatte: Bundeskanzler Erhards Wort von den „Pinschern", als die er ihm mißliebige Autoren bezeichnet hatte[10].

Der Fluchtpunkt dieser Rede ist die Erfahrung des NS-Faschismus – eine Erfahrung freilich, deren Blick in den Abgrund weder relativiert ist durch die Ausblendungen und Konditionierungen eines ehemaligen Wehrmachtsangehörigen noch verstellt durch die Abstraktion eines unreflektierten ‚Moderne'-Diskurses. „Tynset" – d. i. in dieser Stunde: der aktuell repräsentative Ausdruck der poetologischen Arbeit Hildesheimers – ist hier nur scheinbar abwesend. Buch und Schriftsteller sind im Sprechakt ‚Preisverleihung' ununterbrochen präsent. Die in dieser Preisrede artikulierte spezifische Gestalt der Verschränkung von Er-

7 Wolfgang Hildesheimer: „Folgerungen – Rolf Hochhuth: ‚Der Stellvertreter'". In: WH VII, S. 298-302, hier S. 298.

8 Kursivierung S.B.

9 Alle Zitate aus der Preisrede nach WH VII, S. 27-30.

10 Aus Anlaß des Beitrags „Klassenkampf" von Rolf Hochhuth in dem von Hans Werner Richter herausgegebenen Sammelband *Plädoyer für eine neue Regierung oder Keine Alternative* (1965). Vgl. Klaus Wagenbach, Winfried Stephan und Michael Krüger (Hg.): *Vaterland, Muttersprache – Deutsche Schriftsteller und ihr Staat seit 1945*. Berlin/W 1979, S. 228, sowie Lettau: *Gruppe* 47 (Anm. 1), S. 515 ff.

fahrung und poetologischer Arbeit bezeichnet den werk- und literaturgeschichtlich signifikanten Punkt dieser Zusammenkunft im Bremer Rathaus: Er setzt eine Zäsur in einem Verhältnis, das sich als das eines jüdischen Schriftstellers deutscher Sprache zum Betrieb der westdeutschen Nachkriegsliteratur zu erkennen gibt.

2

Kein anderer jüdischer Autor deutscher Sprache hat wie Wolfgang Hildesheimer versucht, in den Jahren des ‚Neuanfangs'[11] einer deutschen Gegenwartsliteratur nach 1945 an dieser Literatur teilzuhaben und das – immer wieder von ernsthaften Selbstzweifeln befragte – Projekt einer Existenz als Schriftsteller an die Entwicklung und die Bedingungen des westdeutschen Literaturbetriebs zu knüpfen. Im stetig wiederholten Hinweis auf den äußeren Impuls zu diesem Entschluß[12] – eines Januartages im Jahre 1950 waren seine Malfarben so steifgefroren, daß er aus Langeweile eine Kurzgeschichte schrieb, die er kurz darauf veröffentlichen konnte[13] – wich Hildesheimer frühzeitig und gezielt jeder etwaigen ernsthaften Erörterung dieser Entscheidung vor deutschem Publikum aus. In rascher Folge entstehen die „Lieblosen Legenden", die im Laufe des Jahres, fast monatlich, größtenteils in der Münchner „Neuen Zeitung" erscheinen, ab 1951 auch in Blättern wie der „Welt" und Zeitschriften wie den „Frankfurter Heften". Walter Kolbenhoff vermittelt dem Nachbarn im gemeinsamen Wohnort Ambach am Starnberger See eine Einladung von Hans Werner Richter zur 8. Zusammenkunft der Gruppe 47 vom 4. bis 7. Mai 1951 in Bad Dürkheim[14]: Wolfgang Hildesheimer ‚tritt ein' in die westdeutsche Nachkriegsliteratur.

[11] Vgl. Klaus Briegleb: „‚Neuanfang' in der westdeutschen Nachkriegsliteratur – Die ‚Gruppe 47' in den Jahren 1947–1951". In: Birgit Erdle, Sigrid Weigel (Hg.): *50 Jahre danach. Zur Nachgeschichte des Nationalsozialismus.* Zürich 1995, S. 119-163. Auch abgedruckt in: Verf. (Hg.): *Bestandsaufnahme – Studien zur Gruppe 47.* Berlin 1999, S. 35-63.

[12] Stationen u.a. „Kleine Selbstbiographie" (1955) in Wolfgang Hildesheimer: *Der Drachenthron.* München 1984, S. 136; ders.: „Vita" (1966), hier nach Volker Jehle (Hg.): *Wolfgang Hildesheimer.* Frankfurt am Main 1989, S. 17 f.; repetiert beispielsweise von Geno Hartlaub: „Tynset ist keine Endstation – Gespräch mit Wolfgang Hildesheimer", in: *Deutsches Allgemeines Sonntagsblatt,* 20.2.1967.

[13] Vgl. den facsimilierten Brief Hildesheimers an seine Eltern in: Jehle: *Hildesheimer* (Anm. 12), S. 20-21, hier S. 20. Wortlaut abgedruckt auch in: Wolfgang Hildesheimer: *Briefe.* Herausgegeben von Silvia Hildesheimer und Dietmar Pleyer, Frankfurt am Main 1999, S. 23-25.

[14] Vgl. Hans Werner Richter: *Im Etablissement der Schmetterlinge.* München/ Wien 1986, S.140, sowie ders.: „Wie entstand und was war die Gruppe 47?" in: Hans A. Neunzig (Hg.): *Hans Werner Richter und die Gruppe 47.* München 1979, S. 41-176, hier S. 96.

Was vor Deutschen über die Vorgeschichte dieses ‚Eintritts‘, die Umstände dieser Entscheidung, ungesagt blieb, tritt dagegen offen im Briefwechsel mit der Familie zutage. Die leidenschaftlich ausgetragene Kontroverse zwischen Eltern und Sohn kreist – jahrelang – um die Frage, ob Wolfgang Hildesheimer als Jude dauerhaft in Deutschland bleiben und ob er dort am deutschen kulturellen Leben teilhaben dürfe. Diese – im intimen Diskursraum der Familie – ausgetragene Auseinandersetzung ist fundamental gezeichnet nicht nur von der unverstellten Einsicht aller Beteiligten in den Abgrund der NS-Verbrechen – etwa über ihre Nähe zu den in Palästina zu Hunderttausenden eintreffenden *displaced persons* oder zu den Akten und Beweisstücken der Nürnberger Prozesse; die Kontroverse ist zugleich grundlegend charakterisiert von der gemeinsamen Entschiedenheit, sich auch gegenüber der Katastrophe auf jenen Standards persönlichster politischer, moralischer und intellektueller Integrität zu verhalten, die unüberhörbar den Alltag, die Praxis dieser Familie stets mit-gebildet hatten.

In seinen regelmäßigen Berichten, die Hildesheimer an seine Eltern nach Haifa schickt, fallen seine Urteile über die Deutschen zunächst durchweg kritisch aus; zahlreiche Ausflüge in verschiedene Teile des besetzten Deutschland, mal in seiner Funktion als Court-interpreter, mal privat, scheinen die im Nürnberger Gerichtssaal gewonnenen Eindrücke zu bestätigen: „Das einzige Gefuehl, deren die Massen noch faehig sind, ist Selbstmitleid und das geht vollkommen auf Kosten ihrer Schuldgefuehle.“[15] Doch im Sommer 1949 – rund zweieinhalb Jahre nach Beginn seiner Tätigkeit in Nürnberg – schreibt er von einem Münchner „Freundeskreis, in dessen Mitte ich mich wohl und zuhause fühle. Ich habe dort immer das Gefühl that I am wanted und das bedeutet mir viel. Bei ihnen habe ich das Gefühl menschlicher Wärme, vielmehr als bei den meisten meiner englischen Freunde. Euch wären sie vielleicht etwas zu excentrisch, aber ich glaube auch Ihr würdet sofort erkennen, was ich an ihnen finde.“[16] Während Hildesheimer in den anschließenden Monaten seine Redaktionsarbeit an den Prozeßberichten beendet und mit der Abfassung der später als

[15] An die Eltern, 3.3.1947. WHA. Zu der hier beobachteten Verfassung der Deutschen unmittelbar nach Kriegsende vgl. auch: Hannah Arendt: „The Aftermath of Nazi Rule-Report from Germany“ In: *Commentary*, Vol. 10, No. 4, S. 342-353; Stephen Spender: *Deutschland in Ruinen*. Frankfurt am Main 1998 (im englischen Original ersterschienen 1946); Saul K. Padover: *Lügendetektor – Vernehmungen im besiegten Deutschland 1944/45*. Frankfurt am Main 1999 (im amerikanischen Original ersterschienen 1946); Peter Weiss: „Sechs Reportagen aus Deutschland für ‚Stockholms Tidningen'“ (im schwedischen Original ersterschienen 1947). In: ders.: *Die Besiegten*. Frankfurt am Main 1985, S. 125-152.

[16] An die Eltern, 17.8.1949, WHA. In Briefen an seine Eltern vom 4.10.1949 und 24.10.1949 zählt Hildesheimer u.a. Jo von Kalckreuth, Herbert List und Bele Bachem zu diesem Freundeskreis.

„Lieblose Legenden" zusammengefaßten Kurzgeschichten beginnt, erreichen ihn – wie aus seinen Antworten auf die nicht erhaltenen Briefe der Eltern hervorgeht – eindringliche Mahnungen, möglichst nach Palästina, in den eben ausgerufenen jüdischen Staat, zurückzukehren, zumindest keine dauerhafte Existenz in Deutschland zu planen. Ohne daß Hildesheimer schon entschlossen gewesen wäre, sich endgültig in Deutschland niederzulassen – längere Zeit erwägt er eine Emigration in die USA[17] –, fügt er seinen Briefen Anmerkungen ein, die sich von den früheren Urteilen unterscheiden. Die Deutschen bezeichnet er im September 1949 als „eine Nation, die wenn auch vielleicht nicht zum groessten aber doch zum grossen Teil schuldlos ist"[18]. Den Eltern entgeht nicht, was sich hier vorzubereiten scheint. Das und die Absendung eines erneuten mahnenden Hinweises auf bedrohliche politische Entwicklungen in Deutschland bezeugt ein Brief Hildesheimers aus den ersten Monaten des Jahres 1951: „Ich war wahrscheinlich noch nie so ereignisbewußt wie jetzt und ich bin mir auch völlig klar darüber, was in Deutschland passieren *kann*, wenn es die anständig denkenden Intellektuellen nicht verhindern. [...] Glaubt übrigens nicht, dass ich etwa auch gedenke, katholisch zu werden. Ihr würdet es mir wahrscheinlich zutrauen. Aber ich gedenke, ein Jude zu bleiben. Ich kann nicht leugnen, dass ich erwogen habe, hier zu bleiben, denn ich bin hier sehr glücklich, weil ich gewissermassen hierher gehöre. Dass ich hier bleiben werde glaube ich nicht, aber ich bin noch nicht ganz entschlossen. Ich gedenke mich nächstens mit Herrn v. Cube, Dirks, Guggenheimer darüber zu unterhalten, ausserdem mit den Schriftstellern der ‚Gruppe 47' die die massgebendsten – und wirklichkeitsnächsten – Schriftsteller Deutschlands sind, und die mich eingeladen haben, bei ihnen zu lesen wonach ich wahrscheinlich in die Gruppe aufgenommen werde."[19]

Selbst wenn Hildesheimer Anlaß gehabt haben mag, den tatsächlichen Zeitpunkt seiner Entscheidung, endgültig in Deutschland zu bleiben, gegenüber seinen Eltern zu verschleiern: Entscheidend bleibt, daß er – in jenem privaten, von aller deutschen Öffentlichkeit ganz abgeschlossenen Diskussionsraum, in dem immer wieder nachhaltig nach den Forderungen an die Integrität jüdischer Existenz ‚nach Auschwitz' gefragt wird – ein Junktim herstellt zwischen dem Ausgang seiner Teilnahme an der Dürkheimer Tagung und der Entscheidung über die Frage nach seiner Existenz in Deutschland. Damit spitzt Hildesheimer die seit Jahren schwelende Kontroverse wesentlich auf die Frage nach dem Vermögen jener um Hans Werner Richter

[17] Dies geht aus mehreren zwischen 1948 und 1950 verfaßten Briefen an die Eltern hervor.

[18] An die Eltern, 15.9.1949. WHA.

[19] An die Eltern, 1951, WHA.

versammelten Autorinnen und Autoren zu, einem Künstler mit seinen Voraussetzungen einen *Ort* in ihrer Gruppe anbieten zu können.

Die Ergebnisse der neueren Forschung zur Gruppe 47 scheinen nahezulegen, daß die Dürkheimer Begegnung unter dem Gesichtspunkt eines solchen Anspruches eigentlich hätte scheitern müssen. Richter steht zu diesem Zeitpunkt einer Gruppe vor, für die das „Erlebnis" des deutschen Wehrmachtsangehörigen und Kriegsheimkehrers zur „Zentralkategorie"[20] geworden war – ein „‚Erlebnis' – das nicht zu debattieren war"[21]. Mit seiner Ablehnung des Nürnberger Tribunals, der Titulierung deutscher Mitarbeiter der Militärregierungen als „Mitläufer" und jedweder „Zusammenarbeit mit den Besatzungsmächten" als „Kollaboration"[22] scheint Richter diesen Geist nicht nur als Person zu repräsentieren; für die konkrete Praxis der Tagungen noch folgenreicher war, daß die Gruppe 47 sich bereits, unter strikter Vermeidung „eines intersubjektiv-reflexiven Stimmenaustausches"[23] und der „Verleugnung eigenen Schuldwissens"[24], im Verlaufe einiger Tagungen den Anspruch angeeignet hatte, „von keinem Selbstzweifel angekränkelt einen Neuanfang in der deutschen Literatur nach 1945"[25] zu setzen.

Die in der Gruppe geübten Verkehrsformen entsprachen dieser ideologischen Grundierung. „Wir [...] warfen nur selten einen Blick zurück"[26]; das Leben der Teilnehmer vor dem Krieg „interessiert" nicht: „In dieser Zeit, wenige Jahre nach dem Krieg, war das unwichtig"[27]. Die vorherrschende Sprache, geprägt vom „rauhe[n] Ton der ‚Landsersprache'"[28], wie Richter noch später betont, war „offen soldatisch [...], der Diskurs eines Neuanfangs, in dessen kriegerische Sprachzurüstung die literarisch gemeinten Texte gepreßt wurden. Enteignet. So hart wie sie kritisiert werden, so hart sollten sie sein, Härte, das war die oberste Parole in den Selbstverständigungen der ersten Tagungen, wo man umstandslos weitersprach wie vorgesprochen war."[29] „Debatte überhaupt, literaturtheoretische, geschichtliche Debatte unter Individuen, die auf sich selbst sehen und die Gelegenheit

[20] Briegleb: „‚Neuanfang'" (Anm. 11), S. 128.

[21] Ebd., S. 136. Die Kategorie „Erlebnis" erhielt ihre für die Gruppe 47 maßgebliche Prägung vor allem auch durch Alfred Anderschs Vortrag „Deutsche Literatur in der Entscheidung – Ein Beitrag zur Analyse der literarischen Situation". In: *Das Alfred Andersch Lesebuch*. Herausgegeben von Gert Haffmans. Zürich 1979, S. 111-134. Vgl. auch Kap. II, S. 56 ff.

[22] Richter: „Wie entstand..." (Anm. 14), S. 59, 46, 61, 50.

[23] Briegleb: „‚Neuanfang'" (Anm. 11), S. 137.

[24] Ebd., S. 138.

[25] Ebd., S. 121.

[26] Richter: *Etablissement* (Anm. 14), S. 81.

[27] Ebd., S. 88.

[28] Ebd., S. 239.

[29] Briegleb: „‚Neuanfang'" (Anm. 11), S. 130, 129 f.

wahrnehmen, eine Reflexion auf eine Literarästhetik des Nachkriegs anzuzetteln", war ausdrücklich verpönt, eine „identitätsgefährdende Infragestellung des Weiterschreibens nach 1945 oder Zweifel für Anfänger am Kontinuum deutscher sogenannt realistischer Schreibtraditionen", gar ein „Herabsteigen in die Schächte des verstörten Kriegsgedächtnisses"[30] im Kreis der Gruppe undenkbar.

Gleichwohl wird die Begegnung von beiden Seiten als ein „Erfolg"[31] wahrgenommen. Daß insbesondere Hildesheimer durchaus Nähe zu den Gruppenmitgliedern zu empfinden schien, war vor allem zwei Faktoren geschuldet: zum einen seiner spezifischen, an den Nürnberger Jahren geschulten Perspektive auf die Deutschen, in der sich die Gruppe insgesamt vorteilhaft vom „groessten"[32] Teil der Nation abhob; zum andern in der offenkundigen Bereitwilligkeit der Kollegen, die unübersehbare ästhetische Differenz seiner Arbeiten zum in der Gruppe Üblichen nicht auszugrenzen, sondern als willkommene Irritation zu begrüßen. Dies klingt durch in einer Jahre später notierten Bemerkung Richters über seine erste Begegnung mit Hildesheimer: „Seine Weltläufigkeit, sein Humor, seine skeptische und satirische Art traten für mich sofort ins Bild, als er vor mir stand. Ich dachte, vielleicht schreibt er auch so, wie er sich gibt, vielleicht kann das wie eine Erfrischung in der zu Ende gehenden ‚Kahlschlagperiode' wirken."[33] Zwar wird hier die von den anderen Gruppenmitgliedern unterschiedene Biographie Hildesheimers, sein erzwungenes langjähriges Exil in Palästina und England und das in solcher Schule erlernte Vermögen, sich auch unter widrigen Umständen „sofort zurecht[zufinden]"[34], im Etikett der „Weltläufigkeit" und des „Weltmanns"[35] geradezu instinktiv auf einen Begriff gebracht, der die

30 Ebd., S. 125, 126. – Der Anpassungsdruck auf diejenigen in der Gruppe, die an der kollektiven Erinnerung der einstigen Wehrmachtsmitglieder nicht teilhatten, kommt beispielsweise zum Ausdruck in einer Rückblende Marcel Reich-Ranickis auf die Tagung von 1958: „Am Abend saßen wir in Großholzleute beim Wein. Jemand bat mich, ein wenig über meine Erlebnisse in Warschau während der deutschen Besatzung zu erzählen. Um nicht die Laune der Anwesenden zu verderben – schließlich waren alle, die da am Tisch saßen, während des Krieges Soldaten gewesen, einige vermutlich auch in Polen -, wählte ich besonders harmlose Episoden" (Marcel Reich-Ranicki: *Mein Leben*. Stuttgart 1999, S. 387 f.). Reich-Ranickis Autobiographie verdient in diesem Kontext besonderes Interesse, da er erstmals – soweit ich sehe – eine deutliche Kritik an der Gruppe 47 gerade aus der Perspektive seiner spezifischen erfahrungsgeschichtlichen Differenz als Jude übt. Vgl. ebd., etwa S. 405, 409 ff., 418.

31 Dies wird sowohl von Richter wie von Hildesheimer bezeugt. Vgl. Richter: „Wie entstand ..." (Anm. 14), S. 97; WH in einem Brief an die Eltern vom 30.5.1951 – zu diesem Brief siehe noch weiter unten.

32 Vgl. Brief an die Eltern vom 15.9.49, auch oben.

33 Richter: *Etablissement* (Anm. 14), S. 141.

34 Richter: „Wie entstand..." (Anm. 14), S. 97.

35 Ebd.

Assoziation eher des großbürgerlich-sorgenfreien Globetrotters als des aus seinem Heimatland Verjagten und seines materiellen Überlebenskampfes im Exil aufruft. Doch für die akute diskurspolitische Situation der Tagung war entscheidend, daß Richter dem solcherart Ausgestatteten zutraute, auf die ersten Verhärtungserscheinungen, die der „rauhe und harte“ ‚Landser‘-Diskurs in den literarischen Texten unterdessen zu zeitigen begann, als „Erfrischung“ zu wirken. In dieser Tönung zeichnet Richter auch die Wirkung von Hildesheimers erster Lesung: Nach seinem Vortrag der Erzählung „Das Ende der Welt“ „wurde viel gelacht, die oft schwerfällige Düsternis der allzu realistischen Literatur verließ, ich würde sagen, unauffällig den Raum. Es wurde heiter surreal. Die Insel, die da vor uns unterging, von Hildesheimer erbaut, war surreal und heiter.“[36]

Auch wenn Richters Retrospektive schon ganz auf die ‚Erfolgsgeschichte‘ Hildesheimers zunächst in der Gruppe, dann auch im westdeutschen Literaturbetrieb eingestellt ist, so wird diese Erinnerung doch im Umriß bestätigt durch den Bericht des Jung-Autors an seine Eltern, der unzweideutig positiv ausfällt. Nachdem ein ausführlicher erster Brief verlorengegangen zu sein schien, fragmentarische Informationen die Eltern schließlich doch erreichen, Angaben, die offenkundig erneut besorgte Fragen und Bedenken auslösen, antwortet Hildesheimer am 30. Mai 1951: „Ja, ich habe meine Sachen selbst vorgelesen und grossen Beifall geerntet. Da das Publikum ausschliesslich aus Redakteuren, Lektoren und Rundfunkleuten und den Schriftstellern selbst bestand, war es ein grosser Erfolg. [...] Dass Ihr Euch in dieser Gesellschaft nicht sehr wohl gefühlt hättet, ist möglich, aber Ihr hättet vielleicht verstanden, dass ich mich wohlfühle. [...] In Bad Dürkheim waren ausser Deutschen Österreicher (darunter 2 Juden) Holländer (darunter 1 Jude) und mehrere Franzosen. Es war also international und hatte bestimmt keinen nationalen Charakter. [...] Ich werde wohl hierbleiben, das bedeutet nicht, dass ich mir der Gefahren nicht bewusst bin. [...] Ich bin hier jedenfalls glücklicher als jemals zuvor.“[37]

Noch einmal erinnert dieser Brief daran, daß Hildesheimers Eintritt in die ‚organisierte‘ westdeutsche Nachkriegsliteratur an Bedingungen geknüpft war, die – außerhalb des Einsichtswinkels seiner neu gewonnenen Kollegen – als durchaus bedenklich empfunden wurden. Hildesheimers Zurückweisung des Verdachts auf deutschen Nationalismus, aber auch auf Antisemitismus in der Gruppe gibt sich zwar einsinnig positivistisch; tatsächlich jedoch trägt seine Antwort den unverändert zutreffenden Vorstellungen seiner Eltern Rechnung, daß

[36] Richter: *Etablissement* (Anm. 14), S. 141.
[37] An die Eltern, 30.5.1951. WHA.

sich der Zeitgeist oft nicht zuletzt, sondern zuallererst in der Personalstruktur auszudrücken suchte. Wie genau in der Kontroverse mit den Eltern doch auch immer alle subtileren Formen vor allem antisemitisch motivierter Ausgrenzung mitgedacht sind, verrät Hildesheimers Zeile „Ich bin hier jedenfalls glücklicher als jemals zuvor"; in dem Maße, in dem die Eltern auf ihren Sohn vertrauen konnten als einen Juden, der jedes Antasten seiner Integrität als Jude als unmittelbaren Angriff erfahren hätte, sind es diese Worte, die – im Diskursraum der Familie – die Möglichkeit beglaubigen, als Jude in Deutschland heute, 1951, zu leben.

Wie wenig zwingend die Anerkennung dieser Möglichkeit jedoch – aus der Sicht der Eltern – die Legitimität einer Existenz als Schriftsteller in Deutschland einschloß, verdeutlicht ein Brief, den Hildesheimer ein knappes Dreiviertel Jahr später nach Haifa schickt. Hildesheimer hatte unterdessen den Auftrag Richters angenommen, in der von ihm redigierten Zeitschrift „Die Literatur" die regelmäßig erscheinende satirische Glosse „Mit dem Bausch, dem Bogen" abzufassen; das Manuskript seines satirischen Textes über Ernst Wiechert und Waldemar Bonsels[38] sendet er seinen Eltern zu. Unter Bezugnahme auf einen Schlüsseltext aus der intellektuellen Sozialisationsgeschichte jüdischen Bürgertums in Deutschland, Moritz Goldsteins „Deutsch-jüdischer Parnaß" von 1912, wird im Kommentarbrief der Eltern offenkundig der Verdacht ausgesprochen, ihr Sohn zähle zu jenen Juden, die „den geistigen Besitz eines Volkes" verwalten, „das uns die Berechtigung und die Fähigkeit dazu abspricht."[39]

Mit dieser Formel – „*Wir Juden verwalten den geistigen Besitz eines Volkes, das uns die Berechtigung und die Fähigkeit dazu abspricht*"[40] – hatte der Germanist Moritz Goldstein im März 1912 im „Kunstwart" den Status der im deutschen Kulturbetrieb aktiven Juden charakterisiert. Goldsteins Essay, der die durch den allenthalben wirksamen Antisemitismus fortgesetzt prekär gebliebene Stellung jüdischer Künstler und Journalisten in Deutschland akribisch abschildert und „endlich Ehrlichkeit"[41] einfordert, war Ausdruck einer „radicalized ‚post-assimilationist' sensibility characteristic of second-generation German Zionists"[42]. Das Verhältnis des kulturell tätigen Juden zu Deutschland

38 Wolfgang Hildesheimer: „Mit dem Bausch, dem Bogen". In: *Die Literatur*, 15.3.1952.

39 Moritz Goldstein: „Deutsch-jüdischer Parnaß". In: *Der Kunstwart*. Jg. 25, H. 11 (März 1912), S. 281-294, hier S. 283.

40 Im Original gesperrt.

41 Goldstein: „Deutsch-jüdischer Parnaß" (Anm. 39), S. 281.

42 Steven E. Aschheim: „The publication of Moritz Goldstein's ‚The German-Jewish Parnassus' sparks a debate over assimilation, German culture, and the ‚Jewish spirit'". In: Sander L. Gilman, Jack Zipes (Hg.): *Yale Companion to Jewish Writing and Thought in German Culture, 1096-1996*. New Haven 1997, S. 299-305, hier S. 300.

und seinem Kulturbetrieb faßt Goldstein gegen Ende des Essays noch einmal pointierend zusammen: „Wir wollen nicht mehr unser Leben einsetzen für die Kultur eines Volkes, das unsre tätige Mitarbeit für jüdische Aufdringlichkeit erklärt. Wir wollen einem Lande, das uns soviel gegeben hat und dem wir dankbar seine Gaben doppelt und dreifach zu vergelten strebten, nichts mehr aufdrängen, da es unsern Dank nicht mag. Unser Verhältnis zu Deutschland ist das einer unglücklichen Liebe: wir wollen endlich männlich genug sein, uns die Geliebte, statt ihr endlos kläglich nachzuschmachten, mit kräftigem Entschlusse aus dem Herzen zu reißen – und bleibe auch ein Stück Herz hängen.“[43].

In Ermangelung einer „jüdischen Öffentlichkeit“[44] und nach Ablehnung durch verschiedene liberale[45] Blätter hatte Goldstein den Text an den „Kunstwart“ gesandt, dessen Herausgeber Ferdinand Avenarius als „deutschnational“[46] bekannt und dessen Literaturkritiker Adolf Bartels für seinen aggressiven Antisemitismus berüchtigt[47] war. Die Veröffentlichung wurde zur Sensation: Binnen kurzem erreichten den „Kunstwart“ „gegen neunzig, großenteils sehr umfängliche Manuskripte, bis auf ein halbes Dutzend von jüdischen Verfassern“[48]; auch andere Blätter öffneten jetzt ihre Spalten einer erregten Diskussion. „The Zionists applauded enthusiastically, the assimilationists were furious.“[49] Die nationalistisch-antisemitische Presse reagierte lebhaft, die liberale und „so-called ‚jewish‘ press“ mit Stillschweigen.[50] Auf die mittel- und langfristigen Wirkungen, die der Essay bei vielen jüdischen Lesern seiner Zeit ausgelöst hat, weist Steven Aschheim hin: „The importance of the ‚Kunstwart‘ affair for certain Jewish intellectuals who were not affiliated with religious or official communal life yet who felt, in some vague yet deep way, ‚Jewish‘, was that it brought out the conviction that there were, indeed, real limits to assimilation and that these had to be explained not merely in terms of external antagonisms but also by acknowledging the intangible yet powerful inner sense of Jewishness.“[51] Diese Wirkungen verfolgt Aschheim hin bis etwa zu Walter Benjamin.[52]

43 Goldstein: „Deutsch-jüdischer Parnaß“ (Anm. 39), S. 292. Vgl. auch den Beitrag Gershom Scholems beim Jüdischen Weltkongreß in Brüssel 1966 und Kap. IX, S. 436 f.

44 Goldstein: „Deutsch-jüdischer Parnaß“ (Anm. 39), S. 282.

45 Vgl. Moritz Goldstein: „German Jewry's Dilemma – The Story of a Provocative Essay“. In: *Leo Baeck Yearbook*. Vol. 2 (1957), S. 236-254, hier S. 245.

46 A. (= Ferdinand Avenarius): „Aussprachen mit Juden“. In: *Der Kunstwart*. Jg. 25, H. 22 (August 1912),S. 225-261, hier S. 225.

47 Goldstein: „German Jewry's Dilemma“ (Anm. 45), S. 246.

48 Avenarius: „Aussprachen mit Juden“ (Anm. 46), S. 225.

49 Goldstein: „German Jewry's Dilemma“ (Anm. 45), S. 246.

50 Ebd.

51 Aschheim: „The publication of Moritz Goldstein's ‚The German-Jewish Parnassus‘...“ (Anm. 42), S. 303 f.

52 Ebd., S. 304.

Am 4. Februar 1952 antwortet Hildesheimer in einem ausführlichen Brief, der wichtige Einblicke in jenen spezifischen Diskursraum ermöglicht, in dem *vor allen anderen* der Verfasser die Option seiner Existenz in Deutschland *als Jude und Schriftsteller deutscher Sprache* zu begründen suchte: „Um auf diese Argumente einzugehen: ich ‚verwalte kein Kulturgut' indem ich einen solchen Aufsatz schreibe. Von ‚Verwalten' kann nicht die Rede sein. Wohl aber tue ich etwas, zu dem mich diejenigen, die ich als kulturelle Vertreter der Nation anerkenne, aufgefordert haben. Ich behandle ein kleines Thema in satirischer Form, ein Thema, das mir ein wirkliches und echtes Anliegen ist. Hierbei liesse sich vielleicht über die Form streiten, nicht aber über den Inhalt. Sowohl Bonsels als auch Wiechert (gestorben 1950) vertreten nicht nur eine Richtung, die mir nicht liegt – mir liegen viele Richtungen nicht, – sondern sie sind schwülstig, verlogen und unecht, voller abgedroschener Phrasen und widerlicher Gemeinplätze. [...] – Euch mögen Börne, Harden etc widerlich sein. Mir sind sie es – mit Ausnahme von Tucholsky, den ich verabscheue, nicht. Harden war ein integrer Mann, den ich in gewisser Hinsicht bewundere. Kerr hat dazu beigetragen, das Niveau des Theaterlebens zu heben, weshalb er hier heute auch ungeheuer geschätzt und an allen Theaterseminaren gelehrt wird. (Übrigens hat er auch herrliche Gedichte geschrieben.) Ich glaube, Ihr seht das alles heute etwas verzerrt, in einer Art jüdischem Selbsthass mit umgekehrten Vorzeichen. Ausserdem waren diese Leute, mit Ausnahme von Kerr, politische Publizisten. Das bin ich nicht. Bei mir geht es in erster Linie um ästhetische Dinge, nicht um politische, weshalb auch die Tatsache, dass ich ein aus Palästina zurückgekehrter Jude bin, kein Argument ist. Ich kritisiere als Schriftsteller, der der deutschen Sprache mächtig ist, diejenigen die sie missbrauchen. Ich weiss, dass Wiechert kein Nazi war. Bonsels hat aus Geltungsbedürfnis und Oportunismus mit den Nazis sympathisiert. – Indem ich meine Spalte schreibe, stelle ich mich nicht als Richter hin. Ich weiss sehr wohl, dass es keine allgemeingültige Wahrheit gibt, aber es gibt viele allgemeingültige Unwahrheiten, und eine davon wird durch Wiechert und Bonsels vertreten. – Ein stichhaltiges Argument dagegen ist, dass man in solchen Artikeln den Geist ja nicht ändert, denn den wird es immer geben. Das ist zwar richtig, aber man versucht es eben trotzdem: wenn man nicht trotz Allem versuchte, bestehende Misstände zu bessern, – eine der wesentlichsten Aufgaben der Literatur – dann könnte man sich ebensogut aufhängen. Und man muss für seine Ansichten einzutreten wissen, wenn nötig auch die Konsequenzen ziehen, sonst ist man ein Feigling. – Es handelt sich übrigens nicht um einen kleinen Kreis: Ihr müsst nicht etwa denken, dass die Gruppe 47 eine Bande stürmender und drängender Avantgardisten ist. Es ist eine lockere Gruppe von etwa 30 Schriftstellern,

Kritikern, Redakteuren, Verlagslektoren, sogar Intendanten und Studienräten im Alter von 30 bis 60 Jahren, innerhalb derer vielerlei – darunter durchaus konservative – Richtungen vertreten sind, und die, vor allem auch im Ausland, ein grosses Prestige geniesst. – Wenn nun zum Beispiel unter den 3 Preiskandidaten für 1952 Einer (ich) Jude ist, die Zweite (Ilse Aichinger) Halbjüdin, so spricht das lediglich für die Qualität dieser beiden Schriftsteller, deren Ausdrucksmittel nun einmal die deutsche Sprache ist, aber doch nicht dafür, dass sich die Juden wieder in das deutsche Kulturleben hineindrängen. Oder findet Ihr, dass sie darauf verzichten sollten, weil ‚sie nicht dazugehören'? Das würde nämlich übel vermerkt werden, und zwar nicht nur von der Gruppe, sondern von seiten aller Rechtdenkender. Dass diese in der Minderzahl sind, lässt sich zwar nicht leugnen, aber Ihr könnt sicher sein, dass die Mehrzahl der Anderen an diesen Dingen, sowie auch an der Zeitschrift – an deren Mitarbeit ich aus eben diesen Motiven teilnehmen muss – keinerlei Interesse haben und sie nicht lesen. – Bitte nehmt mir das nicht übel.“[53]

Der Brief läßt keinen Zweifel daran zu, daß die moralische Normativität von Goldsteins Forderung auch für Hildesheimer als verbindlich gilt. Es ist nicht ihre Geltung an sich, sondern ihre Anwendung auf seinen konkreten Fall, die er in der konkreten Kontroverse mit seinen Eltern in Frage zu stellen versucht. Zunächst weist er die elterliche Rezeption Börnes und Hardens als überzogen zurück; dabei gibt er zu bedenken, daß die Radikalisierung der Lektüren im Zeichen des Goldstein-Essays nicht den Sachverhalten der historischen Konstellation, sondern der Katastrophe danach („heute“) geschuldet sein könnte. Auch mittels der Betonung, daß es bei ihm „in erster Linie [...] nicht um politische“ Dinge gehe, sucht er seine Situation aus dem Fokus einer an Goldsteins kulturpolitische Intervention anschließende Kritik zu verlagern. Der archimedische Punkt seiner Gegenrede ist bezeichnet in der Selbstcharakterisierung als „Schriftsteller, der der deutschen Sprache mächtig ist, [...] [dessen]Ausdrucksmittel nun einmal die deutsche Sprache ist“. Von hier aus legitimiert Hildesheimer nicht nur eine Kritik an Figuren wie Wiechert und Bonsels, die im Übrigen ihrer Verbreitung „allgemeingültige[r] Unwahrheiten“ gilt und nicht ihrer politischen Haltung; darüber hinaus verweist die Eigenschaft des Schriftstellers durch seine notwendige Unmittelbarkeit zu den „wesentlichsten Aufgaben der Literatur“ *per se* auf die Aufgabe, „bestehende Misstände zu bessern“. Damit appelliert Hildesheimer offen an die auch in seinem Elternhaus traditionelle Sympathie für Verbindungen zwischen Kunst und Auf-

[53] An die Eltern, 4.2.1952. WHA. Wortlaut abgedruckt in Hildesheimer: *Briefe* (Anm. 13), S. 29-31.

klärung[54] und die an sie geknüpfte Offenheit für einen universalistisch ausgelegten Kunstbegriff. Doch war es ja gerade das historische Verdienst Goldsteins gewesen, auf die Kompatibilität eines in seinen Implikationen nicht wirklich durchschauten Universalismus mit einem konstitutiv antisemitisch grundierten deutschen Kulturbetrieb kritisch aufmerksam zu machen; insofern konnte diese Selbstcharakterisierung als Schriftsteller deutscher Sprache allein die Bedenken der Eltern schwerlich ausräumen. Hildesheimer fügt hier nun eine soziale und auch ‚klimatisch' gemeinte Skizze der Gruppe an, in der er zu verdeutlichen sucht, daß sich *in ihrer Mitte* jüdische Autoren deutscher Sprache *allein kraft ihrer künstlerischen Befähigung* einen Ort zu erarbeiten vermocht haben, der nichts zu tun habe mit einem – sei es unberechtigten, sei es unerwünschten – „Hineindrängen [...] in das deutsche Kulturleben". Mit der anschließenden Frage „Oder findet Ihr, dass sie darauf verzichten sollten, weil ‚sie nicht dazugehören'?" spitzt er den Konflikt auf jenen kleinsten gemeinsamen Nenner zu, von dem er wohl berechtigt annehmen konnte, das auch seine Eltern ihn nicht aufkündigen würden: daß die Perspektive eines Zusammenlebens zwischen Deutschen und Juden nicht *kategorisch* preisgegeben werden dürfe. Genau an dieser Stelle des Briefes, die an einen bewahrten Kern in der Auseinandersetzung der Familie mit der von der Massenvernichtung gezeichneten Gegenwart rührt, blitzt unversehens doch noch eine Energie, ein Begehren der Gruppe 47 auf, die bisher als Subjekt geradezu gar nicht in Erscheinung getreten war: „Übel vermerken" würde sie, so Hildesheimer, wenn die Juden „darauf" – auf ihre Teilhabe am Kulturbetrieb, womöglich auch auf ihre Preise – „verzichten" würden. Zumindest im Brief wird diese subtile Einschätzung eines etwaigen Gruppenverhaltens Hildesheimer, dem neuen Mitglied, nicht zum Anlaß eines kritischen Innehaltens; es erscheint ihm synonym mit der Reaktion „aller Rechtdenkender". Für Hildesheimer ist entschieden: Die Voraussetzungen, die die Gruppe 47 für die Existenz eines jüdischen Autors deutscher Sprache in Deutschland nach 1945 bot, genügten nicht nur einem womöglich ungenauen subjektiven Empfinden; sie wurden auch jenen Ansprüchen gerecht, die in der Kontroverse mit den Eltern in Israel geschärft, differenziert und nachhaltig überprüft worden waren. Diese Entscheidung – weniger für Deutschland als für die Gruppe 47 – blieb für Hildesheimer über Jahre verbindlich.

Als Hildesheimer diese Zeilen absandte, hatte sein Name bereits Zugang auch zu einer weiteren Öffentlichkeit gefunden. Das „Literarische Deutschland" hatte in seiner Auswertung der Dürkheimer Tagung festgehalten: „Schließlich blieb noch ein Name zu merken:

54 Vgl. Hildesheimers Text „Mein Judentum" sowie das ihm gewidmete Kapitel X.

Wolfgang Hildesheimer. Hildesheimer pflegt eine Gattung, die man fast schon ausgestorben wähnte: die literarische Groteske. Mit köstlichen Mitteln nahm er die Phrasen der Bildungswelt aufs Korn, und doch blieb der Witz dieser surrealistischen Inventionen stets gutartig und versöhnlich.“[55] Der von Richter begrüßte „Erfrischungscharakter“ der ästhetischen Arbeit Hildesheimers war hier schon unverblümter auf jene konstitutionelle Friedfertigkeit hin eingegrenzt, auf die auch Richter selbst fortan die ganze Erscheinung Hildesheimers festschreiben sollte. Dies wird besonders deutlich in einem Brief Richters von 1960, in dem er dem Autor nach dem Durchblättern verschiedener Fotos der Ulmer Hörspieltagung der Gruppe von dem „schönste[n] und typischste[n] Hildesheimer-Dichter-Bild“ schreibt, „das ich je gesehen habe ... ganz Aesthet.. ganz Verachtung der Umwelt..leichte Satire in den Mundwinkeln...aus dem Pfeifenkopf schwelt die Ironie...unverkennbare Neigung zum Formalismus bei offenem Blick für die Realität ...doch sehr sympathisch, außerordentlich sympathisch“.[56]

An diesem Hildesheimer-Bild des amüsanten Ironikers schreibt das deutsche Feuilleton nach Erscheinen der „Lieblosen Legenden“ im Frühjahr 1952 zügig fort. W.E.Süskind etwa, der den „merkwürdig trockene[n], knörzige[n] und markante[n] Ton“ von Hildesheimers Prosa vorteilhaft abhebt „von dem pseudorealistischen Reportagen-Tandaradei der Walter-von-der-Hemingwayde und Konsorten“ und feststellt, daß man sich „den Namen Hildesheimer [...] von nun an [werde] merken müssen“[57], sieht sich zu der Mahnung veranlaßt: „Aber sehr weit kommt man damit natürlich nicht, wenn sich die Parodie nicht auch auf den größeren Gegenstand richtet und Charaktere und Lebensverhältnisse parodiert, statt nur Sprach- und Denkfloskeln. [...] Es muß Wahrheit werden – Wahrheit einer windschief erlebten Welt.“ Doch in den „stärksten Stücke[n]“ sieht er sich „versetzt in das Traumhaft-Unentrinnbare, in den Zwang, und erlebt die großen Möglichkeiten dieser Phantasie, die dem Angsttraum [...] nahe ist.“[58]

Auf andere Weise sucht Walter Jens Hildesheimers erste Buchveröffentlichung zu bewerten. Verfaßt in gekünstelt-altertümelndem Duktus, beeilt sich der Verfasser gleich zu Beginn festzustellen: „Hab sie doch alle gekannt, wenngleich nie gesehen, aber um so heftiger geliebt: den vielnamigen Tucholsky und den losen Kästner [...], den

[55] Ernst Theo Rohnert: „Symposion junger Schriftsteller“. In: *Das Literarische Deutschland*, 20.5.1951. Hier nach Lettau: *Gruppe 47* (Anm. 1), S. 58-63, hier S. 61.
[56] Hans Werner Richter an Wolfgang Hildesheimer, 15.8.1960. WHA.
[57] W. E. Süskind: „Lieblose Legenden, liebevoll besprochen“. In: *Süddeutsche Zeitung*, 15.3.1952.
[58] Ebd.

Polgar und den Friedrich Richter zuvor und den käuzischen Hoffmann [...].“ In einer Mischung aus Altphilologischem – „Das ist echte, römische facetia, Geist des Lucil und Horaz, ist satura, literarischer Speisezettel, ganz und gar imaginär“ – und Kumpelhaftigkeit – „Witz, und dahinter das Herz, das sich ängstet. Kenne ich gut.“ – beschreibt Jens Hildesheimers Satiren als „jüdisch-römisches Opfermahl, Fest aus Weihrauch und Witz, Jahrhunderte geistigen Lebens artig in der geheimnisvoll-beiläufigen Formulierung gebannt“, als „Mixtur aus Kafkas Paradox und Prägnanz des Horaz [,] Vereinigung von chassidischer Weisheit und Epigrammatik der Auguren“[59].

„Fehlt bei uns leider, die wir immer nach dem Griechischen schielen“ – dem historischen Grund dieser lakonischen Notiz Jens‘ geht unter den zeitgenössischen Rezensenten einzig ein Niederländer nach, Adriaan Morrien, der Hildesheimer in Bad Dürkheim kennengelernt hatte und der gleich zu Beginn seiner Besprechung der „Lieblosen Legenden“ für „Het Parool“ in Amsterdam feststellt, daß man sich des „jüdische[n] satirische[n] Elements [...] in der deutschen Literatur“ und seiner „Vorbilder“ durch „Vertreibung und Ausrottung [...] eigenhändig entledigt hatte.“ Die Herstellung dieses Zusammenhangs zwischen Hildesheimers Produktion und der Auslöschung auch literarischer Traditionen, der Hinweis auf die „jüdische Herkunft“ des Verfassers der „Lieblosen Legenden“, steht nicht nur im Kontrast zum ‚philologischen‘ Judentum Jens'scher Provenienz; er scheint wie unaussprechbar in der deutschen Öffentlichkeit dieser Jahre. Im Gegenteil: Unter sorgfältiger Meidung jeder Frage etwa nach dem Zusammenhang der „Angstträume“ (Süskind) mit den historischen „Katastrophen“ (Morrien) oder auch nur der Ursache der „angelsächsische[n] Prägung“[60] seines Humors, wird Hildesheimers poetische Arbeit zusehends nachhaltiger festgelegt auf jene Zuschreibungen, mit denen sie nach seinem Dürkheimer Auftritt versehen worden war: „mit Anmut modern“, „geistige[r] Charme, [...] Grazie, [...] musische Heiterkeit“[61], „gemütlich dahinplätschernd“, „amüsante Lektüre“, „bezaubernde Lachkabinett-Wirkungen, mitunter auch mehr“[62]. Die Harmlosigkeit, in der Hildesheimers Texte in diesen Lektüren erschienen, hat am direktesten wohl Karl Krolow markiert: „Hildesheimer tut nicht weh. Mit gewissen, immer wiederkehrenden

59 Walter Jens: „Altväterliche Betrachtung“. In: *Die Literatur*, 1.4.1952. Hier nach Dierk Rodewald (Hg.): *Über Wolfgang Hildesheimer*. Frankfurt am Main 1971, S. 81-83, hier S. 81 f.

60 Adriaan Morrien: „Satire keert terug in Duitse literatuur“. In: *Het Parool*, 29.5.1952. Hier nach Rodewald: *Hildesheimer* (Anm. 59), S. 83-85.

61 Karl Krolow: „Mit Anmut modern“. In: *Hannoversche Presse*, 13.9.1952. Hier nach Jehle: *Hildesheimer* (Anm. 12), S. 156.

62 W. E. Süskind: „Paradies der falschen Vögel“. In: *Süddeutsche Zeitung*, 12./13.12.1953. Hier nach: Rodewald: *Hildesheimer* (Anm. 59), S. 86 f.

wehmütigen und resignierten Handbewegungen bietet er in seiner sehr komprimierten Prosa zeitgenössisches Leben an.“[63] Noch einmal ist es W. E. Süskind, der – aus Anlaß des 1953 erschienenen Romans „Paradies der falschen Vögel“ – den Autor davor warnt, „seine Gegenstände und seine Effekte gar zu ausschließlich an der Welt gehobener kultürlicher Bildung haften [zu lassen], während große Satire auf dem breitesten Umkreis menschlicher Lebensart und Lebensunart ruhen müßte.“[64]

Diese ‚Kritik‘ steht – in der ersten Hälfte der fünfziger Jahre – jedoch keinesfalls im Widerspruch zum öffentlichen Erfolg. Schon Krolows Feststellung, daß Hildesheimer auf diese Weise „zeitgenössisches Leben“ anbiete, und Morriens Beobachtung, daß „man in Deutschland mit ernsten Gesichtern“ auf Erzählungen wartet, die „dann und wann ein Lächeln hervor[zu]locken“ vermögen, deuten an, daß die solcherart wahrgenommenen „Kunstwerke (kleinen Formates freilich)“[65] weithin gehegten Leseerwartungen im deutschen Publikum entsprachen und die verschiedentlich geäußerten Einwände in den Spalten der Feuilletons dieser Wirkung keinen Abbruch taten. Der öffentliche Erfolg blieb nicht ohne Wirkungen auch auf Hildesheimers Rechtfertigungsstrategie gegenüber seinen Eltern.

Die vermeintliche Integration Hildesheimers in den westdeutschen Kulturbetrieb tritt spektakulär ins Bild, als 1955 Gustaf Gründgens sein erstes Theaterstück, „Der Drachenthron“, im Düsseldorfer Schauspielhaus inszeniert. Gründgens, eine der prominentesten Figuren der deutschen Theaterszene, stand in der Wahrnehmung einer weiten Öffentlichkeit der Adenauer-Jahre für einen Modus von Hochkultur, dem letztlich auch das NS-Regime nicht wirklich hatte etwas anhaben können. Mit exakt diesem Moment einer ‚höheren‘ Immunität des ‚echten Künstlers‘ war die Legende der Kunst Gründgens‘ schon deswegen von den ersten Nachkriegsjahren an versetzt, weil sich nur wenige Figuren seiner Prominenz so weithin sichtbar und so deutlich nachweisbar wie er mit dem NS-Regime eingelassen hatten. Wenn auch Klaus Manns Roman „Mephisto“ erst 1981, rund 18 Jahre nach Gründgens' Tod, in Westdeutschland erstmals wieder vertrieben wurde, so hatte doch das in diesem Buch frühzeitig vorgezeichnete Gründgens-Bild des – nur ab und zu von Skrupeln geplagten – opportunistischen NS-Karrieristen in seinen wesentlichen Umrissen Nachkriegsdeutschland erreicht, gespeist aus zahlreichen Dokumenten, die den Intendanten der Preußischen Bühnen und Preußischen Staatsrat in unmittelbarster Nähe zu den Protagonisten der NS-Führung zeigten. Noch während des Nürnberger Hauptkriegsverbrecher-Prozesses

63 Krolow: „Mit Anmut modern“ (Anm. 61).
64 Süskind: „Paradies der falschen Vögel“ (Anm. 62), S. 87.
65 Süskind: „Lieblose Legenden“ (Anm. 57).

hatte Göring Gründgens als Hauptentlastungszeugen angeführt[66]. Im „Spiegel" vom 12. 5. 1949, dessen Titelgeschichte Gründgens gewidmet war, hatte sich auch eine breitere Öffentlichkeit über die Stellung des prominenten Schauspielers und Intendanten im NS-Regime kundig machen können[67]. Die Auszeichnung Gründgens' mit dem Großen Bundesverdienstkreuz mit Stern 1953 durch Bundespräsident Theodor Heuss rundete das Bild einer Erscheinung ab, dem unabweisbar paradigmatische Qualität für die Verhältnisse im westdeutschen Kulturbetrieb knapp zehn Jahre nach Kriegsende nicht nur objektiv zukam, sondern geradezu demonstrativ zugesprochen wurde. Dieses Bild bezeichnet keineswegs nur jene dem moralischen Urteil ausgesetzte abgründige Zweideutigkeit, mit der sich das Gros der deutschen Künstler und Intellektuellen zum NS-Regime gestellt hatte. Seine Botschaft geht weit darüber hinaus: Kunst, wie sie hier verstanden und von Gründgens idealtypisch repräsentiert wurde, konnte durch kein wie auch immer dimensioniertes politisches Geschehen aus ihrem Takt gebracht werden[68]; ihre raren Vertreter von Niveau, die diese Kunstlehre der Gegenwart zu überliefern vermögen, verdienten höchste Auszeichnung.

Daß nach weitverbreiteter Auffassung in der unmittelbaren Nähe des Künstlers Gründgens einzig – womöglich demütig – zu ‚lernen' sei, bekam auch Hildesheimer zu spüren. Albert Schulze-Vellinghausen, der die Düsseldorfer Inszenierung für die „Frankfurter Allgemeine Zeitung" besuchte, diktierte, daß sich „der gescheite Autor [...] des Dankes bewußt [sei], den er dem Regisseur – Gustaf Gründgens – schuldet." Denn einzig dieser habe dafür Sorge getragen, daß „eine Märchenphantasie ohne Salz und Pfeffer", „munterer Zierat [...], witziger Unsinn, [...] eine niedliche Blödelei", die den Zuschauer vor die Frage stellen, „ob man sich hinterher ein ‚Casseler Rippchen' bestellt oder ob man, der Lokalfarbe halber, im ‚Chinesischen Restaurant' landen soll", „immerhin eine vollrunde Aufführung"[69] wurden[70].

66 Vgl. Eberhard Spangenberg: *Karriere eines Romans: Mephisto, Klaus Mann und Gustaf Gründgens – Ein dokumentarischer Bericht aus Deutschland und dem Exil 1925–1981*. München 1982, S. 120.

67 Die Rückseite dieser *Spiegel*-Ausgabe zeigt Gründgens beim Training in Wehrmachtsuniform.

68 Die Tradition dieses Kunstbegriffs im deutschen Bürgertum kann kaum überbetont werden. Ein schönes Beispiel bietet etwa Arthur Holitschers Darstellung des Baritons Schaljapin unter dem leninistischen Regime: Obgleich „ein ausgemachter Gegenrevolutionär", vermag sich der Sänger allein kraft seiner unerreichten Kunst „in dem Meere der Not und des Hungers [...] ein fröhlich pantagruelisches Dasein der Fülle und Völlerei" zu verschaffen; „sie lassen ihn tun und treiben, was er will, die Gesetze umstoßen, er soll nur singen." (Arthur Holitscher: *Drei Monate in Sowjet-Rußland*. Berlin 1921, S. 151 ff.)

69 Albert Schulze-Vellinghausen: „Verändertes Alt-China – für heute?". In: *Frankfurter Allgemeine Zeitung*, 4.5.1955.

Nachdem der politisch ‚einwandfreie' Ort in der Gruppe 47 erst einmal sichergestellt war, hatte Hildesheimers Entscheidung vom Frühjahr 1952, als Schriftsteller in Deutschland zu bleiben, die Anerkennung jener Konditionen notwendig einschließen müssen, an die ein auch ökonomischer Erfolg im westdeutschen Kulturbetrieb geknüpft war. Das zentrale Stichwort in den Briefen an die Eltern heißt jetzt „Erfolg". Im Dezember 1953 stellt Hildesheimer fest: „Ich werde langsam berühmt"[71]; und unmittelbar, nachdem er von der Düsseldorfer Entscheidung erfahren hat, teilt er seinen Eltern mit: „Grösser hätte der Erfolg nicht sein können: mein erstes Theaterstück bei dem ersten Theatermann Deutschlands. Zudem ist es das erste Theaterstück von einem modernen deutschen Autor, das er in Düsseldorf angenommen hat."[72]

Aber auch die kommunikative Praxis der Gruppe 47 erinnerte fortlaufend an das Besondere der Bedingungen, in die die Existenz eines jüdischen Schriftstellers dieser Jahre in Deutschland gestellt war. Im Mai 1955 trifft Hildesheimer mit Hans Werner Richter, Ilse Aichinger, Ingeborg Bachmann, Wolfgang Weyrauch, Walter Höllerer, Heinrich Böll, Joachim Kaiser, Martin Walser und – erstmals – Günter Grass und Helmut Heißenbüttel in Berlin zur 16. Tagung zusammen. In einer Diskussion – vielleicht ausgelöst durch Fritz J. Raddatz' Forderung, „daß Wolfgang Hildesheimer nicht nur noch Luxus-Hotel-Persiflagen schreiben möge, um die Bürgerwelt zu karikieren"[73] – räumt Hildesheimer ein, „ihm fehle das innere Erlebnis der Nazizeit". Die Reaktion der Runde: Man „lachte [...], aber nicht böse", und „[sagte] nur: ‚Seien Sie froh!'"[74]

Spätestens in solchen Momenten war unübersehbar: Die im Gruppen-Diskurs festgelegte „Verneinung eines intersubjektiv-reflexiven Stimmenaustausches"[75] hatte unvermindert gewirkt; die „Zentralkategorie der Heimkehrpublizisten, ‚Erlebnis'"[76], hatte, vier Jahre nach

[70] Unmittelbar nach der Düsseldorfer Premiere versuchte Hildesheimer, Fritz Kortner für eine Inszenierung des *Drachenthrons* zu gewinnen. Mit Kortner, der zunächst zusagte und Turandot mit Elisabeth Bergner besetzen wollte, hätte sich ein Theatermann des Stückes angenommen, der wie wenige andere – und wie niemand mit dieser Prominenz im westdeutschen Theaterbetrieb – antipodisch zur Erscheinung Gründgens' stand. Doch Bergner sagte ab, und die Zusammenarbeit zwischen Hildesheimer und Kortner kam nicht zustande (Volker Jehle: *Wolfgang Hildesheimer Werkgeschichte*. Frankfurt am Main 1990, S. 631).

[71] An die Eltern, 10.12.1953. WHA.

[72] An die Eltern, 15.11.1954. WHA.

[73] Fritz J. Raddatz: „Wiedersehen mit der Gruppe 47". In: *Neue Deutsche Literatur*, Juli 1955. Hier nach Lettau: *Gruppe 47* (Anm. 1), S. 110-113, hier S. 112.

[74] Günter Giefer/ Peter Gundwin: „Die Siebenundvierziger". In: *Frankfurter Hefte* 10 (1955), S. 892-898, hier S. 894.

[75] Briegleb: „‚Neuanfang'" (Anm. 11), S. 137.

[76] Ebd., S. 128.

Hildesheimers Verstärkung der Gruppe, zehn Jahre nach Kriegsende, von ihrer beherrschenden Stellung nichts eingebüßt; an die Stelle der Neugier darauf, was etwa ‚das *äußere* Erlebnis der Nazizeit' gewesen sein könne, tritt verräterisch die vermeintliche Gewißheit eines deutlichen Vorsprungs an Leiden („Seien Sie froh!"). Das kennzeichnende Wir-Gefühl der Gruppe – exklusiv gegenüber jedem, der ein *anderes* Erlebnis hatte – war unerschüttert.

3

Zeitgleich zu dieser an die Ausblendung seiner konkreten Verfolgungserfahrung geknüpften ‚Integration' Hildesheimers in den westdeutschen Kulturbetrieb suchte gleichwohl das nach Ausdruck, was er – erst ein Jahrzehnt später – direkt als jene „Elemente des Bewußtseins" auswies, „in dem die Dimension Auschwitz enthalten ist"[77]. Die Prägung der „Lieblosen Legenden" wesentlich durch diese „Dimension" blieb vom zeitgenössischen Feuilleton unerkannt, wenn auch aufmerksamen Lesern „die dem Angsttraum [...] nahe"[78] Grundierung nicht entgangen war. Doch das hier Wirksame artikulierte sich auch noch in anderen, verborgeneren Formen als in der „spöttische[r] Geschichtchen"[79]. Ein markantes Beispiel dafür ist das „Kleine Reisetagebuch um Robert Neumann". Vermutlich vom gemeinsamen Verleger Kurt Desch um einen Beitrag für eine Festschrift aus Anlaß des 60. Geburtstags des Romanciers und Parodisten gebeten, verfaßte Hildesheimer ein paar als Auszüge aus einem Reisetagebuch markierte Absätze zu Ehren Neumanns, der Hildesheimer in einem Vorwort zum „Drachenthron" überschwenglich gelobt hatte[80].

In ‚Eintragungen', die vom „5. Februar, Orient-Expreß, südlich von Nisch" bis zum „12. Februar, Sdom am Toten Meer" reichen, plaudert der Verfasser im Stil der „Legenden" von seinen verschiedenen Problemen, der Verpflichtung Desch gegenüber termingerecht nachzukommen. Erst gegen Ende der Notizen, in der Erwähnung von Neumanns „An den Wassern von Babylon", wird auf die NS-Massenvernichtung der europäischen Juden direkt angespielt. Doch der die nach außen ganz arglos sich gebende Gestalt des kurzen Textes entscheidend konstituierende, ‚neuralgische' Punkt ist die Eintragung

[77] Wolfgang Hildesheimer: „Frankfurter Poetik-Vorlesungen. I. Die Wirklichkeit des Absurden". In: WH VII, S. 43-61, hier S. 57. – Auf diese Ausführungen wird weiter unten noch näher eingegangen.

[78] Süskind: „Lieblose Legenden" (Anm. 57), vgl. oben.

[79] Martin Walser: „Wo doch die Henkel das Beste sind". Ausgestrahlt vom Süddeutschen Rundfunk im März 1952. Hier nach Jehle: *Hildesheimer* (Anm. 12), S. 153-155, hier S. 155.

[80] Vgl. Jehle: *Werkgeschichte* (Anm. 70), S. 213.

„Mitternacht, Saloniki“; sie ruft die Tatsache der Auslöschung des Judentums durch den Nationalsozialismus mit einer Konkretheit auf, die die Nennung des Neumann-Titels bei weitem überflügelt.

Saloniki, noch kurz vor der Eroberung durch die deutsche Wehrmacht im April 1941 Heimat von rund 80.000 sephardischen Juden, galt mit seinen Dutzenden oft jahrhundertealten öffentlichen und privaten Bibliotheken, zahlreichen Synagogen und drei jüdischen Zeitungen in Französisch und Ladino als Zentrum sephardischer Zivilisation. Nach dem Eindringen der Deutschen bemächtigt sich der Einsatzstab Rosenberg systematisch des Kulturerbes; jüdische Einrichtungen und Friedhöfe werden verwüstet; die physischen Drangsalierungen der jüdischen Bevölkerung erfahren am 11. Juli 1942 einen ersten Höhepunkt, als neuntausend jüdische Männer zwischen 18 und 45 Jahren auf einem öffentlichen Platz in sengender Hitze zu ‚Turnübungen‘ gezwungen werden. Rund zweitausend müssen Zwangsarbeit für die deutsche Wehrmacht leisten. Ab 25. Februar 1943 setzen die Deportationen nach Auschwitz-Birkenau ein; mindestens 43.850 Menschen werden in das Vernichtungslager verbracht, von denen nur wenige überleben. 1945 umfaßt die jüdische Gemeinde Salonikis noch knapp 2.000 Mitglieder.[81]

Der Druck, den Saloniki als Mal der NS-Vernichtungspolitik in Hildesheimers Text entwickelt, wird kenntlich in Schlüsselwörtern einer von der eigenen Verfolgungserfahrung unübersehbar gezeichneten Reflexion eines jüdischen Intellektuellen ‚nach 1945‘: „das furchtbare Schuldgefühl“ – „ich möchte [...] nicht wie einer dastehn, der sich einer Verpflichtung durch Flucht [...] entzieht“ – „Tribunal“ – „Kollaborateure“ – „verpflichtende Atmosphäre“, vermehrt um Gesten und Worte einer vergeblichen Abwehr: „Gebiet der fernen Vergangenheit“ – „ich kann mich nicht auf visuelle Eindrücke konzentrieren“ – „Zum einzig wirksamen Verdrängungsmittel greifen: schlafen!“ Freilich werden diese Worte in Hildesheimers Grußtext an Neumann sämtlich anders konnotiert: „das furchtbare Schuldgefühl“, die „Verpflichtung“ und das „Verdrängungsmittel“ beziehen sich auf das Versprechen gegenüber Desch; das „Tribunal“ und die „Kollaborateure“ beobachtet der Verfasser an Bord seines Schiffes vor der Landung in Zypern. Doch nicht nur diese auffällig inadäquaten Zuschreibungen deuten auf die Existenz eines Textgrundes *hinter* dem der Grußgeste.[82] Im Hinweis auf das „Verdrängungsmittel [...]: schlafen!“ in

[81] Israel Gutman u.a. (Hg.): *Enzyklopädie des Holocaust- Die Verfolgung und Ermordung der europäischen Juden*. Bd. III. München 1998, S.1274-1276.

[82] Vgl. auch Angela Delissen: „Das beredte Schweigen. Negative Momente literarischer Produktivität der ‚Mitteilungen an Max‘ von Wolfgang Hildesheimer“. In: Sven Kramer: *Das Politische im literarischen Diskurs – Studien zur deutschen Gegenwartsliteratur*. Opladen 1996, S. 56-79.

der zweiten ‚Eintragung' „Mitternacht, Saloniki" und der Notiz „Sie als mein Reisebegleiter und ich sind inzwischen in die Wüste geraten" im letzten Eintrag umreißt Hildesheimer bereits jenen Weg, den der Ich-Erzähler im Tynset-Masante-Komplex gehen wird – den eines Ich-Erzählers, der *unübersehbar* an den Folgen jener Katastrophe trägt, für die Saloniki ein Symbol ist. Es ist genau diese Bedeutung der griechischen Hafenstadt, von der, viele Jahre nach Erscheinen des „Kleinen Reisetagebuchs um Robert Neumann", in „Masante" – nun aber explizit – die Rede sein wird.[83]

4

Das „Kleine Reisetagebuch" zeigt, daß das Dilemma Hildesheimers – genauer: das des jüdischen Schriftstellers im ‚Debatten'-Klima von Gruppe 47 und westdeutschem Kulturbetrieb der Adenauer-Jahre – weit über das Problem hinausreichte, das sich in der zwangsläufigen Begegnung mit Deutschen stellte, die sich – auf unterschiedliche Weise – mit dem NS-Regime eingelassen hatten. Im Gegenteil: Die konkrete soziale Praxis, der direkte Umgang zwischen Hildesheimer und den Mitgliedern der Gruppe 47, ‚funktionierte', weil Hildesheimer sich unmittelbar „nach meiner Rückkehr nach Deutschland als Besatzungsangehöriger" eine „Maxime" gesetzt hatte, die unschwer als Bedingung dieser Rückkehr erkennbar ist: „Wer Nazi ist, bestimme ich. [...] Verbrechen prägen den Verbrecher, aber Irrtümer nicht den Irrenden. Wir sind nicht mehr die, die wir vor zwanzig, dreißig oder vierzig Jahren waren, und bei der Prüfung meiner eigenen Irrtümer kann ich nur sagen: Gottseidank. Die Vergangenheit der mir Nahestehenden vor der Zeit, da sie mir nahestanden, ist für mich irrelevant, was nicht bedeutet, daß sie nicht im relevanten Kontext erwähnt werden darf. [...] Waren meine Freunde [...] Nazis? Die Frage impliziert ein Plusquamperfekt, das sich jeglicher Wertung entzieht, nicht nur der meinen. Sie muß lauten: Waren Nazis meine Freunde? Die Antwort ist kategorisch und eindeutig: nein."[84] Solcherart befähigt, sich jenem „Affekt" oder auch der „Entwurzelungspsychose" zu entziehen, die Hildesheimer seit seiner Arbeit in Nürnberg bei „vielen anderen, vor allem den Emigranten unter den Besatzern"[85], beobachtet hatte, ermöglichte er – und zwar durch eine *einseitige* Konzession – einen Verkehr, über den Richter später erinnerte: „Die

[83] Wolfgang Hildesheimer: *Masante*. Frankfurt am Main 1983, S. 313 ff.
[84] Wolfgang Hildesheimer: „Waren meine Freunde Nazis?". In: WH VII, S. 633 f.
[85] Wolfgang Hildesheimer: „Mein Judentum". In: WH VII, S.159-169, hier S. 164.

Söhne der Emigranten fühlten sich in der ‚Gruppe 47‘ heimisch, ja, sie gehörten dazu wie alle anderen“[86]; und dieser Umgang wiederum mochte solch krasse Fehldeutungen mit ermöglichen wie jene, zu der sich das frühe Gruppenmitglied Hans Josef Mundt – in einem expliziten Rechtfertigungstext zum Thema „Hans Werner Richter, Emigranten und jüdische Autoren“ – verstieg: „diese Grundgestimmtheit nach Auschwitz – nach Stalingrad, fernab von Adorno“ sei in der Gruppe „wortlos ernst genommen [worden], weil bereits ein Aussprechen unerträglich gewesen wäre“[87].

Der ‚funktionierende‘ Sozialverkehr inner- und außerhalb der Gruppe konnte jedoch – spätenstens ab Mitte der 50er Jahre – nicht mehr verdecken, daß, zum einen, Hildesheimers poetologische Bemühungen, „aufhorchen zu lassen“[88], an der einschlägig konditionierten Wahrnehmungsfähigkeit vor allem der professionellen Kritik abglitt, daß, zum andern, das „es in [ihm]“[89] – d.h. jenes Moment künstlerischer Kreativität, das „tiefer verwurzelt [ist] als sein bewußtes Entscheidungsvermögen“[90] – in Widerspruch zur praktizierten Ästhetik, etwa im Stil der „Lieblosen Legenden“, geraten war. Hildesheimer reagiert *zunächst* auf das erste – mit einer gezielten *diskurspolitischen* Intervention: Er bekennt sich öffentlich zur Ästhetik des Absurden. In diesem Bekenntnis *und seinen Modi* werden erstmals jene poetologischen Momente sichtbar, die die Entstehungsgeschichte von „Tynset“ entscheidend prägen werden und als *Ergebnis eines Konflikts* erkennbar machen.

Ausgehend von einer kürzelhaften Definition des Absurden durch Camus – „ ‚Das Absurde entsteht aus der Gegenüberstellung des Menschen, der fragt, und der Welt, die vernunftwidrig schweigt‘ “ – hatte Hildesheimer die für ihn gültige Variante des Absurden entwickelt: „Die Welt schweigt, sie gibt keinen Urtext her. Pathetisch gesagt: der Sinn der Schöpfung enthüllt sich nicht, im Gegenteil: er wird immer rätselhafter – wir können hinzufügen: seit Auschwitz.“[91] In dieser ‚Hinzufügung‘, dieser ‚Ergänzung‘ der Camus'schen Definition bezeichnet Hildesheimer jenes Moment des Absurden, das *ihn spezifisch* in eine objektive Nähe zur Ästhetik des Absurden stellt. Diesen – in Hildesheimers Wahrnehmung *zwingenden* – Konnex zwischen der

[86] Richter: *Etablissement* (Anm. 14), S. 283. Zu Richters Leitkategorie „Dazugehörig“ vgl. Briegleb: „‚Neuanfang‘“ (Anm. 11), S. 122 f.

[87] Hans Josef Mundt: [Ohne Titel]. In: Neunzig (Hg.): *Hans Werner Richter* (Anm. 14), S. 225-229, hier S. 226.

[88] Wolfgang Hildesheimer: „Zu den lieblosen Legenden“. In: WH I, S. 506-507, hier S. 507.

[89] Ebd.

[90] Wolfgang Hildesheimer: „Über das absurde Theater“. In: WH VII, S. 13-26, hier S. 23.

[91] WH VII, S. 50, 60 (“Die Wirklichkeit des Absurden“).

Ästhetik des Absurden und dem Faktum der Massenvernichtung der Juden eingedenk[92], wird die objektive Positur dieses poetologischen Standorts zum westdeutschen Kulturbetrieb Ende der 50er Jahre deutlich: die eines „Fehdehandschuhs“[93], gerichtet gegen eine Betriebsverfassung, in der „nichts“ Wesentliches „von Versuchen einer Bewältigung“[94] zu zeugen schien.

Gleichwohl bleibt dieser unmittelbar diskurs*politische* Gehalt, bleibt der Zusammenhang zwischen ‚Auschwitz‘ und der Wirklichkeit des Absurden bis zur Frankfurter Poetik-Vorlesung 1967 unausgesprochen. Zwar spart die zentrale programmatische Verlautbarung, die Erlanger Rede von 1960, nicht mit Andeutungen: Gekennzeichnet als ein „Versuch über die *Motive*, die einen Autor veranlassen mögen, [im sogenannten ‚Absurden'] heimisch zu werden“, und eingeleitet von der „Befürchtung, [...] streng subjektiv [zu] sein“[95], führt der Redner Erfahrungen an, die unschwer als die eigenen mit seinem Publikum erkennbar sind: mit dem Zuschauer, der „mitunter auch gern eine Satire [belächelt]“[96] oder dem „Politiker A [, der] sich im Theater selbst unter dem Holzhammer nicht erkennen und meinen wird, es handle sich um den Politiker B, den er für korrupter hält als sich selbst“, mündend in die Erfahrung, „daß beide Politiker vor allem dort herzlich lachen werden, wo ein Autor bitter wird oder gar – wie man es nennt – mit Herzblut schreibt.“[97] Die enge Verknüpfung des Absurden mit den NS-Verbrechen, die Verbrechen gar als Quellpunkt einer ‚modern‘ aktualisierten Absurdität menschlicher Existenz jedoch bleiben unerwähnt. Dieser Sachverhalt scheint allenfalls anzuklingen im Hinweis auf „jede Erwähnung der Vergangenheit im absurden Stück“, die „eine kollektive absurde Vergangenheit [meine]“, und darauf, daß „jede Erwähnung der Zukunft [...] als Frage“ auftritt.[98] Verschlüsselt kommt der Konnex noch einmal dort ins Spiel, wo Hildesheimer davon spricht, daß „es [...] sich in ihm entschieden haben [mag]. Denn das [dem Dramatiker des Absurden, S.B.] inhärente Gefühl für das Absurde ist tiefer verwurzelt als sein bewußtes Entscheidungsvermögen.“[99]

92 Vgl. hierzu die Kontroverse um Hildesheimers „End of Fiction“, besonders auch Reinhard Baumgarts Beitrag „Heimisch im Absurden“ (*Frankfurter Allgemeine Zeitung*, 24.11.1984), in dem dieser Konnex nicht mehr ‚erinnert‘ wird: Kap. VIII, S. 422 ff.

93 Wolfgang Hildesheimer: „Die Realität selbst ist absurd“. In: WH VI, S. 826-828, hier S. 826.

94 Wolfgang Hildesheimer: „Vergebliche Aufzeichnungen“. In: WH I, S. 275-302, hier S. 280.

95 WH VII, S. 13 (“Über das absurde Theater“); Kursivierung S.B.

96 Ebd., S. 18.

97 Ebd., S. 23.

98 Ebd., S. 25.

99 Ebd., S. 23.

1960 in Erlangen verzichtet Hildesheimer darauf, den diskurspolitischen Zielpunkt seines Bekenntnisses zur Ästhetik des Absurden explizit zu benennen: das deutsche Publikum zu einer Konfrontation mit „Folgerungen"[100] – poetologischer *und* politischer Art – aus der Katastrophe des Nationalsozialismus zu zwingen. Das entscheidende Moment, das einer expliziten diskursiven Auffaltung des Zusammenhangs zwischen der NS-Massenvernichtung und der Ästhetik des Absurden inklusive der diskurspolitischen Zielrichtung Hildesheimers im Wege stand, war dessen poetologische Grundüberzeugung, daß jeder künstlerische Ausdruck – und *erst recht* der, der aus „unbewältigte[r], bedrückendste[r] Gegenwart"[101] erwächst oder ihr gar ausdrücklich gilt – Transzendenz leisten müsse. In der Ästhetik des Absurden meinte Hildesheimer jene Poetologie zu erkennen, die – neben ihrer spezifischen ‚historischen' Rechtfertigung – vor allem jene „Übertragung"[102] genuin ermöglicht, die das Kunstwerk von einer „Imitation"[103] vermeintlicher ‚Wirklichkeit'[104] unterscheidet: Denn das absurde Kunstwerk nimmt seinen konstitutiven Ausgang „nicht aus jenem präfabrizierten Material, in dem Auschwitz vielleicht nicht enthalten ist, sondern aus Elementen des Bewußtseins, in dem die Dimension Auschwitz enthalten ist, oder vielmehr: enthalten sein sollte [...]. Und wenn sie im Bewußtsein nicht enthalten ist, so ist sie ins Unterbewußtsein gesunken, sie gehört zum inneren Mikrokosmos des Dichters."[105] In diesem Verständnis des Absurden – einer ‚Aneignung', die manch umlaufender Prägung des Begriffs vor allem in der deutschen literarischen Öffentlichkeit widersprach, wie Hildesheimer noch erfahren sollte – ist die Erfahrung und die historische Faktizität der NS-Massenvernichtung, für die ‚Auschwitz' hier als Kürzel steht, als eine universelle und keineswegs als eine exklusiv ‚jüdische' begriffen. Es ist dieser Sachverhalt, in dem sich Hildesheimers ästhetische Arbeit mit den – denkbar andersartigen – Bemühungen von Weil und Hilsenrath trifft. In krassestem Gegensatz zu den poetologischen Standorten, von denen aus etwa „Tramhalte Beethovenstraat" und „Nacht" entstanden waren, erscheint Hildesheimer jedwede Form eines wie auch immer gerechtfertigten „Realismus"[106] – sei es „de[r] Roman über Kollektivschuld und Sühne", sei es „de[r] Konzentrationslagerroman"[107] – als Absage, ja, als Verrat an jenem Ausdruck, der allein dem universellen Bedeutungskern der Shoah

[100] WH VII, S. 298 ff. ("Folgerungen").
[101] WH VII, S. 298 ("Folgerungen").
[102] WH VII, S. 26 ("Über das absurde Theater").
[103] WH VII, S. 298 ("Folgerungen").
[104] Ebd.
[105] WH VII, S. 57 ("Die Wirklichkeit des Absurden").
[106] WH VII, S. 25 ("Über das absurde Theater").
[107] WH VII, S. 58 ("Die Wirklichkeit des Absurden").

adäquat ist – dem zwingend *absurden* Ausdruck „eines an allen Schrecken und Grauen, an aller Tragik und Komik des Lebens geschulten Bewußtseins“[108].

Dieser Auffassung, die einzig in der Ästhetik des Absurden die der Shoah ‚näherungsfähigste‘ künstlerische Schreibweise erkannte – d. h. aber auch: jene Schreibweise, die die Partikularisierung der Shoah etwa zu einem ‚jüdischen Thema‘ unmöglich machte – mußte jede explizite, ‚positivistische‘ Erwähnung der Vernichtung, gar im Zusammenhang einer Selbsterklärung, verdächtig sein. Hildesheimers Bekenntnis zur Ästhetik des Absurden in der Erlanger Rede von 1960 war radikal; es war ein Ausdruck dieser Radikalität – d. h. auch: seines Vertrauens in das Vermögen der absurden Kunstwerke, *selbst* Wirklichkeit in der erforderlichen Deutlichkeit herzustellen[109] –, den Zusammenhang zwischen seiner Ästhetik des Absurden und ‚Auschwitz‘ nicht diskursiv auszuführen. Denn auf diese Weise wäre sie wieder einer ‚realistischen‘ Rede und ihren Rezeptionstraditionen angedient worden, über deren Implikationen – nicht zuletzt für ihn – er sich keinen Täuschungen mehr hingab.

Doch das diskurspolitische Projekt, das Hildesheimers Bekenntnis zur Ästhetik des Absurden eingeschlossen hatte, scheiterte. Drei Jahre nach seiner ersten einschlägigen explizit programmatischen Äußerung, den „Empirischen Betrachtungen zu meinem Theater“ im „Almanach“ der Berliner Festspiele, bezeichnet er es in einem Diskussionsbeitrag für „theater heute“ als einen „Fehler“, „das Wort ‚absurd‘ “ zu seinen Zwecken aufgenommen zu haben: „[...] dieser Fehler ist nun einmal begangen, und ich habe seitdem dafür zu büßen, ich bin festgelegt. Dennoch möchte ich betonen, daß, was ich schreibe, mag es auch für andere den Epigonen, den Mitläufer in mir offenbaren, mir selbst nichts anderem zu entspringen scheint als meiner tiefsten Überzeugung und den einzigen Möglichkeiten ihres Ausdrucks. Es ist für mich nichts Geringeres als krasser Realismus. Für mich haben meine Stücke nicht das geringste mit Ionesco zu tun, sie sind vielmehr die logische Fortsetzung meiner ‚Lieblosen Legenden‘ (1952), in denen schon viele Themen meiner Stücke angeschlagen sind“[110]. Hildesheimer hatte erkennen müssen, daß die der deutschen Kritik eigene Wahrnehmung des Absurden vollständig abgedichtet war gegenüber jeder etwaigen spezifischen Differenzierung. Ein Rezensent der „Zeit“ etwa kommentiert den Verlauf des Stückes „Die Uhren“ mit Sätzen wie: „[...] erinnerte mich an Ionescos ‚Stühle‘ [...]

[108] Ebd.

[109] Ebd., S. 57. – Vgl. aber auch den Vortrag „The End of Fiction“, in dem deutlich wird, wie Hildesheimers Vertrauen in die Produktivität der Ästhetik des Absurden bald darauf erlischt, sowie das Kap. VIII.

[110] WH VI, S. 827 ("Die Realität selbst ist absurd“).

erinnerte mich an Ionescos ‚Amédée‘ [...] schon wieder ein Ionesco-Motiv: ‚Der einsame Mieter‘.“[111] Ionescos Arbeit stand jedoch in der deutschen Rezeption absurder Ästhetik längst für einen Begriff des Absurden, der jedes Bezugs zu *benennbaren* gesellschaftlichen oder historischen Sachverhalten enthoben und, über mehrere Stadien der Abstrahierung, weitgehend ‚gereinigt‘ worden war von dem ihm genuinen *widerständigen* Moment: dem „niemals endende[n] Erstaunen darüber, wie gut sich andere in diesem Raum“ – einer Schöpfung ohne Sinn, deren Rätselhaftigkeit „seit Auschwitz“ zunimmt – „eingerichtet haben“[112]. Doch schon vor Erscheinen seiner „Empirischen Betrachtungen“ 1959 war das Echo – auch das wohlwollende – auf Hildesheimers Dramen unverrückbar auf jenes Vokabular des Unspezifischen festgelegt, das die Ästhetik des Absurden immer wieder neu auf das Synonym einer modisch-zeitgeistigen Moderne-Skepsis herunterbrachte, zuweilen versetzt noch mit einer „Tiefe – worin dann garnichts zum Vorschein kommt“[113]: „Kainszeichen einer stigmatisierten Menschheit“[114], „Absurdität unseres sogenannten bürgerlichen Lebens“[115]. Walter Jens hatte – in den „Spielen, in denen es dunkel wird“ – zunächst „das Pathos grimmiger Gesellschaftskritik“ erkannt, um später seiner Leserschaft mitzuteilen, „daß nur ein sehr geschultes Ohr die tiefere Absicht des Autors heraushören und die Konturen einer gar nicht amüsanten Welt gewahren wird, in der es dunkler und dunkler wird: die Zeit schrumpft ein [...], Leichen liegen gehäuft auf der Bühne [...]. Übermütige Spiele enden im Dunkel der Nachdenklichkeit“[116].

Doch die hier skizzierte, festgelegte Rezeption absurder Ästhetik in der deutschen Öffentlichkeit war unterdessen schon flankiert von einer umfassenderen Entwicklung im Diskurs der westdeutschen Literaturkritik, die für die poetologische Arbeit Hildesheimers ihrerseits Bedeutung erlangen mußte: von der ‚Versöhnung‘ einer, etwa an Adorno geschulten, radikalen Einsicht in den Sachverhalt der Vernichtung mit einem Abstraktionsgrad, von dem aus „jene apokalyp-

111 Johannes Jacobi: „Hildesheimers Komödien“. In: *Die Zeit*, 24.4.1959. Hier nach Rodewald: *Hildesheimer* (Anm. 59), S. 96-98, hier S. 97.

112 WH VII, S. 60 (“Die Wirklichkeit des Absurden“).

113 Brecht in einem Gespräch mit Benjamin 1934 – Walter Benjamin: „Notizen Svendborg Sommer 1934“. In: Walter Benjamin: *Gesammelte Schriften*. Unter Mitwirkung von Theodor W. Adorno und Gershom Scholem herausgegeben von Ralf Tiedemann und Hermann Schweppenhäuser. 7 Bde. Frankfurt am Main 1991 (Kürzel: WB + Bandangabe + Seitenzahl). VI, S. 523-532, hier S. 528.

114 Alfred Püllmann: „‚Pastorale‘ – oder die Logik des Sinnlosen“. In: *Abendpost*, 4.12.1958. Hier nach Rodewald: *Hildesheimer* (Anm. 59), S. 91-93, hier S. 92.

115 Wolfgang Ebert: „Abgegriffene Münzen“. In: *Kölner Stadt-Anzeiger*, 14.2.1959. Hier nach Rodewald: *Hildesheimer* (Anm. 59), S. 94-95, hier S. 94.

116 Walter Jens: „Spiele, die einen Literaten begeistern“. In: *Die Zeit*, 17.10.1958. Hier nach Jehle: *Hildesheimer* (Anm. 12), S. 172-175, hier S. 172, 174.

tische Situation des Menschen" erstehen konnte, „von der der Faschismus nur ein Zeichen ist"[117]. Die Bedeutung dieser Entwicklung findet in der Person Hans Magnus Enzensbergers den ihr gemäßen Ausdruck: Denn nicht nur galt Enzensberger weithin als „der schärfste Kopf der intellektuellen Linken" (Andersch 1964)[118]; Hildesheimer selbst würdigte dessen Gedicht „schläferung", aus dessen Anlaß er, als „Dank"[119], seine gleichnamige Erzählung verfaßt hatte, als authentischen Ausdruck jenes „Bewußtseins, in dem die Dimension Auschwitz enthalten ist"[120]. Doch fast zeitgleich zur „schläferung" reflektiert Enzensberger – in einer satirepoetologischen Studie zu Bölls „Doktor Murkes gesammeltes Schweigen und andere Satiren" – über „Voraussetzung[en], die den Zeitgenossen von Belsen und Hiroshima nicht mehr gegeben"[121] sind. Die Perspektive, die Enzensberger hier aufnimmt, hebt ab auf eine ‚Schnittmenge' menschlicher Erfahrungen – etwa der Opfer der KZs und der der US-amerikanischen Atombombenabwürfe über Japan –, die die historischen Spezifika, ja, alles ‚Historische' im Sinn eines prozessualen Zusammenhangs, gar die konkrete geschichtliche Teilhabe der Deutschen, nicht mehr enthält. Enzensbergers Beispiel deutet auf eine für Hildesheimers Arbeit bedeutsame Verschiebung im Diskurs deutscher ‚aufgeklärter' Öffentlichkeit: von einer Tabuisierung oder Marginalisierung der Vernichtungsverbrechen zu einer sich als zivilisationskritisch ausweisenden Thematisierung auf Kosten ihrer konkreten historischen Faktizität. Solche ‚Moderne'-Rede, der frühzeitig und einflußreich vorgearbeitet worden war[122], wurde zum gängigen Pattern in der deutschen Öffentlichkeit.

Hildesheimers Entscheidung für ein demonstratives Bekenntnis zur Ästhetik des Absurden war jedoch das Komplement, die ‚Außenseite' einer künstlerischen Entwicklung, die sich unterdessen ihrerseits vor neue Fragen gestellt sah. Was sich hier als Krise im Schreiben zu erkennen gab, wurde nicht auf den Seiten der Feuilletons thematisch, sondern wiederum im privaten Austausch, in einer anderen Sprache.

Nach Uraufführung und Lektüre von „Landschaft mit Figuren" schrieb Ingeborg Bachmann an Hildesheimer: „Man begibt sich ohne Widerstand und Frage in das Stück, und am Zugang liegt es also

117 So hatte Andersch bereits 1947 vorformuliert in seinem Vortrag „Deutsche Literatur in der Entscheidung" (Anm. 21), S. 128.

118 Andersch im *Merkur* 1964, hier nach Stephan Reinhardt: *Alfred Andersch – Eine Biographie*. Zürich 1990, S. 412.

119 WH I, S. 507 ("Zu den lieblosen Legenden").

120 WH VII, S. 57 ("Die Wirklichkeit des Absurden").

121 Hans Magnus Enzensberger: „Satire als Wechselbalg". In: ders.: *Einzelheiten*. Frankfurt am Main 1962, S. 215-220, hier S. 216.

122 Für den Sektor der Gruppe 47 vor allem durch Anderschs „Literatur in der Entscheidung" (vgl. oben).

nicht, aber nach einer Weile ergeht es einem wie beim Segeln, wenn der Wind ausbleibt. Das Boot ist gut, das Wasser ist gut, aber Wind fehlt und ich frage mich warum [...] ich glaube, Du kannst diese Situation überprüfen und mit den neuen Mitteln sie verändern, zu einer neuen. Die Veränderung freilich – und das ist wie das meiste sehr persönlich und für Dich daher vielleicht nicht fruchtbar gedacht – denke ich mir weder in der Veränderung des Stils, noch in irgendeiner Hinsicht literarischer Art, sondern in der schmerzhaftesten und schwersten Wendung – zu einem Warum, einem Woraufhin, einem Wozu, und sei es auch nur dialektisch anzugeben. Ich weiss nicht, ob ich mich verständlich mache, ich kann Dir nur etwas von einer Forderung mitteilen, die ich selber noch nicht zu erfüllen weiss und die mich quält; sie liegt vor dem Schreiben, vor jeder Errungenschaft.“[123] Hildesheimer antwortete: „Was du freilich von der ‚schmerzhaften Wendung‘ schreibst, das ist nur allzu gültig und berührt die Quelle meiner allertiefsten Zweifel [...]. Ich fürchte, dass ich – zum Teil unbewusst – vor der allerletzten Konsequenz des Schreibens zurückschrecke, nämlich: meine Lebenssubstanz dazuzugeben. Wenn ich sie dazugebe, dann habe ich sie verloren, dann fliesst sie in die Arbeit ein, und mein Leben versickert, es höhlt mich aus, untergräbt mein Erlebnisvermögen, meine Rezeptionsfähigkeit. Vielleicht bin ich gar kein Schriftsteller, denn Erleben ist für mich nicht gleichbedeutend mit Schreiben“[124].

Wenn jedoch die subjektive Übereinstimmung von Autor und Werk das Kriterium einer ‚erfolgreichen‘ Wendung war – dann war diese Wendung in „Tynset“ geglückt: Denn in ihm waren – in Hildesheimers eigener Wahrnehmung – ‚ich‘ und „Buch [...] eigentlich dasselbe“[125] geworden. Der Weg hierhin führte über eine schrittweise Radikalisierung poetischer *Vergegenwärtigung* jenes Fluchtpunkts, der Hildesheimers Arbeit auch schon zuvor bestimmt hatte – der „Urszenen der Verfolgung“[126].

123 Ingeborg Bachmann an Wolfgang Hildesheimer, [undatiert]. In: Jehle: *Werkgeschichte* (Anm. 70), S. 639. Auch abgedruckt in Hildesheimer: *Briefe* (Anm. 13), S. 94 f.

124 Wolfgang Hildesheimer an Ingeborg Bachmann, [undatiert]. In: Jehle: *Werkgeschichte* (Anm. 70), S. 639 f. Auch abgedruckt in Hildesheimer: *Briefe* (Anm. 13), S. 96 f.

125 Wolfgang Hildesheimer: „Antworten über Tynset“. In: WH II, S. 384-387, hier S. 387.

126 Klaus Briegleb: „Vergangenheit in der Gegenwart“. In: ders. und Sigrid Weigel (Hg.): *Gegenwartsliteratur seit 1968*. München/ Wien 1992, S. 73-116, hier S. 79.

127 WH II, S. 386 („Antworten über Tynset“).

5

Als Hildesheimer 1961 den „Hamlet"-Stoff – sein „ständiger Begleiter"[127] schon seit seiner Schulzeit[128] und zeitlebens von zentraler Bedeutung – in Hinblick auf ein Romanprojekt prüft, trifft er in der konzentrierten Arbeit an der Figur des Arztes Isaac – die erste explizite Darstellung eines Juden im Werk Hildesheimers – auf einen Ort des Sprechens und der Reflexion, dessen Schilderung ihm ‚unversehens' zur Musterung und Selbstvergewisserung gerät: „Isaac war Arzt, ein großer Arzt, er kam aus Padua, er war ein Jude. Schon vor meiner Geburt war er an unserem Hof gewesen, als mir die Augen aufgingen, hatte er schon alles durchschaut. Mein Vater hatte ihn von einer Reise mitgebracht, gekauft, wie ein seltenes seltsames Tier, angelockt und eingefangen, damit es seine Kunststücke vorführe, deren bestes Rettung vor dem Tode war, Heilung geringerer Leiden wurde als selbstverständlich vorausgesetzt. Mir hatte er sich letzthin gleichsam wortlos mitgeteilt, vielleicht erkannte er in mir Verwandtschaft. Er war ein Schweiger. Wenn man ihn nicht anredete, sprach er nicht, nur sein Beten war hörbar, abends und morgens, anfangs hatte sich dann wohl Dienerschaft zwinkernd vor seinen Räumen versammelt, aber man hatte sich daran wie an ihn gewöhnt. Er blieb allen fremd, aber jeder sah den Tag voraus, an dem er auf diesen Mann die letzte Hoffnung setze. Daß Isaac selbst alt wurde und eines Tages sterben möge, das dachte niemand, Juden sind, im guten wie im bösen Sinne, unsterblich. Nachts las er. [...] Hin und wieder sagte er etwas, mit dem er Scheinweisheiten widerlegte. Er hielt sich für besser als uns."[129]

In der Vergegenwärtigung dieser jüdischen Figur treten zunächst jene Züge mit besonderer Deutlichkeit zutage, von denen die historische Existenz der europäischen Juden durch die Jahrhunderte charakterisiert war: Objekte der feudalen Gesellschaft, ihrer Willkür ausgeliefert, vermochten sie allenfalls durch besondere Kenntnisse dieser Willkür Grenzen zu ziehen. Den religiösen Verrichtungen galt herablassende Belustigung, die den Kern der Gewalt traditionell in sich trug. Das – auch durch die Verfolgungserfahrung erworbene – Wissen erfüllte die christliche Umwelt mit einem Unbehagen, das sie mit aggressionsträchtigen Projektionen – „Er hielt sich für besser als

[128] In einem in der Odenwaldschule herausgegebenen Blatt gibt Hildesheimer 1932 – also als 16jähriger – die Werke Shakespeares als Lieblingslektüre an (Rodewald: *Hildesheimer* [Anm. 59], S.186); in ihrem Beitrag „Tynset ist keine Endstation – Gespräch mit Wolfgang Hildesheimer" für das *Deutsche Allgemeine Sonntagsblatt* vom 20.2.1967 erinnert sich Geno Hartlaub an eine Aufführung des „Sommernachtstraums" durch Schüler der Odenwaldschule, in der Hildesheimer als einer der Handwerker mitwirkte.

[129] Wolfgang Hildesheimer: „Hamlet. Ein Fragment". In: WH I, S.261-272, hier S.268.

uns“ – zu kompensieren suchte. Wer als Jude unter diesen Bedingungen Demonstrationen persönlicher Würde wagte – „Er war ein Schweiger“ –, war solcher Gefährdung in besonderer Weise ausgesetzt.

Hildesheimer macht, gegen Ende des Fragments, noch Mitteilungen über Isaacs weiteres Los: „Isaac hat Dänemark einen Tag nach dem Tod meines Vaters verlassen, und ich denke, daß er jetzt in Padua oder Venedig sitzt und seine Erfahrungen an unserem Hof niederschreibt, ich hatte immer gedacht, daß er alles aufspeichere, daß er ein großer Verwerter sei, daß all seine Erfahrung zu einem Bild beitrage, in das er niemandem den geringsten Einblick bot, bis es vollständig wäre. Vielleicht ist es inzwischen vollständig, vielleicht schon aufgeschrieben. Vielleicht wird all dies eines Tages zu lesen sein [...]“[130].

Nach den „Erfahrungen“, an einem Ort mit relativ größerer Freiheit, wird Isaac zum Chronisten, der alles „aufgespeichert“ hat, der zum Schriftsteller wird in dem Maße, in dem er diese Erfahrungen „zu einem Bild“ zusammenträgt. In diesen Zügen wird Isaac zum Historiographen einer Zivilisation, die, da sie sich selbst nicht erkennt, keine gültigen, keine umfassenden Zeugnisse, kein „vollständig[es] Bild“ von sich hinterlassen kann. Diese Perspektive kann einzig „vom Rande her“[131] eingenommen werden: aus der Verknüpfung der Kenntnis der Überlieferung (Studium in Padua) mit der sozialen Erfahrung – der der Verfolgung – in der Jetztzeit. Im „Hamlet“-Fragment erfährt die Figur Isaacs eine für Hildesheimer folgenreiche Aktualisierung: Indem Isaac die historische Erinnerung daran heraufruft, daß ein Ort kritischer Intelligenz *auch unter der Bedingung* und *in der Erfahrung antijüdischer Verfolgung* zu halten gewesen war, gerät sein ‚Fall‘ – in der akuten Situation von 1961 – zur Aufforderung zu prüfen, in welchem Maß die Krisenerscheinungen in Hildesheimers Schreiben in den Parametern eines Schreibens „vom Rande her“ zu begreifen seien, vor allem aber auch, ob dieser Krise mit einer neuen, entsprechenden Vergegenwärtigung der eigenen Rolle: d. h. als *jüdischem* Schriftsteller, erfolgreich zu begegnen sei.

Diese Selbstvergewisserung ist geknüpft an eine grundlegende Neubewertung der deutschen Verhältnisse. Wenn auch der Umzug nach Graubünden 1957 noch nicht politisch motiviert gewesen zu sein schien[132], so versetzt Hildesheimer seinen Weggang aus Deutschland doch nur kurz darauf – retrospektiv – mit einer politischen Begründung; in einem Brief an die Eltern kurz nach der Rückkehr von

130 Ebd., S. 272.

131 Vgl. Klaus Briegleb: „‚Vom Rande her...‘ – Laudatio zur Verleihung der Ehrendoktorwürde an Leo Löwenthal am 18. Oktober 1989 durch die Universität Hamburg“. In: *links – Sozialistische Zeitung*, 241/ Mai 1990, S. 36-40.

132 Zumindest in den Briefen an Mutter und Schwester ist zum Zeitpunkt der Vorbereitung des Umzugs von politischen Motiven keine Rede.

einem Besuch in München heißt es: „Natürlich haben wir unsere Freunde sehr ausgiebig besucht, bei denen allen entsetzliche Depression herrschte, wegen der deutschen Atomaufrüstung. Vor allem Hans Richter, der ein Kommittee gegründet hat, das dagegen protestieren soll und sich bereits eines grossen Zulaufs erfreut. Ich habe auch unterschrieben. Zur grossen – sehr erfolgreichen – Kundgebung im Zirkus Krone waren wir aber nicht mehr dabei. Die atomare Bewaffnung der Bundesrepublik wird – fürchte ich – schreckliche Konsequenzen haben, und es scheint, als seien schon einige Leute wieder daran, zu emigrieren. (Andersch ist in den Tessin gezogen, wo wir ihn demnächst besuchen wollen, Ingeborg Bachmann geht wieder nach Italien. Heinrich Böll, der im Augenblick ein Haus am Lago Maggiore gemietet hat, geht wieder nach Irland. Wir sind wirklich zur rechten Zeit weggezogen.) Es sieht wirklich so aus, als würde Deutschland wieder faschistisch, vielleicht diesmal ohne Antisemitismus und Konzentrationslager, aber doch schlimm genug."[133]

Bei aller Nähe, die Hildesheimer in *dieser* kritischen Perspektive zu Richter erfahren mochte, bewahrt er gleichzeitig Aufmerksamkeit für jene, die sich der Gegenwart der Vergangenheit im Literaturbetrieb, aber auch in der Mitte der Gruppe 47 unmittelbarer ausgesetzt fanden als er selbst; das belegt auf beeindruckende Weise ein Brief Paul Celans, der Hildesheimer im Dezember 1959 erreicht: „Es ist mir nicht unbekannt, dass ich den Ruf eines ‚Ueberempfindlichen', ‚an Verfolgungswahn Leidenden' usw. geniesse (nicht zuletzt in Kreisen der Gruppe 47); ich habe Ihnen, als ich Ihnen meine verschiedenen Erfahrungen mit dem Hitler-Nachwuchs erzählte, *Tatsachen* geschildert; ich habe Ihnen deutlich zu machen versucht, dass ich es für meine – und nicht nur für meine – Pflicht halte, Hitlerei nicht stillschweigend hinzunehmen; ich habe Ihnen, da Sie mich ja danach fragten, ausführlich zu antworten versucht; mein Eindruck war, dass diese Dinge Sie wirklich angingen; keinen Augenblick lang habe ich Sie zu denjenigen gezählt, die solche Einzelheiten nur darum gerne hören, weil sie auf diese Weise die ihre eigene Verlogenheit, ihre eigene Feigheit, ihre Selbstgefälligkeit und ihre zahlreichen Zugeständnisse an die Spielregeln des Literaturbetriebs tarnende Theorie von der (jüdischen...) Ueberempfindlichkeit dieses (bestenfalls Schonung verdienenden...) Paul Celan unterbauen können ..."[134]. Und es ist auch Celan, der seine Gemeinsamkeit mit Hildesheimer im Gegenüber zu den deutschen Verhältnissen kurz darauf erneut herausstreicht: „[...]

133 An die Mutter, 5.5.1958. WHA.

134 Paul Celan an Wolfgang Hildesheimer, 23.12.1959. WHA. – Ich danke Eric Celan für die freundlich erteilte Abdruckerlaubnis aus diesem sowie dem im Anschluß zitierten Brief Paul Celans an Wolfgang Hildesheimer. Jetzt auch abgedruckt in Hildesheimer: *Briefe* (Anm. 13), S. 97-98, hier S. 98.

sehen Sie, lieber Wolfgang Hildesheimer, wir sind ja nun einmal die ... unhappy few, und vielleicht haben wir all den neuen und alten Verfinsterungen nichts entgegenzusetzen als unsere Freundschaft und Solidarität."[135]

Als Hildesheimer im Oktober 1962 eine Einladung Hermann Kestens zur Mitarbeit an dem Sammelband „Ich lebe nicht in der Bundesrepublik" erhält, ist er entschlossen zu einer unzweideutigen, auch politisch unzweideutigen Stellungnahme *als Jude* zu Deutschland: Unmittelbar darauf, zeitlich parallel zu den „Vergeblichen Aufzeichnungen", entsteht der Beitrag „Die vier Hauptgründe, weshalb ich nicht in der Bundesrepublik lebe". Der Text stellt ein Schlüsseldokument dar im Archiv der Geschichte jüdischer Autoren deutscher Sprache in Deutschland nach 1945.

In einer „Vorbemerkung" kennzeichnet Hildesheimer zunächst den Wendepunkt seiner Bewertung der Situation in Deutschland: „Als ich 1947 nach Deutschland zurückkehrte, hatte ich in Nürnberg viel mit – meist minderen – Kriegsverbrechern zu tun. Die meisten behaupteten, bevor die Last des Gegenbeweises sie erdrückte, keine Nazis gewesen zu sein. Es waren meist ziemlich unangenehme, oft unheimliche, Leute, aber nicht unangenehmer und unheimlicher als Viele, die heute im öffentlichen Leben beider Deutschlande eine Rolle spielen. Damals aber spielten solche Leute eben noch keine Rolle, damals war noch alles in der Schwebe, die Möglichkeit bestand, dass alles sich zum Guten wende, und das Gefühl, dass es mit Deutschland moralisch aufwärts gehe, war nicht abwegig. [...] ich fühlte mich in Deutschland wohl, denn ich huldigte dem Glauben, dass die Schuldigen in der Minderheit wären. Heute weiss ich, dass sie in der Mehrheit waren: nicht als aktive Mörder, sondern als Untermauerer oder willige Mitläufer, als Opportunisten und Nutzniesser seines Systems, in dem die Mörder eine wichtige Funktion hatten."[136]

Nach dieser Einleitung führt Hildesheimer den „Erste[n] Grund" an: „Ich bin Jude. Zwei Drittel[137] aller Deutschen sind Antisemiten. Sie waren es immer und werden es immer bleiben, trotz der Versuche aufgeklärter Humanisten, Toleranz zu verbreiten, trotz des Optimismus derer, die an eine Erneuerung der ‚geistigen Substanz' glauben. Die bestehende ungeistige Substanz lässt sich nicht leerpumpen. Zwar ist den Ergebnissen demoskopischer Untersuchungen nach nur die

[135] Paul Celan an Wolfgang Hildesheimer, 2.1.1960. WHA. Auch abgedruckt in Hildesheimer: *Briefe* (Anm. 13), S. 100.

[136] Zitiert wird nach dem Originaltyposkript-Durchschlag, WHA. Ein Teil der Auszüge wurde publiziert von Henry A. Lea: *Wolfgang Hildesheimers Weg als Jude und Deutscher*. Stuttgart 1997, S. 40-41; der Abdruck der anderen Partien wurde freundlicherweise von Silvia Hildesheimer gestattet.

[137] Handschriftliche Korrektur Hildesheimers, zuvor: „Drei Viertel".

knappe Hälfte, nämlich 463 von 1000 Befragten ‚betont antisemitisch', aber das ist ja auch genug, vor allem, wenn man an die vielen Unbetonten denkt."[138] In einer ausführlichen Skizze der verschiedenen in Deutschland wirksamen Modi des Antisemitismus erwähnt Hildesheimer u. a. „die Verfechter der Theorie, dass alle Juden ausgerottet werden müssten. Dieser Ansicht huldigen vielleicht nur 10 bis 20 Prozent aller Deutschen, aber auch das ist Grund genug, sich vor Deutschland zu fürchten"[139]; aber auch „jene, die ihren Antisemitismus beiläufig mit sich tragen, wie eine Taschenuhr, die sie hin und wieder hervorziehen, um nachzusehen, wie spät es schon ist. Auch mit diesen möchte ich kein Dach und keinen Himmel teilen, ich möchte mich vielmehr von ihnen befreien, indem ich sie von mir befreie."[140] Er weist aber auch auf Antisemiten in Politik und Kulturbetrieb: „Da gibt es den Bundestagsabgeordneten, der von ‚Saujuden' spricht, – ob gestraft oder ungestraft, das bleibt sich, letzten Endes, gleich – oder angesehene Intellektuelle, die sich von ihren – oft unflätigen – antisemitischen Äusserungen einer vergangenen Zeit, einer Zeit jedoch, zu der sie schon erwachsen waren, niemals distanziert haben, und die [sich] wahrscheinlich nur deshalb jetzt nicht äussern, weil der Zeitpunkt nicht opportun ist; weil sie dem – in dieser Hinsicht stets ein wenig labilen – Ansehen Deutschlands im Ausland schaden."[141]

Als zweiten Grund benennt Hildesheimer die seiner Meinung nach in Deutschland vorherrschende „Intoleranz und Engstirnigkeit, [...] Torheit und Böswilligkeit, Feigheit und Bigotterie, [...] Mangel an Einsicht und Selbstkritik"[142]. Als Belege führt er eine Reihe von Beispielen aus Gesellschaft und Politik an, die dem zeitgenössischen Leser wohl ganz unverschlüsselt lesbar waren: „Ein eminenter Hochschullehrer muss einem minderen weichen, weil dem Kultusminister seine protestantische Religionszugehörigkeit nicht gefällt. Eine Gemeinde versucht mit allen Mitteln, ihren Bürgermeister zu halten, obgleich sie weiss, dass er Kommandant eines Konzentrationslagers und mehrfacher Mörder ist. Ein in sinistre Affären verwickelter Bundesminister wird von seiner Partei gedeckt und behält seinen Sessel so lange, bis nachweisbare Lügen ihn zwingen, abzudanken. (Aber er kommt wieder.) Ein Regierungs-Chef bedient sich in einer Parlamentsdebatte widerwärtiger unparlamentarischer Diktion, und es findet sich in den Reihen seiner Fraktion – der Mehrheit auch hier – kein Mann, der seine Worte missbilligt, keiner, der den Mut aufbringt oder das Bedürfnis verspürt, diesen Greis zurechtzuweisen, keiner, der

138 Ms., S. 1.
139 Ebd., S. 2.
140 Ebd.
141 Ebd.
142 Ebd., S. 3.

auch nur mit einem Wort versucht, die Situation zu retten, das Maß wiederherzustellen, der Vernunft und der Würde das Wort zu reden.“[143]

„Mässigung, Kühle im Urteil, Klugheit und Sachlichkeit, Geist, Humanität und Fairness“[144] seien in Deutschland zu minoritär, als daß sie diesen Erscheinungen wirkungsvoll entgegentreten könnten. Mit Hinweisen auf einschlägige Bemühungen von Wissenschaftlern, aber auch Kirchenleuten erinnert Hildesheimer nicht nur an die Vergeblichkeit ihrer Versuche oppositioneller Gegenrede, sondern zugleich an die Verachtung, die solcher Opposition in Deutschland grundsätzlich entgegenschlägt. „Auch Schriftsteller haben hin und wieder protestiert, aber die Schriftsteller gelten am wenigsten. Mögen sie auch im Ausland zum Ansehen Deutschlands beitragen, im Inneren tragen sie so wenig zum Gepräge bei wie die grossen Wissenschaftler, die massvollen und integren Männer des öffentlichen Lebens und der Kirche und jene deutsche Minderheit, die, welcher politischen Richtung sie auch angehören mag, einen humanen und universalen Geist vertritt, ihn mitunter mit Leidenschaft und Kühnheit vertritt, als müsste sie die Bürde einer hoffnungslosen Mehrheit, diese schwere Hypothek auf ihrem Konto mittragen.“[145]

Als „Dritte[n] Grund“ führt Hildesheimer die „in Deutschland herrsch[ende] [...] Atmosphäre von provinzieller Geistesträgheit“ an, „von allgemeiner Indolenz gegenüber allen Geschehnissen, die nicht unmittelbar Deutschland angehen“[146]. Diese Atmosphäre drückt sich für Hildesheimer besonders in der deutschen Presse aus, deren Informationswert „für ein Kulturland ungenügend“ sei; um sich in Kenntnis zu setzen etwa über die kriegswirtschaftliche Verstrickung Deutschlands in den Angola-Krieg, aber auch über die Rassendiskriminierung in Amerika und Südafrika, sei man auf ausländische Blätter wie „Espresso“, „Guardian“ und „Observer“ angewiesen.

Unter dem Stichwort „Vierter Grund“ schreibt Hildesheimer: „Es ist gut, ein Refugium zu haben, in welchem man Mitglieder der Minderheit aufnehmen kann, sollten sie sich vielleicht einmal genötigt sehen, Deutschland bei Nacht und Nebel zu verlassen.“[147] Der kurze Schlußabsatz, der noch einmal den offenen Abscheu des Verfassers vor der gegenwärtigen Regierung und ihrem „Chef“ ausdrückt *und* sie zugleich als den repräsentativen Ausdruck der „Mehrheit“ der deutschen Bevölkerung erkennt, mündet in die Zeilen: „Ich gehöre nicht zu der Mehrheit, die eine solche Regierung gewählt hat, ich mag nicht zu der Minderheit gehören, die sich von einer solchen Regierung

[143] Ebd.
[144] Ebd., S. 4.
[145] Ebd.
[146] Ebd.
[147] Ebd., S. 5.

regieren lässt. Ich gehöre nicht zur Mehrheit, die antisemitisch ist, und ich mag nicht zur Minderheit gehören, die eine solche Mehrheit in Kauf nimmt. Kurz: ich mag nicht dazugehören."[148]

In diesen Zeilen zog Hildesheimer Bilanz aus 15 Jahren Nachkriegs-Deutschland. Der Entschluß, „hierzubleiben"[149], wird revidiert; der Schweizer Wohnort wird mit Nachdruck – vor deutscher Öffentlichkeit – als *Nach-Exil* gekennzeichnet: d. h. als Zufluchtsort eines Überlebenden der NS-Vernichtungspolitik, dem *als Juden* eine Existenz in Deutschland *nach* 1945 unmöglich gemacht ist. Die Trennung zwischen staatsbürgerlicher Existenz auf (west-) deutschem Boden einerseits und der Aktivität als jüdischer Schriftsteller deutscher Sprache andererseits – jene Trennung, die schon in der Kontroverse mit den Eltern Anfang der 50er Jahre gegolten hatte – bleibt erhalten: An der Möglichkeit einer Existenz als Schriftsteller deutscher Sprache *außerhalb* Deutschlands besteht kein Zweifel.[150] Hildesheimers Kritik im Beitrag für Kesten zielt ausschließlich auf die Bedingungen, die einer staatsbürgerlichen Existenz in Deutschland gesetzt waren; vom Literaturbetrieb ist – kritisch – nicht die Rede. Im Gegenteil: Der Hinweis auf die oppositionellen Bemühungen mancher Schriftsteller deutet eher an, daß er ihre Kreise von der „Atmosphäre [...] provinzieller Geistesträgheit" noch relativ am geringsten beeinträchtigt gesehen hat.

Auf das Anfang der 60er Jahre weitgehend vorherrschende ‚Versöhnungsklima' im westdeutschen Kulturbetrieb hätte die Veröffentlichung dieses Beitrags wie ein Paukenschlag wirken müssen. Hildesheimers Karriere in Verbindung mit seiner bis dahin weithin geübten Abstinenz im öffentlichen Verlautbaren politischer Ansichten bildete die Voraussetzung dazu. Am 10. Januar 1963 bestätigt Hermann Kesten aus New York den Eingang des Textes und erstattet „schoensten Dank für Ihren ausgezeichneten und temperamentvoll aufrichtigen Artikel"[151]. Doch das Erscheinen des Kesten-Bandes verzögert sich; und im November 1963 zieht Hildesheimer seinen Artikel unter Hinweis auf die am 16. Oktober erfolgte Regierungsumbildung in Bonn[152] zurück.[153]

148 Ebd.

149 Im Brief an die Eltern vom 30.5.1951, vgl. oben.

150 Zu dieser Überzeugung mag schon die in Palästina erfahrene Praxis des Umgangs mit deutscher Exilliteratur beigetragen haben; vgl. auch das Interview Hildesheimers in Manfred Durzak: *Gespräche über den Roman – Formbestimmungen und Analysen*. Frankfurt am Main 1976, S. 271-313, hier S. 273.

151 Hermann Kesten an Wolfgang Hildesheimer, 10.1.1963. WHA.

152 Konrad Adenauer war zurückgetreten, Ludwig Erhard hatte das Amt des Bundeskanzlers übernommen.

153 Vgl. Wolfgang Hildesheimer an Hermann Kesten, 16.11.1963. Hermann Kesten-Archiv (Stadtbibliothek München – Monacensia). Auch abgedruckt in Hildesheimer: *Briefe* (Anm. 13), S. 122-124.

Die spezifische Stellung, die dem Verzicht auf die Veröffentlichung dieser singulären Wortmeldung in der literaturhistoriographischen Rekonstruktion von Hildesheimers Ort im westdeutschen Kulturbetrieb Anfang der 60er Jahre notwendig zufällt, wird an anderer Stelle thematisiert.[154] Die Kenntnis des Beitrags für Kesten ist jedoch konstitutiv für das Verständnis der ab Anfang der 60er Jahre entstehenden Texte Hildesheimers – dem Versuch einer *erneuten, radikalisierten* Selbstvergewisserung als jüdischer Schriftsteller deutscher Sprache.

Das noch vor Erhalt der Kesten-Einladung verfaßte, zunächst nicht publizierte Gedicht „9.8.1962“ zeigt, in welchem Maße jetzt, Anfang der 60er Jahre, Hildesheimer von Überlegungen eingeholt wird, die in der Logik einer kontinuierlich zunehmenden Vergegenwärtigung der Verfolgungsgeschichte stehen:

9. 8. 1962

Marilyn
hat sich das Leben
genommen.
Luft
(Friedrich, Kritiker)
schreibt in der „Welt“:
an ihrem Tod sind
wir alle schuld.
Hiermit gebe ich zu Protokoll:
ich bin
an Marilyns Tod
nicht schuld.[155]

Verfaßt unter Bezug auf Friedrich Lufts Beitrag „Die unerträgliche Hölle der Publicity. Zum Tode von Marilyn Monroe – Wir alle sind mitschuldig“[156], scheinen die Zeilen gegen den modisch metaphorisierenden Schuldbegriff des Journalisten zu zielen, von dem sich das lyrische Ich, vermeintlich ganz im medienadäquaten Jargon einer ‚Gegendarstellung‘ („Hiermit gebe ich zu Protokoll:“), distanziert. Tatsächlich jedoch meldet sich hier, wie in anderer, verborgener Weise auch schon im „Kleinen Reisetagebuch um Robert Neumann“, jene spezifische Schuldproblematik des Überlebenden zu Wort, die hinfort ein bestimmendes Moment in Hildesheimers poetischer Arbeit blei-

154 Vgl. Kap. X, S. 497.
155 Wolfgang Hildesheimer: „9.8.1962“. In: WH VII, S. 549.
156 Erschienen in der *Welt* vom 9.8.1962. Vgl. WH VII, S. 791.

ben wird. Aus ihrer Perspektive erhält auch das eigenartig Partisanenhafte der Distanzierung eines – dem Leser nicht näher bestimmten – Ichs sein Gewicht: Zum einen gilt die Widerrede des Gedichts der zügigen Verdunstung eines Zentralbegriffs aus dem Haushalt sozialer und moralischer Identität des Menschen in das leere Ornament eines nur mehr pseudomoralischen Diskurses. Doch nicht weniger zielt es auf die beiläufige Planierung jener Unterschiede an tatsächlicher, auch an justitiabler Schuld, die – 17 Jahre nach Kriegsende und drei Jahre vor Ablauf der Verjährungsfrist für NS-Verbrechen[157] – zwischen diesen und jenen Lesern der „Welt" noch bestehen und empfunden werden mochten. Die sich solcherart artikulierende ‚Empfindlichkeit' – d. h. eine Aufmerksamkeit für die tief in Umgangssprache und Mediendiskurs verankerte, umfassende Entschuldungsdynamik im Nachkriegsdeutschland – wäre im Fall der Publikation freilich höchstens als *unspezifische* Kritik etwa an der „ausgehöhlte[n] Sprache unserer Epoche"[158] verstanden worden.[159]

In den „Vergeblichen Aufzeichnungen", die etwa zeitgleich zur Abfassung der „Vier Hauptgründe..." entstehen und am 16. November 1962 in der „Zeit" erscheinen, legt Hildesheimer seine erste ausführliche poetologische Selbstreflexion seit den programmatischen Erklärungen zur Ästhetik des Absurden vor. Bereits der erste Satz stellt klar, daß die kritische Selbstvergewisserung nun auch jene Orte aufsucht, wo poetische Radikalität in einer Unmittelbarkeit zum historischen NS-Faschismus entwickelt worden war, die selbst die Becketts noch übertrifft: „Mir fällt nichts mehr ein."[160] In der Anspielung auf den Satz des Satirikers Karl Kraus, „Mir fällt zu Hitler nichts ein"[161], verwiesen diese Worte direkt ins Zentrum einer der bedeutendsten Debatten des deutschen antifaschistischen Exils. Kraus' skeptische Einschätzung der Möglichkeiten des Schreibens als Waffe war geknüpft gewesen an eine radikale, sprachphilosophisch untermauerte Diagnose der Epoche. Ihre Wirkung als eine dem Zeitgenossen unvergeßliche traumatische Rechenschaftslegung *im Augenblick des Kampfes* war noch nachgeklungen in Adornos Versuchen, Kraus' Überlegungen Eingang auch in die literarische Öffentlichkeit der deutschen Nachkriegsjahre zu verschaffen.[162] Hildesheimer setzt sich

[157] Zur Bedeutung der Verjährungsproblematik in der *Tynset*-Genese siehe noch weiter unten.

[158] Wolfgang Ebert: „Abgegriffene Münzen". Nach Rodewald: *Hildesheimer* (Anm. 59), S. 94.

[159] Hildesheimer hat das Gedicht erst 22 Jahre später erstmals veröffentlicht. Vgl. WH VII, S. 790.

[160] WH I, S. 275 ("Vergebliche Aufzeichnungen").

[161] *Die Fackel* Nr. 890-905 ("Ende Juli 1934"), S. 153.

[162] Sowohl über die Kraus-Debatte 1934 ff. wie über Adornos diskurspolitisches Engagement im Nachkriegsdeutschland vgl. Verf.: *Das teure Experiment – Satire und NS-Faschismus*. Opladen 1996, S. 15 ff. und S. 214 ff.

demonstrativ dem Raum aus, den die Aufrufung dieser Worte bezeichnet – d. h. der *womöglich nicht mehr offenen* Frage nach dem Vermögen der Sprache im Angesicht des NS-Faschismus. Dabei differenziert Hildesheimer die Betrachtung im Sinne einer Aktualisierung. Kraus hatte, auf der Schwelle der Welt eines noch ‚relativen‘ Einvernehmens zwischen der Sprache und den Phänomenen, „Hitler“ namhaft machen können als Symbol und Verdichtung jenes Katastrophischen, an dem die Sprache abgleitet. Dieses Katastrophische ist in der Formulierung von 1962 – „Mir fällt nichts mehr ein“ – allgemein geworden – allgemein jedoch in einer Weise, deren authentische, *konkrete historische Verkettung mit dem Nationalsozialismus* im Kraus-Zitat von 1934 verbürgt ist.

Die Verkettung des Schreibproblems, das das Ich der „Vergeblichen Aufzeichnungen“ an einen Strand führt, mit der NS-Geschichte wird auch durch jene kurze Bemerkung betont, in der der Erzähler bei einer Musterung des Strandguts konstatiert: „Jedenfalls zeugt hier nichts von einer Bewältigung oder auch nur irgendeiner menschlichen Tätigkeit.“[163] Die Reihung verdeutlicht, daß „Bewältigung“ hier zu den definitorisch unabdingbaren Verrichtungen humaner Existenz gezählt wird, ohne deren Spuren, im Umkehrschluß, auf die Anwesenheit von Menschen kaum geschlossen werden könne.[164]

Auch das, was Gegenstand dieser „Bewältigung“ sein könnte, wird deutlich ausgesprochen – in einer erneuten Reflexion über den „große[n] Arzt [...] aus Padua“, dessen Vergegenwärtigung nun demonstrativ verschränkt wird in die letzte, die moderne Verfolgungsgeschichte: „Einer aus Padua [...]. Er war vielleicht ein Jude, an der Schädelform kann ich es nicht erkennen, weiß aber, daß es Leute gibt, die es auch unter dem Fleisch noch feststellen können und sich am liebsten ein Leben lang damit beschäftigen, das Fleisch vom Schädel zu schälen, um ihren Drang nach Wissen zu stillen; übrigens eine gesundheitsschonende Beschäftigung, deren Anhänger meist sehr alt werden.“[165]

Gegen Ende der „Aufzeichnungen“ beginnt sich die Skepsis des Erzählers über mangelnde Einfälle – „Kein Stoff mehr, keine Fabel, keine Form, noch nicht einmal die vordergründigste Metapher“ – zu wenden in die Überlegung, ob überhaupt nur „Notwendigkeit [...]

[163] WH I, S. 280 („Vergebliche Aufzeichnungen“).

[164] In „Die Margarinefabrik“ wird Hildesheimer später gerade das *Fehlen* der Spuren menschlicher Tätigkeit als eine Bedingung für das „Aufbauen“ jener Erinnerungsbilder kennzeichnen, die in die Zeit vor den „Perioden des Schreckens“ zurückreichen. Dies steht nicht im Gegensatz zum Konnex von Bewältigung und Menschlichkeit, ist dagegen als Radikalisierung aus der Erfahrung heraus zu lesen, daß auf eine „Bewältigung“ sinnvoll nicht länger zu warten sei. Zum Text „Die Margarinefabrik“ vgl. auch weiter unten.

[165] WH I, S. 291 („Vergebliche Aufzeichnungen“).

vielleicht der einzig gültige Beweggrund [sei], die Feder ans Papier zu setzen"[166]. Da erinnert er sich an einen Narren, der „sich der Weise eines melancholischen und doch zotigen Liedchens [bediente], und das scheint mir noch heute die beste, wenn nicht gar die einzige Art zu sein, wie man die Wahrheit einigermaßen überzeugend zum Ausdruck bringen kann: indem man sie still für sich hersingt, wie eine plötzliche, aber nebensächliche Erinnerung einer früheren, halbvergessenen Ahnung; wobei es auf die Melodie ankommt; der Text bildet sich von selbst, dort, wo einer zufällig aufhorcht und sich davon fesseln läßt, oder überhaupt nicht, meist überhaupt nicht."[167]

Damit war die Poetologie und Schreibweise von „Tynset" bereits weitgehend umrissen: „still für sich [...], wie eine *plötzliche*, aber nebensächliche Erinnerung einer früheren, *halbvergessenen* Ahnung" – d. h.: in der Haltung eines *unversehens einsetzenden* Eingedenkens, einer *in sich gekehrten* Aufmerksamkeit –, wird die „Weise eines melancholischen und doch zotigen Liedchens" „*her*", also ohne überzogene Prätention, „gesungen", „wobei es auf die *Melodie* ankommt", d. h. die ästhetische Form; „der *Text*" kann nur dort entstehen, wo – gar „zufällig" – „einer [...] aufhorcht und sich davon fesseln läßt" – „oder überhaupt nicht", was immer *auch* wahrscheinlich ist.[168]

Nur knapp drei Monate nach Erscheinen der „Vergeblichen Aufzeichnungen" wurde die NS-Vernichtungspolitik, wurde ‚Auschwitz' in der deutschen Öffentlichkeit spektakulär thematisch: durch die Aufführung von Rolf Hochhuths „Stellvertreter".

Hochhuths Verlag Rütten und Loening in Hamburg hatte bereits den Satz seines Stückes herstellen lassen, als die Leitung des Bertelsmann-Konzerns, dem der Verlag gehörte, die Produktion des Buches untersagte. „Der Satz wurde vernichtet."[169] Doch „einer der Abzüge fand den Weg" zu Heinrich Maria Ledig-Rowohlt, der ihn Erwin Piscator zustellte. Piscator, kurz zuvor zum künstlerischen Leiter der Freien Volksbühne in Berlin gewählt, erkannte in dem Erstling „eine[n] der wenigen wesentlichen Beiträge zur Bewältigung der Vergangenheit." Das Stück nenne „schonungslos die Dinge beim Namen; es zeigt, daß eine Geschichte, die mit dem Blut von Millionen Unschuldiger geschrieben wurde, niemals verjähren kann; es teilt den Schuldigen ihr Maß an Schuld zu; es erinnert alle Beteiligten daran, daß sie sich entscheiden konnten, und daß sie sich in der Tat ent-

[166] Ebd., S. 275, 293.
[167] Ebd., S. 295.
[168] Zu dieser Lektüre vgl. auch Karl Markus Michel: „Nachwort". In: Wolfgang Hildesheimer: *Vergebliche Aufzeichungen. Nachtstück*. Frankfurt am Main 1963, S. 105-117, S. 117.
[169] Siegfried Melchinger: *Rolf Hochhuth*. Velber 1967, S. 8 f.

schieden haben, auch dann, wenn sie sich nicht entschieden.“[170] Unter der Bedingung, daß zeitgleich mit der für Februar 1963 vorgesehenen Uraufführung die Buchausgabe bei Rowohlt erscheinen wird, beginnt Piscator mit den Vorbereitungen der Inszenierung.

Bedenken von katholischer Seite münden in eine Kampagne der katholischen Presse noch vor der Premiere[171]. Das Echo, das die Uraufführung am 20. Februar dagegen in den Spalten nicht-kirchlicher Blätter auslöst, ist überwiegend günstig. Friedrich Luft beobachtet „Emphase und strikte Parteilichkeit für den Menschen an und in der Hölle der Zeit. Die versuchte Offenlegung eines Versagens. Ein Menetekel. Gerichtstag. Aufräufelung einer alten, verfluchten, allgemeinen deutschen Schuld. Das ist, wie die Dinge liegen, mutig.“[172] Ein „großer, ein erregender Abend“ habe „Auseinandersetzung, ehrliche,“ ermöglicht; „einen so erregenden, einen so wichtigen Abend zeitgenössischen Theaters hatten wir nicht seit langem.“[173] Die meisten Kollegen stimmen Luft zu: Dieter Hildebrandt „wag[t]“ in der „Frankfurter Allgemeinen Zeitung“ „einen großen Vergleich“ – mit den „Letzten Tagen der Menschheit“ von Kraus[174]; Joachim Günther würdigt im „Stellvertreter“ „das relativ geglückteste deutschsprachige Schauspiel der letzten zehn Jahre“[175]. Auch der Rezensent der „Tat“ findet, daß „mit diesem Stück [...] Rolf Hochhuth die Bühne wieder in das Zentrum einer Auseinandersetzung gestellt [habe], die die Bühne braucht, wenn sie leben will.“[176] Und Sebastian Haffner notiert in der populären Illustrierten „stern“: „Die Schuld der Deutschen – das absichtliche Wegsehen, der stillgemütliche Zynismus, die verstockte Korrektheit im Angesicht des Urbösen – all das ist noch nie so schonungslos und so erschütternd dargestellt worden.“[177] Johannes

[170] Erwin Piscator: „Vorwort“. In: Rolf Hochhuth: *Der Stellvertreter – Schauspiel*. Reinbek 1963, S. 7-11, hier S. 7.

[171] Otto F. Riewoldt: „‚Nimm ein Brechmittel, du, der du dies liesest‘ – Die katholische Reaktion auf Hochhuths ‚Stellvertreter‘“. In: *text + kritik* Nr. 58. München 1978, S. 1-10, hier S. 1 ff.

[172] Friedrich Luft: „Der Christ in der Hölle der Barbarei“. In: *Die Welt*, 22.2.1963. Hier nach Reinhold Grimm, Willy Jäggi, Hans Oesch (Hg.): *Der Streit um Hochhuths „Stellvertreter“*. Basel 1963, S. 33-37, hier S. 37.

[173] Friedrich Luft: „Tragisch und bedeutend“. Ausgestrahlt vom *RIAS Berlin* am 3.3.1963. Hier nach Fritz J. Raddatz (Hg.): *Summa iniuria oder Durfte der Papst schweigen? Hochhuths „Stellvertreter“ in der öffentlichen Kritik*. Reinbek 1963, S. 17-18, hier S. 17, 18.

[174] Dieter Hildebrandt: „Bruchstücke eines großen Zorns“. In: *Frankfurter Allgemeine Zeitung*, 22.2.1963. Hier nach Raddatz: *Summa* (Anm. 173), S. 18-22, hier S. 20.

[175] Joachim Günther: „Pius XII. und Rolf Hochhuth“. In: *Neue Deutsche Hefte*, Heft 93, Mai/ Juni 1963. Hier nach Raddatz: *Summa* (Anm. 173), S. 28-31, hier S. 28.

[176] André Müller: „Eine Provokation mit der Wahrheit“. In: *Die Tat*, 16.3.1963. Hier nach Raddatz: *Summa* (Anm. 173), S. 55-59, hier S. 59.

[177] Sebastian Haffner: „Der Papst, der schwieg“. In: *stern*, 7.4.1963. Hier nach Raddatz: *Summa* (Anm. 173), S. 233-235, hier S. 234.

Jacobi denunziert die Kampagne der katholischen Presse – er nennt das „Petrusblatt“ des Bistums Berlin sowie die Katholische Nachrichtenagentur – als unzulässigen Versuch, „wieder einmal“ eine Berliner Bühne „unter Gesinnungsdruck“[178] zu setzen. Heinz von Cramer fordert in der „Zeit“: „Es geht nicht an, daß sich die katholische Kirche auch in ihrer politischen und historischen Funktion als unangreifbare heile Instanz gebärdet und daß sie diesen Anspruch mit allen Mitteln des Meinungsterrors und der Einschüchterung durchzusetzen versucht. Es geht nicht an, daß kein Theaterleiter außer Piscator es wagen zu können glaubte, den ‚Stellvertreter‘ uraufzuführen.“[179]

Wendungen wie die von einer *verfluchten* Schuld (Luft) oder vom „Urbösen“ (Haffner) wiesen auf einige der Hypotheken, die auf der deutschen Kritik unvermindert lasteten. In dieser Hinsicht gab sich eine problematische Doppelbödigkeit manchen Zuspruchs zu Hochhuths Stück zu erkennen, etwa wenn Joachim Günther vom „geschichtliche[n] Sinn“ schreibt, „der trotz allem hinter den düsteren Vorgängen liegen könnte (er hat sicher etwas mit der Gründung des Staates Israel und auf diesem Umwege auch mit der ‚Heilsgeschichte‘ zu tun)“[180]. Eine direkt ästhetisch begründete Kritik bleibt die Ausnahme; Hinweise auf die „Grenzen des Stückes, (die) in seiner konventionellen Form“ lägen, oder auf „eine sehr unglückliche Bearbeitung“, die eine „müde und oft unzulängliche Aufführung“[181] mitverschuldet hätten, sind rar. Eher symptomatisch für das Debattenklima um den „Stellvertreter“ ist der Ton, den der „Monat“ in einer redaktionellen Stellungnahme anschlägt. Das in der Diskussion um das Stück immer wieder kritisierte Versäumnis des Papstes Pius XII., seine Stimme gegen die Massenvernichtung der europäischen Juden nicht erhoben zu haben, wird verbogen in die Forderung nach dem „Äußerste[n], [dem] Martyrium, [der] Selbstvernichtung“; das Versagen selbst wird mit den Worten kommentiert: „Welche andere Institution aber hätte das getan? Es ist weder von der protestantischen Kirche noch von irgendwelchen Freidenkerverbänden, den Freimaurerlogen oder dem Internationalen Pen-Club Ähnliches zu berichten; keine Vereinigung ehemaliger nichtjüdischer ‚Weltbühnen‘-Leser hat sich vor die Züge nach Auschwitz geworfen. Und der Große Bruder in

[178] Johannes Jacobi: „Ein junger deutscher Dramatiker“. In: *Die Zeit*, 1.3.1963. Hier nach Raddatz: *Summa* (Anm. 173), S. 32-35, hier S. 33.

[179] Heinz von Cramer: „Nicht Hochhuth ist der Demagoge“. In: *Die Zeit*, 15.3.1963. Hier nach Raddatz: *Summa* (Anm. 173), S. 48-50, hier S. 50.

[180] Joachim Günther: „Pius XII. und Rolf Hochhuth“. Hier nach Raddatz: *Summa* (Anm. 173), S. 28-31, hier S. 29.

[181] Heinz von Cramer: „Nicht Hochhuth ist der Demagoge“. Hier nach Raddatz: *Summa* (Anm. 173), S. 48-50, hier S. 49.

Moskau, vergessen wir es nicht, ging am 23. August 1939 Arm in Arm mit Herrn v. Ribbentrop auch über diesen Punkt zur Tagesordnung über.“[182]

Die polemische Dynamik, die die deutsche „Stellvertreter“-Debatte in den Monaten nach der Premiere erreicht, gipfelt in der Behauptung, „das Stück stigmatisiere die Katholiken zu den Juden von heute“[183]. Einen Höhepunkt bildet auch der „tatkräftige Beistand“ mit seinen katholischen Glaubensbrüdern, zu dem sich mit Bischof Otto Dibelius eine jener Persönlichkeiten der evangelischen Kirche aufgefordert fühlt, die durch öffentliche antisemitische Verlautbarungen sowohl vor wie nach 1933 keinen Hehl aus ihrer Anschauung gemacht hatten[184]. Und selbst im Deutschen Bundestag zeitigt das Stück Wirkungen in Form einer Kleinen Anfrage durch 19 CDU-Abgeordnete, die Außenminister Schröder (CDU) die Möglichkeit zuspielt, der unverringerten „Dankbarkeit“ der Bundesregierung Ausdruck zu geben, „daß nach dem Zusammenbruch des nationalsozialistischen Regimes Papst Pius XII. einer der ersten war, der sich tatkräftig für eine Aussöhnung zwischen Deutschland und den anderen Völkern eingesetzt hat. Dies macht eine Herabsetzung seines Andenkens gerade von deutscher Seite besonders unverständlich und bedauerlich.“[185] Eine Diskussion mit dem Publikum im Anschluß an eine Veranstaltung der Katholischen Akademie in München, in der neben katholischen Geistlichen u.a. August Everding, Friedrich Torberg und Hans Buchheim Für und Wider des Hochhuth-Stückes erörtert hatten, wird nicht zugelassen: „So blieb es bei einigen schriftlichen, zum Teil unleserlichen Anfragen“[186]. Dieter Hildebrandt beobachtet in einer Berliner öffentlichen Diskussionsrunde „denn doch manches böse und ressentimentbeladene Wort. Ein jüdischer Diskussionsredner versuchte, das Arrangement Roms mit Hitler aus der ‚Affinität totalitärer Systeme‘ zu erklären, denn das älteste dieser Systeme sei eben die Kirche [...] aber dergleichen blieb am Rande.“[187] Daß dieser „jüdische Diskussionsredner“ sich auf die Erkenntnisse des Historikers Ernst-Wolfgang Böckenförde über den „deutschen Katholizismus im Jahre 1933“, genauer: über die „‚innere Affinität der Kirche zu autoritären Regimen, sofern sie der Ansicht ist, daß diese auf christlicher Grund-

[182] *Der Monat*, Mai 1963. Hier nach Raddatz: *Summa* (Anm. 173), hier S. 216 f.

[183] Riewoldt: „Brechmittel“ (Anm. 171), S. 3.

[184] Vgl. Raddatz: *Summa* (Anm. 173), S. 14.

[185] Vgl. Raddatz: *Summa* (Anm. 173), S.230.

[186] Joachim Kaiser: „Pius XII. und die Pforten der Hölle“. In: *Süddeutsche Zeitung*, 24. 4. 1963. Hier nach Grimm u.a. (Hg.): *Streit* (Anm. 172), S. 121-126, hier S. 121.

[187] Dieter Hildebrandt: „Wider die Unverbindlichkeit“. In: *Frankfurter Allgemeine Zeitung*, 29.3.1963. Hier nach Grimm u.a. (Hg.): *Streit* (Anm. 172), S. 110-113, hier S. 112.

lage stehen' "[188], stützen konnte – das wurde offensichtlich schon einmal in der Hitze der Debatte übersehen.

Noch bevor Hildesheimer etwaige Konsequenzen aus der Debatte um das Hochhuth-Stück für die eigene Arbeit hätte ziehen können, wird dessen Wirkung evident. Am Abend des 28. Februar erinnert der von Angstvorstellungen verfolgte Protagonist des „Nachtstücks" auf der Bühne der Düsseldorfer Kammerspiele Rom als einen der Orte des „Entsetzlichen"[189] – „In Rom, *wischt sich die Stirn* [...]: da habe ich dann schon etwas Stärkeres gebraucht [...] da hätte dies nicht mehr genügt, nein, nicht in Rom!"[190] Zu diesem Zeitpunkt, acht Tage nach dem Berliner Ereignis, weiß schon jeder Theaterinteressierte, welches „Entsetzliche" in Rom zu lokalisieren war, wo doch „der einzige Gegner Hitlers im Vatikan der deutsche Botschafter von Weizsäcker gewesen"[191] zu sein schien. Allein diese zufällige Koinzidenz weist auf eine für Hildesheimers Schreiben bedeutsame Modifikation im öffentlichen Raum: Hildesheimer trifft auf ein Publikum, für das die NS-Zeit und ihre Verbrechen – freilich auf dem Wege eines Spektakels – aktualisiert ist, in einer Weise, die Hildesheimers Bemühungen, „die Wahrheit einigermaßen überzeugend zum Ausdruck [zu] bringen", insofern zuarbeitet als „der Text" sich „dort" bildet, wo „aufgehorcht"[192] wird.

Diese Aktualisierung bildet einen veränderten Fond für jene poetische Auseinandersetzung mit dem Katastrophischen der Epoche, die Hildesheimer in eine zunehmende Spannung zwischen unmittelbarer Vergegenwärtigung der *historischen* Realbilder der Verfolgung und dem Anspruch der Transzendenz führte. Das „Nachtstück" vom Februar 1963 zeigt, in welchem Maß die Realbilder sich unterdessen der fiktionalen Szenarien zu bemächtigen vermocht hatten – etwa in der Schilderung, die der „Mann, der schlafen will", von der Kardinalsprozession in Rom gibt: „Alles in strengem Takt [...] mit einer Pauke. Der schlug die Pauke und gab den Rhythmus an. [...] Die Straßen leerten sich, wie wenn es aus heiterem Himmel hagelt, die Leute flohen in panischem Schrecken [...] manche rutschten auf den Knien [...] ich stand im Bann, erlahmt [...].

Einbrecher

Warum sind Sie nicht weggelaufen – oder haben geschossen?

Mann

... bis Stille sich ausbreitete, die dem Zug folgte – wie ein Sog ...

[188] Vgl. Rudolf Hartung: „Der ‚Stellvertreter' und die Reaktion". In: *Neue Rundschau*, 74. Jg., H. 2 (1963). Hier nach Grimm u.a. (Hg.): *Streit* (Anm. 172), S. 126-135, hier S. 134.

[189] Wolfgang Hildesheimer: „Nachtstück". In: WH VI, S. 563-599, hier S. 569.

[190] Ebd., S. 570.

[191] WH VII, S. 300 ("Folgerungen – Rolf Hochhuth:'Der Stellvertreter'").

[192] Vgl. WH I, S. 295 ("Vergebliche Aufzeichnungen"); vgl. auch oben.

Einbrecher
In diesen Situationen muß man schießen.
Mann
... eine Grabesstille. Plötzlich war es mir ... als hätte ich keine Ohren mehr.
Einbrecher
Warum haben Sie nicht geschossen?
Mann (zum Einbrecher)
Ich hatte keine Waffe bei mir.
Einbrecher
Ein einziges Maschinengewehr hätte genügt, um den ganzen ...[...]
Mann
Ich war in der Minderzahl. [...] Ich hatte niemand auf meiner Seite.
Einbrecher
Woher wissen Sie das? Das kann man nie wissen.
Mann
Man spürt es. Ich war allein.“[193]

Hinter der vermeintlich grotesk konstituierten Szene einer Prozession katholischer Würdenträger, die die Passanten sich „in Sünde“ winden läßt[194], verbergen sich die Bewegungen und die Reaktionen, die des Einmarsches etwa einer Einsatzgruppe in ein jüdisches Dorf entsprechen würden. Angekündigt vom Marschtritt der Stiefel – „Rhythmus“ –, breitet sich unter der Bevölkerung sogleich „panischer Schrecken“ aus; manche fliehen, andere betteln auf Knien um Gnade; der Sprecher jedoch wird zum Zeugen. Er wird zum Zeugen einer „Grabesstille“, die der Zug wie in einem „Sog“ hinter sich herzieht – Stille der Toten; „... als hätte ich keine Ohren mehr.“ Der pragmatische Hinweis des Einbrechers, „ein einziges Maschinengewehr hätte genügt“, um der Bedrohung mit einiger Aussicht auf Erfolg zu begegnen, wirft nichts Geringeres auf als die Frage nach dem Ausmaß der erfolgten, vor allem aber der unterbliebenen Selbstverteidigung der Juden in Deutschland und den besetzten europäischen Ländern[195].

193 WH VI, S. 579 f. (“Nachtstück“).
194 Ebd.
195 Dieser Komplex ist bis heute Gegenstand nicht nur der zeitgeschichtlichen Forschung, sondern auch leidenschaftlicher innerjüdischer Debatten. Insbesondere die von den Nationalsozialisten in den besetzten Ländern geschaffenen Judenräte sind äußerst kontrovers beurteilt worden. Siehe einführend Gutman u.a. (Hg.): *Enzyklopädie des Holocaust* (Anm. 81), Bd. II, S. 690-699. Vgl. auch Dan Diner: „Jenseits des Vorstellbaren – Der ‚Judenrat‘ als Situation“. In: Hanno Loewy, Gerhard Schoenberner (Hg.): *‚Unser einziger Weg ist Arbeit‘ – Das Getto in Lodz 1940-1944*. Wien 1990. Zur Rolle der Judenräte vgl. auch Kap. V, S. 183, 187 f., und Kap. XI, S. 524 f.

Die Antworten des Mannes sind auf derselben Ebene lesbar: Auf sich allein verwiesen, mußte jeder Widerstand sinnlos erscheinen. Daß sich aber niemand auf ihre Seite stellen würde – „Woher wissen Sie das? Das kann man nie wissen" –, hatte die historische Erfahrung zum Gegenstand eines „Gespürs" werden lassen.

Wie konkret die Ursachen sind, auf die sich die „Schrecken" zurückführen lassen, die der Mann im „Nachtstück" „abwälzen [will], damit der Schlaf mich leer antrifft, wenn er kommt"[196], offenbart der Gesprächsbericht, den Henning Rischbieter nach einer Unterhaltung mit dem Autor im April-Heft von „theater heute" zum Abdruck bringt. In vollem Einklang mit den vor etwa drei Monaten abgefaßten „Vier Hauptgründen ..." – deren Veröffentlichung zu diesem Zeitpunkt unverändert geplant ist–, äußert Hildesheimer zum „Nachtstück": „Ich selbst schlafe miserabel, die Schlafmittel, die im Stück genannt werden, kenne ich aus eigener Erfahrung. Immer wenn ich Zeitungen gelesen habe, packt mich die Schlaflosigkeit. Wer kann schlafen, wenn er über Deutschland liest. [...] [Der Einbrecher] ist auf seine kalte Weise sentimental. Konfektioniert. Er könnte Klavier spielen, während draußen die Juden gejagt werden. Man trifft ihn überall auf den Straßen, in den Zügen, er funktioniert."[197]

Kurze Zeit später bezieht Hildesheimer – in der August-Ausgabe des „Merkur" – ausführlich Stellung zu Hochhuths Stück. In einem ersten Abschnitt widmet er sich der spezifischen Darstellungsproblematik: „Zu sagen, das Stück sei mißlungen, hätte zu bedeuten, daß die Verarbeitung dieses Stoffes einem anderen Autor hätte gelingen können. Eben das ist unmöglich. Unbewältigte, bedrückendste Gegenwart kann nur gleichnishaft oder in Verfremdung auf die Bühne gebracht werden, als fiktives Parallelgeschehen oder Parodie. Niemals aber können die Exponenten dieser Gegenwart als Figuren des Theaters überzeugen." Den „Sinn eines Theaterstückes [...], übertragene Wirklichkeit erstehen zu lassen", sieht Hildesheimer im „Stellvertreter" verraten; im Zuschauer werde dagegen der Wunsch erweckt, „das Bühnengeschehen an der Wirklichkeit zu messen." Doch der Versuch, etwa mit der „Banalität des Textes [...] die schreckliche Banalität des Bösen darzustellen", müsse scheitern, denn „Imitation stellt nicht nur nichts dar, sondern macht das Dargestellte zur Farce." Von den „mannigfachen negativen Prinzipien" der vorgeführten „Skala von menschlichem Versagen bis zum Diabolischen, vom Schä-

[196] WH VI, S. 581 ("Nachtstück").

[197] Henning Rischbieter: „Der Schlaflose. Gespräch mit Wolfgang Hildesheimer". In: *theater heute* 4/4 (1963), S. 15. – In einem Brief an die Schwester (4. März 1963, WHA) bezeichnet Hildesheimer das Interview – vor dem Abdruck – als „gut gelungen"; nach Abdruck und in Kenntnis der April-Ausgabe empfiehlt er diese ausdrücklich der Lektüre durch die Familie (An die Schwester, 14. April 1963, WHA).

bigen bis zum Ekelhaften“ lasse das Spiel „nichts [...] in einer Transzendenz aufleuchten.“ „Größere Erwartungen“ seien dagegen berechtigt, sobald Hochhuths Schaffen „nicht mehr vom Zorn beherrscht wird [...], sondern von dem Versuch, anstatt der Vergangenheit die Form zu bewältigen.“[198]

Zwar ist dieser skeptische Blick auf die poetische Verfassung des „Stellvertreters“ unverändert jener konsequent anti-realistischen poetologischen Grundauffassung verpflichtet, die Hildesheimers Bekenntnisse zur Ästhetik des Absurden fundiert hatten und auch für seine laufende Arbeit weiterhin bestimmend sind. Doch es sind erst die anschließenden, auf den ersten Blick un-poetologischen Partien seiner „Merkur“-Rezension, die den Blick öffnen auf den Widerhall, den Hochhuths Drama innerhalb der eigenen poetologischen Überlegungen hervorgerufen hatte: als Beispiel einer bis dahin in der westdeutschen Literatur unerlebten *Unmittelbarkeit* zur akuten *Gegenwart der Schuld.* Auf anderthalb Seiten nimmt Hildesheimer Hochhuths Drama zum Anlaß einer geradezu forensisch disziplinierten Prüfung der Stellung Pius XII. zur NS-Führung und der von ihr angeleiteten Verbrechen. „Alles spricht dafür, nichts dagegen, daß Pacelli versagt hat. Dies zu leugnen, wäre so falsch wie eine Leugnung, daß die Sympathien der Kirchenfürsten von je auf seiten der Diktatoren gestanden haben, soweit sie katholisch waren. Franco und Salazar und auch die allerniedrigsten der Menschenverächter wie Batista und Trujillo brauchten die Kirche nicht zu fürchten; denn sie distanziert sich nicht von der Gewalt, wenn diese Gewalt katholisch ist.“ Indem Hildesheimer ausführlich von seiner Erfahrung während der Nürnberger Prozesse berichtet – auch dies eine Premiere seit seinem Eintritt in die westdeutsche Nachkriegsöffentlichkeit 1950[199] –, wird deutlich, welches Eigengewicht er – *auch* im Kontext einer genuin literaturkritischen Wortmeldung – der *historischen Faktizität* von Vernichtung, Schuld und Nachkrieg beimißt: „Hin und wieder“, so Hildesheimer, sei „im Verlauf der Verhandlungen [...] ein kurzer Blitz der Erkenntnis auf[geleuchtet], etwa wenn es hieß, daß bei dieser oder jener Aktion Widerspruch von seiten des Vatikans nicht zu erwarten oder nicht erfolgt sei. Ich erinnere mich an Sekunden lähmender Enttäuschung auf der Seite der Anklage, wenn ein Satz fiel, der einen – wenn auch nur geringen – Blick auf die Tatsache freigab, daß der Papst niemals mit den Alliierten sympathisiert hat.“ Hildesheimers eingängiges Studium des vorliegenden und / oder wieder in die Diskussion gebrachten

[198] WH VII, S. 298 f. ("Folgerungen – Rolf Hochhuth: ‚Der Stellvertreter'“).

[199] Wohl hatte Hildesheimer schon in den im Herbst 1962 abgefaßten „Vier Hauptgründen...“ von seinen Nürnberger Erfahrungen berichtet; doch dieser Text war zum Zeitpunkt des Erscheinens der „Merkur“-Rezension unveröffentlicht – und blieb es zu Hildesheimers Lebzeiten (vgl. oben).

Materials dokumentiert seine unverringerte Nähe zu einer kontinuierlichen analytischen Auseinandersetzung mit den historischen Fakten. Die demonstrative Beweisorientierung der hier eingenommenen historischen Perspektive – unterstrichen durch die Reminiszenz an die Nürnberger Verfahren – belegt, daß diese Auseinandersetzung tatsächlich die Fakten, die Daten, die Sachverhalte, ihr unwiderruflich in die Geschichte Eingetretenes[200] meint – und nicht etwa den Anlaß oder gar den Vorwand einer ästhetischen Arbeit. Der letzte Absatz seiner Rezension deutet bereits an, auf welche Weise diese einläßliche Arbeit an den Dokumenten der Verfolgungsgeschichte eingehen wird in die Poetologie des Tynset-Masante-Komplexes. In der ikonographischen Studie einer Postkarte, die den Papst auf einem Betschemel zeigt, gibt Hildesheimer den Lesern des „Merkur" eine Probe jenes besonderen, ‚zerfallenden Blicks', den später das Ich aus „Tynset" auf ein anderes Foto werfen wird, das von Franz Josef Strauß mit Kardinal Wendel: „Ich habe diese Karte in Rom gekauft, in keiner anderen Absicht als der: sie mir in Ruhe zu betrachten und ihren Sinn zu erforschen, wie man jede Darstellung auf ihren Sinn prüft, indem man sich in das Dargestellte vertieft. [...] Er ist im Ornat, dessen Faltenwurf verrät, daß sein Träger sich nicht auf natürliche Weise zum Knien niedergelassen hat, sondern daß er sich sein Gewand mit Raffinesse so hat zurechtziehen lassen, als sei er mit gewaltigem Schwung aus einem Flug herabgeschwebt; seine diagonale Hingabe gleicht der eines Engels auf einer Renaissance-Verkündigung. [...] Dieser Mann hat sich nicht gescheut, an seinem Nimbus selbst zu arbeiten. Er hat die für naivste Betrachter augenfälligste Rolle gespielt, um sich selbst, in polychromem Glanz, als einen Mann hinzustellen, den Gott liebt."[201]

Hildesheimers „Stellvertreter"-Rezension im „Merkur" zeigt, in welcher Weise die Auseinandersetzung mit diesem Drama nicht nur sehr viel ältere *eigene* Posituren der Erinnerung wiederaufruft, sondern diese, verknüpft mit den poetologischen Reflexionen seit dem „Hamlet"-Fragment, der eigenen poetischen Arbeit verstärkt zuzuführen beginnt. Die hierin dokumentierte Nähe von Hildesheimers Produktion zum öffentlichen Diskurs – genauer: zu einem ihrer hervorragenden Debattenschwerpunkte – kennzeichnet auch die anschließenden Monate. Dies liegt zum einen an Hildesheimer selbst, der gezielt Partien aus dem Tynset-Masante-Komplex im Augenblick, da das öffentliche Diskursklima der NS-Thematik gegenüber offener erscheint, zur Diskussion zu stellen sucht. Dies liegt zum anderen je-

[200] Vgl. Primo Levi: *Die Atempause* (zusammen in einem Band mit *Ist das ein Mensch?*). München/ Wien 1988, S. 182.
[201] WH VII, S. 301 f. ("Folgerungen – Rolf Hochhuth: ‚Der Stellvertreter'").

doch an jenem – nach der „Stellvertreter"-Premiere – zweiten Ereignis, das seinerseits solcher Öffnung des Diskurses einen weiteren, womöglich noch entscheidenderen Impuls versetzte: dem Frankfurter Auschwitz-Prozeß.

Unter dem Eindruck dieser Ereignisse war unterdessen auch die Ordnung der deutschen Nachkriegsliteratur unter Druck geraten. Die Ausblendung der Vernichtungsverbrechen in jenem Stil, wie er noch in den ersten Nachkriegsjahren gefordert und durchgesetzt worden war[202], war teilweise jenem ‚integrativen' Modus nach dem Beispiel Enzensbergers[203] gewichen; doch etwa zeitgleich – und nicht ohne Zusammenhang zu den Ereignissen, die die NS-Jahre teilweise spektakulär thematisierten – begann sich eine ‚neue' Forderung nach Gesellschaftskritik ‚in der Literatur' verstärkt auszuprofilieren. Schon am Rande der Herbsttagung der Gruppe 47 in Saulgau 1963 kündigte sich jedoch an, wie wenig das dieser Forderung zugrunde liegende Verständnis kritischen Schreibens in Hildesheimer einen Partner zu erkennen vermochte. Das „Tynset"-Manuskript, aus dem Hildesheimer vorträgt, wird „kaum beachtet"[204]. Zwar nennt es Jost Nolte in einer Aufzählung jener „acht Darbietungen, die die Reise wirklich lohnten"[205], als „sehr kultivierte Arbeit". Einen genaueren, für die akute Situation von Hildesheimers Schreiben zu diesem Zeitpunkt auch symptomatischeren Eindruck von der Wirkung dieser ersten „Tynset"-Probe vermittelt aber Hanspeter Krüger, der für den Berliner „Tagesspiegel" notierte: „[...] auch einige der Autoren löckten wider den Stachel: Peter Weiß warf einigen der Darbietungen – etwas zu summarisch – einen Rückfall ins Biedermeier vor, sogenannte ‚heiße Eisen' würden nicht mehr berührt. Vielleicht war dies unter anderem an die Adresse von Wolfgang Hildesheimer gerichtet, der den Anfang seines Romans ‚Tynset' vorlas: Gedanken und Assoziationen eines an Schlaflosigkeit leidenden Menschen, sprachlich sicher und elegant, aber eben, bei aller Vorsicht, die man bei solchen Ausschnitten walten lassen muß, nur dies. Weiß selbst wagte den Versuch, aus seinem neuen Marat-Stück einige *Songs* und Monologe vorzutragen, sich selbst auf einer Trommel begleitend. Sie gehörten [...] zu den stärksten Eindrücken dieser Tagung. Das Berliner Publikum darf auf die im kommenden Frühjahr stattfindende Uraufführung im Schiller-Theater gespannt sein."[206]

202 Vgl. Kap. II.
203 Vgl. oben.
204 Briegleb: „‚Neuanfang'" (Anm. 11), S. 127.
205 Jost Nolte: „Selten waren die Momente der Wahrheit". In: *Die Welt*, 31.10.1963. Hier nach Lettau: *Gruppe 47* (Anm. 1), S. 180-184, hier S. 181.
206 Hanspeter Krüger: „Wer dazugehört, bleibt Geheimnis". In: *Tagesspiegel*, 1.11.1963. Hier nach Lettau: *Gruppe 47* (Anm. 1), S. 185-188, hier S. 187.

Erstmals seit seinem Eintritt in die westdeutsche Nachkriegsliteratur 1950 war Hildesheimer in einem ausdrücklichen Gegenüber zu einem Autor wahrgenommen, der ebenfalls Jude war. Der hier festgehaltene Moment verdeutlicht, daß Hildesheimer in Weiss ein Autor erwachsen war, der nicht nur – als jüdischer Autor deutscher Sprache (gleichen Jahrgangs) – den Bedingungen des westdeutschen Literaturbetriebs in sehr vergleichbarer Weise ausgesetzt war, sondern der im Begriff stand, auf diese Bedingungen mit anderen poetologischen Entscheidungen zu reagieren *und* für ihre Ergebnisse in einer demonstrativen Konkurrenz – gerade auch zu Hildesheimer – vor dem deutschen Publikum, hier noch vertreten durch seine ‚kritische Elite', zu werben. In literaturhistoriographischer Perspektive mag ein Moment von Ironie aufkommen im Blick darauf, daß sich hier jener Weiss als der Radikalere ins Licht zu rücken scheint, den erst der Frankfurter Prozeß in jene spezifische Nähe zur Massenvernichtung zwingt, die die Radikalität etwa „Tynsets" schon konstituiert hatte. Ironie würde jedoch den historischen Grund dieser Ungleichzeitigkeit verkennen: die Verschiedenheit der Wege zweier deutscher Juden, als jüdische Autoren deutscher Sprache nach 1945 zu existieren. In dieser Verschiedenheit trifft auch die Eröffnung des Frankfurter Auschwitz-Prozesses, zwei Monate nach der Saulgauer Tagung, am 20. Dezember 1963 auf sie: Was für Hildesheimer im Kern ein déjà-vu-Erlebnis war, wird für Weiss – und manch andere in der deutschen, nicht nur literarischen Öffentlichkeit – zu einer Zäsur.

Als im Jahre 1950 die Justiz der Bundesrepublik Deutschland seitens der alliierten Behörden von allen Restriktionen hinsichtlich der Verfolgung von NS-Verbrechen befreit worden war, war diese Aufgabe in den Kompetenzbereich einer Berufsgruppe gefallen, die es verstanden hatte, sich sämtlichen „Konsequenzen aus schrecklichen Dokumentationen über die deutsche Justiz"[207] zu entziehen und sich auch in den folgenden Jahrzehnten durch einen selbst errichteten „ständische[n] Schutzwall"[208] vor jeder einschlägigen Verurteilung zu bewahren. Ihre Bemühungen, NS-Verbrecher ihren Strafen zuzuführen, charakterisiert Fritz Bauer für den Zeitraum bis Ende 1962 so: „Das meiste wurde müde und lustlos verfolgt; viele Staatsanwälte und Richter lehnten die Verfahren ab. Fahndete die Staatsanwaltschaft einmal im Fahndungsblatt nach einem bestimmten Täter, dem Mord in den besetzten Gebieten vorgeworfen wurde, blieb die Bemühung meist erfolglos; eine Fahndung nach ihm wegen Unter-

207 Wolfgang Hildesheimer: „Büchners atemlose Melancholie – Zur Verleihung des Georg-Büchner-Preises". In: WH VII, S. 31-42, hier S. 42.

208 Fritz Bauer: „Im Namen des Volkes – Die strafrechtliche Bewältigung der Vergangenheit". In: Helmut Hammerschmidt (Hg.): *Zwanzig Jahre danach. Eine deutsche Bilanz 1945–1965*. München/ Wien/ Basel 1965, S. 301-314, hier S. 307.

haltspflichtverletzungen hätte dagegen nach einem Ondit der Staatsanwälte schnellen polizeilichen Erfolg versprochen.“[209] Die Einrichtung der Ludwigsburger Zentralstelle für die Verfolgung von NS-Verbrechen 1958 versetzte zwar den Ermittlungsanstrengungen der deutschen Justiz einen spürbaren Impuls[210]; doch unterdessen hatte ein Wettlauf mit der Zeit begonnen, da, nach geltender Rechtslage, selbst NS-Mordtaten am 8. Mai 1965 verjährt sein würden. „Erst als gegen Ende 1964 kein Zweifel mehr darüber bestand, daß trotz aller Bemühungen ein Großteil der nationalsozialistischen Mordtaten mangels ausreichender Aufklärungsmöglichkeit am 8. Mai 1965 zu verjähren drohte, wandte sich die Regierung der Bundesrepublik Deutschland an alle ausländischen Staaten mit der Bitte, das dort vorhandene Beweismaterial über NS-Verbrechen den deutschen Behörden zur Verfügung zu stellen.“[211]

Es ist diese Situation – die der akuten Gefahr, daß NS-Täter schon in Kürze keine strafrechtliche Verfolgung mehr zu gewärtigen hatten –, in der am 20. Dezember 1963 im Frankfurter Römer der Prozeß gegen 22 Verdächtige eröffnet wird, „angeklagt, in den Jahren 1940 bis 1945 im Bereich des Konzentrationslagers Auschwitz (Polen) aus Mordlust oder sonst aus niedrigen Beweggründen heimtückisch und grausam sowie teilweise mit gefährlichen Mitteln Menschen getötet zu haben“[212]. Emmi Bonhoeffer, die während des Verfahrens Zeugen betreute, schrieb an eine Freundin: „Der erste Eindruck, den ich in der Hauptverhandlung empfing, war nicht nur aufwühlend, er war auch verwirrend. Ein Teil der dreiundzwanzig[213] Angeklagten ist auf freiem Fuß, sie kreuzen in den Pausen im Vestibül deinen Weg, sitzen in der Kantine am Nebentisch oder mit ihrem Anwalt in einem benachbarten Restaurant, kommen mit Mercedes vorgefahren, da sie erfolgreiche Geschäftsleute sind, und manche treten mit einer Sicherheit auf, als wollten sie sagen: ‚Unser einziger Fehler war, daß wir nicht alle Juden umgebracht haben‘.“[214] Die zahlreich vertretenen Medien berichten ausführlich über den Terror im Lager, der in den gerichtlichen Ermittlungen zutage tritt; über jene Szenen, die sich im Gerichtssaal abspielen, wenn einstige Folteropfer den Angeklagten gegenübertre-

[209] Ebd., S. 304.

[210] Vgl. Hermann Langbein: *Der Auschwitz-Prozeß – Eine Dokumentation*. Bd 1. Wien 1965, S. 26 ff.

[211] Gutman u.a. (Hg.): *Enzyklopädie des Holocaust* (Anm. 81), Bd. II, S. 1035.

[212] Aus der Anklageschrift. Facsimile auf dem Deckel von Bernd Naumann: *Auschwitz – Bericht über die Strafsache Mulka u.a. vor dem Schwurgericht Frankfurt*. Frankfurt am Main/ Bonn 1965.

[213] Die Zahl der Angeklagten sank wegen Erkrankungen und Abtrennung vom Verfahren: vgl. Naumann: *Auschwitz* (Anm. 212), S. 15.

[214] Emmi Bonhoeffer: *Zeugen im Auschwitz-Prozeß – Begegnungen und Gedanken*. Wuppertal/ Bonn 1965, S. 13.

ten; von den Berichten der Zeugen über Instrumente wie die berüchtigte ‚Bogerschaukel', einer Foltereinrichtung, die ihr gleichnamiger Erfinder dem Gericht auch zur heutigen Disziplinierung unbotmäßiger Jugendlicher anempfiehlt[215]. Bereits nach wenigen Wochen kommt im Gerichtssaal „Routine" auf in der Erörterung „von Selektionen für Vergasungen, [...] Spritzen und Erschießen"[216]; „der Lagerjargon" war „auch im Gerichtssaal" bald „durchgesetzt. Anfangs wehrte sich der Vorsitzende gegen ihn: ‚Sprechen Sie nicht vom Spritzen, sagen Sie doch, tödliche Giftinjektionen ins Herz.' Bald mußte er kapitulieren. [...] Gleich bekannt war der Lagerausdruck ‚Rampe' für die Bahngeleise, wo die Transportzüge zur Ausladung rangiert wurden."[217] Am 8. Juni 1964 beantragt ein Nebenkläger die Ortsbesichtigung des Lagergeländes durch das Gericht; am 14. Dezember betreten Amtsgerichtsrat Hotz als Vertreter des Gerichts sowie Vertreter von Anklage und Verteidigung durch das Tor mit der Aufschrift „Arbeit macht frei" das ehemalige Vernichtungslager Auschwitz[218].

Am 6. April 1964, zum Zeitpunkt fortgesetzter, auch internationaler Berichterstattung über den Frankfurter Prozeß, strahlt der Norddeutsche Rundfunk „Monolog" aus, Hildesheimers letzte größere, vor Erscheinen von „Tynset" veröffentlichte Arbeit. Das Hörspiel variiert erneut das Thema eines von seinen Erinnerungen heimgesuchten und um den Schlaf gebrachten Mannes: „*Sprecher* So ist es also. Zwölf Uhr nachts in einem beginnenden Winter, in der späten Mitte des Lebens, mit dem Altern beschäftigt, und jetzt – jetzt kommt ein unerwarteter Schlag, er kommt von hinten auf mich zurück, und doch aus demselben Leben. Längst vergessen, verschüttet und verdrängt, als sei ich es nicht gewesen."[219] Die Erinnerungen auch dieses Mannes sind gekennzeichnet als die eines Überlebenden, dessen Erinnerungsbilder defekt sind: „Gewiß, ich sehe Bilder vor mir, aber ich bin nicht darinnen. [...] Aber mich – mich sehe ich nicht, noch nicht einmal als Zuschauer."[220] Anders als im „Nachtstück", stehen in

[215] Hier nach einem Bericht von Associated Press vom 15.6.1964. In: Dolores Barracano Schmidt, Earl Robert Schmidt (Hg.): *The DEPUTY Reader: Studies in Moral Responsibility*. Chicago 1965, S. 122.

[216] Langbein: *Auschwitz-Prozeß* (Anm. 210), S. 40.

[217] Ebd.

[218] Die englischsprachige Ausgabe von Naumanns Auschwitz-Buch enthält ein Foto, das das Gericht beim Betreten des Lagergeländes zeigt; im Gefolge der Gerichtsvertreter ist Peter Weiss zu erkennen (Bernd Naumann: *Auschwitz – A Report on the Proceedings Against Robert Karl Ludwig Mulka and Others Before the Court of Frankfurt*. With an Introduction by Hannah Arendt. New York/ Washington/ London 1966, zwischen den Seiten 18 und 19). Zum Ortstermin in Auschwitz vgl. auch Peter Weiss: *Notizbücher 1960–1971*. 1. Bd. Frankfurt am Main 1982, S. 321-328; ders.: „Meine Ortschaft". In: *Atlas zusammengestellt von deutschen Autoren*. Berlin/ West 1977, S. 26-36. Vgl. auch noch weiter unten.

[219] Wolfgang Hildesheimer: „Monolog". In: WH V, S. 331-364, hier S. 348.

„Monolog“ weniger Symbolisierungen des „Entsetzlichen“[221] im Mittelpunkt als Demonstrationen einer allgemein, vorherrschend gewordenen Sprache, der jede Befähigung abhanden gekommen ist, tatsächlichen Kontakt zu Menschen wie diesen Erinnernden herzustellen.

Sprecher (Dialog):
Ich weiß nicht recht, was ich sagen soll.
Helga I:
Natürlich, Martin, das kann ich sehr gut verstehen.
Sprecher (Monolog):
Das unvermeidliche Verständnis.
[...]
Helga I:
Warum sagst du nichts?
Sprecher (Dialog):
Es gibt nicht viel zu sagen.
Helga I:
Ja, ich verstehe. Ich verstehe dich natürlich sehr gut.
Ich kann dir nachfühlen, daß du dir ... *abblenden*.
Sprecher (Monolog):
Nun sind wir wieder beim Verständnis angelangt. Verständnis, diesmal gemischt mit Nachgefühl. Mitten in der Nacht, eingezwängt in das Loch zwischen zwei Tagen, ein unerwarteter Totalangriff von massivem Verständnis, verstärkt durch Nachgefühl. Und dann kommt das Verzeihen. *Leise*: Aufhören, aufhören! *Abblenden*.[222]

Im Duktus vermeintlicher Alltagskonversation gehalten, sind hier gleichwohl jene Charakteristika – lakonisch – benannt, von denen die Kommunikation auch innerhalb des Literaturbetriebs weitgehend mitgeprägt war. In dieser Perspektive spiegeln Hildesheimers satirisch eingefärbte Dialogpartien einen Betriebsdiskurs, der auf eine sich abzeichnende Störung des gewohnten Kommunikationsablaufs – eine Unsicherheit im Sprechen, die gar benannt wird – zwar mit „Verständnis“ zu reagieren vorgibt, einem Verständnis jedoch, das nicht nur *de facto* nicht besteht, sondern das gerade aus der verläßlichen Ahnung, ein echtes Verständnis könnte „Folgerungen“[223] erzwingen, vorgeschoben wird, um jede Entwicklung in diese Richtung zu blockieren. Der Sprecher kennt dieses Verständnis schon als „unvermeidlich“: als Affekt seines Gegenübers, dem das ‚Wagnis‘, ein Nicht-Verstehen einzuräumen und dadurch etwa Kommunikation einzulei-

220 Ebd., S. 347.
221 WH VI, S. 569 (“Nachtstück“).
222 WH V, S. 346, 355 f. (“Monolog“).
223 Vgl. WH VII, S. 298 ff. (“Folgerungen – Rolf Hochhuth: ‚Der Stellvertreter’“).

ten, nicht nur als Bedrohung gilt, sondern als Bestandteil eines kommunikativen Repertoires gar nicht mehr bekannt ist. Dieses „unvermeidliche Verständnis" geriert sich zeitweilig als Ergebnis eines Einfühlungsprozesses („Ich kann dir nachfühlen..."), d.h. die angemaßte Herstellung einer vermeintlichen, auch intimen Nähe, von der aus im Modus eines jovialen Alltagshumanismus' „verziehen" werden kann.

Von einer Kommunikation dieses Zuschnitts hatte sich auch die deutsche Rezeption der poetischen Arbeit Hildesheimers bestimmen lassen. Die oben erwähnte Reaktion der Gruppenmitglieder 1955 auf seine Bemerkung, „ihm fehle ‚das innere Erlebnis der Nazi-Zeit'": Man „lachte [...], aber nicht böse", und „[sagte] nur: ‚Seien Sie froh!'", hatte genau jene aufdringliche Nähe und jenes vorgebliche Einfühlungsvermögen behauptet, für die nicht nur jede tatsächliche Grundlage fehlte, sondern die sich unmittelbar jenem konditionierten Betriebsdiskurs verdankten, der die Rede über die Sprechenden selbst nach Kräften zu vermeiden suchte. Auch in dieser Situation, diesem Sprechakt hatte es ein ‚Verzeihen', wenn auch ein anderes, gegeben: Hildesheimer wurde ‚verziehen', daß er jenes Erlebnisses ermangelte, das die Gruppe 47 so entscheidend konstituierte – „das *innere* Erlebnis der Nazi-Zeit". Den repressiven Charakter solch „unvermeidlichen Verständnisses" macht der Sprecher des „Monologs" unzweideutig kenntlich. All dem, was seiner Umgebung als ‚Gespräch' gilt – und erst recht „Totalangriff[en] von massivem Verständnis" – zieht er das Ende sozialer Kommunikation vor. So deutlich Hildesheimer den Sprechenden als Verzweifelten, von Erinnerungen Verfolgten beschreibt, so direkt, ja lakonisch macht er ihn ganz zuletzt noch als Juden kenntlich. Desillusioniert vom Unvermögen seiner Mitmenschen zu kommunizieren, aber auf der Suche nach einem Halt, sucht er im Telefonbuch nach „Jüdischem Trost und Zuspruch" – ohne Erfolg: „Jüdischen Trost und Zuspruch scheint es nicht zu geben, vielleicht brauchen Juden keinen Trost und Zuspruch. Oder es gibt keine Juden mehr, das ist es wohl, oder zumindest nicht genug, daß Trost und Zuspruch sich auszahle."[224]

Hildesheimers Sprecher gibt sich keiner Täuschung darüber hin, daß das Rentabilitätsprinzip nicht nach Schuld und Ursache fragt – und daß es, jenseits seiner Tür, unverfroren Geltung auch als Realitätsprinzip beansprucht. Zwar gab es – auch außerhalb des Geltungsbereichs dieser Prinzipien – für vieles „zumindest nicht" mehr „genug" Juden. Doch auch hierdurch läßt sich Hildesheimer *jetzt* – anders als der Sprecher des „Monologs" – noch nicht abbringen von der Bemühung, auch *gegen* den Sog einer vorgeblichen Realität ein *anderes* Gespräch mit den Deutschen zu versuchen.

[224] WH V, S. 363 („Monolog").

6

„Tynset“ handelt von einem Bewußtsein, das erkannt hat – und unablässig an sich erfährt –: „daß ich im Ungeheuerlichen mich bewege, scheinbar frei, in Wirklichkeit gebunden, in einer Gefangenschaft mit versteckten Mißhandlungen, die oft – nein: die manchmal wie Liebkosungen erscheinen, für die wir aber mit schwerer Münze bezahlen müssen – in einem Käfig, ohne Möglichkeiten“ (T 95)[225] – in anderen Worten: des um die Dimension Auschwitz erweiterten menschlichen Bewußtseins[226]. Die kausale Verkettung zwischen der Verfassung dieses Bewußtseins und der historischen Faktizität der NS-Verbrechen ist poetisch zentral verbürgt im Status des Sprechenden, des Ichs des Textes, als eines deutsch-jüdischen Überlebenden der NS-Massenvernichtung. Der signifikante erinnerungspolitische Ort, den „Tynset“ sowohl in der westdeutschen Nachkriegsliteratur wie in der Werkgeschichte einnimmt, ist bestimmt durch das Maß, in dem dieser Status und seine Definition durch die konkrete Geschichte betont und dadurch die Verkettung zwischen modernem Bewußtsein und NS-Katastrophe unübersehbar wird – genauer: unabweisbar.

„Tynset“ ist das Resultat der poetologischen Arbeit eines jüdischen Autors deutscher Sprache, den erst die Erfahrung mit dem deutschen Literaturbetrieb und der deutschen Öffentlichkeit zu einer solchen ‚Betonung‘[227] hat bewegen können. Der vorhergehende kurze Werkabriß hat einige der Stationen jenes Weges benannt, der hierhin: zu „Tynset“, geführt hat.

Diese Wegstrecke läßt sich wie folgt resümieren: Zwar seit ihren Anfängen in der westdeutschen Nachkriegsliteratur erkennbar geprägt von einem *anderen* Erlebnis der NS-Jahre, wird Hildesheimers Arbeit in den 50er Jahren fast ausschließlich unter dem Etikett einer harmlos amüsanten Kritik der Bildungswelt rezipiert, „stets gutartig und versöhnlich“. Auf diesen Widerspruch zwischen seinem Ort in der deutschen Rezeption und den objektiven Fluchtpunkten seiner poetischen Arbeit reagiert Hildesheimer sowohl mit einer demonstrativen programmatischen Selbsterklärung wie mit dem Beginn einer erneuten, weitgreifenden poetologischen Reflexion. In der Ästhetik des Absurden glaubte er jenes poetologische Grundgesetz programmatisch und demonstrativ ausgedrückt zu finden, in dessen Geltungsbereich er seine eigene poetische Arbeit seit je wähnte: daß das Kunstwerk von einem „es in ihm“, vom Unbewußten des Autors, vom „inneren Mikro-

[225] Wolfgang Hildesheimer: *Tynset*. Frankfurt am Main 1976, S. 95 (Kürzel im fortlaufenden Text: T + Seitenangabe).

[226] Vgl. WH VII, S. 57 (“Die Wirklichkeit des Absurden“).

[227] Vgl. oben, S. 272.

kosmos des Dichters“[228] zentral konstituiert und darüber unweigerlich verschränkt sei in die Wirklichkeit ‚nach Auschwitz‘. Die Auffassung, daß hierüber sich die künstlerische Arbeit auch eines Juden genuin verwirklichen könne, gründete in zwei entscheidenden biographischen, vor-poetologischen Voraussetzungen: zum einen in einer, durch ein „emanzipiert[es], geistig aufgeschlossen[es], weltzugewandt[es]“[229] Elternhaus geförderten Reserve gegenüber allen Angeboten im Kern partikularistisch konstituierter jüdischer Selbstbestimmungen, einer Reserve, die sich auch im zionistischen Milieu des Palästinas der 30er und 40er Jahre zu behaupten vermocht hat[230]; zum andern in einer Konfrontation mit dem Abgrund der NS-Vernichtungspolitik, die ein adäquates Eingedenken nur in einem „das spezifisch jüdische Schicksal [...] *transzendierendes*“[231] erkennen konnte.

Die Auseinandersetzung um Hildesheimers Bekenntnis zur Ästhetik des Absurden verdeutlicht jedoch, daß der Begriff des Absurden im Sprachgebrauch des deutschen Literaturbetriebs in einer Weise durchkonnotiert ist, die jeden Blick auf seine Aneignung durch Hildesheimer verstellen muß. In der Folge dieses debattenpolitischen „Fehlers“[232] sowie einer Neusichtung jener Voraussetzungen, die „*vor* dem Schreiben, *vor* jeder Errungenschaft“ (Bachmann in ihrem Brief)[233] liegen, in der Folge aber auch einer grundlegenden Neubewertung der politischen Verhältnisse in Deutschland gelangt Hildesheimer, in der Auseinandersetzung sowohl mit historischen Rollenbildern jüdischer Intelligenz (Isaac) als auch mit historischen Konstellationen fundamentaler Schreibskepsis (Kraus), zur Position eines jüdischen Autors deutscher Sprache, der in den Bedingungen *auch der Gegenwart* die ältere Erfahrung bestätigt findet, daß erst vom Ort des „Außenseiters“[234] aus „die Wahrheit einigermaßen überzeugend zum Ausdruck“[235] zu bringen sei. Im Modus der Ästhetik des Absurden, wie Hildesheimer sie versteht, d. h. unter Wahrung einer konstitutiven Nähe der Textproduktion auch zum Unbewußten, heißt dies, *auch als Außenseiter* ungehemmt ‚*für sich*‘[236] zu sprechen, zu schreiben zu wagen.

228 WH VII, S. 57 (“Die Wirklichkeit des Absurden“) sowie WH VII, S. 23 (“Über das absurde Theater“).

229 WH VII, S. 160 (“Mein Judentum“).

230 Vgl. auch Kap. X.

231 Moshe Zuckermann: „Aus der Erinnerungsnot eine Aufklärungstugend machen“. Vortrag auf der Internationalen Konferenz „German-Israeli Relations – History, Culture, and Politics“ vom 27. bis 28. Dezember 1995 an der Tel Aviv University (unveröffentlicht). Zitiert nach dem Script, S. 6. Kursivierung S.B.

232 WH VI, S. 827 (“Die Realität selbst ist absurd“).

233 Jehle: *Werkgeschichte* (Anm. 80), S. 639 (vgl. auch oben); Kursivierung S.B.

234 Vgl. WH VII, S. 162 (“Mein Judentum“).

235 WH I, S. 295 (“Vergebliche Aufzeichnungen“).

236 Vgl. ebd. – Kursivierung S.B.

Die Debatte um Hochhuths „Stellvertreter" hatte Hildesheimer dagegen mit einer ganz andersartigen, für die poetische Gestalt „Tynsets" gleichwohl entscheidenden Erfahrung konfrontiert: der nachhaltigen Erinnerung daran, daß die Schuldfrage *auch* eine gerichtsförmige war. Die gerichtsförmige Artikulation der Schuldfrage, die der „Stellvertreter" spektakulär veranstaltete, verwies Hildesheimer vor allem zurück auf den Modus *seiner* unmittelbaren Konfrontation mit den NS-Verbrechen: als Zeuge und Beteiligter der Folgeverfahren im Nürnberger Strafjustizgebäude. Diese biographisch entscheidende[237] Konfrontation mit den NS-Verbrechen war, im Nürnberger Verfahren, aber zusammengefallen mit dem Selbstbehauptungsversuch von Aufklärung und Rationalität im Angesicht von Sachverhalten, die die Existenz und die Geltung dieser Kategorien Lügen zu strafen schienen. Hildesheimer erlebte, wie solche Selbstbehauptung – im einzig denkbaren konsistenten, strukturell systematischen Versuch zu erkennen, gar zu verstehen, was war – nicht davon absehen konnte, die Verbrechen in den Begriffen einer gesellschaftlich konstituierten Rechtsvorstellung zu wägen und sühnen zu lassen. In diesem Blick, den Hildesheimer zunächst von der Dolmetscher-Bank, später vom Redaktionstisch aus in die Dokumente, auf die Zeugnisse von den Verbrechen tat, war die Dimension ‚Schuld' – und zwar in einem strikt anti-metaphorischen Sinn – inhärent. Von hier aus – und das hieß freilich auch: dem noch nicht preisgegebenen Ort der Aufklärung in der Geschichte der Menschen – gab sich der Raum des *Verfahrens* als ein den NS-Verbrechen *genuiner* zu erkennen. Der „Stellvertreter" erinnerte daran, daß, auch wenn er, ja gerade da er keinerlei „Übertragung"[238] leistete und daher in der Form scheiterte, dennoch im Aufrufen der forensischen Dimension der Verbrechen ein ihnen Wesentliches, ein durch keine Transzendierung tatsächlich Aufhebbares mitbenannt war. Zwar setzte sich ein Text, der sich wie der „Stellvertreter" einsinnig auf diese forensische Dimension konzentrierte, der klassischen Selbstbeschränkung des ‚schlechten' Realismus aus: die „mannigfachen negativen Prinzipien" „von menschlichem Versagen bis zum Diabolischen, vom Schäbigen bis zum Ekelhaften" bleiben in ihrem transzendenten Charakter unsichtbar[239]. Doch die „Folgerungen" zeigen, wie Hildesheimer einen Modus ästhetischer Arbeit sucht, in dem das Moment des durch keine Transzendierung Aufhebbaren, das der *konkreten Gegenwart des Vergangenen* kennzeichnend anhaftete, zur Darstellung kommen könnte – *ohne* dabei die Fehler Hochhuths zu wiederholen.

[237] Zum Stellenwert der Nürnberger Erfahrungen eigener Einschätzung zufolge vgl. WH VII, S. 163 ff. ("Mein Judentum").

[238] WH VII, S. 298 ("Folgerungen – Rolf Hochhuth: ‚Der Stellvertreter'").

[239] Ebd.

In „Tynset" wird der Versuch unternommen, die radikalisierte poetologische Entwicklung mit der Erfahrung des „Stellvertreters" zu verknüpfen. Im Entschluß, noch entschiedener als zuvor „für sich" zu formulieren, verwirklichte Hildesheimer zwar einen Modus der Existenz eines schreibenden jüdischen Intellektuellen, den er in der Arbeit an den in Deutschland erworbenen Erfahrungen gewonnen hatte. Doch konnten gerade auch diese Erfahrungen nicht darüber hinwegtäuschen, daß die innere Struktur solchen Schreibens dem deutschen Publikum unsichtbar, das Schreiben als das eines deutsch-jüdischen Überlebenden unerkannt zu bleiben drohten – um so mehr, als ein solches Schreiben „die Beschreibung des Schreckens" genuin „ausspart"[240], „das Hauptthema [...] nur aufleuchtet, [...] nicht ausgeführt"[241] wird. Im Verkennen der elementaren Verkettung des vom Ich Erzählten mit den Sachverhalten der NS-Verbrechen war jedoch die Existenz des ganzen Textes bedroht – jenes Textes, der „sich von selbst, dort, wo einer zufällig aufhorcht und sich davon fesseln läßt",[242] bildet. Von hier aus wächst den expliziten Evokationen der NS-Taten und -Täter eine zweite Funktion zu: Nicht nur bilden sie ‚Stör-Stellen' gegen jenen kurrenten ‚Moderne'-Diskurs, der gern ins Allgemeine geht, vom *Konkreten* der Vergangenheit in der Gegenwart abzusehen sucht; sondern sie zielen zugleich darauf, jenes „Aufhorchen", das Hildesheimer im „Hamlet"-Fragment als Voraussetzung der Entstehung von „Text" benannt hatte, weniger „zufällig" und peripher sein zu lassen.

Wie schon die Protagonisten im „Nachtstück" und im „Monolog", kann auch der Ich-Erzähler in „Tynset" nicht schlafen: „Es sind nicht die Geräusche, die mich wachhalten, es ist etwas anderes – was ist es? [...] Erinnerungen zum Beispiel, die ziehen mir scheinheilig entgegen, ich nehme sie auf, und plötzlich enthüllen sie einen entsetzlichen Kern, angesichts dessen Grinsen der Schlaf entflieht, endgültig." (T 126) Ein Beispiel für eine solche Erinnerung mit „entsetzliche[m] Kern" wird etwa sichtbar, als der Ich-Erzähler Lieferadressen für seine Gewürzmischungen memoriert, um einzuschlafen, und dabei feststellt, daß „Rosmarin [nicht] Sache der Deutschen zu sein [scheint] – auch Knoblauch nicht", um dann fortzufahren: „deutsche Esser legen Wert auf reinen Atem. Wer war das noch, der mir das gesagt hat? Ein Mann mit festem Nacken, dem ich mich gegenüber fand, irgendwo in einem Speisewagen. Später sah ich sein Bild in einer Zeitung, er hieß Jerka oder Jörka und hat, wenn ich mich recht erin-

240 Wolfgang Hildesheimer in einem Interview mit Matthias Prangel 1974. Hier nach WH II, S. 427.

241 WH II, S. 385 ("Antworten über Tynset").

242 WH I, S. 295 ("Vergebliche Aufzeichnungen").

nere, im Krieg ein paar Dänen die Hüftknochen herausgenommen, um sie ein paar Deutschen einzusetzen, eine große Kapazität auf seinem Gebiet – aber los von diesem Gebiet, ich wollte schlafen“ (T 246). Der Sprechende ist ein „aus dem Zentrum verstoßene[r] Zeitgenosse“[243]: gezeichnet von einer seit langer Zeit anhaltenden „Entfremdung, dem Verlust der Gesichtspunkte“ (T 87), „mangelnde[r] Beherrschung des großen Kartenspiels, das die anderen beherrschen [...] ich spiele nicht mit, kann dieses Spiel nicht spielen, ich bin hier nicht heimisch“ (T 150). Zugleich wird er von dem Gefühl heimgesucht, daß sich „mir [...] der Halt [entzieht], vor meinen Augen löst der Sinn sich auf, erscheint der Irrsinn dahinter, ich bekomme die Dinge nicht in den Griff“ (T 254).

Die charakteristischen Kennzeichen des „Tynset“-Monologs sind: beschädigte Erinnerung; Bilder von Stigmatisierung und Verfolgung; Erschütterung der Beziehung zu Gott; das Schuldgefühl des Überlebenden; die Wahrnehmung der Gegenwart als Zeit ohne Fragen und als veränderte, anhaltend gefährliche Gestalt der Vergangenheit. Sie kennzeichnen den Monolog als Rede eines Überlebenden der NS-Massenvernichtung.

Das Erinnerungsvermögen des Sprechenden scheint zunächst *un*spezifisch defekt: „Meine Erinnerung läßt nach, alles verblaßt und wendet sich ab, Menschen, Ereignisse, Freundschaften, Liebschaften –, nur das Sinnlose bleibt, das schwimmt oben –“ (T 73); „das Bild verliert, während ich seine Bestandteile suche und es zusammensetze, an Kontur, an Inhalt und Farbe“ (T 17); „ich richte mich nach der Erinnerung, aber sie läßt nach, je näher ich komme, schwebt nur noch diffus vor mir her, ein unsichtbares Irrlicht, sie lacht mich aus, vielleicht hat sie mich schon in die Irre geleitet“ (T 52). Doch im weiteren Verlauf des Monologs wird deutlich, daß selbst „die, mit der ich war“ (T 79), nicht mehr erinnerbar ist, sie fehlt in ansonsten detailreichen Erinnerungsbildern, ist wie weggeschnitten aus Fotografien: „ich bin zu zweit – zu zweit? – Aber mit wem? – Eine weibliche Stimme ruft mir etwas zu, obgleich ihre Trägerin neben mir ist, aber es weht ein Wind, er weht ihre Worte fort, ich sehe sie entschwinden, sich auflösen, er weht durch ihr Haar, es ist blond oder schwarz, die Möwen sind hellgrau, das Schiff weiß mit einer roten Rostrinne, der Himmel ist grau –“ (T 74); „Ich war nicht allein, – aber wo war die, mit der ich war?“ (T 79); „Da war sie. Aber wer war es? Welche Farbe hatte ihr Haar, ihre Haut, wie klang ihre Stimme? Immerhin, vielleicht habe ich sie geliebt“ (T 80); „Welche Farbe hatten ihre Augen?

[243] Hilde Domin: „Denk ich an Deutschland in der Nacht – Bemerkungen zu Wolfgang Hildesheimers ‚Tynset‘“, in: *Neue Deutsche Hefte*, Sept./ Okt. 1965, S. 124-134, hier S. 124.

Ich weiß es nicht mehr, ich habe es vergessen wie ihren Namen, ich entsinne mich nur noch der Hintergründe, der Szenerie, die Darsteller sind entschwunden" (T 98); „Wer war es, mit dem ich zwei Sommer oder drei Sommer in Somerset verbrachte [...] ihr Haar weht. Seine Trägerin ist in einen langen Wollshawl gehüllt. Aber wessen Shawl ist es, wessen Haar? Wessen Augen? [...] Aber wer war es, wie hieß sie?" (T 251-253). Doch erst am Morgen erinnert sich der Sprechende an ihren Namen – und an die lähmende Angst, die er – in einer nicht näher bestimmten Vergangenheit – um sie ausgestanden hat: „Jetzt fällt es mir ein: Vanessa hieß sie. [...] Und ich muß sie geliebt haben. Ich erinnere mich – ich erinnere mich, daß ich mich manchmal nachts im Dunkel, in jäher lähmender Angst um ihr Leben, über die Schlafende neigte, um zu horchen, ob sie noch atme. – Ob sie noch atmet?" (T 267 f.)

So deutlich die solcherart fragmentierte Erinnerung, ihre „ins Leere gehende, labile Aktivität"[244], auf die traumatisierenden Verlusterfahrungen eines Überlebenden-Ichs weisen, so deutlich markieren manche seiner Reflexionen die Erfahrung von Stigmatisierung und Verfolgungsangst: „Namen und Nasen – ein Makel läßt sich nicht abschneiden oder abwaschen, er verläßt einen nicht, denn man vergißt ihn nicht. Im Gegenteil: erst durch den Versuch der Beseitigung gewinnt er an Gewicht. [...] Ich selbst zum Beispiel, ich trage einen Namen, der einen peinlichen Unterlaut hat, der aus irgendeiner fernen vorgeschichtlichen Tiefe kommt, einer nebligen Dunkelheit, in die zu blicken ich mich stets gescheut habe, und ich könnte mir die herrlichsten Namen geben [...] und [...] doch [...], mein Innerstes würde sichtbar, in dem dann jedermann, auch der, dem mein Name vorher unbekannt war und gleichgültig ist, ihn nunmehr in Fleisch und Blut geschrieben sähe: da steht er, das ist er." (T 71) Diese völlig internalisierte Stigmatisierung, die noch das „Innerste" dem öffentlichen Blick ausgesetzt wähnt und von einer Schrift „in Fleisch und Blut" weiß, ist flankiert von einer sich unausgesetzt wiederholenden, nur allmählich nachlassenden Todesangst: „Ich bin der Junge in der Geschichte, der zu oft ‚der Wolf!' gerufen hat. Nur wird diese Geschichte falsch erzählt: der Junge hat jedesmal den Wolf erwartet und jedesmal den Tod durch Zerreißen erlitten, aber er schreckte ihn immer weniger, und niemals hat er erwartet, daß irgendeiner ihm zu Hilfe eile." (T 78 f.)

Nicht eine Einsamkeit und Verlassenheit, wie sie hier ausgedrückt ist, sondern Kains erfolgloses Gebet zu Gott ist der Anlaß einer längeren Erörterung über die „Schuld Gottes": „Es war [...] vielleicht eines der letzten guten Gebete [...]. Nur war es eben sinnlos, denn der

244 In Abwandlung einer Formulierung in Briegleb: „Vergangenheit in der Gegenwart" (Anm. 126), S. 79.

Gott, an den es sich richtete, war anderweitig beschäftigt, es beliebte ihm, das Gebet nicht zu erhören, das wirft kein schlechtes Licht auf Kain sondern vielmehr auf seinen Gott. Warum erhörte Gott es nicht? Dieses Rätsel ließ mich lange nicht ruhen. [...] es war das erste, der Anfang aller Rätsel. Es ist aber auch der Anfang alles Unrechts, Anfang der Schuld Gottes, der aus keinem Grund Kain nicht gnädig ansah“. Erst dadurch, daß Gott Kains Opfer aus Feldfrüchten verschmähte und „Fleisch“ wollte, wird Kain, „in furchtbarer Enttäuschung“, zum Mörder an seinem Bruder. Der Überlieferung, Kain sei „böse und mißgünstig“ gewesen, begegnet das Ich mit Mißtrauen – „diese Ordnung nehme ich dem Schöpfer nicht ab“ – und zieht eine Summe, an deren Ende ein eindeutiges Urteil steht: „Die Erde soeben erst erschaffen, bevölkert von nicht mehr als vier Menschen, zwei davon schon ungerecht bestraft, ihr Leben verwirkt, was gab es da an Dingen und Gedanken, an denen das Böse hätte sich bilden können, was stand auf der Erde, an dem es sich hätte aufranken, in welchem Loch hätte es sich einnisten können? Wo war der Ansatz, an dem es sich eingefressen, sich ausgebreitet und weitergefressen hätte? Nirgends. Nichts da als ein trügerisches Paradies und Wüste und das schreiende Unrecht Gottes, dem es behagte, Kain zu verderben. Eine schwere Belastung, ein Makel, ein Zeichen an der Stirn, das haftet, nicht an Kain sondern an seinem Schöpfer. Los davon!“ (T 107-110) In der Positur der Anklage gibt sich diese Rede zu erkennen als jüdische Rede zu Gott im Nachraum der Vernichtung. Gott hatte sein Volk nicht bewahrt vor der Auslöschung; und die Rede des Juden zu Gott, einst geprägt von „idiomatischer Affinität“[245], Ausweis ihres „Bund[es] des Dialogs“[246], konnte, „nach Auschwitz“, nicht mehr „anders [sein] als zynisch, vorwurfsvoll oder verzweifelt“.[247]

Auch wenn derart eine Schuld Gottes festgestellt scheint, fühlt sich das Ich nicht entbunden von Reflexionen über eigene Schuld. Der Belastung, die die Frage nach einer eigenen Schuld aufwirft, sucht das Ich auf verschiedene Weise auszuweichen. Wenn der Sprecher konstatiert: „Ich bin ohne Schuld – besser vielleicht, vorsichtiger gesagt: ohne wesentliche Schuld –, daher auch ohne Pflicht. Ich habe nichts gutzumachen, nichts reinzuwaschen, jedenfalls wüßte ich nicht was. Niemand hat, soweit ich weiß, durch mich gelitten“ (T 99) – dann gleiten seine Beteuerungen sofort hinüber zu jener konkreten Täterschuld, in deren Folge jetzt allenthalben „gutgemacht“ und „reingewaschen“ wird, einer Schuld, von der sich das Ich frei weiß. Doch die

245 George Steiner: „Das lange Leben der Metaphorik – Ein Versuch über die ‚Shoah‘“. In: *Akzente*. Jg. 34 (1987), Heft 3, S. 194-212, hier S. 194.

246 Ebd.

247 Ebd.

Schuld, die den Sprechenden beschäftigt, ist jenseits der Definition „Niemand hat [...] durch mich gelitten" angesiedelt. Sie ist im Monolog vor allem in der Figur von Hamlets Vater gegenwärtig. Bereits in der ersten Erwähnung – der Erzähler begegnet dem Gespenst im Treppenhaus – wird ausgesprochen, was beide miteinander zu verbinden scheint: „Er sieht mich an, als wolle er mir bedeuten, daß ich ihm etwas schulde, aber er irrt, ich schulde ihm nichts." (T 20) Im weiteren Verlauf wird deutlich, daß diese Schuld in der ersehnten „Rache" (T 156) für seine Ermordung besteht. Doch auch wenn das Ich dem „unerlöst" (T 160) dastehenden Vater wie dem eigenen schlechten Gewissen in dieser Nacht noch mehrfach begegnet – und nicht nur in dieser–, sucht es, dieser Aufforderung auszuweichen: „An seinem Platz steht, stellvertretend, der Vorwurf, aber ich nehme ihn nicht an, ich lasse ihn stehen, und er löst sich in Schwaden auf, Fetzen, in denen ich, wie immer, den lange verhallten Ruf zur Tat noch höre, zur Handlung, aber ich beachte ihn nicht, ich nicht." (T 186) Im Versuch, der Aufforderung zur Rache zu widerstehen, geht der Sprechende sogar so weit, seinen Vater zu verleugnen – freilich in einer sprechend paradoxen Weise: „Da steht er und wartet auf mich, [...] steht und wartet auf meinen kleinen Finger, um die ganze Hand zu nehmen. Aber ich gehe unter seinem Blick hindurch, ich beachte die Erscheinung nicht, sie hat mit mir nichts zu tun, sie ist nicht mein Vater, nein, – mein Vater war anders – mein Vater war ein besserer Mann als dieser da, sein Geist steht nicht an einem Treppenabsatz, er hat vielmehr diese Erde endgültig und ohne Bedauern verlassen, er hält nicht, wie dieser hier, nach Möglichkeiten einer Rache Ausschau, obgleich sein Ende nicht so sanft war wie das Ende dieses Mannes hier, nein, kein Gift bei einem Nachmittagsnickerchen ins Ohr geträufelt, er ist nicht sanft ins Jenseits hinübergeschlummert, sondern erschlagen von christlichen Familienvätern aus Wien oder aus dem Weserland." (T 155 f.) In einer Anstrengung, die Suggestivität der Erscheinung des „Geistes" zurückzuweisen, ‚besinnt' sich der Sprechende auf seinen wirklichen Vater – und stößt auf ein mörderisches Ende, das noch ausdrücklicher als das von Hamlets Vater nach einer Vergeltung verlangt. Der Anspruch der Opfer einer tödlichen, einer mörderischen Vergangenheit nicht nur auf eine späte Gerechtigkeit, sondern auf eine aus dieser Vergangenheit resultierende genuine ‚Rechtfertigung' der Existenz ihrer Nachfahren bleibt uneingelöst; aber auch deren Versuche einer Abdichtung gegenüber dem „Vorwurf" bleiben untauglich.

Die gesellschaftliche Gegenwart begegnet dem Ich als Welt ohne Fragen. In der Perspektive eines Lehrers, die das Ich probierend einnimmt, ist „alles [...] bereits Antwort. Keiner fragt, denn keiner weiß, daß man überhaupt fragen kann. Alle sind sie nur mit den Antworten groß geworden, denkt der Lehrer, aber es sind keine Antworten auf Fragen, vielmehr sind es Scheinantworten, sie dienen dazu, der Frage zuvorzukommen, die Frage zu verhindern, sind dazu entworfen, die Frage so zu verdecken, als gäbe es sie nicht.“ (T 136) Zu dieser geschlossenen Diskursordnung paßt auch ein „Schonwortschatz, [...] geprägt, um eine nach oben steigende Beunruhigung abzuschöpfen und erkühlen zu lassen“, der etwa in der Vokabel des „Verteidigungsminister[s]“ anstelle des „Kriegsminister[s]“ (T 101) zum Einsatz kommt. Diese Versteinerungserscheinungen erkennt das Ich auch in jener neuen Reihenhausarchitektur, die, „erbaut von den Hassern der Baukunst, ohne Farbe [ist], ohne Ansatz zu veredelndem Element, ohne Scham ihrer Häßlichkeit und ohne Hoffnung auf verändernde Mächte, es sei denn die gnädige Gewalt einer Katastrophe“ (T 115). Fragen, Lernen, Ändern – diese Handlungen sind als natürliche Lebensäußerungen nicht mehr allgemein bekannt. Daß ein Leben unter diesen Bedingungen aber für *alle* Beteiligten ein uneingelöstes sein könnte – das ist geahnt im kollektiven undeutlichen, nichtsdestoweniger verzweifelten Gefühl, die Gewalt einer Katastrophe könne sich als „gnädige“ erweisen.

Die hier markierten Züge und Motive, die den „Tynset“-Monolog als Rede eines Überlebenden kennzeichnen, sind ergänzt durch mehrere umfängliche „Nebenthemen“[248], an die der Sprechende meist assoziativ ‚gerät‘: Hierzu zählen vor allem die sogenannte Bett-Fuge (T 187 ff.), die Gesualdo-Episode (T 130 ff.), die Erinnerung an das Labyrinth im Garten der Villa Barbarigo (T 96 ff.), das Konzert der Hähne von Attika (T 63 ff.), das Projekt einer Ausfahrt über den Berg (T 51 ff.) und die Begegnung mit Celestina (T 215 ff.). Zwar sind sie sämtlich lesbar als Variationen über Verfolgung und Bedrohung, Einsamkeit und Tod; doch ihr gemeinsamer Grund ist am deutlichsten darin bezeichnet, daß sie – Evokationen zivilisatorischer Errungenschaften – zum Treibgut im „Bewußteinsstrom“[249] eines Ichs heruntergekommen sind, das alles festzuhalten sucht, was irgend den Schlaf mit sich bringen könnte. Sei es die Geschichte der Sieben im Bett von Skye oder der Mord im Bett des Gesualdo, der Schrecken im Labyrinth oder der Blick von der Akropolis auf die Stadt, die Gegenwart sichernder „Straßenzustandsberichte“ (T 254) oder Celestinas Flucht in die christliche Religion, „Irrtum, Willkür, Verbrechen, Verblendung, von Anfang an“ (T 228) – was auch immer an Bildern menschlicher Existenz als gesellschaftlicher, als kultureller am Sprechenden

[248] WH II, S. 385 (“Antworten über Tynset“).

[249] Hermann Kähler: „Hildesheimers Flucht nach Tynset“. In: *Sinn und Form*. Jg. 17 (1965), H. 5, S. 792-797, hier S. 793.

vorüberzieht, ist unterlegt mit Grauen[250]. Am Gegenstand und den Zeugnissen des Christentums in der Geschichte, das wie keine andere historische Erscheinung ein Selbstverständnis als konstitutiver zivilisatorischer Kraft des Okzidents mit unbegrenzter Auslöschungsenergie verknüpfte, schärft sich eine solche Perspektive derart, daß noch das Schlagen der Kirchturmuhr wie „eine böse Musik" (T 260) klingt – eine Wahrnehmung freilich, die selbst schon Teil einer älteren Verfolgten-Überlieferung ist[251]. Wer in dieser Perspektive „Hildesheimer[s] [...] ständig wiederkehrende kleine antichristliche Impulse" ortete, aufgeladen „zu einer Batterie von geschmacklosesten Anzüglichkeiten [...], die als überholtes atheistisches Kampfvokabular weit unter Hildesheimers Niveau liegen sollten"[252], verkannte ihren grundlegenderen Zugriff, wie er sich etwa in der Schilderung des Prosniczer-Auftrittes auf der letzten Feier im Haus des Sprechenden zu erkennen gibt. Kaum hat der „Revivalist" mit wenigen einfachen Maßnahmen eine missionarische Situation geschaffen, das Gros der Gäste bereits als singenden Chor in diese Situation eingebunden, beginnt das Ich zu spüren, „wie etwas Furchtbares sich im Raum ausbreitete; das gemeinsame Handeln eines Körpers sündiger Bekenner, einträchtiger Wunsch zur endlichen Einkehr, eine feste feierliche Burg baute sich auf, aus Mauern von starkem Gefühl, reuiger Einsicht, die Nacht löste sich in Sonntag auf, und jeder sah sich selbst ins Auge, ohne sich anderer Augen zu schämen. So anfällig also – so anfällig waren alle, sind alle, nicht nur meine Gäste, alle außer einigen wenigen – außer mir und einigen wenigen, aber wo sind die anderen? – so empfänglich für den Willen eines, der sie überrascht und überrumpelt, der den empfänglichen Augenblick zu nutzen versteht. Wahrhaftig, das Bessere im Menschen ist immer noch schlimm genug, diese schreckliche Erkenntnis ergriff mich, rüttelte mich und ließ mich erschauern, läßt mich jetzt noch erschauern, wenn ich an diese Nacht denke." (T 169) Dies sind, unübersehbar, jene Momente, in denen Volksgemeinschaften gestiftet werden: sündige Bekenner verschmelzen zu *einem Körper*; Vergangenes wird in einer „endlichen Einkehr" abgelegt; als „feste Burg" rüstet man sich in „gemeinsamem Handeln" gegen

[250] Vgl. Walter Benjamin: „Über den Begriff der Geschichte". In: WB I, 2, S. 693-704, hier S. 696.

[251] Vgl. etwa die Beobachtungen Walter Benjamins in Moskau: Vom „Glockengeläut, das sonntags über unsere großen Städte eine so tiefe Traurigkeit verbreitet", sei Moskau „so gut wie befreit"; im Halbdunkel der Kirchen hatte er ihrer als Beratungsort für die „bedenklichsten Geschäfte" gedacht, „wenn es sich trifft auch über Pogrome" (Walter Benjamin: „Moskau". In: WB IV, 1, S. 316-348, hier S. 345, 344) Das Motiv wird von Hildesheimer noch einmal aufgenommen in „Die Margarinefabrik": „Kein Kirchturm ist zu sehen"; und, noch offenkundiger: „ich höre deutlich, wie keine Kirchenglocken läuten" (WH I, S. 312, 310).

[252] Paul Hübner: „tynset". In: *Rheinische Post*, 13.3.1965.

etwaige „andere“[253]; Selbsteinkehr in der Öffentlichkeit, ‚ohne Scham‘, demonstriert feierlich: es gibt kein Eigenes mehr. Hier reicht schon „*einer* [...], der den empfänglichen Augenblick zu nutzen versteht“. Es ist dieses „Bessere im Menschen“, unvermindert ins säkulare Jahrhundert überliefert, das das Ich mit Grauen erfüllt, denn es „ist immer noch schlimm genug“, eine „Erkenntnis“, die sich nicht mehr wirklich verflüchtigt. Doch in dem Maß, in dem sich noch jedes Fortschrittsprojekt, das innerhalb der christlich-abendländischen Zivilisation formuliert wurde, zuletzt auf exakt dieses „Bessere“ als Basis berief, waren nicht nur diese Projekte, sondern ihre ‚Zivilisation‘ selbst denunziert: als „Irrtum [...] von Anfang an“ (T 228).

So deutlich *auch* die „Nebenthemen“ gezeichnet sind von den Spuren eines Überlebenden-Ichs, so kommen doch alle diese Partien ohne eine explizite, eine ‚betonte‘, eine positivistisch-dokumentarische Thematisierung der Shoah aus. Was hier zu beschreiben wäre – Hildesheimer spricht von der Beschreibung des „Schreckens“ –, „wird ausgespart“[254]. Dieses Moment gründet zum einen in der genuinen Struktur eines solchen erinnernden Schreibens, dessen Erzählbemühung dadurch gekennzeichnet ist, daß sie vom „Entsetzlichen“ fortdauernd „abgestoßen“ wird, abgleitet[255]. Zum anderen äußert sich hierin jedoch zugleich eine Einsicht, die auch als ‚Rationalisierung‘ dieses spezifischen Schreibproblems begriffen werden kann: daß „das Unaussprechliche“ (T 27) dann, wenn es tatsächlich als solches – auch mit seinem diskursirritierenden Impetus – zugelassen ist, nicht ausgesprochen werden kann. Der Monolog des Sprechenden demonstriert, daß er sich auf eine Diskursdisziplin, ja -strenge, wie sie ein solches Sprach-Ethos erfordert, einzulassen bereit ist: „Was einer sagt oder liest oder schreibt oder denkt oder druckt oder predigt, ist nicht entweder gut oder schlecht. Es ist entweder falsch oder richtig“ (T 58). „Richtig“ kann hinsichtlich des „Unaussprechlichen“ (T 27) nur heißen: daß es tatsächlich unausgesprochen bleibt. Dennoch wird die Faktizität der NS-Verbrechen, ihrer Täter und beider Gegenwart unmittelbar aufgerufen.

Es ist exakt diese poetologisch problematische Konstellation – die Reibung zwischen der Konstitution des Ich-Monologs und dem Darstellungsverbot am *Ge*bot, das Begehren ‚schlechter‘ Transzendierung

[253] Die Anspielung auf Luthers Kirchenlied „Ein feste Burg“ deutet auf das Theorem eines Traditionszusammenhangs zwischen den antijüdischen Pamphleten Luthers nach 1540 und dem modernen NS-Antisemitismus, wie es beispielsweise George Steiner in „Das lange Leben der Metaphorik ...“ (Anm. 245), S. 199, anführt.

[254] Wolfgang Hildesheimer in einem Interview mit Matthias Prangel 1974. Hier nach WH II, S. 427.

[255] WH II, S. 385 („Antworten über Tynset“).

zu durchkreuzen, „Text“[256] *auch* in der deutschen Rezeptionssituation möglich zu machen –, in der die konkreten Abbildungen von NS-Vergangenheit und -Gegenwart Bedeutung erlangen. Die prominentesten Stellen, die einen Bezug zum Nationalsozialismus unmittelbar aufrufen, sind dem poetologischen Quellpunkt ihrer Entstehung direkt verpflichtet: dem Diskurs des gerichtlichen Verfahrens. Wenn etwa notiert wird, daß der „deutsche Bastler“, der einst „Lampenschirme [...] aus heller menschlicher Haut“ verfertigte, „heute als Pensionär in Schleswig-Holstein lebt“ (T 139), dann sind in den wenigen Worten, die diesem NS-Täter gewidmet werden, gleich drei Tatsachen benannt, von denen mindestens zwei staatsanwaltschaftliches Interesse beanspruchen können: der Benannte (oder Beschuldigte) ist noch nicht verstorben; er ist wohnhaft in einem deutschen Bundesland, d. h. dem Zugriff deutscher Behörden nicht entzogen[257]; zudem bezieht er – offensichtlich unbeanstandet und ungeschmälert – als ehemaliger deutscher Beamter eine Pension. Auch die Begegnung im Speisewagen ist ganz konzentriert auf jene Daten, auf die ein Gericht das begangene Verbrechen im Wege seiner Verfahrenslogik reduzieren würde: den Namen – den das Ich freilich nicht mehr exakt erinnert: „Jerka oder Jörka“ –, die Tat – „ein paar Dänen die Hüftknochen herausgenommen“ –, Personalien und die Bestimmung als Beklagter – „sein Bild in einer Zeitung“. Ob und zu welcher Strafe dieser Täter – etwa nach seiner Begegnung mit dem Sprechenden im Speisewagen – verurteilt worden ist, bleibt unklar; in beiden Fällen mag dagegen sein Ruf, „eine große Kapazität auf seinem Gebiet“ zu sein, anhalten (T 246). Auch die berühmte Telefon-Episode bedient sich konstitutiv der spezifisch juristischen Valenz der NS-Verbrechen. Indem die Telefon-Versuche des Ichs ein erhellendes Schlaglicht auf die beträchtliche Anzahl jener besonderen Männer werfen, „die sich überall zurechtfinden, [...] Meister ihres Schicksals und meist auch des Schicksals anderer“ (T 40), wird zugleich deutlich, daß alle diese Männer bis zu diesem Anruf augenscheinlich unbehelligt in Freiheit leben. In der Sorgfalt, mit der der Sprechende die Namen erinnert, die während dieser Gespräche fallen – unter ihnen gar der des Nachfol-

256 In Anspielung auf WH I, S. 295 (“Vergebliche Aufzeichnungen“); vgl. auch oben.

257 Spektakuläre Fälle wie vor allem der Eichmanns, aber auch die Mutmaßungen über die Aufenthaltsorte Mengeles oder Bormanns hatten den Eindruck verbreiten helfen, daß sich das Gros der NS-Verbrecher dem Zugriff der deutschen Behörden durch Flucht ins Ausland und/ oder Wechsel der Identität entzogen haben mochten. Sämtliche Angeklagten des Frankfurter Auschwitz-Prozesses waren jedoch unter ihren richtigen Namen ordnungsgemäß in der Bundesrepublik Deutschland bzw. Berlin/ West gemeldet, auf deren Gebiet sie sich – mit geringfügigen Ausnahmen – seit Kriegsende ohne Unterbrechung aufgehalten hatten (vgl. Naumann: *Auschwitz-Prozeß* [Anm. 212], S. 17 ff.)

gers Adolf Hitlers[258] –, klingt die Aufmerksamkeit eines Zeugen nach, der freilich schon weiß, daß er von einem Gericht dieser „öffentlichen Ordnung" (T 45) nicht mehr in den Zeugenstand gerufen werden wird. Zwar muß das Vertrauen des Sprechenden in diese Ordnung unweigerlich zerstört sein – Kabasta, einem von den „Ordnungswahrern" (T 269), gelingt es, ihn aus „Deutschland" (T 28) zu vertreiben, wie zuvor schon andere: „Bloch schrieb er auf seinen Block, auf dem schon andere Namen standen und wieder andere schon durchgestrichen waren, ausgelöscht, erledigte Fälle, ehemalige nächtliche Ruhestörer, ein für allemal zur Strecke gebracht von einem geübten Jäger" (T 44). Dennoch setzt der Verfasser noch – wenn auch nur als ‚Hilfsmittel' bei der Produktion von „Text" – auf jene Unmittelbarkeit von Fakten, durch die auch *er* vor Jahren – erstmals ohne Rückhalt – mit dem Abgründigen des Nationalsozialismus konfrontiert worden war: „Im letzten Krieg hat der deutsche Kommandant [von Hamar] dreizehn Einwohner an Laternenpfählen aufhängen lassen. Siebzehn Einwohner waren zu einem solchen Tod auserlesen, aber der Kommandant war in Eile, daher erschoß er die letzten vier, einem Befehl von oben vorgreifend, eigenhändig." (T 18 f.)

7

Tynset, der Ort, den der Erzähler in einem norwegischen Kursbuch findet, an einer Nebenlinie zwischen Hamar und Stören, bleibt, zuletzt, ein „Geheimnis" (T 243) – „Ich sollte froh sein, diesen Namen gefunden zu haben, ohne nach dem Ding oder dem Ort zu forschen, der diesen Namen trägt" (T 244). In den Lektüren ist zurecht immer wieder auf das Irreale von Hildesheimers Tynset hingewiesen worden. Domin bestimmte ihn als „de[n] Punkt im Unendlichen, in dem sich die Parallelen treffen. Durch Deutschland laufen die Parallelen hindurch, irgendwo weit im Norden, jenseits von Deutschland, konvergieren sie [...]. Tynset, beginnend wie Deutschland, endend wie Hamlet."[259]

Doch noch im gleichen Jahr veröffentlichte Hildesheimer eine weitere ‚Ortsbeschreibung', die, als Annäherung an ein ‚profanes' Tynset,

[258] Karl Dönitz befand sich zu dieser Zeit in der Tat in Freiheit. Geb. 1891, war Dönitz seit 1943 Oberbefehlshaber der Kriegsmarine gewesen und am 30.4.1945 durch Hitler zu seinem Nachfolger ernannt worden. In Nürnberg zu 10 Jahren Haft verurteilt, war er am 1.10.1956 aus dem Militärgefängnis Berlin-Spandau entlassen worden.

[259] Domin: „Denk ich an Deutschland..." (Anm. 243), S.125, 130; „Tynset, beginnend wie Deutschland" bezieht sich auf Domins Hinweis, daß Deutschland im Norwegischen ‚Tyskland' heiße (ebd., S. 125).

Aufschlüsse über den Ort im gleichnamigen Buch nicht zulassen mag, wohl aber ein weiteres Licht wirft auf den Ort des Sprechenden. Auf die Einladung des Westberliner Jungverlegers Klaus Wagenbach an zahlreiche west- und ostdeutsche Autorinnen und Autoren, jeweils „ ‚ihren' Ort"[260] zu beschreiben und auf diese Weise einen „Atlas" zusammenzustellen, sendet Hildesheimer den als unmittelbar autobiographisch ausgewiesenen[261] Text „Die Margarinefabrik" ein. Der Autor schildert dort einen Ort „an der Westküste Norwegens"; „den Namen [...] weiß ich nicht. [...] Auf der Reise aus dem Norden, wo meine Träume angesiedelt sind, in den Süden, wo meine Wirklichkeit angesiedelt ist, habe ich eine Stunde dort verbracht, vielleicht war es noch nicht einmal eine Stunde, aber es war lang genug, um in dem Schatten des Wassers davor einen der Anker auszuwerfen für die Ladung geretteter Requisiten der Kindheit, einen jener Anker, mit denen es sie früher an manchen Orten hielt, die sich aber in den Perioden des Schreckens gelockert haben, und nun seit langem hochgezogen und verrostet, so wie die Orte selbst vergessen und verdrängt sind."[262]

Hildesheimers genaue Beschreibung nennt die Bedingungen für einen solchen Platz, an dem die Erinnerungen aus einer Zeit vor den „Perioden des Schreckens" noch einmal lebendig zu werden vermögen: „Niemals bin ich in einer Landschaft gewesen, die einzig und allein um ihrer selbst willen und damit auf unmittelbare Weise im vordergründigen Sinne des Wortes so ‚schön' ist, wie diese hier; in der nichts ist von Geschichte, keine Spur von Religion oder Mythos, ja, der auf weite Striche sogar das Menschliche fremd ist. Wie oft habe ich versucht, in der Weite die Höhe eines Hügels oder Gebüsches zu schätzen, und es gelang mir nicht, denn es fehlte das menschliche Maß. Lange – genauer gesagt: bisher – habe ich geglaubt, ich könne, wenn überhaupt, nur dort heimisch werden, wo etwas ‚gewesen': wo etwas geschehen sei, das – für meine Begriffe – zur Würde der Welt beigetragen habe; wenn nicht große Architektur, so doch ein Berg wie der Olymp oder eine Quelle wie die Kastalia. Aber je älter wir werden, desto größer wird unser Mißtrauen gegen die Überlieferung, ja, unser Mißtrauen tastet sich an den Fäden der Überlieferung zurück und nistet sich an ihren Ursprüngen ein: den Ereignissen selbst. Und dort nagt es weiter. Die Rekonstruktion eines Tempels ist Fälschung und damit ein Ärgernis, stände aber der Tempel noch unzerstört da, so wäre er ein Zeuge finsterer Barbarei, eine Stätte menschlicher Schande. Besser also, und sicherer, dort zu sein, wo nichts gewesen

260 „Warum dieses Buch keinen Herausgeber hat". In: *Atlas* (Anm. 218), S. 8.

261 Vgl. die biographisch präzisen Angaben etwa über den Vater: „[...] mein Vater war Chemiker in einer Margarinefabrik in Hamburg, leitete eine in Mannheim und hat in Haifa eine dritte aufgebaut [...]" (WH I, S. 307 ["Die Margarinefabrik"]).

262 Ebd., S. 305.

ist, besser, sich in dieser Landschaft das eigene Geschehen aufzubauen."[263]

Diese Bedingungen treffen auf den winzigen Ort zu: nicht mehr als „ein bis zwei Dutzend Häuser" und eine aufgelassene Margarinefabrik unmittelbar am Wasser, und werden weiter präzisiert: „Hier, wo ich jetzt bin, ist nichts geschehen, außer daß vielleicht vor langer Zeit hier Margarine gemacht wurde. Weder Geschichte noch Sage sind hier zuhause, die Heimat der Edda ist Island, die der Trolle das Gudbrandstal – so weit südlich von hier wie Wilhelm Tell von Rübezahl –, und die Spuren deutscher Barbarei sind weiter nördlich. Dieser Platz ist ausgespart, hier herrscht Stille, ich stehe und kann die geretteten Requisiten aufbauen, ich habe die Ladung immer bei mir. Die Stille ist nicht unheimlich, die Ferne nicht drohend, die Nähe nicht trügerisch, in den dunklen Ecken und Winkeln versteckt sich nichts. [...] dies ist der Augenblick, da ich den Anker auswerfe; da meine Fantasie aus dem Gewirr der Gegenstände das Nötige hervorkramt, um diesen Fleck einer statischen Gegenwart mit Elementen einer Welt zu bestücken, in der nichts geschehen kann und nichts geschehen wird."[264]

Von diesen Requisiten selbst teilt Hildesheimer wenig mit; doch dies scheint weniger mit Diskretion zu tun zu haben als mit der Einsicht, daß der subjektive Kosmos solcher Erinnerungsbilder – „gerettete[r] Requisiten [...], immer bei mir" – nicht wirklich mitteilbar ist: „ich stehe in einem getäfelten Raum, die Sonne schiebt durch Rippenfenster ein Muster von dunkelweiß und hellweiß auf lackierte Möbel, ich gehe zu Bett und sehe den klaren Mond nah und fern und ein Widerspiel beleuchteter Wellen an den nächtlichen Wänden, ich höre im Garten einen Ruf, der sich entfernt oder das Fallen einer reifen Birne auf den Rasen, ich bin wunschlos und ohne Sehnsucht."[265]

Das Ich auch dieses Textes ist, wie das in „Tynset", gezeichnet von den erwähnten „Perioden des Schreckens". Doch das vielleicht schärfste Profil erhält Hildesheimers poetologischer – als existentieller – Ort in diesem „Atlas" durch sein Gegenüber zu einer anderen Ortsbeschreibung – zu Peter Weiss' „Meine Ortschaft". Von dieser Ortschaft – „sie trägt einen polnischen Namen"[266]: Auschwitz – ist kein weiter entfernter Ort denkbar als der von Hildesheimer beschriebene, gesuchte. Gleichwohl: Was auf den ersten Blick wie ein Gegensatz wirken mag, trügt. Denn noch das Anzielen des vom „Ent-

263 Ebd., S. 308 f. Beachte die Nähe zur VII. Geschichtsthese von Benjamin: „Es ist niemals ein Dokument der Kultur, ohne zugleich ein solches der Barbarei zu sein" (WB I,2, S. 696). Vgl. hierzu auch schon oben.

264 WH I, S. 309, 312 ("Die Margarinefabrik").

265 Ebd., S. 312.

266 Peter Weiss: „Meine Ortschaft". In: *Atlas* (Anm. 218), S. 27.

setzlichen“ weitest entfernten Punktes – sei es eine Landschaft, der noch „das Menschliche fremd ist“; sei es das schlechthin „Entfernteste“, das Nichts jenseits der Sterne (T 180 f.) – wies unweigerlich zurück an jenen Ort, an dem diese Bewegung ihren Ausgang nahm.

8

Der Reigen der Rezensionen setzt ein mit einem Verriß, den Reinhard Baumgart unter dem Titel „Schlaflos schluchzend“ am 3. März im „Spiegel“ veröffentlicht. Im „Tynset“-Text, in dem „viel falsch zurechtgeschnitztes Deutsch stehengeblieben ist“ und der das Unfertige des „hier Geplante[n]“ in einem „ratlosen Nebeneinander von Partien“ verrate, „die wie mühelos gelingen, und anderen, die vorerst nichts als trockene Bemühtheit verraten, in ihrer Sprache, im Denken, in ihrem Bauplan“, erkennt der Rezensent „ein Manuskript, [...] einen ersten, hochzielenden Entwurf“, jedoch kein „Buch“. In der Tatsache, daß Hildesheimer „seine Aufzeichnungen nicht Roman [nennt]“, meint Baumgart daher „Aufrichtigkeit“ erkennen zu sollen. Der Haupteinwand des Rezensenten zielt jedoch darauf, daß all die „tiefempfundenen Seufzer über das Sinnlose an Gott und Welt, Leben und Tod“ nichts Neues böten: „Weltschmerz hätte das früher geheißen, heute tauft es sich gern auf den strengen Namen ‚Entfremdung‘. Diese Klagerede möchte offenbar radikal sein durch Allgemeinheit, gerät aber durch ihre Allgemeinheit nur unverbindlich, zu Weltschmerz-Rhetorik.“ Bei seiner Prüfung der Frage „Wer mag diese schlaflose, trübe philosophierende Ich-Person sein?“ kommt Baumgart zu der Antwort: „Das Rede-Ich ist niemand anders als der Autor selbst: Wolfgang Hildesheimer“; in einer etwa gleichzeitig in den „Bücherkommentaren“ veröffentlichten Besprechung ergänzt Baumgart: „Er scheint Satz um Satz, Geste um Geste bitterlich mit dem Redenden einverstanden.“ Doch da die „Tynset“-Nacht „in seinem Leben natürlich so nie vorgekommen“ sei, habe der Autor, um einen „Anlaß eben für ein Buch“ zu erhalten, „zwischen der Wahrheit des Berichts oder Tagebuchs und der anderen Wahrheit des Erfindens und Erzählens [...] schlingernd einen Mittelweg gesucht.“ Baumgart fährt fort: „Kein Wunder also, wenn gerade die bekennenden Partien so gekünstelt und durchaus unpersönlich bleiben, ganz als würden schwere Baßnoten gepreßt im Falsett gesungen. Unermüdlich schwingt sich die Sprache in Höhen und fällt kläglich zurück auf Gemeinplätze. Klischees werden abgeweidet wie blühende Wahrheit.“ In den „Bücherkommentaren“ präzisiert Baumgart: „Fortwährend wird Erfahrung beteuert, fast nie erscheint sie. Denn bloße Meinung, so gut oder tief oder schmerzhaft sie sich auch fühlen mag, zählt nichts in der Literatur, es sei denn, sie beglaubige sich durch Sprache. Das Unerhörte, hier in fein klischierten Sätzen behauptet, ist nicht länger unerhört, sondern lästig bekannt.“ Nach einer Würdigung der „eingestreuten Geschichten“ fragt Baumgart: „Warum also hat ihm eine Klagemauer nur aus Geschichten nicht genügt, warum schickt er sich selbst als Maurer und schluchzend auf die Szene? Möglich, daß er der Aussagekraft von Geschichten nicht mehr traut, denn auch Hildesheimer muß ja aus Paris das Gerücht vom Ende allen Erzählens gehört haben.“ Mit Blick auf diese „Parabeln“ schließt Baumgart ‚versöhnlich‘: „Was ist nun ärgerlicher: ein schlechtes Buch oder eines, das den Umriß seiner großen Möglichkeiten nur andeutet?“[267]

In dieser Lektüre war die grundlegende Konstitution „Tynsets“ unerkannt geblieben. Der erinnerungspoetologische – d.h. auch: der akut politische – Impetus des Buches war gleichwohl registriert worden: Die Wendung vom „Unerhörte[n], [das] [...] *lästig* bekannt“ sei, aber nicht weniger die ‚Metapher‘ von der Klagemauer[268] verraten deutlich, daß auch in dieser Rezension von den NS-Verbrechen die Rede ist – jedoch nicht in der an Adorno anschließenden kritischen Weise, die von Baumgart mit einiger Berechtigung zu erwarten gewesen wäre.[269] Als frühe und an prominentestem Ort veröffentlichte Rezension barg Baumgarts Besprechung die Gefahr, daß die hier eingenommene Perspektive die die Kritik beherrschende werden, „Tynset“ – einschließlich seiner erinnerungspoetologischen Qualität – unbegriffen bleiben würde.

Eine solche Befürchtung wird spätestens zehn Tage nach Erscheinen der Baumgart-Rezension durch die Besprechung Peter Horst Neumanns gerechtfertigt, der, in der „Stuttgarter Zeitung“, ins gleiche Horn stößt. „*Zuviel* fällt Hildesheimer ein, aber es ist ein Altes. An

267 Reinhard Baumgart: „Schlaflos schluchzend“. In: *Der Spiegel*, 3.3.1965; ders.: „Tynset“. In: *Bücherkommentare*, 1965/1.

268 „Vor der Klagemauer“ war der von Baumgart ursprünglich vorgesehene Titel (vgl. Rodewald: *Hildesheimer* [Anm. 59], S. 115).

269 Baumgart war „Adorno-Schüler“ (Keith Bullivant und Klaus Briegleb: „Die Krise des Erzählens – ‚1968‘ und danach“, in: Klaus Briegleb/ Sigrid Weigel (Hg.): *Gegenwartsliteratur seit 1968*. München/Wien 1992, S. 302-339, hier S. 309). Unmittelbar nach Erscheinen von Baumgarts Rezension war Hildesheimer bereits von „eine[r] gehässige[n] Kritik im ‚Spiegel‘“ (Brief an die Schwester, 2. März 1965, WHA) berichtet worden. In einem Interview für die ZDF-Reihe „Zeugen des Jahrhunderts“ äußerte Hildesheimer im September 1989: „Zu der Klagemauer-Sache ist natürlich folgendes zu sagen: Das hat ein von mir äußerst geschätzter Kritiker geschrieben, Reinhard Baumgart, der mir später sagte, er hätte sich leider geirrt. Man irrt sich ja manchmal, und das tat mir wirklich leid, nicht, weil es nun anders dokumentiert war, sondern weil ich Baumgart als Kritiker ungeheuer schätzte und immer noch schätze.“ (Wolfgang Hildesheimer: *Ich werde nun schweigen*. Gespräch mit Hans Helmut Hillrichs in der Reihe ‚Zeugen des Jahrhunderts‘. Göttingen 1993, S. 41.)

Stoff herrscht eher Ueberfluß statt Mangel, freilich an abgenutztem. Und will dieser Stoff sich auch keiner Fabel mehr fügen, erweist sich der Tiefsinn versuchter Metaphern zu bald schon als flach". Anders als Baumgart, erteilt Neumann jedoch konkrete Ratschläge: „In den Aufzeichnungen [...] ist an Banalem leider kein Mangel. Die lockere Fügung der Erzählteile sollte es erlauben, solche Belanglosigkeiten bei einer künftigen Neuauflage ohne Schaden für das Ganze einfach zu streichen". Ein besonders schweres Defizit, ohne das das Buch „ein Meisterwerk [...] vielleicht [...] hätte werden können", erkennt Neumann in „ein[em] nur schwer begreifbare[n] Mangel an Diskretion": die zu offensichtliche Herstellung gewisser „Parallelen" – zu was, bleibt auch in dieser Rezension unausgesprochen. „Ein Autor, dessen Stärke und Not zugleich die Fülle seiner literarischen und historischen Reminiszenzen ist, sollte mehr Sorgfalt darauf verwenden, diejenigen Parallelen, um derentwillen er ein solches Werk schreibt, zu verdecken. Verstößt er gegen diese Diskretion, aus der allein die echte Spannung der Kunst entsteht, so setzt er sich der Gefahr aus, die Aufmerksamkeit seiner Leser nicht selten zu suspendieren. [...] Ein Rest, der Schweigen ist, bestimmt den Rang eines Kunstwerkes."

Zwar scheint dieses Argument durchaus aus dem Raum jener Poetologie formuliert, der auch Hildesheimer verpflichtet war: des Beharrens auf einer Transzendenz, die auch durch die in den Text planvoll eingefügten Verweise auf die Faktizität der *bestimmten* Geschichte[270] nicht aufgehoben werden sollte. Doch daß dieses poetologische Argument gar nicht tatsächlich gemeint ist, verrät sich wenige Zeilen zuvor, wenn Neumann feststellt: „Der Leser des Buches ist in der Lage jenes Einbrechers aus Hildesheimers ‚Nachtstück', der, an einen Stuhl gebunden, dem ‚Mann, der nicht schlafen kann', zuhören muß: ‚Ich will, daß einer mir zuhört. Meine Schrecken abwälzen, damit der Schlaf mich leer antrifft'."[271] Auch wenn den „Leser" Neumann legitimerweise nicht jene Zuschreibungen treffen dürfen, mit denen Hildesheimer den Einbrecher des „Nachtstücks" an anderer Stelle versehen hat[272], so wird doch deutlich, daß auch hier das Berichtete „lästig"[273] gefunden wird, in einem Ausmaß gar, daß einzig Freiheitsberaubung den Leser dazu bewegen kann, dem Sprechenden seine Aufmerksamkeit zu schenken. Die bizarre Konstellation, wie sie Hildesheimer im „Nachtstück" gezeichnet hatte, wird, noch indem sie zitiert wird, affirmativ nachvollzogen; die Wirklichkeit deutscher Kritik gerät, in einem solchen Augenblick, zur Farce.

270 Vgl. oben.
271 Peter Horst Neumann: „Hamlet will schlafen". In: *Stuttgarter Zeitung*, 13.3.1965.
272 In: *theater heute* 4/ 4 (1963), S. 15. Vgl. oben.
273 Baumgart: „Schlaflos schluchzend" (Anm. 267).

Doch noch bevor die Anschauung von Baumgart und Neumann im Echo auf „Tynset“ diskurspolitische Dominanz gewinnen kann, meldet sich Karl Korn in der „Frankfurter Allgemeinen Zeitung“ mit einer Besprechung zu Wort, die den Modus der deutschen „Tynset“-Rezeption in ihren Grundzügen vorgibt und festlegt. Ihre Schlagworte: das Buch sei „wahr, wie Halluzinationen wahr sind. Kein gesellschaftliches Engagement, vielmehr Flucht aus allem Gesellschaftlichen, la nausée, Ekel, Feigheit der Angst, wollüstige, gebannte Verfallenheit an die Bilder des nächtlichen Spuks. Hellwache kritische Einsichten und hamletische Lähmung.“ Entsprechend fallen die Deutungen im Detail aus. Die Irrfahrt durch Wilhelmstadt erscheint als „Bravourstück einer Parabel vom Sinnlosen“; die Verschränkung der Reflexionen in die *bestimmten* Erfahrungen von Verfolgung und Verlust wird destilliert zur „Metapher des Todeskampfes, der Leben heißt“. Nur jener loseste Zeitbezug, den die Erfordernis der ‚Relevanz‘ diktiert, wird zugelassen: „Die düstere seelische Verfassung des Buches hat zeitsymptomatische Bedeutung.“ Dieser Blickwinkel muß alle Partien ignorieren, die „das Entsetzliche“ konkret „verkörpern [...], den Lampenschirm, die Mörder ‚*aus Wien oder aus dem Weserland*‘, das Gegenüber im Speisewagen“ (Hildesheimer[274]) – oder sie in eine *schlechte Transzendenz aufheben*, wie die Telefon-Episode: „Unter der Nachtlampe sucht er in Telefonbüchern Namen von Leuten, die er nicht kennt, um deren Schuld er abstrakt weiß. Die undelikaten Abenteuer – alle Träume sind undelikat – der Entlarvung übers Telefon enthüllen dem nächtlich Einsamen Lemurenfratzen. Das Bewußtsein ist hellwach, halbwach, träumend. Es ist alles eins. Die Stimmen, die im Telefon antworten, wittern den Ankläger, entziehen sich raffiniert, münzen Schuld in Aggression um, verraten sich, obwohl sie den unbekannten Anrufer nicht kennen.“ Die Konkretheit, mit der gerade diese Episode aufgeladen ist, wird aufgelöst in eine Schuld, die „abstrakt“ ist, in Erfahrungen, die „undelikat“, vielleicht nur „Träume“ sind; die Einsicht in die säkulare Kompatibilität von Bürokratie und Vernichtung, wie sie die Bezeichnung der mörderischen „Ordnungswahrer“ zur Verfügung hält, wird unkenntlich im Pattern eines überlieferten – und nicht wirklich neu geprüften – Bildungsrepertoires: „Lemurenfratzen“. Dieser Perspektive liegt ein Erlebnis zugrunde, das Korn in Worte faßt, die von den übrigen Partien seiner Rezension durch signifikante Unbeholfenheit abstechen: das Buch lasse „den Leser auch dann, wenn er mit dem gedanklichen Substrat nicht einverstanden ist, nicht gleichgültig“; dies sei „ein Zeichen von Strahlkraft“[275]. Erst von hier aus – und der Entscheidung, diesem Buch

[274] WH II, S. 385 („Antworten über Tynset“). Kursivierung W.H.
[275] Karl Korn: „Heimsuchung“. In: *Frankfurter Allgemeine Zeitung*, 13.3.1965.

möglichst viele Leser zuzuführen – nimmt jene Lobrede ihren Ausgang, in der die Thematisierung des Nationalsozialismus ein noch entschiedener abgedichtetes Tabu ist als bei Neumann. Daß dies – selbst noch 1965, und am Gegenstand „Tynsets" – *kein* Paradox ist, wirft ein Licht auf eines der charakteristischsten Merkmale, die den Diskurs der deutschen Literaturkritik dieser Jahre kennzeichnen.

Walter Jens ist es vorbehalten, den Modus der Lobrede im Zeichen der Abstraktion noch der deutlichsten Hinweise auf die ‚jüngste Vergangenheit' um eine eigene Variante zu ergänzen, die geradezu modellhaft jenes „unvermeidliche Verständnis" repräsentiert, das das Konstrukt der ‚Integration' Hildesheimers in die deutsche Nachkriegsliteratur entscheidend ermöglicht hatte. Diese Art Verständnis schickt sich auch jetzt an, die im Kern unverändert prekäre Stellung Hildesheimers im deutschen Literaturbetrieb zu verdecken. Charakteristisch für diese Haltung ist der Hinweis auf die – ganz vor-literarisch eingeführte – menschliche Nähe des Rezensenten zum Verfasser: Jens setzt mit seiner Besprechung unter dem Titel „Ein Ausgelieferter übertönt die Nacht" in der „Zeit" vom 19. März erst ein, nachdem er nicht weniger als viermal sein enges Verhältnis zum Autor des besprochenen Buches ins Licht gerückt hat. Er bezeichnet ihn als den „Nahestehenden", den „Vertrauten", den „Wohlbekannten [...], den man lesend vor sich sieht", kurzum: „Wozu viele Worte? Wolfgang Hildesheimer ist mein Freund." Die Umschreibungen des „Tynset"-Ichs folgen zunächst dem konstitutiven Merkmal der Korn-Würdigung – einer *zeitlosen*, d. h. in der hier untergründig eingespielten, einer überkommenen Klassik-Vorstellung entlehnten Ästhetik: letztlich zeit*enthobenen* Gültigkeit: „*homo nocturnus* [...]; ein meditierender Weltmönch, der seinen Atem altern fühlt; ein Mensch, den das Wissen traurig sein läßt, illusionslos und einsam [...]; ein Ausgelieferter im Augenblick der letzten Sammlung; ein Redender im Angesicht ewigen Schweigens, ohne Hoffnung [...]; allein mit Geschichten und Bildern, Schachpartner von Gestorbenen, ein Hades, der die Totenflut nicht meistern kann" usw.

Jens' diskurspolitisches Verdienst liegt jedoch darin, daß ihm die ‚Versöhnung' zwischen den Formeln einer aggressiv anti-historischen ‚schlechten' Transzendierung und dem Hinweis auf die NS-Massenvernichtung gelingt. Jens beschränkt sich dabei nicht auf kleine Hinweise wie etwa „die Schlachtplatte des Mörders Kabasta" oder Eindeutigkeiten wie „den Mozart-Tod, den Auschwitz-Tod". Im Gegenteil, der historische Grund des Buches, verstärkt noch durch eine seiner Signal-Stellen, wird an prominentester Stelle der Rezension eingespeist in eine Rede, die die Transzendierung auch der NS-Massenverbrechen in ein ‚Kennzeichen unserer Zeit' ihrerseits längst hinter sich hat: „Eine klassische Prosa, die nuancenreichste, die (mit

Ausnahme Koeppens) von einem deutschen Schriftsteller nach Thomas Mann geschrieben wurde, reicht hin, um das Porträt eines Saturniers im Auschwitz-Jahrhundert zu malen; genügt, um den Mann in der Kuhle und zugleich seinen Vorgänger zu charakterisieren, den rätselhaften, einzigartigen Mörder – ‚*aber keiner von den Ordnungshütern, kein Spreizer einer großen roten blonden Hand, keiner von den Hautabziehern und Pensionären in Schleswig-Holstein, den knochenbrechenden Familienvätern aus Wien, den Aufknüpfern, Menschenschützen*‘ “[276]. Jens weist hier den Weg, wie erinnerndes Schreiben eines jüdischen Schriftstellers deutscher Sprache ‚nach Auschwitz‘ *unter Einschluß* eines Blicks auf die Verbrechen gewürdigt werden kann, *ohne* sich weder „unbewältigter Gegenwart“ noch dem Nachleben der NS-Verbrechen *als konkreter Konstituante dieses Schreibens* aussetzen zu müssen. Einer solchen Rede war freilich schon lange – etwa mit Formeln wie „Belsen und Hiroshima“[277] – vorgearbeitet worden. Ihre entscheidende diskurspolitische Valenz beschränkte sich jedoch nicht auf ihr weithin ‚progressiv‘ wirkendes Vermögen, Auschwitz und Belsen beim ‚Namen‘ zu nennen. Größere Bedeutung kam der Veränderung zu, in die so eine Formulierung den Blick auf die NS-Geschichte und ihre Folgen zwang: Kinder eines „Auschwitz-Jahrhunderts“ sind *alle*; und wer jetzt noch auf Unterschieden beharrte, mochte entweder den KZ-Roman oder den Roman über Schuld und Sühne schreiben – vom Raum „nach Thomas Mann“, dort, wo „Gleichnis[se] nächtlicher Verlorenheit“ entstehen, wäre so jemand freilich ausgeschlossen.

Doch noch bevor Jens‘ Besprechung in der „Zeit“ erschien – und mit ihr jener poetologisch-ideologische Grundriß, auf dem er später auch seine Büchner-Preis-Laudatio errichtete –, führte noch ein anderer Leser das Theorem eines Widerspruchs zwischen einer konkreten, historisch exakt bezeichneten, unaufhebbaren und demonstrativ ausgewiesenen Spezifität einerseits und dem Vermögen, *vom Standort dieses Besonderen aus* und *durch ihn begründet* Aussagen universaler Gültigkeit, „Wahrheiten“[278], zu artikulieren andererseits, ad absurdum. Helmut Heissenbüttel läßt in seiner Rezension „Nur Erfindung, nur Täuschung?“ in der „Welt“ vom 18. März seine Leser teilhaben an einem Lektüre-Protokoll, das zunächst schrittweise Beobachtungen am „Tynset“-Text artikuliert. Heissenbüttel fällt etwa auf: „Die Angaben sind von größtmöglicher Faktizität.“ Auch wenn zunächst der Eindruck überwiegt, „reine Erfindung“ sei vorherrschend, führen Heissenbüttels Beobachtungen rasch zu gegenläufigen Fragen: „Er-

[276] Walter Jens: „Ein Ausgelieferter übertönt die Nacht“. In: *Die Zeit*, 19.3.1965. Kursivierung W.J.

[277] Vgl. oben.

[278] In Anlehnung an WH I, S. 295 (“Vergebliche Aufzeichnungen“).

findet es nur? Erinnert es sich nicht auch? Kommen nicht Ereignisse zurück, die einmal geschehen sein müssen in jener Realität, mit der der Leser sich unversehens identifizieren kann?“ Im Blick auf die topographischen Details von Wilhelmstadt „blitzt es plötzlich einmal auf: ‚... in die Judengasse, wo ich hingehöre.‘ Aber sofort wird es weggespült, dies kurze mögliche Bezugszipfelchen, zu flüchtig, um überhaupt einer eindringenderen Interpretation standzuhalten. War es nicht nur Täuschung, wie vieles andere so hingesagt, um des Wortspiels willen?“

In seiner Lektüre der Telefon-Episode macht Heissenbüttel eine ähnliche Erfahrung: „Auch hier blitzt es auf. Verfolger, die sich getarnt haben, werden aus ihren Schlupflöchern aufgestört. Dort jedoch, wo dann an der Erinnerung an einstige Bekannte, die deportiert und ermordet wurden, sich ein Erfahrungsbezug herzustellen scheint, wird er wieder abgebogen ins Fabulöse des Erzählstrangs, den der Schlaflose sich erfindet.“ Es ist diese Stelle, die Heissenbüttel jene Frage formulieren läßt, „die für diese Erzählung entscheidend ist: wer erzählt da eigentlich?“ Doch Heissenbüttel erkennt im Ich „Tynsets“ nicht, wie Baumgart und Neumann, „Wolfgang Hildesheimer“, sondern „eine erzählerische Verkörperung des grammatischen Ich und doch zugleich etwas konkret Umfassenderes. Das Ego selbst, so könnte man, vergröbernd, sagen, ist schlaflos geworden. Nicht vor einem einzelnen Schicksal, nicht aus stellvertretender Neurose oder als geschrumpftes Subjekt, wie bei Beckett, sondern weil etwas Allgemeines es verstört hat. – Dies Allgemeine hat mit Greueln zu tun, die in jüngster Geschichte geschehen sind“ – damit hat Heissenbüttel – entwickelt aus einer Arbeit *am Text* – jenen Konnex hergestellt, der das Buch zentral bestimmt. Zwar fügt er noch an: „Es hat aber auch mit dem Satz ‚Gott ist tot‘ zu tun und mit der Veräußerlichung des Zusammenlebens der Menschen.“ Doch dies sind Ergänzungen zu einer Lektüre, aus der beispielhaft aus „Faktizität“, ‚Aufblitzen‘ und einem in präzisen Fragen sich artikulierenden Mit-Lesen jene Spur erarbeitet wird, die vom Ich *zwingend* in die „jüngste Geschichte“ führt, in jene „Realität, mit der der Leser sich *unversehens* identifizieren kann“. Einem solchen Buch – und nicht den Meditationen eines „Weltmönchs“, eines „Hades, der die Totenflut nicht meistern kann“, eines „Saturniers im Auschwitz-Jahrhundert“ – gilt Heissenbüttels entschiedene Parteinahme: „Man kann an diesem Buch lernen, was denn Literatur ist. Diese Erzählung ist Literatur in jenem höchsten Sinne, der sich der vergleichenden Wertung entzieht.“[279]

Doch auch andere Rezensenten haben sich, anders als Baumgart und Neumann, Korn und Jens, eingelassen auf diese Spur. Gunter

[279] Helmut Heissenbüttel: „Nur Erfindung, nur Täuschung?“ In: *Die Welt*, 18.3.1965.

Schäbles „Hamlets unmögliche Rache“, die im „Tagesspiegel“ vom 1./2. Mai erschien, zeigt, welchen Hindernissen im Rezensenten selbst eine solche Text-Arbeit nach wie vor ausgesetzt war. Eine erste Vermutung über das „Tynset“-Ich: „vielleicht hat er einmal eine furchtbare Erfahrung gemacht“, findet Schäble in der Partie über den Vater bestätigt. Er versieht gar die von ihm zitierten Worte „erschlagen von christlichen Familienvätern aus Wien oder aus dem Weserland“ mit dem Zusatz: „Im Vernichtungslager“. Doch dann heißt es: „Der einsame Mann hier wollte [...] Rache nehmen. Aber er konnte nicht; er konnte nicht ein ganzes Volk erdolchen. Also hat er sich dieser ‚Pflicht‘ entzogen und auch dem Wahnsinn, dem er verfallen wäre, hätte er über die Ungeheuerlichkeit nachgedacht, durch die er zu Hamlet wurde und Millionen mit ihm.“ Daß das Ich sich der Rache entzogen habe, weil sie in einem logistischen Sinn nicht leistbar gewesen wäre – das ist freilich nicht aus Schäbles Nähe zum Text, sondern zum „ganzen Volk“ gesprochen. Wie die Tatsache, daß der Rezensent sich „unversehens“ (Heissenbüttel) mit der in „Tynset“ aufgerufenen Realität identifiziert, im Fall Schäbles zu einer Beeinträchtigung seiner Wahrnehmung führt, demonstriert sein Abriß der Telefon-Episode, der mit den Worten endet: „[...] und alle haben wie Mörder reagiert. Daraufhin hat er es aufgegeben und sich aus dem Land – Deutschland – entfernt“ – diese ‚Entfernung‘ aber war eine Flucht gewesen, als Reaktion auf Maßnahmen Kabastas, die auf eine Feststellung und Ermittlung des Ichs zielten. Es ist jedoch kennzeichnend für Schäbles Lektüre, daß er sich trotz solcher Hürden, die sein Lesen dieses Textes in ihm aufrichtet, nicht abbringen läßt vom Blick auf jene „immer wieder [auftauchenden] Assoziationen, die Unmenschlichkeit signalisieren: ein Mann mit großer, roter, blonder Hand, der Name einer Firma, die Vernichtungsöfen herstellte, aus Menschenhaut gefertigte Lampenschirme.“ In einer selbstkritischen Reflexion gibt Schäble genau zu erkennen, wie ihn „Tynset“, als Erinnerungspoetologie, erreicht hat: „Es mag unlauter sein, Hildesheimers Buch auf diese Weise, ausgehend von Stichworten, aus der Perspektive des Betrachters umzuformulieren, denn die Skala der Erinnerungen, der (schmalen) Handlung in der Gegenwart, des Nachdenkens und Assoziierens ist weit breiter. Doch macht, um es banal zu sagen, der Ton die Musik. Die Sprache, in welcher der Einsiedler redet, ist die eines Mannes, der einen überwältigenden Schock nicht überwunden, nur überlebt hat.“ Wenn Schäble schließlich bemängelt, daß sich „Martern bei der Lektüre [...] nicht aus dem Verständnis der Erzählsituation heraus ein[-stellen], sondern auch infolge des Eindrucks, hier werde mit untauglichen Mitteln gearbeitet“, „daß der Leser die unbewegte geistige Öde des Schlaflosen zu teilen hat, ohne daß der Autor ihn an die Abgründe und Schrecknisse heranzuführen imstande ist"[280] – dann ist das eine Kritik, die sich, bei allen Hypotheken, ansprechbar gezeigt hat von einer Poetologie, für die die Gegenwart der NS-Verbrechen sich nicht darauf beschränkt, daß das „Auschwitz-Jahrhundert" kalendarisch noch andauert.

Eine andere Variante des Aufnehmens der Spur in die Gegenwärtigkeit des Nationalsozialismus repräsentiert die Besprechung Roland H. Wiegensteins, „Nacht ohne Schlaf", in der Mai-Ausgabe der „Frankfurter Hefte". Wiegenstein, Teilnehmer der Gruppe 47-Tagungen seit 1958[281], beginnt seine Rezension mit einem kurzen Abriß von Hildesheimers Laufbahn, der sehr deutlichen Aufschluß gibt über die ‚Binnenwahrnehmung' Hildesheimers im ‚Zentralorgan' der westdeutschen Nachkriegsliteratur: „[...] In solch strengem Klima war das Auftauchen Wolfgang Hildesheimers, des Autors der ‚Lieblosen Legenden', befreiend. Aber bald hatte der literarische Betrieb ihn eingeholt: er wurde als geistreicher Vertreter der kleinen Form, eines nicht ganz geheuren Humors katalogisiert, und er hat zunächst wenig dazu getan, die Etiketten Lügen zu strafen: er schrieb elegant, nicht eben tiefsinnig, dafür zuweilen frech, etwas nachdenklich und gelegentlich auf problematische Weise flott. Dennoch: sein Ruf war gefestigt, bis er anfing, absurde Theaterstücke zu verfassen, komplizierte und schwierige Gebilde, in denen der ‚feine Humor', den man ihm so gern attestiert hatte, ins Grimmige umschlug. Am Ende hatte dieser Autor zwei Gesichter, keines ganz nach literarischem Ebenmaß gedrechselt, er galt als ‚interessant' und war damit an der unteren Grenze des oberen Drittels auf der Etagère der Literaturkritiker gut untergebracht."

Das problematisch Autoritative solcher ‚Unterbringungen' durch die „Literaturkritiker" läßt Wiegenstein dezent – nicht wirklich selbstkritisch – durchschimmern in Worten wie „katalogisiert", „gedrechselt" und „untergebracht". Denn jetzt, aus Anlaß „Tynsets", hebt er zu einer vorsichtigen Revision des Ortes – genauer: des *Stellenwerts* – Hildesheimers an; und jetzt erkennt auch er in verschiedenen Textzeugnissen – er nennt die Barnes-Übersetzung und die Neuauflage der „Lieblosen Legenden" – die Vorboten „eine[r] neue[n] Welt". Nach einer Charakterisierung des „Tynset"-Textes u. a. unter dem Aspekt des „inneren Monologs" nach Joyce und der entschiedenen Weigerung, „jenen Kritikern beizustimmen, die das Buch in gelungene Partien und mißglückte säuberlich teilen wollen: in die Erzählungen und in die Reflexionen", beginnt auch Wiegenstein, der Spur in die Gegenwärtigkeit des Nationalsozialismus zu folgen: „[Das Buch] erzählt von dunklen Vorkommnissen und von dunklen Gedan-

[280] Gunter Schäble: „Hamlets unmögliche Rache". In: *Tagesspiegel*, 1./2.5.1965.
[281] Vgl. Lettau: *Gruppe 47* (Anm. 1), S. 547.

ken [...] diese Angst ist nicht Hypochondrie, nicht einfach Weltangst oder Angst vor dem Alter, obwohl sie von allem etwas hat: sie ist genau situiert und genau terminiert. Immer wieder tauchen in diesen Nachtgedanken [...] bestimmte Typen auf, von einem von ihnen heißt es: ‚ein Mörder‘, ‚aber keiner von den Ordnungswahrern, kein Spreizer einer großen roten blonden Hand, keiner von den Hautabziehern und Pensionären in Schleswig-Holstein, den knochenbrechenden Familienvätern aus Wien, den Aufknüpfern, Familienschützern[282] [...]‘. Und diese da verfolgen ihn bis in den Morgen bis hin zum Ende des Buches [...]. Bei der so komisch beschriebenen Irrfahrt durch ‚Wilhelmstadt‘ kommt er auch durch die Judengasse, und da steht dann ganz beiläufig ‚Wo ich hingehöre‘ “. Nachdem der Rezensent auch die Partien von der Ermordung des Vaters und um Kabasta zitiert bzw. referiert hat, faßt er zusammen: „Hildesheimer hat auf eine vertrackte, nicht leicht zu etikettierende Art in ‚Tynset‘ nicht nur die Geschichte einer schlaflosen Nacht erzählt, sondern die Geschichte einer Phobie, der Phobie dessen, der fürchtet, daß die Mörder noch unter uns leben[283]. Das wird nie dick aufgetragen, nie zum Hauptthema, aber es bestimmt dennoch dies Buch, mit dem ein bemerkenswerter Schriftsteller Bedeutung gewinnt. Diese Erinnerungen im Präsens, diese Geschichten im Imperfekt betreffen unsere Präsenz, unser Erinnerungsvermögen, unsere Schlaflosigkeit. Denn Tynset ist weit.“ In diesen Worten ist jene Stelle bezeichnet, bis zu der eine Kritik, die der Gruppe 47-‚Kultur‘ historisch und ideologisch unmittelbar verpflichtet war, der in „Tynset“ entwickelten Erinnerungspoetologie entgegenzugehen vermochte: So lange diese Kritik sich versichern kann, daß „kein Abseilakt in trübe Brunnenschächte der Erinnerung“[284] stattfindet, die Furcht, „daß die Mörder noch unter uns leben“, „nie dick aufgetragen“, all dies „nie zum Hauptthema“ wird, so lange ist ihr die beifällige Begleitung möglich, denn so lange können die „Abgründe“ (Schäble) ignoriert und jenes „wir“ behauptet werden, in dem der Unterschied zwischen Täter und Opfer, zwischen Schuldwissen und Überlebenden-Schuld aufgehoben ist. „[...] unsere Präsenz, unser Erinnerungsvermögen, unsere Schlaflosigkeit“ – mehr als drei Takte werden dafür nicht mehr benötigt.

Das Maß an Beschränkung, das beispielsweise Wiegensteins Rezension zuletzt noch bestimmt, wird im Blick, den die Blätter der deutschen Linken auf „Tynset“ warfen, nicht etwa denunziert, son-

282 Zitierfehler Wiegensteins; statt „Familienschützern“ muß es heißen: „Menschenschützen“ (T 269).

283 Klingt an an den DEFA-Film *Die Mörder sind unter uns* (1946) in der Regie von Wolfgang Staudte.

284 Roland H. Wiegenstein: „Nacht ohne Schlaf“. In: *Frankfurter Hefte*, Mai 1965, S. 357-360.

dern überboten: „Die Kunst, dicke Bücher mit Worten zu füllen, ist hierzulande endgültig bei neuen Maßstäben angekommen. [...] Unfruchtbarkeit, Fadheit, Langeweile, [...] Amöbenflora [...]. Musterbeispiele dieser Literatur sind Frischs ‚Gantenbein' und Hildesheimers jüngster Roman ‚Tynset'. Diese Bücher prägen keine neue Form, in ihnen wurde lediglich auf einen bestimmten Inhalt verzichtet. Das Gebot jeder Literatur wird unterlaufen, in nichts Wesentlichem kann sich der Leser wiedererkennen." Diesen Sätzen eines anonymen Kritikers in der Mai-Ausgabe von „konkret" ist nur noch an der Forderung nach „Kraft der Auseinandersetzung" vage anzumerken, daß sie nicht der Presse einer radikalen Rechten entstammen. Auch in den Schlußwendungen gerät die Kritik auf problematischste Weise verwechselbar: „das Buch zur modernen Zimmereinrichtung [...]. Eine neue Linie, einst als Wagnis entworfen, dient nun den Wänden des Bewußtseins als Dekoration, [...] Zufallsassoziationen ohne Sprach- und Mitteilungssubstanz"[285].

Dies zumindest läßt sich gegen Rudolf Schwinns Besprechung „Zeugnis der Entfremdung", die in der „Deutschen Volkszeitung" am 3. Dezember erscheint, nicht einwenden. In seinem Studium des „Romans ‚Tynset' " erkennt Schwinn auf „Entfremdung des Menschen zu seiner Umwelt und Isolation von seinen Mitmenschen", kurz: „die Situation vieler Menschen in unserer Gesellschaftsordnung." „Der Erzähler in Hildesheimers Roman", „außerstande [...], seine gegebene Situation zu interpretieren", demonstriere, daß „für schöpferisch-produktive Tätigkeiten [...] in dieser Gesellschaftsform nicht gesorgt [ist], vielmehr wird der Mensch seiner selbst entfremdet." Schwinn faßt zusammen: „Wolfgang Hildesheimer kommt in diesem Roman über die Reflexion des Habitus eines entfremdeten Intellektuellen nicht hinaus. Aber diese Reflexion macht die Absurdität eben dieser gesellschaftlich-bedingten Lebensweise deutlich."[286]

Hermann Kähler übernimmt die Aufgabe, jene offiziöse marxistisch-leninistische Perspektive auf „Tynset" einzurichten und zu begründen, die Schwinn nur verstümmelt, auf ein paar Kennwörter reduziert, zu reproduzieren versuchte. Kählers ausführliche Besprechung, für das interessierte und sachkundige Publikum von „Sinn und Form" verfaßt, zeigt jene spezifische Mischung aus Stärken und Schwächen, durch die sich orthodoxe linke Literaturkritik von der der westdeutschen Blätter Mitte der 60er Jahre charakteristisch abhob. Dies wird gleich eingangs deutlich, wenn Kähler die – für eine analytische Wahrnehmung „Tynsets" freilich grundlegende – biogra-

285 [Anonym]: „Wolfgang Hildesheimer – Tynset". In: *konkret*, Nr. 5/ 1965.
286 Rudolf Schwinn: „Zeugnis der Entfremdung". In: *Deutsche Volkszeitung*, 3.12.1965.

phische Tatsache des „Exils" Hildesheimers beim Namen nennt. Ein vergleichbarer Zugriff gelingt Kähler im Blick auf die Telefon-Episode: „Wohin man in der Bundesrepublik greift, irgend etwas ist immer faul! Die Schuldigsten sitzen an den Hebeln der Macht – die Obwasser und Kabasta – und der lästige Anrufer, als er das erkennt, flüchtet. Er flüchtet vor den ‚knochenbrechenden Familienvätern, Aufknüpfern, Menschenschützen und Hautabziehern': Wesentliche Symptome der gesellschaftlichen Realität in Westdeutschland." Wenn Kähler auch nicht versäumt, sofort eine äußerst einsinnige Beschränkung auf die „Realität in *West*deutschland" herzustellen, so ist doch zugleich jene dringende, akute „Realität" markiert, die in dieser Deutlichkeit zu denunzieren namhaften Kritikern in Westdeutschland nicht eingefallen war. Kählers Besprechung demonstriert, daß an diesem ‚anderen' Ort – dem des ‚anderen' Deutschland – eine Perspektive auf die NS-Verbrechen bewahrt wird, die *nicht* auf vorschnelle Abstrahierung oder Transzendierung dringt, sondern der die konkrete, ‚banale' Gegenwart der Täter, etwa als ‚gesellschaftliches Problem', auch in einer Literaturkritik ohne weiteres thematisch werden kann.

Was sich solcherart als spürbare Stärke gegenüber den Gepflogenheiten westdeutscher Kritik abhebt, erfährt jedoch sofort seine Einschränkung in ihrer Verpflichtung auf die allesbeherrschende „Parole Realismus"[287]. Im Gefolge der Implikationen, mit denen die sozialistische Realismus-Auffassung spätestens seit 1934 versetzt war, gerät der „Ruf zur Tat", den Hamlets Vater gegen das Ich ausstößt, zum einzigen „Grund, an dieser Stelle über den Roman zu schreiben." Wenn Kähler zuvor schon notiert hatte: „*Entsetzlichkeiten werden als Bagatellen behandelt, über die sich niemand wundert.* Sie rangieren gleichwertig neben den alltäglichsten Dingen"; „die Wiederholung als Kompositionsprinzip entspricht hier einem Weltbild, das keine Entwicklung in der Geschichte, sondern die Geschichte als Figuration eines ewig gleichen Prinzips sieht"; „die Tynset-Situation aber kommt zu keiner Entscheidung" – dann war „Tynset" aus seiner Sicht bedenklich nah an jene Grenze geraten, jenseits derer der Tatbestand des „kleinbürgerlichen Maß[es]" erfüllt war. „Schreiben bedeutet doch: Umsetzen eines persönlichen Engagements in Stil. Wenn man nur wüßte, was hier unter ‚engagement' verstanden wird!" – in solchen Seufzern, und nicht nur dort, kann Kähler seine Bemühung um eine ‚Rettung' des Hildesheimer-Buches glaubhaft machen. In dieser Bemühung gelangt Kähler wiederum zu eigentümlicher analytischer Sehschärfe: „Die Gestalt des [Hamlet-] Geistes hat [...] engsten Zu-

287 Bertolt Brecht an Johannes R. Becher, Anfang 1935. In: Bertolt Brecht: *Briefe*. Herausgegeben und kommentiert von Günter Glaeser. Frankfurt am Main 1981, S. 231-232, hier S. 232.

sammenhang mit jenen Episoden, die der ‚Außenwelt' des westdeutschen gesellschaftlichen Seins entstammen – dem ‚Entsetzlichen'. Nicht die Mahnung zur Tat schlechthin, nein, die Mahnung zur *konkreten Tat* gegen das ‚Entsetzliche' – und das ist nichts anderes als die Bestialität des Faschismus und seines Präsens im Leben Westdeutschlands – wird beständig laut und nur mit Mühe verdrängt."

Einsichten wie diese, die der westdeutschen Kritik zuvor verschlossen geblieben waren, genügen den Realismus-Ansprüchen des offiziösen ostdeutschen Diskurses jedoch nicht. Die „*absurde Grundposition* des Autors" gilt als „nicht überwunden"; „ein kolossaler Ekel als stilfärbende Grundhaltung" wird auffällig; „und schon lesen wir solche Sätze wie: ‚Das Bessere im Menschen ist immer noch schlimm genug...' Dieser Satz könnte auch von Kabasta stammen! Diesen Satz könnte auch jemand sagen, den es danach gelüstet, den ‚kleinen Pinschern' (oder ‚Nestbeschmutzern'), die so vorzügliche Visionen niederschreiben wie die Telefon-Szene, eines Tages wieder die Haut abzuziehen. – Die Partikularisation, die Vereinzelung, die Flucht nach Innen und der Schlaf – das sind schon keine Gegenpositionen gegen die Barbarei. *Mischt sich aber diese Kapitulation mit Menschenverachtung, wie ist dann die Anpassung noch fern?*" Kähler vermißt zudem den „Schritt zur Verallgemeinerung, der gezeigt hätte, daß dieses ‚Ich' in seiner Vereinzelung eine bezeichnende Erscheinung der bürgerlichen Intelligenz von heute ist". In seiner Summe kommt er zu einer äußerst zurückhaltenden Einschätzung des Buches. In einer für diese Rezension bezeichnenden Wendung verdeutlicht Kähler zwar einerseits seinen entscheidenden Einwand, behauptet und unterstreicht jedoch zuletzt die genuine Legitimation auch einer ‚sozialistischen' Literaturkritik, Bücher wie „Tynset" in den Mittelpunkt ihrer Aufmerksamkeit zu rücken: „Voraussichtlich wird kein Leser, der dem Helden gleicht, durch die Lektüre erschüttert auf Hamlets Vater hören. Diese Erkenntnis-Katharsis-Wirkung ergibt sich kaum aus der Richtung des Buches. Sie kann nur von außen, als Auflehnung gegen die selbstmörderische Schwäche des Helden, die hier auch eine Schwäche des Romans ist, mobilisiert werden. Das Buch wird fruchtbar, so es kritisiert wird und der Leser vollzieht, was der Autor unterließ."[288]

Es ist Hilde Domin, die im deutschen Echo auf „Tynset" als einzige die innere Struktur des Textes als die einer Überlebenden-Rede erkennt und in aller Deutlichkeit bezeichnet: „Das ist das Thema des Buchs: das Leiden an dem Nichts, das an die Stelle des Zentrums getreten ist. Die Erschütterung und Vernichtung der natürlichen Bezüge.

[288] Kähler: „Hildesheimers Flucht nach Tynset" (Anm. 249), S. 792-797. Alle Kursivierungen H.K.

Und nicht irgend ein Nichts, sondern ein sehr spezifisches – ‚man-made' – Nichts: das immer noch umgehende Grauen jener zwölf Jahre. ‚Denk ich an Deutschland in der Nacht.' – Die Unbereitwilligkeit des Autors zu Kompromiß und Selbstbetrug, sein Organ für die dunkeln, ja die finsteren Farben – die hellen scheinen gänzlich zu fehlen – zwingt ihn zu einem unablässigen Selbstgespräch, einer unablässigen Auseinandersetzung mit den Aporien, vor die wir alle in der einen oder anderen Weise gestellt sind. ‚Tynset' ist nichts als ein Ausschnitt aus diesem Gespräch, das sein Leben ist, es enthält alle anderen Bücher Hildesheimers und geht über sie alle hinaus. Und so ist es auch zu verstehen, wenn er sagt [...]: ‚Nachträglich erscheint es mir manchmal, als habe ich daran geschrieben, seit ich schreibe, und manchmal, als hätte ich es nie geschrieben.' Dies Buch ist nicht das Buch eines agierenden, es ist das Buch eines reagierenden und kaum schon noch re-agierenden, eines aus dem Zentrum verstoßenen Zeitgenossen. Großen Wert lege ich auf das Wort ‚Zeitgenosse'. Dies ist, versponnen und abseitig, wie es scheinen mag, eines der zeitgenössischsten Bücher der ganzen deutschen Nachkriegsliteratur."

Als die charakteristischen Momente des Buches benennt Domin die „Erinnerungen, die entsetzlich gut konserviert sind: gefrorene Schrecken, immer zur Hand, obsessionierend deutlich [...] die Virulentmachung des Gestern, die fürchterliche Entdeckung, daß die Bakterien nicht tot sind", die Darstellung des „Deutschland[s] von gestern unter dem Deutschland von heute". Und sie zögert nicht, diese Momente in den unmittelbaren Zusammenhang jener konkreten Verfolgungserfahrung zu stellen, in der sie sich Hildesheimer nahe weiß: im Hinweis etwa auf „das allen Exilierten so fürchterlich vertraute ‚Weg-von-hier' ", in der Bemerkung „wir sind eben alle noch etwas zittrig und haben ein Recht, es zu sein". In dieser Perspektive werden auch die einschlägigen Signalstellen – die Ermordung des Vaters, die Auflistung von „Ordnungswahrern, [...] Hautabziehern und Pensionären in Schleswig-Holstein" – wahrgenommen als „ganz unschattenhaft, ganz un-Kafkahaft, ganz furchtbar wirklich und weiter nichts" – d. h. als Realität, die keiner wie auch immer veranstalteten Überhöhung bedarf, um der Leserin Domin als *für sie belangvoll* zu erscheinen. Entsprechend hat Domin keinerlei Probleme, das forensische Moment *auch* in jener direkten Einsinnigkeit zu lesen, die ihre Kritikerkollegen dem – minderen – „politische[n] Zeitroman"[289] glauben vorbehalten zu müssen: „Die Namen der Angerufenen sind ja auch kaum verstellt: es handelt sich um bekannte Vertreter des NS-Regimes. (Hildesheimer sagt hier, was der CDU-Abgeordnete Benda anläßlich der Verjährungsdebatte aussprach: ‚Ich mag keinen Mörder zum Nachbarn.')"

[289] Paul Hübner: „tynset". In: *Rheinische Post*, 13.3.1965.

Der singuläre Ort, den Domins Besprechung im deutschen Echo einnimmt, ist jedoch am eindrücklichsten darin markiert, daß sie keinen Widerspruch zwischen diesen Partien und einem „wir" sehen kann, einem wir freilich, das sich, bei genauer Betrachtung, von dem der Jens und Wiegenstein durchaus unterscheidet: „Das Ich, das hier spricht, ist jener Teil von Hildesheimer, der jeder Beliebige sein könnte oder zumindest viele von uns, und die Hildesheimersche Schlaflosigkeit [...] ist von der Heineschen Art, und es ist die Schlaflosigkeit vieler, in und außerhalb Deutschlands, eine Schlaflosigkeit, die bedenklich zunimmt." Domin zeigt hier, auf welche Art aus dem „Tynset"-Ich ein „wir", ein „uns" erwächst – durchaus eines, in das sich der Leser einschließen mag–, ein „wir" freilich, das so universal ist wie das der Heineschen Dichtung, *aber* zugleich *so unlösbar verkettet wie dieses in die Geschichte der Juden unter den Deutschen.* In diesem Blick wird die „ganz *un*schattenhafte" Darstellung der „furchtbare[n] Wirklichkeit" als *Bedingung* poetischer Rede mit universellem Anspruch kenntlich. Von diesem Ort aus formuliert die Rezensentin eine Kritik, die sich von allen Einwänden ihrer Kollegen gegen Hildesheimers Buch elementar unterscheidet. Gegen Ende ihrer Analyse heißt es: „Ich bin mir bewußt, eine Röntgenaufnahme gegeben zu haben: das Buch, das unsichtbar in dem Buch enthalten ist, darauf kam es mir an. Das Buch, das er schreiben würde, wenn er nicht, außer dem fatalen Deutschland von gestern, das literarische Deutschland von heute und seine Modediktate in den Knochen hätte und sie – immer sind wir konsequenter als die andern Völker – mit einem selbstauferlegten Puritanismus befolgte, der ihn heimsucht wie ein Examenstraum. Man bekommt Lust auf die Hildesheimerschen Papierkörbe, in denen vielleicht einiges liegt, was dem Buch mehr Atem gegeben hätte, aber weggeschnitten wurde (oder abortiert in statu nascendi), um es ganz untadelig zu machen. [...] wenn ein solcher Mann den Weg weiterginge, auf dem er sich bereits von seinen vorigen Büchern wegbewegt, wenn er den Mut dazu hätte, ihn ganz zu gehen, vielleicht würde er dann etwas schreiben, das auf neue Weise makaber lebendig wäre wie Grass und so subtil und substantiell wie Hildesheimer [...], etwas, das ganz und gar in Hildesheimers eigener Provinz liegt, in der ein heikel Messianisches – sit venia verbo – spezifisch gegeben scheint. Etwas, das das Positive und das Negative neu verquirlte."[290]

Eine solche Aufforderung war im deutschen „Tynset"-Echo ohne Beispiel. Domins Verwendung des Symbolnamens Grass kommt hier besondere Bedeutung zu. Zum einen wird über ihn der Anspruch auf breite Öffentlichkeit, auch internationalen Ruhm für den Schriftsteller Hildesheimer eingespielt; zugleich wird angedeutet, daß Hildes-

290 Domin: „Denk ich an Deutschland in der Nacht" (Anm. 243), S. 124-134.

heimer Grass an „Subtilität“ und „Substanz“ schon jetzt übertreffe. In diesem Sinn bleibt ihre ‚Zielvorgabe Grass‘, auch als nur partielle, durchaus ambivalent[291]. Unzweideutig hingegen fällt ihr Rat an ihren Kollegen aus, seinen Weg „ganz zu gehen“, in die Richtung „ein[es] heikel Messianische[n]“, „ganz und gar in Hildesheimers eigener Provinz“ – das hieß aber, nach Lage der Dinge 1965: eine Radikalisierung zu fordern, die Hildesheimers prekäres Verhältnis zur deutschen Leserschaft noch stärker belasten, wenn nicht gar auf's Spiel setzen würde. Domin wußte gut, was dazu, neben allem andern, neben „Intelligenz und Witz, […] Wissen und handwerkliche[m] Können“, erforderlich war: „Mut“.

9

Hildesheimer hat auf verschiedene Weise versucht, einer Rezeption „Tynsets“, wie sie durch Korn und Jens vorgeprägt und im wesentlichen etwa von Schwab-Felisch, Blöcker und Jenny reproduziert wurde[292], entgegen- und einer Sichtweise zuzuarbeiten, die der Tatsache, daß manches in seinem Buch als „ganz furchtbar wirklich und weiter nichts“ erscheint, Einsichten abgewinnen kann. Seine noch im Frühjahr 1965 in „Dichten und Trachten“ veröffentlichten „Antworten über Tynset“ liefern Musterbeispiele einer Lektüre – und auch der dem Autor von der Öffentlichkeit so oft abverlangten Lektüre*hilfen* –, deren Zeigecharakter kaum mehr zu überbieten war. Über Obwasser und Kabasta etwa heißt es: „Obwasser und Kabasta existieren tausendfach, ich kenne sie, ich war Simultandolmetscher in Nürnberg, war auch bei außergerichtlichen Verhören zugegen, und ich weiß auch, wer frei ausging und noch geht. Auch den Lampenschirm aus menschlicher Haut – und Schlimmeres – habe ich gesehen. Ob der Verfertiger heute noch in Schleswig-Holstein lebt, weiß ich nicht, halte es aber für wahrscheinlich.“ Mit einer Eindeutigkeit, die geradezu Gefahr lief, „Tynset“ dem Verdacht eines Schlüsselromans auszuliefern, enthüllt Hildesheimer auch die Vorlage für das erwähnte Zei-

[291] Ohnehin konnte Hildesheimers Weg schwerlich Richtung Grass führen. Hierauf deutet etwa die Studie W.G. Sebalds: „Konstruktionen der Trauer – Zu Günter Grass' ‚Tagebuch einer Schnecke‘ und Wolfgang Hildesheimers ‚Tynset‘“, die tiefgreifende Gegensätze in der Erinnerungsarbeit beider Autoren nachweist (*Der Deutschunterricht* 5/ 1983, S. 32-46).

[292] Hans Schwab-Felisch: „Wolfgang Hildesheimer/ Tynset“. In: *Neue Rundschau*, 1965, Heft 2, S. 345-349; Günter Blöcker: „Stegreifspiel der Moderne“. In: *Merkur* 19 (1965), S. 486-487; Urs Jenny: „Denk ich an Tynset in der Nacht“. In: *Süddeutsche Zeitung*, 6./7.3.1965.

tungsfoto von Kriegsminister und Kardinal: „Ja, das Photo gibt es, gewiß haben Sie es gesehen, es zeigt Franz Joseph Strauß und den verstorbenen Kardinal Wendel. Kardinal Wendel habe ich bei einem Besuch in Rosenheim genau beobachtet, der Bericht im Buch hat durchaus Reportage-Charakter." In der Antwort auf eine Frage, die etwa lauten könnte: ‚Können Sie uns sagen, wovon Ihr Buch handelt?', versucht Hildesheimer mit aller denkbaren Eindeutigkeit zu formulieren, was für ihn im Mittelpunkt des Buches steht: „Gern: das Hauptthema – das Entsetzliche, verkörpert durch die Straßenlaternen, Kabasta, den Lampenschirm, die Mörder ‚*aus Wien oder aus dem Weserland*', das Gegenüber im Speisewagen – leuchtet nur auf, es wird nicht ausgeführt, ist nur kurzer Anlaß der Nebenthemen. Diese Nebenthemen – die verschiedenen Geschichten, Reminiszenzen, Rückblenden – stoßen sich daran ab."[293] – Doch auch noch nach Erscheinen solcher Hinweise ließ sich das Gros der deutschen Kritik nicht irremachen in der Ansicht, daß die Furcht vor der Tatsache, „daß die Mörder noch unter uns leben", in „Tynset" „nie zum Hauptthema"[294] geworden sei.

Die Bremer Preisrede war die letzte – und die von ihrer diskurspolitischen Gestalt her äußerste – Bemühung Hildesheimers, jener Perspektive Raum zu schaffen, die in den Realien selbst von etwas so Besonderem wie einer deutsch-jüdischen Existenz keinen Hinderungsgrund für eine „wahre Rede" sehen mochte. Wie Hildesheimer in Bremen fast nur noch als Jude aus Deutschland – als ein sprachbewußter Jude aus Deutschland – spricht, wird kenntlich im Vergleich zu seiner Büchner-Preisrede zehn Monate später; und zugleich wird deutlich, wie sich gerade in diesem Kennzeichen der Bremer Ansprache[295] Höhepunkt und Ende jener öffentlichen Interventionsversuche Hildesheimers zeigt, die direkt auf ein „Aufhorchen"[296] des deutschen Publikums zielten.

Denn Hildesheimers Rede in Darmstadt verzichtet geradezu demonstrativ auf jeden Versuch, Einfluß auf die deutsche Rezeption zu nehmen.[297] Die Umstände der Darmstädter Preisverleihung legen nahe, diese veränderte Haltung Hildesheimers am Rednerpult als illusionslose Einsicht in eine geradezu objektiv scheinende Unveränderbarkeit der deutschen Bedingungen, insbesondere für einen jüdischen Autor deutscher Sprache und seine Produktion, zu deuten. Mit Walter Jens hielt ein „Vertrauter" und „Nahestehender" die Laudatio, der wie kein anderer die Kompatibilität „Tynsets" zum modischen ‚Ausch-

[293] WH II, S. 384, 385 ("Antworten über Tynset").
[294] Wiegenstein: „Nacht ohne Schlaf" (Anm. 284), S. 360; vgl. auch oben.
[295] Vgl. den Beginn dieses Kapitels.
[296] Vgl. WH I, S. 295 ("Vergebliche Aufzeichnungen"), sowie oben.

witz'-Diskurs hatte mitschaffen helfen. Noch einmal faßt Jens, ganz im Zeichen jenes hartnäckigen „unvermeidlichen Verständnisses", unsere heutige „Welt [, die] von Sankt Ignaz bis Auschwitz [reicht]", ins Auge; wieder wird neben dem „Tod der Nabatäer, de[m] Mozart-Tod [...], de[m] Tod im Bett" der „Tod der Lager" nicht vergessen; Hildesheimers Entwicklung von den „Lieblosen Legenden" bis zu „Tynset" wird pointiert in den Worten: „Ein Autor macht ernst"; und am Schluß der Lobrede treten, unvermeidlich, „wir" ins Bild: „Wolfgang Hildesheimer hat es gezeigt, der Bericht ‚Tynset' hat es bewiesen – ein Buch, das wir getrost denen nach uns vorzeigen können, die etwas über uns erfahren möchten, weil es mehr als andere Bücher von unserem Bewußtsein und unserer Einsamkeit – der einen, an der die Gesellschaft schuld ist, in der wir leben, und der anderen, die unaufhebbar erscheint: der Einsamkeit des Karl Marx und der Einsamkeit Augustins –, von unseren Zwiesprachen mit der Geschichte, unserer Hoffnung und unserer Todesangst sagt."[298] Solche Rede hatte sich im deutschen Feuilleton vom Oktober 1966 den fast schon einklagbaren Anspruch erworben, als die eines *„einfühlsamen* Laudators"[299] zu gelten.

Doch mehr noch als in solcher Lobrede gaben sich während der Preisverleihung von 1966 die Bedingungen des deutschen Literaturbetriebs in der Entscheidung der Deutschen Akademie für Sprache und Dichtung zu erkennen, gleichzeitig mit dem Büchner-Preis an Hildesheimer den Sigmund-Freud-Preis für wissenschaftliche Prosa an

[297] In einem ausführlichen Brief vom 29. September 1966 hatte Hilde Domin an Hildesheimer geschrieben: „Ich hätte gerne mit Ihnen über die deutsche Situation gesprochen. Ich hoffe ja sehr, Ihre Büchnerrede wird kein l'art pour l'art. Wir sind verpflichtet, die Plattformen zu nutzen, solang wir sie noch haben. [...] Vieles vieles gäbe es zu berichten. Wir stehen noch auf der Bühne. Hinter uns gespenstische Regieanweisungen, für das nächste Stück??? Keiner hört hin. [...] Die Literaten: eine Erziehung zu mangelnder Integrität, seit Jahren schon. Charakterlosigkeit wird prämiiert. Das Panorama weit schlechter als zu Ende der Weimaraner Zeit. Finden Sie nicht? Wo der Freund den Freund verrät, auf leisesten Druck, was soll da werden, wenn erst politischer Druck käme? Die Verlogenheit der Kritik (bei Walser z.B., den ich persönlich so mag.) Diese Bauchweh, die man mitliest. Wo doch keine Gestapo ins Haus steht. – IG Metall ist weit besser als die 47er. Die haben Rückgrat und passen auf. [...] Deutschland, denke ich, ist unsere erste Aufgabe. Kommt noch vor Vietnam. Aber das ist so billig, da zu schreien. – Ich finde, es ist an uns, etwas zu tun. Mir ist es ja leider sehr erschwert, da ich 1962 die Einladung der Gruppe nicht angenommen habe (aus diversesten Gründen, ich war damals noch ein Kindskopf.) Und für den Einzelnen ist es nicht so leicht, die grossen Plattformen zu haben, die wir aber brauchen, heute. – Sehr neugierig auf Ihre Rede, enttäuschen Sie mich nicht" (Hilde Domin an Wolfgang Hildesheimer, 29.9.1966, WHA).

[298] Walter Jens: „Appell und Anmut – Wolfgang Hildesheimer". In: ders.: *Von deutscher Rede*. München 1969, S. 214-226, hier S. 216, 220, 224, 225 f.

[299] H.R.: „Büchner-Preis für Hildesheimer – ‚Tynset' ist Ausdruck unserer Bewußtheit [sic!] und unserer Einsamkeit". In: *Westfälische Rundschau*, 17.10.1966. Kursivierung S.B.

Emil Staiger zu verleihen. Mit Staiger wurde – unmittelbar neben Hildesheimer – eine Persönlichkeit gewürdigt, die nicht nur die Bücherverbrennungen der Nationalsozialisten im Mai 1933 „spontan begrüßt" hatte. Staiger, ein Heidegger-Schüler, hatte auch in der Folge ein Ausgrenzungsmoment in der Germanistik weiterzuentwickeln geholfen, das, auch sprachsymptomatisch denkbar unverstellt, nur zwei Monate später in seiner spektakulären Züricher Rede „Über Literatur und Öffentlichkeit" lautwerden sollte, in der etwa die Kunst Peter Weiss' noch einmal als „entartet" gekennzeichnet wurde.[300]

Nur mittelbar hat Hildesheimer sich in Darmstadt zu derlei Konditionen, die die Existenz eines jüdischen Schriftstellers deutscher Sprache im deutschen Literaturbetrieb und seiner Öffentlichkeit fortgesetzt begleiteten, noch geäußert. Diese Mitteilungen waren verborgen etwa in seiner Rede über Büchners Deutschland, einer Rede, die, Wort für Wort, nachspricht, was in den „Vier Hauptgründen..." schon einmal *un*mittelbar zur deutschen Gegenwart formuliert worden war: „[...] Und von nun an hat er nicht mehr einzugreifen versucht. In der bitteren Erkenntnis, daß in Deutschland Selbstlosigkeit, Gerechtigkeit und Integrität nicht zu den Qualifikationen gehören, die zur Verwirklichung eines politischen Zieles beitragen, hat er sich aus der Politik zurückgezogen, und wer diesen Rückzug mißbilligt, der hat die deutsche Wirklichkeit nicht begriffen. Einen Büchner haben wir heute nicht unter uns, wohl aber genug Georgis – und Schlimmere –, um einen Büchner zu verfolgen."

Es ist die letzte Zeile seiner Preisrede, in der Hildesheimer ein letztes Mal – und nun mit aller Direktheit – auf die Festversammlung selbst zu sprechen kommt: durch ein mokant-ironisches ‚festliches' Licht, das ihm plötzlich, nicht ohne pikante Aufdringlichkeit, auf ihre demokratische Verläßlichkeit zu richten einfällt: „[...] die Höflichkeit [hätte] es mir verboten, dieses Thema bis zu seinem Ende zu behandeln, wüßte ich nicht, daß hier keiner unter uns ist, der nicht gegen jede Obrigkeit für einen Büchner Partei ergreifen würde."[301]

300 Vgl. Klaus Briegleb: *Unmittelbar zur Epoche des NS-Faschismus – Arbeiten zur politischen Philologie 1978–1988*. Frankfurt am Main 1989, S. 132-134, sowie *Sprache im technischen Zeitalter* Heft 26 (1968), S. 134 ff. Zur Staiger-Rede vgl. auch Kap. VII, S. 330 f. In seiner 1. Frankfurter Poetik-Vorlesung vom 28. Juni 1967 wird Staiger von Hildesheimer erwähnt; vgl. ebenfalls Kap. VII, S. 330.

301 WH VII, S. 42 ("Büchners atemlose Melancholie – ‚Zur Verleihung des Georg-Büchner-Preises'").

VII. Tertium non dabitur: Im Moment der Revolte

Für Klaus Briegleb

Eine Kontroverse zwischen Hannah Arendt und Hans Magnus Enzensberger / Hildesheimers Frankfurter Poetik-Dozentur / Sechs-Tage-Krieg: Hildesheimer contra Weiss und Fried / Von der Grenze der Solidarität: Grete Weils „Happy, sagte der Onkel"/ „Ist Revolution unvermeidlich?"

1

In seinen „Berliner Gemeinplätzen II", die im Juni 1968 im Kursbuch erschienen, vermerkte Hans Magnus Enzensberger unter dem Stichwort „*Remake*": „Ist das westliche Deutschland faschistisch, präfaschistisch, neo-faschistisch oder faschistoid? Die wackligen Wörter verraten, daß darüber keine Klarheit herrscht. Wer auf das Jahr 1933 starrt, dem wird die Gegenwart zum blinden Fleck." Eine nähere Bestimmung wenige Zeilen weiter lautet: „Dieser neue Faschismus ist keine Drohung, er ist längst Wirklichkeit; es ist ein alltäglicher, einhäusiger, verinnerlichter, institutionell gesicherter und maskierter Faschismus."[1]

Spätestens mit dieser lapidaren Bestandsaufnahme, einem „Gemeinplatz" eben, „auf den Plätzen dieser Stadt demonstriert"[2], war jene konkrete gesellschaftliche Lage vorläufig bei ihrem Namen genannt, an der kein erinnerungspolitisch konstituiertes Schreiben, das in der Katastrophe des NS-Faschismus seinen Ausgang nahm, vorbei-‚sehen' konnte. Im Gegenteil: Insofern die antiautoritäre Bewegung die Frage nach der NS-faschistischen Vorgeschichte der westdeutschen Verhältnisse zu stellen versuchte, war ihr auf vielfältige Weise von all jenen Schriftstellern zugearbeitet worden, deren Texte frühzeitig nicht nur ‚Erinnerung', sondern gerade Erinnerungs*konkurrenz* thematisiert hatten. Hildesheimers Warnung vom Januar 1966, nicht „einem Gebiet entgegen[zutreiben], [...] wo der Faschismus auf uns wartet, um uns wieder aufzunehmen"[3], ergänzt um aktuelle Beispiele und Namen, ausgesprochen an öffentlichem Ort, scheint eine solche Kongruenz zwischen der kritischen Intelligenz der antiautoritären Be-

[1] Hans Magnus Enzensberger: „Berliner Gemeinplätze II". In: *Kursbuch* 13 (Juni 1968), S. 190-197, hier S. 191.

[2] Hans Magnus Enzensberger: „Berliner Gemeinplätze". In: *Kursbuch* 11 (Januar 1968), S. 151-169, hier S. 169.

[3] Wolfgang Hildesheimer: „Zur Verleihung des Bremer Literaturpreises". In: WH VII, S. 27-30, hier S. 29. Vgl. Kap. VI, S. 233 ff.

wegung einerseits und den Autoren einer unaufhebbar anderen Erinnerung – jüdischen Schriftstellern deutscher Sprache – andererseits einschlägig zu belegen. Das Engagement zweier der bedeutendsten jüdischen Autoren deutscher Sprache auf Seiten der antiautoritären Bewegung, Peter Weiss und Erich Fried, mag in dieselbe Richtung deuten.

Einem genaueren Blick auf die Zeugnisse hält diese Kongruenz, diese manchem Beobachter womöglich geradezu ‚natürlich' scheinende Übereinstimmung teils in den politischen Zielen, teils in der politischen Analyse nicht stand. Im Blick auf die Differenz wird – im Kontext des Schreibens jüdischer Autoren deutscher Sprache – ein anderes Merkmal zum Kennzeichen der ‚Situation von *68*', des Moments der Revolte – das der Herausforderung. Denn in dem Maße, in welchem dem deutschsprachigen jüdischen Schriftsteller noch an irgend einer gesellschaftlichen Reaktion auf seine poetische Arbeit an der Erinnerungskonkurrenz gelegen war, war er angehalten, seinerseits auf die unabweisbare Erschütterung zu reagieren, der die Bedingungen dieser Reaktion ab Mitte der 60er Jahre in Westdeutschland ausgesetzt waren. In diesem Sinn wurde jedem erinnerungskritischen, erinnerungspolitischen Schreiben die antiautoritäre Bewegung zur Herausforderung. Dieses Moment einer unabweisbaren ‚Ansprache' war gestiftet weniger durch eine womöglich bereits begonnene, gar überzeugende Erinnerungsarbeit in den Reihen der Studenten; es verdankt sich vielmehr dem *Versprechen* einer solchen Erinnerungsarbeit, wie es nachdrücklich aus zahllosen Verlautbarungen klingt, wie es *in Aussicht gestellt*, ja fast schon begonnen erscheint zum Beispiel in den „Gemeinplätzen" Enzensbergers.

Einer der wohl prominentesten Texte der antiautoritären Bewegung, Enzensbergers „Gemeinplätze, die Neueste Literatur betreffend", hatte den demonstrativen Nachweis geführt, daß das Gros der Autoren der westdeutschen Nachkriegsliteratur die historische Verfassung der Situation Mitte der 60er Jahre nicht begriffen und fällige Konsequenzen – als Schriftsteller – aus diesen Einsichten zu ziehen versäumt hatte[4]. Von diesem Verdikt ist grundsätzlich kein Autor im Vorwege auszunehmen. Im Folgenden soll die oben bezeichnete Herausforderung derart rekonstruiert werden, daß die Distanz vor allem Hildesheimers und Weils zur antiautoritären Bewegung, genauer: einiger ihrer freilich konstituierenden Einschlüsse, als *spezifische* kenntlich wird – spezifisch für die Voraussetzung der anderen Erinnerung. Dazu ist zunächst ein Element aus dem *vor*-literarischen Raum

[4] Dies ist eine der grundlegenden Untersuchungsperspektiven in der Monographie Klaus Brieglebs *1968 – Literatur in der antiautoritären* Bewegung, Frankfurt am Main 1993.

näher zu betrachten, das die ‚Ansprache' – hier die Enzensbergers – entscheidend konstituiert: der Begriff des Faschismus.

Erst kurz zuvor, im Januar 1965, hatte Hannah Arendt die innere Verfassung von Enzensbergers Faschismus-Begriff zutage befördert – durch die Frage nach seiner Auffassung der Verschränkung von Auschwitz in die Gegenwart. Die Bitte der „Merkur"-Redaktion, Enzensbergers Neuerscheinung „Politik und Verbrechen" für das Magazin zu rezensieren, lehnt sie mit Hinweis auf die „Mühe" ab, „das ganz Ausgezeichnete von dem Verfehlten zu scheiden." Den Schwerpunkt ihrer Kritik legt sie auf Enzensbergers Zeile „‚Auschwitz hat die Wurzeln aller Politik bloßgelegt' "[5]: „das ist wie: das ganze Menschengeschlecht ist schuldig. Und wo alle schuldig sind, hat keiner Schuld. Gerade das Spezifische und Partikulare ist wieder in der Sauce des Allgemeinen untergegangen. Wenn ein Deutscher das schreibt, ist es bedenklich. Es heißt: nicht unsere Väter, sondern alle Menschen haben das Unglück angerichtet." Arendt nennt diese Auffassung „eine hoch kultivierte Form des Escapismus"[6]. Enzensberger, der sich von dieser Kritik schwer getroffen zeigt – „Die Vorstellung, daß Sie bei Ihrem Urteil blieben, kann ich nicht ertragen" –, bemüht sich um eine Klarstellung; er schreibt: „[...] wenn ich [...] über die Vorgeschichte von Auschwitz nachdenke, so tue ichs im Hinblick auf seine Zukunft. [...] Daß die Deutschen und sie allein die Verantwortung für die ‚Endlösung' tragen, daran können nur Schwachsinnige zweifeln. [...] Wir haben aber nicht nur an unsere Väter zu denken, sondern auch an unsere Brüder und Söhne; nicht nur an die Schuld derer, die älter sind als wir, sondern auch, ja vor allem, an die Schuld, mit der wir uns selber beladen. Deshalb sage ich: ‚Die Planung der Endlösung von morgen geschieht öffentlich', und: ‚1964 gibt es nur noch Mitwisser.' Wenn das die Sauce des Allgemeinen ist, so ist sie nicht meine Erfindung, und das Spezifische, das darin unterzugehen droht, sind wir selber. Von jedem Fernsehschirm tönt heute die Vokabel vom ‚Megatod'. Sie ist um kein Haar besser als die von der ‚Sonderbehandlung'. [...] ‚Die ‚Endlösung' von gestern ist nicht verhindert worden. Die Endlösung von morgen kann verhindert werden.' " Gegen Ende seines Briefes an Arendt faßt Enzensberger zusammen: „[...] verzeihen Sie mir, ich kann nicht anders – [...] an den Untaten der Deutschen [ist mir] das schlimmste nicht, daß Deutsche sie begangen haben, sondern daß solche Untaten überhaupt begangen worden sind, und daß sie wieder begangen werden können. – Ich hoffe inständig, daß Sie mich verstehen. Die Deutschen und nur die Deutschen sind an

5 Hans Magnus Enzensberger: *Politik und Verbrechen*, Frankfurt am Main 1978, S. 19.

6 Hannah Arendt an Hans Magnus Enzensberger, Ende 1964. In: *Merkur*, April 1965, S. 380-381, hier S. 381.

Auschwitz schuld. Der Mensch ist zu allem fähig. Beide Sätze sind unentbehrlich, und keiner kann den andern ersetzen."[7]

In ihrer Antwort stellt Arendt fest: „Was aber zwischen uns zur Debatte steht, ist Ihre Gleichsetzung vom ‚Megatod' mit der ‚Endlösung', und ich fürchte, Sie haben sich zu dieser Gleichsetzung einfach durch das ominöse Wort ‚Endlösung' verführen lassen. Der Megatod wäre in der Tat eine Art endgültigster Lösung aller Fragen, aber die Endlösung war ‚nur' die ‚Endlösung der Judenfrage'; sie könnte Vorbild für die ‚Lösung' ähnlicher Fragen werden, es ist auch denkbar, daß dabei Atomwaffen eine Rolle spielen, aber mit dem Megatod hat sie nichts zu tun. Das Fatale an Auschwitz ist doch gerade, daß eine Wiederholung möglich ist ohne katastrophale Folgen für alle Beteiligten. Die der Entwicklung nuklearer Geräte in der Kriegsführung inhärente *politische* Konsequenz ist ganz einfach die Abschaffung des Krieges als Mittel der Politik – es sei denn, man dichtet den Geräten selbst eine Konsequenz an, die sie doch nur haben können, wenn Menschen die Konsequenzen ziehen. [...] Worüber man sich, wie ich fürchte, nicht streiten kann, ist, daß Auschwitz möglich bleibt, auch wenn kein Mensch mehr vom Atomtod spricht."[8]

Arendt fährt mit einer probeweisen aktualisierenden Einschränkung von Enzensbergers These fort: „Ich nehme also an, Sie wollten sagen: die Wurzeln aller *heutigen* Politik seien da zum Vorschein gekommen. Aber auch in dieser Einschränkung können Sie Ihren Satz nur aufrechterhalten durch die Parallele mit, kurz gesagt, Hiroshima. Ich bin der Meinung, das ist ein Kurzschluß, der allerdings nahe liegt, weil beide Ereignisse nahezu gleichzeitig im Verlauf des Krieges eingetreten sind. Dabei wird übersehen, daß nur Hiroshima und das Städtebombardement (Dresden) mit der Kriegsführung zusammenhingen und in der Tat anzeigten, daß in einem mit modernen Mitteln geführten Krieg der Unterschied zwischen Krieg und Verbrechen nicht mehr aufrechtzuerhalten ist. Aber Auschwitz hatte mit Kriegsführung nichts zu tun; es war der Beginn einer Entvölkerungspolitik, die nur durch die Niederlage Deutschlands aufgehalten wurde; Hitler hätte, wie wir wissen, auch im Frieden weiter ‚ausgemerzt'."[9]

Arendts Replik verdeutlicht, daß Enzensbergers ‚zukunftsorientierter' Blick auf Auschwitz ein höchst entscheidendes Spezifisches übersieht: daß die Endlösung „ ‚nur' die ‚Endlösung der Judenfrage' " war und daß ihre „Wiederholung möglich ist *ohne* katastrophale Folgen für alle Beteiligten". Woran Arendt hier tatsächlich rührt, ist der

[7] Hans Magnus Enzensberger an Hannah Arendt, 24.1.1965. In: *Merkur*, April 1965, S. 381-383, hier S. 382 f.

[8] Hannah Arendt an Hans Magnus Enzensberger, 30.1.1965. In: *Merkur*, April 1965, S. 383-385, hier S. 384 f.

[9] Ebd., S. 385.

Ort der Deutschen in diesem ‚modernisierten' Begriff von Auschwitz. Zwar zögert Enzensberger keinen Augenblick, die historische Schuldfrage ohne Wenn und Aber zulasten der Deutschen zu beantworten. Doch in seinem Szenario einer „Endlösung von morgen" gehören diese Deutschen fraglos zu den Opfern, gehen auf in jener Menschheit, die von einer nuklearen Katastrophe nur als ganze getroffen werden würde. ‚Auschwitz' erkennt Arendt hierin nicht wieder. Gleichwohl versucht sie, der Genese von Enzensbergers Auschwitz-Auffassung auf die Spur zu kommen: zunächst über „das ominöse Wort ‚Endlösung' "; dann über die „kurzschlüssige" „Parallele mit [...] Hiroshima". Hier war ein grundlegendes Moment von Enzensbergers Denken erkannt.[10] Doch diese Parallele weist Arendt zurück; und zwar nicht, weil sie bestreiten würde, daß es „in einem mit modernen Mitteln geführten Krieg" keinen Unterschied mehr zwischen Krieg und Verbrechen gäbe; sondern weil die Katastrophe, die für sie Auschwitz bezeichnet, auch innerhalb eines allgemeinen „Friedens" möglich wäre. Es ist diese, aus Arendts Sicht schwerwiegende Verkennung von Auschwitz, die ihre Kritik betont. Zugleich ist ihr der Entschuldungseffekt, der einer Auschwitz-Rede innewohnt, die auf „katastrophale Folgen" gerade für *alle* Beteiligten erkennt, nicht entgangen. Dies klingt deutlich an in ihrer Zeile: „Wenn ein Deutscher das schreibt, ist es bedenklich." In seiner Antwort entfernt Enzensberger diese Worte Arendts jedoch aus dem Zusammenhang der Rede eines Deutschen und formuliert ihn um („denn er besagt") in die verallgemeinernde Maxime, „daß die Richtigkeit eines Urteils von der Nationalität dessen abhängt, der es ausspricht." Eine solche Maxime kann Enzensberger mit der berechtigten Hoffnung, hier Arendts Zustimmung zu finden, ablehnen, indem er sie, als *„argumentum ad nationem"*, vom „Gespräch selber" isoliert; angesprochen seien hier vielmehr „seine Voraussetzungen. Ohne ein Minimum von Vertrauen ist kein Dialog möglich. Vertrauen aber ist etwas, was nur geschenkt werden kann. Das *argumentum ad nationem* nimmt dieses Geschenk zurück und macht das Zwiegespräch zum Monolog; denn wie soll einer mitreden, dessen Worte jederzeit untergehen in seiner Herkunft?"[11]

Zwar stimmt Arendt in ihrer Antwort hier sofort ein: „Mir ist eine Gegnerschaft gar nicht in den Sinn gekommen, und das ‚Minimum von Vertrauen', von dem Sie mit Recht gesprochen haben, habe ich als selbstverständlich vorausgesetzt. Nichts liegt mir ferner als Ihnen Unrecht zu tun bzw. Sie mit anderen in einen Topf zu werfen; denn

10 Vgl. Hans Magnus Enzensberger: „Satire als Wechselbalg". In: ders.: *Einzelheiten.* Frankfurt am Main 1962, S. 215-220, sowie Kap. VI, S. 260.

11 Enzensberger an Arendt (Anm. 7), S. 383.

um etwas anderes konnte es sich ja kaum handeln."[12] Doch in ihrem Verdacht eines wenn auch nur untergründigen Entschuldungsbegehrens läßt sie sich durch ein solches Manöver, das sie per Konvention auf Bedingungen eines „Dialogs" festzulegen trachtet, nicht beirren. Dies wird deutlich im letzten Absatz ihres Antwortbriefes, in dem sie „ein letztes Wort über das Ausweichen" formuliert: „Es gibt einen scheinbaren Radikalismus, der nicht so sehr das Kind mit dem Bade ausschüttet als vielmehr durch Parallelen, bei denen sich irgendein Generalnenner darbietet, vieles Partikulare unter ein Allgemeines subsumiert, wobei das konkret Sich-Ereignende als Fall unter Fällen verharmlost wird. Dies habe ich mit dem Wort ‚Escapismus' gemeint. Wir tun dies gelegentlich alle, fortgerissen, wie mir scheint, nicht vom ‚Strom der Geschichte' oder der berechtigten Sorge um die Zukunft, sondern von dem Zuge unserer Assoziationen. Die Gefahr liegt im Metier. Man kann ihr begegnen durch den immer erneuten Versuch, sich am Konkreten festzuhalten und Unterschiede nicht zugunsten von Konstruktionen zu verwischen."[13] „Wir tun dies gelegentlich alle" – dies darf hier als Höflichkeitsfloskel gelesen werden. Denn wenn es um „unsere Assoziationen", insbesondere im Zusammenhang von Auschwitz, geht, dann war dieses „wir" gespalten; dann war das Gegenüber von Enzensberger zu Arendt durch „Verschiedenheit", nicht durch „Versöhnbarkeit"[14], charakterisiert. Insofern waren die Warnung vor einem nur „*scheinbaren* Radikalismus" und der Rat, „immer erneut" zu versuchen, „sich am Konkreten festzuhalten und Unterschiede nicht zugunsten von Konstruktionen zu verwischen", durchaus gezielt deutscher linker Intelligenz, wie sie Arendt in Enzensberger begegnet war, ins Stammbuch geschrieben.

Arendts Wort vom „Escapismus" bezichtigt Enzensbergers Position einer Fluchtbewegung; vor was hier geflohen wird, bleibt nur angedeutet: die Konfrontation mit dem „konkret Sich-Ereignende[n]", dem „Konkrete[n]". In der Formel vom „scheinbaren Radikalismus" markiert sie die gesellschaftliche Prämie, die sich solche Vermeidungsstrategie erhoffen darf.[15] Aus dieser Perspektive war eine solcherart verfaßte Position als Erscheinungsform eines nachgeholten Antifaschismus zu verstehen: d. h. eine Identifikation mit den Ver-

12 Arendt an Enzensberger, 30.1.1965 (Anm. 8), S. 383 f.

13 Ebd., S. 385.

14 In der Einleitung der *Merkur*-Redaktion zum Briefwechsel zwischen Arendt und Enzensberger, S. 380.

15 Ganz unverstellt hatte Arendt dies gegenüber dem *Merkur*-Herausgeber Hans Paeschke in einem Brief vom 5.2.1965 artikuliert: „Sachlich, und nun ganz entre nous, hätte ich sagen müssen: ‚Ich habe Ihnen ja nicht vorgeworfen, dass Sie leugnen, dass die Deutschen an Auschwitz schuld sind, sondern dass Sie sich dafür noch eine Feder an den Hut stecken.'" Hier nach *Protest! Literatur um 1968.* [= Marbacher Kataloge 51]. Marbach am Neckar 1998, S. 94.

folgten des historischen NS-Faschismus, die nicht in einer historischen Analyse und ihren Analogieschlüssen wurzelte, sondern in einem nicht wirklich durchgearbeiteten[16], gar erkannten, doch im Zeichen der Schuld eingegangenen *eigenen* Verhältnis zur NS-Epoche und ihren Verbrechen. Enzensbergers Konstrukt der Koppelung von Auschwitz mit der konkreten gesellschaftlichen Gegenwart wird, auf rhetorischem Wege, zusehends verdichtender gestaltet: „Wir haben [...] nicht nur an die Schuld derer [zu denken], die älter sind als wir, sondern auch, ja vor allem, an die Schuld derer, mit der wir selber uns beladen. Deshalb sage ich: ‚Die Planung der Endlösung von morgen geschieht öffentlich', und: ‚1964 gibt es nur noch Mitwisser' "[17]. Durch diese Koppelung erstellt er eine gesellschaftliche Konstellation, in der es „uns" ermöglicht wird, eine Katastrophe, die nicht nur mit Auschwitz vergleichbar ist („Megatod", „Belsen und Hiroshima"), sondern sogar genetisch von ihr abgeleitet wird, *im Gegensatz zu den Vätern* (oder auch „uns" in der HJ) abzuwenden. Das Prädikat des „Antifaschismus" – in den „Gemeinplätzen" zwar nicht verwendet, doch in der Opposition zu einer Lage, die als „neuer Faschismus" gekennzeichnet wird, implizit – setzt zum einen autoritativ den Maßstab der (auch gegenwärtigen) Bedrohung, ruft zum andern den moralischen Kredit auf, den die Gegner des NS-Faschismus nach der Niederschlagung des NS-Regimes und der weltweiten Aufklärung über das Ausmaß seiner Verbrechen in Anspruch nehmen durften; die *historische Niederlage des antifaschistischen Widerstands* freilich sollte sich jetzt, in der erneuerten faschistischen Situation von 1964 ff., kraft des Vermögens der „Brüder und Söhne", *nicht* wiederholen.

Die unmittelbare psychische Wertigkeit dieser Verknüpfung von Auschwitz mit der gegenwärtigen Lage, d.h.: die Suggestion einer *zweiten Chance der Bewährung*, für die deutsche antiautoritäre Intelligenz der 60er Jahre wird besonders deutlich in einem Beitrag Oskar Negts, der unmittelbar vor Enzensbergers „Gemeinplätzen II" in der Juni-Ausgabe des „Kursbuches" von 1968 erschien; Negt schreibt dort: „Es geht dieser Generation um die Integrität des politischen Willens, der die Klagen über den Verwaltungsmassenmord des Dritten Reiches *nicht ertragen kann*, ohne sie in Aktionen gegen jede Form des gegenwärtigen Mordes umzusetzen."[18]

16 Vgl. beispielhaft die einschlägigen diagnostischen Perspektiven Ernst Loewys und Lutz Wincklers auf die deutsche Exilforschung: Ernst Loewy: „Zum Paradigmenwechsel in der Exilliteraturforschung". In: *Exilforschung. Ein internationales Jahrbuch* 9 (1991), S. 208-217. Lutz Winckler: „"Mythen der Exilforschung?" In: *Exilforschung. Ein internationales Jahrbuch* 13 (1995), S. 68-81.

17 Enzensberger an Arendt (Anm. 7), S. 382.

18 Oskar Negt: „Studentischer Protest – Liberalismus – ‚Linksfaschismus'". In: *Kursbuch* 13 (Juni 1968), S. 179-189, hier S. 184; Kursivierung S.B.

Negts Zeile entstammt seinem Aufsatz „Studentischer Protest – Liberalismus – ‚Linksfaschismus' ". Er erinnert daran, daß in der Diskurssituation nach dem 2. Juni 1967, dem Tag der Ermordung des Studenten Benno Ohnesorg durch einen Polizeibeamten in Zivil während einer Demonstration gegen den Besuch des Schahs von Persien in Berlin, der Begriff des Faschismus auch in anderer Weise als der Enzensbergers Verwendung gefunden hatte. So unterschiedliche polemische Interessen wie die der Springer-Presse und die von Günter Grass vermochten sich durchaus im gegen die antiautoritäre Bewegung gerichteten NS-Vergleich zu treffen[19]. Besonders schwer wiegen mußte der Vorwurf des „linken Faschismus" gegen die Studenten, den Jürgen Habermas auf dem Kongreß „Hochschule und Demokratie" unmittelbar nach dem Begräbnis Ohnesorgs in Hannover am 9.6.1967 äußerte und der sogleich weithin aufgegriffen wurde. Das diskurspolitische Gewicht dieses Verdikts wurzelte freilich weniger in Habermas' eigener Stellung innerhalb der antiautoritären Bewegung – seine am „frühen italienischen" statt am deutschen NS-Faschismus orientierte Argumentation war ohnehin rasch „‚umfunktioniert' "[20] worden – als mehr in der Prominenz seines Nahverhältnisses zu Theodor W. Adorno. Adorno jedoch war die neben Herbert Marcuse wohl bekannteste der „kritischen Autoritäten"[21] gewesen, auf die sich die Intelligenz der antiautoritären Bewegung nicht nur in ihren Anfängen[22], sondern auch in ihrem weiteren Verlauf immer wieder berufen hatte. Anders jedoch als Marcuse, und unbeschadet privater Äußerungen[23], vermeidet Adorno eine offene Parteinahme zugunsten der Studenten. Die Entzifferung, die der aus seiner unmittelbaren Nähe heraus erhobene Vorwurf des ‚Linksfaschismus' für Adornos Reserve anbot, war unzweideutig: die Furcht vor einer „Wiederkehr der Traumata"[24] – Traumata eines vom NS-Faschismus verfolgten und ins Exil gezwungenen deutschen Juden.

[19] Vgl. Briegleb: *1968* (Anm. 4), S. 121.

[20] Vgl. die Dokumentation in Jürgen Habermas: *Protestbewegung und Hochschulreform.* Frankfurt am Main 1969, S. 137 ff., hier vor allem S. 149, 150.

[21] Wolfgang Kraushaar: „Die Wiederkehr der Traumata im Versuch sie zu bearbeiten. Die Remigration von Horkheimer und Adorno und ihr Verhältnis zur Studentenbewegung". In: *Exilforschung. Ein internationales Jahrbuch* 9 (1991), S. 46-67, hier S. 58.

[22] Vgl. die Schlußzeile eines im Mai 1964 an mehreren Universitäten von der „Subversiven Aktion" vertriebenen Flugblattes: „Verantwortlich Th. W. Adorno, 6 Frankfurt am Main, Kettenhofweg 123" – hier nach Kraushaar: „Wiederkehr" (Anm. 21), S. 58. Vgl. auch Briegleb: *1968* (Anm. 4), S. 36 ff.

[23] Kraushaar: „Wiederkehr" (Anm. 21), S. 61. In einem Brief an Günter Grass vom 4. November 1968 gibt Adorno bezeichnenderweise der Auffassung Ausdruck, daß die Studenten „ und die Intellektuellen überhaupt auf der Plattform der deutschen Reaktion die Rolle der Juden übernommen haben."

[24] Kraushaar: „Wiederkehr" (Anm. 21), S. 46.

Doch nicht erst die Besetzung des Soziologischen Seminars in Frankfurt im Dezember 1968 oder die Störung, schließlich Verhinderung von Adornos Vorlesungen im Frühjahr 1969 lieferten Material für eine Kritik der antiautoritären Bewegung, die – jenseits diskurspolitisch motivierter Polemiken – eine spezifische Ambivalenz mancher ihrer Aktionen nicht mehr zu ignorieren vermochte. Schon 1967, im Verlauf einer Dichterlesung im Westberliner „Literarischen Colloquium“, „bedauerte“ Rolf Dieter Brinkmann, „kein Maschinengewehr zur Hand zu haben, um Reich-Ranicki Bescheid zu geben“. Dem Genannten, im Saal anwesend, „kamen bei Brinkmanns verbalen Exzessen Erinnerungen an eine Zeit, in der man ihm schon einmal mörderisch nachgestellt hatte“[25]. Auch die Verbrennung von 30 „Bild“-Zeitungen durch Studenten am Rande der Pulvermühle-Tagung der Gruppe 47 mußte, unabhängig von ihrer publizistischen Verwertung, geeignet sein, „Erinnerungen“ aufzurufen.

Erscheinungen wie diese waren, mit Arendt, lesbar als Folgen der Weigerung, den Blick auf das „Konkrete“ an Auschwitz zu richten, genauer: als fehlerhafte Begriffsbildung *im Modus der Aktion*. Hierin liegt der entscheidende Unterschied zwischen der Herausforderung für die jüdischen Autoren deutscher Sprache in der Situation 1967 ff. und der Gesprächslage Arendts im Januar 1965: Deutsche Faschismuskritik, wie Enzensberger sie teils vor-, teils mitformuliert hatte, schien – jetzt – von den Foren rein theoretischer Erörterung unübersehbar in die gesellschaftliche Praxis zu drängen: *Formen der Aktion anzunehmen*. Damit war der Moment gekennzeichnet, in dem jeder jüdische Autor deutscher Sprache – mit einer Dringlichkeit wie seit 1945 nicht mehr – aufgefordert war, Stellung zu beziehen.

2

Als Wolfgang Hildesheimer am 28. Juni 1967 die Frankfurter Uni betritt, um die erste von drei Vorlesungen in der Reihe der „Frankfurter Poetik-Dozentur“ zu halten, hat, knapp drei Wochen nach der Ermordung Benno Ohnesorgs, die studentische Protestbewegung auch auf diese Hochschule übergegriffen. Die öffentliche Verurteilung der studentischen Demonstrationen gegen den Vietnam-Krieg durch den früheren, unterdessen emeritierten Direktor des wiedereröffneten Instituts für Sozialforschung, Max Horkheimer, am 7. Mai während der Eröffnung einer deutsch-amerikanischen Freundschaftswoche auf

[25] Zitiert nach Karl Heinz Bohrer: *Die gefährdete Phantasie, oder Surrealismus und Terror*. München 1970, S. 10.

dem Frankfurter Römer war bereits vom Frankfurter SDS einer „in die Apologie des Faschismus und Imperialismus umgeschlagenen Resignation“ geziehen worden[26]. Hildesheimer hatte bisher zur studentischen Protestbewegung nicht explizit Position bezogen. An der für den Politisierungsprozeß der Gruppe 47 entscheidenden Tagung in Princeton[27] hatte er nicht teilgenommen. Seine letzte größere Arbeit war „Tynset“ gewesen, das Stimmen der alten und der Neuen Linken teils mit Zurückhaltung, teils mit Hohn bedacht hatten[28].

In keinem seiner drei Vorträge gibt Hildesheimer politische Erklärungen ab oder kommentiert das Zeitgeschehen. Gleichwohl zieht sich durch seine Ausführungen eine literatur-, *zugleich* erinnerungspolitische Argumentationslinie, die *demonstrativ oppositionell* zur umlaufenden, abstrahierenden Begriffsbildung steht. Diese Opposition bleibt noch verborgen in dem ersten direkten literaturpolitischen Signal zu Beginn seiner ersten Vorlesung; einen Hinweis auf mangelnde Objektivität seiner Ausführungen und die Betonung der „sehr persönlichen Erfahrung“, die seine Darlegungen bestimmen würden, schließt er mit der Bemerkung: „Mir ist auch der größte Teil der zeitgenössischen Literatur unbekannt, die einzige Eigenschaft, die ich mit Emil Staiger teile“[29].

Damit war *die* literaturpolitische Debatte der letzten Monate, deren Wortmeldungen „die Printmedien überschwemmt“[30] hatten, in die Frankfurter Vortragssituation eingespielt. Emil Staiger hatte die Verleihung des Zürcher Literaturpreises am 17. Dezember 1966 mit einer Rede unter dem Titel „Literatur und Öffentlichkeit“ vergolten. In die Rolle eines Anwalts der „breitesten Öffentlichkeit“[31] geschlüpft, vermag Staiger „in der ‚littérature engagée‘ nur eine Entartung jenes Willens zur Gemeinschaft [zu sehen], der Dichter vergangener Tage beseelte.“ Für ihn steht außer Zweifel, daß, „wer überhaupt die Gemeinschaft will, wer sich zu einer dauerhaften Ordnung des menschlichen Lebens bekennt, [...] auch zu den sittlichen Grundbegriffen bekennen [müsse], die da heißen: Gerechtigkeit, Wahrheit, Maß.“ Wo dagegen „der Dichter“ „mit dem Verbrecherischen, Gemeinen sympathisiert, wo ihn die bare Neugier auf den Weg in die düstern Be-

[26] Kraushaar: „Wiederkehr“ (Anm. 21), S. 59.

[27] Zu dieser Tagung siehe noch weiter unten in diesem Kapitel.

[28] Vgl. vor allem die Rezensionen in *konkret* Nr. 5/ 1965, in der *Deutschen Volkszeitung* vom 3.12.1965 und in *Sinn und Form*, 5. Heft 1965, sowie Kap. VI, S. 311 ff.

[29] WH VII, S. 44 ("Die Wirklichkeit des Absurden"). Die Seitenzahlen im fortlaufenden Text verweisen auf den Abdruck der drei Vorlesungen in der Werkausgabe Bd. VII, S. 43-99.

[30] Briegleb: *1968* (Anm. 4), S. 118.

[31] Emil Staiger: „Literatur und Öffentlichkeit“. In: Erwin Jaeckle (Hg.): *Der Zürcher Literaturschock*. München 1968, S. 14-24, hier S. 15. Alle weiteren Zitate aus der Staiger-Rede folgen diesem Abdruck.

reiche lockt und wo er nichts als uns zu überraschen und zu verblüffen hofft, [...] da verfehlt er seinen Beruf und macht er sich des Mißbrauchs der gefährlichen Gabe des Wortes schuldig. Ein Schauspiel, dem wir heute in erschreckendem Maße ausgesetzt sind! Man gehe die Gegenstände der neueren Romane und Bühnenstücke durch. Sie wimmeln von Psychopathen, von gemeingefährlichen Existenzen, von Scheußlichkeiten großen Stils und ausgeklügelten Perfidien. Sie spielen in lichtscheuen Räumen und beweisen in allem, was niederträchtig ist, blühende Einbildungskraft."

Als ein offensichtlich besonders triftiges Beispiel – denn es ist sein einziges – führt Staiger den Fall von Peter Weiss an, dessen Namen er jedoch nicht nennt: „Wenn ein bekannter Dramatiker, der Auschwitz auf die Bühne bringt, in einem früher verfaßten Stück mit Marquis de Sade als Helden einen Welterfolg errungen hat, so nehmen wir an, er habe hier wie dort die ungeheure Macht des Scheußlichen auf das heutige Publikum einkalkuliert und sich natürlich nicht verrechnet. Denn wenn man anfängt, nur das Ungewöhnliche, Einzigartige, Interessante als solches zu bewundern, führt der Weg unweigerlich über das Aparte, Pretiöse zum Bizarren, Grotesken und weiter zum Verbrecherischen und Kranken, zum Kranken und Verbrecherischen, das nicht als Widerspiel in unserer Einbildungskraft ein wohlgeratenes, höheres Dasein evoziert, das vielmehr um seiner eigenen Reize willen gekostet werden soll und meistens auch gekostet wird." Staiger sieht eine „heute über die ganze westliche Welt verbreitete Legion von Dichtern, deren Lebensberuf es ist, im Scheußlichen und Gemeinen zu wühlen", die sich „das Bild des Lebens" teils „von sogenannten wissenschaftlichen Theorien", teils „von den heute herrschenden Zuständen vorgeben lasse". Diese „heutige Literatur", „beherrscht" von dem „uns nur zu wohlbekannte[n] sinistre[n] Geist", „verbreitet [...] das Übel, das sie der Wahrheit willen hervorzuziehen und bloßzustellen vorgibt." „Wenn solche Dichter behaupten, die Kloake sei ein Bild der wahren Welt, Zuhälter, Dirnen und Säufer Repräsentanten der wahren, ungeschminkten Menschheit, so frage ich: In welchen Kreisen verkehren sie?"

Hildesheimer, der sich nur wenige Monate zuvor überraschend in eine unfreiwillige Nähe zu Staiger versetzt gesehen hatte[32], läßt hier keinen Zweifel an seiner vollständigen Ablehnung nicht nur der vorgetragenen Auffassung, sondern auch der Person Staigers, in einer Bemerkung, die entschiedenes Urteil mit strafender Nichtbeachtung verbindet. In der Frankfurter Situation fungiert diese Anmerkung als eine erste, die Kommunikation mit den Hörern *fundierende*, literaturpolitische Ortsbestimmung: als ein gemeinsames Jenseits von jeder

32 Vgl. Kap. VI, S. 319 f.

literaturpolitischen Perspektive, die Funktion im faschistischen Kontext erfüllen kann (oder gar historisch erwiesen hat). Die Staiger-Debatte war zu diesem Zeitpunkt – inklusive des Faschismus-Vorwurfs – so ausbuchstabiert[33], daß Hildesheimer auf eine explizite Beschreibung dieser Position verzichten konnte. Dies kam ihm insofern entgegen, als ihm an einer expliziten, nicht nur indirekten Darlegung *seiner* spezifischen Stellung an diesem Ort, jetzt und hier, gelegen sein mußte: d. h. einem Plädoyer für „Die Wirklichkeit des Absurden" und für die Berechtigung, ja, Pflicht des ‚Schriftstellers nach „Auschwitz" ' zu versuchen, dieser Wirklichkeit in seinem Schreiben adäquaten Ausdruck zu geben.

Hildesheimer verfährt dabei in einem Dreischritt, der eine offene, direkte, aber auch eine verdeckte, indirekte, Argumentation verfolgt, die gegen im Protest-Diskurs flottierende Sprech-, auch Denkgewohnheiten gerichtet ist. Die ausführlichen Darlegungen zielen zunächst auf eine möglichst stichhaltige Erklärung seines Begriffs des Absurden und der in ihm eingeschlossenen Forderung an den Schriftsteller der Gegenwart, nicht nur seine Arbeit, sondern seine Identität als Schriftsteller in der Wirklichkeit des Absurden gestiftet zu sehen. In der zweiten Folge seiner Vorlesungen, gehalten am 5. Juli, kontrastiert Hildesheimer diese Vorstellung und Wahrnehmung von Wirklichkeit mit der „Wirklichkeit der Reaktionäre", die er am Beispiel der Werke von Ezra Pound und T. S. Eliot skizziert. Im dritten und letzten Vortrag der „Frankfurter Poetik-Dozentur" widmet er sich, im Blick auf die Konstitution des „absurden Ichs", verschiedenen Autoren der westdeutschen Gegenwartsliteratur. In dieser Argumentation versucht Hildesheimer, einen „scheinbaren Radikalismus"[34], der zuletzt in „Tynset" „Unfruchtbarkeit, Fadheit, Langeweile", „Zufallsassoziationen [...] ohne Sprach- oder Mitteilungssubstanz", kurz: „das Buch zur modernen Zimmereinrichtung"[35] erkannt zu haben glaubte, zu einer – nur temporären – Übernahme jenes Blicks auf die Wirklichkeit zu bewegen, der sein Schreiben, seine Poetologie fundiert. Hildesheimer weiß bereits, daß dies durch ein weltanschauliches Bekenntnis und einer damit verbundenen Annullierung geschichtsoptimistischer Perspektiven schon im Ansatz scheitern würde. Deshalb wählt er eine Argumentation, die vermeintlich ganz auf ‚literarische', ästhetische Sachverhalte abhebt.

33 Nach Jaeckle (Hg.): *Literaturschock* (Anm. 31) etwa durch Hans Rudolf Hilty (*Volksrecht*, 24.12.1966), Max Frisch (*Neue Zürcher Zeitung*, 6.1.1967) und Georges Schlocker (*Nationalzeitung*, 15.1.1967 und *Neue Rundschau*, Erstes Heft, 1967). Ferner lag zum Zeitpunkt von Hildesheimers Vorlesung bereits die Dokumentation Walter Höllerers und Norbert Millers vor: „Der Zürcher Literaturstreit". In: *Sprache im technischen Zeitalter*, Heft 22 (April/ Juni) 1967.

34 Arendt an Enzensberger, 30.1.1965 (Anm. 8), S. 385.

35 [Anonym]: „Wolfgang Hildesheimer – Tynset". In: *konkret*, Nr. 5/ 1965.

An drei Textbeispielen zeigt er auf, wie die Trennung von „emotive meaning" und „reference meaning", „subjektive[r] Empfindung und objektive[m] Tatbestand" aufgehoben wird, und bezeichnet „Deutsch" ausdrücklich als jene „Sprache, in der die beiden Kategorien verwechselt werden, in der Emotion für Definition ausgegeben und – schlimmer noch – auch anerkannt wird. Dadurch entsteht ein Schaden, der weit über die Sprache hinausreicht." (45 f.) Eine vergleichbare Perspektive auf die Beschaffenheit der deutschen Sprache hatte vor Jahren George Steiner artikuliert[36]. Anders als Steiner verzichtet Hildesheimer jedoch auf die unmittelbare historische Zuschreibung; sie erfolgt indirekt: indem jedes der drei, später um ein weiteres ergänzten Textbeispiele aus dem historischen Raum des Nationalsozialismus stammen – Äußerungen Heinz Hilperts, Wilhelm Furtwänglers und Gerhart Hauptmanns; schließlich noch eine Probe Gerd Gaisers, die Hildesheimer lakonisch kommentiert: „So sprechen denn auch Figuren, die an anderer Stelle Herse und Diemuth Andernoth heißen. Nur der sinistre Ausländer Rakitsch spricht nicht so, er setzt das Prädikat vor das Objekt, was sogleich zu der Frage Anlaß gibt, welcher Rasse er wohl angehören mag."[37] (52) Hildesheimer liegt hier keineswegs an einer einsinnigen politischen Denunziation, der Begriff des Nationalsozialismus fällt an dieser Stelle nicht. Im Gegenteil: Er sucht seine Hörer über diese Beispiele von der Auffassung zu überzeugen, daß solches Schreiben das moderne, ‚absurde', ‚sprachlose' Gegenüber von Mensch und Welt verkenne; dies werde begünstigt durch die bezeichnete Hypothek des Deutschen und indem es vermeintlich vorgefundene „Wirklichkeit mit Worten zu verbrämen, nicht aber Wirklichkeit zu schaffen" versuche. Dieses Gegenüber ist für Hildesheimer jedoch kein Gegenstand eines weltanschaulichen Bekenntnisses, sondern, im Wege des *objektiven* Eingangs von „Auschwitz und ähnliche[n] Stätten" in das menschliche Bewußtsein, zu einer „Dimension" geworden, die, „wenn sie im Bewußtsein nicht enthalten ist, [...] ins Unterbewußtsein gesunken [ist]" (57) und den ideologischen Entscheidungen des Einzelnen enthoben sei.

Auf der verdeckteren argumentativen Grundlinie führt Hildesheimer zugleich vor, wie vom Faschismus sinnvoll, und das heißt selbstredend auch für ihn: aus der Position der entschiedenen Bekämpfung,

[36] Vgl. Kap. III, S. 75 ff.

[37] Gerd Gaiser, geb. 1908, gest. 1976, verfaßte während des Zweiten Weltkriegs Lyrik und Prosa „mit deutlich nationalsozialistischer Tendenz", von der auch seine Nachkriegsproduktion gezeichnet bleibt: „In dem autobiographischen Kriegsroman ‚Die sterbende Jagd' (Mchn. 1953) schildert G. den Untergang einer dt. Jagdfliegerstaffel im Kampf gegen die erdrückende Übermacht der Alliierten, wobei er die Männer zu modernen griech. Helden u. Rittern der Lüfte stilisiert." (Hans Wagener in Walther Killy [Hg.]: *Literaturlexikon – Autoren und Werke deutscher Sprache*. Gütersloh/München 1989, Bd. 4, S. 76.)

zu reden sei, ohne sein Konkretes voreilig „zugunsten von Konstruktionen zu verwischen“[38]: Nicht die Etikettierung als ‚faschistisch‘ denunziert das Faschistische, sondern der Aufweis seiner das „Rezeptionsvermögen“ verstümmelnden, das „Bewußtsein“ abstumpfenden Funktion in einer konkreten gesellschaftlichen Formation, die jeden Protest gegen ihren emphatischen Zusammenklang mit einer Welt, die Auschwitz kennt, zu unterdrücken sucht. Zwar zielt Hildesheimer hier nicht auf eine nähere Begriffsbestimmung von Faschismus; doch wird in den Frankfurter Vorlesungen offenkundig, daß er auch die Zukunft für die Erscheinung des Faschismus vorläufig geöffnet sieht: durch das Gewicht, das Auschwitz in der Konstitution der Wirklichkeit einnimmt – der akuten Wirklichkeit des Absurden. Von dieser Überzeugung ist seine akribische Analyse der Lyrik von Pound und Eliot in der zweiten Vorlesung grundiert. In dieser konzentrierten Gegenrede gegen zwei Schlüsselfiguren der literarischen Moderne demonstriert Hildesheimer ein weiteres Mal, daß eine Rede über den Faschismus, seine Mittel und seine Tradierungsmacht nicht wirklich auskommen kann ohne die Einlassung auf seine konkreten Gestalten. In seiner kurzen Einleitung dieses Vortrags, einem persönlichen Rückblick in die Entstehungszeit der Werke Pounds und Eliots, als er zum „bestürzte[n] Zeuge[n] mancher Wandlung“ (61) hatte werden müssen, erinnert er beiläufig daran, daß sich die literarische und politische Urteilskraft nicht nur im historiographischen Rückblick, sondern mehr noch auch in der Jetztzeit einer akuten faschistischen Entwicklung zu beweisen habe. Das unmittelbar existentielle Moment, das Hildesheimer dieser Qualität beilegen mußte, wird deutlich in seinem Herausarbeiten jenes enthemmten Vernichtungs-Antisemitismus, den er insbesondere in den Texten Pounds auffindet. Wenn er gegen Ende dieses Vortrags betont, daß „beide, Pound und Eliot, [...] Aufseher ihrer Leser [bleiben], weil sie zu wissen meinen, welcherart Heil ihm fehle“ (82), dann darf der Vokabel des „Aufsehers“ durchaus auch jene Konnotation beigelegt werden, die, gerade von Frankfurt aus, mit Beginn des Auschwitz-Prozesses zu einer dominanten geworden war: des SS-Wachmanns in einem NS-Vernichtungslager.

Trotz des Blickes auch auf solche Lyrik zögert Hildesheimer nicht, in Adornos akademischer Heimstätte dessen „Wort, daß nach Auschwitz ein Gedicht zu schreiben barbarisch sei, in sein Gegenteil [zu] verkehren, nämlich, daß nach Auschwitz *nur* noch das Gedicht möglich sei, dazu allerdings auch die dem Gedicht verwandte ‚absurde Prosa‘.“[39] (57) Als Beispiele für die hier gemeinte Literatur „aus Ele-

[38] Arendt an Enzensberger, 30.1.1965 (Anm. 8), S. 385.

[39] Auf eine charakteristische *Nähe* Hildesheimers zu Adorno hingegen wird noch weiter unten hingewiesen werden.

menten des Bewußtseins, in dem die Dimension Auschwitz enthalten ist“ führt er, noch in der ersten Vorlesung, Celans „Todesfuge“, Ingeborg Bachmanns „Früher Mittag“, Enzensbergers „schläferung“ und „Günter Eichs Einzeilen-Gedichte“ an. Die spezifische Spannung, in der diese Parteinahme für die Wirklichkeit des Absurden und ihr Schreiben zu einer Literatur stehen mußte, die, gleich in welchem aktuellen Zeichen, „menschliche Beziehung, weltanschaulichen Konflikt oder andere gesellschaftliche Wirklichkeit wiedergeben will“, tritt offen zutage in der dritten Vorlesung, in der Hildesheimer als Beispiele für die Gestaltung des „absurden Ichs“ unter vier Autoren auch Texte von Peter Weiss und Reinhard Lettau vorstellt. Doch wird diese Spannung nur in den Namen selbst anschaulich; Hildesheimer trägt die entschiedene poetologische Opposition zu den letzten Arbeiten dieser zwei Autoren, die an vielbeachteten Stand- und Handlungsorten der antiautoritären Bewegung Prominenz gewonnen hatten[40], nicht aus, sondern legt seine Reserve gegenüber den neuesten Entwicklungen dieser beiden Autoren mehr zwischen statt in die Zeilen. Von Weiss heißt es, er „sei hier nur am Rande gestreift [...]. Wo das Absurde nicht das gesamte Werk beherrscht, wo es, als Ausdrucksmittel angewandt, nur hin und wieder einen Text prägt, liegt das Engagement des Autors gewiß in einer anderen Sache.“ (91) Und über Lettau verlautet, er sei „ja augenblicklich auf anderen Gebieten des Zeitgeschehens tätig“ (84) – unentscheidbar, heute, ob im Ton herablassender Ironie oder aufrichtigen Bedauerns. Für das letztere spricht, daß Hildesheimers Interpretationen „dem ganzen bisherigen Reinhard Lettau“ (84) gelten. In seinen Auslegungen würdigt Hildesheimer das spezifische Vermögen der genannten Autoren – neben Weiss und Lettau führt er Proben Günter Eichs und Ilse Aichingers an[41] –, der Wirklichkeit des Absurden Ausdruck zu verschaffen, und wirbt um die Bereitschaft des Lesers zu jener Arbeit, die solche Literatur erfordert, etwa mit „Vergleiche[n] von weit her“: „Er muß sie in

40 Weiss‘ Engagement gegen den Vietnam-Krieg war nicht nur während der Princetoner Tagung im April 1966, sondern auch während des Stockholmer Russell-Tribunals im Juli/ August des gleichen Jahres öffentlich geworden. Neuralgische Punkte deutscher Öffentlichkeit wurden berührt in seiner Diskussion der Deutschland-Frage mit Wolfgang Neuss (*konkret*, April 1966) sowie spektakulär in seinen „10 Arbeitspunkten eines Autors in der geteilten Welt“, deren erregte Diskussion die Uraufführungen der *Ermittlung* begleitete. – Reinhard Lettau hielt am 19. April 1967 in der Freien Universität Berlin seinen Vortrag „Von der Servilität der Presse“ – „Verzeihen Sie, wenn ich das Resultat meiner Berliner Presseanalyse dadurch mitteile, daß ich hier jetzt die Berliner Zeitungen zerreiße“ – und nahm u.a. mit Dutschke und Rabehl am zweitägigen Hungerstreik für Fritz Teufel am 20./ 21. Juni 1967 teil. Zu Lettau vgl. auch Briegleb: *1968* (Anm. 4), S. 72-86.

41 Nicht nur dieser Text zeigt, daß Hildesheimer tatsächlich *nicht* Staigers Unkenntnis der Gegenwartsliteratur teilte.

Kauf nehmen, auch dort, wo sie ihm nicht einleuchten. Sie sind nicht gewaltsam hergestellt, sondern das Resultat einer Fähigkeit, ein immer gegenwärtiges Erinnerungsvermögen assoziativ auszuwerten, und mit seiner Hilfe in jeder Geschichte eine andere Region des Bewußtseins zu erhellen, klar, ohne Beiwerk, meist ohne Adjektiva – oft allerdings auch den *Leser*, als Zugehörigen der feindlichen Seite, abweisend." (91)

Hildesheimer wußte, daß eine Rede, die, hier ganz offen in eigener Sache gesprochen, fast ausschließlich eigenen Erfahrungen und vor allem den eigenen poetologischen Antworten gewidmet war, Gefahr lief, die konkrete Diskurssituation Juni/Juli 1967 zu verkennen. Denn sie ignorierte jene Frage, die er selbst als „vielleicht *die* wesentliche Frage" an die Literatur bewertete und am Ende seiner ersten Vorlesung anschneidet: „nämlich ob [die Literatur] den Menschen verändert" (60). Unter Bezug auf Eichs Text „Der Schriftsteller vor der Realität" und der an ihm entwickelten Konstellation des Schriftstellers in der Wirklichkeit des Absurden räumt er ein, daß dieser Text, und mit ihm er, Hildesheimer selbst, auf diese Frage keine Antwort weiß. „Gewiß, niemand hat mir die Frage gestellt, und ich habe anfangs betont, daß ich nur einen subjektiven Beitrag zu einer allgemeinen Übersicht geben kann. Auch ist diese Frage nicht an den Schriftsteller selbst zu richten, der zwar, naturgemäß, wirken will, sich aber gewöhnlich mit seiner Wirkung nicht selbst beschäftigt. Wenn ich einen Ausspruch lese wie diesen: ‚Autoren müssen das schlechte Gewissen ihrer Nation artikulieren, weil die Politiker ein so gutes haben', so stoße ich mich nicht nur an dem furchtbaren Wort ‚Nation', sondern frage mich, ob es – vor allem bei uns – jemals einem Autor gelingen könnte, das Gewissen eines Politikers überhaupt zu erreichen. Andrerseits kommt dieser Satz von einem Autor, Rolf Hochhuth, dem es, in der Tat, als erstem in der Literaturgeschichte nachweislich gelungen ist, mit einem Werk die Welt aufzurühren, und zwar im Positiven. Das können weder der Lyriker noch der Autor der absurden Prosa von sich behaupten noch erwarten." (60)

In dieser Ausführung geben sich die Bedingungen von Hildesheimers Schreiben – als die eines jüdischen Autors deutscher Sprache – ein weiteres Mal zu erkennen, nun jedoch nicht in Gestalt einer an den Erfahrungen der Epoche entwickelten und radikalisierten Poetologie des Absurden, sondern als Reaktion auf eine Frage, die er vernommen hat, obwohl sie ihm „niemand [...] gestellt" hat – die nach der Veränderbarkeit des Menschen durch Literatur. Nicht zufällig konkretisiert er diese Frage am Werk jenes Autors, dessen „Stellvertreter" im Sinne einer eindeutig positiven Antwort rezipiert worden war. Im Hochhuth-Zitat spürt Hildesheimer sogleich mit lakonischer Schärfe eine hypertrophe Selbstermächtigungsphantasie im nationalen Zeichen auf, die zugleich blind ist für ihre objektive Rolle und ihre Beschränkungen in der gesellschaftlichen Formation der westdeutschen Wirklichkeit; es ist diese Mischung, die Enzensberger in den „Gemeinplätzen, die Neueste Literatur betreffend" denunzieren wird. Doch erst der Respekt, den Hildesheimer dem „Stellvertreter" gleichwohl zollt, markiert den Ort des „Tynset"-Autors: Denn in dem Maße, in dem Hochhuths Drama eine ‚forensische Situation' zu rekonstruieren, für Hildesheimer: wiederaufzurufen, und die ihr eigenen aufklärerischen Effekte zu erzielen vermocht hatte, hatte sich Hildesheimer der Wirkung dieses grundlegend anders konstituierten Schreibens nicht entziehen können[42]. Den Widerspruch zwischen nicht nur falscher, sondern „furchtbarer" Ideologie und fraglos „positiver" Wirkung, den Hildesheimer deutlich anzeigt („andererseits"), läßt er an dieser Stelle ungelöst. Daß er eine Diskussion solcher Belastungen eines programmatisch wirkungsorientierten Schreibens hier *nicht* beginnt – anderen überläßt –, führt auf kennzeichnende Weise zurück zur *eigenen* Poetologie, von der allein er mit „Überzeugung" und „Engagement", also mit den Voraussetzungen jenes Minimums an „Autorität" sprechen zu können vorgibt, das ihm als Maßstab eigener Rede gilt.

Hildesheimers Konzession an eine der aktuellen Diskurssituation geschuldeten Frage endet hier nicht, im Gegenteil: Ihrer objektiven Dringlichkeit, womöglich mit-‚gehörten' Ungeduld trägt er Rechnung, indem er sie ein zweites Mal an sich richtet: „Die Frage, wie Dichtung zu wirken habe, können weder Eich noch ich beantworten. Wenn sie aber dazu da ist, das Rezeptionsvermögen zu erweitern und das Bewußtsein so zu schärfen, daß es ihre Sprache und damit ihr Objekt aufnimmt, anstatt das Geschehen der Zeit durch fiktives Geschehen zu ergänzen, dann wäre sie zumindest nicht vergeblich. Man könnte sich an der Qualität der Fragen aufrichten, wie sie das Schweigen der Welt hörbar machen, wenn nicht gar zum Dröhnen bringen." ‚*Politischer*' mochte Hildesheimer auch jetzt, im Sommer 1967, die ‚Ziele' („Wirkung") seines Schreibens nicht bezeichnen. Sie seinem Auditorium oder „auf anderen Gebieten des Zeitgeschehens tätigen" Meinungsführern mit einem offensichtlicheren Zeitzeichen versehen anzudienen, lag ihm fern. Dazu war er zu gewiß, daß die Entscheidung über die objektive „Qualität der Fragen", die sein Schreiben zu formulieren versuchte, weder bei diesen noch bei jenem lag.

[42] Vgl. Kap. VI, S. 278 ff.

3

Doch was dem öffentlichen Blick auf eine klare Parteinahme[43] Hildesheimers für oder gegen die antiautoritäre Bewegung im Verlauf der Frankfurter Poetik-Dozentur noch unbestimmt geblieben sein mag, erhält kurz darauf überraschend scharfe Kontur – in einer Kontroverse mit jenem Autor, der nicht nur wie kein anderer den „entschiedene[n] Bruch mit den politischen Prämissen der ‚Gruppe 47' " (Enzensberger)[44] vollzogen hatte, sondern, im Wege seiner politischen Radikalisierung, unterdessen zu einer Galionsfigur der Protestbewegung geworden war: Peter Weiss.

Weiss, dessen „Marat / Sade"-Stück, uraufgeführt in Berlin / West im April 1964, „die Tür zum Weltruhm aufgestoßen"[45] hatte, war spätestens seit der spektakulären Simultan-Uraufführung der „Ermittlung" im Oktober 1965 zum meistdiskutierten deutschsprachigen Dramatiker der Gegenwart aufgestiegen. Die deutsche Rezeption der „Ermittlung" hatte durch die kurz vor den Premieren veröffentlichten „10 Arbeitspunkte eines Autors in der geteilten Welt" eine spezifische Aufladung erfahren. Der „Zweiteilung der Welt" in einen von „sozialistischen Kräften" und einen „vom Kapitalismus" geprägten Machtblock ausgesetzt, proklamiert Weiss, unbeschadet seiner Kritik an „den Unvollkommenheiten, den Widersprüchen und Fehlern", die Entscheidung für die „Seite" der „teils etablierten, teils sich heranformenden sozialistischen Kräfte, sowie [der] Freiheitsbewegungen in den ehemals kolonialisierten oder noch unter Gewaltherrschaften stehenden Länder": „Die Richtlinien des Sozialismus enthalten für mich die gültige Wahrheit. Was auch für Fehler im Namen des Sozialismus begangen worden sind und noch begangen werden, so sollten sie zum Lernen da sein und einer Kritik unterworfen werden, die von den Grundprinzipien der sozialistischen Auffassung ausgeht. Die Selbstkritik, die dialektische Auseinandersetzung, die ständige Offenheit zur Veränderung und Weiterentwicklung sind Bestandteile des Sozialismus. Zwischen den beiden Wahlmöglichkeiten, die mir heute bleiben, sehe ich nur in der sozialistischen Gesellschaftsordnung die Möglichkeit zur Beseitigung der bestehenden Mißverhältnisse in der Welt."[46] Im April 1966 in Princeton hatte Weiss den konstitutiven

43 Zum zunehmenden Polarisierungsdruck in der öffentlichen Debatte vgl. auch den – ideologiegeschichtlich ‚älteren' – Dualismus in Weiss' „10 Arbeitspunkten", die weiter unten kurz vorgestellt werden.

44 Hans Magnus Enzensberger: „Klare Entscheidungen und trübe Aussichten". In: Joachim Schickel (Hg.): *Über Hans Magnus Enzensberger*. Frankfurt am Main 1970, S. 230. Der Beitrag war ersterschienen unter dem Titel „The Writer and the Politics" in *The Times Literary Supplement* vom 28. September 1967.

45 Jochen Vogt: *Peter Weiss*. Reinbek bei Hamburg 1987, S. 83.

„Konsens in der Gruppe 47, weder unmittelbar noch am Rande ihrer Lesungen grundsätzliche Auseinandersetzungen zu führen oder gar politische Gruppen-Positionen zu umreißen“[47], offen aufgekündigt: Trotz der „mit Schärfe“[48] versehenen Versuche von führenden Gruppenmitgliedern, Weiss von der Teilnahme an einer gegen die amerikanische Vietnam-Politik gerichteten studentischen Veranstaltung auf dem Campus abzuhalten, bezog er dort politisch Stellung[49]. Diesem Schritt maß Enzensberger ein Jahr später – trotz aller Kritik an Weiss' politischer Position („naive[r] und krude[r] Leninismus“) – in einem „Bericht“ über das „Verhältnis oder Mißverhältnis“ von „Literatur und Politik“ „im westlichen Deutschland“ für das Publikum des „Times Literary Supplement“ bedeutsame „Folgen“ bei: als Signal für die politische Radikalisierung „eine[r] Minderheit von Autoren“, die auch die Mehrheit dazu zwang, die offen *politische* Kontroverse als eine der „Konsequenzen der Bonner und Berliner Ereignisse des letzten Jahres“ anzuerkennen[50].

Noch während Hildesheimers Frankfurter Dozentur, am 1. Juli 1967, erscheint in der „Tat“ die deutsche Übersetzung eines Artikels von Peter Weiss, der zwei Wochen zuvor in schwedischer Sprache vom Stockholmer „Aftonbladet“ veröffentlicht worden war. Unter dem Titel „Der Sieg, der sich selbst bedroht“, bezieht Weiss Stellung zum soeben beendeten Sechs-Tage-Krieg.

Weiss unterstreicht, daß „wir, die wir mit großer Sympathie die Aufbauarbeit in Israel verfolgt haben und die wir uns mit der Forderung nach der absoluten Lebensberechtigung des Staates Israel solidarisch fühlen“, die Auffassung „in den sozialistischen Ländern [...], daß Israel in seinem Kampf gegen die arabischen Staaten den Interessen des Imperialismus dient“, „nicht ganz zu eigen [hatten] machen wollen“[51]. Weiss' Beitrag deutet indessen den jüngsten militärischen Konflikt im Nahen Osten ganz im Kontext der von den USA angeführten, im Zeichen des Antagonismus' zwischen „Abendland“ und „sogenannter Dritter Welt“ begriffenen Politik, wie sie im Vietnam-Krieg ihren zusehends international beobachteten Ausdruck gefunden hat. Mit dem Hinweis auf Kontakte des israelischen Verteidigungsministers Moshe Dayan zu seinem US-amerikanischen Amtskollegen

[46] Peter Weiss: „10 Arbeitspunkte eines Autors in der geteilten Welt“. In: ders.: *Rapporte II*. Frankfurt am Main 1971, S. 14-23, hier S. 22. Der Text ist ersterschienen in *Dagens Nyheter*, Stockholm, 1. September 1965.

[47] Briegleb: *1968* (Anm. 4), S. 197.

[48] Ebd.

[49] Vgl. Peter Weiss: *Notizbücher 1960-1971. Zweiter Band*. Frankfurt am Main 1982, S. 492.

[50] Enzensberger: „Klare Entscheidungen ...“ (Anm. 44), S. 230.

[51] Peter Weiss: „Der Sieg, der sich selbst bedroht“. In: *Die Tat*, 1. Juli 1967. Auch in Peter Weiss: *Rapporte* (Anm. 46), S. 70-72.

McNamara „und dem Vietnam-Spezialisten General Maxwell Taylor“ sowie auf Dayans Aufenthalt in Südvietnam im Herbst 1966 eröffnet Weiss eine Indizienkette, die diese Deutung abstützen soll: Die israelische Bevölkerung sei „einer aggressiven militärischen Politik verfallen, welche die friedliche Entwicklung im Mittleren Osten bedroht“; „das Erbe der englischen Kolonialwelt, geschürt durch die Gegensätze zwischen Arabern und Juden, wird noch immer am Leben erhalten und benutzt, um einen Angriff als eine Verteidigung zu tarnen“; der Applaus des Abendlandes für den Sieg Israels habe „indirekt [...] dem Krieg Amerikas gegen Vietnam“ gegolten; darüber hinaus hätten die USA „länger als eine Woche [...] ungestört ihren Angriff auf nordvietnamesische Städte fortsetzen“ können. Die immer wieder eingespielte Betonung der Solidarität mit dem Staat Israel dient dieser Kritik mal verborgen, mal offen teils als Lizenz, teils als Beglaubigung: „Es wird [...] immer deutlicher, daß Israel nicht nur um sein Leben kämpfte, sondern daß seine Regierung und sein Militär die Mentalität eines Herrenvolkes gegenüber dem arabischen Volk angenommen haben [...]. So wie wir gegen den Genocidhaß der Vereinigten Arabischen Republiken gegen Israel reagiert haben, so mußten wir auf Israels Vormarsch auf arabisches Gebiet reagieren. Wir hörten Ben Gurion sagen, daß er es für das Beste hielte, wenn alle Araber Israel verließen. Nach den furchtbaren Erfahrungen, denen die Juden selbst vor fünfundzwanzig Jahren ausgesetzt waren, müßte dieser Standpunkt ganz verworfen werden.“ Gegen Ende seines Beitrags betont Weiss erneut den in der Person Dayans personalisierten Konnex zwischen den Ereignissen im Nahen Osten und dem Pentagon: „[...] man zollte den USA eitel Bewunderung, weil sie nicht in den mittelöstlichen Konflikt eingriffen. Aber im Pentagon konnte man sich auf den gut trainierten General Moshe Dayan verlassen.“ Auch der abschließende Satz leitet die Kritik an der gegenwärtigen israelischen Politik ausdrücklich ab aus der „Sympathie“ für die „absolute Lebensberechtigung des Staates Israel“: „Gerade unsere Sorge um Israels Bevölkerung und unser Wunsch, daß sie ihren Staat behält, machen die Forderung notwendig, daß seine Regierung jetzt alles daransetzt, ihren Willen zum Frieden zu zeigen, und daß sie eine Politik führt, die für die Interessen des arabischen Volkes offen ist.“

Am 28. Juli erscheint Hildesheimers Antwort in der „Zeit“ unter dem Titel „Denken auf eigene Gefahr – Ein Offener Brief an Peter Weiss über den Nahost-Konflikt“. In seinen Eingangsworten spricht Hildesheimer von einer „lang erwartete[n] Gelegenheit, zu diesem Konflikt Stellung zu nehmen“[52]. Dieser Versuch, in eine öffentliche

[52] Wolfgang Hildesheimer: „Denken auf eigene Gefahr – Ein Offener Brief an Peter Weiss über den Nahost-Konflikt“. In: *Die Zeit*, 30.7.1967.

politische Kontroverse in Westdeutschland[53] diskursiv zu intervenieren, war im Register der von Hildesheimer veröffentlichten Schriften ohne Beispiel – ein vergleichbares Engagement setzt erst mit seinen umweltpolitischen Verlautbarungen ab Mitte der 80er Jahre wieder ein. Allein das verweist bereits darauf, daß die hier ergriffene „Gelegenheit“ eine hochspezifische war: hatte sein müssen, um diesen Autor, der kein „‚Debatter‘“[54] war, zu einem solchen Statement zu bewegen. Sie war entscheidend konstituiert durch ein Merkmal, das nirgends direkt ausgesprochen wird, Hildesheimers Antwort jedoch durchgehend grundiert: Mit Weiss hatte nicht irgendein deutscher Schriftsteller, sondern – als deutscher Jude – ein Träger jener spezifischen historischen Erfahrung das Wort ergriffen, die sich – aus Hildesheimers Sicht: nichts weniger als genuin – jeder Abstraktion und „Konstruktion“[55], jedem Schematismus[56] verweigern mußte. In Peter Weiss' Stellungnahme zum Sechs-Tage-Krieg war dieser von Hildesheimer diagnostizierte Schematismus, artikuliert von einem jüdischen Autor deutscher Sprache mit beispielloser Prominenz in der westdeutschen Protestbewegung, zusammengefallen mit der Anwendung auf einen Gegenstand, dessen Diskussion für Hildesheimer aus einer symptomatischen Verbindung von politischen und persönlichen Motiven heraus einen besonderen Stellenwert einnahm. Der Sechs-Tage-Krieg hatte Hildesheimers Unmittelbarkeit zu Israel denkbar dramatisch aktualisiert: in der Angst um das Leben seiner dort lebenden Angehörigen. Die erhaltenen Karten und Briefe nach Haifa dokumentieren, daß Hildesheimer die Kriegstage im Gefühl der Lähmung und der Ohnmacht zubrachte, „immer an Euch“ denkend „und praktisch an nichts anderes“[57]. Es ist auch diese, aktuellste, Erfahrung, die seine Auseinandersetzung mit Weiss, kurz darauf mit Fried wesentlich mitbestimmt – zwei Juden, aus deren Wortmeldungen er von *solcher* Angst nichts herauszuhören vermochte.

Mit seiner Antwort eröffnete Hildesheimer eine Diskurskonstellation – : zwei deutsche Juden streiten in deutscher Öffentlichkeit über Israel –, die, auf dieser Prominenzstufe, in der westdeutschen Öffentlichkeit ein Novum war. Eine öffentliche, diskursive Betonung[58] ihrer jüdischen Identität im Literaturbetrieb war sowohl Weiss wie Hildes-

[53] Weiss' Wortmeldung ist hier im Kontext der zahlreichen öffentlichen Verlautbarungen zum Sechs-Tage-Krieg zu sehen; wie kontrovers der Krieg und sein Ausgang in der öffentlichen Debatte beurteilt wurden, wird noch in den Beispielen, die Weiss und Hildesheimer ihrerseits zitieren, deutlich.

[54] Briegleb: *1968* (Anm. 4), S. 246.

[55] Arendt an Enzensberger, 30.1.1965 (Anm. 8), S. 385.

[56] Vgl. Hildesheimer: „Denken auf eigene Gefahr“ (Anm. 52).

[57] An Mutter und Schwester, 9.6.1967. WHA.

[58] Vgl. Klaus Briegleb: „Negative Symbiose“. In: ders. und Sigrid Weigel (Hg.): *Gegenwartsliteratur seit 1968*, München/ Wien 1992, S. 117-150, hier S. 121.

heimer fremd gewesen. Unbeschadet der je eigenen Motive bewegte sich solches Zögern, „aus der Verdeckung ganz herauszugehen“[59], objektiv in jenem Verhaltensrahmen, den sich die ganz überwiegende Mehrzahl der nach 1945 in Deutschland lebenden Juden auferlegt hatte. Wenn in keiner Zeile von Hildesheimers Antwort, die sich als „offener“, d. h. *öffentlicher*, genau bewußt ist, das Judentum des Adressaten oder des Absenders explizit thematisch wird, trägt sie *auch* dieser tradierten Grenze Rechnung. Die Ansprache Weiss’ als Jude wird ganz verlagert in die unmittelbare Personalisierung: Indem Hildesheimer immer wieder – und an signifikanten Stellen – an Weiss *namentlich* appelliert, übt er auch im Akt der politischen Kontroverse Konzentration auf „das konkret Sich-Ereignende“[60].

Zu Beginn seines Briefes unterstreicht Hildesheimer, daß „nichts mir ferner liegt, als Sie persönlich angreifen zu wollen, noch, wahrhaftig, die Integrität jener Freunde anzuzweifeln, die sich in dieser Sache desselben Folgerungsschemas bedienen wie Sie. Es handelt sich vielmehr um das Schema selbst.“ In einer ausführlichen Darlegung zielt Hildesheimer weniger darauf, den Kontrahenten für eine klar definierte, ‚eigene‘ Position zum Nahost-Konflikt zu gewinnen, als vielmehr darauf, die Untauglichkeit des von Weiss angelegten „Denkschemas“ zum Verständnis der behandelten Sachverhalte nachzuweisen. Als erstes Beispiel nennt er Weiss’ Formulierung von „d[em] arabischen Volk“: Unter Hinweis auf die krassen sozialen Unterschiede in den Gesellschaften der arabischen Welt wie auf die entschiedene Weigerung etwa des Scheichs von Kuweit, durch die Finanzierung ihrer Ansiedlung das Elend der palästinensischen Flüchtlinge zu mildern, bezeichnet er diese Formulierung als „Mythos, von Propaganda geprägt“. Weiss’ Beschuldigung Dayans als Faschist vermag Hildesheimer dagegen ausdrücklich zu teilen: „Ich fürchte, da haben Sie recht, und ich hoffe inständig, daß man sich seiner als Regierungsmitglied entledigt, sowie – oder besser: wenn je – die unmittelbare Gefahr einer Fortsetzung dieses Krieges gebannt ist. Leider brauchte man ihn eben in dieser Situation, und zwar nicht nur, wie leider jeder Staat seine Generale, deren Couleur wohl mehr oder minder immer die gleiche ist, braucht, um seinen Krieg zu gewinnen, sondern, in diesem Fall, um der Ausrottungsgefahr zu entgehen, denn nichts minderes als das stand ja auf dem Spiel, oder etwa nicht?“ Schematismus sieht Hildesheimer hier insofern am Werk, als eine entsprechende Denunzierung arabischer Führer ausbleibt: „Wie Nasser selbst sich äußert, oder wie er zum Nationalsozialismus in Deutschland steht, das wissen Sie, Peter Weiss, so gut wie ich, aber es paßte in diesem Zusammenhang nicht in Ihr Konzept.“

[59] Ebd., S. 122.
[60] Arendt an Enzensberger, 30.1.1965 (Anm. 8), S. 385.

Worauf solche namentliche Ansprache als Eigentliches zielt, wird unübersehbar in ihrem nächsten Beispiel, der Entgegnung auf den gegen die Israelis gerichteten Vorwurf des „Herrenvolkes“: „Deutlicher bitte, Peter Weiss! Denn dies scheint mir eine Behauptung zu sein, die Sie schwerlich verantworten können. Aus welcher Äußerung eines maßgebenden israelischen Politikers oder der israelischen Presse geht das hervor? Zitieren Sie mir einen Satz aus erster Hand! Israel ist nicht identisch mit Dayan.“ Sosehr hier auf eine Verantwortung als Verpflichtung gegenüber den Regeln gültiger Beweisführung angespielt scheint – auf dem ‚Grund‘ dieser „Antwort“ ist jedoch die Verantwortung eines Überlebenden der NS-Vernichtungspolitik gegenüber dem historischen Gewicht gemeint, das der Formulierung von der „Mentalität eines Herrenvolkes“ beizulegen sei. Es ist daher entscheidend *diese* Verantwortung, die Hildesheimer von einem hier geübten „negative[n] Wunschdenken“ bedroht sieht.

Nachdem er dem Vorwurf „aggressiver militärischer Politik“ die Frage entgegengehalten hat: „Wie lange, meinen Sie, hätte Israel warten sollen, bis es reagiert – falls es wirklich den ersten Schuß getan hat?“, kommt Hildesheimer auf die Verknüpfung zu sprechen, die Weiss zwischen der letzten Nahost-Krise und dem Vietnam-Krieg sieht. In diesem Zusammenhang erkennt Hildesheimer „Ihre Sache“. Er betont, daß Völker „sich mitunter ihre Freunde und Feinde nicht aus[suchen], sie fallen ihnen zu.“ Die internationalen Reaktionen auf den Sechs-Tage-Krieg führt Hildesheimer als Beispiele dafür an: „Nicht Israel ist dafür verantwortlich, wenn fälschlicherweise sein Krieg nicht losgelöst vom Krieg in Vietnam betrachtet wird. Es ist nicht schuld daran, daß in Paris die Poujadisten und in Mailand die Faschisten für Israel protestieren. Und wenn an der reaktionären Würzburger Universität Plakate erscheinen mit dem Text ‚Deutsche und Araber, spendet euer Blut!‘, so wird darin gewiß nicht für die Sozialisierung der Dritten Welt demonstriert. Die deutsche ‚Nationalzeitung‘ sieht in den Israelis Massenmörder und deckt sich in dieser Ansicht mit der Presse der DDR. Auch das ist weder die Schuld der Israelis noch der Araber.“ Nach dieser Demonstration der Unzulänglichkeit eines einfachen Links-Rechts-Schemas in der Anwendung auf den Fall Israel steigert Hildesheimer den appellativen Duktus an Weiss zur unmittelbaren, bekenntnisförmigen Konfrontation: „Lieber Peter Weiss, wie Sie bin ich gegen den amerikanischen Völkermord in Vietnam, ich betrachte den Besuch des Schahs von Persien in Deutschland als einen Affront gegen Recht und Gerechtigkeit, wie Sie verzweifle ich an Portugal und Griechenland, aber ich verzweifle auch an Rußland, das sein Möglichstes tun wird, die Situation im Mittleren Osten – nicht nur gegen die Interessen Israels, sondern auch gegen das Interesse der arabischen Völker – nicht zur Ruhe kommen zu lassen.

Angesichts der ungeheuerlichen russischen Anschuldigungen in der UN-Vollversammlung rebelliert mein Gefühl für Gerechtigkeit auch hier. Ihres nicht. Und ich kann meine Rebellion hier zu Protokoll geben, da mir mein Urteil genügt, ich brauche nicht zu befürchten, daß ich gegen Richtlinien verstoße, deren ich nicht bedarf, um mein Ja und mein Nein zu verteilen. Ich brauche mir nicht diktieren zu lassen, was ich zu denken habe. – Und ich halte es für unmoralisch, für eine richtige Sache deshalb nicht einzutreten, weil auch die Falschen dafür eintreten. Denn das ist Hörigkeit."

Diese entschiedene Absage an jede spezifische Autorität der „sozialistischen Länder"[61] in der Urteilsbildung darf nicht darüber hinwegtäuschen, daß Hildesheimers „Antwort" sich nicht dem Bedürfnis verdankt, sich solcherart zu bekennen, sondern dem *Erschrecken* darüber, wie jemand, mit dem er ein gegenüber den Kollegen im deutschen Literaturbetrieb Spezifisches zu teilen glaubte: ein von der subjektiven Verfolgungserfahrung gezeichnetes Verhältnis zur Existenz Israels, eingeholt schien von den Vereinfachungen eines „Denkschema[s]", das – unübersehbar – die solches Spezifische fundierenden *anderen Erinnerungen* zu unterdrücken vermochte. Sätze wie „Ich teile Ihre Sorge um Israel, nur behaupte ich, daß Israel sich jahrelang um nichts anderes bemüht hat als um Frieden" oder Ratschläge wie „ich würde meine Vorwürfe auch gegen den Osten ausdehnen, der alles dazu tut, daß Israel seinen Staat nicht behält" sind nicht frei von Skepsis darüber, ob hier noch die gleiche Sorge gemeint sei, auch, ob Weiss solche Rede tatsächlich noch vernehme. Die letzten Zeilen der „Antwort", in denen Hildesheimer noch einmal – mit für ihn bis dahin beispielloser Offenheit des politischen Bekenntnisses – sein Verhältnis zum Ort des Kontrahenten benennt, enthalten im Maße dieser Skepsis ein kaum verborgenes Moment von Trauer: im Unverständnis darüber, daß einem Mann *solcher* Gemeinsamkeit selbst in diesem Augenblick Vietnam unübersehbar näher zu sein schien als jenes Land, dessen „absolute Lebenberechtigung" doch *am engsten* verschränkt sein mußte mit „den furchtbaren Erfahrungen, denen die Juden [...] vor fünfundzwanzig Jahren ausgesetzt waren"[62]: „Der Westen ist Ihre politische Heimat nicht. Meine auch nicht. Im Gegensatz zu Ihnen habe ich keine politische Heimat. Auch ich würde mich gern für die Realisation eines politischen Systems einsetzen können. Wenn das aber zu bedeuten hat, daß mir das eigene Urteil über Moral und Gerechtigkeit entzogen werden soll, dann ziehe ich einen Ort, an dem ich – bis auf weiteres – meine Entrüstung modifiziert äußern kann, einem Ort vor, an dem ich sie entweder gar nicht äußern kann

61 Peter Weiss: „Der Sieg, der sich selbst bedroht" (Anm. 51).
62 Ebd.

oder fürchten muß, daß mir ein Denkschema die Arbeit abnimmt, meine Ablehnung und meine Zustimmung entsprechend der jeweiligen Sache zu verteilen."

Als Hildesheimers Brief in der „Zeit" erschien, befand sich Weiss, den Hildesheimer zuvor zu erreichen versucht hatte[63], nicht in Europa. Doch reagierte mit Erich Fried ein Leser von Hildesheimers Antwort, der nicht nur wie die beiden Kontrahenten zum literarischen Establishment Westdeutschlands zählte, wie es vor allem durch die Gruppe 47 konstituiert worden war[64], sondern der darüber hinaus viele seiner politischen, auch literaturpolitischen Positionen mit Weiss teilte und sich etwa in Princeton mit Weiss solidarisiert hatte[65]. Mit seiner aufsehenerregenden Gedichtsammlung „und Vietnam und" hatte er unterdessen einen eigenen Ort in der literarischen Prominenz der Protestbewegung eingenommen. Seinen in der Leserbriefspalte der „Zeit" vom 18. August veröffentlichten Kommentar beginnt Fried mit den Worten: „Es ist bitter, gerade Wolfgang Hildesheimer angreifen zu müssen, der als Mensch und als Schriftsteller sonst immer klug, integer und sehr ‚der Mühe wert' ist."[66] Wenn Fried Hildesheimers Satz „Nasser läßt durch U Thant – dem der Kriegsnobelpreis gebührt – die UN-Truppen abziehen" mit der rhetorischen Frage quittiert: „Merkt Hildesheimer denn nicht, in welchen üblen Ton er da verfällt?", bezichtigt er den Kollegen indirekt faschistoider Untertöne und stellt das „Überhandnehmen ein[es] moralisch bedenkliche[n] Opportunitätsdenken[s]" fest. Zu Hildesheimers Kommentar der Figur Dayans und der zukünftigen Friedenschancen führt Fried aus: „Aber ob nicht auch das Vorhandensein faschistischer Führungspersönlichkeiten in Israel die *politische* Lage und die Zukunfts- und Friedensaussichten des Landes negativ beeinflussen kann, berücksichtigt er hier gar nicht. Hildesheimers realpolitischer Gedanke, daß man in Notzeiten auch auf einen faschistischen Armeeführer mit politischem Ehrgeiz zurückgreifen muß oder darf, ist doch mehr als gefährlich und sollte – namentlich in einer deutschen Zeitung – nicht unwidersprochen bleiben." Fried schließt seine Stellungnahme mit der Bemerkung, daß „der ganze Hildesheimer-Brief [...] leider nicht nur politisch naiv [sei], sondern auch unsachlich und in Verteidigung und Angriff gelegentlich leichtfertig bis zur Verleumdung."

63 Dies geht aus dem Beginn seines „Offenen Briefes" hervor.

64 Vgl. Volker Kaukoreit: „Vom ‚Heimkehrer' zum ‚Palastrebellen'? Ein Protokoll zu Erich Fried und die Gruppe 47 (1963–1967)". In: Verf. (Hg.): *Bestandsaufnahme – Studien zur Gruppe 47*. Berlin 1999, S. 115-154.

65 Vgl. Gerhard Lampe: *„Ich will mich erinnern an alles was man vergißt" – Erich Fried. Biographie und Werk*. Köln 1989, S. 122 f.

66 *Die Zeit*, 18.8.1967.

Neben den unzweideutigen Vorwürfen artikulierte hier Fried eine deutlich diskurspolitisch gezielte Mahnung, die Hildesheimer eine gewisse Rede über „faschistische Armeeführer" *„namentlich in einer deutschen Zeitung"* auszureden versuchte. Hildesheimer begegnete hier – von wohl überraschender Seite – einem Moment der tradierten Selbstdisziplinierung von Juden in der öffentlichen Rede, das die spezifische Genese der hier geführten Auseinandersetzung ignorierte: Indem Hildesheimer den Faschismus-Vorwurf gegen Dayan teilt, ist erst jene diskursive Offenheit in der Kontroverse gegenüber seinem Gesprächspartner konstituiert, ohne die von einem ‚Gespräch' schwerlich die Rede sein konnte; und es ist diese Offenheit, die Hildesheimer in der Umkehrung Weiss zumuten muß: als Erlaubnis, über seine, Hildesheimers, eigene Bewertung solcher „Generale" zu sprechen. Hildesheimers Intervention war von der – hier erneut ausdifferenzierten – grundlegenden diskurspolitischen Überzeugung getragen, daß nur ein offener Austausch der Argumente, kein ‚Schielen' auf Nebenwirkungen, jene Klärung der Positionen herbeiführen konnte, die er, *auch* im Blick auf das Publikum der „Zeit", für überfällig hielt.

Die Schärfe in Hildesheimers Antwort an Fried rührt auch aus diesem gegen ihn gerichteten Vorwurf, einen ‚jüdischen' Konsens – und sei es auch ‚nur' ein diskurspolitischer – mutwillig aufgekündigt zu haben. „Ich freue mich", beginnt Hildesheimer seine in der „Zeit" vom 1. September veröffentlichte Antwort, „daß Erich Fried mich ‚sonst immer integer' nennt. Anscheinend müssen wir Schriftsteller einander erst moralischer Wertschätzung versichern, bevor wir einander geistiger Wirre beschuldigen. Darin soll auch diese Antwort keine Ausnahme sein."[67] Nach als sachliche Richtigstellungen verstandenen Ausführungen und Ergänzungen, insbesondere über die „niedrigste Kriegshetze" der arabischen Presse, hält Hildesheimer fest: „Was ich meinte, war, daß von Israel im Moment seines Krieges nicht jene objektive Sicht der Weltlage erwartet werden konnte, die andere sich anmaßen, denn es ging um sein Leben"; und er fragt, wie zuvor schon Weiss („oder etwa nicht?"), jetzt auch Fried: „Oder sehe ich das falsch?" Hildesheimer vermerkt: „Natürlich spricht auch Fried – wie gut, daß Dayan tatsächlich existiert! – vom ‚Vorhandensein faschistischer Führerpersönlichkeiten'. Wen meint er? Wen meint Weiss?" Er knüpft die Frage an: „Ist Nasser kein Faschist? [...] Ich behaupte, daß weder Weiss noch Fried eine Ahnung haben, von was sie sprechen. Keiner von ihnen kennt Israel oder die arabischen Staaten. Sie kennen nur das Material ihrer Wahl." Der Brief schließt erneut mit dem, nun von Bitterkeit nicht mehr freien Vorwurf des Schematismus: „Dayan ist in Israel nicht die Galionsfigur, zu der er außerhalb Israels von der

[67] *Die Zeit*, 1.9.1967.

falschen Seite gemacht wird, und die falsche Seite ist in diesem Fall eine weite und mannigfache Front, an der auch Fried steht. Denn – so zumindest scheint es – auch er gehört zu den Hörigen, die einen Kampf ums Überleben krampfhaft in ihr simples Schema einzuordnen suchen, und wenn er nicht hineinpaßt, wird daraus ein Angriffskrieg. Ich werde nicht erstaunt sein, wenn ich selbst hiermit in das Schema eingeordnet, bei Weiss und Fried als Befürworter des Vietnam-Krieges geführt werde, denn für die Schemadenker hat jedes Ding tatsächlich nur zwei Seiten."

In einer erneuten Antwort, die die „Zeit" am 22. September abdruckte, bezieht Fried noch einmal knapp Stellung. Unter Anspielung auf das von Hildesheimer zitierte Schwarzbuch der israelischen Regierung schreibt er: „Ich finde weder ein von *einer* kriegführenden Partei ausgearbeitetes Dokument noch einen früheren Israelaufenthalt so überzeugend. Ich glaube nicht, daß man so über Israel oder irgendein Thema diskutieren kann"[68]; und seine Antwort auf Hildesheimers Frage lautet: „Die realpolitische oder gar militärische Bedeutung dieser Völkermorddrohungen aber war schon wegen des – der israelischen Führung im voraus bekannten – Unvermögens der Araber, sie auszuführen, sehr geringfügig und daher trotz ihrer Scheußlichkeit keine ausreichende Begründung für ihren Krieg." Diese Antwort war eindeutig. Doch schwerer noch als dieser Dissens mußte Frieds Rede von *„eine[m] früheren Israelaufenthalt"* – weiter oben wenig genauer: „sein früherer Aufenthalt" – wiegen. Denn unter solcher Bezeichnung ließ Fried ein Verhältnis zum Judenstaat firmieren, das Hildesheimer nicht nur existentiell geprägt hatte, sondern das von ihm unlösbar vom historisch und in der subjektiven Lebensgeschichte verbürgten Zusammenhang der NS-Verfolgung und -Vernichtung begriffen wurde *und nur begreifbar war*. Solche Verkleinerung, genauer: Unkenntlichmachung jenes Geschichtlichen, das den singulären Rang des Projekts eines jüdischen Staates maßgeblich mitbegründete, in einem Diskurs, in dem parteilich über die Politik dieses Staates gestritten wurde, rührte nicht nur unmittelbar am ‚Grund' der Hildesheimer-Rede, sondern stellte, indem sie *in dieser Weise* an ihm rührte, das Fundament dieses öffentlichen Streits in Frage: die unausgesprochene Achtung des *je eigenen Weges* als deutscher Jude in der Zeit der Verfolgung.

Fried bemüht sich im gleichen Brief gleichwohl um eine Wendung hin zu einem versöhnlicheren Ton. Er schreibt: „Weit erschreckender als die Einseitigkeit und Überspitztheit der Parteinahme Hildesheimers, der man Sorge und Erregung zugute halten kann, ist aber sein Vorwurf der ‚Hörigkeit' gegen Peter Weiss und gegen mich. Hildesheimer hat keinerlei Recht zu vermuten, daß ich ihn nun wohl als

[68] *Die Zeit*, 22.9.1967.

Befürworter des Vietnamkrieges bezeichnen werde. Ich habe das nicht getan und würde es auch als ein großes Unrecht empfinden, einen Menschen, der diesen Krieg nicht befürwortet, so anzuschuldigen." Für den persönlichen Umgang gab Hildesheimer sich mit solcher Basis durchaus zufrieden[69]; für eine Fortsetzung öffentlicher Rede dagegen nicht: Eine Antwort auf Frieds Brief erfolgte nicht mehr; Hildesheimers Intervention vom Juli 1967 blieb sein einziger Versuch, in diskursiver Kontroverse statt in poetischer Verdichtung deutsch-jüdischer Gegenwart *in Deutschland, jetzt*, Ausdruck zu verleihen – zu einem Zeitpunkt, da er noch *nicht* abgeschnitten war von jener Hoffnung, die er mit Weiss eigentümlich teilte: „daß es unter Deutschlands Unbelehrten Belehrbare gäbe"[70].

4

Hildesheimers spätestens seit den Preisverleihungen des Jahres 1966 erworbener Prominenzwert hatte ihm für seine Wortmeldungen die Foren, die der Frankfurter Hörsaal und die „Zeit" boten, geöffnet. Eine solche „Oberbühne des Literaturbetriebs"[71] stand Grete Weil nicht zur Verfügung. Das Maß, in dem gleichwohl ihre im August 1968 im Limes-Verlag erscheinenden Erzählungen unter dem Titel

[69] In einem im Hildesheimer-Archiv bewahrten Brief-Fragment Frieds an Hildesheimer vom 28.9.1967 versucht Fried ausdrücklich, Schärfe aus der Kontroverse herauszunehmen, ohne in der Sache einzulenken. Abgedruckt in Wolfgang Hildesheimer: *Briefe*. Herausgegeben von Silvia Hildesheimer und Dietmar Pleyer. Frankfurt am Main 1999, S. 156 f. – Wenige Wochen nach der Kontroverse, in einer für die Gruppe 47 kritischen Situation, auf dem Höhepunkt der ‚Störungen' während der Tagung in der Pulvermühle, sind es, neben Yaak Karsunke, Hildesheimer und Fried, die sich einmal mehr ‚authentisch' nebeneinander finden: in ihrer Entscheidung, anders als das Gros der Gruppe die Diskussion mit den Studenten zu suchen. Vgl. Briegleb: *1968* (Anm. 4), S. 125 ff.

[70] Wolfgang Hildesheimer: „Amerys koketter Ruf nach einer Mafia – Eine Erwiderung in Sachen Gruppe 47". In: *Die Zeit*, 15. Juli 1966. – Hildesheimer hat sich für längere Zeit mit dem Gedanken getragen, sich in Deutschland zum Thema Israel erneut zu Wort zu melden. Ausführlich korrespondierte er mit seiner Familie über das Verhalten vor allem der „‚heimatlose[n] Linke[n]" gegenüber Israel während des Sechs-Tage-Krieges; Anfang August 1967 schrieb er nach Haifa: „Ich bekomme immer noch zustimmende Briefe auf meinen Brief an Peter Weiss, Max Frisch, Adorno unter anderen." (Die Karte Adornos abgedruckt in: Hildesheimer: *Briefe* [Anm. 69], S. 152) Der Plan, im *Kursbuch* zum Thema zu schreiben (Brief an die Eltern, 17.8.1967), scheitert; Enzensberger begründet die Ablehnung mit der langfristigen Vorausplanung der Hefte (Hans Magnus Enzensberger an Wolfgang Hildesheimer, 18.8.1967, WHA). Erst Ende Mai 1968 gibt Hildesheimer das Projekt auf unter Hinweis darauf, daß bei den gegenwärtigen Ereignissen in Europa nicht das erforderliche Interesse für Israel aufgebracht werde.

[71] Briegleb: *1968* (Anm. 4), S. 302.

„Happy, sagte der Onkel" darauf zielen, die Verschränkung der Erfahrung des Überlebens als deutscher Jüdin in die politische Krisenlage der Gegenwart zu erkennen und zu begreifen, verdeutlicht den Nachdruck, mit dem auch sie von der Herausforderung durch die antiautoritäre Bewegung[72] erreicht worden war. Die nicht zuletzt werkgeschichtliche Bedeutung dieser Herausforderung wird unterstrichen in der poetologischen Entscheidung, erstmals jene, autobiographisch eingefärbte, Ich-Figur als Erzählinstanz einzusetzen, die für die Poetologie der Romane der 80er Jahre grundlegend werden sollte[73].

Die in „Happy, sagte der Onkel" versammelten drei Erzählungen berichten von drei sehr unterschiedlichen Erlebnissen der Protagonistin auf dem amerikanischen Kontinent. Ihre Schilderungen enthalten zahlreiche direkte Hinweise auf die antiautoritäre Bewegung und ihre Zeit; schon zu Beginn der ersten Erzählung ist die Rede von „Arm in Arm herumschlendernde[n] langhaarige[n] Jungen und Mädchen in Bluejeans, wie in Saint Germain und Schwabing, niemand hat ihnen befohlen, sich mit ihren Altersgenossen in Europa zu vereinigen, niemand hat diese Jugend der Welt zusammengerufen, sie sind einander ähnlich geworden aus Mißtrauen und Protest gegen ihre Eltern, die Versager. Sie leben im gleichen Rhythmus, lieben Jazz, schnelle Autos, Happenings und sind aus zwanzigjährigem Schlaf zur Politik erwacht. Wird ihre Zahl ausreichen? Sind sie stark genug?" (11 f.[74]) Der Vietnam-Krieg und die afro-amerikanische Bürgerrechtsbewegung finden mehrfach Erwähnung; eine explizite Datierung legt die Erzählzeit auf das Jahr 1968 fest[75].

In der ersten Erzählung, die dem Buch den Titel gegeben hat, erfolgt die Einspielung der akuten Krisenmerkmale noch relativ indirekt, die Position der Ich-Erzählerin erscheint noch unangefochten. Auf dem Weg zu Verwandten, die vor der NS-Vernichtungspolitik in die USA flüchten konnten und nun in Los Angeles leben, faßt die Ich-Erzählerin ihre ersten Eindrücke von der US-amerikanischen Gesellschaft kritisch zusammen: „Man denkt, hier ist gut sein, vielleicht brächte man es, umgeben von den Keep-smiling-Leuten so weit, ein Weltbild zu haben, die Russen sind böse, die Amerikaner gut, die Neger nur bedingt entwicklungsfähig, Besitzlosen ist mit Spenden zu helfen, und Menschen sind menschlich. – Man denkt, wie gut, daß man nicht gezwungen ist, hier zu leben, wie gut, daß es Europa, das alte, heruntergekommene, provinzielle gibt, wie gut, daß Erinnern bleibt,

[72] Vgl. oben.

[73] Vgl. auch Uwe Meyer: „Grete Weil". In: *Kritisches Lexikon zur deutschsprachigen Gegenwartsliteratur*, S. 1-8, A-F, hier S. 5.

[74] Die Seitenangaben im fortlaufenden Text verweisen auf die Ausgabe Grete Weil: *Happy, sagte der Onkel*. Frankfurt am Main 1982.

[75] S. 83 in Verbindung mit S. 80.

wenn alles andere schwindet, nicht vergessen, nur das nicht." (13 f.) Die hier noch mit aller Deutlichkeit markierte Opposition wird nur einmal irritiert durch eine als ungenaue Sinneswahrnehmung ausgegebene Bemerkung während des vernebelten Weges zu Onkel und Tante: „Nicht aufgeben, weitergehen, durch Schwaden von Giftgas gehen, allein, ausgeliefert, an diesem Ende der Welt, welches dem unserer Vergangenheit diametral gegenüberliegt." (14) So sehr hier die „Schwaden von Giftgas" an das Land „Dort" (30) erinnern – und auch geeignet waren, gegenwärtige US-Außenpolitik aufzurufen[76] –, so entschieden wird hier doch noch eine ‚diametrale' Entgegensetzung behauptet. Einzig an dieser Stelle äußert sich die Erfahrung der Ich-Erzählerin als einstiger Verfolgter als *auch unberechenbare*; im weiteren Verlauf dieser Erzählung tritt diese Erfahrung sonst nur auf als vermeintlich durchgehend schlüssig transponiert in eine durchgearbeitete, extrem bewußte, oppositionelle politische Haltung. Die Konfrontation mit den Verwandten bietet hierzu eine beispielhafte Gelegenheit: Onkel und Tante unterdrücken im Zuge eines fast lebenslangen – und lebenslänglich erfolglosen – Versuches der Verdrängung nicht nur jede Thematisierung ermordeter Angehöriger oder der Umstände ihres Todes (28, 33), sondern sind in der Bemühung einer rißlosen Anpassung zu kritikunfähigen Trägern vorherrschender Mehrheitsmeinungen geworden – „‚Es wäre am besten, man würde die Neger nach Afrika zurückschicken'", „‚Amerika den Amerikanern'"(32). Die Erzählerin hält dagegen mit einer aus der Verfolgungserfahrung gewonnenen subjektiven Identifikation mit der farbigen Minderheit der Vereinigten Staaten (19), aber auch dem Versuch einer kritischen Objektivierung durch die Befassung mit den Zeugnissen der Bürgerrechtsbewegung, von denen Martin Luther Kings „Warum wir nicht warten können" ausdrücklich Erwähnung findet (20).

Was sich in der ersten Erzählung als stabile, und zwar scheinbar gerade durch die subjektive Verfolgungserfahrung entscheidend konstituierte, politische Anschauung geriert, wird von Weil in der zweiten Erzählung, „Gloria Halleluja", in eine Katastrophe geführt. Der auch von ihren New Yorker Freunden geteilten skeptischen Haltung gegenüber den Emanzipationsbestrebungen der Afro-Amerikaner – „‚[...] es ist böse geworden. Die Neger geben keine Ruhe mehr'" (39) – sucht die Ich-Erzählerin durch einen nicht organisierten, ‚auf eigene Faust' unternommenen Besuch Harlems die Anstrengung einer eigenen Urteilsbildung entgegenzusetzen. Als Jüdin mit deutschem Paß nicht verpflichtet, „so zu tun, als wären meine Vorväter, die braven fränkischen Rabbis, mit der Mayflower herübergekommen und Sklavenhalter geworden" (40), dazu spontan fasziniert von der farbigen

[76] Am 24. März 1965 begann der Einsatz von Giftgas durch US-Truppen in Vietnam.

Touristenführerin im Gebäude der Vereinten Nationen – „ein paar der Besucher kritisierten die amerikanische Politik, sie erwiderte lächelnd und deckte sowohl ihren Brotherrn, die Vereinten Nationen, wie ihr Land, die USA" (41)–, besteigt sie den Bus Richtung Harlem. Binnen kürzester Zeit findet sie sich im „Teufelskreis von Furcht und Vorurteil" wieder: Als „einzige Weiße" im Bus fühlt sie sich sogleich mit dem „feisten Nacken" des weißen Fahrers „solidarisch" (43); im Lachen der Fahrgäste über einen gegen sie lauthals vorgebrachten obszönen Scherz eines schwarzen Jungen beobachtet sie Zusammenhalt „gegen eine Weiße"; der Geruch einer Sitznachbarin gilt ihr als Gestank: „Mir wurde übel von dem Gestank. Stinken alle Neger? Nein, es ist nicht wahr. Diese Frau stinkt. Basta." (44)

Erst als die Ich-Erzählerin den Bus verläßt und die 125. Straße entlanggeht, gewinnen die alten Überzeugungen allmählich wieder Oberhand über ihr Denken: in der Erinnerung an das Getto in New Orleans, in dem sie den „schamlos zur Schau getragene[n] Sieg einer Rasse über die andre" (46) erkannt hatte; in der spontanen Abneigung gegen drei weiße Polizisten an der Straßenecke, „Feinde der Neger und meine; sie hatten für die Ordnung zu sorgen, die ich störte, ihre Blicke zeigten, wie sehr ich sie irritierte"; in einer kurzen politischen Reflexion: „Neugier hatte mich hergetrieben, der Wunsch, eine Antwort auf die Frage zu finden: Wie soll es weitergehen? – Es ist verboten, sie zu stellen, wer es tut, wird umgelegt in Little Rock oder Dallas" (47)[77]. Gleichzeitig öffnet sie sich zusehends der Ambivalenz, vor die sie einige ihrer ersten Eindrücke Harlems stellen: vage noch in der Frage „Welche Konsequenz ziehe *ich* aus einem von Rauschgift besoffenen Neger?"; im Blick auf die Auslage eines Friseurs mit „blonden, glatten Perücken, den Traum vom blonden Menschen, vom Anderssein, von der Verwandlung, vom Ticket in eine bewunderte, verachtete Welt" (48); in der zunehmenden Anerkenntnis dessen, daß „Unglücke [...] sich nur von außen [gleichen] [...]. Ihr Schmerz und meiner, zwei Kontinente, zwei Zeiten, zwei Sprachen." (49) Nähe und Ferne zum hier Sichtbaren werden der Ich-Erzählerin erneut spürbar, als sie feststellt, „daß mein erster Eindruck falsch gewesen ist, es gibt auch Weiße hier, wie frierend, den Hut auf dem Kopf, stehen sie im Hintergrund der Läden und verkaufen ihre Ware, die objektiv billig, doch für die Neger zu teuer ist. Sie heißen Veilchenfeld, Lilienthal, Rosenstock, Wolf, Hirsch, Bär, Breslauer, Krotoschiner, einige haben ihren Namen amerikanisiert, doch Juden sind sie alle, deutsche,

[77] Little Rock: Als im September 1957 der Gouverneur von Arkansas versucht, unter Einsatz der Nationalgarde die Durchsetzung der Desegregations-Politik an den staatlichen Schulen zu verhindern, kommt es in Little Rock zu schweren Krawallen zwischen Afroamerikanern und Weißen . – Dallas: In Dallas/ Texas wurde am 21.11.1963 der US-Präsident John F. Kennedy ermordet.

polnische, russische, vor Hitler geflohen oder schon früher vor den Pogromen des Ostens, aber einmal haben sie oder ihre Väter vom Bord eines Schiffes aus das Land erblickt, in dem es noch Ausgestoßenere gibt als sie. [...] – Auch sie sind Harlem, obgleich sie hier nur den Tag verbringen und am Abend die Läden schließen, um heimzukehren nach Lower East und der Bronx, die Neger verachtend und von den Negern gehaßt, und da gehe ich, eine ihresgleichen, erst seit zwei oder drei Generationen von ihrem Schicksal getrennt, gehe über schwankenden Boden [...] und vergleiche und vergleiche, die Juden Harlems mit den Negern Harlems, die Neger Harlems mit denen des Südens, die Juden Europas mit den Juden Amerikas, die Neger Afrikas mit den Juden Israels, die Juden der Vernichtungslager mit den Negersklaven, Harlem mit Warschau, aber keine Gleichung geht auf, jedesmal ist x eine andere Größe, ein andrer Feind, der mit Vernichtung droht." (50 f.)

Doch was an Einsicht hier bereits ganz in der subjektiven Verfolgungserfahrung der Ich-Erzählerin gestiftet scheint, treibt gleich darauf in eine durchaus anders geartete, weit radikalere Konkretion. Sie nimmt ihren Ausgang in der unvermuteten Begegnung mit der Touristenführerin der Vereinten Nationen, die sie umstandslos in die Wohnung ihrer Eltern und Geschwister mitnimmt. Das harmonische Klima ist allenfalls überschattet durch ein über einem Klavier aufgehängtes Kruzifix aus Kunststoff – „Kreuz und Gekreuzigter in gleicher Weise glänzend braun. Der Hersteller hat sich um die schwierige Frage herumgedrückt, ob Christus weiß gewesen ist oder schwarz" (52) – sowie durch das Bekenntnis des Vaters, der nach dem Krieg als Soldat in Deutschland gedient hat: „‚Die Deutschen sind gute Menschen'" (53). Dieses Klima verflüchtigt sich jäh, als die Besucherin sich zu ihrem Judentum bekennt: „‚Von jüdischer Herkunft, meinen Sie', sagt der Vater. ‚Von jüdischer Herkunft. Natürlich.' ‚Da habe ich nichts dagegen. Ich bin kein Faschist. Wenn Sie nur eine gute Christin sind.' ‚Ich bin keine Christin.'" (56) Dies genügt dem Vater, sie aus seiner Wohnung zu werfen; er „reißt mit einem zornigen Schrei das Kruzifix von der Wand und streckt es mir entgegen. Schreit schrill: ‚Eine Jüdin, eine Mörderin unseres Herrn. Hinaus aus meiner Wohnung!' – Ich stehe auf, halte mich mit Mühe zurück, laut herauszulachen, da ist mein Gesicht naß von Tränen. Ich bin unfähig, einen Schritt zu machen, aber als alle, außer meiner Freundin, das Kreuz vor mir schlagen, renne ich los, laufe die Treppe hinunter, die Straße entlang, bis ich nicht mehr kann." (57)

Nach diesem Erlebnis wird die Ich-Erzählerin von seiner Tochter zu einer „Landsmännin" begleitet, in der Annahme, daß „es ihr vielleicht Spaß mache, mit [ihr] in [ihrer] Muttersprache zu reden" (59): Rosa Silber, die als Pfandleiherin arbeitet. „Die Tür ist nur angelehnt, als wir eintreten, läutet eine Glocke. Dämmriger Raum, im Hintergrund thront auf einem mächtigen Lehnstuhl eine so verfettete Frau, daß ich mir nicht vorstellen kann, wie sie es je fertigbringt, aufzustehen. Überall quillt Fleisch, ungeheure, in ein dunkelblaues Kleid gezwängte Wülste. Die dicken Finger zählen einer jungen Negerin Geld auf den Tisch. ‚Noch einen Dollar', fleht die Schwarze, ‚einen halben.' ‚Keinen Cent mehr, das ist schon viel zu viel', antwortet die Silber in einem mit Fränkisch und Jiddisch vermanschten Englisch." (58) Nach einer kurzen Vergewisserung – „‚eine von uns?'" – gibt Rosa Silber sich als KZ-Insassin zu erkennen, entblößt ihren Arm und „sagt tonlos, als ob es sich um eine Telefonnummer handele: ‚Fünfundachtzigachtundneunzigelf'. [...][Sie] flüstert, daß ich es mehr erraten als verstehen kann: ‚Medizinische Experimente.' – Wir schweigen. Und in die Stille hinein wiederholt sie: ‚Fünfundachtzigachtundneunzigelf.' Ich versuche mir die Nummer zu merken, in Deutschland will ich sie ausprobieren, vielleicht führt sie mich an die richtige Adresse. Und ich kann dem Mann, der den Hörer abnimmt, sagen: Ich soll Ihnen Grüße bestellen von Rosa Silber aus Harlem. Kenn' ich nicht, wird er sagen oder: reden Sie keinen Stuß, oder er atmet laut und hängt ein. Aber auch wenn er sich erinnert, hat das nichts zu bedeuten, schlechtes Gewissen ist kein Zahlungsmittel für Schmerz, und dieser Frau hier kann nicht geholfen werden." (59 f.)

Doch auch diese Begegnung endet in einem Eklat. Nachdem die Pfandleiherin die Inzahlungnahme eines Glases mit Goldfischen von einem schwarzen Paar mit Baby mitleidlos verweigert hat – „‚Nehm' ich nicht. Nichts Lebendiges'." – und dem verzweifelt protestierenden Mann „den stärksten Fluch, den sie kennt", nachgerufen hat: „‚Fünfundachtzigachtundneunzigelf'" (60), erfährt sie im zögernd einsetzenden Gespräch mit der Ich-Erzählerin, daß diese in Deutschland lebt. „‚Ich habe nicht verstanden.' Und noch einmal: ‚In Deutschland.' Ihre verheulten Augen werden zu Schlitzen. ‚Gehen Sie', sagt sie und jetzt spricht sie wirklich deutsch, ‚gehen Sie, eine solche wie Sie will ich nicht bei mir haben, Sie charakterlose Person, Sie Schlampe, Sie', und während ich aufstehe, quäkt sie ‚fünfundachtzigachtundneunzigelf' und stößt mir die Zahl ins Herz. Jetzt bin ich derjenige, der den Hörer aufnimmt, und zu mir sagt einer: Grüße von Rosa Silber aus Harlem, und ich antworte Ja, und mein Arm, der nicht tätowiert ist, brennt wie Feuer, und ich sage: es ist meine Privatangelegenheit, wo ich lebe, und der andre: Rosa Silber, Sie wissen doch, und ich: Ja, ich weiß. Ich will es nicht wiedertun. Nicht noch einmal überleben." (61 f.)

Zuletzt geraten beide in eine Bar, in der die Ich-Erzählerin höhnisch mit den Parolen der militanten schwarzen Emanzipationsbewegung konfrontiert wird: „‚God gave Noah the rainbow sign, no more water, the fire next time.‘ The fire next time, immer wieder, ich soll es wissen, sie schreien es mir in die Ohren, ihre Marseillaise, *le jour de gloire est arrivé*, und ich habe Angst, mein Schutzengel singt mit, lacht, ruft ‚noch zwei Whisky‘, trinkt das Glas auf einen Zug aus und wirft es gegen die Wand, ist betrunken, ich bin mit einer betrunkenen Negerin in Harlem und kann nicht fort.“ (62 f.) Die Gäste der Bar lassen keinen Zweifel an ihrer Einstellung: „‚Denkt bei jedem Weißen daran, daß er der Teufel ist.‘ ‚Keine weitere Integration‘, schnarrt einer der Befehlsempfänger. Und ein anderer: ‚Wir wollen eigenes Land, etwas Eigenes, ganz für uns.‘ “ (63) Schließlich werden die beiden Frauen auch hier hinausgeworfen, und die Erzählung endet in den ineinander verschwimmenden Bildern einer alptraumhaften Vision: „Ich falle in weichen Schnee, neben mir liegt die dunkle Freundin, und wir stehen auf und gehen, gleiten über den blendenden Schnee, bis er sich wandelt zum Matsch, bis es Frühling wird und ein Hauch von Blüten eindringt in die Gassen, die sich hügelauf und hügelab winden, die Kirchenglocken haben sich stummgeläutet, in der Stille stürzen die steinernen Heiligen von ihren Podesten, im Tempel aus goldenem Sandstein bricht eine Säule zusammen, lautlos löst sie sich auf, wird lautlos zu Staub, aus dem Krater des Vulkans sprüht Flammenregen auf, die Lava rückt näher, gleitet langsam talwärts, den Oliven zu, die sehnsüchtig der tödlichen Wärme entgegenwachsen, der Baum auf dem Acker ist, vom Blitz getroffen, zur Vogelscheuche verkohlt, auf den Wachtürmen der Lager hocken die schwarzen Soldaten hinter Maschinengewehren, wir sind in Harlem, es gibt in Harlem nur Neger, sie kommen in dunklen Anzügen mit steifen Hüten aus der Börse, fahren in Cadillacs und Bentleys ins Waldorf Astoria, wir stehen zusammengepfercht mit ihnen im Lift, der das Empire State Building hochjagt, und hören auf der Plattform ihre Isn't-it-wonderfuls, Negerwitwen sitzen mit wippenden Blumenhütchen in den Lunchrooms und erwarten das nie mehr kommende Glück, Negerkinder reiten auf Ponys durch den Central Park, und auf der Bühne der Met verbeugen sich Hand in Hand ein schwarzer Lohengrin und eine schwarze Elsa. – Und ich stieg in den Bus, in dem diesmal auch der Fahrer ein Schwarzer war.“ (66 f.)

Am Ende dieses Tages ist wenig mehr übrig vom Konstrukt der ideologischen Solidarität mit der farbigen Minderheit der USA. In den Zusammenstößen mit den konkreten Erscheinungen gesellschaftlicher Wirklichkeit, vor allem ihrer Widersprüche, zerschellt unübersehbar die praktische Tragfähigkeit der bisher geübten politischen Überzeugung; sie zerschellt am Anteil jener Erinnerungen, der, *ideologisch nicht aufgehoben*, sich im Augenblick der Herausforderung mit aller Kraft bemerkbar macht. Eingezwängt zwischen christlich motivierten Antijudaismus, den Abscheu der Überlebenden vor der Remigrantin und die rassistische Grundierung eines militanten schwarzen Nationalismus', findet die Ich-Erzählerin sich zuletzt zurückgeworfen auf das Unaufhebbare *ihrer* Vergangenheit als deutscher Jüdin, unaufhebbar, für diese Augenblicke, in jene universellen Forderungen nach Gleichberechtigung und Emanzipation, die sie – vermeintlich ‚genetisch' – an die Seite der hier Verfolgten geführt hatte: „Feinde der Neger und meine". Ausgesetzt dem traumatischen Grund ihrer Erfahrung, greifen Schreckensphantasien Raum, die, versetzt mit ‚aktualisierten' Vorzeichen, das Szenario der NS-Verfolgung bildhaft wiederholen: In einem schwarzen Rassen- und Klassenstaat, in dem sich die einst Verfolgten alle Insignien ihrer früheren Beherrscher angeeignet haben, wachen „schwarze Soldaten hinter Maschinengewehren" in „Lagern" über jene, die solcher Gesellschaft unintegrierbar gelten müssen. Die eschatologischen Ornamente dieser Phantasie beschreiben den schockartigen Abschied vom Gedanken nicht nur einer ‚Versöhnbarkeit' der Interessen, sondern auch ihrer Identität im Zeichen des universalen Bildes vom Menschen, auf dem Weg in die Tiefe eines Affekts, in dem die Ich-Erzählerin reduziert ist auf ein Einziges: auf die traumatisierende Erinnerung der eigenen Verfolgung. Erst einmal auf diesem Grund angelangt, war an die erneute Erarbeitung einer tatsächlich belastungsfähigen, gar ‚genetischen' politischen Solidarität mit dem Emanzipationskampf hier der schwarzen Minderheit in den USA vorläufig nicht zu denken.

Die Radikalität, d. h. immer auch: Anfechtbarkeit, die sich Weil im Aufriß einer solchen Innenschau auferlegte – *jetzt*, im Sommer 1968 –, wird auf kennzeichnende Weise fortgesetzt in der dritten und letzten Erzählung des Buches, „B sagen". Anders als in „Gloria Halleluja", bewegt sich die Ich-Erzählerin jetzt nicht an einem Brennpunkt der Aufmerksamkeit der internationalen Protestbewegung, sondern an einem scheinbar rein touristisch relevanten Ort: der Tempelanlage von Chichén-Itzá, die sie als Touristin besucht. Zwar ist auch hier Politik stets gegenwärtig, wie in dem belauschten Gespräch zweier amerikanischer Mitreisender: „ ‚Es gibt in Vietnam keine Zivilisten', sagte die Dicke. ‚Schon die Kinder haben Flinten. Und die Frauen gehen bewaffnet aufs Feld.' ‚Keine Zivilisten', kam das Echo der Hageren. ‚Und deshalb kann uns niemand den Vorwurf machen, Zivilisten zu töten.' ‚Du sagst es.' ‚Wir sollten schärfer gegen sie vorgehen. Hanoi zerstören. Und wenn alles nichts hilft, eben doch eine Atombombe. Anstatt dauernd das Leben unserer Soldaten aufs Spiel zu setzen.' " (97) Doch solche Einspielung liefert nur das Kolorit für eine nicht minder direkt im Zeichen der politischen Gegenwart entwickelte Konfrontation der Ich-Erzählerin mit einem Touristenführer, der bei einem Rundgang über die Anlage seiner Erklärung der Hinrichtungs- und Schädelstätte die Worte hinzufügt: „ ‚Die Schwarze Wand der Tolteken.' " (76) Doch die Anschauung solcher Orte verleitet die Ich-Erzählerin nicht nur zu Überlegungen über die Kontinuität des Mordens in der Geschichte der Menschen – „im Tod sind sie gleich, Indianer, Neger, Zigeuner, Juden, immer dasselbe, zu allen Zeiten zeitenlos, Ende im Massengrab" (78); sondern plötzlich, auf dem Umweg eines Nachdenkens über die Beschaffenheit der Täter, ist es die Erinnerung an den Auschwitz-Prozeß und des in ihm verwirklichten Modus nachholender Erinnerungsarbeit, die den historischen Ort der ominösen Formulierung von der „Schwarzen Wand" zweifelsfrei anzeigen: „Vergeblicher Versuch, sich im Auschwitz-Prozeß vorzustellen, daß es gerade diese schäbig aussehenden Männer waren. Über den Eindruck, daß mittelmäßige Schauspieler im freundlichen Gemeindehaus ein Grandguignol-Stück spielen, geht es nicht hinaus. Stichworte: Phenolspritzen, Selektion, politische Abteilung, Bogerschaukel, Lili Tofler, Block 11, Schwarze Wand." (79[78]) Nun, da die Herkunft des Namens eindeutig scheint, wird sich die Ich-Erzählerin immer gewisser, daß es sich bei jenem Touristenführer tatsächlich um einen SS-Mann, der 1943 in der Amsterdamer Schouwburg seinen Dienst tat, handelt: „Er ist es, kein Zweifel. Ich möchte sein Gesicht sehen, wenn ich ihn anrede: Guten Tag, Herr Weber. Aber hieß er überhaupt Weber? Es kann auch Wagner oder Werner oder Winkler sein. Ich habe seinen Namen vergessen, weiß nur noch, daß er mit W anfängt." (83)

Ihre Vorstellung, diesen Mann solcherart zur Rede zu stellen, verknüpft die Ich-Erzählerin mit Reflexionen über die Rolle der Vergangenheit in der Gegenwart: „Wann fängt Vergangenheit an? Wenn das Beil fällt oder wenn die Leiche verscharrt wird im Massengrab, verbrannt im Krematorium oder wenn der Mörder stirbt oder wenn keiner mehr lebt, der den Ermordeten liebte oder wenn die ersten Touristen ihre Eintrittskarten für die Richtstätten kaufen? Sind die Latomien von Syrakus vergangener als Chichén-Itzá? Ist Chichén-Itzá vergangener als Auschwitz?" (88) Die letzte Gegenwart wird hier rißlos angeschlossen, technologisch noch um spezifische Möglichkeiten der Abstumpfung erweitert: „Leichen auf dem Bildschirm zum

[78] Weils Erzählung „B sagen" kann als ein besonders herausragender Beleg für die singuläre Bedeutung gelten, die dem Frankfurter Auschwitz-Verfahren im Prozeß öffentlicher Aufklärung in Westdeutschland über die NS-Verbrechen zukam und auf die schon im *Tynset*-Kapitel ausdrücklich hingewiesen wurde: Weils Text – der Reminiszenzen an den Prozeß noch mehrfach einspielt (etwa 100, 107, 108) – zeigt, wie auch die primäre Erinnerung der Überlebenden in der Rekonstruktionsarbeit des Frankfurter Gerichts Halt und Hilfe im eigensten, persönlichsten Gang ‚zurück' zu finden hoffte. Vgl. auch Verf.: „‚In einer deutschen Angelegenheit' – Der Frankfurter Auschwitz-Prozeß in der westdeutschen Nachkriegsliteratur", in: *Geschichte und Wirkung des ersten Frankfurter Auschwitz-Prozesses* (= Jahrbuch des Fritz Bauer Instituts 2001).

Abendessen, Soldaten beugen sich über einen am Boden liegenden Gefangenen, man sieht nicht genau, was sie mit ihm treiben, doch man ahnt es, Trümmer eines in die Luft gesprengten Hauses, ein zerfetztes Kind. Vor dem Einschlafen im warmen Bett ein Blick in die Zeitung, das Foto des Jahres, ein mit den Füßen an einen Panzer gefesselter Mensch, zu Tode geschleift."[79]

Während der Wartezeit auf einen Bus in der Hotel-Lounge – „W." sitzt „am anderen Ende der Halle" (97) – imaginiert die Ich-Erzählerin eine Anklage-, vor allem aber W.'s Verteidigungsrede. Sie setzt ein mit dem Zugeständnis, SS-Mann gewesen zu sein, bestreitet aber, jemals in Auschwitz, dem Ort der „Schwarzen Wand", Dienst getan zu haben. Den wiederholten Vorhaltungen begegnet er schließlich mit einer überraschenden Wendung gegen die Klägerin: „‚Nehmen wir an, es hätte einen Mann meines Namens, meiner Statur und Herkunft an jenem Ort gegeben, an dem Sie mich durchaus gehabt haben wollen, war das denn ich? Sind Sie noch dieselbe [...]?[...] Nun ja, gnädige Frau, Sie haben sich abgefunden, wie jeder sich abfindet, der überlebt. Schmerz wird zur Skepsis, Empörung zu Unbehagen, und wenn ich Sie so sehe, auf einer Reise, die eine Stange Geld kostet, gut angezogen, an Kunst und Menschen interessiert, möchte ich wetten, daß Sie sich nicht nur abgefunden haben, sondern im großen und ganzen recht einverstanden sind mit dieser Welt, die sich zwar für Sie gebessert hat, aber für den größten Teil der Menschen immer gleich schlecht ist. Sie protestieren gegen das, was Sie nicht mögen, gegen Atombomben, Vietnamkrieg und Apartheid. Protest macht Ihnen Spaß, ja, wahrscheinlich würde Ihnen etwas fehlen, wenn es nichts mehr zu protestieren gäbe. Doch von der jungen Frau, die aus Verzweiflung die Welt in Brand stecken wollte, ist nichts mehr da. Und da möchten Sie mir einreden, ich sei der gleiche, der die gefangenen Juden bewacht hat bis zur Todesfahrt, und darüber hinaus versuchen Sie mir eine Mörderrolle anzuhängen an jenem Ort. Was immer dort geschah, ich war es nicht." (103)

In der anschließenden Rede nennt W. Verhaltensweisen einer Person, die die Ich-Erzählerin heute auch nicht mehr gewesen sein wolle: etwa nach einer Zufallsbegegnung mit Hitler im Theaterparkett im November 1932, die sie „völlig beruhigt" zurückgelassen habe in der Überzeugung, „diesem mediokren Clown mit der Heiratsschwindlervisage könne das deutsche Volk nicht auf den Leim kriechen. *Ihre* blaue Blume, ein vernünftiges deutsches Volk. Das hätte Ihnen so gepaßt. Auch Sie wollten das Fallen des Vorhangs nicht, hatten den Wunsch, es möge ewig so weitergehen" (104). Auch ihre unverdiente

[79] Ein solches Foto ist beispielsweise abgebildet auf dem Cover von Erich Frieds *und VIETNAM und*, Berlin/ W 1974 (12.-13. Tausend).

Begünstigung durch ein wohlhabendes Elternhaus wird von W. angeführt: „Wer zu sein ist wichtig. Auf das Was kommt's nicht an. Das Was ist etwas für feine Leute. So wie Sie, gnädige Frau. Weil Sie Geld hatten, konnten Sie es sich aussuchen, und Sie suchten es links, aus Mitleid mit den Armen, Glauben an soziale Gerechtigkeit und was weiß ich, warum sonst" (105). W. erinnert sich auch an ihren Widerstand gegen die Absicht ihres Freundes, sich gegen die drohende Gefahr militärisch im Reichsbanner zu organisieren: „Das war der Augenblick *Ihrer* Schuld, Sie hatten genug Verstand und Phantasie, um zu wissen, wie alles kommen würde, wenn jede liebende Frau so spräche wie Sie. Schuld gegen Schuld, wer will das gegeneinander abwägen, Gerechtigkeit gegen Gerechtigkeit, *faites votre jeu*. So ist das eingetreten, was wir beide heute nicht mehr verstehen, was niemand versteht." Solcherart in eigene Schuld verstrickt zu sein, delegitimiere nicht nur die Anklage gegen andere, sondern artikuliere sich vor allem längst in der Entscheidung für die Teilhabe an jener Welt der Gegenwart, der die Masse der Armen allenfalls noch ein Protest wert sei: „Entweder-oder: Sie haben Oder gesagt, da müssen Sie auch B sagen. Aktienkurse studieren, sich überlegen, welchen Wagen Sie fahren, welche Reise Sie machen, Kleider kaufen, Bücher kaufen, im Mittelmeer schwimmen, auf der Diavolezza skilaufen, das Gras in Ihrem Garten mähen, die von Jahr zu Jahr melancholischer werdenden Flirts durchspielen, sich auf die immer seltener werdenden Freundschaften stützen. B sagen, B sagen. Nach London fahren, wenn das Bolschoi dort gastiert, in Antibes zu Picasso gehen, in Biot zu Léger, Umwege für eine romanische Kirche machen, wissen wo was wann, lesen, schauen, lesen, Musik hören, fernsehen, sich in der Geschichte auskennen, keinen Führer brauchen durch Kunst- und Folterstätten, Meinungen haben, Meinungen äußern, über den Prozeß des Sokrates reden und über den der Boger und Kaduks, schreiben wie die Katze um den heißen Brei, weil sich über nichts nicht schreiben läßt, Breiflecken auf dem Papier und verbrannte Pfoten. [...] B sagen, B sagen. Stets angewandt, weiterentwickelt, doch nie zur Meisterschaft gebracht. Und die rasende Angst, daß einmal, in einem Krankenhausbett, einem Straßengraben die mühsame Reue kommt, sich nicht für das Entweder entschieden zu haben. Die Stunde der Wahrheit, und die Wahrheit ferner denn je. Wer könnte Ihnen die Wahrheit sagen? Was ist Ihre Wahrheit? [...] Gut, es war entsetzlich, was Las Casas beschrieb und die Zeugen aussagten gegen Boger. Die Spanier haben es nicht geglaubt, die Deutschen glauben es nicht. Diese Dinge werden getan, aber nicht geglaubt. Wer glaubt schon an James Bond und die Comic-strips? Nicht einmal die Zehnjährigen. Die saßen, klassenweise hineingeführt, auf den vordersten Plätzen in jenem Prozeß, räkelten sich, bohrten in der Nase, knufften den Nachbarn und hörten nur zu, wenn es um Grausamkeiten ging. Erziehung zum Staatsbürger. Ihre Demokratie. Übrigens gab es in dem Prozeß einen Anwalt, der war von Anfang an dabei, ein ganzes Jahr lang, jede Woche drei Tage. Dann passierte es ihm, daß er durch eine Straße kam, in der ein Mensch überfahren worden war. Das Blut stand noch auf dem Pflaster. Später erkannte er, daß er sich erst in diesem Augenblick habe vorstellen können, wie es gewesen sei, dort in dem Boger-Ort. Ein bißchen Flüssigkeit überzeugte ihn mehr als alle während eines Jahres gesprochenen Worte. Brauchen Sie aus der Brust gerissene Herzen als Information? Eine schwarze Wand als Stimulans für Ihre Phantasie? Das ist zu einfach. Wir beide wissen Bescheid, kennen uns aus im Nichts, das wir nicht verstehen mit unserem Kopf, doch mit unseren Nerven, im Wachen, im Schlafen, mit jedem Herzschlag. Das unterscheidet uns von den andern, ist unsere Gemeinsamkeit, unsere Kumpanei." (106 ff.) Die Erzählung endet mit den Zeilen: „W. und ich saßen allein in der Halle. Er las in einem Magazin und spielte mit der kalten Pfeife. Ich holte eine Zigarette aus der Tasche. In diesem Augenblick sah er herüber, stand auf und kam auf mich zu. Ein paar Stühle, die ihm im Weg standen, schob er beiseite. Meine Hand mit der Zigarette zitterte. Vor mir stehend, ließ er ein Feuerzeug aufflammen und hielt es mir hin. Als meine Zigarette brannte, warf er mir einen spöttischen Blick zu, wandte sich um und ging hinaus in den Garten. Durch das Rauschen des Regens hörte ich, daß er leise vor sich hinpfiff." (108 f.)

W.'s Rede präpariert mit aller Deutlichkeit jene seelisch-moralische Grundkonstitution der Ich-Erzählerin heraus, die jeder tatsächlich entschiedenen Absage an die gesellschaftliche Gegenwart: einem permanenten Jetzt aus Schuld und Unterdrückung, im Wege steht. Schon in der Entstehungszeit der Katastrophe der Epoche gezeichnet von der Bereitschaft zu Kompromiß und Verdrängung – und auf diesem Wege selbst schuldhaft in sie verstrickt –, hat sich dieses Ich, erst recht nach der Erfahrung des „Nichts", zu nichts anderem verstehen können als einem Klammern an den *status quo*. „Negative Symbiose", wie Weil sie in diesen Worten W.'s ausschreibt, besteht in der unaufhebbaren Fesselung der Überlebenden an den Ort ihrer „Gemeinsamkeit" mit den Tätern, eine Fesselung, die über ihre Traumatisierung zu jener nachhaltigen, auch unmittelbar politischen Konditionierung der Überlebenden führt, in der diese „Kumpanei" in der gesellschaftlichen Gegenwart *fortlebt*. „Wir beide wissen Bescheid": dieses Bescheidwissen ist hier gekennzeichnet als Ursache jener Lähmung, sich im Augenblick der Konfrontation mit Momenten schockierender ‚Wiederholung' von jener *jeden Gedanken* einholenden Erinnerung zu befreien, die nur als die der Katastrophe begriffen werden kann. Die Zwänge, die ein Leben im „Oder" auferlegt – die kleinen Ängste, „Breiflecken auf dem Papier", gelegentliche Furcht vor einer „Stunde der Wahrheit" –, werden in Kauf genommen, bestochen nicht nur von den Annehmlichkeiten eines Lebens in der Mitte, wenn nicht im Mittelpunkt der Gesellschaft, sondern auch von der skeptischen Einsicht, daß es zu der Unbedingtheit eines „Entweder" schon früher nicht gereicht hatte. Weils Erzählung läßt an der Gewißheit der ‚anderen': der Täter und ihrer Nachfolger, keinen Zweifel, daß *dieses* Erbe des Nationalsozialismus auch die neuere Gegenwart unbeschadet erreicht hat. Das Vor-sich-hin-Pfeifen des abgehenden W. signalisiert nicht nur den eigenen verhaltenen Triumph, sondern auch den seinesgleichen: darüber, daß eine tatsächliche Befreiung aus den Lagern – hier: vom unverändert aktualisierbaren Traumatischen der Verfolgungserfahrung –, bis jetzt, über zwanzig Jahre nach der militärischen Niederlage des NS-Regimes, noch nicht möglich gewesen war. Erst eine solche tatsächliche Befreiung hätte in einer Solidarisierung *ohne Vorbehalt* mit den Verfolgten *heute ihren zeitgemäßen Ausdruck* finden mögen.

Auch Edgar Hilsenrath schrieb in diesen Wochen und Monaten, zeitweilig am deutschen Schauplatz[80]. Doch seine anläßlich der Veröffentlichung von „Nacht" im Kindler-Verlag gewonnenen Erfahrungen hatten ihn dazu verleitet, von einer engen Fixierung auf den deutschen Markt – d. h. hier: auch auf das deutsche Publikum – abzusehen. Das zwischen Mitte 1967 und Anfang 1968 angefertigte Romanmanuskript entsteht für den amerikanischen Verlag Doubleday, der nach der Produktion von „Nacht" mit Hilsenrath einen Vertrag über ein zweites Buch geschlossen hatte[81]. Dieses Buch erscheint, nach der Übersetzung des deutschsprachigen Manuskripts ins Amerikanische, 1971 unter dem Titel „The Nazi and the Barber". Eine deutsche Ausgabe wurde erst 1977 möglich.[82] Damit aber war das Buch in Wirkungsbedingungen versetzt, verschoben worden, die sich grundlegend von denen der spezifischen Diskurssituation 1967 ff. unterschieden, und ein dieser Situation – der ‚Herausforderung' – etwaig Unmittelbares am Buch unkenntlich gemacht. Die weiter unten, im Kontext dieser grundlegend veränderten Lage der zweiten Hälfte der 70er Jahre aufzufaltende Perspektive auf „Der Nazi & der Friseur"[83] wird daher solcher *Ungleichzeitigkeit* – mittels eines Blicks zurück auf den ‚Moment der Revolte' – Rechnung zu tragen haben.

[80] Vgl. Thomas Kraft (Hg.): *Edgar Hilsenrath – Das Unerzählbare erzählen*. München/Zürich 1996, S. 251 sowie die Bildunterschrift Nr. 12, sowie Edgar Hilsenrath: „Zuhause nur in der deutschen Sprache – eine biographische Selbstauskunft", ebd., S. 13-19, hier S. 18.

[81] Edgar Hilsenrath in einem Gespräch mit Ursula Hien 1991.

[82] Zur Veröffentlichungsgeschichte von *Der Nazi & der Friseur* vgl. Kap. IX, S. 460 f.

[83] Vgl. Kap. IX.

5

Im April 1968 veröffentlicht der „Spiegel" Antworten deutschsprachiger Autoren auf eine Umfrage, deren Wortlaut „Ist Revolution unvermeidlich?" aus dem Auszug eines Artikels abgeleitet wird, den Hans Magnus Enzensberger unter dem Titel „The Writer and the Politics" am 28. September des Vorjahres im „Times Literary Supplement" veröffentlicht hatte. Dieser Auszug lautet in der Übersetzung des „Spiegel": „Tatsächlich sind wir heute nicht dem Kommunismus konfrontiert, sondern der Revolution. Das politische System in der Bundesrepublik läßt sich nicht mehr reparieren. Wir können ihm zustimmen, oder wir müssen es durch ein neues System ersetzen. Tertium non dabitur."[84]

Auch die von der „Spiegel"-Redaktion verfälschend unterdrückte Ausdifferenzierung des Problems durch Enzensberger[85] und die gezielt diskurspolitisch intendierte Pointierung[86] in Rechnung gestellt, mochte solche Rede Autoren wie Hildesheimer, aber auch Weil als eine neuerliche Probe jenes „Schematismus"[87] erreichen, der gerade an Kreuzwegen der Debatte innerhalb der antiautoritären Bewegung notorisch geworden zu sein schien. „Tertium non dabitur" – das war hörbar *auch* als Echo jenes vom ‚heimlichen' „Generalnenner"[88] ‚es gibt nur zwei Möglichkeiten'[89] disziplinierten Denkens, das Hildesheimer im Spott über jene „Schemadenker" denunziert hatte, für die „jedes Ding tatsächlich nur zwei Seiten"[90] habe. Seine militant ausschließende Wirkung mußte solches Denken und solcher Diskurs spätestens dann entfalten, wenn nicht mehr nur von den Möglichkeiten der politischen Entwicklung, sondern von den *Subjekten* im hier verhandelten historischen Prozeß die Rede war. Enzensberger hatte der „linken Intelligenz" in den „Gemeinplätzen" lakonisch die Rechnung aufgemacht: „Die Kasse war leer"[91]; und in einer nicht minder illusionslosen Bilanz der Voraussetzungen für „eine revolutionäre Wissenschaft für die Gegenwart und für die Zukunft der Metropolen" stellt er bei gleicher Gelegenheit fest: „Aus eigenen Beständen verfügen wir über Interpretationen von Becketts „Endspiel", Abhandlungen über die Psychoanalyse des Nationalsozialismus, Schriften zur Hegel-

84 *Der Spiegel*, Nr. 15/ 1968, S. 60.

85 „[...] daß die Revolution nicht nur notwendig [...], sondern auch denkbar wird – wenn auch nicht, in absehbarer Zeit, möglich" (Enzensberger: „Klare Entscheidungen ..." [Anm. 44], S. 230 f.)

86 Vgl. Briegleb: *1968* (Anm. 4), S. 225 ff.

87 Hildesheimer: „Denken auf eigene Gefahr" (Anm. 52).

88 Arendt an Enzensberger, 30.1.1965 (Anm. 8), S. 385.

89 Vgl. Peter Weiss: „10 Arbeitspunkte..." (Anm. 46), S. 18, 22.

90 Hildesheimer in seiner Antwort an Fried, in *Die Zeit*, 1. September 1967.

91 Enzensberger: „ Berliner Gemeinplätze" (Anm. 2), S. 157.

Exegese und andere Klavierauszüge."[92] Zu diesen „Klavierauszügen" mögen insbesondere Hildesheimers engagiertes Frankfurter Plädoyer für eine Poetologie, die der „Wirklichkeit des Absurden" Rechnung trägt, und dessen eigene poetische Arbeiten aus dem Tynset-Masante-Komplex mit gutem Recht zu zählen sein[93]. Doch solche Zuordnung verkennt das signifikante Kennzeichen im – hier am Beispiel Enzensbergers vorgestellten – Diskurs der Intelligenz der antiautoritären Bewegung: den Nicht-Ort jener deutschen Juden, deren Erfahrungen nicht in den Statements von Weiss und Fried, sondern in der abgründigen Desillusion des poetologischen Bekenntnisses von Hildesheimer, dem Erschrecken in seinen Wortmeldungen zum Sechs-Tage-Krieg und der radikalen Selbstbefragung Grete Weils in ihren Erzählungen von 1968 ihren Ausdruck gefunden haben. Dieser Nicht-Ort war durchaus nicht der demographischen Tatsache geschuldet, daß es etwa auch hierfür „keine Juden mehr, [...] oder zumindest nicht genug"[94], in Deutschland gab. Entscheidend wirkt hier vielmehr jene Grundlegung der Theoriearbeit, wie sie in den verbreiteten Analogien zur NS-Zeit regelhaft durchscheint, so etwa bei Oskar Negt: „Im bedrohlichen Pogrom-Klima gegen die politisch aktiven Studenten und Jugendlichen ist es [...] notwendig, mit allem Nachdruck auf die Blutlinie der Unterdrückung von Minderheiten in Deutschland hinzuweisen. Es wäre verfehlt, die im Dritten Reich organisierte Hetzjagd auf die Juden mit den Verfolgungsabsichten gleichzusetzen, die sich heute auf Linksradikale konzentrieren; aber es gibt Merkmale, die ihnen gemeinsam sind."[95]. Negts Bemerkung weist auf das Maß, in dem die Begriffsbildung des antiautoritären Diskurses entscheidend getragen war von der Anstrengung einer Re-Konstruktion der antifaschistischen Kampfsituation der 30er und 40er Jahre – um, im Modus des nachgeholten Antifaschismus, *jetzt*: 1. auf der richtigen Seite zu sein, 2. den Kampf für die richtige Seite zu entscheiden. Solche Begriffsbildung mußte entschieden desinteressiert sein an allen Stimmen und Zeugnissen, die an der *Unwiderrufbarkeit der antifaschistischen*

92 Ebd., S. 167.

93 Dieses Recht erwächst wesentlich aus der poetologischen Nähe zu Beckett, die Hildesheimer immer wieder für sich in Anspruch genommen hat und die außer in seinen Stellungnahmen als Schriftsteller auch in wiederholten Hinweisen auf neue deutsche Übersetzungen Becketts dokumentiert sind.

94 WH V, S. 363 ("Monolog"); vgl. auch Kap. VI, S. 286.

95 Oskar Negt: „Studentischer Protest -..." (Anm. 18), S. 179. Vgl. auch Enzensberger: „Berliner Gemeinplätze" (Anm. 2), S. 152: „Zeitlupe: Die Kamera erfaßt, hinter der Absperrung, den Passanten, der stehenbleibt, sich umwendet, Überraschung zeigt, langsam den Mund öffnet, der Ton ist weg, die Gummilinse holt den Kopf näher heran, der Mund ist jetzt weit offen, wer keine Übung hat, denkt an ein Fußballspiel und hört *Tor*, andere, die sich aufs Lippenlesen verstehen, hören den Ruf nach der Gaskammer."

Niederlage 1933 ff. und am *Fortleben des faschistischen Sieges*, in welch komplexen, aber gleichwohl politisch permanent akuten Vermittlungen auch immer, keinen Zweifel ließen. Die denkbar heterogenen Wortmeldungen Hildesheimers und Weils in der Diskurssituation 1967 ff., *Antworten* auf die ‚Herausforderung', künden eindrücklich und unverkennbar von solcher subjektiv stets schmerzhaft, wenn nicht traumatisch erlebten Einsicht. Diesen Stimmen tatsächlich zuzuhören hätte bedeutet, die ins Auge gefaßte Chance einer ‚Bewährung' als nichtig zu erkennen und sich der umfassenden *Gegenwart* der NS-Verbrechen auszusetzen – d. h. einer Gegenwart, die vorläufig über *jede* Antizipation der Befreiung des Menschen einen Schatten werfen mußte.

Hildesheimer geschweige denn Weil und Hilsenrath blieben vom „Spiegel" ungefragt; bei solch prominenter Gelegenheit von einem *spezifischen* Ort im Blick auf die vermeintliche „Alternative"[96]: Status quo oder Revolution, zu sprechen, blieb diesen Schriftstellern verwehrt. ‚Für sich'[97], und an ganz anderem Ort, hat Hildesheimer gleichwohl eine ‚Antwort' formuliert. In einer Reflexion über die vorgebliche atheistische Vorliebe, über Gott zu reden, kommt er, unversehens, auf das Schlagwort der Umfrage zu sprechen: „[...] Gott ist [...] ein gutes Thema, oder nicht? Gut wie alle Themen, deren Grad an Irrealität, an Ungreifbarkeit, ein Maximum an Spekulation und Planung zuläßt. Wie die Revolution, die mit dem Walten Gottes gemeinsam hat, daß sie in Wirklichkeit nicht stattfindet. Das ewige Hamlet-Problem: das Projekt wird in Gedanken gewälzt, bis es nur noch den Gegnern auffällt, daß es der Verwirklichung entrückt."[98]

Doch einem anderen Autor war erlaubt, im „Spiegel" jene Stellung zu artikulieren, die den Kern des Dissenses auch von Hildesheimer und Weil traf – Paul Celan. Er antwortete: „Ich hoffe, nicht nur im Zusammenhang mit der Bundesrepublik und Deutschland, immer noch auf Änderung, Wandlung. Ersatz-Systeme werden sie nicht herbeiführen, und die Revolution – die soziale und zugleich antiautoritäre – ist nur von ihr her denkbar. Sie fängt, in Deutschland, hier und heute, beim Einzelnen an. Ein Viertes bleibe uns erspart."[99] Indem hier „(geschützt)" ausgesprochen wird, „daß die Alternative eines neuen Systems an der Unvergleichlichkeit des Dritten für immer ihre Berechtigung verloren hat, daß aber dessen ungeachtet *jedes* System

[96] Enzensberger: „Klare Entscheidungen..." (Anm. 44), S. 230.
[97] Vgl. WH I, S. 295 („Vergebliche Aufzeichnungen") sowie Kap. VI, S. 272.
[98] WH I, S. 317 („Exerzitien mit Papst Johannes"). Das „Fragment aus einem aufgegebenen Buch" (Untertitel des Erstdrucks) entstand 1968.
[99] Hier zitiert nach Klaus Wagenbach, Winfried Stephan und Michael Krüger (Hg.): *Vaterland, Muttersprache – Deutsche Schriftsteller und ihr Staat seit 1945*. Berlin/W 1979, S. 257.

nach dem Dritten nur in der Hoffnung ertragen werden kann, daß noch heute die menschliche Revolution, das ist ‚die soziale und zugleich antiautoritäre', bei uns einzelnen beginne und die Denkbarkeit der ‚Änderung, Wandlung' beweise"[100], nimmt Celan die Schlüsselmotive, die die Wortmeldungen Hildesheimers und Weils konstituiert hatten, auf: Die Erfahrung der Verfolgung hat, als Erfahrung der *Überlebenden*, in das Dilemma eines Lebens in der *Permanenz der Katastrophe* geführt, gegen deren ‚systemförmige' Überwindung sich diese gleiche Erfahrung stemmen muß. Zugleich ist es eine vage Hoffnung auf den „einzelnen", die solche historische Stillstellung letztlich im Weltprozeß, nicht nur der deutschen Lage, einzig erträglich macht. Doch auch diese Hoffnung bleibt gefangen in der Permanenz. Im Blick auf ‚das Vierte', das noch diese Hoffnung überschattet, und seinen mannigfachen Voraussetzungen verlief die unverwischbare[101] Trennlinie zwischen Hildesheimer und Weil und der antiautoritären Bewegung. Deren in der Summe ganz überwiegend „hoffnungsfrohe geschichtsphilosophische Grundannahmen"[102] mochten, bei aller Einschränkung, an *diesem* Grund *keine* Brechung zulassen.

[100] Briegleb: *1968* (Anm. 4), S. 244.

[101] Vgl. Arendt an Enzensberger, 30.1.1965 (Anm. 8), S. 385.

[102] Dan Diner: „Antifaschistische Weltanschauung – Ein Nachruf". In: ders.: *Kreisläufe – Nationalsozialismus und Gedächtnis.* Berlin 1995, S. 77-94, S. 93.

Auszüge aus einer frühen Version dieses Kapitels erschienen in *Mittelweg 36*, Nr. 4/1997, S. 57-73, sowie in Verf., Holger Gehle, Doron Kiesel, Hanno Loewy (Hg.): *Deutsche Nachkriegsliteratur und der Holocaust*, Frankfurt am Main 1998, S. 331-349.

VIII. Schlußfolgerungen Wolfgang Hildesheimers „The End of Fiction" (1975)

Eine Frage / „Masante": Permanenz der Vernichtung / Joachim Kaisers Verriß: Ende der „Adorno-Folgen"? / Die Rede: Connollys „Horizon" – Moskauer Kongreß 1934 – deutsche literarische Gegenwart / Antworten und Reaktionen: Handke, Kaiser, Baumgart, Walser

1

In einem Gespräch, das Hanjo Kesting im Sommer 1977 mit Wolfgang Hildesheimer führt, gibt der Journalist eine knappe Zusammenfassung des vor zwei Jahren gehaltenen „End of Fiction"-Vortrags: „Die Literatur hinke hinter der Entwicklung der Welt, hinter dem objektiven Stand der Wissenschaft hinterher. Man wisse nicht einmal mehr, was Realität sei", um sogleich zu fragen: „Wie aber dann noch schreiben?" Hildesheimers Antwort lautet: „Das ist in der Tat die Frage. [...] Aber das ist keine Frage, die Sie an mich richten können, sondern das ist eine Frage *von mir*."[1]

Dieser kurze Wortwechsel innerhalb eines im Druck rund 15 Seiten umfassenden Gespräches gibt bereits den Blick frei auf jene Paradigmen, von denen die deutsche Debatte um Hildesheimers „Fiction"-Vortrag entscheidend bestimmt war und vom Standort 1977 aus noch bestimmt bleiben sollte. Wie Kestings Frage „Wie aber dann noch schreiben?" jede nähere Untersuchung von Hildesheimers These überspringt, genauer: wie ihr das fortgesetzte In-Gang-Halten ‚des Schreibens' offensichtlich als eine *conditio sine qua non* erscheint, wird im Kontext der „Fiction"-Debatte kenntlich als zentrales Symptom der Reaktion des deutschen Literaturbetriebs. Nicht weniger symptomatisch für den Verlauf dieser Debatte erweist sich die charakteristische Verkennung der kommunikativen Grundstruktur, auf die Hildesheimer mit der für ihn typischen Höflichkeit hinweist: einer ‚Verwechslung' des Fragenden mit dem eine Antwort Schuldigen, hinter der sich ein – sprechend affektiver – Delegationsversuch an den unbequemen

[1] Hanjo Kesting: „Das Ende der Fiktion – Gespräch mit Wolfgang Hildesheimer". In: ders.: *Dichter ohne Vaterland – Gespräche und Aufsätze zur Literatur*. Berlin/ Bonn 1982, S. 52-80, hier S. 64; Kursivierung S.B. Die Datierung der Begegnung ist aus dem Gespräch erschließbar.

Fragesteller verbirgt. Doch Hildesheimers Antwort, in ihrem Hinweis auf *ihn selbst* als Subjekt dieser den Vertreter des Literaturbetriebs so merklich aufstörenden Frage, markiert zugleich mit demonstrativer Deutlichkeit ein entscheidendes Moment ihrer Genese, ja, bekennt es: ihren *subjektiven* Charakter.

Hildesheimers jahrzehntelange Erfahrungen mit dem deutschen Literaturbetrieb hatten ihn darüber belehrt, daß eine programmatische Betonung des Subjektiven *an seinem biographischen und poetologischen Ort* permanent Gefahr laufen mußte, als Lizenz für eine umstandslose Reduzierung seiner poetischen Arbeit auf eine nur partikulare Gültigkeit ‚verstanden' zu werden. Seine wiederholte entschiedene Ablehnung insbesondere der Auffassung, seine Übersiedlung in die Schweiz 1957 sei im Grunde eine „zweite Emigration" – „Nein, das ist absolut [...] nicht der Fall."[2]; „Das sehe ich allerdings anders."[3]–, suchen gezielt jeder Lesweise entgegenzuarbeiten, die über die ‚Diagnose' vermeintlich biographisch belegter, von Hildesheimer für seine Person aber entschieden negierter „Affekte" und „Entwurzelungspsychosen" des „Emigranten"[4] den umfassenden Geltungsanspruch seiner poetischen Arbeit einzuschränken trachtet. Hildesheimers zahlreiche Betonungen des Subjektiven *trotz* dieser spezifischen Gefährdung – so auch zu Beginn seines „Fiction"-Vortrags: „I *shall* be highly subjective"[5] – unterstreichen die für ihn nicht nur poetologisch, sondern auch diskurspolitisch konstitutive Stellung seiner von den Erkenntnissen und Erfahrungen der Psychoanalyse und des Surrealismus geprägten Überzeugung, „daß nur durch Intersubjektivität ein objektives Bild des Gegenstandes entstehen kann"[6].

Dieser Auffassung von der genuinen erkenntnistheoretischen Qualität *bewußter Subjektivität* soll in der folgenden Perspektive auf „The End of Fiction" Rechnung getragen werden. Dazu wird der Ort von Hildesheimers Subjektivität, wie sie sich im „Fiction"-Vortrag artikuliert, unter drei Aspekten genauer bestimmt: im Blick auf seine poetologische Entwicklung seit „Tynset"; auf deren Aufnahme durch die deutsche Kritik[7]; sowie auf die den „Fiction"-Text bestimmende

2 Manfred Durzak: *Gespräche über den Roman – Formbestimmungen und Analysen*. Frankfurt am Main 1976, S. 295.

3 Kesting: „Ende" (Anm. 1), S. 57; Kesting fragt direkt: „War das vielleicht so etwas wie eine zweite Emigration?"

4 Wolfgang Hildesheimer: „Mein Judentum". In: ders.: *Das Ende der Fiktionen – Reden aus fünfundzwanzig Jahren*. Frankfurt am Main 1988, S. 213-226, hier S. 223.

5 Wolfgang Hildesheimer: „The End of Fiction". In: *Fiktionen* (Anm. 4), S. 103-122, hier S. 103. Kursivierung W.H.

6 Wolfgang Hildesheimer: „Die Subjektivität des Biographen". In: *Fiktionen* (Anm. 4), S. 123-138, hier S. 136.

Re-Inszenierung einer Debattensituation ‚Moskau 1934‘ einschließlich ihrer autobiographischen Grundierung.

2

Hauptwerk der poetischen Arbeit Hildesheimers in den Jahren zwischen 1965 und 1975 war das 1973 veröffentlichte „Masante“. Die an diesem, werkgeschichtlich dem gleichen Komplex wie „Tynset“ zugehörigen Text von manchem Rezensent beobachtete, aber auch von Hildesheimer für ihn ausdrücklich in Anspruch genommene Radikalisierung der Form hatte zu einer veränderten, genauer: ihrerseits radikalisierten Perspektivik des Erzähl-Ichs geführt. Nicht nur wird jene als mörderisch – und selbstmörderisch – wahrgenommene Weltordnung, die Hildesheimer im „Fiction“-Vortrag umstandslos als „Kapitalismus“[8] identifizieren wird, in deutlich schärferer Weise zum Gegenstand der Betrachtung; sondern darüber hinaus gibt sich im Blick, den das Erzähl-Ich auf den Weltprozeß wirft, die ökologische Krise zu erkennen als integrales Moment der permanenten Katastrophe[9]. Wegen des herausragenden Stellenwerts dieser Verknüpfung nicht nur für den „Fiction“-Vortrag und sein deutsches Echo, sondern für die deutsche Hildesheimer-Rezeption nach 1975 insgesamt wird das Bild, das diese in „Masante“ eingenommene Perspektive ergibt, zunächst als solches nachgezeichnet, bevor seine poetologische Konstitution: die Radikalisierung der Form mit ihrer spezifischen Bedeutung für die Bewertung des Buches durch Kritik und Verfasser, genauer betrachtet wird.

Das Erzähl-Ich ist überzeugt von einer, sehr bestimmten, Parteilichkeit Gottes: „Sein Herz gehört den Zufriedenen, den Wohlhabenden – Krieg den Hütten, Friede den Palästen! – das dürfte bewiesen sein“ (M 290[10]) Diese Überzeugung bildet nicht nur das desillusionierter kaum vorstellbare Vorzeichen einer ‚bei den Anfängen‘ einsetzenden Reflexion über das Elend der Menschen in ihren Verhältnis-

7 Vgl. auch Klaus Briegleb: „Weiterschreiben! Wege zu einer deutschen literarischen ‚Postmoderne‘?“ In: ders. und Sigrid Weigel (Hg.): *Gegenwartsliteratur seit 1968*. München/ Wien 1992, S. 340-381. Briegleb hat in dieser wichtigen Hildesheimer-Studie insbesondere die signifikanten Züge der deutschen Rezeption des „Fiction“-Vortrags exakt bestimmt.

8 Wolfgang Hildesheimer: „Das Ende der Fiktionen“. In: *Fiktionen* (Anm. 4), S. 229-250, hier S. 234.

9 Zum Begriff der permanenten Katastrophe vgl. Kap. VII, S. 364 f., auch S. 359 f.

10 Das Kürzel „M“ nimmt auf folgende Ausgabe Bezug: Wolfgang Hildesheimer: *Masante*. Frankfurt am Main 1975.

sen, sondern markiert zugleich den Gegensatz zwischen den Klassen – und das nichtendenwollende Siegen der „Paläste" – als jene eigentliche Offenbarung Seines Willens auf Erden, wie sie sich Tag für Tag und an jeder Stelle des Globus dokumentiert. In seinen Betrachtungen des Zustandes einer Erde, deren halbe Bevölkerung „nichts hat" (M 183), gerät das Erzähl-Ich immer wieder an ‚Seine' Agenten, den katholischen Klerus, wie er „alle Rechtgläubigen, die Armen Portugals, die Bettler Siziliens, die in den Minen Boliviens und in den Gefängnissen Paraguays, die gemaßregelten Kaplane aller Elendsviertel der Welt, und alle, die auf den Straßen wanken und schleichen und kriechen", mit nichtigen ‚Wahrheiten' abzuspeisen versucht, – etwa, „daß es dort droben neun Chöre von Engeln geben wird" – „bevor sie verrecken" (M 33). Gleichzeitig engagiert sich der Klerus selbst ganz unmittelbar: „Ich selbst rate zu einer stärkeren Beteiligung an bolivianischen Zinnminen, der Vatikan hat einen Minderheitsanteil, er sollte die Mehrheit haben, es sind doch katholische Unternehmen mit katholischen Arbeitnehmern. Nennt man Sklaven Arbeitnehmer? Ich glaube ja. Doch er wird es wohl besser wissen, der Monsignore, schließlich steht er einem Unfehlbaren nahe, das kann wohl kaum ein anderer Makler von sich sagen. Auch sollte ihn jahrhundertelange Erfahrung lehren, daß es rentabel ist, Geld in Menschen anzulegen. Gewiß, sie verbrauchen sich schnell, doch die Zufuhr ist durch unbegrenzten Nachwuchs geregelt, auch für das Gebären wird von heiliger Seite gesorgt, indirekt natürlich. Diese Rechnung geht auf." (M 13) In diesem Blick geben sich „schöne Lagerhäuser" und „Speicher", etwa der Fugger in Augsburg, Verkörperungen frühneuzeitlicher Modernisierung kapitalistischen Wirtschaftens, als die eigentlichen Repräsentativbauten all jener zu erkennen, „die etwas zum Speichern hatten und es vor denen in Sicherheit bringen mußten, die nichts zu essen, geschweige denn etwas zum speichern hatten" (M 65).

Vor etwaigen Übergriffen geschützt, vor einem Zerreißen unter dem Druck des produzierten gesellschaftlichen Elends bewahrt wird diese Ordnung durch jene Zunft von „Schreckensmännern, Umlegern, Häscher[n]" (M 112), „legalen Fahndern" (M 212), die – auch historisch – ununterbrochen „im Einsatz [sind], wie man es nannte, nennt und nennen wird" (M 112), „ausgerüstet mit der Zustimmung der Behörden, bedacht mit dem Behagen einer wachsenden Mehrheit, die sich nicht zu fürchten braucht, die den Schrecken gern billigt, weil er sie nicht trifft, und seiner Ausübung daher nur allzu willig ihre Zustimmung erteilt, denn Ordnung muß sein" (M 212). Diese Häscher „horchen, planen, handeln, fahnden, spuren, orten" (M 360); in Spanien suchen sie „die frühe Form der Garotte" zu modernisieren, „von der Inquisition erfunden und an den ersten Ketzern erfolgreich ausprobiert, heute in Spanien bis in die letzten Feinheiten entwickelt, man arbeitet noch daran" (M 215); in Deutschland kandidieren sie „als Veteran auf der Landesliste" (M 119). In der Stunde „der Furcht und Trauer der Gerechten und Verzweifelten" ruhen die Häscher mit „dem guten Gewissen der Verbrecher, die den Schlaf derer schlafen, die ihn verdient hätten" (M 359 f.); und auch ihr Tod verläuft angenehmer: „Todesarten, das sind nicht nur die letzten Demütigungen, sondern auch die letzten Ungerechtigkeiten. Wer da fällt, der stirbt schlimmer als wer ihn zu Fall bringt oder fallen läßt, das ist fast ein Gesetz. Die Mörder sterben friedlicher als ihre Opfer, wer in den Stacheldraht rennt, endet anders als wer ihn hineintreibt" (M 199). Für das Erzähl-Ich kann kein Zweifel an der Realität der Häscher bestehen: „sie entstammten nicht seiner Fantasie und entstammen nicht der Literatur" (M 259); die akribische Wiedergabe einschlägiger Lebensläufe, die an die „Lebensläufe" Alexander Kluges gemahnen (M 87 ff., 261 f.)[11], schaffen ihrerseits spezifische Evidenz; und auch eine Kurzaufnahme wie die folgende verdeutlicht, daß das Material der Rede des Erzähl-Ichs über die Häscher sich durchaus „nicht der Literatur", sondern dem Blick in die Zeitung verdankt: „Im neugegründeten Staat Diamantenküste, endlich unabhängig, läßt der Präsident, Oberst Ethos Mbagumbwe, es sich nicht nehmen, den Attentäter selbst hinzurichten, er setzt ihm die Pistole zwischen die Augen und drückt lachend ab, ein schwarzer Tod für Schwarze. Doch meistens ist dieserart Tod weiß, wie zum Beispiel [...] Präsident Figueras' Hätschelkind, der den Aufrührer eigenhändig erledigt, er hat sich da einen Griff auf die Halsschlagader erarbeitet, einen schnellen Dreh, ein kleines Kunststück. Oder diese Söldner in weißen Hemdsärmeln, das Barett der Fallschirmjäger auf dem Kopf, die besorgen die Sache lachend, man sieht ihre weißen Zähne im gebräunten Gesicht, – der lachende Tod ist vielleicht der schlimmste, den gab es früher noch nicht." (M 242 f.)[12]

Dieses Bild der Welt ist versetzt mit zahlreichen Hinweisen auf die „Natur, wie sie uns ausstirbt" (M 232). Die „sogenannten Bodenschätze" sind „erschöpft" (M 26), Karpfenteiche sind „leer, wahrscheinlich verseucht" (M 37), das Mittelmeer erscheint als „laue mediterrane Brühe, die niemals einen guten Fund sondern nur noch verseuchten Fisch heranträgt, auch Ebbe und Flut nicht gehorcht" (M 371); zur Ernährung dient unterdessen „chemisch geblähte[s] Fleisch, das erst in der Pfanne wieder zusammensinkt, sein Gewicht erst verliert, wenn der Gewinn eingestrichen ist" (M 229). Der Wech-

[11] Einen „Zusammenhang" zwischen bestimmten Partien in *Masante* und Kluges *Lebensläufen* beobachtet schon Durzak: *Gespräche* (Anm. 2), S. 293.

[12] Vgl. hierzu den Ausstellungskatalog des Hamburger Instituts für Sozialforschung (Hg.): *Vernichtungskrieg – Verbrechen der Wehrmacht 1941 bis 1944*. Hamburg 1996, bes. S. 191, Nr. 45, S. 192, Nr. 46 und 51, S. 196, Nr. 90.

sel der Jahreszeiten wird als Ablenkungsmanöver erfahren: Durch das Rieseln des Schnees, der schließlich „die letzte Spur des Herbstes [tilgt]“, werde „von oben, zwar nicht wirksam, aber doch immer wieder wirkungsvoll, das Vergessen gefördert, es rieselt und rieselt, es vollzieht sich die stille alljährliche Katastrophe, an die wir uns gewöhnt haben“ (M 65). Und auch der „lächerliche Frühling“ gilt dem Erzähl-Ich als völlig unzureichender Versuch, die Möglichkeit vorzuspiegeln, „als erwache die Erde jemals wieder und ginge nicht ihrem Ende entgegen; als sei die mit Blüten und Abfall überdeckte Kruste etwas anderes als eine immer neue Schicht des Altersschorfes“ (M 235).

Die integrale Stellung solchen Alterns selbst der Natur im Bild der Welt, das das Erzähl-Ich in „Masante“ zeichnet, deutet bereits für sich betrachtet auf einen genetischen Zusammenhang zwischen den akuten Verfallserscheinungen der ökologischen Lebenswelt und jener gesellschaftlichen Ordnung, die die Selbstverwirklichung der menschlichen Gattung im Zeichen eines „Krieg den Hütten!“ anzusteuern sucht. Doch der Konnex zwischen menschlichem Handeln und Verfall der Natur wird im „Masante“-Text darüber hinaus explizit ausgeschrieben und dabei unzweideutig denunziert als direkte Folge jener vom Walten der Häscher abgeschirmten Ordnung, der „der Gewinn“ (M 229) das Entscheidende ist.

Der Zusammenhang zwischen ökologischer Katastrophe und kapitalistischer Weltordnung wird zunächst, fast eher metaphorisch, angedeutet im Bild von den Ratten, die „unser sinkendes Schiff [verlassen]; ihre Sendung, die Menschheit durch Seuchen zu verringern, ist als mittelalterliches Schrecknis abgetan; der Vermehrung können sie nicht mehr entgegenwirken, und zur Verminderung werden wirksamere Methoden entwickelt“ (M 64). Doch während solche Reflexion noch sarkastisch mit der Vorstellung eines ‚Rückzugs‘ der Natur aus Resignation vor den so viel stärkeren Möglichkeiten der menschlichen Gattung selbst spielt, werden die Agenten der Ordnung bei nächster Gelegenheit direkt als Verursacher benannt: etwa bei Betrachtung des „Himmels über mir, er ist mir verleidet, seit Gesindel am Werk ist und giftige Gürtel zwischen die Schutzschichten der Erde legt“ (M 128); oder anläßlich einer Reflexion über den Wald: „Aller Wald geht bald in Zeitungen auf, – das sagte man mir in Finnland, – von Nachrichten verschlungen. Auch der dickste Stamm hält noch nicht einmal für eine mittlere Katastrophe her oder für ein Verbrechen. Die Indianer Brasiliens rottet man aus, die Stämme ihrer Wälder werden zu Zeitungspapier verarbeitet, zu Börsenberichten, zu detaillierten Aufforderungen, in den unermeßlichen unbesiedelten Gebieten Brasiliens zu investieren, diese Rechnung geht auf“ (M 192). „Diese Rechnung geht auf“ – auf solche geschlossene Binnenlogik hatte der Ich-Erzähler schon am Beispiel des vatikanischen Engagements in den bolivianischen Zinnminen hingewiesen[13]. An anderer Stelle werden die Ausrotter bei ihren Namen genannt: „Der Name des Indianer-Ausrotters […] ist Figueras, General Porfirio Figueras. […] Der Innenminister ist Oberst Corrado Senfft, dessen Familie aus dem Badischen stammt, aus Eggern bei Mosbach. Er wird wahrscheinlich der Nachfolger des Generals. Gesegnet werden die Handlungen von Kardinal Carillo, einem militanten Gegner der Liturgie-Reform und anderer Reformen, etc." (M 310) Im Begriff des „Ausrotters" werden nicht nur die modernen Vernichtungsfeldzüge gegen ethnische Minderheiten, die der ungehemmten Ausbeutung natürlicher Ressourcen im Wege stehen, mit dem Wirken der „Häscher" zusammengezogen; er ruft zugleich noch einmal das historische Ziel jener prototypischen Häscher-Verkörperungen auf, die das Erzähl-Ich beispielsweise durch das nächtliche Saloniki gehen sieht, „Motschmann, oder vielleicht auch Mutschmann", begleitet von „Stollfuß oder Fötterle" (M 310 f.): die Vernichtung – Ausrottung – der europäischen Juden[14]. Es sind genau diese „vereinten Kräfte", denen sich nun auch die Natur ergeben habe: „Die ehemals unnahbare Feindin des Menschen, unter dem Sammelnamen ‚Natur' bekannt und ehedem weithin beliebt, ist nahbar geworden. Sie gibt sich her, läßt sich betasten, erweichen und verändern, das Unding: es macht mit, spielt das Spiel, das kein Spiel ist. Vereinte Kräfte, an denen ich nicht schuld zu sein begehre, haben es geschafft, ihre Aufzählung erspare ich mir, sie sind bekannt. (M 334)[15]

13 Vgl. oben.

14 Zur Saloniki-Partie vgl. Kap. VI, S. 252 ff.

15 Eine aufschlußreiche Zuspitzung erfährt die Gestaltung des Zusammenhangs zwischen wirtschaftsimperialistischer Ausbeutung und Naturzerstörung in dem Hörspiel „Hauskauf", das, von Hildesheimer selbst noch zum *Masante*-Komplex gerechnet, am 6. und 9.1.1974 erstgesendet wurde. „Wer braucht Luftstützpunkte, Raketenbasen, neue Reiseziele, Abschußrampen, Skipisten? Wo rücken sie nicht vor, die Ausrotter?" (WH V, S. 408) In der Gegenwart, die in diesem Stück gezeichnet wird, plant das Pentagon die Vernichtung der Innuit mit Giftgas (411), die Low Chemical Company leistet bei der Errichtung eines Luftstützpunktes „gute Arbeit […]. Vegetation abrasiert, Bevölkerung eingeschmolzen" (S. 433), die Erde der Plantagen im Besitz der General Fruit Company wird „mit Leichen gedüngt. Offensichtlich macht sie das noch fruchtbarer." (S. 423) Die zwei Stimmen, die den Dialog des Hörspiels bestreiten und sich zusehends als Stimmen *einer* Person zu erkennen geben, reflektieren über frühere Versuche und zukünftige Chancen, mit den Instrumenten eines „Berufsattentäters" (S. 426) „die Ausrotter wenigstens zu dezimieren" (S. 441). Die Bilanz auch eines solches Aktionismus' fällt jedoch niederschmetternd aus: „A: ‚Alle Einmischung ist sinnlos. Gegen das Verbrechen kommen wir …' – B: ‚Gegen das Verbrechen komme ich nicht auf. Ich bin nicht gemacht, um zu den Mitteln des Gegners zu greifen...' – A: ‚Er ist in jedem Fall stärker als ich. Ich wollte mit Gleichgesinnten gemeinsame Sache machen. Man hat sie vernichtet...'– B: ‚Oder sie sind in den Folterkammern verschwunden, bevor ich zum Zug kam...' – A: ‚Andere stellten sich plötzlich nicht mehr als gleichgesinnt heraus.' – B: ‚Umgefallen. Das wenigstens bin ich nicht.' – A: ‚Nein, das nicht. Aber wie lange kann man das vor sich her sagen?'" (S. 442 f.) – Zur Kategorie des politischen Engagements in Hildesheimers Arbeit vergleiche auch im fortlaufenden Text weiter unten.

„Masante" demonstriert mit Nachdruck, wo der genuine Ort jener akuten ökologischen Krisenerscheinungen, von denen sein Publikum etwa durch die vieldiskutierten Veröffentlichungen des Club of Rome[16] hatte erfahren müssen, zu suchen sei: im Feld der Symptombildungen jener umfassenden Katastrophe, deren historischen Fluchtpunkt Hildesheimer an anderer Stelle mit Auschwitz bezeichnet hatte[17]. Für das Verhalten Hildesheimers in der späteren Debatte wird folgenreich sein, daß keine andere zeitgenössische Erfahrung so wie die aus den Anzeichen der ökologischen Krise erwachsende Bedrohung geeignet erschien, die subjektive Erfahrung einer *Permanenz* der Katastrophe auch einem Publikum überhaupt nur *erörterbar* werden zu lassen, das sich einen Blick auf die Gegenwart der Vergangenheit nicht wirklich zumuten wollte. „Masante" verdeutlicht dagegen, daß der Zusammenhang zwischen ökologischer Krise und historischem Kontinuum von Unterdrückung und Verfolgung, den sich das „potentielle Ich"[18] Hildesheimers in diesem Text ursprünglich erschlossen hat, keineswegs als metaphorischer, gar ‚didaktischer', mißverstanden werden darf. Im Gegenteil, er wird kenntlich als genetischer: letzte, für die Gattung des Menschen selbstmörderische Konsequenz einer kapitalistischen Weltordnung, aufhaltbar allenfalls durch „soziale[n] Umsturz" – wenn denn in seine verändernde Kraft überhaupt noch Vertrauen gesetzt werden könnte[19]. Des Fluchtpunktes der im Tynset-Masante-Komplex geübten Kapitalismuskritik durch Hildesheimer eingedenk, wird unabweisbar, daß im Bild der Katastrophe, von der „Masante" – aber auch die poetische Arbeit Hildesheimers insgesamt – handelt, *die Genese auch der ökologischen Krise über Auschwitz* führte.

Die Bedeutung dieses Blicks auf den historischen Ort der ökologischen Krise für den „Fiction"-Vortrag wird dadurch unterstrichen, daß noch der „Masante"-Text selbst verschiedene poetologisch-reflexive Partien einschließt, die zentrale Aussagen des „Fiction"-Vortrags vorwegnehmen. Auf die Äußerung eines Freundes etwa, „Seligkeit" sei, „einen Vormittag warm im Bett zu verbringen mit einer Partitur und einer Flasche Rotwein", entgegnet das Erzähl-Ich: „Er hatte recht. Gewiß müßte man Bach lesen können, aber die großen Notenschriften verblassen, das Schöne wird zum Palimpsest, darüber erscheint anderes, nüchterne Formeln, um zu überleben, oder auch

16 Dennis Meadows, Donella Meadows, Erich Zahn, Peter Milling: *Die Grenzen des Wachstums – Bericht des Club of Rome zur Lage der Menschheit.* Stuttgart 1972. Eine amerikanische Ausgabe erschien im gleichen Jahr in New York.

17 WH VII, S. 60 ("Die Wirklichkeit des Absurden").

18 Durzak: *Gespräche* (Anm. 2), S. 286.

19 Hildesheimer: „Das Ende der Fiktionen". In: *Fiktionen* (Anm. 4), S. 236. Zum angesprochenen Sachverhalt siehe noch weiter unten.

Anweisungen, wie man das Überleben lehrt, doch keine hinreichenden Angaben, wozu" (M 79 f.). An anderer Stelle wird festgestellt: „Ich habe noch immer nicht angefangen; oder anders: ich fange immer wieder an. [...] Nicht in Masante zwischen Schönheit sitzen, die sich seit Horaz nicht geändert hat, und es geht. Aber was soll eigentlich gehen? Schließlich ist eine wahre Geschichte immer die Geschichte neuer Anfänge, nur die falschen Geschichten gehen weiter und entwickeln sich nach einem Gesetz oder Regeln der Kunst. Immer neue Anfänge." (M 140) Eine längere Reflexion gegen Ende des „Masante"-Textes bestimmt den Grund des skeptischen Blicks auf die eigenen Schreibversuche im Zustand der Welt und ihrer Beherrschung durch „die falschen Ordnungen": „Was rede ich da vor mir her, was schwingt da mit, was verschweige ich? Was sollen die herausgegriffenen Beispiele, was versuche ich anhand ihrer zu retten? Eine Niederschrift anfertigen, die Nachkommen an mich erinnert? Ich habe keine. Und wozu erinnert bleiben? – Wohl dem Anaximander! Er hat nur einen einzigen Satz gesagt, der steht. Gewiß, er hatte das Glück, ihn aus einer weithin unerkannten Welt greifen zu können. Die Meine ist erkannt und ausgebeutet. Sie gibt keinen guten Satz mehr her. Den Punkt setzen, den Schlußstrich ziehen, meine Zeit ist vorbei. In Zukunft wird nicht mehr gesungen: es gibt keine Tonarten mehr zur Wahl. Nur noch eine. Nein, zwei: Befehl und Schrei. Wer nicht befiehlt oder schreit, ist verstummt. Zeugenschaft geben? Für wen? Wovon? Von Gleichgültigkeit, Dulden, Versagen, Ohnmacht? Lieber ein Ende; der Pfahl im Fleisch ist besser als die muntere Salmonelle, nur eben, er schmerzt. Ich war ‚zu nichts bestimmt', zum Kämpfer schon gar nicht. Gern wäre ich einer von denen gewesen, die fahneschwingend über Barrikaden springen, ein Befreier unter Befreiern. Aber wer sind die, wer waren sie? Ein Mythos, ein schönes Märchen. Ein großes Ziel verkünden, – ja, doch wo hätte es seine Verbreiter überlebt, wo hält es sich und überwindet seine Beschmutzer und Zerstörer? Die falschen Ordnungen sind eingesessen, eingesengt; wer sagt, daß sie ausrottbar seien, der irrt. Der kennt sie nicht, die Häscher, die Sbirren, Schergen, agentes in rebus und ihre Herren. – ‚...denn sie müssen Buße zahlen und für ihre Ungerechtigkeit gerichtet werden, gemäß der Ordnung der Zeit.' Wohl dem Anaximander! Und wohl der Ordnung seiner Zeit." (M 332 f.)

Diese Rechenschaftslegung des Erzähl-Ichs, am Ende nicht nur des „Masante"-Textes, sondern jenes Projekts einer bereits mit den „Vergeblichen Aufzeichnungen" 1962 einsetzenden, sich ihrer Stellung in der Zeit ständig selbst vergewissernden poetischen Bemühung, hat jenen Punkt erreicht, da auch der elementar humane Sinn jeder „Aufzeichnung": „Nachkommen" an ihren Verfasser zu erinnern, „Zeugenschaft [zu] geben", unabweisbar desavouiert scheint. Im Blick auf die Welt, die „erkannt" ist und *daher* „keinen guten Satz mehr her"-gibt, ist auch mythologische Erinnerung gegenwärtig an die Urgeschichte des Eintritts des Menschen in die Welt und jenem spezifischen Gewicht der Worte, das in der Identität der benennenden mit vollkommen erkennender Sprache verbürgt gewesen war.[20] Ungleich größere Bedeutung erhalten in diesem Panorama jedoch die Signale einer denkbar akuten Gegenwart, einer sich ankündigenden Zukunft, deren signifikante „Tonarten [...]: Befehl und Schrei" schon in den NS-Vernichtungslagern die vorherrschenden waren. Das ‚Dritte', das es hier nur geben kann[21], sei das Verstummen. Mit seiner Frage „Zeugenschaft geben?" ruft das Erzähl-Ich nicht nur jene zentrale Selbstlegitimation auf, die zahlreiche kanonische Erinnerungswerke getragen hatte, sondern zugleich eine Schlüsselkategorie der Erinnerungsfähigkeit all jener auf die Welt entlassenen Menschen, deren Geschichte vorrangig die der Verfolgung und des Versuchs zu überleben war[22]. Die lakonischen Gegenfragen „Für wen? Wovon?" stellen in Abrede, daß solche Überlieferung – genauer: alle Überlieferung – irgend einen geschichtlichen Sinn mache, wo doch die „eingesengten" Ordnungen es bisher noch immer vermocht hätten, jede Vorstellung von Befreiung noch durch ihre „Verbreiter" selbst „beschmutzen und zerstören" zu lassen. Der Satz des Anaximander, dem noch „Buße" als Preis für „Ungerechtigkeit" ein geschichtsphilosophisch konsistenter, beglaubigter Begriff hatte sein können[23], wird hier zurückgestellt in ‚seine' Welt, einer Zeit, die von der Gegenwart des Erzähl-Ichs noch keine Vorstellung haben konnte.

Das Erzähl-Ich „Masantes" hatte Hildesheimer an den letzten Außenposten des Schreibens, bis zum Punkt des Verstummens geführt. Doch so selbstreflexiv dieses Erzähl-Ich sich gerade auch an diesem Punkt gibt, darf die sich in ihm artikulierte, besser: von ihm poetisch konstruierte Rationalität doch nicht verwechselt werden mit der seines Autors. Im Gegenteil: Eine nähere Bestimmung von *dessen*

20 Solche Auffassung von der Beteiligung der Sprache am Schöpfungsprozeß als Motiv einer jüdischen Genesis-Exegese ist beispielsweise in Benjamins Sprachaufsatz „Über Sprache überhaupt und über die Sprache des Menschen" gegenwärtig. In: Walter Benjamin: *Gesammelte Schriften*. Bd. II.1. Herausgegeben von Rolf Tiedemann und Hermann Schweppenhäuser. Frankfurt am Main 1991, S. 140-157. Vgl. George Steiner: *Errata – Bilanz eines Lebens*. München/ Wien 1999, S. 109. Vgl. auch Verf.: *Das teure Experiment – Satire und NS-Faschismus*. Opladen 1996, S. 29 f.

21 Vgl. zum spezifischen Ort eines ‚Dritten' in der Debatte zwischen Juden und Deutschen durchgehend Kap. VII sowie dort besonders S. 346 f.

22 Zum Stellenwert des Zeugen in der Tradition jüdischer Überlieferung vgl. Carlo Ginzburg: „Just One Witness". In: Saul Friedlander (Hg.): *Probing the Limits of Representation – Nazism and the ‚Final Solution'*. Cambridge/ London 1992, S. 82-96.

23 Zum Satz des Anaximander vgl. auch Wolfgang Hildesheimer: *Mitteilungen an Max über den Stand der Dinge und anderes*. Frankfurt am Main 1986, S. 40, 62 f., 78.

Positur – wie sie schließlich für die Argumentation des „Fiction“-Vortrags bestimmend sein wird – muß nun noch einmal das poetische Verfahren, das den Autor mit dem Erzähl-Ich verbindet, einschließlich seiner spezifischen autobiographischen Begründung rekapitulieren.

Auch „Masante“ war jener grundlegenden poetologischen Auffassung Hildesheimers verpflichtet, die schon die poetische Gestalt von „Tynset“ konstituiert hatte: daß der Rang des Textes als Kunstwerk, der Grad seiner ‚Wahrheit‘, bestimmt sei von dem Maße, in dem es seinem Verfasser gelinge, seinen „inneren Mikrokosmos“[24] „sich automatisch und unbewußt in seinem Werk manifestiere[n]“[25] zu lassen. „Das Schreiben selbst“ dagegen wird begriffen als „ein bewußter Vorgang, bei dem man auf das Kompositorische, das Stilistische achten muß und nicht auf irgendwelche persönlichen Dinge“. Diese – „das eigene Ich, das ideologische Ich, das existentielle Ich“ – hätten „automatisch beim Schreiben zum Vorschein“[26] zu kommen. Auf diesen der bewußten Schreibarbeit vorgelagerten Prozeß müsse der Autor seine „Hoffnung“ richten und sich auf sie „verlassen“[27] können.

Solcher Auffassung über die entscheidende, und zwar für die Konsistenz des ganzen Kunstwerks entscheidende, Funktion des Unbewußten im kreativen Prozeß[28] war Hildesheimer zuerst im Surrealismus begegnet. Ende der dreißiger Jahre – simultan zur sich vorbereitenden Vernichtungspolitik – hatte der junge Künstler den Surrealismus erlebt mit der Intensität eines „Lebensgefühl[s], [...][einer] Einstellung der Sicht“, als anhaltenden „eigentümliche[n] Zwang, die Gegenstände aller Umgebungen in einer scharf umrissenen Bedrohlichkeit zu erfahren“[29]. Diese, autobiographisch verbürgte, ‚surrealistische Erfahrung‘ bleibt Hildesheimers Bezugsfeld, wann immer er sich aufgefordert oder herausgefordert fühlt, diskursiv zu poetologischen Fragen Stellung zu beziehen: in seinem Bekenntnis zur Ästhetik des Absurden 1959/60[30], in der Frankfurter Poetik-Dozentur 1967[31] sowie, wie noch zu zeigen sein wird, im „Fiction“-Vortrag von 1975 – wann immer es einzutreten gilt „für das weite Panorama eines an allen Schrecken und Grauen, an aller Tragik und Komik des Lebens geschulten Bewußtseins“[32].

24 WH VII, S. 57 („Die Wirklichkeit des Absurden“).
25 Hildesheimer: „Das Ende der Fiktionen“. In: *Fiktionen* (Anm. 4), S. 236.
26 Durzak: *Gespräche* (Anm. 2), S. 291.
27 Hildesheimer: „Das Ende der Fiktionen“ In: *Fiktionen* (Anm. 4), S. 236.
28 In WH VII, 57 („Die Wirklichkeit des Absurden“) spricht Hildesheimer einmal vom „Unterbewußtsein“. Vgl. dagegen J. Laplanche/ J.-B. Pontalis: *Das Vokabular der Psychoanalyse*. Frankfurt am Main 1973, S. 568 ff.
29 Wolfgang Hildesheimer: „Zeiten in Cornwall“. In: WH I, S. 339-406, hier S. 376.
30 Vgl. Kap. VI, S. 255 ff.
31 Vgl. Kap. VII, S. 329 ff.
32 WH VII, S. 58 („Die Wirklichkeit des Absurden“).

Der Hinweis auf diese poetologische Kontinuität, in der „Masante“ steht, erhält Bedeutung durch die Modifikation, die Hildesheimer ihr selbst zuschreibt. Schon in einem Werkstatt-Gespräch von 1968 betont er gegenüber Walter Jens, daß der neue, noch unter dem Arbeitstitel „Meona“ geführte Text „sehr wesentlich“ „inhaltlich oder thematisch oder der artistischen Struktur nach über ‚Tynset‘ hinaus“[33] führe. Genaueren Aufschluß darüber, worin Hildesheimer jene poetologische Modifikation in „Masante“ erkannte, die er bei anderer Gelegenheit als „Radikalisierung“ im Vergleich zu „Tynset“ gekennzeichnet hat[34], gibt das Gespräch, das der Autor nach Erscheinen „Masantes“ mit Manfred Durzak geführt hat.

Auf die Frage Durzaks, ob der „thematische Ansatzpunkt“ sowohl von „Tynset“ wie „Masante“ darin zu finden sei, daß beide Bücher „die Wirklichkeit aufzuschließen“ versuchten „durch Vorstellungen und Möglichkeiten, die imaginiert werden“, antwortet Hildesheimer: „Für mich sind diese Dinge wahr. Zum Beispiel bei dem Thema Aristokratie ist für mich tatsächlich in nuce etwas gesagt, was allgemeingültig und wahr ist. Natürlich ist es überspitzt gesagt, aber man muß es überspitzt sagen, um es dem Publikum klar zu machen, um überhaupt jemand zu veranlassen, daß er darüber nachdenkt.“[35] Diese für Hildesheimer schon in der Diktion ungewöhnliche Einlassung über ein direkt intentionales Moment seines Schreibens wird fortgesetzt in einem Blick auf den Leser, den die Darstellung der Wirklichkeit als absurd wohl verwirren könne: „Man weiß, es verwirrt den Leser. Man weiß nicht: Ist das wahr oder falsch? So wenn ich den Vatikan bei den bolivianischen Zinnminen – er hat nicht nur einen Minderheitsanteil, er hat tatsächlich den Mehrheitsanteil – erwähne. Wenn ich das schreibe, dann klingt das unwirklich. Aber wenn ich auf dem Punkt beharre und ihn so darstelle, dann muß meiner Meinung nach der Leser das Gefühl haben: Da stimmt irgend etwas nicht. Oder: wie ist das eigentlich wirklich? Diese Informationslust, wenn man so will, anzuregen, ist nicht zuletzt eine Intention des Buches.“[36]

Hildesheimer scheint hier eindeutig eine Veränderung seines poetologischen Standorts zu markieren, wie er ihn noch in Frankfurt umrissen hatte. Dort hatte er – und zwar unter dem unmittelbaren Druck einer vermeintlich ‚historisch‘ spezifisch ausgewiesenen Forderung

[33] Wolfgang Hildesheimer/ Walter Jens: „Selbstanzeige“. In: Werner Koch (Hg.): *Selbstanzeige. Schriftsteller im Gespräch.* Frankfurt/ Main 1971. Hier nach Volker Jehle (Hg.): *Wolfgang Hildesheimer.* Frankfurt am Main 1989, S. 228-239, hier S. 229.

[34] Vgl. Volker Jehle: *Wolfgang Hildesheimer Werkgeschichte.* Frankfurt am Main 1990, S. 115: „‚Masante‘ ist, nach Hildesheimers eigenen Worten, radikaler als ‚Tynset‘.“

[35] Durzak: *Gespräche* (Anm. 2), S. 289 f.

[36] Ebd., S. 290.

nach einer Literatur, die „Menschen veränder[e]“[37] – der „Dichtung“ aufgegeben, „das Rezeptionsvermögen zu erweitern und das Bewußtsein so zu schärfen, daß es ihre Sprache und damit das Objekt aufnimmt“, und so helfe, „sich an der Qualität der Fragen auf[zu]richten, wie sie das Schweigen der Welt hörbar machen, wenn nicht gar zum Dröhnen bringen.“[38] Der Autor „Masantes“ hingegen spricht von einer „Informationslust“ seiner Leser, die „anzuregen“ sei – und zwar Informationslust, wie das Beispiel belehrt, über sehr eindeutige Sachverhalte etwa in der kapitalistischen Weltwirtschaftsordnung. Doch was auf den ersten Blick als spürbare Veränderung der Poetologie wirken mag, gibt Hildesheimer – wie zuvor schon der „Masante“-Text selbst – zu erkennen als Weiterentwicklung, als Radikalisierung eines im Kern unverändert dem „inneren Mikrokosmos“ vertrauenden Schreibens. Dies wird deutlich im weiteren Verlauf des Gesprächs mit Durzak, als dieser die Frage nach der Stellung des Engagements im künstlerischen Prozeß stellt. Hierauf antwortet Hildesheimer zunächst gemäß seiner schon vielfach vorgestellten Auffassung, daß Mißstände nicht wirklich „an[zu]prangern [seien], indem ich sie tatsächlich erwähne“, sondern daß sich das Engagement des Künstlers „automatisch offenbaren [müsse] [...]: als ein Element meiner inneren Konstitution.“[39] Diese theoretisch gehaltenen Ausführungen konfrontiert Durzak nun mit der im Vergleich zu „Tynset“ „viel stärker[en]“ „politischen Dimension“ in „Masante“: „In ‚Tynset‘ sind eigentlich nur wenige politische Realien vorhanden [...]. Wenn man dagegen ‚Masante‘ hält, dann entsteht der Eindruck – schon allein durch das Motiv der ‚Häscher‘, das breit entwickelt wird –, daß die politische Dimension, wenn man es so nennen kann, viel stärker dominiert, schon allein dadurch, daß bestimmte Elemente, die auf politische Zusammenhänge bezogen sind, direkter zum Vorschein kommen. Also etwa: die Ausrottung der Indios in Brasilien, die katholische Kirche mit den Zinnaktien, der afrikanische Präsident der – wie Sie sagen – Diamantenküste, der den Attentäter lachend erschießt. Und dann natürlich der ganze Komplex, der im ‚Häscher‘-Motiv zusammengebunden ist: die Judenverfolgung im Dritten Reich. Man hat also den Eindruck, daß die politische Dimension hier viel stärker zum Tragen kommt. Wie steht es auf diesem Hintergrund mit Ihrer Aussage, daß nur die Konzentration auf die Form und das Absehen von inhaltlichen Bezügen zum Engagement führe?“

Hildesheimers Antwort lautet: „Genau das stimmt überein. Denn die thematischen Elemente, die Sie erwähnen – die Häscher, der Prä-

[37] WH VII, S. 60 („ Die Wirklichkeit des Absurden“). Vgl. Kap. VII, S. 336 f.
[38] WH VII, S. 61 („Die Wirklichkeit des Absurden“).
[39] Durzak: *Gespräche* (Anm. 2), S. 291.

sident der Diamantenküste usw., [...] – all diese Dinge habe ich mir ja nicht ausgedacht, um einen Mißstand darzustellen, sondern sie haben sich *automatisch* zusammengesetzt. So fiel mir ein neuer Häscher bei einem Bild von Stoltenberg ein: ich habe also Motschmann konstruiert. Bilder geben eben für mich sehr viel her. Das war nicht ein thematisches Konzept, das ich hatte. Sie sind tatsächlich so entstanden und nachher in einen Zusammenhang gebracht worden, der dann wieder mit der Position zu tun hat und mit dem Stil, *nicht aber als Programm*. [...] die Bewußtseinsebene des Ich-Erzählers hat sich geändert, meiner Meinung nach erweitert, und nun sind diese Elemente vorhanden, die in ‚Tynset' ja auch schon angedeutet sind: als Element der Angst. [...] Ich kann nur sagen: hier ist *tatsächlich der automatische Akt vollzogen*, die Häscher sind mir *eben so eingefallen*, sie waren auch schon in den Telefonaten in ‚Tynset' angedeutet. [...] Natürlich ist es unschwer festzustellen, daß Motschmann vielleicht der Gauleiter von Sachsen Mutschmann gewesen ist. Globotschnik gab es tatsächlich. Er hieß in Wirklichkeit mit dem Vornamen Odilo und war ein hoher SS-Führer. Das sind alles Überbleibsel von Erfahrungen aus meiner Tätigkeit als Dolmetscher bei den Nürnberger Prozessen. Sie *brauchten diese lange Strecke* – über die ‚Lieblosen Legenden' und über ‚Tynset'–, um dann schließlich in völlig transponierter Form wieder zum Ausdruck zu kommen. [...] das sind alles imaginierte Schreckenssituationen, die wohl auch ein paar Jahre brauchten, um dann klar und stilistisch richtig zum Ausdruck gebracht zu werden." Noch einmal spitzt Durzak seine Frage zu: „Wenn man den Roman ‚Masante' jetzt als politischen Roman lesen würde, dann widerspräche das nicht unbedingt Ihrer eigenen Absicht? Wobei ich Absicht hier auf das beziehe, was Sie künstlerisch machen wollten, und nicht auf eine bestimmte inhaltliche Botschaft. – H.: Jetzt nicht mehr."[40]

Diese Statements zeigen, daß Hildesheimer jene ‚Politisierung', die er in seinen Hinweisen auf ausdrückliche „Realien" des „Masante"-Textes zu Protokoll gibt und die hier sein Gesprächspartner als *das* Signifikat des 1973 erschienenen Buches ins Gespräch einspielt, genuin verbürgt wußte in jenem kreativen Prozeß, dessen Gesetzmäßigkeiten er seine poetische Arbeit seit „Tynset" programmatisch auszusetzen suchte. Das Gespräch mit Durzak verdeutlicht, daß dies für Hildesheimers Positur in einem *Nach-'68*-Literaturbetrieb Folgen haben mußte: Denn wenn tatsächlich ein Buch wie „Masante" – freilich von maßgeblichen Stellen – als *politisches*, und zwar im Sinne der neueren Forderungen, anerkannt würde, dann wäre auch jede wie auch immer ‚modernisierte' Neuauflage des Formalismus-Verdikts

[40] Ebd. S. 292 f.; Kursivierungen S.B.

gegen Hildesheimers Schreibweise[41] obsolet. In diesem Sinn hatten die Ergebnisse, die Hildesheimers Vertrauen in den eigenen „inneren Mikrokosmos" in „Masante" gezeitigt hatten, Autor und Schreibweise neu in Stellung zum westdeutschen Literaturbetrieb gebracht. Doch bevor dessen Reaktion näher betrachtet wird, muß zunächst noch jenes Moment des „Masante"-Textes in seinem poetologischen und historischen Ort genauer bestimmt werden, das kaum weniger als der Effekt einer ‚Politisierung' der Schrift, wie sie im Gespräch mit Durzak beobachtet worden war, jene Diagnose der Radikalisierung fundiert hatte, die Hildesheimer selbst „Masante" stellte: seine Hinweise ins Verstummen.

Der spezifische historische Ort der in „Masante" artikulierten Option des Verstummens war signifikant markiert in ihrer poetologischen Unmittelbarkeit zum Versuch ‚politischer' Radikalisierung: Indem der Modus des Schweigens als poetologische *Konsequenz* an die letzte Anstrengung einer genuin aufklärerischen Schreibweise *anschließt*, schreibt „Masante" jenen literaturgeschichtlichen Weg ins Verstummen fort, der seinen historischen Ausgang in der Konfrontation mit dem NS-Faschismus genommen hatte und über eines seiner einschlägigsten Beispiele, den ‚Fall' Karl Kraus, schon in Hildesheimers zentrale poetologische Selbstreflexion von 1962, die „Vergeblichen Aufzeichnungen", eingegangen war[42]. Eine ‚historische' Begründung erhält das Aussetzen aller „Niederschrift" auch direkt in jener schon angeführten Passage, in der jedes Projekt einer „Zeugenschaft" zurückgewiesen wird mit dem Hinweis auf die Unüberwindlichkeit der „falschen Ordnungen" und auf das historisch unausgesetzte Scheitern jedes Befreiungsversuchs an „Gleichgültigkeit, Dulden, Versagen, Ohnmacht" (M 332 f.).

Gleichwohl wird das Verstummen in „Masante" auch aus einem anderen Blickwinkel als dem seiner historischen Begründung thematisch. In einer Reflexion des Erzähl-Ichs über einen Schreibversuch noch in Masante erinnert es sich: „So saß ich vor dem leeren Blatt: nichts. Und doch waren die Augenblicke in sich selbst gut. Leichtigkeit als Selbstzweck, eine Erkenntnis innen, die sich mir selbst nicht zu erkennen gab: ein geschenkter Augenblick, ein Genuß. Nicht verwertbar, daher keine Arbeit damit verknüpft. Die Gegenstände gewannen neue Bedeutung, belebten sich, umrissen sich schärfer, hatten plötzlich mehr Körper, boten Raum, in sie zu schlüpfen. Ich schlüpfte in manches Fach, um es endlich von innen kennenzulernen, oder um

41 Der Vorwurf des Formalismus durchzieht mehrere *Tynset*-Kritiken; vgl. Kap. VI, S. 311 ff. Vgl. jedoch schon Hildesheimers „Bekenntnis zum Formalismus" 1959 (WH VI, S. 817 [Die Entstehung des ‚Pastorale']); auch Durzak: *Gespräche* (Anm. 2), S. 291.
42 Vgl. Kap. VI, S. 271.

es zu kontrollieren, und überall fiel es mich an, mit ungewohnter Schärfe; die Antennen waren zugespitzt, und alles wurde zum Gegenstand kaum noch bezähmbarer Sehnsüchte, sie schweiften zurück in alle Richtungen der Vergangenheit, zu den unwiederbringlichen Augenblicken; Augenblicke, die ich, in der jetzigen Sicht, damals nicht genug ausgekostet hatte, die noch mehr hergegeben hätten, hätte ich damals das Aufnahmevermögen dieses glücklichen Augenblicks gehabt. So verharrte ich in vergeblicher Hingabe an etwas vor langem Erlebten, und doch nur in vager Erinnerung daran, und schließlich eroberte die Verstörung das Feld, der Moment erlosch" (M 189 f.). Das Ende des Schreibens wird hier als vorteilhaft, ja, als Entlastung empfunden. Für Augenblicke herrschen „Leichtigkeit" und „Genuß" vor, ermöglicht nicht nur durch die Selbstverflüchtigung von „Arbeit", sondern vor allem durch neuartige „Erkenntnis innen": „alle Richtungen der Vergangenheit", besonders die „unwiederbringlichen Augenblicke", scheinen nähergerückt – bis wieder „Verstörung" Raum greift, „das Feld [erobert]". Solche Zeichnung der Augenblicke des Verstummens unterstreicht nicht nur ihre positive Wertigkeit; indem die Genese dieser Augenblicke der „Leichtigkeit" abgeleitet ist allein aus der Versenkung des Erzähl-Ichs in die Schreibanstrengung, wird die *Autonomie* dieses Verstummens gegenüber jeder, etwa weltanschaulich geprägten, Begründung ‚von außen' betont.[43] Verstummen wird hier unzweideutig kenntlich gemacht als *genuines Ergebnis* eines dem Bewußtsein des Erzähl-Ichs *vorgelagerten* kreativen Prozesses – *nicht* als poetologisch transponierte *Haltung* eines Schriftstellers in der Disziplin einer Moralität „nach Auschwitz"[44].

Hildesheimer hat bis zum „Fiction"-Vortrag, aber auch noch danach, keine Gelegenheit ausgelassen, diese Autonomie seiner Entwicklung ins Schweigen als Konsequenz einer – ihm nicht wirklich ‚verfügbaren' – Immanenz seiner Poetologie zu betonen. Dies erfolgt vor allem in seinem wiederholten Hinweis auf das Verschwinden des Erzähl-Ichs in der Wüste, mit dem der Autor sein nun unmittelbar

[43] Im „Fiction"-Essay werden die Nachrichten von einer drohenden ökologischen Katastrophe allerdings durchaus als ein Faktor vorgestellt, der, ‚von außen' kommend, in diese Autonomie einbricht. Dies beeinträchtigt jedoch nicht den hier vorgestellten Modus der Autonomie des Verstummens als einen Prozeß, in dem grundsätzlich *alle* Krisensachverhalte als Potential begriffen sind, das vor-bewußt auf das Schreiben wirkt.

[44] Angespielt hier Adornos Diktum von 1949: „Kulturkritik findet sich der letzten Stufe der Dialektik von Kultur und Barbarei gegenüber: nach Auschwitz ein Gedicht zu schreiben, ist barbarisch, und das frißt auch die Erkenntnis an, die ausspricht, warum es unmöglich ward, heute Gedichte zu schreiben." Theodor W. Adorno: „Kulturkritik und Gesellschaft". In: ders.: *Kulturkritik und Gesellschaft I – Prismen. Ohne Leitbild* (Gesammelte Schriften, Bd. 10.1). Frankfurt am Main 1977, S. 11-30, hier S. 30.

bevorstehendes Verstummen ‚begründend‘ vorankündigt. Schon 1968 formuliert Hildesheimer im Gespräch mit Jens: „Der Ich-Erzähler ist am Ende nicht mehr da. [...] Hier ist also kein zweiter Teil möglich. Wenn du dich sehr stark mit deinem Ich-Erzähler identifizierst, dann hast du ihn natürlich verloren in dem Moment, in dem der Ich-Erzähler nicht mehr da ist. [...] Du mußt bedenken, ich komme jetzt zum Ende, nicht wahr. Der Ich-Erzähler, mein Ich-Erzähler, die exemplarische Figur, ist nach ‚Meona‘ nicht mehr existent. Ich werde also für ein größeres Prosawerk jetzt keine Figur mehr haben.“[45] Gegenüber Durzak bemerkt Hildesheimer: „Am Ende von ‚Tynset‘ hatte ich diesen Ich-Erzähler noch. Am Ende von ‚Masante‘ ist er wahrscheinlich in der Wüste verloren gegangen. Jetzt habe ich niemand mehr.“[46] Und auch im Gespräch mit Kesting, rund zwei Jahre nach seinem „Fiction“-Essay, betont Hildesheimer noch einmal die ‚subjektive‘ Genese seines Verstummens im Hinweis auf „‚Masante‘, worin der Ich-Erzähler buchstäblich in die Wüste geschickt wird. So bin ich meines Erzählers verlustig, ich kann ihn nicht aus der Wüste zurückholen.“[47]

Solches hartnäckige Beharren des Autors auf einer ‚Begründung‘, die die sorgfältige Lektüre des „Masante“-Textes voraussetzt, mehr noch: ein Mindestvertrauen in dessen spezifisches erkenntniskritisches Eigengewicht – und zwar als objektives –, verkannte nicht etwa den historischen Ort, den das Verstummen des Erzähl-Ichs und dann auch seines Autors bezeichnet. Im Gegenteil: Indem Hildesheimer die ‚Unwillkürlichkeit‘, die ‚Automatik‘[48] des Schritts ins Verstummen betont, den Grund seiner Poetologie, das Unbewußte, als seinen Stiftungsort kennzeichnet, war der Anspruch auf *Authentizität* des Verstummens nach der Katastrophe der Epoche artikuliert. Jeder diskursive Hinweis auf eine Begründung ‚durch Auschwitz‘ dagegen mußte einer poetologisch organisierten Reflexionsweise verdächtig sein, die in ihrer Anstrengung, die Epoche zu begreifen, auf nichts anderes als Organon des Erkennens noch vertraute als auf jenes subjektive „Es“ ‚in uns‘, das Hildesheimer in seinem Schreiben – und nun auch an dessen Ende – erlebte.

Einige Monate, bevor Hildesheimers „lieblose Legende“ „Westcottes Glanz und Ende“ in den „Akzenten“ veröffentlicht wurde, war am gleichen Ort Adornos „Standort des Erzählers im zeitgenössischen Roman“ erschienen. Adorno stellt dort fest: „Es läßt sich nicht mehr erzählen, während die Form des Romans Erzählung verlangt. [...]

[45] Wolfgang Hildesheimer/ Walter Jens: „Selbstanzeige“ (Anm. 33), S. 230 f., 234.
[46] Durzak: *Gespräche* (Anm. 2), S. 286.
[47] Kesting: „Fiktion“ (Anm. 1), S. 54.
[48] Vgl. Durzak: *Gespräche* (Anm. 2), S. 291.

Zerfallen ist die Identität der Erfahrung, das in sich kontinuierliche und artikulierte Leben, das die Haltung des Erzählers einzig gestattet. Man braucht nur die Unmöglichkeit sich zu vergegenwärtigen, daß irgendeiner, der am Krieg teilnahm, von ihm so erzählte, wie früher einer von seinen Abenteuern erzählen mochte."[49] Mit Hinweisen auf Proust, Joyce und „die Psychoanalyse Freuds" denunziert Adorno den „Anspruch des Erzählers, [...] das Individuum mit seinen Regungen und Gefühlen [reiche] ans Verhängnis noch heran", als illusorisch. In einer Welt, in der „alles Positive, Greifbare, auch die Faktizität des Inwendigen von Informationen und Wissenschaft beschlagnahmt ist" und „in der die kontemplative Haltung zum blutigen Hohn ward, weil die permanente Drohung der Katastrophe keinem Menschen mehr das unbeteiligte Zuschauen und nicht einmal dessen ästhetisches Nachbild mehr erlaubt", werde „die Einziehung der Distanz Gebot der Form selber, eines der wirksamsten Mittel, den vordergründigen Zusammenhang zu durchschlagen und das Darunterliegende, die Negativität des Positiven auszudrücken."[50] „Das dichterische Subjekt, das von den Konventionen gegenständlicher Darstellung sich lossagt, bekennt zugleich die eigene Ohnmacht, die Übermacht der Dingwelt ein, die inmitten des Monologs wiederkehrt."[51] Nur mehr „entfesselte Subjektivität [...], Einziehung der Distanz [...], zerfallene assoziative Dingsprache" ermöglichen Kunstwerke, die „gerade das Grauen ohne Kompromiß verkörpern"[52].

So ausdrücklich in solchem diskursiven Statement – aber auch in anderen[53] – der symptomatische literaturgeschichtliche Ort der poetologischen Entwicklung Hildesheimers bezeichnet scheint, so wenig naheliegend mußte dem Autor „Masantes" jede explizite Berufung auf diese Zeugnisse sein. Wahrhaftigkeit („Sincerity"[54]) seines Schreibens war Hildesheimer einzig verbürgt durch den Ablauf des kreativen Prozesses und der ihr inhärenten ‚Automatik'. Hier, wo Text unverändert wesentlich durch „Sich-Abstoßen" am „Hauptthema – d[em] Entsetzliche[n]" entsteht, das „Hauptthema" selbst aber allenfalls „aufleuchtet, [...] nicht ausgeführt [wird]"[55], bleibt ‚Auschwitz' – auch, ja, erst recht im Kontext etwa eines Interviews über die eigene

[49] Theodor W. Adorno: „Standort des Erzählers im zeitgenössischen Roman". In: ders.: *Noten zur Literatur*. Frankfurt am Main 1991, S. 41-48, hier S. 41, 42.

[50] Ebd., S. 43, 46.

[51] Ebd., S. 47.

[52] Ebd., S. 46, 47.

[53] Vgl. vor allem George Steiner: *Sprache und Schweigen. Essays über Sprache, Literatur und das Unmenschliche*. Frankfurt am Main 1969.

[54] Vgl. Wolfgang Hildesheimer: „Das Ende der Fiktionen" und „The End of Fiction" in *Fiktionen* (Anm. 4), S. 240 bzw. 113.

[55] WH II, S. 384, 385 (" Antworten über Tynset").

Poetologie – ein Wort, das unaussprechbar bleibt in jedem Hinweis auf die genuine Legitimität jenes Schweigens, mit dem „Masante" endet.

„Masante" bezeichnete biographisch einen im wahren Wortsinn singulären: d. h. in Hildesheimers Vita als Schriftsteller bisher nicht da gewesenen Einschnitt. Hildesheimer hat sich darüber – auch öffentlich – in aller Deutlichkeit Rechenschaft abgelegt: „Nach ‚Masante' ist kein erzählendes Werk bei mir mehr möglich."[56] Für Hildesheimer waren die poetologischen Endpunkte, die „Masante" bezeichnete, beglaubigt in radikaler Subjektivität. In dem Maße jedoch, in dem eine solche Subjektivität als Ausdruck eines historisch Objektiven begriffen war, mußte sie darauf Anspruch erheben, auch einer größeren Öffentlichkeit thematisch zu werden.

3

„Acht Jahre Schweigen, das gilt auf dem Buchmarkt für eine lange Zeit"[57]: In der Zeitspanne, die Hildesheimer seit dem Erscheinen seines letzten repräsentativen Prosawerkes hatte verstreichen lassen, waren nicht nur mit „gespannten Empfindungen"[58] verknüpfte Erwartungen entstanden; der Buchmarkt selbst war – seit dem Erscheinen von „Tynset" – erheblichen Veränderungen ausgesetzt gewesen. Insbesondere der von Enzensberger noch in den „Gemeinplätzen, die Neueste Literatur betreffend" ausgesprochene Hinweis auf „beispielsweise Günter Wallraffs Reportagen aus deutschen Fabriken"[59] vom November 1968 hatte unterdessen Schule gemacht: In der nach 1967/68 unter dem Druck der Revolte-Erfahrungen verändert geführten Debatte um das Verhältnis zwischen Literatur und Politik standen verschiedene Modi einer ‚Literatur der Arbeitswelt' hoch im Kurs[60]. Zu einem ihrer prominentesten Anwälte war Martin Walser geworden, Hildesheimers einstiger Kollege aus der Gruppe 47[61]. In einer 1973 veröffentlichten Rede vor einem Frankfurter Delegiertentag

[56] Durzak: *Gespräche* (Anm. 2), S. 276.

[57] Peter Wapnewski: „Noch ein Aufbruch nach Tynset". In: *Neue Rundschau*, 1973, H. 2, S. 324-327, hier S. 325.

[58] Ebd., S. 324.

[59] Hans Magnus Enzensberger: „Gemeinplätze, die Neueste Literatur betreffend". In: *Kursbuch* 15 (November 1968), S. 187-197, hier S. 196. Gemeint ist Günter Wallraff: *Wir brauchen dich. Als Arbeiter in deutschen Industriebetrieben*. Köln 1966.

[60] Vgl. Keith Bullivant: „Literatur und Politik". In: Briegleb/ Weigel (Hg.): *Gegenwartsliteratur* (Anm. 7), S. 279-301, hier S. 280 ff., sowie Ralf Schnell: *Die Literatur der Bundesrepublik – Autoren, Geschichte, Literaturbetrieb*. Stuttgart 1986, S. 216 ff.

[61] Vgl. Walsers Hildesheimer-Kritik von 1952: „Wo doch die Henkel das Beste sind". In: Jehle: *Hildesheimer* (Anm. 33), S. 153-155.

des „Werkkreises Literatur der Arbeitswelt“ hatte Walser seine Position markiert: „Weil Geschichte [...] bisher sichtbar ein Prozeß der Befreiung ist, ein Prozeß der Annäherung an Demokratie“, so der Vortragende nach einem knappen Hinweis auf Marx' „Deutsche Ideologie“, könne man „ungeniert von Fortschritt sprechen und, zur Kritik, Literatur einteilen in fortschrittliche und konservative.“[62] Dabei müsse jedoch die von der „herrschende[n] Literaturkritik“ vorgenommene, ähnlich klingende Einteilung umgekehrt werden; denn bei ihr gelte als „avantgardistisch [...] fast immer der unpolitische Autor, der tendenzlose, also der, der politisch unwillkürlich für das Bestehende Partei ergreift, [...] der Konservative. Und der, der praktiziert, daß Literatur eine Funktion habe, in der Veränderung, also im Fortschritt der Gesellschaft, der gilt als der traditionelle oder konservative Schriftsteller.“ Solche Bezeichnung nennt Walser „verständlich“, da die „herrschende Kritik [...] am meisten an der Literatur interessiert [sei], die an der Herrschaft teilnimmt und sie bestätigt, indem sie sich die Ideologie von der schon erreichten Demokratie zu eigen macht, bewußt oder unbewußt.“ Solche Literatur zeige „dann wie von selbst, daß Zukunft nur noch zugelassen ist als vorsichtigste Wiederholung der Gegenwart.“[63] In seiner Entwicklung des Gegensatzes zwischen einer auf „Fortschritt“ und einer auf „vorsichtigste Wiederholung der Gegenwart“ zielenden Literatur schlägt Walser vor, den Begriff des Formalismus durch „Manierismus“ abzulösen: „Manierismus scheint mir besser zu passen als Formalismus, weil ja durch die Auffassung von der autonomen Entwicklung der Formen auch das Bewußtsein der Autoren gegenüber der realen Erfahrung verändert wird. Grob gesagt: es wird erfahrungsunabhängiger, das Bedürfnis nach Erfahrung wird eingeschränkt, alles Inhaltliche wird zum Vorwand, es verliert jede andere Bestimmtheit außer der: Ausdruck der Bewußtseinsattitüde zu sein, also Erfahrung und Ausdruck werden ein und dasselbe, eine Manier.“[64] Solcher Literatur, die den Eindruck variiere und verbreite, „daß nichts mehr kommt und nichts mehr geht“, „ebendiese[m] ganze[n] Endspielspiel“[65], steht die „kritische und damit realistische“[66] Schreibweise gegenüber, die Walser in den Veröffentlichungen des Werkkreises erkennt. Folgerichtig gelten ihm die drei seit 1968, d.h. seit dem Bestehen des Werkkreises ‚Literatur der Arbeitswelt‘ veröffentlichten Textsammlungen als „die wichtigsten Antholo-

[62] Martin Walser: „Wie und wovon handelt Literatur“. In: ders.: *Wie und wovon handelt Literatur – Aufsätze und Reden*. Frankfurt am Main 1973, S. 119-138, hier S. 120.

[63] Ebd.

[64] Ebd., S. 122.

[65] Ebd., S. 121.

[66] Ebd., S. 123.

gien seit 1945“[67]; und „wenn wir – durch kein neues 1933 unterbrochen – der Demokratie am Arbeitsplatz nähergekommen sein werden“, dann werden, so der Redner, „die heutigen Werkkreis-Kollegen [...] nachträglich als die wirkliche Avantgarde erkannt werden.“[68]

In diesem Statement Walsers – das zu den Materialien gehört, die Hildesheimer in Vorbereitung des „Fiction“-Vortrags studierte[69] – finden sich nahezu alle wesentlichen Bauteile einer Hildesheimers Poetologie diametral entgegengesetzten Position. Auf dem Fundament eines offenkundig durch keinerlei Erfahrungen erschütterten, genauer: erschütter*baren* Geschichtsoptimismus wird ein aus der historischen Realismus-Kontroverse kondensiertes literaturpolitisches Bekenntnis über weite Teile des Vortrags gegen die ‚sogenannte Avantgarde‘ in Stellung gebracht. Die Entschiedenheit dieser Position wird besonders deutlich im Vorschlag, das eingeführte Schlagwort ‚Formalismus‘ durch die Bezeichnung ‚Manierismus‘ abzulösen; sie wird hier kenntlich als Versuch, die denunziatorische Energie des von der stalinistischen Sprachpolitik erfolgreich zum Pejorativ gewandelten Signifikats[70] nach Möglichkeit noch zu steigern, dem Begriff des Formalismus durch seine Ersetzung sein Letztes an geschichtlicher Verweiskraft noch zu nehmen. Solcher Parteinahme für die historische Partei des „sozialistischen Realismus“, an den Walser an anderer Stelle die liniengemäße Erwartung richtete, „‚Macher einer besseren Welt‘ anstatt ‚Krüppel‘“[71] zu zeigen, entspricht auch der Spott über „ebendieses ganze Endspielspiel“. Zwar zielt er unüberhörbar zunächst auf Beckett und das Theater des Absurden und über sie – im Muster der Joyce/Proust- Kontroverse des Moskauer Kongresses von 1934 – auf die gesamte europäische Moderne. Doch spätestens seit Enzensberger im Januar 1968 im Blick auf die Konstitutionsbedingungen „eine[r] revolutionäre[n] Wissenschaft für die Gegenwart und für die Zukunft der Metropolen“ sarkastisch „Interpretationen von Becketts ‚Endspiel‘“ an erster Stelle der „eigenen Bestände“[72] angeführt hatte, war auch ein Fürsprecher wie Adorno unzweideutig jener Gruppe eingefügt, auf die diese zeitgenössische Kritik der literarischen Moderne zielte. Solche Opposition nicht nur zur literarischen

67 Ebd., S. 125; zum Zeitpunkt von Walsers Ansprache waren die vier Werkkreis-Anthologien *Ein Baukran stürzt um* (1970), *Lauter Arbeitgeber* (1971), *Schrauben haben Rechtsgewinde* (1971) und *Ihr aber tragt das Risiko* (1971) erschienen.

68 Walser: „Wie und wovon...“ (Anm. 62), S. 125.

69 Dies geht aus einer Anmerkung im „Fiction“-Vortrag hervor.

70 Vgl. auch Anmerkung 41.

71 Martin Walser: „Theater als Öffentlichkeit“. In: *kürbiskern* 4, 1973, S. 723. Hier zitiert nach Keith Bullivant: „Literatur und Politik“. In: Briegleb/ Weigel (Hg.): *Gegenwartsliteratur* (Anm. 7), S. 286 f.

72 Hans Magnus Enzensberger: „Berliner Gemeinplätze“. In: *Kursbuch* 11 (Januar 1968), S. 167. Vgl. auch Kap. VII, S. 361.

Avantgarde, sondern unmittelbar zu ihrem im deutschen Literaturbetrieb inzwischen relativ wirkungsmächtigsten Anwalt hat Walser Jahre später mit aller Deutlichkeit bezeichnet, als er äußerte: „‚Damals [...] wurde man eben als ‚affirmativ' bezeichnet, wenn man Realist war. Das sind die Adorno-Folgen'."[73]

Walsers Erinnerung bezeichnet – parteilich – den Umstand, daß literaturpolitisch entschiedene Vorstöße zugunsten einer wie auch immer modifizierten als ‚realistisch' begriffenen Schreibweise zuweilen auf Widerstand stießen. Gleich, ob es sich um ‚agitatorischen' Realismus oder Literatur der Arbeitswelt handelte, um ‚propagandistische' Literatur oder politischen Entwicklungsroman – *noch* hatten diese Schreibweisen mit einer, auch in der deutschen Kritik vertretenen, unmittelbar durch Adorno geprägten Position zu rechnen. Adornos rund 15jährige engagierte literaturkritische Betätigung auf allen einschlägigen deutschen Foren, den Rundfunk eingeschlossen, hatte sich zwar über „den Verfall der literarischen Kritik"[74] keine Illusionen gemacht. Die Beispiele einer literarischen Kritik, wie Adorno sie verstand und die er programmatisch dem zeitgenössischen Besprechungswesen entgegenhielt, hatten ihm wenn nicht Einfluß so doch Prominenz verschafft. Adornos herausragende Stellung überall dort, wo in den Nachkriegsjahrzehnten diskursiv über Literatur verhandelt wurde, mag am spürbarsten geworden sein in der Allgegenwart seines Wortes von der Unmöglichkeit, nach Auschwitz ein Gedicht zu schreiben. Es war Adorno gewesen, der mittels dieses Kürzels in die Anfänge eines deutschen Literaturgesprächs der Nachkriegsjahrzehnte jene Frage unwiderruflich eingeführt hatte, vor die die NS-Massenvernichtung alles Schreiben, in besonderer Weise aber das deutsche gestellt hatte. Unter welchen Verlusten an theoretischer Genauigkeit und Denkstrenge auch immer diese Frage fortan zu beantworten oder auch aufzuheben versucht wurde – für jeden Autor, dem sich diese Frage ‚für sich' längst schon gestellt hatte, dessen Werk gar entscheidend durch sie konstituiert gewesen sein mag, war erst durch ihre Re-Formulierung für den deutschen Kulturbetrieb durch Adorno jener diskursive Anknüpfungspunkt geschaffen, der – auch wenn er nicht konkret genutzt wurde! – allein durch die damit eröffnete Aussicht auf ihre öffentliche, diskursive *Erörterbarkeit* dieser Arbeit neuen, weiteren Halt gab.

[73] Heinz D. Osterle: *Bilder von Amerika. Gespräche mit deutschen Schriftstellern.* Münster 1987, S. 222. Hier zitiert nach Keith Bullivant und Klaus Briegleb: „Die Krise des Erzählens – ‚1968' und danach". In: Briegleb/ Weigel: *Gegenwartsliteratur* (Anm. 7), S. 302-339, hier S. 308.

[74] Theodor W. Adorno: „Zur Krisis der Literaturkritik". In: ders.: *Noten* (Anm. 49), S. 661-664, hier S. 661.

Hildesheimer hat diesem spezifischen Verdienst Adornos in seiner Frankfurter Poetik-Vorlesung Rechnung getragen. Seine vermeintliche Wendung gegen „Adornos Wort, daß nach Auschwitz ein Gedicht zu schreiben barbarisch sei“[75], darf nicht hinwegtäuschen über seine poetologische Nähe zu den Auffassungen, wie sie nicht nur etwa im „Standort“-Essay dokumentiert sind, sondern auch in der Poetologie von der Wirklichkeit des Absurden in der 1. Poetik-Vorlesung modifizierend nachgeschrieben wird. Im Gegenteil: Als ‚Nicht-Realist‘ der Jahre 1972 ff. war Hildesheimer – in der konkreten literaturpolitischen Verfassung des „Buchmarkts“[76] dieser Tage – direkt verwiesen an Unterstützung durch die „Adorno-Folgen“: also jene Kritiker innerhalb des deutschen Literaturbetriebs, die auch jene literarischen Arbeiten, die vermeintlich das „Endspielspiel“ weiterhin zu spielen wagten, abschirmten gegen eine Kritik, der jeder Hinweis auf poetologische Errungenschaften der europäischen Avantgarde als anachronistisch, wenn nicht verdächtig gelten mußte. Zwar hatte solche Hoffnung im Fall Reinhard Baumgarts zu Zeiten „Tynsets“ getrogen; der Vorgänger Hildesheimers in der Frankfurter Poetik-Dozentur, der seine Vorlesungen unter dem Titel „Aussichten des Romans oder Hat Literatur Zukunft?“[77] ausdrücklich Adorno gewidmet hatte[78], hatte in besonders entschiedener Weise, unter der sprechenden Charakterisierung „Sprachlos schluchzend“, gegen „Tynset“ Stellung bezogen[79]. Doch lag dies acht Jahre zurück; und in einer Situation, da sich die Partei des literarischen „Fortschritts“[80] ungleich selbstbewußter den vermeintlichen Vertretern einer „Ideologie der Endzeit“[81] gegenüber verhielt als noch Mitte der 60er Jahre, bestand berechtigte Hoffnung, daß jene Kritiker, die dem Denken Adornos verpflichtet waren, diesem Denken jetzt wieder unzweideutigen Ausdruck verleihen würden.

Die vernichtende Kritik „Masantes“ durch Joachim Kaiser, einem der prominentesten Adorno-Schüler in der deutschen Groß-Kritik, strafte solche Hoffnung Lügen. Die einen Tag zuvor erschienene Rezension Rudolf Hartungs in der „Zeit“ hatte bereits ungewöhnliche Leseprobleme zu Protokoll gegeben. Zwar erkennt Hartung, daß „für Wolfgang Hildesheimer [...] die Zeit für lange, fortlaufende Geschichten vorbei [ist], möglich sind nur noch Ansätze und Anfänge, kurze Improvisationen, bravouröse Abbreviaturen von Lebensläufen

[75] WH VII, S. 57 („Die Wirklichkeit des Absurden“). Vgl. auch Kap. VII, S. 334 f.
[76] Wapnewski: „Aufbruch“ (Anm. 57), S. 225.
[77] Reinhard Baumgart: *Aussichten des Romans oder Hat Literatur Zukunft?* Neuwied und Berlin 1968.
[78] Ebd., S. 5.
[79] Vgl. Kap. VI, S. 302 ff.
[80] Walser: „Wie und wovon...“ (Anm. 62), S. 120.
[81] Ebd., S. 121.

und Schicksalen."[82] Doch das von ihm als zentral erlebte „Thema der Verfolgung" wirkt auf ihn als „sinistrer Nachhall einer Vergangenheit, die nicht endgültig abtreten will – oder die der nichts vergessende und nicht vergessen wollende Erzähler am Leben hält." Solche – hier durch den Gedankenstrich markierte – Alternative wirklich im Unentschiedenen zu belassen, mußte freilich an das Entscheidende des Buches rühren. Hartung präzisiert seine Beobachtung dann auch dahingehend, daß in der späteren ‚Entlassung' der „Figuren der Häscher und der Verfolgten" durch das Erzähl-Ich „die Figuren und alles, wofür sie stehen, [...] im Roman ihre Schuldigkeit getan [hätten] und [...] nun abtreten" könnten. Ist solcherart erst einmal der in ihrem Realitätsgehalt gegründete obsessive Zug der Häscher-Gestalten verschwunden, gerät die Erfahrung der Verfolgung leicht zu einem Thema, das „auch zu allen Zeiten mehr oder minder aktuell" sei. Die Häscher sind dann Figuren, die „nicht jene unabweisbare Wirklichkeit besitzen wie etwa die Gerichtsbeamten bei Kafka oder jene zwei Herren am Schluß des ‚Prozesses', von denen einer dann dem Josef K. das Messer ins Herz stößt (Hildesheimer schreibt über diese Gestalten in seinem Roman, er hätte es wohl besser nicht getan und zum Vergleich herausgefordert)." Diese Beobachtungen verknüpft Hartung mit der Frage, ob „nicht auch schon der Autor der ‚Lieblosen Legenden' ein Beobachter" war, der „immer nur sehr gescheit und mit sicherstem Kunstverstand notierte, was an Seltsamem und Skurrilem in der Welt sich ereignete oder ihm zustieß, der aber nie der Flut sich überantwortete und sich preisgab". Den Preis dafür nennt Hartung „nicht klein." „Gegenwart, beispielsweise", sei „in diesem Roman ein so dünnes, beinahe schon spirituelles Medium geworden, daß man in ihr eigentlich gar nicht mehr leben kann"; der Erzähler sei „kaum [...] ein konkreter Mensch mit Trieben und Bedürfnissen oder gar Zukunftserwartungen"; „gewisse pauschale Abrechnungen mit der Geschichte oder dem Leben im ganzen" vergleicht Hartung mit „den großen melancholischen und resignativen Gesten eines Menschen, der von vornherein allen Aufgaben und Forderungen sich verweigert". Zwar findet Hartung noch die gutgemeinte Formel von „eine[r] kunstvolle[n] und streckenweise betörende[n] Elegie vor dem Anbruch der Nacht" für „Masante", doch ungleich authentischer ist seine Lektüre zusammengefaßt in einer mokanten Feststellung schon zu Beginn seiner Rezension: „manche Abschiede scheinen endlos zu sein."

Einen Tag später, am 14. April 1973, erscheint Joachim Kaisers Besprechung in der „Süddeutschen Zeitung" unter dem Titel „Stilleben

82 Rudolf Hartung: „Am Rand der Wüste – Wolfgang Hildesheimers ‚Masante'". In: *Die Zeit*, 13.4.1973. Die anschließenden Zitate entstammen diesem Text.

mit Häschern“. Gleich zu Beginn zeiht er den Autor, „die Freude am Skurrilen [...] bis zu dem Punkt vor[zutreiben], wo Skurrilität der Menschenverachtung benachbart scheint. ‚Castrop-Rauxel – andere kennen den Ort unter dem Namen Wanne-Eickel‘ (fast egal, denn da wohnt ‚man‘ sowieso nicht, unterstellt dies weltenbummelnde Ich). [...] Gespöttelt wird über den Vornamen ‚Uwe‘, über Photos mit ‚Gruppen lachender Soldaten, denen wahrscheinlich bald nach dem Festhalten dieser Erinnerung das Lachen vergangen ist‘. Nebenbei bemerkt: *tödlich* vergangen ist, nämlich ‚für immer‘...“ Weniger die von Kaiser hier und anderswo beobachtete „Reflexionsbewegung, die allzu gern versnobt wäre, schneidend, elegant und sanft,“ möchte er der kritischen Betrachtung aussetzen, „viel bedenkenswerter und bedenklicher ist der *elitäre* Fehler dieses ‚Masante‘-Bewußtseins: die ‚Bösen‘, die ‚Häscher‘, die ewigen Nazis, denen ebenso ewige Angst und Verachtung gelten: sie alle haben keine Geschichte. Sind also nur böse – offenbar nicht böse *geworden*, wie es Sartre in der ‚Kindheit eines Chefs‘ darstellte, oder Böll, als er die unnachsichtig und doch mitleidsvoll entwickelte Figur des SS-Chorleiters Filskeit beschrieb (‚Wo warst du, Adam?‘). In Hildesheimers Endzeit-Welt sind die Bösen gleichsam Marsmenschen aus Germanien. ‚Häscher‘. Alles weitergehende Interesse gilt den Opfern.“[83]

In diesen Zeilen artikulierte sich ein literaturpolitisches Ressentiment in einer Authentizität und subjektiven Frische, als ob nicht inzwischen rund 20 Jahre verstrichen waren, seit Hildesheimer den Tönen des deutschen Nachkriegs in der Gruppe 47 begegnet war[84]. Unter nonchalanter Vernachlässigung jedes Kontext-Bezugs ergreift der Rezensent die erste Gelegenheit, Opposition zu bilden gegen das „*elitäre*“ „weltenbummelnde Ich“, hier mithilfe der vermeintlich verspotteten Einwohnerschaft von Ortschaften mit Doppelnamen. Der Verschleierungscharakter der Bezeichnung „weltenbummelnd“ – das Erzähl-Ich „Masantes“ ist auf der Flucht – verweist sogar direkt zurück in die Frühgeschichte der Gruppe 47: Auch Hildesheimers im Zeichen des Exils gewonnene Erfahrungen im Ausland waren als beneidenswerte „Weltläufigkeit“ rezipiert worden[85]. Die zweite Gelegenheit, vom „‚Masante‘-Bewußtsein“ vermeintlich verhöhnten Subjekten zur Seite zu springen, erkennt Kaiser in „Gruppen lachender Soldaten“. In seinem Hinweis darauf, auf welche Weise diesen Soldaten das Lachen vergangen sei: nämlich „*tödlich*“, wird erst deutlich, was auf dem Grunde dieser Zeilen geschieht: Kaiser klagt den Preis

83 Joachim Kaiser: „Stilleben mit Häschern – Plauderton und Verzweiflung: Wolfgang Hildesheimers ‚Masante‘“. In: *Süddeutsche Zeitung*, 14./ 15.4.1973. Kursivierungen J.K.

84 Vgl. Kap. VI, S. 251 f.

85 Vgl. ebd., S. 240 f.

des Lebens, den diese Soldaten gezahlt haben, gegenüber der Erzähl-Instanz ein; diese hat diesen Preis jedoch gar nicht in Abrede gestellt, sondern, im Gegenteil, seiner gedacht (M 318); in seiner unbegriffenen, affektiven Identifikation mit den Soldaten erlebt der Rezensent sie als *deutsche*, mit der Folge, daß aus seiner Sicht das Erzähl-Ich – oder gar der Autor – als *jüdische* im Kontext des eigenen deutschen, hier nicht bewußt wirksamen Schuldwissens über diese Soldaten *nur spotten kann*. Solche spezifische Verschiebung zehrte zugleich direkt von jenem belasteten Grund, von dem aus Peter Weiss in seinem Princetoner Hotelzimmer die Sätze entgegengeschleudert worden waren, wo er „denn während des Krieges gewesen wäre“[86].

Dieses Ressentiment des Rezensenten gibt sich, wenn irgend denkbar, in den anschließenden Sätzen noch deutlicher zu erkennen. Mit dem Vorwurf des Elitismus wird der „Masante“-Text zunächst demonstrativ jeder beliebigen, auch beliebig populistischen, Kritik von links ausgeliefert. An den historischen Kern der Kritik rühren jedoch erst die Bemerkungen über „die ewigen Nazis“. Zwar findet sich eine Aufzeichnung des Erzähl-Ichs darüber, daß die Häscher „Motschmann und Stollfuß und Fricke [...] keine“ Geschichte haben (M 285); und das Beharren auf Geschichtlichkeit auch der Täter hat alle Argumente einer aufklärerischen Kritik auf seiner Seite. Doch nicht nur wird hier ein weiteres Mal der kontextuelle Zusammenhang ignoriert, etwa die bedeutsame Stellung der später von Manfred Durzak mit Alexander Kluges „Lebensläufen“ verglichenen biographischen Abrisse. Sondern das eigentliche polemische Ziel gibt sich in den Anschlußzeilen unverstellt zu erkennen: in der Werbung für eine zwar „unnachsichtig[e]“ – das leistet auch Hildesheimer – „und doch mitleidsvoll[e]“ Entwicklung der Figuren, wie sie an Böll gerühmt wird, sowie in der lakonischen Feststellung des Rezensenten: „Alles weitergehende Interesse gilt den Opfern.“ Damit ist deutlich ausgesprochen, daß jedes Buch, das hier und heute den Beifall des Unterzeichneten finden will, *mehr* Interesse als „Masante“ – oder, genauer formuliert:

[86] Peter Weiss: *Notizbücher1960-1971*. Zweiter Band. Frankfurt am Main 1982, S. 492. Vgl. auch Kap. VII, S. 339 – Ein vielleicht noch markanteres Beispiel für den Verschiebungsdruck, der die gesamte westdeutsche Rezeption des Hildesheimer-Oeuvres durchzieht und dem Hildesheimer *auch nach '68* begegnet, findet sich in dem unter dem Titel „Selbstanzeige“ veröffentlichten Gespräch zwischen Walter Jens und seinem Freund Hildesheimer von 1968. Hildesheimer hatte in *Tynset* geschrieben: „Soweit Hamar. Ist dazu noch etwas zu sagen? Ich glaube nicht. Doch. Im letzten Krieg hat der deutsche Kommandant dreizehn Einwohner an Laternenpfählen aufhängen lassen. Siebzehn Einwohner waren zu einem solchen Tod auserlesen, aber der Kommandant war in Eile, daher erschoß er die letzten vier, einem Befehl von oben vorgreifend, eigenhändig.“ (S. 18 f.) Jens, der auf „das Politische“ in Hildesheimers Arbeit zu sprechen kommen möchte, zitiert dieses, wie er sagt, „Phänomen“ aus der Erinnerung wie folgt: „Da hängen die gehängten deutschen Soldaten in Norwegen.“ (Hildesheimer/ Jens: „Selbstanzeige“ [Anm. 33], S. 228)

als das in ihm maßgebliche Bewußtsein – an den *Tätern* zeigen muß: *an uns*. Der Anspruch, den schon Alfred Andersch mit einer nicht zufällig ähnlichen Nonchalance an die künftige deutsche Nachkriegs- und Gegenwartsliteratur 1947 gerichtet hatte: zu handeln von „unserem Erleben“, insbesondere aber entlastet von jedwedem „Ressentiment gegen Deutschland schlechthin“[87], schien, wie Kaisers Rezension verdeutlicht, durch die Entwicklungen nach der Revolte nicht etwa revidiert, sondern erneuert worden zu sein.

„Und wo? Und wann? Und wer? Um was geht es in, ja was heißt überhaupt ‚Masante'? Handfeste Information bitte: woran sind denn die Erinnerungen, Bekenntnisse, Geschwätzigkeiten und Ängste befestigt? Darauf haben Leser ein Recht!“ – mit der gleichen parteilichen Emphase, mit der Kaiser im ersten Teil seiner Rezension ‚ideologische‘ „Fehler“ im „Masante“-Text aufzuweisen trachtet, wendet er sich im zweiten Abschnitt der poetologischen Verfassung des Buches zu. Die von Kaiser beobachteten „Endzeit-Stimmungen“ hätten den Text „angekränkelt, anfangs schwer lesbar gemacht.“ Das schließt die vermeintlich widersprüchliche Behandlung der „ ‚Häscher‘ “, der „heiter-brutalen SS-Bonzen, die irgendwann verstörend dieses Leben kreuzten“, ein: Mal scheinen sie es „nun zwar nicht mehr“, dann aber „doch“ zu bedrohen – „fast gleichgültig: sie sind halt auf der Welt, gerinnen in ‚Masante‘ aber unvermeidlich zu Versatzstücken des Schreckens, zu Symbolen für Verfolgung. Dieser Ich-Erzähler liebt die Angst nicht, aber er lebt von ihr und geht ihr vorsichtshalber nicht auf den Grund. Jetzt gibt es eine negativ besetzte Welt, ‚Ordnung‘, Dürer, Beethoven, Dante, Fidelio, Weihnachtsbaum, Hausmusik gehören dazu – und eine positive, auf die das Masante-Ich sich lieber einläßt: irgendwo zwischen de Sade und anderen Gestrandeten, Verlorenen, Unbürgerlichen, Gott sei Dank Unordentlichen, Verfolgten.“ Ähnlich wie Hartung ‚gerät‘ auch Kaiser der Hinweis auf die für das Erzähl-Ich konstituierende Stellung der „Häscher“ und ihrer Gegenwart zu einer Verschleierung sowohl ihres konkreten historischen Grundes wie ihrer in ihm fundierten, auf das Erzähl-Ich drückenden Obsessivität: Der Ich-Erzähler, der von der Angst „lebt“, „ihr vorsichtshalber nicht auf den Grund“ geht, erscheint hier weniger als ihr Opfer denn als ihr Ausbeuter. In der anschließenden Gegenüberstellung macht der Rezensent keinen Hehl aus seinem Verdruß, die „positive“ Welt einmal mehr durch „Gestrandete, [...] Unbürgerliche“ und, mit herablassendem Spott benannte, „*Gott sei Dank* Unordentliche, Verfolgte“ repräsentiert zu sehen. Viel fehlt hier nicht mehr bis zu jener Klage über die Affinität gewisser Autoren zum „Aparte[n], Pretiöse[n], zum

[87] Zu Anderschs Rede „Deutsche Literatur in der Entscheidung“ vgl. auch Kap. II, S. 56 ff.

Bizarren, Grotesken und weiter zum Verbrecherischen und Kranken" und dem Zweifel an deren „Willen zur Gemeinschaft" und „zu einer dauerhaften Ordnung des menschlichen Lebens", wie sie von Emil Staiger in seiner Zürcher Rede zum Ausdruck gebracht worden waren.[88]

„Produkt einer solchen Haltung ist zunächst maliziöse Passivität", fährt Kaiser fort. „Die Anlässe, die hier Sprache und Erinnerung in Bewegung setzen, können gar nicht banal genug sein. Daraus leitet sich ab ein System-Zwang zum dauernden Neuanfang." In der Absicht, „Gebrochenheit vor[zu]zeigen", überlasse sich Hildesheimer „nie der epischen Gravitation einer Handlungs- oder Charakter-Entwicklung, sondern beschwört bewußt Langeweile herauf, indem er die Grenze zwischen Tagebuchplauderei, innerem Monolog, Bildungsrekapitulation wegwischt." Das Ergebnis einer Schreibweise, in der „Dialoge, die irgendwohin führen, [...] nicht mehr" stattfinden, „Handlung [...] vorbei [ist]", wird wahrgenommen als „angekränkelt[er]" Text, „dürres ‚Tynset' ", „krankend [...] an allzu eleganter Skepsis". „Epische Gravitation" bleibt hier unbegriffen als die Anziehungskraft jener „Konventionen gegenständlicher Darstellung" und der ihnen immanenten Sinnstiftung[89], mit dem alles Schreiben brechen muß, das sich der „permanente[n] Drohung der Katastrophe", dem „Verhängnis"[90] auszusetzen trachtet. Kaisers Aufzeichnung der poetologischen Gestalt „Masantes" als *Krankheitsbild*, d. h. als *Verfallsform* eines einst ‚ungeschwächten' Schreibens, deutet darüber hinaus ein weiteres Mal zurück auf jene polemische Tradition, die Emil Staiger prominent wiederaufgerufen hatte.

Ein anderes Beispiel weist zuletzt in die gleiche Richtung. „Hildesheimer[s] verzweifelt[er] und verrückt[er] [Deklination] ‚Hausmusik – Hausordnung – Zuchtundordnung – Verhör und Folterung' " fügt Kaiser an: „(als ob nicht auch ohne Hausmusik fabelhaft gefoltert würde – spielte man denn in Vietnam, in der Türkei in den Folterpausen immerzu Schubert?)" In solchem Kommentar ist die Grenze zwischen einer sich internationalistisch verstehenden Kritik von links und dem ‚Ende der Geduld' mit der Erinnerung an die deutschen NS-Verbrechen sprechend verwischt: Unbekümmert um jede interpretatorische Sorgfaltspflicht, darf sich der Leser von Aussagen über NS-Verbrechen *heute* berechtigt fühlen, ihre Konsistenz durch jeden noch so unverbunden zum Text stehenden Hinweis auf politisches

88 Zur Staiger-Rede vgl. auch Kap. VII, S. 330 f.

89 Vgl. zu diesem Zusammenhang Hayden White: *The Content of the Form: Narrative Discourse and Historical Representation.* Baltimore 1987, sowie ders.: „Historical Emplotment and the Problem of Truth". In: Friedlander (Hg.): *Limits* (Anm. 22), S. 37-53.

90 Zitate aus Adorno: „Standort" (Anm. 49), S. 47, 46, 42.

Unrecht gleich wo in der Welt in Frage zu stellen, wenn nicht zu ‚falsifizieren'.

Zwar entdeckt Kaiser in „Masante" auch „schwindelerregend bescheidene Zeilen"; und „die Dekadenz" gewinne später „Format. Hildesheimer findet einen Platz zwischen Lawrence Durrell und Thomas Bernhard." Vereinzelt macht Kaiser „große Seiten" aus; „auch Material für ein Hörspiel über Bachs Goldberg-Variationen ist ausgebreitet." Doch „trägt das fast 400 Seiten lang? Nein. [...] Hildesheimer hat sich in einem selbstkonstruierten Labyrinth aus tiefer Resignation, überlegenem Wortspiel und Haß auf Teutonisches verlaufen, festgerannt. In keinem seiner Bücher steckte mehr Bekenntnisnähe, mehr Ernst, mehr Verzweiflung. Aber Plauderton und Nicht-System-Zwang verhindern, daß sich in Prosa objektiviert, was in und hinter den Zeilen steckt."

Wohl war in Kaisers Besprechung die Radikalisierung, die Hildesheimers Poetologie seit „Tynset" durchlaufen hatte, auf ihre Weise erkannt, wenn notiert wird, daß „in keinem seiner Bücher mehr Bekenntnisnähe, mehr Ernst, mehr Verzweiflung" zu spüren seien. Doch in einer Lektüre, die diese Radikalisierung einzig durch subjektive Faktoren verschuldet sieht, muß ihr objektiver Status unkenntlich bleiben. „Tiefe Resignation" und „Haß auf Teutonisches", d. h.: übermächtige Gefühle, verknüpfen sich in dieser Lesart mit ‚alter' „Virtuosität" – „überlegenem Wortspiel" – zu einem „*selbst*konstruierten Labyrinth". Die Auffassung, daß der Autor sich in diesem Labyrinth „verlaufen, festgerannt" habe, zehrt vom gleichen Grund wie die Ungeduld in Kestings Frage „Wie aber dann noch schreiben?"[91]: einer unausgesprochenen Furcht vor einem *begründeten* Ende des Schreibens und seinen kaum absehbaren Folgen für den Literaturbetrieb. In ihrer Ferne zu jener historischen Objektivität, in der etwa Adorno seine poetologischen Überlegungen gegründet gesehen, aber auch Hildesheimer seine poetologische Entwicklung erlebt und akzeptiert hatte, blieb solcher Perspektive jeder Modus einer „Leichtigkeit", als „Erkenntnis innen" (M 189)[92], in der Konfrontation mit dem Verstummen undenkbar. Hier, diesseits solcher Erfahrung, wird unverändert festgehalten an der Forderung nach ‚Objektivierung' „in Prosa" per „epischer Gravitation". Hildesheimers Projekt, heruntergekürzt auf „Plauderton" und „Nicht-System-Zwang", muß dieses Ziel freilich verfehlen. Und auch die Gegenwart des Nationalsozialismus in Hildesheimers Werk wird hier, wo vom Scheitern „Masantes" die Rede ist, noch einmal als unvereinbar mit den Ansprüchen an ein gültiges Kunstwerk deutscher Sprache heute kenntlich gemacht: in ihrer

[91] Vgl. oben, S. 365.

[92] Vgl. oben, S. 379.

Pathologisierung zum „Haß auf Teutonisches", welcher sich, durch seine signifikante Abweichung von „Gerechtigkeit, Wahrheit, Maß"[93], *per se* in Widerspruch zu jedem ‚gängigen' Kunstwerkbegriff setzt.

Hildesheimers poetologische Arbeit war angewiesen auf einen Diskussionsraum unmittelbar zum kritischen Reflexionsstand, wie er von Adorno repräsentiert worden war, oder zu den poetologischen Rechenschaftslegungen einer etwa durch Proust, Joyce, Beckett vertretenen europäischen Moderne. Joachim Kaisers Rezension verdeutlicht, daß mit einer Abschirmung dieses Diskussionsraums auch an jenen Orten, wo „Adorno-Schüler" Einfluß übten, vorläufig nicht mehr zu rechnen war. Die symptomatische Bedeutung, die Kaisers Rezension unter diesem diskurspolitischen Aspekt zuwächst, wird nicht geschmälert durch Stimmen der deutschen Kritik, die andere Akzente zu setzen versuchten. Zwar erkannte etwa Geno Hartlaub in „Masante" „ein radikaleres Buch als ‚Tynset' " und stellte ihm ein politisches Zeugnis aus, das den Ort, den „Masante" *auch* in einer deutschen ‚Kritik nach '68' hätte finden können, bezeichnet: „Hier wird in unaufdringlicher, weil kommentarloser Form Gesellschaftskritik in einem viel wirksameren Sinn als in der politisch engagierten Literatur unserer Tage deutlich. Der Erzähler, selbst ein Verfolgter, ist noch immer vor sich selbst und vor der feindlichen Umwelt auf der Flucht. Er sichtet den Vorrat abendländischer Tradition. Die ‚Inventur' fällt vernichtend aus. Kaum etwas vom bürgerlichen Bildungsgut, von alten und neuen Weltwundern erweist sich als krisenbeständig." Doch auch solche Wertschätzung bleibt überschattet von Enttäuschung: „Der Rahmen ist diesmal zu dünn, zu brüchig. Die Assoziationen wuchern über ihn hinweg. Es fällt schwer, die Kompositionsgrenze der Einzelstücke und der Rahmengeschichte in ihrer Reihenfolge und Verschränkung herauszufinden. [...] Im ganzen hat mich ‚Masante' weit weniger als ‚Tynset' überzeugt."[94] Auch Peter Horst Neumann, der kritische Leser „Tynsets"[95], versuchte, eine Bresche zugunsten von „Masante" zu schlagen. Doch seine Werbung für „das Protokoll eines Scheiterns, [...] zugleich auch das Meisterwerk eines großen Schriftstellers" konnte keine Authentizität der Reaktion des Literaturbetriebs für sich in Anspruch nehmen: Neumann war als Lektor in die Entstehungsgeschichte des Buches unmittelbar eingeschaltet gewesen[96] und zog es vor, seine Ausführungen für den „Merkur" gar nur als „Voreingenommene Bemerkungen"[97] zu bezeichnen.

[93] Emil Staiger: „Literatur und Öffentlichkeit". In: Erwin Jaeckle: *Der Zürcher Literaturschock*. München 1968, S. 18.

[94] Geno Hartlaub: „Endstation Meona". In: *Deutsches Allgemeines Sonntagsblatt*, 29.4.1973.

[95] Vgl. Kap. VI, S. 303 f..

[96] Vgl. Durzak: *Gespräche* (Anm. 2), S. 282.

Hildesheimers „End of Fiction“ nimmt seinen Ausgang von einer, den Vortrag und seinen rhetorischen Impetus bestimmenden *Unmittelbarkeit* des eigenen poetologischen Orts zu den Forderungen und Ansprüchen der „Mehrheit der jungen Schriftsteller in Deutschland“[98]. Wenn das Maß ihrer direkten Ansprache und Kritik zugleich das Maß bezeichnet, in dem Hildesheimer die Errungenschaften der vor allem durch Proust, Joyce, Beckett repräsentierten literarischen Moderne *zur Disposition gestellt* sah, dann war die Gefährdung, der Hildesheimer 1975 begegnen zu müssen glaubte, ungleich größer als noch während der antiautoritären Revolte[99]. Es schien, als ob die deutsche Literatur einschließlich ihrer Kritik *jetzt endgültig* abzureißen drohte von der durch die westeuropäischen Literaturen verbürgten historischen Entwicklung. Die Belege für eine solche Diagnose waren auffindbar gewesen im Nächstliegenden: dem deutschen Echo auf das letzte, repräsentative Ergebnis der eigenen poetischen Arbeit. Diese Arbeit wußte sich in besonderer Weise dieser spezifischen historischen Entwicklung verpflichtet. Sie wußte sich zugleich angewiesen auf deren unverminderte Respektabilität im Literaturbetrieb.

4

Konfrontiert mit dem Erfordernis, mit dem eigenen poetologischen Ort zugleich die durch Proust und Joyce eingeleitete europäische Moderne zu verteidigen, entschieden zu einer *diskursiven* Intervention, wählt Hildesheimer die Anfänge seiner poetologischen Sozialisation zum Bezugs-, auch Kraftfeld in der Auseinandersetzung mit den „jüngere[n] und junge[n] Schriftstellern“[100]. Aufgewachsen „mit englischen Kulturbegriffen“, waren ihm, während der 30er und frühen 40er Jahre, „die englische Literatur und überhaupt die englische Kultur“ zu „meine[r] Welt“[101] geworden; „aus dieser Zeit“, gab er noch Jahrzehnte später zu Protokoll, „stammen meine ersten literarischen Erlebnisse, als ich von englischen Schriftstellern und Dichtern – T. S. Eliot, Stephen Spender, Wystan Hugh Auden – die englische Literatur nahegebracht bekam.“[102] Die Bedeutung dieser Erfahrungen für

97 Peter Horst Neumann: „Voreingenommene Bemerkungen“. In: *Merkur* 27 (1973), S. 494-497.
98 Hildesheimer: „Das Ende der Fiktionen“. In: *Fiktionen* (Anm. 4), S. 234.
99 Vgl. Kap. VII, S. 329 f.
100 Hildesheimer: „Das Ende der Fiktionen“. In: *Fiktionen* (Anm. 4), S. 241.
101 Kesting: „Fiktion“ (Anm. 1), S. 57.
102 Ebd.

den „Fiction“-Vortrag beschränkt sich jedoch bei weitem nicht auf das in der noch ‚zeitgenössischen‘ Auseinandersetzung begründete Nahverhältnis Hildesheimers zu Joyce. Ihr Gewicht für den Vortrag von 1975 gründet vielmehr in der – nur verdeckt eingespielten – zentralen Fragestellung der britischen Modernen, insbesondere aber der um Cyril Connollys Literaturzeitschrift „Horizon“ versammelten Autorenschaft wie Auden, Spender, Orwell, Eliot und Connolly selbst: über Möglichkeit und Unmöglichkeit von Literatur im Zeitalter der Katastrophe.

„At the moment civilization is on the operating table and we sit in the waiting room“[103] – mit dieser Diagnose artikulierte Connolly, in seinem Editorial für die erste Ausgabe des „Horizon“ im Januar 1940, jenes Zeitgefühl, das für die weiteren Ausgaben, für die meisten ihrer Beiträger und ihrer Debatten für Jahre das bestimmende bleiben sollte. Unter dem Eindruck der sich zusehends radikalisierenden Erfahrung, daß „the whole human race seems threatened by an interior urge to destruction“[104], sucht insbesondere Connolly in seinen monatlichen „Comments“ Rolle, Vermögen und Bedeutung des Schriftstellers in Zeiten des Krieges zu bestimmen – eines Krieges freilich, der wie keiner zuvor die Bestände humaner Kultur mit ihrer vollständigen Auslöschung zu bedrohen schien. Der Glaube an die genuine Widerstandskraft der Schriftsteller und Intellektuellen ist gering: „It has been shown that an efficient secret police, a concentration camp, or an invasion with tanks and machine guns can silence any opposition, can stop the intellect from questioning or the poet from affirming, and reduce his historical potency to that of the Redskin or the Carib. In any case, artists are easy to suppress, adaptability and subservience to the powers that be, a happy tropism, characterise them as much as inflexible courage and integrity. They recant more merrily than they burn.“[105] Solches Unvermögen wird auch darauf zurückgeführt, daß „the intellectual's greatest virtues“ zusehends verlorengegangen seien: „The desire to pursue the truth wherever it may lead, and the belief in the human mind as the supreme organ through which life can be apprehended, improved and intensified.“[106] „The Marxist attack on the Ivory Tower dwellers, on Proust, Joyce, Virginia Woolf etc. [...] ten years ago“ wird zwar rückblickend wegen ihres reinigenden Nebeneffekts gewürdigt: „[it] set fire to a lot of rotten timber“, ihre

[103] Cyril Conolly: „Editorial“. In: *Horizon*, Januar 1940, S. 5; zur Entstehungsgeschichte von *Horizon* vgl. auch Stephen Spender: *World within World – The Autobiography of Stephen Spender*. London 1951, S. 292 ff., sowie ders.: *The Thirties and After – Poetry, Politics, People (1933-75)*. London 1978, S. 87 ff.

[104] Cyril Conolly: „Comment“. In: *Horizon*, April 1940, S. 229-237, hier S. 229.

[105] Ebd., S. 232.

[106] Cyril Conolly: „Comment“. In: *Horizon*, Mai 1940, S. 309-314, hier S. 314.

Kritik an der Moderne hingegen wird zurückgewiesen; „the failure of social realism as an aesthetic doctrine"[107] steht, zumindest für Connolly, außer Zweifel. In einer Sammelbesprechung von Neuerscheinungen Aldous Huxleys, T. S. Eliots, H. G.Wells' und Gerald Heards unter dem Titel „How shall we be saved?" kennzeichnet Stephen Spender die den Autoren gemeinsame Auffassung mit den Worten: „The world is desperate, and [...] unless something [...] is done, catastrophe will follow"[108] – diese Auffassung prägt nicht nur die Fragen, vor denen Literatur in „Horizon" gestellt wird, sondern zugleich die Bestimmungsversuche über den explizit politischen Ort des Schriftstellers heute, wie sie besonders Spender als eindrückliche Selbstbefragungen vorlegt. Seine Rechenschaftslegungen enthalten nicht nur eine scharfe Linkskritik an der Chamberlain-Regierung und den „ruling and possessing castes on both sides"; in ihren Hinweisen auf die Verwendbarkeit der Naturwissenschaften „to tyrannize and terrify, deceive and persuade man into obedience" und die Modernität des Nationalsozialismus – „completely modern in their technique"[109] – erweitern Spenders Beiträge die in „Horizon" geführte Debatte programmatisch um die Bemühung, die Kontroverse um die Stellung des Schriftstellers und seines Werks in dieser Zeit zugleich als analytische Perspektive auf den Nationalsozialismus zu begreifen und zu nutzen.

Die Tagebucheintragungen, die der Herausgeber von „Horizon", Cyril Connolly, 1944 unter dem Titel „The Unquiet Grave" veröffentlicht – und aus denen Hildesheimer im „Fiction"-Vortrag mehrmals ausführlich zitiert–, führen die auf den Seiten von „Horizon" geführte Diskussion um den Ort des Kunstwerks in Zeiten seiner säkularen Bedrohung fort. Bestimmt von „einem tragischen Wissen um unsere bedrohte Lage und die Nähe der Hölle"[110] und aller denkbaren Ferne von der „übliche[n] Auffassung vom Fortschritt der Menschheit"[111], erkennt das Ich der Aufzeichnungen Anzeichen „unserer Tragödie"[112] nicht nur in den offensichtlichsten Krisenerscheinungen der europäischen Gesellschaften, sondern auch in einer Möwe, deren

107 Cyril Conolly: „Comment" In: *Horizon*, Februar 1940, S. 68-71, hier S. 70.

108 Stephen Spender: „How shall we be saved?". In: *Horizon,* Januar 1940, S. 51-56, hier S. 52.

109 Stephen Spender: „A look at the worst". In: *Horizon,* September 1941, S. 103-117, hier S. 116, 110, 111; vgl. auch Spenders „September Journal" in *Horizon*, February 1940, S. 102-121, March 1940, S. 211-224, May 1940, S. 356-363, in dem der Autor seine Erfahrungen in Deutschland Ende der 20er, Anfang der 30er Jahre vor dem Hintergrund der aktuellen politischen Entwicklung neu zu verstehen versucht.

110 Palinurus [d.i. Cyril Connolly]: *Das Grab ohne Frieden*. Frankfurt am Main 1962, S. 10.

111 Ebd., S. 36.

112 Ebd., S. 135.

„Flügel von Öl verklebt sind“[113], der „Ausbeutung und Vernichtung“[114] der autochthonen Bevölkerungen eroberter Territorien und der Zerstörung der Natur: „Die Natur hat keinen Platz in unserer Kultur, der Rhythmus der Jahreszeiten ist gestört, die Früchte der Erde verloren ihren Duft, die Tiere, Miterben unseres Planeten, wurden mutwillig ausgerottet.“[115] Unausgesetzt auf der Suche nach der Antwort auf die Frage, welche die Bedingungen eines „Meisterwerk[s]“[116] heute seien, ist das Ich des „Unquiet Grave“ mit dem Sachverhalt konfrontiert, daß die „vollständige Bejahung“ des Lebens, wie sie etwa Homer, Shakespeare oder Goethe noch möglich war, verstellt ist. Als einzige Option erscheint hier nur noch jene, für die sich „Pascal, Proust, Leopardi, Baudelaire“ entschieden: „die Einsicht in seine Schrecken“[117] zu ermöglichen und die Preisgabe dieser Einsicht konsequent abzulehnen. Ein Autor, der sich hierfür entscheidet, wird freilich mit Gegnerschaft zu rechnen haben: „Die anderen behaupten entweder, nichts gesehen zu haben und alles sei in Ordnung, oder sie wehklagen in Selbstbemitleidung. Optimismus und Selbstbemitleidung sind die positiven und negativen Pole moderner Feigheit.“[118] In der Musterung der Bestände, die in den Aufzeichnungen vorgenommen wird und die die Verdienste, aber auch die Schwächen des sozialistischen Realismus[119] und des Surrealismus[120] in ihre Bestandsaufnahme einzuschließen sucht, gilt der „Niedergang des Romans“ als ausgemacht: „Flaubert, Henry James, Proust, Joyce und Virginia Woolf haben das Letzte für den Roman getan. Jetzt“ – und hier artikuliert sich das Selbstverständnis der Aufzeichnungen über ihren historischen Ort – „muß alles neu erfunden werden wie im allerersten Anfang.“[121]

Der spezifische Status dieser Erwägungen für den „Fiction“-Vortrag wird von Hildesheimer charakteristisch markiert. In einem Hinweis auf seine Entstehungsgeschichte berichtet er, daß er sich „in ein Bauernhaus in Italien“ (F 233[122]) zurückgezogen habe, wo er, „allein

[113] Ebd., S. 65.
[114] Ebd., S. 163.
[115] Ebd., S. 177.
[116] Ebd., S. 7.
[117] Ebd., S. 41.
[118] Ebd., S. 62.
[119] Ebd., S. 82.
[120] Ebd., S. 139 f.
[121] Ebd., S. 35.
[122] Das Kürzel „F“ verweist im folgenden auf „Das Ende der Fiktionen“ (S. 229-250) bzw. auf „The End of Ficton“ (S. 103-122) in *Fiktionen* (Anm. 4). Nach Möglichkeit wird aus der von Hildesheimer besorgten deutschen Übersetzung zitiert. Zu kennzeichnenden Abweichungen der deutschen von der englischen Version vgl. im fortlaufenden Text.

[...] mit den Stimmen der Überzeugung, der Neigung und Abneigung, [...] nicht mehr als etwa ein Dutzend [...] Bücher“ zur Verfügung gehabt habe, „darunter ‚The Unquiet Grave‘. Nicht absichtlich also, sondern zufällig, hat sich dieses Buch als Ausgangspunkt ergeben.“ Noch deutlicher heißt es in der englischen Fassung: „[...] it seemed to offer itself.“ (F 106) Zwar deutet schon nur die biographische Auskunft, daß sich das Buch Connollys unter der exklusiven Auswahl des italienischen Bauernhauses befindet, auf seine besondere Bedeutung für Hildesheimer. Doch indem dieser die ‚Zufälligkeit‘, mit der das Buch ins Spiel gekommen sei, betont, ihm gar einen Subjekt-Status zuschreibt („to offer itself“), zeichnet er diesen Quellentext seines „Fiction“-Vortrags mit jenem charakteristischen Gewicht aus, das nach seiner Auffassung allem, was sich „automatisch und unbewußt“[123] in den kreativen Prozeß einspielt, gebührt: ‚Es‘[124] „wählt ihn“[125], nicht umgekehrt.

Hildesheimers Vortrag unter dem Titel „The End of Fiction“ schließt unmittelbar an an jene säkulare Krisenerfahrung, wie sie die moderne englische Literatur der Zwischenkriegs- und Kriegsjahre durchlaufen hatte. Diese Krisenerfahrung, die für die englische Literatur gerade auch nach den in „Horizon“ geführten poetologischen und literaturpolitischen Debatten unabweisbar geworden war, bildet die literaturhistorische und -theoretische Plattform, von der aus Hildesheimer die Position der europäischen Moderne zu verteidigen trachtet. Zum Gegenüber dieser Position, d. h. hier wesentlich: zur literaturpolitischen Heimstätte seiner Kontrahenten, „eine[r] anwachsende[n] Gruppe von Schriftstellern und Kritikern in Deutschland“ (F 245), bestimmt er in seiner Streitrede jenen Ort, der auf dem Moskauer Allunionskongreß der Sowjetschriftsteller 1934 abgesteckt worden war. Damit war nicht nur der historische Augenblick bezeichnet, in dem emphatisch wie folgenreich eine objektive Kongruenz von Realismus und Revolution behauptet worden war, sondern zugleich jene literaturpolitische Schnittstelle, da die stalinistische Literaturpolitik diese Parole mit dem entschiedenen Verdikt gegen die – durch Joyce und Proust repräsentierte – europäische Moderne abzustützen und autoritativ durchzusetzen suchte.

Hildesheimer macht keinen Hehl aus seiner Reserve gegenüber der in Moskau verlautbarten literaturpolitischen Programmatik. Noch im ostentativen Hinweis, daß „die Protokolle dieses Kongresses [...] *nicht* unter dem Dutzend Bücher in meinem Bauernhaus“ (F 240, Kursivierung WH) waren, unterstreicht der Autor symptomatisch seine Ferne

123 F 236.
124 WH VII, S. 23 ("Über das absurde Theater").
125 F 236.

zu „diese[n] Reden" (F 240). Auch die kurze Bemerkung zu Beginn seines Vortrags, „[...] ich proklamiere nicht" (F 229), setzt sich kritisch ab vom autoritativen Gestus, der die meisten in Moskau gehaltenen Hauptreden kennzeichnet[126]. Eine parallele Lektüre des „Fiction"-Vortrags mit den Kongreß-Protokollen jedoch zeigt, daß Hildesheimers Rezeption des Moskauer Kongresses bei weitem nicht so einsinnig erfolgt, wie das historische Gegenüber der Parteien 1934, aber auch mancher Hinweis des Autors selbst suggerieren könnte. Im Gegenteil: Es ist wesentlich die charakteristische, wie zu sehen sein wird: auch historisch begründete *Nähe* zu manchem in Moskau gefallenen Satz, die jene Opposition Hildesheimers fundiert, auf die es ihm hier ankam: die gegen „zahlreiche" deutsche Schriftsteller und Kritiker der Gegenwart. Wie diese Opposition – im Spannungsfeld sowohl zwischen moderner Krisenerfahrung und Moskauer Literaturdogmatik wie auch der Moskauer Kontroversen selbst – aufgefaltet wird, wird nun an der Rede „The End of Fiction" selbst abzuschreiten sein.

Hildesheimer setzt nach dem obligatorischen Bekenntnis, „im Subjektiven" (F 229) zu verbleiben, ein mit dem Zitat einer längeren Partie aus Connollys „Unquiet Grave", in dem der britische Autor es zur „ ‚wahre[n] Aufgabe des Schriftstellers" erklärt, „ ‚ein Meisterwerk zu schaffen' " (F 229 f). Diese Zeilen sowie eine daran anschließende knappe Auflistung von „Meisterwerken" kontrastiert der Redner mit verschiedenen kritischen Anmerkungen. Die Tatsache etwa, daß Connolly Joyces „Finnegans Wake" nicht in seine Liste aufnimmt, nutzt Hildesheimer zu einem ausführlichen Bekenntnis nicht nur zum Werk von Joyce, sondern zu dessen Existenz als einem „exemplarische[n] Schriftstellerleben", das sich in dem Verlangen gezeigt habe, „nicht nur *sein* Meisterwerk [...], sondern das Meisterwerk schlechthin" (F 234) zu schaffen. Aber auch auf „The Unquiet Grave" als Ganzes fällt ein distanzierend wirkender Blick, wenn Hildesheimer das Buch als ein Zeugnis „unbeschwertere[r] Vergangenheiten" kennzeichnet, „in denen ein Schriftsteller es sich erlauben konnte, der Misere des täglichen Lebens zu entfliehen, um sich, Seite nach Seite, der Selbstbeobachtung und Erinnerung hinzugeben, der minutiösen Reaktion auf Atmosphären, Freunde und Bücher, kurz: kreativer Verarbeitung seiner Vergnügungen und – öfter noch – seiner Depressionen." (F 230) Die gleichwohl identifikatorische Nähe des Redners zum entscheidenden Theorem Connollys wird jedoch in dem Augenblick deutlich, da zum ersten Mal Ausblick auf die zentrale Fragestellung des Vortrags genommen wird: „Die Frage, die uns angeht, ist die: Ist es tatsächlich *heute noch* die ‚wahre Aufgabe' des Schriftstellers, ein

[126] Vgl. Verf.: *Experiment* (Anm. 20), S. 23 f., wo dieser autoritative Gestus am Fall Radek markiert wird.

Meisterwerk zu schreiben? Und während ich, ein älterer Schriftsteller, sagen würde: Ja, das ist es, war es immer und bleibt es bis zum Ende der Literatur, würde die Mehrheit der jungen Schriftsteller in Deutschland allein schon den Begriff des Meisterwerkes mit Verachtung von sich weisen. Die Aufgabe des Schriftstellers, so würden sie sagen, ist, zur Veränderung der Gesellschaft beizutragen. Die Gemäßigten sehen die Aufgabe im Schärfen des Bewußtseins und der rezeptiven Fähigkeiten des Lesepublikums. Die Extremen sagen: ein Schriftsteller, der seine Aktivität nicht in den unmittelbaren Dienst der Weltrevolution stellt, ist kein Schriftsteller, sondern ein Parasit.“ (F 234)

Hildesheimer gibt sich hier unzweideutig als Parteigänger der zuvor mit Connolly eingeführten Meisterwerk-Vorstellung zu erkennen. Die Auffassung, daß das Begehren des Schriftstellers unverändert auf das Meisterwerk zielen müsse, schließt ein, daß von einem ‚Meisterwerk‘ sinnvoll die Rede sein könne; die Ablehnung schon nur des Begriffs durch „die Mehrheit der jungen Schriftsteller in Deutschland“ gibt einen ersten Hinweis auf die Dimension der Differenz. Bereits an dieser Stelle, noch diesseits einer expliziten Positionsbestimmung, weiß sich Hildesheimer ein erstes Mal offiziösen Moskauer Auffassungen, wie sie etwa von Karl Radek autoritativ artikuliert worden waren, näher als seine Widersacher. Daß auch Radek vom „große[n] Kunstwerk“[127] spricht, ist dabei nur das äußerlichste Zeichen. Hildesheimer wird auf diesen Widerspruch noch aufmerksam machen: „Ich bin mir völlig darüber im klaren, daß die Wörter ‚Kunst‘, ‚Künstler‘ und ‚Kreativität‘ für den politisch engagierten Schriftsteller lächerlich, wenn nicht gar verhaßt sind; in dieser Abneigung weicht er von seinen historischen Kollegen ab: bei dem Sowjet-Kongreß von 1934 war das Wort ‚Kunst‘ nach dem Wort ‚Fortschritt‘ bei weitem das meistgebrauchte Wort, wohlgemerkt im positiven Sinn.“ (F 243 f.) Weit bedeutsamer ist die konstitutive Stellung, die der Frage nach den Bedingungen des „Meisterwerks“ oder „Kunstwerks“ in der analytischen Perspektive auf die Geschichte der Menschen als Geschichte von Klassenkämpfen zukommen muß. Noch Radeks Vortrag, d. h.: selbst ein autoritativer Text aus der Phase akuter stalinistischer Verhärtung, entwickelt seine Diagnose der gegenwärtigen Lage aus der Aufmerksamkeit für das Vorkommen „großer Schriftsteller“[128]: „Wir müssen uns fragen: Warum hat es im 16. Jahrhundert einen *Shakespeare* gegeben und warum ist die Bourgeoisie

[127] Karl Radek: [Referat über die moderne Weltliteratur und die Aufgaben der proletarischen Kunst (24.8.1934)]. In: Hans-Jürgen Schmitt/ Godehard Schramm (Hg.): *Sozialistische Realismuskonzeptionen. Dokumente zum I. Allunionskongreß der Sowjetschriftsteller.* Frankfurt am Main 1974, S. 140-213, hier S. 181.

[128] Daß diese Aufmerksamkeit in Radeks Rede weitgehend zu rhetorischen Figuren sedimentiert ist, spielt für die hier vorgestellte Argumentation keine wesentliche Rolle.

heute nicht fähig, einen Shakespeare hervorzubringen? Warum hat es im 18. Jahrhundert und zu Anfang des 19. große Schriftsteller gegeben? Warum gibt es heute keine großen Schriftsteller wie Goethe, Schiller, Byron, Heine oder zumindest Victor Hugo?"[129] Ohne einen Begriff vom „Meisterwerk" waren diese Fragen gegenstandslos. Wer ihn aufgab, beraubte sich daher eines radikalen, nicht nur kultur-, sondern vor allem auch gesellschaftskritischen analytischen Zugriffs, dessen Gewicht für Hildesheimer nicht zum geringsten damit bezeichnet ist, daß er sowohl für die englische Avantgarde wie für die Moskauer Nomenklatur *auf eine bestimmte historische Formation hin verwendbar* schien.

Doch diese erste Eröffnung der Fragestellung im „Fiction"-Vortrag schließt schon weitere, für die Problematik bedeutsame Momente mit ein. Sogar das „Ende der Literatur" blitzt schon einmal kurz auf, noch weitgehend getarnt in einem ganz spekulativ erscheinenden Konditional. Vor allem jedoch kommen hier das erste Mal die – diskurspolitisch angezielten – Adressaten zur Sprache: hier als „die Mehrheit der jungen Schriftsteller in Deutschland", ein Kollektiv, das der Redner auch späterhin programmatisch offenhalten wird. Eine erste Differenzierung, die Hildesheimer innerhalb dieses Kollektivs vornimmt, unterscheidet zwischen „Gemäßigten" und „Extremen" in der Beantwortung der Frage nach der Aufgabe des Schriftstellers. Auch mit diesen Kategorien, zu denen *beiden* der Redner augenscheinlich Gegenposition bezieht, verhält es sich komplizierter als eine nur der Rhetorik folgende Lesart suggeriert. Noch in der Frankfurter Poetik-Vorlesung hatte Hildesheimer in seinem Plädoyer, „das Rezeptionsvermögen zu erweitern und das Bewußtsein [...] zu schärfen"[130], jene Position für sich reklamiert, die er jetzt als die der „Gemäßigten" ausgibt: „Schärfen des Bewußtseins und der rezeptiven Fähigkeiten des Lesepublikums". In welchem Maß Hildesheimer seine eigene poetische Arbeit als politische verstand – gesteigert noch im Fall von „Masante" –, wurde bereits aufgezeigt[131]. Das Gegenüber, das er hier *auch* zu jener Fraktion der „Gemäßigten" für sich reklamiert, trägt dagegen seiner entscheidenden Erfahrung Rechnung, daß, wie radikalisiert das Politische seines Schreibens auch sein mochte, ihm das Prädikat, „zur Veränderung der Gesellschaft beizutragen", gleichwohl nicht zuerkannt worden war. Den noch 1967 wie selbstverständlich artikulierten Anspruch gibt Hildesheimer im „Fiction"-Vortrag auf: Letztlich nur Nuancen trennen hier die „Gemäßigten" von jenen „Extremen", die diejenigen Schriftsteller, die ihre „Akti-

[129] Radek, [Referat] (Anm. 127), S. 180.
[130] WH VII, S. 61 ("Die Wirklichkeit des Absurden"). Vgl. auch Kap. VII, S. 337.
[131] Vgl. oben.

vität nicht in den unmittelbaren Dienst der Weltrevolution“ stellen, als „Parasit[en]“ bezeichnen. Die Ununterscheidbarkeit solcher Rede von der Ungeziefer-Metaphorik des NS-Faschismus scheint die ganze Ferne eines solchen Ortes zur Position des Redners zu betonen[132].

Es ist genau diese, im Hinweis auf den Sprachgebrauch aufgerissene Ferne, die dem unmittelbar anschließenden politischen Bekenntnis ihr spezifisches dramatisches Moment verleiht – dramatisch keineswegs nur in seiner rhetorischen Funktion, sondern kaum weniger in seinem historisch-biographischen Gewicht: „Ich möchte nicht gern als ein Reaktionär vor Ihnen stehen. Meine politische Position ist links. Zwar bin ich gegen Terror und Gewalt jeder Art, aber ich *bin* der Meinung, daß der Kapitalismus abgeschafft werden muß, daß die Reichen ihrer Privilegien beraubt werden und die Hungrigen ernährt werden müssen. Daß, in anderen Worten, die Gesellschaft verändert werden muß.“ (F 234 f.)

Einem solchen Bekenntnis durch einen deutschsprachigen Schriftsteller mußte, 1975, unweigerlich ein spezifisches Eigengewicht zukommen: Die Überwachungsmaßnahmen verschiedener BRD-Behörden gegen zahlreiche deutsche Schriftsteller und die kampagnenförmige, öffentliche Brandmarkung einiger Autoren, unter ihnen der Literaturnobelpreisträger Heinrich Böll, als „geistige Helfershelfer“ der Roten Armee Fraktion[133] hatten jedes offene, gar einschlägig anti-kapitalistisch ausgewiesene Bekenntnis zu einer „Veränderung der Gesellschaft“ (F 234) in einen fahndungswerten ‚Angriff auf die demokratische Grundordnung‘ verwandelt. Es hieße jedoch, Hildesheimers Distanz zu den politischen Aktivitäten der deutschen Autoren zu verkennen, wollte man sein Statement als engagierten Beitrag zur „Verteidigung der Republik“[134] auffassen. Im Gegenteil: Der „Fiction“-Vortrag ist eine Entgegnung gerade *auch* gegen jene Haltung, die gefesselt ist an die tagespolitischen Kristallisationen einer sehr viel älteren Misere und die darüber jedes Vermögen verloren hat, in der historischen Perspektive noch einmal Radikalität zu gewinnen. Der „Fiction“-Vortrag übt diese Perspektive. Sie ruht auf der Gewißheit, daß „Neuigkeiten“, ‚politische Nachrichten‘, sie nicht in Frage zu stellen, sondern einzig notwendiger zu machen vermögen.

Im Argumentationsgang der Rede kommt diesem Bekenntnis jedoch eine spezifischere, strategische Stellung zu. Mit seinem de-

132 Hildesheimer hatte den Ort eines „Parasiten“ demonstrativ ‚an‘-genommen: „Den Vorwurf des Parasitären muß ich auf mir sitzen lassen“ (Wolfgang Hildesheimer im Gespräch mit Dieter E. Zimmer: „Rückzug aus dem Leben“. In: *Die Zeit*, 13.4.1973).

133 Vgl. Keith Bullivant: „Literatur und Politik“ (Anm. 60), S. 294.

134 Ebd., S. 295. Anspielung auf Freimut Duve, Heinrich Böll und Klaus Staeck (Hg.): *Briefe zur Verteidigung der Republik*. Reinbek bei Hamburg 1977.

monstrativer nicht abfaßbaren Bekenntnis zur Linken beansprucht Hildesheimer – gegen jede Ausschlußbemühung vor allen seitens der „Extremen" – ein Äußerungs-, genauer: ein Widerspruchsrecht innerhalb ‚linker' Literaturdebatte. In welchem Maß Hildesheimer ihr das Prädikat ‚links' tatsächlich noch zuerteilen mochte, ist hier nicht wirklich Gegenstand; entscheidend war hier zunächst nur ein nomineller Zutritt zum Diskurs, den sich Hildesheimer mit diesem Bekenntnis verschafft. In welchem Maß dieser Positionsbeschreibung jedoch auch über diese strategische Funktion hinaus weitere Bedeutung zukommt, vor allem als Indiz einer historisch begründeten Nähe zum Moskauer Kongreß, wird noch weiter unten thematisch werden.

An dieser Stelle seiner Rede schließt Hildesheimer einen Blick auf die Tatsache an, daß politische Bekenntnisse „leicht gesagt" seien, „aber es ist ebenso leicht geschrieben. Schwer ist nur aktive Abhilfe." (F 235) Als zwei Modi des „politischen Aktivismus" von Schriftstellern nennt er dann die Fälle Ezra Pound und Günter Grass. Während Pound „glücklicherweise wirkungslos" geblieben sei, sei es im Fall von Grass „niemals erwiesen worden, ob [Grass], der sich aktiv am Wahlkampf von 1972 beteiligte, *seiner* Partei oder der Gegenpartei Stimmen eingebracht hat." (F 235) Solcher Skepsis gegenüber der politischen Aktivität von Schriftstellern hatte schon Stephen Spender in einer Ausgabe des „Horizon" vom September 1941 Ausdruck verliehen: „[...] making speeches, attending conferences, sitting on committees, sending telegrams" habe seinen Sinn verloren; „nothing can be clearer now than the futility of this kind of activity."[135] Zwar war diese Skepsis wesentlich unter dem Eindruck des Krieges, der sich nicht hatte abwenden lassen, entstanden. Doch es gehört wesentlich zu Hildesheimers Begriff historischer Erfahrung, daß bestimmte Entwicklungen – und der „Fiction"-Essay betont, daß hier poetologische wie literaturpolitische eingeschlossen sind – nicht mehr hintergehbar sind. In welchem Maß Hildesheimer in einer *Kontinuität* des historischen Prozesses argumentiert, wird deutlich in einer kennzeichnenden Abweichung der deutschen Übersetzung von seiner englischen Erstfassung: Heißt es in der „Merkur"-Version, der Schriftsteller sei „für die Mehrzahl der Politiker [...] nichts als ein mißvergnügter Störenfried" (F 235), lautet das Synonym für „die Mehrzahl der Politiker" in der Erstfassung: „despots and dictators" (F 108). Die Krisenerfahrung, auf die Hildesheimer sich bezieht, war, als säkulare, nicht ‚hinfällig' geworden angesichts einer zwar demokratischer verfaßten gesellschaftlichen Formation in Deutschland, die gleichwohl ihre Existenz einzig der militärischen Übermacht der einstigen Anti-Hitler-Koalition zu verdanken hatte. Von einer Aufhebung jenes Kontinu-

[135] Spender: „A look at the worst". (Anm. 109), S. 113.

ums einer Geschichte aus Unterdrückung, das in dieser Krisenerfahrung radikalisiert wahrgenommen worden war, durch die aktuell herrschenden politischen Verhältnisse in Westdeutschland konnte aus Hildesheimers Sicht keine Rede sein. Doch natürlich kannte Hildesheimer seine deutschen Kollegen gut genug, um zu wissen, daß sie in einer solchen Kennzeichnung ihre, die deutschen, Verhältnisse im wahrsten Sinne des Wortes nicht wiedererkennen und in der Folge womöglich jede Zuständigkeit für die im „Fiction“-Vortrag behandelten Probleme zurückweisen würden. „Mehrzahl der Politiker“: In solcher moderierten Formulierung war gezielt dafür Sorge getragen, daß kein deutscher Autor sich vorzeitig aus der Gruppe der Adressaten entließ.

„Alles, was der Schriftsteller tun kann“, fährt Hildesheimer fort, „ist: den moralischen Kredit rechtfertigen, den ihm alle jene gewähren, die noch an das Ethos seiner Kunst und seiner Mission glauben, und Gutes tun, auf jeglichem Gebiet, das ihm offensteht [...]. Aber ich bezweifle, daß seine Fiktionen noch das Gewicht erlangen können, einer großen humanen Sache zu dienen. Dennoch muß der Autor, sofern er das Schreiben nicht aufgibt, es immer wieder darauf anlegen. Er muß sich auf seine Hoffnung verlassen, daß seine Aussagekraft, als der wesentliche Bestandteil seines inneren Mikrokosmos, sich automatisch und unbewußt in seinem Werk manifestiere. Er kann aber diese Aussage nicht wählen. Die Aussage wählt ihn, und wenn sie es nicht tut, so ist er gescheitert.“ (F 235 f.)

Das „Gute“, das zu tun Hildesheimer dem Schriftsteller einräumt, ist genau beschränkt auf jene Möglichkeiten, die ihm in seiner Identität als Bürger offenstehen. Auch die etwaige Nutzung seines „moralischen Kredits“ zählt dazu. Doch dieser sei für einen Schriftsteller nicht mehr dadurch zu erringen, daß er seine Fiktionen in den Dienst „einer großen humanen Sache“ stellt. Dieser Sache unverändert verpflichtet, bleibe ihm nur noch das Vertrauen in seine „Aussagekraft“, die sich, gemäß Hildesheimers wiederholt geäußerter Auffassung über den kreativen Prozeß, „als der wesentliche Bestandteil seines inneren Mikrokosmos [...] automatisch und unbewußt in seinem Werk manifestiere“. Auch diese erste, vorläufige Antwort auf die Frage nach dem Ort des Meisterwerks in der Gegenwart hat Hildesheimer für sein deutsches Publikum entschärft. Seinen grundsätzlichen Zweifel daran, ob Fiktionen *jemals* in der Lage waren, „einer großen humanen Sache zu dienen“[136], sowie seine Überzeugung, daß die „Aussagekraft“ „is or should be his [the author's] individual gift as well als

[136] Die englische Version lautet: „But I doubt that the writer of fiction will ever be able to extend his *professional* activity to serve a great human cause; in fact, I doubt whether he has ever been able to.“ (F 109, Kursivierung W.H.)

his professional heritage" (F 109), fehlen in der „Merkur"-Version: gestrichen als etwaige Zumutungen, die den Unmut und den Widerspruch eines deutschen Kollegen-Publikums – gemessen an der zentralen These des „Fiction"-Vortrags – *unnötig* erregen mochten.

Hildesheimer gibt nun, bevor er zu verschiedenen Erscheinungsformen der deutschen Gegenwartsliteratur unmittelbar Stellung bezieht, eine gedrängte Analyse des Weltprozesses und des Ortes der Literatur in ihm. Er schreibt: „Die Naturwissenschaften scheinen außerhalb des Erfahrungsbereiches der Schriftsteller zu liegen – auch darauf komme ich zurück. Wir können von ihnen sagen, daß wir ihnen vieles, wenn nicht gar unser Leben zu verdanken haben, aber auch, daß wir ihrer in zunehmendem Maße verheerenden Wirkung ausgesetzt sind; und daß sie die Welt verändert haben, *bevor* sie von sozialem Umsturz verändert wird. Denn trotz aller revolutionären Bewegungen haben wir keinen hinreichenden Beweis, daß unsere politischen Systeme sich wirklich ändern, und gewiß nicht zum besseren." (F 236) Erneut bewegt sich Hildesheimer hier in einer bedeutungsvollen Nähe zu linker Theoriebildung. „Die großen Marxisten", so hatte Brecht etwa im Jahr des Moskauer Kongresses apodiktisch die Zielsetzung aller klassischen materialistischen Theoriearbeit umrissen, „haben untersucht, warum die Menschheit bei dem Aufbau der modernen Produktion in einen Zustand geraten mußte, wo jeder neue Fortschritt, beinahe jede einzige Erfindung, die Menschen in immer tiefere Entmenschung hineintreiben muß."[137] Nicht nur ist auch hier die entscheidende Gefährdung der Menschheit in den Entstehungs- und Anwendungsbedingungen des „Fortschritt[s]", „beinahe jede[r] einzige[n] Erfindung", bestimmt; Brecht und Hildesheimer teilen darüber hinaus die Auffassung über die historische Aufgabe „soziale[n] Umsturz[es]": die in solchem Fortschritt besiegelte Entwicklung „in immer tiefere Entmenschung" aufzuhalten[138]. Brechts Statement von 1934 kommt zugleich dadurch charakterisierende Bedeutung zu, daß auch hier, schon damals, im Bewußtsein objektiver parteilicher Nähe zu einer ‚bürgerlich' konstituierten Krisenerfahrung gesprochen war[139]. Es war verfaßt freilich im Ausblick auf eine historische Katastrophe[140],

[137] Bertolt Brecht: „Über Karl Kraus". In: ders.: *Werke. Große kommentierte Berliner und Frankfurter Ausgabe.* Herausgegeben von Werner Hecht, Jan Knopf, Werner Mittenzwei und Klaus-Detlef Müller. Bd. 22.1, Berlin und Weimar/ Frankfurt am Main 1993, S. 33-36, hier S. 34.

[138] Noch an der Erfahrung der Atombombe hat Brecht diese Perspektive weiterzuentwickeln versucht. Vgl. ders., „Anmerkungen zum ‚Leben des Galilei' (2)" sowie „Anmerkungen. Ungeschminktes Bild einer neuen Zeit". In: ders.: *Werke* (Anm. 137). Bd. 24. Berlin und Weimar/ Frankfurt am Main 1991, S. 240 f.

[139] Hier verkörpert durch Karl Kraus.

[140] Zu Brechts katastrophischer Perspektivik 1934 ff. vgl. Verf.: *Experiment* (Anm. 20), S. 154 ff.

die Hildesheimer schon genauer kannte; und Brecht stand, wenn auch unmittelbar, noch *vor* jener Erfahrung, die für Hildesheimer zur Gewißheit geworden ist: Der „soziale Umsturz" ist ausgeblieben.

Auch in seiner Beschreibung des Ortes des Schriftstellers in einer „Welt", die unverändert „beherrscht" ist „von Willkür und Unrecht" (F 236), steht Hildesheimer in der Tradition linker Literaturtheorie: „Beruf und Überleben des Schriftstellers", so Hildesheimer, „hängen von seinem Denken ab, von seinem gewiß gleichnishaften, aber kohärenten Nachdenken darüber, was die Welt zusammenhält und was sie auseinanderbricht." (F 236 f.) „The time is out of joint" – daß solche, Hildesheimer als Hamlet-Wort mehr als vertraute Bestandsaufnahme[141] Ausgangspunkt und die aus den Fugen geratene Welt selbst einziger Gegenstand des Schriftstellers sei, einte noch solche Antipoden linker Literaturpolitik wie Radek und Brecht[142]. Hildesheimer unterstreicht diese Auffassung ausdrücklich: „Wenn er [der Schriftsteller] kollektive Realität als seinen Ausgangspunkt annimmt, so sind die Gegenstände seines Nachdenkens demnach: Leid, Wahnsinn und Verbrechen." Er fährt fort: „Kann er aber als Erzähler ‚darüber' schreiben? Er kann es nicht", da „das subjektive fiktive Modell eines Einzelfalles", das er konstruiert, „den Keim des Übels, nämlich die nicht mehr aufzuhaltende Maschinerie, die unser Schicksal bestimmt, überhaupt nicht berührt; denn sie findet jenseits seines Erfahrungsbereiches statt. Die Versuche der Literatur, einschließlich der *littérature engagée*, unsere Situation anhand fiktiver Modelle in den Griff zu bekommen, sind gescheitert" (F 237). Damit ist das zentrale Argument des „Fiction"-Vortrags ausgesprochen, der Dissens eindrücklich markiert.

An dieser Stelle bezeichnet Hildesheimer erstmals explizit jene Schreibweisen, die sich seiner Auffassung nach der Tatsache programmatisch verschließen, daß „wir [...] immer weniger [wissen], was wir eigentlich unter Realität zu verstehen haben" (F 240). Er nennt den Verfasser, der „mutig in die Erfahrungen zu tauchen" sucht, „sich harter Arbeit [aussetzt], um sie erzählend wiederzugeben", und entgegnet: „Sechs Monate in einem Kohlenbergwerk zu frönen ist etwas anderes, als dazu geboren zu sein, das gesamte Leben darin zu verbringen." Er nennt den „Arbeiter, der sein Schicksal abstreift, um es zu beschreiben", dessen Bericht jedoch, als Ausdruck „individuelle[r] Leidensgeschichte", „Wahrheit zu Fiktion" mache statt „Wahrheit aus Fiktion zu kondensieren". Und er weist auf jene

141 Zuletzt in *Masante*: „The time is out of joint [...]. Die Zeit ist niemals in den Fugen gewesen, Hamlet neigt zu Pathos." (M 221)

142 Vgl. Radek: [Referat] (Anm. 127), S. 180, und Bertolt Brecht, „[Thema der Kunst: Die Welt ist aus den Fugen]". In: ders.: *Werke* (Anm. 137). Bd. 22.2, Berlin und Weimar/ Frankfurt am Main 1993, S. 613-614.

Autoren hin, die zwar die Funktion sozialer, mehr aber noch seelischer Not als Elemente des „schöpferischen Movens" in der Literatur der Vergangenheit erkennen und entsprechend zu nutzen versuchen, gleichzeitig aber glauben, die Errungenschaften „psychologischer Erkenntnis" ignorieren zu können: „Seltsamerweise scheinen diese Erkenntnisse aus dem Bewußtsein vieler junger Schriftsteller wieder getilgt zu sein, die sich im Labyrinth ihrer Seelen durch Schreiben zurechtzufinden suchen anstatt durch psychoanalytische Behandlung, die sie doch zumindest in die Lage versetzen würde, zwischen Subjekt und Objekt zu unterscheiden. – So kommt nun auch der *Traum* in die deutsche Literatur zurück: einige prominente junge Schriftsteller haben sich in ihren kürzlich erschienenen Erzählwerken seiner reichlich bedient. Aber es ist keineswegs die wissenschaftlich erforschte Stimme des Unbewußten, die einen definierbaren Kontrapunkt zu des Träumers Tagleben setzt, sondern ein obskurer, beinahe mythischer deus ex machina, herbeibemüht, um das Bewußtsein des Helden um eben jene Erlebniselemente zu ergänzen, die während seines Wachens formal nicht unterzubringen waren. Daher eine primitive Rückkehr zum Roman des frühen neunzehnten Jahrhunderts, nur eben um so viel dürftiger und unschärfer; denn im neunzehnten Jahrhundert entsprach der Traum, entweder als sinistre Vorahnung oder als Spiegel der Seelenverfassung des Träumers, dem damaligen Stadium psychologischer Erkenntnis. Heute sollte der Schriftsteller es besser wissen." (F 237 ff.)

In den hier geschilderten Schreibweisen sind die Adressaten seiner Einrede bezeichnet: der Reportage-Typus, den Günther Wallraff popularisiert hatte; die neue ‚Literatur der Arbeitswelt', wie sie besonders vom Werkkreis Literatur der Arbeitswelt gefördert und von Martin Walser propagandistisch unterstützt wurde; sowie der „Ich-Realismus"[143] im Stil Peter Handkes und Karin Strucks[144].

Diesen drei unterschiedlich gearteten Bemühungen um Realismus hält Hildesheimer nicht nur vor, ihre offenkundige historische Entfernung zur realistischen Schreibweise etwa von Dickens[145] gar nicht zu begreifen; er sucht sie zentral zu treffen mit einer Lesweise, die gerade im Moment der autoritativen Installierung realistischen Schreibens – in Moskau 1934 – die Besiegelung seines Endes erkennt. Es ist diese

143 Klaus Briegleb: „Weiterschreiben!" (Anm. 7), S. 344.

144 In einer Anmerkung hatte Hildesheimer die „kürzlich erschienenen Erzählwerke" im *Merkur* 332 benannt: „Peter Handke: ‚Die Stunde der wahren Empfindung' und Karin Struck: ‚Die Mutter'. Beide Suhrkamp 1974." Diese Anmerkung – die einzige, in der Hildesheimer innerhalb des „Fiction"-Vortrags Vertreter der „jungen Schriftsteller in Deutschland" mit Namen bezeichnet – fehlt im Wiederabdruck der deutschen Version des Vortrags in *Das Ende der Fiktionen* 1984.

145 Erwähnung von Dickens auch schon bei Radek: Radek: [Referat] (Anm. 127), S. 180 f.

Partie der „Fiction“-Rede, die die ganze Spannung, in der sich Hildesheimer zur Moskauer Literaturpolitik bewegt und *in* der er zur deutschen Gegenwartsliteratur Stellung bezieht, besonders deutlich werden läßt.

Ein erster Blick auf jene Zeilen in der Mitte seines Vortrags, in denen der Redner ein einziges Mal die Protokolle des Kongresses erwähnt, vermag nur emphatische Distanzierung wahrzunehmen: „Das Nachlesen dieser Reden, vor mehr als vierzig Jahren gehalten, ist beinah ein irrealer Vollzug. Nicht nur sind sie völlig einmütig in ihrem affirmativen Enthusiasmus, sondern sie sagen auch alle das gleiche: Literatur, die sich nicht in den Dienst des Fortschritts und des Antifaschismus stellt, ist keine Literatur.“ Die Folgerungen, die in diesen Reden gezogen würden, seien „inakzeptabel, die Direktiven unzumutbar, die Implikationen unwahr, letzten Endes unwahrhaftig.“ Nur eine einzige Andeutung weist in die entgegengesetzte Richtung: in den Worten, mit denen Hildesheimer – „ich zumindest tue es“ – „mit der moralischen Haltung vieler Sprecher [sympathisiert]“ (F 240). Indem Hildesheimer den Beweggrund dieser Sympathie in der englischen Erstfassung explizit benennt, wird erst hier die spezifische Dynamik zwischen „moralischer Haltung“ und „unzumutbarer Diktion“ erkennbar; vor seinem irischen Publikum hatte Hildesheimer gesagt: „While we – at least I sympathize with the moral attitude of the speakers, not however with the political consequence – we must remember that faschism in Germany had just outgrown the state of mere menace and had become the terrifying reality as which some of us have experienced it –, the consequences as to literature and art seem inacceptable if not downright preposterous today, untrue and, what is worse, insincere.“ (F 113)

In Hildesheimers Bekenntnis zur „moralischen“ Position der Moskauer Sprecher von 1934 ist anerkannt, daß, wie immer man zur Sowjetunion dieser Jahre stehen mochte, die Polarisierung, in die der NS-Faschismus die Epoche getrieben hatte, die SU de facto zur einzigen entschiedenen politischen Kraft, die gegen den Nationalsozialismus stand, hatte werden lassen. Dadurch war sie notwendig zu einem *legitimen* Hoffnungsträger all jener geworden, die mit der nun zum Ausbruch gekommenen „erschreckenden Realität“ des Nationalsozialismus konfrontiert wurden. Es ist diese spezifische Legitimität, der objektive historische Ort, an dem Hildesheimer die SU von 1934 sieht, der erst das Gewicht sichtbar macht, das der „Unzumutbarkeit“ und „Unwahrhaftigkeit“ der von diesen Sprechern artikulierten literaturpolitischen Direktiven in Hildesheimers Perspektive zukommt. Denn wenn Moskau 1934 tatsächlich jener Ort war, in dem antifaschistische Moral Praxis zu werden, d. h.: sich geschichtlich zu verwirklichen begann, dann mußte die in seiner Mitte formulierte Literaturpolitik gegen die Moderne deren Verwendbarkeit in den Kämpfen der Zeit ernsthaft in Zweifel ziehen. Der Relativierung dieses Blicks etwa durch die stalinistische Realpolitik nach 1934 stand nicht nur die Rolle der SU bei der militärischen Niederschlagung des NS-Regimes und die der Roten Armee bei der Befreiung von Auschwitz entgegen. Sondern Hildesheimer spricht zugleich aus einer kollektiven Erfahrung, der der pragmatische Blick, der nach den Chancen des Überlebens, unweigerlich zum historiographischen hatte werden müssen: In dem Maße, in dem die SU die gegebene historische Verwirklichung einer gegen den NS-Faschismus gerichteten Kraft war, war der antifaschistische Anspruch, den sie 1934 für sich reklamierte, ernstzunehmen.

Vor seinem deutschen Publikum verzichtet Hildesheimer auf jede nähere Erklärung seiner „Sympathie" mit der in Moskau demonstrierten „moralischen Haltung vieler Sprecher". Er wußte, daß jeder explizite Hinweis auf die „terrifying reality as which some of us have experienced [faschism in Germany]" Zweifel bei seiner deutschen Leserschaft, insbesondere den deutschen Autoren, daran wecken würde, ob überhaupt *zu ihnen* gesprochen sei. Hildesheimers ersatzlose Streichung verdeutlicht – in bezeichnender Lakonik – ein weiteres Mal, welche ‚Rücksichten' auch 1975 unvermindert sinnvoll schienen, um deutschen Autoren die vorzeitige Flucht aus einer Aufmerksamkeit zu verstellen, die sich kritisch gegen sie selbst zu richten droht.

In Moskau war 1934 mit aller Autorität, über die die Nomenklatur verfügte, festgestellt worden, daß die – auch am Kongreß-Ort besonders durch das Werk von Joyce verkörperte – europäische Moderne nicht mehr, falls je, fähig sei, „einer großen humanen Sache zu dienen" (F 235). Das Ausmaß der Spannung, in die Hildesheimer durch diese Entscheidung gerade auch deswegen gestellt war, weil er eine spezifische historische Autorität der SU ausdrücklich anerkannte, wird am deutlichsten in der Gegenüberstellung seiner entschiedenen Verurteilungen des Moskauer Kurses mit denjenigen seiner Anschauungen, die erstaunliche Übereinstimmung mit Moskauer Verlautbarungen aufweisen. Hildesheimers Intervention gegen die deutsche Gegenwartsliteratur, insbesondere aber gegen die von ihm angeführten Schreibweisen ist entscheidend dadurch charakterisiert, daß sie Argumente sowohl für wie gegen den Moskauer Kongreß ins Feld zu führen sucht.

„Realismus", so hält Hildesheimer den Vertretern der zuvor aufgeführten Schreibweisen entgegen, „starb schon 1934, als er, beim ersten Allunionskongreß der Sowjetschriftsteller in Moskau, zum Programm erklärt und damit institutionalisiert wurde. Auf diesem Kongreß wurde das Wort Individualismus zum Schimpfwort erklärt, und Karl Radek führte seine berühmte Attacke gegen Proust, vor allem explicite gegen Joyces ‚Ulysses'." (F 240) Wenige Absätze später dagegen betont der Redner: „Doch das Elend der Realismen hat nicht erst mit den Konzepten eingesetzt, wie sie vom Moskauer Kongreß erarbeitet wurden – Kunst wird nicht von Regeln ermordet, sie wird schließlich von allein erlöschen –, sondern mit dem organischen Absterben genau dessen, was der Kongreß vornehmlich bekämpfte: die ‚bürgerliche Literatur'." (F 242) Als ein Beispiel solcher ‚bürgerlichen' Literatur, die heute „historisch", wenn nicht, „auf ein aktuelles Thema angewandt, [...] frivol" wirken müsse, nennt Hildesheimer Thomas Mann (F 242 f.).

Solche Erschöpfung bürgerlicher Literatur war auch in Radeks Perspektive bestimmend[146]. Doch die Überschneidung reicht noch ein kennzeichnendes Stück weiter. Karl Radek hatte in Moskau gesagt: „Faschismus ist gleichbedeutend mit dem Ende großer Literatur"[147] – in diesem Satz war jene poetologische Erfahrung vorgesprochen worden, der Hildesheimer nicht nur, in verschiedenerlei Form, schon vielfach begegnet war, sondern die er jetzt, 1975, selbst durchlaufen hatte. Von hier aus, dem Endpunkt der Erfahrung Hildesheimers, war freilich Radeks Zuversicht desavouiert, in einer auf dem berufsrevolutionären Wege bewerkstelligten Liquidation der „ ‚bürgerlichen Literatur' " die Literatur der Zukunft herbeizuproklamieren; hier war erkannt, daß das Ende der bürgerlichen das „Ende der Literatur" (F 234) überhaupt bedeutet. Doch auch diese, Radeks Zuversicht denkbar entgegengesetzte Auffassung, stand komplementär zu seiner Ausgangsthese vom „Ende großer Literatur" durch den „Faschismus": Der Sieg des NS-Faschismus war – auch durch seine militärische Bezwingung 12 Jahre nach seiner Einsetzung – nicht widerrufen worden.

Diese zweifach vom Moskauer Kongreß abgeleitete Kritik wendet Hildesheimer direkt auf die deutsche Gegenwartsliteratur an. Das Moment der Institutionalisierung und der Neigung, „Direktiven [auszugeben], wie man in Zukunft zu schreiben hat", erkennt er wieder in der Flucht „zahlreiche[r] jüngere[r] und junge[r] Schriftsteller – und darunter gute – [...] in didaktische Theorie" oder in „Gruppen, um Symposien theoretischer oder polemischer Texte zu arrangieren" (F 240 f.). Ein Blick auf die „Reihe großer Schriftsteller" in der Literaturgeschichte zeige jedoch, daß kaum einer von ihnen – „zugegeben: mit der Ausnahme Maxim Gorkijs" – „sich mit der Theorie des Schreibens überhaupt [befaßt]" oder es als „notwendig" empfunden habe, „sich oder anderen über das, was er tut, Rechenschaft abzulegen, *außer* in seinen Büchern." Vor dieser Kulisse deutet Hildesheimer

146 Vgl. ebd.
147 Ebd., S. 179.

die vermehrte diskursive Aktivität der Gegenwartsautoren als Symptom dafür, daß das „Vertrauen [...] in die Techniken des Erzählens" verloren gegangen zu sein scheint. „Gewiß, es ist völlig natürlich, daß sie keine Geschichte mehr zum Erzählen finden. Aber Theorie und Kritik sind kein Ersatz, zumal da sie ihren Gegenstand langsam ersticken. Warum wagen diese Schriftsteller nicht den endgültigen Schritt und geben die Literatur auf? Sie laborieren unter dem falschen Glauben, daß Schriftsteller-sein eine Entscheidung fürs Leben ist. In Wirklichkeit ist es keine Entscheidung, sondern ein Schicksal, daß sich nach jedem Buch wenden kann." (F 241) Indem Hildesheimer hier in Abrede stellt, daß „Schriftsteller-sein wirklich ein Beruf ist" (F 241), d. h.: sich hauptsächlich durch die Aufgabe legitimieren dürfe, das materielle Auskommen seines Ausübers sicherzustellen, reißt er die deutsche literarische Produktion ‚zurück' in jene eine Geschichte der Weltliteratur, in der nur ein einziger Maßstab gelte: das Vermögen der Kunstwerke, „einer großen humanen Sache zu dienen". Wer sich, wie Hildesheimer, diesem Maßstab als Schriftsteller weniger ‚verpflichtet' denn *objektiv ausgesetzt* wußte, dem war die Meditation darüber, „ob es einen lebenden Schriftsteller gibt, dessen Stummbleiben ein großes Unglück für die Literatur wäre"[148], kein Tabu, sondern eine vertraute Übung; der war auch fähig zum „endgültigen Schritt".

Das zweite vom Moskauer Kongreß abgestützte, gegen die deutsche Gegenwartsliteratur in Stellung gebrachte Argument – das Theorem vom Ende der bürgerlichen Literatur: „Die Zeiten der großen Romanciers sind vorbei" (F 243) – sucht der Redner in einer Gegenüberstellung zweier knapper Zitate aus Connollys „Unquiet Grave" und Peter Neuneiers „Akkord ist Mord" zu präzisieren. Die als „etwas verspätete[s] Beispiel von Weltschmerz" charakterisierten Zeilen des Briten (F 244) kontrastiert er mit dem Satz: „ ‚Wenn man für seine paar Kröten so schuften muß wie ich, ist das ganze Leben beschissen!' Auf den ersten Blick würde man sagen, daß diese beiden Zitate nicht vergleichbar seien, da es sich bei dem einen um Literatur handle, bei dem anderen nicht. Doch eine anwachsende Gruppe von Schriftstellern und Kritikern in Deutschland würde Ihnen versichern, daß auch das zweite Zitat Literatur, daß dies in der Tat Literatur unserer Zeit sei." Diese Auffassung, die Hildesheimer hier direkt nach Martin Walser zitiert[149], wird mit dem Hinweis darauf zurückgewiesen, daß das Zitat des Werkkreis-Autors „eine wahre, [...] eine tragische Aussage, [...] mehr noch: eine direkte Anklage der Gesellschaft

[148] Palinurus: *Das Grab ohne Frieden* (Anm. 110), S. 35.

[149] Walsers Aufsatz „Wie und wovon handelt Literatur" (vgl. Anm. 62) hatte Hildesheimer die Neuneier-Zitate entnommen, wie aus seiner Anmerkung (F 245) hervorgeht.

[sei], und zwar einer Art, wie Literatur sie gar nicht ausdrücken kann. Daher degradieren jene Kritiker ihre Aussagekraft, indem sie eine solche Stimme in die Literatur verweisen, die eben eine völlig anders geartete Rezeption voraussetzt als der – noch so erschütternde – Bericht." (F 245)

Als bedeutsamer erscheint Hildesheimer jedoch vor allem die „intensive Selbstidentifikation", die der Werkkreis-Text mit Connollys 30 Jahre älteren Zeilen teilt. In ihr erkennt er jenes Merkmal, das „auch die Mehrzahl unserer heutigen Fiktionen" charakterisiere. Zum einen werde in ihnen, soweit sie sich von unbegriffenen „Affekten" nährten und die Züge einer „Beschäftigungstherapie" trügen, regelhaft verkannt, daß „objektive Realität" – wenn es sie denn gäbe – „in die Literatur als Realismus nur dann eingehen (könne), wenn der Autor zumindest mit seiner eigenen Seele in Frieden lebte." (F 247) Zum anderen jedoch sei solche Gegenwartsliteratur Symptom: für die zunehmende Einsicht darein, daß die „relative Sicherheit" (F 248), von der die bürgerliche Literatur noch in ihren Aufzeichnungen der Krise zehren konnte, vorbei sei.

Im Abstand, mit dem „unser Bewußtsein" hinter „der objektiven Wirklichkeit" hinterherhinke und dem darin begründeten Unvermögen des Schriftstellers, diese Wirklichkeit vor seiner „bewußten Gestaltung" erst „durch sein Unbewußtes" zu verarbeiten (F 243), sieht Hildesheimer die Grundlage jeder Literatur in Frage gestellt. Dieser Abstand wird wahrgenommen im Kontext der Unabhängigkeit insbesondere der Naturwissenschaften von jeder effektiven gesellschaftlichen Kontrolle, so daß jeder „Fortschritt sich in absoluter Wertfreiheit vollzieht: jeder Wissenschaftler ist, bestenfalls, für sein eigenes Gebiet verantwortlich, daher unverantwortlich außerhalb seiner Grenzen." (F 247) Der historische Raum, aus dem hier argumentiert ist, ist bezeichnet in der Tatsache, daß auch dieser Blick auf die „weltabgewandte" Stellung des Naturwissenschaftlers bereits in Moskau 1934 – kennzeichnenderweise in Herzfeldes Verteidigungsrede für Joyce – zur Sprache gekommen war[150]. Das simulierte Gespräch zwischen „Romancier" und „Genetiker", mit dem Hildesheimer seinen „Fiction"-Vortrag beschließt, bringt mit aller Deutlichkeit zum Ausdruck, daß der Weltprozeß jedoch unterdessen in ein Stadium eingetreten ist, in dem nicht nur „unser Leben außer Kontrolle gerät" (F 248), sondern die Existenz der menschlichen Gattung selbst in Frage gestellt ist. – Diesem Zusammenfallen vom Ende der Literatur mit der menschheitsgeschichtlich singulären Bedrohung der Gattung muß freilich besondere Stringenz in jeder Perspektive zuwachsen, der die

[150] Wieland Herzfelde: [Diskussionsbeitrag 26.8.1934]. In: Schmitt/ Schramm (Hg.): Realismuskonzeptionen (Anm. 127), S. 239-244, hier S. 241 f.

authentische Stiftung der humanen Aufgabe der Literatur und der Befund ihres Scheiterns an dieser Aufgabe unstrittig sind.

„Dieser Zustand“, heißt es am Ende des Vortrags, unter Bezug auf den Charakter des wissenschaftlichen Fortschritts und die Konfrontation der Menschheit „mit dem Unvorhersehbaren und – schlimmer! – dem Unkontrollierbaren“, „hat unser Bewußtsein um eine furchtbare Dimension erweitert, ein ubiquitäres Element der Furcht“ (F 247 f). In Frankfurt 1967 hatte Hildesheimer formuliert: „Auschwitz und ähnliche Stätten haben das menschliche Bewußtsein erweitert, sie haben ihm eine Dimension hinzugefügt, die vorher kaum als Möglichkeit bestand.“[151] Die identische Wortwahl verdeutlicht, was schon in „Masante“ zum Ausdruck gekommen war: Das Vernichtungspotential des ‚Fortschritts‘ war begriffen als genetische Folge jener unaufhebbaren Weiterung, die die Geschichte der Menschheit dadurch erfahren hatte, daß Auschwitz und Belsen „unwiderruflich in die Welt der existenten Dinge eingebracht“[152] worden waren. Angesichts dieses Zustandes, so fährt Hildesheimer resümierend fort, sei es „nur natürlich, daß [...] in uns eine Sehnsucht nach Vergangenheit und ihrer relativen Sicherheit“ wachgerufen werde. „Diese Sicherheit ist nun immer noch das Aktionsfeld, auf dem der Autor von Fiktionen sich bewegt. Mag er sich auch als Realist betrachten, der seiner Zeit gewachsen sei, immer arbeitet er unter der Prämisse, daß die Bedingungen menschlichen Lebens auf dieser Welt von der Vernunft geschaffen werden, die in letzter Stunde Abhilfe schafft.“ (F 248) In dem Maße, in dem solches Vertrauen in die Gegenwart der Vernunft im entscheidenden historischen Augenblick nur noch bodenlos war, mußte auch der historische Ort der auf dieses Vertrauen gegründeten Literatur nichtig sein.

Die Entfernung, die Hildesheimer zwischen sich und der deutschen Gegenwartsliteratur aufriß – genauer: zu beschreiben suchte –, konnte nicht größer sein. In der Konfrontation mit einer authentischen Nähe nicht nur zur Arbeit von Joyce, sondern auch vor allem zu jener Krisenerfahrung, wie sie um Connollys „Horizon“ artikuliert worden war, demonstriert Hildesheimer das Versäumnis, genauer: die Verweigerung des Betriebs der deutschen Nachkriegsliteratur, tatsächlich Anschluß zu suchen an die insbesondere während der Jahre des NS-Regimes außerhalb Deutschlands stattgehabten poetologischen und literaturpolitischen Entwicklungen. Die Bemühungen gerade der neuesten Formation der deutschen Gegenwartsliteratur, sich Legitimation von einem Ort zu verschaffen, der ferner zur konkreten deutschen Li-

151 WH VII, S. 57 (“Die Wirklichkeit des Absurden“).

152 Primo Levi: *Die Atempause* (zusammen in einem Band mit *Ist das ein Mensch?*). München/ Wien 1988, S. 182.

teraturgeschichte – im Reich und ab 1945 im Westen – kaum denkbar war: Moskau 1934, wird erkennbar als Regung einer Nationalliteratur, deren Verpflichtung auf die literarische Moderne Authentizität nie erlangt hatte. Die Auffaltung der Moskauer Konstellation gestaltet Hildesheimer in seinem „Fiction"-Vortrag zu einem Lehrstück für die deutsche Gegenwartsliteratur. Zum einen wird deutlich gemacht, daß die deutsche Gegenwartsliteratur, sofern sie den Realismus-Vorstellungen der Kongreß-Reden verpflichtet ist, *schon 1934 anachronistisch* gewesen wäre; von ihrer Rolle 40 Jahre später ganz zu schweigen. Zum andern wird nicht ohne Lakonik an die Unabhängigkeit in der Anwendung linker Literaturtheorie erinnert, die zur Zeit des Kongresses längst geübt wurde, deren Dokumente aber vor allem im deutschen Literaturbetrieb der Gegenwart zur Verfügung standen[153]. Die Einsicht, „daß die Tendenz einer Dichtung nur stimmen kann, wenn sie auch literarisch stimmt"[154] – eine Auffassung, die den „Fiction"-Vortrag entscheidend grundiert –, war noch im Jahr des Moskauer Kongresses linker Literaturtheorie zugeführt worden. Explizit wird Hildesheimers Hinweis auf solche ‚dissidente' linke Theoriearbeit jedoch in seiner eigenen Ausdeutung des in Moskau von Radek vertretenen Theorems vom Ende der bürgerlichen Literatur. Die Radikalität, die Hildesheimer in der Arbeit an dieser These zeigt, muß nicht nur jeden weit hinter sich lassen, der in der realistischen Schreibweise unverändert „Befreiungsenergie"[155] wirken sieht, sondern zugleich jeden erschrecken, dem ein „endgültiger Schritt" undenkbar war. Hildesheimer begegnete in der Arbeit am „Fiction"-Vortrag der denkwürdigen Erkenntnis, daß er den Moskauer Rednern in der Auffassung von „ ‚Kunst' " und „ ‚Kreativität' " näherstand als seinen deutschen Kollegen der Gegenwart. Daß von diesem Erbe augenscheinlich nichts eingegangen war in die theoretische und diskursive Arbeit der deutschen Gegenwartsliteratur, nimmt im „Fiction"-Vortrag die Stelle einer Kennung ein: ihrer Ungeschichtlichkeit. Die deutsche Literatur der ersten Nachkriegsjahre war bestimmt gewesen von einer Weigerung, den – vielleicht dauerhaft in Frage gestellten –

[153] Dies gilt insbesondere für die Schriften Brechts; auch der nachfolgend zitierte Aufsatz Benjamins, „Der Autor als Produzent", hatte ab 1966 vorgelegen. Gleichfalls bot die von Schmitt/ Schramm 1974 vorgelegte Dokumentation des Moskauer Kongresses ihrerseits die Gelegenheit, die Kritik, die noch während der Kongreßtage nicht nur von Herzfelde an der Radek-Schdanov-Linie geübt worden war, zu studieren.

[154] Walter Benjamin: „Der Autor als Produzent". In: *Gesammelte Schriften*. Bd. II.2. Herausgegeben von Rolf Tiedemann und Hermann Schweppenhäuser. Frankfurt am Main 1977, S. 683-701, hier S. 684. – Klaus Briegleb weist bereits auf diesen Satz Benjamins im Kontext des „Fiction"-Textes hin: Briegleb: „Weiterschreiben!" (Anm. 7), S. 377.

[155] Walser: „Wie und wovon..." (Anm. 62), S. 132.

Ort deutscher Literatur in der Kunst der Menschheit wiederzuerlangen durch die Bereitschaft zu einer umfassenden Konfrontation mit den Zeugnissen der Epoche. 1975 ist für Hildesheimer unabweisbar geworden, daß diese Weigerung nie wirklich revidiert worden war. Dafür war gerade das Unvermögen, mit der ersehnten „*guten* Tradition"[156] anders als legitimatorisch umzugehen, Symptom. Der archimedische Punkt, der Hildesheimer wiederholt in jene Konfrontation gezwungen hatte, war bezeichnet in der „terrifying reality", mit der der Nationalsozialismus ihn zu überziehen gesucht hatte. Im „End of Fiction"-Vortrag ist jedoch mit unverminderter Überzeugung daran festgehalten, daß diese Erfahrung, an deren Ende das literarische Verstummen steht, auch als ‚jüdische' nur im Zusammenfallen mit ihrer universellen Bedeutung – d. h. auch: Geltung – wirklich begriffen ist.

5

Knapp ein Jahr, nachdem Hildesheimer den Vortrag „The End of Fiction" an vier irischen Universitäten gehalten und in dortigen Seminaren diskutiert hatte, erscheint der Text in seiner eigenen Übersetzung an einer für den deutschen Literaturbetrieb sichtbarsten Stelle, im „Merkur" Nr. 332 vom Januar 1976.

In dieser Übersetzung hatte der Autor zahlreiche Veränderungen gegenüber der englischen Erstfassung vorgenommen. Die diskurspolitisch prägnantesten wurden bereits im Zusammenhang der Rede vorgestellt. Die zahlreichen weiteren Streichungen betreffen vor allem die expliziteren Ich-Bezüge und ‚engeren', am eigenen Beispiel entwickelten Bestimmungen des Schriftstellerberufs; die Ergänzungen in der deutschen Version pointieren die zentralen Thesen. Die Rede wird mit diesen Änderungen sichtbar auf eine deutsche Diskurssituation hin konditioniert.

Hildesheimer versieht diese Version für den Abdruck im „Merkur" mit einer kurzen Vorbemerkung. Dort räumt er zwar ein: „Wer meine Thesen anficht oder mir mangelnde Konsistenz vorwirft, hat möglicherweise recht." Den Diskussionsstand faßt er jedoch in den Worten zusammen, daß die bisher geäußerten „Gegenargumente – meist Optimismus, Selbsterhaltungswunsch und Ideologie – meine Ansicht eher gefestigt als erschüttert" (F 229) hätten.

[156] Willy Brandt: „Literatur und Politik im Exil". In: *Literatur des Exils. Eine Dokumentation über die P.E.N.-Jahrestagung in Bremen vom 18. bis 20. September 1980.* Im Auftrag des P.E.N.-Zentrums Bundesrepublik Deutschland herausgegeben von Bernt Engelmann. München 1981, S. 164-171, hier S. 170. Kursivierung W.B.

Bei der Beobachtung der Reaktionen gebührt Peter Handke besondere Aufmerksamkeit. Die Kritik, die Handke am ‚Beschreibungsrealismus‘ der Gruppe 47 während der Princetoner Tagung im Juni 1966 geäußert hatte, hatte ihn in ein überraschendes Nahverhältnis zu Hildesheimer gerückt.[157] „In blubbernden, nicht gut formulierten Sätzen“ hatte „der junge Mann“, dessen Lesung Richter später als „uninteressant und langweilig“[158] erinnern wird, moniert, daß „das sogenannte gesellschaftliche Engagement des Schriftstellers von den Kritikern in der Gruppe 47 an den Objekten gemessen wurde, die er beschreibt, und nicht an der Sprache, mit der er diese Objekte beschreibt.“[159] Das Prekäre, Unwahrhaftige[160], das den von der Gruppe propagierten Schreibweisen in der Konfrontation mit dem Gegenstand des Nationalsozialismus spezifisch anzuhaften schien und in Princeton auch einem anderen Beobachter aufgefallen war[161], greift Handke in einem kurz nach der Tagung vorgelegten Bericht „Zur Tagung der Gruppe 47 in USA“ mehrmals heraus: „Die sogenannte ‚Vergangenheit‘ war bewältigt, als ein Lichtbildervortrag beschrieben wurde, der von einer Reise nach Polen handelte, wobei man nur noch zu warten brauchte, an welcher Stelle jetzt, wenn auch noch so beiläufig, der berühmte Ort A. zur Sprache kam. Und der Ort A. kam zur Sprache. Da ist schon das Wort! Und wie beiläufig! Wie wunderbar nebenbei! Wie ganz unaufdringlich! Wie viele Zuhörer werden nun erschrocken sein, in diesem scheinbar so harmlosen Reisebericht plötzlich aus dem Hinterhalt das Pflichtwort zu hören! Diese Kunst des Unauffälligen!“[162] Seine Bilanz lautet: „Mir ist während dieser Tagung aufgefallen, daß formale Fragen eigentlich moralische Fragen sind. Wagt es jemand, in einer unreflektierten Form über heiße Dinge zu schreiben, so erkalten diese heißen Dinge und erscheinen harmlos. Den berüchtigten Ort A. in einem Nebensatz zu erwähnen, geht viel-

[157] Hildesheimer hatte an der Tagung in Princeton nicht teilgenommen. Daß er jedoch schon kurze Zeit später über alle wesentlichen Vorkommnisse, darunter Handkes Auftritt, orientiert war, legen nicht nur seine engen persönlichen Kontakte zu verschiedenen Teilnehmern nahe, sondern auch die Erwähnung Handkes in seinem Beitrag zu einer „Diskussion um die Gruppe 47“, die, so die *Zeit*-Redaktion, „seit der Tagung in Princeton nicht ab[reiße]. Sie kommt uns nicht gelegen.“ (Wolfgang Hildesheimer: „Amerys koketter Ruf nach einer Mafia – Eine Erwiderung in Sachen Gruppe 47“. In: *Die Zeit*, 15. Juli 1966)

[158] Hans Werner Richter: „Wie entstand und was war die Gruppe 47?“. In: Hans A. Neunzig (Hg.): *Hans Werner Richter und die Gruppe 47*. München 1979, S. 41-176, hier S. 165.

[159] Peter Handke: „Zur Tagung der Gruppe 47 in USA“. In: ders.: *Ich bin ein Bewohner des Elfenbeinturms*. Frankfurt am Main 1972, S. 29-34, hier S. 30 f.

[160] Vgl. Hildesheimers Kritik an den Moskauer Reden, F 240.

[161] Joachim Bauke: „Gruppe 47 in Princeton.“ In: Reinhard Lettau (Hg.): *Die Gruppe 47 – Bericht, Kritik, Polemik*. Neuwied und Berlin 1967, S. 236-240, hier S. 240.

[162] Handke: *Bewohner* (Anm. 159), S. 31.

leicht an. Ihn aber bedenkenlos in jede Wald- und Wiesengeschichte einzuflechten, in einem unzureichenden Stil, mit untauglichen Mitteln, mit gedankenloser Sprache, das ist unmoralisch. Die Reaktion treibt dann zu dem bekannten Ausspruch, man solle doch endlich aufhören, von Auschwitz ... und so weiter."[163] Im Raum, den Handke hier denunziert im Hinweis auf einen fragwürdigen Begriff von Engagement und auf mangelnde Reflexionslust über den Zusammenhang von Sprache und Realität, war schon Hildesheimers „Tynset" unkenntlich geworden[164]; und im wiederholten Hinweis auf das Beispiel mit dem „berüchtigten Ort A." war nach nur einer Tagung erkannt, was Hildesheimer in Jahren der Gruppenmitgliedschaft erfahren hatte: daß die Hypotheken der Gruppe immer dann in besonderer Weise sichtbar werden mußten, wenn auf wie auch immer geartete Weise der Nationalsozialismus berührt war.

Es ist Handke, von dem die einzige unmittelbar auf den „Merkur"-Abdruck erfolgte Reaktion stammt. In seinem „Journal", das er 1977 unter dem Titel „Das Gewicht der Welt" veröffentlicht, trägt er unter dem 7. März 1976 folgende zwei Notizen ein: „James Joyce hatte einen Wortschatz von 30.000 Wörtern; deswegen ist er der bedeutendste Schriftsteller dieses Jahrhunderts – Eine andere Nummer 1 in der Hitparade der Blödheit: ein Schriftsteller, der nicht mehr schreibt (und daraus, wie üblich, aus Selbstschutz sogleich eine Norm für alle andern machen will), findet es rückschrittlich, daß Schriftsteller heutzutage wieder anfangen, Träume zu erzählen, statt eine Psychoanalyse zu machen, wo ihre Träume doch schon längst vor-geklärt seien. – Solche Bemerkungen sind eine Art geistiges ‚Blitzen': der Betreffende ist nicht nur ohne etwas im Kopf und im Herzen – er läuft damit auch noch in die Öffentlichkeit"[165]. So genau sich Handke in den entsprechenden Partien der „Fiction"-Rede erkannt hatte, so verärgert: polemisch psychologisierend („Selbstschutz") und persönlich herabsetzend („ohne etwas im Kopf und im Herzen") fällt seine Reaktion aus. Ohne Frage konnte solch eine Notiz alles Recht auf Spontaneität und Vorläufigkeit in Anspruch nehmen, das tagebuchähnlichen „Aufzeichnungen"[166] traditionell zustehen muß. Doch gerade, daß Handke eine spätere Ausformulierung seines Einwands unterließ, in einen diskursiven Streit *nicht* eintrat und das „Journal" als eigenständige Buchveröffentlichung im Markt plazierte, deutet authentisch auf jenen Stellenwert des „Labyrinth[s]" der eigenen „Seelen", auch der „Affekte", in Handkes Poetologie, wie Hildesheimer ihn im „Fiction"-Vortrag herausgestellt hatte.

163 Ebd., S. 34.
164 Vgl. Kap. VI, S. 310 ff.
165 Peter Handke: *Das Gewicht der Welt.* Salzburg 1977, S. 37 f.
166 Ebd., S. 5.

Weitere Reaktionen auf die „Merkur“-Veröffentlichung erfolgen nicht. Erst rund acht Jahre später wird die Provokation des „Fiction“-Vortrags zum Gegenstand einer Auseinandersetzung im deutschen Literaturbetrieb. Die Situation, in der diese verspätete Konfrontation erfolgt, hat sich seit Mitte der 70er Jahre grundlegend verändert. Sie ist geprägt von zwei zeitlich parallelen Entwicklungen, die sich in der Debatte um Hildesheimers „Abschied vom Schreiben“[167] überschneiden: zum einen Hildesheimers konsequentes Ausschreiten des ihm als Schriftsteller nach „Masante“ noch verbliebenen poetologischen Raumes, dokumentiert in den teilweise vielbeachtet aufgenommenen Projekten „Mozart“ (1977), „Marbot“ (1981) sowie „Mitteilungen an Max über den Stand der Dinge“ (1983); zum andern der herausragende Stellenwert, den die Krisensachverhalte sowohl der natürlichen Umwelt wie auch der eskalierenden atomaren Aufrüstung im gesellschaftlichen Bewußtsein unterdessen eingenommen hatten.

Die diskursive Konstellation um Hildesheimer ab Anfang der 80er Jahre ist dadurch charakterisiert, daß der Autor des „Fiction“-Textes auf eine Öffentlichkeit traf, die zwar für die singuläre Bedrohung der menschlichen Gattung sensibilisiert schien; ob dieser Sachverhalt jedoch die Krisenauffassung, die Hildesheimers Poetologie konstituierte, deutscher Öffentlichkeit gegenüber ‚vermittelbarer‘ machen konnte, mußte unvermindert bezweifelt werden. Gleichwohl sucht er das Klima des deutschen Katastrophismus zu nutzen, um die im „Fiction“-Vortrag artikulierte Position zunächst aus der Beliebigkeit „bloße[n] Meinen[s]“[168] zu befreien. Darauf zielen zahlreiche, von 1981 an gegebene öffentliche Verlautbarungen, in denen er wiederholt das Ende seines Schreibens verkündet, jedoch auf die Auffaltung des Begründungszusammenhangs, wie sie in „The End of Fiction“ erfolgt war, verzichtet zugunsten des isolierten, ganz aus der Evidenz der täglichen Nachrichten begründeten Hinweises auf die eskalierende ökologische Entwicklung.

Damit setzte sich Hildesheimer jedoch gleichzeitig der Gefahr aus, mit den zahlreichen nur modischen Demonstranten eines katastrophischen Lebensgefühls verwechselbar zu werden. Im Gefolge der in breitester Öffentlichkeit geführten Diskurse hatte in den Spalten „der maßgeblichen Feuilletons“[169] eine Positur der Ohnmacht, des intellektuellen und politischen Verzagens an Raum gewonnen. Dabei war wiederholt ein „denunziatorische[r] Ekel an nahezu allen Positionen

[167] Tilman Jens im Gespräch mit Wolfgang Hildesheimer, „‚Der Mensch wird die Erde verlassen‘“. In: *stern*, 12.5.1984.

[168] Briegleb: „Weiterschreiben!“ (Anm. 7), S. 348.

[169] Michael Schneider: „Die Intellektuellen und der Katastrophismus: Krise oder Wende der deutschen Aufklärer?“ In: ders.: *Nur tote Fische schwimmen mit dem Strom – Essays, Aphorismen und Polemiken*. Köln 1984, S. 76-133, hier S. 79.

der Aufklärung und der linken Gesellschaftstheorie“[170] laut geworden, der den Verdacht nähren konnte, daß diese Verlautbarungen weniger auf eine intellektuelle Durchdringung der Krise als auf ein opportunistisches „Geschäft mit der Zukunftslosigkeit“[171] zielten. Wer in die pessimistischen Prognosen miteinzustimmen schien, mußte damit rechnen, schon einmal als „‚falsche[r] Prophet‘ der Apokalypse [...], Goliath der Depression [...], Stratege der Demoralisierung“[172] bezeichnet zu werden. Indem Hildesheimer jedoch sowohl die englische wie die deutsche Version des Vortrags in einen Sammelband mit „Reden aus fünfundzwanzig Jahren“ aufnimmt und sie 1984 unter dem Titel „Das Ende der Fiktionen“ veröffentlicht, mußte nicht nur eine solche Verwechselbarkeit eng begrenzt, zumindest zeitlich befristet scheinen; sondern das katastrophistische Zeitklima wäre – im Gegenteil – strategisch genutzt: zugunsten einer – ‚nachgeholten‘ – Kontroverse um „The End of Fiction“. – Damit hatte Hildesheimer, acht Jahre nach dem „Merkur“-Abdruck, erneut das seine getan, um eine öffentliche Debatte seiner Thesen auf der Grundlage des „End of Fiction“-Textes, wenn auch in veränderter, ‚katastrophistisch‘ gestimmter Lage zu ermöglichen.

Der Veröffentlichung der Vorträge im Herbst 1984 schaltet Hildesheimer ein als „spektakulär“[173] aufgenommenes Interview vor, aus dem in der Folge „am meisten zitiert“[174] wird: das im „stern“ am 12. Mai des gleichen Jahres erscheinende Gespräch mit Tilman Jens unter dem Titel „‚Der Mensch wird die Erde verlassen‘“. Noch vor diesem Interview hatte Peter Handke in seinen „Phantasien der Wiederholung“ eine erneute Spitze gegen Hildesheimer plaziert: „Sicheres Zeichen, daß einer kein Künstler ist: wenn er das Gerede von der Endzeit mitmacht.“[175] Der polemische Instinkt, mit dem Handke Hildesheimers These zu desavouieren sucht, indem er die Differenz zwischen seiner These und dem trendgerechten „Gerede von der Endzeit“ leugnet, weist auf die spezifische Gefährdung, in der sich der Autor des „Fiction“-Essays in Zeiten des Katastrophismus bewegte. In der Frage des „stern“-Interviewers, ob es „da ein Schlüsselerlebnis [gab], aus dem sich Ihr Pessimismus herleitet“, hört Hildesheimer ein vergleichbares Begehren: ihn jenen „Prophet[en] des Unheils“ zuzuschlagen, die neuerdings Schlagzeilen machen. Gegen diesen Versuch bezieht er demonstrativ Stellung. Dem „Schlüssel*erlebnis*“ setzt er „eine Schlüs-

170 Ebd., S. 80.
171 Michael Schneider: „Apokalypse, Politik als Psychose und die Lebemänner des Untergangs“. In: ders:: *Fische* (Anm. 169), S. 34-75, hier S. 38.
172 Ebd., S. 56 f.
173 Jehle: *Hildesheimer* (Anm. 33), S. 11.
174 Briegleb: „Weiterschreiben!“ (Anm. 7), S. 350.
175 Peter Handke: *Phantasien der Wiederholung*. Frankfurt am Main 1983, S. 89.

sel*entwicklung*“ entgegen – sie wird hier kompatibel mit dem Ökologie-Diskurs ausbuchstabiert: „In der Hinsicht, daß das Absterben des Menschlichen, die Auslöschung unserer Lebenselemente immer mehr sichtbar und spürbar wird“. Außerdem hält er dem im ‚Aufklärer‘-Spott über die „Propheten“ ausgesprochenen Zweifel an der subjektiven Ernsthaftigkeit seiner Position, dem Verdacht des nur modisch motivierten katastrophischen Raunens erregt die Realität der Fakten entgegen: „Ich hasse es, als Prophet des Unheils bezeichnet zu werden – das ist das Odium, was unsereinem immer entgegengeworfen wird von den Optimisten, die wirklich nicht wissen, wovon sie reden. Nein, ich bin kein Pessimist, eigentlich bin ich ein Realist. Mein Wissen entnehme ich den Statistiken, die wir doch Tag für Tag vorgeführt bekommen.“[176] Im wiederholten Hinweis auf die Irreversibilität der „Katastrophen unserer Tage“ und die für ihn symptomatischen Fortschritte der Gentechnik verankert er, in diesem Interview, seinen grundlegenden Zweifel, „ob es überhaupt möglich ist, das reale Grauen unserer Tage adäquat in einer fiktiven Handlung zu schildern.“

Die beiläufig gehaltene Bemerkung von Tilman Jens, daß „dennoch [...] immer weiter geschrieben“ würde, nimmt Hildesheimer zum Anlaß, auf Handkes neuesten, ‚zerstreuten‘, Angriff zu antworten – nicht zum letzten Mal[177]. Er bezichtigt ihn, „diese Entwicklung nicht wahrhaben“ zu wollen und „weit davon entfernt [zu sein], unsere Realität zu erfassen“. Hildesheimers schon für den „Fiction“-Vortrag maßgebliches Interesse, die Kontroverse mit den angesprochenen Gegenwartsautoren auszutragen, wird auch hier deutlich in seiner Einlassung auf eine weitere Probe von Handkes Textarbeit – „‚Was habe ich eigentlich gegen unser Jahrhundert, es gibt ja mich‘“[178] –, die er als Ausweis eines zwingend realitätsblinden „Narzißmus“ kennzeichnet. Doch solch fordernde, die Belege des „Fiction“-Vortrags womöglich aktualisierende Konfrontation mit maßgeblichen Repräsentanten des deutschen Literaturbetriebs wendet Jens instinktiv ab mit einem Einwurf, der die Personalisierung der Auseinandersetzung wieder auflöst zugunsten ‚allgemein‘ gehaltener Überlegungen, die das Endzeit-‚Motiv‘ geschickt mit dem Erfordernis nicht wirklich aufgestörter Betriebsamkeit zu verknüpfen trachten: „Aber einmal von Herrn Handke abgesehen, ist es nicht gerade heute wichtiger denn je, daß Schriftsteller diese Visionen der totalen Auslöschung in der Literatur festhalten – als Mahnung, als Warnung in letzter Minute?“

176 *stern* 12.5.1984 (Anm. 167).
177 Vgl. Wolfgang Hildesheimer: „Endzeit – nur ein Gerede?“ In: *Die Zeit*, 5.12.1986.
178 Wörtlich: „Was kann ich gegen das Jahrhundert haben? Es gibt doch mich“ (Peter Handke: *Die Geschichte des Bleistifts*. Salzburg/ Wien 1982, S. 150).

„Das Ende der Fiktionen" bot, ab Oktober 1984, besonders günstige Voraussetzungen, das, was spätestens seit dem „stern"-Interview auf den deutschen Literaturbetrieb merklich provokativ gewirkt hatte[179], im argumentativen Zusammenhang zu prüfen. Der Sammelband stellte nicht nur erstmals auch die englische Erstfassung der „Fiction"-Rede vor; er ermöglichte zugleich ihre Rezeption im Kontext von Hildesheimers poetologischen Reflexionen über den Zeitraum von zweieinhalb Jahrzehnten, der im „Fiktionen"-Band von seinem Vortrag „Über das absurde Theater" bis zu seiner Studie über „The Jewishness of Mr. Bloom" abgeschritten wird. Ein Blick auf die Kritik hingegen verdeutlicht, daß auch diese, im Vergleich zu 1976 spezifisch modifizierte Aufforderung zur Diskussion ungenutzt blieb.

Sowohl Joachim Kaiser wie Reinhard Baumgart verzichten darauf, die Möglichkeit einer synchronen Lektüre etwa der „Subjektivität des Biographen" oder der „Arbeitsprotokolle des Verfahrens Marbot" für eine Auseinandersetzung mit dem „Fiction"-Text, für die Eröffnung einer Debatte fruchtbar zu machen. Kaiser tritt gar nicht erst in die diskursive Verbindlichkeit des Austauschs von Argumenten ein: „Alles grundsätzlich theoretisierende Betrachten etwa des absurden Theaters oder der vom finsteren Weltlauf erzwungenen Unmöglichkeit, noch Romane zu produzieren, machte Hildesheimer weniger produktiv als sein professioneller Blick aufs einzelne. Auch wenn es ihm noch so ernst ist mit seinem Endzeitgefühl, seinem Abdankenwollen, Abdankenmüssen als Prosa-Autor: Dergleichen überträgt sich eher als Stimmung denn als These."[180]

Reinhard Baumgart fühlt sich direkter herausgefordert. In seiner ausführlichen Besprechung für die „Frankfurter Allgemeine Zeitung" bezieht er ausdrücklich zum „Fiction"-Text Stellung. Nach der Würdigung von Hildesheimers Stimme als einer, „die uns nichts vorschreiben und vordenken will, sondern uns in ein gemeinsames Nachdenken, in eine Art monologische Zwiesprache hineinziehen möchte"[181], und des Autors „Lust am Untergraben von Gemeinplätzen" stellt Baumgart einschränkend fest: „Nur wenn der Autor weder ganz bei sich noch bei der Sache zu sein scheint, ist ihm schwer zu folgen, so bei dem Vortrag ‚The End of Fiction', der dem Band zwar den verheißenden, mit theoretischer Sprengkraft lockenden Titel gegeben hat, der aber Hildesheimers auch hier wieder mehrfach vorgebrachte Beteuerung, er wäre kein Theoretiker, diesmal kaum als sokratische

179 Vgl. etwa die Erwiderung von Peter Härtling: „Widerspruch aus Liebe". In: *Frankfurter Allgemeine Zeitung*, 5.5.1984.

180 Joachim Kaiser: „Melancholisch, gelassen, herb". In: *Süddeutsche Zeitung*, 3.10.1984.

181 Reinhard Baumgart: „Heimisch im Absurden". In: *Frankfurter Allgemeine Zeitung*, 24.11.1984. Die anschließenden Zitate entstammen diesem Text.

List erscheinen läßt." In diesem Vortrag „verliere" sich Hildesheimer im „Problemdunst zwischen Fiktion und Realität". Baumgart betont, daß Hildesheimer „nie fiktive Modelle errichtet und ausgebaut" habe, und bezeichnet seine Arbeit, „auch in ‚Tynset' und ‚Masante' ", als die eines „Erfinder[s] von Realität" und eines „Dokumentarphantast[en]". An dessen Schreibtisch sei „an das ‚Ende der Fiktionen' schon immer geglaubt" worden. „Nur", fragt Baumgart, „läßt sich diese eigene Praxis auch hochrechnen in eine Diagnose der Gegenwarts- und Zukunftsliteratur?" Seine Lektüre des „Fiction"-Textes faßt er in den Worten zusammen: „Der Redner Hildesheimer versucht es gar nicht ernstlich, verliert sich in Abschweifungen und Schnörkel, in immer neue Zweifel an seiner Kompetenz und Stringenz, und entkommt so schließlich seinen eigenen Nachforschungen".

Wer so las, erledigte freilich das Konfliktpotential, das in einem Buch stecken mochte, noch bevor er es zuschlug. Etiketten wie die vom „Dokumentarphantasten" verstellen schon im Blick auf die poetische Arbeit die Einsicht in deren literaturgeschichtlichen Ort; wer diesen Ort ernstnimmt, wird Baumgart nur sichtbar als jemand, der sich in unzulässige ‚Hochrechnungen' „diese[r] eigenen Praxis" versteigt. Für Baumgart muß daher auch des Autors „letzter Auftritt in der Öffentlichkeit [...] paradox" erscheinen. Hildesheimers „Entschluß, [...] daß er angesichts einer vernichtungswilligen Welt künftig schweigen wolle", klinge zwar „logisch", sei „aber nicht, unserer Lage angemessen, absurd. Denn daß wir, auch und gerade angesichts einer vernichtungswilligen Welt, weiter leben, arbeiten, schreiben, etwas produzieren, ist zwar absurd, aber gerade deshalb, wie uns doch Hildesheimer erklärt hat, menschenwürdig." Indem der Rezensent hier auf Hildesheimers Bekenntis zum Absurden von 1960, seine Rede „Über das absurde Theater", anspielt[182], ignoriert er den Entwicklungsschritt, der Hildesheimer inzwischen von dieser Auffassung trennte. Zuletzt spricht der Rezensent die Hoffnung aus, daß der prominente Schriftsteller „dieser bitteren frühen Einsicht nicht so spät und verbittert den Rücken kehrt". Baumgart verkennt den spezifischen Bedeutungskern, den das Absurde bei Hildesheimer seit je hatte und genuin mit dem „End of Fiction"-Essay verband. Nur deswegen kann in seiner Rezension die Schreibweise des Absurden als ein vom „End of Fiction"-Essay ganz abgetrennter, alternativer poetologischer Ort erscheinen. Er wird hier vorgestellt als der überlegene, und zwar kennzeichnenderweise unter Hinweis darauf, daß von ihm aus das Schreiben „angesichts einer vernichtungswilligen Welt", so Baumgart, vor allem „menschenwürdig" sei. Zu einer solchen Anschauung stand die Botschaft des „End of Fiction"-Essays allerdings

[182] Vgl. Kap. VI, S. 255 ff.

in eklatantestem Widerspruch; und die Angestrengtheit der Argumentation Baumgarts verdeutlicht, wie nachhaltig auch ihn der Essay als umfassende Infragestellung erreicht, wohl auch getroffen hatte.

Die Besprechungen von Tilman Jens und W. Martin Lüdke schienen auf den ersten Blick eine Alternative zu eröffnen zu Kaisers und Baumgarts Abdichtung gegenüber der Zumutung, die der „Fiction"-Vortrag für den deutschen Literaturbetrieb bedeutete. Jens würdigt die „dreizehn Einzelvorträge" nicht nur als „eine schlüssige Szenenfolge", die „mit radikaler Subjektivität den Zustand einer Welt vorführt, die aus den Fugen geraten ist"; er erkennt gar in Hildesheimers Reflexion von 1978 über „Mein Judentum" „den Schlüssel"[183] des Buches. Doch dieser Schlüssel bleibt ungenutzt. Jens' Befähigung, nach der Lektüre dieses Textes das „düstere Panorama" der Redenfolge nun nicht mehr ausschließlich als „Ausdruck eines gesellschaftlichen Leidens", sondern zugleich als „eine philosophisch-religiöse Manifestation, das Credo eines deutschen Juden" zu erkennen, vermag nicht annähernd das Potential auszuschöpfen, das diese Ausführungen Hildesheimers für jeden Blick nicht nur auf den „Fiction"-Essay bereitstellten[184].

Zwar hebt auch Lüdke den Text „Mein Judentum" hervor; der besondere Status seiner Rezension gründet jedoch in seiner Aufzeichnung von kennzeichnender „Verwunderung" und „Erschrecken": „Wer jetzt diese Reden aus fünfundzwanzig Jahren nachliest, verwundert, ja erschrocken darüber, wie aktuell so manches geblieben ist, worüber sich der Kulturbetrieb bedenkenlos hinweggesetzt hat, kann daran die Kontinuität seiner [Hildesheimers, S. B.] Entwicklung, die fortschreitende Radikalisierung seiner Position, schließlich den Bruch mit der Tradition ablesen."[185] Wie kein anderer Rezensent des „Fiktionen"-Bandes spricht Lüdke Hildesheimers „,These'" nach, „,daß die Fiktionen am Ende sind', daß die Zeiten der ,großen Romanciers' vorbei sind, daß unser Bewußtsein überhaupt der objektiven Wirklichkeit hoffnungslos hinterherhinkt": „Da ist einiges ,dran' an dieser These, auch wenn es der Literaturbetrieb nicht wahrhaben kann, auch wenn, seit 1975, die kleinen Romanciers große Verdrängungsarbeit geleistet haben, das ,naturwüchsige' Erzählen regelrecht ins Kraut geschossen ist. ,Für mich', sagt Hildesheimer, ,ist der zeitgenössische Roman gleich Trivialroman'." Nirgends sonst war im deutschen Literaturbetrieb im Hinweis darauf, daß dieser Hildesheimers These „nicht wahrhaben *kann*", seine programmatische Sperre

[183] Tilman Jens: „Über das Fremdsein". In: *Deutsches Allgemeines Sonntagsblatt*, 14.10.1984.

[184] Zu diesem Text vgl. auch Kap. X.

[185] W. Martin Lüdke: „Mehr Worte, weniger Taten!" In: *Die Zeit*, 30.11.1984.

gegen eine Debatte, die die Stichhaltigkeit dieser These erprobte, bezeichnet worden. Doch noch im gleichen Atemzug straft Lüdke jede etwaige Hoffnung Lügen, daß in solchen Zeilen tatsächlich selbstkritisch gesprochen war, das Versäumnis nun nachgeholt würde. Im Gegenteil: Seine Anschlußsätze, die zugleich die Rezension beschließen, verraten in ihrem proklamatorischen Gestus wie in ihrer prekären Schlußwendung zu Hildesheimer die Angeschlagenheit einer Position, die von sich weiß, daß sie schon lange nicht mehr sachlich, sondern einzig noch diskurs- und personalpolitisch zu halten war: „Die Literatur ist darum noch nicht am Ende, das zeigt Handke, das zeigt Botho Strauß und Thomas Bernhard, das zeigt nicht zuletzt Wolfgang Hildesheimer selbst, mit diesen Reden aus fünfundzwanzig Jahren, die ja auch ein Stück großer Literatur sind.“

Die Wortmeldung Martin Walsers im „Rheinischen Merkur/ Christ und Welt“ sekundierte solcher Diskurspolitik. Der Untertitel seines Beitrags, „Ein Plädoyer gegen das Verstummen“, suggeriert die Eröffnung eines *pro* und *contra* durch den im „Fiction“-Vortrag direkt Angesprochenen. Doch Walsers Text zielt gar nicht auf die Widerlegung vorgebrachter Argumente, sondern auf die im Ton mokanter Belustigung vorgebrachte Denunziation von Hildesheimers Position als „hingesagte[r] Angst [...], hingesagte[r] Trostlosigkeit [...], hingesagte[m] Ladenschluß“[186].

Zu Beginn seines Artikels erzählt Walser, daß er Hildesheimer zunächst einen Brief hatte schreiben wollen, „beginnend ‚Lieber Kassandro‘ “; dann aber habe er an Goethes Tasso denken müssen. Als Eigenschaften, die Tasso charakterisieren, nennt Walser die Kapitulation „vor dem Realitätsprinzip“, die Unfähigkeit, „mit der Wirklichkeit fertig zu werden“ oder „sich zu fügen“, „falsches [Benehmen]“ „bis zum Schluß“, „Verletztheiten“ und seinen „Verfolgungswahn“. Von all dem träfe „nichts“ und doch „all das [...] auf Hildesheimer zu“. Die Enthistorisierung, in die hier Hildesheimers Position gezogen wird, trägt bereits Züge einer eindeutigen Pathologisierung; die Rede vom „Verfolgungs*wahn*“ probiert gar – ‚abgeschirmt‘ durch das Tasso-Bild und eine nur ‚vorbehaltliche‘ Anwendung auf Hildesheimer – die Diffamierung wenn nicht einer geschichtlichen Erfahrung, so doch einer ‚Spätfolge‘ als krankhafte Einbildung. Tasso, so fährt der Autor fort, habe jedoch noch sagen können, „ ‚wie ich leide‘ “. „Das ist jetzt der sensationelle Unterschied“, spottet Walser; während „in Weimar, auf Duino, selbst in Prag und Biel und noch in Köln“ die Klagen hatten formuliert werden können, sage „der Weise von Poschiavo [...] plötzlich, er könne es nicht mehr sagen.“ Nachdem er durch diesen

186 Martin Walser: „Bordmusiker auf der ‚Titanic‘ – Ein Plädoyer gegen das literarische Verstummen“. In: *Rheinischer Merkur/ Christ und Welt*, 5.10.1984.

Vergleich mit den Großen der Welt- und der Gegenwartsliteratur Hildesheimer in eine drollig-vermessene Witzfigur zu verwandeln versucht hat, ergreift Walser – in einem imaginierten Streit darüber, ob Hildesheimer einfach „Prophetie [als] die höchste Form der Fiktion" ausübe – dessen Partei: „Ich dagegen glaube, Hildesheimer hört auf. Er nimmt das Wort Endzeit ernst. Als erster." Doch habe es „nicht nur jetzt, sondern immer schon Verstummende" gegeben; und auch die von Günter Grass geäußerten Zweifel am Sinn des Weiterschreibens hätten durch seine engagierte Arbeit für den Schriftstellerverband an Überzeugungskraft verloren. Vor allem jedoch rechnet Walser das Schreiben, „mein beziehungsweise unser Weitermachen", zu jenen Tätigkeiten wie Essen und Trinken, die „man nicht begründen [muß]" und zu dessen „Verteidigung" ihn nur „die hingesagte Trostlosigkeit meines Kollegen in Poschiavo [provoziert]" habe. Zwar bleibe „Hildesheimers Trauer [...] unwiderlegbar." Doch zu ihr stehe er wie ein Tennisspieler, der plötzlich einen Beerdigungszug sieht: „Ich geniere mich. Ein bißchen. Ein bißchen schon. Aber nur ein bißchen." Er, Walser, stehe auf der Seite der „freundlichen Illusionen", die der Tennisball mobilisiere. Zwar gebe es auch „furchtbare". Doch: „Ich bin auf der Seite der freundlichen. Ich bin parteiisch. Freundliche Einbildungen sind gesünder. Mir liegt an Gesundheit. Im Augenblick. Von einem Augenblick zum anderen. Prophetie ist unwiderlegbar. Tennisspielen auch."

Offener, demonstrativer war die Aufforderung, in eine Auseinandersetzung tatsächlich einzutreten, nicht abzulehnen. Von der Opposition zwischen Realität und Realismus, wie Hildesheimer sie im „Fiction"-Essay aufgefaltet hatte, bleibt nicht mehr übrig als der Gegensatz von „furchtbaren" und „freundlichen Illusionen"; „parteiisch" sein, noch kürzlich das Synonym für die Einsicht in eine wie auch immer geartete gesellschaftliche Verpflichtung, ist hier schon nur noch als Ausdruck des Ichs verstanden; wessen Partei ergriffen wird, entscheidet das Kriterium der „Gesundheit"; und auch diese Entscheidung bleibt einer heiter gestimmten Improvisationslaune („Von einem Augenblick zum anderen") überantwortet. An solchem Ort wird auch die bloße Kenntnisnahme der Argumente des „Kollegen in Poschiavo" obsolet: Obwohl der „Fiction"-Essay soeben von Hildesheimer neu vorgelegt und bereits besprochen wurde, läßt keine Zeile Walsers auf seine Lektüre schließen[187].

Hildesheimer hatte sich, im „Fiction"-Vortrag, als jemanden charakterisiert, „der Subjektivität auch bei anderen durchgehen läßt" (F 231). Walsers „Plädoyer gegen das literarische Verstummen"

[187] Das Buch lag nachweislich vor: Kaisers Besprechung war bereits kurz zuvor, am 3.10., erschienen; vgl. Anm. 180.

mochte solche Subjektivität für sich in Anspruch nehmen. Und doch verdeutlicht Walsers Text wie kein anderes Dokument, daß der westdeutsche Literaturbetrieb auch jetzt, acht Jahre nach dem Erscheinen des „Fiction“-Vortrags im „Merkur“, den Eintritt in jene „Intersubjektivität“, die auf „ein objektives Bild des Gegenstandes“[188] zielt, verweigert. Das Potential an Abwehr und Verschiebung, dem Hildesheimer in den Reaktionen auf den „Fiction“-Text begegnete und dessen „neurotische“[189] Verfaßtheit in Walsers „Plädoyer“ besonders sichtbar wird, mochte jene Erfahrung Hildesheimers bestätigen, die er zwei Jahre zuvor protokolliert hatte: die „manchmal“ spürbare Empfindung, „daß es zwischen dem Analysierten und dem Nicht-Analysierten keine Möglichkeit der Verständigung gibt.“[190] Zwar mußten manche Erscheinungen im deutschen Literaturbetrieb einem Beobachter und Teilnehmer, dem wie Hildesheimer „die Psychoanalyse gleichsam inhärent“[191] war, unweigerlich pathologisch erscheinen. Doch weder galten Hildesheimer solche Phänomene als ‚privat‘ noch sah er in ihnen die Misere der deutschen Gegenwartsliteratur ausreichend beschrieben. Im Gegenteil, seine diskursiven Interventionen waren in dem Maße anti-psychologistisch, in dem sie unvermindert auf die objektive Möglichkeit eines *paritätischen* Dialogs setzten: der Ansprechbarkeit des deutschen Literaturbetriebs auf der Basis eines *beiderseitigen* Interesses an einer Klärung über den Ort des Schreibens heute. Die Radikalität, mit der Hildesheimer dieser Klärung nachgeht, erlebt der Literaturbetrieb als Überforderung. Für die historiographische Perspektive auf die deutsche Gegenwartsliteratur in der Konfrontation mit Hildesheimers „Fiction“-Vortrag ist nicht entscheidend, ob sein Autor tatsächlich – entgegen vielen Erfahrungen – in das Vermögen seiner Kollegen vertraute, solcher Radikalität zu folgen. Maßgeblich für das Bild, das sie in dieser Konfrontation bieten, ist vielmehr die charakteristische diskurspolitische *Haltung* Hildesheimers: die grundlegende Annahme, daß auch die deutschen Schriftsteller, wären sie erst vom Ende der Fiktionen überzeugt, die erforderliche Kraft zum „endgültigen Schritt“ aufbringen könnten – in diesem Sinn waren Hildesheimers Adressaten *ernstgenommen*. Es ist charakteristischerweise gerade auch *diese* Ernsthaftigkeit, die als Zumutung wirkt und in der polemischen Beiläufigkeit Handkes, den flapsigen ‚Zusammenfassungen‘ der Rezensenten und dem Spott Walsers eilig aufgelöst werden soll. Solche ‚Gegenrede‘ konnte deswegen berechtigt auf Erfolg hoffen, weil ihre Autoren gewiß waren, daß das

[188] Vgl. S. 366.
[189] Vgl. F 247, auch F 238.
[190] Wolfgang Hildesheimer: „Die Subjektivität des Biographen“. In: *Fiktionen* (Anm. 4), S. 123-138, hier S. 129.
[191] Kesting: „Fiktion“ (Anm. 1), S. 55.

„Weiterschreiben“[192] von einer gültigen Widerlegung Hildesheimers nicht abhing. Das diskurspolitische Signal dieser ‚Antworten‘ reichte jedoch weiter: In der Reaktion auf den „Fiction“-Vortrag war demonstrativ artikuliert, daß der deutsche Literaturbetrieb seine Gesprächsfähigkeit mit einem Schriftsteller wie Wolfgang Hildesheimer – auch Mitte der 80er Jahre – *nicht* zu den notwendigen Bedingungen einer erneuerten deutschen Nationalliteratur zählte.

192 Briegleb: „Weiterschreiben!“ (Anm. 7), S. 340 u.ö.

IX. Wider den Mythos von der deutsch-jüdischen Symbiose – Edgar Hilsenraths „Der Nazi & der Friseur“ (1977)

Deutsch-jüdische Symbiose als Ideologem / Kritische Einreden: Gershom Scholem, Ludwig Marcuse, Peter Szondi, Arie Goral / Der Roman / Neue Nachdenklichkeit in der deutschen Rezeption / Zwei Lektüren: Friedrich Torberg, Heinrich Böll

1

Gegen Ende seines Lebens scheint Max Schulz, der Protagonist und Ich-Erzähler in Edgar Hilsenraths „Der Nazi & der Friseur“, doch noch vom schlechten Gewissen heimgesucht zu werden. Der NS-Massenmörder, der sich, im Selbstbild stets ein „kleiner Fisch“ wie alle anderen gewesen, nach Kriegsende in einen Juden verwandelt hatte, um der Gerichtsbarkeit zu entgehen, unter dem Druck des Antisemitismus im deutschen Nachkrieg nach Palästina ausgewandert und dort zum respektierten Mitglied des zionistischen Gemeinwesens geworden war, zieht seinen Freund, den Amtsgerichtsrat Wolfgang Richter, in einen fiktiven Prozeß über seine Verbrechen. In der sicheren Annahme, Max Schulz alias Itzig Finkelstein sei „ ‚verrückt geworden‘ “[1], macht Richter mit. Im gemeinsamen Bedenken des Ausmaßes der Verbrechen – der ‚Beklagte‘ beziffert seine Opfer auf „ ‚ungefähr 10.000‘“ (312) – und der Einsicht, daß es „ ‚keine Strafe für mich [gibt], die meine Opfer versöhnen könnte‘ “ (313), gerät ihr Verfahren ins Stocken. „Versuchen Sie, uns zu sehen! Zwei ratlose Männer. Sie haben ein Spiel gespielt. Sie sind müde. Besonders der Richter. Er ist eingenickt. Und er wacht wieder auf. Er blickt mich an. Er sagt: ‚Max Schulz. Es gibt keine Lösung. Das ist ein schäbiges Spiel.‘ Ich sage: ‚Ein Urteil muß gefällt werden!‘ Und der Richter sagt: ‚Ich bin müde. Mir fällt jetzt nichts ein. Und das ist ein schäbiges Spiel. Und ich bin ein alter Mann.‘ Ich frage: ‚Soll ich das Urteil fällen?‘ Und der Richter nickt, sagt: ‚Ich bin müde. Was ist das Urteil?‘ Ich sage: ‚Freispruch!‘ Und der müde alte Mann nickt ... sagt: ‚Freispruch!‘ “ (314)

Hilsenrath gibt hier nicht nur eine Charakteristik des Verhältnisses zwischen Deutschen und Juden nach Kriegsende – es wird erkennbar als Farce; er bezeichnet vor allem auch punktgenau seine ideologische

[1] Edgar Hilsenrath: *Der Nazi & der Friseur*. Reinbek bei Hamburg 1984, S. 310. Die im fortlaufenden Text in Klammern genannten Seitenzahlen beziehen sich auf diese Ausgabe.

Funktion. Der Schauplatz der Szene ist – entgegen ihrer fiktionalen Ansiedlung in Israel – unmißverständlich Deutschland. Dem NS-Massenverbrecher, der sich stets als im Grunde unschuldigen Mitläufer im Befehlsnotstand auszugeben wußte, steht mit Wolfgang Richter der Prototyp eines ‚deutschen' Juden gegenüber und damit zugleich das Stereotyp des im institutionalisierten ‚Versöhnungsbetrieb' aktiven jüdischen Funktionärs: „der kleine Amtsrichter aus Deutschland, Jude ohne jüdischen Seelengeruch, roch ein bißchen nach Bier, Stammtisch, Kartoffelklößen und Sauerkraut." (298) Signifikanteste Kennung dieses deutsch-jüdischen ‚Gespräches' ist seine unlösbare Verknüpfung eines vermeintlichen Gedenkens der Opfer mit der Entlastung des Täters von einer gesellschaftlich verhängbaren Strafe bei gleichzeitig erpreßter Zustimmung des zuvor gar als ‚Richter' eingesetzten Juden. Wolfgang Richter, „müde" von einem Leben der Verfolgung und einer nie verwundenen Entwurzelung weniger aus geographischem als aus kulturellem Grund, erkennt zwar noch: „ ‚Das ist ein schäbiges Spiel.' " Aber seine Kraft reicht nicht mehr zum erforderlichen Widerstand aus. „Müde" und „alt" stimmt er schließlich zu: „ ‚Freispruch!' " – in der Hoffnung, diesem Spiel wenigstens für seine eigene begrenzte Frist ein Ende bereitet zu haben.

Als Edgar Hilsenrath dieses deutsch-jüdische ‚Gespräch' als integralen Bestandteil einer nicht nur poetologisch Aufsehen erregenden Deutung des deutsch-jüdischen Verhältnisses nach den NS-Massenverbrechen niederschrieb, waren die einschlägigen Verabredungszusammenhänge, wie sie etwa in der Debatte um sein Buch „Nacht" 1964 zur Wirkung gekommen waren, weiter unter Druck geraten. Edgar Hilsenraths „Der Nazi & der Friseur", verfaßt zum größten Teil in München 1967/68[2], trägt diesen Veränderungen nicht nur Rechnung; indem das Buch den satirischen Frontalangriff auf das zentrale Ideologem des philosemitisch-institutionalisierten Diskurses in Deutschland: die Vorstellung von einer einstigen ‚deutsch-jüdischen Symbiose', vollführt, setzt es sich an die Spitze der literarischen Versuche, durch eine irreparable Aufsprengung, wenn nicht Zerschlagung dieses Diskurses einem Gespräch zwischen Deutschen und Juden den Weg zu bahnen, das diesen Namen auch aus Sicht der jüdischen Teilnehmer verdient. Über seine satirische Abrechnung mit dem Symbiose-Ideologem rückt Hilsenraths Buch zugleich in den Kontext vorgängiger, in den 60er Jahren zunehmender Versuche in der deutschen

2 Vgl. Edgar Hilsenrath: „Zuhause nur in der deutschen Sprache – eine biographische Selbstauskunft". In: Thomas Kraft (Hg.): *Edgar Hilsenrath – Das Unerzählbare erzählen.* München/ Zürich 1996, S. 13-19, hier S. 18; Susann Möller: „Zur Rezeption: Philosemiten und andere – die Verlagsstationen Edgar Hilsenraths". In: Kraft (Hg.): *Hilsenrath* (wie in dieser Anm.), S. 103-116, hier S. 109, sowie Bildunterschrift zu Bild 12 im gleichen Band.

Öffentlichkeit, die Rede von der deutsch-jüdischen Symbiose als eine ideologische zu enttarnen – und es ist wesentlich diese spezifische, ‚politische‘ Korrespondenz, ohne die die historische Stellung von „Der Nazi & der Friseur“ im Kontext des westdeutschen Literatur- und Kulturbetriebes nicht erkennbar werden kann.

Wie kein anderer Name ist der Gershom Scholems mit der kritischen Infragestellung des Symbiose-Ideologems verknüpft. Zunächst nur auf einen nebensächlichen Anlaß reagierend, sucht Scholem ab Mitte der 60er Jahre zunehmend gezielt, seiner Kritik besonders in der deutschen Öffentlichkeit Geltung zu verschaffen; als er diese Bemühungen 1967 vorläufig desillusioniert abbricht, sind es Einzelne am Rande der antiautoritären Bewegung, die – unter explizitem Bezug auf Scholems Vorarbeit, wenn auch mit neuer, aus den Protesterfahrungen gespeister Perspektive – an diese Bemühungen anzuknüpfen versuchen.

Von Manfred Schlösser, dem Herausgeber einer geplanten Festschrift zu Ehren Margarete Susmans, im September und November 1962 um einen Beitrag gebeten, nimmt Scholem Anstoß an Schlössers Interpretation des Verhältnisses zwischen Deutschen und Juden. Die Absicht des Herausgebers, durch den geplanten Band „zur Besinnung auf eine unzerstörbare geistige Symbiose des deutsch-jüdischen Geisteslebens“[3] anzuregen, prägt den Text der Scholem am 20. November 1962 zugesandten „Einladung zur Subskription“: Dort ist von der „Symbiose“ die Rede, „die Jahrhunderte das deutsche mit dem jüdischen Wesen verband und darin eine unzerstörbare geistige Gemeinsamkeit bildete“; die Festschrift selbst sei „nicht nur als Huldigung, sondern auch als Dokument eines im Kern unzerstörbaren deutsch-jüdischen Gespräches zu verstehen“[4]. Noch auf Schlössers Begleitbrief notiert Scholem die Worte: „Eine völlig falsche Nostalgie [...] Gespräch – nur in seltensten Fällen Symbiose – Parasitismus!“[5] In seiner Antwort vom 18. Dezember kennzeichnet er die Vorstellung eines „im Kern unzerstörbaren deutsch-jüdischen Gesprächs“ als „unfassbare Illusion“ und bestreitet, „daß es ein solches deutsch-jüdisches Gespräch in irgendeinem echten Sinne als historisches Phänomen je gegeben hat. [...] Dieses Gespräch erstarb in seinen ersten Anfängen und ist nie zustande gekommen. Es erstarb, als die Nachfolger Moses Mendelssohns, der noch aus irgendeiner, wenn auch von den Begriffen der Aufklärung bestimmten, jüdischen Totalität her argumentier-

[3] Manfred Schlösser an Gershom Scholem, 25.9.1962. Nachlaß Scholem, Jewish National and University Library Jerusalem (JNUL).

[4] Text der „Einladung zur Subskription“.

[5] Randnotiz auf dem Brief Manfred Schlössers an Gershom Scholem, 20. 11.1962. Nachlaß Scholem, JNUL.

te, sich damit abfanden, diese Ganzheit preiszugeben und klägliche Stücke davon in eine Existenz herüberzuretten, deren neuerdings beliebte Bezeichnung als deutsch-jüdische Symbiose ihre ganze Zweideutigkeit offenbart." Wohl hätten die Juden „ein Gespräch mit den Deutschen versucht, von allen möglichen Gesichtspunkten und Standorten her, fordernd, flehend und beschwörend, kriecherisch und auftrotzend, in allen Tonarten ergreifender Würde und gottverlassener Würdelosigkeit", im Versuch, „sich den Deutschen zu erklären und ihre eigene Produktivität ihnen zur Verfügung zu stellen". Doch „wo Deutsche sich auf eine Auseinandersetzung mit den Juden in humanem Geiste eingelassen haben, beruhte solche Auseinandersetzung stets, von Wilhelm von Humboldt bis zu George, auf der ausgesprochenen und unausgesprochenen Voraussetzung der Selbstaufgabe der Juden [...]. Die einzige Gesprächspartnerschaft, welche die Juden als solche ernst genommen hat, war die der Antisemiten, die zwar den Juden etwas erwiderten, aber nichts Förderliches." „Die angeblich unzerstörbare geistige Gemeinsamkeit des deutschen Wesens mit dem jüdischen Wesen" nennt Scholem im Brief an Schlösser „eine Fiktion, von der Sie mir erlauben werden zu sagen, daß sie zu hoch bezahlt worden ist". Die Rede „von einer ‚Unzerstörbarkeit dieses Gesprächs' " bezeichnet er angesichts „der Tatsache, daß mit den Toten kein Gespräch mehr möglich ist", als „Blasphemie".[6]

Schlösser, der in einem Schreiben vom 8. Januar 1963 seine Bereitschaft erklärt, Scholems Brief in die Festschrift aufzunehmen – er wird dort unter dem Titel „Wider den Mythos vom deutsch-jüdischen Gespräch" erscheinen –, gibt an, er könne „zum einen Ihre grundsätzliche Einstellung verstehen [...], zumal nachdem was in dem unglückseligen Deutschland vorgefallen ist"; „zum anderen aber" habe er „doch sehr grosse Bedenken [...], unendlich grosse Bedenken, wenn ich an die Vielzahl der Dichter, Denker, Künstler und Wissenschaftler denke, die sich ihr Leben lang als echte grosse Deutsche gefühlt haben, in diesem Sinne auch wirkten und lebten und insofern auch die Sprechenden als Fragende und Antwortende waren."[7] An Stimmen wie diese mochte Scholem gedacht haben, als er nach Erscheinen der Festschrift an Margarete Susman von „der in Deutschland jetzt besonders beliebten Verwischung der Grenzen" berichtet, „die sich darin zeigt, dass nach dem [sic] man zuerst die Juden als Juden entrechtet und ermordet hat, man sie jetzt nachträglich als Juden ebenfalls möglichst streicht, weil sie ja so gute Deutsche gewesen seien und

[6] Gershom Scholem an Manfred Schlösser, 18.12.1962, abgedruckt unter dem Titel „Wider den Mythos vom deutsch-jüdischen Gespräch" in: Gershom Scholem: *Judaica II*. Frankfurt am Main 1970, S. 7-19.

[7] Manfred Schlösser an Gershom Scholem, 8.1.1963. Nachlaß Scholem, JNUL.

so reizende ‚jüdische Mitbürger‘.“[8] Unmittelbar zu solcher, hier paradigmatisch bezeichneten und denunzierten ‚Nachvernichtung‘ jüdischer Identität sieht Scholem den liberalistischen Argumentationsgang: „es wäre ja Verewigung der nazistischen Rassentheorien, würde man die Juden jetzt noch als Juden kennzeichnen, d. h. mit der entscheidenden Eigenschaft, die ihnen immerhin das Leben gekostet hat.“[9] In einem Brief wenige Wochen zuvor, gleichfalls an Susman, hatte Scholem solche Argumentation „zu den schrecklichsten Dingen, die einem im jetzigen Deutschland begegnen“, gezählt und angefügt: „Ich finde das alles zum Kotzen.“[10]

Solch klare Rede war Deutschen gegenüber wenn auch nicht unmöglich, so doch diskursstrategisch wenig erfolgversprechend. Auf Schlössers zahlreiche, teils eingehende Versuche, Scholem doch noch von der Existenz eines deutsch-jüdischen Gespräches zu überzeugen[11], sucht Scholem daher – trotz seiner Einsicht: „[wir] verstehen [...] uns überhaupt nicht“ – in einem Brief vom 6. April 1965 erneut einzugehen. Noch einmal markiert Scholem den diskursiven Kontext der Symbiose-Rede und ihre ideologische Funktion: „Es gibt jetzt, wovon ich mich habe überzeugen können, eine nachträgliche Neigung, die Juden, die man als Juden totgeschlagen hat, nun mit einem posthumen Triumph wieder für die Deutschen in Anspruch zu nehmen.“ In seinem Nachsatz „Ich kenne nur allzu viele Juden, die dazu schweigen“[12] blitzt allerdings die Kennung des historisch konkreten Ortes, den Scholem einnimmt, auf: der unübersehbare Dissens des Gelehrten zu jenen Positionen, wie sie aus dem institutionalisierten deutsch-jüdischen Verabredungszusammenhang heraus formuliert und propagiert wurden.

Doch Scholems Versuch, die Hoffnung auf ein Gespräch zwischen Juden und Deutschen, „ein Gespräch in der Zukunft“[13], noch nicht unwiderruflich aufzugeben[14], ist erst in seiner *doppelten* Opposition zureichend gekennzeichnet: kontrovers keineswegs nur zur Praxis mancher jüdischer Meinungsführer in Deutschland, sondern zugleich

[8] Gershom Scholem an Margarete Susman, 26.2.1965, in: Gershom Scholem: *Briefe. Bd. 2: 1948-1970*. Herausgegeben von Thomas Sparr. München 1995, S. 126.

[9] Ebd.

[10] Gershom Scholem an Margarete Susman, 31.1.1965. In: Scholem: *Briefe 2* (Anm. 8), S. 123.

[11] Vgl. Schlössers Briefe vom 8. 1.1963, 30.6. 1964, 13.10. 1964, 29.3.1965. Nachlaß Scholem, JNUL.

[12] Gershom Scholem an Manfred Schlösser, 6.4.1965. In: Scholem: *Briefe 2* (Anm. 8), S. 129.

[13] Ebd.

[14] Vgl. zu dieser Haltung auch die Darstellung der Auseinandersetzung zwischen Wolfgang Hildesheimer und seinen Eltern über seine Rückkehr nach Deutschland in Kap. VI, besonders S. 246.

zu jenen zahlreichen Stimmen in der jüdischen Gemeinschaft, die *jeden* Dialog mit Deutschen, sei es dauerhaft, sei es vorläufig, ablehnten. Die Ansprüche, die eine solche Position zwischen den Stühlen an ihren Anwalt stellte, waren zuweilen noch um die prekäre Aufgabe vermehrt, diese Position *vor Deutschen* ohne Abstriche sowohl an der persönlichen Loyalität zur Gesamtheit der Juden wie an der Integrität des eigenen Standpunkts zur Darstellung zu bringen. Diese Situation war beispielsweise gegeben, als Scholem eine Anfrage im Juli 1965 erreichte. Unter Bezug auf ein NDR-Rundfunkgespräch über das Verhältnis zwischen Israel und Deutschland, in dem Scholem sich „für eine offene und unbefangene Wiederaufnahme der Auseinandersetzung mit den Deutschen eingesetzt“[15] hatte, schreibt ein Hörer über die Bedeutung der „Äußerungen von Menschen wie Sie, wenn wir uns ein Bild über das Dritte Reich machen wollen.“[16] Dabei verknüpft er genaue Erwartungen mit enttäuschenden Erfahrungen: „Wir erwarten von den Juden, die zu uns sprechen, Überwindung des Gefühls, klare, verbissen klare Folgerungen aus jenen Tagen, die uns helfen, Sicherheit zu finden im Urteilen. / Und das vermisse ich. […] Wir sprechen mit Juden, die nie nach Israel gehen wollen, die als ehemalige Emigranten aus Argentinien zurückkehren nach Deutschland und keinen Kommentar geben können zu Not und Elend in Argentinien, die empört sind, wenn für ausgeschlagene Zähne nicht genug gezahlt wird, aber sonst nichts dazu sagen.“[17] In seiner Antwort gibt Scholem großes Verständnis dafür zu erkennen, „dass die Juden, mit denen Sie in Deutschland reden können, nicht gerade die sind, von denen Sie jene Aufschlüsse erwarten, die in Ihrem Briefe zur Sprache gebracht werden.“[18] Die Gründe dafür läßt Scholem hier jedoch unerwähnt. Im Gegenteil, unter expliziter Zurückweisung des artikulierten Anspruches, die Juden „seien verpflichtet ihre Gefühle zu überwinden“, wirbt er um Verständnis für eine Verfassung, die – in dieser Frage – keinen innerjüdischen Unterschied kennt: „Es gibt niemanden, den Schreiber dieser Zeilen eingeschlossen, der, auch wo er sich bereit findet und vielleicht auch einmal verpflichtet finden könnte, zu Deutschen und gerade zu den jungen Deutschen zu sprechen, im Stande ist die Gefühle, die hier mitspielen, beiseite zu stellen. […] Ich selbst habe in Deutschland gesprochen und kann bezeugen, obwohl ich ein leidlich rationales Wesen bin, welche ungeheueren Hemmungen damit für

[15] Gershom Scholem an Marion Doenhoff, 28.5.1965. In: Scholem: *Briefe* 2 (Anm. 8), S. 136.

[16] Michael Mackel an den Norddeutschen Rundfunk, hier nach Scholem: *Briefe* 2 (Anm. 8), S. 288 f.

[17] Ebd., S. 289.

[18] Gershom Scholem an Michael Mackel, 18.7.1965. In: Scholem: *Briefe* 2 (Anm. 8), S. 142.

einen Sprecher, der es ernst meint, verbunden sind.“ Erst nach diesem Hinweis kommt Scholem auf differierende Positionen „bei uns“ über den Sinn solcher Bemühungen um einen Dialog zu sprechen: „Ich bin auch, wie Sie, der Meinung, dass es wünschenswert wäre, wenn die Zahl derer, die als Juden zu den Deutschen sprechen können, grösser wäre. Es gibt aber bei uns grosse Meinungsverschiedenheiten darüber, und die haben leider sehr gute Gründe, ob das durch Auftreten in den deutschen Kommunikationsmedien befördert werden kann und soll.“ Scholem spricht zum Schluß die Hoffnung aus, „dass mit der Errichtung sogenannter normaler Beziehungen die Zahl derer, die glauben, dass es Sinn hat zu den Deutschen zu sprechen, anwachsen wird“ – und hält so, im Hinweis auf fällige konkrete Fortschritte im deutsch-jüdischen Verhältnis auf politischer Ebene, Loyalität auch zu der hier nicht offen ausgesprochenen Mehrzahl all jener, die am Sinn einer Ansprache der Deutschen durch Juden grundsätzlich zweifeln. „Es ist aber wahr“, fügt Scholem an, „dass Leichtgewicht, wie Sie klagen, sich leichter veranlasst findet in Deutschland aufzutreten als die von Ihnen geforderten ‚klarsten Geister‘ der Juden. Die lassen sich nicht zwingen.“[19] Scholems Loyalität hält dann doch noch inne: vor „Leichtgewichten“, die „sich zwingen lassen“.

Inwieweit er den in München lehrenden Philosophen Arnold Metzger ausdrücklich zu dieser Gruppe zählte, muß offen bleiben; doch bildet dessen am 21. Mai 1965 in der „Zeit“ veröffentlichter Artikel „Der Dialog zwischen Deutschen und Juden. Haben die Beziehungen der beiden Völker die Hitlerjahre überdauert?“ ein Beispiel genau jener die deutsch-jüdischen Beziehungen im Zeichen der Shoah ‚problematisierenden‘ Rede, die strikt kompatibel zur Diskurspolitik der Funktionsträger im institutionalisierten deutsch-jüdischen Zusammenhang steht. „Ich möchte von der Liebe der Juden zu den Deutschen sprechen. Sie geht durch die Geschichte und lebt, wie ich glaube, noch heute, auch wenn wir es noch kaum auszusprechen wagen, über das Ungeheuerliche hinaus, das den Juden von den Deutschen angetan wurde“. In dieser Rede erkennt Scholem „eine Antwort auf meinen Beitrag zu der Festschrift für Margarete Susman“[20], die jedoch weit wirkungsvoller und einflußreicher in der kulturellen Öffentlichkeit plaziert ist als sein eigener Beitrag in der nur in geringer Auflage publizierten Festschrift. Unter Hinweis darauf, daß das „höchst unglückliche Elaborat“ Metzgers „am Beginn einer neuen vielleicht möglichen Epoche besserer Beziehungen zwischen den Deutschen und den Juden eine völlig falsche und unwahre Note anschlägt,

19 Ebd., S. 143.

20 Gershom Scholem an Marion Doenhoff, 28.5.1965. In: Scholem: *Briefe* 2 (Anm. 8), S. 136.

und noch dazu von Seiten eines Juden!", bittet Scholem in einem eindringlichen Schreiben an Marion Gräfin Dönhoff, seinen Beitrag aus der Festschrift in der „Zeit" zum Abdruck zu bringen. Scholem betont: „Wenn Sie den Aufsatz von Herrn Metzger vielleicht noch einmal ansehen, werden Sie bemerken, dass der Autor sich zwar höchst redselig und sentimental über die Liebe der Juden zu den Deutschen äussert, mit keinem Wort aber über die Reaktion der Deutschen auf diese Liebe – und auf die käme es bei einem sogenannten Dialog ja wohl entscheidend an."[21] Ein Abdruck von Scholems Brief „Wider den Mythos vom deutsch-jüdischen Gespräch" erfolgt jedoch nicht.

Scholems Anstrengungen, in der deutschen Öffentlichkeit für die von ihm erkannte „Möglichkeit eines Gespräches" zwischen Deutschen und Juden zu werben, das sich von dem „auf lügnerischen Voraussetzungen gebaute[n] Pseudo-Gespräch der Vergangenheit"[22] strikt absetzen müsse, erreichen ihren Höhepunkt mit seinem Referat auf der Sondersitzung des Jüdischen Weltkongresses in Brüssel am 2. August 1966. Nicht vor deutschem Publikum, nicht auf deutschem Boden gehalten, war Scholems Vortrag gleichwohl vergleichsweise große Aufmerksamkeit auch von Seiten Deutscher sicher. Das lag zum einen am herausragenden Nachrichtenwert gerade für deutsche Medien, der einer Sondersitzung des Jüdischen Weltkongresses zum Thema „Deutsche und Juden" zukommen mußte, um so mehr, als die Abhaltung dieser Sondersitzung innerhalb des Weltkongresses äußerst umstritten gewesen war[23]; zum andern an der vielbeachteten Teilnahme des zweithöchsten Repräsentanten des westdeutschen Teilstaates, Präsident des Deutschen Bundestages und CDU-MdB, Eugen Gerstenmaier.

Im Brüsseler Vortrag versucht Gershom Scholem – „jetzt, wo alles vorbei ist"[24] – ein genaues historisches Bild des „von Anbeginn falsche[n] Start[s] in den Beziehungen der Juden und der Deutschen"[25] zu geben. Eine seiner wesentlichen Ursachen erkennt er darin, daß die Emanzipation „die entschlossene Verleugnung der jüdischen Nationalität als eines Partners in dieser Auseinandersetzung mit sich [brachte], eine Verleugnung, die ebensosehr von den Deutschen gefordert wie von der Avantgarde der Juden und ihren federführenden Sprechern ebenso entschlossen zugestanden wurde"[26]. „Die Juden führ-

21 Ebd.

22 Gershom Scholem an Manfred Schlösser, 6.4.1965. In: Scholem: *Briefe 2* (Anm. (8), S. 129.

23 Vgl. dazu Abraham Melzer (Hg.): *Deutsche und Juden – ein unlösbares Problem. Reden zum jüdischen Weltkongreß 1966*. Düsseldorf 1966, S. 5-10.

24 Gershom Scholem: [Beitrag zum Jüdischen Weltkongreß 1966]. In: Melzer (Hg.): *Deutsche und Juden* (Anm. 23), S. 13-33, hier S. 23.

25 Ebd., S. 17.

26 Ebd.

ten den Kampf um die Emanzipation – und das ist die Tragödie dieses Kampfes, die uns heute so bewegt – nicht im Namen ihrer Rechte als Volk, sondern im Namen ihrer Assimilation an die Völker, unter denen sie wohnten".[27] Die Assimilation jedoch habe „die Judenfrage in Deutschland nicht etwa beseitigt, wie ihre Verfechter erhofften, sondern von einer neuen Position aus eher akuter gemacht. Je größer die Berührungsflächen zwischen diesen beiden Gruppen wurden, desto mehr nahmen auch die Reibungsmöglichkeiten zu."[28] Zwar habe im Zeitalter der Emanzipation „die Beziehung zum Deutschen" für die Juden „Intimität" angenommen, und „ein großer Schein" sei für sie „auf alles Deutsche" gefallen[29]. Doch der „vielberufene deutsch-jüdische Dialog" habe „nie stattgefunden [...]. Kein Deutscher hat Kafka, Simmel, Freud oder Walter Benjamin erkannt, als kein Hahn nach ihm krähte – geschweige denn als Juden erkannt. Die verspätete Geschäftigkeit verschlägt hier nichts."[30] „Die heutzutage manchmal gehörte Rede vom Verschmelzungsprozeß der beiden Gruppen, der angeblich ohne das Eingreifen des Nationalsozialismus zwischen der großen Mehrheit der deutschen Juden und den ‚andersgläubigen Bürgern' – das ist von einem Juden in Deutschland 1965 gedruckt worden! – auf dem besten Wege gewesen wäre", bezeichnet er als „zurückprojizierte[n] Wunschtraum".[31] Den Terminus der deutsch-jüdischen Symbiose benutzt Scholem nur ein einziges Mal – dort, wo er von der Bereitschaft der Mehrheit der jüdischen Elite zur „totalen Assimilation" und damit ihrem „Verschwinden" aus dem Judentum spricht: „Diese unaufhörlichen Aderlässe, durch die die Juden die Majorität ihrer fortgeschrittensten Schichten an die Deutschen verloren, bilden einen wichtigen, von jüdischer Seite aus sehr melancholisch stimmenden Aspekt der sogenannten deutsch-jüdischen Symbiose, von der jetzt so gern und in reichlich fahrlässiger Weise gesprochen wird."[32] Nachdem Scholem auf solche Weise wiederholt auf die prekären Implikationen hingewiesen hat, die die gängige, mit „verspäteter Geschäftigkeit" vorgetragene deutsche Rede über das Verhältnis zwischen Juden und Deutschen mit sich trägt, kommt er am Schluß auf die Chancen „fruchtbarer Beziehungen" zu sprechen: „[...] ob der Abgrund, den unsagbares, unausdenkbares Geschehen aufgerissen hat, geschlossen werden kann, wer möchte sich vermessen, es zu sagen?"[33] Mit Blick auf diesen Abgrund schließt er: „Nur

27 Ebd., S. 18.
28 Ebd., S. 19.
29 Ebd., S. 20.
30 Ebd., S. 29.
31 Ebd., S. 23.
32 Ebd., S. 25.
33 Ebd., S. 32.

im Eingedenken des Vergangenen, das niemals ganz von uns durchdrungen werden wird, kann neue Hoffnung auf Restitution der Sprache zwischen Deutschen und Juden, auf Versöhnung der Geschiedenen keimen."[34]

In Eugen Gerstenmaier wird der Kongreß dagegen mit einem Redner konfrontiert, der das Ideologem von der deutsch-jüdischen Symbiose nicht nur in Reinform in Aufstellung bringt, sondern zugleich seine politische Indienstnahme mustergültig vorführt: durch eine Sprachpolitik, die – wie Klaus Briegleb aufgezeigt hat – „jeden aufkommenden Verbrechensdiskurs als Störung der deutschen Versöhnungsbereitschaft erscheinen lassen möchte"[35]. Mit der vermeintlichen Zielvorgabe, „mit seiner Stimme über den Abgrund zu dringen, der Juden und Deutsche trennt", spricht Gerstenmaier von „der ungeheuren Blutschuld", von der „ein solcher Dunst der Düsternis und Vergeblichkeit" ausgehe, daß sich „auch die Entschlossensten, die Tatkräftigsten und die Gutwilligsten unter uns nur mit Mühe seiner lähmenden Wirkung [zu] entziehen"[36] vermögen. Gerstenmaier läßt keinen Zweifel daran, daß er sich zu dieser Gruppe zählt; ja, im Abriß seiner „Bedenken" im Vorfeld der Konferenz firmiert er als derjenige, der „über den schrecklichen Abgrund zwischen Juden und Deutschen hinweg menschliche Stimmen vernehmbar zu machen" trachtet, während „dem Jüdischen Weltkongreß damit" womöglich „zuviel zugemutet werde"[37]. „‚Es hat ja doch alles keinen Sinn! Über den Berg von Leichen kann keiner mehr hinweg!' " – diese „Stimme", die Gerstenmaier „häufiger von Deutschen als von Juden" gehört haben will, deutet er, ähnlich wie die Tatsache, daß „die Berichte über die KZ-Prozesse [...] nicht populär" seien, zwar als Symptom eines „instinktiven Verdrängungswillens". Doch er würdigt „diese Abwehrhaltung" als Äußerung „jenes Empfindens für die größte Schande, die Deutschland von Deutschen je angetan wurde", und gar als – wenn auch „dumpfe[n]" – „Protest gegen die Last einer verruchten Vergangenheit, die kein Mensch ‚bewältigen' kann".[38] Zu den historischen Ursachen der Massenverbrechen hat Gerstenmaier wenig zu sagen. Hatte Scholem noch betont, nichts sei „törichter als die Meinung, der Nationalsozialismus sei sozusagen vom Himmel gefallen oder ausschließlich ein Produkt der Verhältnisse nach dem ersten Weltkrieg"[39],

34 Ebd., S. 33.

35 Klaus Briegleb: „Negative Symbiose". In: Klaus Briegleb und Sigrid Weigel (Hg.): *Gegenwartsliteratur seit 1968*. München/ Wien 1992, S. 117-150, hier S. 118.

36 Eugen Gerstenmaier: [Beitrag zum Jüdischen Weltkongreß 1966]. In: Melzer (Hg.): *Juden und Deutsche* (Anm. 23), S. 73-79, hier S. 73.

37 Ebd.

38 Ebd., S. 74.

39 Gershom Scholem: [Beitrag zum Jüdischen Weltkongreß 1966] (Anm. 24), S. 30.

kommen das NS-Regime und seine Vernichtungspolitik im Vortrag Gestenmaiers als „Erscheinung des wahrhaft Bösen in der Geschichte der Deutschen", auch als „die infernalische Gewalt und Dämonie des Bösen, dessen der Mensch offenbar auch fähig ist"[40], zur Darstellung. „Dem deutschen Volk" falle lediglich ein „Teil der Mitverantwortung"[41] zu. Daß „der deutsche Widerstand [...] sich nur dem eigenen Land verpflichtet wußte", sei „nicht wahr [...]. Er erhob sich, als das Reich Hitlers noch auf der Höhe seiner Macht war als Rebellion vor allem gegen den Judenmord"[42]; „die Herrschaft Hitlers" sei nicht nur „‚in der deutschen Geschichte nicht vorgezeichnet'", sondern „auch im deutschen Denken und Fühlen nicht angelegt"[43] gewesen. Gegenwärtige „Hakenkreuzschmierereien und sogar Friedhofsschändungen in Deutschland" seien das Werk von „Lausejungen [...], die nicht einmal wissen, was Antisemitismus ist"[44]. Die Bewertungen der Lage in Deutschland durch Karl Jaspers – dessen Grußbotschaft in Brüssel verlesen worden war – werden als „falsch" verworfen, Jaspers selbst wird in der mokanten Bezeichnung „ein bekannter Basler Professor"[45] anonymisiert; „an die Adresse Gerhard Scholems" richtet Gerstenmaier die Belehrung: „Es gibt auch mißglückte Liebesaffären von Deutschen mit den Juden!"[46] Vor allem aber sieht Gerstenmaier „die jungen Deutschen [...] eine solche neue Symbiose stürmisch anstreben", zu der es, wie zur „Heilung" des Antisemitismus, der „sturmfeste[n] Normalisierung [bedarf]. Sie kann nach meinem Verständnis nur auf dem Glauben gründen, daß der andere bei aller Ehrerbietung vor seiner Individualität und der geschichtlichen Besonderheit seiner Existenz doch schließlich ‚ist wie Du'".[47]

„Sofern die Monologe von Brüssel überhaupt eine Erkenntnis haben reifen lassen", stellte Jean Améry nach Ablauf der Konferenz fest, „dann war es diese, die Jaspers übrigens in seiner Botschaft impliziert hat: daß die Zeit für ein Gespräch, das mehr als ein ‚dialogue de sourds' wäre, noch nicht reif ist."[48] Zu diesem Eindruck, den Scholem vollständig teilte[49], hatte auch die Rede Golo Manns beigetragen, die „ich für grauenhaft schlecht halte. [...] Ich hatte nicht einmal Lust, mit ihm mich darüber auszusprechen, obwohl ich mit ihm zusammen

40 Eugen Gerstenmaier: [Beitrag zum Jüdischen Weltkongreß 1966] (Anm. 36), S. 75.
41 Ebd., S. 76.
42 Ebd., S. 77.
43 Ebd., S. 76.
44 Ebd., S. 78.
45 Ebd., S. 76.
46 Ebd., S. 78.
47 Ebd., S. 79.
48 Jean Améry: „Nachwort zur fünften Session des Jüdischen Weltkongresses. In: Melzer (Hg.): *Juden und Deutsche* (Anm. 23), S. 105-107, hier S. 105.
49 Vgl. hierzu auch noch weiter unten.

Mittag gegessen habe. Das ist ein Herr, der von Tuten und Blasen keine Ahnung hat."[50]

Im November des gleichen Jahres erreicht Scholem in Jerusalem ein Brief, deren Verfasserin unter Bezug auf seine Brüsseler Rede ihre grundsätzlichen Zweifel am Sinn seines Unternehmens äußert[51]. Er antwortet ihr: „Sie fragen, warum wir nicht ein Gespräch mit den Zulukaffern oder Burmesen für wichtiger halten als mit den Deutschen, die vor noch nicht 25 Jahren unsere Familien ermordet haben. Die Antwort liegt auf der Hand. Es ist gerade der Albdruck – täuschen wir uns nicht, der auf beiden Seiten lastet – dieser Vergangenheit, der durch das sogenannte Schweigen nicht beseitigt wird. Ich habe nicht gefunden, dass die, die dieses Gespräch ablehnen, damit in eine seelisch sicherere Lage gekommen sind als die, die solches Gespräch bereit waren zu führen."[52] Damit bezeichnete Scholem mit aller Deutlichkeit jenes grundlegende psychologische Moment, von dem nicht nur das prekäre Verhältnis selbst, sondern zugleich die verschiedenartigen Bemühungen, dieses Verhältnis in ein Gespräch zu wenden, wesentlich bestimmt waren: die Einsicht in einen fundamentalen Sachverhalt, den Dan Diner zwanzig Jahre später, unter explizitem Bezug auf Scholem, als „Negative Symbiose"[53] verstehbarer zu machen suchte.

Gegen Ende des Jahres erreicht Scholem der Wortlaut einer Rede, mit der der SPD-Politiker und ehemalige Senator Adolf Arndt die Gründung der Berliner Deutsch-Israelischen Gesellschaft würdigte. Arndt hatte u. a. formuliert: „Das Gift des rassistischen Fehldenkens wirkt noch immer in der Vorstellung nach, daß Deutsche, die aus den mosaischen Glaubensgemeinschaften gekommen und deren Vorfahren dort außerhalb des Staates gehalten waren, irgendwie doch einem anderen Volke, einem jüdischen Volke, angehört hätten und insoweit keine richtigen Deutschen seien. Ich darf an dieser Stelle sagen, daß wir keine deutsch-jüdische Gesellschaft, sondern eine deutsch-israelische Gesellschaft sind."[54] Jüdische Identität sieht Scholem einmal mehr nicht nur „bestritten"[55], sondern „mit Hohn übergossen", in einer Rede, „in der ‚das Jüdische' ebenso beleidigend wie skandalös

50 Gershom Scholem an George Lichtheim, 16.12.1966. In: Scholem: *Briefe* 2 (Anm. 8), S. 166. Die Rede Golo Manns in: Melzer (Hg.): *Juden und Deutsche* (Anm. 23), S. 34 ff.

51 Lisl Mühlstein an Gershom Scholem, hier nach Scholem: *Briefe* 2 (Anm. 8), S. 292.

52 Gershom Scholem an Lisl Mühlstein, 7.11.1966. In: Scholem: *Briefe* 2 (Anm. 8), S. 152.

53 Vgl. Dan Diner: „Negative Symbiose". In: ders. (Hg.): *Ist der Nationalsozialismus Geschichte? Zu Historisierung und Historikerstreit*. Frankfurt am Main 1987, S. 185-197.

54 Hier nach Scholem: *Briefe* 2 (Anm. 8), S. 296.

55 Gershom Scholem an die Herausgeber des Freiburger Rundbriefs, o. D. In: Scholem: *Briefe* 2 (Anm. 8), S. 168.

als eine ‚rassistische Vokabel' bezeichnet wird"[56]. Arndts Rede erkennt Scholem als Probe jener unter dem Etikett „einer angeblich progressiven Geschichtsauffassung" umlaufenden „Mode", „in Deutschland [...] sogenannte Sympathien für den Staat Israel mit einer Ablehnung des jüdischen Volkes als eines historisch gewordenen Volkstums zu verbinden."[57] Scholem bittet die Redaktion des „Freiburger Rundbriefs", die Arndts Rede kommentarlos abgedruckt hatte, seinen „Widerspruch Ihren Lesern zur Kenntnis zu bringen"[58]. Dieser Bitte wird jedoch nicht entsprochen.

In seiner Antwort auf den Brief eines amerikanischen Lesers seiner Brüsseler Rede zieht Scholem, am 12. Februar 1967, eine desillusionierte Zwischenbilanz seiner seit rund fünf Jahren anhaltenden Bemühungen, die Bedingungen eines Gesprächs zwischen Deutschen und Juden in Deutschland bereiten zu helfen. Unter Bezug auf den letzten Satz seines Vortrags vor dem Jüdischen Weltkongreß schreibt Scholem: „I am very reluctant to answer your question about the way how to maintain that ‚Eingedenken', so that real communication between Germans and Jews can be begun. It is very sad to say that I am extremely sceptical about the possibility of such real communication in the forseable future. [...] I do not feel that the development of relation between Jews and Germans leaves much to hope. I have found in my own experience and much more so in the literature and articles published by Germans that there is no common basis for understanding. I say this with the greatest regret, but my experience in Brussels and even more so the reaction of the Germans have shown me that the Germans are in no way prepared, even less that the Jews, for such a dialogue. [...] there is now a flowering of a cult of the worst aspects of German-Jewish assimilation which at the same time implies (and often much more than implies) a rejection of Zionism as a reactionary and outdated affair. The fact is that people like Professor Baron and me found no common basis for any serious talk with people like Golo Mann and Gerstenmeyer [sic], the president of the German Bundestag. How to change this, I do not know. [...] The sympathy of the Germans for the State of Israel has nothing to do with an understanding of the Jews as Jews. It is born out of bad conscience only and not by understanding. I doubt whether this is something on which you can build anything really meaningful." Scholem schließt seinen Brief mit den Zeilen: „I regret that these melancholic considerations are all I have to give you. Anything more would be of an illusionary character."[59]

[56] Ebd., S. 167.
[57] Ebd., S. 168.
[58] Ebd.
[59] Gershom Scholem an H. David Kirk, 12.2.1967. In: Scholem: *Briefe* 2 (Anm. 8), S. 170.

Scholems Hoffnung auf ein deutsch-jüdisches Gespräch war erschöpft; vergleichbar sichtbare Interventionsversuche in der deutschen Öffentlichkeit finden von seiner Seite her nicht mehr statt. Doch seine Bemühungen um „real communication" zwischen Juden und Deutschen wurden noch im gleichen Jahr von anderen aufgegriffen und fortgesetzt – im offenen Kontext der tiefgreifenden innenpolitischen Verwerfungen, die die Aktivitäten der antiautoritären Bewegung hervorgerufen hatten. Peter Szondi nimmt die Veröffentlichung der Brüsseler Reden im Oktober 1967 zum Anlaß, vom Standort des Scholem-Diktums einer ‚Sprache des Eingedenkens' aus die Beiträge von Jaspers und Gerstenmaier einer Sprachkritik zu unterziehen. Den Duktus Gerstenmaiers hatte noch ein Jahr zuvor, wenige Monate nach dessen Brüsseler Rede, aber ohne direkten Bezug auf sie, Ludwig Marcuse charakterisiert: als den eines „wilhelminischen Feldwebels im pädagogischen Zivil".[60] Gerstenmaiers Ansprachen, voller „Dünkel" und „Impertinenz"[61], seien „immer mehr oder weniger getarnte Befehle"[62]; in seinem „Deutsch der grellroten Bemerkungen am Rande des Schul-Aufsatzes"[63] wirkten „die Zensuren für Wohlverhalten [...] noch kränkender als die Angriffe"[64]. Gerstenmaiers Behauptung, daß „erst der Hitlerismus die ‚konservativ-sittliche Orientierung' des deutschen Nationalismus ‚überfremdet und närrisch gemacht' [habe] durch Rassismus", führt Marcuse schließlich zur Bilanz seiner „Analyse dieses Zungenschlags": „Man tut ganz gewiß Männern wie Gerstenmaier bitter unrecht, wenn man sie in die Nähe der Faschisten rückt. Aber wer den blutigen Hitler-Rassismus ‚närrisch' nennt, ist nicht nur sprachlich unbegabt. Er hat zwölf Jahre verschlafen. Die so reden, sind nicht Klassenfeinde oder Analphabeten, sondern leben im Getto von Erfahrungen, die nicht mehr ausreichen. Die Sprache ist auch ein Abbild von Einsichten, die einer nicht gewonnen hat."[65]

„Welcher Art", fragt Szondi in seiner Rezension für den Hessischen Rundfunk unter Hinweis auf Scholems Forderung einer „Restitution der Sprache zwischen Deutschen und Juden", „wird diese Sprache sein? Wie müsste heute gesprochen und wie dürfte nicht gesprochen werden, wenn es diese Sprache dereinst geben soll?"[66] Zur Beantwortung zieht er den Wortlaut der Brüsseler Beiträge von Gerstenmaier und von Jaspers heran. Während Jaspers „das Vergangene

[60] Ludwig Marcuse: „Gerstenmaier zwitschert Fraktur". In: *Tintenfisch*, Nr. 1, 1966, S. 47-51, hier S. 47.

[61] Ebd., S. 48.

[62] Ebd., S. 47.

[63] Ebd., S. 49.

[64] Ebd., S. 47.

[65] Ebd., S. 51.

[66] Hier zitiert nach Peter Szondi: *Briefe*. Herausgegeben von Christoph König und Thomas Sparr. Frankfurt am Main 1993, S. 238-241, hier S. 238.

beim Namen“ nenne und von „unbestechlicher Nüchternheit“ geprägt sei, „die sich selber nicht schont“, beobachtet Szondi bei Gerstenmaier „Nebel“ und Formulierungen wie die vom „Teil der Mitverantwortung“, die dem deutschen Volk „zufalle“: „War es gar Zufall, Mißgeschick? Gerstenmaiers Wortwahl tut alles, um solche Assoziationen zu bestätigen. Der Satz seiner Rede, der in der Berichterstattung über den Brüsseler Kongreß von der Presse besonders gern zitiert wurde, ohne dass sie dessen Ungeheuerlichkeit wahrgenommen hätte, preist ein Deutschland, ‚das sich verschworen hat, dass ihm Ähnliches nie wieder passiert.‘ ‚Dieses Deutschland‘, fügte Gerstenmaier hinzu, nicht bedenkend, wie ein solcher Satz auf die Überlebenden des Dritten Reiches wirken musste, ‚dieses Deutschland ist ... das grösste und stärkste.‘ Aber passiert ist es ihm – wie der Verlust eines Regenschirms.“[67] Als „Anmassung“ empfindet Szondi es, „wenn ein Politiker, mit dem Anspruch, nicht für seine Person, sondern für ein ganzes Land zu sprechen, Ansichten und Prognosen einzelner verurteilt und den Philosophen Jaspers, der 64 Jahre seines Lebens in Deutschland verbracht hat, als ‚bekannten Basler Professor‘ einführt – als habe sich hier ein Ausländer Sorgen gemacht. Die Intoleranz, die einen Andersdenkenden gleichsam mit dem stilistischen Mittel der Umschreibung ausbürgert, ist die Kehrseite der falschen Toleranz, die den Juden nur als Deutschen, nur als ‚Mitbürger‘ kennt.“ In welchem Maß sich solche Sprach- als politische Kritik durch die neuesten Ereignisse in Westdeutschland begründet, wenn nicht zu erneuter Radikalisierung aufgerufen weiß, wird nur in einer Partie des Szondi-Textes ganz offensichtlich. Hier aber wird der als prekär, genauer: als alarmierend empfundene Zusammenhang zwischen der Verfassung einer Rede, wie Gerstenmaier sie übt, und der konkretesten tagespolitischen Gegenwart in aller denkbaren Deutlichkeit markiert: „Gegen eine von Scholem zitierte Bemerkung Alfred Döblins aus dem Jahr 1948, das Wort ‚Jude‘ sei in Deutschland ein Schimpfwort geblieben, wandte er ein, das gelte für die ‚Reste des verfaulten Nazismus‘, aber was besage das? Das Vokabular von Polizisten und Berliner Bürgern, das in diesem Sommer demonstrierende Studenten vor der Deutschen Oper und in Neukölln zu hören bekamen, hat Döblins Bemerkung noch zwanzig Jahre danach bestätigt.“[68]

Das Beispiel der Szondi-Rezension deutet an, wie das, was Scholem die „lügnerischen Voraussetzungen“ des „Pseudo-Gesprächs der Vergangenheit“[69] genannt hatte, durch die antiautoritäre Bewegung und

[67] Ebd., S. 239.
[68] Ebd., S. 241.
[69] Gershom Scholem an Manfred Schloesser, 6.4.1965. In: Scholem: *Briefe* 2 (Anm. 8), S. 129; vgl. auch oben.

ihre Folgen unter unmittelbaren Druck geraten war. Zusammen mit zahlreichen gesellschaftlichen und diskurspolitischen Gepflogenheiten, die die politische und kulturelle Öffentlichkeit der Bundesrepublik seit Adenauer bestimmt hatten, sah sich auch der philosemitisch-institutionalisierte Verabredungszusammenhang, aus dessen Mitte Gerstenmaier zwar schon ‚genötigt'[70], aber doch noch selbstgewiß Sprachpolitik durchzusetzen versucht hatte, einer vordem ungekannten Belastungsprobe ausgesetzt. An einem Text, der im März 1968 erscheint, kann verdeutlicht werden, wie in der Auseinandersetzung mit solchem Standort eine sich entschieden politisch begreifende Opposition gegen ein so verstandenes ‚deutsch-jüdisches Gespräch' sich bildet und sich – noch hoffnungslos minoritär – zu Wort zu melden versucht: Arie Gorals „Streitschrift" unter dem Titel „Der Anti-Schoeps – Ein Beitrag zur sogenannten Woche der sogenannten Brüderlichkeit".

Der bildende Künstler und Schriftsteller, der 1953 aus dem Exil nach Deutschland zurückgekehrt war, nimmt Bezug auf einen Artikel von Hans Joachim Schoeps, der am 29. Dezember 1967 in der „Welt" erschienen war. Unter der parolenartigen Überschrift „Der Radikalisierung entgegentreten – Gefahren für den demokratischen Rechtsstaat" bezieht Schoeps emphatisch Stellung gegen die Aktivitäten der Studenten in den vergangenen Monaten. In ihren Go-ins und Sit-ins erkennt er ein „Bekenntnis zum individuellen Terror" und warnt eindringlich vor „Entwicklungen [...], die für den Bestand des demokratischen Rechtsstaates gefährlich werden können". Mahnend fügt er an: „Wir wissen von 1933 her, wohin Feigheit und Weltfremdheit führen: zur kommenden Gleichschaltung und zur Mundtotmachung der wenigen Aufrechten."[71]

In seiner Streitschrift weist Goral zunächst – mit rund 8 Seiten unkommentierten Zitaten aus Schoeps' „Wir deutschen Juden", erschienen 1934, und „Wille und Weg des deutschen Judentums", erschienen 1935 – den politischen Ort auf, den Schoeps in den Jahren nach der NS-Machtübernahme eingenommen hatte: Durch pointierte Absetzung von jenen Juden, die die „Fluchtpositionen" des „Internationalismus und Pazifismus, Sozialismus und Liberalismus" eingenommen hatten, und durch die pathetische Anerkenntnis einer „Schuld des deutschen Judentums [...], daß es sich von diesen Menschen und Kräften nicht genug distanziert, sondern oft genug und selbstgefällig genug mit ihnen kokettiert hat", sucht der Verfasser jenen „deutschgesinnten Juden", die schon immer angesichts etwa der „rote[n] Assi-

70 Vgl. Briegleb: „Negative Symbiose" (Anm. 35), S. 119.

71 Hans Joachim Schoeps: „Der Radikalisierung entgegentreten". In: *Die Welt*, 29.12.1967.

milation in der jüdischen Jugend“ „nichts anderes“ hatten tun können „als erröten, abseits gehen und schweigen“, Akzeptanz bei den neuen Machthabern zu gewinnen.[72]

Am Fall Schoeps, genauer: am Beispiel seines als „Leitkommentar“ charakterisierten Beitrags in der „Welt“, entwickelt Goral daraufhin eine rückhaltlose Kritik am deutsch-jüdischen Verabredungszusammenhang in der deutschen Öffentlichkeit. „Es geschieht in der Bundesrepublik nicht selten“, setzt der Verfasser ein, „dass man sich eines mehr oder weniger prominenten Juden zum Zweck der eigenen Rehabilitierung bedient, um so in dessen Nachbarschaft die ‚braune‘ Vergangenheit vergessen zu machen oder um neonazistische Tendenzen zu tarnen.“ Im Zusammenhang solcher legitimatorischen Funktionalisierung kommt Goral auf das Symbiose-Ideologem zu sprechen: „Was [...] heute besonders in christlich-jüdischen ‚Brüderlichkeitskreisen‘ als deutsch-jüdische Symbiose der angeblich ‚goldenen zwanziger Jahre‘ in literarischen Veranstaltungen strapaziert wird, war damals realiter überhaupt nicht existent.“ Jene deutschnationalen Juden, die heute als „‚Jubeljuden‘“ fungierten, nennt Goral das „jüdischerseits [...] proportional nicht bedeutende, nominal aber propagandistisch und publizistisch wirksame Pendant zur bundesrepublikanischen Restauration und Reaktion. Nicht zufällig hält ein restauratives deutsch-christliches Establishment Ausschau nach deutsch-jüdischen Gesinnungsgenossen, die, wenn auch unter anderen Voraussetzungen und Bedingungen, sich bereits vor 1933 einer ‚jüdischen Politik der deutschen Stärke‘ verschrieben, nach der Machtergreifung des Nationalsozialismus geradezu pathologisch sich als die Träger und Erfüller einer ‚deutsch-jüdischen Nationalrenaissance‘ betrachteten.“ Als solcher wird Hans Joachim Schoeps charakterisiert: „Mit Schoeps und seinem jüdisch-deutschtümelnden Preussentum feiert eine Geisteshaltung Auferstehung, der ihre verhängnisvolle Mitschuld am Nationalsozialismus bisher nie deutlich genug nachgewiesen wurde. Wer sich aber der Rolle erinnert, die Schoeps in den Jahren nach 1933 in Deutschland noch spielte, wird als Jude zwischen grenzenloser Scham und maßlosem Zorn hin und her gerissen sein.“ Nach einer genaueren Würdigung der Zeitumstände kommt Goral zu dem Schluß: „Es war kein Ausweg in der Not, sondern es war ein Mitmachen aus eigener reaktionärer, autoritärer und für den Faschismus anfälliger Gesinnung. [...] Dass er nicht Widerstand predigte, nicht selbst aktiv Widerstand leistete, wer will es ihm und seinem ‚Preussentum‘ verübeln? Dass er aber diejenigen diffamierte und als ‚undeutsch‘ denunzierte, die als Deutsche, Juden, Demokraten, Anti-

[72] Arie Goral: *Der Anti-Schoeps – Ein Beitrag zur sogenannten Woche der sogenannten Brüderlichkeit 1968*. Berlin/ Hamburg 1968 [unpaginiert].

faschisten und Sozialisten Hitler und den Nazismus, wo und wie sie nur konnten, bekämpften, die dann in die Emigration gingen, weil keine andere Wahl mehr für sie als *Juden* blieb, aber in dieser Emigration um der Wahrheit, um der Ehre und Freiheit willen in Wort und Tat den Kampf gegen den Faschismus fortsetzten, dass er sie mit seiner deutsch-jüdisch faschistischen Journaille verleumdete, darin zeigte und zeigt sich für alle Zeiten, wer er war und bleiben wird!"

Diese einstige Haltung sieht Goral im „Welt"-Kommentar mit neuer Wirksamkeit entfaltet: „Verleumdete er damals uns, die jungen jüdischen Sozialisten, weil es dem ‚braunen' Zeitgeist gemäss opportun war und seiner eigenen faschistoiden Disposition entsprach, so tut er es jetzt mit deutschen sozialistischen Studenten." Besondere Empörung ruft bei Goral der folgende Schoeps-Satz hervor: „ ‚Wir wissen von 1933 her, wohin Feigheit und Weltfremdheit führen: zur kommenden Gleichschaltung und zur Mundtotmachung der wenigen Aufrechten' [...]. Welche Aufgeblasenheit und welche Verlogenheit! Er maßt sich im Rückblick auf 1933 die Pose des ‚Aufrechten' an!" Das „Gefährliche" daran erkennt Goral zum einen in seinem Status „als Leitkommentar in der WELT", zum andern darin, daß Schoeps „und seinesgleichen [...] als TABUS, sozusagen als ‚philosemitische Dunstmacher' klare Fronten und eindeutige Alternativen erschweren und oft unmöglich machen. Sie dienen jenen, die sie als Alibi benötigen, bei dem Bemühen, autoritäre und diktatorische Herrschaftsformen im Namen der Legalität in der Bundesrepublik durchzusetzen."

Gleichzeitig weist Goral auf die Bedeutung hin, die einer Aufdeckung der grundlegenderen „Automatismen" hinter dem Beispiel von Schoeps zukommt: „Erst mit einer Kritik, die über die Person hinaus in das allgemein Gültige führt, den einzelnen Fall nur als Modell [...] benutzt, um sich dann anhand einer systematischen Analyse mit der Gesellschaftsstruktur auseinanderzusetzen, die einen Hofstätter und einen Schoeps und viele ihresgleichen zeitigt, erst mit einer solchen Kritik und den sich aus ihr ergebenden Schlussfolgerungen wäre ein echter Beitrag zur Vergangenheits-, Gegenwarts- und Zukunftsbewältigung geleistet. Auch erst eine kritische Auseinandersetzung mit gesellschaftlichen und politischen Erscheinungen im Judentum, nicht zuletzt bei dem in Deutschland vor 1933, wird von Klischees befreien, wie sie uns der Philosemitismus aufzwingt. Erst dann werden auch Entwicklungen verständlich, die heute noch und schon wieder im Zusammenhang christlich-jüdischer Brüderlichkeitsillusionen sich abzeichnen, aber ihrem Wesen und Gehalt nach nicht erkannt sind. – Allein mit diesen grundsätzlichen Klärungen", fügt Goral an, „und den sich dann ergebenden Konsequenzen bahnt sich eine Überwindung des gesellschaftlich und individuell deformierenden Philosemitismus und eines in ihm latenten ‚inneren Pendants', des Antisemitismus, an. Gerade diese Überwindung [...] ist notwendiger denn je, da einerseits das reaktionäre Bürgertum auf der Klaviatur des Philosemitismus spielt, um damit den bestimmenden Grundakkord der Restauration zu überspielen, wie andererseits nicht selten sozialistische Gruppierungen durch unpräzise Standortbestimmung bei der Konfrontation mit diesen Erscheinungen eines ‚sozialistischen Antisemitismus‘ sich verdächtig machen.“

Die Bedeutung, die der Verfasser der überfälligen Kritik des „gesellschaftlich und individuell deformierenden Philosemitismus und seines in ihm latenten ‚inneren Pendants‘ “ beimißt, wird unterstrichen in einer Nachbemerkung, in der er zu einer „JÜDISCHEN AUSSERPARLAMENTARISCHEN OPPOSITION“ aufruft, „die man faktisch ja schon seit Jahren vertritt.“ Eine solche Opposition *mußte* zuallererst ansetzen an den charakteristischen Bedingungen des offiziösen philosemitisch-institutionalisierten Verabredungszusammenhanges. Mit Nachdruck markiert der „Anti-Schoeps“ die tragische Rolle, die das diesem Zusammenhang zentrale Ideologem von der deutsch-jüdischen Symbiose bisher gespielt hat; und zugleich die Tatsache, daß dieses Ideologem, jetzt: im Augenblick, da einer Position aus „JUDENTUM UND SOZIALISMUS“ eine in Deutschland nicht mehr für möglich gehaltene Wirkungschance zuzuwachsen scheint, ‚sturmreif‘ sei.

Doch während Goral noch – auf hoffnungslos abgeschlagenem Posten[73] – für seine Politik der „Entlarvung“ publizistisch wirbt, bereitet sich unterdessen – gar auf deutschem Boden – der radikalste Anschlag auf den Diskurs von der deutsch-jüdischen Symbiose vor, der je in deutscher Sprache verfaßt wurde.

2

Schon in der Hauptfigur von „Der Nazi & der Friseur“ – dem Massenmörder Max Schulz, der die Identität des einst von ihm ermordeten Juden Itzig Finkelstein angenommen hat – ist das deutsch-jüdische Verhältnis nach ’45 als spektakuläre Metapher gestaltet. Aber auch in seinem meist in Ich-Form vorgetragenen Lebensbericht steht das Leben von Deutschen und Juden vor und nach dem Zweiten Weltkrieg im Mittelpunkt. Die Aufnahmen dieses Bilderbogens – verfaßt in einer seit Jahrzehnten in Deutschland nicht mehr bekannten satirischen

[73] Vgl. Arie Goral: „Ich bin Jude, also bin ich“. In: Henryk M. Broder/ Michel R. Lang (Hg.): *Fremd im eigenen Land – Juden in der Bundesrepublik*. Reinbek bei Hamburg 1979, S. 203-221.

Radikalität[74] – sind allesamt entschiedene *Gegen*-Bilder zu jenem Ideologem von der deutsch-jüdischen Symbiose, das Eugen Gerstenmaier in Brüssel, wie zu zeigen war, beispielhaft vertreten hatte.

Die Souveränität des satirischen Hohns, die den Roman bestimmt, wird schon in jener suggestiven Ansprache des Lesers auf den ersten Seiten deutlich, in der der Ich-Erzähler gleich eine der zentralen konventionell festgesetzten Grundannahmen des westdeutschen Publikums über sich selbst im Umgang mit Gegenständen der NS-Jahre ignoriert: daß dem modern-aufgeklärten Leser heute jede antisemitische Disposition fremd sei. Wenn Max Schulz sich bereits in den ersten Zeilen seiner Erzählung zu der Versicherung genötigt sieht, „daß die arische Herkunft" seiner fünf in Frage kommenden Väter „einwandfrei festgestellt wurde" (7)[75]; wenn er, in der Schilderung seines einstigen Nachbarn Chaim Finkelstein, den vorschnellenden Stereotypen seiner Leserschaft mit der Bemerkung geradezu hinterhereilt: „Er hatte auch keine Plattfüße" (9); oder wenn er, nach der Beschreibung des ‚arischen' Äußeren seines jüdischen Kinder- und Jugendfreundes Itzig Finkelstein und des eigenen ‚jüdischen' Aussehens, feststellt: „Daß wir beide oft verwechselt wurden, werden Sie sich ja leicht vorstellen können" (24) – dann ist in solcher suggestiven Ansprache schon einmal jene verbreitete Leserposition aufgerieben, die den NS-Antisemitismus nur noch aus der zurückliegenden Geschichte, sozusagen ‚rein kognitiv', und schon gar nicht in sich selbst und authentisch kennen will. Diese erste Verstörung gilt für den Verfasser unübersehbar als Bedingung einer Ansprache an deutsches Publikum über Deutsche und Juden; sie ist zugleich eine Irritation, auf deren lesepsychologisch produktive Kraft Hilsenrath zurecht setzte. Von hier aus beginnt die systematische Destruktion der umlaufenden Symbiose-Bilder.

In der Darstellung der Kindheit des Ich-Erzählers steht, mit den 10er und 20er Jahren, jene Zeitspanne im Mittelpunkt, die als fruchtbarster Abschnitt in die ‚Historiographie' deutsch-jüdischer Symbiose eingegangen ist, als goldene Ära gutnachbarlicher Beziehungen und, im Bereich von Kultur und Wissenschaft, als Phase reichster gegenseitiger Befruchtung – jäh abgebrochen durch die „Erscheinung des wahrhaft Bösen"[76]. Charakteristisch für die Genauigkeit, mit der der Verfasser den Gegenstand seiner Satire kennt, ist die Ausstattung der Mutter des Ich-Erzählers gerade mit dem vermeintlich signifikanten Attribut, „für gute Nachbarschaft" (9) zu sein; doch von den

[74] Vgl. Verf.: *Das teure Experiment – Satire und NS-Faschismus.* Opladen 1996, besonders S. 255 ff.

[75] Die im fortlaufenden Text in Klammern genannten Seitenzahlen beziehen sich auf die Ausgabe Edgar Hilsenrath: *Der Nazi & der Friseur.* Reinbek bei Hamburg 1984.

[76] Eugen Gerstenmaier: [Beitrag zum Jüdischen Weltkongreß 1966] (Anm. 36), S. 75.

großen Festtagen im jüdischen Nachbarhaus hat sie „keine blasse Ahnung“ (10); als ihr Sohn vor diesem Haus einmal schreit, vermutet sie, es habe „den Jungen verhext“ (14); und der gutgehende Friseursalon Chaim Finkelsteins erfüllt Max Schulz' Vater, ebenfalls Friseur, mit – wie bald deutlich werden wird: mörderischem – Sozialneid (15).

Erst in der Kinderfreundschaft zwischen Max Schulz und Itzig Finkelstein scheint sich ‚Symbiose‘ zu verwirklichen – in den Worten des Ich-Erzählers: „Wir [...] hielten zusammen wie Pech und Schwefel.“ (24) Der ‚befruchtende Austausch‘ besteht darin, daß Max Itzig neben Glücks- und Geschicklichkeitsspielen beibringt, „wie man Rattenfallen aufstellt, wie man lange, schwarze Lakritzstangen in die Weich- und Hinterteile der betäubten Ratten einführt“, wie „ein Regenwurm auch ohne Kopf in sozusagen zerhacktem Zustand weiter beweglich blieb, was bedeutete, daß der Wurm oder seinesgleichen das Würmerdasein nicht aufgeben will und letzten Endes die Hand überlebt, die ihn zerschneidet“ (22). Itzig hilft Max dagegen bei den Schularbeiten, übt mit ihm Kopfrechnen, läßt ihn „selbstverständlich“ abschreiben (22 f.) – eine Selbstverständlichkeit, die in der steten Dienstbereitschaft Itzigs immer schon die Einseitigkeit des Profits dieser Beziehung zugunsten von Max mitbezeichnet. Da Max „alles nachahmte, was Itzig Finkelstein tat oder machte“ (27), wird Max zwar auch vertraut mit dem religiösen Brauchtum seiner jüdischen Nachbarsfamilie, lernt Jiddisch, macht sich mit dem Hebräischen vertraut und begleitet die Finkelsteins zuweilen in die Synagoge. Doch auch noch diese Kenntnisse, daran läßt der Fortgang des Lebensberichts keinen Zweifel, erfahren durch Max eine der eigenen Täteridentität dienliche Verwendung.

Als mit der Machtübergabe an die Nationalsozialisten Familie Finkelsteins Hilfe beim sozialen Aufstieg durch Bildung nicht mehr erforderlich ist, wandelt sich die Beziehung zwischen Max und Itzig grundlegend: Noch am Tag der „Machtergreifung“ zerschlagen Max und sein Vater die Scheiben von Finkelsteins Friseursalon, rauben ihn aus und verwüsten den Rest (44); die Arisierung wird ins Auge gefaßt (50); wenige Jahre darauf wird Max Schulz neben Tausenden, vielleicht Zehntausenden anderer Juden auch Itzig Finkelstein erschießen (303). Diese Wende scheint der einstigen Nähe Max Schulz' zur Familie Finkelstein zu widersprechen. Der Widerspruch entsteht durch die dem Symbiose-Ideologem inhärente, populärpsychologische Annahme, daß enge zwischenmenschliche Beziehungen die Schädigung, vor allem aber doch den Mord hätten wenn nicht unmöglich machen, so doch erschweren müssen. Dieser Widerspruch erfährt durch zwei unterschiedliche Motive, die der Erzähler für seine Tat anführt, eine abgründige Zersetzung. Das erste lautet: „Ich war kein Antisemit. Ich bin nie einer gewesen. Ich hab bloß mitgemacht.“ (172) Was auf den ersten Blick wie ein typischer O-Ton deutscher Nachkriegsrede wirken mag, behaftet mit der für ihn charakteristischen, schon im Paradox erkennbaren Unwahrhaftigkeit, erhält jedoch im Kontext der Erzählung eine neue Konsistenz. Denn in dem Maße, in dem der Protagonist Max Schulz in seiner poetischen Konstitution zusehends erkennbar wird als Figur *ohne* ideologische Identität im Sinn realistischer Abbildung, wird das Paradox aufgehoben und erhält seine Aussage immanenten Sinn: In Max Schulz wird, durch alle artifizielle Vermittlung hindurch, der deutsche Täter sichtbar und dadurch denkbar, der *ohne* offen antisemitische Disposition zur persönlichen aktiven Teilhabe an der Massenvernichtung in der Lage war. Damit wird die charakteristische Verkürzung destruiert, die das deutsche Symbiose-Ideologem am Kausalzusammenhang zwischen Antisemitismus und NS-Vernichtungspolitik zugunsten seiner konkreten politischen Verwendbarkeit vorgenommen hatte: Wo kein Antisemitismus ‚erkennbar' sei, könne Mord an Juden aus rassistischen Gründen nicht stattgehabt haben, sei jeder Schuldverdacht verfehlt. Wäre Schuld hingegen überall da zu suchen, wo „kleine Fische" (48) „bloß mitgemacht" (172) haben, womöglich nur Langeweile herrschte, – „Wir [...] legten zuweilen auch ein paar Juden um, weil wir nichts Besseres zu tun hatten" (53) – würde sich schon nur aus der Addition der unzähligen Einzelfälle jene Kollektivschuld errechnen müssen, deren Zurückweisung doch schon Ende der 40er Jahre endgültig hatte sein sollen.[77]

Doch Hilsenraths Max Schulz hält noch eine weitere Begründung für seine Teilhabe an der Massenvernichtung, genauer: für seinen Mord an Itzig Finkelstein, parat, dem gerade in der Perspektivik des Symbiose-Ideologems eine herausragende Stellung zukommen muß. Die gemeinsame Vergangenheit von Max Schulz und Itzig Finkelstein wird nicht zum Hindernis, sondern zum Anlaß der Ermordung: Als im Lager ruchbar wird, daß Max Schulz den in der Lagerküche beschäftigten Itzig Finkelstein besser zu kennen scheint, will Schulz „sich reinwaschen", denn: „ ‚Judenfreunde werden an die Front geschickt!' ". Solchem Verdacht entzieht sich Schulz umstandslos durch die Erschießung seines einstigen Freundes (303). Indem gar das *gute* Verhältnis zwischen Max und Itzig in der Vergangenheit als Motiv des Mordes fungieren kann, wird die Argumentation der Symbiose-Rede ein weiteres Mal in ihrem Kern satirisch ruiniert.

Die diskursive Wirklichkeit dieser Symbiose-Rede einschließlich ihrer ‚sekundären' Züge – vor allem der hartnäckigen Fokussierung auf einen geistig-kulturellen Austausch, bei gleichzeitiger Marginalisierung, wenn nicht Ausblendung sozialer Tatbestände ‚unterhalb'

77 Vgl. Kap. II, S. 60 f.

oder ‚neben' der Sphäre intellektueller und musischer Kommunikation – ist zwar auch schon ununterbrochen Gegenstand in der Darstellung der Freundschaft zwischen Max und Itzig; eigens dem ‚Kultur'-Segment wird dann aber auch noch einmal aus Anlaß eines Erlebnisses nach Ausbruch der Katastrophe in einer knappen lakonischen Bemerkung Rechnung getragen. Nachdem Max in seinem Lebensbericht beim Abbrennen des Salons Finkelstein im Zuge des Novemberpogroms angekommen ist – „Die Synagoge in der Schillerstraße brannte die ganze Nacht. Einige der benachbarten Häuser fingen Feuer. Daran war allerdings der Novemberwind schuld" –, konstatiert er: „Die symbolische deutsche Kulturecke ... Ecke Schiller- und Goethestraße" – hier hatte sich der Salon Finkelstein befunden – „existierte nicht mehr. Dort gähnte ein riesiges Loch. Ein Kulturloch. Ob es inzwischen zugewachsen ist, das Loch?" (52)

Mit dem Eintritt in die Nachkriegsjahre erreichen Max Schulz' autobiographische Ausführungen jenen Zeitabschnitt, in dem die deutsche Rede von der deutsch-jüdischen Symbiose ideologische und diskurspolitische Wirkungen hatte erzielen sollen. Schulz' Schilderungen zeigen dagegen nur Figuren, die diese Rede entweder überhaupt nicht oder allenfalls im Modus eines grotesken Philosemitismus erreicht hatte. Schulz' Bekannte der ersten Nachkriegsmonate trauern um den toten Führer (65), haben unverändert den subjektiv stets überzeugend vorgebrachten Seufzer „ ‚Wenn das der Führer wüßte!' " auf den Lippen (68, 83), wähnen nach wie vor alles Übel als von „den Juden" verschuldet (67). Die Ermordung von 200.000 Juden in Schulz' Lager wird mit unverhohlener Anerkennung als „tolles Ding" bezeichnet (132). Was an mehr widerwillig aufgeschnappter als kalkuliert verwendeter Entlastungsrede in Gebrauch kommt, enttarnt mehr als es verbirgt: „ ‚Es waren bestimmt nur 2 Millionen [...]. Oder 3 oder 4. Es könnten vielleicht auch 5 gewesen sein. Aber bestimmt keine 6!' " (89) Gleichzeitig gelten „die Juden" als diejenigen, die „den Krieg [...] gewonnen" haben (125 f).

Dies scheint auch die grundlegende Auffassung jener Deutschen zu sein, die sich gegenüber Max Schulz, der sich inzwischen in Itzig Finkelstein verwandelt hat, und seinem jüdischen Bekannten Max Rosenfeld eines „sonderbare[n], absonderliche[n], befremdende[n], seltsame[n], eigenartige[n], eigentümliche[n], ungewöhnliche[n], wunderliche[n], bizarre[n], kuriose[n] Verhalten[s]" (159) befleißigen: „Man katzbuckelt vor uns. Jeder! [...] Was ist das eigentlich? – Die Leute ziehen den Hut vor uns, Mädchen machen einen Knicks, zuweilen auch ältere Damen. Beim Essen werden wir als erste bedient. Frühmorgens, beim Schlangestehen vor der einzigen Herrentoilette, macht man uns Platz" (159). Schulz/Finkelstein erkennt rasch: „Der neue Zeitgeist ist philosemitisch. Ein Schreckensgespenst mit nassen

Augen, die eines Tages trocknen werden. Wann?" (161) Als charakteristisches Produkt dieses neuen Zeitgeistes gibt sich die Zeitung „‚Reuiges Vaterland' " zu erkennen. Zwei Bilder auf der ersten Seite – „das Bild eines blonden jüdischen Hünen; daneben, das Bild eines kleinen, schwarzhaarigen, plattfüßigen, krummbeinigen Deutschen" – sind mit der Schlagzeile überschrieben: „‚Die Juden – ein Volk von Ackerbauern, Pionieren, Soldaten!' " (164) Nur wenige Ausgaben und Schlagzeilen später wird der Modus der Ursachenforschung kenntlich, mit dem das Blatt sich der Vergangenheit ‚annimmt': „‚Bekannter Historiker stellt fest, daß es keine Kollektivschuld gibt! Nicht alle Deutschen sind schuldig! Es gab Jasager und Neinsager!' [...] ‚Es steht einwandfrei fest, daß die Neinsager von den Jasagern überbrüllt wurden!' [...] ‚Ihr ‚Nein' war zu leise!' [...] ‚Ein bedauerlicher Stimmbandschaden!' " (166).

Doch bevor Max Schulz, der sich aus Furcht vor strafrechtlicher Verfolgung in die Identität des von ihm ermordeten Itzig Finkelstein gerettet hatte, erkennt, daß er – „weil ich Jude bin!" (163) – in diesem Land nicht leben kann und sich zur Emigration nach Palästina entschließt, kommt es noch zum kurzen Versuch eines deutsch-‚jüdischen' Verhältnisses auf Gegenseitigkeit in der nachkriegsdeutschen Schwarzmarkt-Gesellschaft. Wenn sich dabei Schulz / Finkelstein, der dank seines aus dem KZ mitgenommenen Zahngoldes zur großen Nummer auf dem Schwarzmarkt avanciert ist, auf die „nordische Gräfin" (144) Kriemhild einläßt, die „groß und blond" (142) ist, operiert der Verfasser einmal mehr in der Nähe zu klassischen antisemitischen Stereotypen. „Die Gräfin wollte Geld. Und ich wollte gesellschaftlichen Status. Wir konnten uns ergänzen. Steckdose und Stecker." (144) Doch schließlich wird Schulz / Finkelstein immer deutlicher, daß die Gräfin „eine Antisemitin" ist, die ihm „das Wort ‚Saujud' " nur „verkleidet serviert" (148). Seine Darstellungen vom Unabhängigkeitskampf der Juden in Palästina unter dem britischen Mandat stoßen auf schieren Unglauben: „‚Sowas hätt' ich euch gar nicht zugetraut: Eroberung! Aufbau! Armee! Arbeit! – Ich dachte, ihr wärt ein Volk von Feiglingen, Händlern und so weiter' " (152). Als zu guter Letzt die Gräfin sein gesamtes Vermögen bei einer Spekulation in den Sand setzt, er seinen Wert daher verloren hat und mehr oder weniger hinausgeworfen wird (156 f.) – da steht Schulz' / Finkelsteins Entschluß fest: „Max Rosenfeld ist ganz aufgeregt. ‚Sie wollen also mitkommen!' Das ist eine Frage mit einem Ausrufezeichen. Antwort zugleich. Typisch jüdisch." (166)

Steht bis zu dieser Partie des Romans vor allem die satirische Umschreibung historischer Motive aus dem Repertoire des Symbiose-Ideologems im Mittelpunkt – das gesellschaftliche Miteinander von

Deutschen und Juden in den 10er und 20er Jahren, der Anbruch der Nazizeit, schließlich die von Grund auf veränderten Verhältnisse nach Kriegsende –, so wird im „Vierten Buch“ des Romans, der Überfahrt Schulz/Finkelsteins nach Palästina, die ‚innere‘ Dimension, die psychologische Konstitution der Beziehung des deutschen Täters zu seinen Opfern, ihr in der Erzählgegenwart gültiger Ist-Zustand, zum Gegenstand der Darstellung. Bereits die Erzählpositur: Schulz/Finkelstein spricht, dieses ganze „Buch“ hindurch, Itzig unmittelbar an, deutet mit poetologischer Prägnanz auf jene *neue*, vollständig von der Erfahrung der Vernichtung bestimmte Bindung zwischen Täter und Opfer, Juden und Deutschen, die Dan Diner später als Negative Symbiose kennzeichnen wird[78].

Basis dieser neuen Beziehung Schulz/Finkelsteins zu seinem von ihm ermordeten Freund ist ein mal mehr, mal weniger bewußtes Schuldgefühl: „Wer hat Itzig Finkelstein erschossen? [...] Das große Fragezeichen ... [...] könnte es aufrollen ... will aber nicht ... könnte das fragende Häkchen umbiegen ... könnte das Zeichen verwandeln in einen Strich. Ich will aber nicht!“ (171) Die psychische Gegenwart des eigenen Schuldwissens äußert sich in bedrohlichen Visionen: Einmal sieht Schulz/Finkelstein die Schatten von Itzigs Eltern an der Reling des Schiffes, in Mutmaßungen über ihren gemeinsamen Mörder verstrickt (183); ein anderes Mal scheint ihm gewiß, daß am Horra-Tanz der jüdischen Überlebenden an Bord auch die Ermordeten teilhaben: „Ob die Toten mittanzen? Ja, lieber Itzig. Die tanzen mit. Du auch. Du weißt es bloß nicht. Auch dein Vater. Und auch deine Mutter.“ (185)

Auf die Schuldlast reagiert Schulz/Finkelstein mit verschiedenen Strategien. Zum einen klammert er sich an das vermeintlich Entlastende des Selbstbildes vom kleinen Mitläufer: „Ich hab bloß mitgemacht“ (172); zum andern sucht er die Kriegsschäden in Deutschland als hinreichende Bestrafung für das verursachte Leid zu imaginieren – in einer ungebrochen antisemitischen Bildvorstellung, in der die ermordeten Juden als Rächer noch aus ihren Gräbern heraus fungieren: „Du hast Deutschland nicht mehr gesehen ... nachher! ein Trümmerhaufen, lieber Itzig. Ein Trümmerhaufen! Das ist eure Schuld! Ihr habt euch im Grabe rumgedreht! Wer? Ihr! Die jüdischen Friseure! Und die anderen. Alle, die gegen uns waren und die wir erledigt hatten! – Und jedesmal, wenn ihr euch rumgedreht habt, da wackelten die Häuser in Deutschland ... da stürzten Mauern ein ... und Fenster-

[78] Vgl. oben sowie Anm. 53; vgl. auch Klaus Briegleb: „Negative Symbiose“ (Anm. 35); sowie Verf./ Amir Eshel: „Negative Symbiose? Das Verhältnis zwischen Deutschen und Juden in zwei modernen Grotesken“. In: *Mittelweg 36*, Oktober/ November 1995, S. 57-63.

scheiben barsten ... und Scherben lagen auf der Straße ... so wie damals in der Kristallnacht." (175 f.)

In Schulz/Finkelstein mischen sich unausweichliche Schuld-,Ahnung', die mit großer Mühe und nennenswertem psychischen Aufwand bezahlte Unterdrückung klarer Schuld*einsicht* und panische Ferne zu irgend einer Form tatsächlichen Schuld*eingeständnisses*. Aus dieser kennzeichnenden Gemengelage entsteht jene monströse Ersatzhandlung, durch die der Täter die unbekömmliche Vergangenheit abgelöst sehen möchte: Er fährt *anstelle des Ermordeten* nach Palästina, um dort *für ihn* das Projekt des jüdischen Staates zu verwirklichen. „Ich fahre an deiner Stelle nach Palästina [...]. Ich habe mich in der letzten Zeit viel mit euch befaßt ... nicht nur mit Ausrottung ... das war ja vorher! ... sondern mit eurer Geschichte: allgemein jüdische und zionistische, alles in Kurzfassung, selbstverständlich ... und ich habe angefangen, mich für eure nationale Sache zu begeistern. Was sage ich? Für eure Sache? Nein. Für meine Sache, die auch die eure ist." (173, 177)

„,... an deiner Stelle'" – diese Worte bezeichnen zugleich den strukturellen Fluchtpunkt im westdeutschen Symbiose-Diskurs der Nachkriegsjahrzehnte: Je nachdrücklicher das symbiotische Verhältnis zwischen Juden und Deutschen, gestört nur durch den plötzlichen Einbruch „des wahrhaft Bösen"[79], imaginiert und propagiert wird, um so ,natürlicher', ja, ,notwendiger' müssen die Deutschen jetzt, da Juden in Deutschland kaum mehr existieren, als die hinterbliebenen Symbiose-Partner diesen Platz mit einnehmen. War solche ,Stellvertreterschaft'[80] erst einmal – wie subtil auch immer – durchgesetzt, mußten die Erträge an Schuldentlastung erheblich sein. In Schulz/Finkelstein, der ,für Itzig' nach Palästina fährt, führt Hilsenrath vor, was der „kleine Fisch" aus Deutschland unter Treue zur deutsch-jüdischen Symbiose versteht. Der deutsche Philosemitismus der Nachkriegsjahrzehnte, die Rufe nach Brüderlichkeit mit „fatale[m] Beigeschmack"[81] und der deutsche, teils in nazistisch eingefärbtem Vokabular vorgetragene Jubel über die militärischen Erfolge Israels im Sechs-Tage-Krieg[82] hatten hierfür die Vorbilder geliefert.

79 Eugen Gerstenmaier: [Beitrag zum Jüdischen Weltkongreß 1966] (Anm. 36), S. 75.

80 Eine erstaunliche literarische Darstellung genau solchen Stellvertretertums enthält der von Irene Dische 1989 vorgelegte Sammelband *Fromme Lügen*, „Eine Jüdin für Charles Allen" (S. 5-74). Eine Deutung dieser Erzählung im hier interessierenden Zusammenhang hat Susanne Klockmann vorgelegt: „,Eine Gegend voller Geheimnisse'. Zu Irene Disches Erzählung ,Eine Jüdin für Charles Allen' und Wendehälsen der anderen Art". In: Sven Kramer (Hg.): *Das Politische im literarischen Diskurs – Studien zur deutschen Gegenwartsliteratur*. Opladen 1996, S. 115-135.

81 Marcel Reich-Ranicki: „Im magischen Judenkreis". In: ders.: *Über Ruhestörer – Juden in der deutschen Literatur*. Stuttgart 1989, S. 38-58, hier S. 47.

Der – besonders auch seelische – Komfort, den das Projekt des jüdischen Gemeinwesens, diese neue, nicht mehr nur konspirativ begründete Identifikation mit den Juden Schulz/Finkelstein ermöglicht, wird rasch deutlich. Die „mit uns fahren[den] Toten“, „die 6 Millionen!“, eben noch mühselig unterdrückte Belastungszeugen, sind jetzt Mitglieder der eigenen Partei: „Alle fahren mit! Wohin, lieber Itzig? Was für eine Frage! In die historische Heimat der Juden! Nach Hause!“ (179) Auch die probeweise Verwandlung in einen Rabbi gelingt auf geradezu ‚natürliche‘, widerstandslose Weise (195). Schon nach kürzester Zeit fühlt Schulz/Finkelstein sich nicht nur als originären Teilhaber am zionistischen Projekt, sondern in dieser ‚Identität‘ so befreit von allen dunkel drohenden Schuldlasten, daß er keine Hemmungen verspürt, seinen ermordeten Freund zu warnen und zurechtzuweisen: „Sei vorsichtig, Itzig! Zank nicht mit mir! Wir müssen uns vertragen! Wir beide! Du und ich!“ (202) Darüber, wer in dieser Beziehung die Bedingungen solchen „Vertragens“ diktiert, ist dem Leser von „Der Nazi & der Friseur“ kein Zweifel erlaubt.

Wie wenig Schulz/Finkelstein sich hingegen tatsächlich wandelt, seine Täter-Vergangenheit abgelegt hat, wird in einer Fülle von Beispielen verdeutlicht: ‚Palmach‘-Einheiten nennt er spontan „jüdische Einsatzkommandos [...], wir sollten sie lieber Stoßtrupps nennen, was... Itzig?“ (180); die an Bord des Einwandererschiffes an Kinder verabreichten Vitaminspritzen erinnern ihn ans „Abspritzen“ (195); und eine zionistische Propagandaansprache, gehalten an seiner neuen Arbeitsstelle in einem Friseursalon während der Rasur eines Kunden, gerät ihm, ‚unversehens‘, zum hysterischen Ausbruch im Stil einer Hitlerrede (254). Doch der herausragende satirische Effekt der Palästina- und Israel-Partien des Romans entsteht weniger durch die Darstellung solcher in allen Dispositionen ungebrochenen Kontinuität des Protagonisten, sondern der Kompatibilität dieser im NS-Faschismus mörderisch ‚bewährten‘ Qualifikationen im Kontext des zionistischen Projekts. Nicht nur ernten Schulz/Finkelsteins von faschistoidem Größenwahn infizierte Reden den enthusiastischen Beifall seiner Kollegen und Kunden (254); sondern schon die Adresse des Salons – „Dritte-Tempel-Straße 33-45“ (227) – deutet auf eine ‚Bestimmung‘ durch Deutschland, die, als nicht durchschaute, komplementär zu den Voraussetzungen Schulz/Finkelsteins steht. Wenn etwa Schulz/Finkelsteins Chefin, Frau Schmulevitch, „eine preußische Jüdin, die Preußen nicht vergessen kann“ (231), zur Zeit des Unabhängigkeits-

82 Vgl. etwa Roman Frister: *Die Mütze oder Der Preis des Lebens – Ein Lebensbericht*. Berlin 1997, S. 183 den Kommentar einer Zufallsbekanntschaft Fristers auf seinem Weg nach Kiel, wo er als Zeuge gegen den Mörder seiner Mutter in einem Vernichtungslager aussagen soll: „‚Eine großartige Arbeit [...]. Eine bessere Arbeit, als der Wüstenfuchs sie geleistet hat.‘“

krieges bekennt: „‚Herr Finkelstein. Ich bete jede Nacht für den Endsieg!‘“ (272); wenn die Haganah Schulz/Finkelstein mit der Parole „‚Befehl ist Befehl!‘“ (268) zu verpflichten sucht und dieser darauf antworten kann: ‚Das haben die damals auch gesagt!‘“; und wenn Schulz/Finkelstein, unterdessen renommierter Friseur und stadtbekannter Zionist aus Überzeugung, sein „soeben entdecktes Haarwuchsmittel“ mit genauer Witterung für seine Kundschaft „Samson V 2“ (291) nennt – dann scheint sich Hilsenraths satirischer Angriff unübersehbar vom Gegenstand ideologischer Rede von deutsch-jüdischer Symbiose auf Palästina/Israel, genauer: auf einige Züge seiner Gründungsgeschichte und ihres Mythologems, zu verlagern. Doch ist diese Auseinandersetzung, der Hilsenrath rund die Hälfte des Romans widmet, in der umfangreichen deutschen Kritik des Buches durchgehend unerwähnt geblieben, und das wiederum deutet darauf, daß kritische Rede über Zionismus und Israel – zumindest jene, die Hilsenrath in „Der Nazi & der Friseur“ führt – offenkundig *auch* eine Konvention des vom Symbiose-Ideologem bestimmten Verabredungszusammenhangs in Frage stellt: Entschiedene Kritik an Israel – *wenn sie nicht als antisemitische oder/und ‚linke‘ (‚kommunistische‘) stigmatisiert werden kann* – darf in westdeutscher Öffentlichkeit keinen Ort haben. Indem Hilsenraths abgründige Rede über einige sozialpsychologische Sachverhalte des neuen Staates diese Konvention fortdauernd verletzt, entwickelt er gerade auch in diesen Partien Druck auf den Hauptgegenstand seines poetischen Angriffs: die Unwahrhaftigkeit des gegenwärtigen ‚deutsch-jüdischen Gesprächs‘ in Deutschland.

Gert Sautermeister hat aufgezeigt, daß die komplexe poetologische Unternehmung des Buches die Gattungsgrenze des Satirischen immer wieder überschreitet. Dies ist nicht nur beobachtbar etwa in den Episoden, die von Schulz/Finkelsteins Liebe zu Mira, einer Überlebenden des Holocaust, handeln oder von der Ernsthaftigkeit, mit der „der Held zugleich seine neue jüdische Identität sucht und sich am Ende seinem unaufhebbaren Zwiespalt stellt“[83]. Auch in dem poetologisch zentralen Moment des Wechsels der Identitäten erkennt Sautermeister eine Dimension, die über eine einsinnig satirisch motivierte Funktionalisierung hinausgeht. Wohl zählt der Rollentausch, das Vermögen, zugunsten eines gesellschaftlichen Vorteils oder auch zum Zwecke einer Belehrung von einer Identität in die andere zu springen, zum

[83] Gert Sautermeister: „Aufgeklärte Modernität – Postmodernes Entertainment. Edgar Hilsenraths ‚Der Nazi & der Friseur‘“. In: Jens Stüben und Winfried Woesler (Hg.): *„Wir tragen den Zettelkasten mit den Steckbriefen unserer Freunde“ – Acta-Band zum Symposium „Beiträge jüdischer Autoren zur deutschen Literatur seit 1945“ (Universität Osnabrück 2.-5.6.1991)*. Herausgegeben in Zusammenarbeit mit Ernst Loewy. Darmstadt 1953, S. 227-242, hier S. 234.

klassischen Repertoire picarischen Erzählens. Im Fall Schulz/Finkelsteins jedoch stellt sich, ‚unweigerlich‘, der Eindruck ein, daß „diese absonderliche Romanfigur [...] auf vertrackte Weise repräsentativ“[84] ist. Sautermeister benennt zwei Aspekte dieser Repräsentativität. Zum einen verweist er auf die eminenten Wandlungen, die Schulz/Finkelstein durchlaufen habe, so „daß es unwahr wäre, den Mann von sechzig Jahren auf den von vierzig festzulegen – es würde die wahren Verhältnisse ver-rücken. Für den Sechzigjährigen gibt es keinen Namen mehr. Sein Wesen kann nicht mehr in eine faßliche Erscheinung eintreten, weil es von tiefster Zweideutigkeit durchfurcht ist.“[85] Das historische Gewicht, das dieser Beobachtung im Blick auf die NS-Täter zukommt, ist etwa durch den herausragenden Stellenwert markiert, den es in Grete Weils Erzählung „B sagen“ einnimmt.[86] Zum andern verweist Sautermeister darauf, daß „die hier dargelegten Identitätsprobleme [...] einer modernen Erfahrung entsprechen [dürften], ja diese in aller Schärfe konturieren und vertiefen.“[87] Diese „virtuosen Entwürfe einer modernen Identitätssuche und ihrer Krisen, ihrer Brechungen und Verwirrspiele“[88] spiegeln nicht mehr nur die verkehrte Welt des Satirischen, sondern sind – jenseits des Satirischen – ‚direkt‘ lesbar als sozialpsychologische Realität der Moderne.

Es ist dieses „Spiel der Annäherung an [...] Gattungen und der Entfernungen von ihnen“[89], in dem auch das unwahrhaftige ‚deutsch-jüdische Gespräch‘ im Deutschland der Gegenwart paradigmatisch gestaltet wird. Es kommt gegen Ende des Romans noch einmal unmittelbar zur Darstellung. Wie schon im Fall des – metaphorischer gestalteten – Dialogs mit dem toten Itzig auf der Überfahrt nach Palästina, wird das selbst nach Jahrzehnten gesellschaftlicher Existenz in Israel nicht vollständig betäubte rumorende Gewissen Schulz/Finkelsteins zum Antrieb eines Gesprächsversuchs. Zunächst rührt sich sein Gewissen beim Gang durch den Wald der 6 Millionen, der zum Gedenken an die in den Lagern Ermordeten errichtet worden war; dort „brach mir der kalte Schweiß aus den Poren. Im Wald der 6 Millionen hörte ich die alten Bäume beten ... obwohl es doch dort noch keine alten Bäume gab. [...] Weiß nicht, was das war, aber ich glaube, das roch nach Gas und auch nach Pulver und nach nassen Hosen und nach Gebetrollen und auch nach Angst, im Gebet erstickte Angst, eine anders riechende Angst, die auch wir gekannt hatten.“ (270 f.) Und als Schulz/Finkelstein im Sechs-Tage-Krieg versucht, „der erste jüdi-

[84] Ebd., S. 233.
[85] Ebd.
[86] Vgl. Kap. VII, S. 355 ff.
[87] Sautermeister: „Aufgeklärte Modernität“ (Anm. 83), S. 234.
[88] Ebd., S. 238.
[89] Ebd., S. 234.

sche Soldat“ zu sein, „der die Klagemauer erreicht“, aus Altersgründen aber zurückgewiesen wird, macht er sich auf eigene Faust auf den Weg und kommt dabei erneut durch den Wald der 6 Millionen; jetzt gar fordern die Bäume von ihm, sich zu seinen Taten zu bekennen (296 f.).

In dieser Situation entsinnt er sich eines alten Bekannten, den er auf der Überfahrt kennengelernt hatte: „Amtsgerichtsrat Wolfgang Richter ist Jude. Alteingesessener deutscher Jude. Sieht allerdings wie Churchill aus: fetter Schädel, Kahlkopf ... ebenfalls Raucher ... Zigarrenraucher. Er spricht allerdings nur deutsch. Ein Deutscher durch und durch, obwohl er Jude ist und wie Churchill aussieht. Sein Seelengeruch ist anders als meiner und der der anderen Juden hier auf der Exitus. Die Seele des Amtsgerichtsrats Wolfgang Richter riecht nach Bier. [...] Bier, Stammtisch, Kartoffelklöße und Sauerkraut.“ (189 f.) Noch auf der Überfahrt hatte Richter mit Schulz / Finkelstein gewettet, daß er „eines Tages ausknobeln“ würde, wo Max Schulz, der Massenmörder, von dem der neue Bordfriseur immer wieder mal gesprochen hatte, geblieben sei (205). Als Wolfgang Richter, 20 Jahre nach ihrer Einwanderung, zufällig in Schulz / Finkelsteins Salon wieder auftaucht, ist er „ein alter müder Mann. Mindestens achtzig. Oder mehr! [...] Lebt von einer Rente und Wiedergutmachungsgeldern.“ (298) Alle diese Attribute machen Richter zum idealen Gesprächspartner in einer Situation, in der der Täter nur noch durch eine ‚behutsam‘ erinnernde Annäherung an die Verbrechen Entlastung von jenem Schulddruck erhoffen kann, der durch die Jahrzehnte zusehends aufgelaufen war. Zugleich trifft er alle Vorkehrungen, um tatsächlich fühlbare gesellschaftliche Sanktionen zu vermeiden. In diesem Sinn wählt sich Schulz / Finkelstein Wolfgang Richter zum ‚Verbündeten‘ in einem Spiel, das nur Schulz / Finkelstein gewinnen kann.

Richters spezifische Eignung für Schulz / Finkelsteins Unternehmung wird schon deutlich, als der Friseur, um den früheren Amtsrichter zur Wiederaufnahme seiner einstigen Recherchen im ‚Fall Schulz’ zu animieren, unzweideutiges Täterwissen mitteilt, das Richter aber nicht als solches erkennt (301 ff.); und als Richter schließlich einen Zeitungsartikel aufspürt, in dem von einer offiziellen Feststellung des Todes von Max Schulz die Rede ist, unterstreicht er sein Vertrauen in das „Urteil der Behörden“, indem er den Einwurf Schulz / Finkelsteins: „ ‚Es war nicht Max Schulz!‘ “ mit den Worten kontert: „ ‚Es ist festgestellt worden! Wollen Sie etwa klüger sein als die Behörden?‘ “ (306)

Spätestens diese ‚Panne‘ macht Schulz / Finkelstein deutlich, daß der von ihm angestrebte Ertrag seines Verhältnisses zu Wolfgang Richter – die Erleichterung seines Gewissens zu möglichst geringen moralischen und gesellschaftlichen Kosten, am besten mit ‚Freispruch‘ – nur noch um den Preis eines womöglich riskanten offenen Geständnisses zu haben ist: „ ‚Herr Amtsgerichtsrat. Ich bin Max Schulz!‘ “ (309) Doch jetzt erweist sich einmal mehr die besondere Eignung Richters: Daß sein Gegenüber an NS-Verbrechen schuldig geworden sein könnte, ist ihm – bei all seiner Erfahrung im persönlichen Umgang mit Schulz/Finkelstein – völlig unvorstellbar; die Selbstbezichtigung kann ihn nur als Verrückten ausweisen (310).

Doch jetzt, als Schulz/Finkelstein für sich in Anspruch nehmen kann, offener nicht mehr sprechen zu können, drängt er Richter ungeduldig in Richtung des entscheidenden Punktes – der Fällung eines Urteils, der Entscheidung über ein adäquates Strafmaß. Aus Rücksicht auf den offenkundig Kranken spielt Richter mit; und es findet jenes denkwürdige, schon oben zitierte ‚Verfahren‘ statt, das im Freispruch für den Massenmörder endet[90].

Die Beschuldigungen, die Schulz/Finkelstein nun noch im Wald der 6 Millionen vernimmt, perlen an ihm ab; der Todesdrohung entgegnet er salopp: „ ‚Klar. Einmal muß jeder dran glauben.‘ “ Die Vision gar, er werde „geschnappt und gehängt“ werden, weist er lachend zurück: „ ‚Das wäre unwahrscheinlich. Die meisten Massenmörder leben auf freiem Fuß. Manche im Ausland. Die meisten wieder in der alten Heimat. Habt ihr keine Zeitung gelesen? Es geht ihnen gut, den Massenmördern! Die sind Friseure. Oder was anderes. Viele haben eigene Geschäfte. Viele besitzen Fabriken. Sind Industrielle. Viele machen wieder Politik, sitzen in der Regierung. Haben Rang und Ansehen. Und Familie.‘ “ (315) Mit diesen, jeder satirischen Zuspitzung entblößten Zeilen endet Hilsenraths Roman, insofern er deutsche Verhältnisse zum Gegenstand hat. Wohl folgt noch nach dem Tod des Protagonisten eine Kontroverse mit Gott über seine Untätigkeit im Angesicht der Vernichtung seines Volkes, ein Streit, in dem Schulz/Finkelstein unvermindert Schlagfertigkeit beweist. Doch in der hier von Hilsenrath im Eingedenken der Ermordeten aufgerufenen jüdischen Unmittelbarkeit zu Gott[91], Grundlegung des Ausdrucks eines Haderns, das von der Abgründigkeit der Katastrophe bestimmt ist, sind Deutsche notwendig ohne Ort.

[90] Vgl. zu Beginn dieses Kapitels.

[91] Vgl. George Steiner: „Das lange Leben der Metaphorik – Ein Versuch über die ‚Shoah‘“. In: *Akzente.* Jg. 34 (1987), Heft 3, S. 194-212.

3

Nach seinen „schlechte[n] Erfahrungen mit dem Kindler-Verlag", durch die sein „Vertrauen in die deutschen Verlage auf den Nullpunkt gesunken war"[92], vereinbarte Edgar Hilsenrath die Produktion der Erstausgabe seines neuen Romans „Der Nazi & der Friseur" mit dem New Yorker Verlag Doubleday, bei dem das Buch unter dem Titel „The Nazi and the Barber" 1971 erscheint. Das amerikanische Echo ist positiv. Auch in den New Yorker deutschsprachigen Blättern, die traditionell besonders viele Exilanten aus Nazi-Deutschland zu ihren Lesern zählen, ist die Reaktion einhellig: Hilde Marx nennt den Roman im „Aufbau" „ein Meisterwerk, desgleichen die Literatur über diese Höllenzeit wenig aufzuweisen hat"[93]; und Gerty Agoston von der „Staatszeitung und Herold" fordert „die anspruchsvollsten deutschen Buchverlage [auf], sich [zu] überbieten, um die deutschen Verlagsrechte für Hilsenraths großen, weit über Amerikas oder Deutschlands Grenzen hinaus bedeutungsvollen Roman zu erwerben"[94]. Doch während noch im Jahr der amerikanischen Erstausgabe die Rechte nach Frankreich und Italien verkauft werden[95] – 1973 erscheint der Roman bei Mondadori, 1974 bei Fayard[96] –, bleiben die nach Deutschland gerichteten Vermittlungsversuche der von Hilsenrath beauftragten Agentur erfolglos. Als 1975 der Londoner Verlag W. H. Allen die britische Ausgabe der Öffentlichkeit vorstellt, werden die Feuilletons des „Times Literary Supplement" und der „Neuen Zürcher Zeitung" auf die Reserve der deutschen Verlage gegenüber „Der Nazi & der Friseur" aufmerksam[97]. Zu diesem Zeitpunkt – die Auslandsauflage des Buches hat unterdessen eine Million Exemplare überschritten[98] – ist Hilsenrath bereits in Berlin eingetroffen, um sich selbst um eine deutsche Ausgabe zu bemühen. Nach über 25 Absagen[99] führt ihn der Zufall mit dem Kleinverleger Helmut Braun zusammen; im August 1977 erscheint die deutschsprachige Originalausgabe[100].

92 Edgar Hilsenrath: „Wie man es nicht machen soll oder Wie man sein Buch an den Mann bringt". In: *Die Begegnung*. 14. Folge, Berlin/W 1978/79, S. 165-172, hier S. 169.

93 Hilde Marx: „Edgar Hilsenrath und sein ‚Nazi and the Barber'". In: *Aufbau*, 27.8.1971.

94 Gerty Agoston: „Ein Mörder in der Haut seines Opfers". In: *Staatszeitung und Herold*, 5.5.1971.

95 Dies geht aus Agostons Artikel in der *Staatszeitung* hervor.

96 Möller: „Rezeption" (Anm. 2), S. 110.

97 Roy Foster: „Unforgotten, unforgiven". In: *Times Literary Supplement*, 16.1.1976; Alfred Starkmann: „Scherz mit dem Entsetzen und die Lesegewohnheiten der Briten". In: *Neue Zürcher Zeitung*, 24.2.1976.

98 Möller: „Rezeption" (Anm. 2), S. 110.

99 Ebd.

100 Vgl. Hilsenrath: „Wie man es nicht machen soll" (Anm. 92), S. 169 ff., und Möller: „Rezeption" (Anm. 2), S. 110 ff.

Die spezifische Wirkungschance, die dem Buch in einem ‚Debattenraum‘ ‚’68‘ hätte zuwachsen mögen oder gar müssen, war, im Sommer und Herbst 1977, unwiderruflich verstrichen.[101] Zehn Jahre hatten weniger die Gegenstände als mehr die Verfassung und das Klima der öffentlichen Debatte nachhaltig verändert. Die für die Rezeption von „Der Nazi & der Friseur“ maßgebliche Veränderung ist im Stichwort der „Hitler-Welle“ markiert.

Flankiert von einem vulgär-populistischen, unverhohlen auf eine „Nazi-Nostalgie“[102] zielenden Hitler-Marketing mit Führer-Postern, „Adolf-Hitler-Gedenkmünzen‘ “[103] und Schallplatten mit Führerreden wie „Meine Herren, Ihre Stunde hat geschlagen“ oder „Dieser Gegner wird sich nie mehr erheben“[104], hatte eine dicht aufeinander folgende Fülle von Veröffentlichungen offenkundig „more an ambiguous attraction and possible nostalgia than a true desire to remember and to come to terms with the past“[105] bedient: Ausgelöst von den 1975 erschienenen „Spandauer Tagebüchern“ Albert Speers[106], gewannen die schon zuvor veröffentlichten Hitler-Biographien Werner Masers – „Adolf Hitler: Legende, Mythos, Wirklichkeit“, 1971 – und vor allem Joachim C. Fests – „Hitler – eine Biographie“, 1973 – erneute öffentliche Aufmerksamkeit; kurz vor Auslieferung von „Der Nazi & der Friseur“ erschienen noch die Goebbels-Tagebücher. Gleichfalls 1977 kam die Filmfassung der Fest-Biographie in die Kinos. Hermann Glaser stellte fest, daß „sich hier der Nationalsozialismus [...] als gigantisches, Begeisterung sprühendes Kostümfest des nationalen Aufbruchs“ darbiete und daß „die ‚Bildspur‘ an den Dunkelzonen und Abgründen des Nationalsozialismus weitgehend vorbeiführt“[107]. Damit benannte er bereits zwei Momente, die Saul Friedländer einige Jahre später als wesentliche Kennungen eines „*neuen Diskurs*[*es*] über den Nazismus“ charakterisierte. Dieser Diskurs entfalte sich „auf der imaginären Ebene, im Bereich der Bilder und Gefühle“, wo „die rezipierten Werke ein Eigenleben in unserem Unterbewußtsein als Leser oder Zuschauer“[108] führten. In diesem ‚Ei-

101 Vgl. Kap. VII, S. 360.

102 Cornelius Streiter: „‚Der Nazi & der Friseur‘“. In: *Emuna/ Israel-Forum*, Heft 5-6/ 1977, S. 111-114, hier S. 111.

103 Ebd.

104 Nach Janusz Bodek: *Die Faßbinder-Kontroversen: Entstehung und Wirkung eines literarischen Textes.* Frankfurt am Main 1991, S. 267.

105 Saul Friedländer: „German Struggles with Memory“. In: ders.: *Memory, History, and the Extermination of the Jews of Europe*. Bloomington and Indianapolis 1993, S. 1-21, hier S. 7.

106 Vgl. ebd.

107 Hermann Glaser: „Der Spießer als dämonischer Held“. In: *Tribüne*. 16. Jg. (1977), Heft 63, S. 23-26, hier S. 23, 24.

108 Saul Friedländer: *Kitsch und Tod – Der Widerschein des Nazismus.* München 1986, S. 8, 11. Kursivierung S.F.

genleben' erkennt Friedländer ein prekäres *Fortleben* der „Faszination des Nazismus"[109].

Mit Rainer Werner Faßbinder meldet sich einer der spektakulärsten Protagonisten des „neuen Diskurses" noch kurz vor Erscheinen von „Der Nazi & der Friseur" zu Wort: Sein Stück „Der Müll, die Stadt und der Tod" wird Gegenstand einer ersten erbitterten Kontroverse 1976. Was Stück und Kontroverse potentiell geborgen haben mochten an Möglichkeiten einer produktiven Auseinandersetzung über das Verhältnis zwischen Deutschen und Juden jetzt, einschließlich seiner philosemitischen Verabredungen, wird jedoch durch zwei „Angriffsartikel" (Briegleb[110]) Joachim Fests verschüttet, die die „gewohnten Links-Rechts-Schemata"[111] aufrufen und die Debattenbeteiligten mit Erfolg aggressiv zu polarisieren suchen. In der Folge solcher „ideologischen Instrumentalisierung", in der „das Stück lediglich einen Vorwand zur Begleichung politischer und ideologischer Rechnungen"[112] liefert, geraten Faßbinders Bemerkungen über die „ständige Tabuisierung von Juden, die es seit 1945 in Deutschland gibt"[113] neben dramatisch unsachverständige wie diskurspolitisch katastrophale Wortmeldungen (vor allem Gerhard Zwerenz' „Linker Antisemitismus ist unmöglich"[114]). Sie büßen die ihnen etwaig zuerkannte ‚Mißverständlichkeit' ein und damit auch jenen Kredit, der ihnen *jenseits* ihres ‚Partei'-Standorts hätte entgegengebracht werden mögen. Wohl versuchen Jean Améry und Erich Fried, der eskalierten Polarisierung gegenzusteuern: Améry, der keinen Zweifel daran läßt, daß „der Gauner namens X" mittels „eine[s] strengen Realismus, der vor der Verleumdungsklage und dem Tribunal sich nicht fürchtet", hätte „dingfest" gemacht werden sollen, mahnt an, „daß man nicht spielt mit einem Feuer, das Giftgas verströmt"[115]; und Erich Fried sucht – bei aller Reserve zum Stück Faßbinders – öffentliche Aufmerksamkeit sowohl auf die Teilhabe von „‚FAZ' und Springerpresse" an der Bemühung, das antijüdische Stereotyp aufrechtzuerhalten, als auch auf die Gefahr des Philosemitismus allgemein zu

[109] Ebd., S. 13.

[110] Briegleb: „Negative Symbiose" (Anm. 35), S. 124. Die Artikel von Fest sind „Reicher Jude von links. Zu Fassbinders Theaterstück ‚Der Müll, die Stadt und der Tod". In: *Frankfurter Allgemeine Zeitung*, 19.3.1976, sowie „Linke Schwierigkeiten mit ‚links'. Ein Nachwort zu R. W. Fassbinder". In: *Frankfurter Allgemeine Zeitung*, 10.4.1976.

[111] Friedländer: *Kitsch* (Anm. 108), S. 10.

[112] Bodek: *Fassbinder-Kontroversen* (Anm. 104), S. 258.

[113] Rainer Werner Fassbinder: „Philosemiten sind Antisemiten. Ein Interview mit Benjamin Henrichs über die Reaktionen auf ‚Der Müll, die Stadt und der Tod'". In: *Die Zeit*, 9.4.1976.

[114] Gerhard Zwerenz: „Linker Antisemitismus ist unmöglich". In: *Die Zeit*, 9. 4. 1976.

[115] Jean Améry: „Shylock, der Kitsch und die Gefahr". In: *Die Zeit*, 9.4.1976.

lenken[116]. Doch diese Positionen bleiben ohne Einfluß – um so mehr, als die Debatte um das Faßbinder-Stück ‚administrativ‘ beendet wird: Der Verlag zieht den diskutierten Text aus dem Verkehr, die Fernseh-Aufzeichnung einer im November 1976 stattgehabten, prominent besetzten Diskussionsrunde im Bochumer Schauspielhaus bleibt ungesendet.[117]

Das enorme, zu großen Teilen euphorisch gestimmte Echo, das „Der Nazi & der Friseur“ im Herbst 1977 im deutschen Feuilleton hervorruft, scheint ganz bestimmt gerade von der spezifischen Stellung des Romans zur „Hitler-Welle“: So unzweideutig Hilsenrath in diesem Buch „Klischee-Vorstellungen vom Juden an den Pranger [stellt]“[118], so offenkundig unterschied sich „Der Nazi & der Friseur“ durch seinen Modus des Gedenkens von den Hervorbringungen des „neuen Diskurses“[119]. Diese Verbindung einer *gegen* jede „sanfte Korrektur des Hitlerismus“[120] gerichteten Positur des Romans mit seiner Thematisierung des „‚gefährliche[n] Philosemitismus, der hier so übereifrig gepflegt wird‘“[121], konfrontierte die literarisch interessierte deutsche Öffentlichkeit mit dem Angebot, *unverstellt* über die „ideologischen Überhöhungen“[122] im Verhältnis zwischen Deutschen und Juden zu sprechen – allerdings unter der unhintergehbaren Bedingung, „daß die Rede über Opfer und Täter nicht voneinander getrennt sei [...], sondern sich der Anstrengung unterzöge“, die jüdisch-deutsche Symbiose als negative zu denken und zu begreifen[123]. Welcher Druck offenkundig zumindest von zahlreichen Rezensenten durch dieses Angebot genommen war, ist am deutlichsten dokumentiert in den Worten einer der ersten Besprechungen: „Dieser Roman war einfach fällig“[124].

Die zahlreichen ausführlichen Rezensionen belegen, daß Hilsenraths Roman in der Tat einen Diskursraum öffnen half, in dem die immer wieder zu Protokoll gegebene Verwunderung über die ungewohnten stilistischen Mittel des Verfassers in eine neue Nachdenklichkeit über die Beschaffenheit des Verhältnisses zwischen Juden und

[116] Bei einer Diskussion im Schauspielhaus Bochum am 28.11.1976 (vgl. unten) nach einem Abdruck unter dem Titel „Der reiche Jude – Eine Diskussion“ in: *tageszeitung*, 21.7.1986.

[117] Zum Auslieferungsstopp vgl. Bodek: *Faßbinder-Kontroversen* (Anm. 104), S. 260 f.; zur Bochumer Diskussion vgl. *tageszeitung*, 21.7.1986, S. 11.

[118] Richard Anders: „Der SS-Scherge macht den Juden“. In: *Christ und Welt*, 19. 9.1977.

[119] Vgl. oben sowie Verf.: *Experiment* (Anm. 74), S. 276 f.

[120] Ingeborg Drewitz: „Eine grausame Satire“. In: *Tagesspiegel*, 4.9.1977.

[121] Nach Anonym [Fritz Rumler]: „Max & Itzig“. In: *Der Spiegel*, 22.8.1977.

[122] Claudio Isani: „Bitterer Fleiß“. In: *Der Abend*, 15.8.1977.

[123] Vgl. Briegleb: „Negative Symbiose“ (Anm. 35), S. 126.

[124] Werner Hornung: „Schelm & Spießbürger“. In: *Vorwärts*, 11.8.1977.

Deutschen heute münden konnte. Äußerlicher, ‚journalistischer' Anreiz für eine solche kritische Revision war die Veröffentlichungsgeschichte von „Nacht“, die Verleger und Autor wiederholt öffentlich als Phänomen eines wirksamen Philosemitismus kennzeichneten[125] – eine Kritik, in die zahlreiche Rezensenten von „Der Nazi & der Friseur“ miteinstimmten.[126] Ursula Hien hat darauf aufmerksam gemacht, daß diese Zustimmung zwar als Zeichen dafür gesehen werden könne, „daß der Philosemitismus als bewußte politische Einstellung in der öffentlichen Meinung inzwischen so gut wie diskreditiert war“; doch zugleich sei „die Attestierung des philosemitischen Habitus an die Verlegerschaft und seine Apostrophierung als historisches Phänomen“ als „Versuch“ lesbar, „sich eigener Befangenheit oder gar des gesamten virulenten Konnexes Antisemitismus-Philosemitismus zu entledigen“[127]. Ein solcher, prekärer, Oberton wird spätestens dann unüberhörbar, wenn das Schicksal von „Nacht“ in Deutschland in den Worten zusammengefaßt wird, das Buch sei „in einem großen Verlag gedruckt [worden], nach jüdischem Protest aber spurlos verschwunden.“[128]

In welchem Maß – und vor allem auch: in welcher Weise – Hilsenraths „Der Nazi & der Friseur“ gleichwohl auf Leser traf, die das Buch in seiner Beschaffenheit als Versuch einer Diskurseröffnung erkannten – und zwar einer *an Bedingungen geknüpften* Diskurseröffnung – das sei aufgezeigt an zwei Lesern, die nicht nur außerhalb jedes Verdachts stehen mußten, irgend mit der „Hitler-Welle“ oder dem „neuen Diskurs“ zu sympathisieren, sondern zugleich biographisch voneinander kennzeichnend „geschiedene“[129] Zugänge zu „Der Nazi & der Friseur“ nehmen mußten: Friedrich Torberg und Heinrich Böll.

125 Vgl. etwa das unter dem Titel „Präzedenzfall der deutschen Literatur“ im *Tagesspiegel* vom 31.8.1977 nachgedruckte Interview mit Edgar Hilsenrath: „Die Henkersatire“. In: *Nürnberger Nachrichten*, 29.8.1977; vgl. auch Ursula Hien: „Schreiben gegen den Philosemitismus – Edgar Hilsenrath und die Rezeption von ‚Nacht' in Westdeutschland“. In: Verf./ Holger Gehle/ Doron Kiesel/ Hanno Loewy (Hg.): *Deutsche Nachkriegsliteratur und der Holocaust*. Frankfurt am Main 1998, S. 229-244, hier S. 239.

126 Zum Beispiel Claudio Isani: „Bitterer Fleiß“. In: *Der Abend*, 15.8.1977; Marianne Wagner: „So wurde Schulz zu Finkelstein“. In: *Saarbrücker Zeitung*, 17.8.1977; Anonym [Fritz Rumler]: „Max & Itzig“. In: *Der Spiegel*, 22.8.1977; Heinz Johnen: „Rabbi-Herz schlägt in arischer Mörderbrust“. In: *Express*, 8.10.1977.

127 Hien: „Schreiben gegen den Philosemitismus“ (Anm. 125), S. 239 f.

128 Heinz Johnen: „Rabbi-Herz schlägt in arischer Mörderbrust“. In: *Express*, 8.10. 1977.

129 Anspielung auf den Schlußsatz in Scholems Vortrag vor dem Jüdischen Weltkongreß in Brüssel 1966: „Nur im Eingedenken des Vergangenen, das niemals ganz von uns durchdrungen werden wird, kann neue Hoffnung auf Restitution der Sprache zwischen Deutschen und Juden, auf Versöhnung der Geschiedenen keimen.“ (Anm. 24, dort S. 33)

Der Status des überlebenden Juden in einer Sozialgemeinschaft, die gestern noch die Massenbasis der nationalsozialistischen Vernichtungspolitik gebildet hatte, steht im Mittelpunkt der Überlegungen, die Friedrich Torberg unmittelbar nach Kriegsende im Zusammenhang mit der Frage nach seiner Rückkehr aus dem New Yorker Exil in sein Geburtsland Österreich anstellt. Hans Weigel, der schon im Herbst 1945 aus der Schweiz nach Wien zurückgekehrt war, sucht den Gefährten aus Vorkriegstagen eindringlich davon zu überzeugen, daß das Österreich des Nachkriegs, wie er es unterdessen kennengelernt hat, alle Voraussetzungen einer erfolgreichen Remigration biete: „Das Großartige ist, daß man sich keinen Augenblick als Fremder fühlt, daß man dem Menschen gegenüber keine Hemmungen hat, daß man mit dazugehört [...]. Die Kluft, vor der Sie sich fürchten und vor der ich mich gefürchtet habe, existiert nicht.“[130] Auch die etwaige Befürchtung, daß Wien „eine Stadt von ‚Goyim‘“ sein würde, sucht Weigel zu zerstreuen unter Hinweis auf „viele Leute hier, [die] jüdisch aussehen, ohne es zu sein“, auf Ehepartner von Nichtjuden und „Mischlinge“ und auf Juden, die von „irgendwoher, meist aus Ungarn, zurückgekommen sind“: „Daß das Jüdische hier noch vorhanden ist, hat großen Eindruck auf mich gemacht, nicht daß ich so dran hinge, aber weil es ein Symptom für eine gewisse Kontinuität ist, die ich unterbrochen fürchtete.“[131] Sein eigenes Verhältnis zur nichtjüdischen Bevölkerung Österreichs hatte Weigel schon im Oktober 1945 in einem Artikel des von der amerikanischen Besatzungsbehörde herausgegebenen „Wiener Kurier“ pointiert: „Wir haben einander nichts vorzuwerfen. Seine Toten kann keiner lebendig machen – bei euch sind viele tot und bei uns – wir Überlebenden aber sind quitt. Wir denken gar nicht allzuviel an gestern.“[132]

In seiner Antwort an Weigel vom 12. Mai 1946 greift Torberg dessen Kritik an belastenden, ‚ungerechtfertigten‘ Ressentiments sowie seine Formulierung vom „Quitt-Sein“ auf und versucht, sein nachhaltiges „Unbehagen“[133] zu verdeutlichen: „Sie haben ganz recht: man soll, wenn man schon zurückkommt, ohne Ressentiment kommen [...] und man muß sogar [...] bereit sein, die Rechnung als abgeschlossen zu betrachten. Die Erfüllung dieser letzten Forderung, ich

[130] Hans Weigel an Friedrich Torberg, 28.2.1946 Hier nach Evelyn Adunka: „Friedrich Torberg und Hans Weigel – Zwei jüdische Schriftsteller im Nachkriegsösterreich“. In: *Modern Austrian Literature*. Volume 27, Nos. 3/4, 1994, S. 213-237, hier S. 214.

[131] Ebd., S. 214 f.

[132] Hans Weigel im *Wiener Kurier*, 13.10.1945. Hier nach Adunka: „Torberg und Weigel“ (Anm. 130), S. 218.

[133] Friedrich Torberg an Hans Weigel, 12.5.1946. In: Friedrich Torberg: *In diesem Sinne – Briefe an Freunde und Zeitgenossen*. Herausgegeben von David Axmann, Marietta Torberg und Hans Weigel. Berlin/W 1984, S. 411.

will es gestehn, macht mir bereits einige Schwierigkeiten, und ich kann nur mit Mühe die Frage unterdrücken, ob denn die Chance, zugrundezugehn, wirklich auf beiden Seiten gleichmäßig verteilt war, und wer – selbst wenn das der Fall war – mit dem Chancenverteilen eigentlich angefangen hat. [...] Ich betrachte also die Rechnung als abgeschlossen, auch wenn es für mich ein Verlust-Abschluß ist, und ich sage, wie Sie sagen: Wir sind quitt. – Und daraufhin – dieses Unbehagens kann ich mich also nicht erwehren – daraufhin sagt mir der Partner des für mich ohnehin schon verlustreichen Abschlusses nicht etwa: ‚Das ist aber nett von Ihnen, daß Sie die Rechung als abgeschlossen betrachten, und ich weiß es mir zu schätzen'. Sondern er sagt: ‚Einen Moment, wir sind *nicht* quitt – Sie bekommen noch zwei Ohrfeigen.' Oder er sagt: ‚Was heißt das? Ob wir quitt sind, bestimme ich.' Oder er sagt: ‚Ja, gut, wir sind quitt – aber Sie sind natürlich nicht als Jud zurückgekommen, sondern als Österreicher'."[134]

Torbergs unverhandelbare Bedingung, „für meine Person ‚als Jude' zurück[zu]kommen"[135], sein Wunsch, „als Jude begrüßt zu werden"[136], wird zum kritischen Maßstab, dem er nach seiner Rückkehr 1951 Erscheinungen von Anpassungs*druck* wie von Anpassungs*bereitschaft* an eine philosemitische Konstruktion der ‚Versöhnung' aussetzt. Als Hans Weigel 1960 in einem Artikel unter der Überschrift „Es gibt keine Juden" jede Verwendung des Attributs „jüdisch" „ohne Anführungszeichen" als „Reverenz" „an den Aberwitz der Nürnberger Gesetze" bezeichnet und als Beitrag „zu einem posthumen Triumph [der braunen Ideologie]"[137]– Simon Wiesenthal bezeichnet diese Haltung empört als Äußerung „jüdischen Selbsthass[es]"[138] –, markiert Torberg diese Wortmeldung als einen Versuch, „auf eine ‚Endlösung' hinzusteuern, die schon dem ‚Führer' vorgeschwebt hat"[139]. Spätestens hier wird die signifikante Nähe Torbergs zur Position Scholems im deutschen Diskurs über ‚das Jüdische' erkennbar: in beider energischer Abwehr jeder Bemühung, „ ‚das Jüdische' ebenso beleidigend wie skandalös als eine ‚rassistische Vokabel' [zu bezeichnen]"[140].

134 Ebd., S. 411 f.

135 Ebd., S. 413.

136 Friedrich Torberg: „Innere und äußere Emigration – Ein imaginärer Dialog". In: *Die Neue Rundschau*, Sommer 1947. Hier nach: ders.: *PPP – Pamphlete, Parodien, Post Scripta*. München/ Wien 1964, S. 53-69, hier S. 54.

137 Hans Weigel: „Es gibt keine Juden". In: *Heute*, 6.2.1960. Hier nach Adunka: „Torberg und Weigel" (Anm. 130), S. 219.

138 Simon Wiesenthal in *Heute*, 26.3.1960. Hier nach Adunka: „Torberg und Weigel" (Anm. 130), S. 219.

139 Friedrich Torberg in *Heute*, 13.3.1960. Hier nach Adunka: „Torberg und Weigel" (Anm. 130), S. 220.

140 Gershom Scholem an die Herausgeber des Freiburger Rundbriefs, o. D. In: Scholem: *Briefe 2* (Anm. 8), S. 167; vgl. auch oben.

Nachdem Torberg in seiner rückhaltlos ablehnenden Rezension von Salcia Landmanns Buch über den jüdischen Witz 1961 philosemitische Momente in der Rezeption zu denunzieren versucht hatte – in der beobachteten „Bereitschaft, Gesinnung für Qualität zu nehmen, Charakter für Talent oder Leiden für Leistung“[141]–, wird „Das philosemitische Mißverständnis“ zum zentralen Gegenstand eines 1967 zunächst vom Bayerischen Rundfunk ausgestrahlten Theaterkollegs und erneut 1968 in München gehaltenen Vortrags. Torberg gibt eingangs zu Protokoll, daß „das philosemitische Mißverständnis aufzudecken, also philosemitischen Bestrebungen zu opponieren, [...] ein ebenso schwieriges wie undankbares Unternehmen [ist], besonders – wir wollen uns darüber nichts vormachen – im heutigen Deutschland und besonders für einen Juden.“[142] Torberg weiß, daß trotz Scholems und weniger anderer Wortmeldungen[143] eine öffentliche kritische Rede über die philosemitischen Verabredungen im Verhältnis zwischen Juden und Deutschen ein Novum und damit zugleich ein Wagnis darstellt, dessen Risiken er durch verschiedene rhetorische Absicherungen einzugrenzen versucht.

Wenn er vorweg betont, daß das „philosemitische Mißverständnis“ „sowohl in seinen Motiven wie in seiner Zielsetzung vollkommen einwandfrei, vollkommen gutartig, vollkommen arglos“[144] sei, dann wirken hier zwei diskurs*historische* Momente: Zum einen verwendet Torberg den Terminus des Philosemitismus noch in seiner weitgehend ‚unbelasteten‘ inhaltlichen Besetzung, wie er im Sprachgebrauch des Nachkriegs, als ‚Gegenteil‘ des Begriffs Antisemitismus, noch üblich war; zum andern versucht er, eine vorschnelle Düpierung jener Zuhörer im Publikum zu vermeiden, die sich selbst – im Einklang mit diesem Sprachgebrauch – als ‚Philosemiten‘ verstanden. Auch der ausdrückliche Ausweis seiner sachlichen Integrität verdeutlicht, wie genau sich Torberg darüber Rechenschaft abgelegt hatte, mit dieser Thematik Neuland zu betreten: „Sie [dürfen] sicher sein, daß Sie hier nicht die Argumente eines Nazi hören werden, auch nicht die Argumente eines Konvertiten oder eines Ungläubigen, sondern die eines, sagen wir: Bekenntnisjuden, der mit seinem Judentum einverstanden und im reinen ist. Bitte halten Sie das für keine bloß persönliche Einschaltung. Es fällt auch sachlich ins Gewicht.“

141 Friedrich Torberg: „‚Wai geschrien!‘ oder Salcia Landmann ermordet den jüdischen Witz – Anmerkungen zu einem beunruhigenden Bestseller“. In: ders.: *PPP* (Anm. 136), S. 183-208, hier S. 207.

142 Friedrich Torberg: „Das Unbehagen in der Gesinnung – Versuch über einige Mißverständnisse des heutigen Theaters“. In: ders.: *Apropos – Nachgelassenes/ Kritisches/ Bleibendes.* München/ Wien 1981, S. 280-328, hier S. 284.

143 Vgl. oben.

144 Torberg: „Unbehagen“ (Anm. 142), S. 283.

In seinen Ausführungen zur „Sache" verdeutlicht Torberg nicht nur, was er unter dem „philosemitischen Mißverständnis" begreift; seine Darlegung zieht zugleich eine Summe aus rund fünfzehn Jahren jüdischer Zeitzeugenschaft in den Ländern der einstigen Täter: „Das philosemitische Mißverständnis scheint mir [...] zu nicht geringem ein *jüdisches* Mißverständnis zu sein: indem es auf ein mangelndes jüdisches *Selbstverständnis* zurückgeht, auf eine Haltung, die den Tatbestand des eigenen Jude-Seins zwar nicht leugnet, aber doch bagatellisiert, die ihn – sei's auch noch so bona fide – für unwesentlich hält. Und das bekommt sie ebenso bona fide von nichtjüdischer Seite bestätigt. Wir stehen hier einer höchst seltsamen Form von Toleranz gegenüber, die demjenigen, dem sie gilt, erst dann zugute kommt, wenn er darauf verzichtet, das zu sein, was er eigentlich ist. Also eine Toleranz um den Preis der Selbstaufgabe. Also eine Toleranz, die nicht bereit ist, Andersartigkeit zu akzeptieren. Also keine Toleranz. Man kennt sie in der Vulgärform des mehr oder weniger wohlmeinenden Zuspruchs: ‚Aber Sie sind ja gar kein Jud', oder: ‚Sie sind genauso ein Deutscher wie ich.' Wer so etwas sagt, wäre sicherlich überrascht, daraufhin des Antisemitismus geziehen zu werden, und sicherlich überzeugt, daß er sich doch gerade als Philosemit deklariert hat. Und damit bin ich schon ganz nahe an der These, die ich Ihnen zu unterbreiten plane: daß nämlich dieser Philosemitismus im Grunde nichts anderes ist als ein Antisemitismus mit verkehrtem Vorzeichen. Er glaubt den Juden einen Gefallen zu erweisen, wenn er ihr Jude-Sein nicht zur Kenntnis nimmt – und da er immer wieder auf Juden stößt, denen er damit tatsächlich einen Gefallen erweist, glaubt er es sogar mit Recht. Er akzeptiert den Juden als Deutschen, als Menschen, sogar als Christen – als alles, nur nicht als Juden."[145]

In Übereinstimmung mit Scholem, aber deutlicher, als dieser es – vor deutschem Publikum – für sinnvoll gehalten hatte[146], markiert Torberg jene Dispositionen, die manche Juden zu besonders ‚geeigneten' Teilhabern der philosemitischen Verkehrsformen prädestinieren; seine Erfahrungen mit Hans Weigel mögen in diese Zeilen miteingegangen sein. Doch der archimedische Punkt seiner Argumentation liegt unzweideutig in seinem Versuch, Einsicht in die ideologische und soziale Realität, d. h.: ein wahrheitsgemäßes Verständnis des philosemitischen Verhaltens sowie den entsprechenden Begriffswandel der Vokabel Philosemitismus durchzusetzen. Torberg macht keinen Hehl aus seiner Auffassung, daß ein „Antisemitismus mit verkehrtem Vorzeichen", daß „keine Toleranz" nicht nur inakzeptable Bedingungen

145 Ebd., S. 284 f. Kursivierung F.T.

146 Im Brief vom 18.7.1965 an Michael Mackel hatte Scholem den Begriff „Leichtgewicht" verwendet (Scholem: *Briefe 2* [Anm. 8], S. 143); vgl. auch oben.

jeder gesellschaftlichen Verfassung sind, sondern die Erfahrung der Epoche – die Auslöschung des Judentums – ‚mit anderen Mitteln‘ fortschreiben[147].

Wie Philosemitismus in diesem, nun von Torberg neu markierten, prekären Sinn im Theater der Gegenwart wirkt, führt er an verschiedenen Beispielen aus. An Dramen wie Hochhuths „Stellvertreter“ oder Dramatisierungen des Lebenswegs Janusz Korczaks und des „Tagebuchs der Anne Frank“ beobachtet er ein Fortleben „jener Tendenz, die sich zu Shakespeares und Lessings Zeiten darin geäußert hat, daß die guten Eigenschaften eines Juden als christliche Eigenschaften gewertet werden, vielleicht noch als menschliche, aber niemals als jüdische. Die Äußerungsform ist mittlerweile subtiler geworden, aber die Tendenz ist die gleiche. Um den Juden für das Publikum schmackhaft zu machen, wird er mit Qualitäten ausgestattet, die seinen Anspruch auf menschliche Behandlung und menschliche Anteilnahme erst so recht untermauern; ohne diese Qualitäten würde sein Anspruch hinfällig.“[148] Einen anderen Modus entdeckt Torberg in der Konzeption von „Andorra“, den er am prägnantesten im Programmheft der Zürcher Uraufführung beschrieben findet: „ ‚Heut oder morgen [...] kann der ‚Jud‘ Kommunist heißen, oder Kapitalist, oder Gelber, Schwarzer, je nachdem.‘ – Hier wurzelt das fundamentale Mißverständnis. Jude, Jude-Sein, Judentum mögen als Begriffe oder Tatbestände der Eindeutigkeit entraten. Man kann vielleicht nicht ganz genau sagen, was sie sind. Aber man kann ganz genau sagen, was sie *nicht* sind: sie sind keine Modelle, sie sind keine austauschbaren Objekte beliebiger (und ihrerseits austauschbarer) Vorurteile, wie ja auch der Antisemitismus kein beliebiges (und seinerseits austauschbares) Vorurteil ist. So billig geben's weder die Juden noch die Antisemiten.“[149]

1972 legt Torberg den Roman „Süßkind von Trimberg“ vor. Von ihm selbst begriffen als „die um 700 Jahre vorweggenommene Verkörperung dessen, was wir optimistischerweise als deutsch-jüdische Kultursymbiose angesehen haben und was in unseren Tagen unweigerlich zu Ende geht“[150], suchte dieses Buch eine poetische Darstellung jener „Vergeblichkeit des jüdischen Assimilationsversuchs an die

[147] Vgl. vor allem Torbergs Antwort auf Weigel in *Heute*, 13.3.1960 (Adunka: „Torberg und Weigel“ [Anm. 130], S. 220); das Gefahrenpotential, das der so gekennzeichnete Philosemitismus birgt, ist aber auch in der zitierten Partie selbst deutlich markiert.

[148] Torberg: „Unbehagen“ (Anm. 142), S. 289; zum „Tagebuch der Anne Frank“ und seiner Dramatisierung vgl. Kap. V, S. 192 ff.

[149] Torberg: „Unbehagen“ (Anm. 142), S. 292.

[150] Friedrich Torberg im Gespräch mit Franz-Heinrich Hackel, nach Franz-Heinrich Hackel: *Zur Sprachkunst Friedrich Torbergs – Parodie – Witz – Anekdote*. Frankfurt am Main 1984, S. 54.

Deutschen"[151] zu geben, in deren direkter Nachfolge sein Verfasser selbst sich sah[152]. Diese, die historiographischen Züge des Romans transzendierende Perspektive bildet das bestimmende Moment auch im Lektüreverständnis Gershom Scholems, der im „Süßkind" „eine Allegorie auf das Schicksal der deutsch schreibenden jüdischen Schriftsteller überhaupt"[153] erkennt. Zwar findet das Buch bei Scholem großen Beifall; gerade auch die Darstellung der „Psychologie der jüdischen Gemeinden [...], im Guten wie im Bösen", wirkt auf ihn „sehr überzeugend"[154]. Größeres Gewicht als diesem privaten Zeugnis muß – im Blick auf den Ort Torbergs im Diskursgetriebe des öffentlichen Literaturbetriebs – jedoch der am 31. März 1972 in der „Zeit" abgedruckten Wortmeldung Marcel Reich-Ranickis zukommen: einem rückhaltlosen Verriß.

Wenn Reich-Ranicki feststellt, daß er „den Roman als Gleichnis vom Juden inmitten der nichtjüdischen Welt"[155] lese, dann war hier zunächst einmal jene Lesererwartung mitformuliert, die legitim an Torberg als öffentliche Figur, an „Torberg – oder die Streitbarkeit"[156] gerichtet werden konnte: an den polemischen Mahner, der vielfach öffentlich über seinen Status als überlebender Jude in der österreichischen und deutschen Nachkriegsgesellschaft reflektiert hatte. Gleichzeitig knüpft Reich-Ranicki – vielleicht nicht ohne maliziöse Zweideutigkeit – an Torbergs Denunziation philosemitischer Verabredungen speziell im Rezensionsbetrieb[157] an, wenn er betont, daß Torberg nicht „auf gütige Nachsicht der Kritik (etwa im berüchtigten Wiedergutmachungstonfall) angewiesen wäre"[158].

Diese Voraussetzungen in Rechung gestellt, erlebt Reich-Ranicki den „Süßkind" als „ein absolutes Mißverständnis". Angesiedelt im Mittelalter, könne die Geschichte ihre Funktion als Gleichnis nicht erfüllen: „Wer das Gleichnis vom Juden inmitten der nichtjüdischen Welt in diese Epoche grauenvoller Rückständigkeit projiziert, in die Zeit jenes religiösen Fanatismus, dem schließlich nicht nur Juden zum

151 Friedrich Torberg an Manès Sperber, 1.8.1971. In: Torberg: *Briefe* (Anm. 133), S. 391.

152 Ebd.

153 Gershom Scholem an Friedrich Torberg, 7.5.1972. In: Torberg: *Briefe* (Anm. 133), S. 347.

154 Ebd.

155 Marcel Reich-Ranicki: „Kulissenzauber mit Anspruch". In: *Die Zeit*, 31.3.1972. Hier nach ders.: *Ruhestörer* (Anm. 81) [unter dem Titel „Friedrich Torbergs Gleichnis"]. Stuttgart 1989, S. 160-166, hier S. 162.

156 Hackel: *Torberg* (Anm. 150), S. 53: „Torberg – oder die Streitbarkeit, so könnte seine Lebensdarstellung betitelt werden."

157 Vgl. vor allem Torbergs Landmann-Rezension „‚Wai geschrien!' oder Salcia Landmann ermordet den jüdischen Witz – Anmerkungen zu einem beunruhigenden Bestseller". In: ders.: *PPP* (Anm. 136), S. 183-208.

158 Reich-Ranicki: „Gleichnis" (Anm. 155), S. 161.

Opfer fielen, der nimmt unversehens der ganzen Frage ihre exemplarische Schärfe. [...] Heute [...], nach Auschwitz und Treblinka, sind mittelalterliche Judenverfolgungen als Kontrastmotive schlecht brauchbar. Sie wirken, so weit hat es das zwanzigste Jahrhundert eben gebracht, fast schon harmlos.“[159]

Dieses grundlegend konzeptionelle Problem wird, in Reich-Ranickis Sicht, flankiert von der Tatsache, daß „der Autor [...] sämtliche Errungenschaften der modernen Literatur auf so großzügige wie entwaffnende Weise ignoriert und tut, als lebten wir immer noch im neunzehnten Jahrhundert.“ Zwar stellt der Rezensent keine unmittelbare Beziehung her zwischen der Erfahrung von „Auschwitz und Treblinka“ und seiner Reserve gegenüber einer Poetologie, der „der Zweifel an der Darstellbarkeit der Welt [...] offenbar fremd“ ist. Gleichwohl wird das „literarisch“[160] Unzeitgemäße besonders betont, etwa im Hinweis auf die Gestaltung der Hauptfigur, die „auf fatale Weise den Protagonisten in den Romanen für die reifere Jugend von vorgestern und den positiven Helden in den Romanen des sozialistischen Realismus von gestern [ähnelt].“[161] In vergleichsweise akribischen ‚Nachweisen‘ versucht der Rezensent, seinem Erstaunen darüber Ausdruck zu geben, „daß einer, der wie Torberg bei Karl Kraus in die Lehre gegangen ist, derartiges schreiben konnte“[162]. Die ideologische und die stilistische Beschaffenheit des Buches charakterisiert Reich-Ranicki in einer Formulierung, die in aller Deutlichkeit zum Ausdruck bringt, *wo* im Diskurs des Kulturbetriebes Torberg – nach Kenntnisnahme seiner bisherigen Arbeit – *eigentlich* zu lokalisieren sei – und wo nicht: „Man könnte meinen, ‚Süßkind von Trimberg‘ sei ein Auftragswerk der Gesellschaft für christlich-jüdische Zusammenarbeit, geschrieben zur Feier der alljährlichen Woche der Brüderlichkeit“.[163]

Nichts von dem, wofür Torbergs Auseinandersetzung mit Hans Weigel, aber vor allem auch seine expliziten Einmischungsversuche in die philosemitischen Verabredungen des westdeutschen Kulturbetriebs gestanden hatten, schien für den Kritiker der „Zeit“ mehr wahrnehmbar in „diesem von mir als Lebenswerk empfundenen Buch“[164].

[159] Ebd., S. 162 f.

[160] Ebd., S. 163.

[161] Ebd., S. 164.

[162] Ebd., S. 166.

[163] Ebd., S. 164. Torberg, über den Verriß „zutiefst betroffen und erschüttert“, richtete am 31.3.1972 einen Brief an Reich-Ranicki, den er allerdings nur wesentlich gekürzt abschickte; der vollständige Text ist abgedruckt in Friedrich Torberg: *Pegasus im Joch – Briefwechsel mit Verlegern und Redakteuren*. München/ Wien 1983, S. 226-231.

[164] Friedrich Torberg an Marcel Reich-Ranicki, 5.1.1972. Hier nach Torberg: *Pegasus* (Anm. 163), S. 226-231, hier S. 226.

Fünf Jahre nach solcher öffentlichen ‚Kennzeichnung', die Torbergs Positur im Ringen um eine „Entkrampfung des Verhältnisses zwischen Juden und Deutschen"[165] nur mehr in einer radikal kritischen Perspektive auf seinen letzten Roman zu markieren vermag, geht Torberg mit Hilsenraths „Der Nazi & der Friseur" ein Buch zu, das – wie schon der „Süßkind" – „die Vergeblichkeit des jüdischen Assimilationsversuchs an die Deutschen"[166] und das „Ende" „dessen, was wir optimistischerweise als deutsch-jüdische Kultursymbiose angesehen haben"[167], zum Gegenstand hat.

Torbergs Rezension in der „Welt" vom 12. Oktober 1977 bringt demonstrativ die Skepsis zur Sprache, die ihm der eigene Lebensweg in Verbindung mit seinen nun rund 25jährigen Erfahrungen im deutschsprachigen Literaturbetrieb aufgezwungen haben: „Es hilft nichts. Da ich zur großen Zahl der von jener Zeit Betroffenen gehöre und – wie Hilsenrath selbst – zur wesentlich geringeren Zahl der Überlebenden, kann man von mir nicht verlangen, daß ich auf ein Buch wie dieses unpersönlich reagiere. Man wird mir in bezug auf Geschichten mit ‚Nazi'-Themen, oder gar mit ‚Nazi und Juden'-Themen, eine gewisse Empfindlichkeit zugestehen müssen."[168] Torbergs Annäherung an Hilsenraths Buch ruft diese „Empfindlichkeit" immer wieder auf: Wenn er im Blick auf vorliegende Rezensionen erfährt, daß es sich „um einen ‚Schelmenroman' handelt, zucke ich zusammen. Schelmereien vor dem Hintergrund von sechs Millionen Leichen? Das kann nicht gut werden." Aber auch bei einsetzender Lektüre mag er über Details wie den Namen Itzig, der im Roman als „richtiger Name", keine „Rufform", gebraucht wird, nicht hinwegsehen; ebenso nicht darüber, „daß in einer deutschen Kleinstadt mit gezählten 90 Juden eine ‚Jüdische Rundschau' erscheint, noch dazu täglich; daß es dort einen jüdischen Kegelclub gibt; daß das Hebräisch der Synagogengebete spaniolisch ausgesprochen wird statt askenasisch": „Das sind, bitte vielmals, keine Haarspaltereien. Wenn ein jüdischer Autor eine Konfrontation zwischen Nazi und Juden zum Thema eines Romans macht, dann habe ich Anspruch darauf, daß er sich in jüdischen Dingen halbwegs auskennt."

Torberg gibt ausdrücklich seine „Angst" zu Protokoll, „daß es nicht stimmen könnte, daß der Autor sich übernommen hätte, daß er seinem Vorhaben nicht gewachsen wäre". Die ‚Wende' in Torbergs Lektüre erfolgt, als deutlich wird, daß Hilsenrath „nicht etwa den blonden Recken Itzig unterm Naziregime eine arisch getarnte Karrie-

[165] Torberg: „‚Wai geschrien!'" (Anm. 157), S. 207.
[166] Friedrich Torberg an Manès Sperber, 1.8.1971. In: Torberg: *Briefe* (Anm. 133), S. 391; vgl. auch oben.
[167] Torberg nach Hackel: *Torberg* (Anm. 150), S. 54; vgl. auch oben.
[168] Friedrich Torberg: „Ein Freispruch, der keiner ist". In: *Die Welt*, 12.10.1977.

re machen", sondern „Max Schulz [zum] Jude[n]" werden lassen will – „die schwierigere, in ihrer abstrusen Originalität erst recht überzeugende Umkehrung". Die „endgültige Legitimation" des Unternehmens erkennt Torberg in Hilsenraths „Überdrehung seine[s] bitterbösen Kunstgriffs um eine Spirale" – als er, nach kurzer Zeit „im Nachkriegsdeutschland eines grotesken Talmi-Philosemitismus", Max Schulz nach Palästina auswandern läßt.

In welchem Maß diese „Legitimation" für den Rezensenten geknüpft bleibt an ein Gedenken an die Opfer der NS-Vernichtungspolitik, in welchem Maß auch die ‚Risiken', die er in einer deutschen Wirkungssituation fürchtet, stets im Blick bleiben, wird deutlich in den Überlegungen, die er an den ‚Lebensbericht' Schulz/Finkelsteins bis zu seinem Status als jüdischer Freiheitsheld anschließt: „Happy-End? Triumph des Zynismus? Höhnisches Fazit der Austauschbarkeit so unaustauschbarer Grundphänomene wie ‚Jude' und ‚Arier' oder wie ‚Wahrheit' und ‚Lüge'? Nichts an alledem. Hilsenrath läßt seinen Nazi und Friseur weder zur Ruhe kommen noch unter wohlfeilen Gewissensbissen leiden [...], sondern er erbringt den unwidersprechlichen, in zahllosen ‚Naziprozessen' unwidersprochenen Nachweis, daß Verbrechen, die ein bestimmtes Ausmaß überschreiten, sich eben dadurch der irdischen Gerichtsbarkeit entziehen." Unter Hinweis auf die Einsicht Schulz/Finkelsteins und Richters, daß eine „‚gerechte Strafe'" unmöglich sei, zieht Torberg sein Fazit: „Das ist es, was Hilsenraths Roman dartut, das ist die aus amoralischen Voraussetzungen zutage tretende Moral. Die Entlarvung der klischierten Vorurteile, an denen unser Dasein krankt, erfolgt gewissermaßen nebenher und bedeutend schlüssiger, witziger, schauerlicher als in der mißglückten ‚Andorra'-Parabel des ideologisch blockierten Max Frisch. Wie sich in diesem Buch denn überhaupt aus Witz und Schauer eine Schlüssigkeit ergibt, die in der mir bekannten Literatur von vergleichbarer Thematik kein Gegenstück hat."

Torberg sieht in „Der Nazi & der Friseur" nicht nur eine Vielzahl der von ihm im Kontext der Philosemitismus-Kritik thematisierten Erscheinungen aufgerufen; er sieht sie vor allem mit bisher unerreichter „Schlüssigkeit" entlarvt und denunziert. Er erkennt nicht nur die energische Weigerung von Hilsenraths Narrativ, den Begriff „Jude"[169] freizugeben sei es für einen liberalistisch eingefärbten Modus, der nur mehr ‚Menschen' kennen will[170], sei es als Vorlage eines ‚Modells', etwa vom „Andorra"-Typus. Sondern wenn der Rezensent von der „Entlarvung der klischierten Vorurteile, an denen unser Dasein krankt", spricht, dann ist – in den Worten von „*unserem* Dasein" –

[169] Ebd.
[170] Vgl. Torberg: „Unbehagen" (Anm. 142), S. 284.

nicht nur von einem allgemeinen Leiden an umlaufenden, grotesken Fehlvorstellungen über einige Voraussetzungen der Vernichtungspolitik die Rede, sondern, genauer, von den spezifischen Differenzierungen, die diese Fehlvorstellungen im aktuellen sozialen Verkehr zwischen Juden und Deutschen heute nach sich gezogen haben. Gerade auch in diesem Sinn – dem einer, von einer „wahrheitsgetreuen“[171] Perspektive auf die Täter allerdings untrennbaren Kritik am herrschenden Philosemitismus – trifft Hilsenraths Buch auf Torberg als ein Werk ohne „Gegenstück“.

Wie nahe Hilsenrath mit seinem Roman auch bei einem Leser wie Torberg gleichwohl an jene Grenze gekommen war, jenseits derer die „gewisse Empfindlichkeit“[172] verletzt wird, geht aus einem Briefwechsel hervor, den Torberg mit Manès Sperber über seine „Nazi“-Rezension geführt hat. In seiner Reaktion auf die Zusendung der „Nazi“-Besprechung hatte Sperber geäußert, daß er „bis zur Mitte des nächsten Jahrhunderts [...] allergisch bleiben [werde] gegenüber jedem literarischen Versuch, unsere Katastrophe mit Gags zu behandeln. [...] Es ist die falsche Ätzsäure am falschen Gegenstand; sie zersetzt ihn und verwandelt ihn bis zur äußersten Entstellung in eine bösartige Posse“[173]. In seiner Antwort vom 10. Januar 1978 räumt Torberg ein, daß er sich „bei der Lektüre dieses Romans nicht wohlgefühlt [habe]“ und bekennt sich „nachträglich zu Deiner Allergie, die ich offenbar verdrängt hatte. Du hast recht: man kann unsere Katastrophe nicht mit Gags behandeln, auch nicht mit so geglückten, wie es mir hier der Fall zu sein schien (und ein bißchen immer noch scheint).“[174] Diese ‚Revision‘ des veröffentlichten Urteils nimmt Torberg jedoch in seinen anschließenden, prinzipiell gehaltenen Überlegungen weitgehend zurück. Unter der Prämisse, daß die „Behandlung“ „unsre[r] Katastrophe“ nicht grundsätzlich unzulässig sei, fragt er: „Wo verläuft die Grenze? Ich meine: wenn es zulässig ist, unserer Katastrophe mit erfundenen Schmonzes – also mit dem, was Hermann Broch als ‚Geschichtelerzählen‘ abqualifiziert hat – beikommen zu wollen, dann muß man doch auch ‚Gags‘ akzeptieren, wenn sie dem erzählten Geschichtel förderlich sind?“ Nicht nur sieht Torberg diese letzte Bedingung bei Hilsenrath offenkundig gegeben; als entscheidend gilt ihm das jeweilige Vermögen des Verfassers, geknüpft an dessen jeweiliges moralisches Urteil, das anzufechten Torberg zumindest in diesem Fall nicht in den Sinn kam. Unter Hinweis auf ein eige-

171 Briegleb: „Negative Symbiose“ (Anm. 35), S. 126.

172 Torberg: „Freispruch“ (Anm. 168).

173 Manès Sperber an Friedrich Torberg, 28.12.1977. In: Torberg: *Briefe* (Anm. 133), S. 395.

174 Friedrich Torberg an Manès Sperber, 10.1.1978. In: Torberg: *Briefe* (Anm. 133), S. 395.

nes, Anfang der 40er Jahre geplantes Satire-Projekt um einen Juden während der NS-Jahre fährt er fort: „Es wäre vielleicht ein ganz guter Roman geworden, eine Art jüdischer Schweyk. Aber ich konnte und wollte ihn angesichts des inzwischen ruchbar gewordenen Katastrophen-Ausmaßes nicht mehr schreiben. Der Hilsenrath konnte.“[175]

In Torbergs wie Sperbers Äußerungen zu Hilsenraths Buch wird indirekt die Frage nach dem Vermögen des jüdischen Witzes ‚nach Auschwitz‘ mitverhandelt. Die unlösbare Verschränkung von Entstehung und Gestalt des jüdischen Witzes in die Verfolgungserfahrung der Juden hatte schon den modernen Grundtext zur Theorie des Witzes wesentlich mitkonstituiert: Sigmund Freuds „Der Witz und seine Beziehung zum Unbewußten“.[176] Doch trotz dieser genuinen Nähe des jüdischen Witzes zur Geschichte von Verfolgung und Vernichtung erkennen Sperber wie Torberg in ihm offenkundig kein hinreichendes kategoriales Potential mehr, „unserer Katastrophe [...] beizukommen“. Zu dieser Einschätzung mag im Fall Torbergs die Erfahrung mit Salcia Landmanns „beunruhigende[m] Bestseller“ beigetragen haben, die nachhaltige Zweifel im Rezensenten geweckt hatte, ob der jüdische Witz überhaupt noch ‚lebe‘[177]. Mit den Worten „Der Hilsenrath konnte“ beharrte Torberg jedoch darauf, daß die Möglichkeit, den Holocaust mit „‚Gags‘“ zu behandeln, nicht vollständig erloschen war.[178]

„Böll ist einer der erfolgreichsten deutschen Prosaschriftsteller seiner Generation, von internationalem Ruf. Er gilt zugleich, seit seinen Anfängen, als fortschrittlich; keiner wird ihn retrospektiv-kulturkonservativer Gesinnung bezichtigt haben. Und er ist aktiver, praktizierender Katholik.“[179]

[175] Ebd., S. 396.

[176] Vgl. dazu Sarah Kofman: *Die lachenden Dritten – Freud und der Witz*. München und Wien 1990, besonders S. 10 ff. Vgl. ebd., S. 175-177, auch die wichtigsten in Freuds Untersuchung benutzten Witztexte, die fast ausschließlich auf jüdische Witze zurückgehen.

[177] Dies wird schon im Titel der Rezension angedeutet: „‚Wai geschrien!‘ oder Salcia Landmann ermordet den jüdischen Witz – Anmerkungen zu einem beunruhigenden Bestseller“ (vgl. Anm. 157).

[178] Eine von Sperber und Torberg nicht thematisierte, wohl auch nicht wahrgenommene Spur des jüdischen Witzes führt auch ins Werk Hildesheimers. Eine genauere Untersuchung inbesondere des Kalauers in Hildesheimers *Mitteilungen an Max über den Stand der Dinge und anderes* unter diesem Aspekt steht noch aus. Vgl. aber Angela Delissen: „Das beredte Schweigen. Negative Momente literarischer Produktivität der ‚Mitteilungen an Max‘ von Wolfgang Hildesheimer“. In: Sven Kramer (Hg.): *Das Politische im literarischen Diskurs – Studien zur deutschen Gegenwartsliteratur*. Opladen 1996, S. 56-79.

[179] Theodor W. Adorno: „Keine Würdigung“. In: Marcel Reich-Ranicki (Hg.): *In Sachen Böll*. Köln 1968, S. 9-10, hier S. 9.

Mit diesen Worten, mit denen Adornos Böll-Würdigung von 1968 unter dem Titel „Keine Würdigung" einsetzt, benannte der Philosoph und Kritiker genau jene Attribute, denen im Blick auch auf Bölls Hilsenrath-Rezeption Bedeutung zukommen muß. Bölls in der deutschsprachigen Literatur nach 1945 singulärer Ruf als „Gewissen der Nation"[180], 1968 bereits vollständig installiert, 1972 durch die Verleihung des Literaturnobelpreises spektakulär bestätigt, zehrte – untrennbar verknüpft mit seinem Image der „Fortschrittlichkeit" – von seinen zahlreich und nachhaltig wiederholten Mahnungen, deutscher Verdrängung der NS-Vergangenheit entgegenzuarbeiten und „Erinnerung" als „unsere Aufgabe"[181] zu begreifen.

In einem Blick auf die Darstellung des Nationalsozialismus in Bölls Werk stellt Rainer Nägele fest, „daß, wo von Vergangenheit die Rede ist, eigentlich immer der Krieg gemeint ist. Tatsächlich erscheinen nur höchst selten andere Aspekte des Dritten Reichs in Bölls Texten. Was etwa Brecht in seiner Szenenfolge ‚Furcht und Elend des Dritten Reiches' festgehalten hat als charakteristische Momente, erscheint bei Böll fast nur am Rand. Es ist also gerade das Spezifische am Nationalsozialismus, das in den Hintergrund tritt zugunsten der universelleren Erfahrung des Krieges."[182]

Ein symptomatisches Zeugnis für die Perspektive, die Bölls Selbstbild nach 1945 in der deutschen Nachkriegsgesellschaft bestimmt, findet sich in seiner anläßlich der „Woche der Brüderlichkeit" 1956 gehaltenen Rede unter dem Titel „Wo ist dein Bruder?". Sich selbst als „Überlebenden" verstehend, ebnet Böll den kategorischen Unterschied ein, den die Bedrohung des Wehrmachtsmitglieds während des Krieges und die der Juden während der NS-Verfolgung trennt: „Wir, wir überlebten: Wir entkamen mit knapper Not der Ermordung in den Vernichtungsstätten, entflohen kurz bevor die Falle sich schloß – oder retteten unser Leben von einem Tag zum anderen durch die letz-

[180] Vgl. „‚Weil dieses Volk so verachtet wurde, wollte ich dazugehören ...' – Interview mit Jean-Louis Rambures ('Le Monde') am 21. 9. 1973". In: Heinrich Böll: *Werke. Interviews I.* Herausgegeben von Bernd Balzer, Gütersloh 1980, S. 243-250, hier S. 249.

[181] Vgl. Jochen Vogt: *‚Erinnerung ist unsere Aufgabe' – Über Literatur, Moral und Politik 1945-1990.* Opladen 1991, darin besonders „Der Erinnerungsarbeiter – Zur Charakteristik des Publizisten Heinrich Böll" (S. 105-122). Das Titel-Zitat stammt aus Bölls 1947/48 verfaßter Erzählung „Das Vermächtnis" (vgl. ebd., S. 17). Das Foto auf dem Titel des Bandes zeigt Böll als Teilnehmer einer Sitzblockade in Mutlangen Anfang der 80er Jahre. – Zur Bewertung der poetischen Erinnerungsarbeit Bölls durch Vogt vgl. auch noch weiter unten.

[182] Rainer Nägele: „Heinrich Böll. Die große Ordnung und die kleine Anarchie". In: Hans Wagener (Hg.): *Gegenwartsliteratur und Drittes Reich – Deutsche Autoren in der Auseinandersetzung mit der Vergangenheit.* Stuttgart 1977, S. 183-204, hier S. 184.

ten Kriegsmonate, durch diese Hölle, die noch nicht beschrieben ist: blindlings aufgelöste Gefangenenlager, evakuierte Konzentrationslager, Ströme von Flüchtlingen, evakuierte Stadtbevölkerung, Soldaten gehetzt von Erschießungskommandos, die immer wieder aufgefangen, willkürlich und sinnlos von Falle zu Falle gestoßen – alle, die wir hier sitzen zu einer dieser Gruppen gehörend, standen wir unter dem Terror einer Horde von Ratten, die das Gesetz auf ihrer Seite hatten."[183] Nähe, Solidarität, oder, im spezifischen Jargon von Zeit und Ort: „Brüderlichkeit" gegenüber den Überlebenden der NS-Verfolgungspolitik wird von Böll nicht abgeleitet aus einer Anstrengung zur Einsicht in die eigene Teilhabe an dieser Politik, sondern durch eine unverstellte „Parallelisierung der Opfer; nicht nur Juden haben unter der nationalsozialistischen Gewaltherrschaft gelitten, sondern auch nichtjüdische Deutsche."[184] Diese rhetorische Gleichstellung der eigenen, der Landser-Erfahrung mit der Erfahrung der jüdischen Überlebenden durchzieht Bölls Vortrag von 1956 wie ein roter Faden: „Der Tod hatte viele Möglichkeiten, uns zu erreichen: Wir konnten sterben im Kampf mit regulären Truppen, konnten von Partisanen erschossen, von der Feldpolizei exekutiert, in einem Konzentrationslager ermordet oder im Urlaub durch Bomben getötet werden"[185]; die Einsicht darein, inwiefern gerade die jüdischen KZ-Insassen *nicht* „im Kampf mit regulären Truppen" etc. sterben ‚konnten' – in diesem Sachverhalt wäre nichts Geringeres als die „*differentia specifica*" auffindbar gewesen – bleibt in dieser Perspektive verstellt. Das so konstituierte Wir-Gefühl – „Wir Überlebenden"[186] – erhält emphatischen Ausdruck in der Auffassung, daß „wir [...] eine Art Erstgeburtsrecht für diese neue Brüderlichkeit [hatten]", „nach der Katastrophe, nach der Hungersnot", „weil wir weder kollektiv schuldig noch kollektiv unschuldig waren"[187]. Die je spezifischen Voraussetzungen der deutschen Heimkehrer einerseits, der wenigen jüdischen Überlebenden und ihrer Übergangsgemeinden andererseits, gerade in Hinblick auf Entstehung und Aufgaben der Gesellschaften für Christlich-Jüdische Zusammenarbeit, aber auch anderer Formen erneuter Versuche der Begegnung, sind in solchen Formulierungen vollständig unkenntlich.

[183] Heinrich Böll: „Wo ist dein Bruder? – Rede anläßlich der ‚Woche der Brüderlichkeit' 1956, gehalten am 8. 3. 1956". In: ders.: *Werke. Essayistische Schriften und Reden I 1952-1963*. Köln o. J., S. 167-178, hier S. 172.

[184] Michael Serrer: „Parallelisierung und Grenzverwischung – Zur Darstellung von Juden im Werk Heinrich Bölls", In: Norbert Oellers (Hg.): *Vom Umgang mit der Schoah in der deutschen Nachkriegsliteratur. Zeitschrift für deutsche Philologie*, 114. Jg., Sonderheft (1995), S. 50-64, hier S. 55.

[185] Böll: „Wo ist dein Bruder" (Anm. 183), S. 174.

[186] Ebd., S. 176.

[187] Ebd., S. 177.

Es ist dieser problematische Ort einer von Böll offenkundig authentisch erlebten Nähe zu den jüdischen Überlebenden, von dem aus ihm gleichwohl Züge eines aktuellen Philosemitismus kritisch auffällig werden. Noch in der Ansprache von 1956 versucht er, sein Publikum auf eine seiner verbreitetsten Erscheinungsformen aufmerksam zu machen: „Es liegt mir daran, über eine bestimmte Art von Prosemitismus zu sprechen, der mir so unheimlich ist wie der Antisemitismus – eine Art, die mich nachdenklich macht. Dieser Prosemitismus geht darauf aus, uns zu beweisen, wie viele anständige Juden es gegeben hat. Nun, nicht einmal die Nazis haben bestritten, daß es diese gab. Es ist bedenklich, zu argumentieren, aufzuzählen, es habe soundsoviel jüdische Erfinder, Künstler, Mäzene gegeben – damit geht man auf die Argumentation der Antisemiten ein, indem man ihnen das Gegenteil ihrer Behauptung zu beweisen versucht, man begibt sich auf ihre Ebene. Es müßte darum gehen, klarzumachen, daß das Unrecht nicht um einen winzigen Bruchteil geringer würde, selbst wenn alle Juden Verbrecher gewesen wären: unsere Brüderlichkeit dürfte sich nicht des Wortes ‚anständig' bedienen, eines Wortes, das mir aus einer Gesellschaft zu stammen scheint, die schon starb, als wir noch nicht geboren waren. Nun, es hat sogar anständige Nazis gegeben. Die Vokabel ‚anständig' sollten wir aus unserem Vokabular streichen, sie gehört nicht mehr in dieses Jahrhundert."[188]

Ein umfassenderes Bild der philosemitischen Konstellation, die den Alltag der in Deutschland lebenden Juden prägt, zeichnet Böll in einem Beitrag von 1960 über den Kölner Rabbiner Zvi Asaria und seine Existenz in den Tagen und Wochen antisemitischer Schmierereien und Friedhofsschändungen, in denen auch der Geistliche Drohungen erhalten hatte. Die protokollbestimmte Sonderstellung jüdischer Funktionäre während offiziöser Veranstaltungen, aber auch die deutschen Reaktionen auf die aktuellen Ereignisse erkennt Böll als Phänomene eines „unheimliche[n] Kredits", der „auf die unheimliche Schuld [...] gefolgt" sei, ein Kredit, der „die jüdische Existenz in der Bundesrepublik zu einer schwebenden, bodenlosen [ge]macht" hat: „Sobald sich Spritzer von Schmutz zeigen, sind tausend Hände da, die bürsten, polieren, bereinigen und es macht seine [des Rabbiners, S. B.] Existenz zwiefach tragisch, daß es Hände von Menschen sind, die voll echter Sympathie, voll wahrhaft guten Willens sind. Da ruft ein Schulleiter an; ein jüdischer Schüler, 15 oder 16 Jahre alt, hat den Lehrer geohrfeigt, und man fragt Dr. Asaria, was mit dem Jungen geschehen soll. ‚Machen Sie mit ihm, was Sie mit jedem anderen Schüler machen würden'. Aber man

[188] Ebd., S. 171 f.

[189] Heinrich Böll: „Zvi Asaria", in: ders.: *Werke. Essayistische Schriften und Reden I 1952-1963*. Köln o. J., S. 420-422, hier S. 420 f.

hat den Schüler nicht bestraft, weil er ein jüdischer Schüler ist. ‚Und das‘, sagt Dr. Asaria, ‚ist das Problem unserer Existenz hier!‘ “[189]

Die Züge, die Bölls Selbstbild im Verhältnis zum NS-Faschismus in den ersten Nachkriegsjahrzehnten kennzeichnen, bestimmen auch seine poetische Produktion dieser Zeit. Wenn – wie etwa in „Ansichten eines Clowns“ (1963) – auch die „Vergangenheit in der Gegenwart“[190] thematisch wird, so „frondiert [Böll] dem NS-Kontinuum“ doch, „als handle es sich um das wilhelminische Deutschland (Ordnungswahn, Opportunismus etc.)“[191]. Die Jüdin Ilona Kartök, Protagonistin im Roman von 1951, „Wo warst du, Adam“, ist erkennbar als „Konstrukt aus verschiedenen Stereotypen“ im philosemitischen Muster: „Der Nationalsozialismus hatte in den Juden alle negativen Eigenschaften verkörpert gesehen, Böll schreibt seiner Ilona alle nur denkbaren positiven Qualitäten zu: Sie ist schön [...], klug [...], fromm [...], kinderlieb [...], altruistisch [...]“ und „blauäugig“[192]. „Parallelisierung und Grenzverwischung“[193] finden zudem in Titel und Motto des Romans paradigmatischen Ausdruck: „Dem Zitat Theodor Haeckers zufolge lautet die Antwort: ‚Ich war im Weltkrieg.‘ Die überwiegende Zahl derer, die in den Jahren der Shoah tatsächlich den Vornamen Adam getragen haben, würde aber – so sie es noch gekonnt hätten – geantwortet haben: ‚in den Vernichtungslagern‘.“[194] Auch Klaus Brieglebs Bilanz des Böllschen Werkes unter erinnerungspoetologischen und -politischen Gesichtspunkten fällt skeptisch aus: „Selbst im Sozialhorizont des ‚Gruppenbilds‘, das die NS-Zeit einholt wie sonst kein Böllscher Roman, ist die Konfrontation mit der Shoah kein ‚Thema‘, bleibt das Personal ‚im Schlimmen‘ auf Krieg und Zusammenbruch orientiert und wird, während es an diesem Trauma seine Verdrängungen in angenehmem Erzähl-Klima ausagieren darf, nicht vertraut gemacht mit den ‚Schächten des Schreckens‘, die sich einer *tätergeschichtlichen* Reflexion der Subjekte öffnen würden.“[195] Jochen Vogt stellt fest: „Der Zugang zur Schuldfrage über Mitverantwortung bzw. partielle Identifikation mit den Tätern fehlt bei Böll so gut wie ganz. Er grenzt damit den Bereich der Mitschuld, des moralisch und politisch ambivalenten Verhaltens aus seinen Erzählungen aus und offeriert seinen Lesern, jedenfalls in den frühen Werken, einzig die Identifikation mit

190 Dies die paradigmatische Kapitel-Überschrift in Briegleb/ Weigel (Hg.): *Gegenwartsliteratur* (Anm. 35), S. 73.

191 Klaus Briegleb: „Vergangenheit in der Gegenwart“. In: ders. und Sigrid Weigel (Hg.): *Gegenwartsliteratur* (Anm. 35), S. 73-116, hier S. 82.

192 Serrer: „Parallelisierung“ (Anm. 184), S. 53.

193 Ebd., S. 50.

194 Michael Serrer: „Das Sakrament des Büffels – Zum Umgang mit dem Nationalsozialismus im Frühwerk Heinrich Bölls“. In: Verf., Gehle, Kiesel, Loewy (Hg.): *Deutsche Nachkriegsliteratur* (Anm. 125), S. 213-227, hier S. 217.

195 Briegleb: „Vergangenheit in der Gegenwart“ (Anm. 191), S. 82.

denen, die sich – obgleich ins Nazisystem integriert – als schuldlos, wenn nicht gar als Opfer fühlen dürfen oder jedenfalls fühlen…"[196]

„Und er ist aktiver, praktizierender Katholik"[197]: Nicht zuletzt dieses Moment hat Bölls Modus der Erinnerungsarbeit deutlich mitkonstituiert. In Bölls vielfach eingesetzter „ahistorische[n] Dichotomie von Gut und Böse, von Lämmern und Büffeln" ist eine enge Anlehnung „an die heilsgeschichtliche Konstruktion des Augustinischen Gottesstaates" erkennbar: „Die *civitas diaboli* und die *civitas dei* liegen in stetigem Kampf miteinander; die Zweiteilung des Böllschen Personals erhält hier eine eschatologische Legitimation."[198] Noch deutlicher als in solcher Struktur, die einmal mehr „Parallelisierung und Grenzverwischung" zusammen mit einer denkbar problematischen Konditionierung der Schuldfrage Vorschub leistet, kommen die Hypotheken, die in der Folge dieses Katholizismusses auf Bölls Romanen lasten, in den beiden herausragenden jüdischen Figuren seines Werks zum Ausdruck: Ilona Kartök in „Wo warst du, Adam" und Rahel Maria Ginzburg in „Gruppenbild mit Dame". Bölls Darstellung der beiden konvertierten und praktizierenden Katholikinnen[199] suggeriert „eine bis zur Identität reichende Ähnlichkeit der beiden ersten monotheistischen Religionen […]. Die Grenze zwischen den Religionen wird verwischt, aber christlicherseits, und mit dem Wunsch nach Eingemeindung des angrenzenden Territoriums. Ähnlichkeiten dieser Strategie der Einebnung von Differenzen mit dem katholischen Verfahren, akzeptabel erscheinende Andersgläubige als ‚anonyme Christen' zu vereinnahmen, sind wohl nicht zufällig. Das Andere hat kein Existenzrecht sui generis."[200]

Wohl verschieben sich manche Einstellungen Bölls in den Jahren bis 1977. Vom dichotomischen Weltbild der „Büffel und Lämmer" etwa distanziert er sich ausdrücklich in einem im Juni 1977 veröffentlichten Interview[201]. Zudem nimmt er in seiner Eröffnungsrede

196 Jochen Vogt: „Von der ersten zur zweiten Schuld – Modelle literarischer Faschismusverarbeitung". In: Vogt: *Erinnerung* (Anm. 181), S. 18 f.

197 Adorno: „Keine Würdigung" (Anm. 179), S. 9; vgl. auch oben.

198 Serrer: „Sakrament des Büffels" (Anm. 194), S. 217 f. Diese Nähe zur Vorstellung des Augustinischen Gottesreiches hatte schon Nägele: „Böll" (Anm. 182), S. 190, beobachtet.

199 Über den Sachverhalt, „dass der Dichter die beiden einzigen Personen jüdischer Herkunft, welche in seinen Romanen eine hervorragende Rolle spielen, als praktizierende Katholikinnen, ja sogar als (ehemalige) Nonnen auftreten lässt", urteilt Heidy M. Müller: „Der eigenen Judendarstellung gegenüber hat Bölls Urteilskraft […] offenbar versagt." (Heidy M. Müller: *Die Judendarstellung in der deutschsprachigen Erzählprosa (1945-1981)*. Königstein/ TS. 1984, S. 118)

200 Serrer: „Parallelisierung" (Anm. 184), S. 59 f.

201 „‚Ich habe nichts über den Krieg aufgeschrieben'. Ein Gespräch mit Heinrich Böll und Hermann Lenz". In: *Literaturmagazin 7: Nachkriegsliteratur*. Herausgegeben von Nicolas Born und Jürgen Manthey. Reinbek bei Hamburg 1977, S. 30-74, hier S. 66; vgl. auch Serrer: „Sakrament des Büffels" (Anm. 194), S. 222.

zur „Woche der Brüderlichkeit“ 1970 „öffentlich [...] Abschied“ von „diese[m] Rahmen“ aus „gelegentlich[en] Festreden“ unter möglichst zahlreicher Beteiligung von „Prominenz, [...] diesem Pseudoadel [...]. Was hat das mit Brüderlichkeit zu tun? Ich finde: nichts.“ Unter Berufung auf die antiautoritäre Bewegung – „diese internationale gegenwärtige Bewegtheit“ – wirbt er dafür, teilzuhaben an dem von ihr eingeleiteten „großen Versuch, die alten Rahmen aufzugeben oder zu zerstören, als eine Vorstufe oder Vorbedingung zur Brüderlichkeit.“[202]

So offenkundig solche Rede an solchem Ort als nachhaltige Kritik am lastenden Verabredungscharakter im Milieu der Gesellschaften für Christlich-Jüdische Zusammenarbeit verstanden werden mußte – d.h.: als Philosemitismus-Kritik –, so symptomatisch spiegelt gerade diese Ansprache Bölls ambivalenten Ort wieder: als Kritiker philosemitischer Konstituanten im Verhältnis zwischen Deutschen und Juden, der – besonders in seiner poetologischen Arbeit – diesen Konstituanten doch selbst nachhaltig verhaftet bleibt. Denn die Hoffnung, die Böll auf eine „Zerstörung“ der „alten Rahmen“ setzt, schreibt er nicht aus als Perspektive etwa auf eine erneuerte, veränderte Begegnungschance zwischen Deutschen und Juden, sondern als Einsicht in die Pflicht zur Solidarität mit jenen „Völkern, die in unserer Gegenwart sterben“, in „Biafra“, „Vietnam“, der „Tschechoslowakei“[203]. Böll, der sich unverändert als „Überlebenden“[204] bezeichnet, fügt das Formelwort der Brüderlichkeit jener „säkularen Trinität“ ‚wieder‘ ein, „von der sie abstammt: Freiheit, Gleichheit, Brüderlichkeit“[205]. Indem er auf diese Weise „Auschwitz“[206] als zusätzliche moralische Motivation für die aktuellen Befreiungskämpfe ‚erkennbar‘ zu machen versucht, müssen Fragen nach dem Status quo der Beziehungen zwischen Juden und Deutschen zum Zeitpunkt seiner Rede aus dem Blickfeld fallen.

Ein Gutteil dieser Böllschen Ambivalenz in seiner Arbeit am Verhältnis zwischen Deutschen und Juden findet sich wieder in seiner Auseinandersetzung mit Edgar Hilsenraths „Der Nazi & der Friseur“. Von Rolf Michaelis um Lektüre und Rezension gebeten[207], fallen Niederschrift und Abdruck in eine Zeit, da Böll bereits schwerwiegenden öffentlichen Diffamierungen im Kontext des ‚Deutschen

[202] Heinrich Böll: „Schwierigkeiten mit der Brüderlichkeit – Ansprache zur Eröffnung der Woche der Brüderlichkeit am 8. 3. 1970 im Kölner Gürzenich“. In: ders.: *Neue politische und literarische Schriften*. Köln 1973, S. 151-158, hier S. 153.

[203] Ebd., S. 154, 155.

[204] Ebd., S. 155.

[205] Ebd., S. 153.

[206] Ebd., S. 154.

[207] Vgl. Helmut Braun: „Erinnerung“. In: Kraft (Hg.): *Hilsenrath* (Anm. 2), S. 43-50, hier S. 48.

Herbstes' ausgesetzt ist[208]. Die Rezension scheint davon zunächst ganz untangiert. Eine genauere Lektüre legt jedoch nahe, daß Bölls Öffnung für die neuartigen Blicke, die Hilsenrath auf die Beschaffenheit des einstigen deutschen Alltags-Vernichtungs-Antisemitismus wirft, im Zusammenhang mit aktuelleren Erfahrungen stehen könnte.

„Während sich die Auseinandersetzung mit Hitler in immer höheren und damit immer feineren Gefilden verliert, vergißt man jene denkwürdige Menschensorte, die man ohne Einschränkung Nazis nennen muß, eine deutsche Variante des *homo sapiens*, ohne die Hitler seine Karriere nicht hätte machen können"[209] – schon in diesen Einführungszeilen bereitet Böll die positive Profilierung des Hilsenrath-Romans gegen die Produkte der ‚Hitler-Welle' vor, auf die er offen allgemein, aber verborgen sehr präzise – im Hinweis auf Fests „Hitler – Eine Karriere" – anspielt. Schon in der Bezeichnung des Protagonisten als „Nazi" erkennt Böll eine „wohltuend[e]" Abkehr von den zuletzt häufig erlebten „Veredelung[en]": „Kein Höss, kein Himmler, kein Heydrich, kein Eichmann – schweigen wir von Hitler, den man mal eine Weile vergessen sollte, um sich der Nazis erinnern zu können – ein blutrünstiger, brutaler XY, den man am besten gar nicht soziologisch einordnet, weil sich die eine oder andere Gesellschaftsschicht zu sehr belastet oder entlastet fühlen könnte." Böll nimmt genau wahr, daß in Hilsenraths „Nazi" – in nur vermeintlichem ‚Widerspruch' zur durchaus vorgenommenen „soziologischen" Bestimmung von Max Schulz – von der Beschaffenheit NS-faschistischer Dispositionen in einer Weise die Rede ist, die in krassem Gegensatz zu den Werken der ‚Hitler-Welle' steht.

Wie weit jedoch das analytische Potential dieser Rede der Poetologie des Romans geschuldet sei, entpuppt sich als diejenige Frage, die Böll in der Rezension am meisten beansprucht. Wenn er von den „Ekelschwellen in den ersten Kapiteln des Buches" spricht, die er „nur mühsam überwunden habe", von „wildwuchernde[m] Genitalismus" und, kritisch, von einem „Dickicht von Greueln und Abscheulichkeiten", dann mag der Eindruck eines rein stilistischen, geschmacklichen Konflikts entstehen. Die Tatsache jedoch, daß Friedrich Torberg, ein poetologisch durchaus noch deutlich konservativerer Autor als Böll und vielbeschäftigter Rezensent zudem, in seiner „Nazi"-Besprechung nicht mit einer Zeile auf ‚Obszönität' zu sprechen kommt, deutet an, daß Bölls Widerstände anders als ‚rein ästhetisch' grundiert sind – sondern bestimmt von einem im philosemitischen Verabredungszusammenhang besiegelten Konnex zwischen

[208] Vgl. Heinrich Böll: „Schriftsteller und Bürger dieses Landes – Interview mit Wiltrud Mannfeld am 18. 12. 1977 im ZDF". In: Böll: *Werke. Interviews I* (Anm. 180), S. 702-712, hier S. 702 f.

[209] Heinrich Böll: „Hans im Glück im Blut". In: *Die Zeit*, 9. Dezember 1977.

‚Pietät‘ und ‚Reinheit‘, der Torberg, sei es wegen seiner existentiellen Unmittelbarkeit zu den Vernichtungsverbrechen, sei es wegen seiner nachhaltigen kritischen Arbeit an den philosemitischen Gepflogenheiten, offenkundig fremd geworden war. Böll erkennt wohl noch diesen Zusammenhang, wenn er, nach Erwähnung der „Ekelschwellen“, anfügt: „Später glaubte ich mir über deren Funktion klar zu sein. Ein Dickicht von Greueln und Abscheulichkeiten, durch die man hindurch muß, notwendigerweise; nein, nichts Edles, weder Edelnutten noch Edelnazis, keine Andeutung von Nachkriegsromantik.“ Die eigene Internalisierung überkommener Reinlichkeitsmaßstäbe bleibt jedoch unreflektiert. In diesem Sinn verharrt Bölls Lektüre auf halber Strecke: Deutlich erkennt er die explizit diskurspolitische Funktion der Hilsenrath'schen Drastik. Doch er sieht sie hauptsächlich gerichtet gegen die Verzeichnungen im Zuge der ‚Hitler-Welle‘ und eine sie begleitende Historisierung des Nationalsozialismus – von Böll als „Versachlichung“ etikettiert –, indessen sie doch durchaus weiterzielt, bis deutlich in jene Lektüregepflogenheiten, die auch Böll teilt. Diese Begrenzung wird deutlich, wenn Böll schreibt: „obszön das alles und grotesk, doch nicht einmal in Ansätzen pornographisch; brutal, ‚übertrieben‘ – und nirgendwo schlüpfrig; umgekippte Märchenfiguren, bis zum Äußersten unhold, in äußerst unholden Verhältnissen. Vielleicht ist das die einzig mögliche Antwort auf die penetrante Versachlichung, die so viele Sachen ausläßt [...]. Wahrscheinlich ist es gut, daß Hilsenraths Buch erst *jetzt* erscheint, wo die Versachlichung der Nazizeit an so vielen *Sachen* vorbeisieht.“

Wie sehr Böll mit dieser Widerständigkeit sympathisiert, kommt gegen Ende seiner Rezension zum Ausdruck. Nach einer kurzen Skizze des Geschehens bis kurz vor Schulz/Finkelsteins ‚Prozeß‘ stellt er, in fast wörtlichem Zitat Torbergs, fest: „Das könnte fast nach *happy end* klingen“, um dann eine Szene verlogener deutscher Weihnachtsseligkeit zu zeichnen: „Das könnte den Roman ‚Der Nazi & der Friseur‘ fast zu einem mit Tannenzweigen geschmückten, in entsprechendes Papier verpackten ‚Weihnachtsbuch‘ machen, das man beim ‚Klingelingeling‘ aufschlägt.“ Böll demonstriert, daß er eine Aufstörung solcher Milieus, vor allem als ‚Lektüre-Milieus‘, für überfällig hält. Daß Hilsenraths Buch hierbei hilfreich sein würde, wird deutlich in seinem anschließenden Hinweis, in dem er sich sarkastisch der Raison der Literaturbeilage zur Weihnachtszeit beugt: „Ich rate von dieser Vorstellung ab“. Gleichwohl: Das Unbehagen, das „Der Nazi & der Friseur“ in Böll ausgelöst hat – und von dem nicht alles in seiner Besprechung artikuliert ist –, mag er, auch bei Einsicht in die „Notwendigkeit“ manches Mißliebigen, nicht unterdrücken: „Ich habe kein fix und fertiges Urteil über dieses Buch, frage mich nicht nur, ob's ‚gelungen‘ ist, sondern auch, ob es überhaupt ‚gelingen‘

konnte, dieses heikle, waghalsige Unternehmen und denke, daß es angesichts der Waghalsigkeit nicht so ganz mißlungen ist, spricht für den Autor, seine Sprache, die wild wuchert und doch oft genug trifft, eine düstere und auch eine stille Poesie entfaltet." Indem Böll dem poetologischen ‚Risiko', das Hilsenraths „waghalsige[s] Unternehmen" notwendig eingehen mußte, gewissenhaft Rechnung trägt, erinnert er daran, daß literarische Werke, die oppositionell zu umlaufenden Diskursen stehen, an herkömmlichen Maßstäben literarischen ‚Gelingens' nicht gemessen werden können.

In den Schlußzeilen seiner Rezension dokumentiert Böll, wodurch das Buch in seiner Sicht die entscheidende Rechtfertigung erhält: die Intensität seines erinnerungspoetologischen Zugriffs auf den Leser. Böll stellt in seiner Bilanz der Vita Schulz/Finkelsteins fest: „Da will das ‚und wenn sie nicht gestorben sind', nicht so recht heraus. Das Gruselspiel war ja kein Spiel, es ist durch Hilsenrath wirklich geworden, und es hat sie ja doch wohl gegeben – oder? – diese Nazis, die getan haben, wovon keiner gewußt, was keiner gewollt, und wenn man alles vergessen sollte: die Goldzähne und die, die sie einmal getragen haben, vergißt man nicht, wenn Schulz-Finkelstein da im Wald der sechs Millionen spazieren geht." Bei aller poetologischen Ferne, die Böll von Hilsenrath trennte, mußte zuletzt diese Einsicht Aufmerksamkeit, schließlich zögernde, voraussetzungsvolle Sympathie Bölls zu „Der Nazi & der Friseur" stiften: daß den fortdauernden, ja, eskalierenden Gefahren des Vergessens *literarisch* allenfalls noch mit Büchern, die „Waghalsigkeit" nicht scheuen, geantwortet werden konnte.

X. Die offengelegte Bilanz
Wolfgang Hildesheimers „Mein Judentum" (1978)

Das Wort „Jude" – und die Kategorie des ‚jüdischen Schriftstellers' / Partikularität contra ‚Weltliteratur' / Der Text / Reaktionen: Heinrich Böll, Walter Jens

1

„Es fällt mir besonders angenehm auf, daß Anna das Wort Jude ganz natürlich ausspricht. Ich habe herausgefunden, daß es von Deutschen meistens ganz falsch ausgesprochen wird: mit etwas belegter Stimme, als handle es sich um Ungehöriges. So, als müßten sie sich einen kleinen Ruck geben, ehe sie das Wort aussprechen. Es klingt immer so, wie wenn ein Prüder das Wort *nackt* in den Mund nimmt. Das Verhältnis dieser Leute zu uns hat ja auch wirklich etwas Obszönes angenommen."[1]

„Das Wort Jude ‚ganz natürlich' auszusprechen, wie Anna in ‚Efraim'", stellt Klaus Briegleb in seinem Blick auf die „Väterliteratur" nach 1968 fest, „ist der namensymbolische Schlüssel zum ‚Gespräch' nach der Shoah, wenn radikale Literatur aus ihm werden soll."[2] Doch den verschiedenen Intonationen, ‚Aussprachen', des Wortes Jude kommt nicht nur in diesem einen spezifischen, sondern auch ihm vorgängigen, auch vor-literarischen Kontexten eine solche besondere, namensymbolische Qualität zu. Gershom Scholem etwa hatte in seinen Bemühungen um die Eröffnung eines Gespräches zwischen Deutschen und Juden feststellen müssen, daß im öffentlichen Diskurs der Deutschen das Wort Jude nicht nur nicht ‚normal' ausgesprochen, sondern nach Möglichkeit eliminiert wurde: „Es wäre ja Verewigung der nazistischen Rassentheorien, würde man die Juden jetzt noch als Juden kennzeichnen, d. h. mit der entscheidenden Eigenschaft, die ihnen immerhin das Leben gekostet hat."[3] Dieses einer „angeblich progressiven Geschichtsauffassung"[4] eigene Ideologem, demzufolge „ ‚das Jüdische' ebenso beleidigend wie skandalös als eine ‚rassistische Vokabel' bezeichnet wird"[5], trug bei zu einer nachhalti-

[1] Alfred Andersch: *Efraim*. Zürich 1976, S. 101.

[2] Klaus Briegleb: „Vergangenheit in der Gegenwart". In: ders. und Sigrid Weigel (Hg.): *Gegenwartsliteratur seit 1968*. München/ Wien 1992, S. 73-116, hier S. 93.

[3] Gershom Scholem an Margarete Susman, 26.2. 1965. In: ders.: *Briefe. Bd. 2: 1948-1970*. Herausgegeben von Thomas Sparr. München 1995, S. 126; vgl. auch Kap. IX, S. 433 f.

[4] Gershom Scholem an die Herausgeber des Freiburger Rundbriefs, o. D. In: Scholem: *Briefe 2* (Anm. 3), S. 168.

[5] Ebd., S. 167.

gen Einschränkung dessen, was in Westdeutschland unter den Vokabeln Jude und Judentum gemeinhin noch verstanden wurde. Ernst Loewy hat dieses semantische Feld für das Ende der siebziger Jahre wie folgt beschrieben: „Wenn im westlichen Teile Deutschlands von Judentum die Rede ist, so geschieht dies zumeist, indem dieses aufs religiöse und folkloristische Brauchtum (wie in einer Anzahl von Fernsehproduktionen) reduziert oder indem es (nach dem Muster von ‚Holocaust') als ein nahezu nicht mehr Existentes, jedenfalls kaum noch Definierbares verstanden und dargestellt wird. Ins Bewußtsein tritt natürlich auch die jüdische Nation, so wie sie im Schmelztiegel des Staates Israel aus vielerlei Komponenten sich formiert. Damit ist für den Bürger der Bundesrepublik Deutschland das Bild des Judentums komplett"[6]. „Die Frage nach der Befindlichkeit der noch (oder wieder) in Deutschland lebenden Juden, die Frage des Verhältnisses dieser (lebenden, nicht abstrakten) Juden zu ihrer Umgebung und dieser Umgebung zu ihnen"[7] konnte in einem so sprachpolitisch konditionierten Bewußtsein nicht wahrgenommen und formuliert werden. Erst Henryk M. Broders und Michel R. Langs „Fremd im eigenen Land – Juden in der Bundesrepublik"[8] verhilft – im November 1979 – diesen Fragen in ihrer Dringlichkeit und vor allem auch in ihrer Dissidenz zur Generallinie der offiziösen Organe der jüdischen Gemeinden in Deutschland zum Ausdruck.

Besonders nachhaltig hatten solche Versuche, „die Juden [...] als Juden [...] möglichst [zu] streich[en]"[9], auf die „Kategorie des ‚jüdischen Schriftstellers' "[10] gewirkt: Sie war zum Verschwinden gebracht worden. Sander Gilman hat aufgezeigt, in welchem Maß der deutsche Literaturbetrieb eine ‚jüdische' Identifikation des Schriftstellers als Partikularismus begriff, von dem aus unmöglich universell gültige Gehalte formuliert werden könnten. „[...] zuzugeben, daß Juden über jüdische Themen schreiben können und dennoch diese Inhalte transzendieren und damit ‚richtige' Schriftsteller – was in der Terminologie des Liberalismus Schriftsteller mit ‚universellen' Themen bedeutet – sein können, würde die liberale Ansicht in Frage stellen, daß jeder

6 Ernst Loewy: „Mein Judentum" [Rezension]. In: *Jahrbuch des Instituts für deutsche Geschichte* (Tel Aviv), 9/ 1980, S. 613-622, hier S. 614.

7 Ernst Loewy: „Juden in der BRD – Bewältigung oder Mystifizierung?" In: *links*. 14. Jg., Nr. 144 (März 1982), S. 24-25, hier S. 25.

8 Henryk M. Broder, Michel R. Lang (Hg.): *Fremd im eigenen Land – Juden in der Bundesrepublik*. Reinbek bei Hamburg 1979.

9 Gershom Scholem an Margarete Susman, 26.2.1965. In: Scholem: *Briefe 2* (Anm. 3), S. 126.

10 Sander Gilman: „Jüdische Literaten und deutsche Literatur – Antisemitismus und die verborgene Sprache der Juden am Beispiel von Jurek Becker und Edgar Hilsenrath". In: *Zeitschrift für deutsche Philologie*. 107. Jg. (1988), Heft 2, S. 269-294, hier S. 271.

Partikularismus schlecht sei."[11] In dieser Perspektive haften einem ‚Begriff' des jüdischen Schriftstellers nur mehr zwei Bedeutungen an: entweder die „eine[r] unakzeptablen, sogar rassistische[n] Kategorie"[12] – oder die eines Autors dezidiert partikularistisch zugeschnittener Darstellungen, etwa „religiöse[n]" oder „folkloristische[n] Brauchtums"[13]. Gegenüber der Vorstellung und auch der Leseerfahrung, daß gerade die radikale Versenkung in das Bestimmte, vermeintlich Partikulare Zugänge zu universellen Einsichten zu öffnen vermag, ist dieser Standort gänzlich abgedichtet.

Die öffentliche Geltung, die diese Auffassung für sich beanspruchen darf, wird deutlich aus Anlaß einer ab 1969 in mehreren deutschen Städten gezeigten Ausstellung unter dem Titel „Werke von Autoren jüdischer Herkunft in deutscher Sprache"[14]. Organisiert vom Börsenverein des deutschen Buchhandels und der B'nai B'rith-Loge, dokumentieren „die beiden Hauptteile der Ausstellung [...] die Exilzeit von 1933 bis 1945 sowie deutschsprachige Literatur nach 1945."[15] Marcel Reich-Ranicki eröffnet die Ausstellung im Münchner Rathaus am 15. März 1970.

„Erlauben Sie mir, sehr offen zu reden"[16]- diese allerersten Worte des Redners bringen nicht nur das klare Bewußtsein einer üblicherweise bei solchem Anlaß eher ‚verschlossenen', unaufrichtigen Sprache zum Ausdruck, sondern zugleich die Entschiedenheit, gegen diese Konvention verstoßen zu wollen. Entsprechend deutlich denunziert Reich-Ranicki gleich zu Beginn die herausragende Funktion der Literatur jüdischer Autoren in offiziösen deutschen Zusammenhängen: ihre Instrumentalisierung im Kontext deutscher Versöhnungspolitik. „[...] man spricht von der deutsch-jüdischen Symbiose, die einst so schön und harmonisch gewesen sein soll, man gedenkt, versteht sich, jener sechs Millionen, Auschwitz wird erwähnt und vielleicht noch Dachau oder Treblinka – die Auswahl ist ja groß –, von unbewältigter Vergangenheit ist die Rede, von der Brüderlichkeit hören wir und von ‚unseren lieben jüdischen Mitbürgern'. Und da es um Buchausstellungen geht, verneigt man sich noch einmal vor Heine oder Kafka oder Freud, ein Zitat ist rasch bei der Hand, vielleicht von Nelly Sachs oder aus Paul Celans ‚Todesfuge' ".[17] „Aber hinter den Kulissen", fährt

[11] Ebd., S. 293.

[12] Ebd.

[13] Loewy: „Mein Judentum" (Anm. 6), S. 614; vgl. auch oben.

[14] Vgl. [Anonym]: „Jüdische Autoren deutscher Sprache". In: *Börsenblatt für den Deutschen Buchhandel* – Frankfurter Ausgabe -, Nr. 45, 6. Juni 1969, S. 1349 f.

[15] Redaktionelle Vorbemerkung zum Abdruck der Eröffnungsansprache Marcel Reich-Ranickis in der *Zeit* vom 2. Mai 1969, S. 18.

[16] Marcel Reich-Ranicki: „Im magischen Judenkreis". In: ders.: *Über Ruhestörer – Juden in der deutschen Literatur*. Stuttgart 1989, S. 38-58, hier S. 38.

[17] Ebd.

Reich-Ranicki fort, „und womöglich hinter vorgehaltener Hand, da sprechen Juden und Nichtjuden eine ganz andere Sprache, da wird schlicht und gar nicht zu Unrecht gefragt, was diese jüdischen Buchausstellungen eigentlich sollen. Denn hier werden ja deutschsprachige Autoren zusammengefaßt, die im Grunde nur eines miteinander gemein haben: die jüdische Herkunft. Ist das wirklich ein sinnvolles, ein legitimes Auswahlprinzip?“[18] In seiner Erörterung dieser Frage führt Reich-Ranicki auch die Stimme eines deutschen Freundes an, der „hart“ urteile: „Er sagt: Hitler hat die Juden in Gettos getrieben, nun machen sie selber und überdies natürlich freiwillig ein literarisches Getto. Hier werden, sagt mein strenger Freund, viele deutsche Schriftsteller mit einem mehr oder weniger vergoldeten gelben Fleck versehen. Dies aber sei überflüssig und sogar schädlich, weil es nicht zur Überbrückung, sondern nur zur Vertiefung der einst geschaffenen Kluft beitragen könne.“[19]

In aller Deutlichkeit ist in diesem Zitat des Redners genau jener umlaufende Diskurs dokumentiert, den Scholem bezeichnet hatte. Der Begriff Jude figuriert in dieser Wahrnehmung als „gelber Fleck“, den sich „deutsche Schriftsteller“ anstecken lassen. Ihnen wird vorgeworfen, auf diese Weise „nicht zur Überbrückung, sondern nur zur Vertiefung der einst geschaffenen Kluft“ beizutragen, d. h. der Versöhnung objektiv entgegenzuarbeiten; die Formulierung von der „einst geschaffenen Kluft“ kleidet die Massenverbrechen und ihr Ergebnis zudem in eine anonym-passivische Wendung. Eine Kategorie des jüdischen Schriftstellers im Sinn Gilmans kann nach solcher Durchstreichung des Judentums, oder, wahlweise: ‚Eindeutschung‘ zum Preis der Aufgabe des Judentums erst recht nicht mehr gedacht werden.

Reich-Ranickis Verteidigungsrede ist eine – in deutscher Öffentlichkeit verrichtete – diskurspolitische Arbeit zwar nicht an der Kategorie des jüdischen Schriftstellers, aber doch am Begriff des Schriftstellers, der Jude ist; in dieser Eigenschaft kennzeichnet sie den zeitgenössischen Stand der öffentlichen Rede über den jüdischen Autor deutscher Sprache. Mit Entschiedenheit weist Reich-Ranicki das zitierte Ideologem eines „freiwillig“ bezogenen „literarischen Gettos“ zurück: „Nicht die Veranstalter unserer Ausstellung haben die sehr verschiedenen Autoren unter dem spitzen Judenhut vereint, niemand will ihnen einen Davidstern aufnähen. Das ist ja längst geschehen, das haben jene besorgt, von denen die Werke dieser Schriftsteller aus den deutschen Bibliotheken und Literaturgeschichten entfernt und aus den Programmen der Schulen und Universitäten gestrichen

[18] Ebd., S. 38 f.
[19] Ebd., S. 41.

wurden, jene also, die Bücher und Menschen verbrannt haben." Dies sei auch kein Sachverhalt lediglich der „Vergangenheit", sondern „etwas, das in unsere Gegenwart hineinragt und hineinragen muß."[20]

Reich-Ranicki sucht zu verdeutlichen, daß gerade wegen der NS-faschistischen Vernichtungspolitik einschließlich ihrer direkten und indirekten Folgen für die deutsche Nachkriegs- und Gegenwartsliteratur fortgesetzt, genauer: *jetzt endlich* vom Judentum, von Werken jüdischer Autoren gesprochen werden müsse. Wenn ihm hierbei weniger das Judentum selbst als mehr das „Leiden am Judentum"[21] für die schriftstellerische Produktion wesentlich erscheint, so fällt für ihn dieses Kennzeichen in den Texten der jüdischen Autoren nach 1945 wieder sehr weitgehend zusammen mit der Verfolgungs- und Vernichtungserfahrung im Zeichen des Nationalsozialismus.

Reich-Ranicki stellt fest, daß Fragen wie die aus Anlaß dieser Ausstellung diskutierte nach der Bedeutung der jüdischen Herkunft der Autoren für die literarischen Texte „noch kaum untersucht wurden" und warnt zugleich davor, „der deutschen Germanistik, die ohnehin seit vielen Jahren geprügelt wird, auch hierfür die Verantwortung und Schuld aufzuladen". Unter Hinweis auf Gustav Krojankers „Juden in der deutschen Literatur" (1922) und dessen Klage darüber, daß sein Buch als „ ‚ein ungemein verdächtiges Unternehmen' " gegolten habe, stellt er fest, daß es „die jüdischen Schriftsteller selber [waren], die sich einer solchen Betrachtung oft widersetzt haben. Kam dieser Widerstand der Selbstverleugnung der Betroffenen gleich? In manchen Fällen gewiß, in vielen anderen war es jedoch Selbsttäuschung und, wohl noch häufiger, Selbstverteidigung. Aus dem Hinweis nämlich auf die jüdische Besonderheit eines deutschsprachigen Schriftstellers ergab sich fast immer, ob dies nun ausgesprochen wurde oder nicht, der Zweifel an seiner Berechtigung, am deutschen Kulturleben teilzunehmen."[22]

Bei aller Gegnerschaft zu diesem Zweifel verharrt Reich-Ranicki schließlich in einer prekären Ambivalenz zu ihm. In seinem abschließenden Plädoyer für die Ausstellung betont er: „Nur dann nämlich, wenn man die spezifische Situation und die Eigenart der deutschen Schriftsteller jüdischer Herkunft ausdrücklich betont, nur dann macht man sie verständlich und trägt zu ihrer Wiedereinbürgerung bei – zu einer tatsächlichen und nicht zu einer solchen, die sich auf philosemitische Lippenbekenntnisse beschränkt."[23] Nicht anders als sein Publikum, ja, selbst dem zitierten „Freund" nicht unähnlich, be-

[20] Ebd., S. 49.
[21] Ebd., S. 50.
[22] Ebd., S. 53 f.
[23] Ebd., S. 55.

trachtet auch Reich-Ranicki die vorliegenden literarischen Werke unter dem klar ausgesprochenen Aspekt der Versöhnungspolitik: „Wiedereinbürgerung“ – und zwar weniger dieser Werke in die westdeutsche Gegenwartsliteratur als „der deutschen Schriftsteller jüdischer Herkunft“ in das westdeutsche Gemeinwesen. Reich-Ranicki weiß – und macht nachhaltig darauf aufmerksam –, daß eine solche Wiedereinbürgerung nur über die Bereitschaft zur Kenntnisnahme dessen, was geschah, d. h.: der „spezifische[n] Situation“, möglich sein kann. Solche Betonung des Spezifischen, ‚Partikularen‘, der „Eigenart“ der „deutschen Schriftsteller jüdischer Herkunft“: ihres Judeseins, und zwar in den Jahren der Verfolgung, riß aber zugleich jenes Gegenüber zwischen deutscher und jüdischer Erfahrung der NS-Jahre auf, das der im *deutschen Konsens* besiegelten einheitlichen Erfahrung für die kollektive deutsche kulturelle Überlieferung widersprach[24]. Reich-Ranickis „Freund“ hatte mit seinem Hinweis darauf, daß der Ausweis des Jüdischen „nicht zur Überbrückung, sondern nur zur Vertiefung der einst geschaffenen Kluft beitragen könne“[25], die Statistik auf seiner Seite. Wer an dieser Kluft poetologisch arbeitete, gar in den Verdacht geriet, sie zu „vertiefen“, ging – vermittelt über das Partikularismus-Ideologem im deutschen Literaturbetrieb – ‚von selbst‘ des Anspruchs verlustig, „am deutschen Kulturleben“ – zumindest als „‚richtige[r]‘ Schriftsteller“[26] – „teilzunehmen“.

So nachhaltig Reich-Ranicki bei dieser Gelegenheit auch einen Begriff des Jüdischen für einen deutschen Diskurs über Literatur wiederzugewinnen, wiedereinzuführen versucht, so sehr bleibt er der versöhnungspolitischen Gesamtausrichtung aller ‚öffentlichen‘ Rede in Deutschland über das Verhältnis zwischen Juden und Deutschen verhaftet. Diese Rede schleppt nicht nur notwendig unerkannte Einschlüsse mit; sie ordnet ihre Gegenstände dem Versöhnungsziel unter, ‚instrumentalisiert‘ sie. In dieser Struktur gerät die von jüdischen Autoren deutscher Sprache erarbeitete Literatur ‚unwillkürlich‘ zur Munition gegen „Intoleranz und [...] Rückständigkeit“[27]; daß diese Literatur erst noch wiedereinzusetzen sei in ihre genuinen Rechte als Werke jüdischer Autoren *jenseits* einer wie auch immer gearteten versöhnungspolitischen Verwendbarkeit, bleibt unerkannt. Die Kategorie des jüdischen Schriftstellers als eines Autors, der die poetologische Arbeit an ‚jüdischen‘ Gegenständen als sie transzendierende verrichtet, bleibt auch in dieser Rede – im Angesicht zahlreicher „Werke von Autoren jüdischer Herkunft in deutscher Sprache“ – abwesend.[28]

24 Vgl. Kap. II.
25 Reich-Ranicki: „Im magischen Judenkreis“ (Anm. 16), S. 41; vgl. auch oben.
26 Gilman: „Jüdische Literaten“ (Anm. 10), S. 293; vgl. auch oben.
27 Reich-Ranicki: „Im magischen Judenkreis“ (Anm. 16), S. 48.

2

An den Schreibtischen jüdischer Autoren deutscher Sprache war das vorgebliche Axiom eines unaufhebbaren Widerspruchs zwischen poetologischer Arbeit aus jüdischer Verfolgungserfahrung und einem universellen Geltungsanspruch immer nur ein Konstrukt gewesen. Theoretisch inkonsistent, originär ideologisch, war es durch alle literarische Praxis, die sich nicht selbst ausdrücklich als solcherart begrenzte verstand, widerlegt worden. Grete Weils „Tramhalte Beethovenstraat“ und „Happy, sagte der Onkel“, Edgar Hilsenraths „Nacht“ und „Der Nazi & der Friseur“, aber auch Wolfgang Hildesheimers „Tynset“ und „Masante“ sind dafür Beispiele.[29]

[28] Das war noch anders gewesen in der Rede „Außenseiter und Provokateure“, die Reich-Ranicki zur Eröffnung der gleichen Buchausstellung in der Universitätsbibliothek Frankfurt am Main, am 2. Mai 1969, gehalten hatte. Darin heißt es über die jüdischen Autoren besonders der Heine-Zeit: „Ihnen, den Außenseitern und Neuankömmlingen, gelang es oft, das Bekannte und Gewohnte anders und neu zu sehen. Innerhalb und schließlich doch außerhalb der Welt stehend, mit der sie sich auseinandersetzten, konnten sie Vertraulichkeit und Intimität mit skeptischer Distanz verbinden: Gerade von der Peripherie her ließ sich das Zentrale oft mit besonderer Deutlichkeit erkennen und darstellen.“ (Marcel Reich-Ranicki: „Außenseiter und Provokateure“. In: ders.: *Ruhestörer* [Anm. 16], S. 15-37, hier S. 18) Börne und Heine werden hier als „exzeptionelle und dennoch exemplarische Figuren“ gekennzeichnet: „Sie standen an der Peripherie und doch im Zentrum.“ (ebd., S. 22) Doch diese Charakterisierung nimmt Reich-Ranicki mit allem Nachdruck für die jüdischen Autoren der Gegenwart zurück: „[...] ich bin in der Tat überzeugt, daß es sich hier um eine Frage vornehmlich der Vergangenheit handelt“ (ebd., S. 34). Zwar verdanke man ihnen „nicht wenig [..]. Aber machen wir uns nichts vor: [...] was sie schreiben, befremdet und muß wohl auch befremden. Wer zum Tode verurteilt war, bleibt ein Gezeichneter. Wer zufällig verschont wurde, während man die Seinen gemordet hat, kann nicht in Frieden mit sich selber leben. Wer vertrieben wurde, bleibt für immer nicht nur ein Vertriebener, sondern auch und vor allem ein Getriebener. – Solche Dichter sind, glaube ich, auf außergewöhnliche Weise gefährdet. Da sie das, was man (sehr ungenau) das innere Gleichgewicht nennt, nie wiedergewonnen haben, neigen sie meist den Extremen zu. Das Bodenlose reizt sie. Für die Faszination, die die äußeren Bezirke ausüben, sind sie besonders empfänglich. Häufiger als andere Vertreter ihrer Generation geraten sie in den Sog der Abgründe, gelegentlich auch der politischen Abgründe. – Das ist nur allzu natürlich: Wer Grauenvolles erleiden mußte, versucht immer wieder, das Grauen zu erkunden. Und wer sein Land verloren hat, fühlt sich in die Grenzbereiche jeglicher Art gedrängt. Er bemüht sich, sie überall aufzuspüren. Er braucht sie, er ist auf die Randbezirke des Daseins geradezu erpicht. Je länger eine solche Suche dauert, desto mehr kann sie zu einer Sucht werden oder ihr ähneln. Das unaufhörliche Streben nach dem Extremen gleicht in manchen Fällen einem literarischen Amoklauf.“ (ebd., S. 35 f.) Gerade wenn Reich-Ranicki einräumt, daß „zwei oder drei dieser unheimlichen Dichter zu zentralen und repräsentativen Figuren der Gegenwartsliteratur aufsteigen“ konnten (ebd., S. 36), wird, im Kontext der Argumentation, eine generelle Geltung des in der Kategorie des jüdischen Schriftstellers berührten Anspruchs für die jüdischen Autoren der Gegenwart zurückgewiesen.

[29] Vgl. Kap. IV-IX.

Wohl demonstriert die literarische Arbeit jüdischer Autoren nach 1945, daß ihr Geltungsanspruch geradezu in dem Maße Universalität gewinnen muß, in dem die Texte sich auf das Konkreteste der historischen Erfahrung von NS-faschistischer Verfolgung und Vernichtung einlassen. Doch zugleich stand diese Arbeit in einem öffentlichen Raum aus Ökonomie und Erinnerungspolitik, in dem die vermeintliche ‚Betonung' eines ‚Jüdischen' im Schreiben als Ausschluß oder Selbst-Ausschluß aus dem Kreis der „‚richtige[n]' Schriftsteller"[30], d. h. der Produzenten ‚echter' Kunstwerke, galt und je neu durchzusetzen versucht wurde.

Die Rezensionen der Arbeiten Grete Weils und Edgar Hilsenraths bis 1977 sind gezeichnet von solchen Partikularisierungsstrategien: sprachpolitischen Maßnahmen, die teils offen, häufiger aber noch verborgen darauf zielen, diesen Ausschluß ihrer Texte, mit dem Leser ‚an der Hand', durchzuführen. Eine besonders häufig praktizierte Technik operiert mit dem Hinweis auf die Biographie der Verfasser. Solchem Hinweis muß zunächst alle Berechtigung zukommen in einer Lektüreauffassung, die einen den Text konstituierenden oder mitkonstituierenden Zusammenhang zwischen Lebenslauf und Buch erkennt. Doch im Kontext einer Rezensionspraxis, die jedes Bewußtsein für die Vielfalt und Komplexität dieses Zusammenhangs verloren hat, gerät der Hinweis auf die Biographie des Verfassers regelartig zum Hinweis auf eine vermeintliche ‚Authentizität' des Geschriebenen, damit zum Instrument der ‚Beglaubigung' eines einsinnig ‚dokumentarisch' verstandenen Wahrheitscharakters. Wie solche, ‚Authentizität' betonende Nähe zwischen Biographie und Text sogar ganz offen als Entmündigung zu lesen gegeben werden kann, verdeutlicht ein Satz aus der Rezension von Weils „Tramhalte Beethovenstraat" in der „Schwäbischen Donauzeitung": „Man wird sich nicht wundern dürfen, wenn ein Menschenkind, das vor dem immer schroffer sich gestaltenden Antisemitismus des Dritten Reiches und insbesondere aus dem Machtbereich der SS ins Exil ging, damit in eine Lebens- und Erlebnissphäre eingerückt ist, von der keine harmonische geistige oder seelische Befreiung ihres Menschentums mehr möglich ist."[31] Auf die prekären Einschlüsse, die diese Zeilen über das Moment der Entmündigung hinaus transportieren, war schon an anderer Stelle verwiesen worden.[32]

Was in diesem Beispiel schon anklingt, deutet bereits auf ein Kennzeichen der Rezensionen, das diese einsinnige Verknüpfung von Bio-

[30] Gilman: „Jüdische Literaten" (Anm. 10), S. 293.

[31] Dr. W. M.-S.: „Tramhalte Beethovenstraat". In: *Schwäbische Donauzeitung*, 3.9.1963.

[32] Vgl. Kap. IV, S. 159 f.

graphie und Text auf eine lektürepolitisch noch deutlich wirkungsvollere Weise ausbeutet: Der Verfasser wird pathologisiert. Formulierungen, in denen etwa Weils Schreibarbeit in die Worte gefaßt wird: „Die Erinnerungen strömen ihr zu“[33] (über „Tramhalte Beethovenstraat“), sind vergleichsweise diskret gegenüber Wendungen mit offen ‚teilnahmsvollem‘ Oberton: „Tramhalte“ habe Weil sich „auf Grund eigenen Erlebens und Anschauens [...] sozusagen von der Seele geschrieben“[34]; „Dieses Thema läßt sie bis heute nicht los“[35] (über „Happy, sagte der Onkel“); offen plakativ eine Überschrift wie „Vergangenheit als Trauma“[36] (über „Tramhalte“); und auch Hilsenraths „Nacht“ wird ausgewiesen als „die Frucht eigenen furchtbaren Erlebens“[37]. Das diskurspolitisch Signifikante an diesen Kennzeichnungen besteht dabei nicht im Hinweis auf einen spezifischen Druck, auch Leidensdruck, der als Movens des Schreibens ins Spiel gebracht wird, sondern in der planvollen Arbeit mit dem Selbstverständnis des Lesers, der sich selbst als durchaus *nicht* pathologisch, sondern entschieden gesund, d. h. harmoniefähig, und vor allem mit der erforderlichen *Objektivität* im Blick besonders auf die NS-Vergangenheit ausgestattet wähnt. Erst im Gegenüber zu solchem Selbstverständnis, das sich als die Norm („normal“) begreift, wächst den Verweisen auf die spezifischen Bedingungen des Schreibens der rezensierten Autoren – allerdings notwendig – ein Stigma zu, das, als solches, ‚automatisch‘ partikularisiert.

Eine subtilere, aber kaum weniger verbreitete Partikularisierungsstrategie zielt auf die – wie ‚beiläufig‘ vorgetragene – Leugnung des Kunstwerkcharakters. Diese Leugnung macht im Klima eines Kunstwerk-Verständnisses Sinn, in dem das Kunstwerk als jene künstlerische Hervorbringung begriffen ist, das *per definitionem* universalistisch ausgerichtet ist. Zwar schließt schon die Pathologisierung der Schriftsteller diese Negierung mit ein; sie wird aber auch unmittelbar vollzogen. Wenn etwa Hilsenraths „Nacht“ als „schlicht geschriebene[r], aber auf authentischen Begebenheiten basierende[r] Roman“[38] bezeichnet wird, so soll der Leser durch dieses „aber“ über den Mangel an ästhetischer Finesse durch Hinweis auf die Authentizität, die dokumentarische Qualität ‚getröstet‘, entschädigt werden. Expliziter noch wird der Kunstwerk-Charakter bestritten, wenn der Rezensent der „Bücherkommentare“ Hilsenrath dafür kritisiert, daß er sein

[33] Effi Horn: „Tramhalte Beethovenstraat“. In: *Münchener Merkur*, 14./15. 9.1963.
[34] Dr. W. M.-S.: „Tramhalte Beethovenstraat“ (Anm. 31).
[35] Peter W. Gerhard: „Erinnerungen an das Entsetzliche“. In: *Die andere Zeitung*, 22.8.1968.
[36] Hilde Bold: „Vergangenheit als Trauma“. In: *Ruhr-Nachrichten*, 28.9.1963.
[37] näw.: „In der Nacht der Menschheit“. In: *Westfälische Rundschau*, 21.5.1965.
[38] [Anonym]: „Nacht“. In: *Siegener Zeitung*, 2.12.1964.

Buch „Nacht" „Roman nennt, [das] aber eher Chronik oder Bericht heißen sollte."[39] Zu einer vergleichbaren Korrektur sieht sich auch ein Rezensent der „Tramhalte Beethovenstraat" veranlaßt, der gleichfalls die „Betitelung des Werkes als ‚Roman' " moniert: „Denn in Wirklichkeit will die Verfasserin ja ein Tatsachengemälde zeichnen."[40]

In welchem Maß in solchen geradezu durch ihre Unauffälligkeit ausgezeichneten Bemerkungen und ‚Beobachtungen' die Rezeption konditioniert wird, verdeutlicht Peter Jokostras „Nacht"-Rezension „Bericht aus dem Inferno", die als Ausnahme die Regel bestätigt. Wenn er anfangs zu bedenken gibt, daß „literarische Wertmaßstäbe [...] angesichts der in dem ukrainischen Getto von Prokow am Dnjestr geschehenen Greuel zu Klischeebegriffen"[41] werden, scheint er sich zunächst durchaus in einer objektiven Nähe etwa zu jener Partikularisierungsmethode zu befinden, die, über einen populistisch vulgarisierten Verweis auf das Adorno-Diktum von der Unmöglichkeit des Kunstwerks nach Auschwitz, ein ‚notwendiges Scheitern' glaubt feststellen zu ‚müssen'. Doch Jokostras abschließende Würdigung streicht, im Gegenteil, den Rang der „Nacht" als Kunstwerk heraus. In Hilsenraths „Verzicht auf jedes Ressentiment oder gar gefühlsselige Pathos", dem „Medium [der] Distanz, de[m] klare[n], nüchterne[n] und doch ungeheuer beteiligte[n] Abstand zu seinen Figuren und dem unfaßbaren Geschehen" erkennt Jokostra „seine Kunst. Das ist über die menschlichen Impulse hinaus, die er dem Leser vermittelt, das literarische Verdienst Edgar Hilsenraths. Denn es handelt sich bei dieser Gigantomachie des Entsetzens [...] in jeder Hinsicht um ein Kunstwerk, nicht um eine Dokumentation. [...] Dem Autor ist es gelungen, diese beweiskräftigen Fakten, das sogenannte epische Material, von den realen Gegebenheiten zu lösen und zur Dichtung zu erheben. Das konnte nur erreicht werden, weil sich in seinem Roman Leidenschaft und handwerkliches Können zur Meisterschaft verbinden."[42] Es entspricht dieser, zur sonstigen Rezensionspraxis deutlich oppositionellen Auffassung, daß auch die elementare universalistische Qualität des Buches nicht unerkannt bleibt; auf sie wird mit der etwas plakativen Formel hingewiesen, daß es sich bei der „Nacht" des Buchtitels „um die Menschennacht" handle.

Im Kontext der Partikularisierungsstrategien der westdeutschen Rezensionspraxis steht Edgar Hilsenraths „Der Nazi & der Friseur" als Sonderfall da. Mit seinem – auch poetologisch als sensationell

[39] Axel Hofmann: „Nacht". In: *Die Bücherkommentare*, 15.11.1964.
[40] Dr. W. M.-S.: „Tramhalte Beethovenstraat" (Anm. 31).
[41] Peter Jokostra: „Bericht aus dem Inferno". In: *Echo der Zeit*, 2.5.1965.
[42] Ebd.

empfundenen[43] – Verwirrspiel um die Identitäten von Juden und Deutschen zwang dieser Roman durchaus auch in *ihm* eigentümlicher Weise den Blick der Rezensenten auf die Biographie des Autors. Wenn in manchen Rezensionen Hilsenraths Judentum betont kleingeschrieben wird, so spiegelt sich hierin durchaus authentisch das traditionelle Verhaltensmuster im Gegenüber zu einer Neuveröffentlichung, die gerade auch poetologisch beeindruckt hatte. Kennzeichnungen Hilsenraths als „Emigrant“[44], als jemand, der „im Alter von 12 Jahren mit seiner Familie aus Hitler-Deutschland fliehen“[45] mußte, auch als „Kind jüdischer Eltern“[46] vermeiden jene demonstrative Aufbereitung des biographischen Materials als ‚Vorwurf‘ für den Roman, wie sie zahlreiche Besprechungen der „Nacht“ charakterisiert hatte. Im Gegenteil, in solcher vergleichsweisen Zurückhaltung gegenüber den biographischen Fakten artikuliert sich – in der Logik des Betriebsdiskurses – die Achtung vor dem umfassenden Geltungsanspruch eines womöglich integralen Kunstwerkes, das zuallererst ‚für sich‘ zu wirken habe und daher auch entsprechend vorzustellen sei.

Doch nicht dieser Modus ist tatsächlich signifikant für den Entwicklungsstand des deutschen Feuilletons zum Zeitpunkt des Erscheinens von „Der Nazi & der Friseur“, sondern eine klare Kategorisierung des Verfassers mit jenem Wort, das systematisch – bei aller unzweideutigen Partikularisierungspolitik – im deutschen Rezensionsbetrieb gemieden worden war: „Edgar Hilsenrath, 51, *ist Jude*“[47].

„... *ist Jude*“ – das war bisher im deutschen Feuilleton zur Kennzeichnung eines Autors unaussprechbar gewesen. Arme „Menschenkinder“[48], „Emigranten“[49], „Opfer“[50], ehemalige „Untergetauchte“[51], „Flüchtlinge“[52], allenfalls „Kind jüdischer Eltern“[53], durchaus dagegen einmal „gebürtiger Leipziger“ und „Wahlberliner“[54] waren als Bezeichnungen verwendet worden – die Vokabel „Jude“ erwies auch hier ihre namensymbolische Beschaffenheit. Indem Hilsenraths „Der Nazi & der Friseur“ die Aussprache dieses Wortes im Medium des deutschen Feuilletons erzwang, durchbrach er den geschlossenen

[43] Vgl. Kap. IX, S. 463 f.
[44] Ingeborg Drewitz: „Eine grausame Satire“. In: *Tagesspiegel*, 4.9.1977.
[45] Marianne Wagner: „So wurde Schulz zu Finkelstein“. In: *Saarbrücker Zeitung*, 17.8.1977.
[46] Claudio Isani: „Bitterer Fleiß“. In: *Der Abend*, 15.8.1977.
[47] [Fritz Rumler]: „Max & Itzig“. In: *Der Spiegel*, 22.8.1977; Kursivierung S. B.; vgl. auch Gilman: „Jüdische Literaten“ (Anm. 10), S. 287 f.
[48] Dr. W. M.-S.: „Tramhalte Beethovenstraat“ (Anm. 31).
[49] Drewitz: „Eine grausame Satire“ (Anm. 44):
[50] Gerhard: „Erinnerungen an das Entsetzliche“ (Anm. 35).
[51] Bold: „Vergangenheit als Trauma“ (Anm. 36).
[52] Wagner: „So wurde Schulz zu Finkelstein“ (Anm. 45).
[53] Isani: „Bitterer Fleiß“ (Anm. 46).
[54] Ebd.

Kreis jener verabredeten Bezeichnungen, kraft derer mal die Verbrechenskonstellation zum Verschwinden gebracht, mal die ‚Eindeutschung' der Juden sprachpolitisch betrieben, allemal „die Juden [...] als Juden [gestrichen]"[55] wurden. Anders als selbst die Wendung von der „jüdischen Herkunft", die in eine biographische Vergangenheit weist, bezeichnet „... ist Jude" ein *gegenwärtiges Spezifisches*, eine aktuelle personelle, persönlich verkörperte, Opposition – hier, d. h. im deutschen Feuilleton: zu den Deutschen. „... ist Jude" bildet erstmals in der westdeutschen kulturellen Öffentlichkeit – plakativ verdichtet zwar, aber doch, zumindest rhetorisch, entlastet von den Implikationen eines jahrzehntelang wirkenden Verabredungszusammenhangs – jene Realität sprachlich ab, die als gesellschaftliche und soziale, auch als psychische, ununterbrochen geherrscht hatte.

Bei allem Verdienst, das dem Roman „Der Nazi & der Friseur" hinsichtlich dieser spezifischen Wirkung auf das westdeutsche Feuilleton und seine charakteristischen Rezeptionsgepflogenheiten zukommt, widersprach dieser Effekt jedoch nicht dem Partikularisierungskalkül. Im Gegenteil: Indem „Der Nazi & der Friseur" gerade die partikularisierende Fremdzuschreibung für seine eigenen diskurspolitischen Zwecke zu nutzen versucht, indem er sie in eine klärende Radikalisierung zwingt, stabilisiert er sie auf der Ebene ihrer vorgeblich allgemeinen Gültigkeit. Das Diktum „... ist Jude" gewinnt seine diskurspolitische Produktivität *am Gegenstand einer kritischen Perspektive auf das Verhältnis zwischen Deutschen und Juden*; einer Rekonstruktion der Kategorie des „jüdischen Schriftstellers" jedoch steht sie unverändert entgegen.

Das Gewicht, mit dem solche im westdeutschen Literaturbetrieb geübte Praxis der Partikularisierung, genauer: der reinlichen Scheidung zwischen „richtigen" Schriftstellern und anderen, auf die poetologische Arbeit einwirkte, mußte abhängig sein von der Stellung, die die Autoren zum Betrieb oder auch im Betrieb einnahmen. In dem Maß, in dem Disziplinierung im Betrieb proportional zur Integration wirkt, die auf's Spiel gesetzt werden könnte, waren Grete Weil und Edgar Hilsenrath in ihrer, wenn auch sehr ungleichen, Ferne zum westdeutschen Literaturbetrieb allenfalls vermittelt jenem Druck drohender, schließlich vollzogener Kategorisierung ausgesetzt. Weil hatte ‚offiziell', als nur sporadisch publizierende Schriftstellerin, am westdeutschen Literaturbetrieb gar nicht teil; die unter dem Eindruck der Reaktionen auf „Happy, sagte der Onkel" erneut eingetretene „tiefe Skepsis gegen den Buchbetrieb, wie er heute ist"[56], war nicht geeignet

[55] Vgl. oben.

[56] Grete Weil an Martin Gregor-Dellin, 23.12.1968. Hier nach Lisbeth Exner: *Land meiner Mörder, Land meiner Sprache – Die Schriftstellerin Grete Weil.* München 1998, S. 87.

gewesen, sich um eine Integration in diesen Betrieb fernerhin zu bemühen[57]. Edgar Hilsenrath hingegen profitierte von seiner jahrzehntelangen Nähe zu einer literarischen Öffentlichkeit, der die systematische Partikularisierung insbesondere von jüdischen Autoren fremd war: der anglo-amerikanischen Lesekultur, in der Autoren wie Saul Bellow oder Philip Roth stets als Juden und „richtige“ Schriftsteller zugleich anerkannt worden waren[58]. Eine solche Perspektive, die sich nicht nur als Haltung, sondern nicht weniger als Leseerfahrung verstehen durfte, war auch in einer der ersten Lektüren der „Nacht“ zur Geltung gekommen: als Henry Marx Hilsenraths Roman als „document humain“ gewürdigt hatte[59]. Deutungsversuche, die grundsätzlich die universalistische Qualität des Buches in Frage zu stellen trachteten, mußten vom Standort des internationalen Erfolgsautors aus unkenntlich bleiben, bestenfalls ihrerseits partikulär erscheinen.

Von Grund auf anders mußte die Situation dagegen für einen Autor aussehen, der wie Wolfgang Hildesheimer im Geschehen des westdeutschen Literaturbetriebs kontinuierlich mitwirkte – als Träger des Bremer Literaturpreises, dann des Büchner-Preises in zeitweilig herausgehobenen Rollen. Die Untersuchung von Hildesheimers Werdegang als jüdischer Autor deutscher Sprache im westdeutschen Literaturbetrieb der Nachkriegsjahrzehnte hat jene Beschreibung differenziert und im Umriß bestätigt, mit der Klaus Briegleb die Stellung Hildesheimers charakterisiert hat: als die eines „deutsche[n] Juden, [der seine] Rückkehr aus dem Exil nicht beton[t, seine] Identität im Literaturbetrieb bedeckt [hält] und in der Textarbeit integrativ-mythisch verhüll[t] und nur im Blick auf die Täter (‚Häscher‘, ewige NS-Gewalttäter) aus der Verdeckung ganz herausgeh[t].“[60] In die Logik dieser Haltung fügt sich Hildesheimers Entscheidung, jene diskursive Wortmeldung, die wie keine andere seine Identität als Jude zunächst in und später gegenüber Deutschland in ihrem autobiographischen historischen, aber auch aktuellen Gehalt preisgegeben hatte, von der Veröffentlichung zurückzuziehen: „Die vier Hauptgründe, weshalb ich nicht in der Bundesrepublik lebe“[61].

Aus einer Perspektive, die die von Hildesheimer gewählte ‚Deckung‘ im westdeutschen Literaturbetrieb im Zusammenhang mit

[57] Wie wenig diese Integration auch späterhin, nach den Romanen der 80er Jahre und der Auszeichnung mit dem Geschwister Scholl-Preis (1988), erfolgte, mag daran ablesbar sein, daß die *Zeit* einen Nachruf auf die im Mai 1999 92jährig verstorbene Autorin unterließ.

[58] Vgl. Gilman: „Jüdische Literaten“ (Anm. 10), S. 293.

[59] Vgl. Kap. V, S. 214.

[60] Klaus Briegleb: „Negative Symbiose“. In: Briegleb/ Weigel (Hg.): *Gegenwartsliteratur* (Anm. 2), S. 117-150, hier S. 121 f.

[61] Siehe Kap. VI, S. 268 f.

möglichen Sanktionen wahrnimmt, von denen ein jüdischer Autor deutscher Sprache bedroht war, der *offen* ‚davon' spricht (oder schreibt), erhält eine kurze Passage aus seinen Frankfurter Poetik-Vorlesungen von 1967 einen neuen Subtext. Im ersten der drei Vorträge kommt Hildesheimer auf das Adorno-Diktum zu sprechen, um es in die Fassung, „daß nach Auschwitz *nur* noch das Gedicht möglich sei"[62], zu wenden und gegen die Gattung des Romans zu positionieren; der Roman bagatellisiere „die furchterregende Instabilität der Welt", da er „diese Dimension [...] schweigend übergeht oder Teil-Aspekte behandelt [...], Ausschnitte, über denen der Leser die Wirklichkeit aus dem Auge verliert." Hildesheimer fährt fort: „Ich darf annehmen, daß ich mich deutlich gemacht habe. Ich trete nicht für den Konzentrationslagerroman ein, nicht für den Roman über Kollektivschuld und Sühne, auch das wären Teil-Aspekte, sondern für das weite Panorama eines an allen Schrecken und Grauen, an aller Tragik und Komik des Lebens geschulten Bewußtseins"[63].

Hildesheimers prinzipielle Differenz zur poetologischen Arbeit Weils und Hilsenraths erhält deutliche Kontur; mit den Bezeichnungen vom „Konzentrationslagerroman" und vom „Roman über Kollektivschuld und Sühne" sind die Kategorien, für die, alles in allem, auch „Nacht" und „Tramhalte Beethovenstraat" stehen, unzweideutig bezeichnet. Doch diese Differenz gibt sich jetzt zu erkennen *auch* als ein literaturpolitischer Modus, der Partikularisierungsdrohung durch den Betrieb auszuweichen. Indem Hildesheimer festhält an der Forderung nach Darstellung des „*weiten* Panoramas eines an *allen* Schrecken und Grauen, an *aller* Tragik und Komik des Lebens geschulten Bewußtseins", verteidigt er zugleich den Anspruch auf seine Identität als ‚richtiger' Schriftsteller, wie ihn der Betrieb versteht. Hildesheimers Ausführung suggeriert deutlich, daß eine unverstellte literarische Thematisierung etwa der Vernichtung in den Konzentrationslagern oder auch der seelischen Verheerungen etwa im Deutschland der Nachkriegsjahrzehnte dem von ihm geforderten Darstellungsmodus widersprechen würde. Eine neuere Lektüre von Hildesheimers poetischer Produktion bis 1967 widerspricht der in Frankfurt vollzogenen strikten Trennung eklatant. Doch das Studium der Rezeption besonders von „Tynset" hat gezeigt[64], wie genau Hildesheimer die Rezeptionsgepflogenheiten des westdeutschen Literaturbetriebs kannte: Mochte auch Domin in „Tynset" ohne Zögern das Zeugnis eines überlebenden jüdischen Ichs erkennen[65], das Gros

[62] Wolfgang Hildesheimer: „Die Wirklichkeit des Absurden". In: WH VII, S. 43-61, hier S. 57. Kursivierung W.H.

[63] Ebd., S. 57 f.

[64] Vgl. Kap. VI, S. 302 ff.

[65] Vgl. Kap. VI, S. 314 ff.

der deutschen Rezensenten erlebte das Buch geradezu als Einladung zu weitausholenden Universalisierungen[66]. In diesem Sinn, d.h. in diesem spezifischen, gegen die Partikularisierung gewendeten Aspekt, steht Hildesheimers Frankfurter Ausführung konform zur faktischen Realität des Betriebs.

Die ‚Deckung' Hildesheimers war verschiedenen Gefährdungen ausgesetzt gewesen. Seine tief empfundene und denkbar existentiell begründete Solidarität mit den Bürgern Israels hatte ihn – in der Auseinandersetzung mit Erich Fried – zu öffentlichen Wortmeldungen bewogen[67], die als ein Verlassen dieser Deckung durchaus hätten wahrgenommen werden können. Prekärer mochten die Erwähnungen in Reich-Ranickis Frankfurter Rede zur Eröffnung der Buchausstellung „Werke von Autoren jüdischer Herkunft in deutscher Sprache" gewesen sein. Reich-Ranickis Zitat der berühmten „Tynset"-Stelle von der „Judengasse, wo ich hingehöre"[68], war, gerade durch die Einsinnigkeit ihres Beleg-Charakters, besonders geeignet, plumper Partikularisierung Vorschub zu leisten; und auch das vom Redner zitierte, über Marcuse an die Öffentlichkeit gelangte[69] Fragment des Hildesheimer-Beitrags für Kesten, das mit den denkbar sprechenden Worten einsetzt: „‚Ich bin Jud. [...]'", mußte, 1970, in die gleiche Richtung wirken. Eine echte Gefährdung seiner Stellung im deutschen Literaturbetrieb begann sich spätestens mit Kaisers „Masante"-Rezension abzuzeichnen: Die Wendung von Hildesheimers vorgeblichem „Haß auf Teutonisches" übte an „Masante" auf's Deutlichste jenen Modus der Pathologisierung, der, von einem Standort *im* Betrieb, nur als Gefahr wahrgenommen werden konnte.

1978 verläßt Hildesheimer, was an Deckung noch geblieben sein mag.

3

Auf Einladung von Hans Jürgen Schultz verfaßt Wolfgang Hildesheimer für den Süddeutschen Rundfunk einen Vortrag zum Thema

[66] Vgl. Kap. VI, S. 305 f.
[67] Vgl. Kap. VII, S. 340 ff.
[68] Reich-Ranicki: „Im magischen Judenkreis" (Anm. 16), S. 51.
[69] Zwar hatte Hildesheimer seinen Beitrag zu Kestens Band „Ich lebe nicht in der Bundesrepublik" zurückgezogen (vgl. Kap. VI, S. 268 f.). Und obwohl der Beitrag vereinbarungsgemäß nicht zum Abdruck gekommen war, hatte Ludwig Marcuse in seiner Rezension des Kesten-Bandes ein paar Zeilen aus Hildesheimers Manuskript mitzuteilen gewußt: „‚Ich bin Jud. Zwei Drittel aller Deutschen sind Antisemiten. Sie waren es immer, und sie werden es immer bleiben...'" (Ludwig Marcuse: „Freiwillig im Exil". In: *twen*, Nr. 1, 1964, Beilage ‚Kulturschau'). Nach dieser Quelle zitierte Reich-Ranicki in seinem Vortrag „Im magischen Judenkreis".

„Mein Judentum“, der am 16. April 1978 gesendet wird; zusammen mit den 19 weiteren Beiträgen der gleichnamigen Sendereihe erscheint der Text noch 1978 im Druck[70].

Schultz hatte sich die anspruchsvolle Aufgabe gestellt, seiner Hörerschaft einen Eindruck von der Vielfalt jüdischer Existenz in der Gegenwart zu geben; dabei war er sich der Gefahr bewußt gewesen, wie leicht und unversehens eine Rede über Jüdisches und Judentum etwas Normatives erhalten und dadurch in bedenkliche Nähe zum historischen Stereotypen-Repertoire geraten konnte. Im Vorwort der Druckfassung formulierte Schultz dieses Problem mit den Worten: „Wie kann man zu Aussagen gelangen, mit denen man sich ‚kein Bild machen‘ will, die nicht fixieren, nicht denunzieren, sondern die etwas beschreiben möchten, das *lebt*, also instabil ist, wachsen wie verfallen, sich verändern, aufbauen, aber auch entziehen und sterben kann?“[71] Um dieses Ergebnis zu erreichen, setzte Schultz zwei Mittel ein. Zum einen wählte er die Beiträger gezielt „unter dem Gesichtspunkt möglichster Verschiedenartigkeit“ aus; zum andern bat er sie um eine deutlich autobiographisch gekennzeichnete „Verbindung von *Erzählung und Erwägung* [...]. Nicht Lehrsätze wollte ich provozieren, sondern Lebensbekundungen, Lebenszeichen. Ausdrücklich habe ich die Autoren um Subjektivität gebeten. Nicht *das*, sondern *ihr* Judentum ist das Thema.“[72]

Das spezifische Gewicht des Buches erwächst im historiographischen Rückblick allerdings weniger daraus, daß seine Beiträger für „verschiedenste Standorte und Ausprägungen“[73] jüdischer Identität stehen, sondern aus der Tatsache, daß hier erstmals neben Juden, die schon mehrfach öffentlich über ihr Judesein reflektiert hatten, sich auch Juden zu Wort meldeten, deren jüdische Identität in der westdeutschen Öffentlichkeit bis dahin entweder gar nicht bekannt oder so gut wie nie thematisiert worden war. „Ein paar Autorennamen werden den Leser frappieren“[74], kommentierte schon Schultz selbst. Manès Sperber, Yehuda Amichai, Schalom Ben-Chorin etwa waren einem einschlägig interessierten Publikum auch schon zuvor als Autoren bekannt gewesen, für die Fragen jüdischer Identität eine zentrale Rolle spielten; von Jurek Becker aber, Hans Mayer und auch Wolfgang Hildesheimer waren bis dahin keine Selbstzeugnisse in deutsche Öffentlichkeit gelangt, die den Focus so exklusiv auf ihr Judesein richteten.

70 Die Erstausgabe erschien im Kreuz-Verlag Stuttgart.

71 Hans Jürgen Schultz: „Vorwort“. In: ders. (Hg.): *Mein Judentum*. München 1986, S. 7-9, hier S. 8. Kursivierung H.J.S.

72 Ebd. Kursivierung H.J.S.

73 Ebd.

74 Ebd., S. 9.

Im Blick gerade auf den ‚Eintritt‘ der letztgenannten Autoren in einen Diskurs über jüdische Identität wächst dem Beitrag Jean Amérys besondere diskurspolitische Bedeutung zu. Nicht nur war Améry ein jüdischer Autor, der – seit Erscheinen von „Jenseits von Schuld und Sühne“ 1966 – wie kein anderer in der westdeutschen Öffentlichkeit immer wieder als jüdischer Überlebender des Holocaust Stellung bezogen hatte; sondern er stand zugleich für das demonstrative Bekenntnis einer jüdischen Identität, die sich nicht auf Religion oder Tradition berief, sondern ganz entschieden aus der Katastrophe der Massenvernichtung ableitete. Dies kommt auch in seinem Beitrag für die Sendereihe des Süddeutschen Rundfunks zum Ausdruck, wenn er über seine Zeit in Auschwitz schreibt: „Der Jude war das Opfertier. Er hatte den Kelch zu trinken – bis zum allerbittersten Ende. Ich trank. Und dies wurde mein Judesein. Das Juden*tum* war eine andere Sache. Mit ihm hatte ich nichts zu tun.“[75] Améry demonstrierte als öffentliche Figur wie niemand anderes im deutschsprachigen Raum, daß Judesein heute keinesfalls mehr notwendig an Religion oder Tradition gebunden war, geschweige denn einer persönlichen Entscheidung oblag, sondern eine wesentliche, irreversible Bestimmung durch die Massenvernichtung erhalten hatte. In diesem Sinn repräsentierte Améry nicht nur einen bestimmten, intellektuell verbindlichen Stand jüdischer Selbstreflexion über das Judesein; zugleich war durch seine Person markiert, daß auf diesem Stand *auch vor deutschem Publikum* über Fragen jüdischer Identität zu sprechen sei. Damit war – im Grundsatz auch für alle anderen Beiträger zur Sendereihe – ein Anspruch gekennzeichnet, aber auch ein diskursiver Raum geöffnet – eine Herausforderung insbesondere für jene, die öffentliche Rede über ihr Judesein bisher vermieden hatten.

Kurz bevor Hildesheimer die Einladung zur Vortragsreihe des Süddeutschen Rundfunks erhielt, hatte er – aus Anlaß seines „Mozart“-Buches – ausführlich über die Bedeutung begriffener und akzeptierter Subjektivität im Prozeß von Auseinandersetzung und Erkenntnis reflektiert. Der Psychoanalyse, „und zwar einer an sich selbst erfahrenen“[76], maß er dabei besondere Bedeutung zu: „Denn sie hat ihn gelehrt, den Grad seiner Beziehung *zu* und der Identifikation *mit* seinem Gegenstand zu bestimmen und zu regulieren, somit den positiven wie negativen Affekt so weit wie möglich auszuschalten. Weiterhin hat sie ihn gelehrt, die typischen Reaktionen der Psyche in all ihren Möglichkeiten bis in die tiefsten Traumata zwar als probates Werkzeug der Erkenntnis parat zu haben, nicht aber die potentielle Reaktion der eigenen Seele als Maßstab anzuwenden.“[77]

[75] Jean Améry: [Beitrag]. In: Schultz (Hg.): *Mein Judentum* (Anm. 71), S. 67-76, hier S. 74.
[76] Wolfgang Hildesheimer: *Mozart*. Frankfurt am Main 1980, S. 10.
[77] Ebd., S. 10 f. Kursivierung W.H.

Die dichte Folge einschlägiger Termini der Psychoanalyse wie „Bewußtsein“ und „Unbewußtes“, „Affekte“, „Latenz“, „Verdrängung“, auch „Psychosen“, macht schon auf den ersten Blick sichtbar, daß Hildesheimer auch im Fall seiner Überlegungen über sein Judentum auf das psychoanalytisch vermittelte, spezifische Erkenntnisvermögen einer „anerkannten“[78] Subjektivität nicht verzichten wollte. Doch hinter diesem Zurückgreifen auf eine „parate“, bewährte Methode verbirgt sich mehr als die Einsicht in ihre grundsätzliche Eignung: Die bewußte Arbeit mit diesem „probate[n] Werkzeug der Erkenntnis“ und das mit ihr verknüpfte Vertrauen in die eigene Subjektivität hatten schon Hildesheimers Opposition in zwei großen, erst kurz zurückliegenden diskursiven Kontroversen fundiert – seine Kritik am bewußt-‚losen‘ Literaturbetrieb, vorgetragen in „The End of Fiction“[79], sowie sein „Mozart“-Buch, das nahezu die gesamte Mozart-Historiographie gegen seinen Verfasser mobilisiert hatte. In dem Maße, in dem die Gegenparteien nicht vermocht hatten, die von Hildesheimer vorgetragenen Argumente – aus seiner Sicht – gültig zu entkräften, und dadurch auch – jenseits der reinen Sach-Kontroverse – die Integrität des Vortragenden hatten unangetastet lassen müssen, war das gewählte Verfahren diskurspraktisch bestätigt worden.

In der persönlichen Erfahrung der Psychoanalyse, aber auch der der psychisch subjektiv bestandenen, ausgehaltenen diskursiven Konflikte der letzten zurückliegenden Jahre wurzelt Hildesheimers kritische diskursive Methode, alle Opposition aus einer ‚gelassenen‘ Versenkung in das Subjektivste entstehen, erwachsen zu lassen. Auch der Titel „Mein Judentum“[80] verweist absichtsvoll[81] auf ein nicht steigerbares Subjektives: Wird mit „Judentum“ auf eine denkbar signifikante, bis vor kurzem bezeichnenderweise jedoch noch ‚verborgene‘ Differenz verwiesen, kennzeichnet das besitzanzeigende Pronomen das Persönlichste, Individuelle. Die Erwartung des Autobiographischen, die der Titel im Leser aufruft, wird nicht enttäuscht. Doch es ist gerade das vermeintlich subjektiv Speziellste, das ‚Partikulare‘ der autobiographisch eingefärbten, persönlichen Reflexion, aus der Hildesheimer nicht nur eine Fülle oppositioneller Positionen mit durchaus ausgreifendem Geltungsanspruch gewinnt, sondern zugleich eine ‚neue‘, diskursiv so noch nie vorgetragene Standortbestimmung seines Schreibens.

78 Ebd., S. 10.

79 Vgl. Kap. VIII.

80 Eine ausdrückliche Autorisierung durch Hildesheimer erfährt dieser ursprünglich vom Rundfunk vorgegebene Titel durch seine Übernahme in *Das Ende der Fiktionen* (1984).

81 Vgl. oben die Bestimmung durch Schultz.

Hildesheimers Reflexion setzt ein mit dem Moment einer spezifischen Spannung: Gerade jenes ‚Andere', das er bei dieser Gelegenheit definieren soll, das, als „*Mein* Judentum", nicht anders bestimmt werden kann, als daß *er* sich gar über *es* definiert – dieses ‚Andere' erscheint zunächst schwer faßlich: „Wenn ich mich frage, worin mein Judentum besteht, so finde ich keine wirklich befriedigende Antwort. Ich weiß nur, daß es besteht. Ich bin in ihm nicht verwurzelt, von ihm nicht beherrscht, aber ich fühle mich als Jude."[82] In einer ersten Überlegung darüber, wann er sein „am ehesten noch [...] als Zugehörigkeit zu einer Schicksalsgemeinschaft" wahrgenommenes Judentum aufgerufen fühle, führt er „beunruhigende oder böse Nachrichten" an, etwa über in der Unterwelt tätige Juden, sowie „die Angst vor neuem Antisemitismus". In seinem Hinweis darauf, daß er „der Masse der differenzierungsunfähigen und differenzierungsunwilligen Zeitungsleser nicht Bloch oder Wittgenstein oder Freud oder Leo Baeck als Gegenbeispiele vorhalten" könne, daß „von einer bestimmten Stufe im allgemeinen Bewußtsein abwärts Spinoza und Bergson nicht gegen Schmul und Itzig aufkommen" und im Hinweis darauf, daß er „schließlich aus Erfahrung [weiß], daß das Irrationale, der negative Affekt nicht überwindbar sind" (219), denunziert er ein zentrales Argumentationsmuster des philosemitischen ‚Versöhnungs'-Diskurses.

Nach dieser ersten, zunächst noch ganz kursorisch gehaltenen Selbstbefragung berichtet Hildesheimer von seiner Familie. Im Blick auf die Eltern und Großeltern, ihre religiöse, politische und soziale Bestimmung und Selbstbestimmung, rekonstruiert Hildesheimer zuallererst die Bedeutungsvielfalt jüdischer ‚Identitäten', die mit dem europäischen Judentum ausgelöscht worden war. Der eine Großvater als berühmter Rabbiner, der andere als Buchhändler, der sich nur „vage jüdisch" fühlte, der Großonkel als Freund Dehmels und Liliencrons, die Eltern schließlich als engagierte Zionisten (221), die, nach ihrem Exil nach Palästina, „so unwahrscheinlich es heute auch klingen mag, [...] als Jude[n] Palästinenser" (222) waren – sie stehen für jene Vielzahl möglicher Bedeutungen von „Mein Judentum", die außerhalb der jüdischen Lebenswelt, in der Wahrnehmung und der Sprache von Nichtjuden, in dem einen Wort vom „Juden", zugleich stets potentielle Fahndungsparole, aufgehoben ist. Dieses Gegenüber, in dem die Pluralität jüdischer Existenzformen auch vor 1933 und auch außerhalb Deutschlands verschwand, verdeutlicht Hildesheimer in einer Bemerkung, mit der er den Mangel an manifestem Antisemitismus in

[82] Wolfgang Hildesheimer: „Mein Judentum". In: Schultz (Hg.): *Mein Judentum* (Anm. 71), S. 219-229, hier S. 219. Im fortlaufenden Text angegebene Seitenzahlen beziehen sich auf diese Ausgabe.

der englischen Public school, die er nach 1933 besuchte, zu betonen sucht: „auch hier fiel das Wort ‚Jude' nicht" (221).

Den Nürnberger Prozessen, genauer: seiner Tätigkeit als Simultandolmetscher dort, kommt in Hildesheimers Erinnerungstext besondere Bedeutung zu. An keiner biographischen Station Hildesheimers scheinen sich seine Erfahrungen mit Judentum so nachhaltig mit der deutschen zu kreuzen – hier, wo er „mit Judentum in seiner grausamsten Bedeutung, mit Rassenzugehörigkeit, Artfremdheit und all den Worten dieses Vokabulars [...] konfrontiert" wurde. Die Formulierung, daß sich für ihn in Nürnberg „eine Geschichte aufrollte, die ich in den Jahren ihres Geschehens nur aus Berichten und Gerüchten gekannt hatte", bot jedoch allenfalls oberflächlichen Lesern, die sich hier in einer ‚Parallele' selbst ‚erkannt' wähnen mochten, Entlastung. In der Erinnerung an diesen Kreuzungspunkt zieht Hildesheimer vielmehr einen eigentümlichen, teils entschiedenen und teils doch wieder rhetorisch verwischten Trennstrich zwischen sich und den Deutschen: „Die Geschichte war entsetzlich, aber sie gehörte einer Vergangenheit an, deren Bewältigung schließlich nicht *meine* Aufgabe war. Die Frage der Schuld oder der Kollektivschuld überließ ich meinem Unbewußten und wartete auf den Entscheid von innen."

Mit für ihn ungewöhnlicher Schroffheit lenkt Hildesheimer in dieser Passage die Aufmerksamkeit zunächst darauf, daß jener Modus der Thematisierung der NS-Jahre, der den Namen „Vergangenheitsbewältigung" trägt, ganz und gar eine Äußerungsform *deutscher* politischer Kultur war, d. h. jenes Kollektivs, das in seiner gesellschaftlichen Totalität in der Nachfolge der *Täter* stand. Mit allem, gerade durch die ‚Unwillkürlichkeit' der Formulierung gespeisten Nachdruck wird in dieser Bemerkung zugleich dokumentiert, daß, wie intensiv auch immer Hildesheimers poetologische Arbeit die Traumatisierungen, die die NS-Vernichtungspolitik in den Juden hinterlassen hat, thematisiert, solche Arbeit niemals den Namen einer ‚Vergangenheitsbewältigung' tragen könne. Dies ist zugleich ein authentischer Ausdruck der unaufhebbaren Differenz der Erinnerungsarbeit von Juden und Deutschen.

Doch das Moment der Schroffheit, sprachliches Zeichen eines offenkundig doch nicht gänzlich „regulierten", „ausgeschalteten"[83] „Affekts" (223), hat eine andere Ursache: In der Wendung von der „Vergangenheit, deren Bewältigung schließlich nicht *meine* Aufgabe war", ist – mit unüberhörbarem Widerwillen – das Ansinnen erinnert, an dieser ‚Vergangenheitsbewältigung' *als deutscher Jude* teilzunehmen, d. h. im Modus der Erinnerungspolitik besonders der ersten Nachkriegsjahrzehnte: in der Funktion des Alibi-Juden, der, wenn er nicht

[83] Hildesheimer: *Mozart* (Anm. 76), S. 10.

durch unmittelbare Öffentlichkeitsarbeit direkte Entlastung besorgte, doch zumindest durch seine Gegenwart auf deutschem Boden – „Rückkehr“ – die vorgeblich grundlegende Änderung der deutschen Verhältnisse ‚bewies‘. Daß in diesem Sachverhalt – Hildesheimers Beziehung zu den Deutschen und zur westdeutschen Gesellschaft nach 1947 – ein neuralgischer Punkt in seinem Selbstverständnis *als Jude* aufgerufen war, klingt deutlich im anschließenden Satz durch, in dem er zwar scheinbar strikt ‚chronistisch‘ mitteilt, daß er „die Frage der Schuld oder der Kollektivschuld“ seinem „Unbewußten“ überlassen habe und „auf den Entscheid von innen“ gewartet habe – doch wie dieser Entscheid ausgefallen ist, nun, mehr als 30 Jahre nach Nürnberg, bleibt an dieser Stelle unbeantwortet. Je notwendiger dem jeweiligen Hörer oder Leser, als *Deutschem*, die Beantwortung gerade dieser Frage erschien, um so auffälliger, ‚klaffend‘, mußte diese Leerstelle wirken. – In dieser Vergegenwärtigung seiner Nürnberger Zeit wird ein weiteres Mal in aller Schärfe der Unterschied deutlich zwischen der Heimkehr, wie ein Exilant wie Hildesheimer sie erlebte, und der etwa von Alfred Andersch oder Hans Werner Richter[84]. Ja, der Moment der Heimkehr wird hier kenntlich geradezu als Urszene der Einsicht in die Differenz der Erfahrungen und Erinnerungen. Von dieser Einsicht bleibt auch alles Folgende in Hildesheimers Text kennzeichnend geprägt.

Hildesheimer fügt ein kleines Kompendium praktizierter Formen des Antisemitismus an, eingeleitet mit der Saloppheitsvokabel „Immerhin“ – „Immerhin habe ich aus den Nürnberger Jahren viel gelernt“ (224). Er nennt den „offenen, unverhohlenen Haß“, die „Judenfeinde wider Willen“, die „Gewissensschmuggler, die Identitätskartenvorzeiger, jene, die sofort von ihren jüdischen Freunden sprechen, als hätte ich sie danach gefragt“, „jene, die soeben gerade einen Brief von ihrem Jugendfreund Fritz Levi aus Tel Aviv erhalten haben, mit dem sie auch während der ganzen Nazizeit ... etc.“ und „jene mit dem leichten, doch unverkennbaren Stich, die Philosemiten verschiedener Art, jene, die noch den bewunderten Gundolf gehört haben oder mir ihre Verehrung Martin Bubers kundtun“ (224) – rund eineinhalb Seiten lang fächert Hildesheimer diese Erfahrungen mit Deutschen auf, bevor er sich wieder daran ‚erinnert‘, daß er „hier ja nicht über die Nuancen des Antisemitismus [...], sondern über den Gegenstand ihrer Projektion und ihrer Präokkupation“ sprechen wollte. Keine Frage: Wenn das Schweigen über die personellen Konkretionen des Antisemitismus in Deutschland zu jenen Vereinbarungen gezählt hatte, die die einstige ‚Deckung‘ Hildesheimers mit ermöglicht

[84] Vgl. Kap. VI, S. 239 ff.

hatten[85], dann war diese Vereinbarung jetzt demonstrativ aufgekündigt.

Auf seine Nürnberg-Erinnerung, die den chronologisch angelegten autobiographischen Abriß beendet, läßt Hildesheimer Gedanken zur Gegenwärtigkeit von Judentum in seinem Leben folgen. Den Status dieser Gegenwärtigkeit bezeichnet er erneut im Hinweis auf die psychoanalytische Kategorie des Unbewußten: „Diese Überlegungen, diese Rückblenden und Erinnerungen gehören natürlich nicht zu meinem geistigen Alltagsinstrumentarium. Nur um dieser Ausführungen willen räume ich sie hervor, sonst ruhen sie im Unbewußten, aber immerhin, dort ruhen sie und sind jederzeit verfügbar, wie jetzt." (225) Hildesheimer führt an verschiedenen Beispielen vor, in welcher Weise diese „Überlegungen" im aktuellen persönlichen Umgang mit Juden und in der je eigenen Artikulation ihres jeweiligen Judentums aktiviert werden. Die besondere Beschaffenheit der Reflexionen Hildesheimers kommt nicht zuletzt darin zum Ausdruck, daß seine sehr unterschiedlich, oft kritisch wertenden Blicke auf Juden – seien es „Juden, die in Gesellschaft ihr Judentum sofort an den Mann bringen" (226), „Juden, die lieber Christen wären", „Juden, die ihr Judentum verleugnen", aber auch „Leute, denen es völlig egal ist" (225) – zuletzt fast wie aufgehoben, eliminiert scheinen in der Ferne, dem Gegenüber zu den Nichtjuden. Die kategorische Unterscheidung, die Hildesheimer hier trifft, kann – im Kontext der Verabredungen des westdeutschen Kultur- und Literaturbetriebs – verstörender, ‚verletzender' nicht sein: „Es sei hier ausgesprochen: Wir Juden sind anders." (227) Indem er mit Hilfe einer Reihe „innere[r] und äußere[r] Merkmale, Eigenschaften, die zwar keineswegs eindeutig distinkt sind", „nun doch eine Antwort" auf die Frage „Was sind wir?" zu geben versucht und selbst vor dem Wort der „Rasse" nicht zurückschreckt, verstößt Hildesheimer gegen das Herzstück liberaler Ideologie in der westdeutschen Versöhnungspolitik: Mochten auch Juden wie Scholem auf der Integrität jüdischer Identität beharren, so war doch jede biologistische Kategorisierung eindeutig und mit aller denkbaren Entschiedenheit geächtet als unablösbarer Bestandteil jener mörderischen NS-Rassenpolitik, die zur Vernichtung des europäischen Judentums geführt hatte.

[85] Hildesheimers Text „Die vier Hauptgründe, weshalb ich nicht in der Bundesrepublik lebe" thematisiert nachhaltig den in der BRD von ihm beobachteten latenten und manifesten Antisemitismus sowie entsprechende Dispositionen in der politischen Kultur und in der öffentlichen Meinung; die aufgeführten Beispiele reichen von Umfrageergebnissen über Vorkommnisse im Deutschen Bundestag bis zur Nachricht über den Versuch einer Gemeinde, einen früheren KZ-Kommandanten als ihren Bürgermeister zu halten. Vgl. Kap. VI, S. 265 ff.

Ernst Loewy erinnert in seiner Lektüre dieser Partie des Hildesheimer-Textes an die Geschiedenheit, die der Sprache von Juden und Deutschen gerade im Gebrauch einer Sprache, die zu der der Täter geworden war, anhaftet: „Als Jude darf er selbst das ominöse Wort *Rasse* gebrauchen"; Loewy fährt fort: „Er tut es behutsam, ohne damit am Ende jedoch mehr zu suggerieren als was man ohnehin weiß: daß nämlich die Juden von Geschichte und Schicksal gezeichnet sind."[86] Hildesheimers Formulierungen reden nicht einem grotesken Biologismus das Wort; sondern sie suchen jenem Bewußtsein der „Zugehörigkeit zu einer Schicksalsgemeinschaft" (219), verdichtet in der existentiellen Erfahrung: „Wir sind alle entwurzelt" (228), einen Ausdruck zu verschaffen, der in die Sprach- und ideologischen Regelungen des westdeutschen Kulturbetriebs nicht mehr integrierbar ist. Wenn der Anspruch des „Anders-Seins" (227), gerade auch in seiner Würde[87], ernstgenommen werden sollte, mußte für ihn ein Ausdruck gefunden werden, der diese Differenz gerade jetzt, beim aktuellen Stand des Diskurses, nicht erneut bewußtloser diskursiver ‚Integration', dem altbekannten „unvermeidlichen Einverständnis"[88] ausliefert, sondern der in einer *auch diskurspolitisch sichtbaren* Unversöhnlichkeit an die Realitäten erinnert, die das Verhältnis zwischen Deutschen und Juden bestimmen. Darin, daß er mit dieser Position „vielleicht Widerstand heraus[fordert]" (227), war sich Hildesheimer gewiß: „Ich denke auch, daß diese Überlegungen und Feststellungen meinen nichtjüdischen Freunden zutiefst fremd sind. Wenn sie dies lesen oder hören, werden sie sagen: So kenne ich dich gar nicht. Ich werde sagen: Wie sollte ich auch in eurer Gegenwart jemals darauf kommen, in dieser Schicht von mir herumzustöbern?" (228) So relativierend die Wendung vom ‚Herumstöbern' in einer offenbar nicht oft aufgesuchten ‚Schicht' zunächst auch wirken mag – sie demonstriert, genau umgekehrt, in welchem Maß der ‚jüdische Freund' die Binnenwelt seiner jüdischen Identität vor seinen nichtjüdischen Freunden abzuschließen, vielleicht auch: *weg*zuschließen im jahrzehntelangen ‚freundschaftlichen' Verkehr sich angewöhnt hat. Vielleicht an keiner anderen Stelle dieses Textes kommt das Radikale der Geschiedenheit zwischen Juden und Deutschen – zumindest derer, von denen hier gesprochen ist – so deutlich zum Ausdruck wie hier.

So explizit Hildesheimer Position bezieht gegen die umlaufenden diskursiven Verabredungen hinsichtlich des Verhältnisses zwischen Juden und Deutschen, so deutlich schreibt er die bezeichnete Geschiedenheit in ihrer poetologischen Bedeutung aus. In einer Reflexion

[86] Loewy: „Mein Judentum" (Anm. 6), S. 619 f. Kursivierung E.L.
[87] Vgl. dazu noch unten.
[88] Vgl. Kap. VI, S. 285 f.

über seine Entscheidung, nach Kriegsende Palästina zu verlassen und nach Europa zurückzukehren, kommt er auf seine „Heimatlosigkeit" zu sprechen. Wenn er auch Europa als jenen Ort bezeichnet, „wohin ich gehörte und gehöre", figuriert in seiner verdichtenden Betrachtung doch Palästina als „die Heimat": „Ich habe also gewissermaßen die Heimat verschmäht auf Kosten jener Heimatlosigkeit, die, von außen betrachtet, ein Merkmal des Juden ist und für mich, also von innen betrachtet, jene Heimatlosigkeit symbolisiert, in der wir – Jude oder nicht – alle heimisch sind. Sie ist die Quelle all meiner kreativen Aktivität." (220).

In dieser ‚beiläufig' gehaltenen Feststellung re-etabliert Hildesheimer nichts Geringeres als jene „Kategorie des ‚jüdischen' Schriftstellers", die aus der deutschen Nachkriegskultur beseitigt worden war. Die Kategorie des ‚jüdischen' Schriftstellers wird – in dieser Charakterisierung – erkennbar als die des Künstlers, der nicht etwa *trotz*, sondern – im Gegenteil – gerade *wegen* der vermeintlichen Partikularität seiner spezifischen Erfahrungen Kunstwerke mit einem universellen Geltungsanspruch schaffen kann. Was Reich-Ranicki mit dem pointierenden Bild von der „Peripherie" bezeichnet hatte, von der her „sich das Zentrale oft mit besonderer Deutlichkeit erkennen und darstellen" lasse, und nur für die Literatur jüdischer Autoren deutscher Sprache vor 1933 hatte gelten lassen wollen[89], wird hier von Hildesheimer in der Bildvorstellung bezeichnend modifiziert, genauer: kritisch modernisiert – von „Peripherie – Zentrum" in „innen – außen" – und nachdrücklich für die eigene poetische Arbeit reklamiert. Auch Hildesheimers Begriff der „Heimatlosigkeit" scheint auf den ersten Blick dem zwar nicht meta-historischen, aber doch die vergangenen Jahrhunderte durchziehenden „Außenseiter"[90] aus Reich-Ranickis Rede nahezustehen. Doch auch hier ist die besondere Differenz kennzeichnend: Die Bestimmung des eigenen künstlerischen Ortes – als eines, der, „von innen betrachtet", für „alle" gilt – war als *historisch konkreter* begriffen und gestaltet worden: als Einsicht in einen genuinen Zusammenhang zwischen der NS-Massenvernichtung der europäischen Juden und der Verfaßtheit moderner Zivilisation.

Wie sich in diesem *bestimmten* Modus des Begriffs vom eigenen künstlerischen Geltungsanspruch die Verschränkung von Partikularität und Universalität verwirklicht, kommt in paradigmatischer Zuspitzung in einer kurzen Partie in „Masante" zum Ausdruck. Der Ich-Erzähler, der sich in einer Welt der Häscher weiß, die unausgesetzt „horchen, planen, handeln, fahnden, spuren, orten"[91], träumt einmal

89 Reich-Ranicki: „Außenseiter" (Anm. 28), S. 18; vgl. auch Anmerkung 28.
90 Reich-Ranicki: „Außenseiter" (Anm. 28), S. 15 ff.
91 Wolfgang Hildesheimer: *Masante*. Frankfurt am Main 1975, S. 360. Vgl. Kap. VIII, S. 368.

von dem Beschluß, der Qual endloser Verfolgung ein Ende zu bereiten, indem er sich stellt: „Ich sehe mich durch einen Park gehen. Da sitzen zwei auf einer Bank und sehen in die Gegend, sie tragen Regenmäntel. Jetzt, denke ich, jetzt gebe ich Gerber eine Lektion. Ich gehe auf die Beiden zu und sage: ‚Ich bin der, den Sie suchen.' – Sie sehen mich an, sehen einander an, einer sagt: ‚Wir suchen keinen bestimmten.' – ‚Eben der bin ich', sage ich, ‚kein bestimmter.' Nichts geschieht. Ich gehe weiter. Sie kommen nicht hinter mir her, wahrscheinlich sehen sie mir noch nicht einmal nach. Kein bestimmter, zu nichts bestimmt. – So weit so gut. Ich wende mich ein zweites Mal um und sehe von weitem: da geht einer vorbei, das ist Felber. Die Beiden stehen langsam auf und treten ihm entgegen. Felber greift in die Tasche, Kranzmeier fällt ihm in den Arm, kurzes Handgemenge, Fricke faßt den anderen Arm, so daß Felber plötzlich links von ihm steht, links von Felber ist Motschmann, und die drei gehen, Felber in der Mitte, in der anderen Richtung davon, der Park ist leer. Vielleicht war auch Felber kein bestimmter, aber jetzt ist er zu etwas bestimmt."[92]

Hildesheimer schreibt eine Szene, die strukturell unzweideutig als die NS-faschistischer Verfolgung zu lesen gegeben ist, ‚um': Sie wird nicht „von außen betrachtet" – etwa von zufälligen Zeugen oder vom ‚objektiven' Posten der Ordnungsgewalt, sondern „von innen" her, aus der Sicht des schon ermüdeten Verfolgten. Er weiß sich ‚im Prinzip' gesucht und verfolgt, kann aber die Fahndungsrationalität und deswegen auch ihre Kategorie nicht begreifen. Daher weiß er sich nicht anders zu denunzieren als dadurch, daß er sich eben als ‚den Gesuchten' zu bezeichnen bemüht. Die rätselhafte Antwort der Häscher – „‚Wir suchen keinen bestimmten' " – steht zunächst für das, was der Ich-Erzähler hört: Mögen einem Dritten auch die Worte ‚Wir suchen alle Juden' hörbar gewesen sein können, so ergibt diese Antwort in der Rezeption des Protagonisten nur Nonsens, Willkür, Unverständlichkeit. Sofort versucht er, solche Sprache, solches Denken an- und aufzunehmen, nur um vom Terror der Verfolgungsangst erlöst zu werden: „‚Eben der bin ich, [...] kein bestimmter.' " Doch der Terror der Häscher bleibt für den Ich-Erzähler als doppelter bestehen: im Zwang, bei voller Sicht auf die Qualen, die seinen Bekannten, wie etwa Felber, drohen – „jetzt ist er zu etwas bestimmt" – selbst noch auf diese Qualen warten zu müssen. Die Antwort der Häscher steht jedoch zugleich für die ganze ‚Modernität', die der NS-Vernichtungspolitik im Werk Hildesheimers zugeschrieben ist: So genau bestimmt die Opfer der historischen Vernichtungspolitik auch waren, so umfassend, innerhalb der Bevölkerung zumindest in der westlichen Welt *nicht* mehr spezifiziert, war die Masse jener, die einschließlich ihrer

92 Hildesheimer: *Masante* (Anm. 91), S. 294 f.

zivilisatorischen Projekte durch die NS-Massenvernichtungslager in die katastrophische Moderne eingetreten waren. In diesem Sinn war die Antwort der Häscher – „Wir suchen keinen bestimmten" – ganz auf der Höhe der historischen Bedeutung ihrer Verrichtungen gesprochen: Von den Wirkungen würde *niemand* ausgenommen sein. In des Ich-Erzählers Reaktion „‚Eben der bin ich, [...] kein bestimmter'" hat Hildesheimer mit einem Maximum an poetologischer Genauigkeit die genuine Universalität des eigenen Orts gerade in seinem vermeintlich Partikulären verdichtet: Durch nichts *näher* ‚bestimmt' als dadurch, in der historischen Konkretion des 20. Jahrhunderts zu jenen gehört zu haben, an denen sich die katastrophische Moderne als *erste* erprobt hat, eignet den Juden Europas eine Erfahrung, die als *die signifikante Erfahrung der Epoche* verstanden ist. Als Ton ist diese poetologische Grundlegung nicht nur in „Tynset" und in „Masante" immer gegenwärtig: daß nur in der Versenkung in die Verfolgungserfahrung, an deren historischer Konkretion nie ein Zweifel gelassen ist, noch ‚belangvolle' Sätze aufgefunden werden können. Es ist dieses Spezifische, in dem Hildesheimer – wie er jetzt, 1978, mit aller denkbaren Deutlichkeit zur Kenntnis gibt – „die Quelle all meiner kreativen Aktivität" erkennt.

Wie sich ein so verstandenes Schreiben in seinem Verhältnis *zu Deutschland* begreift, verdeutlicht Hildesheimer an einer anderen Stelle von „Mein Judentum". Im Zusammenhang seiner autobiographischen Erinnerungen erwähnt er einen Spaziergang mit seiner Mutter, „während dessen sie den bekannten Satz von Moritz Goldstein zitierte: ‚Wir Juden verwalten das Kulturgut einer Nation, die uns nicht dazu aufgefordert hat.'" (221) Nach einigen Worten über die damalige Wirkungsabsicht seiner Mutter, die ihn „auf das veränderte Dasein des aufbaubewußten Einwohners eines Neulandes" hatte vorbereiten wollen, fügt der Autor eine aktuelle Lektüre an: „Aber der Satz von Goldstein ist mir geblieben. Er wirkt sich noch heute aus, ja seine Bedeutung hat sich sogar erweitert. Ich würde, vielleicht zu Unrecht, als Jude kein deutsches Kulturgut verwalten wollen, nicht zum Beispiel als leitender Redakteur etwa einen Dichter zurückweisen wollen, der vielleicht labil und anfällig für die Erfahrung jener Distinktionen ist, die jetzt nur schlummern, aber ewig latent bleiben. Und selbstverständlich würde ich mich auch heute niemals in deutsche Politik – oder auch in die Politik eines anderen Landes – einmischen. Noch heute, und vor allem nach dem, was geschehen ist, fühle ich, daß hier der Platz eines Juden nicht ist. Nicht daß er sich ewig des Geduldet-Seins bewußt zu sein hätte, aber er hat sich als Außenseiter zu betrachten: eine Rolle allerdings, die ihm in Künstler- oder Intellektuellenkreisen wohl selten zugeteilt wird, ich selbst habe die Rolle niemals spielen müssen, wäre auch nicht bereit dazu." (221 f.)

Noch einmal nach seiner Auseinandersetzung von 1952[93] kommt Hildesheimer, rund 26 Jahre später, auf die Goldstein-Kontroverse zu sprechen. Hatte er damals engagiert seine kulturkritische Aktivität im Milieu der Gruppe 47 verteidigt – und dabei zugleich die Legitimität einer Existenz als jüdischer Schriftsteller deutscher Sprache auf deutschem Boden mitzuverhandeln versucht–, streicht er nun die Momente grundsätzlicher Übereinstimmung mit dem Goldstein-Diktum hervor. Der im Moment des Erinnerns 1978 virulente archimedische Punkt des Diktums für Hildesheimer wird gerade auch im Zitier-‚Fehler‘ deutlich – Goldsteins Satz lautet exakt: „Wir Juden verwalten den geistigen Besitz eines Volkes, das uns die Berechtigung und die Fähigkeit dazu abspricht.“[94] Daß Hildesheimers Erinnerung quasi ‚vor-bewußt‘ den Hinweis auf das Illegitime und die Unfähigkeit schon abgemildert hat in die Beobachtung mangelhafter Form – der ausgebliebenen Einladung oder Aufforderung–, darin ist erkennbar, daß für den Verfasser im Blick auf die Stellung des jüdischen Schriftstellers in Deutschland durch Goldsteins Zeugnis zuallererst eine Frage der Würde, der Selbstachtung berührt ist. Ein irreduzibles, mindestes Maß an Stolz sieht auch Goldstein in seinem Text durch den status quo immer wieder unerträglich herausgefordert. Mit seinen Hinweisen auf „ein unanständig dickes Fell oder ein elastisches Rückgrat“[95] und auf den Zustand einer unerträglichen „Menschen- und Mannesunwürdigkeit“[96], aber auch mit der ostentativ rhetorischen Frage: „Da dir so von deinen Mitmenschen begegnet wird, wie begegnest du ihnen?“[97], appelliert Goldstein – über jede politische Deutung der von ihm geschilderten Zustände hinaus – an ein Moment der Selbstachtung, das sich jeder Mensch schuldet.

Dieses Moment der Selbstachtung – nicht als zuweilen spektakulär ins Licht gerückte rhetorische Geste, sondern als verwirklichte Lebenspraxis – bildet das Zentrum der konkreten Folgen des Goldstein-Diktums, die Hildesheimer aufzählt. Regulierende, ‚verwaltende‘ Tätigkeit, auch Engagement in Fragen des politischen Gemeinwesens werden zurückgewiesen aus einem Ethos heraus, das zwar aus der Geschichte der zionistischen Bewußtseinsbildung gespeist ist, aber doch stets akut erneuert wird: Daß, wer sich selbst, aber auch seine Angehörigen und Vorfahren als Juden achtet, gezwungen und verpflichtet ist, die Entscheidung, die in diesem Jahrhundert in Deutschland gegen die Juden gefällt worden ist, zur Kenntnis zu nehmen, ‚an‘-zu-

[93] Vgl. Kap. VI, S. 242 ff.

[94] Moritz Goldstein: „Deutsch-jüdischer Parnaß“. In: *Der Kunstwart*. Jg. 25, Heft 11 (März 1912), S281-294, hier S. 283.

[95] Ebd., S. 287.

[96] Ebd., S. 291.

[97] Ebd., S. 286

nehmen. Was auch immer an dieser Entscheidung noch zu revidieren nach 1945 in Politik und Kultur versucht wurde – und ‚moralischen' Kredit auch verdienen mochte –, es ist in dieser Perspektive nicht grundsätzlich negiert. Doch es muß ohne entscheidendes Gewicht bleiben in einem historiographischen Blick, der sich der singulären Zäsur der Massenvernichtung existentiell stellt. „[...] vor allem nach dem, was geschehen ist": In diesem Sinn hat sich die „Bedeutung" des Goldstein-Satzes von 1912 für Hildesheimer erneuert und „erweitert".

Indem diese klar ablehnende Haltung gegenüber einer möglichen Übernahme von Funktionen und Aufgaben in Literaturbetrieb und Politik das Angebot vermeintlich vollständiger Integration ausschlägt, verstößt sie eklatant gegen die Normen nicht nur der traditionellen Versöhnungspolitik konservativer Prägung. Sondern sie verprellt auch eine westdeutsche Linke, die sich – mit integren oder auch weniger integren Motiven[98] – neue, wertvolle Bündnispartner erhofft hatte. Die ‚Integration' Wolfgang Hildesheimers in das Deutschland nach '45, seine ‚Heimkehr' in das Land seiner Geburt würde sich niemand – auch keiner seiner Freunde – auf die Fahne schreiben können: Solcher Verfügbarkeit war er entzogen. Das aber war das eigentliche Skandalon, das diese kategorische Reserve bedeutete: daß Hildesheimer grundsätzlich ‚ausfiel' als ein Kandidat, der bereit sein könnte, über der antifaschistischen Gesinnung mancher Deutscher zu vergessen, was Juden und Deutsche voneinander schied.[99] Hildesheimers scheinbar ‚versöhnliche' Zeilen am Ende des Absatzes reproduzieren nur die Verkehrsform, die er für sich in der Gruppe 47 durchgesetzt hatte: Persönliche Freundschaften – unbeschadet mancher, „in ihrer Gegenwart niemals" aufgeschlossener, tiefer gelegener Schichten – bei sehr weitgehender, vielleicht vollständiger Einsicht in offene Stigmatisierungen, wie sie etwa Paul Celan in der gleichen Gruppe erleben mußte[100].

Im Kommentar des Goldstein-Diktums differenziert Hildesheimer die Kennung seines poetologischen Ortes – den des „Außenseiters" (222), „Entwurzelten" (228), „Heimatlosen" (220) – historisch konkret noch einmal aus; das Metaphorische seiner Namen wird aufge-

[98] Vgl. Kap. VII.

[99] Vgl. Scholems Formulierung von den „Geschiedenen" in seinem Beitrag zur Brüsseler Konferenz: In: Abraham Melzer (Hg.): *Deutsche und Juden – ein unlösbares Problem. Reden zum jüdischen Weltkongreß 1966.* Düsseldorf 1966. S. 13-33, hier S. 33.

[100] Vgl. dazu Kap. VI, S. 264 f. Vgl. auch die Bemerkung Hildesheimers über Celan in „Mein Judentum", S. 227, sowie Klaus Briegleb: „Ingeborg Bachmann, Paul Celan. Ihr (Nicht-) Ort in der Gruppe 47 (1952-1964/65). Eine Skizze". In: Bernhard Böschenstein, Sigrid Weigel (Hg.): *Ingeborg Bachmann und Paul Celan – Poetische Korrespondenzen.* Frankfurt am Main 1997, S. 29-81.

hoben in genauen Bestimmungen einer fundamentalen poetologischen und zugleich einer präzisen literaturpolitischen Position.

Im letzten Absatz des Textes „Mein Judentum" zieht der Verfasser eine Bilanz: „Was bedeutet mir also mein Judesein, sofern es mir überhaupt etwas bedeutet? Wahrscheinlich nicht mehr und nicht weniger, als die Konsequenz aus der Haltung der anderen zu uns zu ziehen und einer Veränderung dieser Haltung immer – ich sage: immer – gewärtig zu sein. Es bedeutet, Würde zu wahren und die mannigfachen negativen Konsequenzen warnend vor Augen zu haben, die im Lauf der Jahrhunderte von unserer Seite gezogen wurden. Wir kennen sie zur Genüge, diese kläglichen und nur selten erfolgreichen Versuche der Anpassung, die Selbstverleugnung, die zu neurotischer Verletzlichkeit, zu Servilität geführt hat oder auch zu mancherlei Kompensation, zu Überheblichkeit und zu Verachtung des ‚Goi' und nur in seltenen Fällen zu einer Souveränität des über der Situation Stehenden." (228) Dieser Versuch einer Verdichtung ist bestimmt vom Gefühl permanenter Alarmbereitschaft – zugleich von der Einsicht, wie die vielfältigen Versuche, gegen das Gefühl der dauerhaften Bedrohung eine Alternative zu verwirklichen, immer wieder zu einer Beeinträchtigung der „Würde" geführt haben. Hildesheimer demonstriert, daß, was immer an diesem Ort den Namen der „Würde" oder auch der „Souveränität des über der Situation Stehenden" verdienen mag, untrennbar ist vom Begriff der *permanenten Gegenwärtigkeit* der Gefahr.

4

Am 17. Februar 1979 nimmt Heinrich Böll – unter besonderer Berücksichtigung des Beitrags von Wolfgang Hildesheimer – unter der Überschrift „Das Gelände ist noch lange nicht entmint" in der „Frankfurter Allgemeinen Zeitung" zu dem Band „Mein Judentum" Stellung. Bölls Ferne zur Gedankenwelt nicht nur Hildesheimers, sondern auch zahlreicher anderer Beiträger markiert eindringlich den Stand des ‚öffentlichen Bewußtseins' zu Fragen des Judentums und jüdischer Identität in Deutschland rund 30 Jahre nach Kriegsende. Noch unverkennbar unter dem Eindruck des Leseerlebnisses von „Der Nazi & der Friseur"[101] – Böll fällt auf, daß „Hilsenrath [...] in diesem Band nicht vertreten ist"[102] –, erfährt auch der prominente Autor mit symp-

[101] Vgl. Kap. IX, S. 481 ff.

[102] Heinrich Böll: „Das Gelände ist noch lange nicht entmint". In: *Frankfurter Allgemeine Zeitung*, 17.2. 1979. Hier nach Heinrich Böll: *Vermintes Gelände – Essayistische Schriften 1977-1981*. Köln 1982, S. 69-83.

tomatisch scheinender Notwendigkeit etwas von der namensymbolischen Aufladung des Wortes Jude: „Eins ist nach Auschwitz, das hier für alle anderen Vernichtungsstätten steht, nicht mehr möglich, mir jedenfalls nicht: Unbefangenheit gegenüber Worten wie Jude, jüdisch, Judentum". Nach einer erneuerten Kritik an einer Versöhnungspolitik im Stil der Wochen der Brüderlichkeit – sie trügen den „Charakter einer öffentlichen Absolution" – und nach einigen Überlegungen zur Periodisierung deutscher kollektiver Erinnerung im Blick auf die kurz zuvor ausgestrahlte Fernsehserie „Holocaust" streicht Böll die Bedeutung des Buches als „Quelle zum Studium der Unterschiedlichkeit, der Verschiedenheit jüdischer Denk- und Lebensweise" heraus; „‚Mein Judentum' wäre ein guter Anfang, über die Vielfalt dessen zu informieren, was alles Judentum ausmacht und einschließt". Hildesheimers Beitrag nennt Böll „die sorgfältigste Betrachtung"; und über seine eröffnenden Worte heißt es lobend: „Es gibt wohl keine offenere Art, sich zu bekennen, als diese: nicht erklären wollen, was unerklärbar bleibt; nicht nur Jude sein, sich als Jude *fühlen.*"

So viel Gewicht allein der Einsicht in die „Vielfalt" jüdischer Denkweisen und Selbstbestimmungen hier beigemessen werden muß, so signifikant gibt sich die qualifizierte ‚Zeitgenossenschaft' des Textes doch durch ein anderes Detail zu erkennen – im deutlich markierten Dissens zu Hildesheimers ‚Signal'-Satz „Wir Juden sind anders": „In manchem möchte ich Hildesheimer widersprechen, nicht, weil's gesagt wird, sondern weil's auf die Juden bezogen gesagt wird, besonders seinem ‚Wir Juden sind anders.' " Die Breite, mit der Böll den „Begriff Rasse" nun zu problematisieren einsetzt – gar unter Einschluß einer Bitte „um Hilfe" –, kennzeichnet das Potential der Aufstörung, das diesen Ausführungen, wie Hildesheimer genau vorhergesehen hatte, unweigerlich hatte zukommen müssen – nicht nur im Milieu seiner Mitstreiter in der Gruppe 47, das sich selbst als ‚liberal' begriff.

Wie nachhaltig die auf diese Weise von Hildesheimer vorgenommene Grenzziehung wirkte – oder, in anderen Worten: wie genau er jenen ideologischen ‚Minimalkonsens' im Umgang zwischen Juden und Deutschen offenkundig getroffen, verletzt hatte –, ist dokumentiert in einem Textzeugnis von 1996. 18 Jahre nach Veröffentlichung von „Mein Judentum", fünf Jahre nach seinem Tod veröffentlicht Hildesheimers Freund Walter Jens einen ganzseitigen, mit Emphase grundierten Artikel aus Anlaß von Hildesheimers 80. Geburtstag. Jens ist voll des Lobes über Hildesheimers Schaffen – bis plötzlich, gegen Ende, mitten in einem Satz, ein winziger Einschub erfolgt: „ungeachtet aller Einwände – zumal im Blick auf den Satz ‚Es sei hier ausgesprochen: wir Juden sind anders' "[103]. In diesen Zeilen – Symbol

[103] Walter Jens: „Spiel und Vernichtung". In: *Die Zeit*, 20.12.1996.

mehr als Ausdruck – hatte Hildesheimer die von ihm erfahrene *unaufhebbare Differenz* zwischen Deutschem und Juden bezeichnet. Dieses eine vermochte Jens dem Freund nicht zu vergessen.

XI. Jenseits der Zuversicht Grete Weils „Meine Schwester Antigone" (1980)

Ein Wort Jean Amérys / Der Roman: Erinnerungsarbeit im Zeichen Antigones / Antigone contra Ensslin / Diskursraum: TV-„Holocaust", „Antigone-Fieber" / Echo / Weils Antworten und Reaktionen

1

Nach dem Tod von Holger Meins an den Folgen eines Hungerstreiks am 9. November 1974 und der Ermordung des Berliner Kammergerichtspräsidenten Günther von Drenckmann am Tag darauf veranstaltet die ARD am 17. November einen „Internationalen Frühschoppen" zu dem Thema „Leben als Wegwerfware? Die Toten von Wittlich und Berlin". Gegen Ende der Sendung wendet sich der Moderator Werner Höfer an Jean Améry: „Sie sind nicht ohne Sympathie für diese Menschen, die jetzt vielleicht sich zu Tode hungern? Was ist Ihr Wort an sie. Aber es darf nur eines sein, Jean Améry?" Améry antwortet, nach langem Zögern: „Verzeihen Sie, daß das so lange dauert. Das ist eine sehr schwierige Frage, die Sie mir stellen." Höfer: „Aufgeben, zur Besinnung kommen?" Améry: „Nicht aufgeben!"[1]

Diese „öffentlich getane, politisch und allgemein menschliche Äußerung"[2] wird nicht nur Gegenstand einer „aggressiv geführten öffentlichen Diskussion"[3], sondern auch eines bei der Staatsanwaltschaft Köln gegen Améry eingeleiteten Ermittlungsverfahrens wegen des Verdachts der Billigung von Straftaten[4]. Améry hatte mit dieser Äußerung in der populären Fernsehsendung ein Aufsehen erregendes Signal gesetzt: für eine unverkennbar aus den „eigenen"[5], den Erfahrungen des Überlebenden der NS-Vernichtungspolitik gespeiste Solidarität mit den Gefangenen der RAF.

Nicht die Sympathiebekundung *an sich* ist es, durch die Amérys Worten ihr spezifischer Charakter eines spektakulären Zeichens zuwächst, sondern die Tatsache, daß hier ein Gefühl, eine Empfindung, eine ‚Nähe' bei aller Ferne laut geworden war, die unmittelbar zu je-

[1] Nach Friedrich Pfäfflin: „Jean Améry – Daten zu einer Biographie". In: Heinz Ludwig Arnold (Hg.): *Jean Améry*. München 1996 (= *text und kritik*, Heft 99), S. 56-69, hier S. 67.
[2] Jean Améry: *Örtlichkeiten*. Stuttgart 1980, S. 28.
[3] Pfäfflin: „Jean Améry" (Anm. 1), S. 67.
[4] Das Verfahren wurde später eingestellt. Vgl. Pfäfflin: „Jean Améry" (Anm. 1), S. 67, sowie Améry: *Örtlichkeiten* (Anm. 2), S. 28 f.
[5] Pfäfflin: „Jean Améry" (Anm. 1), S, 67.

ner tiefgreifenden Beunruhigung über die deutschen Verhältnisse stand, die viele in Deutschland lebende Juden bewegte. Auf diese Korrelation deuten zahlreiche Beiträge in dem im November 1979 erschienenen Sammelband „Fremd im eigenen Land“[6]. Zwar dokumentiert dieser Band – bei aller entschiedenen Kritik an der bundesdeutschen Gesellschaft – keine Momente der Solidarität mit Mitgliedern der RAF. Gleichwohl wird in den Reflexionen etwa Sarah Haffners, wenn auch im Kontext des „Beginn[s] einer Identifikation mit dem Deutsch-Sein“, die „Beherbergung von Baader-Meinhof-Leuten“, unversehens, thematisch. Anfang der sechziger Jahre von London nach Berlin gezogen, sieht sie sich Ende der siebziger Jahre im Gedenken an die NS-Zeit vor Fragen wie die folgende gestellt: „Würde ich jemand verstecken; wo und wie würde ich das machen? Über das Versteckt-werden habe ich mir nie besonders Gedanken gemacht. Die deutsche Situation war es, die mich beschäftigte. Der Beginn einer Identifikation mit dem Deutsch-Sein, allerdings brüchig, flüchtig, von Fremdheitsgefühlen überlagert. (Ich glaube übrigens, daß das Motiv bei vielen ‚Sympathisanten‘ der ersten Generation, Baader-Meinhof-Leute zu beherbergen, zumindest teilweise von ähnlichen Gedanken bestimmt war. Von der Angst, die Fehler und Feigheiten der Eltern zu wiederholen.)“[7]

Schien Amérys Äußerung von der *Analogie* mancher Erfahrungen des „Widerstehens“[8] bestimmt gewesen, weist Haffner hier auf ein gegenläufiges Motiv der Solidarität mit RAF-Mitgliedern: des früheren Versagens, zu einem Zeitpunkt, da das Fehlen von „Feigheit“ Menschenleben hätte retten können.

Die Scheidung dieser Motive in ‚das jüdische‘ und ‚das deutsche‘ scheinen nahezuliegen. Doch schon in Haffners Selbstreflexion erscheint diese Scheidung, zwischen den Zeilen, fraglich. Sie wird nichtig in einer Rechenschaftslegung, die die Entschiedenheit des ‚bewaffneten Kampfes‘, für die die RAF steht, als radikale Herausforderung an den eigenen Modus des Überlebens tatsächlich zuläßt. Was das bedeuten könnte, hat Grete Weil in „Meine Schwester Antigone“ geschildert.

[6] Henryk M. Broder, Michel R. Lang (Hg.): *Fremd im eigenen Land – Juden in der Bundesrepublik*. Frankfurt am Main 1979.

[7] Sarah Haffner: „Fremd im eigenen Land“. In: Broder, Lang (Hg.): *Fremd im eigenen Land* (Anm. 6), S. 222-232, hier S. 225.

[8] Pfäfflin: „Jean Améry“ (Anm. 1), S. 67.

2

Eine alte Frau erwacht. Ihre ersten Gedanken gelten dem eigenen Alter; den schon Verstorbenen; ihrem vermißten Hund; ihrer Einsamkeit. Wenige Absätze später findet ihr Judesein Erwähnung; und jetzt wird erkennbar, wie schon diese ersten Gedanken des Tages, ihr Wortlaut, gezeichnet sind von der traumatischen Erfahrung der Verfolgung: Wenn sie vom „Schock des Erkennens“ spricht und „die Namen der Toten“ „als Morgengebet [herunter-] leiert“, wird offenkundig, daß das Altern dieser Ich-Erzählerin unlösbar verschränkt ist in die Katastrophe der NS-Jahre. Das Altern selbst: das ist die Wahrnehmung, daß „alles – und jetzt ist das Alles vollkommen deutlich, alles, was mit mir zu tun hat – dem Ende entgegenschlittert“ (5[9]). Noch in der Vermutung über das Schicksal ihres Hundes – „Umgebracht oder gestohlen“ (5) – hallt die Erfahrung aus den Jahren der Razzien, Verhaftungen und Deportationen nach. „Ich bin allein“ (5): Was die Einsamkeit des Alters ‚schlechthin‘ bezeichnen könnte, steht hier jedoch schon für eine Differenzierung: die Einsamkeit der *Überlebenden*. Diese Einsamkeit wurzelt jedoch nicht allein im Verlust von Angehörigen während der NS-Herrschaft.

Die Ich-Erzählerin ist Schriftstellerin. „Nach dem Krieg wünschte ich nichts sehnsüchtiger, als zu schreiben“ (37). Die von ihr verfaßten „paar Bücher [...] handeln von Krieg und Deportation. Ich kann von nichts anderem erzählen. Der Angelpunkt meines Lebens.“ (56) Ihr aktuelles Verhältnis zu ihrer bisherigen literarischen Produktion – „nicht viel, man könnte auch sagen sehr wenig für eine so lange Zeit“ (55) – ist kühl, nahezu lakonisch: „Ich habe ein paar Bücher geschrieben, wenn ich sie auch nicht so wichtig nehme, wie ich sie einmal wichtig habe nehmen wollen, als ich noch glaubte, jeder Überlebende müsse ein Zeuge sein.“ (24)

Die Beziehungen, die die Ich-Erzählerin zur Außenwelt unterhält, scheinen zwar relativ eingeschränkt; gleichwohl entsteht eine genaue Zeichnung der Gesellschaft, in der sie ihre Existenz führt. Als ein symptomatisches Merkmal dieser Gesellschaft wird dabei eine selektive Erinnerung, auch eine strategische Ausbeutung der jüngeren Vergangenheit erkennbar. Im Fernsehen etwa fallen ihr „Kriegerwitwen“ auf, die die Kürzung ihrer Rente beklagen und eine Treue zu ihren verstorbenen Ehemännern zu bezeugen suchen, an der die Ich-Erzählerin zweifelt (69 f.); Erinnerung etwa an Hunger ist getilgt: „Eine lehrreiche Erfahrung, zu wissen, wie Hunger quält, obwohl viele, die sie damals machten, so tun, als ob es nie gewesen wäre“ (43); im

[9] Die fortlaufend im Text genannten Seitenzahlen beziehen sich auf die Ausgabe Grete Weil: *Meine Schwester Antigone*. Frankfurt am Main 1982.

Krankenhaus, in dem ihr zweiter Mann stirbt, fallen ihr neben der „trostlose[n] braungelbe[n] Ölfarbe an den Wänden [...] die helleren Flecken“ auf, „als sei etwas eilig überstrichen worden, Fresken aus der Nazizeit vielleicht“ (31); und in der Zeitung begegnet ihr die Todesanzeige von „Staatssekretär a. D. Dr. Ludwig Haverkamp [...], zweiundsiebzigjährig einem Herzinfarkt erlegen“, der einst helfende Hand bei der Arisierung jüdischer Unternehmen in Amsterdam gewesen war und von dem die Ich-Erzählerin vergeblich Hilfe bei der Befreiung ihres ersten Ehemannes aus Gestapo-Haft erbeten hatte – damals hatte er ihr erwidert: „‚Und glauben Sie bitte nicht das Märchen, daß man einen Menschen umbringt, nur weil er Jude ist‘“ (33 f.). Aber auch zu Menschen, die sich von Deutschen wie Haverkamp kategorisch unterschieden oder zu unterscheiden suchen wie die befreundete Schauspielerin, „die Buße tun wollte“, und ihren Gatten, der „dem Kreisauer Kreis nahestand“, kann die Ich-Erzählerin keine wirkliche Nähe herstellen: Sie, „aus einem Haus [...], in dem man Hitler gehaßt hatte“, wollte „Buße tun [...], mir gegenüber Buße, weil ich Jüdin war. Die ich frustrierte, denn ich wollte Freundschaft, keine Buße. [...] Die mir dienen wollte. Der ich weh tat, weil ich nicht mitmachte. Die ihren Zwang, Gutes zu tun, bei mir nicht loswurde. Die sich andere Objekte suchte und das ungeeignetste fand: die Menschheit“ (22). Er dagegen, der „nach dem 20. Juli im Untergrund lebte“, ein „Widerstandsmann“, setzte sein „Engagement“ nicht fort. „Er wurde Anwalt, es ging aufwärts in dieser guten, gesegneten Demokratie, er war erfolgreich, wurde Mitglied der CDU, Golfspieler, Rotarier.“ (22) Nicht nur in Hinblick auf ihn charakterisiert die Ich-Erzählerin die Nachkriegsjahre und -jahrzehnte mit den Worten: „Langsam wird alles besser, alles schlechter, es kommt wie immer auf den Standpunkt an.“ (58)

Hoffnung setzt die Erzählerin dagegen in „die Jungen“ (6): „Nur junge Menschen sind bündnisfähig. Und schon wieder überschätze ich Jugend. Als ob man sie überschätzen könnte. Dabei habe ich nicht vergessen, wie schrecklich Jungsein ist. Permanenter Wahnsinn, den man rückblickend für Glück hält.“ (27) Der Ich-Erzählerin entgeht nicht der Haß, der „den jungen Menschen“ von Seiten ihrer eigenen Generation entgegenschlägt: „Trudy, die nur deshalb meine Freundin ist, weil wir in den ersten Schuljahren auf derselben Bank saßen“, nennt „die Jungen“ „‚that terrible generation [...], das dreckige, arbeitsscheue Gesindel‘“ (6); und in einem Café, das die Ich-Erzählerin nachmittags aufsucht und in das „zwei junge Leute herein[-kommen] in Jeans und Lederjacken“, beobachtet sie eine Dame mit Pudel, die „den Hund mit einem scharfen Ruck an der lila Leine zu sich [zieht], als müsse sie ihn vor Mördern schützen.“ (79) Kontakt zu dieser Generation hält sie über „Christine, mein Patenkind, Soziologiestudentin“ (18): „Ich erfahre von ihr vieles, das ich nicht weiß, das ich wissen muß, um nicht ganz zu verzweifeln.“ (19) Doch auch in ihren Begegnungen mit Christine gibt es immer wieder Schwierigkeiten mit der Kommunikation – Hürden, die der Ich-Erzählerin auch in anderen Gesprächen begegnet sind und ihr stets neu demonstrieren, daß ein echter Austausch, ein Dialog, heute: in der Gesellschaft der Gegenwart, ohne Mühe nicht mehr zu haben ist: „Lauter falsche Töne. Weiße gegenüber Farbigen, Emigranten gegenüber Deutschen, Deutsche gegenüber Juden, die aus dem Ausland kommen, nicht abreißende Kette von Mißverständnissen. Aus jedem Wort, das ich zu Christine sage, ist herauszuhören: Ich habe soviel Erfahrung, du hast keine. Das hindert; verbaut Nähe.“ (20)

Unmittelbarkeit scheint dagegen im Verhältnis der Ich-Erzählerin zu einer von ihr nur imaginierten, gleichwohl nicht weniger ‚realen‘ Figur zu bestehen: zu Antigone, um die ihre gegenwärtige – nicht nur schriftstellerische – Arbeit kreist. Zwar verraten schon die Zeilen ihrer ersten Erwähnung etwas von der Spannung, dem Problematischen, das offenkundig in der Beziehung zwischen der Schriftstellerin und ihrer Figur besteht: „Nervös ziehe ich das schwarzgebundene Heft, auf dem der Arbeitstitel ‚Antigone‘ steht, zu mir, schlage es auf und lese die letzten beschriebenen Seiten. Alles schlecht. Ich reiße sie heraus und lege sie neben das Heft, um sie zu überarbeiten. Stimmung lustlos.“ (9) Doch in der Wahrnehmung der Ich-Erzählerin ist „alles klar zwischen uns“ (10), ist „gut mit ihr umzugehen“ (10), erfüllt „die schöne Kunstfigur [...], wegschickbar und herbeirufbar“, zwar „nicht in allen“, aber doch „in vielen Stunden [...] die Erwartung“ (38). Antigone ist ihr „Lieblingsspielzeug [...] seit urlanger Zeit“ (9). Zwar erinnert die Erzählerin nicht mehr genau, durch wen sie zuerst von ihr erfahren hat, Vater, Bruder oder Lehrer, noch, ob in der Darstellung Schwabs oder Hölderlins (9 f.); doch unvergessen ist ihr, daß die Figur Antigones für sie in der Zeit der Verfolgung eine Veränderung durchlaufen, eine neue Dringlichkeit gewonnen hatte: „Erst als ich aus meinem Prinzessinnendasein herausgerissen, mit Mord und Vernichtung konfrontiert war, wandelte sich ihre Gestalt, wurde größer, gewichtiger, schillernder. Ich entdeckte ihren Hang zur Selbstvernichtung, ihre inzestuöse Leidenschaft für Polyneikes, eine gewisse Eitelkeit und die Arroganz der Märtyrer, die sich zu Recht oder Unrecht für etwas Besseres halten.“ (10) Diese Verkettung zwischen der existentiellen Situation der Ich-Erzählerin im Amsterdamer Untergrund und ihrer damaligen Rezeption Antigones bleibt konstitutiv für die Beziehung der nach Deutschland zurückgekehrten Schriftstellerin zu der mythologischen Figur: Im Zeichen Antigones, ihrer Geschichte, ihres Schicksals, erinnert und befragt die Ich-Erzählerin immer wieder ihre eigene Geschichte – die ihrer Herkunft, ihres Exils, ihrer

Mitarbeit im Jüdischen Rat von Amsterdam, ihres Lebens im Versteck, schließlich ihrer Rückkehr und ihres ‚Alltags des Überlebens'; dabei ist Antigone „bald [...] ein Stück von mir und bald in allem mein Gegenpart" (10).

Dieser Modus des Erinnerns scheint wesentlich angetrieben von den Analogien, die die Erzählerin zwischen beiden Geschichten zu erkennen meint. Wenn etwa der von Antigone ins Exil begleitete blinde Vater, Ödipus, seiner Tochter sagt: „ ‚Du wirst irgendwann nach Theben zurückkehren. In eine Stadt, die sich verändert hat. Auch du bist nicht mehr die gleiche. Jeder hat einen Abschnitt seiner Geschichte ohne den anderen erlebt. Ganz paßt ihr nicht mehr zusammen. Es wird dir schwerfallen, wir Thebaner zu sagen. Vielleicht tust du es trotzdem. Vielleicht hast du in manchen Augenblicken das Gefühl von Heimat' "(48) – dann ist hier, in der phantasierenden Ausgestaltung des Mythos durch die Erzählerin, unverkennbar schon die Rückkehr-Erfahrung ‚vor'-formuliert, die die Remigrantin nach 1947 ihrerseits durchleben wird. Aber auch, wenn die Ich-Erzählerin die Bevölkerung Thebens als „Jasager, [...] Mitläufer, [...] Nutznießer" (15) bezeichnet, ist die Parallele zur deutschen Bevölkerung in den Jahren der NS-Herrschaft offenkundig. Und auch die zentrale Szene der Fabel, nämlich die Widerständigkeit Antigones im Angesicht der demonstrierten Macht – bewahrte „Freiheit" (14) noch hier, bei gleichzeitiger Annahme der tödlichen Strafe – wird von der Ich-Erzählerin für ihr Erinnern in Funktion genommen. Ihre Frage an Antigone: „Warum hat sie, die zu jedem Opfer Bereite, Kreon nicht umgebracht?" (17) steht für jene Frage, die kurz darauf Christine, außerhalb jedes literarischen Kontextes, an ihre Patentante richten wird: „ ‚Warum habt ihr euch nicht gewehrt?' " (25) Die Antworten, die die Ich-Erzählerin im Raum ihres mythologisch mediatisierten Erinnerns probiert, sind Gegenfragen: „Fürchtete sie sich davor, die Macht zu übernehmen? Hatte sie Angst, daß Macht korrumpiert?" (17) Auf den ersten Blick mögen diese ‚Antworten' unübertragbar auf die konkrete historische Erfahrung, die Verhältnisse zur Zeit der NS-Besatzung, scheinen. Doch wie sehr sich in der Ich-Erzählerin die Ahnung schon längst ausgebreitet hat, daß diese Frage einmal *unmittelbar zu ihrer Erfahrung* gestellt werden und zu beantworten sein wird, verrät ein gemeinsamer signifikanter Zug ihrer Antwortangebote: Beide Motive erscheinen ehrenwert.

Antigone fungiert für die Ich-Erzählerin als „Erinnerungsfigur"[10] – als ein Medium des Erinnerns, das das unkontrollierbare Auferstehen, die Allgegenwart der Bilder traumatischer Erlebnisse zu ersetzen

[10] Sigrid Weigel: *Die Stimme der Medusa – Schreibweisen in der Gegenwartsliteratur von Frauen*. Dülmen-Hiddingsel 1987, S. 303.

trachtet durch den Versuch eines konsistenteren Durchquerens der Ereignisgeschichte. Diese soll auf solche Weise auf ihre Struktur hin wieder befragbar werden, um im Modus eines – auch historischen – Erkennens etwas von der traumatischen Last abzubauen, die sich im „entsetzlich schlechten Gewissen des Überlebenden" (12) täglich neu verwirklicht. „Meine Schwester Antigone" zeichnet diese Erinnerungsform auf. Immer wieder kommt die Ich-Erzählerin auf ihre Vergangenheit zu sprechen, mal direkt, mal indirekt ‚angeleitet' durch Reflexionen über Antigone. Dabei steht die Funktion der Antigone-Figur im Vordergrund, nicht nur das Chaos der Erinnerungen, sondern auch das sich als unrationalisierbar präsentierende historische Geschehen mit einer Struktur der Ordnung zu konfrontieren – und einem Ort des Menschen in ihr –, und sei es nur eine Konfrontation im *Neben*einander. Zugleich jedoch steht Antigone einmal mehr[11] für jenen *ansprechbaren* Partner als ersehntes Korrektiv, den die gesellschaftliche Realität der Ich-Erzählerin nicht zur Verfügung gestellt hat.

Der instrumentelle Charakter der Antigone-Figur für die Selbsterforschung der Ich-Erzählerin ist von ihr selbst offen markiert. Doch daß diese Indienstnahme von vornherein mit einer spezifischen Hypothek belastet sein könnte, wird in einer Beobachtung Christines deutlich. Nach einer Auseinandersetzung um die von der Ich-Erzählerin als „hart und fordernd" empfundene Frage „‚Warum habt ihr euch nicht gewehrt?'" schließt Christine die Kontroverse mit der versöhnlich vorgebrachten Bemerkung: „‚Und jetzt schreibst du ein Buch über ein Mädchen, das sich gewehrt hat.'" (25) Im antithetischen Gegenüber zwischen eigener Passivität und Gegen-„Wehr" der mythologischen Figur wächst der schriftstellerischen Arbeit – die zugleich als die des Erinnerns gekennzeichnet ist – die Funktion eines kompensierenden Ersatzes zu. Damit ist ein erstes Mal im Roman der Verdacht artikuliert, daß der von der Ich-Erzählerin geübte Modus des Erinnerns *schon in seinem Stiftungsmoment* einen Einschluß erhalten hat, der selbst, da er für die Erinnerungsarbeit *konstitutiv* ist, dieser Arbeit gar nicht mehr gegenständlich werden kann. – Auch wenn sich der solcherart aufblitzende Verdacht einer einsinnigen Kompensation nicht bestätigen wird, ist in dieser kurzen Bemerkung Christines gleichwohl der Fluchtpunkt der dramaturgischen Dynamik des Romans bezeichnet: die fortschreitende Zersetzung des Antigone-Motivs durch die Frage, ob es als Medium des Erinnerns *tauglich* sei. Am Ende dieser Zersetzung steht das Scheitern der im Zeichen Antigones von der Ich-Erzählerin geübten Erinnerungsarbeit.

11 Vgl. Kap. IV, S. 106 ff.

Schon im ersten Teil des Romans, noch bevor es in seine akute Krise gerät, weist das ‚Antigone-Projekt' Risse auf; das Antigone-Heft wird zunehmend als „forder[nd] und quäl[end]" (50) empfunden. Je akribischer die Ich-Erzählerin historische Fakten der NS-Jahre in die Antigone-Fabel einträgt, um so unbrauchbarer erweisen sich die noch kürzlich erwogenen ‚Antworten'. Kreon, zuvor noch als jemand definiert, der „Macht demonstrieren, Männlichkeit zeigen, den Staat und die Götter schützen [muß]" – nicht ohne den psychologisierenden Zusatz „Alles das braucht er, um vor sich selbst zu bestehen" (15) –, erscheint jetzt deutlicher als Repräsentant staatlicher „Ordnung" und Garant eines „reibungslosen Ablauf[s] der Verwaltung" (51); und an die Rolle Antigones knüpft sich jetzt die Überlegung, daß sie „leichter zu ihm kommen [konnte] als Stauffenberg zu Hitler, es war ihr erlaubt, ihn zu umarmen; wie einfach ist es, einen Menschen, den man umarmt, zu ermorden." (51) Diese Überlegungen münden nicht mehr in textimmanent orientierte Antwortversuche, sondern in die Frage: „Warum habe ich den Hauptsturmführer nicht umgebracht [...]?" (51 f.) Es ist diese Frage, die die Ich-Erzählerin in die Erinnerungen an ihre Zeit im Jüdischen Rat von Amsterdam stürzt, Erinnerungen an die „beiden Vorsitzenden, die ausführen, was immer man von ihnen verlangt. ‚Um Schlimmeres zu verhüten'. Bis zu Walter Süskind, der unter Lebensgefahr Tausende von Kindern, Hunderte von Erwachsenen aus der Schouwburg schmuggelt" (64); Erinnerungen an den Jüdischen Rat als „Klassenorganisation" (64) und an „die Ärmsten der Armen, die keine Beziehungen haben und sich nicht schützen können" (65), an das Ausbleiben eines „Aufschrei[s]", aber auch „eine[r] Äußerung der Resignation" (61) in den Briefen, die die Erzählerin für die in die Schouwburg Eingelieferten schrieb. „Nicht mehr an den Jüdischen Rat denken. Doch je mehr ich das wünsche, desto intensiver denke ich daran, desto tiefer tauche ich in das Vergessene ein. [...] das Ereignis ist wieder da, die letzte Erniedrigung. [...] Wie ich da sitze, vor meinem Antigoneheft, weiß ich wieder, durch welchen Dreck ich gegangen bin, durch welche Eiseskälte, gestellt vor Entscheidungen, die, wie immer sie ausfielen, mich schuldig machten." (67 f.)

Indem Weil Not und Zwang der Rechenschaftslegung ihrer Figur durch ihre Mitarbeit beim Jüdischen Rat Amsterdams motiviert, stellt sie sie an einen historischen Ort, der für die kritische Selbstbefragung überlebender Juden nach 1945 paradigmatisch war: Neben den ‚Sonderkommandos' der KZs waren es vor allem die Judenräte, denen eine schuldhafte Teilhabe an der Vernichtung vorgeworfen worden war – und unter diesen insbesondere dem Judenrat Amsterdams, dessen vermeintlich besondere Willfährigkeit gegenüber den NS-Behörden im Zusammenhang mit der Tatsache bewertet wurde, daß kein von den Deutschen besetztes Land mit Ausnahme Polens prozentual soviel seiner jüdischen Bevölkerung an die NS-Vernichtungslager verloren hat[12]. Die von Uwe Meyer nachgewiesene fortgesetzte Aufmerksamkeit Weils für verschiedene Rechtfertigungsversuche des überlebenden Judenratsvorsitzenden David Cohen vor und nach Kriegsende[13] deutet darauf, daß Grete Weil die nach der Befreiung aufgenommenen Ermittlungen der niederländischen Behörden gegen ihn und den zweiten überlebenden Vorsitzenden, Abraham Asscher, genau verfolgt hat. In welchem Maß dem Komplex der Judenräte und ihrer Bewertung jenseits von Fragen nach individueller Schuld Gewicht zugewachsen war im Selbstverständnis jüdischer Überlebender generell, verdeutlichte die ab 1964 einsetzende internationale Kontroverse um Hannah Arendts „Eichmann in Jerusalem“, die – in der Lektüre jüdischer Leser – entschieden von Arendts Darstellung der Judenräte bestimmt war[14].

Hier, an dem für die Formulierung der Frage nach eigener Schuld historisch paradigmatischen Ort, gewinnt nun auch der Antigone-Mythos mit größerer Deutlichkeit seine Dimension als ‚verborgene‘ Vorlage zentraler Motive des Romans. Obwohl schon im Titel selbst gegenwärtig, wird die Schwester Antigones von der Ich-Erzählerin nur im Vorübergehen erwähnt („blond, blaß, keine Persönlichkeit“ [95]); tatsächlich jedoch stellt Ismene nicht nur jenes schwesterliche Gegenüber dar, vor dem Antigone im Kontrast sich zu erkennen gibt, sondern sie repräsentiert – zumindest vorläufig – jene ‚alternative‘ Position, die auch die Protagonistin erzählend einnimmt. Wenn Ismenes Bekennntis bei Sophokles, „Ich füg mich denen, die am Steuer sind. [...] der Gewalt / Des Staats zu trotzen, hab ich nicht die Kraft“[15], von Antigone verächtlich als „Vorwand“[16] bezeichnet wird, wird erkennbar, daß die von der Ich-Erzählerin verwendete Vorlage auch jene Haltung schon gestaltet hat, die Antigone entgegengesetzt ist; und auch Ismenes späterer Wunsch, an Antigones Tat teilzuhaben – „Was

12 Vgl. Henriette Boas: „The Persecution of Dutch Jewry 1940-1945“. In: *Yad Vashem Studies*, Bd. 6 (1967), S. 359-374.

13 Vgl. Uwe Meyer: *„Neinsagen, die einzige unzerstörbare Freiheit“ – Das Werk der Schriftstellerin Grete Weil*. Frankfurt am Main 1996, S. 225 ff.

14 „Diese Rolle der jüdischen Führer bei der Zerstörung ihres eigenen Volkes ist für Juden zweifellos das dunkelste Kapitel in der ganzen dunklen Geschichte“ (Hannah Arendt: *Eichmann in Jerusalem – Ein Bericht von der Banalität des Bösen*. Leipzig 1990, S. 220; Erwähnung des Amsterdamer Judenrates ebd., S. 221). Zur Debatte um Arendts Buch vgl. F. A. Krummacher (Hg.): *Die Kontroverse. Hannah Arendt, Eichmann und die Juden*. München 1964. Vgl. auch Kap. VI, S. 277, Anm. 195.

15 Sophokles: „Antigone“. Aus dem Griechischen von Heinrich Weinstock. In: Joachim Schondorff (Hg.): *Antigone*. München/ Wien 1966, S. 39-74, hier S. 42. – Die Übersetzung von Weinstock hat auch die Vorlage für die von Weil im Roman verwendeten Sophokles-Zitate gebildet, wie aus einer Anmerkung am Ende des Buches hervorgeht.

16 Sophokles: „Antigone“ (Anm. 15), S. 42.

diese tat, ich tat's mit ihr zusammen. / Ich habe gleichen Teil an Tat und Schuld"[17] – und Antigones hochmütige, den Antagonismus pointierende Zurückweisung „Du wähltest dir das Leben, ich den Tod"[18] nehmen Momente des Konflikts ‚vorweg', den die Ich-Erzählerin im Prozeß ihrer Erinnerungsarbeit, allerdings in kennzeichnender Modifikation, durchleben wird.

Damit hat – dramaturgisch und poetologisch – die Ich-Erzählerin jene ‚Ausgangsposition' erreicht, von der die Fabel des Romans ihren Fortgang nehmen wird: Der historische Fluchtpunkt ihrer Erinnerung ist bezeichnet; die genuin antagonistische Dimension des Antigone-Mythos ist in Funktion gesetzt. Es folgt noch der Versuch eines Einkaufsbummels „auf der Zeil [...], jeder schiebt sich vorwärts in einer Aura von Einsamkeit, Kälte, Ablehnung, Aggression. Nie war ich von der Nachkriegshysterie der Emigranten befallen, die in jedem Deutschen einen potentiellen Nazi witterten und damit unaufhörlich schlimme Erlebnisse provozierten. [...] aber hier in dieser Menge überfällt mich irrationale Angst." (78) Es ist diese ‚Aktualisierung' älterer Ängste, die, zuletzt, das Unvorhergesehene ermöglicht, das nun geschieht.

3

Das erste Mal fällt das Wort „Terroristen" in einer Phantasie der Ich-Erzählerin über sich als einer Schriftstellerin, die in den Kulturbetrieb ‚integriert' ist und daher regelmäßig neugierigen Fragen interessierter Interviewer ausgesetzt wird. Diese Phantasie gerät ihr zur beißenden Persiflage auf die populistischen Aspekte im Kulturbetrieb der siebziger Jahre: „Schreiben Sie morgens oder abends, haben Sie, wenn Sie anfangen, die Konzeption fertig im Kopf, gehören Sie einer Gruppe an, verfassen Sie zuweilen Gedichte, was ist Ihre Meinung über Terroristen, halten Sie Hasch für gefährlicher als Alkohol und Nikotin?" (16) Eine andere Form populärer ‚Auseinandersetzung' repräsentiert einmal mehr Trudy, die an anderer Stelle äußert: „Wenn man einen Terroristen erwischt, sollte man ihn sofort an die Wand stellen. Geht dann mal ein Unschuldiger mit hops, ist es eben passiert." (149)

Doch als Trudy ihre frühere Schulfreundin mit dieser Auffassung bekannt macht, ist die Ich-Erzählerin bereits in eine konkrete, zugleich eigenste Erfahrung mit dem „Terrorismus" getreten. Diese Erfahrung wird ihre Ferne sowohl zu ihrer Freundin als auch zum flott-

[17] Ebd., S. 54.
[18] Ebd.

oberflächlich politisierenden Gehabe eines sich gern ‚liberal‘ gerierenden Kulturbetriebs weiter – es scheint: irreversibel – vergrößern.

Ihre Rückkehr aus der Menge der Konsumenten auf der Zeil, aus dem Café der „Pudeldame[n]“ (79) in ihre Wohnung, erlebt sie als „Flucht“ – „Flucht nach Hause. Flucht als Zustand, ohne zu wissen, wovor ich fliehe.“ (80) In dieser Situation erneut aufgerufener Ängste wird sie von Christine, noch im Flur ihrer Wohnung, mit der Bitte konfrontiert, „eine Freundin“ für kurze Zeit aufzunehmen, „eventuell auch über Nacht“; in ein Hotel könne sie nicht gehen. „Ich begreife, daß diese Marlene, die sicher gar nicht Marlene heißt, von der Polizei gesucht wird, und frage nicht weiter. Selbst wenn ich erführe, daß sie eine Mörderin ist – ich will es nicht erfahren –, könnte ich sie nicht fortschicken. Ein Flüchtling weist keinem anderen die Tür.“ (80)

Diese als unmittelbar plausibel, als zwingend erlebte Solidarität „der Verfolgten“ (84) hält auch weiteren Überlegungen und Spekulationen der Ich-Erzählerin über Marlene stand, ja, erfährt durch sie noch weitere Stabilisierung: „Wahrscheinlich hat sie etwas mit Terroristen zu tun, hatte einen bei sich versteckt, ist eine Sympathisantin. Ein böses, nichtssagendes Wort. Sind damit die gemeint, die mit Mord einverstanden sind oder auch die anderen, die wie ich, zu verstehen suchen, aus welcher Verzweiflung Gewalt entsteht? Ich bin keine Sympathisantin von Mördern, werde jedoch möglicherweise dafür gehalten, wenn man Marlene bei mir findet. Man wird sie nicht finden.“ (81)

An vielleicht keiner anderen Stelle gibt sich Weils „Meine Schwester Antigone“ so ‚historisch‘, so ‚zeitgebunden‘ wie hier, da Handlung und Diskurs des Romans sich untrennbar verschränken nicht nur mit Sachverhalten, sondern vor allem auch sprachpolitischen Aufladungen, wie sie insbesondere eine Vokabel wie „Sympathisant“ nur in der Zeit um den ‚Deutschen Herbst‘ und einige Jahre danach mit sich trug. Doch wenn sich auch spätestens jetzt, da dieses Signalwort gefallen ist, die sparsamen Striche, mit der Weil das soziale Außen der Ich-Erzählerin gezeichnet hatte, als Wiedergabe des bestimmten gesellschaftlichen und innenpolitischen Klimas dieser Zeit zu erkennen geben, so konstituieren diese Züge der Darstellung gleichwohl keinen ‚historischen Roman‘. Hingegen wird poetologisch demonstriert, daß die Prozesse der Erinnerung und der Selbstreflexion, die den Leser im Medium der Erzählung der Ich-Figur erreichen, verkettet sind in konkrete, politische Gegenwart.

Die Schriftstellerin reagiert zunächst empathisch auf den Gast. „Steht nicht auf, raucht und läßt die Asche auf den Boden fallen. Ist fast noch ein Kind, achtzehn oder neunzehn. Löst in mir Trauer aus. [...] Leises Amüsement, daß ein Mensch bei mir untergetaucht ist, der sich verstecken muß, weil er einen anderen Untergetauchten versteckt hat. Ich kenne dieses Spiel, nur war es lange Zeit aus meinem Bewußtsein verschwunden.“ (82) Ihr Entschluß, dieses „Spiel“ noch einmal mitzuspielen, ist jedoch nicht nur durch die Analogie zur eigenen Verfolgungserfahrung motiviert, sondern auch durch eine selbstkritische politische Reflexion: „Diese Generation der Unangepaßten, von irrationaler Angst Gejagten, nicht Erreichbaren – nicht mehr Erreichbaren, denn wann haben wir je ernsthaft versucht, sie zu erreichen? – die unsere Nerven strapaziert. Ein Spiegel, in dem wir uns bei aller Verzerrung, selbst erkennen. Diese Generation, die uns nicht die kleinste Ausflucht erlaubt, die Welt noch in Ordnung zu finden.“ (83) Daß diese Überlegungen hier noch als ganz eigenständige vorgetragen werden, unverbunden zur traumatischen Verfolgungserfahrung, steht für die relative Stabilität des Ich-Bewußtseins der Erzählerin, dessen wenig später eintretende akute Krise davon gekennzeichnet sein wird, daß nichts mehr bleiben wird, keine Überzeugung, keine Wahrnehmung, keine Einstellung, die noch Autonomie gegenüber dem vermeintlichen schuldhaften Versagen in den Jahren der Verfolgung bewahrt hätte.

Weniger aus Konvention denn aus dieser Verbindung von empfundener Nähe und Herausforderung heraus sucht die Ich-Erzählerin ein Gespräch mit ihrem Gast anzuknüpfen. Doch Marlene antwortet nur einsilbig, „widerwillig. Wie bei einem Verhör.“ Die Erzählerin erfährt, daß sie Altphilologie studiert habe. „Ich frage: ‚Was haben Sie mit der Altphilologie vorgehabt?‘ – ‚Ich wollte Lehrerin werden.‘ “ Sofort begreift sie, daß dieser Wunsch an der gegenwärtigen Realität wird scheitern müssen: „In Deutschland muß man Konformist sein, um Kinder unterrichten zu dürfen. Auch wenn sie um das Gefängnis herumkommt, ist es damit aus“ (83). Dies deutet erneut auf die charakteristische, kennzeichnend ausgerichtete Aufmerksamkeit, mit der sie ihre Umgebung seit langem zu mustern gewohnt ist.

Doch sodann: „Schweigen. Ich suche nach einem Thema, mit dem ich es überwinden kann.“ Zwar scheint der Name „Antigone“ für eine Altphilologin nahezuliegen: „Ganz sicher hat sie Sophokles auf griechisch gelesen“. Doch die Schriftstellerin schreckt davor zurück – und findet dafür einen sprechenden Vorwand: „[...] ich kann meine Prinzessin nicht als Lockvogel benutzen.“(83) So sehr hier aus einem von der kommunikativen Realität zwischen der Ich-Erzählerin und Marlene ganz abgetrennten Bereich, ‚immanent‘, argumentiert wird, so ist in diesen Worten doch schon die Ahnung mitenthalten, daß eine Thematisierung Antigones in Gegenwart Marlenes einer Aussetzung, vielleicht gar Auslieferung gleichkäme.

Also erwägt die Erzählerin jene Thematik, die ihr für den Zweck der Kommunikation mit ihrem Gast nach der Antigone-Figur nächstliegend scheint: „Verbrüderung der Verfolgten? Ich sage zögernd: ‚Sie wissen natürlich, daß ich Jüdin bin?‘ “ (84) Damit ist der erste Schritt getan, die aus der eigenen Verfolgungserfahrung unmittelbar gespeiste und in der konkreten Konfrontation spontan empfundene Solidarität zu dieser „Sympathisantin“ Gegenstand eines Gesprächs – Dialogs? – werden zu lassen. Daraus könnten sich womöglich Folgen ergeben, vielleicht eine weiterentwickelte Verwirklichung des Dialogs. Doch die Hoffnungen, die an eine solche Spekulation auf eine „Verbrüderung der Verfolgten“ geknüpft sein mochten – mit allen Erleichterungen, die sie, durch den intersubjektiven Austausch *zweier* Isolierter, auch für die Erinnerungsarbeit bergen mochte – werden enttäuscht. Marlenes Antwort „ ‚Nein, woher sollte ich. Ist mir auch egal‘ “ (84) macht offenkundig, daß von ihrer Seite her in der Tatsache der Begegnung mit einer Jüdin, gerade auch unter diesen Umständen, eine *besondere* Chance – sei es des Lernens, sei es der Nähe – nicht erkannt wird. Die Versuche der Schriftstellerin, *diese* Begegnung doch noch herbeizuführen, münden in eine Katastrophe. Sie berichtet von den knappen, verschlüsselten Briefen ihres Mannes aus dem KZ Mauthausen; sie schlägt im „holländische[n] Buch, das ‚Untergang‘ heißt, [...] das Bild mit der Todestreppe im Steinbruch von Mauthausen auf“ (84); sie liest ein dort abgedrucktes Zitat aus Kogons „SS-Staat“ vor, das von den dortigen Morden, Folterungen und Selbsttötungen handelt. Marlene „starrt auf das Bild. Langsam hebt sie die Hand, ballt sie zur Faust und schlägt immer wieder auf das Buch: ‚Diese Schweine, diese Schweine.‘ “ (85) Der erste Gedanke, den sie fassen kann, mündet in die Frage an die Ich-Erzählerin: „ ‚Haben Sie einmal gesehen, wie ein Mensch zusammengeschlagen wird?‘ “(85)

Damit scheint, jetzt explizit, die Unüberbrückbarkeit der Differenzen markiert zu sein. In einem nicht mehr nur „überschäumenden“, sondern von jeglicher analytischen Struktur entblößten, ‚befreiten‘ Universalismus[19], in dem die SS-Verbrecher aus Mauthausen sich in nichts mehr unterscheiden von den „Schweinen“ heute, schießen auch Folter und Mord unter KZ-Bedingungen mit den Schlägereien etwa auf den Straßen der westdeutschen Republik in den 70er Jahren unterschiedslos zusammen. Doch diese Grenzaufhebung trifft in diesem Moment die Ich-Erzählerin nicht dort im Prozeß ihrer Erinnerungsarbeit an, von wo aus sie solcher Verwischung der Unterschiede hätte entgegentreten können. Im Gegenteil: Sie wird gestoßen auf den Mangel einer persönlichen Erfahrung, der Erfahrung noch eines solch vergleichsweise reduzierten Übergriffs auf ihre Person, gerade im Kon-

19 Von einem „überschäumenden Universalismus“ spricht Dan Diner mit Blick auf die antiautoritäre Bewegung in einem Interview mit Gisela Dachs: „Der ganz Nahe Osten – Die Achtundsechziger und der Staat Israel“. In: *Die Zeit*, 4. Februar 1999, S. 8.

trast zu den Leiden anderer – „Ich habe es nie gesehen. Ich habe es tausendmal gesehen. [...] Ich wurde zusammengeschlagen, Nacht für Nacht. Ich bin nie zusammengeschlagen worden" (85). Es ist dieser Mangel, der ihre Perspektive auf sich selbst in eine Radikalisierung zwingt: in eine rückhaltlose Revision jetzt auch ihrer gesamten Nachkriegsexistenz, auch der als Schriftstellerin: „Alles in mir spannt sich, ist Abwehr, rede nicht weiter, laß mich in Ruhe, reiße die Wunde nicht noch mehr auf, wer bist du denn, hereingeschneit, ohne gerufen zu sein, eine kleine Sympathisantin von Verrückten, hoffnungslos auf Abwege Geratenen, ich habe mit dir nichts zu tun, du störst mich, mein Leben ist mühsam aufgebaut, aus Kompromissen zusammengeflickt, da wieder angesetzt, wo es vor dem Krieg aufgehört hat, ich bin noch immer die Tochter aus gutem Hause, eine Scheißliberale. Ich verstehe dich, verstehe jeden, habe eine Geschichte geschrieben, in der ich mich mit einem SS-Mann identifiziere, wir haben beide überlebt, sind beide schuldig. Ich bin in Mauthausen gewesen [...]. Ich war im Lager, nicht im Steinbruch, aber auch aus dem Lager bin ich nach ein paar höllischen Minuten weggelaufen. Bin weitergefahren nach Wien, war in der Oper, im Burgtheater, wo ein alter Logenschließer uns gute Erbauung wünschte, in Schönbrunn, der Albertina, der Reitschule und überall dort, wo man hingeht, wenn man eine Stadt genußreich kennenlernen will. Mein oberflächliches Leben, mein vergnügliches Leben, zwölf Jahre weggewischt, immer so tun als ob, Mauthausen ist nie gewesen, wie könnte ich atmen, wenn es gewesen wäre. Nicht hassen, lieben; Antigones vieldeutigen Satz verfälschen, den Satz, der ihr den Tod brachte, zum Leben mißbrauchen. Ausreden, Ausreden. – Ich hasse Marlene. Sie hat den Kopf auf das Bild gelegt und heult. Ich liebe sie." (85 f.)

Wie vielleicht keine andere Partie des Romans bis hierher werfen diese Zeilen die Frage nach einer Authentizität im Narrativ *jenseits* des im Roman entworfenen fiktionalen Rahmens auf. Die hier und anderswo beobachtbare, für „Meine Schwester Antigone" *spezifische* Authentizität gründet jedoch nicht in jenen äußeren Übereinstimmungen der Darstellung besonders der Arbeit und der Verhältnisse im Jüdischen Rat mit den historischen Daten – oft bis ins Detail[20]-, son-

[20] Als ein Beispiel sei hier nur auf ihre Erwähnung der „beiden Vorsitzenden" des Amsterdamer Judenrats sowie Walter Süskinds (64) verwiesen: vgl. den Artikel „Joodse Raad" in Israel Gutman u.a. (Hg.): *Enzyklopädie des Holocaust – Die Verfolgung und Ermordung der europäischen Juden.*. München/ Zürich 1995. Bd. II, S. 682 f.; zu Süskind vgl. Uwe Meyer: *Neinsagen* (Anm. 13), S. 227 f.. In ihrer 1998 erschienenen Autobiographie rückt Weil an die Stelle ‚erneuter' Ausführungen zum Amsterdamer Jüdischen Rat den Hinweis auf ihren Roman: „Über den Jüdischen Rat habe ich in *Meine Schwester Antigone* so ausführlich berichtet, dass ich es hier nicht noch einmal tun werde" (Grete Weil: *Leb ich denn, wenn andere leben.* Zürich/ Frauenfeld 1998, S. 166).

dern in der Entscheidung Grete Weils, in diesen Roman Erfahrungen einzutragen, die sie in ihrer Eigenschaft als Schriftstellerin – genauer: als jüdische Autorin deutscher Sprache im westdeutschen Kulturbetrieb der vergangenen Jahrzehnte – durchlaufen hat. Auf die Authentizität dieser Erfahrungen deuten im Romantext gerade jene Verweise, die des ausdrücklichen *Zeige*charakters – vor allem durch *Offenkundigkeit* der Übereinstimmung des Dargestellten mit vor- und außerliterarischen Sachverhalten – entbehren und sich erst der historiographischen Analyse entschlüsseln. Zu solcherart verborgenen Authentizitätshinweisen zählt etwa die zweimalige Anspielung auf das Anfang der fünfziger Jahre entstandene unveröffentlichte Romanmanuskript „Antigone“, in „Meine Schwester Antigone“ kritisch als „pathetisches Epos über ein Heldenmädchen“ gekennzeichnet: „[...] es kam nichts dabei heraus“ (10).[21] In seiner Authentizität gleichermaßen unerkannt mußte dem ganz überwiegenden Teil ihrer Leser die Rede von der „Geschichte“ erscheinen, „in der ich mich mit einem SS-Mann identifiziere, wir haben beide überlebt, sind beide schuldig“ – unzweideutige Paraphrase von „B sagen“[22] und Bestandteil jenes vor rund 12 Jahren erschienenen Erzählungsbandes „Happy, sagte der Onkel“, dessen Vergessenheit durch zudem wenige Besprechungen eher beschleunigt als gebremst worden zu sein schien.[23] Wo solchermaßen Authentisches sich der Deckung der Fiktionalität zurecht sicher weiß, ist jener poetologische Raum geöffnet, in dem ‚wie offen‘ auch über direkt Verwandtes, nicht minder Authentisches gesprochen werden kann – in einer *exklusiven* Unmittelbarkeit der Autorin zu ihrer Realgeschichte, strikt abgeschieden, verschont von den immanenten Zwängen diskursiver, offen autobiographischer Rede.

Die entscheidende poetologische Funktion der ‚verborgen‘ authentischen Partien in „Meine Schwester Antigone“ besteht jedoch darin, die für die Verfasserin in der Authentizität spezifisch verbürgte *historische Genauigkeit* des Romans nicht zu beschränken auf die Darstellung von Exil und Untergrund, sondern nicht minder für das Bild der Schriftstellerin nach ihrer Rückkehr nach Deutschland zu gewährleisten. Der Anspruch einer so verstandenen *poetologischen Wahrhaftigkeit* führt fiktionale und autobiographische Rede notwendig besonders dort zusammen, wo schlechterdings kein anderes Material,

21 Erneute Erwähnung auf S. 27; über das Manuskript unterrichtet Meyer: *Neinsagen* (Anm. 13), S. 236 f., 242 f.

22 Vgl. Kap. VIII, S. 355 ff.

23 Vgl. Verf.: „‚In einer deutschen Angelegenheit‘ – Der Frankfurter Auschwitz-Prozeß in der westdeutschen Nachkriegsliteratur“, in: *Geschichte und Wirkung des ersten Frankfurter Auschwitz-Prozesses* (= Jahrbuch des Fritz Bauer Instituts 2001); vgl. auch Lisbeth Exner: *Land meiner Mörder, Land meiner Sprache – Die Schriftstellerin Grete Weil*. München 1998, S. 87.

keine andere ‚authentische' Aufzeichnung greifbar zu sein scheint als die der eigenen Erinnerung. In diesem Sinn überschreitet das Narrativ in „Meine Schwester Antigone" die einsinnige Fiktionalität eines „Romans" eben nicht nur in jenen Passagen, denen immer wieder der Charakter eines Zeugnisses zugesprochen und auf den die Klappentexte aufdringlich indirekt hinzuweisen sich schon angewöhnt hatten, sondern gleichfalls dort, wo von den Erfahrungen, der Legitimation und dem Standort des Schriftstellers in Deutschland heute die Rede ist, also jener Kondition, mit deren Hilfe Grete Weil die andere – die Kondition des Überlebens – möglicher zu machen suchte.

Unter Rückgriff auf autobiographisches Material gestaltet Weil die erste der zerrüttenden Selbstbefragungen, in die Marlene die Ich-Erzählerin stürzt. Über eine Kaskade offen hilfloser Abwehrfloskeln sucht sie sich in ein trotziges, in Wirklichkeit als schmerzhaft demütigend empfundenes Bekenntnis, „eine Scheißliberale" zu sein, zu retten. Diese Vokabel entstammt dem Jargon der antiautoritären Bewegung und ist ein kaum weniger signifikantes, d. h.: historisch genaues ‚Kennwort' der Epoche wie der „Sympathisant". Sie füllt es mit Indizien gegen sich selbst, macht eine Selbstanzeige. Ein genauerer Blick auf den angespielten Text „B sagen"[24] erhellt rasch die Parteilichkeit – und zwar die *gegen sich selbst* gerichtete – dieser Deutung: Die Ich-Erzählerin imaginiert eine Lektüre ihres Textes, die ganz *aus der Fahndungsperspektive des Gegners* gedacht ist. Diese Vorstellung steht für die in dieser Begegnung zwischen Marlene und der Erzählerin abgebildete objektive Eskalation der diskursiven Situation. Texte, Daten, Fakten verlieren im Aufeinanderprall zwischen ‚Anklage' und schon zusammengebrochener ‚Verteidigung', reuigem ‚Schuldbekenntnis' alle Mehrdeutigkeit, alles Volumen. Sie schmelzen zusammen zur lückenlosen Beweiskette, in der jedes Indiz jeweils nur eine einzige, stigmatisierende Deutung erhält: poetische Arbeit am Bild des NS-Verbrecher-Typus: identifikatorisch; Mauthausen nicht ausgehalten; Oper, Burgtheater, Schönbrunn, Albertina, Reitschule genossen; überhaupt die ganze Lebensführung: verlogenes „so tun als ob". Hier, am Ende dieser Selbstanklage, in deren „Ausreden. Ausreden" das gleichmeinende „B sagen. B sagen"[25] deutlich nachklingt – genauer: mitklingt –, gerät plötzlich auch das Verhältnis der Ich-Erzählerin zur Antigone-Figur unter Verdacht: „Nicht hassen, lieben; Antigones vieldeutigen Satz verfälschen, den Satz, der ihr den Tod brachte, zum Leben mißbrauchen." (86) In aller Deutlichkeit wird hier jene Rezeption Antigones angespielt und denunziert, die Johanna Bossinade als die

[24] Vgl. die Lektüre in Kap. VII, S. 355 ff.

[25] Grete Weil: „B sagen". In: dies.: *Happy, sagte der Onkel*. Frankfurt am Main 1982, S. 69-109, hier S. 107.

einer „klassischen Bewältigungsfigur“[26] besonders im Deutschland der Nachkriegszeit ausgemacht hat, etwa in Elisabeth Langgässers Erzählung „Die getreue Antigone“ von 1947, in der sich „die Paradoxien der klassischen Frauenfigur in Friedfertigkeit und franziskanischer Alliebe auflösen“[27]. Genau dieser Zug ist auch hier gemeint – in der schmerzlichen Einsicht, daß die Antigone-Parole, verkürzt auf „Nicht hassen, lieben“, den Weg zurück ins Land der Mörder, zu einer Existenz wenn auch nicht in ihrer Mitte, so doch in ihrer Gegenwart hatte ebnen helfen, während die Liebe der mythologischen Antigone-Fabel doch gerade tödlich bestrafte Loyalität zum Bruder gewesen war. Die Bezeichnung dafür lautet „Mißbrauch“.

„Neinsagen, die einzige unzerstörbare Freiheit, Antigone hat sie souverän genutzt“ (88) – mithilfe solcher erneuerten Kennung der Antigone-Figur sucht die Ich-Erzählerin sie für ihre Erinnerungsarbeit zu retten, die durch die Konfrontation mit Marlene merklich unter Druck geraten ist. „Ich sagte ja“ scheint der Ich-Erzählerin hingegen über der gesamten eigenen Existenz zu stehen – auch der als Schriftstellerin: „Mit dem Vorsatz, in der Öffentlichkeit zu wirken, war ich aus Holland zurückgekommen. Es blieb dabei. Nicht einmal, daß ich ein überlebender Zeuge war, wurde publik. Man berief mich in keine Gremien, lud mich zu keiner Diskussion ein. In der SPD, die ich nicht nur wähle, deren Mitglied ich bin, tat ich den Mund nicht auf. Auch Schriftstellern schloß ich mich nicht an, versuchte nicht zur Gruppe 47 zu stoßen, versuchte überhaupt nichts. [...] Wenn es sich vermeiden ließ, sagte ich nicht, daß ich schreibe. Ich schrieb unter Waikis Namen und lebte unter dem von Urs. Das Verschleiern war einfach, wurde immer perfekter [...]. Warum das Verstecken?“ (88) Wenn auch zunächst deutlich auf die Reserve der deutschen Nachkriegsgesellschaft verwiesen wird, stellt die Ich-Erzählerin doch die von *ihr* versäumten (mutmaßlichen[28]) Chancen in den Vordergrund ihres Selbstbildnisses. Die von ihr provisorisch erprobte Antwort auf die Schlußfrage „Warum das Verstecken?“ – nämlich: „Nachwirken der Erziehung“ – kann die Krise jedoch nicht mehr aufhalten.

Nähe und Ferne, Anziehung und Abstoßung gegenüber ihrem unverhofften Gast zeichnen den weiteren Verlauf der Krise aus. Ein Gespräch bleibt unmöglich: „Schleier zwischen mir und Marlene“ (99);

[26] Johanna Bossinade: *Das Beispiel Antigone – Textsemiotische Untersuchungen zur Präsentation der Frauenfigur*. Köln 1990, S. 124.

[27] Ebd., S. 123.

[28] Welche Chancen das hier angedeutete Engagement etwa in SPD und Gruppe 47 tatsächlich historisch gehabt hätte, muß hier unerörtert bleiben; ein Blick in die neuere Forschung zur Gruppe 47 (vgl. Verf. [Hg.]: *Bestandsaufnahme – Studien zur Gruppe 47*. Berlin 1999) muß allerdings – zumindest in Hinsicht auf diese literarische Vereinigung – sehr skeptisch stimmen.

und auch das Bild der imaginierten Antigone-Figur wird beeinträchtigt. War sie eben noch vertraut („alles klar zwischen uns“ [10]) und frei verfügbar („wegschickbar und herbeirufbar“ [38]), setzt jetzt ein „plötzliches Begreifen“ ein, „daß meine Prinzessin viel mit Marlene gemeinsam hat und ebenso schwer zu ertragen wäre. Der Gedanke tut weh. Ich ahne, daß die leibhaftige Antigone, die ich nicht nach Lust und Laune herbeirufen und wieder ins Dunkle zurückstoßen könnte, mir schwer auf die Nerven ginge.“ (97) Unverändert, ja, vielleicht noch gesteigert empfindet die Ich-Erzählerin hingegen ihre Pflicht gegenüber Marlene, sie vor dem staatlichen Zugriff zu schützen. Ihre Vorstellung von dem Fall, daß tatsächlich Polizisten auf der Suche nach Marlene an ihrer Wohnungstür klingeln würden, trägt deutliche Zeichen nicht nur eines praktischen Trainings in früheren Zeiten, sondern zugleich eines ‚Überlebenden-Humors‘, der auf seine Weise den Abgrund zwischen der Heimgekehrten und ihrer Umgebung bezeichnet: „Bei mir eine fremde Person? Sie irren, meine Herren, ich bin allein in der Wohnung und schreibe. Ja, ich bin Schriftstellerin. Ob Sie mich gerade bei der Arbeit stören? Ja, natürlich, aber ich weiß, daß Sie nur Ihre Pflicht tun. Es ist ein gutes Gefühl für den Bürger, sich beschützt zu wissen. Heutzutage, bei dem entsetzlichen Überhandnehmen der Kriminalität. Dies alles mit brüchiger Stimme vorgetragen. Dazwischen hörbar die Luft einziehen. Das klingt nach Lungenemphysem oder Asthma, jedenfalls leidend, und ich habe es ja nicht mit Ärzten zu tun. Das ist unsere Chance: meine Hilflose-alte-Dame; ich kann sie recht gut, wende sie da an, wo ich früher das schüchterne junge Mädchen oder die konfuse Hausfrau eingesetzt habe, die selten ihre Wirkung verfehlten. – Vielleicht komme ich gar nicht dazu, eine Rolle zu spielen, weil sie von der Aufzugstür her schon schießen. Der Gedanke amüsiert mich. Zu guter Letzt doch von einem Deutschen in Uniform erledigt. Viele Jahre zu spät, ein Witz, dessen Pointe beim Publikum nicht ankommen wird.“ (100)

Doch als es klingelt, steht nicht die Polizei vor der Tür, sondern nur der Steuerberater; und als die Ich-Erzählerin nach seinem Abschied Marlene im Nebenzimmer eingeschlafen auf dem Bett liegend vorfindet, geraten ihr die Motive ihres Gastes und Antigones einschließlich ihrer an sie geknüpften Erinnerungsarbeit in eine Engführung, auf die, jetzt, längst alle jene Irritationen hingedeutet zu haben schienen, die den vertrauten Rhythmus von Wahrnehmen, Assoziieren und Erinnern seit Auftauchen der „Sympathisantin“ in ihrer Wohnung heimgesucht hatten: „Sie waren untergetaucht? fragen die Leute, als ich nach Deutschland zurückkomme. Wie schön, daß Sie den Krieg heil überstanden haben. Sie freuen sich, daß ich noch am Leben bin. Ein lebender Jude wiegt in ihrem Gewissen viele tausend tote Juden auf. – Ein Kaufhaus brennt in der Nacht. Das Feuer wird schnell gelöscht.

Ein paar junge Menschen, Kinder aus Bürgerhäusern, erklären, sie hätten gegen den Krieg in Vietnam protestieren wollen. Den Menschen zeigen, was da geschieht. – Der Anfang des Terrorismus in Deutschland. Verzweiflung über Unmenschlichkeit. Antigone und Gudrun Ensslin auf der gleichen Linie. Der Jungfrauen herrlichste Natur und das Mädchen, das man als Kriminelle abtut. Wo ist der Unterschied? Nur zeitliche Entfernung? Ich versuche Partei zu ergreifen für meine Prinzessin. Sie hat nicht gezündelt, nur begraben. Aber das ist keine Differenzierung, vielleicht hätte G. E., die Pfarrerstochter, auch lieber einen Toten begraben, wäre es heute noch opportun, mit der Bestattung einer Leiche zu demonstrieren. Moralistinnen waren beide. – Und ich? Ich habe meine Wunde geleckt, ein Leben lang. Mit einem nicht vorhandenen Revolver gespielt. Nur geträumt vom Feuer. Kein Versuch, mich zu vernichten, kein Versuch, in der Öffentlichkeit zu demonstrieren.“ (108 f.)

Noch einmal sei, an dieser Stelle, auf jene Authentizität hingewiesen, die oben als Ausweis historischer Genauigkeit im poetologischen Kontext von „Meine Schwester Antigone“ gekennzeichnet wurde. Wie *ein* Überlebender in der westdeutschen Nachkriegsrezeption umstandslos hinwegzu-‚trösten‘ schien über die „viele[n] tausend tote[n] Juden“, die nicht zurückkehren konnten, ist beispielsweise von Grete Weil selbst in einer Prägnanz erfahren worden, die schwerlich steigerbar scheint, als sie nämlich der Bürgermeister ihres oberbayerischen Geburtsorts Rottach-Egern nach dem Krieg mit den Worten begrüßte: „‚Ah, da bist wieder, Gretel!‘“[29] Gleichfalls das genaue Gegenteil fiktionaler Invention, fungiert auch die Episode vom brennenden Kaufhaus gleichsam als historiographisches Kürzel: In der Nacht vom 2. zum 3. April 1968 war Feuer in zwei Frankfurter Kaufhäusern ausgebrochen; zwei Tage später werden Andreas Baader, Gudrun Ensslin, Thorwald Proll und Horst Söhnlein verhaftet. Am dritten Verhandlungstag des am 14. Oktober beginnenden Strafverfahrens bekennt Ensslin sich zu einer der beiden Brandstiftungen; mit dem Brand habe sie „gegen den Vietnam-Krieg protestieren […], die Bevölkerung aus ihrer Gleichgültigkeit auf[…]rütteln“ „und gleichzeitig gegen die kapitalistische Wirtschaftsordnung protestieren wollen.“[30] Im weiteren Verlauf des Verfahrens äußert Ensslin: „‚Wir haben gelernt, daß Reden ohne Handeln unrecht ist. […] Ich interessiere mich nicht für ein paar verbrannte Schaumstoffmatratzen, ich rede von verbrannten Kindern in Vietnam‘.“[31] Am siebten Verhandlungstag, dem 31. Okto-

29 Exner: *Land meiner Mörder* (Anm. 23), S. 73.

30 „Viermal drei Jahre Zuchthaus“. In: *Frankfurter Allgemeine Zeitung*, 1.11.1968, S. 7.

31 Nach Butz Peters: *RAF – Terrorismus in Deutschland*. Stuttgart 1991, S. 54.

ber 1968, werden die vier Angeklagten zu je drei Jahren Zuchthaus wegen versuchter menschengefährdender Brandstiftung verurteilt. Gegen diese Strafe, „eine der höchsten [...] in einem politischen Prozeß nach 1945“[32], protestieren u.a. Jean Améry, Hans-Hellmut Kirst und Luise Rinser mit einem Offenen Brief an den Frankfurter Oberlandesgerichtspräsidenten[33].

Die Bedeutung, die dieser Partie im Kontext der Poetologie des Romans zuwächst, gründet jedoch auch hier nicht in der ostentativen Eindeutigkeit ihrer Beziehung zu Fakten und Daten nachkriegsdeutscher Sozial- und Ereignisgeschichte – wenn sie auch durch sie verstärkt wird –, sondern im *genetischen Zusammenhang*, der durch die Reihung der beiden scheinbar unverbundenen Motive hergestellt wird: zwischen dem Modus des Nicht-wissen-Wollens, das der Überlebenden nur zu bekannt ist, und dem Fanal-Charakter einer Aktion „junge[r] Menschen“, die offenkundig nicht mehr auszuhalten vermögen, daß nicht wahrgenommen wird, „was da geschieht“ (109). In dieser Perspektive fallen die im Zeichen des „Neinsagens“ begriffene Antigone und die von „Verzweiflung über Unmenschlichkeit“ getriebene Gudrun Ensslin wenn nicht zusammen, so doch „auf [die] gleiche Linie [...]. Moralistinnen waren beide.“ Die an die „Erinnerungsfigur“[34] Antigone geknüpfte Selbstbefragung, die auch sogleich einsetzt, gerät durch diese Gleichstellung unter neuartigen Druck: Denn indem „G. E.“ den Beweis zu führen scheint, daß ein tätiger Widerstand auch in der Jetztzeit der täglich im Fernsehen zu besichtigenden „Folterungen, Morde, Hinrichtungen“ (17) Praxis werden kann, stellt sie die Tauglichkeit der mythologischen, literarischen Figur als Instrument zur *Prüfung* des eigenen Verhaltens nicht nur während der Besatzungszeit ausdrücklich in Frage. Diese Infragestellung der Antigone-Figur und die Geltung des „Mädchens, das man als Kriminelle abtut“, für die Erinnerungsarbeit der Ich-Erzählerin muß noch gesteigert erscheinen, wenn sich die zuvor einmal nur assoziativ aufgerufene Analogie „My Lai, Lidice, Oradour“ (52) oder gar eine *Kausalität* zwischen der NS-Vernichtungspolitik und dem Katastrophischen der Gegenwart als faktisch erweisen sollten: „Zwanzigstes-Jahrhundert-Spiel. Endspiel. Schouwburg von Amsterdam. Fußballstadion von Santiago.“ (66) Nur von hier aus ist der Satz formulierbar, mit dem die Ich-Erzählerin die Erinnerung an die Anschläge, die Brückensprengungen und Bombenattentate der niederländischen Befreiungsbewegung, an der sie teilhatte, überschreibt: „Die Historie tut uns den Gefallen, unseren Terrorismus Widerstand zu nennen.“ (113)

32 Klaus Wagenbach, Winfried Stephan, Michael Krüger (Hg.): *Vaterland, Muttersprache – Deutsche Schriftsteller und ihr Staat seit 1945*. Berlin/W 1979, S. 255.

33 Peters: *RAF* (Anm. 31), S. 58.

34 Vgl. oben.

Es ist dieser Moment, in dem sich die Ich-Erzählerin nicht an ihr Versagen, sondern an ihre damalige Aktivität erinnert, deren Selbstverständlichkeit sie ganz deutlich erst in der Konfrontation mit charakteristischen Rechtfertigungsversuchen im Nachkriegs-Deutschland empfunden hatte: „Den Satz: Das konnte ich nicht tun, es war zu gefährlich, habe ich zum erstenmal nach dem Krieg in Deutschland gehört.“ Doch gerade die in der Regung spontan empfundenen „Heimweh[s] nach Illegalität“ aufkommende Erinnerung an eine Solidarität, die nie wirklich von „Ideologie“ (114) bedroht gewesen war, führt sie unweigerlich zurück in die Gegenwart, in der sie nicht nur „Mißtrauen, Verdächtigungen, Anfeindungen überall“ wahrnimmt, sondern ihre schiere Unfähigkeit, „den Fall Marlene [...] durch[zustehen]. Allein bin ich keiner Anforderung mehr gewachsen. [...] Ich bin eine müde alte Frau.“ Die Ich-Erzählerin kann die zermürbende Spannung, in die ihre fortdauernde Selbstreflexion geraten ist, nicht mehr halten, aushalten; „ich möchte Marlene wachrütteln und sagen: Steh auf und hau ab“; erschöpft überläßt sie sich einer – zudem gängigen – Rede, die wieder Distanz zu Marlene einschließlich der durch sie repräsentierten Form des Widerstands herstellt *und* doch auch treffend und richtig zu sein scheint: „Ich bin gegen Gewalt und gegen Sympathisanten von Gewalt. Ich bin gegen euren Glauben, daß es ein Paradies auf Erden geben kann und noch viel mehr gegen euren höllischen Weg zu diesem Paradies. Ihr spielt Krieg, einen sinnlosen widerwärtigen Krieg. Und ich will Frieden.“ Doch die Zeit, da die Schriftstellerin vielleicht noch kraft solcher Rede ihre Unauffälligkeit in der „Menge“ (78), ihr „Versteck“(88) inmitten der „Heimat“ (48) abzusichern vermocht hat, ist unwiderruflich vorbei: „Ich kann es nicht sagen. Meine Wunde macht es unmöglich. Marlene bedarf der Hilfe, also helfe ich. Ohne nach Ideologie zu fragen.“ (114)

In dieser Situation – Marlene schläft noch immer, und es bleibt zunächst nichts anderes als zu warten – greift die Ich-Erzählerin zu einem „Bericht, den ich fast auswendig weiß“ (115): den Augenzeugenbericht eines Wehrmachtssoldaten von der Liquidierung der letzten Juden des polnischen Ortes Piotrków Trybunalski. Die tagebuchförmig abgefaßte Aufzeichnung schildert die Beobachtungen des Unteroffiziers Friedrich Hellmund, der zusammen mit rund dreißig weiteren Soldaten zu Verrichtung „‚eine[s] besonderen Dienst[es]‘“(115) in die südlich von Lodz gelegene, von den Deutschen „Petrikau“ genannte Stadt geschickt wird: Dort sollen sie für die Abriegelung des Ghettos und deren Kontrolle sorgen. Der Verfasser schildert die Zusammentreibung der Juden auf einem Platz der Altstadt; die Aufforderung der ausführenden SS-Männer, alle Wertsachen zurückzulassen; die ‚Verladung‘ der Menschen auf Lastwagen. „Es ist erstaunlich bei diesen Tausenden von Menschen, welche Ruhe herrscht.“ (116)

Einmal beobachtet Hellmund, wie ein Baby auf einen der Wagen geschleudert wird: „Da fliegt ein weißes Bündel hoch, die Frauen fangen es, sich vorlehnend, auf, es ist ein etwa einjähriges Kind in weißem Mäntelchen und weißem Mützchen, sekundenlang scheint es in der Luft zu schweben, es macht ein ganz ruhiges, ernstes Gesicht – alles Licht dieses grauen Tages scheint sich auf diesem grellweißen Fleck zu sammeln–, dann verschwindet das Kind im Wageninnern, ein paar andere werden noch hinterhergeschleudert. Die hintere Wagenwand wird hochgeklappt." (123) Auf seine Frage, warum eine Frau, die er tot an einer Straßenecke auffindet, erschossen wurde, sieht ihn der angesprochene SS-Mann „mit einem schrägen Blick von oben herunter an, dann schaut er wieder geradeaus und schnaubt verächtlich durch die Nase" (117 f.); von einer „mit Püffen und Schlägen [...] auf einen grünen Lastwagen" hinaufgetriebenen Gruppe von Männern heißt es: „ ‚Die fahren nach Palästina.' " (118). Bei seiner Patrouille durch das Ghetto wird er Zeuge mehrerer Erschießungen: „Es knallt – knallt. [...] Auf dem grünen Rasen verstreut liegen lustig-bunte kleine Hügel. Ein Mann völlig nackt. Das Mädchen in Himmelblau liegt jetzt seltsamerweise auf dem Rücken, die offenen Augen gegen den Himmel. Ihre Glieder sind schneeweiß, wie bei einer Wachspuppe. Vorne liegt ein Mann im Pyjama, die Knie angezogen, als hätte er sich zum Schlafe hingekuschelt. Wie ruhig die Gesichter alle sind, keine Verzerrung, kein Schrecken darauf." (131 f.). Die teils aktiven, teils in der Wachstube „herumsitzenden deutschen und polnischen Polizisten" erregen im Beobachter den Eindruck, „daß es sich hier um eine Hetz, eine Gaudi handelt" (119). Aber auch ein „Feldwebel, der mir vor etwa einer Stunde gesagt hatte: ‚Das hier ist nichts für mich, ich bin Soldat und kein Henker' ", hat unterdessen „ ‚doch Interesse an der Sache' " (122) gewonnen. Dagegen erfährt Hellmund auch von einem „ ‚Kommandeur, [der] sich immer mit Händen und Füßen [sträubt], uns zu so einer Aktion zu schicken' " (122); und von einem Wachtmeister, der „ ‚danach acht Tage nicht mehr zum Dienst gekommen [sei], hat nur noch gesoffen, er sagte, er hätte dabei immer an seine eigenen Kinder denken müssen. Wir fürchteten schon alle, daß ihm wer weiß was passiert. Aber der Hauptmann hat ihn vierzehn Tage auf Urlaub geschickt. Nach Deutschland, zu seiner Familie.' " (126) Als die Gruppe der Wehrmachtssoldaten abends wieder abzieht „und das harte, taktmäßige Geräusch unseres Gleichschritts in den stillen Gassen widerhallt", hört Hellmund einen von ihnen sagen: „ ‚Die Leute, die uns hier sehen, werden denken, wir hätten wer weiß wie gewütet, und dabei sind wir doch ganz unschuldig.' " (136)

Dieser Bericht, der in einer Notiz im Anhang des Romans ausdrücklich als authentisch ausgewiesen (154[35]) und *demonstrativ* in dieser Eigenschaft vorgeführt und eingesetzt wird, erfüllt verschiedene erinnerungspoetologische und dramaturgische Funktionen. Zunächst schreibt Weil in der Aufnahme dieses Zeugnisses in ihren Roman das erinnerungspoetologische Motiv fort, das „Tramhalte Beethovenstraat“ noch zentral bestimmt hatte: vom *Deutschen* – nicht vom Juden –, der sich erinnert und dem es an keiner Zeugenschaft mangelt, die ihn nicht in die Lage versetzen würde, einen Begriff vom Ausmaß der Verbrechen zu entwickeln. Doch indem der Hellmund-Bericht vom Ort geradezu *des* Deutschen dieser Zeit aus verfaßt ist, nämlich des von der Vernichtungspolitik vermeintlich nicht tangierten Wehrmachtsmitglieds, wächst ihm ein Grad an Typologischem, eine ‚Zuständigkeit' zu, die die des Schriftstellers und inneren Emigranten Andreas noch deutlich überschreitet. Alle wesentlichen Motive, die die Ausstellung „Vernichtungskrieg. Verbrechen der Wehrmacht 1941 bis 1944“ erst rund eineinhalb Jahrzehnte später in eine zu weiten Teilen erbittert geführte öffentliche Debatte hat zwingen können, liegen in diesem Zeugnis offen zutage: die aktive Mithilfe von Teilen der regulären deutschen Armee an der Ausführung der Vernichtungspolitik; die Tatsache der offenen, unverstellten Einsicht der unmittelbar Beteiligten in ihren Verbrechenscharakter; das ausdrückliche Vergnügen mancher Ausführender an ihren Taten[36]; Spielräume der Wehrmachtsmitglieder, sich der Mitwirkung zu entziehen; die Konstruktion eines ‚Mythos der Unschuld' noch am Tag der Einsätze. Doch weniger auf eine spezifische Thematisierung der Teilhabe der Wehrmacht an der Vernichtungspolitik zielt dieser Bericht im Kontext des Romans als auf ein Beispiel jener Unmittelbarkeit zu ihr, auf deren vermeintlichen Mangel die Ich-Erzählerin in der Konfrontation mit Marlenes Satz „‚Haben Sie einmal gesehen, wie ein Mensch zusammengeschlagen wird?' “ (85) gestoßen worden war: Wie – im dramaturgischen Kontext des Romans – der Unteroffizier der Wehrmacht *mehr* gesehen zu haben und daher ein *besserer Zeuge* zu sein schien als die jüdische Überlebende, unterstreicht auf zusätzliche Weise den Rang, jedoch auch die Verantwortung, die *deutscher* Zeugenschaft beigemessen wird – in „Meine Schwester Antigone“ nicht weniger als in „Tramhalte Beethovenstraat“.

Doch neben dieser elementaren erinnerungspoeotologischen Motivierung kommt der Aufnahme des Hellmund-Berichts in den Roman eine weitere, auch für die Dramaturgie der Fiktion entscheidende Bedeutung zu. Der Bericht weist zugleich auf die noch in der hochgradigen Arbeitsteilung der Vernichtung selbst systematisierte Zerset-

[35] Das heute im Grete Weil-Archiv der Monacensia-Bibliothek München verwahrte Originalmanuskript war Bestandteil der am gleichen Ort veranstalteten Ausstellung „Land meiner Mörder, Land meiner Sprache – Die Schriftstellerin Grete Weil“ im Sommer 1998.

[36] Vgl. Kap. VIII, S. 369.

zung individueller personaler Autonomie, auf „Zergliederung der Intention" und „Zerfaserung von Verantwortlichkeiten"[37]. In diesem immanenten Hinweis auf die moderne Organisationsstruktur der Massenvernichtung offenbart das hier gegebene Bild der Verbrechen den historischen Anachronismus der „Erinnerungsfigur" Antigone: die strukturelle Untauglichkeit ihres Mythos, sowohl die Verbrechen selbst wie auch die Optionen des Handelns erinnernd zu vergegenwärtigen. In einem Blick auf moderne Interpretationen der Antigone-Figur hatte die Ich-Erzählerin noch Stunden zuvor das Brecht-Wort von „der großen Gestalt des Widerstandes" (65) zitiert – doch schon diese Erwähnung im Vorwort zum „Antigone-Modell 1948" lautet vollständig: „Die große Figur des Widerstands im antiken Drama repräsentiert nicht die Kämpfer des Deutschen Widerstands, die uns am bedeutendsten erscheinen müssen."[38] Die in dieser Bemerkung unzweideutig markierte Nicht-Vergleichbarkeit der Antigone-Figur mit dem Widerstand gegen das NS-Regime und seiner notwendigen Form strich Käte Hamburger in einem Kommentar der Brecht-Zeile wie folgt heraus: „Der Begriff Widerstand, der den durch die Nazizeit gegangenen Menschen geläufig geworden war, hatte nichts zu tun mit Antigones Widerstand. [...] Eine persönliche Auseinandersetzung mit dem Tyrannen wie die ihre [...], dies relativ einfache Handeln gegen sein Verbot war in der totalitären Diktatur keine nacherlebbare Möglichkeit einer Widerstandshaltung mehr, wo Widerstand im Versuch, und im unterirdisch arbeitenden, ihrer Beseitigung bestand. Ja, man kann sagen, daß das immer noch human-personale Moment, das bei aller Tyrannis des Kreon noch in die Beziehung und Auseinandersetzung zwischen ihm und Antigone eingeht, dasjenige ist, das 1947 keinerlei ‚Identifizierung' mehr mit ihr möglich macht."[39] In diesen Hinweisen zum einen auf den umfassenden *System*charakter der in der modernen NS-Diktatur verwirklichten ‚Tyrannis', zum andern auf den durch ihn zwingend mitbedingten nahezu vollständigen Mangel an einer hinreichenden *Personalisierbarkeit* der Massenverbrechen wird deutlich, daß das Gegenüber von Antigone und Kreon, das den Konflikt zwischen staatlichem Anspruch und Menschenrecht, zwischen Terror und Widerstand *paradigmatisch* abbilden soll, in der Anwendung auf die Verhältnisse zur Zeit der NS-Massenvernichtung

[37] Dan Diner: *Das Jahrhundert verstehen. Eine universalhistorische Deutung*. München 1999, S. 225.

[38] Bertolt Brecht: „Zur ‚Antigone des Sophokles'". In: Schondorff (Hg.): *Antigone* (Anm. 15), S. 364. Diese Zusammenstellung von „Antigone"-Dramatisierungen von Sophokles bis Brecht wurde, wie an anderer Stelle des Romans deutlich wird, nachweislich von Weil benutzt.

[39] Käte Hamburger: *Von Sophokles zu Sartre*. Stuttgart 1962, S. 209.

der Forderung nach historischer Genauigkeit[40] nicht gerecht zu werden vermag. Wenn das, was geschah, mit diesem Anspruch erinnert werden soll, bietet Antigone als „Erinnerungsfigur" keine ausreichenden Möglichkeiten, ja, wird, im Gegenteil, erkennbar als ein Medium, das eine Konfrontation mit dem „Grauen der Vergangenheit"[41] erst erträglich gemacht zu haben schien. Denn in dem Maße, in dem die Versenkung der Ich-Figur in den Hellmund-Bericht sie „lähmt"[42], „zu Tode erschöpft" (136), wird offenkundig, daß „Antigone [...] ein Ersatz für diese Art Sprachlosigkeit"[43] war.

Die Gefährdung, in die die Ich-Erzählerin durch diese jetzt irreversibel gewordene Entwicklung gerät, ist bezeichnet in ihren Versuchen, Antigone als brauchbare Erinnerungsfigur zu retten, indem sie sie in die imaginierte Geschichte eines verwirklichten personalen antifaschistischen Widerstandes einzuschreiben versucht. Daß Marlene unterdessen von einem Freund abgeholt wird: „‚Tschüß', sagte mein seltsamer Gast. Kein weiteres Wort. Christine küßte mich. ‚Es war unheimlich lieb von dir.' Frank nickt mir zu, ein wenig anerkennend und ein wenig herablassend" (137) – das wird nur noch am Rande wahrgenommen. Die Bemühung, die Antigone-Figur mit den Realitäten der NS-Zeit zu ‚versöhnen', gerät dabei sogleich in innere Widersprüche. Erscheint Antigones Selbsttötung in der Felsenhöhle nun zunächst als Konsequenz aus der Einsicht, daß ihre Befreiung durch Kreon sie in einen nicht weniger schmerzlichen „Zwang der Konvention zurückgeholt" (139) hätte, wird sie kurz darauf als Gesprächspartnerin phantasiert, die dem Ich rät zu „akzeptieren [...]. Sie will, daß ich akzeptiere. Ich widersetze mich." (142) Die eigene Sozialisation wird als fortgesetzte Folge solchen Akzeptierens erinnert. Die Ich-Erzählerin sieht sich „ahnungslos [...] in die Falle der Anpassung [getappt]" (143); und das Leben insbesondere auch während der dreißiger Jahre scheint von der Einstellung geprägt: „Wir wissen, was kommen wird, warten ab, tun nichts, bringen uns nicht in Sicherheit." (145) Doch als solche Anpassung, die man leicht zu üben, zu ertragen gelernt hat, gilt jetzt nicht minder die Gleichgültigkeit gegenüber der entfremdeten Fließbandarbeit in der modernen Industriegesellschaft, Voraussetzung der eigenen materiellen Versorgung: „Fünf Tage in der Woche greifen" die Angestellten in der pharmazeutischen Fabrik, die einst ihrem ermordeten Mann gehört hat und deren Arisierung die Ich-Erzählerin nach ihrer Rückkehr nach Deutschland hatte rückgängig machen können, „acht Stunden lang nach

40 Vgl. oben.
41 Weigel: *Die Stimme der Medusa* (Anm. 10), S. 303.
42 Ebd.
43 Ebd.

rechts und setzen nach links ab. Greifen für mich nach rechts, setzen für mich nach links ab. Für mein Haus im Tessin, meinen Wagen, meine Reisen. Schreiend laufe ich davon." (148) Als Gegenbeispiele gelten ihr Klaus und Doris, zwei Freunde aus ihrer Jugend, die nach der NS-Machtübernahme sofort emigrieren und sich im Widerstand engagieren; „nach Hitler: Klaus fährt zu Doris nach Cannes und bringt sich bei ihr um. Doris säuft sich zu Tode. Ihre letzten Briefe, Bettelbriefe um ein bißchen Geld, kommen aus Obdachlosenheimen. Beide gestorben an unserer Zeit. Konsequenter als ich." (150)[44]

Zuletzt führt die Ich-Erzählerin Antigone in das Szenario eines militanten Widerstandsaktes gegen den SS-Hauptsturmführer. Die Ich-Erzählerin nimmt in der Schouwburg die Personalien Antigones auf, Antigone steht vor dem Schreibtisch, der Hauptsturmführer hinter der sitzenden Ich-Erzählerin. Die Frage an Antigone: „Warum hat sie, die zu jedem Opfer Bereite, Kreon nicht umgebracht?" (17), wird gegenstandslos: „Sehr ernst, feierlich sagt sie: ‚Nicht mitzulieben, mitzuhassen bin ich da.' Dann zieht sie aus ihrem Kleid einen Revolver, zielt auf den starr dastehenden Hauptsturmführer und drückt ab. Der Schuß knallt hart und trocken. Stille. Kein toter Körper ist da. Kein Blut. Von allen Seiten treten Männer in langen Goebbelsmänteln auf, mit Hüten, die ihre Gesichter verbergen. Sie gehen auf Antigone zu." (151 f.)

Noch im phantasierten Bild zerbricht diese Phantasie, die Antigone als integrale Figur des Widerstands auch im NS-Kontext zu konstruieren sucht: Der Schuß tötet sie „im Effekt [...] selbst"[45], sie, die schon in der Umkehrung „ihre[s] Satz[es]" (12) ihre Kenntlichkeit preisgegeben hatte. „Kein toter Körper [...]. Kein Blut": nichts, was für die Widerstandstat bürgen könnte. Was bleibt, sind Schemen der Bedrohung: Häscher; dann eine Szene vor einem „stammheimartigen Bau [...] der Gegenwart"[46], vor dem die Ich-Erzählerin Antigone noch einmal trifft. Doch eine ‚Begegnung' ist nicht mehr möglich: „Warum bringe ich sie nicht fort in Wärme, in die Geborgenheit eines Hauses? Ich habe den Befehl bekommen, hier zu bleiben. Verzweifelt versuche ich mich zu erinnern, wer den Befehl gegeben hat. – Mein Gedächtnis ist ausgelöscht. Woher bin ich gekommen? Wo gehöre ich hin? In welches Land? An welchen Ort? – Plötzlich lasse ich sie los, sie fällt zu Boden, bleibt liegen wie sie gefallen ist. Ich laufe fort, laufe, laufe." (152)

Der Roman endet mit einem Blick der Ich-Erzählerin aus dem Fenster ihrer Wohnung auf die abendlichen Lichter der Stadt. Nicht mehr

44 Die hier unverschlüsselt angespielten Figuren sind Klaus Mann und Doris von Schönthan.

45 Weigel: *Die Stimme der Medusa* (Anm. 10), S. 302.

46 Bossinade: *Das Beispiel Antigone* (Anm. 26), S. 127.

als ein Tag ist verstrichen. In der Häßlichkeit der Ruinen, der Neubauten, der Baggerlöcher, eines „Monstersilo[s]“ erkennt sie ihre eigene: „Ich spüre die Häßlichkeit, bin die Häßlichkeit, werde von ihr umströmt, lasse mich von ihr umhüllen, akzeptiere sie, akzeptiere mich, bin glücklich.“ Die Verkommenheit des Draußen – für eine Zeitlang scheint sie eine Atempause für die eigene zu gewähren. Doch der ahnungsvolle Zusatz „Und morgen?“ (153) deutet schon jetzt an, daß diese Frist nicht allzulange dauern wird.

Grete Weil überschrieb dieses Romanmanuskript mit dem Titel „Todestreppe“[47]. Das Wort ruft zunächst das Bild jener Treppe aus 148 Stufen im Steinbruch von Mauthausen auf, deren Funktion in der täglichen Praxis der Vernichtung im Roman unmittelbar thematisiert wird[48]. Darüber hinaus wird der Titel jedoch erkennbar als prägnante, von dieser historischen Bedeutung charakteristisch bestimmte Bezeichnung jener Existenzform, die im Mittelpunkt des Romans steht: des Alltags einer jüdischen Schriftstellerin deutscher Sprache und Überlebenden der NS-Massenvernichtung. Die Treppe als Metapher menschlichen Lebens, das notwendig einmal ende, war noch von Hermann Hesse in seinen „Stufen“ in einem Ton versöhnlich gestimmter Melancholie besungen worden: „Wohlan denn, Herz, nimm Abschied und gesunde!“[49] Doch schon nur der historische Verweis markiert mit aller Deutlichkeit die abgründige Distanz des von Weil verwendeten Bildes zu solchen älteren Modi poetischer Altersdarstellung: Die „Todestreppe“, wie sie auch im Roman ausdrücklich vorgestellt wird, war nicht nur Instrument planmäßiger tödlicher Folter gewesen; ihr benachbart hatte stets die Option des ‚Freitods‘ gestanden, des tödlichen Sprungs in den Abgrund – „(die SS sprach von ‚Fallschirmjägern‘)“ (85).

Anders als noch in „Tramhalte Beethovenstraat“ nimmt Weils Erinnerungspoetologie ihren Ausgang jetzt vollständig von einem jüdischen Überlebenden-Ich und dessen Erinnerungsarbeit. Doch nicht die Darstellung dieser Erinnerungsarbeit, sondern die durch sie erfolgende Charakterisierung der Erzählgegenwart bildet die erinnerungs*politische* Dynamik des Romans: Die Jetztzeit wird erfahren und begriffen als *Fortsetzung* jener katastrophischen Vergangenheit, die für die Ich-Erzählerin vor allem in ihren Erfahrungen der Verfolgung bezeichnet ist. Die Erinnerungsfigur Antigone, ‚überliefert‘, auch von der Ich-Erzählerin selbst noch ‚mitgebracht‘ aus einer Ära jenseits der

47 Darüber unterrichtet Meyer: *Neinsagen* (Anm. 13), S. 235.

48 Vgl. Weil: *Meine Schwester Antigone*, S. 84, sowie oben; vgl. auch *Enzyklopädie des Holocaust* (Anm. 20), S. 929 ff.

49 Hermann Hesse: „Stufen“. In: ders.: *Gesammelte Werke*. Erster Band. Frankfurt am Main 1970, S. 119.

Konfrontation mit den Verbrechen, Medium einer Dialogisierung der Erinnerungsarbeit, wird durch das aktuell erfahrene Beispiel Gudrun Ensslins spürbarer Belastung ausgesetzt: Die ‚radikalisierende' Eintragung der Antigone-Figur in den Bedingungsrahmen moderner Vernichtungspolitik scheitert.

Die nicht nur dramaturgische Bedeutung der Begegnung der Ich-Erzählerin mit dem Phänomen eines bewaffneten Widerstands, für das Gudrun Ensslin in ihrer Perspektive steht, für die eigene Erinnerungsarbeit ist offenkundig. Dabei mag auffallen, daß die konkreten Ergebnisse solchen Widerstands, die Frage ihrer praktischen politischen Effektivität, kaum Erwähnung finden; und noch erstaunlicher scheint, daß der Tod Baaders, Raspes und auch Ensslins im Oktober 1977 in Stuttgart-Stammheim, der nicht nur ihren Gegnern als Zeichen, wenn nicht als Beweis des Scheiterns galt, unerwähnt bleibt. Tatsächlich kommen die katastrophalen Folgen der militanten Aktionen der RAF nur einmal direkt zur Sprache (114); und eine unmittelbare Reaktion auf die Ereignisse des 18. Oktober 1977 gestaltet Weil erst später, nicht ohne ihre Protagonistin mit „ein[em] Rest des Zweifels" am Selbstmord der Häftlinge zu versehen[50]. Gleichwohl zählt auch der Tod Ensslins zu den konstitutiven Momenten des Romans. Zum einen bildet er die Doppelschrift hinter der Darstellung der Selbsttötung Antigones durch die Ich-Erzählerin (139); zum andern jedoch ist er integraler Bestandteil jenes von der Ich-Erzählerin quälend beschworenen radikalen Moralismus, der nur den Kampf oder die „Konsequenz" (150), nicht aber das Weiterleben im Kompromiß erlaubt[51].

Nicht das, was in einem politischen Diskurs vielleicht ‚das Projekt' oder ‚die Perspektive' genannt werden würde, bestimmt die Nähe der Ich-Erzählerin zu den „Terroristen", sondern die in ihrer Todesbereitschaft verbürgte Radikalität ihrer moralischen Gesinnung. Der Titel der „Todestreppe" erinnert daran, wo und vor allem auch wann für die Ich-Erzählerin der politische Glaube an ein solches Projekt, an eine menschenwürdige gesellschaftliche Selbstorganisation gegenstandslos geworden ist. Diese Epoche hält an – es ist unverändert die der Jetzt-, der Erzählzeit. Fortan hätte nur noch ein „Neinsagen", als „einzige[r] unzerstörbare[r] Freiheit" (88), die eigene Integrität bewahren können. Doch dieses „Nein" blieb ungesprochen. Was jetzt noch blieb, war nicht mehr als das, was auch die „Todestreppe" jenen, die den Sprung in den Abgrund nicht taten, diesseits des Todes noch

[50] Grete Weil: *Generationen*. Frankfurt am Main 1985, S. 55 f.

[51] In dieser Perspektive kann sogar unentschieden bleiben, auf welche Weise Ensslin tatsächlich zu Tode kam; denn sowohl Mord wie Selbsttötung stehen hier als die direkten Folgen der als „Kampf" oder „Konsequenz" verstandenen, jedem Kompromiß entgegengesetzten Radikalität.

ließ: ein fortschreitendes, unaufhaltsames Schwinden der eigenen menschlichen Identität.

4

Wohl noch vor Ende 1978 hatte Grete Weil das Romanmanuskript abgeschlossen. Doch die Verlagssuche erwies sich als schwierig; einer der angefragten Lektoren lehnte den Roman unter Hinweis darauf ab, er sei „ ‚trivial‘ “[52]. Den aktuellen Stand ihrer Bemühungen faßte Weil im Sommer 1979 in einem Brief an Martin Gregor-Dellin zusammen: „Mein neues Buch macht mir Kummer, Suhrkamp, wohin es wärmstens von der Leiterin der Theaterabteilung empfohlen war, hat es arrogant zurückgeschickt und bei Hanser liegt es durch laue Empfehlung Bieneks sicher ungelesen auf ewige Zeit. Ich habe mich – meine Schuld – nie um den ‚Betrieb‘ gekümmert und ja auch sehr lange nichts mehr veröffentlicht. Trotzdem würde es mich sehr grämen, wenn gerade dieses Buch nicht erscheinen würde. [...] Es ist bestimmt nicht schlechter, wahrscheinlich aber besser als meine anderen Bücher“[53]. Zeitweilig bricht sie ihre Bemühungen ab[54]. Im Herbst 1979 erhält sie schließlich von der Lektorin des Benziger Verlags in Zürich eine positive Reaktion, im Januar 1980 die definitive Zusage[55].

Unterdessen hatten zwei Faktoren in der westdeutschen Öffentlichkeit zu wirken begonnen, die für eine Einschätzung der Rezeptionssituation dieses Romans von Bedeutung sein mußten: das weithin als sensationell wahrgenommene Echo, das die Ausstrahlung der US-Fernsehserie „Holocaust“ im Januar 1979 im deutschen Publikum hervorgerufen hatte, sowie der Ausbruch eines „Antigone-Fieber[s]“[56] auf deutschen Bühnen, das seinen Höhepunkt während des Berliner Theatertreffens im Mai 1979 erreichte.

Nach einer breit geführten öffentlichen Kontroverse um den Ankauf der US-amerikanischen Fernsehserie „Holocaust“ durch den Westdeutschen Rundfunk[57] werden die vier Sendungen um das Schicksal der

[52] Peter Rabe: „‚Antigone‘ wehrt sich noch immer“. In: *Frankfurter Rundschau*, Ostern 1981, S. 15.

[53] Grete Weil an Martin Gregor-Dellin, 22.8.1979. Exponat in der in Anm. 35 genannten Ausstellung: teilweise abgedruckt in Exner: *Land meiner Mörder* (Anm. 23), S. 91.

[54] Exner: *Land meiner Mörder* (Anm. 23), S. 91.

[55] Ebd.

[56] George Steiner: *Die Antigonen – Geschichte und Gegenwart eines Mythos.* München/ Wien 1988, S. 138.

[57] Einige Beiträge zu dieser Debatte sind abgedruckt in Peter Märthesheimer, Ivo Frenzel (Hg.): *Im Kreuzfeuer: Der Fernsehfilm ‚Holocaust‘ – Eine Nation ist betroffen.* Frankfurt am Main 1979, S. 25 ff.

deutsch-jüdischen Familie Weiss während der NS-Jahre vom 23. bis 26. Januar 1979 ausgestrahlt. Eine überraschend hohe Einschaltquote führt dazu, daß „the non-viewers did not have much to say during that week because practically nothing else was discussed“[58]. Was über 900 seit den späten vierziger Jahren produzierte Dokumentarfilme nicht hatten leisten können, schien nun, plötzlich, ganz Deutschland erfaßt zu haben: „die Katharsis der Nation“[59] in der Konfrontation mit den NS-Massenverbrechen. Die unübersehbare Wirkung des Films auf das Publikum schlug sich u. a. in Tausenden von Anrufen nach jeder Sendung bei Sondernummern der ausstrahlenden Fernsehanstalten nieder. Eine solche Wirkungschance war schon von dem für den Ankauf der Serie verantwortlichen WDR-Dramaturgen Peter Märthesheimer in dem spezifischen Angebot von „Holocaust“ erkannt worden, „uns auf die Seite der Opfer [zu bringen], uns mit ihnen mitleiden und die Mörder fürchten [zu lassen] und [...] uns so vor der unheimlichen, lähmenden jahrzehntelang unterdrückten Angst [zu befreien], wir seien in Wahrheit mit den Mördern im Bunde gewesen.“[60] Die Bedeutung dieses Moments wird später von Andreas Huyssen unterstrichen: „Identification with the victims, the Weiss family, can indeed be regarded as key to ‚Holocaust‘'s impact in West Germany [...]. Like numerous standard television programs, ‚Holocaust‘ thrived on the audience's emotional identification with the individual members of a familiy. [...] This identification with a Jewish family is further enhanced by the fact that the Weisses are assimilated Jews who totally identify with German culture.“[61] Greifbare politische Folgen der Ausstrahlung in Westdeutschland hingegen blieben begrenzt. Wohl wird „Holocaust“ so oft wie kein anderer Film und kein Buch in der aktuellen Verjährungsdebatte von den Gegnern der Verjährung angeführt[62]; doch schon die Wahl Karl Carstens‘ zum Bundespräsidenten im gleichen Jahr erfolgt, ohne daß seine NS-Vergangenheit Gegenstand einer nennenswerten öffentlichen Debatte gewesen wäre[63]. Immerhin nehmen in den Mona-

[58] Siegfried Zielinski: „History as Entertainment and Provocation: the TV-Series ‚Holocaust‘ in West Germany“. In: *New German Critique*, Nr. 19 (Winter 1980), S. 81-96, hier S. 90.

[59] Eine Formulierung des „Spiegel“, hier nach Zielinski: „History as Entertainment“ (Anm. 58), S. 81.

[60] Peter Märthesheimer: „Vorbemerkungen der Herausgeber“. In: Märthesheimer, Frenzel (Hg.): *Im Kreuzfeuer* (Anm. 57), S. 11-18, hier S. 17.

[61] Andreas Huyssen: „The Politics of Identification: ‚Holocaust‘ and West German Drama“. In: *New German Critique*, Nr. 19 (Winter 1980), S. 117-136, hier S. 122, 134.

[62] Vgl. Andrei S. Markovits, Rebecca S. Hayden: „‚Holocaust‘ Before and After the Event: Reactions in West Germany and Austria“. In: *New German Critique*, Nr. 19 (Winter 1980), S. 53-80, hier S. 79.

[63] Vgl. Jeffrey Herf: „The ‚Holocaust‘ Reception in West Germany: Right, Center and Left“. In: *New German Critique*, Nr. 19 (Winter 1980), S. 30-52, hier S. 50, und Zielinski: „History as Entertainment“ (Anm. 58), S. 91.

ten nach der „Holocaust“-Ausstrahlung Artikel und Dokumente zur Vernichtungspolitik und zum Verhältnis zwischen Juden und Deutschen in den Medien einen größeren Platz ein[64]; noch unmittelbarer zum identifikatorischen Narrativ des Films verhält sich schließlich der nun häufiger laut werdende Wunsch „to talk to survivors of the Holocaust or members of the resistance“[65].

Als „Urverkörperung der Sophokleischen, ja der abendländischen Humanität [...], als Idealbild hingebungsvoller Liebe zum Bruder, reiner Menschlichkeit und irdischer Demut“[66] hatte Antigone seit je zum ehernen Bestand des europäischen Theaters gezählt[67]. Dabei hatte sie sowohl nach dem Ersten als auch besonders nach dem Zweiten Weltkrieg einige charakteristische Bedeutungswandlungen durchlaufen. Hatte Brecht im Laufe seiner Befassung mit dem Sophokles-Drama 1947/48 zunächst „die betonte Absage an die Tyrannis und die Hinwendung zur Demokratie“[68] zu erkennen gemeint – und sich dabei auf Hölderlin berufen[69]–, war durch Elisabeth Langgässer zeitgleich die Verwendbarkeit Antigones als deutlich versöhnlich ausgerichteter, „klassische[r] Bewältigungsfigur“[70] demonstriert worden. Ungeachtet der Revision, die Brecht noch an seiner Antigone-Figur vorgenommen hatte[71], trat sie in die 70er Jahre als „Inkunabel“ weniger einer „Trauer“- als einer „Widerstandsliteratur“[72] ein. In dieser Funktion erhält sie unmittelbar nach den Ereignissen des „Deutschen Herbstes“ 1977 überraschende Aktualität.

In einem Drehbuchentwurf für den Beitrag Volker Schlöndorffs zu dem Film „Deutschland im Herbst“ knüpft Heinrich Böll an die Dynamik einer Analogie an, die eine eigentümliche Zuspitzung erfahren hatte durch die Weigerung der Bundesregierung, den Angehörigen die Leichen der in den Zellen tot aufgefundenen RAF-Mitglieder Baader, Ensslin und Raspe zu übergeben. Der nur indirekt aufgerufene, gleichwohl zentrale Gehalt der kurzen Szene, in der eine Rundfunkkommission über die Sendeerlaubnis einer „Antigone“ diskutiert[73], wird von George Steiner wie folgt bezeichnet: „Die Frage ist die:

64 Herf: „The ‚Holocaust‘ Reception“ (Anm. 63), S. 49.
65 Zielinski: „History as Entertainment“ (Anm. 58), S. 94.
66 Dr. Egidius Schmalzriedt: „Antigone“. In: *Kindlers Literaturlexikon*. Zürich 1982, Bd. 1, S. 1076-1077, hier S. 1076.
67 Darüber orientiert ausführlich Hellmut Flashar: *Inszenierung der Antike – Das griechische Drama auf der Bühne der Neuzeit 1585-1990*. München 1991.
68 Bertolt Brecht: *Die Antigone des Sophokles. Materialien zur ‚Antigone‘*. Frankfurt am Main 1965, S. 149.
69 Vgl. Jan Knopf: *Brecht-Handbuch*. Stuttgart 1980, S. 275.
70 Bossinade: *Das Beispiel Antigone* (Anm. 26), S. 124.
71 Vgl. oben.
72 Bossinade: *Das Beispiel Antigone* (Anm. 26), S. 130.
73 Heinrich Böll: „Die verschobene Antigone“. In: ders.: *Werke. Hörspiele, Theaterstücke, Drehbücher, Gedichte I 1952-1978*. Köln o. J., S. 609-615.

Kann man Sophokles' ‚Antigone' im Fernsehen zeigen, wenn eben gerade die ‚Rote Armee Fraktion', die Baader-Meinhof-Bande, fast das Land in die Knie gezwungen haben, in einer Zeit, da brutale Terrorakte im Namen absoluter Gerechtigkeit ausgeführt werden? Eingekerkert, in Isolationszellen fast buchstäblich lebendig begraben, findet Ulrike Meinhof (Antigone?) Mittel und Wege, Selbstmord zu begehen. Andreas Baader (Haimon?) tut das ein Jahr später. Der Staat lehnt es ab, die Leichen ihren Familien zu übergeben. Tut Kreon nicht recht daran, das Überleben der Gesellschaft gegen gnadenlose Killer zu verteidigen? Was geschah *wirklich* in Antigones Todeszelle?"[74]

Nach der Aufführung von „Deutschland im Herbst" im Februar 1978 zeigte sich die fortdauernde Virulenz des Antigone-Motivs für den westdeutschen Kulturbetrieb im Mai 1979: In die Gruppe der zehn interessantesten Inszenierungen des Jahres wählt die Jury drei Antigone-Dramatisierungen[75]. Alle auf der Grundlage der Hölderlin-Übertragung entwickelt, scheint die Frankfurter Inszenierung Christof Nels gerade dadurch „am entschiedensten"[76] Aktualität zu gewinnen, indem sie sich „mißtrauisch" zur „allerorts" ausgesprochenen Empfehlung verhält, „Antigone sei das Stück der Stunde."[77] Wohl versucht Nel „die Konfrontation eines historischen Textes (und Stoff) mit der Realität unserer Tage"[78] – doch nicht in einer einsinnigen Gegenüberstellung von Kreon und Antigone, in der letzterer gar die Aufgabe eines „Symbol[s] [...] für Gewaltakte von Terroristen/innen"[79] zukommt, sondern einer Gegenüberstellung von der „große[n] Gewalt des Kreon und [dem] großen Tod, zu dem Antigone verurteilt wird und bereit ist", auf der einen Seite und der „alltägliche[n] Abtötung von Gefühl, [der] enervierende[n] und doch schon gewohnte[n] Gleichgültigkeit des ‚Zeitgeistes' gegenüber den wachsenden Problemen der Epoche, das Unmenschliche daran", auf der anderen Seite: „[...] immerzu einfach weitermachend, geschwätzig weiterlebend, schützen und retten wir uns; da ist natürlich mitzudenken: auch vor Stammheim und wofür dieses Wort steht, vor aller unruhigen und beunruhigenden Radikalität, vor allen, die anders sind."[80] Rudolf Krämer-Badoni hingegen registrierte säuerlich die Inszenierung als Zumutung durch jemanden, „der uns zeigen will, daß der

[74] Steiner: *Die Antigonen* (Anm. 56), S. 191. Kursivierung G.S.

[75] Vgl. Flashar: *Inszenierung der Antike* (Anm. 67), S. 250; die Inszenierungen stammten von Ernst Wendt, Nils Peter Rudolph und Christof Nel.

[76] Ebd.

[77] Der Dramaturg Urs Troller in einer Vorbemerkung im Programmheft zu Nels „Antigone".

[78] Peter Iden: „An den Rändern der Nacht". In: *Frankfurter Rundschau*, 6.11.1978.

[79] Flashar: *Inszenierung der Antike* (Anm. 67), S. 251.

[80] Iden: „An den Rändern der Nacht" (Anm. 78).

Staat nicht zu bestimmen hat, ob ein Staatsfeind beerdigt werden darf“, und der im Chor offenkundig „uns deutsche Bürger“ darzustellen sucht, „die bekanntlich viel zu sehr auf der Seite des Staates stehen.“[81] Das rund 170 Seiten umfassende Programmbuch dagegen versucht in „Vier Gesprächen über den Staat, die Gewalt und das Gesetz“, zu deren Verfassern Deleuze, Foucault, Benjamin, Platon, Döblin, Dutschke u.a. zählen, die Bemühung der Inszenierung um eine umfassendere Aktualisierung des Antigone-Stoffes zu flankieren. Gleichwohl ist es gerade diese Schrift, die außerdem Fotos von der Beisetzung Baaders, Ensslins und Raspes in Stuttgart sowie von Holger Meins in Hamburg enthält, an der sich die Inszenierung am unübersehbarsten als Politikum erweist: Sie trägt der Direktion des Schauspiels Frankfurt ein Ermittlungsverfahren der Frankfurter Staatsanwaltschaft wegen des Verdachts der Verherrlichung von Terror und Gewalt ein; das Verfahren wird später eingestellt.[82]

Indem die Lektorin Renate Nagel den Titel in „Meine Schwester Antigone“ änderte, wurde Weils Roman *offen*, unmittelbar erkennbar in den Kontext jenes Motivs gestellt, das aktuell einen unübersehbaren Boom erlebte. Daß solche Umtitelung auch jenseits des kommerziellen Arguments, einzig in Hinblick auf den Text, gut legitimiert sei, scheint in der Bemerkung eines Rezensenten Bestätigung zu finden, der feststellt, daß man „erst im Verlauf der Lektüre [begreife], wie genau der Titel trifft“[83]. Gleichwohl: Was der frühere Titel „Todestreppe“ an Bedeutungen, vor allem auch an Entschiedenheit barg, hatte in den neuen, dialogisch ‚geöffneteren‘ Titel – vor allem auch suggestiv gegenüber dem potentiellen Leser geöffneteren – nicht annähernd eingehen können.

Die Reihe der Rezensionen setzt ein mit der am 27. September 1980 in der „Welt“ erscheinenden Besprechung Anne Uhdes unter dem Titel „Todesblätter aus Petrikau“. „Mit ihrem erschütternden und schonungslosen Buch“ habe die Verfasserin „zwei Ziele im Auge gehabt: Sie hat die Lauen und Vergeßlichen aufrütteln wollen, und sie hat versucht, sich einiges von dem von der Seele zu schreiben, was sie für den Rest ihres Lebens belasten wird: die Erlebnisse während der Hitler-Zeit.“[84] Diese Formulierungen repräsentieren bereits ein zentrales diskursives Muster, das im Gros der Rezensionen von „Meine Schwester Antigone“ auftreten wird: Indem die erfahrene und protokollierte

[81] Rudolf Krämer-Badoni: „Kölsche Krätzcher vor Theben“. In: *Die Welt*, 6.11.1978.
[82] Vgl. „Antigone ‚mehrdeutig‘ – Verfahren gegen Palitzsch eingestellt“. In: *Stuttgarter Zeitung*, 28.7.1979.
[83] Albert von Schirnding: „Überleben als Thema“. In: *Süddeutsche Zeitung*, 10./11.1.1981, S. 100.
[84] Anne Uhde: „Todesblätter aus Petrikau“. In: *Die* Welt, 27.9.1980.

Intensität des Leseerlebnisses – die Kennworte lauten hier „erschütternd", „schonungslos" – auf die Darstellung der Ereignisse der NS-Zeit zurückbezogen wird, geraten die Gegenwart und die an sie spezifisch geknüpfte Problematik der Ich-Erzählerin als Gegenstand des Romans aus dem Blick. Entsprechend sind mit den „Lauen und Vergeßlichen" jene gemeint, die die ‚jüngste deutsche Vergangenheit' überhaupt zu vergessen trachten; *diese* Lehre – und nicht die über die Gegenwart der Vergangenheit, womöglich nicht nur im Erleben der Verfolgten – wird als die zentrale des Romans wahrgenommen.

Es ist bezeichnenderweise der Hellmund-Bericht, der solcher einsinnigen Historisierung ins Gehege gerät. Uhde schreibt: „Wie unheilbar die Wunde ist, die ihr die Deutschen damals schlugen, geht aus den dreißig authentischen Tagebuchseiten eines deutschen Unteroffiziers hervor, der zur Teilnahme an der Gettoliquidierung von Petrikau in Polen abkommandiert wurde. Er hat den Krieg nicht überlebt, die Blätter wurden Grete Weil von seinen Erben übergeben, und sie hat sie in ihren Bericht aufgenommen. Wer sie liest, wundert sich nicht, daß Frau Weil noch heute von Alpträumen heimgesucht wird." Auch jetzt ist nicht die Rede von der Bedeutung der erlebten Gegenwart für die „Unheilbarkeit der Wunde". Vielmehr erweist sich das Wort von der „Wunde" *hier* als empfindliche Stelle der Rezensentin: Die Lektüre des Hellmund-Berichts zieht sie wie offensichtlich keine andere Partie des Romans in eine subjektiv empfundene Unmittelbarkeit zu den Verbrechen. „Wer sie" (die Seiten des Hellmund-Berichts) „liest, wundert sich nicht, daß Frau Weil noch heute von Alpträumen heimgesucht wird" – in solcher denkbar prekären, gar auf die Schriftstellerin, nicht auf die Protagonistin des Romans gerichteten ‚Einfühlungsmethode' schreibt die Kritikerin zwar eine wesentliche Hypothek des Rezensionsbetriebs gegenüber Texten jüdischer Autoren ungeschmälert fort[85]. Dennoch scheint der gerade auf *diese Weise* von ihr eingefügte Hinweis auf die „Todesblätter aus Petrikau" offenkundig eine Virulenz zu entwickeln, gegen die bald darauf, am gleichen Ort, demonstrativ zu opponieren versucht wird.[86]

Unter dem Titel „Empfindliche Erinnerungen", erschienen am 12. Oktober 1980 im „Deutschen Allgemeinen Sonntagsblatt", sucht Gabriele Kreis die Problemstellung des Romans zunächst deutlich als aktuelle zu kennzeichnen. Das Buch sei ein „Zeugnis der Vergangenheit [...], aber eines, das nicht Gegenwart und Vergangenheit künstlich voneinander trennt, sondern stets die Bedeutung der Vergangenheit für die Gegenwart reflektiert, das Erinnern und Erleben sich bedingen läßt und damit Möglichkeiten aufzeigt für einen aufrichti-

[85] Vgl. Kap. X, S. 492 f.
[86] Vgl. weiter unten.

gen Umgang mit der Vergangenheit."[87] Und nach einer für das Buch vorteilhaft ausfallenden Abgrenzung vom Gros aktueller „Erfahrungstexte" und einem Abriß des Romangeschehens stellt Kreis auch fest, daß „Grete Weils Erinnerungen [...] unbequem [sind] für eine Gesellschaft, die sich eher auf Vergessen und Verdrängen eingerichtet hat. Gerade darum sind sie so wichtig. Sie lassen Vergessen und Verdrängen nicht zu, sondern zwingen, mit Erinnerungen zu leben." Doch an diese, in der wörtlichen Wiederholung eigentümlich beschwörende Charakterisierung schließt noch der Schlußsatz an: „Und sie zeigen auch, wie das möglich ist." Der offene Widerspruch dieser optimistisch gehaltenen Worte keineswegs nur zum Roman, sondern nicht minder zur Rezension bis hierher verrät, wie sich die Konvention des Versöhnlichen hier, ‚zu guter Letzt', zwar ein weiteres Mal, doch offenbar nur noch ‚disziplinarisch' durchzusetzen vermocht hat.

Klara Obermüllers Besprechung „Die Wunde, die nie heilt" in der „Frankfurter Allgemeinen Zeitung" vom 20. Oktober 1980 führt dagegen einen deutlich entwickelteren Versuch vor, „Meine Schwester Antigone" einer deutschen Rezeption gefügig zu machen, die sich den im Roman aufgefalteten Konflikten nicht tatsächlich aussetzen möchte. Nach einem nicht ganz fehlerfreien Abriß von Zeitumständen und Biographie der Autorin[88] erwähnt die Rezensentin zunächst „das Alter"[89] als Thema: „Grete Weil setzt sich damit so leidenschaftlich auseinander wie mit Krieg und Deportation. Alter als ein anderer Zustand der Deprivation und Vernichtung." Indem die Rezensentin das Alter von „Krieg und Deportation" isoliert, die unauflösliche Verschränkung der Alterserfahrung der Ich-Erzählerin in die Vergangenheit der Verfolgung negiert, *öffnet* sie die Darstellung dieser Alterserfahrung identifikatorischer *deutscher* Aneignung und gewinnt ihr gleichzeitig ein der jüdischen Verfolgungserfahrung direkt gleichgestelltes, analoges Gewicht. Diese Strategie wird gegen Ende der Rezension vollständig entfaltet. Zunächst wird – unter notorischer Verwechslung der Ich-Protagonistin mit der Verfasserin – das Motiv des ausgebliebenen Widerstands zu beschreiben versucht: „Grete Weil hat vor der Grenze haltgemacht, sie hat sich und andere geschont und hat damit in ihren Augen versagt, ist vor der Instanz des eigenen Gewissens schuldig geworden." Obermüller fährt dann fort: „An diesen Stellen hat mich das Buch, bei aller Verschiedenheit der Lebensläufe, gepackt und betroffen gemacht. Wenn Grete Weil ihre Haltung erklärt (nicht entschuldigt, das tut sie nie), wenn sie schreibt:

[87] Gabriele Kreis: „Empfindliche Erinnerungen". In: *Deutsches Allgemeines Sonntagsblatt*, 12.10.1980.

[88] Die Kapitulation der Niederlande wird auf 1941 datiert.

[89] Klara Obermüller: „Die Wunde, die nie heilt". In: *Frankfurter Allgemeine Zeitung*, 20.10.1980.

'Meine Angst vor dem Unvernünftigen. Ich bin nie gekippt, habe immer Kompromisse gemacht, wie wir sie alle machen, die es mit der Moral nicht so ernst meinen. Wir Gesunden, Realistischen, nicht von Göttern um unsere Vernunft Gebrachten', dann weiß ich: Es gibt in jedem Leben die Entscheidung, Antigone zu sein oder nicht, man braucht nicht Deutsche und nicht Jüdin zur Zeit des Nationalsozialismus zu sein." In der Zurichtung, die Weils Roman hier im Wege heruntergekommener ,Universalisierung', einer sich fraglos ,progressiv' wähnenden Adaption an die Lebenswirklichkeit auch heutiger Leser erfährt, bleibt von den dringenden Fragestellungen des Textes nicht einmal mehr die Frageform: Denn „die Entscheidung", „sich und andere zu schonen" – sei es damals, oder sei es heute –, scheint, auch für *uns Deutsche* („ich"), durch das ,beiläufig' vorgetragene Zitat geradezu ,autorisiert' zu sein.

Rund einen Monat nach Erscheinen der ersten Rezension in der „Welt" rückt die Redaktion eine neuerliche Besprechung von „Meine Schwester Antigone" in ihr Feuilleton ein: Die von Agnes Meinold unter der parolenförmigen Überschrift „Antigone oder wie man mit dem Alter lebt" verfaßte Kritik erweist sich als ausdrückliche Gegenschrift, ja, als klarer Revisionsversuch an Anne Uhdes Rezension „Todesblätter aus Petrikau". Meinold schreibt: „Die Erinnerungen spielen hinüber in die Gegenwart. Die Icherzählerin erlebt sich wieder als junge Frau in ihren endlosen nächtlichen Gesprächen mit ihrem Patenkind Christine. Antigone wird heraufbeschworen, Symbol des Widerstandes und unbeugsamen Mutes. Erinnerungen an KZ, an Erschießungen von jüdischen Frauen und Kindern tauchen auf – und die Frage: Warum wehrte sich damals keiner? Eine Frage, die nur junge Menschen stellen können."[90] Jeder Satz scheint hier die Anstrengung zu verraten, mit der ,*weg*gelesen' werden muß, was vielleicht nicht begriffen, zumindest hier nicht ausgesprochen werden darf. Nichts am Verhältnis zwischen den Erinnerungen der Ich-Erzählerin und ihrer Gegenwart hat irgend ,spielerischen' Charakter; ihre Reflexionen werden umgedichtet in tatsächlich nirgends im Roman stattfindende, als quälend-„endlos" empfundene „nächtliche Gespräche" mit Christine; verwandelt in ein „Auftauchen" von „Erinnerungen an KZ, an Erschießungen von jüdischen Frauen und Kindern", kann auch der Hellmund-Bericht den Äußerungen genuin psychischer Befindlichkeiten des Erzähl-Ichs zugeschlagen werden; und im autoritativ vorgetragenen Diktum, daß die Frage nach dem ausgebliebenen Widerstand sich „nur junge[n] Menschen" stellen könne, sucht die Rezensentin das Aufstörungspotential des Buches schließlich vollends zu

[90] Agnes Meinold: „Antigone oder wie man mit dem Alter lebt". In: *Die Welt*, 2.11.1980.

versiegeln. Wohl wird noch eingeräumt, daß die ‚schonend‘ als „alte Dame“ titulierte Protagonistin „diesen Fragen nicht gerecht werden kann“. Als Begründung führt Meinold neben „Naziverfolgungen“ als separaten Faktor „ihr Alter“ an, das sie „nun [...] durchstehen [muß] in seiner Gegenwärtigkeit, mit all seinen Reduzierungen und dazugehörigen Begleiterscheinungen wie Einsamkeit, schwindender Gesundheit und dem Gedanken an den Tod. Das Alter ist für sie ‚die Absoluta unter den unheiligen Krankheiten‘. Sie muß damit und auch mit ihrer Vergangenheit leben.“[91] Diese auch schon an anderem Ort demonstrierte Abspaltung der in „Meine Schwester Antigone“ dargestellten Alterserfahrung von der Verfolgungsgeschichte der Protagonistin[92] wird im Schlußabsatz schließlich mit allem Nachdruck als jene rezeptionspolitische Plattform ausgewiesen und stilisiert, von der aus ein nahezu völlig risikofreier Lektüregang durch den Roman gewährleistet scheint; die im Roman offenkundigen Bezüge zur NS-Vernichtungspolitik werden dabei in zweideutigen Komplimenten stillgestellt und isoliert: „Ein respektables Buch, ein schwieriges Buch. Ein melancholischer Nachtrag zu Holocaust. Mich hat daran die Studie über das Alter, wie man mit ihm lebt und mit ihm fertig wird, mehr fasziniert als die Aufarbeitung von Verfolgung und Not. Anders ausgedrückt: Nicht allein Antigone in ihrer jugendlichen Unbedingtheit, sondern auch Baucis, die alte, weise Bauersfrau, verdient Respekt und Verehrung.“

Es ist die Rezension Albert von Schirndings unter dem Titel „Überleben als Thema“, am 10. Januar 1981 in der „Süddeutschen Zeitung“ erschienen, die alle Voraussetzungen dafür mitbringt, eine eingängige, kritische Lektüre des Weil-Romans anzuregen und produktiv zu flankieren. Nach einer gleich eingangs erfolgenden Würdigung Weils als „eine[r] große[n], deutsche[n] Schriftstellerin“ charakterisiert Schirnding das Buch mit Sätzen, die so deutlich wie keine andere Rezension gerade sein kritisches, kontroverses Potential benennen: „Es ist ein leidenschaftlicher Rechenschaftsbericht über das eigene Leben, eine Abrechnung, die nichts ausspart; sie bezieht auch das frühere Schreiben mit ein. [...] Die Erfahrung des Eingesperrtseins und der damit verbundenen existentiellen Bedrohung wiederholt sich. [...] Erst die Aussichtslosigkeit der Gegenwart eröffnet die von Interessen und Rücksichten ungetrübte Perspektive auf die eigene Vergangenheit.“[93] Bleibt die spezifisch empirisch-psychologische Qualität der Erfahrung der ‚Wiederholung‘ auch nur angedeutet, so läßt der Rezensent doch am objektiven Charakter der dargestellten Ver-

[91] Das Zitat lautet korrekt: „die Assoluta der unheilbaren Krankheiten“ (69).
[92] Vgl. oben, in der Rezension Obermüllers.
[93] Schirnding: „Überleben als Thema“ (Anm. 83).

schränkung zwischen Gegenwart und Erinnerungsarbeit keinen Zweifel. Im Gegenteil: Nicht nur in der Wendung von der „Aussichtslosigkeit der Gegenwart", sondern auch im zustimmend vorgetragenen Zitat vom Zug jener Jugend, „ ‚die uns nicht die geringste Ausflucht erlaubt, die Welt noch in Ordnung zu finden' ", bestimmt Schirnding die Gegenwart – und nicht die erinnerte Vergangenheit der Ich-Erzählerin – als zentralen Gegenstand des Romans. In solcher Aufmerksamkeit besonders für die Befindlichkeit der Ich-Erzählerin wird ihre Sympathie fur Gudrun Ensslin erkannt als Bestandteil der Einsicht, daß sich „verdrängte, ungelebte Möglichkeiten der persönlichen Vergangenheit [...] in den Nachkommenden" „verwirklichen [...]. Diese Erkenntnis erlaubt ein Verstehen auch extremer Haltungen: ‚Antigone und Gudrun Ensslin auf der gleichen Linie. Der Jungfrauen herrlichste Natur und das Mädchen, das man als Kriminelle abtut. Wo ist der Unterschied?' " Doch hier, ganz zuletzt, wenn auch an der öffentlichkeitspolitisch zweifellos brisantesten Stelle, verläßt den Rezensenten doch noch der Mut, das Skandalon des Romans unverringert ins Forum seiner Leser zu stellen. Schon zuvor hatte er vorgezogen, Marlene etwas undeutlich als „ein junges Mädchen" zu charakterisieren, das „für eine Nacht bei ihr [...] untertaucht, weil sie einen anderen Untergetauchten versteckt hat". Jetzt frondiert er die Provokation Weils – „ ‚Wo ist der Unterschied?' " – mit einer intertextuellen Bemerkung, die die Verve des Vorangegangenen, einschließlich seiner auch politischen Unzweideutigkeit, doch noch mit der Unverfänglichkeit altphilologischer Kommentarrede enden lassen möchte: „Aber solches Verstehen hat nichts mit Selbstaufgabe zu tun. Ismene macht nicht gemeinsame Sache mit der Schwester, und als sie es zu einem späten Augenblick (in der Tragödie) tun will, verbittet sich's Antigone. Was Grete Weil auf dem Umweg über den Mythos entdeckt, ist das Geheimnis der Stellvertretung."

Am 5. Dezember 1980 nimmt Rudolf Krämer-Badoni im „Rheinischen Merkur / Christ und Welt" zu „Meine Schwester Antigone" Stellung. Auf eine Perspektive, die in der Erscheinungsform von westdeutscher Literatur und Gesellschaft ein ungehindertes Fortleben der Vergangenheit erkannte, hatte er in der Kontroverse von 1963 um George Steiner und John McCormick aggressiv ablehnend reagiert[94]. Der Titel seiner Rezension, „Schmerz über den verlorenen Schmerz", scheint hingegen anzudeuten, daß ihm, aus Anlaß dieses Romans, die Gegenwart der Vergangenheit und ihr spezifisches Gewicht für die Überlebenden durchaus zum Gegenstand literaturkritischer Reflexion zu werden vermochte. Tatsächlich jedoch führt seine Besprechung vor, unter welchen Prämissen ein erinnerungspoetologisches Projekt

[94] Vgl. Kap. III, S. 97 f.

wie Weils „Meine Schwester Antigone" auch von einem deutschen Leser mit Wehrmachtsbiographie zustimmend rezipiert werden konnte.

Zunächst wird die Erfahrung des verlorenen Schmerzes anthropologisiert. Der Rezensent berichtet von der eigenen in jungen Jahren einmal empfundenen „Scham und Empörung darüber, daß ich schon wenige Wochen, nachdem eine für ewig gehaltene Liebe zerstört worden war, das Mädchen vergessen hatte. Geht der Schmerz nicht tiefer? fragte ich mich; lebt man so leicht? so leichtfertig? Ist das eine Vergünstigung oder eine Demütigung aus der Hand der Natur?"[95] Von hier aus setzt der Kritiker fort: „Wer das für spitzfindig hält, mag nach Grete Weils Roman greifen. Da wird er entdecken, daß die Autorin den Ablauf des Lebens als Demütigung begreift. Sie findet sich von vielerlei Demütigungen umringt, von den zahlreichen kleinen Demütigungen des einsamen Alterns, von der Demütigung des widerstandslos ertragenen Hitlerterrors, von der Demütigung durch den ‚verlorengegangenen Schmerz'." Nicht nur werden erneut Alters- und Verfolgungserfahrung explizit voneinander abgespalten; in der Wendung vom „widerstandslos ertragenen Hitlerterror" ist die skrupulöse Selbstbefragung der Ich-Erzählerin zudem auf eine Formel gebracht, in der sich auch jeder beliebige Deutsche, wenn er nur will, erkennen darf. Daß tatsächlich nichts anderes als die Einebnung der Differenz zwischen Verfolgern und Verfolgten gemeint ist, betont Krämer-Badoni in unmittelbarem Anschluß: „Da ist es. Und das alles trifft für eine ganze Generation zu, gleichgültig ob wir überlebende Opfer oder Schuldige oder Halbschuldige, Feiglinge, scheinbar Unschuldige sind. Sie zieht diese Folgerungen nicht, sie hält den Leser nicht für einen potentiellen Untäter". Aus dem beflissenen Schluß Krämer-Badonis, daß, da doch der Leser nicht als „potentieller Untäter" angesprochen werde, die Schuldfrage im Roman gar nicht gegenständlich werde, blitzt allerdings seine eigene, verborgene Disposition in der Begegnung mit diesem Buch auf: die latente *Erwartung*, daß selbst poetische Schuldrede *per se* auf *ihn* – den „Leser" – zielen müsse.

Diese kennzeichnende Haltung eines sich unausgesetzt unter Verdacht Wähnenden – d. h. die charakteristische Disposition eines Deutschen, in dem Schuld*ahnung* und Schuld*wissen* zwar auf eine subjektive Rechenschaftslegung dringen, diese aber nicht zugelassen wird – kommt in der Rezension noch verschiedentlich zum Ausdruck. Wenn Krämer-Badoni die Tatsache, daß die Autorin – nicht etwa die Ich-Erzählerin! – „einen Staatssekretär, der ihr seinerzeit Hilfe verweigerte, beim Namen" nennt, als „eine kleine Rache" bezeichnet, die sie aber „nur ein einziges Mal" übe – dann wird diese „Rache" offenkundig

[95] Rudolf Krämer-Badoni: „Schmerz über den verlorenen Schmerz". In: *Rheinischer Merkur/ Christ und Welt*, 5.12.1980.

als gegen sich selbst und seinesgleichen gerichtet empfunden und nicht gegen eine, zudem mutmaßlich verschlüsselte Figur. Mit kaum geringerer Unmittelbarkeit kennzeichnet Krämer-Badoni seine spezifische Nähe zum Buch, wenn er schreibt, Grete Weil „verordnet sich (und damit auch uns) die wiederholte Lektüre" des Hellmund-Berichts, der selbst ohne mildernde Striche als „detaillierte Schilderung des Mordes an den Gettoinsassen von Petrikau" beschrieben wird, „die ein beteiligter, später gefallener Soldat aufgezeichnet hat". Im Wort der „Verordnung" „auch [für] uns" artikuliert sich, subjektiv womöglich nicht einmal mehr verborgen, daß die Widerstände, die sich auf ‚unserer' Seite der Lektüre solch einer Schilderung entgegenstemmen und nur ‚im Verordnungswege' überwunden werden können, nicht nur dem Schrecken und der Trauer, sondern dem Schuldwissen, das nur den Tätern eignet, verdanken.

Was diese Partie der Rezension – vielleicht nicht nur im Kritiker selbst – aufruft, wird dann aber zum Schluß des Textes doch noch zu ‚beruhigen' gesucht: „So wie einen jungen Mann die Empörung über die Oberflächlichkeit des Schmerzes befallen kann, so kann ein Kunstwerk aus vielen biographischen, unbeschönigten Elementen einen unerwarteten Eindruck machen." Auf eigentümliche Weise scheint hier, nur wenige Zeilen nach der Erwähnung des Hellmund-Berichts, die schon eingangs, nun erneut erwähnte Empörung des jungen Mannes über die vergessene Liebe die – historisch ausgebliebene? – Empörung über die Vernichtungsverbrechen ‚ersetzen' zu müssen; zumindest ist das rettende Ufer rein allgemein-menschlichen Räsonnierens ‚glücklich' wieder erreicht. Gleichwohl setzt sich das Ambivalente von Krämer-Badonis Verhältnis zu Weils Roman zuletzt doch noch durch. Das wird deutlich in der Weise, wie er eine zu rigide Anwendung des traditionellen Kunstwerkbegriffs – eine zusätzliche Option auf Entlastung von historisch zu Konkretem in Krämer-Badonis Rezensionspraxis – auf „Meine Schwester Antigone" verweigert; denn das Buch hatte nicht *trotz*, sondern *wegen* der „vielen biographischen, unbeschönigten Elemente" auf den Rezensenten „einen unerwarteten Eindruck" gemacht. Aus der Mitte solcher Ambivalenz, d. h. hier einer in der Lektüre erfahrenen, doch nur unter Bedingungen zugelassenen Nähe zum Text, formuliert der Kritiker sein Schlußvotum, in dem ästhetische und politische Wirkung notwendig unverbunden, ja, entgegengesetzt begriffen sind: „Ältere Leser jedenfalls werden den Roman sachlich betroffen und künstlerisch hochgestimmt aus der Hand legen. Und das ist genau die Wirkung, die zu einem Kunstwerk gehört, das etwas zu sagen hat." Ein letztes Mal ist im Wort von den „älteren Lesern" das für Krämer-Badonis Lektüre so symptomatische Moment des unmittelbaren, authentischen Angesprochen-Seins markiert, das sich an anderer Stelle der Besprechung, in direktem Anschluß an die Erwähnung des Hellmund-Berichts und die Problematik des Erinnerns, gar mit klarer Ausschlußgestik produziert: „Gewiß, für junge Leute sind alle diese scharf beobachteten Demütigungen exotisch“.

Mit diesen Besprechungen ist das Spektrum der Stellungnahmen abgeschritten, mit denen der westdeutsche Rezensionsbetrieb den „erste[n] Bucherfolg“[96] Grete Weils einleitete und flankierte. Allen Besprechungen gemeinsam war die Marginalisierung des RAF-Motivs. Zwar hatte Albert von Schirnding mit aller Deutlichkeit auf die von der Ich-Erzählerin erprobte Analogisierung zwischen Antigone und Ensslin hingewiesen und ihre Voraussetzungen benannt. Doch die Verdichtung des Motivs zur dringend aktuellen, auch tagespolitisch aufgeladenen Konkretion, wie Weil sie im Hilfeersuchen Marlenes ausschreibt, bleibt auch von Schirnding unaufgegriffen. Welches kritische Potential genau dieser Aspekt des Romangeschehens: die Hilfeleistung gegenüber einer mutmaßlichen „Sympathisantin“, für die Rezensenten bergen mochte, geht aus einer eklatanten Fehllektüre hervor, die dem Kritiker der „Neuen Zürcher Zeitung“ unterlaufen ist. Dieser schreibt in seiner insgesamt positiv gestimmten Besprechung: „Die Selbstbezichtigung weitet sich aus zur generellen Gewissensfrage an das jüdische Volk, an alle Zeitgenossen – und sie bezieht nun auch deren laxe Haltung gegenüber dem Terrorismus in ihr Fragen ein –: Wann gerät man in die Falle der Anpassung? Wann setzt die dumpfe Gleichgültigkeit gegen brutale Gewalt ein? In einem dreissigseitigen Augenzeugenbericht über die Liquidierung des Ghettos von Petrikau, verfasst von einem deutschen Unteroffizier, wird diese Apathie, die im Kollektiv eines Exekutionspelotons jedes menschliche Gefühl erdrückt, als unvermeidliche Tatsache diagnostiziert.“[97] Die Funktion des Zeugenberichts *in der Konfrontation mit dem RAF-Terrorismus* erfährt hier eine vollständige Umdeutung: Die in ihm protokollierte „dumpfe Gleichgültigkeit“ und „Apathie“ werden in den Dienst einer Anklage nicht etwa vor allem eines schuldhaften Verhältnisses zum Nationalsozialismus und seiner Vernichtungspolitik genommen, noch einer Gleichgültigkeit gegenüber heutigen staatlich verordneten Verbrechen; im Mittelpunkt der Anklage steht für den Rezensenten vielmehr die „laxe Haltung gegenüber dem Terrorismus“. Die *analoge* Stellung des „Terrorismus“ zur Widerstandsoption, wie sie demgegenüber die Ich-Erzählerin reflektiert, ist hier nicht nur verstellt, sondern umgekehrt. Deutlicher kann der Roman nicht *um*geschrieben werden. Doch hatte wohl gerade diese Perspektive im

96 Exner: *Land meiner Mörder* (Anm. 23), S. 96.

97 hbs.: „‚Neinsagen, die einzige unzerstörbare Freiheit‘“. In: *Neue Zürcher Zeitung*, 28.3.1981.

Rezensenten der NZZ am nachhaltigsten nach einer Umschreibung verlangt.

Die Lektüre der Besprechungen von „Meine Schwester Antigone" bis zum Frühjahr 1981 verdeutlicht, daß der westdeutsche Rezensionsbetrieb seinem Publikum durchaus verschiedenartige Zugänge zu Grete Weils Roman anbot – einschließlich der Kritik Albert von Schirndings, die in ihrer Aufmerksamkeit für den erinnerungspolitischen Gehalt des Buches an die differenziertesten, freilich längst vergessenen, Reaktionen anknüpfte, die Grete Weil je auf einen ihrer literarischen Texte in Deutschland erhalten hatte[98]. Eine besondere Durchsetzungskraft erwies jedoch offenkundig jener Rezeptionsmodus, den Agnes Meinold unter der Parole „Antigone oder wie man mit dem Alter lebt" propagiert hatte: Noch im Jahr 1980 zeichnet das Kuratorium Deutsche Altershilfe „Meine Schwester Antigone" mit dem Wilhelmine-Lübke-Preis aus, einer Würdigung, die jenen literarischen Texten vorbehalten werden sollte, die das Alter „realitätsnäher" darstellen und „auch die positiven Elemente stärker miteinbezieh[en]".[99] Weils Roman wird damit in eine Reihe gerückt mit Carl Wingenroths „Lebensfreude mit 60" sowie Maria Simmens „Ich bin ganz gerne alt", die, neben zwei weiteren Titeln, gleichfalls im Jahr 1980 ausgezeichnet werden. Die Benennung des Preises erinnerte jedoch nicht nur an die Witwe, sondern zugleich auch an den ehemaligen Bundespräsidenten Heinrich Lübke, der über Jahre Schlagzeilen mit seiner persönlichen Verstrickung in Segmente der NS-Vernichtungspolitik gemacht hatte[100]. Der Widerspruch, der unter diesem Aspekt in einer Auszeichnung von „Meine Schwester Antigone" mit einem Preis dieses Namens erkennbar werden mochte, hat aber schwerlich einen ihm eigenen ‚Widerstand' in der Findungsphase des zuständigen Gremiums entwickeln können. Denn in dem Maße, in dem seine Perspektive konstititutiv eingestellt war auf „herausragende Darstellung der Situation alter Menschen"[101] – die Findungskommission mußte hier notwendig ergänzen: *deutscher* „alter Men-

[98] Vgl. vor allem Kristiane Schäffers „Tramhalte"-Rezension „Zeit der Angst, Zeit der Hoffnung". In: *Deutsche Zeitung*, 8./9.2.1964, sowie zu diesem Text Kap. IV, S. 163 f.

[99] Nach Meyer: *Neinsagen* (Anm. 13), S. 310.

[100] Vgl. die – über weite Strecken sehr apologetisch abgefaßte – Biographie von Rudolf Morsey: *Heinrich Lübke – Eine politische Biographie*. Paderborn 1996, S. 123 f., 281 f., 532 ff.. – Eine unwillkürlich ironische Komponente wächst der Benennung des Preises des Kuratoriums nach Wilhelmine Lübke durch die Tatsache zu, daß die Frau des ehemaligen Bundespräsidenten sich über lange Zeit hinweg als rund zehn Jahre jünger auszugeben pflegte, ein Sachverhalt, dem ein Teil ihrer Personaldokumente folgte und der später den Vorwurf der Urkundenfälschung ermöglichte. Vgl. ebd., S. 85 f. u. ö.

[101] Exner: *Land meiner Mörder* (Anm. 23), S. 96.

schen“ –, war jedes konkrete, historisch differenzierende Gegenüber: Täter – Opfer, Deutsche – Juden, Aktive des Widerstands – Mitläufer etc., schon vorab strukturell aufgehoben. Historische Schuld konnte nicht thematisch werden. Ihre Abwesenheit im Diskurs scheint, auch 1980, als notwendige Bedingung einer sich karitativ verstehenden Altenarbeit in Deutschland fungiert zu haben.

5

Grete Weil hat auf verschiedene Weise zum Echo auf „Meine Schwester Antigone“ öffentlich Stellung bezogen.

Den Wilhelmine-Lübke-Preis hatte sie zwar angenommen. Doch in einem 1985 für „Vrij Nederland“, einer Zeitung ihres früheren Asyllandes, geführten Interview gibt sie höflich zu bedenken, daß die Zuerkennung dieses Preises auf einem „Mißverständnis“ beruhen müsse, da ihr Buch „kein[en] Beistand für das Alter“[102] leiste. Der in dieser Prämierung implizierten identifikatorischen Lektüre des Romans durch Leser mit deutlich anderen Biographien erteilt sie kurz darauf eine deutliche Absage. Eine Bemerkung Marei Obladens in einem für den Bayerischen Rundfunk produzierten Portrait über die Schriftstellerin: „Es ist merkwürdig, daß Menschen sich mit deinem Alter identifizieren, die sich nicht mit deinem Leben identifizieren“, quittiert Weil mit der knappen Antwort: „Das können sie gar nicht.“[103]

Kritisch fällt auch die Zwischenbilanz aus, die Grete Weil etwa ein halbes Jahr nach Erscheinen ihres Romans im Gespräch für einen von Edith Laudowicz und Doris Pollmann herausgegebenen Band über das „Leben engagierter Frauen“ zieht. Weil räumt ein, daß die Ausstrahlung des „Holocaust“-Films „auf Grund der mangelnden Auseinandersetzung mit der Vergangenheit, auf Grund der Weigerung, sie anzunehmen und Trauerarbeit zu leisten, [...] wie ein Schock gewirkt“[104] habe; dennoch werde auch jetzt noch, statt „Trauerarbeit“, „Bewältigung“ versucht, also unterstellt, „daß etwas zu bewältigen ist, was niemals bewältigt werden kann, weder von den Tätern noch von den Opfern.“ „Bezeichnend in diesem Zusammenhang“ findet die Schriftstellerin „die Reaktion der Kritiker auf mein neues Buch.“ Weil weist auf den Stellenwert des Hellmund-Berichts zunächst für sie persönlich im Entstehungsprozeß des Romans, dann im Roman selbst hin. Der Text wirke „fürchterlich [...], gerade weil kaum von Miß-

102 Nach Meyer: *Neinsagen* (Anm. 13), S. 309 f.

103 Ebd.

104 Grete Weil: „Nicht dazu erzogen, Widerstand zu leisten“. In: Edith Laudowicz, Dorlies Pollmann (Hg.): *Weil ich das Leben liebe. Persönliches und Politisches aus dem Leben engagierter Frauen*. Köln 1981, S. 171-180, hier S. 180.

handlungen die Rede ist, nicht von Sadismus, sondern von ‚sachlichen', bürokratischen Morden. Ich habe diese Aufzeichnung in mein Buch aufgenommen, weil ich sie wichtig fand. Ein deutscher Soldat widerlegt die Behauptung, daß bei solchen Aktionen nur SS beteiligt war. Alle, die dazu abkommandiert waren, haben sich an den Morden beteiligt. [...] Doch die Kritik", fährt Weil fort, „schweigt diese Aufzeichnungen tot. Die Kritiker beschäftigen sich mit meiner Person und mit dem, was ich zu sagen habe. Aber der Bericht, der ein integrierter Bestandteil des Buches ist, er umfaßt immerhin ein Siebtel des Textes, wird verschwiegen. Es ist beschämend, daß ausgerechnet die Kritikerin der ‚Welt' ihn zumindest erwähnt hat. Für mich ist das ein Symptom dafür, wie wenig man wirklich bereit ist, sich ehrlich mit der eigenen Geschichte auseinanderzusetzen."[105]

Grete Weil bringt in dieser Stellungnahme offen zum Ausdruck, daß das, was späterhin wiederholt als ihr „Durchbruch"[106] bezeichnet worden ist, ihre Erwartungen nicht erfüllt hat. Daß ihr auch Anne Uhdes nachhaltiger Hinweis auf den Hellmund-Bericht, zusätzlich unterstrichen im Titel „Todesblätter aus Petrikau", nur als „Erwähnung" gilt, verdeutlicht, daß Weil jetzt – nach „Holocaust" – von der deutschen Rezeption ihres Buches nichts Geringeres erhofft hatte als den Beginn einer Rechenschaftslegung, die die Teilhabe auch des „deutsche[n] Soldat[en]" an den Vernichtungsverbrechen nicht aussparte. An dieser historischen Spezifizierung hätte sich, nach Weil, die Bereitschaft, „sich ehrlich mit der eigenen Geschichte auseinanderzusetzen", als „*wirklich*[*e*]" erweisen können. Doch dieser Nachweis blieb aus.

[105] Auch wenn Weil an anderer Stelle die Aufrichtigkeit der Fragen mancher durch „Holocaust" erschütterter Menschen nicht in Abrede stellt (vgl. hierzu noch weiter unten), klingt hier, am konkreten Beispiel, jedoch deutliche Skepsis daran durch, daß der „Schock" des Films tatsächlich schon generell ‚kathartische' Wirkung gezeitigt habe. Insofern nimmt sie schon jene umfassendere Bewertung des „long-term impacts" (Huyssen: „The Politics of Identification [Anm. 61]) vorweg, die die Kritiker von *New German Critique* nach Jahresfrist noch nicht leisten mochten, Saul Friedländer dagegen wenige Jahre später, im Bitburg-Kontext, wie folgt zusammenfaßt: „The telecasting in 1979 of ‚Holocaust' was considered by many, because of the massive numbers of viewers it attracted in the Federal Republic and the strong emotional responses it evoked, a turning point in Germany's confrontation with Nazi crimes. Such shock-like confrontations, however, seem to have become, for the majority of the population, a set mechanism, which began with the performance of the Anne Frank story in theaters throughout the Bundesrepublik during the late fifties, continued with the trials of the sixties, and found its most dramatic expression in the ‚Holocaust' series. This same confrontation repeated itself in a somewhat different form during the commemorations of 1983 and 1985. These ‚crises' attest to a constant seesaw between learning and forgetting, between becoming briefly aware of the past and turning one's back on it. A near automatic process." (Saul Friedländer: „German Struggles with Memory". In: ders.: *Memory, History, and The Extermination of the Jews of Europe*. Bloomington and Indianapolis 1993, S. 1-21, hier S. 7 f.)

Auf die eigentümliche Wirkung, die das Echo auf „Meine Schwester Antigone“ als Ganzes in seiner Verfasserin ausgelöst hat, kommt Weil an anderer Stelle zu sprechen: im Epilog ihres 1983 erschienenen Romans „Generationen“. Die Ich-Erzählerin, Schriftstellerin und jüdische Überlebende, Verfasserin eines im Romangeschehen nur beiläufig erwähnten Buches, das „von Antigone [handelt]“[107], das am Ende der Erzählzeit „erscheint und [...] Erfolg [hat]“[108], „spiel[t] [...] ein Spiel“ mit ihrer Protagonistin: Sie malt sich aus, „was aus dir geworden wäre, wenn Kreon dich am Leben gelassen hätte. Die Chance dazu war nicht groß. Doch angenommen, du wärest durch das Netz geschlüpft wie ich, deren Tod ja gleichfalls beschlossene Sache war.“[109] Gegenwart der Vergangenheit, Alltag des Überlebens werden in die Antike Antigones transponiert: „An das dir einmal bestimmte Felsengrab, an das gräßliche langsame Sterben, dem du entkommen bist, denkst du kaum. Niemand spricht mehr von dieser unter Kreon oft praktizierten Hinrichtungsart. Es gibt im Rechtsstaat Theben keine Todesstrafe mehr. Niemand will an die blutige Vergangenheit erinnert werden. Aber plötzlich – du bist schon sehr alt – reden sie wieder darüber. Der Anlaß ist vielleicht ein Theaterstück – keines von Sophokles oder einem anderen der großen Dichter –, ein triviales, verkitschtes, geschöntes, von einem drittklassigen Gebrauchsschreiber, das die Herzen durch seine Direktheit mehr ergreift als alle überhöhte Poesie. Es setzt das lang zurückgedrängte Wissen um vergangenes Morden frei, man spricht darüber, in den Familien, den Cafés, auf der Straße, den Sportplätzen, in den Geschäften, an den Brunnen.“ Zwar hat Antigone nicht vergessen, daß „damals“, als sie „von Kreon zum Tode verurteilt“ war, „keiner“ für sie „eingetreten [war], kein Thebaner [...] bereit [war], den Tyrannen daran zu hindern, dich auszulöschen“; trotzdem hatte sie ihren „Mitbürgern ihr Verhalten nicht nachgetragen“, ihre „Freunde aus ihnen gewählt“. Doch „nun“, im Nachraum des – unschwer als „Holocaust“ zu entschlüsselnden – trivialen Stückes „geschieht etwas Merkwürdiges, das du selbst nicht verstehst. Seitdem sie so viel über das Felsengrab reden, haben sie sich, statt dir näherzukommen, weiter von dir entfernt. Du bist für sie ein Fall geworden. Sie fordern dich auf, über deine Gedanken zu berichten, als du den Tod vor Augen hattest. So als ob sich das mitteilen ließe.“ Der plötzlichen, vielfältigen Rede über das „Felsengrab“ kann

106 Meyer: *Neinsagen* (Anm. 13), S. 266; in gleichem Sinn Laudowicz, Pollmann (Hg.): *Weil ich das Leben liebe* (Anm. 104), S. 171; Hedwig Rohde: „Die Sehnsucht nach Bindung“. In: *Der Tagesspiegel*, 18.12.1983; m. v.: „‚Verwundet durch die Menschen‘“. In: *Neue Zürcher Zeitung*, 24.12.1983, u. ö.

107 Weil: *Generationen* (Anm. 50), S. 128.

108 Ebd., S. 132.

109 Ebd., S. 138.

sie nicht entgehen: „[Du] mußt hinsehen, hinhören und hast doch das Gefühl, daß alle davon reden, wie Menschen, die nie betroffen waren. Nur du, die auch nur beinah im Felsengrab Umgekommene, weißt Bescheid. Du wirst krank an deiner Vergangenheit, bist den Erinnerungen hilflos ausgeliefert."

Diese, trotz „echt[em] Interesse" und „Mitleid" einsetzende *Entfernung* anstelle eines Sich-Näherns mündet im Epilog von „Generationen" in die Vorstellung vollständig, hermetisch gewordener Einsamkeit im Augenblick des Todes; und das Maß der in dieser Imagination wirksamen Verzweiflung ist nicht zum Geringsten dadurch bezeichnet, daß die Ich-Erzählerin versucht, die schon einmal verlorene Antigone – „Ich habe schreibend versucht, dich umzubringen" – noch einmal zu Hilfe zu rufen: „O Antigone. Die mir Gebliebene. Sei bei mir, wenn ich sterbe [...]. Über die Jahrtausende hinweg, die sind wie ein Wimpernschlag, stehe mir bei."

Flüchtige Lektüre auch dieser Partien mag einer Auffassung Vorschub leisten, die weite Teile auch der späteren Weil-Rezeption problematisch grundiert: daß der ‚Alltag des Überlebens' *als Leidensgeschichte* ohne Abstriche als eine quasi-anthropologische Invariable zu begreifen sei, den historischen Prozessen *nach* Öffnung der Lager mithin weitestgehend enthoben. Tatsächlich jedoch hat Grete Weil dieser Auffassung fortgesetzt *entgegen*geschrieben. Wie sie es mit allem Nachdruck schon in „Tramhalte Beethovenstraat", aber auch in den Erzählungen von 1968 und erneut in „Meine Schwester Antigone" getan hatte, so nimmt sie auch in dieser kurzen Schlußpartie in „Generationen" eine *Chronologisierung* des Geschehens vor, die *kausalisiert* und *historisiert*. In dieser Perspektive bildet – in Hinblick nicht nur auf den Epilog, sondern auf die gesamte poetische Produktion Grete Weils – die Phase des „niemand spricht" den durchaus nicht ‚heimlichen' archimedischen Punkt in der Genese der von ihr denkbar konkret, d. i.: historisch, ausgeschriebenen *Last* des Überlebens.

Daß von ihr einmal auf eine *alternative* Chronologie gesetzt worden war und welche Rolle sie dem Echo auf ihre Bücher in einer solchen anderen Geschichte hinsichtlich nicht zuletzt auch der persönlichen Last des Überlebens beigemessen hätte, klingt deutlich an in einer knappen Bemerkung, die sie 1997 in einem Gespräch mit Lisbeth Exner äußert. Am Ende einer erneuten intensiven autobiographischen Selbstvergewisserung[110], beantwortet Grete Weil die Erwähnung ihres mit dem breiten Echo auf „Meine Schwester Antigone" einsetzenden Erfolges mit den Worten: „Das kam alles viel zu spät."[111]

[110] D. i. ihre 1998 erschienene Autobiographie *Leb ich denn, wenn andere leben*, die bis zur Rückkehr nach Deutschland 1947 reicht.

[111] Exner: *Land meiner Mörder* (Anm. 23), S. 97.

XII. Nachbemerkung

Nach Wochen erregter öffentlicher Auseinandersetzungen um Martin Walsers Rede anläßlich der Entgegennahme des Friedenpreises des deutschen Buchhandels 1998 läßt sich der Preisträger zu einem Treffen mit einem seiner wenigen entschiedenen Widersacher, Ignatz Bubis, dem Vorsitzenden des Zentralrats der Juden in Deutschland, überreden. Am 12. Dezember 1998 findet ein langes Gespräch in Anwesenheit von Frank Schirrmacher, Feuilleton-Chef der „Frankfurter Allgemeinen Zeitung", und von Salomon Korn, Mitglied des Zentralrats, statt. Im Verlauf des Gespräches kommt Walser auf seine Auseinandersetzung mit der NS-Vergangenheit zu sprechen:
Walser: [...] ich war in diesem Feld beschäftigt, da waren Sie noch mit ganz anderen Dingen beschäftigt. Sie haben sich diesen Problemen später zugewendet; Sie haben sich diesen Problemen später zugewendet als ich.
Bubis: Ich hätte nicht leben können. Ich hätte nicht weiterleben können, wenn ich mich damit früher beschäftigt hätte.
Walser: Und ich mußte, um weiterleben zu können, mich damit beschäftigen.[1]

Diese kurze Partie veranschaulicht *in nuce* jene Erinnerungs*differenz* und Erinnerungs*konkurrenz*, deren paradigmatische Bedeutung für die Stellung jüdischer Autoren deutscher Sprache in der westdeutschen Nachkriegsliteratur im Mittelpunkt der Kapitel dieser Untersuchung steht. Dabei inszeniert Walser hier eine kennzeichnende Verkehrung der Positionen: Der deutsche Schriftsteller des Jahrgangs 1927 sucht Bubis gegenüber geltend zu machen, daß er, der Deutsche, sich im Ausmaß seiner ‚Betroffenheit' durch die NS-Vernichtungspolitik auch von einem Überlebenden des Holocaust nicht übertreffen lassen will. Im Gegenteil: Im Hinweis auf die erst spätere Beschäftigung von Bubis „in diesem Feld" wird suggeriert, daß dessen Betroffenheit wohl geringer gewesen, zumindest lange Zeit von „ganz anderen Dingen" überragt worden sei. Bubis' Antwort bringt in ganz einfachen, zugleich ganz persönlichen Worten die Hemmungen des Überlebenden zur Sprache, sich mit jener Katastrophe auseinanderzusetzen, die seine Eltern das Leben gekostet und die Davongekommenen dem Trauma der Überlebenden ausgesetzt hat. Damit ist der

1 „Wir brauchen eine neue Sprache für die Erinnerung – Das Treffen von Ignatz Bubis und Martin Walser: Vom Wegschauen als lebensrettender Maßnahme, von der Befreiung des Gewissens und den Rechten der Literatur". In: *Frankfurter Allgemeine Zeitung*, 14.12.1998.

Kern der Geschiedenheit zwischen den Sprechenden bezeichnet. Doch indem Walser das Weiterleben des Überlebenden der Vernichtungspolitik mit seinem eigenen Weiterleben parallelisiert, leugnet er diese kategoriale Geschiedenheit. Im Sprechakt selbst mag diese Leugnung von den Zuhörern oder späteren Lesern zuallererst als schwer verständliche Ignoranz oder als mangelnder Respekt gegenüber den Leiden des Überlebenden empfunden werden. Tatsächlich jedoch war hier mit aller denkbaren diskurspolitischen Entschiedenheit die Auffassung vorgetragen, daß es für heutige Ansprüche irgend relevante Unterschiede in der Nähe, in der Unmittelbarkeit zur NS-Erfahrung zwischen Juden und Deutschen nicht gibt – insbesondere wenn es um den Anspruch einer authentischen und integralen Sprache über und Erinnerung an die Jahre des NS-Regimes geht.[2]

Dieses Motiv ist dem Leser dieser Studie vertraut. In ihrem Kontext wächst der Tatsache, daß sich mit Walser ein Schriftsteller der westdeutschen Nachkriegsliteratur zu diesem Gegenstand mit dieser Position und in dieser Weise zu Wort gemeldet hat, eine eklatante Stringenz und Authentizität zu.[3] Indem Walser in der Frankfurter Paulskirche und in seinen anschließenden Verlautbarungen die Erinnerungskonkurrenz zwischen Juden und Deutschen unverändert nachdrücklich für seine Seite zu entscheiden sucht, sie als objektive Erinnerungs*differenz* immer noch nicht *anerkennen* kann, führt er eine Tradition des westdeutschen Literaturbetriebs fort, die sich als eine der grundlegenden Konditionen für das Schreiben jüdischer Autoren deutscher Sprache in der westdeutschen Nachkriegsliteratur zu erkennen gegeben hat. Doch zugleich ist die Auseinandersetzung um die Walser-Rede mit einem spezifischeren Zeitzeichen versehen. Auf Walsers Deutschland-Reden in der zweiten Hälfte der 80er Jahre war noch von einem jüdischen Autor der ersten Generation, Jurek Becker, prägnant und unzweideutig geantwortet worden[4]. Solche Gegenredner gab es, im Winter 1998/99, nicht mehr. Dieser Sachverhalt weist auf eine historische Markierung in der Geschichte der Literatur jüdischer Autoren in der (west)deutschen Nachkriegs- und Gegenwarts-

2 Die hier zitierte Partie aus dem Gespräch zwischen Bubis und Walser war Anlaß verschiedener Kommentare; vgl. etwa Wolfram Schütte: „Der Fleck auf seinem Rock". In: *Frankfurter Rundschau*, 15.12.1998; Moshe Zuckermann: *Gedenken und Kulturindustrie – Ein Essay zur neuen deutschen Normalität*. Berlin und Bodenheim 1999, S. 9 ff.

3 Die Stringenz in Hinsicht auf Walsers eigenes Werk steht im Mittelpunkt von Holger Gehles Aufsatz „Gedächtniswechsel. Martin Walsers Essay ‚Unser Auschwitz' im Werkkontext". In: Michael Hofmann, Martin Rector, Jochen Vogt (Hg.): *Peter Weiss Jahrbuch 8* (1999), St. Ingbert 1999, S. 114-140.

4 Vgl. Jurek Becker: „Gedächtnis verloren – Verstand verloren. Antwort an Martin Walser". In: *Die Zeit*, 18.11.1988. Wieder in: Irene Heidelberger-Leonard (Hg.): *Jurek Becker*. Frankfurt am Main 1992, S. 54-58.

literatur: Die Zeit, da Deutsche und Juden der ersten Generation den Konflikt um die Erinnerung in deutschsprachiger Gegenwartsliteratur, in literarischer Arbeit hatten austragen können, ist abgelaufen; die Frist, in der die historisch singuläre Chance eines Gesprächs zwischen Deutschen und Juden unmittelbar zur NS-Epoche bestanden hatte, eines Gesprächs im Medium deutschsprachiger Literatur – diese Frist ist verstrichen.

Die Untersuchungen dieser Studie haben gezeigt, mit welcher Nachhaltigkeit und mit welcher Verschiedenartigkeit jüdische Autoren deutscher Sprache nach 1945 dieses Gespräch gesucht haben; sie haben verdeutlicht, in welchem Maß dieses Begehren verschränkt, verkettet war in die akuten autobiographischen Konditionen des Überlebens, auch in die des Schreibens für ein Publikum, das nahezu vollständig aus der Generation der Täter bestand. Die Hoffnung auf eine Gesprächsfähigkeit der Deutschen war in den Jahrzehnten nach Kriegsende vor allem an zwei konkrete Prozesse geknüpft, die diesen Zeitraum zugleich periodisieren: zunächst an die von den Alliierten unmittelbar nach Kriegsende versuchte Konfrontation aller Deutschen mit einer weitgehend unverstellten Einsicht in das Ausmaß der NS-Verbrechen; sodann an die Neuthematisierung der NS-Vergangenheit durch die antiautoritäre Bewegung. Gegen Ende der siebziger Jahre erfolgt eine weitere, jedoch anders charakterisierte Zäsur: Parallel zum einsetzenden Generationswechsel im deutschen Publikum kommen – zeitweilig sogar massenwirksame[5] – Diskurse zum Zuge, die die Herstellung von Unmittelbarkeit zu den Verbrechen, d. h. auch zwischen Deutschen und jüdischen Überlebenden, nicht zu erleichtern, sondern ihrerseits spezifisch zu erschweren beginnen.[6]

So verschieden auch die jeweiligen erinnerungspolitischen Rahmenbedingungen in dem Zeitraum von Kriegsende bis ca. 1980 waren: Im Studium der Reaktionen des deutschen Publikums wurde erkennbar, daß sich auf diese Versuche der jüdischen Autoren immer wieder Leserinnen und Leser *ansprechbar* gezeigt haben – oft unbekanntere Rezensenten, in kleineren Blättern, seltener prominente Kritiker in den namhaften Feuilletons. Es ist diese kleine Gruppe von Rezensenten, die den historiographisch belangvollen Nachweis führt, daß das Verstehen, das Erkennen solcher ‚Ansprache' deutscher Leserschaft durchaus nicht kategorial verstellt war, wie in einer populär-‚progressiven' Deutung der deutschen Verhältnisse in den Nach-

[5] Etwa die TV-Serie „Holocaust"; vgl. Kap. XI, S. 545 ff.

[6] Vgl. Grete Weil: *Generationen*. Frankfurt am Main 1985, S. 140: „Seitdem sie so viel [darüber] reden, haben sie sich, statt dir näherzukommen, weiter von dir entfernt." Vgl. auch Kap. XI, S. 561.

kriegsjahrzehnten zuweilen suggeriert wurde[7]. Erst von diesem Sachverhalt aus wird der spezifische historiographische Ort jener zahlreichen Kritiker und Agenten des westdeutschen Literaturbetriebs deutlich, die in den Werken der jüdischen Autoren immer wieder dieses Moment der Ansprache, des Versuchs einer angemessenen Rede über das, was geschah zwischen Deutschen und Juden, nicht zu erkennen vermochten. Diese Verkennung war wohl historisch eine Option; sie war jedoch stets nur eine *alternative* Option zu jenen anderen Lesweisen, die zeitgenössisch, zuweilen in unmittelbarster Nähe, stattfanden. Das Studium der einschlägigen Zeugnisse hat anschaulich gemacht, wie oft und in welchem Maß die Entscheidung für die Option der Verkennung expliziten oder impliziten literatur- und diskurspolitischen Charakter trug.

Die Untersuchung demonstriert zugleich, daß diese Literatur-, Diskurs- und Erinnerungspolitik des westdeutschen Literaturbetriebs den historischen Sieg davongetragen hat. Er äußert sich zuallererst darin, daß das Angebot der jüdischen Autoren, mit ihren deutschen Kollegen in ein Projekt zur „Restitution der Sprache zwischen Deutschen und Juden“ (Scholem) einzutreten, unaufgegriffen blieb; und daß in der Folge auch die deutschsprachige Gegenwartsliteratur, bis heute, von der Ablehnung dieses Angebots gezeichnet blieb. Die mannigfachen spezifischen Bedingungen in Rechnung gestellt, in die das deutschsprachige Schreiben jüdischer Autoren der ersten Generation gestellt war, scheint gewiß, daß die heute, über 50 Jahre nach Ende des NS-Regimes tätigen deutschen und jüdischen Autoren ihre ganz eigenen Mittel und Wege werden finden müssen, auf diese Hypothek zu reagieren.

‚Zurück‘ bleiben jedoch die Bücher: die Werke Weils, Hildesheimers und Hilsenraths, aber auch die von Paul Celan, Nelly Sachs, Peter Weiss, Erich Fried und vieler anderer. Sie handeln von der Katastrophe, von den Verlusten, vom Trauma des Überlebens, von der Erinnerung und ihren Beschädigungen; von den Beschädigungen auch der deutschen Sprache, ihrer Inbesitznahme durch die Täter; und sie handeln von einem noch nicht erloschenen Begehren, mit Deutschen hierüber in ein Gespräch einzutreten. Es mag vor allem die Bedeutung dieses Begehrens sein, sein historisches Gewicht, das auf unser Begreifen noch wartet.

Hamburg, im September 1999

[7] Vgl. beispielsweise Albert von Schirnding: „Der Sturz in die Wahrheit – Zur Neuausgabe von Grete Weils Roman ‚Tramhalte Beethovenstraat‘.“ In: *Süddeutsche Zeitung*, 26.3.1992. Vgl. auch Kap. IV, S. 166 f.

Danksagung

Das vorliegende Buch hätte ohne die Hilfe und Unterstützung zahlreicher Freunde und Kollegen nicht entstehen können. Das Franz-Rosenzweig-Forschungszentrum für deutsch-jüdische Literatur und Kulturgeschichte an der Hebräischen Universität Jerusalem ermöglichte mir einen zweijährigen Forschungsaufenthalt in Israel, der nicht nur diese Studie tief geprägt hat. Stéphane Moses, Gabriel Motzkin, Jakob Hessing, Itta Shedletzky, Alfred Bodenheimer und Jürgen Nieraad haben mich durch ihren kontinuierlichen Ratschlag und ihre ausdauernde Hilfsbereitschaft erfahren lassen, daß diese Bildungserfahrung nie eine nur fachgermanistische sein konnte; und zu solcherart erweiterten Aufschlüssen – nicht nur über Land und Leute, Geschichte und Gegenwart, sondern kaum weniger über mich selbst – steuerten Wichtiges auch jene Freunde und Kollegen bei, die mir Tel Aviv für eine – unvergeßliche – Zeit zum heimatlichen Ort haben werden lassen: Yfaat Weiss und Nusi Sznaider, Adina Stern und Eran Tiefenbrunn, Dan Diner und Moshe Zuckermann, Ran HaCohen und Chaim Rosenson. Saul Friedländer las kritisch ein frühes Projekt-Exposé; Chawa Teltsch nahm sich einen langen Nachmittag Zeit, um mir ausführlich von ihrem Bruder Wolfgang Hildesheimer zu erzählen. Unverzichtbare Hilfestellung erteilte unermüdlich Amir Eshel. Ihnen allen sei herzlich gedankt.

Der Abschluß der Studie als Habilitationsschrift wurde ermöglicht zunächst durch ein Stipendium der Aby-Warburg-Stiftung, sodann durch ein Forschungsstipendium der Deutschen Forschungsgemeinschaft. Rolf Harder vom Archiv der Akademie der Künste Berlin-Brandenburg und Silvia Hildesheimer gewährten mir unkomplizierten Zugang zur Hildesheimer-Korrespondenz sowie Abdruckrechte. Leslie Adelson las kritisch einige Kapitel. Gert Sauermeister betreute Arbeit und Verfahren an der Universität Bremen; Michael Nagel, Wolfgang Emmerich und Hans-Wolf Jäger wirkten als Gutachter mit. Die Ernst-Ludwig Chambré-Stiftung zu Lich hat einen großzügigen Druckkostenzuschuß gewährt. Auch ihnen sei herzlich gedankt.

Mein besonderer Dank gilt Klaus Briegleb, der die Studie als Anreger und Lehrer, Kritiker und Gutachter entscheidend gefördert hat; nicht weniger entscheidend war seine geduldige Bereitschaft zu Ratschlägen und Hilfestellungen, die dem Projekt über manche kritische Phase glücklich hinweggeholfen haben.

Unverzichtbar in all diesen Jahren waren Rat und Zuspruch Holger Gehles; ohne Sigrid Korff wäre die Arbeit nicht begonnen und in dieser Form abgeschlossen worden.

Literaturverzeichnis

A. Primärtexte

Hildesheimer, Wolfgang: „Amerys koketter Ruf nach einer Mafia – Eine Erwiderung in Sachen Gruppe 47". In: *Die Zeit*, 15.7.1966.

Hildesheimer, Wolfgang: [Antwort an Erich Fried]. In: *Die Zeit*, 1.9.1967.

Hildesheimer, Wolfgang: *Briefe*. Herausgegeben von Silvia Hildesheimer und Dietmar Pleyer. Frankfurt am Main 1999.

Hildesheimer, Wolfgang: „Denken auf eigene Gefahr – Ein Offener Brief an Peter Weiss über den Nahost-Konflikt". In: *Die Zeit*, 30.7.1967.

Hildesheimer, Wolfgang: *Der Drachenthron*. München 1984.

Hildesheimer, Wolfgang: *Das Ende der Fiktionen – Reden aus fünfundzwanzig Jahren*. Frankfurt am Main 1988.

Hildesheimer, Wolfgang: „Endzeit – nur ein Gerede?" In: *Die Zeit*, 5.12.1986.

Hildesheimer, Wolfgang: *Gesammelte Werke in sieben Bänden*. Herausgegeben von Lucas Hart Nibbrig und Volker Jehle. Frankfurt am Main 1991.

Hildesheimer, Wolfgang: *Ich werde nun schweigen*. Gespräch mit Hans Helmut Hillrichs in der Reihe ‚Zeugen des Jahrhunderts'. Göttingen 1993.

Hildesheimer, Wolfgang: *Masante*. Frankfurt am Main 1983.

Hildesheimer, Wolfgang: *Mitteilungen an Max über den Stand der Dinge und anderes*. Frankfurt am Main 1986.

Hildesheimer, Wolfgang: *Mozart*. Frankfurt am Main 1980.

Hildesheimer, Wolfgang (mit Walter Jens): „Selbstanzeige". In: Werner Koch (Hg.): *Selbstanzeige. Schriftsteller im Gespräch*.Frankfurt am Main 1971. Wiederabgedruckt in: Volker Jehle (Hg.): *Wolfgang Hildesheimer*. Frankfurt am Main 1989, S. 228-239.

Hildesheimer, Wolfgang: *Tynset*. Frankfurt am Main 1976.

Hilsenrath, Edgar: *Die Abenteuer des Ruben Jablonski – Ein autobiographischer Roman*. München / Zürich 1997.

Hilsenrath, Edgar: *Bronskys Geständnis*. München 1990.

Hilsenrath, Edgar: *Der Nazi & der Friseur*. Frankfurt am Main 1984.

Hilsenrath, Edgar: *Nacht*. Frankfurt am Main 1983.

Hilsenrath, Edgar: „Wie man es nicht machen soll oder Wie man sein Buch an den Mann bringt". *Die Begegnung*. 14. Folge, Berlin / W 1978 / 79, S. 165-172.

Weil, Grete: *Generationen*. Frankfurt am Main 1985.

Weil, Grete: *Happy, sagte der Onkel*. Frankfurt am Main 1982.

Weil, Grete: *Leb ich denn, wenn andere leben*. Zürich / Frauenfeld 1998.

Weil, Grete: *Meine Schwester Antigone*. Frankfurt am Main 1982.

Weil, Grete: „Nicht dazu erzogen, Widerstand zu leisten." Edith Laudowicz / Dorlies Pollmann (Hg.): *Weil ich das Leben liebe. Persönliches und Politisches aus dem Leben engagierter Frauen*. Köln 1981, S. 171-180.

Weil, Grete: *Spätfolgen*. Frankfurt am Main 1995.

Weil, Grete: *Tramhalte Beethovenstraat*. Freiburg im Breisgau 1995.

Weil, Grete: „Vielleicht, irgendwie..." Marielouise Jannsen-Jurreit (Hg.): *Lieben Sie Deutschland? Gefühle zur Lage der Nation*. München 1985, S. 54-60.

Weil, Grete: „Warum ich trotzdem in Deutschland lebe – Ein Brief aus dem Jahr 1947 an Margarete Susman". *Süddeutsche Zeitung*, 16./17.7.1994.

B. Sekundärliteratur

Adorno, Theodor W.: „Kulturkritik und Gesellschaft". In: ders.: *Gesammelte Schriften*. Bd. 10.1.: Kulturkritik und Gesellschaft I. Frankfurt am Main 1977, S. 11-30.

Adorno, Theodor W.: *Minima Moralia*. Frankfurt am Main 1976.

Adorno, Theodor W.: *Negative Dialektik*. Frankfurt am Main 1975.

Adorno, Theodor W.: *Noten zur Literatur*. Frankfurt am Main 1981.

Adorno, Theodor W.: „Was bedeutet: Aufarbeitung der Vergangenheit". In: ders.: *Gesammelte Schriften*. Bd. 10.2: Kulturkritik und Gesellschaft II. Frankfurt am Main 1977, S. 555-572.

Adorno, Theodor W.: „Zur Bekämpfung des Antisemitismus heute". In: ders.: *Gesammelte Schriften*. Bd. 20.1: Vermischte Schriften I. Frankfurt am Main 1986, S. 360-383.

Adunka, Evelyn: „Friedrich Torberg und Hans Weigel – Zwei jüdische Schriftsteller im Nachkriegsösterreich". *Modern Austrian Literature*, Vol. 27, No. 3/4, S. 213-237.

Agoston, Gerty: „Ein Mörder in der Haut seines Opfers". *Staatszeitung und Herold*, 5.5.1971.

Akademie der Künste der Deutschen Demokratischen Republik (Hg.): *Zur Tradition der deutschen sozialistischen Literatur*. Bd. III: Eine Auswahl von Dokumenten 1941–1949. Bd. IV: Kommentare. Berlin und Weimar 1979.

Améry, Jean: *Jenseits von Schuld und Sühne – Bewältigungsversuche eines Überwältigten*. München 1988.

Améry, Jean: *Örtlichkeiten*. Stuttgart 1980.

Améry, Jean: „Shylock, der Kitsch und die Gefahr". *Die Zeit*, 9.4.1976.

Anders, Richard: „Der SS-Scherge macht den Juden". *Christ und Welt*, 19.9.1977.

Andersch, Alfred: „Deutsche Literatur in der Entscheidung – Ein Beitrag zur Analyse der literarischen Situation". In Gert Haffmans (Hg.): *Das Alfred Andersch Lesebuch*. Zürich 1979, S. 111-134.

Andersch, Alfred: *Efraim*. Zürich 1967.

Andersch, Alfred: „Der richtige Nährboden für die Demokratie – Bericht von einer Reise in den deutschen Westen". *Der Ruf*, 15.1.1947, S. 6-7.

Angress, Ruth: „A ‚Jewish Problem' in German Postwar Fiction". *Modern Judaism*, Jg. 5 (1985), vol. 3, S. 215-233.

[Anonym]: „Anne Frank: Was schrieb das Kind?" *Der Spiegel*, 1.4.1959, S. 51-55.

[Anonym]: „Ein Pessimist sucht Hoffnung". *Bremer Nachrichten*, 27.1.1966.

[Anonym]: „Ist Revolution unvermeidlich?" In: *Der Spiegel*, Nr. 15 / 1968, S. 60.

[Anonym]: „Jüdische Autoren deutscher Sprache". *Börsenblatt für den Deutschen Buchhandel* (Frankfurter Ausgabe), Nr. 45, 6.6.1969, S. 1349-1350.

[Anonym] [Fritz Rumler]: „Max & Itzig". *Der Spiegel*, 22.8.1977.

[Anonym]: „Nacht". *Siegener Zeitung*, 2.12.1964.

[Anonym]: „Wolfgang Hildesheimer – Tynset". *konkret*, Nr. 5 / 1965.

Appelfeld, Aharon: *Beyond despair – Three lectures and a conversation with Philip Roth*. Translated by Jeffrey Green. New York 1994.

Arendt, Hannah: „The Aftermath of Nazi Rule – Report from Germany". *Commentary*, Vol 10, No. 4 (October 1950), S. 342-353.

Arendt, Hannah: *Eichmann in Jerusalem – Ein Bericht von der Banalität des Bösen*. Leipzig 1990.

Arendt, Hannah / Enzensberger, Hans Magnus: „Politik und Verbrechen. Ein Briefwechsel". In: *Merkur*. Jg. 14, H. 4 (April 1965), S. 380-385.

Arnold, Heinz Ludwig (Hg.): *Jean Améry* [= *text + kritik*, H. 99]. München 1996.

Aschheim, Steven A.: „The publication of Moritz Goldstein's ‚The German-Jewish Parnassus' sparks a debate over assimilation, German culture, and the ‚Jewish spirit' ". Sander L. Gilman, Jack Zipes (Hg.): *Yale Companion to Jewish Writing and Thought in German Culture, 1096-1996*. New Haven 1997, S. 299-305.

Assmann, Aleida und Jan, Hardmeier, Christof (Hg.): *Schrift und Gedächtnis – Beiträge zur Archäologie der literarischen Kommunikation*. München 1983.

Assmann, Jan: *Das kulturelle Gedächtnis – Schrift, Erneuerung und politische Identität in frühen Hochkulturen*. München 1992.

Atlas zusammengestellt von deutschen Autoren. Berlin / W 1977.

Avenarius, Ferdinand: „Aussprachen mit Juden". *Der Kunstwart*. Jg. 25, H. 22 (August 1912), S. 225-261.

Bachmann, Ingeborg: „Fragen und Scheinfragen". Frankfurter Vorlesungen I (1959). In dies.: *Werke*. Herausgegeben von Christine Koschel u.a., Bd. 4. München / Zürich 1978, S. 182-199.

Batt, Kurt: *Revolte intern. Betrachtungen zur Literatur in der Bundesrepublik Deutschland*. München 1975.

Bauer, Fritz: „Im Namen des Volkes – Die strafrechtliche Bewältigung der Vergangenheit". In: Helmut Hammerschmidt (Hg.): *Zwanzig Jahre danach. Eine deutsche Bilanz 1945–1965*. München / Wien / Basel 1965, S. 301-314.

Baum, Marie: „Einführung". *Das Tagebuch der Anne Frank. 14. Juni 1942 – 1. August 1944*. Heidelberg 1950, S. V-VI.

Baum, Marie: *Rückblick auf mein Leben*. Heidelberg 1950.

Baumgart, Reinhard: *Aussichten des Romans oder Hat Literatur Zukunft?* Neuwied und Berlin 1968.

Baumgart, Reinhard: „Heimisch im Absurden". *Frankfurter Allgemeine Zeitung*, 24.11.1984.

Baumgart, Reinhard: *Literatur für Zeitgenossen. Essays*. Frankfurt am Main 1966.

Baumgart, Reinhard: „Schlaflos schluchzend". *Der Spiegel*, 3.3.1965.

Baumgart, Reinhard: „Tynset". *Bücherkommentare*, 1965 / 1.

Becher, Johannes R.: *Gesammelte Werke*. Bd. 5: Gedichte 1942-1948. Berlin und Weimar 1967.

Benjamin, Walter: *Gesammelte Schriften*. Unter Mitwirkung von Theodor W. Adorno und Gershom Scholem herausgegeben von Rolf Tiedemann und Hermann Schweppenhäuser. 7 Bde. Frankfurt am Main 1991.

Bettelheim, Bruno: „The Ignored Lesson of Anne Frank". In ders.: *Surviving and Other Essays*. New York 1979, S. 246-257.

Betz, Werner: „Nicht der Sprecher, die Sprache lügt?" *Sprache im technischen Zeitalter*, 6 / 1963, S. 461-464.

Bier, Jean Paul: *Auschwitz et les nouvelles littératures allemandes*. Bruxelles 1979.

Blöcker, Günter: „Stegreifspiel der Moderne". *Merkur* 19 (1965), S. 486-487.

Boas, Henriette: „The Persecution of Dutch Jewry 1940-1945". *Yad Vashem Studies*. Vol. 6 (1967), S. 359-374.

Bodek, Janusz: *Die Faßbinder-Kontroversen: Entstehung und Wirkung eines literarischen Textes*. Frankfurt am Main 1991.

Bodemann, Y. Michal: *Gedächtnistheater – Die jüdische Gemeinschaft und ihre deutsche Erfindung*. Hamburg 1996.

Bodemann, Y. Michal: „Staat und Ethnizität: Der Aufbau der jüdischen Gemeinden im Kalten Krieg". In: Micha Brumlik, Doron Kiesel, Cilly Kugelmann, Julius H. Schoeps (Hg.): *Jüdisches Leben in Deutschland seit 1945*. Frankfurt am Main 1986, S. 49-69.

Böll, Heinrich: „Hans im Glück im Blut". *Die Zeit*, 9.12.1977.

Böll, Heinrich: *Neue politische und literarische Schriften*. Köln 1973.

Böll, Heinrich: *Vermintes Gelände – Essayistische Schriften 1977-1981*. Köln 1982.

Böll, Heinrich: *Werke. Essayistische Schriften und Reden I 1952-1963*. Köln o.J.

Böll, Heinrich: *Werke. Hörspiele, Theaterstücke, Drehbücher, Gedichte I 1952–1978*. Köln o.J.

Böll, Heinrich: *Werke. Interviews I*. Herausgegeben von Bernd Balzer. Gütersloh 1980.

Bohrer, Karl Heinz: *Die gefährdete Phantasie, oder Surrealismus und Terror*. München 1970.

Bold, Hilde: „Vergangenheit als Trauma". *Ruhr-Nachrichten*, 28.9.1963.

Bonhoeffer, Emmi: *Zeugen im Auschwitz-Prozeß – Begegnungen und Gedanken*. Wuppertal / Bonn 1965.

Born, Nicolas / Manthey, Jürgen (Hg.): *Literaturmagazin 7: Nachkriegsliteratur*. Reinbek bei Hamburg 1977.

Bosmajian, Hamida: *Metaphors of Evil: Contemporary German Literature and the Shadow of Nazism*. Iowa City 1979.

Bossinade, Johanna: *Das Beispiel Antigone – Textsemiotische Untersuchungen zur Präsentation der Frauenfigur*. Köln 1990.

Braese, Stephan (Hg.): *Bestandsaufnahme – Studien zur Gruppe 47*. Berlin 1999.

Braese, Stephan: *Das teure Experiment – Satire und NS-Faschismus*. Wiesbaden 1996.

Braese, Stephan / Gehle, Holger / Kiesel, Doron / Loewy, Hanno (Hg.): *Deutsche Nachkriegsliteratur und der Holocaust*. Frankfurt am Main 1998.

Braese, Stephan: „Fünfzig Jahre ‚danach'. Zum Antifaschismus-Paradigma in der deutschen Exilforschung". *Exilforschung – Ein internationales Jahrbuch*, Bd. 14 (1996), S. 133-149.

Braese, Stephan: „ ‚In einer deutschen Angelegenheit' – Der Frankfurter Auschwitz-Prozeß in der westdeutschen Nachkriegsliteratur". *Geschichte und Wirkung des ersten Frankfurter Auschwitz-Prozesses* (= Jahrbuch des Fritz Bauer Instituts 2001).

Brandt, Willy: „Literatur und Politik im Exil". In: *Literatur des Exils. Eine Dokumentation über die P.E.N.-Jahrestagung in Bremen vom 18. bis 20. September 1980.* Im Auftrag des P.E.N.-Zentrums Bundesrepublik Deutschland herausgegeben von Bernt Engelmann. München 1981, S. 164-171.

Brecht, Bertolt: *Die ‚Antigone' des Sophokles. Materialien zur ‚Antigone'.* Frankfurt am Main 1965.

Brecht, Bertolt: *Briefe*. Herausgegeben und kommentiert von Günter Glaeser. Frankfurt am Main 1981.

Brecht, Bertolt: *Werke. Große kommentierte Berliner und Frankfurter Ausgabe.* Herausgegeben von Werner Hecht, Jan Knopf, Werner Mittenzwei und Klaus-Detlef Müller. Berlin und Weimar / Frankfurt am Main1989 ff.

Briegleb, Klaus: *1968 – Literatur in der antiautoritären Bewegung*. Frankfurt am Main 1993.

Briegleb, Klaus, und Weigel, Sigrid (Hg.): *Gegenwartsliteratur seit 1968*. München / Wien 1992.

Briegleb, Klaus: „Ingeborg Bachmann, Paul Celan. Ihr (Nicht-) Ort in der Gruppe 47 (1952-1964 / 65). Eine Skizze". In:Bernhard Böschenstein, Sigrid Weigel (Hg.): *Ingeborg Bachmann und Paul Celan – Poetische Korrespondenzen*. Frankfurt am Main 1997, S. 29-81.

Briegleb, Klaus: „ ‚Neuanfang' in der westdeutschen Nachkriegsliteratur – Die ‚Gruppe 47' in den Jahren 1947-1951". In: Birgit R. Erdle, Sigrid Weigel (Hg.): *50 Jahre danach. Zur Nachgeschichte des Nationalsozialismus*. Zürich 1995, S. 119-163.

Briegleb, Klaus: *Unmittelbar zur Epoche des NS-Faschismus – Arbeiten zur politischen Philologie 1978-1988*. Frankfurt am Main 1989.

Briegleb, Klaus: „ ‚Vom Rande her...' – Laudatio zur Verleihung der Ehrendoktorwürde an Leo Löwenthal am 18. Oktober 1989 durch die Universität Hamburg". *links*, 241 / Mai 1990, S. 36-40.

Brod, Max: *Streitbares Leben – Autobiographie*. München 1960.

Broder, Henryk M. / Lang, Michel R. (Hg.): *Fremd im eigenen Land – Juden in der Bundesrepublik*. Reinbek bei Hamburg 1979.

Busch, Günther: „Anmerkungen zur Sprachkritik". *Sprache im technischen Zeitalter*, 6 / 1963, S. 472-475.

Dachs, Gisela: „Der ganze Nahe Osten – Die Achtundsechziger und der Staat Israel". Ein Interview mit Dan Diner. *Die Zeit*, 4.2.1999.

Deutscher Koordinierungsrat der Gesellschaft für Christlich-Jüdische Zusammenarbeit (Hg.): *Was bedeutet: Aufarbeitung der Vergangenheit? Bericht über die Erzieherkonferenz am 6. und 7. November 1959*. Frankfurt am Main / Berlin / Bonn o.J.

Diner, Dan: *Das Jahrhundert verstehen – Eine universalhistorische Deutung.* München 1999.

Diner, Dan: *Kreisläufe – Nationalsozialismus und Gedächtnis.* Berlin 1995.

Diner, Dan: „Negative Symbiose". In: ders. (Hg.): *Ist der Nationalsozialismus Geschichte? Zu Historisierung und Historikerstreit.* Frankfurt am Main 1987, S. 185-197.

Diner, Dan (Hg.): *Zivilisationsbruch – Denken nach Auschwitz.* Frankfurt am Main 1988.

Dische, Irene: „Eine Jüdin für Charles Allen". In: dies.: *Fromme Lügen – Sieben Erzählungen.* Frankfurt am Main 1989, S. 5-74.

Domin, Hilde: „Denk ich an Deutschland in der Nacht – Bemerkungen zu Wolfgang Hildesheimers ‚Tynset' ". *Neue deutsche Hefte*, Sept. / Okt. 1965, S.124-134.

Drewitz, Ingeborg: „Eine grausame Satire". *Tagesspiegel*, 4.9.1977.

Durzak, Manfred: *Gespräche über den Roman – Formbestimmungen und Analysen.* Frankfurt am Main 1976.

Duve, Freimut / Böll, Heinrich / Staeck, Klaus (Hg.): *Briefe zur Verteidigung der Republik.* Reinbek bei Hamburg 1977.

Ehrenstein, Albert: *Werke.* Herausgegeben von Hanni Mittelmann. Bd. 1: Briefe. München 1987.

Emigholz, Erich: „Falsche Akzente". *Bremer Nachrichten*, 17.11.1965.

Enzensberger, Hans Magnus: „Berliner Gemeinplätze". In: *Kursbuch* 11 (Januar 1968), S. 151-169.

Enzensberger, Hans Magnus: „Berliner Gemeinplätze II". In: *Kursbuch* 13 (Juni 1968), S. 190-197.

Enzensberger, Hans Magnus: *Einzelheiten.* Frankfurt am Main 1962.

Enzensberger, Hans Magnus: „Gemeinplätze, die Neueste Literatur betreffend". In: *Kursbuch* 15 (November 1968), S. 187-197.

Enzensberger, Hans Magnus: „Klare Entscheidungen und trübe Aussichten". In: Joachim Schickel (Hg.): *Über Hans Magnus Enzensberger.* Frankfurt am Main 1970, S. 230 ff.

Enzensberger, Hans Magnus: *Politik und Verbrechen.* Frankfurt am Main 1978.

Eska, Dr.: „Gruß an Johannes R. Becher". *Neue Welt*, 25.3.1948.

Exner, Lisbeth: *Land meiner Mörder, Land meiner Sprache – Die Schriftstellerin Grete Weil.* München 1998.

Fassbinder, Rainer Werner: „Philosemiten sind Antisemiten. Ein Interview mit Benjamin Henrichs über die Reaktionen auf ‚Der Müll, die Stadt und der Tod' ". *Die Zeit*, 9.4.1976.

Feibel, Thomas: „ ‚Ich habe die Philosemiten erschreckt, ich bin Außenseiter' – Aus einem Gespräch mit dem Schriftsteller Edgar Hilsenrath". *Frankfurter Rundschau*, 15.9.1990.

Fest, Joachim: „Linke Schwierigkeiten mit ‚links'. Ein Nachwort zu R.W. Fassbinder". *Frankfurter Allgemeine Zeitung*, 10.4.1976.

Fest, Joachim: „Reicher Jude von links. Zu Fassbinders Theaterstück ‚Der Müll, die Stadt und der Tod' ". *Frankfurter Allgemeine Zeitung*, 19.3.1976.

Flashar, Hellmut: *Inszenierung der Antike – Das griechische Drama auf der Bühne der Neuzeit 1585-1990.* München 1991.

Foster, Roy: „Unforgotten, unforgiven". *Times Literary Supplement*, 16.1.1976.

Freud, Sigmund: „Erinnern, Wiederholen und Durcharbeiten". In ders.: *Studienausgabe*. Ergänzungsband, Frankfurt am Main 1982, S. 205-215.

Freud, Sigmund: „Über Deckerinnerungen". In ders.: *Gesammelte Werke*. Erster Band. London 1952, S. 531-554.

Fried, Erich: [Antwort an Wolfgang Hildesheimer]. In: *Die Zeit*, 18.8.1967.

Fried, Erich: *und VIETNAM und*. Berlin / W 1974.

Friedländer, Saul: *Kitsch und Tod. Der Widerschein des Nazismus*. Aus dem Französischen von Michael Grendacher. München / Wien 1984.

Friedländer, Saul: *Memory, History, and the Extermination of the Jews of Europe*. Bloomington and Indianapolis 1993.

Friedlander, Saul (Hg.): *Probing the Limits of Representation – Nazism and the ‚Final Solution'*. Cambridge / London 1992.

Friedländer, Saul: „Die Shoah als Element in der Konstruktion israelischer Erinnerung". *Babylon*, H. 2 / 1987, S. 10-22.

Frister, Roman: *Die Mütze oder Der Preis des Lebens – Ein Lebensbericht*. Berlin 1997.

Funkenstein, Amos: „Historical Consciousness". *History and Memory: Studies in Representation of the Past* 1 / 1 (1989), S. 5-26.

Futterknecht, Franz: *Das Dritte Reich im deutschen Roman der Nachkriegszeit*. Bonn 1976.

Gehle, Holger: „Gedächtniswechsel. Martin Walsers Essay ‚Unser Auschwitz' im Werkkontext". Michael Hofmann, Martin Rector, Jochen Vogt (Hg.): *Peter Weiss Jahrbuch 8* (1999), S.114-140.

Gehle, Holger: „Juden und Deutsche in Wolfdietrich Schnurres Roman ‚Ein Unglücksfall' ". *Zeitschrift für deutsche Philologie*, 114. Band 1995, Sonderheft „Vom Umgang mit der Schoah in der deutschen Nachkriegsliteratur", S. 113-128.

Gerhard, Peter W.: „Erinnerungen an das Ensetzliche". *Die andere Zeitung*, 22.8.1968.

Gehring, Hansjörg: *Amerikanische Literaturpolitik in Deutschland 1945-1953*. Stuttgart 1976.

Giefer, Günter / Gundwin, Peter: „Die Siebenundvierziger". *Frankfurter Hefte* 10 (1955), S. 892-898.

Gilman, Sander L.: *Jews in Today's German Culture*. Bloomington 1995.

Gilman, Sander L.: „Jüdische Literaten und deutsche Literatur. Antisemitismus und die verborgene Sprache der Juden am Beispiel von Jurek Becker und Edgar Hilsenrath". *Zeitschrift für deutsche Philologie*, 107. Bd. (1988), H. 2, S. 269-294.

Gilman, Sander L.: *Jüdischer Selbsthaß*. Frankfurt am Main 1993.

Gilman, Sander L.: *Rasse, Sexualität und Seuche – Stereotype aus der Innenwelt der westlichen Kultur*. Reinbek bei Hamburg 1992.

Giordano, Ralph: *Die zweite Schuld. Von der Last Deutscher zu sein*. München 1990.

Glaser, Hermann: „Der Spießer als dämonischer Held". *Tribüne*. 16. Jg. (1977), H. 63, S. 23-26.

Goldstein, Moritz: „Deutsch-jüdischer Parnaß". *Der Kunstwart*, Jg. 25, H. 11 (März 1912), S. 281-294.

Goldstein, Moritz: „German Jewry's Dilemma – The Story of a Provocative Essay". *Leo Baeck Yearbook*. Vol 2 (1957), S. 236-254.

Goodrich, Francis / Hackett, Albert: *Das Tagebuch der Anne Frank – Ein Schauspiel*. Frankfurt am Main 1958.

Goral, Arie: *Der Anti-Schoeps – Ein Beitrag zur sogenannten Woche der sogenannten Brüderlichkeit 1968*. Berlin / Hamburg 1968.

Grimm, Gunter E., und Bayerdörfer, Hans-Peter (Hg.): *Im Zeichen Hiobs – Jüdische Schriftsteller und deutsche Literatur im 20. Jahrhundert*. Königstein im Taunus 1985.

Grimm, Reinhold / Jäggi, Willy / Oesch, Hans (Hg.): *Der Streit um Hochhuths „Stellvertreter"*. Basel 1963.

Grosser, J.F.G. (Hg.): *Die große Kontroverse – Ein Briefwechsel um Deutschland*. Hamburg 1963.

Grossman, David: *Stichwort: Liebe*. München / Wien 1991.

Gutman, Israel, u.a. (Hg.): *Enzyklopädie des Holocaust – Die Verfolgung und Ermordung der europäischen Juden*. Bd. I-IV. München / Zürich 1998.

Habe, Hans: „Wenn es nur abstrakt ist". *Aufbau*, Vol. XXVII, No. 15, Friday, April 14, 1961, S. 23-24.

Habermas, Jürgen: *Protestbewegung und Hochschulreform*. Frankfurt am Main 1969.

Hackel, Franz-Heinrich: *Zur Sprachkunst Friedrich Torbergs – Parodie – Witz – Anekdote*. Frankfurt am Main 1984.

Härtling, Peter: „Widerspruch aus Liebe". *Frankfurter Allgemeine Zeitung*, 5.5.1984.

Haffmans, Gert (Hg.): *Das Alfred Andersch Lesebuch*. Zürich 1979.

Halbwachs, Maurice: *Das kollektive Gedächtnis*. Aus dem Französischen von Holde Lhoest-Offermann. Frankfurt am Main 1985.

Hamburger, Käte: *Von Sophokles zu Sartre*. Stuttgart 1962.

Handke, Peter: *Das Gewicht der Welt*. Salzburg 1977.

Handke, Peter: *Phantasien der Wiederholung*. Frankfurt am Main 1983.

Handke, Peter: „Zur Tagung der Gruppe 47 in USA". In: ders.: *Ich bin ein Bewohner des Elfenbeinturms*. Frankfurt am Main 1972, S. 29-34.

Hartlaub, Geno: „Endstation Meona". *Deutsches Allgemeines Sonntagsblatt*, 29.4.1973.

Hartlaub, Geno: „Tynset ist keine Endstation – Gespräch mit Wolfgang Hildesheimer". *Deutsches Allgemeines Sonntagsblatt*, 20.2.1967.

Hartung, Rudolf: „Am Rand der Wüste – Wolfgang Hildesheimers ‚Masante'". *Die Zeit*, 13.4.1973.

hbs.: „‚Neinsagen, die einzige unzerstörbare Freiheit'". *Neue Zürcher Zeitung*, 28.3.1981.

Heidelberger-Leonard, Irene (Hg.): *Jurek Becker*. Frankfurt am Main 1992.

Heissenbüttel, Helmut: „Nur Erfindung, nur Täuschung?" *Die Welt*, 18.3.1965.

Herf, Jeffrey: „The ‚Holocaust' Reception in West Germany: Right, Center and Left". *New German Critique*. Nr. 19 (Winter 1980), S. 30-52.

Herzog, Walter H.: „In einer Ruinenstadt am Dnjestr“. *Mülheimer Tageblatt / Ruhr-Nachrichten*, 11.5.1965.

Hesse, Hermann: „Stufen“. In: ders.: *Gesammelte Werke*. Erster Band. Frankfurt am Main 1970, S. 119.

Hilberg, Raul: *Die Vernichtung der europäischen Juden*. Frankfurt am Main 1990.

Hofmann, Axel: „Nacht“. *Die Bücherkommentare*, 15.11.1964.

Höllerer, Walter / Miller, Norbert: „Der Zürcher Literaturstreit“. In: *Sprache im technischen Zeitalter*, H. 22 (April / Juni 1967).

Holitscher, Arthur: *Drei Monate in Sowjet-Russland*. Berlin 1921.

Horn, Effi: „Tramhalte Beethovenstraat“. *Münchner Merkur*, 14. / 15.9.1963.

Hornung, Werner: „Schelm & Spießbürger“. *Vorwärts*, 11.8.1977.

hsp.: „Roman einer Untergetauchten – Grete Weils ‚Tramhalte Beethovenstraat‘ “. *Frankfurter Rundschau*, 30.11.1963.

Huch, Ricarda: „Begrüßung“. *Ost und West*, 1. Jg. (1947), H. 4 (Oktober), S. 25-28.

Hübner, Paul: „tynset“. *Rheinische Post*, 13.3.1965.

Huyssen, Andreas: „The Politics of Identification: ‚Holocaust‘ and West German Drama“. *New German Critique*. Nr. 19 (Winter 1980), S. 117-136.

Huyssen, Andreas: „Unbewältigte Vergangenheit – Unbewältigte Gegenwart“. In Reinhold Grimm, Jost Hermand (Hg.): *Geschichte im Gegenwartsdrama*. Stuttgart u.a. 1976, S. 39-53.

Iden, Peter: „An den Rändern der Nacht“. *Frankfurter Rundschau*, 6.11.1978.

Isani, Claudio: „Bitterer Fleiß“. *Der Abend*, 15.8.1977.

Jaeckle, Erwin (Hg.): *Der Zürcher Literaturschock*. München 1968.

Jehle, Volker (Hg.): *Wolfgang Hildesheimer*. Frankfurt am Main 1989.

Jehle, Volker: *Wolfgang Hildesheimer Werkgeschichte*. Frankfurt am Main 1990.

Jenny, Urs: „Denk ich an Tynset in der Nacht“. *Süddeutsche Zeitung*, 6. / 7.3.1965.

Jens, Tilman: „ ‚Der Mensch wird die Erde verlassen‘.“ *stern*, 12.5.1984.

Jens, Tilman: „Über das Fremdsein“. *Deutsches Allgemeines Sonntagsblatt*, 14.10.1984.

Jens, Walter: „Appell und Anmut – Wolfgang Hildesheimer“. In ders.: *Von deutscher Rede*. München 1969, S. 214-226.

Jens, Walter: „Ein Ausgelieferter übertönt die Nacht“. *Die Zeit*, 19.3.1965.

Jens, Walter: „Spiel und Vernichtung“. *Die Zeit*, 20.12.1996.

Johnen, Heinz: „Rabbi-Herz schlägt in arischer Mörderbrust“. *Express*, 8.10.1977.

Jokostra, Peter: „Bericht aus dem Inferno“. *Echo der Zeit*, 2.5.1965.

Joods Historisch Museum Amsterdam (Hg.): *Documents of the persecution of the Dutch Jewry 1940-1945*. Amsterdam 1979.

Kähler, Hermann: „Hildesheimers Flucht nach Tynset“. *Sinn und Form*, Jg. 17 (1965), H. 5, S. 792-797.

Kästner, Erich: „Betrachtungen eines Unpolitischen“. *Neue Zeitung*, 14.1.1946.

Kaiser, Joachim: „Melancholisch, gelassen, herb“. *Süddeutsche Zeitung*, 3.10.1984.

Kaiser, Joachim: „Stilleben mit Häschern – Plauderton und Verzweiflung: Wolfgang Hildesheimers ‚Masante' ". *Süddeutsche Zeitung*, 14./15.4.1973.

Kantorowicz, Alfred: „Deutsche Schriftsteller im Exil". *Ost und West*, 1. Jg. (1947), H. 4 (Oktober), S. 42-51.

Kantorowicz, Alfred: „Gruß an den 1. Deutschen Schriftstellerkongreß". *Ost und West*, 1. Jg. (1947), H. 3 (September), S. 93-94.

Kesten, Hermann (Hg.): *Ich lebe nicht in der Bundesrepublik*. München 1964.

Kesting, Hanjo: „Das Ende der Fiktion – Gespräch mit Wolfgang Hildesheimer". In: ders.: *Dichter ohne Vaterland – Gespräche und Aufsätze zur Literatur*. Berlin/Bonn 1982, S. 52-80.

Keun, Irmgard: *Nach Mitternacht*. Düsseldorf 1980.

Knopf, Jan: *Brecht-Handbuch*. Stuttgar 1980.

Köppen, Manuel (Hg.): *Kunst und Literatur nach Auschwitz*. Berlin 1993.

Komitee Hamburg der Kinder- und Jugend-Aliyah und der Gesellschaft für christlich-Jüdische Zusammenarbeit in Hamburg e.V. (Hg.): *Das Tagebuch der Anne Frank – Sonderaufführung des Thalia-Theaters Hamburg, am 20. Oktober 1957*. Hamburg 1957.

Korn, Karl: „Heimsuchung". *Frankfurter Allgemeine Zeitung*, 13.3.1965.

Krämer-Badoni, Rudolf: „Handwerkliche Grundsätze". *Sprache im technischen Zeitalter*, 6/1963, S. 460.

Krämer-Badoni, Rudolf: „Kölsche Krätzcher vor Theben". *Die Welt*, 6.11.1978.

Krämer-Badoni, Rudolf: „Schmerz über den verlorenen Schmerz". *Rheinischer Merkur/Christ und Welt*, 5.12.1980.

Kraft, Thomas (Hg.): *Edgar Hilsenrath – Das Unerzählbare erzählen*. München/Zürich 1996.

Kramer, Sven (Hg.): *Das Politische im literarischen Diskurs. Studien zur deutschen Gegenwartsliteratur*. Opladen 1996.

Kraushaar, Wolfgang: „Die Wiederkehr der Traumata im Versuch sie zu bearbeiten. Die Remigration von Horkheimer und Adorno und ihr Verhältnis zur Studentenbewegung". *Exilforschung – Ein internationales Jahrbuch* 9 (1991), S. 46-67.

Kreis, Gabriele: „Empfindliche Erinnerungen". *Deutsches Allgemeines Sonntagsblatt*, 12.10.1980.

Krummacher, F.A. (Hg.): *Die Kontroverse. Hannah Arendt, Eichmann und die Juden*. München 1964.

Lampe, Gerhard: *„Ich will mich erinnern an alles was man vergißt"* – *Erich Fried. Biographie und Werk*. Köln 1989.

Landau, Ernst: „Abbild der Hölle". *Neue Welt*, September 1947, S. 8.

Langbein, Hermann: *Der Auschwitz-Prozeß – Eine Dokumentation*. 2 Bde. Wien 1965.

Langer, Lawrence: *The Holocaust and the Literary Imagination*. New Haven 1975.

Langgässer, Elisabeth: „Schriftsteller unter der Hitler-Diktatur". *Ost und West*, 1. Jg. (1947), H. 4 (Oktober), S. 36-41.

Laplanche, J./Pontalis, J.-B.: *Das Vokabular der Psychoanalyse*. Frankfurt am Main 1973.

Lauckner, Nancy: „The Jew in Post-War German Novels: A Survey". *Leo Baeck Yearbook*, Vol. 20 (1975), S. 275-291.

Lea, Henry A.: *Wolfgang Hildesheimers Weg als Jude und Deutscher*. Stuttgart 1997.

Lettau, Reinhard: *Die Gruppe 47 – Bericht, Kritik, Polemik*. Neuwied und Berlin 1967.

Levi, Primo: *Atempause*. Hamburg 1964.

Levi, Primo: *Ist das ein Mensch? / Die Atempause*. München / Wien 1988.

Lewy, Hermann: „Der Wille zu überleben – Zu Edgar Hilsenraths ‚Nacht' ". *Allgemeines Jüdisches Wochenblatt*, 23.7.1965.

Lind, Jakov: *Counting my steps – An Autobiography*. London 1969.

Loewy, Ernst: „Juden in der BRD – Bewältigung oder Mystifizierung?" *links*. 14. Jg., Nr. 144 (März 1982), S. 24-25.

Loewy, Ernst: „Mein Judentum" [Rezension]. *Jahrbuch des Instituts für deutsche Geschichte* (Tel Aviv). 9 / 1980, S. 613-622.

Loewy, Ernst: „Zum Paradigmenwechsel in der Exilliteraturforschung". *Exilforschung – Ein internationales Jahrbuch*, Bd. 9 (1991), S. 208-217.

Lüdke, W. Martin: „Mehr Worte, weniger Taten!" *Die Zeit*, 30.11.1984.

M.-S., Dr. W.: „Tramhalte Beethovenstraat". *Schwäbische Donauzeitung*, 3.9.1963.

Maar, Michael: „Künstler überm Abgrund". *Die Zeit*, 17.6.1999, S. 39.

Märthesheimer, Peter / Frenzel, Ivo (Hg.): *Im Kreuzfeuer: Der Fernsehfilm ‚Holocaust' – Eine Nation ist betroffen*. Frankfurt am Main 1979.

Maier, Kurt Salomon: *Images of the Jew in Postwar German Fiction and Drama (1945- 1965)*. New York 1969.

Mann, Heinrich: „Einführung". *Morgenröte. Ein Lesebuch*. Herausgegeben von den Gründern des Aurora-Verlages. New York 1947, S. 11-23.

Mann, Klaus: *Auf verlorenem Posten – Aufsätze, Reden, Kritiken 1942-1949*. Herausgegeben von Uwe Naumann und Michael Töteberg. Reinbek bei Hamburg 1994.

Mann, Klaus: *Briefe und Antworten*. Bd. II: 1937-1949. Herausgegeben von Martin Gregor-Dellin. München 1975.

Mann, Klaus: „Lecturing in Europe". *europäische ideen*, H. 52, Berlin 1981, S. 29-31.

Mann, Klaus: „Literary Scene in Germany". *Tomorrow*, 7.3.1947, S. 15-20.

Mann, Klaus: *Mit dem Blick nach Deutschland – Der Schriftsteller und das politische Engagement*. Herausgegeben von Michel Grunewald. München 1985.

Mann, Klaus: „Die Mythen der Unterwelt – Horst Wessel". Texte aus dem Nachlaß, hg. und eingeleitet von Gerhard Härle. *Forum Homosexualität und Literatur* 11 / 1991, Siegen 1991, S. 106-116.

Mann, Klaus: *Tagebücher 1934 bis 1935*. Herausgegeben von Joachim Heimannsberg, Peter Laemmle und Wilfried F. Schoeller. München 1990.

Mann, Klaus: *Tagebücher 1936 bis 1937*. Herausgegeben von Joachim Heimannsberg, Peter Laemmle und Wilfried F. Schoeller. München 1990.

Mann, Klaus: *Tagebücher 1944 bis 1949*. Herausgegeben von Joachim Heimannsberg, Peter Laemmle und Wilfried F. Schoeller. München 1991.

Mann, Klaus: *Der Wendepunkt.* Memmingen 1952.

Mann, Thomas / Thieß, Frank / von Molo, Walter: *Ein Streitgespräch über die äußere und die innere Emigration.* Dortmund o.J.

Marcuse, Ludwig: „Gerstenmaier zwitschert Fraktur". *Tintenfisch.* Nr. 1, 1966, S. 47-51.

Marcuse, Ludwig: „Fünf Blicke auf Deutschland". *Das Wort.* Nr. 7, Juli 1937, S. 81-89.

Markovits, Andrei S. / Hayden, Rebecca S.: „ ‚Holocaust' Before and After the Event: Reactions in West Germany and Austria". *New German Critique.* Nr. 19 (Winter 1980), S. 53-80.

Marx, Henry: „Mühsams letzte Tage". *europäische ideen*, H. 5/6 (1974), S. 12-14.

Marx, Hilde: „Edgar Hilsenrath und sein ‚Nazi and the Barber' ". *Aufbau*, 27.8.1971.

Marx, Karl: „Letzter Gruß an Theodor Heuss". *Allgemeines Jüdisches Wochenblatt*, 20.12.1963.

Mayer, Hans: „Macht und Ohnmacht des Wortes". *Frankfurter Hefte*, 2. Jg. (1947), H. 12 (Dezember), S. 1179-1181.

McCormick, John: „The Frozen Country". *The Kenyon Review*, Vol. XXII (Winter 1960), No. 1, S. 32-59.

Meadows, Dennis / Meadows, Donella / Zahn, Erich / Milling, Peter: *Die Grenzen des Wachstums – Bericht des Club of Rome zur Lage der Menschheit.* Stuttgart 1972.

Meinold, Agnes: „Antigone oder wie man mit dem Alter lebt". *Die Welt*, 2.11.1980.

Melchinger, Siegfried: *Rolf Hochhuth.* Velber 1967.

Melzer, Abraham (Hg.): *Deutsche und Juden – ein unlösbares Problem. Reden zum Jüdischen Weltkongreß 1966.* Düsseldorf 1966.

Mendès-Flohr, Paul: „Sprachformen der Verständigung – Martin Buber und der israelisch-palästinensische Dialog". *Jüdischer Almanach 1996*, S. 83-91.

Meyer, Uwe: *„Neinsagen, die einzige unzerstörbare Freiheit" – Das Werk der Schriftstellerin Grete Weil.* Frankfurt am Main 1996.

Meyer, Uwe: „Grete Weil". *Kritisches Lexikon zur deutschsprachigen Gegenwartsliteratur.* S. 1-8, A-F.

Michel, Karl Markus: „Nachwort". In: Wolfgang Hildesheimer: *Vergebliche Aufzeichnungen. Nachtstück.* Frankfurt am Main 1963, S. 105-117.

Michman, Joseph: „The Controversial Stand of the ‚Joodse Raad' in the Netherlands – Lodewijk E. Visser's Struggle". *Yad Vashem Studies on the European Jewish Catastrophe and Resistance.* Vol. X, Jerusalem 1974, S. 9-68.

Mon, Franz: „Sprache ohne Zukunft?" *Sprache im technischen Zeitalter*, 6/1963, S. 467-469.

Morsey, Rudolf: *Heinrich Lübke – Eine politische Biographie.* Paderborn 1996.

Mosès, Stéphane, und Schöne, Albrecht (Hg.): *Juden in der deutschen Literatur.* Frankfurt am Main 1986.

Müller, Heidy M.: *Die Judendarstellung in der deutschsprachigen Erzählprosa.* Königstein im Taunus 1984.

Mytze, Andreas W.: „Die Henkersatire – Gespräch mit dem jüdischen Autor Edgar Hilsenrath“. *Nürnberger Nachrichten*, 29.8.1977.

näw.: „In der Nacht der Menschheit“. *Westfälische Rundschau*, 21.5.1965.

Nagel, Wolfgang: „Schon mal von diesem Hilsenrath gehört?“ *zeit-magazin*, 29.9.1978, S. 42-47.

Naumann, Bernd: *Auschwitz – Bericht über die Strafsache Mulka u.a. vor dem Schwurgericht Frankfurt*. Frankfurt am Main / Bonn 1965.

Naumann, Bernd: *Auschwitz – A Report on the Proceedings Against Robert Karl Mulka and Others Before the Court of Frankfurt*. With an Introduction by Hannah Arendt. New York / Washington / London 1966.

Negt, Oskar: „Studentischer Protest – Liberalismus – ‚Linksfaschismus‘ “. In: *Kursbuch* 13 (Juni 1968), S. 179-189.

Nenning, Günther: „Spaziergänger am österreichischen Abgrund“. *Die Zeit*, 23.8.1991, S. 48.

Neumann, Peter Horst: „Hamlet will schlafen“. *Stuttgarter Zeitung*, 13.3.1965.

Neumann, Peter Horst: „Voreingenommene Bemerkungen“. *Merkur* 27 (1973), S. 494-497.

Neunzig, Hans A. (Hg.): *Hans Werner Richter und die Gruppe 47*. München 1979.

Neunzig, Hans A. (Hg.): *Der Ruf. Unabhängige Blätter für die junge Generation. Eine Auswahl*. München 1976.

Nussbaum, Laureen / Meyer, Uwe: „Grete Weil: unbequem, zum Denken zwingend“. *Exilforschung – Ein internationales Jahrbuch*. Bd. 11 (1993), S. 156-170.

Obermüller, Klara: „Die Wunde, die nie heilt“. *Frankfurter Allgemeine Zeitung*, 20.10.1980.

Oellers, Norbert (Hg.): *Vom Umgang mit der Schoah in der deutschen Nachkriegsliteratur* (= Sonderheft der *Zeitschrift für deutsche Philologie*). Berlin 1995.

Palinurus [d. i. Cyril Connolly]: *Das Grab ohne Frieden*. Frankfurt am Main 1962.

Peters, Butz: *RAF – Terrorismus in Deutschland*. Stuttgart 1991.

Piscator, Erwin: „Vorwort“. In: Rolf Hochhuth: *Der Stellvertreter – Schauspiel*. Reinbek bei Hamburg 1963, S. 7-11.

R., H.: „Büchner-Preis für Hildesheimer – ‚Tynset‘ ist Ausdruck unserer Bewußtheit und unserer Einsamkeit“. *Westfälische Rundschau*, 17.10.1966.

Rabe, Peter: „ ‚Antigone‘ wehrt sich noch immer“. *Frankfurter Rundschau*, Ostern 1981.

Raddatz, Fritz J.: *Summa iniuria oder Durfte der Papst schweigen? Hochhuths „Stellvertreter“ in der öffentlichen Kritik*. Reinbek bei Hamburg 1963.

Raddatz, Fritz J.: „Wir werden weiterdichten, wenn alles in Scherben fällt... – Der Beginn der deutschen Nachkriegsliteratur“. *Die Zeit*, 12.10.1979, S. 35.

Reich-Ranicki, Marcel (Hg.): *In Sachen Böll*. Köln 1968.

Reich-Ranicki, Marcel: *Mein Leben*. Stuttgart 1999.

Reich-Ranicki, Marcel: „Nicht der Schimmer eines Beweises“. *Sprache im technischen Zeitalter*, 6 / 1963, S. 464-466.

Reich-Ranicki, Marcel: *Über Ruhestörer – Juden in der deutschen Literatur*. Stuttgart 1989.

Reinhardt, Stephan: *Alfred Andersch – Eine Biographie*. Zürich 1990.

Reszler, André: *Le national-socialisme dans le roman allemand contemporain*. Lausanne 1966.

Richter, Hans Werner: *Im Etablissement der Schmetterlinge*. München / Wien 1986.

Riewoldt, Otto F.: „‚Nimm ein Brechmittel, du, der du dies liesest' – Die katholische Reaktion auf Hochhuths ‚Stellvertreter'". *text + kritik* Nr. 58. München 1978, S. 1-10.

Rijksinstituut voor Oorlogsdocumentatie (Hg.): *Die Tagebücher der Anne Frank*. Frankfurt am Main 1988.

Rischbieter, Henning: „Der Schlaflose. Gespräch mit Wolfgang Hildesheimer". *theater heute* 4 / 4 (1963), S. 15.

Rodewald, Dierk (Hg.): *Über Wolfgang Hildesheimer*. Frankfurt am Main 1971.

Röder, Werner / Strauss, Herbert A. (Hg.): *Biographical Dictionary of Central European Emigrés 1933-1945*. Vol II / Part 2: L-Z The Arts, Sciences, and Literature. München / New York / London / Paris 1983.

Röder, Werner / Strauss, Herbert A. (Hg.): *Biographisches Handbuch der deutschsprachigen Emigration nach 1933*. Bd. I: Politik, Wirtschaft, Öffentliches Leben. München / New York / London / Paris 1980.

Rohde, Hedwig: „Die Sehnsucht nach Bindung". *Tagesspiegel*, 18.12.1983.

Rosenfeld, Alvin H.: *A Double Dying – Reflections on Holocaust Literature*. Bloomington 1980.

Rosenfeld, Alvin H.: „Popularization and Memory: The Case of Anne Frank". Peter Hayes (Hg.): *Lessons and Legacies – The Meaning of the Holocaust in a Changing World*. Evanston 1991, S. 243-278.

Rühmkorf, Peter: „Schau- und Paradestücke eines Denkstils". *Sprache im technischen Zeitalter*, 6 / 1963, S. 469-472.

S., W.: „Warten auf Daniel". *Frankfurter Allgemeine Zeitung*, 27.11.1963.

Sautermeister, Gert: „Aufgeklärte Modernität – Postmodernes Entertainment. Edgar Hilsenraths ‚Der Nazi & der Friseur'". In: „*Wir tragen den Zettelkasten mit den Steckbriefen unserer Freunde*". Acta-Band zum Symposium „Beiträge jüdischer Autoren zur deutschen Literatur seit 1945" (Universität Osnabrück 2.-5.6.1991). Herausgegeben von Jens Stüben und Winfried Woesler in Zusammenarbeit mit Ernst Loewy. Darmstadt 1993, S. 227-242.

Sautermeister, Gert: „Gottfried Keller: Der grüne Heinrich (1854 / 55; 2. Fassung 1879 / 80). Gesellschaftsroman, Seelendrama, Romankunst". Horst Denkler (Hg.): *Romane und Erzählungen des Bürgerlichen Realismus – Neue Interpretationen*. Stuttgart 1980, S. 80-123.

Schäble, Gunter: „Hamlets unmögliche Rache". *Tagesspiegel*, 1. / 2.5.1965.

Schäffer, Kristiane: „Zeit der Angst, Zeit der Hoffnung". *Deutsche Zeitung*, 8. / 9.2.1964.

Schirnding, Albert von: „Der Sturz in die Wahrheit – Zur Neuausgabe von Grete Weils Roman ‚Tramhalte Beethovenstraat'". *Süddeutsche Zeitung*, 26.3.1992.

Schirnding, Albert von: „Überleben als Thema". *Süddeutsche Zeitung*, 10. / 11.1.1981.

Schmalzriedt, Egidius: „Antigone". *Kindlers Literaturlexikon.* Zürich 1982, S. 1076-1077.

Schmelzkopf, Christiane: *Zur Gestaltung jüdischer Figuren in der deutschsprachigen Literatur nach 1945.* Hildesheim / Zürich / New York 1983.

Schmidt, Dolores Barracano / Schmidt, Earl Robert (Hg.): *The DEPUTY Reader: Studies in Moral Responsability.* Chicago 1965.

Schmitt, Hans-Jürgen / Schramm, Godehard (Hg.): *Sozialistische Realismuskonzeptionen. Dokumente zum I. Allunionskongreß der Sowjetschriftsteller.* Frankfurt am Main 1974.

Schneider, Michael: *Nur tote Fische schwimmen mit dem Strom – Essays, Aphorismen und Polemiken.* Köln 1984.

Schnell, Ralf: *Die Literatur der Bundesrepublik – Autoren, Geschichte, Literaturbetrieb.* Stuttgart 1986.

Schoeps, Hans Joachim: „Der Radikalisierung entgegentreten". *Die Welt,* 29.12.1967.

Scholem, Gershom: *Briefe II – 1948-1970.* Herausgegeben von Thomas Sparr. München 1995.

Scholem, Gershom: *Judaica 2.* Frankfurt am Main 1970.

Schondorff, Joachim (Hg.): *Antigone.* München / Wien 1966.

Schütte, Wolfram: „Der Fleck auf seinem Rock". *Frankfurter Rundschau,* 15.12.1998.

Schultz, Hans Jürgen (Hg.): *Mein Judentum.* München 1987.

Schulze-Vellinghausen, Albert: „Verändertes Alt-China – für heute?" *Frankfurter Allgemeine Zeitung,* 4.5.1955.

Schutte, Jürgen (Hg.): *Dichter und Richter. Die Gruppe 47 und die deutsche Nachkriegsliteratur.* Berlin / W 1988.

Schwab-Felisch, Hans: „Wolfgang Hildesheimer / Tynset". *Neue Rundschau.* Jg. 1965, H. 2, S. 345-349.

Schwinn, Rudolf: „Zeugnis der Entfremdung". *Deutsche Volkszeitung,* 3.12.1965.

Sebald, W.G.: „Konstruktionen der Trauer – Zu Günter Grass' ‚Tagebuch einer Schnecke' und Wolfgang Hildesheimers ‚Tynset' ". *Der Deutschunterricht 5 /* 1983, S. 32-46.

Segev, Tom: *Die siebte Million – Der Holocaust und Israels Politik der Erinnerung.* Deutsch von Jürgen Peter Krause und Maja Ueberle-Pfaff. Reinbek bei Hamburg 1995.

Silbermann, Alfons: „Tramhalte Beethovenstraat". *Tribüne,* 1964, H. 9, S. 1014-1015.

sl.: „Grete Weil: ‚Tramhalte Beethovenstraat' ". *Neue Zürcher Zeitung,* 8.11.1963.

Spangenberg, Eberhard: *Karriere eines Romans: Mephisto, Klaus Mann und Gustaf Gründgens – Ein dokumentarischer Bericht aus Deutschland und dem Exil 1925-1981.* München 1982.

Spender, Stephen: „How shall we be saved?" *Horizon,* Januar 1940, S. 51-56.

Spender, Stephen: „A look at the worst". *Horizon,* September 1941, S. 103-117.

Spender, Stephen: „September Journal". *Horizon,* Februar 1940, S. 102-121, März 1940, S. 211-224, Mai 1940, S. 356-363.

Spender, Stephen: *The Thirties and After – Poetry, Politics, People (1933-1975)*. London 1978.

Spender, Stephen: *World within World – The Autobiography of Stephen Spender*. London 1951.

Spiel, Hilde: „Für und wider die deutsche Literatur". *Sprache im technischen Zeitalter*, 6/1963, S. 450-452.

Starkmann, Alfred: „Scherz mit dem Entsetzen und die Lesegewohnheiten der Briten". *Neue Zürcher Zeitung*, 24.2.1976.

Steiner, George: *Die Antigonen – Geschichte und Gegenwart eines Mythos*. München/Wien 1988.

Steiner, George: *Errata – Bilanz eines Lebens*. München/Wien 1999.

Steiner, George: *Language and Silence – Essays 1958-1966*. London 1979.

Steiner, George: „Das lange Leben der Metaphorik – Ein Versuch über die ‚Shoah'". *Akzente*. Jg. 34 (1987), H. 3, S. 194-212.

Steiner, George: *Sprache und Schweigen – Essays über Sprache, Literatur und das Unmenschliche*. Übersetzt von Axel Kaun. Frankfurt am Main 1969.

Stöss, Richard (Hg.): *Parteien-Handbuch – Die Parteien der Bundesrepublik Deutschland 1945-1980*. Opladen 1984.

Strauss, Herbert A., und Hoffmann, Christhard (Hg.): *Juden und Judentum in der Literatur*. München 1985.

Streiter, Cornelius: „‚Der Nazi & der Friseur'". *Emuna/Israel-Forum*. H. 5-6/1977, S. 111- 114.

Stüben, Jens, und Woesler, Winfried (Hg.): *Wir tragen den Zettelkasten mit den Steckbriefen unserer Freunde. Beiträge jüdischer Autoren zur deutschen Literatur seit 1945*. Darmstadt 1990.

Süskind, W. E.: „Lieblose Legenden, liebevoll besprochen". *Süddeutsche Zeitung*, 15.3.1952.

Süskind, W. E.: „Wort des Dankes". *Ost und West*, 1. Jg. (1947), H. 4 (Oktober), S. 59-61.

Szondi, Peter: *Briefe*. Herausgegeben von Christoph König und Thomas Sparr. Frankfurt am Main 1993.

Taussig, Ernst F. (Hg.): *Ein Kampf um Wahrheit – Max Brod zum 60. Geburtstag*. Tel Aviv o.J. [1949]

Torberg, Friedrich: *Apropos – Nachgelassenes/Kritisches/Bleibendes*. München/Wien 1981.

Torberg, Friedrich: „Ein Freispruch, der keiner ist". *Die Welt*, 12.10.1977.

Torberg, Friedrich: *In diesem Sinne – Briefe an Freunde und Zeitgenossen*. Herausgegeben von David Axmann, Marietta Torberg und Hans Weigel. Berlin/W 1984.

Torberg, Friedrich: *Pegasus im Joch – Briefwechsel mit Verlegern und Redakteuren*. München/Wien 1983.

Torberg, Friedrich: *PPP – Pamphlete, Parodien, Post Scripta*. München/Wien 1964.

Trommler, Frank: „Der zögernde Nachwuchs. Entwicklungsprobleme der Nachkriegsliteratur in Ost und West". In Thomas Koebner (Hg.): *Tendenzen der deutschen Literatur seit 1945*. Stuttgart 1971, S. 1-116.

Trommler, Frank: „Realismus in der Prosa". In Thomas Koebner (Hg.): *Tendenzen der deutschen Literatur seit 1945*. Stuttgart 1971, S. 179-275.

Uhde, Anne: „Todesblätter aus Petrikau". *Die Welt*, 27.9.1980.

v., m.: „,Verwundet durch die Menschen' ". *Neue Zürcher Zeitung*, 24.12.1983.

Vogt, Jochen: *,Erinnerung ist unsere Aufgabe' – Über Literatur, Moral und Politik 1945–1990*. Opladen 1991.

Vogt, Jochen: *Peter Weiss*. Reinbek bei Hamburg 1987.

Wagenbach, Klaus / Stephan, Winfried / Krüger, Michael (Hg.): *Vaterland, Muttersprache – Deutsche Schriftsteller und ihr Staat seit 1945*. Berlin / W 1979.

Wagener, Hans (Hg.): *Gegenwartsliteratur und Drittes Reich – Deutsche Autoren in der Auseinandersetzung mit der Vergangenheit*. Stuttgart 1977.

Wagner, Marianne: „So wurde Schulz zu Finkelstein". *Saarbrücker Zeitung*, 17.8.1977.

Wallraff, Günter: *Wir brauchen dich. Als Arbeiter in deutschen Industriebetrieben*. Köln 1966.

Walser, Martin: „Bordmusiker auf der ,Titanic' – Ein Plädoyer gegen das literarische Verstummen". *Rheinischer Merkur / Christ und Welt*, 5.10.1984.

Walser, Martin: „Wie und wovon handelt Literatur". In: ders.: *Wie und wovon handelt Literatur – Aufsätze und Reden*. Frankfurt am Main 1973, S. 119-138.

Wapnewski, Peter: „Noch ein Aufbruch nach Tynset". In: *Neue Rundschau*. 1973, H. 2, S. 324-327.

Weigel, Hans: „Blühende Sprache in einem aufgetauten Land". *Sprache im technischen Zeitalter*, 6 / 1963, S. 453-458.

Weigel, Sigrid: *Bilder des kulturellen Gedächtnisses. Beiträge zur Gegenwartsliteratur*. Dülmen-Hiddingsel 1994.

Weigel, Sigrid: *Die Stimme der Medusa – Schreibweisen in der Gegenwartsliteratur von Frauen*. Dülmen-Hiddingsel 1987.

Weigel, Sigrid, und Erdle, Birgit R. (Hg.): *Fünfzig Jahre danach – Zur Nachgeschichte des Nationalsozialismus*. Zürich 1996.

Weisenborn, Günther: „Tod und Hoffnung". *Ost und West*, 1. Jg. (1947), H. 4 (Oktober), S. 29-35.

Weiss, Peter: *Notizbücher 1960-1971*. Zweiter Band. Frankfurt am Main 1982.

Weiss, Peter: *Rapporte II*. Frankfurt am Main 1971.

Wende-Hohenberger, Waltraud: *Ein neuer Anfang? – Schriftsteller-Reden zwischen 1945 und 1949*. Stuttgart 1990.

White, Hayden: *The Content of Form: Narrative Discourse and Historical Representation*. Baltimore 1987.

Wiegenstein, Roland H.: „Nacht ohne Schlaf". *Frankfurter Hefte*, Mai 1965, S. 357-360.

Wieskerstrauch, Liz: „Ich habe Auschwitz, wie andere Tb oder Krebs." L.W. im Gespräch mit Grete Weil. *Anschläge – Zeitschrift für Kunst und Literatur*. H. 14, S. 22-26.

Winckler, Lutz: „Mythen der Exilforschung?" *Exilforschung – Ein internationales Jahrbuch*, Bd. 13 (1995), S. 68-81.

Yerushalmi, Yosef Hayim: *Ein Feld in Anatot – Versuche über jüdische Geschichte*. Berlin 1993.

Yerushalmi, Yosef Hayim: *Zachor: Erinnere dich! Jüdische Geschichte und jüdisches Gedächtnis*. Berlin / W 1988.

Zielinski, Siegfried: „History as Entertainment and provocation: the TV-Series ‚Holocaust' in West Germany". *New German Critique*. Nr. 19 (Winter 1980), S. 81-96.

Zimmer, Dieter E.: „Rückzug aus dem Leben". *Die Zeit*, 13.4.1973.

Zuckermann, Moshe: „Aus der Erinnerungsnot eine Aufklärungstugend machen". Vortrag auf der Internationalen Konferenz „German-Israeli Relations – History, Culture, and Politics" vom 27. bis 28. Dezember 1995 an der Tel Aviv University (unveröffentlicht).

Zuckermann, Moshe: *Gedenken und Kulturindustrie – Ein Essay zur neuen deutschen Normalität*. Berlin und Bodenheim 1999.

Zweig, Stefanie: „Das Erbe der Wahrheit – Zu den deutschen Erstaufführungen des ‚Tagebuchs der Anne Frank' ". *Allgemeines Jüdisches Wochenblatt*, 12.10.1956.

Zwerenz, Gerhard: „Linker Antisemitismus ist unmöglich". *Die Zeit*, 9.4.1976.

Personenregister

Kursive Ziffern verweisen auf Nennungen ausschließlich in den Anmerkungen der jeweiligen Seite.